# THE FRENCH REVOLUTION
## AND THE CREATION
## OF MODERN POLITICAL CULTURE

## Volume 3

# *The Transformation of Political Culture 1789–1848*

# THE FRENCH REVOLUTION
# AND THE CREATION
# OF MODERN POLITICAL CULTURE

## Volume 3

# The Transformation of
# Political Culture
# 1789–1848

*Edited by*

FRANÇOIS FURET
and
MONA OZOUF

INSTITUT RAYMOND ARON, PARIS

**PERGAMON PRESS**

Member of Maxwell Macmillan Pergamon Publishing Corporation

OXFORD · NEW YORK · BEIJING · FRANKFURT
SÃO PAULO · SYDNEY · TOKYO · TORONTO

| | |
|---|---|
| U.K. | Pergamon Press plc, Headington Hill Hall, Oxford OX3 0BW, England |
| U.S.A. | Pergamon Press, Inc., Maxwell House, Fairview Park, Elmsford, New York 10523, U.S.A. |
| PEOPLE'S REPUBLIC OF CHINA | Pergamon Press, Room 4037, Qianmen Hotel, Beijing, People's Republic of China |
| FEDERAL REPUBLIC OF GERMANY | Pergamon Press GmbH, Hammerweg 6, D-6242 Kronberg, Federal Republic of Germany |
| BRAZIL | Pergamon Editora Ltda, Rua Eça de Queiros, 346, CEP 04011, Paraiso, São Paulo, Brazil |
| AUSTRALIA | Pergamon Press Australia Pty Ltd., P.O. Box 544, Potts Point, N.S.W. 2011, Australia |
| JAPAN | Pergamon Press, 5th Floor, Matsuoka Central Building, 1-7-1 Nishishinjuku, Shinjuku-ku, Tokyo 160, Japan |
| CANADA | Pergamon Press Canada Ltd., Suite No. 271, 253 College Street, Toronto, Ontario, Canada M5T 1R5 |

First edition 1989

**Library of Congress Cataloging-in-Publication Data**

(Revised for vol. 3)
The French Revolution and the creation of modern political culture.
English and French.
Vol. 2 edited by Colin Lucas.
Vol. 3 edited by François Furet.
Papers presented at a series of three colloquia. The first colloquium, Conference on the Political Culture of the Old Regime, was held in Chicago, Sept. 11–15, 1986. The second colloquium, Conference on the Political Culture of the French Revolution, was held in Oxford, Sept. 5–9, 1987. The third colloquium, Conference on the French Revolution and Modern Political Culture, was held in Paris, Sept. 14–18, 1988.
Includes bibliographies and indexes.
Contents: v. 1. The political culture of the old regime — v. 2. The political culture of the French Revolution — v. 3. The Transformation of Political Culture, 1789–1848.
1. France—History—Revolution, 1789–1799—Influence—Congresses. 2. France—Politics and government—18th century—Congresses. 3. France—Politics and government—19th century—Congresses. 4. Europe—Politics and government—1789–1900—Congresses. 5. Political science—Europe—History—Congresses. 6. Political culture—France—History—Congresses. I. Baker, Keith Michael. II. Lucas, Colin. III. Furet, François, 1927– . IV. Conference on the Political Culture of the Old Regime (1986: Chicago, Ill.) V. Conference on the Political Culture of the French Revolution (1987: Oxford, England) VI. Conference on the French Revolution and Modern Political Culture (1988: Paris, France)
DC155.F74 1987 944.04     87-16080

**British Library Cataloguing in Publication Data**

The French Revolution and the creation of modern political culture.
Vol. 3: The Transformation of Political Culture, 1789–1848.
1. France. Political events, 1789–1815
I. Furet, François, 1927–
944.04

ISBN 0 08 034260 4

*Typeset, printed and bound in Great Britain by*
*BPCC Hazell Books Ltd, Member of BPCC Ltd, Aylesbury, Bucks, England*

# *Preface*

1989 MARKS the bicentennial of the French Revolution. Even after two hundred years, scholars find themselves still confronted by the challenge of understanding the extraordinary event that gave birth to modern political culture. To further that endeavour, an international committee of scholars planned a series of three colloquia to explore the general topic of "The French Revolution in the Creation of Modern Political Culture." Papers presented to each colloquium form the volumes of the present series.

The first colloquium, held in Chicago in September 1986, investigated the nature of French political culture under the Old Regime, and the processes by which revolutionary principles and practices were invented within the context of absolute monarchy. These papers, edited by Keith Michael Baker under the title *The Political Culture of the Old Regime*, were published by Pergamon Press in 1987 as the first volume in the series. The second colloquium, held in Oxford in September 1987, analysed the political culture of the French Revolution itself, from the declaration of the principle of national sovereignty by the National Assembly until the creation of the Consulate. These papers, edited by Colin Lucas under the title *The Political Culture of the French Revolution*, were published by Pergamon in 1988. The third colloquium, held in Paris in September 1988, explored the transformation of European political culture in response to the French Revolution in the period up to 1850 and is the basis of this the third and final volume of the series.

The colloquia were planned by an organizing committee comprised of Bronislaw Baczko (Université de Genèva), Keith Baker (University of Chicago), David Bien (University of Michigan), Furio Diaz (Ecole Normale Supérieure, Pisa), François Furet (Institut Raymond Aron, Paris), Colin Lucas (Oxford University), Mona Ozouf (Centre National de la Recherche Scientifique, Paris), Jean Starobinski (Université de Genèva).

The Conference on the French Revolution and Modern Political Culture, held in Paris on September 14–18, 1988, was made possible by the institutional support of the Institut Raymond Aron (EHESS) and the Musee d'Orsay. On behalf of the organizing committee, and of all the participants in the conference, we wish to thank them for their generous support. We also wish to express our appreciation to Pergamon Press for its commitment to publishing the substantial volumes that are the result of the three conferences. Finally, particular thanks are due to Geraldine Billingham for seeing the work through the Press.

KEITH BAKER
FRANÇOIS FURET
COLIN LUCAS
MONA OZOUF

# Contents

Introduction      xiii
FRANÇOIS FURET AND MONA OZOUF

**Part I    Burke or Why a Revolution?**

Presentation
HARVEY MITCHELL

1. Edmund Burke and the Redefinition of Enthusiasm:
   the Context as Counter-Revolution      19
   J. G. A. POCOCK

2. Poetical Liberties: Burkes's France and the
   "Adequate Representation" of the English      45
   JAMES K. CHANDLER

3. Burke et les Allemands      59
   PHILLIPPE RAYNAUD

4. Burke et les Français      79
   FRANCISZEK DRAUS

5. Edmund Burke and the Émigrés      101
   COLIN LUCAS

**Part II    Why the Terror?–1**

Presentation
FURIO DIAZ

6. "Monstres sanguinaires" et "circonstances fatales".
   Les discours thermidoriens sur la Terreur.                          131
   BRONISLAW BACZKO

7. Constant, Staël et la Révolution française                          159
   MARCEL GAUCHET

8. La Terreur sous le Directoire                                       173
   FRANÇOIS FURET

9. Benjamin Constant: comment parler quand l'éloquence
   est épuisée                                                         187
   JEAN STAROBINSKI

Part III   Why the Terror?–2

Presentation
PHILIPPE RAYNAUD

10. Kant et le régicide                                                213
    ALAIN RENAUT

11. Les sens de la Terreur chez Hegel                                  225
    LUC FERRY

12. Fichte et la Terreur                                               233
    MARC RICHIR

13. Un regard sur le jacobinisme allemand: idéologie et activités
    de certains de ses représentants notoires en France pendant
    la Révolution                                                      253
    ALAIN RUIZ

14. Raison et contingence: Humboldt sur la constitution de 1791        273
    HEINZ WISMANN

## Part IV  How to End the Revolution?

Presentation
Jean Starobinski

15.  La Contre-Révolution, Joseph de Maistre                              291
     Massimo Boffa

16.  Bonald, 1796–1801: Contre-Révolution et politique
     du possible                                                         309
     Gérard  Gengembre

17.  Closing the French Revolution: Saint-Simon and Comte                323
     Keith Michael Baker

## Part V  The Revolution and Christianity

Presentation
Colin Lucas

18.  Quelques remarques sur la notion de "sécularisation"                351
     Pierre Manent

19.  Réformation et Révolution                                           359
     Paul Viallaneix

20.  La rupture entre l'Eglise catholique et la Révolution               375
     Claude Langlois

21.  La Révolution comme religion nouvelle                               391
     Claude Lefort

## Part IV  Reviewing the Revolution. The Political Issues

Presentation
Bronislaw Baczko

22.  Les Doctrinaires et la question du gouvernement représentatif       411
     Pierre Rosanvallon

**23.** Charles de Rémusat, témoin des dilemmes de la raison libérale   433
PIERRE BOURETZ

**24.** English Radicals and the French Revolution, 1800–1850         447
JOHN R. DINWIDDY

**25.** La Révolution totale. Les jeunes hégéliens entre la critique
théologique et la révolution politique et sociale                     467
HEINZ-DIETER KITTSTEINER

**26.** Italy and the Modern State: the experience of Napoleonic rule   489
MICHAEL BROERS

**Part VII   Reviewing the Revolution. The Social Issues**
Presentation
FRANÇOIS FURET

**27.** Beyond 1793: Babeuf, Louis Blanc and the Genealogy
of "Social Revolution"                                                509
WILLIAM H. SEWELL, JR.

**28.** A propos du "Néo-robespierrisme": quelques visages
de "Jacobins" sous Louis-Philippe                                     527
MAURICE AGULHON

**29.** A New Religion of the Left: Christianity and
Social Radicalism in France, 1815–1848                                543
EDWARD BERENSON

**30.** La Révolution française au tribunal de l'utopie                561
MONA OZOUF

**31.** La Russie et la Révolution française                          575
ALAIN BESANÇON

**Part VIII   The French Revolution and Democracy**
Presentation
DAVID BIEN

**32.** Tocqueville: aux origines de la démocratie française    595
FRANÇOISE MÉLONIO

**33.** Edgar Quinet                                            613
FRANÇOIS FURET

**34.** Politics, Memory, Illusion: Marx and the French Revolution    625
JERROLD SEIGEL

**35.** Michelet and the French Revolution                     639
LIONEL GOSSMAN

*Abstracts*                                                    665

*Index*                                                        685

# Introduction

FRANÇOIS FURET ET MONA OZOUF

Le troisième colloque sur *La Révolution francaise et la Culture politique moderne*, qui s'est tenu à Paris en septembre 1988, s'est donné pour objet d'étudier la manière dont la Révolution a été interprétée par la pensée européenne et dont son héritage a pesé sur l'élaboration de la philosophie politique du XIXᵉ siècle. Il constituait comme naturellement le troisième volet de la vaste enquête inaugurée en 1986 lors de la réunion de Chicago: l'aval de la Révolution, après avoir considéré son amont, l'*Ancien Régime*, et son cours, de 1789 à l'Empire napoléonien.

Pour ne pas alourdir démesurément la matière traitée, il avait été décidé de ne prendre en considération que le premier XIXᵉ siècle, date commode puisque c'est celle d'un ébranlement révolutionnaire général en Europe: à cette date, d'ailleurs, les grandes questions de l'historiographie de la Révolution française ont été posées, et l'observation de 1848 permet de comprendre comment elles travaillent le tissu des nations et des pensées européennes. Tocqueville, Quinet, Marx, Michelet en sont les inoubliables témoins: ils nous ont fourni le point d'orgue de ce colloque.

Quant à son point d'origine, il est contemporain de la Révolution elle-même. Les *Réflexions* de Burke sont écrites et publiées dès 1790 et elles contiennent la réfutation la plus intransigeante de l'entreprise française de 1789, réservoir inépuisable d'arguments hostiles à la Révolution. Le livre, dont la portée n'est pas seulement politique, mais aussi esthétique et, peut-être en son fond religieuse, est si riche et si complexe qu'il alimentera des traditions très diverses: contre-révolution, historicisme, ou libéralisme traditionaliste à l'anglaise. L'influence séminale de Burke sur les interprétations de la Révolution française en fait ainsi le premier grand auteur européen sur le sujet. Nous avons donc ouvert notre colloque par sa lecture, sa discussion et la pesée de son autorité; de l'accueil sans vraie compréhension que lui firent les milieux de l'émigration à une postérité intellectuelle disparate: toujours un peu rétractée en France, immense en revanche en Allemagne, où elle est toute mêlée à l'histoire de l'idéalisme et du romantisme.

Après Burke, le cours de la Révolution française ne cesse d'alimenter et même d'obséder la réflexion politique: les événements de l'an II, la dictature de Salut Public et la Terreur dissocient les principes de la Révolution française de son déroulement, et font apparaître la difficulté à penser l'événement dans sa diversité, ou encore à célébrer 1789 sans avaliser 1793. Pourquoi la Terreur? Immédiatement posée par les conjurés du 9 Thermidor qui doivent comprendre leur histoire, évaluer ou esquiver leurs responsabilités, très tôt problématisée dans les polémiques du Directoire, cette grande question ne cessera d'habiter la pensée des libéraux français: chez Madame de Staël et Benjamin Constant, elle est même l'âme de la réflexion, au point de leur inspirer une théorie de l'écriture et de la parole publiques. C'est elle encore qui domine la réception et l'interprétation de la Révolution française en Allemagne, des obscurs militants ou sympathisants "jacobins" (qui soutiennent l'action des révolutionnaires français sans pour autant en comprendre l'esprit ni en approuver les moyens) aux grandes figures de la philosophie allemande: Kant, Humboldt, Fichte, Hegel. A des degrés inégaux et avec des fortunes diverses, les uns et les autres sont aux prises avec la difficulté de conjuguer l'admiration pour l'entreprise révolutionnaire, ou au moins l'accord avec les principes de 1789, avec le recul que leur inspire la perversion de l'ordre juridique, illustrée soit par le procès du roi, soit la Terreur. Ainsi s'ouvre un débat qui domine toute la pensée politique du XIX$^e$ siècle.

Ce n'est pas lui qui risque d'embarrasser les Contre-révolutionnaires. Eux englobent dans une même condamnation les principes et le déroulement de la Révolution. Pour la terminer, avaient prêché Maistre et Bonald, il faut revenir à contre-courant de ce qu'elle a voulu faire, opérer un retournement complet de ses idées, réenraciner la société dans l'ordre divin et la soumission de l'individu. Cette critique de l'individualisme moderne et de la souveraineté du peuple s'étend bien au-delà des rangs réactionnaires et nourrit un courant bien différent de doctrine, de Saint-Simon à Comte: l'ordre historique y est substitué au plan divin, mais il s'agit toujours de préserver des conflits politiques de l'époque révolutionnaire, source constante de divisions, l'intégrité organique de la société.

Terminer la Révolution, ce peut être aussi envisager de reprendre l'héritage politique de 1789. "Enfants du siècle" en Italie, hegeliens de gauche en Allemagne, radicaux anglais, tous cherchent à comprendre pourquoi la Révolution française n'a pas produit de résultats durables, mais aussi quelles leçons le modèle français ne cesse de leur proposer. Garder, en le remaniant, l'héritage de 1789, c'est encore la tâche des libéraux: les Doctrinaires français, quand ils fondent la Monarchie de Juillet, invoquent l'exemple anglais pour modérer la tradition d'où ils viennent. Guizot cherche à réunir les deux histoires, mais il n'y parviendra pas longtemps.

Sa tentative est d'autant moins assurée du succès que, combattue sur sa droite, elle se heurte aussi sur sa gauche au développement d'un mouvement qui s'enracine une fois de plus dans la Révolution française, mais en espérant, lui, non la terminer mais la refaire. A travers le socialisme et le communisme, dont Babeuf a signé l'acte de naissance, la "question sociale" redonne à l'idée révolutionnaire une fraîcheur intacte, puisqu'il s'agit de recommencer au nom du prolétariat ce que la bourgeoisie a confisqué à son profit. Elle ramène le messianisme de 1789, la table rase, le volontarisme politique, mais cette fois comme instruments du dépassement de 1789. L'idée socialiste s'habille dans des costumes empruntés, néo-christianisme, néo-robespierrisme, néo-utopie, jusqu'à ce que Marx lui donne son appellation contrôlée, la science de l'histoire.

Ainsi, en montrant que l'ébranlement donné à la politique et à la philosophie européennes par la Révolution française continue à travailler les nations, les peuples et les esprits, les textes réunis par notre colloque permettent de mieux comprendre l'extraordinaire complexité de l'événement. Vu du milieu du XIX$^e$ siècle, il s'est enrichi d'une formidable sédimentation de pensées. Au centre de ces commentaires, comme au centre de notre colloque, figure l'immense problème des rapports du Christianisme et de la Révolution. Soit qu'ils cherchent à apprécier la réalité et la nature de la rupture survenue entre l'église catholique et la Révolution, soit qu'ils examinent l'hypothèse d'une continuité entre la Réforme et la Révolution, soit encore qu'ils traitent la Révolution comme une religion nouvelle, les interprètes du premier dix-neuvième siècle ont mis au coeur de leurs interrogations la représentation religieuse du phénomène révolutionnaire. Le christianisme a-t-il été une anticipation de la Révolution française? Celle-ci a-t-elle réalisé le message évangélique? Et ne l'a-t-elle fait que dans la mesure où le religieux venait précisément d'être violemment séparé du politique? Aux retrouvailles avec ces questions vertigineuses, qui ont été si longtemps enfouies, le colloque de Paris doit son originalité. A elles, il doit aussi de figurer non un achèvement, mais un programme.

# Introduction

FRANÇOIS FURET AND MONA OZOUF

The object of the third colloquium on *The French Revolution and Modern Political Culture*, held at Paris in September 1988, was to study the way in which the French Revolution has been portrayed in European thought and how its legacy influenced the development of political philosophy in the nineteenth century. It constituted the third part of a vast enquiry begun in 1986 during the Chicago gathering: the legacy of the Revolution, after having considered its ancestry, the *Ancien Régime*, and its development from 1789 to the Napoleonic Empire.

In order not to make the subject matter unwieldy, it was decided to take only the first half of the nineteenth century into consideration, a convenient break because it was a time of general revolutionary upheaval in Europe. Besides, by that time the great historiographical questions about the French Revolution had been posed, and observing 1848 permitted an understanding of how they shaped national consciousness and European thought. Tocqueville, Quinet, Marx, and Michelet are the unforgettable witnesses: they provided us with the end point for this colloquium.

As for the starting point, it was contemporary to the Revolution itself. Burke's *Reflections* were written and published in 1790 and contain the most intransigent refutation of the French undertaking of 1789—an inexhaustible reservoir of arguments hostile to the Revolution. This book, whose content is not only political, but also aesthetic and maybe at base religious, is so rich and so complex that it was able to feed very diverse traditions: counter-revolution, historicism, and traditional English liberalism. Burke's seminal influence on interpretations of the French Revolution made him the first great European author on the subject. Therefore we began our colloquium by reading his work, discussing it and weighing its authority; from the reception accorded him in émigrés circles—where he was not really understood—to his varied intellectual posterity—always a bit limited in France, but on the contrary, enormous in Germany where it mingled with idealism and romanticism.

After Burke the developments of the French Revolution never stopped inspiring and even obsessing political reflection. The events of year II, the dictatorship of Public Safety and the Terror, disconnected the principles of the Revolution from its development and made it difficult to reflect on the event in all its diversity, or even celebrate 1789 without endorsing 1793. Why the Terror? This great question was immediately asked by the conspirators of 9 Thermidor who had to understand their history and evaluate or evade their responsibilities. It soon became a problematic in the polemics of the Directory and never ceased to occupy the thoughts of French liberals: with Madame de Staël and Benjamin Constant it even became the heart of reflection to the point of inspiring a theory of writing and public speech. It continued to dominate the reception and interpretation of the French Revolution in Germany: from obscure militants or "jacobin" sympathizers (who supported the French revolutionaries' actions without understanding their spirit nor approving their methods) to the great figures of German philosophy, Kant, Humboldt, Fichte and Hegel. To varying degrees and with unequal success, they all struggled with the difficulty of combining admiration for the revolutionary undertaking (or at least agreement with the principles of 1789) with their revulsion at the perversion of legality, illustrated by the King's trial and the Terror. Thus opened a debate which dominated all of nineteenth century political thought.

Counter-revolutionaries were in no danger of being encumbered by this. Their condemnation included both the principles and the events of the Revolution. Maistre and Bonald preached that to conclude the Revolution required going directly against its aims by reestablishing society on the basis of individual submission and the divine order. This critique of modern individualism and the people's sovereignty extended well beyond reactionary ranks and fed a very different doctrinal stream, from Saint-Simon to Comte. Here the historical order was substitued for the divine plan, but it was still a matter of preserving the organic integrity of society from the political conflicts of the revolutionary period, a constant source of divisions.

Concluding the Revolution could also mean contemplating a return to the political heritage of 1789. "Enfants du siècle" in Italy, leftist hegelians in Germany and English radicals all tried to understand why the French Revolution had not produced lasting results, but also, what lessons the French model continued to offer them. The liberals' task remained retaining and revising the heritage of 1789: when the French Doctrinaires founded the July Monarchy, they invoked the English example in order to moderate their own tradition. Guizot tried to combine the two histories but did not succeed for long. His attempt was all the more likely to fail because, attacked on the Right, it also confronted the development of a leftist movement, once again rooted in the French Revolution, that did not wish to conclude it, but to redo it. Through socialism and communism, whose birth certificate had been signed by Babeuf, the "social question" restored a complete freshness to the revolutionary idea, since it meant restarting in the name of the proletariat what the *bourgeoisie* had confiscated for its own benefit. It revived the messianism of 1789, the *tabula rasa* and the political determination, but this time as instruments for surpassing 1789. The social idea was clothed in borrowed garment—neo-christianity, neo-robespierrism, neo-utopianism—until Marx gave it its *appellation contrôlée*, the science of history.

Thus, by showing that the upheaval in European politics and philosophy caused by the French Revolution continued to shape nations, peoples and thought, the texts brought together by our colloquium permit a better understanding of the event's extraordinary complexity. It is enriched by a great deposit of ideas when viewed from the mid-nineteenth century. The huge problem of the relationship between Christianity and the Revolution was at the centre of these commentaries, as it was at the centre of our colloquium. The early nineteenth-century analysts put religious interpretation of the revolutionary phenomenon at the heart of their investigations, either by trying to appreciate the reality and nature of the rupture that took place between the Catholic Church and the Revolution, or by examining a hypothesis of continuity between the Reformation and the Revolution, or even by treating the Revolution as a new religion. Had Christianity been an anticipation of the French Revolution? Had the Revolution realised the evangelical message and had it only just done so to the extent that religion came to be violently separated from politics? The Paris colloquium owes its originality to the reunion of these breathtaking questions which have been buried for so long.

# Part I

*Burke or Why a Revolution?*

# Presentation

HARVEY MITCHELL

It was by means of an existing context and language that the protean and mythic power of the French Revolution was valued and devalued in its own time. It has been probed and examined by successive generations that have altered the old contexts, creating new ones, all the while incorporating the earlier ones. In this connection, two points, both perspectival, must be made as we approach Edmund Burke's ideas. The first and more obvious one is that, while there are differences on how his ideas may be interpreted in their immediate context, those interpretations also affect the ways in which his ideas may be assessed when they are removed from it. Thus, if his ideas are seen as self-contained in their original context, then a consideration of what happened to them in other contexts may take on the features of a conjuring act. In effect, such a perspective, if pursued too literally, would tend to accord Burke's ideas very little power, making them in a sense peripheral or inconsequential outside their immediate context. The second point becomes evident when the perspective is shifted to the contexts shaping other discourses. Then we are made aware that there exist a whole other set or sets of linguistic conventions, which help to determine the reception to ideas outside them.[1]

The discernment of common strands of ideas that cut across and move beyond their particular manifestations enables us to perceive Burke's "historicization" of the Revolution in a new light. Though he was not alone in doing so, Burke lifted the Revolution from its French context and introduced it into the realm of international political discourse with an *éclat* that no one else could match. He placed it within the sphere of intercontextuality, but the detailed analysis of the reception given his emotionally powerful jeremiads, the degree to which it was understood, reinterpreted, or ignored, is a complex problem that the papers under the rubric *Pourquoi entrer en Révolution?* only touch upon, addressing it, when they do, with considerable reservation. What we can say with a kind of bland certainty is that there existed a more or less common discourse on legitimacy and revolution, as well as on political ideals and empirical practices, beginning fom the premises underlying the discussion of political obligation, and leading to arguments on how to ensure it and on how to avoid threats to it.[2] The cataclysmic and prolonged nature of the French Revolution deeply affected and focused the discourse. It is therefore not surprising that Burke did not call on a specific, if I may use a term from the vocabulary of the pharmocopoeia of the early modern period, to cure a non-specific illness, but instead looked to the universal remedy of violent extirpation—in brief, on an armed counterrevolutinary coalition of states against "the great beast"—the several and collective offenders who harboured erroneous beliefs about politics, propriety and possession. Therefore, while there is considerable merit in working within the contextualizations which are required to trace degrees of coherence in a single discourse and between discourses, it seems wise to recognize that the constraints of context are not total, that inherited or traditional discourse cannot always resist the impression of distinctive intellects, and that there is no clear way of knowing in advance the range of possible outlooks in any discourse.

When Burke laboured to make his contemporaries accept his vision of the Revolution, he expanded and changed the language of the discourse to the point of paradoxically endowing the Revolution with a significance that breached its French context and permitted its home-grown supporters and opponents to invade other discourses. Burke's thoughts on justice, rationality and liberty emerged, John Pocock tells us,[3] from the lively debates in Britain on the nature of the English Revolution, most importantly, the Glorious Revolution of 1688 and in the years following. Burke's intention was to impress everyone with the idea that there was only one proper discourse on revolution, the one elaborated in Britain, in which the Lockeans, and other less ambivalent dissidents as well, had been on the losing side of a great debate, and, whose putative successors after 1789—and this is John Pocock's point—misconceived their purposes by seeking to emulate the French model instead of achieving an understanding of and coming to terms with the parameters of their native discourse.[4] Pocock attempts to advance his argument by calling Burke's explanation of the revolutionary upheaval a "meta-discourse" in the sense that such a characterization may challenge the idea that the Revolution is properly studied as the "assertion of the sovereignty of discourse". François Furet's position that the Revolution produced a situation in which "the semiotic circuit [became] the absolute master of politics"[5] is what, I believe, Pocock has in mind in questioning the historical accuracy and utility of viewing the Revolution as a triumph of discourse. Burke had the prescience, Pocock seems to be saying, to foresee such a development as a radical and unwelcome turn in the study of the history of ideas in general and in the study of context and discourse in particular. To strengthen his case, Pocock moves away from Burke's thought as the embodiment of a proleptic challenge to a twentieth-century articulation of how a revolution took place in discourse, or of how "a self-creating discourse" came into being, to the eighteenth century itself when Burke took up his pen to combat a revolution in which the notion that language may be deployed to make the word the world was actually being translated into action. But Burke was above all a master of rhetoric, to which he gave full scope in trying to make his word prevail; and in his attempt his language became part of a changing discourse. It is also fair to be reminded that François Furet, Mona Ozouf[6] and Jean Starobinski,[7] to whom Pocock assigns chief responsibility for the ideas of a revolution in discourse, are doing two things, and not one, as Pocock may be implying. They are saying that the various makers and actors of the French Revolution could not but help, at various levels of consciousness, work toward the creation of verbal and non-verbal emblems and symbols to describe or to attach to new political models. At the same time, they are claiming that these artifacts may be analysed to understand the dynamics of the Revolution. John Pocock may be forgetting the first of their intentions. In any case, he wishes to make the more important claim that what the French revolutionaries were doing was not only deeply offensive to all notions of legitimate political conduct, but that English political and historical rhetoric—the structure of the English language encoded in the language itself—resisted the very idea of a self-generating discourse imposing its meaning on the world.

Pocock takes us back to the tangled roots of the political and religious disputes of the English Civil War and its aftermath, most importantly, the events leading up to the 1688 Revolution and the course that Britain took afterwards. It is in the religious enthusiasm of the seventeenth century and the ideas disseminated about liberty of religion in the following century that Burke discovered a kind of precursor to and analogue with the openness, transparency and enthusiasm of belief in a metaphysic of regeneration which he believed animated the French revolutionaries and made them dangerous to themselves and to all civilized human beings. Burke transferred his animus against the religious enthusiasm that pervaded the previous century's English political disputes to French publicists and *gens d'esprit*, who were unrestrained, he declaimed, in their speculations about virtually everything. As well, he found that the Revolution's attempts to strip the church of its privileged position and subordinate it to the state had a deep resonance in the sermons and pamphlets of the dissenting groups of his own day—among them, the Prices and the Priestleys, as well as numerous others—whose espousal of liberty of religion really amounted to liberty of reason, which was another blow against the mysteries of religion. Both "French" reason and enthusiasm for its pretended benefits reverberated ominously through the English dissenting sermons, recalled the disorder of the previous century, disturbed the foundations of the temperate settlement of 1688–89, and threatened a fatal severance of the sacred ties between the British monarchy and the Church of England. The French Revolution, Pocock argues, was "primarily an event in the religious history of Europe".

Reliance on and surrender to reason elevated one part of the nature of human beings and made them vulnerable to illusions and to the social disorder they generated. It removed all limits upon the will to make itself the final measure of morals and politics. Abstractions carried men too far from the real and the concrete. At the same time, an equally unscrupulous class of men, speculating in paper money, was creating a complementary fictive world that would ultimately be shattered, but not before destroying the real but fragile social fabric in its wake. Public credit and credibility were both being put at risk by this double speculation; the money jobbers in fiduciary and the intellectual jobbers who were attacking traditional fidelities had come into the world together. Together they were wreaking havoc.

From this account of how Burke fashioned his case against the Revolution, Pocock draws the conclusion that Burke's major complaint against the revolutionaries was that they overthrew their own "contextuality of. . . speech and action" and moved ineluctably to destruction. Similarly, Burke's domestic opponents, by misunderstanding and therefore challenging what was becoming entrenched as the dominant English political discourse, exposed themselves the more readily to the siren calls of the French revolutionary discourse: they became "fellow-travellers" in Pocock's phrase, because of their disaffection from the dominant context of English discourse, and because they also mistakenly saw in the Revolution echoes and extensions of an understanding of politics and political economy developed in critical counterpoint to orthodox English discourse. By denying that their critique was a realistic possibility in the prevailing English context, Pocock argues that there would be no "*transparence*", that is, "no revolution of discourse, where 1688 and 1789 absorbed one another, and [that] French discourse, however deeply it affected [the] British [discourse], could not substitute itself for it". The argument seems to be that English political discourse possessed a kind of immune system that sent out warning signals when it was under attack. This reading seems plausible if we accept Pocock's depiction of the English language as deeply resistant to the sovereignty of self-creating discourse, and that such resistance is "necessarily true of language itself". The second part of Pocock's proposition is certainly well taken, but can historical, linguistic, literary, or any other kind of criticism support the first?

If I understand the climax of John Pocock's argument, he is saying three things. First, Burke was moved by the French Revolution to reach back to an existing political and religious discourse or paradigm to look for familiar reference points to distinguish between the legitimacy of the English Revolution and the illegitimacy of the French; second, that, in thus looking back, Burke's reading was superior to the interpretations of his opponents who saw 1688 and its aftermath in quite another, and in his view, a mistaken perspective; and third that, had the French metaphysicians understood their own prevailing discourse, e.g., their own constitutional system rightly, including its natural but reparable defects, they would have avoided the perilous descent into chaos. Unless I miss undertones of an ironic mode in Pocock's paper, I conceive him to be saying that the most important conclusion to be drawn from reading Burke on the Revolution and the Revolution itself is that revolution is the consequence of the decontextualization of discourse; that to break the boundaries of context is a species of madness, which is itself inexplicable, and that therefore revolution is ultimately either not subject to rational analysis, or preferably should be bracketed from intellectual scrutiny for fear of normalizing it, or both; and, by using the example of Auschwitz, Pocock further raises the spectre that the dissection of its irrational nature might induce persons to find a place for it in human experience and make it acceptable.

But is Pocock doing more than this? He seems to be placing responsibility for the horrors of the Revolution on human beings who he argues were blinded and led into error by notions of *transparence,* bequeathed to them by the *gens de lettres*. He is arguing, by extension, that modern revolutionaries, following a similar path, became apparatchiks and inquisitors in one part of the globe, while in another part they constructed the railway tracks to and found enthusiastic custodians for places like Auschwitz. Whether legislators or terrorists of a more innocent age, or cynical manipulators of a post-lapsarian age, they owe their appearance on the world stage of history because of their denial of history. Some thirty years ago Jacob Talmon tried to trace the totalitarianism of the left to Jacobinism.[8] Is Pocock encompassing the totalitarianism of two political hues in a fuller condemnation? It seems odd, given Pocock's respect for context, to perform a leap so great as to make no reference to the particular contexts and discourses from which Nazism and Stalinism emerged. Is the Enlightenment responsible for everything abhorrent in the twentieth century? Surely only serious loss of memory could overlook the complex and varied sources of the death camp and the gulag. Should we dismiss in particular the passions of the anti-Enlightenment itself? Pocock is right to question Burke's credentials as a political philosopher, but the mantle of prophet which he gently places on his shoulders is hard to accept.

Basing his own judgements on a theory of aesthetics, distinguishing the sublime and the beautiful,[9] which he worked out more than thirty years before the Revolution, Burke judged the Revolution by using his great powers of rhetoric to attack it on the grounds, some have argued, that it came to embody for him the false sublime.[10] The Revolution assumed for him fiendish terror, and it is fair to say that Burke did advance at one point neo-Hobbist principles against, as he put it, the Revolution's creation through a fusion of terror and virtue of a false sublime.[11] By 1795, the Revolution took on for him the total aspect of a civil war, justifying in his mind a coherent ideological offensive to stifle every vestige of the Revolution on behalf of the ancient authority. He saw himself as spokesman, as he said some years earlier, of the English system of liberty—"A Constitution of things in which the liberty of no one Man, and no body of Men and no Number of Men can find Means to trespass on the liberty of any Person or any description of Persons in the Society"[12]—against the Revolution's presumed adulation of an unlimited liberty. It may be said that he saw the latter as the embodiment of modern tyranny represented by the Revolution. It may also be that he was disingenuously distorting Rousseau's *Contrat social*. In his paper on Burke and the Germans, Philippe Raynaud suggests that Burke indeed played off certain Hobbist ideas against Rousseau.[13] Since Burke's time, some people have read Rousseau as an unwitting Hobbist on the grounds that there is in the *volonté générale* an implicit tyranny— even an explicit one warranted by Rousseau himself—that no degree of voluntarism can erase. Such a reading would be credible only if we failed to take seriously Rousseau's belief that there was no realistic middle point between "la plus austère démocratie et le hobbisme le plus parfait".[14] Following Roger Ayrault,[15] Raynaud suggests that Burke's mystification of the state was intended to undermine individualistic principles of modern natural law in that he conceived of the state as a body mediating between private interests and a natural and supernatural order hierarchically organized. This is consonant with the primacy Burke gave to the interconnectedness of society, religion and politics, and of the risks to all by sundering it. He had no difficulty in urging the destruction of a polity constructed, he believed, on the premises of Rousseau's *Contrat social*, for him a travesty of a valid contract the wisdom of which found its sanction in God: "He who gave our nature to be perfected by our virtue, [who] willed also the necessary means of its perfection. . . the state."[16]

Behind so much of Burke's defence of the existing order and his thrust into the historical past to support it lurked the question of legitimacy. In his perfervid linguistic assaults against the home-grown critics of the English constitution, he came to see the Revolution in France, not simply as parading its gifts under the banners of a false political legitimacy, but as an event that called into question the idea of political legitimacy itself, thereby raising the thought that legitimacy had no foundation at all other than force, sanctioned, as David Hume concluded before him by time and habit.[17] Indeed, like Hume, he spoke about the constitution as prescriptive—as having arisen in a timeless past, but nonetheless legitimate for all that,[18] a question that Hume had preferred to remove from the realm of morals. By contrast, Burke was foremost a politician, orator and polemicist. When he spoke of the prejudices, manners and customs that he reverenced as emblematic of the movement from primitive to civilized society, he deeply felt the truth of what he was saying. The weight of prejudice was another name for the illusions human beings required to protect themselves from one another. But Burke would not have found it easy to surrender to a naked Hobbism, for it would have necessitated a significant emendation of his religious beliefs, as well as have rendered the embellishments essential to social intercourse superfluous. He found himself, as I earlier suggested, using crypto-Hobbist arguments to urge all-out war to restore the fragile balance of society so close to disintegration, so needful of its "natural" rulers to preserve it. In the end, he never pursued the question of legitimacy to its outer limits. Instead, it lay undisturbed at the bottom of his defence of the unique evolution of the English constitution according to a divine plan but interpreted by the legal instruments of the day. It is true that he did not omit to pay due acknowledgement, nor did he bestow inferior status, to custom and manners. He saw the latter as the warp and weft of civilized life, so much so that commerce and manners might be seen as having been woven together tightly within the same frame.[19] But this advance of civilization by the amplification of polite intercourse, fostered by commerce, helped Burke to avoid the broader question of how to comprehend the legitimacy of organized politics. It was a question he ultimately shied away from. In this respect, to find an authentic basis for authority, he shakily relied on legalism to support his undemonstrable case for English political legitimacy. Society could not do without laws; Montesquieu from whom Burke may have borrowed the concept that all societies were the work of *moeurs, manières, lois* did not attribute primacy to one. The "mechanic philosophy" had replaced this truth, and was eating away at natural affections, and at public affections as well, which, when "combined with manners, are required sometimes as supplements, sometimes as correctives, always as aids to law".[20] The empty formalism of republican legality, which François Furet says became a feature of post-Thermidorian France,[21] may be what Burke perceived earlier than most of his contemporaries, and it may be of some moment that he was enable to do so, because he never felt at ease with notions of rights that sought their sanction on the basis of law alone.

John Pocock's treatment of the notion of *transparence* around which Burke and Rousseau both circled, the first man denouncing it, the second man hoping to achieve it, reminds us that Burke brought their languages of antagonistic discourses together. This comment may serve as a transition point to James Chandler's paper.[22] He deploys the notions of representation and imitation to bring us closer to Burke's literary strategies. I have already pointed out that Burke violently protested against the English dissenters for preferring the errors of the French political model, for wishing to imitate the French in reconstituting their political culture. According to Chandler, Burke intended his antipathy for French political experimentation to cut more deeply, since behind what were ostensibly political matters there lay the elements of culture itself, made manifest in its manners. On this account, Chandler agrees with Pocock. So in Burke's reportage, some facsimile of the horrible spectacle of the Queen's disarray at Versailles, in ways yet unimaginable but surely no less destructive of order, awaited Englishmen ready to be deceived by the English apologists of the French Revolution. Burke cleverly tried to turn the tables on both his domestic opponents and the revolutionaries by claiming that chivalric manners were French in origin. But if this was meant to drive home the point that the degradation of manners followed hard on the heels of unwarranted political change, Burke intended his attempt to force an acknowledgement from the dissenters that the French revolutionaries had imitated the English model of constitutionality to be taken as an ironic comment. The fact is that the English model was indeed looked upon favourably by some of the revolutionaries. He was not, however, set on correcting the historical record. His purpose was to remind both sets of his opponents that they were misconceiving and misconstruing the nature of constitutionality. In a broader sense, James Chandler's insight into what we may learn from Burke's serious play with the notion of imitation as generating and nurturing particular political modes is related to the question of the transferability of the premises of one political discourse to another without regard to the divergent developments of each.

Representation may be associated with the idea of *transparence*. Burke scornfully dismissed Rousseau's literary and autobiographical efforts as naive and dangerous expressions of deep narcissism, not only as reflecting an incipient deterioration of Old Regime morals and manners, as exemplified in the profitable literary market for such a literature, but as an anticipation of the descent into their utter reversal in the earliest stages of the Revolution. For Burke, the private and public Rousseau were cut from the same cloth. Burke cleverly questioned the political wisdom of the French Assembly's study of Rousseau, since he was "a moralist or he is nothing", with nothing useful to impart to makers of constitutions. How could a "philosopher of vanity", a man who blended "metaphysical speculations" and "the coarsest sensuality" be a trusted guide?[23] Rousseau, Burke saw, wanted to make *transparence* the basis of a social and political vision in which a perfect correspondence between words and things would be forged. It is important to be reminded of Rousseau's agenda, since it adds to Chandler's argument that, as in the case of imitation, though differently, the "constitutive" dimension of representation plays an important role in Burke's understanding of its aesthetic and legislative modes. A well-constituted polity, Burke argued, possesses the power to "enact", that is, to make laws but also to act on behalf of others, hence to represent them. He had after all been the chief advocate of virtual representation years before. Representation was essential not only to Burke's politics; it rested on his metaphysics and his aesthetics.

Chandler discusses Burke's rejection of Platonizing politics. As a *littérateur* and journalist, who once had a close affinity for Rousseau's ideas, Mallet du Pan, who was also a conservative, but not in the Burkean vein, did in fact signify the revolutionaries as "Platonic legislators".[24] Burke was indeed determined to demolish a metaphysics that supposed a radical divergence between object and image. To that distinctive aspect of Burke's agenda may be added his notion of politics as a human endeavour necessitating the cultivation of practical wisdom or prudence. On his side he had no less a figure than Adam Smith, who in his last revision of *The Theory of Moral Sentiments*, which appeared in 1790, took special care to denounce revolutionary change in the name of untried principles or the "spirit of system [which] is often confused with the public spirit. Its advocates make all sorts of promises. . . and propose new models for the constitution," and end up believing in "their own sophistries".[25] Smith, it should be added, never wavered in his elevation of prudence as the most useful means of achieving approbation and ensuring sociability. Burke spoke about prudence as "the first of Virtues [in politics which] will lead us rather to acquiesce in some qualified plan that does not come up to the full perfection of the abstract Idea, than to push for the more perfect, which cannot be attain'd without tearing to pieces the whole contexture of the Commonwealth. . ."[26] This was also central to Cicero's idea of how virtue might be attained in the realm of politics,[27] but it does not mean that Burke did not have Aristotle in mind as well.[28] He would have applauded Aristotle's repudiation of Plato's ideal republic and found congenial the idea that politics is concerned with action and deliberation about things that are particular. It is just as likely that Burke would have been somewhat uneasy with the Aristotelian proposition that good action is itself an end, but not with the idea that human beings pursue practical wisdom in the state to become just, noble and good—to perfect virtue, as he put it, because of his nature endowed to him by God.[29] Most of all he would have approved the Aristotelian idea that theoretical wisdom could shed no immediate useful light on politics. On the question of "theoretick and practical Perfection," he said that "an object pure and absolute may not be so good as one lower'd, mixed, and qualified".[30]

Burke may be seen as an anti-Platonist in yet another way. Burke's power as a rhetorician constituted the whole of his intellect. Plato's Socrates in *The Republic* reviles the poets and elevates philosophers in their place. On the other hand, if Plato believed that knowledge could only be achieved by the movement towards philosophy and away from the belief that there are mysterious forces at work in a universe in which the natural and social orders are as one and can only be understood through myth and image, he did not entirely free himself from them.[31] The irony may be that Burke was a Platonist in one sense, in that, like Plato, he invoked myth and image, as his mystification of the roots of the English constitution and his belief in the need for the presence of theatre in life prove. In another sense, he was, in his uses of rhetoric and eloquence and in his suspicion of the rational principle, a confirmed anti-Platonist. He combined his unremitting insistence on the politics of experience and of the particular, with, as Chandler phrases it, a "poeticization" of power relations. Indeed, Burke may have been trying in his characteristically unsystematic manner to reclaim politics and morals from all the philosophers, Aristotle as well as Plato, using his great powers as orator and writer to make aesthetics the bearer of morals in a revolutionary world. In this respect, Chandler believes that Burke's true legacy may, after more study, be traced forward in time through some of the literary movements between 1789 and 1832, including the work of Shelley, a very unconservative poet, who was not the first nor the last to assert the privileged vision of the poet.

Chandler's discussion of imitation in tandem with representation reveals just how much Burke wished to set aside as unthinkable the idea of a society without the continuous power to act as a source of social continuity and order. Burke wanted to impose closure on any discussion threatening to expose the roots of power or unclothe figures of authority. For Burke, the illusions, including his notion of the nature of true representation, had to be preserved. Thus Rousseau, he intuited, was rightfully to be feared as a kind of non-illusionist—an image-breaker intent on stripping bare all the simulacra of civilized intercourse. Bringing these matters to the surface of British politics did not endear Burke to the power brokers in Whitehall who preferred to keep them undisturbed.

The revolutionary assemblies doubtless believed that in some measure they were living up to Rousseau's ideal. They gave Burke some warrant for his denunciation of an assembly of men who were "grossly ignorant of their trade, or totally negligent of their duty,"[32] or were still juvenile enough to think in terms of "high-bred republican[ism]," the last locution being Burke's way of indicting the ancient utopias.[33] The evidence is complex, but revolutionary and non-revolutionary politicians alike who debated the several parts of the 1791 Constitution and issues of representation were of several minds and believed themselves to be consistently faithful to or were fearful of departing from Rousseau's original principles.

I must now move on to a more specific examination of Philippe Raynaud's paper on Burke and the Germans, but I will confine most of my remarks to those figures who are not as well known as Herder and Kant. He sets out the background for Burke's reception in Germany by reminding us of the quarrels between Mendelssohn and Jacobi on the rationalism of the *Aufklärung*. August Wilhelm Rehberg resumed the argument and gave it greater dramatic resonance, eliciting replies from Kant and Fichte in 1793. By then Rehberg did not have to face insuperable obstacles in taking part in a discourse that was not entirely bounded by his own and his contemporaries' political and social contexts. The *Aufklärung* had entered into the realm of politics; and the spectre of theory had to be faced, since, if left unchallenged in its French manifestions, it could weight the scales against the questioners of pure reason. Even before Rehberg, Jacobi utterly dismissed what he regarded as the utilitarian and rational foundations of the Declaration of the Rights of Man. Justus Möser attacked it on other grounds as well. Rights are concrete, not abstract; history is a more certain guide to human needs than is reason; customary law is more enduring and ultimately a more stable source of order; and the idea of a *Contrat social* among equals is a fantasy, since a legal social order could not tolerate a challenge from supposed equally *willing* individuals. The parallels with Burke are striking.

Rehberg's critique of the Declaration of Rights followed. By deftly designating the respective but differing rights of the citizenry, dividing them into passive and active ranks, including the right to full or lesser representation, the participants in the debates following the acceptance of the Declaration inadvertently revealed the gap between theory and practice. Rehberg did not say whether the revolutionary debators comprehended the chasm's more subtle meaning; he adverted chiefly to their inexperience. This places Rehberg alongside Burke. But Burke's tirades against the practical inexperience of the revolutionaries showed scant respect for theory. As far as he was concerned, as we have seen, theoretical speculation of the kind with which French *littérateurs* appeased their own hunger for recognition, and the literary and popular world's demands for the sensational and for innovative schemes, no matter how bizarre, led straight to death.

Rehberg did not rely only upon the argument that practical experience was a desirable and necessary neutralizer of the tendency to abstract politicizing. He was as convinced as Burke that "political reason" was necessarily composed of irrational and empirical elements. He differed from Burke in his appreciation of the distortions that Rousseau and the physiocrats had suffered at the hands of the Constituent Assembly, and how, for example, Mably vulgarized Rousseau. Thus Rehberg did not draw an uninterrupted trajectory between the *gens d'esprit* and the Revolution, but saw more clearly that one of the questions that Burke merely touched on demanded further thought, namely, that the theory and practice of politics could not be ruled out as an illegitimate epistemological problem, and could not be relegated, as Burke would have preferred, to a netherworld, or because of his paranoia, wished to dismiss as the ravings of madmen. The points of similarity between Rehberg and Burke, as well as their differences, cannot be grasped unless, following Raynaud, we reconstruct the ways in which the German and the Anglo-Irishman may be compared. In the first place, the Kantian distinction between *Verstand, entendement,* understanding, on the one hand, and *Vernunft, raison,* or reason, on the other—the first, not the second, being applicable to questions of politics, was indeed bred in a non-Burkean context. But it had affinities with Burke's idea that an intellectual system that had no place for empirical observation and ignored cultural traditions was not trustworthy. If I may recall my earlier references to Aristotle's elaboration of the meaning of practical wisdom or *phronēsis,* it seems to me that what appalled Burke was the distance between political and moral truths and metaphysical ones. For Burke, the first error was to seek positive connections between them;[34] the second error committed by the French theorists was that they were confusedly positing a political community whose power should subsist on defining theoretical political rights for all, when in his view power and rights not only need not be related, but were, in the Britain and among the British thinkers he esteemed, in fact not linked; and that such a condition was not detrimental to rights and liberties.[35] Most important was his resolute opposition to any kind of fruitful relationship between theory and practice in politics. For all of Rehberg's agreement with Burke on the need for long experience in practical politics, he brought theory back into the picture by suggesting that the monarchy was in the best position—preferably but not necessarily acting in the framework of an English-type constitution—to express the *volonté générale,* since the prince, together with his councillors, alone had the political experience to act as mediator between theory and practice. Was this a cynical strategy or a genuine interest in dealing with the theory and practice of politics?

Raynaud's paper shows the German predisposition to philosophy in which there was a considerable intellectual preparation for the great events leading to the Revolution and the Revolution itself. That preparation included, for example, the way in which German thinkers, including Jacobi, anticipated the difficulty of reconciling Spinoza's rationalism and his concept of *conatus* with its assumptions of the equality of all *conatuses,* including those of non-human beings, with the Declaration's assumptions that all humans were equal. We saw how that equality was rendered problematic by the distinctions introduced between active and passive citizens. German critics of the Revolution thus came to see the Declaration as an illustration of the fallibility of Spinoza's rationalism, inadequate to the task of defining the criteria for what is recognizably human.

When Colin Lucas[36] turns to the relations between Burke and the émigrés, he takes up elliptically and cautiously the theme of context as well, showing that the welcome some of the leading theoreticians of the French counterrevolution gave Burke was prompted more by a need for political support than by any shock of seeing themselves reflected in Burke's book. Seminal though it was, it did not act as an Archimedean point for all of its admirers, whether polite or passionate. They in fact believed that their analysis of the coming of the Revolution and the route it was taking was not only superior to Burke's, but that Burke did not fully understand the nature of French political institutions. Not only that. Lucas reminds us that the counterrevolution was not a single bloc. It was in fact made up of warring factions. They ranged from the *monarchiens*, the *constitutionnels*, and the *purs* who came closest to Burke's views inasmuch as they, as he, believed in a historic French constitution that gave a crucial, almost mystic, place to the aristocracy, while giving a functional and hence lesser role to the monarch. "Je suis Royaliste," he said in a tone and spirit that would have found an echo in the effusions of the comte d'Antraigues, "mais Royaliste raisonné. Je ne suis pas fanatique pour les Rois. Je mesure mon attachement par l'utilité de leurs fonctions à jamais augustes et sacrées. . . . De garder le peuple contre les entreprises des grands et les grands contre les invasions des peuples, de tenir tout dans sa place et dans son ordre habituel . . ."[37]

Burke professed not to understand, though his own words should have told him otherwise, why the various anti-revolutionary factions engaged in deadly combat among themselves. He ruthlessly condemned those monarchists who had taken part in the Revolution's early stages under the illusion that power was in their grasp. Their main fault in his eyes was their uncritical acceptance of the most dubious theoretical premises of a literary cabal who managed to trick public opinion to the point of reversing the real and the ideal. Many of them, Colin Lucas demonstrates, owed their factionalism to the political discourse of pre-revolutionary France. They were imbued with its terms; in brief, the counterrevolutionaries may be said to have shared with the revolutionaries the roots of a common discourse, but it was only after the Revolution that they realized that they had to reckon with the consequences of the claims of the leading philosophes, and they did so without thrusting aside, as Burke did, all consideration of theory.

The abbé Maury granted that Burke was a great orator and statesman, who was nevertheless unable to detect the truth of French political culture, either before or after the Revolution. It is not surprising that Burke failed. His correspondence shows that he could expand his sympathies for émigrés and clergy who landed on British shores, and that he worried about the fate of the survivors of the ill-fated 1795 Quiberon expedition, who were to be branded as traitors and executed by the *bleus*. Yet his concerns were shaped as much, if not more, by rage against his own government that, he charged, failed to understand that the war in Europe could not be treated in terms of a traditional calculus of power, but must be invested with the energy of a crusade against the newest species of barbarians. The war for which he had clamoured almost from the start was a war to be fought for the preservation of England's "Laws and Liberties". He dismissed as impractical the argument that "an abstract principle of public law" prevented intervention in the affairs of France. For him the "public Law of Europe" was formed by the treaties guaranteeing the Protestant succession in England; as he saw it, the security of the latter was being seriously threatened by the combined efforts of English and French Jacobins and justified a war against both.[38] Jacobinism was the natural offspring of dissent; dissent was being fanned by Revolution; and unless unchecked, the English Jacobins would avenge themselves for the prostration of their radical progenitors by the victors of 1688.

He had, as I suggested earlier, preferences for some of the émigrés rather than for others. But I have time for only one example—I think a revealing one—for I believe it sums up Burke's abiding aversion for the "success of those who have been educated and hardned in the Shallow, contemptible and mischievous philosophy, oeconomy, and politicks of this Age, which make them indisposed and unqualified for any great work in the restoration of so great and so undone a Kingdom as France".[39] Just as many of the French émigré theorists regarded Burke a superficial observer of French politics, so Burke in 1792 accused Lally-Tollendal of being ignorant of the workings both of the British constitution and of ancient French constitutional practices. Politicians of Lally's stripe were not fit to be entrusted with the sacred mission of restoring France to its ancient state. Burke was not afraid to make himself the authoritative interpreter, if not the master of a single political and moral narrative. He was responding in part to the fact that many émigrés regarded him as a superficial observer of French politics.

Again and again we come back to Burke's defence of property and the justification of continuing the war against revolutionary France on the grounds that a nation is a "moral essence", which he unabashedly and immediately identified with a nation's proprietors against the despoilers of property. There was to be no suspicion that he meant his metaphor to be taken in any metaphysical sense. He spoke this way in 1796, when it looked as if Britain might withdraw from the war. Four years had elapsed since he lavished Lally with insults because of his rationale for the nationalization of clerical property. For Burke, property was the principal if not the sole justification of political power. In his *Letters on a Regicide Peace*, Burke looked to those who wielded it as the "natural representative of the people", thereby reiterating his old notion of virtual representation; but by adding that "on this body [the 400,000 men of sound substance in England and Scotland], more than on the legal constituent, the artificial representative depends,"[40] he not only revealed how much the idea of discontinuity between things and their representation was, on his account of it, of no practical consequence, but was nevertheless a sound political principle. If history and its prescriptions hallowed by age were a more reliable guide to human affairs than "speculatism," so was artifice desirable and necessary as a mark of civilization and a bastion against democracy.

In his interpretation of three groups of French thinkers, and their response to Burke, Franciszek Draus[41] tells us that not until the mid-point of the nineteenth century was Burke accorded serious attention, and then only in the works of Charles de Rémusat and Tocqueville. The former found Burke's *Reflections* an occasion to celebrate English liberties and a quasi-pietistic attack on the French for lacking the good fortune to share them. Tocqueville regarded Burke's disdain for the Revolution as a failure of historical insight and imagination: Burke saw it wholly in Manichean terms, withholding from it any positive universal significance. His characterization of the *gens d'esprit* was not routinely dismissive; it comes from his very bowels. If Tocqueville's own assessment of their role is flawed, he wanted desperately to know how they mobilized their intellectual energies on the eve of the Revolution, even if in the end his way proved to be limited.[42]

Before Rémusat and Tocqueville, the *monarchiens* (e.g., Mounier and Lally-Tollendal), the theocrats (Maistre and Bonald), and the early liberals (Madame de Staël and Benjamin Constant), gave Burke no extended treatment. But we may infer that they found the terms in which he thought it best to set out his political beliefs of no practical consequence. Indeed, what Draus's survey demonstrates is that they were probably put off by Burke, who in claiming to speak of history's larger goals, was actually thinking of the unfolding of English history, to which he gave a sacred and unique character. He found it hard to envision a practical and a fair politics in any other setting. Burke had a basic distaste for the *monarchiens* who, either in a moment of forgetfulness (this would be that side of Burke at his most generous), or because of a lack of political wisdom (this would be that side of Burke who was asserting his most profound beliefs), had taken the fatal steps toward French ruin. It was as if Burke were saying that, however much the *monarchiens* and other groups of politicians who entered the dangerous game of revolutionary politics, separated themselves in succession from their more radical successors, they were all tainted with the original sin of kicking the props of a genuinely reformable situation from under the monarchy and the privileged orders, including themselves. Their major sin was their elevation of reason and theory at their most useless. Their second was that they had convinced themselves that they could undertake the regeneration of France without compromising their self-interest as custodians of an ancient patrimony, their own and the monarchy's. Once Burke condemned the men of letters and their presumed revolutionary imitators in such an outright manner, it was impossible to discover any one in France, except the princes and their allies, highly placed or simple peasants, for whom an exception could be made from his condemnation of coteries of subverters held together by invisible ties.

But we must shift the focus back to the French critics of the Revolution. The theocrats saw no point in approaching Burke to support their views. They looked more to God than to history, and used reason to advance their arguments. Maistre was Christian in a way that Burke was not; and he could also produce a theological politics in which God could figure both as a punitive and protective father. Burke could not allow a role to Providence that would erase the movement of history. The early liberals found his crusading zeal totally at odds with their own readiness to salvage some enduring goods from the Revolution. It was the absence, they said, of reason that led to the errors of the Revolution. Madame de Staël, Draus tells us, spoke about finding the way to end the Revolution and to establish the Republic on durable foundations by plumbing the depths of pure republican theory. This was de Staël's answer to Jacobinism. Burke saw Jacobinism as the ultimate expression of the Revolution and cast down its progenitors and its apologists, who looked to cure it with the poison that had brought both into the world together. Such opposed views explain a good deal about the eclipse of Burke's thought from

Madame de Staël's considerations on how to terminate the Revolution. But we have to rely on an argument based on the absence of any direct confrontation with Burke's ideas. Constant's relationship to Burke's ideas would probably benefit from closer inspection. He tended to treat Burke's anti-theoretical stance ironically. But this may have been less important than the different ways in which each came to see the art of political oratory. Long after Burke was dead, Constant placed much hope in eloquence as a means of advancing political understanding. Burke had enthusiastically embraced rhetoric as an instrument of political violence that he justified as a strategy in a life and death struggle. Constant thought that parliamentary debate could become the normal mode of political communication ensuring reasonable and peaceable resolution of political differences.

In his reaction to the theoretical propensities of Englishmen outside the Establishment, who were animated by traditions of religious dissent with strong political elements derived from theories of human nature, the place of property, and not least legitimacy, Burke was participating in a political discourse that could not but bear on theory, even as he claimed to reject its cogency or centrality. The papers in this section expand our notions of contexts and discourses. These were not only plural, but crossed boundaries, and drew thinkers from diverse cultures into what may be called a common discourse. Thus we are entitled to speak of distinctive intellectual contexts, and, for want of a better term, a shared vocabulary, which served as a common reference pool, from which thinkers drew at will, and shaped to their individual purposes and within their particular social and political experience. The Revolution brought about a "transformation of European political culture" by straining the intellectual resources of particular discourses. It made more evident and took further the notion, held in the leading centres of European intellectual life, that the active participants in the intellectual movement, which they consciously acknowledged as an "Enlightenment," had been a discourse with diverse manifestations. If Burke did intend, as John Pocock says, to destroy the premises of his adversaries by inventing a "meta-discourse," he did not succeed. In large part, he failed, because while he claimed to be speaking in the name of universal principles, he prided himself in resolutely defending the primacy of the English discourse that he asserted shaped the limits of the proper and improper practice of politics. Just as he saw himself as privileged interpreter of English political wisdom and did all he could to resist political conceptions alien to it, others assumed custodial roles for their own ways of receiving the French Revolution. The Enlightenment had generated widespread debate on politics, morals and power almost everywhere in Europe; the Revolution converted that debate into life and death questions and widened it; Burke's considerable intellectual energies helped to shape, albeit unsystematically and indecisively, Europe's post-revolutionary vision.

## Notes

1. See John G.A. Pocock, "The Concept of a Language and the *métier d'historien*: Some Considerations on Practice," in Anthony Pagden, ed., *The Languages of Political Theory in Early-Modern Europe* (Cambridge, 1987), pp. 19–38 and Roy Porter and Mikuláš Teich, eds., *The Enlightenment in National Context* (Cambridge, 1981).

2. See the fundamental study by Quentin Skinner, *The Foundations of Modern Political Thought*, 2 vols. (Cambridge, 1978).

3. "Edmund Burke and the Redefinition of Enthusiasm; the Context as Counter-Revolution."

4. Richard L. Ashcraft, *Revolutionary Politics and Locke's Two Treatises of Government* (Princeton, 1985), esp. pp. 572–89.

5. François Furet, *Penser la Révolution française* (Paris, 1978), pp. 71–72. [François Furet, *Interpreting the French Revolution*, trans. Elborg Forster (Cambridge, 1981)].

6. Mona Ozouf, *La Fête révolutionnaire, 1789–1799* (Paris, 1976). [Mona Ozouf, *Festivals and the French Revolution*, trans. Alan Sheridan (Cambridge, 1988)].

7. Jean Starobinski, *Jean-Jacques Rousseau, la transparence et l'obstacle* (Paris, 1971). [Jean Starobinski, *Jean-Jacques Rousseau. Transparency and Obstruction*, trans. Arthur Goldhammer (Chicago and London, 1988)].

8. Jacob Talmon, *The Origins of Totalitarian Democracy* (London, 1952).

9. Edmund Burke, *A Philosophical Inquiry into the Origins of Our Ideas of the Sublime and Beautiful*, ed. J.T. Boulton (London, 1958).

10. See Ronald Paulson, *Representations of Revolution (1789–1820)* (New Haven and London, 1983); W.J.T. Mitchell, *Iconology. Image, Text, Ideology* (Chicago and London, 1986). I consider these themes in a forthcoming article, "Edmund Burke's Language of Politics and His Audience."

11. F. and C. Rivington, eds., *The Works of the Right Honourable Edmund Burke*, 8 vols. (London, 1803) 7: 364–68. Hereafter cited as *Works*. Cf. Burke's remarks to Earl Fitzwilliam, 30 November 1796 on the situation in Ireland which he believed was "perpetuat[ing the] dilemma between Tyranny and Jacobinism; the Jacobinism too tasting of Tyranny, and the Tyranny rankly savouring of Jacobinism". See Thomas W. Copeland, et al, eds., *The Correspondence of Edmund Burke*, 10 vols. (Cambridge and London, 1958–78), 8: 139. Hereafter cited as *Correspondence*.

12. Burke to Depont, November 1789, *Correspondence*, 6: 42.

13. "Burke et les Allemands."

14. Lettre à M. le marquis de Mirabeau, 26 July 1767. The relevant passage reads in whole: "En un mot, je ne vois point le milieu supportable entre la plus austère démocratie et le hobbisme le plus parfait: car le conflit des hommes et des lois qui met dans l'Etat une guerre intestine continuelle, est le pire de tous les états politiques." See C.E. Vaughan, *The Political Writings of Jean Jacques Rousseau*, 2 vols. (Cambridge, 1915), 2: 161.

15. See Roger Ayrault, *La genèse du romantisme allemand* (Paris, 1961–76), 1: 120–27.

16. Edmund Burke, *Reflections on the Revolution in France*, ed. Conor Cruise O'Brien (Harmondsworth, 1968), p. 196. Hereafter cited as *Reflections*.

17. See *A Treatise of Human Nature*, L.A. Selby-Bigge, ed. (Oxford, 1896), Book III, part 2, chapters 7-8.

18. On Hume, see Paul Lucas, "Edmund Burke's Doctrine of Prescription; or an Appeal from the New to the Old Lawyers," *Historical Journal* 11 (1968), pp. 60–63. Also consult, J.G.A. Pocock, "Burke and the Ancient Constitution—a Problem in the History of Ideas," *Historical Journal* 3 (1960), pp. 125–43.

19. Cf. J.G.A. Pocock, "The Political Economy of Burke's Analysis of the French Revolution," in *Virtue, Commerce, and History* (Cambridge, 1985), pp. 193–214, for the view that Burke traced the rise of commerce to the cultivation of manners.

20. *Reflections*, p. 172.

21. *Penser la Révolution française*, pp. 103–4.

22. "Poetical Liberties: Burke and the 'Adequate Representation' of the English."

23. *Works*, 4: 30–40.

24. André Michel, ed., *Correspondance inédite de Mallet du Pan avec la cour de Vienne (1794–1798)*, 2 vols. (Paris, 1884), 1: 125.

25. *The Theory of Moral Sentiments*, eds. D.D. Raphael and Alec L. Macfie (Oxford, 1976), VI. ii. 2.10–17 (Part VI, section ii, chapter 2, paragraphs 10–17).

26. Burke to Depont, *Correspondence*, 6: 48–49.

27. See Reed Browning, "The Origins of Burke's Ideas Revisited," *Eighteenth-Century Studies* 18 (1984), pp. 57–71.

28. See the section on Burke in Leo Strauss, *Natural Right and History* (Chicago and London, 1950). Strauss thinks of Cicero as Burke's spiritual ancestor, but does not discount Aristotle's importance. See also, Gerald W. Chapman, *Edmund Burke: The Practical Imagination* (Cambridge, Mass., 1967).

29. *Nicomachean Ethics*, trans. Martin Ostwald (New York, 1962), 1141b28–29, 1141b8, 1141b15, 1140b6, 1143b28. Cf. the passage in the *Reflections*, p. 196, in which Burke talks about virtue as being the way for human beings to perfect their nature.

30. Burke to Depont, *Correspondence*, 6: 48–49.

31. See Alasdair MacIntyre, *Whose Justice? Which Rationality?* (Notre Dame, 1988), pp. 14, 88–89.
32. *Reflections*, p. 153.
33. *Ibid.*, p. 154.
34. *Ibid.*, p. 153.
35. *Ibid.*
36. "Edmund Burke and the Émigrés."
37. Burke to Sandouville, post 13 October 1792, *Correspondence*, 7: 263.
38. Burke to Grenville, 18 August 1792, *Correspondence*, 7: 176.
39. Burke to the abbé de la Bintinaye, 3 August 1792, *Correspondence*, 7: 166–67.
40. Colin Lucas, "Edmund Burke and the Émigrés", p. 101.
41. "Burke et les Français."
42. Harvey Mitchell, "Tocqueville's Mirage or Reality? Political Freedom from Old Regime to Revolution," *Journal of Modern History* 60 (1988), pp. 28–54.

CHAPTER 1

# Edmund Burke and the Redefinition of Enthusiasm: the Context as Counter-Revolution

J. G. A. POCOCK

THIS colloquium is "devoted to an assessment of the transformation of European political culture in response to the French Revolution in the period up to 1850," and is mainly concerned with the Revolution's role in the historical memory of the first half of the nineteenth century. Burke is in some ways a strange choice to introduce such an enquiry; he died in 1797, a surviving witness to a somewhat imaginary Whig regime which had been upset by George III in 1783-84, and the restatement of his anti-Revolutionary writings, so that they became part of the liberal conservatism of late Georgian and early Victorian Britain, is a complex subject which has been strangely little studied. The decades from 1790 to 1830 from the true *Sattelzeit* in the history of English-British political discourse, and though Burke's texts form part of what was going on in that period, he did not himself belong to it. Many changes in the vocabulary, content and style of anglophone discourse occurred in the course of that *Sattelzeit*, and the response to the French Revolution was only one major factor in occasioning them; and that response moreover, was often hostile and still more often uncomprehending. Of even the warmest English sympathizers with what was going forward in France it could be said, as the Parisian authorities said of Thomas Paine when they had him in gaol in 1794, that their "genius had never truly comprehended the principles of the Revolution".

Britain is therefore a strange place at which to begin "assessing the transformation of European political culture in response to the French Revolution," and Burke, though powerful, is an idiosyncratic figure with whom to begin assessing the British response. But the theme of "Burke" is in large measure co-terminous with the *problématique* expressed by the words "Pourquoi entrer en Revolution?," and that certainly is a question to which Burke presented a number of answers.[1] These are not normative in character; he saw no good reason why the French or anyone else *should* enter upon a revolution, but he gave a number of arresting reasons why they *had* so entered, and why others might find themselves in the

19

same predicament. Burke's explanations of the process are interesting in themselves; they help us understand the peculiar character of the British response to the Revolution; and I hope to show also that they constitute a discourse, a counter-discourse, or perhaps even a meta-discourse, which penetrates deeply, if at an angle obtuse rather than acute, into currently fashionable explanations of the Revolution as discourse, which our colleagues have been putting forward.

Let me state, necessarily somewhat coarsely—since I am not a specialist in the history of the Revolution—those explanations as I understand them.[2] They present the Revolution as a sudden and explosive assertion of the sovereignty of discourse; more, therefore, than as an event which can be studied as discourse. The serial collapse of the ancient governing institutions produced a situation in which all persons seemed free and at the same time necessitated in reshaping their political universe, and in so doing to reshape themselves. There was already available a rhetoric, based on a cult of republican rhetoric in the ancient world, according to which the political animal was what he—rarely she—affirmed himself to be by the exercise of public speech in a public place. The institutions of political life existed as they were declared, in speech, writing or marmoreal inscription; even the Rights of Man took on actuality in virtue of a Declaration. There was a terrifying and intoxicating freedom to say, to be, and to become what one said one was; communities of speech appeared everywhere, in which legislation, as the ancient world understood the term, took the form of a kind of mouth-to-mouth resuscitation, a creation or re-creation of identity in the immediate encounter of speaker with respondent. But in this multiplication of Adamic moments, when every word was the creation of a world, there was no room for contradiction, ambiguity, irony or implication. All must be *transparence*; the word must incarnate itself immediately, like the sun shining through glass in the simile of medieval Christology. The counter-statement must be the enemy of speech itself, and therefore of liberty and virtue; every debate came to be *à l'outrance*, and the self-intoxication of speech was terror. It was difficult to kill Saint-Just without falling back into hypocrisy, but it seemed to some worth it. There was a certain honesty about the very dishonesty of some leading Thermidoreans.

It is not my intention to produce a polemic against the revolution of discourse, but it is difficult not to do so once one begins articulating the encoded structures of English political and historical rhetoric. To write a radical language one must today spend most of one's time deconstructing the speech of others, which was only part of how they spoke in the cruel innocence of the revolutionary dawn. If they were legislators and terrorists (it was still a pre-modern world), we, if we become revolutionaries, are likely to be apparatchiks and inquisitors. My point, however, is that an antipathy to the sovereignty of self-creating discourse is deeply encoded in the English language, which contains many effective ways of saying that the same is necessarily true of language itself. This was already the case in the time of Burke, and his indictment of revolution is an indictment of the freedom of discourse to create the world unilaterally; it is the image of the Revolution I endeavoured to summarize which Burke was attacking when he denounced the "metaphysician" as legislator. Though he powerfully developed this capacity latent in English political discourse, he did not place it there. To understand the British response to the French Revolution, we must study not Burke's response alone but the context in which it came to be formulated; some English answers to the question "pourquoi entrer en Révolution?" will appear in the course of our doing so.

Burke's *Reflections on the Revolution in France*[3] was occasioned largely by Richard Price's sermon *On the Love of Our Country*, delivered to the Revolution Society of London in celebration of the one hundred and first anniversary of William of Orange's landing in England, three hundred years ago. If we consider these facts and study the two texts involved, one thing becomes clear. To these English disputants, the news of the French Revolution necessitated a renewed discussion of the English Revolution a century before; they debated whether the revolution in France was legitimated by the revolution which had occurred in England, and whether the revolution in England should be interpreted in such a way as would render it a precursor of the revolution in France. These theses and anti-theses for interpreting what had happened in 1688 were well in place by the time of the events of 1789, and even when it was agreed—as it was on all sides—that the revolution in France was an event of a different order of magnitude from any which had occurred in modern history, these arguments furnished the norms, the parameters and the contexts in and by which such a statement could be made.

What this means is that the French Revolution was capable of generating radical renewals and even innovations in the conduct of English political discourse, but not of generating a revolution of discourse itself, such as the model I have summarized attributes to France. There was not going to be a moment at which the English looked at each other with new eyes and spoke to each other in new words, reconstituting their country in the utterances of liberated speech. If any English men or women desired such an experience—and it is important that some did—they must go like the young Wordsworth to France for it, as their descendants in the 1930s went to Moscow or Barcelona in search of the dawn in which it was bliss to be alive. Richard Price shows us, no less certainly though much less richly than his antagonist Edmund Burke, that the English of 1789 discussed the Revolution in France in terms of their own Revolution of 1688. To do so might in principle transform the terms in which they discussed 1688, but could not render them transparent; there might be radical changes in discourse, but there would not be revolution. The greatest English exponent of the perception that the Revolution had altered the nature of language itself was William Blake, and he spoke from under ground. Where his predecessors in the Civil War sects had spoken with tongues in the midst of their congregations, Blake was driven to invent his own mythology, engrave his own visions and design his own everlasting gospel in the solitude of his craftsman's workshop. He has been called "a man without a mask,"[4] but *transparence* is too public and too republican a term to be applicable to him; he was a prophet but never a citizen.

Our contemporaries display the Revolution as a text, or rather as the writing of one; with France as the text to be rewritten. What I am saying is that the English translated the text as it reached them into terms of their own which were already well established, and thereby contextualized it, subjecting it to the discipline of a discourse externally existing; as perhaps the Dutch or the Swiss might have done if the revolutionary word had not reached them in the wagons of a revolutionary army, and as of course the Prussians did even under those conditions. But by the standards which the model of revolution by discourse presents, contextualization is an action necessarily conservative; the freedom to create is moderated by a structure of givens. If there had already existed an English radical discourse capable of reformulating the text of Hanoverian politics, it would have possessed its own structure and subtexts, and must have striven to contextualize and assimilate any discourse reaching it from France. Freedom is necessarily imperialist once it looks to the frontiers of its own dialectic. It is in fact a matter of debate among historians of England whether such a radical discourse existed, and I incline to the view that there was none with enough revolutionary potential. If there was a radical discourse it was an inheritance from the English past—this is true even of Thomas Paine—and one is left repeating the received wisdom that because England had undergone a revolutionary experience in the seventeenth century (and a revolutionary experience is not the same thing as a revolution), England was a deeply anti-revolutionary society in the eighteenth and nineteenth.[5] In English politics the revolution was over and done with; I am of the opinion that it had failed; but even if it had been still going on, or if in the 1780s it had broken out again, it would not have been the revolution which the discourse model attributes to France, and would have striven to contextualize it.

Let us now return to Burke and to "pourquoi entrer en Révolution?" We see that we are committed to some exercises in double encoding. The English and the French Revolutions were being stated and re-stated in one another's light; there existed two modes of interpreting 1688, the one conducive to hostility and the other to sympathy towards what was happening in the France of 1789. Burke expounded the former interpretation of the English Revolution; he was concerned also to state why exponents of the latter interpretation were sympathizers with the revolution in France, and why it was dangerous that they should be. This led him to take the further step of considering why the Revolution had happened in France, and to give answers to the question "pourquoi entrer en Révolution?" on the basis that the Revolution was a French event with a French history. He was, further still, concerned with the Revolution as a European event, occurring in the history of Europe as the Anglo-Scottish Enlightenment understood and presented it; and in his later writings—above all in the *Letters on a Regicide Peace* with which his life closed—he exerted himself to depict it as a process subverting all Europe, and to depict Europe as the structure undergoing this subversion. But his eye did not cease to be on the Revolution's English sympathizers, and the question "pourquoi entrer en Révolution?" is addressed to them to the point where it becomes a question of their involvement in revolutionary processes which can be imagined if not encompassed in Britain.

Two problems must now be considered. How far was Burke's interpretation of the Revolution as a French and as a European event achieved by application of arguments and perceptions framed in the interpretation of British history since 1688? How far did he see the Revolution's English sympathizers as involved, and how far shall we see them as involved, in the revolutionary processes occurring in France and Europe? To rephrase the latter question: were those styled "English jacobins" revolutionaries operating as such in an English context, or were they the first fellow-travellers, fascinated by the spectacle of a revolution occurring abroad but unable to translate it effectively into words or actions of a revolutionary character in their own sociopolitical system? How effectively did the two texts—French and English—interact with one another? Was "pourquoi entrer en Révolution?" a question that could be asked in English?

The Revolution of 1688 had occurred in two interwoven contexts, which may be separated as civil and ecclesiastical. In the former setting, there had from the outset existed a repressed, which we take to be a minority, opinion that the fabric of government had, or should have, been momentarily liquefied and re-created at or after the flight of James II: that there had or ought to have occurred a dissolution of government and a reversion of power to the people. John Locke, who had written a programme for such a revolution in the early 1680s, published it in 1689 with the hope that the Convention Parliament then sitting, which had assembled as an emergency measure in the last days of James's reign, would remain in being as a *convention constitutionnelle* instead of declaring itself a parliament, which would imply that the structure of the constitution remained unaltered and constricted its sovereignty.[6] But Locke's hopes had been disappointed; and by declaring itself a parliament, the Convention had proclaimed that history was still sovereign in England, in the form of historic or "ancient" constitution. Nothing could be more anti-revolutionary by the standards of the *Tiers Etat* one hundred years later; and Burke's polemic against the French Revolution begins as a polemic against what he saw as Price's attempt to maintain the myth that the English Revolution had entailed a dissolution of government, after which the crown had been re-conferred by the people on revocable terms. Burke had the statutes on his side; there was no doubt that this had not occurred in law, or in the facts as the law constituted them. We might wish to add that he had the great renown of Locke against him, were it not for the fact that neither Burke, nor Macaulay two generations later, thought it worth mentioning Locke even in refutation. We might then suppose that Locke was not after all the received exponent of the revolutionary reading of 1688, were it not for the fact that in 1781 Josiah Tucker had published an attack on the American Revolution, and on Price's support of it, as founded on a Lockean heresy of government.[7] Since Burke had at that time been in a marginally pro-American posture, he had found himself one of Tucker's targets, and perhaps this helps explain his silence about Locke nine years later.

1688 is therefore the source of Burke's insistence on the primacy of history: on the affirmation that every act is performed in a context of previously given facts and norms, over which it does not possess absolute or revolutionary power. This does not mean that every act must be the perpetuation of a legal or customary precedent; on the contrary, Burke insists that the English Revolution was an emergency measure, justified by necessity rather than by right, and even that it was an act of just, because necessary, civil war. But this action was undertaken not to create a constitution but to preserve one; it was not the author of its own legitimating conditions, but was justified and controlled by the authority of a history which had come into being without it. The text may rewrite the context, but does not inscribe it on a *tabula rasa*; does this mean that in civil history there is more to be said for Golden Calves than for Decalogues? But the Revolution of 1688 had been enacted in ecclesiastical history as well as in civil, and without understanding this we shall never understand what Price was saying in 1789, what Burke was saying about him, or what either was saying about the Revolution in France.

The English Revolution had been a crisis in the history of the Church of England, or to be more accurate in that of the Anglican church-state.[8] It had been undertaken because James II had made a bid for Dissenting support in his programme of protecting and promoting Catholics, and had therefore been in part a preemptive strike aimed at keeping the Dissenters on the Protestant side as the Church of England defined it.[9] Since the Dissenters were Protestants, this had succeeded, though narrowly, at the cost of leaving the Church threatened with reduction to a mere department of a state which had been reconstructed with a minimum of reference to it. A detail of this reconstruction had been the Toleration Act of 1689, in which the church-state had reluctantly agreed to cease regarding Dissenting worship as itself unlawful, while continuing to insist that those who engaged in it should do so at the price of exclusion from crown office or membership in corporations. This amount of toleration had been conceded only to certain categories of Dissenters; Catholics had been excluded from it, and so had those more radical Protestants who denied the Trinity or the full divinity of Christ, and therefore denied that the Church possessed authority as an extension of the divine body. It was Dissenters of this strain of opinion who had been campaigning through the 1770s and 1780s against the implications of toleration, and in demanding that full civil rights should be conceded irrespective of religious profession had approached the demand for a complete separation of church and state—a demand on the point of being granted in the revolutionary United States. Richard Price was among the leaders of this campaign, who it is important to note were recruited both from Socinianized Presbyterians and other Dissenters, and from Anglicans no longer able to subscribe to the more Nicene or Athanasian of the Thirty-Nine Articles.

John Locke re-enters the scene here. His religion, though he never left the Church of England, was a strongly Socinian kind,[10] and it is probable that the Rational Dissenters—as those of Price's stripe came to be called—knew this. He had been an outspoken enemy of all kinds of clerical magistracy, and his concern to see Parliament become a Convention may have been connected with that fact; what the status of the Church would have been in an England where the constitution had been dissolved and reconstructed we vainly guess. But the Rational, and mainly Unitarian, Dissenters were interested in stating that in 1688 the constitution had been re-affirmed by nothing but an act of the people's will precisely because doing so reinforced their claim to civil liberties irrespective of church membership. A Revolution which had disregarded the historic constitution in church as well as state would have claimed civil rights on civil grounds alone and made no commitment to either the church apostolic or the church as by law established. But this does not mean that Unitarian thinking was ceasing to be either apostolic or erastian. A consequence of their steady erosion of incarnationist theology was that religion in their minds was coming to be identified with enquiry with reason's search after beliefs in which it could rest satisfied; so that—as Burke had remarked of their American brethren in 1775—liberty of religion was coming to be identified with religion itself. Those who followed "the dissidence of dissent and the protestantism of the protestant religion," in Burke's phrase, and in Tucker's would protest against their own religion if they could find nothing else to protest against,[11] were apostolic in the sense that they identified Christ with the entire liberty of reason, and erastian in the sense that they would deny the church all partnership in the civil power, so that the civil power might have liberty to recognize that the liberty of reason was the sole foundation on which it rested. The separation of church and state, at which they ultimately aimed, rested less on a secularization of religion than on an identification of religion with the secular.

This was the most revolutionary programme to have been formulated by any organized group of Englishmen, and it is deeply involved in the debate between Burke and Price over the interrelated meanings of 1688 and 1789. To this extent the revolution in France became a crucial episode in the English controversy between established and nonconformist religion; we shall see what aspects of the French Revolution the English debaters seized on to make it such. Before pursuing that, however, it is important to emphasize that in Unitarian theology, which cared nothing for doctrine and everything for sincerity, everything for the openness of belief and nothing for its content—which did not prevent the practice of an austere if largely destructive and intellectually rigorous critical discipline—we find the nearest approach to a Rousseauist *transparence* to be discoverable in the English discourse of the years before the French Revolution. Religion was to be identified with the enquiring spirit, and the enquiring spirit might be left alone with itself; enquiring spirits must therefore be open to one another, and if their practice of openness were identified with their practice of civil rights, there might come to be a *transparence* as the very structure of civil society. Josiah Tucker seems to have sensed this when he identified "honest, undissembling Rousseau" with Locke by way of Price and Priestley, and condemned all four for subverting society in the name of spirit.[12]

We can introduce Rousseau into England only through ultra-Protestant channels, and this means that the context of late-Protestant debate is discursively prior to the appearance of a revolutionary *transparence*. In this debate, it requires next to be noticed, the established church and its defenders had had a term for *transparence* ever since the middle of the preceding century; and that term was "enthusiasm". A technical term of many meanings, "enthusiasm" in the crudest sense denoted the erroneous belief in personal inspiration, but "enthusiasm" and "inspiration" are of course linguistically interchangeable and both denote the infusion of spirit into flesh, in this case the mind, sensorium and brain of the worshipper and professor of beliefs. It was the central and very difficult debate of eighteenth-century philosophy, theology and ecclesiology to determine how the word could be made flesh, how the word of the Lord could come to the prophet or be deposited with the church, when the word might be the vehicle in communicating the spirit and when it might be for the spirit to interpret the word; the quality of antinomianism is not eliminable from Christianity.

But in all this debate the term "enthusiasm" was normally used in condemnation; to denote the belief in personal inspiration and the spirit's presence when it was false (as it almost always was). This polemic took one of its main thrusts from the reaction against the sects and spontaneous groups of the English Interregnum, the gathered congregations who had met together in the belief that the spirit was present and active among them. Since under the conditions of a dissolution of government this entailed a rejection of successive kinds of authority, it had endowed often plebeian men and women with an articulate capacity for criticism and rejection of successive features of the social structure, the nearest thing to a revolutionary consciousness (it can be debated how near) to be found in English history; and this had by no means been forgotten a century and a half after 1649. Since, furthermore, it was by means of the word that the spirit manifested itself in the congregation, it was the spirit that uttered the word; and by a logical and theological consequence, the spirit did not suffer constraint by the word. The step could now be taken of affirming that the spirit emancipated itself from and annulled the word; this was the crucial move in attaining the capacity for a total criticism of society; and it followed that first the text was emancipated from the context, and then the speaker and interpreter from the text. There might be no word apart from the spirit that uttered it; no God apart from the men and women in whom he was made actual; no spirit apart from the flesh in which it was incarnate; no inspiration apart from the reason in which it was intelligible. Everyone of these positions was adopted here and there in the brief history of the Interregnum sects, and recorded and remembered here and there in print. Once Jesus Christ was spoken of as "the great spirit reason," the possibility existed and was recognized of extracting a revolutionary rationalism from a strictly theological debate; and this could happen at elite and learned, as well as at plebeian and congregational, social levels.

The defenders of religious and social structure in eighteenth-century Britain understood this very well, and were fully capable of identifying as enthusiasm any attempt to establish the reasoning mind's ascendancy over the contexts in which it reasoned. The mind's worship of its own ideas about God, they said, substituted itself, in the pathological condition known as enthusiasm, for the worship of God and led both logically and psychologically to the mind's worship of itself as divine. This critique of enthusiasm was advanced by the sceptic David Hume as effectively as by any churchman, and both Hume and Gibbon are in a significant sense allies of the moderate religious establishments in the two kingdoms constituting Britain.[13] The verbal assaults on royal and aristocratic political power going on in the 1780s were launched largely by groups simultaneously engaged in the antitrinitarian dissenters' campaign against religious establishments and the civil penalties which were the price of toleration; and it can be debated whether the religious or the secular aspect of their agitation had primacy over the other. The defence of the whig political order therefore included a defence against enthusiasm. There was no hesitation in applying the term to identification of religious liberty with religious practice, or to the reasoning which identified the rights derived from society with the authority of society itself; and there would be none in applying it to the revolution of discourse or to revolutionary *transparence*, once these phenomena became identified in the minds of English or Scottish observers. The rational dissenter, claiming absolute freedom for reason in the pursuit of religious truth, was just as much an enthusiast as any millenarian radical thundering apocalyptic from a wayside pulpit; the sceptic could condemn the atheist for the same intellectual vice. We have next to see how this critique of pure reason became part of both Burke's critique of revolution and his explanation of how it had ocurred in France.

The *Reflections on the Revolution in France* is an intertwining of a polemic against Price's reading of the events in England in 1688 with a polemic against the

National Assembly's proceedings with regard to the French Church. As Burke's text unfolds, the primary and central event constituting the Revolution is not July 14 nor August 4—both are hardly mentioned—and even the scenes at Versailles on October 6 may be read as a culmination rather than a beginning. The true revolution as Burke saw it took place when the Assembly seized possession of the lands of the Church as security for the issue of *assignats*, and set about converting the clergy into the salaried officials of a state-maintained religion. It was hard for Charles-Francois Depont[14] to fathom the depths of Burke's revulsion against these enactments, but its roots were embedded in the logic of English history; and we shall never understand Burke's analysis of the Revolution as a social event if we do not accept that for him it was primarily an event in the religious history of Europe.

What the National Assembly had done was not the separation of church and state as called for by Joseph Priestley or Thomas Jefferson, but it was disestablishment as Burke understood the term. In his view of the sacred and civil order, each great institution must be established on the foundation of its own property, since property was the mode of presence in the order which God had established among men. He therefore much doubted whether any church reduced to apostolic poverty and then to an entire dependence on the state could be expected to preach the Christian religion at all; a very ancient debate in Latin ecclesiology. Richard Price was probably no strong advocate of the National Assembly's proceedings; he would surely have preferred congregations voluntary in their membership and contribution, an ecclesiastical revolution on the American model. But in his sermon to the Revolution Society he had declared that kings should be subject to the judgment of their people, and this was enough to convince Burke that he was applauding the disestablishment of churches by fiat of the revolutionary state. The *Reflections* therefore proceeds to explore the character of the French Revolution as an event defined by what it had done in respect of the Church, and it is here that we encounter Burke's explanation of the Revolution as a crisis arising in the structure of French society.

He identifies two social groups as committed to the conduct of the French Revolution as he understands it. The first is the creditors of the French state. The "vast debts," he says, of the last years of the *Ancien Régime* had caused the growth of "a great monied interest, and with it a great power";[15] "the most dangerous of all parties—I mean an extensive, discontented monied interest, injured and not destroyed."[16] After using the first of the phrases quoted, Burke embarks on an explanation of how it was that movable and landed property were not as closely integrated with one another in France as in Britain, so that the jealousy of the former's owners against their exclusion from "the noble ancient landed interest" had led them to "strike at the nobility through the crown and the church . . . on the side on which they thought them the most vulnerable, that is, the possessions of the church, which, through the patronage of the crown, generally devolved upon the nobility".[17] We may seem here to be in the presence of a nascent explanation of a revolution of the *bourgeoisie*, and indeed there is evidence reinforcing the view that this was Burke's interpretation. In 1791, for example, he was to write in *Thoughts on French Affairs* that "the moneyed men, merchants, principal tradesmen, and men of letters . . . are the chief actors in the French Revolution";[18] and repeatedly in the *Reflections on the Revolution in France* he declared that its effects would be to shift political power irrevocably into the towns, since "burghers", living in densely-settled areas and owning movable property, were for those reasons addicted to innovation and capable of instant political combination. However, Burke did not mean by these remarks to assert that partners in entrepreneurial capital, invested in commerce and industry, were seizing political power in order to further their activities, and we ordinarily use the term *bourgeoisie* to suggest that this has been going on. Burke does not use it at all; it is a curious fact that though competent in French he always refers to the French *bourgeois* by the Anglicized Dutch term "burghers", and this may be connected with the further fact that the English words "borough" and "burgess" had not given rise to any adjective or noun of assembly. There is no English word for the *bourgeoisie*; the term has had to be imported.

More can be learned, however, by exploring the implications of the term "monied interest", which Burke as we have seen employs repeatedly. It was a Tory term, developed in the reigns of William III and Anne by such writers as Davenant, Swift and Bolingbroke, to denote those who had invested capital in the systems of public credit set up after 1688 to stabilize the English Revolution and prosecute the wars against France in Europe. It denoted the investment of capital in the state rather than in commerce or industry, and though investors of this kind were obviously merchants and tradesmen for the most part, "the monied interest" was verbally as well as functionally distinct from "the trading interest" no less than from "the landed". Burke uses the term of France as it had been used in England, to denote the creditors of the state: the proprietors of the public debt. Furthermore, the currency in which "the monied interest" traded, the property by which it exercised power, was not perceived as gold and silver multiplied by investment in commercial enterprise, but as paper: the notes of the Bank of England, and still more the government stock whose value was determined by fluctuating public confidence in the regime's ability to repay its debts in a future which the growth of the National Debt postponed until it became indefinite.[19] In an economy dominated by the need to raise capital, the value of stock might dominate the rate of interest, and there arose the image, and the deeply-felt fear, that paper might dominate both gold and land and the value of all things be determined by the pathology of confidence in a condition of universal debt. Those who fear the creation of a global crash by the uncontrolled operation of stock-market computers are thinking in a mode which originated in the wars of Marlborough and Louis XIV.

There had arisen an English rhetoric denouncing "public credit" and "paper money", in using which the radical dissenter Richard Price could echo the conservative sceptic David Hume in finding the origins of the crisis of empire in North America. It had been first a Tory and then a Commonwealth rhetoric, aimed from right and left against the Whig regime of which Burke was a staunch defender; and since he had to frame replies to it, it is remarkable how instantly, how passionately and how consistently he adopted this rhetoric in denouncing and then explaining the progress of the Revolution in France. In one of the earliest of the grand invectives constituting the *Reflections*, he wrote of commerce expiring; the revenue unpaid, yet the people impoverished; a church pillaged, and a state not relieved; civil and military anarchy made the constitution of the kingdom; everything human and divine sacrificed to the idol of public credit, and national bankruptcy the consequence; and, to crown all, the paper securities of new, precarious, tottering power, the discredited paper securities of impoverished fraud and beggared rapine, held out as a currency for the support of an empire in lieu of the two great recognized species that represent the lasting, conventional credit of mankind, which disappeared and hid themselves in the earth from whence they came, when the principle of property, whose creatures and representatives they are, was systematically subverted.[20]

Burke never ceased to regard the Revolution as, initially and enduringly, a conspiracy to seize the power of the state and use it to impose the paper currency of the *assignats* on all branches of the French economy. It was this that gave the revolutionary state the uniquely terrifying character on which he was to elaborate in his later writings, but the despotism of revolutionaries imposing paper currency was not a despotism of the *bourgeoisie* investing capital in commerce and industry. His revolutionary "burghers" were

agitators in corporations . . . societies in the town formed of directors of *assignats* and trustees for the sale of church lands, attorneys, agents, money jobbers, speculators and adventurers, composing an ignoble oligarchy founded on the destruction of the crown, the church, the nobility and the people.[21]

They were petty officials, lawyers and adventurers; *bourgeois* by all means, but rather *mafiosi* than merchants. Burke's understanding of the Revolution was rooted in his understanding of the history of capitalism, and may be integrated with ours; but it does not articulate a perception of one coherently constituted "class" taking over from another. He was as convinced as Hume (or for that matter, Smith) that credit might destroy commerce if the state were not controlled by a coalition of ruling interests including an aristocracy, and for this reason he did not suppose that an investing *bourgeoisie* were grasping at power in France, still less that they were either capable or incapable of exercising it. The Revolution was not the product of the growth of capitalist relations in France, but of its mismanagement.

The "monied interest" were essentially speculators, exchanging and exploiting the paper indices of fluctuating hopes, fears and imaginings; a fetishism of confidence had preceded the fetishism of commodities. They were traffickers in ideas, using that term in its eighteenth-century sense, and once "enthusiasm" was defined as belief in the reality of ideas taken out of their spiritual or material context, speculation and paper credit became the enthusiasm of commerce. Addison and Montesquieu had used the image of bags of wind mistaken for bags of gold;[22] but in Burke's vision of the Revolution "the wild gas, the fixed air, is broke loose,"[23] and he imagines all the winds of Aeolus released together.[24] The monied interest, which used to defraud and mislead the state, has now seized control of it and is forcing all men to accept paper instead of specie. There is a more arresting distinction still. Public credit in England, the great system which places the nation in debt to itself, can be defended because secured upon the stability of the state and the prosperity of the economy, together constituting the civil order; but the French system of credit of which the *assignats* are the tokens and the imposed currency is secured upon an act of confiscation, a dynamic expansion of the power of the state, and a radical disturbance of the relations between civil and sacred. The

monied interest aim beyond the recovery or guarantee of their debts; they have
seized the power to expand their credit and impose it everywhere, and they have
become titans storming heaven in the process of doing so. Hence "the strange
chaos of levity and ferocity" which characterizes their acts.

There is more here than the appetite for wealth and power; the monied interest
would not have proceeded to the spoliation of the church without the fanaticism
of a second group of enthusiasts to set them on. Burke in this connection attacks
the seizure of monastic lands in England by Henry VIII, establishing the analogy
between Revolution and Reformation which his later writings pursue; but the
iconoclasts of the sixteenth century have become crusading atheists by the end of
the eighteenth. The second group identified as committed to revolution in France
are the *gens de lettres*, now organized as a cabal for the destruction of Christianity.
Under Louis XIV they were organized into *académies*, and royal, noble and ecclesiastical patronage canalized their intellectual energies and ambitions into the structure of the *Ancien Régime*. But these benign disciplines have been allowed to lapse,
and philosophy is now self-organized and uncontrolled. Under its own leaders it
has allied itself with the power of the press, in the "vast undertaking" of the
*Encyclopédie*, with the king of Prussia, and with "Turgot and all the people of the
finances".[25] Burke has begun saying that human energy turns titanic and self-
destructive if not disciplined by the structures and contexts of civil and religious
order, and that the failure of the *Ancien Régime* was its failure to guide the energies
it had mobilized and brought to a common centre. He is developing an image of
French society which is not at all borrowed from his perceptions of English; this
is a diagnosis of the power and disintegration of Ludovican monarchy written by
a protégé of the aristocratic Whigs. It is not an accident that the intellectual energies of France turned anti-Christian when the fixed air was broke loose; but it did
not occur to Burke that the very existence of organized dissent was a guarantee
that the same would not happen in England. He remarked of the English deists,
supposedly the forerunners of the philosophes, "they never acted in concert, never
were known as a faction in the state".[26] French monarchy created estates and then
failed to govern them; it had made letters an estate, and now they were become a
faction. English dissent was a faction of a comparable kind; Burke thought it
potentially more dangerous than we do.

But it is no more an accident that the monied interest should find itself in alliance
with the *gens de lettres*. It was "the vast debt of France" which had given the
former the incentive, and the latter the opportunity, to proceed to the spoliation
of the church, and in destroying its property to rivet on all society the paper money
which those debts had generated in the first place. All over Europe, Burke declared
later in the *Reflections*, nations were wading deeper into an ocean of boundless
debt; and all over Europe the most extraordinary conspiracies were being formed
beneath the surface. A footnote calls attention to the Illuminati of Bavaria,[27] and
supplies a context in which the rapid spread of a conspiracy thesis regarding them
takes on a kind of intelligibility. Debt generates paper credit; paper subverts the
reality of land and the significance of coinage; where property loses meaning,
ideas flourish unchecked and become fantasies; enthusiasts combine and become
factions capable of seizing the power of states. Fanaticism—and the fanaticism of
anti-fanaticism which corrupts the moderate in power—becomes politically,

where formerly it was religiously, important. We enter the mental world of Pound's *Cantos*, and that Burke does not break out in invectives against Freemasons and Jews is a thing to be grateful for; he is not far from doing so. Behind these fantasies of the newborn European Right, however, lies the serious possibility of treating the intellectuals as potentially a revolutionary class.

There existed an ideology of manners, which English and Scottish moralists had constructed to explain how ethics and culture could flourish in a society based on an economy of movable goods. As commerce increased the incidence and intensity of transaction between humans, their personalities interacted in systems of "conversation" and "intercourse," and they developed patterns of exchange of goods, ideas, and above all "manners": the codes and rituals which were ethically necessary when humans were to live socially, in one another's presence. Though these systems of "politeness" became increasingly necessary and effective in proportion as commerce increased, the exchange of goods in a market was only one, though it was becoming the most prevalent, of the milieux through which "politeness" was disseminated. Patronage in a patrician clientage or a noble household was another, and the court of a king was a milieu in which a whole nation could be governed, and civilized into an *état policé*, by the interchange of favour with service, counsel and manners. The *palais* and the *bourg* were closely associated in this view of European history;[28] courtly and mercantile, chivalrous and urbane manners performed the same historical function. It had been further performed by the church, perhaps in the creation of communities of liturgical worship— though here the hydra of superstition and enthusiasm raised its twin heads—and certainly in the creation of a European clerisy, of which the *gens de lettres* saw themselves as the successors.

The historians of Enlightenment therefore converted *l'histoire universelle* into the history of manners. The *Siècle de Louis XIV* is intimately linked with the *Essai sur les Moeurs*. David Hume, having explained in his essays how politeness flourished under absolute monarchy, wrote the history of Britain in the sixteenth and seventeenth centuries as that of "a revolution in manners," in which religious enthusiasm played a devastating but partly benign role in destroying superstition and opening the way to opinion. William Robertson presented the progress of society in Europe from Charlemagne to Charles V in terms of the growth of manners under chivalric, clerical and commercial auspices. Adam Ferguson explained the Tacitean moment, in which the Romans moved directly from republican virtue to despotic corruption, by indicting an ancient *transparence*; the Romans, he said, lacked a code of manners which could mediate between their personalities and render them mediocre and sociable, so that if they could not rise above the city as gods they must sink below it as beasts.[29] The historical function of Christianity, in his view, had been the transformation, and therefore the intensification, of European manners.[30]

Burke in the *Reflections*—and the same is true of his later writings—quite explicitly presents the French Revolution in the setting which this scheme of history provides, but depicts it as a disastrous aberration, an over-acceleration leading to a loss of control, in the progress of manners constituting Enlightenment as he saw it. The bloodstained chiaroscuro in which he dramatizes the events at Versailles on the night of October 6 culminates not in the apotheosis of Marie Antoinette, but in the lament for the fall of the age of chivalry; and though the emotional vehemence of this passage rendered it hard for even contemporaries to understand, it is at bottom a lament for the destruction of enlightened manners. Burke is saying that these rested upon historical foundations, which it is wrong to think of commerce as subverting and superseding: foundations of chivalry and clerisy, "the spirit of a gentleman and the spirit of religion",[31] which remain necessary to the commerce of goods and manners, so that enlightened modern society will only destroy itself if it subverts and destroys them. It is the world of the three estates, of *église*, *palais* and *bourg*, which Burke is fighting to maintain in Britain and Europe; but we should not call this an *Ancien Régime* without remembering that he is defending it on grounds of its modernity. His conservatism does not consist in denouncing the *bourg*, but in historizing it; reminding it that it has a history so central to its being that it cannot destroy it without destroying itself; but who are those who are committing so dreadful an error? Burke does not see the crowds at Versailles or their abettors in the Assembly as the agents of the *bourgeoisie*, but of its betrayers and *fossoyeurs*: the speculators in paper credit and paper constitutions, who are destroying manners—and with them the entire edifice of enlightening sociability—through the transformation of ideas into enthusiasms.

If we now move at a single step to the last of Burke's writings on the French Revolution, we can see how the alliance between "monied interest" and "men of letters" developed in his mind. In the *Letters on a Regicide Peace* of 1796–97 the Revolution appears as made by "two sorts of men . . . the philosophers and the politicians" and the latter category is expanded beyond the state creditors of the *Reflections* to include the bureaucrats and technocrats of national power.

> I am convinced that the foreign speculators in France, under the old government, were twenty to one of the same description then or now in England; and few of that description there were, who did not emulously set forward the Revolution. The whole official system, particularly in the diplomatick part, the regulars, the irregulars, down to the clerks in office (a corps, without all comparison, more numerous than the same among us) co-operated in it. All the intriguers in foreign politicks, all the spies, all the intelligencers, actually or late in function, all the candidates for that sort of employment, acted solely upon that principle.[32]

This could well be read as a description of the darker side of official Washington; but in treating revolution as an alliance between intellectuals and technocrats, ideologues and apparatchiks, Burke is anticipating modern analyses of post-Leninist party states. Men of letters, Kant was to write, desired only to serve the state; in Burke's vision of the *Beamten*, they have created a state whose power expands without limit, and their own with it. It is in vain to ask when the *assignats* will be discredited as of no value; to impose their meaninglessness everywhere is the purpose for which the Revolution exists.

> In that country entirely to cut off a branch of commerce, to extinguish a manufacture, to destroy the circulation of money, to violate credit, to suspend the course of agriculture, even to burn a city, or to lay waste a province of their own, does not cost them a moment's anxiety. To them the will, the wish, the want, the liberty, the toil, the blood of individuals, is as nothing. Individuality is left out of their scheme of government. The state is all in all . . .[33]

Burke is not envisaging the dictatorship of the *bourgeoisie*, but the Revolution of Destruction[34] leading to the Final Solution. This is not a state forming part of the state system of Europe and cannot be treated as such; it does not exercise any kind of *raison d'état*, but rather the appetites of the universal wolf.[35] It becomes what it is because the technicians of power have formed an alliance with intellectuals whose worship, or rather desire, of the ideas formed in their own heads has grown to the point where they are bent on destroying all the manners which constitute the ethic and fabric of civilized society, in order to impose their own intellectual power upon it. To Hume or Gibbon, enthusiasm was part of the psychopathology of religion, recurring from time to time as a partly beneficent inundation; Burke, contemplating an enthusiasm altogether divorced from religion, saw it as the central feature of an eschatology. His was a one-sided perception of the Revolution, but those who remember the Third Reich have shared a vision with him.

The unchecked energy of thought and speech which engenders the totalitarian state requires, and receives, a social and historical explanation.

> A silent revolution in the moral world preceded the political, and prepared it. . . . It was no longer the great and the populace. Other interests were formed, other dependencies, other connexions, other communications. The middle classes had swelled far beyond their former proportion. Like whatever is the most effectively rich and great in society, these classes became the seat of all the active politicks, and the preponderating weight to decide on them. There were all the energies by which fortune is acquired; there the consequence of their success. There were all the talents which assert their pretensions, and are impatient of the place which settled society prescribed to them. . . . The correspondence of the learned and the mercantile world, the literary intercourse of academies, but, above all, the press, of which they had in a manner entire possession, made a kind of electrick communication every where.[36]

Electric communication = *transparence*. "There was no longer any means of arresting a principle in its course", says Burke; and this is a definition of enthusiasm. If we use "middle classes" as a synonym for *bourgeoisie*, we may say that a "bourgeois" universe of lateral and horizontal communication between equals is shown replacing a vertical universe of aristocratic patronage and clientage; Burke, who had sought advancement in the latter, is lamenting its departure and beholding with terror the rise of the sort of man he might easily have been. But what matters in the new world is immediacy of communication and the revolution of discourse, not the relations between classes of employers and labourers. "The middle classes" are only the matrix from which emerges a revolutionary alliance far more powerful than they are, pursuing objectives altogether destructive of theirs. Burke is not envisaging the transition from productive energy employed in one scheme of property relations to the same energy employed in another, and says this with the greatest explicitness.

> We have not considered as we ought the dreadful energy of a state, in which the property has nothing to do with the government. Reflect, my dear sir, reflect again and again, on a government, in which the property is in complete subjection, and where nothing rules but the mind of desperate men. The conditions of a commonwealth not governed by its property was a combination of things, which the learned and ingenious speculator Harrington, who has tossed about society into all forms, never could imagine to be possible. We have seen it; the world has felt it; and if the world still shut their eyes to this state of things, they will feel it still more.[37]

Burke was not haunted by the spectre of communism, the threat to property presented by the levelling appetites of the lower orders, but by the combination of "philosophers and politicians" in a programme of deliberate intellectual nihilism; rather as most anti-communists of our own times fear the Party more than the proletariat. What is arresting about his anti-revolutionary vision is his perception of unchecked intellectual and political energy, existing of and for itself, as a force altogether new in the world. There are partial precedents to be found in history; the war of the *Ancien Régime* against the Revolution, he insists, is not a war between states, each pursuing its national interest, but is more like the wars of religion which followed the Reformation, or the Peloponnesian war in Hellas, when each major power found itself the patron of a doctrinaire faction in a multitude of local civil wars. But the fact that revolutionary energy has no goal outside its self-expansion makes it like nothing that has previously existed in the world, and this is what the powers of Europe are rendering themselves impotent through their failure to grasp. If there are analogies appropriate to this situation, they are with the Romans and Persians confronted by the utter unexpectedness of Islam, or with the Aztecs assailed by a "handful of bearded men, whom they did not know to exist in nature".[38] The revolutionary force which Burke struggles to diagnose is that of the irrational; of words and deeds restrained and rendered intelligible by no context. He does not want the Revolution explained, for fear that it may be normalized and made acceptable; the problem which we have with Auschwitz.

Burke's, then, is one of the dramatic expansions of historical consciousness which the Revolution produced in those who beheld it through its impact on societies external to it; his thought has something to do with *die Entstehung der Historismus*. He read the Revolution with the aid of concepts established in the mind of eighteenth-century Britain, Whig, Anglican and Enlightened, interacting with what he understood of the structure of pre-revolutionary France; of these it was the concept of enthusiasm, together with his capacity to historize it as a social phenomenon, which carried him furthest in the understanding of revolution's role in the remaking of history. By way of anti-revolutionary strategies for his countrymen's adoption, he left the injunction that the war against the Revolution must go on until France was reduced to acting again as a state among the other states of Europe, but no advice on how the awesome explosion of speech, action and raw energy, which made the Revolution a state unlike any other, could be reabsorbed into the processes of French history. The universal history in which he saw it as an eschaton rather than an event was history as seen by Smith rather than by Marx; a history of manners and revolutions in manners, within which Burke's profoundest anti-revolutionary teaching was that of the necessary contextuality of all speech and action that were not titanically destructive.

Within his own political culture, Burke did not encounter revolutionaries of the sort depicted by either his own or the post-modern diagnosis of the events in France. There could be no *transparence*, no revolution of discourse, where 1688 and 1789 absorbed one another, and French discourse, however deeply it affected Britain, could not substitute itself for it. The Revolution's strongest sympathizers in Britain were fundamentally not revolutionaries but dissenters, and their discourse emerged from various secularizations of the long struggle of nonconformity against establishment in church and state. It was this which made them fellow-travellers, fascinated by the spectacle of a revolution occurring abroad, but unable to do more than translate it into their own essentially oppositional terms. The most persistent opponents of the war against France were Rational Dissenters,[39] moralists who disapproved strongly enough of their own government to deny it the moral right to affirm its own values by violent means.[40] Even the working-class infidelity which is Paine's most enduring legacy in British history is inseparable from the history of popular religiosity; and Wordsworth, as a young man certainly a passionate seeker after *transparence*, discovered the necessity of context and found it in the discourse of Burke and the Church of England.[41] The British Left remains to this day a mode of dissent, entrapped in the toleration which is the most ever accorded it; and Burke is regarded as an extravagant, his conservatism expressed in language too radical for the structures it was designed to uphold. He was not a philosopher, but a prophet.

## Notes

\* I desire to dedicate this essay to the memory of George Armstrong Kelly, who died on 23 December 1987, three weeks before I began to write it. It is a matter of deep sadness that I cannot present it to him for his advice and criticism. He was the author, *inter alia*, of the following works relevant to its subject: *Victims, Authority and Terror* (University of North Carolina Press: Chapel Hill, 1982); *Politics and Religious Consciousness in America* (Transaction Books: New Brunswick, NJ, 1984); *Mortal Politics in Eighteenth-Century France* (*Historical Reflections/Réflexions Historiques*, 13, 1; Waterloo, Ontario, 1986).

1. This essay is the last in a series I have presented in interpretation of Burke's anti-revolutionary writings. It is preceded by "The Political Economy of Burke's Analysis of the French Revolution," *The Historical Journal*, **xxv**, 2 (1982), pp. 331–49, reprinted in J.G.A. Pocock, *Virtue, Commerce and History: essays in political thought and history, chiefly in the eighteenth century* (Cambridge, 1985); by the introduction to Edmund Burke, *Reflections on the Revolution in France*, J.G.A. Pocock, ed. (Indianapolis and Cambridge, Mass., 1987); and by "Edmund Burke," an article to appear in a *dizionario degli interpreti della Rivoluzione Francese* being prepared for publication by Einaudi of Turin. All page references to the *Reflections* which follow are to the Indianapolis edition just mentioned.

2. The writings of Starobinski, Furet and Ozouf are in my mind as I present this summary, though I will not claim that I am doing them justice. Two recent American publications have affected (and I believe illuminated) my thinking: Lynn Hunt, *Politics, Culture and Class in the French Revolution* (University of California Press, 1984) and Carol A. Blum, *Rousseau and the Republic of Virtue* (Cornell University Press, 1986). For the concept of Burke as an enemy on principle to *transparence*, I am deeply indebted to Ian Hampsher-Monk (University of Exeter), "The Rhetoric of Burke's *Reflections on the French Revolution*", an unpublished paper delivered to the Center for the History of British Political Thought at the Folger Shakespeare Library in Washington.

3. The best recent account of Burke's composition of this work is given by F. P. Lock, *Burke's Reflections on the Revolution in France* (London, 1985).

4. Jacob Bronowski, *A Man Without a Mask* (London, 1947).

5. The classic formulation of this position is of course Macaulay's writing with 1688 and 1848 in mind, in concluding chapter X of the *History of England*. For recent proposals to minimize if not eliminate the concept of revolution in the writing of English history, see J.C.D. Clark, *English Society, 1660-1832* (Cambridge, 1985) and *Revolution and Rebellion* (1986).

6. Richard L. Ashcraft, *Revolutionary Politics and Locke's Two Treatises of Government* (Princeton University Press, 1986); J.G.A. Pocock, "The Varieties of Whiggism", in *Virtue, Commerce and History* (Cambridge, 1985). In a forthcoming paper, Lois G. Schwoerer (George Washington University) shows that Locke did not necessarily expect a Convention to dissolve the ancient constitution.

7. *A Treatise Concerning Civil Government* (Gloucester and London, 1781); see *Virtue, Commerce and History*, ch. 9.

8. Clark, *English Society* (op. cit.), passim.

9. J.R. Jones, *The Revolution of 1688 in England* (London, 1972).

10. See forthcoming work by John W. Marshall (Johns Hopkins University and Peterhouse, Cambridge), and for English Socinianism in general, H.R. Trevor-Roper, *Catholics, Anglicans and Puritans* (University of Chicago Press, 1988).

11. *Virtue, Commerce and History*, pp. 164–65.

12. Tucker, *Treatise*, p. 39; *Virtue, Commerce and History*, p. 173.

13. See "Clergy and Commerce: the Conservative Enlightenment in England," in R. Ajello et al, eds., *L'Età dei Lumi: Studi Storici sul Settecento Europeo in Onore di Franco Venturi* (Naples, 1985).
14. The best account of his bewildered relationship with Burke is in Robert Forster, *Merchants, Land-lords, Magistrates: the Depont Family in Eighteenth-Century France* (Johns Hopkins University Press, 1980).
15. p. 95.
16. p. 136.
17. p. 96.
18. Quoted by Lynn Hunt, *Politics, Culture and Class in the French Revolution* (op. cit.), pp. 125, 161. She endorses the statement as a result of her own researches, while modifying the "bourgeois" interpretation.
19. *Virtue, Commerce and History*, ch. 5.
20. p. 34
21. pp. 171–72; punctuation slightly modified.
22. Addison, *The Spectator*, No. 3; Montesquieu, *Lettres Persanes*, No. CXLII.
23. p. 8.
24. p. 51.
25. pp. 97–98.
26. p. 78.
27. p. 137.
28. I differ in some degree here from the views of Norbert Elias.
29. *History of the Rise, Progress and Termination of the Roman Republic* (Edinburgh, 1799), V: 418n; probably written in conscious endorsement of Burke.
30. V: 233.
31. p. 69.
32. Burke, *Works* (The London edition of 1829), VIII: 240–41.
33. VIII: 253.
34. *Germany's Revolution of Destruction* was the English title of a work by Herman Rauschning, a repentant Nazi, who made it his business to expose Hitler's nihilism between 1937 and 1939. Whatever its author's political past, the book was salutary in its day.
35. "And appetite, an universal wolf,
    Should last eat up himself."
             Shakespeare, *Troilus and Cressida*.
36. *Works*, VIII: 259–60..
37. *Works*, VIII: 255–56.
38. *Works*, VIII: 53, 254.
39. J.E. Cookson, *The Friends of Peace: Anti-War Liberalism in England, 1793–1815* (Cambridge University Press, 1982).
40. A.J.P. Taylor, *The Trouble-Makers: Dissent Over Foreign Policy, 1792–19?9* (London, 1957).
41. James D. Chandler, *Wordsworth's Second Nature: a Study of the Poetry and Politics* (Chicago University Press, 1984).

## Comment: or Pièce Rétrospective

I would like to offer some retrospectives on our colloquium, and I will begin by posing the obvious question: "qu'est-ce que signifie la culture politique moderne?" To offer what I well know to be a caricature of our assumptions and proceedings, it would seem to have been the creation of a series of *grands intellectuels*, and to have consisted in the historicization of a modern political consciousness, moving in the direction of ever-increasing historicism under the shock of the Revolution itself, its transformations and even its failures. The Revolution appears as the first grand attempt of human reason to take control of itself—de soi, de sa culture politique et de son histoire—and even counter-revolution, ou plutôt la contre-révolution, is seen as part of this mighty endeavour if it admits the fact of revolution and proposes a further revolution within, or even against, revolution itself. Indeed, la contre-révolution ainsi perçue is admitted to a role in the creation of the new historicism which is "la culture politique moderne", comparable with that accorded the socialist revolution which offered to complete the work of the original *Révolution française* in the act of replacing it.

This is the enterprise which may be known, in François Furet's great phrase, as "penser la Révolution française"; and one can say nothing to diminish it. I have simplified it to the point of caricature in thus reducing it to a few sentences. But no conceptual structure is without its limits, and—perhaps because I approach this great matter d'un point de vue dix-huitièmiste et anglophone—I am aware of certain respects in which this formula has proved un peu exclusive. In the first place, it has demanded of those actors whom we are to study a very high degree of commitment to the world created by the Revolution; ou son génie comprend, ou il ne comprend pas, les principes, ou l'esprit, de la Révolution; and one must pass this test even before being admitted to the degree of *contre-révolutionnaire*. Those who rejected the Revolution are relegated to an outer darkness, in which they can be perceived only by such dim lights as are afforded by words like *traditionnaliste* and *réactionnaire*. Clearly, I am thinking of Burke here; but I want to emphasize that his response was more complex than that only because I want to deepen the complexity, and so the richness, of our problem.

Secondly, it is a commonplace that even philosophers have their milieux; they inhabit cultures politiques déjà existantes, and they speak such languages as these cultures afford even in the act of formulating their responses to the Revolution. There is in consequence a sense in which they do not simply penser la Révolution française; ils pensent aussi leurs propres histoires, and we have to be concerned with other political cultures, their histories and the means they contained of articulating these histories, in order to understand how the *grands intellectuels* took part in the huge series of historical experiences which the Revolution set in motion. In saying this, I am of course adopting a standpoint other than French, and I do have in mind the response of the anglophone cultures, precisely because these, while both responding and refusing to respond to the *Révolution française*, took least part in that creation of an historicist consciousness which it seems we are agreed to call "la culture politique moderne". But I have reached a point where I would like to outline an alternative approach which we might have adopted to the problem verbalized in the title of our colloquium.

I can imagine that we might have selected a series of cultures politiques formées—German and Italian, Swiss and Dutch, English and American—and studied, as time permitted, how each of them responded to the Revolution, conceived as the attempt of reason to take control of history, in terms of what history it thought it had and what means of perceiving and responding to history it already possessed. We should of course have discovered that Enlightenment had been going on for some time, and that the *Anciens Régimes* were not, *çi-devant*, mere bundles of static traditions. Once again I will borrow the language of François Furet to indicate three modes in which I think we should have found the European intellect responding to the Revolutionary experience.

1. Penser la Révolution, comme transformation intime et intérieure de son histoire et du soi.
2. Penser son histoire comme transformée par la participation à la Révolution, ou par son intervention ou imposition.

3. Penser son histoire, comme soulignée, modifiée ou transformée par le refus de la Révolution.

These are of course ideal types, which we would have expected to find variously mixed and combined in the responses of des êtres pensants in the various cultures reviewed; and we should of course have found that historiography is not an invariable constant, but that the capacity to "penser l'histoire" had developed variously, in degree as well as kind, in this diversity of cultures. In each case, however, we should have been asking how far, in what ways—as well as in what others—it was in the interaction with the Revolution that each culture advanced through its intellectuals towards the condition we recognize as modernity. The historicization of the political intelligence, by way of revolution, counter-revolution and so forth, would without doubt have retained its central place in the story; but it would have held it under inspection rather than *ex hypothesi*.

I am supposing that we would have shifted the meaning of "culture politique (moderne)" from denoting the *Geist* of an international fraternity of intellectuals to denoting the shared cultural characteristics of this or that political society. If we had done that, the fraternity would not have disappeared, but would have become visible as acting in, and responding to, a diversity of political and cultural situations; and the Revolution, impacting upon each society or culture with its claims to the control of history, would have acted as a connecting thread. In the scenario beginning to be outlined, German political culture (in the former sense of the term) would have appeared at one extreme, as a cas limitrophe; for German philosophy was already disposed to historicism, ready to entertain the idea of reason imposing itself as agent on history considered as its subject, thanks to a discourse of pietism in the process of becoming *Historismus*. German publicists thus readily accepted the Revolution's vision of itself in its most ideal form, possibly in a form more ideal than would have been readily accepted by the *révolution-naires* themselves; this at least was how we saw the Revolution reflected in the giant intellects of Kant, Fichte and Hegel, and it is clear that there has been a Franco-German alliance to erect a modernist historicism on the foundation of 1789. But we did not pay much attention to Gentz or Moser, and none at all to Niebuhr, Savigny or Ranke; and the strength and complexity of the German *contre-révolution* may possibly have been understated. And it is held by some that German philosophy contemporaneous with the Revolution already contained the possibility of nationalism, in which the supremacy of the will over history was to be asserted in a form differing radically from the discourse of Revolution, yet resting on the same foundations of the intellect's emancipation from restraints. German *Kultur*—comme anglais, je ne peux utiliser ce terme sans échos dé-sagréables—was therefore predisposed, earlier than 1789, to join in the creation of that historicism which we are terming "la culture politique moderne".

The Anglo-Scottish and Irish kingdoms, of which we found something to say, and the newly-created United States of America, of which we said nothing at all—will my colleagues pardon me for saying that I never hear the phrase "les civilisations anglo-saxonnes" without the sense that an effort at comprehension is being given up?—furnish us with a group of "cas limitrophes" of a different kind. Of England, and in a different way Scotland, it may be said that "on ne pense aucune révolution; on pense les guerres civiles du dix-septième siècle"—civil wars and revolutions are very different things—"et on pense aussi leur résolution, la soi-disant glorious revolution of 1688", so called because it was not a revolution in either a modern sense or a sense anticipating the modern. Of this marmoreal event there existed two interpretations, the one emphasizing the continuity and preservation, the other the dissolution and re-creation, of what was termed the "ancient constitution"; and this is why the debate between Edmund Burke and Richard Price about the meaning of 1789 took the form of a debate about the meaning of 1688. The English already possessed a number of complex political discourses which they knew how to employ in order to "penser leur histoire", and for this reason I have proposed that the *Révolution française* was irretrievably contextualized as soon as word of it arrived in England, and that it could never achieve that "transparence du discours" which has been shown to have been its dominant characteristic in France. This does not mean that there were not Englishmen in search of that transparence; only that they were not likely to achieve it.

The function of Enlightenment in England and Scotland had been to bring to an end the civil wars of the seventeenth century and substitute a state of ordered civility (en francais, un état policé), strongly sovereign and aristocratic in character. In 1688 there had been a decision to reject any suggestion (such as John Locke's) that the fall of James VII and II had been achieved through a dissolution of government, and to insist on the preservation of the ancient constitution and the disciplines of history. It was on this reading of the so-called "English Revolution" that Burke insisted as against Price's adherence to the more radical Lockean alternative, and this is the chief source of his insistence that action must be confined within the restraints of precedent and prescription. But the reign of William III had brought great innovations to the financial and military structures of the British state, and these had required ideological defence in the form of a historiography of modernization. The Anglo-Scottish *Ancien Régime*—like others to which this term can be applied—thought of itself as modern, the product of a commercial enlightenment which had substituted polite manners for ancient virtue, Gothic liberty and religious fanaticism, and there had arisen from Scotland a complex philosophy of history—since 1776 turning towards a historiography of political economy—to explain how this had come about. It was against history in this reading of the term that Burke saw the French Revolution as directed, a movement at once regressive and historically unprecedented, and he struggled to explain this rebellion of the Enlightenment against itself. He combined intellectual originality with emotional and political eccentricity in such a mixture as to isolate himself in his own milieu, and it was to take time for his countrymen to accept him. His significance, however, is that the Whig regime in the Britain of George III was well equipped with schemes for the understanding of history, into which the Revolution in France could be absorbed for purposes of explanation; and that this greatly diminished the likelihood that "la culture politique britannique" would take much part in the creation of a "culture politique moderne", if by that term be meant a historicism founded on the perception that the Revolution was an effort on the part of human reason to take control of a history conceived in terms of pre-rational tradition. Thomas Paine struggled to convict Burke of a design to perpetuate the dead hand of the past, but he failed; Burke was too good a Whig, and the Whig sense of history too complex, to take much stock of either *révolution* or *contre-*

*révolution*. Both could be rejected in the name of Whig history, as expounded by Adam Smith, John Millar and Adam Ferguson. Maistre and Bonald, the philosophers of *contre-révolution*, would find Burke less easy to understand than would the liberals Constant, Staël, Guizot and Tocqueville.

Here is one set of reasons why the British were unlikely to take part in that dialectic of reason and history, transparence and opacity, *révolution* and *contre-révolution*, which we see as conducive to the historicist consciousness we are calling "la culture politique moderne". It is testimony to the strength of this thesis that the phenomena it identifies are none the less to be found in British political culture. There is a pursuit of transparence to be found in the writings of the English jacobin philosopher William Godwin and his wife Mary Wollstonecraft; the experience of *révolution* leading to *contre-révolution* is to be found in the writings of the poets, Wordsworth, Coleridge and Southey; and it would have been worth exploring how Coleridge was led from jacobin beginnings through Burkean conversion to offer a counter-revolutionary scheme or "idea" of English history in his *Constitution of Church and State* in 1834. But none of this was needed by significantly powerful groups seeking either to subvert or to vindicate the parliamentary-monarchical regime. As Burke could assail the Revolution in the name of established (but highly modern) Scottish and English perceptions of history, so the radical and democratic movements in English politics possessed their own accounts of the political order and its history, in a tradition intermittently derived from the seventeenth-century levellers through the green-ribbonmen, old whigs, commonwealthmen and Wilkes and Liberty men, who co-existed paradoxically with the Church and King mobs, or *sanfédistes anglais*, just as likely to appear in times of disorder. There was an English radical discourse, which we may think of as *sans-culotte* but scarcely as Jacobin, and though its proponents were often militantly in sympathy with the French Revolution, they were forever translating the latter's discourse into terms of their own, and it is an insoluble and possibly a meaningless question to ask which discourse captured the other. Those who called themselves English Jacobins were courageous men and women who deserve respect and not condescension; but we shall never be able to decide how far they were philo-jacobins rather than jacobins in the primary sense. The matter was never put to the test; no English Jacobins ever had the opportunity to exercise power, or even to commit treason. Revolution for the English was an "affaire des images"; something seen happening on a screen. The experiences we trace as leading to a modern consciousness, were those of people obliged to "penser la Révolution", as something which had happened to them.

The newly consolidated United States of America may be considered here, as offering a "cas limitrophe" of a kind derived, if differing, from the British case. This group of English colonies had seceded, under pressures arising from their own development, from the imperium of the British crown, and had been obliged to redefine themselves as states, a process which involved a remodelling of their political structures so complete as to merit the term "American Revolution". To a very considerable degree, this had been achieved by drawing upon radical alternatives not adopted by the English in 1688, but conveyed through the discourses descending from that event: elements variously Lockean, republican, democratic and congregationalist. In a second phase of the revolutionary process, the independent states had regrouped themselves in a federal union which could be termed both republic and empire, and there had arisen a discourse of federalism which owed much to Enlightened neo-classicism, but less to any antecedent British discourse, since there the problems of confederation and federation had never been discussed. There was enough of Enlightenment in these converging discourses to give Americans their own version of the revolutionary belief that what they were doing was of universal significance and that human reason was about to begin a remodelling of history; but on the one hand much of their awareness arose from the traditions of English dissent, and on the other it can be argued that their enterprise was universal and revolutionary in a spatial rather than a historical sense—a matter of creating a new continental civilization rather than of transforming the course of European history. The *Révolution française* followed hard upon the heels of the Constitution of the United States, and the problem of relating the two had to be faced. Something like the debate between Burke and his opponents therefore ensued, and Americans through the 1790s found themselves polarized into admirers and opponents of the *Révolution française*, in a controversy bitter enough to raise real possibilities of repression and rebellion. But it was not the American concern to "penser la Révolution", but rather penser son avenir, and behind it son histoire. The American political structure and process were deeply decentralized and deeply Protestant, so that while there were many philo-jacobins, and many who accused others of jacobinism, it is even harder than in Britain to find any who were jacobins in the primary sense—possible, it is a commonplace to argue, only in a state already so far centralized that militant reason could seize and transform it. In debating the Revolution in France, Americans were debating a counter-image of their own revolution.

I am proposing that the presence of true jacobins, as distinct from philo-jacobins and imaginary jacobins, is a necessary prerequisite of the process which is to lead from "penser la Révolution française" to "la culture politique moderne". Michael Broers's communication on the Napoleonic experience in Italian history is vital to this perception, since he shows us what he terms a *classe dirigente* made up of French administrators and Piedmontese, Lombard and Tuscan sympathizers—*i veri giacobini italiani*—engaged in the struggle to create an administrative, bureaucratic and military state which was to have been the instrument of reason in the remaking of Italians in the image of the Enlightenment. It is at this point that we ought to listen most attentively to the voice of Burke, whom we placed at the outset of our colloquium only to conclude that he did not comprehend either revolution or counter-revolution sufficiently to play any part in the subsequent dialectic between them. Indeed he did not; and he might have held that *contre-révolutionnaires* were little more than counter-jacobins. For Burke—malheureux, farouche, isolé dans sa propre politique, étranger dans son pays adoptif—was genius enough to perceive the Revolution as everywhere the work of a *classe dirigente* which was creating itself in the act of seizing and transforming the state in order to make it the instrument of reason in the remodelling of humanity. He struggled to discern what this class was, who composed it, and what historical processes were producing it. He also declared that its enterprise was wholly destructive and evil, and here we may well think that he was wrong. But he did not think so because he was irrevocably committed to a merely traditionalist per-

ception of culture and history; his image of tradition was part of a complex and
Enlightened perception of the history of civility, without which his understanding
that the Revolution was a force utterly new in history could never have been
formulated. The immediate point, however, is his insistence on the *classe dirigente*,
the international "franc-maçonnerie" of intellectuals turned administrators, who
were making the Revolution reason's successor to the Wars of Religion; for these
are the people whom Broers displays to us trying to carry out the revolutionary
programme in Italy, and beginning under the Empire an enterprise which would
be continued during the Risorgimento, although with little enough success.

In the Italian regions the *classe dirigente* confronted a peasant and rural culture
which was religious rather than political, and which we might wish to term traditionalist. It did not succeed in politicizing this culture, and may therefore be said
to have created a state but not a culture politique. We have, of course, been using
the last term to denote a culture historiciste des intellectuels, born of this and other
confrontations between the Revolution and history; and representatives of this
culture are without doubt to be found in the history of the intellect, and of the
*classe dirigente*, in Italy. But if we return to England, and allow our imaginations
to develop fantasies of an Angleterre conquise et soumise à la Révolution et son
Empire, we must perceive that the *préfets* of London and Manchester would have
found themselves dealing not with a pious peasantry engrossed in cultic religion,
but with turbulent advocates of the birthrights of freeborn Englishmen, whose
initial philo-jacobinism might not have lasted long. The *préfets* of the République
Hibernienne (or would Macdonald have been crowned at Tara with Ossianic
symbolism?) would have had two, three, many Vendées on their hands. The point
of the fantasy, however, is that the Revolution's historical predicaments must
be supposed to vary with the historical character and formation—the degree of
historicity, even—of the cultures subjected to the *classe dirigente* and its organized
reason. And where would the Revolution have recruited its *classe dirigente* in
England? The followers of Jeremy Bentham form the only cadre we know of
dedicated to applying systematic reason to legislative reform.

No doubt there would have been others, and the fantasy is not worth pursuing.
The significance of engaging in a neo-Burkean analysis of the Revolutionary
experience is that it leads to the formula: "point de jacobins, point de culture
politique moderne". We have been using the latter term to denote the intellectual
explorations carried out by minds who accepted the Revolution as having irrevocably transformed their world, but found it necessary to go on and incorporate
the Revolution itself in visions of history which grew out of it and could not have
been formed without it. It does not appear—especially when we consider the
British and American counter-examples (the Irish is a case differing yet again)—
that this intellectual development could or did occur anywhere but in cultures
which had been transformed by the direct shock of revolution; either by the generation of revolution itself, as in France, or in other cultures by the combination of
Revolutionary conquest with the more or less spontaneous outburst of native
jacobinisms. And these cases must vary with the history, and the ideological historicity, displayed by the cultures peripheral to France. Certain German philosophers
had independently developed a historicism conducive to thinking about revolution; the Italian rural masses had no sense of history and no interest in being

revolutionized. The Dutch, whom we have not considered, had recently undergone the attempt (and its failure) of a revolution of their own; they became engaged in rethinking their history in the light of this experience and that of being incorporated in the revolutionary empire of France. In all these cultures we may say that there were jacobins, who were both homegrown revolutionaries and collaborators with the French occupation; and in all such cultures (these were not all) we may find intellectuals engaged in the dialectic of revolution and counter-revolution, liberalism and historicism. Ils pensaient la Révolution, if they were French; ils pensaient leurs histoires comme transformées par la Révolution, if they were of lands incorporated in the Empire. We may—perhaps we must—ask the question: is not the whole process we have termed "la création de la culture politique moderne" part of the intellectual and ideological history of the *classe dirigente* perceived and prophesied by Burke, the class of intellectuals engaged in the attempt to bring history under the control of reason by means practical as well as philosophical, constantly driven to re-invent a humanity which does not support them in their attempt to transform it, and themselves constantly transformed by the triumphs and tragedies of their enterprise? Is not "la culture politique moderne" an aspect of the history of the critical intelligentsia in post-revolutionary impulse itself?

These hypotheses would present "la culture politique moderne" as an intellectual product, a political and historical modernism. They might draw reinforcement from the counter-examples of Britain and America, where jacobinism did not take shape, perhaps because the structures of state and church were too different; where politics was not an affair of revolution and counter-revolution, but only of whigs and dissenters; where complex perceptions of history were taking shape before the *Révolution française*, and could shape their own responses to it; where the huge significance of the Revolution was perceived, responded to, but not suffered or enacted; where Thomas Carlyle's attempt to "penser la Révolution" must be considered the isolated response of a Scottish Protestant whose religious crisis had become Germanized; where Whig historians used history to explain why 1688 ensured that 1832 could happen in Britain without an 1830 or an 1848; where the political culture followed Burke in maintaining that the Revolution was a violent breach in the continuity of Enlightenment and in advancing in the direction of historiography rather than historicism, and modernity rather than modernism. This rhetoric, accompanying these hypotheses, might assist us to see the *Révolution française* as the beginning of a great war within Europe, between two "cultures politiques" expressing different perceptions of Enlightenment, reason and history. In suggesting this, I see that I am reverting to an English perception that civil war matters more than revolution.

CHAPTER 2

# Poetical Liberties: Burke's France and the "Adequate Representation" of the English

JAMES K. CHANDLER

CONCLUDING his critique of Burke in Part One of *The Rights of Man* (1791), the most important English answer to the *Reflections on the Revolution in France* (1790), Paine observes that there is "a general enigma running through the whole of Mr. Burke's book". Why is it, Paine asks, that an Englishman who holds the particular views that Burke professes to hold should be so exercised about the outcome of a self-defeating Revolution in a hostile nation: "If . . . France, by her Revolution, had annihilated her power, and become what he calls a chasm, it might excite the grief of a Frenchman (considering himself as a national man), and provoke his rage against the National Assembly; but why should it excite the rage of Mr. Burke?" (p. 378).[1] For Paine, the question has an answer. His Burke is not an Englishman, nor a "national man" of any kind at all: "He writes neither in the character of a Frenchman nor an Englishman, but in the fawning character of that creature known in all countries, and a friend to none, a *Courtier*" (p. 378). Paine's "enigma" has survived to guide research on Burke in our own time,[2] and his solution may be as good as any brief answer one could imagine. He pays little attention, however, to Burke's own proleptic attempts to address the charge he brings against him. These proleptic comments are not altogether straightforward, nor should they be taken at face value, but certainly the question of whether and in what sense Burke writes as an Englishman looms over Burke's *Reflections* from the start. Moreover, in its more general form—as a question about whom Burke represents and how he can claim to do so—it is a key to many of the other issues that Burke raises.

What gives this larger question its special importance is the way in which it involves and connects two notions of "representation". Both have received due attention in Burke studies but always independently of one another. Representation as a literary or aesthetic issue in Burke has been discussed by some commentators, including by some who focus on the political implications of how Burke depicts his worlds.[3] Representation as a constitutional or legislative issue in

45

Burke—dating from his involvement in the American crisis over "taxation without representation"—has been discussed by others.[4] But Burke's way of configuring the relationship between these two issues—his way of seeing representation in both instances as involving a "constitutive" dimension—is a trope that operates powerfully in his late political writings. The problems solved and posed by this trope must be acknowledged and addressed if one seeks to come to terms with Paine's enigma, and they assume an even greater importance if one seeks an account of Burke's contribution to early nineteenth-century English political culture.

I noted that the question of whether Burke writes as an Englishman looms over the *Reflections* from the start, and indeed in the very opening paragraph Burke offers a misleadingly simple disclaimer on this point to his French correspondent, Victor De Pont: "In the first letter I had the honour to write to you [a private letter composed in November 1789 but withheld for a year], and which at length I send, I wrote neither for nor from any description of men; nor shall I in this" (p. 15). One will not take this first comment as Burke's final word on the matter if it is recognized that his worry here is with legal liability: "My errors, if any, are my own. My reputation alone is to answer for them" (p. 15). Thus, the same issue reappears in more complex form later on, in the context of a disclaimer of still greater significance to him:

> . . . I think the honour of our nation to be somewhat concerned in the disclaimer of the proceedings of this society of the Old Jewry and the London Tavern. I have no man's proxy. I speak only for myself; when I disclaim, as I do with all possible earnestness, all communion with the actors in that triumph, or with the admirers of it. When I assert any thing else, as concerning the people of England, I speak from observation not from authority; but I speak from the experience I have had in a pretty extensive and mixed communication with the inhabitants of this kingdom, of all descriptions and ranks, and after a course of attentive observation, began early in life, and continued for nearly forty years. (p. 98)

When De Pont first wrote to Burke to ask for his views on the French Revolution, he told Burke that he presumed Burke's support, and did so because the Revolution Society, along with the Society for Constitutional Information, had set its "public seal of sanction" on the Revolution. This imprimatur had been conferred in pro-Revolution pamphlets, and the issue, for Burke, is precisely whether these pamphlets are genuinely representative—representative not just of Burke's opinions but of England's generally. Professing himself "astonished", in view of the two nations' proximity and frequent intercourse, "to find how little you seem to know of us", Burke supposes that France's alleged ignorance about England comes from "your forming a judgment of this nation from certain publications, which do, very erroneously, if they do at all, represent the opinions and dispositions generally prevalent in England" (p. 98). One specific aim of Burke's own publication is therefore to correct the impression such pamphlets have left. Having no man's proxy, Burke disclaims *de jure* powers as spokesman for and about the English but nonetheless claims to speak *de facto* for many Englishmen. Without being their legal representative, he nonetheless undertakes to represent the English as he knows them to be.

To recognize that Burke indeed claims to speak for the English in spite of legalistic disclaimers to the contrary, one need only recall his recurring resort to the first-person plural in the context of invidious national comparisons between the English and the French.

> Thanks to our sullen resistance to innovation, thanks to the cold sluggishness of our national character, we still bear the stamp of our forefathers. We have not (as I conceive) lost the generosity and dignity of the fourteenth century; nor as yet have we subtilized ourselves into savages. We are not the converts of Rousseau; we are not the disciples of Voltaire. . . . In England we have not yet been completely embowelled of our natural entrails. . . .
>
> [W]e are men of untaught feelings; . . . instead of casting away our old prejudices, we cherish them to a very considerable degree, and, to take more shame to ourselves, we cherish them because they are prejudices. . . . Many of our men of speculation, instead of exploding general prejudices, employ their sagacity to discover the latent wisdom which prevails in them. . . . They think it more wise to continue the prejudice, with the reason involved, than to cast away the coat of prejudice, and to leave nothing but the naked reason.
>
> Your literary men, and your politicians, and so do the whole clan of the enlightened among us, essentially differ in these points. (pp. 99–101)

This famous passage raises several matters of relevance to Burke's claims about the representation of the English.

First, when Burke contrasts "our men of speculation" with "your literary men and politicians", he seems to be making two different distinctions. In addition to the national distinction between English and French approaches to speculation, there are apparently within each nation both the literary and the political modes in which speculation can occur. This second distinction corresponds roughly to the distinction François Furet makes, following Tocqueville, between two forms of political sociability in eighteenth-century France: the older form, which operated through the political mechanism of the hierarchic state, and the newer "democratic sociability", which developed when "the monarchy unwittingly set up the writers as imaginary substitutes for [the] ruling class" and the new systems of communicating public opinion in the press as substitutes for the "traditional circuits of representation" in the parlements and estates.[5] There is reason to think that Burke saw his discourse as operating within such categories.

Perhaps closer to home for Burke, however, is an interpretation of "literary men and politicians" in which the latter are linked specifically to the commercial political economy. Consider this passage from later in the *Reflections*:

> If, as I suspect, modern letters owe more than they are always willing to own to ancient manners, so do other interests which we value fully as much as they are worth. Even commerce, and trade, and manufacture, the gods of our oeconomical politicians, are themselves perhaps but creatures; are themselves but effects, which, as first causes, we choose to worship. (p. 92)

J.G.A. Pocock has recently cited this passage as part of an argument that Burke's ideological enemies in the *Reflections* are categorizable in two twinned groups: those who subvert economic commerce by speculation in paper credit and those who subvert intellectual commerce by speculation in paper metaphysics.[6] It is crucial to recognize, however, that Burke sees both forms of speculation as failures of representation, and that both failures are explained in respect to a refusal on the part of both groups of "speculatists" to acknowledge their common origin in older principles and institutions such as property, presumption and prescription.

In attacking financial speculation, Burke quite specifically explains the disastrous effects of "discredited paper securities" as a fraudulence in representation when he charges that such tokens are "held out as currency for the support of an empire, in lieu of the two great recognized species that represent the lasting conventional credit of mankind, which disappeared and hid themselves in the earth from whence they came, when the principle of property, whose creatures and representatives they are, was systematically subverted" (p. 51). What is potentially confusing in this complex claim is that gold and silver are said to represent both "the lasting credit of mankind" *and* "the principle of property". The explanation for this, I think, lies in the notion that gold and silver are enabled to represent the former by virtue of the way in which they represent the latter. That is to say, in their claim to represent the principle of property these two species acknowledge themselves "creatures" of property; they are products of the land and take refuge in it when the principle of property is threatened. By owning their debt to what they stand for, they admit the limits of their capacity to stand for it, and in the admission of these limits they become representative of humanity's lasting conventional credit. Paper currency, on the other hand, disowns its relation to gold and silver and thus also to the relation in which they stand to the principle of property. Property here, in short, is a matter not only of owning but also of owning up.

In attacking literary speculation, Burke focuses, similarly, on the consequences for representation when modern letters disowns its own parentage in ancient manners. In fact, Burke seems to be aware that his own "speculations"—"reflections", as he pointedly calls them—will also appear in and to the world as paper representations of England and of the French Revolution, and thus he aims to keep in view the ancient manners out of which he imagines them to have sprung. Thus when Burke purports to correct French misrepresentations by speaking representatively for the English, as he does in the "we-are-not-like-you" passage cited above, his remarks ask to be taken as representing the English in their ancient and characteristic manner of self-representation. The speculum in which English speculation occurs must reflect the national image in its self-consciously temporal aspect; this manner of representation is itself represented as profoundly self-constitutive. The English are the kind of people, says Burke, who have always represented themselves in a certain way: for example, as clothed, and as people to whom clothes make a difference. And, they are the kind of people who think that how they represent and have represented themselves, what kind of prejudices they harbour about themselves, is a part of what they are. One reason that the English have not much changed since the fourteenth century is that they have represented themselves in largely unchanging ways since then. The insistence on continuity facilitates the exercise of self-representation, and the exercise of self-representation lends autonomy to the national will.

When Burke turns to France to suggest that the case with the speculations of the "literary men and politicians" in that country is "essentially different", he refers to what he sees as an error in that nation's self-representation:

> Respecting your forefathers, you would have been taught to respect yourselves. You would not have chosen to consider the French as a people of yesterday, as a nation of low-born servile wretches until the emancipating year of 1789. In order to furnish apologists here for several enormities of yours, you would not have been content to be represented as a gang of Maroon slaves, suddenly broke loose from the house of bondage, and therefore to be pardoned for your abuse of the liberty to which you were not accustomed and ill fitted. (p. 48)

Choosing to represent itself in the year of Revolution as a people born yesterday,

France lost the power of self-representation; it became content to "be represented", by others, as a gang of freed slaves. Characterizing this representation as an "unforced choice", Burke claims license to suggest that France might have done otherwise. In the face of the loss of ancient liberties, "would it not have been better", he asks De Pont, "to have you thought, what I, for one, have always thought you, a generous and gallant nation, long misled to your disadvantage by your high and romantic sentiments of fidelity, honour, and loyalty?" (p. 48). This tactic would have represented the French in the mode of their traditional self-representation, and would have incorporated the understanding that the way the national represents itself—in this case, as misled by romantic sentiments—was a part of what it was.

Why, if "unforced", would France have allowed itself to be so badly represented? Burke's answer to this question appears in his ensuing analysis of the constituencies that comprise the three estates in 1789: "After I had read over the list of persons and descriptions elected into the *Tiers Etat* nothing which they afterwards did could appear astonishing" (pp. 52–53). The nation allowed itself to be represented *as* a gang of slaves, on this account, because it allowed itself to be represented *by* a gang of "country clowns" (p. 56). With this account of the representatives who sat in the National Assembly, Burke thus arrives at the question of *legislative* representation, the one his enemies have attempted to put in the forefront of the debate over England's response to the Revolution, but he arrives there only having carefully seeded his discourse with reference to representation in a very different sense. He has framed the question of how representative is the English constitution by reference to the question of how constitutive is English representation. "The Revolution Society has discovered that the English nation is not free", he says, and then he paraphrases the critique he had found in a radical pamphlet on the subject:

> They are convinced that the inequality in our representation is a "defect in our constitution *so gross and palpable*, as to make it excellent chiefly in *form and theory*". That a representation in the legislature of a kingdom is not only the basis of all constitutional liberty in it, but of "*all legitimate government*; that without it a *government* is nothing but an *usurpation*";—that "when the representation is *partial*, the kingdom possesses liberty only *partially*; and if extremely partial it gives only a *semblance*; and if not only extremely partial, but corruptly chosen, it becomes a *nuisance*. Dr. Price considers this inadequacy of representation as our *fundamental grievance*; and though, as to the corruption of this semblance of representation, he hopes it is not yet arrived to its full perfection of depravity; he fears that "nothing will be done towards gaining for us this *essential blessing*, until some great abuse of power again provokes our resentment, or some great calamity again alarms our fears, or perhaps till the acquisition of a *pure and equal representation by others countries*, whilst we are *mocked* with the *shadow*, kindles our shame. (p. 68)

Burke carries out his counter-critique by attacking the concept of "pure and equal representation", and he does so by reference to what he sees as the metaphysical warrant that is offered for it. This metaphysic is betrayed in the terms that Burke emphasizes in the discourse of the revolutionaries and that he reassembles in a later synopsis: "you see that they consider our house of commons as only 'a semblance', 'a form', 'a theory', 'a shadow', 'a mockery'. . . ." (p. 69). Burke calls attention to this vocabulary so that it will be recognized as a Platonizing one. He wants to suggest a relationship between the Revolutionary critique of the adequacy of *status quo* political representation, on the one hand, and Platonic theory of representation in terms of the forms and shadows. As early as 1770 in "Thoughts on the Cause of the Present Discontents", joining the heated debate on the very question of political representation in England, Burke had ridiculed a proposal by Grenville as "a scheme of perfection to be realized in a monarchy far beyond the visionary republic of Plato" (1:454). In the *Reflections* Burke begins to suggest the epistemological basis of his objections to Platonizing politics.[7]

References to Plato's *Republic* were common in the utopian discourses of the philosophes. Bronislaw Baczko has pointed out, for example, that Brissot credited *The Republic*, along with More's *Utopia*, with having "served to mold our writers" (*servi à former nos écrivains*).[8] And Rousseau, whom Burke saw as the prime ideological mover of the Revolution, famously defended his decision to place his children in an orphanage by claiming that such conduct would have been appropriate for a citizen of Plato's republic. The particular relevance of Plato's model to Burke, however, lies in its theory of the statesman. As explained in book 6 of *The Republic*, Plato's philosopher-ruler governs by virtue of being educated not to indulge in poetry and rhetoric but to be guided by the timeless Ideas as they appear in the unmediated apprehension of his metaphysics. When Burke says of the metaphysical politicians of France that ideas are all "extremes", he might also be recalling the passages all through the dialogues in which Plato explains his concept of the Idea by reference to extremity. It is in any case true that while, for Plato, a doctrine is politically true only to the extent that it is metaphysically true, Burke not only contradicts this proposition but also asserts its shocking contrapositive: "The pretended rights of these theorists are all extremes; and in proportion as they are metaphysically true, they are morally and politically false." (p. 75) And as if to illustrate the principles that justify so outrageous a claim, Burke provides what amounts to his answer to Plato's celebrated allegory of the cave which concludes the discussion of the philosopher-ruler in book 6:

> These metaphysic rights entering into common life, like rays of light which pierce into a dense medium, are, by the laws of nature, refracted from their straight line. Indeed in the gross and complicated mass of human passions and concerns, the primitive rights of men undergo such a variety of refractions and reflections, that it becomes absurd to talk of them as if they continued in the simplicity of their original direction. (p. 74)

Metaphysical ideas—and the idea of the rights of man is the chief case in point—are treacherous political guides because of the distortion they necessarily undergo when one attempts to import them into the sphere of human culture. Metaphysics must remain preconstitutional and prerepresentational. The effort to meet absolute metaphysical standards of representative perfection in the material exigencies of constitutional life is an exercise not in founding a state but in confounding one.[9]

Though Burke does not himself make the connection explicit, his critique anticipates the line of interpretation that leads though Tocqueville to Furet, in that he sees the prevailing ideology of the Revolution as a reconstitution, in the area of "mental representation", of the very absolutism that had been rejected in divine right theories of monarchy.

> These gentlemen value themselves on being systematic; and not without reason. They must therefore look on this gross and palpable defect of representation, this fundamental grievance (so they call it), as a thing not only vicious in itself, but as rendering our whole government absolutely illegitimate, and not at all better than a downright usurpation. . . . Indeed their principle, if you observe it with

any attention, goes much further than to an alteration in the election of the house of commons; for, if popular representation, or choice, is necessary to the legitimacy of all government, the house of lords is, at one stroke, bastardized and corrupted in blood. That house is no representative of the people at all, even in "semblance or in form". . . . The Revolution which is resorted to for a title, on their system, wants a title itself. The Revolution is built, according to their theory, upon a basis not more solid than our present formalities, as it was made by an house of lords not representing any one but themselves; and by a house of commons exactly such as at the present, that is, as they term it, by a mere "shadow and mockery" of representation. (pp. 69–70)

Burke's complex paranomasia begins to make explicit the parallel he imagines between the Platonic theory of the representation of the forms, with its assumptions of mirrorlike correspondence between the actual and the imitative, and the new revolutionists' theory of representation, with its assumption of mirror correspondence between the legislature and the people for whom it is supposed to stand and act. This last assumption is most immediately responsible for what he takes to be the irrelevant criteria of "purity" and "equality" in the work of national representation.

His critique of metaphysical absolutes leaves Burke in an awkward position when it comes to elaborating the positive account and thus to saying what he understands by "adequate representation". His remarks on this point, where they are not downright evasive, tend to be either brief or indirect. When he first introduces the issue of adequate representation in the *Reflections*, he defines it in terms of the prerogatives of property. He makes the twofold claim, first, that "[n]othing is a due and adequate representation of a state that does not represent its ability, as well as its property," and, second, that property must always be "predominant in the representation," since "ability is a vigorous and active principle, and property is sluggish, inert, and timid" (p. 63). The principle of property is inherently incompatible with the principle of equality, as Burke elsewhere explains in the *Reflections*: "The characteristic essence of property, formed out of the combined principles of its acquisition and conversation, is to be *unequal*" (p. 63). Thus, to the extent that property must not only appear; but even predominate, in the state's adequate representation, that representation cannot be "equal".[10] All this appears prior to Burke's attack on the Platonizing metaphysics of the revolutionary critique of the English. In returning to the question of adequate representation after that attack, Burke declines to elaborate what he has already offered about the relative roles of ability and property. Instead, he resorts to *occupatio*:

It would require a long discourse to point out to you the many fallacies that lurk in the generality and equivocal nature of the terms "inadequate representation". I shall only say here, in justice to that old-fashioned constitution, under which we have long prospered, that our representation has been found perfectly adequate to all the purposes for which a representation of the people can be desired or devised. *I defy the enemies of our constitution to shew the contrary*. To detail the particulars in which it is found so well to promote its ends, would demand a treatise on our practical constitution. (p. 69)

Needless to say, Burke does not deliver that treatise, even though, as Paine wryly commented, the book that Burke did produce had been "upwards of eight months in hand, and . . . extended to a volume of three hundred and sixty pages" (p. 331). And what took up far too many of the pages not given to this treatise, as far as Paine was concerned, was the discussion of the "leading in triumph" on October

6, the fate of the Queen, and the passing of the age of chivalry—for Paine, all matters entirely beside the point.

But in turning from the theory of constitutional representation to the discussion of October 6, Burke's argument wishes to be seen not as flying from the question of inadequate representation but as attempting to cast it in its proper light. If representation is the central problem in the *Reflections*, there is evidence, indeed, that the discussion of October 6 is the central section of the book. It has always attracted more attention than any other passage, and this aspect of the book's reception history seems to have been in part a consequence of Burke's own design. Toward the end of the long passage he apologizes to De Pont for having "dwelt too long on the atrocious spectacle of October 6" but he suggests that if he has "given too much scope to the reflections which have arisen in [his] mind" on that occasion it is because he considers that "the most important of all revolutions . . . may be dated from that day, I mean a revolution in sentiments, manners, and moral opinions". If this "revolution" in manners is the most important of revolutions, then presumably Burke's "reflections" on it are the most important of his reflections. On the basis of the analysis we have just considered, we might expect Burke's reflections on this revolution in manners to be refracted through the system of manners that the revolution of October 6 is presumed to have overturned: the "mixed system of opinion and sentiment" that "had its origin in the ancient chivalry" (p. 89). And that, of course, is exactly what we find.

The special bearing of these extended reflections on the concept of "adequate representation" is that, in Burke's account, the code of chivalry appears, above all, as a system of representation. And Burke's representation of *this* system of representation is couched in such a way as to create a distinct contrast with the French representation of the English constitution as a system of representation that is "mere shadow and semblance". The contrast is clearest when Burke describes the representations of chivalry as a fabric of illusions:

> All the pleasing illusions, which made power gentle, and obedience liberal, which harmonized the different shades of life, and which, by a bland assimilation, incorporated into politics sentiments which beautify and soften private society, are to be dissolved by this new conquering empire of light and reason. All the decent drapery of life is to be rudely torn off. All the super-added ideas, furnished from the wardrobe of the moral imagination, which the heart owns and the understanding ratifies, as necessary to cover the defects of our naked shivering nature, and to raise it to dignity in our own estimation, are to be exploded as a ridiculous, absurd, and antiquated fashion. (p. 90)

Although, in calling these representations "illusory", Burke seems to be using the language of the Platonizing metaphysician, he challenges throughout the possibility for establishing criteria by which the illusory and the real are distinguished. (There is a parallel challenge, the hallmark of what is called Burke's traditionalism, to the possibility of establishing criteria for distinguishing between the modern and the "antiquated".) The relevance of the discussion of chivalry to the discussion of constitutional representation should in any case by now be clear. If property is taken to be inherently unequal, and must predominate in any "adequate representation" of the nation, then one way to describe what the code of chivalry does is to say that it represents this unequal representation unequally (which is to say as an equality) and thus creates the sense (Burke would even say the fact) of equality after all. The chivalric system, "without confounding ranks, had produced a noble equality, and handed it down through all the gradations of social life" (p. 90).

The paradox of an equality handed down through gradations is expressed more compactly in the oxymorons that Burke deliberately employs through this passage: "proud submission," "dignified obedience". These oxymorons in turn indicate the extent to which social control is the issue at stake in this quasi-constitutional "mixed system". The principle, such as it is, is that when social hierarchy, grounded in the inevitable inequalities of property, can, by unequal representation, be made to appear as beautiful, the ill effects of that hierarchy can be correspondingly reduced. Burke's tersest formulation of the principle is the paradoxical maxim that "vice itself [loses] half its evil by losing all its grossness" (p. 89). When the young poet William Wordsworth, still a radical, entered the pamphlet wars against Burke in 1793, he singled out this maxim for special attack, arguing on the contrary that preserving the grossness of vice was the only hope of keeping vice recognizable and thus eradicable.[11] But for Burke the only alternative to the code of chivalry, with its decent drapery, is a code of naked power, and a state of Hobbesian chaos:

When the old feudal and chivalrous spirit of Fealty, which, by freeing kings from fear, freed both kings and subjects from the precautions of tyranny, shall be extinct in the minds of men, plots and assassinations will be anticipated by preventive murder and preventive confiscation, and the long role of grim and bloody maxims, which form the political code of all power, not standing on its own honour, and the honour of those who are to obey it. Kings will be tyrants from policy when subjects are rebels from principle. (p. 91)

The difference between the two codes is that the chivalric code governs by the "illusory" and honorific representations of romance and that the code of naked power governs by the assumption that representation mirrors the world in its exact details of motives, interests, power relationships, and so on. It is not that the metaphysical theory of "adequate representation" with its criteria of "purity" and "equality" can ever, on Burke's account, purify the motives or equalize the possessions that it represents: "power, of some kind or another, will survive the shock in which manners and opinions perish; and it will find some other and worse means for its support" than what the chivalric code offers. Chivalry is thus the code of manners associated with a manner of representation that "enobles" what it represents.

We tend to call this manner of representation "Romantic". When Burke says that the enemies of the ancient code dismiss its representations as "romance and folly", and as "fictions of superstition", his answer to such charges is, in effect, to embrace the terms in question, just as he embraces the term "prejudice" while announcing that to do so is "to take more shame to [himself]" (p. 100). Nothing, indeed, could be more conspicuous than that both his account of the events of October 6 and his description of Marie Antoinette were written with the kind of hyperbole and heightened rhetoric associated with romance. Citing the opening sentence of Burke's narrative of the "leading in triumph"—"History will record, that on the sixth of October, 1789, the King and Queen of France, after a day of confusion, alarm, dismay and slaughter, lay down under a pledged security of public faith, to indulge nature in a few hours of respite, and troubled, melancholy repose"—Paine comments that "This is neither the sober style of history, nor the intention of it" (p. 298). The style and intention of the piece, according to Paine, belong not to history but to poetry: "I cannot consider Mr. Burke's book in scarcely any other light than a dramatic performance; and he must, I think, have considered it in the same light himself, by the poetical liberties he has taken of omitting some facts, distorting others, and making the machinery bend to produce a stage effect" (p. 296). Paine insinuates Burke's intention is to deceive, but seems rather to parade than to hide the sense that his political tract was conceived in terms of poetical categories. What Paine calls the "poetical liberties" taken in Burke's text cannot finally be separated from the burden of his argument: only the poeticization, or romanticization, of the relations of power produces real liberty.

The point where Burke comes closest to explicitness about his notion of constitution-by-romantic-representation is perhaps the passage in which he cites Horace to suggest that the principles involved in making states and poems significantly overlap:

> The precept given by a wise man, as well as a great critic, for the construction of poems, is equally true for the construction of states. *Non satis est pulchra esse poemata, dulcia sunto.* There ought to be a system of manners in every nation which a well-formed mind would be disposed to relish. To make us love our country, our country ought to be lovely.

The term haunts this passage without appearing in it is, again, "constitution". If we substitute it for "construction" we have not, I think, violated the sense of the first sentence. As for the second sentence, we can take a cue from Paine, who, in the context of a larger argument about the absence of an national constitution, said that Burke's mind lacked one too: "his genius is without a constitution. It is a genius at random and not a genius constituted" (p. 313). The circularity of the claim in the crucial second sentence becomes clear if, for "well-formed mind", we substitute "well-constituted mind". The constitutional system of manners that the well-constituted mind will be disposed to relish is itself responsible for constituting the mind in its good disposition. In 1807, S.T. Coleridge, whose own *Constitution of Church and State* (1825) set forth political views conspicuously Burkean in character and origin, enunciated the principle, later publicized by Wordsworth, that the poet must create the taste by which he is to be enjoyed, must constitute a reader's taste in constituting his poem. Burke, who saw the French Revolution above all as a failure of taste, thought that the constitution of nations must follow the same principles, and that England's prosperity rested on the success of statesmen like himself in living out the truth of these principles.[12]

Two large tasks would require attention in full consideration of my assigned topic, "Burke and the English", along the lines I have been suggesting. The first is a thorough analysis of Burke's argument in the *Reflections* about national "imitation". Burke was arguing as early as the *Enquiry into ... the Sublime and Beautiful* (1757) that imitation is responsible for the formation of manners and was thus the most powerful mechanism of control in our social intercourse.[13] Further, as the foregoing argument has implied, the constitution is not only a structure of representation but also, necessarily, a structure of precedent and example—that is, of imitation. And since how political examples are selected and construed is a matter of national choice, imitation shares with representation the status of being "constitutive" in this second sense as well.

Burke defines this issue of national imitation as decisive for his attempt to intervene with the *Reflections* in the first place:

> Formerly your affairs were your own concern only. We felt for them as men; but we kept aloof from them, because we were not citizens of France. But when we see the model held up to ourselves, we must feel as Englishmen, and feeling, we must provide as Englishmen. (p. 102)

The reason Burke claims for taking Richard Price's sermon at the Old Jewry as the point of departure for the *Reflections*—he is quite explicit about this—is that, along with the "whole of the publication" in which it was issued by the Revolution Society, it was governed by "the manifest design of connecting the affairs of France with those of England, by drawing us into an imitation of the conduct of the National Assembly" (p. 21).[14] It is indeed possible to see the organizing principle of at least the first half of the book in terms of an attempt to answer, perhaps "reflect", the attempt by the enemy to hold out the French Revolution as an example to be imitated by the English.

What is supposed to lend special force to this example, as Burke repeatedly points out, is that the French Revolutionists themselves purported to be acting in imitation of the English Revolution of 1688. This is what motivates Burke's extended re-interpretation of the 1688 revolution at the start of the *Reflections*. Not content with the rebuttal of this claim, however, Burke launches a complex counter-offensive. He argues that, at the level of manners (which matters most), the English of 1790, represented in the person of Burke and his dramatized shock at the events of October 6, hold up to the French the exemplary model. He further suggests that this example, the one that English offer to the French in 1790, derives from the French themselves. Burke's counter-offensive is thus itself modeled on the adversary's own claim: the claim of the revolutionists that the French now offer a model of constitutionality to the English that had been learned from the English constitution. This is the point of Burke's otherwise inexplicable sequence of concessions to the salutary power of French culture in England: that "France has always more or less influenced manners in England", that to France "we trace [chivalric manners] best", and that indeed France is the cradle of the British race: "You seem to be—*gentis incunabula nostrae*" (p. 93). It may also be grist for Paine's argument that Burke spoke less as an Englishman than as a courtier.

The second task that remains, and that like the first can only be briefly sketched here, is to consider how Burke's way of poeticizing political representation (or politicizing poetic representation) played itself out in the nation for whom he claimed to speak. Part of Pocock's recent argument about what Burke is doing in the *Reflections* leads him to the conclusion that Burke is "visibly helping to lay the foundations for both sides of the 1832 debate".[15] This has in part to do with the way in which, on Pocock's analysis, Burke emerges as a writer who is at once defending the whig commercial order of the eighteenth century and at the same time, in Alfred Cobban's phrase of decades ago, revolting against the eighteenth century. But in a discussion of "modern political culture" we must also make visible how Burke also helped to lay the foundations of some of the literary movements that stretch between 1789 and 1832 and which are commonly grouped under the heading of English Romanticism.

Here I have in mind not only those political poets who eventually acknowledged their enormous debts to Burke, such as Wordsworth and Coleridge, nor even just of his professed contemporary adversaries, such as William Hazlitt and William Godwin, but also later writers with whom he has little direct connection. Among these last, for example, is Walter Scott whose contribution to literary history, the historical novel, became a contribution not only to historiography, as Trevor-Roper has noted, but also (as it were) to history itself, as its techniques for the representation for political history were put to nationalizing uses by major writers in virtually every developed state in the nineteenth century as well as in America. Alexander Welsh's neglected book on Scott's Waverley hero as an embodiment of the Burkean theory of property is an excellent start on that subject.[16] Such an argument needs to be related, however, to the way in which in the "Dedicatory Epistle" to *Ivanhoe* (1819), the nineteenth century's great novel of chivalry, Scott outlined the principles of his new genre in terms of a dialectic between the representation of an age's distinctive manners and the distinctive manner of representation of that age.

At the other end of the political spectrum in 1819 stands Shelley, adopted poet of the Chartists and the one Romantic writer of whom Marx is supposed to have said that, with a longer life, he "would have stood in the vanguard of socialism".[17] Shelley's relation to the political discourse developed by Burke remains invisible without understanding Burke's way of articulating mutually the functions of legislative and literary representation. In the month that Scott completed *Ivanhoe*, Shelley began *A Philosophical View of Reform*, where he first made the claim, which later appeared as the final words of "A Defence of Poetry", that "poets are the unacknowledged legislators of the world". In the *Philosophical View of Reform*, this claim follows from an historical analysis which explicitly takes up the relationship between legislative and poetic representation of the national will, and which insists that only the two together can be, as Burke says, "adequate to . . . the purposes for which a representation of the people can be desired or devised". Shelley makes this point in discussing America, in which, Shelley finds much to admire in that "the will of the people is directly represented in the assemblies almost as directly as the will of one person can be represented by the will of another".[18] But what Shelley calls the "error" of America "consists not in the not representing the will of the people as it is, but in not providing for the full development and the most salutary condition of that will".[19] What is required to meet this latter condition, he explains, is not "the mere representation" of that will, not the representation "of the will of the People as it is",[20] but the kind of representation of the national will that appears in a nation's poetry. This is why he can say that "a free and energetic development" of the literature of England has always accompanied "a great and free development of the national will".[21]

The points of divergence between Shelley (or his mentor Godwin) and Burke have been taken for granted by the commentators and those divergencies are real enough, but they may have to be recast in respect to a new construction of the sphere of ideologies and discursive practices which these English writers coinhabit. Shelley certainly saw in the scheme of public credit a fraud as odious as the one that Burke saw there, and for similar reasons. Accepting but transvaluating Paine's comment about Burke's treatment of fact—that he takes "poetical liberties"—Hazlitt had declared approvingly of the man he called a "poet" and a "genius" that in general "he paid little attention to [facts]: they were the playthings of his mind. He saw them as he pleased, not as they were."[22] Burke's poetic writings on politics, we have seen, refused to mirror fact just as his poetic statesmen refused to mirror constituencies. But this argument is uncannily echoed in "A Defence of Poetry", where Shelley argues that "the story of particular facts is as a mirror which obscures and distorts that which should be beautiful: Poetry is a mirror which makes beautiful that which is distorted."[23] Hence it is that Shelley, from a point of view apparently opposed to Burke's, could remark that the French Revolution failed because its literature failed it, because the national imagination of the philosophers was insufficiently ennobling of the nation's passions and purposes.[24] And hence it is, although one thinks of Shelley as one of England's severest critics in this period, even he regards England's chances to approximate perfection in government as better than any other nation's. Only that sort of representation which improved its "subject" was adequate to the purposes of presentation—as, in the English view of things, only the English could see.

## Notes

1. All citations to Burke's *Reflections* and Paine's *The Rights of Man* are to the Anchor/Doubleday combined edition of those works (Garden City, New York, 1973). All other citations in Burke are to *The Works of the Right Honorable Edmund Burke*, rev. ed., 12 vols. (Boston, 1965–67), and will be made by volume and page number in the text.

2. See Isaac Kramnick *The Rage of Edmund Burke* (New York, 1977).

3. See for example, Ronald Paulson, *Representations of Revolution* (New Haven, 1983), pp. 57–87, and W. J. T. Mitchell, *Iconology* (Chicago, 1986), 1: 16–49.

4. See for example, George Fasel, " 'The Soul that Animated': the role of property in Burke's thought", *Studies in Burke and his Time* (Winter, 1976), 17: 27–41, and Michael Freeman, *Edmund Burke and the Critique of Political Radicalism* (Chicago, 1980), pp. 107–129. The most comprehensive and penaccount of the problem, of political representation in Burke is still Hannah Penichel Pitkin, *The Concept of Representation* (Berkeley and Los Angeles, 1967), pp. 168–89. But while Pitkin relates Burke's position on the active legislative representation of unattached interests to what she earlier explains as the theory of "descriptive representation" (pp. 60–91), she too neatly contains the latter within the former, making no allowance for the constitutive aesthetic dimension of "description" that pervades the account of the *Reflections*. For an account of how the concept of political representation was transformed in eighteenth-century France see Keith Michael Baker, "Representation", in vol 1 of the present series, *The Political Culture of the Old Regime*, Keith Michael Baker, ed. (Oxford, 1987), pp. 469–92; see also his "Memory and Practice: politics and representation of the past in eighteenth-century France", *Representations*, (Summer 1985) 11: 134–64.

5. François Furet, *Interpreting the French Revolution*, trans. Elborg Foster (Cambridge, 1981), pp. 36–37.

6. J.G.A. Pocock, *Virtue, Commerce, and History* (Cambridge, 1985), p. 199.

7. He also eliminates those traces of what Hannah Pitkin calls the theory of "descriptive representation" which she correctly points to, though in a highly qualified context, in "Thoughts"—in *The Concept of Representation*, p. 183.

8. Bronislaw Baczko, *Lumières de L'Utopie* (Paris, 1978). Cf. Charles Rihs, *Les Philosophes Utopistes* (Paris, 1970), p. 14 for the philosophes' use of Plato, amongst others, in making the sort of critique of the theory of property that Burke later attempted to counter.

9. For suggestions about how the poet Wordsworth developed the critique of Platonizing politics as he found it in Burke, see my *Wordsworth's Second Nature* (Chicago, 1984), pp. 33–34 and 273.

10. In "Thoughts on French Affairs", again in the negative mode of critique, Burke attempts to explain in detail how the French doctrine of "equal representation" depends on the principle of the rights of men, and why it is untenable (**IV**: 322–23).

11. *The Prose Works of William Wordsworth*, W.J.B. Owen and Jane Worthington Smyser, eds., 3 vols. (Oxford, 1974), 1: 35–36.

12. My account involves just one particular aspect of what Christopher Reid calls "The Politics of

Taste" in Burke, in *Edmund Burke and the Practice of Political Writing* (Dublin, 1985), esp. pp. 34–50. Other treatments of this subject include: J.T. Boulton, *The Language of Politics in the Age of Wilkes and Burke* (London, 1963); Neal Wood, "The Aesthetic Dimension of Burke's Political Thought", *The Journal of British Studies* (1964), 4:41–64; and Burleigh T. Wilkins, *The Problem of Burke's Political Thought* (Oxford, 1967), pp. 119–51.

13. *A Philosophical Enquiry into the Origin of Our Ideas of the Sublime and Beautiful*, J.T. Boulton, ed. (London, 1958), p. 49. Wilkins has made a start on this issue, but much more needs to be done; see *The Problem of Burke's Political Philosophy*, pp. 137–39, 146–47.

14. Burke made a similar comment in private correspondence to Thomas Mercer during the early period of composition for the *Reflections* in February 1790, *The Correspondence of Edmund Burke*, T.W. Copeland et al., eds., 10 vols. (Cambridge and Chicago, 1958–78), 6: 97.

15. Pocock, *Virtue, Commerce and History*, p. 208.

16. Alexander Welsh, *The Hero of Waverley* (London, 1963), esp. pp. 93–126.

17. As reported by Edward Aveling and Eleanor Marx-Aveling in *Marx and Engels, On Literature and Art* (Moscow, 1978), p. 320.

18. *Shelley and his Circle: 1773–1822*, Donald H. Reiman, ed. (Cambridge, Mass, 1973), 3: 975.

19. *Ibid.*, p. 977.

20. *Ibid.*, p. 977.

21. *Ibid.*, p. 991. What makes the *View* doubly relevant to Burke's political discourse on representation is that the second of its three sections is an extended critique of national fraud in the public credit system.

22. "Character of Mr. Burke, 1807" in *The Collected Works of William Hazlitt*, P.P. Howe, ed., 21 vols (London and Toronto, 1931), 7: 311.

23. *Shelley's Poetry and Prose*, Donald H. Reiman and Sharon Powers, eds. (New York, 1977), p. 485.

24. *Shelley and His Circle*, 6: 979.

CHAPTER 3

# Burke et les Allemands

PHILIPPE RAYNAUD

LA critique a depuis longtemps reconnu l'importance que l'oeuvre de Burke a eu pour la pensée allemande dès le commencement de la Révolution française. Reprises sous des formes diverses par Gentz et Rehberg, les thèses de Burke occupent une place centrale dans les controverses de l'époque, qui portent à la fois sur la *légitimité* principielle de la Révolution et sur la possibilité, pour une "*théorie*", de s'incarner dans une "*pratique*" politique; au delà, elles ont aussi profondément influencé la critique romantique des Lumières et de l'artificialisme politique moderne. Mais ce succès lui-même n'aurait pas été possible si la pensée philosophique et politique allemande antérieure n'avait pas *déjà*, avant même la Révolution française, développé des thèmes et des arguments qui avaient préparé le public allemand à faire un accueil favorable à une oeuvre comme les *Réflexions sur la révolution française*; inversement, l'influence de Burke ne se limite pas aux adversaires déclarés de la Révolution, car elle détermine aussi en grande partie les questions auxquelles doivent répondre ses défenseurs, que ceux-ci choisissent, comme le jeune Fichte, de renverser du tout au tout l'apologie burkéenne de la tradition, ou qu'ils s'efforcent, comme Hegel, de lui faire une place au sein d'une conception renouvelée du rationalisme; le problème sera donc pour nous, au delà du strict problème de la *réception* de l'oeuvre de Burke en Allemagne[1], de montrer comment celle-ci s'inscrit dans le cadre plus général de l'évolution de la philosophie allemande de l'histoire, de Herder à Hegel.

## Les critiques allemandes des Lumières avant Burke

### La querelle du panthéisme

Comme on l'a souvent noté, les discussions suscitées en Allemagne par les *Réflexions* . . . de Burke doivent d'abord être comprises comme un moment particulier d'une controverse beaucoup plus générale, qui porte sur la valeur de la *Raison* pour les questions pratiques et pour l'intelligence de l'Histoire. L'ouvrage de Rehberg, paru en 1793, peut ainsi être perçu comme une transposition, *dans le domaine politique*, des critiques dont l'*Aufklärung* avait naguère été l'objet quelques années auparavant (1785–1786) *au niveau philosophique* lors du "*Pantheismusstreit*" (querelle du panthéisme) dont les principaux protagonistes furent

Mendelssohn et Jacobi.[2] Contre le rationalisme de l'*Aufklärung*, représenté par Mendelssohn, Jacobi dénonçait alors l'incapacité de la Raison à penser la "vie" et l'existence, en s'efforçant de montrer que, pris au sérieux, le rationalisme conduit *nécessairement*, au "spinozisme," c'est-à-dire à un "panthéisme" où la richesse de la vie s'abolit dans l'indétermination de la substance;[3] en opposant au rationalisme abstrait de la Révolution l'infinie complexité de la politique concrète, Rehberg réactivait en fait cette querelle, en lui donnant une résonnance plus immédiatement dramatique: aussi bien est-ce sur ce plan que se situent deux des réponses les plus célèbres au livre de Rehberg, celles de Kant[4] et de Fichte.[5] On ne s'étonnera donc pas que, avant même la publication des *Réflexions . . .*, l'"*a priori révolutionnaire*" ait été l'objet en Allemagne d'une critique virulente, étroitement liée à l'"irrationalisme" apparu quelques années plus tôt, et dont Jacobi fut d'ailleurs lui-même le meilleur représentant.

Dès 1790, moins d'un an après la publication de la Déclaration des droits de l'homme et du citoyen, Jacobi en développa en effet une critique très argumentée dans une longue lettre (en français) à l'académicien La Harpe, qui reprend dans un contexte nouveau les thèses qu'il avait défendues lors de la querelle du panthéisme.[6] Jacobi s'oppose d'abord à la combinaison particulière de rationalisme et d'utilitarisme qui caractérise la Déclaration, en attaquant à fois l'idée d'une déduction rationnelle des droits de l'homme, et le projet de les fonder sur le "désir d'être heureux";[7] simple faculté "judiciaire," la raison n'a pas en elle-même de pouvoir fondateur et, de la même manière, le principe de toute société ne se trouve pas dans le recherche du bonheur, ni dans les calculs que suscite celle-ci, mais dans un "premier ressort indéfinissable, antérieur à tout raisonnement": associant de manière déjà "romantique" la Raison et l'utilité, Jacobi nous renvoie donc, comme en 1785, au sentiment et à la "Foi"[8] comme ultime fondement du droit et de la morale. Or, il est clair que, à bien des égards, cette critique anticipe sur celle de Burke: dans un style différent, les *Réflexions* plaident aussi pour une conception purement "judiciaire" de la "Raison politique"[9] pour montrer les contradictions internes du projet de la Déclaration, et, de manière tout à fait analogue à celle de Jacobi, elles associent dans une même condamnation le culte de la Raison et la promotion au rang de principe suprême du principe de l'utilité, incarnation parfaite d'un siècle prosaïque.[10]

En 1785, Jacobi avait voulu montrer que le "spinozisme" était la vérité du rationalisme. La même thèse sous-tend encore son argumentation en 1790, mais elle acquiert alors une signification plus immédiatement politique: elle permet de dénoncer l'ensemble des principes de la philosophie politique moderne, en les rattachant à l'*anti-juridisme*, réel ou supposé,[11] de l'auteur de l'*Ethique*. Le fondement ultime de la Déclaration, c'est en effet l'affirmation du *conatus*, de la tendance universelle de chaque être naturel à chercher la "conservation et l'amélioration" de (sa) "nature particulière"; or, outre que, loin de montrer sa transcendance, elle tend plutôt à réduire le droit au fait, cette idée nous place devant une alternative, dont les deux termes sont également incompatibles avec les prétentions de la Déclaration: elle conduit ou bien à affirmer l'égalité de tous les *conatus* présents dans la nature (ce qui détruit le privilège donné aux droits de l'homme),[12] ou bien à transposer dans l'humanité elle-même le critère de hiérarchisation qui permet seul d'affirmer la supériorité du droit des hommes sur celui des animaux (ce qui interdit de poser l'universalité des droits de l'homme). Au delà de la Déclaration, Jacobi dessine ici à l'avance le cadre général où va s'inscrire un peu plus tard la réception des *Réflexions sur la Révolution française*: pour les admirateurs allemands de Burke (comme Rehberg), la critique des prétentions législatrices de la Raison passera par la critique du dogme de l'égalité; pour leurs adversaires, au contraire, il faudra, pour fonder l'irréductibilité des droits de l'homme à l'ordre (mécanique) de la nature, découvrir, au delà du conatus, un critère de reconnaissance de l'humain.

### Justus Möser et le contrat social.

Peu après que Jacobi ait expliqué à La Harpe pourquoi les Allemands devaient refuser le rationalisme intempérant des Constituants, paraissait dans la *Berlinische Monattschrift* une des premières grandes critiques politiques de la doctrine révolutionnaire, l'article de Justus Möser "Sur le droit de l'humanité comme fondement de la révolution française" (juin 1790), que devait suivre l'année d'après un autre texte paru dans la même revue ("Quand et comment une nation peut-elle modifier sa constitution," novembre 1791).

Associé par Herder au *Sturm und Drang*,[13] homme d'Etat important,[14] Möser a déjà alors derrière lui une oeuvre importante de publiciste et de critique, qui a fait de lui un des grands adversaires de Frédéric II,[15] et un défenseur attitré du régime *féodal*, dont l'organisation traduit à ses yeux la légitime priorité de la propriété foncière sur les relations abstraites entre individus égaux. Dans son premier article, il développe d'emblée une critique réactionnaire cohérente de la Déclaration, fondée sur une attaque en règle contre la "philosophie spéculative et ratiocinante" des modernes, qui prétendent "déduire à partir d'une formule unique la totalité des droits qui régissent la vie sociale"[16]: il oppose à l'individu abstrait, les hommes concrets, tels qu'ils s'insèrent dans un ordre à la fois solidaire et hiérarchisé, à la "Raison" la valeur de l'histoire, à la législation, les vertus de la création coutumière du droit. Dans son deuxième texte il s'efforce de montrer que le pouvoir de changer la Constitution française, que s'est attribué l'Assemblée repose sur une usurpation. La thèse centrale de Möser est en effet que l'ordre social est fondé sur un *double contrat*; si, dans un territoire donné, les premiers occupants se sont bien associés comme des partenaires égaux, il n'en va plus de même pour ceux qui les ont suivi, qui ont dû au contraire "demander aux premiers l'autorisation de s'établir et obtenir d'eux, contre redevance héréditaire, fermage ou impôt, la terre dont ils avaient besoin et accepter toutes les conditions, fût-ce le servage";[17] ainsi, s'il est vrai qu'un contrat peut toujours être modifié par ceux qui l'ont conclu, il n'est pas vrai que la majorité d'une nation puisse à elle seule changer la constitution, puisque celle-ci n'est pas née d'un contrat entre individus égaux, mais du pacte ultérieur par lequel le peuple s'est soumis à l'aristocratie. Au delà de la Déclaration elle-même, Möser attaque donc en fait l'ensemble de la politique de l'Assemblée depuis le moment où le Tiers a décidé de passer outre à la division des Etats-Généraux en ordres jusqu'à la suppression des droits féodaux et à la confiscation des biens du clergé.[18]

Dans une certaine mesure, Möser a donc contribué à préparer l'opinion allemande à accueillir favorablement les thèses des *Réflexions . . .*, en associant à une défense "historiciste" de la tradition et de la coutume un retournement ironique de l'idée de contrat social, dont l'objet était de garantir un ordre social *statutaire* contre les empiètements de la volonté. Il faut cependant ajouter que, dans les controverses de l'époque, Möser représentait sans doute ce qu'il y avait de plus "réactionnaire" en Allemagne, et que son attachement farouche à la propriété féodale tranche sur les conceptions somme toute libérales qui devaient être défendues par la plupart des émules allemands de Burke;[19] en fait, le succès de l'oeuvre de Burke en Allemagne tient précisément à son ambiguïté, philosophique autant que politique:[20] de ce point de vue, si éloquent qu'il fût, Möser ne pouvait guère faire illusion.

## Herder et la critique des Lumières

La réception, largement favorable, dont les *Réflexions . . .*, ont été l'objet en Allemagne doit donc être comprise comme un moment de la critique des Lumières. L'oeuvre de Burke, cependant, n'aurait pas eu une telle importance si elle n'avait pas répondu à des questions nées à l'intérieur même du rationalisme allemand. Il en est ainsi d'abord, de la réflexion sur les distorsions possibles entre la théorie et la pratique: si Kant a répondu à Rehberg, c'est d'abord parce que celui-ci avait eu l'habileté de fonder son argumentation sur la distinction *kantienne* (difficilement récusable pour les partisans allemands de l'*Aufklärung*) entre l'*entendement* (*Verstand*) et la *Raison* (*Vernuft*), mais c'est aussi parce que sa propre doctrine fait une large place à une dimension "prudentielle" du jugement et de l'action. Il en va de même, également, de l'opposition, centrale chez Burke, entre l'artificialisme politique des Lumières et la sagesse spontanée de la tradition et de l'histoire. On sait, en effet, que certaines des thèses les plus importantes des *Réflexions . . .* (la polémique contre l' "abstraction" des Lumières, la réhabilitation des "préjugés" contre les prétentions de la raison individuelle) évoquent les critiques que, dès 1774,[21] Herder avait adressées à la philosophie du XVIIIe siècle et notamment au rationalisme français; or, il serait tout à fait inexact de réduire l'oeuvre de Herder à une simple critique "irrationaliste" des Lumières: elle correspond tout autant à un *approfondissement* de leur projet et, surtout, elle repose sur l'exploration méthodique d'une voie déjà ouverte par le *rationalisme* leibnizien. Pour comprendre l'écho de l'oeuvre de Burke dans les différents courants de l'"historicisme" allemand, il nous faut donc revenir sur la façon dont la nouvelle "philosophie de l'histoire" avait déjà lié rationalisme et irrationalisme: c'est à partir de là, me semble-t-il, que nous pourrons comprendre pourquoi la critique burkéenne de la Révolution a eu une *double* postérité, "irrationaliste" (chez les romantiques et dans l'Ecole historique du droit) et rationaliste (dans la philosophie hégélienne du droit).

## La critique des Lumières[22]

*Une autre philosophie de l'histoire* est d'abord dirigée contre le rationalisme *français* et notamment contre l'*Essai sur les moeurs* de Voltaire. L'esprit français tel que le voit Herder est une combinaison du classicisme et des Lumières: il se définit par le goût de l'abstraction, la méconnaissance de l'individualité au profit des généralités et la critique dogmatique des préjugés ou de la Religion au nom d'une

Raison abstraite et mécanique; inversement, la philosophie de l'histoire de Herder met donc au premier plan l'étude des individualités concrètes, et cherche à réhabiliter les préjugés et la Religion. La critique de l'abstraction généralisante se traduit notamment par une longue (et assez injuste) diatribe contre Montesquieu, dont, selon lui, le livre réunit des "faits arrachés à leur lieu et pays d'origine et leurs décombres jetés sur trois ou quatre marchés sous l'étiquette de trois misérables concepts généraux" (Herder, V, s. 566, trad., p. 319). La réhabilitation des préjugés (qui annonce directement les thèses de Burke) est dirigée contre l'esprit général des philosophes français; ce que Voltaire ou d'Holbach prennent pour de l'étroitesse d'esprit est en fait le moyen dont se sert la Nature pour aider les peuples à *sélectionner* les informations et les influences utiles à leur préservation: "Le préjugé est bon en son temps, car il rend heureux. Il ramène les peuples à leur centre, les rattache plus solidement à leur souche, les rend plus florissants selon leur caractère propre, plus ardents et par conséquent aussi plus heureux dans leurs penchants et leurs buts" (Herder, V, s. 510, trad., p. 185). Quant à la Religion, elle est d'emblée l'objet d'une réhabilitation contre l'incroyance des Français, puisque *Une autre Philosophie de l'Histoire* s'ouvre par une apologie de la valeur du récit biblique sur l'époque des Patriarches (qui est elle-même l'origine de tous les développements ultérieurs, parce qu'elle représente "l'Age d'Or de l'humanité enfant") (Herder, V, ss. 477–481, trad., pp. 115–123).

Il est clair, cependant que, sur tous ces points, Herder, s'il critique l'esprit des Lumières, le fait en s'appuyant sur des idées ou des résultats qui sont précisément issus de la philosophie du XVIIIe siècle.[23]

Il en va ainsi tout d'abord, des ambitions "scientifiques" de Herder; sa critique de Montesquieu repose en fait sur une radicalisation de tendances "relativistes" qui commandaient déjà la défense, dans l'*Esprit des Lois*, de la diversité des législations en fonction des moeurs des différents peuples (voir notamment le Livre XXIX de *l'Esprit des Lois*): la critique du rationalisme juridique de Voltaire et de ses successeurs est impensable sans l'apport de Montesquieu. Par ailleurs, Herder doit à Voltaire lui-même deux idées majeures de son livre, même s'il les retourne contre le rationalisme de l'Aufklärung. La critique de l'orgueil des Européens, qui visait essentiellement, chez Voltaire, à humilier les chrétiens en montrant la sagesse de certains peuples (les Chinois, par exemple) que la Révélation n'avait pas atteints, permet à Herder de relativiser la Raison moderne. De la même manière, *Une autre philosophie de l'histoire* serait impossible sans l'élargissement de la conscience historique accompli par Voltaire; ce dernier, dans l'*Essai sur les moeurs* ou dans le *Siècle de Louis XIV*, avait cherché à comprendre, au delà de l'histoire dynastique, "les changements dans les moeurs et dans les lois" pour mieux montrer le travail de la raison dans le monde humain: Herder, qui annexe "à l'histoire de la civilisation fondée par Voltaire celle de la poésie, des légendes, de la mythologie"[24] est bien un héritier du philosophe français, même si son projet ultime est de critiquer le rationalisme.

D'un autre côté, si Herder modifie ironiquement la portée des idées des Lumières, celles-ci ne manquent pas, en retour, de donner un sens original à ses propos les plus apparemment conservateurs. L'éloge de la religion, par exemple, est en fait fort peu orthodoxe: Herder s'appuie sur une thèse de Hume (la religion est fille de l'étonnement plutôt que de la crainte) et fait du sentiment religieux traditionnel une *étape* de la formation de la Raison, ce qui, derrière l'apologie, peut très bien préparer la dissolution "historiciste" de l'orthodoxie et de la tradition. De la même manière, la défense des "préjugés" n'implique nullement l'affirmation de leur *vérité*: le préjugé n'est pas une norme transcendante, mais un moyen, pour les peuples, de préserver et d'augmenter leur capacité à agir. C'est dans ce contexte, en particulier, qu'il faut comprendre le "nationalisme" ou le "populisme" (I. Berlin) de Herder; il prolonge à certains égards la critique rousseauiste du cosmopolitisme et, surtout, comme le remarque Louis Dumont, il présuppose lui-même les idées modernes d'individualité et d'égalité: "Chez Herder ( . . .), toutes les cultures sont posées comme de droit égal. Il est clair que cela n'est possible que parce que les cultures sont vues comme autant d'individus, égaux malgré leurs différences: *les cultures sont des individus collectifs* . . . Au niveau global, la réaction de Herder se situe à l'intérieur du système de valeurs moderne."[25]

On comprend ainsi pourquoi l'attitude de Herder à l'égard de la philosophic moderne a pu être l'objet d'interprétations diverses, voire contradictoires, selon que l'on insistait sur son hostilité à l'esprit des Lumières ou, au contraire, sur sa fidélité ultime aux idéaux modernes. Il reste que, malgré les tensions qui la traversent, la pensée de Herder n'est pas incohérente: elle est fondée sur une position philosophique originale, qui consiste à transposer dans un contexte nouveau les principales thèses de la philosophie de Leibniz.

### Le modèle leibnizien

Comme le remarque E. Cassirer dans son livre sur *La philosophie des Lumières*, l'intérêt de Herder pour la métaphysique leibnizienne tient d'abord à la la forme particulière que prend en histoire le *problème de la connaissance*. L'histoire, comme le montrait déjà Hume, ne peut se fonder sur des généralités abstraites, ni viser le permanent, elle doit au contraire faire de l'infinie diversité et de la richesse du concret historique (ressaisi par l'imagination) l'objet même de la connaissance. Chez Hume, cependant, cette valorisation du "fait" historique ne dépasse jamais les limites d'une opposition abstraite entre la raison et l'expérience, alors que le but de la philosophie de l'histoire devrait être précisément de rétablir une continuité entre la "raison" et les "faits". C'est là, en revanche, que la philosophie leibnizienne acquiert une importance décisive; son but, en effet, est précisément de rendre les "vérités contingentes" intelligibles sans les réduire à la forme abstraite de la nécessité, et, en introduisant une nouvelle idée de la substance et de l'individualité, elle met au premier plan le problème du *développement* de la substance: "La nature de la substance n'est pas de rester close en elle-même, elle est productivité, développement d'une diversité sans fin à partir d'un contenu toujours nouveau."[26] C'est cette idée que reprend Herder dans sa conception du développement des individualités historiques; c'est elle qui lui permet de critiquer les abstractions de Montesquieu sans pour autant renoncer à sélectionner les données pertinentes pour sa propre reconstruction: le problème, pour comprendre un peuple, n'est pas de rassembler tous les "faits" connus sur lui, mais de découvrir la loi de leur série, qui permet de les ordonner.

Les analogies entre la philosophie de Herder et le système de Leibniz ne se limitent d'ailleurs pas à cette reprise de la notion d'individualité.

Tout d'abord, si les cultures nationales sont conçues comme des individus, cela signifie que leurs relations sont analogues à celles qui relient les monades dans la monadologie; c'est pourquoi aussi le problème central de la doctrine de Herder sera celui de la *communication* entre ces "monades" que sont les peuples et les cultures. Certes, il ne s'agit pas d'affirmer que les cultures se développent sans influence réciproques; l'idée de la monade "sans portes ni fenêtres" a plutôt ici une portée pratique ou normative: elle signifie simplement que les seules influences souhaitables sont celles qui favorisent le dynamisme intérieur des peuples et, surtout, que l'on doit fixer des limites à la *comparaison* entre les cultures: très logiquement, Herder refuse de juger une civilisation au nom d'idées qui lui sont étrangères.

Plus généralement, le système de Leibniz trouve aussi des échos chez Herder dans la tentative de penser à la fois l'*unité* de l'histoire et la *diversité* des individualités qui la composent. Max Rouché parle ici de "trois philosophies de l'histoire différentes et contradictoires": la première, dirigée contre l'*orgueil* des philosophes, met en lumière le *déclin* de l'Occident sous l'influence de la raison, la deuxième conduit, contre le *scepticisme* des Lumières, à une théorie providentialiste du *Progrès* et de l'Education du genre humain, la troisième, enfin, nie aussi bien le progrès que le déclin, en affirmant l'égale nécessité et originalité de toutes les civilisations, dont chacune accomplit donc le maximum de perfection qu'il lui est possible d'atteindre. Or, chacune de ces philosophies développe une possibilité interne au système de Leibniz (le principe du meilleur des mondes peut conduire à une théorie du progrès indéfini mais aussi bien à l'idée que l'univers jouit toujours à chaque instant de son maximum de perfection).[27]

Remarquons, enfin, l'intérêt de Herder pour les éléments "irrationalistes" de la pensée de Leibniz (découverts grâce à la publication posthume des *Nouveaux Essais sur l'entendement humain* en 1765), qui s'épanouiront plus tard dans le romantisme, puis chez Nietzsche. Comme Leibniz, Herder doit prendre en compte la disproportion entre l'entendement divin et l'entendement humain (voir V, s. 505, trad. p. 175); or, celle-ci entraîne une certaine dévalorisation de la pensée symbolique ou formelle ("sourde" ou "aveugle," disait Leibniz) au profit du sentiment ou de l'empathie: ce thème, qui devait acquérir pour Herder une importance décisive à partir de 1778 (*Connaître et sentir dans l'âme humaine*) est en fait déjà impliqué par la doctrine d'*Une autre philosophie de l'histoire*, dans la mesure où celle-ci présuppose que la pensée analytique ou mécanique est incapable d'atteindre une pleine intelligence de l'histoire.

Le succès de l'oeuvre de Burke en Allemagne s'inscrit donc dans un cadre intellectuel général, qui est celui de la genèse de la pensée romantique et de la critique de la Philosophie des Lumières. Cependant, comme nous le montre l'exemple de Herder, il faut se garder d'attribuer une signification politique univoque, et unilatéralement réactionnaire, aux critiques adressées au rationalisme entre l'époque du *Sturm und Drang* et la Révolution; de la même manière, la diffusion des thèmes "burkéens" à partir de 1791 ne traduit pas seulement le développement de la "Contre-Révolution".

## Burke et la critique de la Révolution

Jusqu'en 1789, la discussion sur les mérites du rationalisme politique est dominée
par le problème du bilan de l'Etat frédéricien et, dans une moindre mesure, par la
question de la liberté de la presse; aussi bien la compréhension allemande de la
Révolution et, en tout premier lieu, de la Déclaration des droits de l'homme, est-
elle *dans une certaine mesure* déterminée par le souvenir de l'Etat frédéricien:
souvenir nostalgique chez les amis modérés de la Révolution comme Kant, car
l'Allemagne vit alors une période de "réaction" marquée par les édits de Wöllner
sur la censure, souvenir critique chez ceux qui, comme Möser, s'acharnent à défendre ce qui reste de féodalité dans les rapports sociaux.[28] A trop insister sur la
continuité de la pensée allemande, on risquerait cependant de méconnaître la nouveauté des débats suscités par la Révolution: l'enthousiasme de ses défenseurs les
plus ardents (comme le jeune Fichte)[29] tout comme la virulence de ses adversaires
viennent de ce que les uns et les autres ont parfaitement conscience du caractère
radicalement nouveau du phénomène. Du côté des critiques de la Révolution, en
particulier, l'hostilité de publicistes comme Brandes ou Gentz, qui n'avaient rien
de particulièrement "réactionnaires," ne s'expliquerait pas si, pour eux, la Révolution n'avait pas dépassé les limites admises de la Monarchie éclairée ou de la
politique libérale: dans les combats politiques français, les principaux émules allemands de Burke ne sont pas des partisans de la Cour, mais plutôt des libéraux
favorables à Necker et, ce qui est plus significatif encore, à Mounier et aux Feuillants.[30]

Or c'est précisément cette situation particulière des plus conservateurs parmi les
libéraux allemands qui explique leur intérêt pour l'oeuvre de Burke. On sait, en
effet, que l'engagement de ce dernier dans le camp des ennemis de la Révolution
française a surpris beaucoup de ses amis, qui s'attendaient à ce que ce défenseur
des "Insurgents" d'Amérique, dont toute la carrière était celle d'un un *Whig* fermement attaché à la défense des droits du Parlement contre les abus de la Couronne
accueillît avec sympathie la politique de la Constituante; en fait, la division des
libéraux anglais devant la Révolution, symbolisée par la rupture entre Burke et
son vieil ami Fox et par la réponse de Paine aux *Réflexions . . .*, est le premier acte
d'une redistribution des forces politiques dans l'ensemble de l'Europe,[31] dont le
développement de la controverse en Allemagne est aussi un moment important.
Plusieurs adversaires de la Révolution (et défenseurs du pamphlet de Burke) pro-
viennent d'ailleurs du Hanovre, dont le souverain, depuis le changement de dynastie indirectement provoqué par la Glorieuse Révolution de 1688, était le roi
d'Angleterre et dont le régime politique, dominé par la noblesse mais de forme
quasi-représentative, pouvait passer pour assez proche du système de la "Constitution anglaise"; ennemis de la Révolution, ils ont néanmoins de la sympathie
pour les Monarchiens et prétendent s'inspirer de l'expérience du régime anglais
dans leur critique de la Constituante:[32] il n'est donc nullement surprenant qu'ils
aient accueilli avec faveur un livre dont l'objet était précisément de dénier à l'action
de la Constituante toute ressemblance avec la Révolution de 1688, et plus généralement, avec l'histoire de la liberté anglaise.

Mais il y a aussi, à cet engouement pour Burke, des raisons doctrinales plus
profondes. On oublie trop souvent, en effet, que la critique des "Droits de l'hom-

me" développée dans les *Réflexions sur la Révolution de France* ne consiste pas seulement à opposer à leur abstraction la variété et la solidité des libertés conquises dans l'histoire, mais qu'elle repose sur une lecture somme toute assez attentive de la Déclaration de 1789, dont un des buts est aussi de dégager les "véritables droits des hommes," afin d'éviter qu'on les confonde avec les revendications des amis de la Révolution française. Or, de ce point de vue, la critique de Burke est infiniment plus précise et mieux ajustée que celle de Jacobi et de Möser.

Ce que récuse Burke dans la Déclaration[33], c'est d'abord l'idée de la *souveraineté de la nation*,[34] elle-même fondée sur l'affirmation d'un droit originaire des hommes à la *participation politique*.[35] Ce qui distingue à ses yeux l'action de la Constituante de celle du Parlement anglais en 1688, c'est en effet que, alors que ce dernier n'avait agi que pour défendre un ordre statutaire qu'il n'avait pas créé, les députés français se sont réclamés d'un droit universel des hommes à modifier leur organisation politique et, plus généralement "à choisir ceux qui (les) gouvernent". Au delà de la comparaison entre les deux révolutions, ce qui est en cause ici, c'est, d'une part, l'attribution à la Nation de la plénitude du pouvoir constituant et, de l'autre, l'idée, d'origine rousseauiste, que la domination *actuelle* de la Volonté générale (i.e. de la loi formée avec le concours de tous les citoyens) est la condition de la liberté.

La défense des "droits des Anglais" contre les "droits de l'homme" a ainsi pour principal objet de défendre une conception *statutaire* de l'ordre constitutionnel (en montrant que la meilleure constitution connue *n'est pas* le produit d'une action délibérée). Cependant, dans la mesure même où ce qu'il s'agit plus particulièrement de combattre, c'est l'idée que la revendication de la liberté politique a une valeur universelle, il serait pour le moins maladroit de s'en tenir à une critique générale (et donc elle-même "abstraite") de l'abstraction des droits de l'homme: il faut au contraire montrer que, même si l'on admet qu'il existe quelque chose comme des "droits de l'homme," la liberté politique (qui *peut* néanmoins exister dans un ordre constitutionnel légitime) n'en fait en aucun cas partie. Il y a ainsi deux sortes de droits de l'homme, dont la nécessaire distinction est précisément occultée par la Déclaration française. D'un côté, en effet, puisque "la société civile est faite à l'avantage de l'homme, chaque homme a droit à tous les avantages pour lesquels elle est faite"; or parmi ces avantages, dont le plus éminent est la *sécurité* (et qui sont depuis longtemps le bien commun des sujets britanniques), il en est dont la description évoque certaines formulations de la Déclaration française.[36] D'un autre côté, ce qui est totalement exclu, c'est que le droit de *participer aux affaires publiques* soit compté au nombre des droits inaliénables des hommes:

> Mais quant au droit de partager le pouvoir, l'autorité ou la conduite des affaires de l'Etat, je nierai toujours très fortement qu'il soit au nombre des droits directs et primitifs de l'homme en société civile; car je ne m'occupe que de l'homme civil et social et pas d'un autre; c'est une chose dont il est nécessaire de convenir.[37]

Cette distinction entre deux types de "droits de l'homme" est elle-même liée chez Burke, à une reprise subtile des catégories de la philosophie politique moderne, qui joue contre Rousseau certaines idées de Hobbes, mais qui transforme celles-ci de manière à changer complètement la signification de l'idée de contrat social. La doctrine de Burke est d'abord, en effet, une *inversion* de celle de Rousseau: à l'idée de la bonté de l'état de Nature, il oppose les bienfaits de la civilisation,[38] à la synthèse de la liberté et du pouvoir dans la "volonté générale," il objecte le caractère insurmontable de la polarité entre *gouvernement* et *liberté*, à la prééminence de la loi, il substitue celle d'un ordre constitutionnel *statutaire*. Cette argumentation se présente d'abord dans des termes proches de ceux de Hobbes; les "droits de l'homme," pris dans leur pleine extension n'existent que dans l'Etat de Nature, et ils conduiraient donc à des conflits sans fins si n'intervenait pas un pacte par lequel chacun "abdique le droit de se gouverner lui-même" et "abandonne même autant qu'il est possible le droit de sa propre défense, cette première loi de nature".[39] Mais cette reprise apparente de la théorie du contrat ne fait que préparer son intégration dans une doctrine quasi-mystique de l'Etat qui subvertit radicalement les postulats individualistes du droit naturel moderne et qui, comme l'a noté Roger Ayrault, devait jouer un rôle capital dans la formation du romantisme politique allemand:[40]

> chaque contrat de chaque Etat particulier n'est qu'une clause dans le grand contrat primitif d'une société éternelle, rattachant les natures inférieures aux natures supérieures, mettant en rapport le monde visible et le monde invisible, conformément à un pacte fixé, sanctionné par le serment inviolable, qui maintient toutes les natures aux places qui leur ont été assignées.[41]

Parti de la défense de la tradition anglaise contre les innovations introduites par la Révolution française, Burke arrive donc à une doctrine nouvelle: en faisant du "contrat primitif" (l'*alliance* entre Dieu et le genre humain) le modèle du contrat politique, il vise en fait à fonder la radicale supériorité de l'Etat sur toutes les autres associations, fondées sur des intérêts particuliers ou sur des préoccupations momentanées. Réalité hiérarchique sous sa forme contractuelle, l'Etat est pour lui la médiation entre les intérêts privés et l'ordre hiérarchique (naturel et surnaturel à la fois) et sa *durée* est le signe de cette position particulière (la constitution ne peut être changée par la seule volonté de la génération présente). Burke va du modèle anglais à ce qui sera bientôt la conception "romantique" de l'Etat; c'est en cela qu'il préfigure l'évolution générale de la pensée conservatrice allemande, selon une logique qui est déjà à l'oeuvre chez ses premiers disciples.

## Burke et ses émules allemands

### L'évolution de la pensée de Brandes

A l'époque où les *Réflexions* . . . paraissent en Angleterre, Burke n'est pas un inconnu en Allemagne: ses *Recherches philosophiques sur l'origine de nos idées du beau et du sublime* (1757) ont été traduites par Ch. Garve en 1773[42] et il est connu comme un homme politique avisé. En fait, on peut même considérer que l'influence de ses idées sur la Révolution commence *avant* la publication des *Réflexions*, avec les *Considérations politiques sur la Révolution française* (Iéna, 1790)[43] de Brandes, qui sont contemporaines de livre de Burke et étaient déjà presque entièrement écrites lorsque celui-ci est paru; en effet, si Brandes n'a lu les *Réflexions* . . . qu'après avoir conçu son propre livre, il connait bien leur auteur (qu'il a rencontré lors d'un séjour en Angleterre en 1784–1785) et, surtout, il cite à plusieurs reprises le discours aux Communes du 9 février 1790, où Burke esquisse sa critique de la Révolution. L'année d'après, il publie d'ailleurs un second livre,

*Sur quelques conséquences de la Révolution française par rapport à l'Allemagne*
(Hanovre, 1792)[44] beaucoup plus hostile à la Révolution, et tout à fait proche de
l'analyse des *Réflexions* . . . .

Dans son premier ouvrage, Brandes pose trois questions: "Etait-il nécessaire
qu'il arrivât un grand changement dans la constitution française? Ce changement
pouvait-il se faire sans révolution, sans l'influence du peuple armé? La constitution
actuelle de la France est-elle bien calquée sur la nature de cet empire?"

A la première question, Brandes répond sans hésitation: oui; il n'a en effet
aucune sympathie pour l'Ancien Régime français, où les libertés étaient mal garanties contre l'arbitraire et, surtout, il reconnait une certaine vérité à l'idée que
les peuples doivent, en principe participer aux affaires publiques: "Tout Etat,"
écrit-il, "qui n'a, ni par lui-même, ni par des représentants élus d'époque en
époque, aucune part à la législation, a une mauvaise constitution". Aussi, même
si, dans un grand état comme la France, le régime représentatif est seul possible, à
l'exclusion de toute exercice "direct" de ses droits par le peuple lui-même, la
convocation des Etats généraux correspondait à un "droit de la nation, qui n'avait
jamais été aboli".

A la seconde question, la réponse de Brandes est plus nuancée: rendue inéluctable par les incertitudes qui pesaient sur le pouvoir ou le fonctionnement des Etats
généraux (le vote par tête ou par ordre, les mandats impératifs ou non, etc) et par
le renvoi de Necker, l'intervention violente du peuple a été un mal nécessaire "pour
maintenir la liberté de l'assemblée nationale".

Dans son examen de la troisième question, en revanche, Brandes se montre
beaucoup plus proche de Burke (et souvent plus précis que lui sur les sources
des idées révolutionnaires);[45] il dénonce le manque d'expérience des députés et il
déplore qu'au lieu de s'inspirer de la Constitution anglaise, l'Assemblée ait été
dominée par les idées "métaphysiques" ou "mathématiques" de Rousseau et des
Physiocrates, et qu'elle se soit efforcée d'imiter le précédent américain; comme
Burke également, il attribue aux écrivains et aux avocats un rôle important et
funeste sur l'opinion publique et sur les Constituants.[46]

Dans l'ensemble, Brandes est proche des Monarchiens; il cite avec approbation
l'*Exposé de sa conduite par M. Mounier* et la *Seconde lettre de Lally-Tollendal à
ses commettants*[47] et ses critiques reflètent très souvent les thèses défendues par
Mounier et ses amis, comme le montre, outre son attachement au modèle anglais,
ses remarques sur le précédent américain.[48] Mais il fait cependant à Mounier une
critique significative, qui saisit admirablement l'ambiguïté du courant Monarchien
et ce qui le rattache, malgré sa "modération", à la Révolution:

> La grande idée, d'où tous les leaders de l'Assemblée nationale sont partis, celle qui est devenue la
> source de tant de mal, est de vouloir refaire absolument à neuf la constitution du royaume, à com-
> mencer même par les fondations. Mounier lui-même a manifesté cette idée jusque dans ses *Nouvelles
> observations sur les états généraux*.[49]

Or, cette erreur politique est en fait liée à des principes que Brandes partage avec
Mounier. Ce qui justifie en effet le commencement de la Révolution aux yeux de
Brandes c'est que, dans la monarchie française, le pouvoir exécutif avait absorbé
en lui-même le pouvoir constituant, par un défaut symétrique de celui de la pure
"démocratie" (où le pouvoir constituant de la nation s'attribue l'exécutif lui-

même); or, pour organiser le régime inspiré de Montesquieu que Brandes comme Mounier appellait de ses voeux, il fallait bien que le pouvoir constituant fût restitué à la Nation puisqu'il paraissait douteux, en toute rigueur, qu'un régime où tous les pouvoirs étaient confondus eût une constitution.

Dans le premier livre de Brandes, la critique de la Révolution porte donc surtout sur le manque de *prudence* des Constituants, mais elle ne dénie pas toute légitimité à leur action. Il suffisait cependant, pour aboutir à une critique beaucoup plus radicale, de considérer que le projet d'une "régénération" volontaire et consciente de l'ordre politique était en lui-même condamnable et non pas seulement qu'il avait été mal exécuté; or c'est bien un tel projet qui sous-tend la politique de Mounier, dans ce qui la rapproche de celle des autres leaders de la Constituante: en récusant cet aspect de sa pensée, Brandes ouvrait donc la voie à une critique beaucoup plus dévastatrice que la sienne, celle-là même qu'avait exprimée Burke en se fondant sur une interprétation *statutaire* et *historiciste* de la Constitution anglaise. Une fois ce pas franchi, les attaques de Brandes contre l'esprit "métaphysique" des députés français devaient nécessairement acquérir une signification nouvelle. Réagissant à la fois à la "radicalisation" de la politique française et aux succès des idées révolutionnaires en Allemagne, influencé par le succès des *Réflexions . . .*, Brandes a lui-même suivi une évolution de ce type, qui devait le conduire, dans son deuxième livre, à reprendre l'essentiel des positions de Burke.[50]

### Théorie et pratique selon Rehberg et Gentz

Les deux plus célèbres disciples allemands de Burke sont August Wilhelm Rehberg (1757-1836)[51] et Friedrich Gentz[52] (1764–1832). Le premier était, comme Brandes dont il était l'ami, un fonctionnaire hanovrien attaché à la maison régnante de sa principauté et admirateur de la Constitution britannique; le second, traducteur et commentateur[53] des *Réflexions . . .*, a suivi un itinéraire plus original: originaire de Prusse-orientale (il est né à Breslau), il a été formé dans l'ambiance des Lumières et de la philosophie kantienne et a d'abord été un défenseur de la Révolution avant de commencer une évolution qui devait faire de lui un des conseillers les plus écoutés de Metternich et un théoricien de l' "équilibre européen". On considère souvent que la pensée de Gentz est moins conservatrice (ou plus libérale) que celle de Rehberg; en fait, comme on va le voir, même si les deux auteurs ont une certaine originalité, leur pensée se rattache bien à celle de Burke, qu'ils interprètent d'ailleurs de manière assez semblable.

Rehberg a été un observateur très attentif des affaires françaises au début de la Révolution, car il était chargé de la critique des livres français dans l'importante *Allgemeine Litteratur-Zeitung*, où il a recensé de manière quasi-exhaustive la littérature politique de l'époque révolutionnaire. Au début de 1793, désireux de faire la synthèse de ses réflexions, il publie ses *Recherches sur la Révolution française*,[54] dont le deuxième volume discute la plupart des publications consacrées à la Révolution, et dont le premier est une étude systématique de la politique de l'Assemblée constituante, présentée en quatre parties: le droit naturel et les principes de la Révolution, l'égalité, la Déclaration des droits (dont il donne un commentaire très précis), la destruction de l'Ancien Régime et de la société d'ordres.

Rehberg se place du point de vue du *praticien* des affaires publiques de l'homme de terrain pourrait-on dire,[55] au nom duquel il condamne les admirateurs alle-mands de la Constitution de 1791, qui, en fait, n'étaient pas tant attachés à celle-ci qu'au simple fait qu'une assemblée ait établi une Constitution, en prétendant s'inspirer des principes du droit naturel;[56] s'il admire le livre de Burke, c'est d'ail-leurs, dit-il, parce que celui-ci "n'est pas l'oeuvre d'un érudit adonné à la spécu-lation, mais celle d'un homme qui a passé une longue vie à s'occuper sans interruption des affaires les plus importantes de la vie publique, l'oeuvre d'un vieil homme d'Etat formé dans sa pratique et expérimenté". Sans trop insister sur ce type d'explications, cher à une certaine école de sociologues français, on peut ainsi remarquer que la polémique entre les amis de la Révolution et ses adversaires a été, entre autres choses, une lutte pour se voir reconnaître la compétence légitime sur les affaires politiques, qui opposait la majeure partie des philosophes (rational-istes et jusnaturalistes) aux hommes d'autorité (souvent empiristes, voire irrationalistes): ce clivage n'est pas étranger, en tout cas, à l'importance que donne Rehberg à la *compétence sur les questions pratiques* dans sa construction.

Comme Brandes (qui connaissait d'ailleurs bien ses compte-rendus de l'*Allge-meine Literatur-Zeitung*), Rehberg considère que les députés de l'Assemblée cons-tituante se sont inspirés à la fois des idées de Rousseau et de celle des Physiocrates, en pervertissant l'enseignement du premier et en accentuant le rationalisme dog-matique des seconds.

Aux physiocrates, Rehberg reproche de méconnaître l'évolution historique au nom d'un prétendu ordre naturel saisi par des principes évidents.[57] Mais les erreurs des physiocrates ne sont qu'un effet d'un défaut général de l'esprit français, qui est de partir de la *Raison* (*Vernunft*) pour juger des questions pratiques, là où il conviendrait de s'appuyer sur l'*entendement* (*Verstand*); c'est ce défaut, dit-il, qui vicie totalement l'ensemble de la pensée révolutionnaire, car un système qui ne tient compte ni de ce qu'apprend l'observation de son époque ni des traditions d'un peuple ne peut qu'échouer à comprendre la politique, puisque que c'est de ces questions que s'occupe essentiellement la véritable législation (*Gesetzgebung*).[58] Rehberg reprend donc la distinction kantienne entre entendement et raison, mais sa polémique est en fait dirigée contre la conception *cartésienne* de l'évidence, dont les physiocrates et leurs successeurs (comme Condorcet), étaient les héritiers; c'est d'ailleurs cela qui lui permet de donner immédiatement une portée *antidémocra-tique* à sa polémique épistémologique: alors que l'évidence est en droit *universelle-ment intelligible*, la compréhension de la politique dépend d'une *expérience particulière*, qui n'est accessible qu'à ceux qui ont une longue pratique des affaires publiques. Du point de vue de la *vérité*, l'erreur des révolutionnaires français est donc à la fois de ne pas comprendre le chiasme qui divise la théorie et la pratique, et de méconnaître l'inégalité des capacités entre les individus.

Il n'en va pas autrement, pour Rehberg, du point de vue de la *volonté*, comme le montre sa subtile discussion de la pensée de Rousseau. Pour Rehberg, les révolu-tionnaires français se sont en fait moins inspirés de Rousseau que de certains de ses vulgarisateurs comme Mably; c'est pourquoi en particulier, ils ont négligé la distinction importante que celui-ci avait établie entre la "*volonté générale*" et la "*volonté de tous*". Or, dit Rehberg, c'est seulement de la "volonté générale" que l'on peut dire qu'elle est "toujours droite," car elle n'est rien d'autre que la volonté pure, lorsque celle-ci, éclairée par la raison, dirige les passions; la volonté de tous (et à *fortiori* la volonté majoritaire) est au contraire tout aussi faillible que celle des individus, car elle n'est que la résultante de leur passions. Comme l'a très bien montré Alexis Philonenko, l'objet de cette reconstruction est, dans un premier temps de montrer que, *dans ses aspects démocratiques*, "le *Contrat social* n'est qu'une belle construction parfaitement inutile, puisque son postulat est l'idée de l'homme élevé au dessus des passions".[59] Entendue ainsi, l'argumentation de Rehberg aurait cependant une portée assez limitée, car elle montrerait simplement que le régime mis en place par l'Assemblée nationale *n'a pas* la légitimité qu'il prétend avoir, sans pour autant établir la supériorité d'une *autre* forme de gouvernement; or, Rehberg veut aussi, positivement, défendre l'ordre politique établi en Europe (la Monarchie, agissant de préférence, mais pas nécessairement, dans le cadre d'une constitution de type anglais); il faut donc que celui-ci soit réellement supérieur à celui qu'a créé la Révolution française et, en particulier, que l'on ne puisse pas l'accuser d'être lui aussi dominé par les passions: c'est pourquoi Rehberg revendique pour la Monarchie une plus grande aptitude à exprimer la volonté générale, à travers l'action individuelle du Monarque guidé par la raison. Pour lever cette difficulté, il faut, me semble-t-il, interpréter la critique de l'interprétation révolutionnaire de Rousseau à partir de la distinction entre l'entendement et la raison et de la critique du recours à l'évidence: si la confusion entre volonté générale et volonté repose sur une illusion analogue à celle qui domine le rationalisme française, la solution du problème posé consiste là aussi à faire de l'expérience de ceux qui connaissent les affaires publiques la seule médiation entre théorie et pratique. Dans ces conditions, le *Contrat social* n'est pas seulement une construction vide: l'action du Prince (informé par ses conseillers) est paradoxalement moins éloignée de l'idéal (le règne de la volonté générale) que celle de la masse.

Dans un langage différent, Rehberg est ainsi fidèle à l'inspiration de Burke, qui avait déjà rapproché l'abstraction des principes français de l'inexpérience des députés de la Constituante, et dont la conception de la vraie "raison politique" présente un dosage comparable d'irrationalisme, d'empirisme et de confiance dans les compétences des élites politiques. De la même manière, sa défense de la tradition, de la coutume et de l'histoire contre le rationalisme volontariste des Constituants repose sur un équilibre entre la confiance dans l'histoire, la défense des autorités statutaires contre la volonté et la conscience de la transcendance de l'Etat à l'égard des individus tout à fait comparable à celui que nous avons rencontré chez Burke. L'originalité de Rehberg consiste donc d'abord à développer certaines intuitions déjà présentes dans les *Réflexions . . .*, en les rattachant aux thèmes familiers de la critique allemande des Lumières et, ensuite, à prendre en compte l'apport de Rousseau de manière plus précise.

Sa critique de la Déclaration des droits de l'Homme est à cet égard tout à fait typique: plus précise et plus détaillée que celle de Burke puisque Rehberg examine le texte de 1789 article par article, elle n'en reprend pas moins des thèmes déjà présents dans les *Réflexions . . . .* Trois idées dominent en effet l'argumentation de Rehberg: la Déclaration confond le droit naturel et le droit civil, en tranposant dans la société les droits dont les hommes jouissent dans l'état de nature, ce qui ne peut qu'entraîner des discussions infinies;[60] elle est contradictoire, car elle réintroduit elle-même avec la distinction des citoyens actifs et des citoyens passifs, l'inégalité qu'elle a nié préalablement; elle est doublement despotique, car elle tente de compenser l'absolutisation de la liberté des individus par la toute-puissance de la loi, supposée expression de la volonté générale.[61] Chacune des ces thèses peut être vue comme le développement d'une idée déjà présente dans les *Réflexions . . .*, qui partent d'une argumentation hobbienne pour montrer les contradictions insolubles auxquelles conduit la doctrine révolutionnaire, et pour aboutir à l'idée, classique chez les Anglais, que l'univers politique s'ordonne sur une irréductible polarité entre la liberté et le pouvoir. Cependant, il faut aussi noter que Rehberg reconnait aussi une certaine légitimité au légicentrisme révolutionnaire: il attribue en effet une réelle valeur juridique à l'article 17 de la Déclaration,[62] qui affirme à la fois l'inviolabilité du droit individuel de propriété et la suprématie de la loi. Au lecteur de juger si cette concession traduit l'attachement de l'auteur à une conception absolutiste de la souveraineté, ou s'il exprime une concession à la théorie révolutionnaire de la volonté générale.

Si le mérite de Rehberg a été de relever le défi posé par les admirateurs allemands de Rousseau, celui de Gentz, du moins à l'époque où il traduit et commente les *Réflexions . . .*, est surtout d'avoir tenté une conciliation entre un rationalisme critique d'inspiration kantienne (peu orthodoxe, il est vrai) et une pensée politique fortement influencée par les thèses de Burke.

Gentz a d'abord été un défenseur de la Révolution, et donc asez mal disposé à entendre les critiques de Burke.

Dans une lettre à Ch. Garve du 5 décembre 1790, il salue ainsi la Révolution:

> La Révolution est le premier triomphe pratique de la philosophie, le premier exemple d'une forme de gouvernement fondée sur des principes et sur un système cohérent et conséquent. Elle est l'espoir et la consolation pour tous les maux sous lesquels gémit l'humanité.[63]

Un peu plus pard, en avril 1791, il publie dans la *Berlinische Monatschrift* un article "Sur l'origine et les principes suprêmes du droit," qui est une vigoureuse réponse aux attaques de Möser contre la Révolution, dans laquelle il attaque l'historicisme conservateur au nom des seuls faits qui vaillent, les *"faits de la Raison"*. Mais il s'éloigne ensuite des positions de la plupart des rationalistes, et se rallie progressivement aux thèses de Burke, dont il se fait ensuite l'inlassable propagandiste.

On a beaucoup discuté sur les raisons de cette évolution, que les plus malveillants attribuent à une stratégie opportuniste de carrière dans les milieux conservateurs européens, pendant que les admirateurs de Gentz s'efforcent de montrer qu'il ne s'est jamais vraiment renié, puisqu'il est toujours resté fidèle à une version "raisonnable" de l'AufKlärung. Faute de pouvoir trancher cette question dans les limites de cette étude, on se contentera de dégager quelques lignes de force, qui montrent comment Gentz s'est approprié les thèses des *Réflexions . . . .*

Comme philosophe, Gentz part de la philosophie kantienne, mais son engagement en faveur des thèses de Burke l'amène évidemment à s'écarter de Kant sur le problème des rapports entre théorie et pratique; inversement il a conscience du fait que la Révolution a rendu définitivement fragile l'ordre traditionnel européen: alors que, pour des hommes comme Burke et Rehberg la tradition a encore une force d'evidence incontestable, Gentz a conscience du fait que la défense de la tradition et des "préjugés" nécessite un effort considérable de rationalisation.[64] C'est de cette ambiguïté centrale que découlent les difficultés de sa position.

Là où Kant s'efforçait de préserver la pureté des principes pratiques rationnels (universalisables) contre la réduction de l'action à la poursuite de buts particuliers fondées sur des maximes empiriques, Gentz s'efforce en fait (sous couvert d'insister sur le chiasme qui sépare l'entendement du jugement) de plaider pour l'irréductibilité de la politique à la morale. Par ailleurs, dans sa critique de la Révolution, il s'écarte de Burke et de Rehberg sur deux points importants; il reconnaît une certaine légitimité à l'idéal de rationalisation de la société (l'action politique *doit* tenir compte des moeurs mais elle *n'est pas* le simple produit de l'histoire et de la tradition) et, d'un autre côté, il prétend juger de la révolution en se plaçant du point de vue de l'action rationnellement orientée plutôt qu'en l'expliquant par des causes générales.[66] De tous ces textes, il ressort que la pensée de Gentz se distingue de celle de Burke à la fois *philosophiquement* et *politiquement*. Philosophiquement, Gentz défend un rationalisme minimal, tempéré par un sens aigu de ce que Weber ou Aron auraient appelé les antinomies de la raison historique, mais il refuse les tendances historicistes à la négation de la liberté humaine qui se font jour chez Burke et ses émules; politiquement, comme le montre sa polémique contre Mackintosch,[67] il est proche des Monarchiens et, surtout, des thèses assez modérées défendues par Brandes dans son premier livre.

Néanmoins, il est clair que dans ses textes les plus rigoureux, comme son introduction aux *Réflexions . . .*[68] ou son commentaire de la *Déclaration des droits . . .*, Gentz est bien, en dernière analyse, un disciple de Burke, pour tout ce qui touche au rapport du *droit naturel* et de la *politique*: il reproche à la Déclaration d'avoir érigé en principes politiques les droits présents dans l'Etat de Nature,[69] il accepte plus volontiers l'universalisation des "droits civils" que celle des "droits politiques," il considère comme indépassable la polarité entre liberté et gouvernement, il dénonce la contradiction permanente entre théorie et pratique qui domine la *Déclaration . . . .*

Dans sa vie privée, Gentz est à mi-chemin entre le libertin du siècle des Lumières et le dandy post-romantique; comme homme public, il a fini conseiller de Metternich et théoricien de l'équilibre européen et il a été le secrétaire du Congrès de Vienne: c'était là, me semble-t-il, une manière fort plausible de mettre en pratique les enseignements de Burke.

## Conclusion

Brandes, Rehberg et Gentz sont les premiers penseurs allemands à avoir été profondément influencés par l'oeuvre de Burke; il sont aussi proches de lui par leur admiration pour les institutions anglaises et par leurs efforts pour accorder des idées issues de la tradition libérale avec des thèmes qui annoncent le romantisme politique. Dans les générations suivantes, cet équilibre se perd; cela ne signifie pas que les idées introduites par Burke perdent toute importance, mais plutôt qu'elles acquièrent une signification nouvelle, en s'intégrant au fond commun du romantisme et de de l'Idéalisme allemands. Avec Novalis ou Müller, les Romantiques ont emprunté à Burke tout ce qui, chez lui, allait contre l'utilitarisme et l'individualisme libéral, et ils ont trouvé, dans sa réinterprétation mystique du Contrat social, le fondement d'une doctrine nouvelle de l'Etat, qui en détachait la notion des souvenirs frédériciens. Chez les penseurs de l'Ecole historique du droit, l'influence de Burke se mêle à celle de Möser ou de Herder et à la reprise des éléments "irrationalistes" de l'idéalisme leibnizien pour aboutir à une théorie nouvelle dont le traditionalisme apparent cache mal un historicisme typiquement moderne. Chez Hegel, enfin, il n'est pas douteux que la critique des thèses contractualistes, la récusation de l'idée que l'on peut faire une "constitution" ou la dialectique de la société civile seraient impossibles sans une reprise de certaines thèses burkéennes ou romantiques; en même temps, ces thèses sont entièrement remaniées de manière à renverser l'apologie de la tradition en une théorie nouvelle de la Raison à l'oeuvre dans l'histoire, ce qui passe aussi par l'abandon de la vision que Burke ou les Romantiques pouvaient avoir du droit (Hegel est un penseur de la *loi*, hostile à la coutume et à la jurisprudence). Dès lors, le problème de l'influence de Burke en Allemagne appartient autant à l'histoire de l'Idéalisme allemand qu'à celle de l'interprétation de la Révolution française.

## Notes

1. Sur ce problème on peut consulter l'ouvrage déjà ancien, mais très documenté, de Frieda Braune, *Edmund Burke und die Deutschland. Ein Beitrag zur Geschichte des historisch-politisch Denkens* (Heidelberg, 1917). Voir aussi: Jacques Droz, *l'Allemagne et la Révolution française* (Paris, 1949) et Roger Ayrault, *La genèse du romantisme allemand* (Paris, 1961–1976), tome I, pp. 61–173.
2. Voir sur ce point: Luc Ferry, *Philosophie politique*, II, *Le système des philosophies de l'histoire* (Paris, 1984), pp. 38–43.
3. Cette interprétation (d'ailleurs très discutable) de Spinoza a influencé l'ensemble de l'idéalisme allemand; elle joue un rôle majeur dans l'oeuvre de Hegel: ce dernier reprend à son compte les accusations de Jacobi contre Spinoza, mais il veut relever le défi de l'irrationalisme, en réconciliant le concept avec la vie et l'individualité concrète.
4. E. Kant, "Sur l'expression courante: il se peut que ce soit juste en théorie, mais en pratique cela ne vaut rien" (1793), trad. (Paris, J. Vrin, 1972).
5. J.G. Fichte, *Considérations destinées à rectifier le jugement du public sur la Révolution française* (1793), trad. de Jules Barni, (Paris, 1974).
6. Lettre à La Harpe du 5 mai 1790, *Sammtliche Werke*, II, ss. 513–544, réed. Darmstadt, Wissenchatliche Buchgesselschaft. Voir à ce sujet, A. Renaut, "Rationalisme et historicisme juridiques. La première réception de la Déclaration de 1789 en Allemagne," in *Droits*, no. 8, octobre 1988, pp. 143–149.
7. Cf. le préambule de la Déclaration, qui part du fait que l'"ignorance, l'oubli ou le mépris des droits de l'homme sont les seules causes des *malheurs publics* et de la corruption des gouvernements" et se donne pour but "le *bonheur de tous*" (souligné par moi, Ph. R.).
8. C'est-à-dire à la conscience commune pré-réflexive.
9. Burke, *Réflexions . . .*, trad. (réed. Paris-Genève, Slatkine, 1980): "Les droits de l'homme sont dans une sorte de *milieu* qu'il est impossible de définir mais qu'il n'est pas impossible d'apercevoir" (p. 125). "La Raison politique est un principe de supputation; il ajoute, il soustrait, il multiplie, il divise moralement et non pas métaphysiquement ou mathématiquement les véritables dénominations morales" (p. 126).
10. Id., *ibid.*, p. 156: "Le siècle de la chevalerie est passé. Celui des sophistes, des économistes et des calculateurs lui a succédé; et la gloire de l'Europe est à jamais éteinte."
11. Sur l'anti-juridisme de Spinoza, voir A. Matheron: "Spinoza et la problématique juridique de Grotius," in *Philosophie*, no. 4, novembre 1984. La réflexion de Fichte dans la *Doctrine du droit* part précisément du renversement de la doctrine de Spinoza, ce qui peut être considéré comme un lointain écho de la réflexion de Jacobi.
12. Cf. Spinoza, *Traité théologico-politique*, ch. XVI.
13. Il a collaboré au recueil *Von deutscher Art und Kunst* dirigé par Herder.
14. Né et mort à Osnäbrück en Westphalie (1720-1794), il a été représentant de sa ville, puis secrétaire du Parlement, ce qui lui donnait en fait un rôle de chef du gouvernement de la cité.
15. Sur les positions de Möser voir: Jean Jaurès, *Histoire socialiste de la Révolution française* (Paris,

1971), t. IV, pp. 73–79; J. Droz, *op. cit.*, pp. 440 sq.; J. Godechot, *op. cit.*, pp. 113–119, et surtout R. Ayrault, *op. cit.*, t. I, pp. 88–90.

16. Cité par A. Renaut, *op. cit.*, p. 146.

17. Trad. de J. Lefèvre, in *La révolution française vue par les Allemands* (Lyon, 1987), p. 101.

18. Id., *ibid.*, p. 101: "(. . .) une nation composée de parties contractantes si différentes ne peut modifier arbitrairement sa constitution à la majorité des voix. Et elle ne peut pas davantage disposer par ce moyen des prétendus biens nationaux qu'elle a usurpés." Pour qu'un changement de régime fût légitime, il aurait donc fallu un accord bilatéral entre la noblesse (ou les ordres privilégiés) et le Tiers-Etat, conclu dans le cadre de l'organisation traditionnelle des Etats-Généraux.

19. Notons cependant que Möser, qui avait séjourné en Angleterre, n'était pas hostile au régime anglais, dont l'histoire confirmait à ses yeux la supériorité de la coutume sur le droit écrit; dans le cadre de sa doctrine, la constitution anglaise peut très bien être interprétée comme le résultat d'une transformation coutumière, sanctionnée par un accord entre la Noblesse et le peuple, qui s'incarne dans le dualisme des Chambres.

20. Sur les tensions qui traversent l'oeuvre de Burke, je me permets de renvoyer à ma notice sur les *Réflexions . . .*, in F. Chatelet, O. Duhamel, E. Pisier, ed., *Dictionnaire des oeuvres politiques* (Paris, 1986), et à ma préface à la réédition des *Réflexions . . .* (Paris, Hachette, coll. Pluriel, 1989).

21. Herder, *Auch eine Philosophie der Geschischte zur Bildung der Menscheit*, au Tome V de l'édition Suphan des *Sammtliche Werke* (Berlin, 1877-1913); trad., *Une autre philosophie de l'histoire* (Paris, Aubier-Montaigne, s. d.).

22. Je reprends ici des analyses de ma notice sur *Une autre philosophie de l'histoire* dans le *Dictionnaire des oeuvres politiques*, *op. cit.*, 2e edition à paraître, Paris.

23. Cf. Max Rouché, *La Philosophie de l'histoire de Herder* (Thèse, Publications de la Faculté des Lettres de Strasbourg, fascicule 93, 1940), première partie; Isaiah Berlin *Vico and Herder. Two Studies in the history of Ideas* (Londres, 1976), pp. 145–152.

24. Cf. M. Rouché, *op. cit.* p. 32.

25. Louis Dumont, "L'Allemagne répond à la France: le peuple et la nation chez Herder et Fichte, in *Libre*, no. 6, 1979, p. 237.

26. Ernst Cassirer, *La philosophie des Lumières* (1932), trad. (Paris, 1970), p. 233.

27. Sur tous ces points, voir: Michel Serres, *Le système de Leibniz et ses modèles mathématiques* (Paris, 1968), pp. 213–287.

28. Sur cet aspect de la controverse, voir A. Renaut, *op. cit.*

29. Même si celui-ci, dans les *Considérations . . .*, place encore l'"immortel Frédéric II" "dans la glorieuse série de ceux qui ont préparé les peuples à la liberté" (trad., Paris, 1974, pp. 122-123).

30. Voir sur ce point: Franciszek Draus, *Jean-Joseph Mounier et la pensée allemande* (Paris, Institut Raymond Aron, multigr.).

31. La Révolution française a également accentué les clivages politiques *américains*, en partie d'ailleurs sous l'influence de Burke et de Gentz.

32. Outre Brandes et Rehberg, les plus connus, beaucoup de hanovriens (en particulier des professeurs de l'Université de Göttingen comme von Schlözer ou Spittler) se sont engagés dans la défense de Burke. Voir sur tous ces points: J. Godechot, *op. cit.*, pp. 119-121.

33. Je me permets de renvoyer sur ce point à mon article "Burke et la Déclaration des droits de l'homme," *Droits*, no. 8, octobre 1988, pp. 151-159.

34. *Déclaration des droits de l'homme et du citoyen*, art. 3: "Le principe de toute souveraineté réside essentiellement dans la nation. Nul corps, nul individu, ne peut exercer d'autorité qui n'en émane expressément."

35. *Déclaration . . .*, art. 6: "La loi est l'expression de la volonté générale. Tous les citoyens ont droit de concourir personnellement, ou par leurs représentants, à sa formation."

36. *Reflexions*, *op. cit.*, pp. 118–119: "(Tous les hommes) ont droit à tous les produits de leur industrie, et à tous les moyens de la faire fructifier . . . Quelque chose qu'un homme puisse entreprendre pour son propre avantage, sans empiéter sur l'avantage d'un autre, il a le droit de le faire." Cf. *Déclaration . . .*, art. 4 et 17.

37. Il s'agit là chez Burke d'un thème très ancien, déjà présent dans sa *vindication of a Natural society* de 1756.

38. Chez Rousseau au contraire, la doctrine de la volonté générale entraîne une certaine méfiance à l'égard de l'idée de Loi fondamentale, considérée comme incompatible avec l'exigence de l'autonomie du corps politique; cf. *Du contrat social*, Livre I, ch. VII: "Il n'y a et il ne peut y avoir aucune espèce de loi fondamentale obligatoire pour le corps du peuple, pas même le contrat social." La même méfiance se retrouve dans les théories révolutionnaires du pouvoir constituant, qui sont directement visées par les attaques de Burke.

39. *Réflexions . . .*, trad., p. 120.

40. R. Ayrault, *op. cit.*, Tome I, pp. 120-127.

41. *Réflexions . . .*, trad., p. 203.
42. On sait qu'elles ont influencé Kant, qui les cite avec éloge dans la *Critique de la Faculté de juger* (1790) (§ 29).
43. *Politische Betrachtungen über die Französischen Revolution* (Iena, 1790).
44. *Ueber einige bisherige Folgen der Französischen Revolution in Rücksicht auf Deutschland* (Hanover, 1792).
45. Voir en particulier son analyse très fine de la transformation que les Constituants font subir aux idées de Rousseau, et sa présentation de la diffusion des idées des Physiocrates et l'importance qu'il attribue au modèle de l'évidence tel que le concevait Mercier de la Rivière.
46. "Raynal, Mably, et une foule d'autres auteurs, parmi lesquels peu de bons esprits, peu de vrais observateurs, mais en revanche, beaucoup de colporteurs d'idées abstraites ont exercé une influence sensible sur la nation et sur les législateurs."
47. Ces deux ouvrages avaient été traduits en allemand à Göttingen en 1791; Brandes cite aussi d'autres oeuvres de Mounier.
48. "Les rapports de l'Amérique n'étaient nullement les rapports de la France; ces rapports étaient américains, tant les intérieurs que les extérieurs, étaient incomparablement plus simples, moins compliqués que ceux des Français." "Il n'y avait rien à bouleverser, point de noblesse, point d'ordres privilégiés." Comparer avec les interventions à l'Assemblée de Lally-Tollendal (11 juillet 1789, *Archives parlementaires*, Tome VIII, p. 222) et Malouet (ler août, *op. cit.*, pp. 322-323).
49. Cf. les remarques de Tocqueville sur Mounier in *L'Ancien Régime et la Révolution*, II, pp. 147–152.
50. La seule restriction qu'il apporte alors à sa critique de la Révolution tient à ce que les Etats-Généraux jouissaient d'une certaine légitimité parce qui'ils avaient été convoqués par le Roi.
51. Sur Rehberg, voir: Frieda Braune, *op. cit.*, 1917; R. Lessing, *Rehberg und die französische Revolution* (Fribourg, 1910); Alexis Philonenko, *Théorie et Praxis dans la pensée morale et politique de Kant et de Fichte en 1793* (Paris, 1968); Dieter Heinrich, introduction à: *Kant, Gentz, Rehberg, Ueber Theorie und Praxis* (Frankfort, 1969).
52. Sur Gentz, voir: Frieda Braune, *op. cit.* (1917); Paul R. Sweet, *Friedrich von Gentz, Defender of the Old Order* (Madison, Wisconsin, 1941); Dieter Heinrich, *op. cit.* (1969); Franciszek Draus, "Friedrich vont Gentz et la Révolution française" (Paris, s.d., Institut Raymond Aron, multigr.).
53. Gentz a publié sa traduction des *Réflexions . . .* (*Betrachtungen über die französiche Revolution nach dem Englischen des Herrn Burke neu übersetzt*) (Berlin, 1793), avec une introduction et une série d'essais. Il existait déjà deux traductions publiées à Vienne en 1791 et 1793 (Frieda Braune, *op. cit.*, p. 19 sq.) mais c'est celle de Gentz qui a le plus contribué à faire connaître l'ouvrage.
54. *Untersuchungen über die französische Revolution nebst kritischen Nachrichten von den merkwürdigsten Schriften, welche darüber in Frankreich erschienen sind* (Hanovre et Osnabrück, 1793).
55. Rehberg est le type du "Geschäftsmann" dont parle Kant au début de son essai *Sur l'expression courante: il se peut que ce soit juste en théorie, mais en pratique cela ne vaut rien.*
56. Rehberg remarque d'ailleurs, avec une perfidie bien ajustée, que les plus fervents admirateurs de la Constitution de 1791 ne se sont guère émus de son abandon après le 10 août.
57. Rehberg, *op. cit.*, I, pp. 1–16. Cf. déjà, chez Brandes, la critique de Mercier de la Rivière.
58. Rehberg, *op. cit.*, I, p. 23.
59. A. Philonenko, *Théorie et pratique . . ., op. cit.*, p. 16.
60. Voir la discussion de l'article premier ("Les hommes naissent libres et égaux en droits. Les distinctions sociales ne peuvent être fondées que sur l'utilité commune."); Rehberg admet l'idée de l'égalité devant la loi, mais considère que l'idée d' "égalité des droits" ouvre la voie à d'innombrables revendications. (Cf. les remarques des Monarchiens lors de la discussion de 1789) et, surtout, que l'existence de "distinctions sociales" est le résultat naturel de la constitution sociale d'un peuple.
61. Rehberg reproche ainsi à l'article 2 ("le but de toute association politique est la conservation des droits naturels et imprescriptibles de l'homme. Ces droits sont la liberté, la propriété, la sûreté et la résistance à l'oppression.") d'être à la fois subversif et contradictoire avec l'article 7, qui interdit la résistance à une arrestation légale.
62. "La propriété étant un droit inviolable et sacré, nul ne peut en être privé, si ce n'est lorsque la nécessité publique, légalement constatée, l'exige évidemment, et sous la condition d'une juste et préalable indemnité."
63. Trad. par Joël Lefebvre, *op. cit.*, pp. 42–43.
64. Dans sa Préface à sa traduction des réflexions, Gentz fait un parallèle entre les problèmes rhétoriques qui se posent "aux défenseurs des systèmes révolutionnaires et à leurs adversaires"; la première des cinq différences qu'il relève est la suivante: "Le panégyriste des nouveaux systèmes trouve partout des *passions* de son côté; le défenseur de l'ancien état de choses est contraint

de s'adresser à la *raison*" (*Betrachtungen* . . ., in *Ausgewälte Schriften* (Stuttgart und Leipzig, 1836–1837) I, s. 7.).

65. Dans l'argumentation de Burke en faveur de la tradition et des préjugés, à côté de l'appel au respect pour le *mos majorum*, il y a déjà un élément moderne, c'est l'idée que c'est par un *calcul* conscient que le sujet choisit de faire confiance à la raison présente dans les préjugés plutôt qu'à son jugement propre, mais cet aspect n'est pas encore au premier plan.

66. Sur tous ces points, voir Franciszek Draus, *op. cit.*

67. Un des principaux adversaires britanniques de Burke, auteur de *Vindiciae Gallicae. Defence of the French Revolution and its English admirers, against the Accusations of the Right Hon. Edmund Burke* (1791). Gentz, "Versuch eine Widerlegung der Apologie des Herrn Mackintosch" in *Ausgewälte Schriften* (Stuttgart und Leipzig, 1836-1837), Bd. II.

68. *Betrachtungen* . . ., in *Ausgewälte Schriften* (Stuttgart und Leipzig, 1836–1837), I, s. 14. Cet argument, emprunté à Burke se retrouve chez Hannah Arendt dans *On Revolution* (Hannah Arendt, qui cite Burke sur ce point, connaissait d'ailleurs certainement le parallèle fait par Gentz entre la Révolution française et la Révolution américaine, célèbre aux Etats-Unis depuis la traduction qu'en fit John Quincy Adams en 1800, dans le but de discréditer Jefferson et ses amis en les assimilant aux révolutionnaires français).

69. *Ausgewälte Schriften* (Stuttgart und Leipzig, 1836–1837), II, ss. 63–108.

## CHAPTER 4

# *Burke et les Français*

FRANCISZEK DRAUS

BURKE a eu en France un postérité plutôt mince. Pourtant, ses *Réflexions sur la Révolution de France* ont été vite traduites et bien diffusées (cinq éditions successives jusqu'à la fin de l'année 1791, 10.000 exemplaires vendus), ce qui laisserait supposer qu'elles ont été lues et connues; et cependant elles n'ont pas eu l'influence qu'elles méritaient peut-être, de même qu'elles n'ont pas inspiré un mouvement d'idées particulier parmi les critiques français de la Révolution. Immédiatement après leur parution, les *Réflexions* de Burke sont plus devenues en France l'objet d'une curiosité intellectuelle que d'une réflexion politique.

Les Français ont gardé une attitude assez ambiguë à l'égard de Burke. Tant chez ses admirateurs que chez ses adversaires, on parlait du vieux whig avec discrétion et respect. Mais personne ne discutait intégralement sa pensée. Dans l'écriture politique de la période 1789–1848 on ne trouve en France ni un éloge particulier ni une réfutation particulière de la critique burkéenne de la Révolution. Les auteurs comme J. de Maistre, Mme de Staël ou B. Constant faisaient de nombreuses allusions à Burke, récupéraient même des éléments de sa pensée, mais ils n'évoquaient guère son nom. Comme si l'évocation du nom de Burke pouvait être gênante de quelque manière!

On pourrait dire qu'il y a eu une *difficulté* de la réception de Burke en France. Cette difficulté semblait affecter aussi bien le courant anti-révolutionnaire que le courant libéral. Ce n'est que dans les années cinquante du siècle précédent que l'ouvrage de Burke sur la Révolution a été discuté au niveau qu'il méritait. Cette discussion a été l'oeuvre de Ch. de Rémusat et de A. de Tocqueville.

Le thème "Burke et les Français" couvre en principe la problématique des rapports intellectuels entre la critique burkéenne et les critiques françaises de la Révolution. Or, comme il y a eu plusieurs critiques françaises (monarchienne, théocratique, libérale) de la Révolution, il devait y avoir forcément plusieurs types de réception de la penseé de Burke, ou plutôt plusieures manières de lire, de comprendre, ou éventuellement, de récupérer sa critique.

L'aspect préliminaire suivant que je voudrais mentionner ici concerne les origines intellectuelles de la critique burkéenne de la Révolution. Comme on le sait, Burke a critiqué l'événement majeur de l'anée 1789 à partir des présupposés philosophiques qu'il avait élaborés quelques décennies plus tôt. Une critique, à sa ma-

79

nière radicale, de la philosophie des Lumières, constituait le fond intellectuel de sa pensée politique. Mais, il faut souligner que Burke était seulement un des représentants de l'anti-rationalisme au XVIII$^e$ siècle. Le "type burkéen" de la critique politique, on pourrait le retrouver chez beaucoup d'autres auteurs, aussi bien français, comme par exemple l'Abbé Barruel ou Sénac de Meilhan. Par conséquent, il faut se garder de surestimer l'importance politico-philosophique des *Réflexions* de Burke et il faut bien discerner ce que cet "ouvrage révolutionnaire écrit contre la Révolution" (Novalis) devait au génie rhétorique de son auteur et ce qu'il devait aux circonstances politiques particulières. S'il est vrai que Burke a effectivement inspiré un certain type de critique de la Révolution, il semble tout aussi vrai que ce type de critique était objectivement possible sur la base d'un anti-rationalisme qui avait été largement répandu en Angleterre et en Allemagne, dans la deuxième moitié du XVIII$^e$ siècle.

Si l'on veut envisager la question du rapport entre la critique burkéenne de la Révolution et les orientations politico-philosophiques françaises de l'époque révolutionnaire, il faut garder présent à l'esprit le fait que les tendances politiques françaises les plus importantes de cette époque-là ont été liées, d'une manière ou d'une autre, au rationalisme des Lumières. De manière évidente, tel fut le cas du libéralisme français. Mais les monarchiens, eux aussi, ne mettaient pas en question la pensée des Lumières bien qu'ils fussent assez proches de la sensibilité de Burke sur la question de la liberté ou celle de la souveraineté. De même, les théocrates comme J. de Maistre et L. de Bonald ont été beaucoup plus tributaires de l'héritage rationaliste français qu'on ne le pense d'habitude. Donc, s'il est possible de retrouver quelques ressemblances entre Burke et certains auteurs français au niveau du jugement politique, il faut savoir que, du point de vue épistémologique, la critique burkéenne se fondait sur des principes foncièrement différents de ceux des critiques françaises de la Révolution.

Enfin, le thème "Burke et les Français" exige que l'on dise quelques mots sur l'attitude personnelle de Burke à l'égard des Français. Or, Burke n'aimait pas les Français, et ce sentiment négatif chez lui datait de bien avant la Révolution. En 1773, pendant son séjour en France, Burke a été frappé par la politisation selon lui excessive et fausse des Français. L'athéisme et le caractère spéculatif des idées politiques en France l'ont littéralement effrayé. Burke doutait des capacités d'action politique des Français. Il opposait "la science de la jurisprudence qui est la fierté de l'intelligence humaine" (1782)[1] à la raison métaphysique pour laquelle les Français semblaient s'exciter de plus en plus à l'époque. En 1784, il parlait déjà de "la fausse théorie des droits supposés de l'homme".[2] Ses *Réflexions* (1790) n'étaient pas tout à fait libres d'un certain ressentiment, voire même d'un mépris à l'égard des Français. Dans les années 1793–94, Burke incitait à la guerre contre la France révolutionnaire et son engagement anti-révolutionnaire comportait des aspects anti-français. Ce whig, tellement sensible à la beauté du monde et à l'excellence de l'homme-créature de Dieu, n'a pas pu s'empêcher de donner un conseil politique au moins étonnant: "Si un prince étranger devait mettre le pied sur le territoire français, il devrait le faire comme s'il entrait dans un pays d'assassins".[3]

## Burke et les monarchiens

Burke sympathisait toutefois avec quelques hommes politiques en France, surtout avec les représentants de la droite modérée à l'Assemblée nationale, les monarchiens en particulier. Bien qu'il fût assez réservé à l'égard de l'entreprise politique des Français en 1789, Burke n'y était pas totalement opposé. Jusqu'à l'automne 1789 il garda un sentiment assez confus, partagé entre le scepticisme et l'espoir. Si les monarchiens avaient gagné la bataille parlementaire du 11 septembre 1789 et s'ils avaient réussi à stabiliser la Révolution au niveau de la monarchie constitutionnelle, Burke n'aurait probablement pas écrit ses *Réflexions*, et on peut supposer qu'il serait devenu plutôt ami de la nouvelle France.

A regarder l'histoire telle qu'elle s'est déroulée effectivement, il faut dire cependant que la solidarité politique entre Burke et les monarchiens n'était pas seulement une solidarité forcément très brève, mais aussi circonstantielle. Car il y a eu, au fond, des divergences de nature philosophique entre le whig et les partisans français de la monarchie constitutionnelle.

Les monarchiens visaient l'idéal politique auquel Burke souscrivait aussi, la liberté tempérée et la monarchie constitutionnelle, mais ils ne justifiaient pas cet idéal de la même manière que Burke, ni ne proposaient les mêmes moyens d'action que lui. Pour eux, la monarchie constitutionnelle était avant tout une forme politique nécessaire pour sortir la France de la crise politique dans laquelle elle se trouvait. Pour justifier leur projet constitutionnel, les monarchiens n'évoquaient ni un ordre historique, ni un ordre divin. Ils n'évoquaient pas le premier parce qu'ils désiraient précisément changer le cours de l'histoire de France, et le second, parce qu'ils misaient sur la puissance et les capacités de l'intelligence humaine.

Pour réaliser leur idéal politique dans la situation socio-économique de la France à la fin du XVIII$^e$ siècle, les monarchiens ont été presque contraints de devenir des révolutionnaires. Toutefois, par révolution, ils n'entendaient pas quelque soulèvement des masses ou une prise du pouvoir par le peuple, mais comme l'a dit J.J. Mounier dans ses *Recherches sur les causes qui ont empêché les Français de devenir libres* (1792), "tout changement dans les formes essentielles d'un gouvernement, dans la distribution et l'exercice du suprême pouvoir".[4]

Pour illustrer les divergences entre Burke et les monarchiens, on pourrait envisager respectivement l'attitude de Burke et celle des monarchiens à l'égard de la Déclaration des droits de l'homme. On connait bien l'aversion de Burke envers tout rationalisme politique et son refus radical des droits de l'homme entendus au sens des droits subjectifs, universels et égaux. Or, les monarchiens ont voté pour la Déclaration des droits de l'homme. Cependant on ferait erreur si l'on interprétait ce vote comme l'expression d'une conviction politique profonde. Mais on se tromperait davantage si l'on voulait considérer les monarchiens comme des adversaires des droits de l'homme. Pour comprendre la politique monarchienne au sujet des droits de l'homme, il faut distinguer, me semble-t-il, la philosophie politique et la tactique politique. Les hommes comme Lally-Tollendal ou J.J. Mounier maîtrisaient suffisamment l'art politique pour pouvoir distinguer le bien-fondé philosophique et le bien-fondé politique de la Déclaration des droits. Ils ont souscrit finalement à cette Déclaration, mais en recherchant d'abord des formules qui puissent satisfaire à la fois les exigences de la politique conformes aux principes de

l'universalité des droits et à la nécessité de l'ordre social. Dans le débat parlementaire du 19 août 1789 sur la Déclaration des droits, Lally-Tollendal a souhaité que
cette Déclaration soit "aussi courte, aussi claire, aussi réduite qu'il se pourra",[5]
ou bien qu'elle soit étendue jusqu'à y inclure des paragraphes sur les devoirs des
hommes, ou encore sur le rapport de l'homme avec l'Etre suprême—"cette base
de tous devoirs, ce premier lien des sociétés, ce frein le plus puissant des méchants,
et cette unique consolation des malheureux".[6]

La retenue des monarchiens au sujet des droits de l'homme ne venait pas du
tout du fait que la Déclaration des droits s'appuyait sur les principes politiques
abstraits, comme cela fut le cas chez Burke, mais elle était une conséquence de la
diagnose monarchienne de l'état de la culture politique française en 1789. Si Lally-
Tollendal ou J.J. Mounier craignaient quelques effets négatifs de la Déclaration
des droits, c'est qu'ils la jugeaient trop en avance sur l'éducation politique des
Français.

Il y a eu aussi une divergence entre Burke et les monarchiens au sujet des origines
de la Révolution. Pour Burke la Révolution était une révolution d'un genre nouveau parce qu'elle était fondée sur une théorie purement abstraite de la politique,
et parce qu'elle était inspirée et préparée par des philosophes. Or, les monarchiens
ont eu une version des origines de la Révolution beaucoup plus subtile et beaucoup
plus réaliste.

Quant au lien entre la Révolution et la philosophie des Lumières, les monarchiens l'affirmaient aussi, ne fût-ce que par le fait qu'ils s'inspiraient eux-mêmes
de cette philosophie. Par exemple J.J. Mounier, même après sa chute politique, n'a
jamais cessé de croire que la liberté "est le premier des biens; qu'elle est même le
but principal de toutes les sociétés politiques".[7] Mais ni J.J. Mounier, ni les autres
monarchiens ne se sentaient prisonniers d'une théorie abstraite de la politique.

Selon J.J. Mounier, si la Révolution a éclaté, c'est qu'il n'y avait pas de liberté
en France et qu'il fallait l'instaurer. Et il n'y avait pas de liberté en France parce
que "rien n'était réglé d'une manière précise, ni les droits de la couronne, ni ceux
du peuple, ni ceux des tribunaux".[8] Selon Mounier la crise de l'ancien régime était
d'abord une crise politique. La situation économique déplorable l'a seulement
aggravée en aboutissant à la nécessité d'une révolution. Mais, selon Mounier toujours, il y avait plusieurs manières de changer la situation en France, de changer
le régime politique, et les monarchiens eux-mêmes avaient des propositions concrètes à cet égard, propositions qui, heureusement ou malheureusement, devaient
échouer.

Cependant toutes ces différences que je viens de relever ne sauraient effacer de
très nombreuses affinités politiques entre les monarchiens et Burke. Ils visaient
communément le même idéal politique, la monarchie constitutionnelle ou le régime
mixte. Ils avaient une sensibilité sociale tout à fait comparable. Les monarchiens
ont voulu opérer un changement politique en France à la manière des Anglais en
1688. Ils se référaient à l'exemple anglais que Burke tenait pour louable et digne
d'imitation.

De leur siècle, les monarchiens ont appris surtout l'antidogmatisme. On pourrait
d'ailleurs en dire de même de Burke. Mais à la différence de Burke, l'anti-dogma-
tisme monarchien n'a jamais abouti à un anti-rationalisme. Ainsi les monarchiens
ont pu critiquer certains aspects du rationalisme des Lumières sans tomber dans

le piège d'un anti-rationalisme historicisant, piège que Burke n'a pas su tout à fait éviter.

Bref, les monarchiens ont su tenir compte des deux horizons de l'homme et de la politique, celui de la raison et celui du temps. Comme l'a dit Lally-Tollendal, "il ne suffit pas d'envisager les hommes numériquement et sous le rapport de leurs facultés et de leurs droits naturels; il faut encore les envisager moralement sous le rapport de leurs affections et de leurs passions."[9] Je crois que, dans cette citation, ce petit mot: "encore" traduit parfaitement la nature de l'affinité et de la séparation entre les monarchiens et Burke.

### Burke et les théocrates

C'est un penchant presque naturel de vouloir chercher une réception française de la critique burkéenne de la Révolution du côté des contre-révolutionnaires comme J. de Maistre et L. de Bonald. En effet, cette adresse n'est pas fausse, mais elle n'est pas non plus tout à fait exacte.

Je pense que l'on pourrait s'attaquer au problème de la réception de la pensée de Burke chez les théocrates français de deux manières différentes, mais complémentaires. On pourrait envisager d'abord les pensées de Burke et des théocrates du point de vue de leurs fondements philosophiques, et ensuite, on pourrait comparer leurs critiques de la Révolution en essayant de chercher des traces burkéennes chez les auteurs français.

Sur le plan de la philosophie politique, il y a une grande différence entre Burke et les théocrates français. J. de Maistre et L. de Bonald ont eu, au fond, l'esprit du XVIIIe siècle, un esprit que Burke méprisait sincèrement. Mais ils étaient des rationalistes à l'envers. J. de Maistre a écrit que la contre-révolution (c'est-à-dire le rétablissement de la monarchie) qu'il appelait de ses voeux, ne serait point "une révolution contraire, mais le contraire de la révolution";[10] mais le système politique qu'il proposait ne présentait rien d'autre qu'une nouvelle forme du constructivisme politique fondé non plus sur les évidences de la raison, mais sur l'infaillibilité de la foi. A. Comte a déjà remarqué que J. de Maistre justifiait le refus de la raison par des arguments rationnels, de même qu'il s'efforçait de rétablir l'autorité de la foi au moyen de la raison.

Il me semble que Charles de Rémusat a résumé le mieux le sens de la différence philosophico-politique entre les théocrates français et Burke. "Chez nous—écrivait-il—les écrivains éminents de la Contre-Révolution ont réfuté le rationalisme par le rationalisme. Ils ont opposé idée à idée, le pouvoir à la liberté. Aussi leurs théories logiquement déduites, condamnent-elles le gouvernement anglais comme les constitutions françaises, 1688 comme 1789, le protestantisme comme la philosophie: ils ont fait la métaphysique de l'absolutisme. Burke eût étouffé sous le régime de M. de Bonald ou du comte de Maistre".[11]

Selon Rémusat la solidarité anti-révolutionnaire entre les théocrates français et Burke reposait sur un malentendu intellectuel. "L'ancien régime qu'ils regrettaient n'était pas le sien. La monarchie de ses rêves n'était pas celle de leurs voeux".[12]

A cette critique de la théocratie française on pourrait ajouter encore un autre argument auquel les penseurs du XIXe siècle n'ont pas été spécialement sensibles, mais qui est aussi de grande importance pour la philosophie politique. Grâce à

leur théologie politique, les auteurs comme J. de Maistre ou L. de Bonald ont pu
se sentir beaucoup plus à l'aise que Burke à l'égard de l'histoire en général. Par
exemple, l'idée maistrienne de la Providence divine permettait d'interpréter n'importe quel événement historique soit comme événement basé sur la volonté divine,
donc comme événement légitime, soit comme événement basé sur le péché humain,
donc comme événement illégitime. En revanche, Burke, par sa philosophie du
lien quasi-organique de l'historique et du sacré (philosophie qu'il n'appliquait
pourtant qu'à l'histoire anglaise) s'interdisait pratiquement tout jugement critique
sur l'histoire.

Il me semble que cette dernière différence entre Burke et les théocrates français
s'est bien manifestée dans leurs premières réactions à la Révolution française. Dans
une lettre datée du 9 août 1789 Burke écrivait: "L'événement, en effet, . . . a
pourtant en soi du paradoxal et du mystérieux . . . En attendant, la marche de
toute l'affaire est un des plus curieux sujets de spéculation qui se soient jamais
présentés."[13] A l'automne 1790, donc plus d'un an plus tard, il écrivait dans ses
*Réflexions*: "Toutes les circonstances prises ensemble, la Révolution française est
la plus stupéfiante qui soit apparue à ce jour dans le monde."[14]

Semblablement à Burke, J. de Maistre constatait aussi que la Révolution était
"un phénomène unique dans l'histoire"[15], mais il savait dire immédiatement d'où
venait son caractère singulier. Selon lui la Révolution avait une origine surnaturelle. Elle était "le châtiment des Français"[16] par Dieu.

Bref, le phénomène de la Révolution française a étonné tout aussi bien Burke
que J. de Maistre. Mais leur étonnement commun n'avait ni la même nature, ni la
même source. L'étonnement maistrien présentait un type d'étonnement que tout
chrétien catholique doit montrer devant des phénomènes surnaturels, ou devant
des sentences de la Providence divine.

J. de Maistre a pu écrire que, pour comprendre la Révolution française, "l'observation et le raisonnement sont également inutiles".[17] On voit pourquoi il a écrit
ainsi: selon lui, la compréhension historique présupposait la foi et la confiance en
Dieu, en sa puissance et en sa volonté.

Or, le cas de Burke fut ici différent. Bien que sa rhétorique politique comportât
beaucoup d'idées religieuses, le sentiment qui l'animait était spécifique et peu
maistrien. Le sentiment religieux chez Burke portait davantage sur des traditions
et des moeurs en tant que manifestations d'un ordre universel incorporé dans le
temps, et non pas sur une volonté transcendante, supra-historique. Burke était
religieusement attaché à la continuité historique, et la première erreur des Français
consistait à ses yeux en une rupture radicale avec leur passé, rupture pour lui non
seulement inexcusable, mais aussi et surtout incompréhensible.

De même que Burke, J. de Maistre tenait la continuité historique pour souhaitable. Mais il acceptait aussi des discontinuités si celles-ci devaient exprimer la
volonté souveraine de Dieu. Il croyait aussi en un ordre supérieur des choses dans
le monde, mais il admettait "des exceptions à cet ordre"[18], exceptions qui ne
pouvaient venir que de la volonté de Dieu. Selon lui, la Révolution française en
était une.

L'interprétation maistrienne de la Révolution possédait un aspect particulier que
l'interprétation burkéenne ne pouvait pas avoir. J. de Maistre pouvait condamner
intégralement la Révolution, dire qu'elle avait "un caractère satanique",[19] en

même temps qu'il pouvait écrire qu'elle était un phénomène "tout aussi merveilleux, dans son genre, que la fructification d'un arbre au mois de janvier".[20] Il pouvait considérer la Révolution comme "le châtiment des Français" et dire en même temps qu'elle était aussi "une protection accordée à la France".[21] Burke n'aurait pas compris de tels jugements. C'est parce qu'il considérait la Providence comme *mouvement* et non pas comme *volonté*. C'est parce qu'il était beaucoup plus cicéronien que chrétien. Bref, la première différence entre J. de Maistre et Burke est une différence de compréhension de l'idée de Providence et de son rapport avec le monde historique.

Comme toute interprétation historique, celle de la réception de la pensée de Burke par J. de Maistre dépend du niveau auquel l'interprète se place. J'ai commencé mon analyse par relever la différence entre Burke et J. de Maistre dans leurs manières de concevoir la Providence et son rapport avec l'histoire. Cependant, cette différence n'a pas empêché J. de Maistre de s'intéresser à Burke, et surtout, de reprendre plusieurs thèmes de sa pensée.

J. de Maistre fut sûrement un des premiers lecteurs des *Réflexions* de Burke. Dans une lettre datée de janvier 1791 il parlait de "l'admirable Burke" et il ne cachait pas son émotion après sa lecture de Burke: "Pour moi, j'en ai été ravi, et je ne saurais vous exprimer combien il a renforcé mes idées anti-démocrates et antigallicanes."[22]

Pourtant on doit constater que l'admiration de J. de Maistre pour Burke, exprimée spontanément après la lecture des *Réflexions*, n'a pas trouvé d'expression équivalente ni dans ses *Considérations sur la France* (1797), ni dans son *Essai sur le principe générateur des constitutions politiques et des autres institutions humaines* (1809). Dans les *Considérations* maistriennes Burke n'est mentionné qu'une seule fois, et encore dans un contexte assez mineur, à propos du nombre de lois votées par l'Assemblée nationale depuis le 1er juillet 1789 jusqu'au mois d'octobre 1791. Cette mention unique contraste énormément avec le nombre des thèmes burkéens que comportent les *Considérations*. Dans son essai politique de 1809, essai plus théorique que les *Considérations*, J. de Maistre ne se réfère pas du tout à Burke bien que cet essai comporte encore plus d'idées burkéennes que son grand ouvrage précédent. Le grand théocrate, ne voulait-il pas citer explicitement Burke, ou peut-être, tout en partageant plusieurs de ses conclusions politiques, ressentait-il quelques inconvénients philosophiques à son égard?

En parlant de la philosophie des Lumières Burke s'exprimait de la manière suivante: "Hélas, hélas, que peuvent ces spéculations théoriques contre les faits!"[23] J. de Maistre était hostile non moins que Burke à l'égard de la politique fondée sur des abstractions athées, mais il n'en concluait pas immédiatement une supériorité de l'histoire sur la théorie, de la pratique sur les idées. C'est que, selon lui, il fallait tout d'abord croire en Dieu—volonté suprême et absolue, source de toute souveraineté et de tout droit.

Cependant, on peut déceler chez J. de Maistre un "glissement burkéen", c'est-à-dire une transformation de la foi en Dieu transcendant en une foi en l'histoire. Une telle transformation, J. de Maistre l'a même exprimée lui-même. Si nous ne pouvons croire de nous-mêmes en la Providence, "si le raisonnement glisse sur nos esprits, croyons du moins à l'histoire".[24]

Par cette idée de croire à l'histoire J. de Maistre rejoint la pensée de Burke.

Cependant, il serait inexact de dire qu'il la rejoint intégralement. Burke croyait en un ordre supérieur réalisé dans l'histoire, mais, en fait, il pensait davantage à l'histoire anglaise (avec ses libertés et ses institutions représentatives) à laquelle il désirait donner un caractère sacré. J. de Maistre n'avait pas d'objet historique concret à glorifier. Il songeait plutôt à une monarchie en parfaite union spirituelle avec Dieu et en parfaite union politique avec le pape. En attendant l'avènement d'une telle monarchie, il conseillait de croire à l'histoire, surtout à toute monarchie devenue historiquement, car selon lui le régime monarchique et héréditaire pouvait seulement avoir la légitimité requise.

Ce qui frappe le plus chez J. de Maistre, c'est qu'il reprend les idées burkéennes de tradition, d'enracinement historique de l'homme et de la politique, de constitution fondée en historie, tout en les conciliant avec sa propre théologie politique, avec sa vision de l'histoire comme processus guidé par la volonté souveraine de Dieu. Cette conciliation de la souveraineté de Dieu et de l'inertie de l'histoire, rappelant d'ailleurs la pensée de Bossuet, lui a permis de recourir tantôt à l'argument religieux, tantôt à l'argument historique. J. de Maistre a donné maintes preuves d'un tel double recours. Par exemple, dans ses considérations sur la constitution il constate que "toutes les constitutions libres, connues dans l'univers, se sont formées de deux manières. Tantôt elles ont, pour ainsi dire, *germé* d'une manière insensible, par la réunion d'une foule de ces circonstances que nous nommons fortuites; et quelquefois elles ont un auteur unique qui paraît comme un phénomène, et se fait obéir".[25] Or, la première partie de ce fragment est fidèlement burkéenne, tandis que la seconde n'est pas sans rappeler l'idée rousseauiste du grand législateur du *Contrat social* mais avec le projet politique maistrien dans la tête.

Pour J. de Maistre il n'y a qu'une seule constitution libre, la monarchie héréditaire. Elle est une idée divine, donc absolue et universelle en même temps qu'elle est le régime naturel de l'homme confirmé par l'histoire. "L'histoire—écrit-il—démontre que la monarchie héréditaire est le gouvernement le plus stable, le plus heureux, le plus naturel à l'homme."[26]

La constitution libre ne saurait être ni une constitution écrite, ni une constitution faite a priori. J. de Maistre a formulé quatre règles cardinales en matière de constitution politique: "1. Que les racines des constitutions politiques existent avant toute loi écrite. 2. Qu'une loi constitutionnelle n'est et ne peut être que le développement ou la sanction d'un droit préexistant et non écrit . . . 3. Que ce qu'il y a de plus essentiel, de plus intrinsèquement et de véritablement fondamental, n'est jamais écrit, et même ne saurait l'être . . . 4. Que la faiblesse et la fragilité d'une constitution sont précisément en raison directe de la multiplicité des articles constitutionnels écrits."[27] Or, toutes ces règles sont suffisamment vagues pour permettre au théocrate de jouer sur les deux registres en même temps: celui de l'histoire et celui de la Providence divine. "Plus on examinera le jeu de l'action humaine dans la formation des constitutions politiques—écrit J. de Maistre—plus on se convaincra qu'elle n'y entre que d'une manière infiniment subordonnée, ou comme un simple instrument",[28] car "l'homme ne peut rien dans ce genre à moins qu'il s'appuie sur Dieu, dont il devient alors instrument."[29] Voyons maintenant comment toute constitution devient une oeuvre purement historique, fortuite. Selon J. de Maistre la constitution est un recueil des lois fondamentales qui ne seraient rien d'autre qu'une confirmation des droits antérieurs, des droits acquis ou des concessions du souverain. En ce sens, toute constitution est "l'ouvrage des circonstances, et le nombre des circonstances est infini".[30]

De même que Burke, J. de Maistre était aussi un adversaire de l'idée de constitution écrite. On s'imagine facilement pourquoi. En tant qu'ouvrage divin, toute constitution politque était pour lui un secret de la Providence. En tant qu'ouvrage historique, toute constitution politique était une réalité en devenir permanent, que l'on ne saurait arrêter d'aucune manière. Selon J. de Maistre "nulle institution grande et réelle ne saurait être fondée sur une loi écrite, puisque les hommes eux-mêmes, instruments successifs de l'établissement, ignorent ce qu'il doit devenir, et que l'accroissement insensible est le véritable signe de la durée, dans tous les ordres possibles des choses".[31]

Dans la science maistrienne sur la constitution politique il y a donc une ambiguïté que l'on pourrait définir comme une tension entre l'idée de volonté souveraine de Dieu et l'idée de devenir historique. Une ambiguïté pareille se retrouve aussi dans la conception maistrienne de l'action politique. Sur ce plan, J. de Maistre semblait reprendre la conception jurisprudentielle de la politique. Tout comme Burke il parlait de l'histoire comme politique expérimentale, mais en même temps il affirmait la nécessité d'appuyer la politique sur la loi, et selon lui, la loi "n'est proprement *loi* et ne possède une véritable sanction qu'en la supposant émanée d'une volonté supérieure."[32] J. de Maistre en concluait la nécessité de soumettre la politique à l'autorité religieuse, puisque "le principe religieux préside à toutes les créations politiques".[33]

Il serait fastidieux de vouloir énumérer tous les éléments burkéens dans la pensée de J. de Maistre. Je tiens uniquement à souligner que le théocrate a repris la pensée de Burke seulement dans les aspects négatifs de celle-ci. Il était burkéen dans la mesure où il critiquait la Déclaration des droits de l'homme, la constitution écrite, l'idée démocratique en général. Mais la pensée maistrienne dans ses aspects positifs n'a pas été burkéenne. J. de Maistre savait mobiliser tous les arguments possibles pour combattre la Révolution. Mais là où il proposait des idées pour reconstruire le monde politique bouleversé par la Révolution, J. de Maistre n'était pas burkéen. Avec une rare sévérité il était catholique et théocrate.

Le problème maistrien était au fond celui de l'autorité religieuse et de sa signification politique. Si J. de Maistre regrettait la disparition de certaines traditions et de certaines institutions, ce n'est pas tellement parce qu'elles étaient historiques, mais parce qu'elles étaient fondées sur la foi et sur l'autorité de l'Eglise. S'il déplorait la rupture de la continuité historique par la Révolution, c'est parce que celle-ci avait rompu en France la continuité du pouvoir et de l'autorité de l'Eglise. Or, Burke savait apprécier l'histoire comme telle, ses forces, ses énigmes, enfin sa légitimité. Il était aussi sensible à la question de la religion, mais il la considérait davantage comme élément de la tradition et de la nature historique de l'homme que comme expression d'une vérité ontologique.

Burke condamnait la Révolution française surtout à cause de son caractère anti-historique et a-historique. Selon lui l'homme ne pouvait pas sortir du cadre déterminé par le devenir historique sans porter un coup grave à propre nature.

J. de Maistre condamnait la Révolution française surtout à cause de son caractère anti-religieux et a-religieux. Selon lui l'homme ne pouvait pas ignorer Dieu sans s'ignorer lui-même.

D'une certaine manière la critique de Burke et celle de J. de Maistre se rejoignaient et se complétaient réciproquement. Mais leurs orientations philosophiques étaient divergentes. Le "sens historique" et le "sens religieux" ont pu se rencontrer seulement pour condamner la Révolution qui méprisait l'un et l'autre avec une force égale.

La pensée politique de L. de Bonald ne différait pas, dans l'essentiel, de celle de J. de Maistre, mais elle s'en distinguait par une tonalité spécifique, par un langage et un style singuliers que l'on ne saurait négliger sans faire tort à l'auteur pour lequel Napoléon avait une grande sympathie. Mais ce qui donnait à la pensée de Bonald son coloris particulier la rendait en même temps moins sensible au type de pensée que Burke représentait. En effet, la réception bonaldienne de la pensée de Burke fut bien plus maigre et bien plus ambiguë que la réception maistrienne.

A première vue, le rapport intellectuel entre Bonald et Burke paraît presque nul. L'auteur français ne critique pas directement les événements de la Révolution. Il considère la critique de la Révolution comme déjà acquise. Sa pensée s'oriente davantage vers l'avenir que vers le passé. Elle prétend définir les fondements philosophiques d'une autre nouvelle société ou d'une autre nouvelle politique. Il ne serait pas exagéré de dire que Bonald esquissait la théorie d'une nouvelle révolution, révolution théocratique.

Comme tout auteur contre-révolutionnaire, L. de Bonald devait lire les *Réflexions* de Burke. Cependant dans son ouvrage principal, *Théorie du pouvoir politique et religieux* (1796), il n'y a pas de références explicites à Burke. On peut y trouver plusieurs thèmes burkéens mais qui, pour être bien compris, devraient être considérés plutôt par rapport à l'ensemble de la théorie sociale de Bonald. Cette remarque me paraît capitale parce que Bonald est arrivé à certaines conclusions politiques tout à fait burkéennes par un chemin intellectuel qui aurait été pour Burke non seulement étranger mais aussi étrange.

Tout comme Burke, Bonald s'opposait à l'idée de la constitution écrite, à l'individualisme abstrait, à tout athéisme dans la politique. Tout comme Burke, il parlait de devoirs des hommes envers la société. Aussi montrait-il une générosité de type burkéen quand il parlait du droit du peuple à être bien gouverné et non pas à gouverner. Chez Bonald on retrouve également un déterminisme sociologique caractéristique pour la pensée politique de Burke. Dans son traité *Législation primitive* (1802), il écrivait entre autres que "l'homme n'existe que par la société et la société ne le forme que pour elle".[34]

Cependant tous ces aspects sociologisants et historicisants, qui permettent effectivement de faire un rapprochement intellectuel entre Bonald et Burke, possédaient chez le théocrate français une signification particulière. Premièrement, ils remplissaient uniquement une fonction critique à l'égard de la métaphysique politique de la Révolution. Deuxièmement, Bonald a donné à la primauté du social et de l'historique, qu'il affirmait contre la Révolution, une signification épistémologique que Burke n'aurait pas acceptée. Il prétendait déduire ses propositions politiques à partir d'un principe politique absolu qu'il croyait avoir trouvé. Le moyen par lequel il est arrivé à sa propre théorie politique était celui même que Burke refusait, la raison ou le raisonnement pur.

Il me paraît difficile de pouvoir parler d'une vraie réception de Burke chez L. de Bonald pour deux raisons au moins: à cause de l'intention politique de ce dernier, et à cause de la nature de sa démarche intellectuelle.

Sur le plan politique, Burke voulait conserver ce qu'il considérait comme bon et juste, le régime politique mixte et la liberté civile modérée. En revanche, Bonald songeait à un nouveau régime fondé sur le pouvoir du monarque et sur l'autorité de la religion. Ensuite, comme le premier définissait le pouvoir politique comme une gestion intelligente et flexible de l'histoire, l'autre le concevait comme une application exacte et raisonnée des préceptes de Dieu. Comme Burke, à la suite de Montesquieu, propageait la théorie de la division des pouvoirs, Bonald n'hésitait pas à affirmer que le pouvoir politique devrait être un, définitif, perpétuel, absolu et actif. Comme Burke enseignait le respect des droits et des libertés en plaidant pour la modération du roi, de l'aristocratie et du peuple, Bonald luttait pour une monarchie absolue, ou selon ses propres termes, pour "la monarchie royale" qu'il considérait comme le gouvernement "le plus parfait" et "le plus naturel".[35]

Pour comprendre la nature de la divergence épistémologique entre Burke et Bonald il suffit de citer cet aveu célèbre de Bonald dans la préface à sa *Démonstration philosophique du principe constitutif de la société* (1830): "J'ai en effet cherché—écrit-il—par les seules lumières de la raison, et à l'aide du raisonnement, s'il existait un fait unique, évident, palpable, à l'abri de toute contestation, qui fût le principe générateur, ou seulement constitutif, de la société en général, et de toutes sociétés particulières, domestiques, civiles, religieuses, qui portât dans toutes le même nom, qui remplît dans toutes les mêmes fonctions."[36] Or, j'ai déjà eu l'occasion plus haut de dire qu'une telle confiance dans la puissance de la raison était pour Burke non seulement erronée mais aussi dangereuse.

Enfin, l'intention philosophique de Bonald, celle de chercher le principe générateur de la politique en général, aurait été aussi étrangère à Burke. Le théocrate français a trouvé ce principe dans la religion. Il écrit dans sa *Législation primitive* (1802) que "la religion est la raison de toute société, puisque hors d'elle on ne peut trouver la raison d'aucun pouvoir, ni d'aucun devoir. La religion est donc la constitution fondamentale de tout état de société".[37] Or, Burke contestait toute recherche des principes généraux en matière politique, et il avait une vue plutôt modeste sur la religion.

La question sensible dans le rapport intellectuel entre les théocrates français et Burke demeure toujours celle de la religion. Burke disait qu'il ne fallait jamais séparer l'Eglise et l'Etat. Les théocrates, eux aussi, étaient opposés à une telle séparation. Cependant, il y a eu une différence dans la compréhension du rapport Etat—Eglise dans les deux cas. Pour les théocrates, l'Etat devrait être subordonné à l'autorité religieuse, tandis que pour le whig, la religion et l'Eglise avaient seulement une fonction sociale importante à remplir. Dans l'univers burkéen l'Eglise devrait être gardienne de la moralité publique et des institutions libérales. Burke était partisan d'une religion civile bien davantage que d'une religion au sens théocratique du terme. L'anglicanisme constituait pour lui une telle religon. Dans ce contexte il faut se demander par quelle dialectique J. de Maistre a pu écrire que "Burke a renforcé ses idées antigallicanes."[38]

Burke affirmait un lien nécessaire entre l'Eglise et l'Etat en ce sens que l'Eglise devrait consacrer l'Etat en consolidant ainsi la conscience politique des citoyens et le respect des libertés civiles. Il était attaché à la religion comme une des conditions de la liberté civile, pendant que les théocrates français s'efforçaient de déduire la politique à partir de la religion, la liberté, selon eux, s'épuisant déjà dans la foi à l'autorité ecclésiastique.

Je voudrais souligner deux aspects qui ont séparé radicalement les théocrates français et le liberal conservateur anglais et qui ont rendu la réception de la pensée de ce dernier par J. de Maistre ou L. de Bonald difficile, sinon impossible. Le premier aspect est celui de la conscience historique. Comme on le sait, Burke a été un des précurseurs de la pensée historique historisante. Il a beaucoup contribué à la mise en question du droit naturel rationnel, et du même coup, au développement de la conscience historique moderne. En tant que protestant et libéral, il a su épurer la conscience politique de toute idée d'une orthodoxie. Il misait sur l'histoire, c'est-à-dire il faisait confiance à l'homme aux prises avec lui-même dans le temps. Or, une telle pensée devait demeurer étrangère aux théocrates.

Le deuxième aspect qui séparait absolument Burke et les théocrates français était celui de liberté et de représentation politiques. Comme l'a bien souligné F. Furet, les théocrates ne partageaient avec Burke "ni son sens des libertés, ni son attachement aux institutions représentatives."[39] La liberté ne pouvait être pour eux qu'une usurpation ou une illusion, car l'homme, selon les mots de J. de Maistre, est "un outil de Dieu".[40] L'idée de représentation politique ne pouvait pas rentrer dans le cadre de la pensée théocratique pour deux raisons: elle était une conséquence de l'inadmissible idée de liberté, et elle était un ennemi de la "monarchie royale" comme "l'art est un ennemi de la nature"[41] (Bonald). Enfin, le refus bonaldo-maistrien de la liberté et de la représentation politiques découlait directement de la conception théocratique de la souveraineté. Si Dieu est le seul vrai souverain, l'homme ne saurait être libre que dans la mesure où il obéit à la volonté divine, c'est-à-dire dans la mesure où il respecte l'autorité des représentants de Dieu sur la terre.

### Burke et les libéraux français

De manière générale, le libéralisme français s'appuyait sur les principes de 1789, donc les principes que Burke avait radicalement mis en question. C'est là que se trouve la différence majeure entre Burke et les libéraux français. C'est là aussi qu'il faut voir peut-être l'origine d'une retenue des libéraux français à son égard. Cependant, quelles que soient les différences entre Burke et les libéraux français sur le plan de la philosophie politique, ceux-ci n'ont pas été insensibles à ce que l'on pourrait appeler le type burkéen de la critique politique.

Je pense que l'on pourrait distinguer deux moments spécifiques dans la pensée libérale française de la première moitié du XIX$^e$ siècle: celui d'interprétation de la Révolution et celui de réflexion sur le phénomène démocratique. En ce qui concerne le premier moment, il faut affirmer une divergence radicale entre les libéraux français et Burke. Quant au second, on ne manquera pas de relever de nombreuses similitudes entre eux et Burke. En d'autres termes, les libéraux français n'ont rien eu en commun avec Burke sur le plan philosophique, mais ils le rejoignaient en maints points dans leur sociologie politique.

Les premières réactions libérales françaises à la critique de Burke ont été résolument négatives. Ce n'est que par le recul du temps que les libéraux français récupérèrent discrètement des thèmes burkéens. Il suffit de comparer la brochure de B. Constant *Des réactions politiques* (1797) avec son *Esprit de conquête et de l'usurpation* (1814), ou l'ouvrage de Mme de Staël *Des circonstances actuelles qui peuvent terminer la Révolution* (1798) avec ses *Considérations sur la Révolution française* (1818) pour se convaincre comment le libéralisme français devenait de moins en moins révolutionnaire en devenant de plus en plus conservateur, donc comment il devenait objectivement de plus en plus accueillant à l'égard de Burke. Mais ce qu'il faut souligner aussi, c'est que les libéraux français n'ont jamais renoncé aux principes de 1789. On pourrait donc dire qu'ils n'ont jamais cédé à Burke sur le point qui définissait leur identité politique.

Les *Réflexions* de Burke sont parues en novembre 1790 et B. Constant, déjà dans une lettre datée du 10 décembre 1790, a exprimé l'aveu suivant: "Je m'occupe à présent à lire et à réfuter le livre de Burke contre les *levellers* (niveleurs) français. Il y a autant d'absurdités que de lignes dans ce fameux livre."[42] Cet aveu n'exige aucun commentaire. Il parle de lui-même.

Dans *Des réactions politiques* (mars 1797), B. Constant s'est attaqué aux principes épistémologiques de la pensée contre-révolutionnaire en voulant démontrer leur fausseté fondamentale. Sans le dire expressément, l'auteur a consacré deux chapitres à la critique burkéenne de la Révolution. Il n'a pas discuté les détails de cette critique, mais seulement ses fondements épistémologiques. Dans les chapitres intitulés "Des principes" (VIII) et "De l'arbitraire" (IX), il l'a réfutée pour des raisons strictement logiques.

Un des fondements de la critique burkéenne a été la distinction entre les *principes* et les *préjugés*, principes désignant de pures abstractions, préjugés signifiant la vraie conscience politique. En établissant cette distinction Burke visait tout simplement les principes de 1789. Or, B. Constant a démontré que cette distinction entre principes et préjugés n'était qu'un jeu de mots logiquement absurde et politiquement dangereux.

Selon Burke les principes en politique sont nécessairement destructeurs parce qu'ils s'opposent toujours à des préjugés, c'est-à-dire à la réalité fondée sur des préjugés. Or, Constant remarque qu'il suffit de renverser le rapport des principes et des préjugés à l'égard de la réalité pour obtenir un renversement de leur caractère. "Lorsque nous aurons—écrit-il—des institutions fondées sur les principes, l'idée de destruction s'attachera aux préjugés, car ce seront alors les préjugés qui attaqueront."[43]

Ce que Burke appelle principes et préjugés, Constant le redéfinit comme doctrine de l'égalité et doctrine de l'hérédité. Selon lui ces deux doctrines sont également abstraites et elles peuvent devenir également conservatrices ou destructrices en fonction de leur degré de réalisation historique. Car, comme Constant l'écrit, "imaginez la doctrine de l'égalité reconnue, organisée, formant le premier anneau de la chaîne sociale . . . Supposez maintenant la doctrine de l'hérédité jetée isolément, et comme théorie générale, contre ce système: ce sera alors le préjugé qui sera le destructeur; le préservateur sera le principe".[44]

Selon le libéral français Burke se serait contredit lui-même dans sa critique des principes de la Révolution française. "Dire que les principes abstraits ne sont que de vaines et inapplicables théories, c'est énoncer soi-même un principe abstrait . . .

C'est donc énoncer un principe abstrait contre les principes abstraits, et, par cela seul, frapper de nullité son propre principe. C'est tomber dans l'extravagance de ces sophistes de Grèce, qui doutaient de tout et finissaient par n'oser pas même affirmer leur doute."[45]

Considérée sous cet angle, la critique burkéenne serait non seulement absurde, mais aussi politiquement dangereuse. "Car, s'il n'y a pas de principes, il n'y a rien de fixe: il ne reste que des circonstances, et chacun est juge des circonstances . . . Là où tout est vacillant, aucun point d'appui n'est possible. Le juste, l'injuste, le légitime, l'illégitime, n'existeront plus, car toutes ces choses ont pour bases les principes, et tombent avec eux. Il restera les passions qui pousseront à l'arbitraire, . . . ce tyran aussi redoutable pour ceux qu'il sert que pour ceux qu'il frappe, l'arbitraire règnera seul."[46]

Un type semblable de la critique de Burke se retrouve chez Mme de Staël dans son ouvrage *Des circonstances actuelles* (1798). Sans mentionner le nom de Burke et sans se référer à B. Constant, Mme de Staël y établit une distinction entre les institutions fondées sur les préjugés et les institutions fondées sur les principes susceptibles de démonstrations en accordant à ces derniers la validité politique exclusive. Selon elle l'état politique fondé sur un principe susceptible de démonstrations serait le seul à pouvoir garantir la paix sociale et empêcher l'arbitraire. En contredisant l'anti-rationalisme burkéen, Mme de Staël se déclare partisane de la politique scientifique, politique fondée sur des principes fixes et démontrables. "Je tiens—écrit-elle—à cette idée comme principale: tout ce qui est soumis au calcul n'est plus susceptible de guerre, parce que les passions n'ont pas de prise sur les vérités rendues mathématiques."[47]

De même que dans le cas des monarchiens, la divergence principale entre Burke et les libéraux français se laisse ramener à leur rapport différent à la philosophie des Lumières ou au rationalisme politique en général.

Pour le couple libéral: B. Constant—Mme de Staël, l'histoire avait un sens bien précis. Elle présentait un développement progressif de l'idée de l'égalité et du système représentatif. La Révolution française s'inscrivait donc dans un mouvement général de l'histoire. En ce sens, elle était une nécessité qu'il fallait approuver ou devant laquelle il fallait se résigner.

Cependant la Révolution ne s'est pas arrêtée aux principes de 1789. Les événements de 1793 ont jeté une ombre sur la prétendue nécessité historique ou sur la prétendue législation de la raison. Mais B. Constant et Mme de Staël, même après la Terreur, n'ont aucunement diminué leur attachement à l'idée de la société organisée rationnellement. La responsabilité du dérapage de la Révolution, ils l'ont attribuée aux circonstances et non pas aux principes. C'était une attitude exactement inverse à celle de Burke. La Terreur semblait renforcer même le rationalisme de Mme de Staël. Dans les pages introductives *Des circonstances actuelles* (1798), elle constatait fermement que "les crimes de la Révolution ne sont point une conséquence du système républicain, mais que c'est au contraire dans ce système qu'on peut en trouver le meilleur et le seul remède."[48] A l'interminable question "comment terminer la Révolution"; elle a donné aussi une réponse sans équivoque, réponse allant dans le sens de l'affirmation du rationalisme politique. "C'est dans la pure théorie du républicanisme que sont les vrais moyens de terminer la Révolution et de fonder la République."[49] Bref, à la différence du burkisme qui, en refusant l'événement, refusait simultanément la théorie qui l'inspirait, les libéraux comme B. Constant ou Mme de Staël, aussi effrayés par le dérapage de la Révolution, proposaient un retour à son inspiration originaire en y voyant le seul remède pour le malaise provoqué par le jacobinisme.

Grâce à leur attitude intellectuelle, qui s'appuyait sur une nette distinction entre la connaissance des principes et la connaissance des circonstances, les libéraux français ont su donc intégrer la Révolution dans leur propre univers intellectuel. Leur attachement aux principes de 1789 pouvait leur donner une sorte de bonne conscience historique. Ils étaient, en effet, très à l'aise l'égard de tout événement historique. La perplexité d'un Burke devant des irruptions brutales de l'histoire leur était étrangère.

Il me semble que F. Guizot a le mieux résumé l'essentiel de l'interprétation libérale de la Révolution française, interprétation que Burke n'aurait jamais acceptée. "La Révolution—constata Guizot—avait raison dans son principe et dans sa tendance. Considérée sous ce point de vue, elle se proposait d'introduire la justice, c'est-à-dire l'empire de la loi morale, dans les relations des citoyens entre eux, dans celles du gouvernement avec les citoyens. C'est même là ce qui la rend invincible. Considérée dans ses actes, . . . . la révolution a été une revanche, le triomphe et la vengeance d'une majorité longtemps opprimée sur une minorité longtemps maîtresse. Quiconque ne voit pas la révolution sous ces deux aspects ne la connaît point. Par là seulement s'expliquent ses espérances, et ses mécomptes, ses vérités et ses erreurs."[50]

Considérée dans son ensemble, la pensée libérale française de la première moitié du XIX$^e$ siècle se souciait davantage de l'avenir que du passé. Une fois intégrée dans l'héritage libéral, la Révolution ne suscitait aucune passion particulière. Cependant, c'étaient les conséquences sociales de celle-ci qui troublaient le sommeil des libéraux. Autrement dit, l'intérêt intellectuel des libéraux français se déplaçait progressivement vers la nature et les effets du phénomène démocratique. Si l'on peut établir quelques parallèles entre Burke et les libéraux français, c'est précisément dans leur analyse de ce phénomène.

La pensée libérale française ne se libèrera jamais du reproche d'un certain éclectisme philosophique. D'une part elle exprimait sa propre identité politique par un attachement aux principes universels de la raison, au dogme de l'indépendance individuelle et des droits individuels. Mais de l'autre, elle semblait reprendre la philosophie sociale écossaise qui misait sur un évolutionnisme et un réformisme politiques guidés tous les deux davantage par les sentiments humains et le bon sens que par une théorie abstraite de la politique. Elle acceptait les principes politiques impliquant l'égalité en même temps qu'elle propageait une théorie sociologique impliquant les inégalités. Cette incohérence s'est manifestée d'ailleurs dans toutes les considérations libérales sur la politique, l'économie et le droit. Par exemple B. Constant pouvait écrire qu'une loi n'est valable que si elle est compatible "avec les principes éternels de justice et de pitié, que l'homme ne peut cesser d'observer sans dégrader et démentir sa nature"[51], mais en même temps il affirmait le caractère historique et relatif des lois. "Les lois ne sont autre chose—écrit Constant—que ces relation sociales observées et exprimées. Elles ne sont pas la cause de ces relations qui au contraire leur sont antérieures. Elles déclarent que ces relations existent. Elles sont la déclaration d'un fait."[52] Sur ce point, comme sur beaucoup

d'autres, Constant confirmait seulement cette grave hésitation du libéralisme français entre l'idée de constitution du lien politique conformément aux principes de
la nature définie abstraitement et l'idée de formation historique et spontanée de ce
lien, idée qui était chère à Burke par ailleurs.

Une hésitation identique entre l'argument théorique et l'argument historique se
retrouve chez Guizot, quand il postulait la nécessité d'une théorie de la société et
des institutions car sans une telle théorie "le gouvernement marche au hasard, sans
plan et sans but";[53] et quand il définissait la politique comme adaptation constante
aux circonstances et respect des traditions historiques.

On pourrait dire que, dans la mesure où ils faisaient recours à des traditions
ou à l'histoire (pour diminuer l'appétit démocratique des Français), les libéraux
français s'approchaient forcément de Burke. Cependant, il faut bien souligner
qu'ils ne se sont jamais référés à lui explicitement.

Si l'on voulait chercher les sources intellectuelles de ce glissement du libéralisme
français vers un certain conservatisme historicisant, il faudrait interroger plutôt
la tradition intellectuelle allemande, surtout ses fameuses écoles historiques qui
n'étaient pas sans influence sur B. Constant ou F. Guizot. Mais, par ce chemin, on
arriverait aussi à Burke, car on sait quelle grande influence il a eu sur le développement des écoles historiques allemandes et sur la réflexion politique allemande au
début du XIXe siècle.

C'est dans la réflexion libérale sur le phénomène démocratique que l'on retrouve
le plus d'éléments conservateurs, donc aussi burkéens.

Si le libéralisme français et le libéralisme whig différaient beaucoup sur le plan
philosophique, ils se touchaient en plusieurs points dans leurs sociologies politiques. Cette fois-ci, paradoxalement, c'étaient les whigs qui avaient une sociologie
politique plutôt déductive, car résultant de leur traditionnalisme fondamental,
tandis que la sociologie politique des libéraux français venait d'une réflexion sur
l'expérience démocratique des Français, et surtout d'une diagnose sur l'état de la
culture politique en France dans la période révolutionnaire.

Selon le libéralisme français, l'histoire politique de la civilisation moderne se
définissait par un conflit entre deux principes: celui d'hérédité et celui d'élection,
ou entre le système hiérarchique fondé sur l'inégalité et le système électif fondé
sur l'égalité. Dans le premier temps, les libéraux français affirmaient la primauté
exclusive du système électif. "L'égalité politique—écrivait Mme de Staël—est une
vérité éternelle que la force de la Révolution a fait triompher."[54]

Les libéraux français n'ont jamais renoncé à leur préférence pour le système
représentatif, mais le déroulement tragique de la Révolution les a sensibilisés sur
des effets pervers de ce système. Depuis les premières années du XIXe siècle ils ont
développé une critique de la démocratie en faisant valoir deux types d'arguments:
d'un côté ils ont critiqué la théorie de la souveraineté du peuple en plaidant pour
une limitation de celle-ci, et de l'autre ils ont relativisé le progrès de la démocratie
en voulant le faire dépendre du niveau de l'éducation politique du peuple. Par
conséquent, les libéraux français se sont efforcés de sauvegarder certaines institutions traditionnelles non seulement pour ralentir la marche de la démocratie en
France, mais aussi pour restaurer des obstacles contre toute forme de déviation de
la démocratie vers un despotisme populaire.

Le constitutionnalisme libéral, élaboré par B. Constant avant tout, s'efforçait de concilier les principes de la république avec le principe de l'hérédité. Il renouait, au fond, avec l'idée du régime mixte, idée burkéenne par excellence. De là venait aussi son admiration pour le système politique anglais, pour les idées de 1688 et leur réalisation tranquille. Dans ses *Considération sur la Révolution* (1818), Mme de Staël a réinterprété même les *Réflexions* de Burke comme une invitation à opérer un changement politique en France dans le style anglais. Mais les Français, surtout les aristocrates, n'auraient pas compris ce message de Burke qui, selon Mme de Staël, à chaque page leur reprochait "de ne s'être pas conformés aux principes de la constitution d'Angleterre".[55]

Dans la deuxième décennie du XIXe siècle le libéralisme français a réanimé l'anglomanie typique déjà pour Montesquieu, et puis pour les monarchiens. C'est dans la mesure où ils devenaient anglomanes que B. Constant et Mme de Staël devenaient burkéens. Cependant avec les réserves que j'ai déjà signalées au début de ce chapitre.

Les aspects burkéens que j'ai répérés chez B. Constant et Mme de Staël se trouveront repris et davantage développés par les doctrinaires, surtout par Royer-Collard et Guizot. Chez ces derniers disparaîtra entièrement la tonalité républicaine qui, malgré tout, était tout le temps présente dans la pensée "constantienne" ou "staëlienne".

Quant à Royer-Collard, il faut dire que sa critique de la démocratie comme "gouvernement incapable de prudence", sa défense de l'hérédité comme "principe de la stabilité, de la dignité, de la durée", son affirmation que "les sociétés ne sont pas des rassemblements numériques d'individus et de volontés", enfin que sa distinction entre les droits civils pouvant se distribuer selon le principe d'égalité et les droits politiques devant se distribuer "suivant les inégalités qu'il plaît à la Providence d'établir entre les hommes",[56] toutes ces affirmations rappellent parfois littéralement la critique politique de Burke. Mais Royer-Collard ne s'est jamais référé à Burke et la réponse à la question s'il avait lu Burke ne peut s'appuyer que sur une probabilité spéculative.[57]

La sociologie politique de Guizot se laisse aussi comparer avec celle de Burke. La volonté du libéral français de maîtriser la démocratie en France, son postulat de respecter "les supériorités et les influences individuelles",[58] sa redéfinition du contrat social en termes d'un lien primitif et organique entre les hommes, sa distinction des droits civils universels et des droits politiques essentiellement inégaux, enfin sa conception de la monarchie constitutionnelle et de la représentation politique, permettent de faire un rapprochement intellectuel entre lui et Burke.

Cependant, tous les rapprochements que je viens d'établir entre les libéraux français et Burke ne sauraient faire oublier d'importantes divergences philosophiques entre eux. A vrai dire, les libéraux français n'ont pas été et ils n'ont pas pu devenir de vrais burkéens. A la différence de Burke ils ont eu une perception abstraite de l'histoire et de la politique. Malgré leur critique de la démocratie, ils ont cru au progrès historique et à la perfectibilité de l'homme. Ils n'ont pas mis en question les buts de la civilisation tels qu'ils étaient définis par la philosophie des Lumières. Mais ils eurent des considérations assez particulières sur les moyens du progrès et sur les conditions de la réalisation du système représentatif. S'ils ont pu se rapprocher de Burke, c'est seulement dans leur critique de la démocratie et dans leur conception du régime mixte, qui d'ailleurs l'une et l'autre exprimaient davantage leur tactique politique que leur philosophie.

La première génération des libéraux français, celle de B. Constant et de Mme de Staël, a gardé une attitude très indécise à l'égard de Burke. A son refus spontané des *Réflexions* a succédé une récupération de certains de leurs thèmes. La génération des doctrinaires a pratiquement ignoré Burke, ce qui ne l'a pas empêché de professer beaucoup d'idées que l'on dirait burkéennes. Il me semble que les *Réflexions* ont hanté les libéraux français tout au long de la première moitié du XIXᵉ siècle, mais aucun d'eux n'a engagé de discussions sérieuses avec elles. Il a fallu attendre les années cinquante de ce siècle pour que le libéralisme français donne à Burke une réponse précise et détaillée. Ch. de Rémusat et A. de Tocqueville ont rempli cette lacune dans la réflexion politique française. Ils ont tranché définitivement la question de la réception ou de la non-réception de la critique burkéenne en France, démontrant l'impossibilité d'une réception intégrale et l'infidélité des réceptions partielles.

Dans deux articles publiés en 1853 dans la "Revue des deux mondes" et republiés ensuite dans son livre "L'Angleterre au XVIIIᵉ siècle" (1856), Ch. de Rémusat a expliqué le caractère historiquement erroné de l'interprétation burkéenne de la Révolution. Selon lui, Burke aurait pris le développement politique anglais pour modèle, et l'aurait appliqué ensuite à l'histoire de France. Il aurait reproché aux Français de n'avoir ni pensé ni agi comme les Anglais. Or, la France avait-elle le passé de l'Angleterre? Les Français, pouvaient-ils se référer à des traditions ou à des institutions historiques garantissant leurs droits et leurs libertés comme les Anglais en 1688? "Burke omet une chose—écrit Rémusat—c'est de découvrir à la France des traditions dont elle pût se faire des droits. Comme on invente des aïeux à qui veut vieillir sa noblesse, il fallait lui refaire son histoire pour que sa liberté fût historique; mais en France la liberté est une nouvelle venue qui devait être la fille de ses oeuvres."[59]

Selon Rémusat, Burke ne se trompe pas seulement sur l'histoire de la France. Il prononce aussi des conseils politiques par lesquels il désavoue sa propre pensée et son propre sens des libertés.

> Il serait puéril à un homme d'Etat—poursuit Rémusat—de prêter à une société certaines croyances, et de raisonner ensuite comme si elle les avait. Là est le faible de l'argumentation de Burke. Si pour être libre, il faut l'avoir été jadis, si pour se donner un bon gouvernement il faut l'avoir eu, si du moins il faut s'imaginer ces deux choses, la situation des peuples est immobilisée par leurs antécédents, leur avenir est fatal, et il y a des nations désespérées. Or, Burke ne frappe pas la France d'un arrêt si cruel. Il ne lui prêche pas l'absolutisme; il ne la condamne pas à la servitude à perpétuité; il nous permet d'en sortir, et retombe ainsi dans la faute qu'il nous reproche, car c'est nous prescrire une révolution après nous l'avoir interdite, et la violence de ses attaques ne sert qu'à mettre plus en relief la vanité de ses conseils.[60]

La critique française de Burke la plus complète et la mieux élaborée a été cependant réservée à A. de Tocqueville. *L'ancien régime et la révolution* (1856) constitue, au fond, une réplique magistrale aux *Réflexions* du whig anglais.

On connaît bien l'orientation de l'interprétation tocquevillienne: la Révolution aurait marqué non pas une rupture mais une continuité de l'histoire de France. La thèse burkéenne était exactement inverse.

*L'ancien régime et la révolution* est un ouvrage très subtil. A première lecture on pourrait avoir l'impression que Tocqueville emprunte beaucoup à Burke plutôt qu'il ne le réfute. En effet, pour expliquer certains phénomènes de la Révolution il s'attache beaucoup à l'influence des philosophes, au caractère abstrait des idées révolutionnaires, à la passion anti-religieuse des Français, donc aux thèmes très burkéens. Pourtant il faut bien voir que Tocqueville reprend des thèmes burkéens pour les développer à sa propre manière, et finalement, pour critiquer Burke.

Quand Burke parlait des philosophes et des idées révolutionnaires, il les condamnait immédiatement et radicalement. Or, Tocqueville ne condamne rien ni personne. Il vise à comprendre.

Ensuite, quand Burke parlait de la Révolution française, il faisait constamment des analogies entre la tradition politique anglaise et l'art politique des Français en condamnant celui-ci dans la mesure où il n'était pas analogue à celle-là. Or, Tocqueville tenait de telles analogies pour des obstacles de la bonne compréhension de la Révolution. Mais il n'a pas été opposé à des comparaisons entre des histoires nationales. Précisément il faisait l'usage de nombreuses comparaisons entre la France et l'Angleterre non pas pour manifester sa préférence pour telle ou telle histoire nationale, mais pour approfondir la compréhension de l'histoire française et de la Révolution française en particulier. Bref, comme des analogies burkéennes entre la France et l'Angleterre n'avaient d'autre fonction que celle de condamner la Révolution française, les comparaisons tocquevilliennes entre les histoires de ces deux pays devaient servir à saisir la spécificité de l'entreprise révolutionnaire française.

De manière générale, Tocqueville a reproché à Burke de n'avoir compris ni la nature de l'ancien régime français, ni la nature de la Révolution. Burke n'aurait pas compris que la société française du XVIIIᵉ siècle n'avait rien de comparable avec la douceur de la société anglaise telle qu'il l'avait lui-même stylisée dans ses *Réflexions*. Il n'aurait compris non plus que la Révolution constituait un prolongement de la tradition française bien davantage qu'elle n'en était une négation.

Il n'est pas possible de présenter le débat tocquevillien avec Burke sans faire un commentaire exégétique de *L'Ancien régime*. C'est pourquoi je me limiterai ici à aborder un seul aspect de ce débat, à savoir la question du rôle des intellectuels et du caractère abstrait des idées politiques qu'ils avaient répandues.

Comme on le sait, Burke a reproché aux intellectuels français de s'être substitués, aux hommes politiques et d'avoir propagé de pures abstractions en matière politique. Or, dans le premier chapitre du livre III de *l'Ancien régime* Tocqueville a repris ce thème et il s'est penché sur la question "comment des hommes de lettres qui ne possédaient ni rangs, ni honneurs, ni richesse, ni responsabilité, ni pouvoir, devinrent-ils, en fait, les principaux hommes politiques du temps, et même les seuls, puisque, tandis que d'autres exerçaient le gouvernement, eux seuls tenaient l'autorité?"[61]

A la différence de Burke, Tocqueville ne reprochait aucune usurpation ou arrogance aux philosophes français. Il s'efforçait de comprendre leurs idées et leurs attitudes politiques.

"Ce n'est pas par hasard—écrivait Tocqueville—que les philosophes du XVIIIᵉ siècle avaient généralement conçu des notions si opposées à celles qui servaient encore de base à la société de leur temps; ces idées leur avaient été naturellement suggérées par la vue de cette société même qu'ils avaient tous sous les yeux. Le spectacle de tant de privilèges abusifs ou ridicules, dont on sentait de plus en plus le poids et dont on apercevait de moins en moins la cause, poussait, ou plutôt précipitait simultanément l'esprit de chacun d'eux vers l'idée de l'égalité naturelle des conditions. En voyant tant d'institutions irrégulières et bizarres, . . . ils prenaient aisément en dégoût les choses anciennes et la tradition, et ils étaient naturellement conduits à vouloir rebâtir la société de leur temps d'après un plan entièrement nouveau, que chacun d'eux traçait à la seule lumière de sa raison. (. . .) La condition même de ces écrivains—poursuivait Tocqueville—les préparaient à goûter les théories générales et abstraites en matière de gouvernement et à s'y confier aveuglément. Dans l'éloignement presque infini où ils vivaient de la politique, aucune expérience ne venait tempérer les ardeurs de leur naturel; rien ne les avertissait des obstacles que les faits existants pouvaient apporter aux réformes, même les plus désirables; ils n'avaient nulle idée des périls qui accompagnent toujours les révolutions les plus nécessaires. (. . .) Si, comme les Anglais—concluait Tocqueville—ils avaient pu, sans détruire leurs anciennes institutions, en changer graduellement l'esprit par la pratique, peut-être n'en auraient-ils pas imaginé si volontiers de toutes nouvelles. Mais chacun d'eux se sentait tous les jours gêné dans sa fortune, dans sa personne, dans son bien-être ou dans son orgueil par quelque vieille loi, quelque ancien usage politique, quelque débris des anciens pouvoirs, et il n'apercevait à sa portée aucun remède qu'il pût appliquer lui-même à ce mal particulier. Il semblait qu'il fallût tout supporter ou tout détruire dans la constitution du pays."[62]

On voudra bien m'excuser cette longue citation, mais elle me semble présenter non seulement la réponse de Tocqueville à une question d'importance capitale, mais aussi la manière et le style tocquevilliens de discuter avec Burke, c'est à dire, de le réfuter tout en le respectant.

## Conclusion

Tout au long de ces pages que je viens de noircir en réfléchissant sur le thème "Burke et les Français", j'ai eu l'impression de devoir raconter l'histoire d'une rencontre qui n'avait pas eu lieu. A plusieurs reprises j'ai eu envie de reformuler mon sujet à la manière d'un traité sociologique célèbre: pourquoi n'y a-t-il pas eu de burkisme en France?

Essayer de répondre à cette question serait tenter de déchiffrer le secret de la culture politique française, repérer la spécificité de la version française de la modernité politique, ou tout simplement réfléchir sur la manière française d'interpréter et de réaliser l'idéal de la civilisation européenne, celui de l'humanité libre et raisonnable.

## Notes

1. Citation d'après J. Godechot, *La contre-révolution* (Paris, 1961), p. 61.
2. *Ibid.*, p. 61.
3. Citation d'après H. Arendt, *Über die Revolution* (München, 1963), p. 140.
4. J.J. Mounier, *Recherches sur les causes qui ont empêché les Français de devenir libres* (Genève, 1792), p. 50.
5. Lally-Tollendal, *Discours du 19 août 1789*, in Archives Parlementaires, Série 1, t.8, p. 354.
6. *Ibid.*, p. 354.
7. J.J. Mounier, *Recherches sur les causes*, p. 2.
8. *Ibid.*, p. 25.
9. Lally-Tollendal, *Discours du 19 août 1789*, p. 355.
10. J. de Maistre, *Considérations sur la France* (Paris, 1980), p. 102.
11. Ch. de Rémusat, *L'Angleterre au XVIIIe siècle* (Paris, 1856), p. 393.
12. *Ibid.*, p. 394.
13. Citation d'après Ch. de Rémusat, *L'Angleterre au XVIIIe siècle*, p. 378.
14. E. Burke, *Reflexions on the Revolution in France* (London, Penguin Books), p. 92.
15. J. de Maistre, *Considérations sur la France*, p. 54.
16. *Ibid.*, p. 44.
17. *Ibid.*, p. 59.

18. *Ibid.*, p. 32.
19. *Ibid.*, p. 56.
20. *Ibid.*, p. 32.
21. *Ibid.*, p. 44.
22. Citation d'après R. Triomphe, *Joseph de Maistre* (Genève, 1968), p. 138.
23. Citation d'après J. Godechot, *La contre-révolution*, p. 60.
24. J. de Maistre, *Considérations sur la France*, p. 101.
25. *Ibid.*, p. 62.
26. J. de Maistre, *Essai sur le principe générateur des constitutions politiques* (Strasbourg, 1959), pp. 3–4.
27. *Ibid.*, p. 26.
28. *Ibid.*, p. 25.
29. *Ibid.*, p. 57.
30. *Ibid.*, p. 30.
31. *Ibid.*, pp. 45–46.
32. *Ibid.*, p. 17.
33. *Ibid.*, p. 107.
34. Citation d'après A. Koyré, *L. de Bonald*, in *Etudes d'histoire de la pensée philosophique* (Paris, 1971), p. 132.
35. L. de Bonald, *Démonstration philosophique du principe constitutif de la société* (Paris, 1985), p. 496.
36. *Ibid.*, pp. 440–41.
37. Citation d'après A. Koyré, *L. de Bonald*, p. 131.
38. voir la note 22.
39. F. Furet, *Burke*, in *Le Débat*, 39/1986, p. 65.
40. J. de Maistre, *Essai sur le principe générateur des constitutions politiques*, p. 27.
41. L. de Bonald, *Démonstration philosophique*, p. 492.
42. Citation d'après St. Holmes, *B. Constant and the Making of Modern Liberalism* (Yale, 1984), p. 210.
43. B. Constant, *Des réactions politiques*, in *Ecrits et discours politiques* (Paris, 1964), pp. 66–67.
44. *Ibid.*, p. 67.
45. *Ibid.*, p. 70.
46. *Ibid.*, p. 71.
47. G. de Staël, *Des circonstances actuelles qui peuvent terminer la Révolution* (Genève, 1979), p. 31.
48. *Ibid.*, p. 5.
49. *Ibid.*, p. 40.
50 F. Guizot, *Du gouvernement représentatif et de l'état actuel de la France* (Paris, 1820), p. 139.
51. Citation d'après H. Michel, *L'idée de l'Etat* (Paris, 1896), p. 301.
52. Citation d'après M. Gauchet, *B. Constant: l'illusion lucide du libéralisme*, in B. Constant, *De la liberté chez les Modernes* (Paris, 1980), p. 57.
53. Citation d'apres P. Rosanvallon, *Le moment Guizot* (Paris, 1985), p. 255.
54. G. de Staël, *Des circonstances actuelles*, p. 192.
55. G. de Staël, *Considérations sur la Révolution* (Paris, 1983) p. 268.
56. Toutes les citations viennent des fragments de Royer-Collard publiés in P. Manent, ed., *Les libéraux* (Paris, 1986), t. 2, pp. 114-45.
57. J.P. Mayer, *Political Thought in France* (New York, 1979), p. 11.
58. F. Guizot, *Moyens de gouvernement et d'opposition dans l'état actuel de la France*, in P. Manent, ed., *Les libéraux* (Paris, 1986), t. 2, p. 153.
59. Ch. de Rémusat, *L'Angleterre au XVIIIᵉ siècle*, p. 389.
60. *Ibid.*, p. 391.
61. A. de Tocqueville, *L'ancien régime et la révolution* (Paris, 1967), p. 229.
62. *Ibid.*, p. 231–33.

## CHAPTER 5

# Edmund Burke and the Émigrés

COLIN LUCAS

"J'ai souscrit à toutes ses pensées, à tous ses jugements et j'ai envié la nation qui possédait un tel homme et qui savait l'apprécier", wrote the Marquis de Bonnay to a friend after reading the *Reflections on the French Revolution*. "Tout Français, Monsieur", the Marquis de La Queuille told Burke, "ne peut prononcer votre nom sans sentir son coeur pénétré de reconnaissance". The Archbishop of Aix wrote to express to Burke his gratitude and respect: "C'est pour nous que s'élève cette voix qui dirige ou qui balance depuis si longtemps l'opinion publique en Angleterre." The Comtesse de Boufflers could not contain her emotion over "le généreux secours que vous offrez à des infortunés dont personne jusqu'à vous n'avait pris la défense."[1] These examples of the kind of correspondence that found its way to Burke demonstrate amply the reaction that the publication of the *Reflections* produced among much of the French nobility and clergy. Burke, indeed, made a determined effort to make his work known to them: he sent copies to a substantial number of aristocratic figures and political personalities in France and the emigration, and even to the Queen (through the intermediary of the Comtesse d'Osmond).[2]

Such repetitive public and private praise for Edmund Burke in the milieux from which emigration was drawn might naturally lead us to suppose that his work was the dominant influence upon the émigrés' thought. Certainly, Fernand Baldensperger concluded in his study of their ideas that "l'Angleterre a offert presque toute leur doctrine explicative aux contre-révolutionnaires" and that "un aussi parfait manuel de conservatisme ne pouvait manquer de servir de bréviaire aux victimes de la Révolution".[3] Jacques Droz found exactly the same phrase for German critics of the Revolution when he stated that the *Reflections* were "le bréviaire de la contre-révolution".[4]

It is self-evident that, in their common rejection of the Revolution, Burke and the émigrés were emotionally very close. The correspondence which he received from opponents of the Revolution demonstrates time and again that they were moved in the first instance simply by the sense that Burke was on their side. In the collapse of the old system, amidst the repudiation of the past, here was someone who stated flatly that the new was not good and the old not all bad, here was someone who defended nobility and clergy. More important, Burke could be said to speak with authority. His prominence in the debate about America had given him an European reputation and, in the eyes of Frenchmen, he could pass for something like a foreign statesman—one could argue that what he wrote could not be ignored for, as one correspondent put it, his "name is too conspicuous, he is so well known and revered by everyone who can value himself, on the ground of knowing and valuing Freedom and good Order".[5] For opponents of the Revolution, Burke was the publicist who had drawn the attention of Europe to their plight. However, when nobles wrote that they subscribed to everything that he had said in the *Reflections*, they did not necessarily mean any more than that they agreed with his general propositions about nobility, clergy, and the superior value of time-honoured institutions. There did not need to be more here than a general *sympathie*. Burke certainly spoke the social language of the émigrés, he certainly shared their views on codes of conduct and personal honour. But, whether he taught them much of the political language of emigration needs to be examined more attentively.

The very nature of Burke's audience poses an immediate problem of definition. Emigration was far from being a homogeneous world in the 1790s. It was divided between different generations of émigrés; it was divided over its attitude to and its reflection upon the Revolution; and to some extent it was divided geographically. There were tensions between those who emigrated earlier and those who came later. There were clear differences between the militant counter-revolutionary aristocrats grouped around the Princes and those who settled down in Germany or Italy or Spain or England for the duration. Even among militants there were powerful conflicts of personality and rivalries of networks and strategies; moreover, relations between the groups in different host countries slackened progressively as each became wrapped up in its own projects. Finally, there was of course an immense gulf between those who emigrated out of hatred of the Revolution and those who fled out of fear in 1793–94.

Similarly, in the domain of political thought, the émigrés were not of one mind. There was no homogeneous philosophy of emigration within which we might clearly delineate that part derived from Burke. Broadly speaking, émigré commentators and theorists differed both over the meaning of the Revolution and also over how much of the Revolution to retain and how much of the Old Regime to restore. Emigré writers mostly belonged to one of three families of thought: aristocratic constitutionalism, monarchical absolutism, and theocratic monarchy. Yet, these divisions were not firm. Certain ideas, such as conspiracy theories, were widely shared. The balance of émigré thought also shifted during the revolutionary decade: theocratic ideas only really emerged in the middle of the 1790s, while after 1792 aristocratic constitutionalists tended to move towards either the absolutist option or else a possibilism linked to perceived opportunities for a constitutional restoration during the Directory. Furthermore, an unbridgeable gulf separated most constitutionalists from proponents of other systems. The outrage at Calonne's return in 1795 to some acceptance of the premises of the Estates-General is testimony to this. Similarly, those who had fought for the conservative position inside France fitted into the world of emigration in quite different ways. If the abbé Maury was fêted at Coblence, Montlosier had to fight a duel to establish his right to be there. Mounier, even as an émigré, and the *monarchien* vision of a reformed monarchical system were anathema to most of emigration. By the mid-1790s, men like Malouet and Montlosier found that their arguments for a temperate monarchy were entirely out of line with "official" émigré thought. As for d'Antraigues, although he moved rapidly towards traditionalism, his militant commitment to subversion disguised the fact that he still retained some of his earlier aristocratic views on the need for an Estates-General.

If we were to keep to a strict definition of the subject, these men who emigrated with an existing baggage of political thought and publication would pose a problem in the assessment of Burke's influence upon the émigrés, just as would men who were not French, notably Joseph de Maistre and Mallet du Pan. Clearly, it is the whole spectrum of conservative thought which is in question here, whether it began or ended up in emigration.

At all events, such diversity among the émigrés poses substantial problems for the assessment of Burke's influence. Conservative French politicians and writers read the *Reflections* soon after its first appearance in English at the beginning of November 1790. Thus, Cazalès, d'Eprémesnil and Maury each received a copy from an English correspondent and Maury was commenting on it by 11 November.[6] Calonne, who had sent Burke his own book and expressed regrets that he had not been able to read Burke before its publication in October 1790, commented on the *Reflections* in February 1791.[7] Both Mounier, newly arrived in London, and Montlosier, from Paris, sent Burke copies of their work after reading the *Reflections*.[8] Yet, despite the range of opinions represented by these figures, their comments were curiously reticent about Burke's political philosophy as distinct from the validity of his instincts. Only Mounier stated that he saw a similarity between their views: but, then, he was largely friendless at the time and was trying to get Burke to translate his book. Calonne said that he liked the way Burke cured the revolutionaries of the illusion that everyone outside France approved of what they were doing and he also applauded his defence of old institutions. This was little enough to have picked up from the book. Both Maury and Montlosier expressed reservations. Maury, writing for his two companions as much as for himself, agreed that "il parle avec le véritable accent de la liberté, et ses principes sont excellents"; but, he continued,

> on l'a bien mal instruit des faits, et nous regrettons tous, qu'avec un si bon esprit, il n'ait pas eu des renseignements plus approfondis et plus exacts sur l'histoire de nos folies . . . C'est un grand orateur, un véritable homme d'état, mais il n'a pas pu deviner ce qu'il n'avait pas vu, et il sera bien étonné d'être resté si loin de la vérité quand il la connaîtra tout entière.

As for Montlosier, a rather deeper sense of the inadequacy of Burke's analysis and a rather plainer refusal to identify with it seem to lie behind the polite terms of the letter which accompanied his book:

> Je vous prie Monsieur de regarder cette démarche comme un hommage que je veux rendre à votre génie et comme un acte de reconnaissance que je dois à la sorte de bienveillance que vous nous avez montrée au milieu de nos infortunes. Vous nous avez dit très éloquemment nos maux, peut-être auriez-vous dû nous dire aussi le remède.

Burke in his turn appears to have avoided committing himself to any of the views that were sent to him—at least in the earlier 1790s, for he became more uncritical towards the very end of his life. Even if he did recommend Calonne's *De l'Etat de la France présent et à venir* to his readers as "not only an eloquent but an able and instructive performance", he only referred to it as a source for technical detail, explicitly reserving his judgement on Calonne's proposals.[9] It was an attitude which he maintained in private correspondence, noting his "very high opinion of Monsr de Calonne" but distancing himself from his views.[10] As for Maury, he admired him as "a valiant Champion in the cause of honour, virtue, and noble sentiments; in the cause of his King and his Country; in the cause of Law, Religion and Liberty", but made no comment on his particular line of conservatism.[11]

It is of course relatively easy to find textual analogies between Burke's writings and those of French conservatism and counter-revolution. There were, for instance, clear echoes in some of Cazalès' speeches in the Assembly in 1791: one can set his rejection of abstraction and his statement that "en administration . . . tout est difficulté, tout est exception" not simply beside Burke's general tirade against theory but also his statement that "simple governments are fundamentally defective".[12] D'Antraigues was practically quoting from Burke when he wrote in 1792

> Le produit de l'expérience de nos ancêtres est le trésor de tous les citoyens, et non plus spécialement celui d'un seul individu. La constitution qu'ils nous ont léguée est l'héritage de tous; et sous ce rapport une nation est une seule et unique famille qui exige sa part dans l'héritage de ses aïeux.[13]

Burke had asserted, in explicit rebuttal of Sieyès, that constitutional liberties were a "patrimony", "an *entailed inheritance* derived to us from our forefathers, and to be transmitted to our posterity, . . . locked fast as in a sort of family settlement".[14]

However, the juxtaposition of quotations wrenched from their context hardly amounts to a demonstration of conceptual influences. It suggests only that individual authors were attracted by Burke's formulations and metaphors: these could have been pressed into the service of ideas which they already had or derived from other sources. The point may be illustrated in reverse. No one would question that the political ideas at the heart of the *Reflections* were distinctively Burke's own. Yet, how much did he in fact derive from opponents of the Revolution? His first major statement on the Revolution was his speech in the Army debate (9 February 1790). He wrote that before this speech he had spoken only to one Frenchman (come to London on business) and had read only the cahiers, the proceedings of the National Assembly and some Mirabeau—this was not quite true as he had certainly seen one dramatic account of the peasant troubles by a noblewoman, had received letters from one member of the National Assembly and had presumably benefited from the friendship of his son with the Bishop of Auxerre.[15] Within six weeks of the Army debate, he had met a lot of emigrants and was expressing his admiration for them, noting their lamentations over the destruction of the unity of the kingdom, the imprisonment of the King and Queen, the Assembly's lack of freedom, the evils befallen both institutions and men of substance and rank, etc.[16] Many of these were substantial themes in the *Reflections*. By later 1790, when the book appeared, Burke's most prolific and dramatic informants were men and women victims or opponents of the Constituent Revolution. Furthermore, he had clearly followed, at least broadly, the speeches and pamphlets coming from the French Right: in January 1791, he was lamenting that the eloquence of Maury, Cazalès, the Bishops of Aix, Clermont and Nancy, Lally-Tollendal, Mounier and

Calonne had been incapable of checking the Revolution (a list which was, to say the least, eclectic).[17]

By the time that the *Reflections* appeared, a number of its ideas had already been articulated by the French Right. Burke's denunciation of metaphysical abstraction, always seen as one of his most characteristic ideas, was already being voiced. In February 1789, Calonne warned against recourse to abstract principles in dealing with the particular problems of a particular country, and in April he adumbrated another theme in the *Reflections* by discussing the superior claims of custom and prejudices.[18] In the debate over Church property in October 1789, the abbé Maury was even more explicit in his appeal to the sanction of centuries against "ce nouveau principe de métaphysique" which, he predicted in a logic that Burke was to share, would lead the people to share out all property henceforth no longer protected by prescription.[19] Calonne also developed at great length in *De l'Etat de la France* much the same argument as Burke that the abolition of privilege and the Church reform violated the property rights of all classes.[20] Similarly, Burke himself appeared to acknowledge that the idea that the philosophes were behind the Revolution came to him from other people—"I hear on all hands that a cabal, calling itself philosophic, receives the glory of many of the late proceedings; and that their opinions and systems are the true actuating spirit of the whole of them."[21] Indeed: Barruel had already begun in 1789 to publicize the views that would grow eventually into the *Mémoires pour servir à l'Histoire du Jacobinisme*, as well as pointing out the contribution of those whom Burke termed the "turbulent, discontented men of quality".[22] Burke would have picked up such an idea quickly for he was, of course, already predisposed against the philosophes by what he perceived as their atheism.

The point is not that Burke got his ideas from these early French commentators, but rather that ideas which we often consider characteristic of Burke were already being voiced about the Revolution. This leads us to a much more important consideration about Burke's relationship with the political thought of the Revolution's opponents. Most of the thinkers and publicists of emergent French conservatism had a range of French antecedents from which to draw inspiration. They grew much more from French roots than from any imported species. This was true even of the self-confessed admirers of England, many of whom believed that the English constitution was not transferable to France, even if they also believed in bicameralism. The sources of counter-revolutionary thought are to be found above all in Bossuet, Boulainvilliers and Montesquieu. Burke himself did not advocate a transplant of the English system to France, but he did hold it up as a lesson in true values in political organization. At the heart of his *Reflections*, there lies a concept of traditionalism and prescription: a vision of a constitution legitimized by history and verified by experience, of an hereditary monarchy balanced by the preserving power of Lords, Commons and Church, of a system of rights that enshrined legitimate interests without men having the right to overthrow the constitution. Such an appeal to an ancient constitution (and to one not dissimilar to Burke's) was a commonplace among writers hostile to the Constituent Revolution. Yet, they certainly did not learn it from Burke. It was the stuff of political discussion among the privileged throughout the eighteenth century. Indeed, history and prescription were the very life-blood of a privileged society and it would be absurd to think that, even without Boulainvilliers and Montesquieu, those who opposed revolutionary change would not bring forward such concepts. The strong theme of constitutionalism that ran through much conservative writing during the earlier 1790s was the search for a temperate monarchy not in English terms, but in Montesquieu's terms; the balance of institutions and the separation of powers were his, the society they reflected was a corporate one. Equally, the proponents of absolutism referred not to a non-existent English model, but to Bossuet in their reassertion of the divine institution of monarchy, of the king's possession of both legislative and executive, of his function as father of the social family.

The same reasoning applies to the prominence accorded to property by both Burke and his French counterparts. More than anything else, Burke was moved by what he perceived as the subversion of property and by what he perceived as the domination of the mob. Property and its inheritance, he wrote in the *Reflections*, is "that which tends the most to the perpetuation of society itself"; "If prescription be once shaken, no species of property is secure . . . What vestiges of liberty or property have they left? . . . This legislative assembly sits, not for the security, but for the destruction of property, and not of property only, but of every rule and maxim which can give it stability."[23] Democracy inescapably meant the destruction of property and hence, as he concluded on observing France in October 1789, a country "where the Elements which compose Human Society seem all to be dissolved, and a world of Monsters to be produced in the place of it"; the passage on democracy in the *Reflections* labours a point he made more succinctly in a private letter that year: "I hate tyranny, at least I think so; but I hate it most of all where most are concerned in it . . . If . . . I must make my choice . . . between the despotism of a single person, or of the many, my election is made."[24] In reality, although Burke expressed them in striking prose, such ideas were commonplace in the eighteenth century. Even the philosophes equated citizenship with property and all gentlemen, whether French or English, hesitated between fear of the crown and fear of the crowd, usually fearing the power of the former more until the Revolution. The hallmark of the conservatism of the 1790s was not a base social fear so much as a refusal to follow the revolutionary logic of sovereignty and an assertion of the social necessity as well as the prescriptive rights of large property. In this respect, Burke and his French counterparts were simply occupying the same terrain.

We can measure something of the real separation between Burke and émigré critics of the Revolution if we look more closely at a few brief examples drawn from well after the publication of the *Reflections*. Calonne and Montlosier certainly did not agree with each other in the detail of their proposals for France in 1795–96, but both may be considered reasonably close to Burke in their admiration for the English system.[25] Calonne advocated a temperate monarchy with the abuses of the Old Regime removed, presiding over a society in which the property interest predominated; he favoured an established church both for its stabilizing value and because the religious sentiment was natural. Superficially, there were strong echoes of Burke here. But Calonne was too much of a product of enlightened despotism to be a true Burkian—he had no time for the historic constitution; his pragmatism sought a constitution that would work both by being acceptable to the population and as a practical blueprint for government. Montlosier argued for a temperate monarchy, a king limited by a parliament, and liberty very much of the "manly, moral, regulated" sort promoted by Burke. Yet, once again, Montlosier's empiricism was far removed from Burke's. Montlosier was concerned above all to find practical common ground with the revolutionaries; he was ready to accept the revolutionary reforms as a state of fact and the aristocracy would have to abandon its privileges and rights—all antithetical to Burke's central tenets of prescription and history.

Both Maistre and Bonald, who represent the increasingly dominant strain in émigré thought from the mid-1790s, are said to have been influenced by Burke.[26] Certainly, Maistre wrote to da Costa in January 1791: "Avez-vous lu Calonne, Mounier, et l'admirable Burke? . . . je ne saurais vous exprimer combien il a renforcé mes idées antidémocrates et antigallicanes."[27] In his *Considérations*, Maistre made one reference to Burke, citing him in connection with the most minimal point. When he argued that in a free constitution the respect for ancient institutions must be tempered by the ability to change (a point which Burke made with some emphasis), Maistre's reference was not Burke but Hume.[28] As for Bonald, his discussion of England in the *Théorie du pouvoir politique* was supported by reference to Montesquieu.[29] More important, Bonald's analysis of society (considerably more sophisticated than the rather casual remarks of Maistre) and his conceptions of conservation were profoundly different from Burke's. Burke's claims for the English aristocracy were rooted in the prescriptive quality of property and the empirical experience of history. In Bonald's society, the aristocracy were distinguished by function: the function of defending the society externally and internally.[30] For Bonald, individualism simply did not exist: it was not the man who was honoured but the family, and aristocrats in particular were not free since they could not escape from the obligations of their hereditary profession. Furthermore, for Bonald, conservation was not a counsel of empirical wisdom as it was for Burke, but a principle inseparable from the divine institution of society, the ultimate human derivation from God's self-conservation born of God's self-love.

Whatever the detailed points of contact between Burke and the theocrats (for example, the definition of nature largely as the way things have come to be in the course of time), his perception of the role of God, religion and the Church in the affairs of man was profoundly different. Certainly, Burke thought that "atheism is against not only our reason but our instincts", a formulation which was the negative of Bonald's positive view that humankind "a eu le *sentiment* de l'existence de la divinité: donc la divinité existe".[31] Certainly also, in a brief and rather opaque passage in the *Reflections*, Burke invoked

> the great primaeval contract of eternal society, linking the lower with the higher natures, connecting the visible and invisible world, according to a fixed compact sanctioned by the inviolable oath which holds all physical and moral natures, each in their appointed place. This law is not subject to the will of those, who by an obligation above them, and infinitely superior, are bound to submit their will to that law.[32]

Yet, even if he did mean to refer to a divine hand in the creation of human society rather than to elevate prescriptive tradition to the status of mystery, Burke devoted much more time and much clearer language to a purely instrumental argument about the social function of religion and the political function of the Church. The religious interpretation of society and the providentialism, which were the heart of the thought of Maistre and Bonald, were largely alien to Burke.

Ultimately, the great majority of French critics were struggling with the Revolution's concepts. They were debating sovereignty, rights, contract, the detailed history of French institutions. Even Bonald's *Théorie du pouvoir politique* reads in large parts like a debate with Rousseau and Montesquieu, both of whom are assiduously quoted. Much of this debate held very little interest for Burke. The *Reflections* were a categorical rejection of it *en bloc* and if one sought an account of the revolutionary arguments on sovereignty and rights from them, what one would get would be simplistic beyond caricature to the point of misrepresentation. As for Rousseau, whom almost all French conservatives engaged at some point, Burke was simply dismissive: "I have read long since the *Contrat Social*. It has left very few traces upon my mind. I thought it a performance of little or no merit."[33]

It is easy for historians to see echoes of Burke in the writings of French critics of the Revolution. In reality, it is probable that these men saw in him echoes of their own ideas which were drawn from a quite different tradition and sharpened for a quite different debate. It is a truism, but none the less important, to remark that Burke was writing about England, English values and institutions, and against an alien threat. Some French writers may have misread him to the point of seeing him as one of them; but, even so, what they may have taken from him would have lost its character by being absorbed into a foreign body. Mercy-Argenteau, the Austrian diplomat, sought to flatter Burke by saying that he had been the first to point out that the troubles in France threatened the whole of Europe.[34] This may well be correct as an assessment of Burke's principal effect. Beginning with the *Reflections* and culminating in the *Letters on a Regicide Peace* with their appeal to a "law of neighbourhood" to justify intervention in another state's affairs, Burke did establish that, however much each reaction was rooted in its own national intellectual tradition and historical experience, the Revolution had implications for all European countries and that hence a common European conservatism had come into existence.

Burke, for his part, certainly did not properly understand the implications of the debates between French opponents of the Revolution. He was impatient of divisions among the émigrés whom he felt ought to have been united in the good cause. Thus, Cazalès became a good friend of Burke after his emigration and stayed several months with him, but Burke still upbraided him for being "a good deal possessed with that party spirit" which he saw as a "fatal division".[35] Burke's views should have put him in sympathy with the aristocratic constitutionalists. He was naturally an opponent of monarchical absolutism and should have had no truck with those whom he termed "those exploded fanatics of slavery, who formerly maintained, what I believe no creature now maintains, 'that the crown is held by divine hereditary, and indefeasible right' ".[36] What Burke favoured in the *Reflections* was "a monarchy directed by laws, controlled and balanced by the great hereditary wealth and hereditary dignity of a nation; and both again controlled by a judicious check from the reason and feeling of the people at large

acting by a suitable and permanent organ".[37] This was, of course, the British
system in a nutshell; but it was also the potential of the Estates-General in 1789
before the revolutionary reforms. For Burke, the Old Regime monarchy was "a
despotism rather in appearance than in reality", encumbered with vices certainly
but eminently amenable to the reform of the "peccant parts" as in England in
1688. In his view, this was precisely what had been happening in 1789 when the
privileged nobility itself spoke strongly for reform in the cahiers and abandoned
its tax privileges while the king surrendered his claim to tax at will—

> Upon a free constitution there was but one opinion in France. The absolute monarchy was at an end.
> It breathed its last, without a groan, without struggle, without convulsion. All the struggle, all the
> dissension arose afterwards upon the preference of a despotic democracy to a government of recipro-
> cal control. The triumph of the victorious party was over the principles of a British constitution.[38]

Such an analysis was either ignorant of or suppressed out of hatred of the Revolution the substantial differences between England and France at the end of the
Old Regime: it was peculiarly English in its assumptions. Yet, it did correspond
in broad outline to the reformed monarchy envisaged by aristocratic constitutionalists. Although he was always very reticent about specific proposals for France
after the counter-revolution, Burke maintained this kind of approach after the
publication of the *Reflections*. In 1791, he insisted that any Manifesto issued by
the powers should be "distinct in disclaiming despotism and any Government
but under a Monarchy acting by fixed Law".[39] As for his own preferences for
guaranteeing the future stability of France, it should be

> by allying the Monarchy with the sober Liberty of the Subject; and holding out some security to the
> people, that after having changed a sort of despotism for a sort of Anarchy, they should not change
> back from anarchy to despotism. I only alluded to the Business of June 1789 [the royal programme
> of the *séance royale*], as substantially furnishing some of the matter for such a Basis, not as taking
> it up rigidly, and with all its faults and errors.[40]

Indeed, Burke became increasingly aristocratic and devoted to the émigrés. By
late 1793, he saw the émigrés as "the natural, legal, constitutional representatives
of that Monarchy, if it has any"; but, at the same time, he denounced those of
them who wanted to strengthen the monarchy along the lines of enlightened despotism—"They are, if not enemies, at least not friends to the orders of their own
state; not to the Princes, the Clergy, or the Nobility; they possess only an attach-
ment to the Monarchy, or rather to the persons of the late King and Queen. In all
other respects, their conversation is Jacobin."[41] By 1796, Burke appeared to favour
even less modification of the Old Regime:

> The body politic of France existed in the majesty of its throne, in the dignity of its nobility, in the
> honour of its gentry, in the sanctity of its clergy, in the reverence of its magistracy, in the weight and
> consideration due to its landed property in the several bailliages, in the respect due to its moveable
> substance represented by the corporations of the kingdom.[42]

Essentially what occurred was that, as Burke came increasingly to see the Revolution as subversive of all civilized society, so he came more and more to emphasize
the importance of property and the rule of property-owners. By property, he meant
great landed wealth. He saw the émigré nobility as if it was the English aristocracy
and the French Church as if it was the Church of England. Privilege, seigneurialism,

feudalism were not abuses but property no different from landed property as in England. Support for the émigrés meant support for property, that is to say the only true government. The property owners were the body politic. Thus, Burke was brought to formulate a concept that was to surface many times in English discussion of France over the next two centuries—the distinction between the moral nation and the geographical entity. "La France en ce moment est hors d'elle", he wrote. "Toutes ses vertus se sont évaporées . . . Ceux qui habitent encore ce malheureux pays n'en sont pas les vrais habitants."[43] "Nation", he stated elsewhere, "is a moral essence, not a geographical arrangement, or a denomination of the nomenclator. France, though out of her territorial possession, exists; because the sole possible claimant, I mean the proprietary, and the government to which the proprietary adheres, exists and claims."[44] The importance of this notion to Burke in the context of the revolutionary threat brought him to refine his view of the English political system. By 1796, he was presenting the men of sound substance and in the prime of life (400,000 in England and Scotland by his calculation) as the "natural representative of the people" and asserting that "on this body, more than on the legal constituent, the artificial representative depends".[45]

Burke's commitment to the émigrés was not purely one of intellectual combat and his affection for them was not merely cerebral. The émigrés in England were insecure and often friendless. Like refugees in any period, they latched on to any-one who seemed well-disposed to them, and all the more so in Burke's case because he appeared to be a man of great political influence.[46] From 1790 onwards, Burke was inundated by a flood of letters and supplicants.[47] People sent him their books and philosophical treatises; they asked him to comment on them or to translate them; they wrote to ask for help in getting commissions in the army and navy or jobs in England or abroad; they wanted free passages to the West Indies; they wanted him to promote their books or their engravings among his friends; they wrote for advice on money-making schemes or on how to deal with their children or simply on how to avoid offending the English; they entreated him to save them from the debtors' prison or to get a husband out of there; they sent schemes for the invasion of France or for an Anglo-French treaty of alliance or for a division of the colonies; they sent news of plots in France; they wrote denunciations of English politicians; they complained about the inadequacy of the English government's support payments; or else they simply poured out their troubles to him. His correspondents were predominantly nobles and clerics and mostly not personally known to him.

Burke clearly responded with considerable personal generosity. He devoted a lot of these last years of his life to helping individual émigrés. Acquaintances stayed with him and some became firm personal friends; some friends received loans; he certainly did get men commissions and jobs and tried to respond as best he could to other requests; he even appears to have settled some people on land he owned in Canada.[48] Above all, he was exceptionally active on behalf of French priests to whom he was presumably predisposed by his views on the Church in Ireland and whose plight certainly moved him. Along with John Wilmot and others, he was instrumental in setting up the Fund for the Relief of the Suffering Clergy of France in September 1792. He expended a lot of energy on it (he wrote the initial public appeal and penned the letters sent round the country) as well as on the cause of the clergy in general.[49] Pius VI was moved to send a personal letter of thanks as well as a contribution of £750 for the Fund.[50]

The perception of Burke's practical influence did not attract only the ordinary émigrés in England. It also brought more powerful figures to his door, most especially the political advisers of the Princes in 1791. Certainly, Burke came spontaneously to the conclusion early on that the Revolution could only be crushed by military intervention and that this was an urgent necessity for the safety of England and ultimately European civilization. He was also absolutely clear, for reasons we have examined, that the émigrés had to be consulted and that the Princes had to be recognized as the legitimate representatives of the monarchy. However, his repeated public statements on these matters were precisely the kind of propaganda that the Princes hoped for; from 1791 on, Burke was in effect expressing the official émigré line. More particularly, in 1791 Burke had hit upon precisely the dilemma of the Princes. They needed support to act against France, but they could not get officials interviews let alone support from any of the three crucial powers; most advisers considered that the solution lay in getting the English to commit themselves (a view encouraged by unofficial contacts in Vienna and Berlin).[51]

The émigré court began to seek out Burke in early 1791. The comte d'Artois sent him compliments; and finally Calonne, who was much given to sudden journeys and disguises, visited Burke secretly in July after failing to get anywhere with the British government.[52] Burke was clearly then engaged to act as the Princes' lobbyist with the British government and in August the comte de Provence wrote him a personal letter of thanks.[53] Burke's brief was presumably to get the British government to declare more open hostility to the Revolution than just an expression of concern, to recognize an envoy from the Princes, and to adhere to the Declaration of Pillnitz. He attacked the problem with some gusto. His son Richard was dispatched to Coblence to interview the Princes, to bring back accredited agents with whom the government might be persuaded to talk, and to encourage a double strategy by getting the Princes to write a personal appeal to the King of England in the hope of by-passing an unwilling Ministry.[54] Richard Burke wrote to Louis XVI offering advice on behalf of his father, whilst Edmund wrote to the Queen.[55]

Burke was initially quite sanguine, believing in particular that the Court was favourably disposed. However, by late September 1791, it became evident that the British government was simply not going to deal with the Princes whilst Louis XVI was still king and in France. In a gesture of some courtesy, Grenville invited Burke to dine with himself and Pitt and they told him firmly that the Princes could expect no more than neutrality from England. The most that Burke could do was to get Grenville to talk unofficially with the Chevalier de la Bintinaye, the agent brought back by Richard.[56]

This was a meagre result and Burke was cast into a lethargy of despair.[57] In reality, Burke had never been more than one of the lines being explored by the Princes. The émigré court had taken a great disliking to Richard Burke whom they thought arrogant (as indeed did Edmund Burke's English friends). De la Bintinaye was never given funds and eventually left.[58] The émigré court continued to have recourse to Burke from time to time: Calonne tried to find out more about the government's intentions from Burke in 1792, and in 1793 the comte d'Artois enlisted his help in trying to get the British government to put him into the rebellious West of France.[59] None the less, the correspondence which Burke received from the émigré politicians suggests that they were now using him simply as a channel through which to diffuse into English political circles rather dubious information about their prospects of support from other powers.

Calonne and the Princes had spotted what Burke himself knew. "I would certainly do more if I could", he wrote to the comtesse de Montrond in January 1791, "but I am a very private man, totally destitute of authority and importance in the State, and am perhaps not perfectly well with those who possess its powers."[60] In these last years of his life, Burke was a man of sufficient stature to be very close to government and to be on easy terms with ministers—for example, it was over dinner at his house that the first feelers were put out to bring the Portland Whigs into the government.[61] But he could not influence policy. Even William Windham, Secretary for War from July 1794 and an ardent advocate of support for royalist rebels inside France, was found dangerously enthusiastic by Pitt, who in 1796 removed the job of dealing with internal counter-revolutionaries from him.[62] In truth, Burke stood at the centre of a circle of friends whose projects and activities against revolutionary France were no more than private initiatives occasionally elevated by an appointment to an official post. It was entirely symptomatic of Burke's level of activity that Richard Burke should have been allowed to choose as agent of the Princes in London the nephew of a family friend, the Bishop of Auxerre.[63]

Burke's last initiative on behalf of the émigrés was the founding of a school for the sons of émigrés at Penn, near his home at Beaconsfield. This was entirely Burke's undertaking: he submitted the plan to the government in March 1796 and it was quickly authorized by Pitt.[64] The school would take sixty boys paid for by the British government. In Burke's mind, it was designed to rescue the sons of the impoverished émigré nobility who, because of the circumstances of their parents, were growing up in mean surroundings, mixing with the children of the lowest sort and being exposed to "desperate vice and wretchedness". Burke was to administer it, to supervise the curriculum, and to help the committee of French nobility in London choose the children. The project immediately ran into trouble.[65] Burke found that his firm friend, the Bishop of Saint-Pol-de-Léon, insisted on appointing French priests to teach there. Burke clearly wanted a more modern curriculum, including modern European languages; but the headmaster objected to having Englishmen as teachers, since his own men could not provide these subjects, and insisted on his contractual right to appoint staff. There were suggestions that the Bishop wanted Burke out and he resigned, though presumably he was persuaded back by the cleric's denial. Finally, to cap it all, instead of being involved in the selection of the children, Burke discovered that the French Committee had got Lord Buckingham to do it. The confused and heavily scored drafts of the letter which Burke wrote to the Bishop of Saint-Pol-de-Léon attest to just how deeply hurt he was by the whole business and by the ultimate indignity of being deemed fit only "pour être fournisseur du lait et de pommes de terre". It was all patched up and the star pupils wrote verses in his praise, but it must have cast a nasty shadow over the last year of Burke's life.

In the end, the relationship between Burke and the émigrés seems to have been curiously sterile. There can be no doubt that he was a fervent advocate of their cause. Yet, he saw them largely in terms of the English political and social system and they saw him largely in terms of the French experience and traditions. Enthused though counter-revolutionary writers presumably were by the nobility of his language and the passion of his conservative vision, it is not clear that his arguments significantly shaped their ideas. Politically, the émigré court promised itself much from his influence but dropped him when it soon became evident that he could not deliver. On a personal level, Burke showed great simplicity and generosity in his dealings with individual émigrés and equally many of them demonstrated an esteem and affection for him which was warm beyond honest gratitude. Yet, in the last resort, the French nobility preferred that their sons should owe their places in a free school to one of their own kind rather than to a commoner, however committed to the supremacy of aristocratic landed wealth.

## Notes

1. Northamptonshire County Record Office, Fitzwilliam Papers, ix 29, ix 33, ix 52, xx, 15. Most of Burke's correspondence has been edited by T.W. Copeland et al as *The Correspondence of Edmund Burke* (Cambridge, 1958–78), 10 vols. which is referred to below as *Corr*. The papers were split between the Fitzwilliam collections at Sheffield and the Northamptonshire County Record Office. In practice, almost all the French correspondence ended up in the latter. Quite a number of these letters were not included by the editors of the printed volumes. The reference below "Fitzwilliam" refers to the papers kept at Northampton. A useful check-list of Burke's correspondents is provided in volume 10 of the *Corr*. On the subject of this paper, one should consult the introduction to the forthcoming volume of *The Writings and Speeches of Edmund Burke*—I wish to thank Dr. Leslie Mitchell for granting me sight of this in typescript, and also Dr. Paul Langford for commenting on a draft of this article.
2. On the Queen, *Corr.*, 6: 200 & 204.
3. F. Baldensperger, *Le mouvement des idées dans l'émigration française (1789–1815)* (Paris, 1924), 2: 4, 9. In addition to Baldensperger, one can usefully consult P.H. Beik, "The French Revolution seen from the Right", *Transactions of the American Philosophical Society* (New York, 1956), vol. 46, and J. Godechot, *La Contre-Révolution: Doctrine et Action* (Paris, 1961).
4. J. Droz, *L'Allemagne et la Révolution Française* (Paris, 1949), p. 349.
5. *Corr.*, 6: 162, Thibault de Menonville to Burke, 17 Nov. 1790.
6. Fitzwilliam ix 55, Maury to Woodford, 11 Nov. 1790.
7. Fitzwilliam xx 24, Mme de Calonne to Burke, n.d. (1791); *Corr.*, 6: 221–23.
8. Fitzwilliam ix 72, Montlosier to Burke, 8 Aug. 1791; xvii 2, Mounier to Burke, 2 Apr. 1791.
9. E. Burke, *Reflections on the Revolution in France* (London, 1790), p. 275.
10. *Corr.*, 6: 217–18, letter to John Trevor (Jan. 1791).
11. *Corr.*, 6: 223–6, letter to Woodford, 11 Feb. 1791.
12. J.A.M. de Cazalès, *Discours et opinions* (Paris, 1821), p. 217; *Reflections*, p. 153.
13. E. de Launay d'Antraigues, *Exposé de notre antique et seule légale constitution française* (Paris, 1792), p. 62.
14. *Reflections*, pp. 44–50.
15. *Corr.*, 6: 16–20, Mme Parisot to Richard Burke, 14 Sept. 1789, and Edmund Burke to Windham, 27 Sept. 1789; Fitzwilliam ix 28 and 67, xviii 15, letters from de Crétot.
16. *Corr.*, 6: 105, letter to Dupont, c. 29 March 1790.
17. *Corr.*, 6: 211, letter to Comtesse de Montrond, 25 Jan. 1791.
18. *Lettre adressée au Roi par M. de Calonne, le 9 février 1789* (London, 1789), pp. 29–33; *Seconde lettre adressée au Roi par M. de Calonne, le 5 avril 1789* (London, 1789), pp. 67–68.
19. J.S. Maury, *Opinion . . . sur la propriété des biens ecclésiastiques* (Paris, 1789), pp. 27–28.
20. C.A. de Calonne, *De l'Etat de la France présent et à venir* (London, October 1790), pp. 150 ff.
21. *Reflections*, p. 132.

22. Beik, op. cit., pp. 20–22.
23. *Reflections*, pp. 75, 225.
24. *Corr.*, 6: 30, letter to Richard Burke, c. 10 Oct. 1789; 6: 96, letter to Capt. Thomas Mercer, 26 Feb. 1790.
25. C.A. de Calonne, *Tableau de l'Europe en Novembre 1795* (London, 1795); F.D. de Reynaud de Montlosier, *Des effets de la violence et de la modération dans les affaires de France* (London, 1796).
26. R. Triomphe, *Joseph de Maistre* (Geneve, 1968), p. 139; Godechot, op. cit., p. 102; Beik, op. cit., p. 78.
27. Quoted in Triomphe, op. cit., p. 138.
28. J. de Maistre, *Oeuvres Complètes* (Lyon, 1924), 1: 77, 98.
29. L. de Bonald, "Théorie du pouvoir politique et religieux dans la société civile", in *Oeuvres* (Paris, 1854), 1: 332, 450–58.
30. See especially, *ibid.*, 1: 127–35, 179–89, 270–90, 304–5.
31. *Reflections*, p. 135; Bonald, 1: 182.
32. *Reflections*, p. 144.
33 *Corr.*, 6: 81, letter to an unidentified correspondent (January 1790).
34. Fitzwilliam ix 35a, Mercy-Argenteau to Burke, 1 Oct. 1793.
35. *Corr.*, 6: 432, letter to the Chevalier de la Bintinaye, 9 Oct. 1791.
36. *Reflections*, p. 36–37.
37. *Ibid.*, p. 184.
38. *Ibid.*, pp. 189, 201.
39. *Corr.*, 6: 317, letter to Richard Burke, 5 August 1791.
40. *Corr.*, 6: 423–24, letter to the Chevalier de la Bintinaye, October 1791.
41. "Remarks on the Policy of the Allies" (October 1793), in *Three Memorials on French Affairs written in the years 1791, 1792 and 1793* (London, 1797), pp. 118, 149–50.
42. H.G. Keane, ed., *Burke's Letters on a Regicide Peace* (London, 1893), p. 80.
43. *Corr.*, 7: 258—identified for no clear reason as addressed to Sandouville whereas the ms is clearly marked to the Duc d'Uzès (Fitzwilliam ix 32).
44. *Letters on a Regicide Peace*, p. 80.
45. *Ibid.*, p. 44.
46. Mrs Henry Baring, ed., *The Diary of the Right Hon. William Windham (1784–1810)* (London, 1866), p. 302, gives a clear example of this situation: from the moment that he rendered service to an agent of the royalists sent to London "it became necessary to open my doors to all Frenchmen, and the numbers soon increased to such a degree as hardly to leave them shut for whole mornings together".
47. All the following examples are taken from the ms Fitzwilliam papers.
48. On the Canadian land transaction, see Fitzwilliam x 8.
49. Fitzwilliam ix 57 and 75, xxvii 90. Burke's initial appeal "Case of the Suffering Clergy of France" appeared in the *Evening Mail* 17–19 September 1792 and was reprinted in the *Annual Register* for 1792. John Wilmot's committee met for the first time on 20 September 1792 in The Freemason's Tavern in London. On all this and the émigré priests generally, see D.A. Bellenger, *The French Exiled Clergy in the British Isles after 1789* (Bath, 1986), pp. 1–125.
50. Fitzwilliam vii 11.
51. On all this, see especially H. Mitchell, *The Underground War against Revolutionary France* (Oxford, 1965), pp. 13–43.
52. *Corr.*, 6: 257 and 301–2.
53. *Corr.*, 6: 373, letter of 26 Aug. 1791.
54. On Richard's mission, see *Corr.*, 6: 315 ff.
55. *Corr.*, 6: 319–20, 350–52.
56. *Corr.*, 6: 409–15, Edmund to Richard Burke, 26 Sept. 1791.
57. Fitzwilliam xii 11, Edmund to Richard, n.d. (clearly October 1791).
58. Fitzwilliam xviii 17, de la Bintinaye to Burke, 19 Apr. 1792.
59. Fitzwilliam ix 51, Calonne to Burke, 9 Jan. 1792; *Corr.*, 7: 454–56, letter of 23 Oct. 1793.
60. *Corr.*, 6: 211, letter of 25 Jan. 1791.
61. *Diary of William Windham*, p. 308.
62. J.P. Gilson, ed., *Correspondence of Edmund Burke and William Windham* (Cambridge, 1910), pp. 191–93, Windham to Pitt, 27 Apr. 1796.
63. Fitzwilliam xviii 18, letter from the Bishop to Burke, 15 Feb. 1793.
64. *Corr.*, 8: 396–97, 444.
65. For what follows, see Fitzwilliam vii 44, ix 23b, xix 1-22, xx 14.

# Part II

*Why the Terror?—1*

# Presentation

FURIO DIAZ

Les réactions à la Terreur dont traitent les communications de cette séance intéressent deux périodes différentes mais contiguës: l'une, la plus immédiate, est celle de la Convention thermidorienne; l'autre, qui se superpose en partie à la première, comprend elle aussi certains débats et écrits de l'âge thermidorien, jusqu'à l'approbation de la Constitution de l'an III, mais elle s'étend au gouvernement du Directoire, presque jusqu'au 18 Brumaire et se poursuit encore à travers des écrits parus sous l'Empire ou la Restauration.

Comme M. Baczko l'a si bien montré, le discours qui marque essentiellement la première période "est un discours *réacteur*, au sens étymologique de ce mot . . . il exprime et formule la réaction, ou plutôt les réactions immédiates à la Terreur ainsi qu'à la dictature montagnarde et jacobine".[1] Ce sont en premier lieu les manifestations d'horreur et d'exécration envers les méfaits de Carrier à Nantes, noyades, supplices pervers, débauches de Carrier lui-même et de ses acolytes; ce sont les descriptions effrayantes de "la Loire, depuis Saumur jusqu'à Nantes toute rouge de sang," de "la surface du fleuve . . . couverte de membres flottants çà et là que se disputent avec acharnement les poissons voraces"; l'image globale de la ville de Nantes elle-même, déjà une ville prospère de 80,000 habitants, et bientôt "complètement terrorisée, devenue la proie des buveurs de sang et des voleurs, de la lie du peuple prenant sa revanche sur les honnêtes gens".[2]

A côté de ce qui retentit du procès contre Carrier, les exemples presque aussi affreux de celui contre Fouquier-Tinville: le fonctionnement de la justice terroriste, son caractère arbitraire, les condamnations des personnes innocentes, sans aucune preuve, la manipulation des audiences et des débats (notamment pendant le procès des dantonistes), la fabrication de fausses preuves et de conspirations imaginaires (notamment la fameuse "conspiration des prisons"), le mépris des lois et leur violation (notamment la condamnation des femmes enceintes), etc.

M. Baczko observe que le Tribunal révolutionnaire était "l'institution terroriste la plus connue et la plus détestée"[3]: l'impact du procès de Fouquier-Tinville (8 germinal-17 floréal/28 mars-6 mai 1795) sur l'opinion publique fut incontestable et pourtant, il le fut, moins que celui du procès Carrier (3-26 frimaire/23 novembre-16 décembre 1794). C'est peut-être parce que le procès Fouquier a lieu relativement tard, que la chasse aux jacobins et aux terroristes bat déjà son plein, et que

les manoeuvres de certains conventionnels influents pour se désolidariser, pour se
laver de la Terreur et de la dictature montagnarde ont fait leur effet. Mais on
sent naître alors un discours politique quelque peu détaché des émotions et des
anathèmes instinctifs des premiers moments. Fouquier essaie de démontrer qu'il
a été seulement un exécuteur des ordres du gouvernement révolutionnaire, des
Comités, et, derrière eux, de la Convention elle-même: "Est-ce moi qui faisait les
lois? est-ce moi qui ai fait le choix des juges et des jurés?" Ou, comme le disait l'un
de ses coaccusés, un juré du Tribunal: "Comment peut-on me savoir mauvais gré
d'avoir été juré? je n'étais que la hache et l'instrument dont on se servait; je crois
qu'on ne peut faire le procès à une hache."[4]

Ainsi, dans la discussion immédiate de la Terreur, s'introduisait, au moins sous
la forme des plaidoyers personnels, un commencement d'interprétation politique,
si ce n'est déjà historique. Quels avaient-été les motifs, la nature, les buts de la
Terreur? La défense de ceux qui répondaient d'elle à leurs procès, posait un problème redoutable en étendant la responsabilité du phénomène à l'ensemble du
gouvernement révolutionnaire, la Montagne, les Comités, et, en dernière instance,
la Convention elle-même, qui avait approuvé ou toléré. C'était certainement
esquiver la question: pourquoi la Terreur? en lui substituant une autre: qui en est
responsable et, du coup, mérite le juste châtiment?[5] Mais, au delà des argumen-
tations plus spécifiquement politiques allaient poindre deux sortes de discours
antinomiques: ceux de Fréron et de Tallien (9 et 11 fructidor/29 et 31 août 1794),
et celui de Robert Lindet (Germinal an III). Les deux premiers ont le caractère
commun de soustraire la Terreur à la Révolution, comme une sorte de monstruosité qui s'était glissée dans la marche ascendante de celle-ci: selon Fréron la cause
principale en avait été la suppression de la liberté de la presse, selon Tallien l'arbitraire qui s'était substitué à une administration régulière de la justice. Naturellement leurs analyses de la Terreur répondaient à une arrière-pensée personnelle,
qui en diminuait beaucoup l'efficacité: Fréron avait été un terroriste acharné, auteur d'une feuille incendiaire et d'une répression sanguinaire à Toulon, et Tallien
un représentant en mission corrompu, "qui, entouré de toute une cour, n'hésitait
ni à envoyer à la guillotine de supposés conspirateurs, ni à trafiquer la vie ou la
liberté des 'suspects' ". Ils étaient surtout préoccupés de passer habilement sous
silence leur propre passé terroriste et de s'innocenter en insistant, avec une grande
ostentation de pureté révolutionnaire, sur la nécessité de rétablir la liberté de la
presse et l'administration rigoureuse de la justice.[6] Au reste, ce discours auto-
justificateur n'était pas nouveau. Au commencement, naturellement, était Barère.
Au lendemain même du 9 thermidor, dans la séance permanente qui s'en était
suivie à la Convention, Barère, toujours pliable à la circonstance, avait fait
approuver cette résolution:

> Le 31 mai le peuple fit sa révolution; le 9 thermidor la Convention nationale a fait la sienne; la liberté
> a applaudi également à toutes les deux. Puisse cette époque terrible, où de nombreux tyrans, plus
> dangereux que ceux que le fanatisme et la servitude couronnent, ont dominé, être le dernier orage
> de la révolution! Puisse-t-il /sic/ surtout éclairer les citoyens sur les droits de l'égalité. Aucun homme
> n'est rien en regard de la patrie; et la liberté n'admet ni primauté ni préférence. Un homme n'est
> qu'un homme devant la loi, et tout usurpateur des droits du peuple n'est pas un homme, mais un
> coupable qui doit disparaître.[7]

Mais il serait long et peu utile de suivre les nombreuses autojustifications de maints conventionnels après Thermidor. Car on peut penser que le succès d'un pamphlet anonyme et les dénonciations réitérées de l'ambigu Lecointre sur la "queue de Robespierre", qui amenèrent le procès de Barère, Billaud-Varenne, Collot d'Herbois et Vadier et leur condamnation à la Guyane (12-13 germinal/ 1-2 avril 1795), n'apportent rien de bien nouveau à la réflexion sur la Terreur; il s'agit d'un règlement de comptes occasionnel (terroristes contre terroristes), plus que d'un éclaircissement des responsabilités: on n'y progresse guère dans la compréhension de la Terreur.

Plus riche de significations est le deuxième type de discours que M. Baczko analyse, celui qu'il appelle post-jacobin ou post-montagnard et qu'on peut retrouver dans les rapports de Robert Lindet à la Convention, en germinal an III. Il s'agit cette fois de substituer à l'interprétation volontariste de la Terreur une interprétation fataliste, qui insiste sur les "circonstances fatales" qui formaient le contexte des événements révolutionnaires: mais elle n'avait pas beaucoup de chances de retenir l'opinion lorsqu'elle fut avancée, et, par la suite, les historiens l'ont sévèrement jugée. Néanmoins, tout en repoussant les excès de la période la plus âpre de la Terreur et la politique de Robespierre en l'an II, le discours "post-jacobin" faisait l'effort de rétablir une vision unitaire de la révolution: "La révolution est faite," disait Lindet, "elle est l'ouvrage de tous. Quels généraux, quels soldats n'ont jamais fait dans la guerre que ce qu'il fallait faire, et ont su s'arrêter là où la raison froide et tranquille aurait désiré qu'ils s'arrêtassent? N'étions-nous pas en état de guerre contre les plus nombreux et les plus redoutables ennemis? . . . Que nous est-il arrivé qui n'arrive à tous les hommes jetés à une distance infinie du cours ordinaire de la vie?"[8]

Discours finalement assez proche du relativisme justificateur d'un Carrier ou d'un Fouquier-Tinville, sa faiblesse devait faire naître les thèses tout à fait contraires de Babeuf, selon lequel seule la volonté maléfique des chefs jacobins et leurs méthodes terribles avaient compté dans la Terreur. Mais cette nouvelle interprétation pouvait-elle aider la Convention dans ce qui était alors son objectif: terminer la révolution en établissant la république par la Constitution de l'an III? Ce sera essentiellement le sujet principal des discussions des publicistes, qui, à la fin de la Convention et pendant le gouvernement du Directoire, reprendront, avec plus de maturité la réflexion sur la Terreur.

Elle n'était pas aisée. François Furet l'a bien souligné déjà en se référant aux conventionnels d'après le 9 thermidor:

Les militants révolutionnaires, rescapés d'années chaotiques, ont tout simplement à donner à leurs existences un sens politique unifié. Il ne leur suffit pas d'attribuer à la Revolution une fin heureuse, ou un bilan favorable; il leur faut encore en expliquer le cours puisqu'il a constitué la trame de leur activité pratique. La question historique la plus urgente est celle de la Terreur, s'il est vrai que le 9 thermidor s'accomplit contre le vertige de la guillotine qui a saisi la Révolution. Mais s'il a fallu tuer Robespierre pour renverser la Terreur, pourquoi avait-il fallu le laisser la répandre, et même soutenir sa dictature?

De là la double tâche qui s'impose aux conventionnels engagés dans l'élaboration de la nouvelle Constitution: une interprétation du passé et des garanties pour l'avenir. Et puisqu'ils sont non seulement les héritiers du 4 août 1789, mais de toute la Révolution, République et régicide compris, leur choix n'est pas douteux: terminer la Révolution par l'affermissement de la République; mais cela signifie désormais résoudre les problèmes terribles d'une République qui a refusé un ordre constitutionnel, qui a instauré la loi des suspects et la Terreur, et qui a paru de ce fait même confirmer par l'expérience la vieille idée, tant débattue au temps de la "philosophie" du siècle, l'idée de l'impossibilité d'un régime républicain dans un grand pays.[9]

C'est peut-être à cause de ces motifs que des auteurs, qui n'ont pas participé aux événements de la Révolution et interviennent dans la discussion politique seulement bien après thermidor, apparaissent plus dégagés, dans un certain sens plus clairvoyants. Il s'agit surtout de Mme de Staël et de Benjamin Constant.

La première entre en lice assez tôt, en 1794, lorsqu'elle écrit un curieux pamphlet, *Réflexions sur la paix adressées à M. Pitt et aux Français*, qu'elle ne publia toutefois pas de son vivant (et que M. Gauchet ne cite pas). Germaine Necker y trouvait une clef pour la Terreur: "ce sont les idées qui règnent en France" écrivait elle "à la place des individus." Voilà le ressort du gouvernement du Comité de Salut public et de la Terreur: "Ce n'est pas, j'en conviens, la majorité numérique de la France qui est enthousiaste des idées démocratiques," continuait le pamphlet, "mais ce sont tous des caractères actifs, impétueux, qui multiplient leur existence par leurs passions, entraînent les autres par leur volonté, et se recrutent de tous les faibles par l'effroi même qu'ils leur inspirent". Impossible alors de sortir du chemin que la volonté du peuple, dès qu'elle s'était identifiée avec la souveraineté, avait tracé:

> A-t-on jamais pensé qu'on détruisît un religion par le martyre? Eh bien! le chimérique système d'égalité est une religion politique dont le temps et le repos peuvent seuls affaiblir le redoutable fanatisme . . . Enfin ces sociétés populaires, ce gouvernement tout en délibérations, ont mis dans la plupart des têtes une passion de raisonnement . . . qui les rend beaucoup plus susceptibles d'enthousiasme; et les succès et les revers de la guerre, et son but et son danger sont les moyens toujours renaissants d'enflammer les têtes ardentes.

Toutefois, il fallait apporter un remède à ces dangereux enthousiasmes et ramener les Français à l'ordre et à la vertu: "mais pour y parvenir," conclut Mme de Staël, "on doit penser que ces biens sont unis à la véritable liberté, marcher avec son siècle, et ne pas s'épuiser dans une lutte rétrograde contre les irrésistibles progrès des lumières et de la raison." L'obstacle majeur à cette marche de la république était alors représenté par les émigrés, les royalistes qui "pour s'en préserver, reculaient aux préjugés du quatorzième siècle": "ils voulaient qu'il ne restât rien d'une révolution qui avait remué toutes les passions des hommes et ils ne voyaient qu'une émeute dans une ère de l'esprit humain . . ."[10] M. Marcel Gauchet a justement relevé que sous le Directoire, dans le temps fort de sa liaison avec Constant, Madame de Staël est républicaine (mais était-ce vraiment contradictoire des convictions qu'avait Constant en ce temps-là?).[11] Elle répètera avec force ses idées dans les deux essais suivants; le plus éclatant, *Des circonstances actuelles qui peuvent terminer la révolution et des principes qui doivent fonder la république en France* (1798), que Gauchet, à juste titre, analyse soigneusement, ne fait pas oublier les *Réflexions sur la paix intérieure* (écrites en 1795), non publiées de son vivant, du reste comme la brochure de 1794 que nous avons citée tout à l'heure, et comme le prolongement *Des circonstances*. Gauchet observe avec raison que le pamphlet de 1798 réaffirme inlassablement le principe que le système républicain n'est pas la cause des crimes de la Révolution, "c'est au contraire dans ce système qu'on peut en trouver le meilleur et le seul remède". Le vrai problème qui reste, pour la république, est celui de s'appuyer sur le consentement, et le danger est ici l'anachronisme, ce qui était l'un des *leitmotiv* de Constant.

> Tout ce qui se fait d'accord avec l'opinion est maintenu par elle, mais dès qu'on la précède ou qu'on la combat, il faut avoir recours au despotisme. La France, en 1789, voulait la monarchie tempérée. Il n'a point fallu de terreur pour l'établir. La République s'est établie cinquante ans avant que les esprits y fussent préparés: on a eu recours à la Terreur pour l'établir.[12]

Ces pages avaient été écrites près de quatre ans après le commencement de la liaison avec Constant et encore sous le choc du coup d'État républicain du Directoire, du 18 fructidor an V. Mais dès le pamphlet de 1795, Germaine Necker avait posé, avec plus d'énergie encore, les deux principes sur lesquels devait porter la lutte pour "terminer" la Révolution: liberté et république. Pour la première: ". . . quelle barrière sépare les partis opposés qui déchirent la France?" avait-elle dit, "Quelle conquête doivent-ils se céder pour se réunir? La liberté ne saurait être sacrifiée; ce n'est pas même à son espoir que les Français peuvent renoncer: les armées victorieuses ont dû leur gloire à ce sentiment, et si l'on veut trouver quelque grandeur parmi les troubles qui ont déchiré la France, si l'on veut chercher une idée constante au milieu des orages, . . . c'est cette volonté d'être libre, sans doute honteusement défigurée, mais dont la tyrannie la plus atroce eut encore besoin de s'appuyer."[13]

Sur la république, avec plus d'adhésion et de confiance que trois ans plus tard, Mme de Staël écrivait:

> Constituez une bonne république comme le réel moyen d'anéantir la royauté . . . Les hommes que les forfaits n'ont point souillés; qui, pour arriver à ce qu'ils croyaient le suprême bien, n'auraient jamais passé par aucune route ensanglantée; les hommes qui n'ont sacrifié qu'eux-mêmes à leur opinion; qui se sont décidés lorsque la victoire était incertaine . . . les hommes qui ont anéanti la noblesse sans persécuter, sans craindre les nobles, et, profondément pénétrés des saints droits de l'égalité, ne se sont jamais permis d'y porter atteinte par une haine puérile . . . ces hommes sont bons à recruter pour la république.[14]

C'est donc surtout par ces trois pamphlets, restés inédits, de 1794, 1795 et 1798, que Mme de Staël dessine son interprétation de la Révolution et de la Terreur, avec comme objectif de terminer la Révolution par l'avènement d'une république représentative, qui excommunierait la Terreur. Comme M. Gauchet le dit très bien, l'ouvrage le plus célèbre de Germaine Necker en la matière, les *Considérations sur les principaux événements de la Révolution française* (1816)—publication posthume de 1818— apportera assez peu de choses nouvelles (au moins dans le texte que l'édition de 1818 nous a transmis) pour la partie relative à la révolution. Si on excepte l'allégeance aux positions de son père, l'adhésion à la monarchie constitutionnelle, le parallèle obligé avec la révolution d'Angleterre, l'ostentation de sa foi libérale et le raidissement envers la période montagnarde et de la Terreur, "c'est à son épaisseur factuelle, aux éclairages directs de la mémorialiste sur les personnes et les faits, à ses 'anecdotes particulières,' comme dit l'auteur, que l'essai devra surtout l'ampleur de son écho."[15]

Mais entre le pamphlet de 1795 et celui de 1798 de Mme de Staël, un interlocuteur certainement plus remarquable et plus spécifiquement préparé était entré en scène. Il s'agit, comme tout le monde le sait, de Benjamin Constant. François Furet insiste très justement sur le caractère éminemment politique des prises de position de Constant au sujet de la Terreur. Ainsi, son interprétation historique suggère-t-elle déjà une voie pour l'action. Son pamphlet de 1796, *De la force du gouvernement actuel et de la nécessité de s'y rallier*, fait paradoxalement de la force le trait distinctif d'un gouvernement faible. Mais, observe F.Furet, "il s'agit d'élargir la majorité républicaine autour du gouvernement représentatif, pour lui donner une force accrue contre les royalistes d'un côté et les néo-jacobins de l'autre: stratégie centriste du un contre deux qui est le problème thermidorien par excellence. . ."[16] Ainsi une sorte de réalisme décidé devient le noeud qui allie le passé au futur. Le grand mérite de la Convention a été de ne pas s'effrayer devant la tentative contre-révolutionnaire des royalistes, qui aurait déchaîné de nouveaux événements sanglants destinés peut-être à anéantir la Convention elle-même: "Si la Convention n'avait pas été plus éclairée que ces hommes (les royalistes) sur leur propre faiblesse," écrit Constant "si elle eût pu les croire aussi redoutables qu'ils osaient se flatter de l'être, nul doute que la terreur, qu'ils provoquaient avec une si opiniâtre imprudence, n'eût ensanglanté de nouveau le sol dévasté de cette malheureuse contrée. Et certes, ce n'est pas un petit mérite à cette assemblée d'avoir marché vers la liberté, quand on la repoussait vers la route de la tyrannie. . ."[17]

La surprise vient du recours qu'à ce point du raisonnement Constant fait à une entité essentielle au discours révolutionnaire, mais à première vue peu assimilable au discours de l'auteur lui-même: le peuple, ce peuple au nom duquel la direction montagnarde de la Révolution s'était déclarée investie de la souveraineté. "Le peuple," dit Constant, "sait ce que le gouvernement veut maintenir. Il ne sait pas ce que veulent réédifier des mécontents, qui ne lui proposent que de détruire." Ainsi, nul doute qu'en cas de danger pour la Constitution et le gouvernement, le peuple ferait peser sa volonté souveraine de ce côté-ci.[18]

C'est que la référence ne concerne pas le peuple en tant que principe de la souveraineté directement exercée par les chefs d'un parti, comme entre 93 et 94. De ce point de vue, il faut rappeler ce que M. Furet écrivait en 1978:

> . . . la victoire des thermidoriens ferme un des sens de la Révolution: ce sens qui n'a cessé, entre 89 et 94, d'investir toute la vie politique, et par lequel l'idéologie de la démocratie pure, après avoir été le vrai pouvoir de la Révolution, a fini par devenir le seul gouvernement qu'elle ait eu. Les vainqueurs de Robespierre, en tentant de restaurer la légitimité représentative, qu'ils n'arrivent pas à respecter eux-mêmes, redécouvrent l'indépendance et l'inertie du social, la nécessité de la négociation politique, l'à-peu-près des moyens et des fins. Ils font davantage que d'arrêter la Terreur; ils la déshonorent comme type de pouvoir, ils la dissocient de la volonté du peuple.[19]

Peut-être, peut-on dire d'autre part que la Révolution, que ce soit dans la démocratie pratique des sections ou dans les théories soigneusement constitutionnelles de Sieyès, s'inscrit longtemps dans l'ancienne tradition de la pensée politique française, qui prendra fin seulement avec le libéralisme et à l'épreuve du fonctionnement d'une société moderne: c'est toujours la vision d'une souveraineté générale, abstraite et toute puissante, qui cependant, dans les faits, se trouve contrainte à déléguer à des volontés particulières. C'est peut-être la conséquence de cette tradition que, même chez les auteurs qui, entre 94 et 98, soutiennent la république représentative comme le résultat nécessaire de la Révolution, le concept de la représentation reste un point de repère presque obligé sans une véritable analyse de sa structure et de son fonctionnement. Constant se trouve précisément au tournant de cette conception traditionnelle vers l'application décidée de la théorie représentative. Au moment où, comme le dit encore François Furet, Thermidor marque "la fin de la Révolution, parce que c'est la victoire de la légitimité représentative sur la légitimité révolutionnaire, le contrôle, par le pouvoir, de l'idéologie révolutionnaire du pouvoir";[20] et où les Thermidoriens eux-mêmes, destructeurs de la Terreur, "comme des vieux intoxiqués. . . y auront encore recours, à l'occasion, notamment après le 18 Fructidor: mais honteusement, et comme à un expédient, non plus comme à un principe".[21]

Ainsi le peuple de Constant est-il plutôt un peuple instrument de la Constitution, qu'un peuple souverain direct. Il s'agit d'être réaliste et de gouverner pour l'affermissement de la république mise en oeuvre par la constitution de l'an III: ce qui nécessite l'assentiment et, à l'occasion, l'appui concret du peuple. "Loin de nous," écrit Constant, "le pilote incertain, qui encore balloté par une mer orageuse, mais en face du port, demande à son équipage si par hasard il ne voulait recommencer la route. . . Le peuple se prononce par des faits; le 14 juillet, il s'est prononcé pour la liberté, le 10 août pour la République, le 9 thermidor, le 4 prairial contre l'anarchie. Délivrez-vous de vos doutes, ne nous fatiguez plus de votre scepticisme, aidez-nous à consolider la liberté, à faire fleurir la République, à écraser l'anarchie, ou renfermez-vous dans les écoles, faites les retentir de vos arguments, enivrez-vous de vos abstractions, et ne venez surtout troubler nos réalités."[22]

Dans le pamphlet que Constant écrivit presque un an après le *De la force* et qu'il intitula *Des réactions politiques*,[23] il pose la défense de la Constitution et du gouvernement, comme l'illustre amplement François Furet dans sa communication, sous le signe d'une argumentation plus vaste. Les révolutions sont destinées à mettre en harmonie les institutions d'un peuple et ses idées, quand les premières retardent sur les secondes. Mais quand elles dépassent les dites idées, elles courent le risque de connaître un mouvement rétrograde qui les ramène en deçà du point d'équilibre recherché. C'est le cas de la Révolution française: faite contre des privilèges, elle a dépassé son terme en attaquant la propriété; elle connaît de ce fait une très forte réaction qui menace de la ramener à la renaissance des privilèges, et à la restauration de l'ancien régime. Non seulement Constant conseille aux thermidoriens de s'en tenir strictement aux institutions et aux lois pour battre les contre-révolutionnaires et établir enfin la Révolution sous le gouvernement directorial, mais il polémique aussi avec les publicistes qui (Furet suggère que c'est surtout La Harpe qui est visé) renient les idées mêmes de la philosophie des Lumières en tant que sources de la Révolution. Ainsi, sans défendre expressément la Révolution dans son ensemble, Benjamin en défend-t-il les idées et les résultats et il accuse avec vigueur les adversaires de vouloir reconstituer la royauté, la noblesse et l'église de l'ancien régime, en détruisant jusqu'aux principes les plus indiscutables que la révolution a apportés, tels que la fin des privilèges, l'égalité civile, etc.[24]

Constant écrit en germinal an V, au plus fort de la poussée réactionnaire, qui va contraindre, le 18 fructidor, le Directoire à faire intervenir l'armée républicaine par un coup d'Etat qui déjouera la mainmise des royalistes sur les institutions de l'an III. On flaire ainsi dans les pages des *Réactions politiques* le pressentiment du danger et on comprend l'insistance de l'auteur sur la nécessité de défendre la république par l'oeuvre des républicains eux-mêmes: "Ce n'est donc pas assez d'avoir conquis la liberté, d'avoir fait triompher les lumières, d'avoir acheté, par des grands sacrifices, ces deux biens inestimables. . .";[25] "C'est donc la France entière, poursuit Constant, que défendent les républicains. Il appartient à eux seuls de la défendre. Seuls, ils peuvent opérer le rétablissement de l'ordre. Seuls, ils rassurent cette classe ardente et mobile, à laquelle, en lui révélant les secrets de ses droits, on a pu cacher le secret plus dangereux de ses forces. Ils parlent seuls sa (de sa classe) langue; ils peuvent seuls la contenir, aujourd'hui qu'enfin il faut la convaincre au lieu de l'écraser, et lui inspirer la confiance, au lieu de lui commander l'effroi."[26]

C'est un langage républicain outré. Au reste, déjà dans *De la force*, Constant avait indiqué une sorte d'armée de réserve, "l'artillerie" que le "gouvernement actuel" avait dans les rangs des terroristes, une force dangereuse mais formidable, si on se décidait à l'employer contre les ennemis de la république: "Ces hommes, ou plutôt ces êtres," avait-il écrit, "d'une espèce inconnue jusqu'à nos jours, phénomènes créés par la Révolution, à la fois mobiles et féroces, irritables et endurcis, impitoyables et passionnés, qui réunissent ce qui jusqu'à présent paraissait contradictoire, le courage et la cruauté, l'amour de la liberté et la soif du despotisme, la fierté qui relève et le crime qui dégrade. . . ces puissances aveugles de destruction et de mort, ont mis au retour de la Royauté un obstacle qu'elle ne surmontera jamais."[27]

Toutefois, Constant n'avait rien changé à son interprétation de la Terreur, qu'il avait, dès ses débuts dans la discussion politique, exclue du filon sain de la Révolution, du cours que le 9 Thermidor avait rétabli et que la Constitution de l'an III avait voulu, à son avis, faire définitivement triompher, en terminant la Révolution elle-même. Sa polémique contre la brochure d'Adrien Lezay-Marnésia, *Des causes de la révolution et de ses résultats*, parue après la publication des *Réactions politiques*, en est le témoignage comme nous le montre l'analyse de François Furet. Lezay n'était pas loin des positions politiques de Constant, même s'il avait manifesté son désaccord à propos *De la force* (dans un pamphlet de 1796, *De la faiblesse d'un gouvernement qui commence et de la nécessité où il est de se rallier à la majorité nationale*). Mais par son dernier écrit, de 1797, tout en se montrant encore un thermidorien, partisan de la Constitution de l'an III et favorable à l'unité du parti révolutionnaire contre les nostalgies du royalisme et de l'ancien régime, il avait ajouté une interprétation historique qui, loin d'exclure 93 et la Terreur de la Révolution, s'efforçait de comprendre pourquoi cette révolution "avait été si violente". En reprenant ainsi en partie la thèse de Robert Lindet au sujet des "circonstances" qui avaient poussé à la Terreur et de sa fatalité, Lezay parvient dans une certaine mesure à justifier la Terreur. Pour résumer, en suivant F. Furet:

> Pourquoi la violence? D'abord parce que la Révolution, née du progrès des lumières, a été faite par un peuple exclu de ce progrès: elle a ouvert un champ libre aux passions des pauvres. Ensuite parce qu'elle a suscité la résistance naturelle de tous ceux qu'elle lésait. A ces raisons premières s'ajoutent celles qui tiennent au déroulement des événements: par exemple la division des révolutionnaires due aux surenchères inscrites dans un nouveau pouvoir fondé sur la "popularité" et concentré dans une seule assemblée, et à Paris.

Lezay ne néglige pas les fautes des hommes, surtout celle d'avoir gardé l'ancien roi absolu et celle d'avoir voulu détruire l'ancienne religion. Mais enfin, à l'aide d'arguments qui parfois sont de sens inverse et n'oublient pas la banqueroute conséquente à l'assignat et la ruine économique, la Terreur dans le pamphlet de Lezay, loin d'être un épisode étranger à l'esprit de la Révolution ou un retour à celui de l'ancien régime, est inscrite dans les causes qui l'ont rendue inévitable; elle est inséparable de la Révolution. Plus généralement, dans le pamphlet de Marnésia la Terreur est un ressort central de toute "révolution populaire" après que celle-ci ait perdu le soutien actif des masses et avant qu'elle ait acquis le consentement intéressé de leur lassitude.

Or, c'est cette interprétation que Benjamin Constant refuse. En rééditant *Des réactions politiques*, en mai 97, il ajoute 15 pages de considérations sur les *Effets de la Terreur*, qui sont une réponse à la brochure de Lezay. Sur ce point aussi, il suffira de se rapporter à la communication de François Furet, dans laquelle le point saillant de l'indignation de Constant est très bien saisi: à s'en tenir à l'argumentation de Lezay, c'est le despotisme de la Terreur qui aurait préparé les voies à la liberté. Constant n'accepte pas ce réalisme un peu cynique, il n'admet pas la théorie de la "fatalité," accuse Lezay de s'apparenter par sa justification de la Terreur aux réactionnaires comme Maistre, qui l'année précédente, dans ses *Considérations sur la France*, avait défini les terroristes comme des fléaux, mais des fléaux envoyés par la Providence pour sauver la France de l'étranger et pour ouvrir les possibilités d'une contre-révolution. Constant dénonce cette dernière perspective, que recèle en effet la thèse de la consubstantialité Révolution-Terreur et, anticipant Quinet, va jusqu'à repousser la thèse selon laquelle la Terreur aurait efficacement défendu la patrie contre les étrangers et contre la conspiration royaliste. Selon le futur auteur d'*Adolphe*, c'est au contraire le crime qui appelle le crime et ce fut donc la Terreur qui, par ses excès, causa la révolte de Lyon, l'insurrection départementale, le guerre de Vendée, tous phénomènes contre lesquels on employa encore la Terreur, mais qui sans la Terreur ne seraient mêms pas arrivés.

On ne pourrait pas dire qu'en elles-mêmes ces dernières pages de Constant constituent une réponse à la question Pourquoi la Terreur? Elles la condamnent, en contestent avec véhémence la *fonctionnalité*,[28] mais elles ne dépassent jamais l'explication circulaire de la Terreur qui crée la Terreur. A cette époque du reste, Constant s'écarta quelque peu du gouvernement du Directoire et accepta presqu'à contre coeur le 18 Fructidor. Quelques mois après cet événement, le 9 ventôse (27 février 1798), quand la menace du sursaut à rebours du 22 floréal est déjà dans l'air, Benjamin, nommé électeur, parle ainsi au Cercle constitutionnel (de Seine-et-Oise):

La Révolution est terminée; la République est consolidée. Que les propriétaires y prennent garde: en liant leur cause à la contre-révolution ou à la royauté, ils pourraient subir le sort qui a ruiné la noblesse obstinée à maintenir l'Ancien Régime. Qu'ils considèrent, au contraire, que la Révolution, la République reconnaissant et défendant la propriété, leur intérêt est de les y aider. La Révolution a été faite pour la liberté et l'égalité de tous en laissant inviolable la propriété de chacun.[29]

Liberté et propriété. Déjà en 1798 la défense de la république, si vigoureusement conduite à partir *De la force* en 1796, reposait essentiellement sur ces deux piliers. Et les essais politiques qu'ensuite Constant écrira, même s'ils sont désormais affranchis du souci de soutenir la république, *De l'esprit de conquête et de l'usurpation* (1814), les *Principes de politique applicables à tous les gouvernements représentatifs* (1815, récemment publiés par E. Hoffman), *De la liberté des anciens comparée à celle des modernes* (1819, réédité par M. Gauchet, Paris, 1980), s'en tiendront essentiellement à cette ligne. Ce n'est pas le binôme anglais *property and liberty*. C'est plutôt la lutte contre *l'arbitraire*, thème déjà central dans les *Réactions politiques* (1797): ". . . par la nature de l'arbitraire," avait alors écrit Constant, "l'on ne peut jamais être certain qu'il ne sera point poussé à l'extrême. Il est même indubitable qu'il s'y portera, toutes les fois qu'il sera attaqué. Car une chose sans bornes, défendue par des moyens sans bornes, n'est pas susceptible de limitations." D'ici l'exaltation du "besoin de principes positifs, de lois claires et précises, en un mot d'institutions tellement fixes, qu'elles ne laissent à la tyrannie aucune entrée, à l'envahissement aucun prétexte".[30]

Tel sera le filon de la pensée libérale française, dépouillée de l'ancienne tradition totalisante de la souveraineté ainsi que des références immédiates aux contrastes de la Révolution, et mûrie même à travers l'expérience négative de l'empire: "Lorsqu'on établit que la souveraineté du peuple est illimitée," écrira Constant en 1815, "on crée et l'on jette au hasard dans la société humaine un degré de pouvoir trop grand par lui-même, et qui est un mal, en quelques mains qu'on le place. . . La souveraineté n'existe que d'une manière limitée et restreinte. Au point où commence l'indépendance et l'existence individuelle, s'arrête la juridiction de cette souveraineté. Si la société franchit cette ligne, elle se rend aussi coupable que le despote qui n'a pour titre que le glaive exterminateur."[31]

La Révolution était vraiment terminée, et non pas dans les formes que, par ses brochures de l'âge directorial, Constant avait tant soutenues. Dans le grand courant de son mouvement, chaque âge et chaque personnage ont leur marque et leur destinée. Par exemple, comme l'a écrit François Furet voici quelques années: "Ce qui fait de Robespierre une figure immortelle, ce n'est pas qu'il a régné quelques mois sur la Révolution; c'est que la Révolution parle à travers lui son discours le plus tragique et le plus pur."[32] Or, terminer la Révolution par la république issue de la Constitution de l'an III et épurée de la Terreur par les thermidoriens, était un rêve assez faible. Et la pente des événements menait, à travers le 18 Brumaire et l'empire, aux monarchies constitutionnelles de la Restauration.

A tout ceci, le tableau d'ensemble que Jean Starobinski a tracé de l'oeuvre politique de Benjamin Constant, en cherchant surtout à caractériser la fonction que l'éloquence vint à jouer dans ses écrits et dans ses discours, ajoute une notation à la fois persuasive et brillante. Depuis une intervention de sa jeunesse à la Speculative Society d'Edimbourg (16 mars 1784) sur la tolérance religieuse, jusqu'à ses derniers et plus célèbres écrits politiques et à ses discours à la Chambre des députés pendant la Restauration, dans les années 1820, Constant a maintenu immuables une qualité et une tendance de sa pensée et de son comportement politiques, toutes changeantes qu'on ait pu les considérer. Il accordait beaucoup de prix à l'éloquence, mais il a toujours su l'inclure dans le domaine général de la liberté de la pensée, de la formation et de l'expression de l'opinion. Ainsi, Jean Starobinski souligne à juste titre que les brochures écrites sous le Directoire (que nous avons examinées plus haut) sont des écrits dont le procédé rhétorique évite ou modère toute tentation d'effet oratoire. Et le but, très bien poursuivi dans la netteté du discours, est "d'interpréter la situation présente, d'indiquer une voie, tout en combattant pied à pied l'argumentation adverse".

Il faut noter que M. Starobinski retrouve cette ligne dans les écrits de Constant échelonnés pendant presque 35 ans, depuis *De la force* (que nous avons longuement cité) à *Des réactions politiques*, à *Adolphe* (1806), à *De l'esprit de conquête et de l'usurpation* (1814), aux *Principes politiques* (1815) et même à *De la liberté des anciens comparée à celle des modernes* (1819) et au *De la religion considérée dans sa source, ses formes et ses développements* (1824-1831), etc., jusqu'aux discours parlementaires enfin.

Cette continuité est fidèle au principe le plus significatif de la pensée et de l'oeuvre de Constant: une force libérale qu'il sentait se déclencher en lui-même comme un ressort, chaque fois que ces principes étaient en danger d'être anéantis ou bien de se transformer en une théorie de doctrinaires. C'est cette force que Jean Starobinski retrouve dans les points saillants de la pensée politique de Constant: sa critique de Rousseau comme son accord avec Madame de Staël sur le principe (rousseauiste) que le remède au mal doit être trouvé dans la source du mal même, (et pour la Révolution dans le retour aux principes, aux grandes idées de la philosophie des Lumières); son affirmation de la valeur de l'éloquence pour une lutte d'opposition, telle que celle qu'on devait mener au Tribunat; la décision par laquelle, sous la Restauration, il "est amené—comme de propos délibéré—à occuper toutes les positions de parole, à utiliser tous les circuits par lesquels l'opinion publique peut être atteinte".

Et la Terreur? Starobinski saisit juste le point où la foi libérale qui pousse Constant inspire son jugement sur la Terreur. Benjamin (on l'a vu plus haut, en particulier dans la polémique avec Lezay de Marnésia), a toujours refusé la Terreur, même celle qui s'est présentée sous le couvert de la fatalité, des circonstances. Mais d'un autre côté, la condamnation sans appel de la dictature jacobine et de la Terreur, ne doit jamais, à son avis, s'écarter des principes de liberté qui sont le résultat et doivent rester l'héritage de la Révolution. Ainsi M. Starobinski sait choisir deux passages des écrits de Constant dans lesquels l'équilibre libéral de son évaluation de la Terreur s'affirme exemplairement. Dans l'un, un souvenir recueilli dans les *Fragments sur la France* (éd., 1829), il écrivait: "l'idée dominante, à la fin de 94, était: punissons les forfaits de 93. . .; et quand on osait représenter aux meneurs de l'impulsion vengeresse, qu'employer une assemblée unique et sans frein à sévir contre les crimes commis par une assemblée unique et sans frein, c'était frapper les effets sans écarter les causes, on était traité d'homme de sang, de complice de la terreur". Le deuxième passage est situé dans une intervention de Constant à la Chambre des Députés ( 7 août 1822) contre le monarchisme ultra, qui me semble bien résumer toute cette interrogation sur Pourquoi le Terreur?: "On vous a parlé hier," disait Constant, "de la Terreur de 1793: elle était horrible parce que les possesseurs du pouvoir sentaient qu'ils n'avaient d'appui que dans la force contre la nation. . . en 1793 j'aurais lutté contre ces possesseurs d'un pouvoir terrible, j'aurais lutté jusqu'au bout contre les jacobins de la république. Messieurs, maintenant, je lutterai jusqu'au bout contre les jacobins de la royauté."

On peut conclure que la critique thermidorienne de la Terreur, notamment par Madame de Staël et Benjamin Constant, débouchait enfin dans la pensée libérale du XIXe siècle. Mais il ne serait pas juste de soutenir que c'était au prix d'un tel dépassement de la Révolution qu'il équivaudrait au reniement: sans doute est-ce vrai pour la Terreur, mais non pour les années 93-94 dans leur ensemble, pas même pour le jacobinisme. Nous avons noté plus haut la compréhension de Madame de Staël pour "la religion politique" mise en oeuvre par les sociétés populaires, leur passion rationnelle. Et nous avons vu que Constant, irréductible adversaire de toute justification de la Terreur, même sous le couvert de la thèse des circonstances et de la fatalité, avait pourtant, dans *De la force du gouvernement actuel*, fait confiance à la dernière ressource que la république aurait pu retrouver, contre l'offensive des royalistes, dans l'armée de réserve, dans "l'artillerie" formée par les anciens terroristes.

Il est clair que, dans les travaux successifs des deux écrivains thermidoriens, l'accent s'est déplacé vers l'autre pôle de leur réflexion, vers cette "liberté des modernes" que Constant définit par opposition à la "liberté des anciens", en assignant à celle-ci les idées démocratiques de la Révolution. Mais comme le montrent les *Considérations sur les principaux événements de la révolution française* (1816) de Madame de Staël et les discours parlementaires des années 20, où Constant s'oppose au monarchisme outré, ils n'avaient jamais renié le grand héritage de la Révolution. Encore plus attachés à celui-ci seront les jeunes libéraux de la nouvelle génération, qui étaient des enfants au temps de la Révolution, des garçons pendant l'Empire. Ainsi dans le *Censeur européen* du 1er mai 1820 Augustin Thierry pourra écrire que dans l'année 1814 la Révolution française se réveilla tout à coup et qu'alors, sortant du marais de l'Empire, la France libérale apparut, brillante et jeune, telle ces villes découvertes après des siècles, intactes sous les cendres de la lave: de sorte que le dogme de la liberté sacrée avait resonné dans les Cours de justice et dans les salles de'école: désormais bien que souvent proscrit, "il ne quittera jamais le camp."[33]

Au reste, déjà en 1818, Charles de Rémusat avait affirmé avec décision que les jeunes gens de sa génération, une génération douce et sérieuse, avaient refusé de répudier l'héritage de la Révolution; au contraire, nés de la Révolution, ils étaient restés immergés dans ses principes et ses conséquences.[34] Dans la ligne de ce choix, il ajoutait qu'il n'est pas vrai que l'homme soit fait seulement pour chanter, méditer et aimer; au contraire la terre est pour lui un champ d'action, un voyage de découverte.[35] Ainsi, dans ses mémoires, écrits entre 1858 et 1869, le libéral de gauche, que Rémusat resta toute sa vie, pouvait rappeler en quelques lignes son vieux rêve: à savoir cette liaison que, lui et d'autres esprits de sa génération avaient voulu infatigablement établir entre la Révolution et la civilisation libérale qu'ils espéraient faire triompher dans leur âge: "Encore jeunes et convaincus jusqu'à l'enthousiasme, nous voulions tous également dominer, soit par les événements, soit par les intelligences. Mais nous avions une pensée commune, celle de la Révolution française à terminer par la réalité du gouvernement représentatif."[36]

On pourrait dire, en conclusion, que la question Pourquoi la Terreur? n'avait pas reçu de véritable réponse: ni par la critique, soutenue par les passions immédiates des thermidoriens, ni par les réflexions plus mûries des partisans de la république directoriale, ni par la vision, projetée vers le futur, des libéraux de la Restauration en lutte contre le monarchisme ultra. L'explication hâtivement bricolée par les thermidoriens, souvent eux-mêmes anciens terroristes, qui faisait porter toute la responsabilité sur l'esprit tyrannique et le fanatisme meurtrier de Robespierre et de ses complices, était restée au fond identique, même à travers les considérations plus pénétrantes de Staël, Constant, Guinguené, Sieyès, etc. Refuser absolument la théorie des "circonstances" qui avaient rendu nécessaires la dictature jacobine et même la Terreur (un refus qu'avait bien illustré la polémique de Constant avec Lezay-Marnésia) pouvait être significatif d'une cohérence politique, mais n'avait certainement pas contribué beaucoup à l'interprétation historique du phénomène. Ce fut la tâche des premiers historiens de la Révolution avec des prétentions d'objectivité scientifique, Adolphe Thiers et François-Auguste Mignet: ils récupérèrent l'idée de la fatalité de la dictature jacobine et de la Terreur, pour mieux retrouver une signification organique, unitaire, du grand événement. Mais bientôt Edgar Quinet devait montrer qu'on pouvait dessiner une vision globalement positive et suffisamment explicative de la Révolution, tout en repoussant encore de toutes ses forces le gouvernement du Grand Comité de Salut public et la Terreur.

D'autre part, les politiciens libéraux des années 20-30 de la France du XIXe siècle laissèrent le problème de côté, dans le feu de la lutte contre les tendances autoritaires qui poussaient la Restauration vers le retour de l'absolutisme. Et la référence des Jouffroy, Thiers, Rémusat, Michelet, Delacroix, Carrel, etc. à la Révolution restait plutôt indifférencié, peu articulé, visant surtout à établir la filiation qui faisait descendre les idées libérales des principes de 89 et des résultats indiscutables du mouvement révolutionnaire. Or, telle sera la voie par laquelle la compréhension historique rejoindra la tendance progressiste de la politique du siècle, en traçant une vision de la Révolution plus acceptable pour la postérité. L'historiographie la plus dogmatiquement marxiste du XXe siècle, a opiniâtrement soutenu qu'un fil rouge reliait la Révolution française au bouleversement soviétique (trop loin dans le temps et trop différent par le contenu historique), au prix d'une déformation de l'histoire. Mais on peut conclure à une connexion plus naturelle. Ainsi les réactions à la Terreur des thermidoriens défenseurs de la République et des acquis de la Révolution peuvent rejoindre les luttes idéales des premiers libéraux du siècle suivant et même les interprétations historiques de ses grands auteurs, de Thiers à Michelet, de Quinet à Aulard, etc., pour fixer plus adéquatement la valeur de la Révolution française dans l'histoire de notre temps.

## Notes

1. B. Baczko, *infra*.
2. *Ibid.*
3. *Ibid.*
4. *Ibid.*
5. *Ibid.*
6. *Ibid.*
7. Cf. *Moniteur*, 12 thermidor an II (30 juillet 1794), vol. 21, pp. 346–48.
8. Baczko, *infra*.
9. F. Furet, *infra*.
10. Mme de Staël, *Réflexions sur la paix adressées à M. Pitt et aux Français*, dans *Oeuvre complètes*, (Paris, 1820, 17 vol.) II, pp. 38-46, 50-52, 54.
11. M. Gauchet, *infra* (mais v. G. de Diesbach, *Madame de Staël*, (Paris, 1984) pp. 168–219). La liaison entre Mme Staël et Constant prend consistence entre 1794 et 1796.
12. *Des circonstances. . .* (Paris, 1906), p. 160. M. Gauchet, *infra*.
13. *Réflexions sur la paix intérieure*, in O.C., *op. cit.*, pp. 98–99.
14. *Ibid..*, pp. 157–59.
15. M. Gauchet, *infra*.
16. F. Furet, *infra*.

17. *De la force...* (Paris, 1796), pp. 16–18.
18. *Ibid.* pp. 22-26.
19. F. Furet, *Penser la Révolution française* (2e éd. Paris, 1983), p. 98.
20. *Ibid.*, p. 84.
21. *Ibid.*, p. 98.
22. *De la force...*, *op. cit.*, pp. 29–30.
23. Paris 1797, (germinal an V).
24. F. Furet, *infra*.
25. *Des réactions politiques*, op. cit., pp. 8–9.
26. *Ibid.*, p. 93.
27. *De la force du gouvernement actuel...*, op. cit., pp. 31–32.
28. M. Gauchet, *infra*.
29. Cité par G. Lefebvre, *La France sous le Directoire (1795–1799)*, éd. intégrale du cours sur le Directoire présentée par J. R. Suratteau (Paris, 1977), p. 477.
30. *Des réactions politiques*, op. cit., pp. 89–96.
31. B. Constant, *Principes de politique*, etc., (1815) *De la liberté chez les modernes*, éd. par M. Gauchet (Paris, 1980), pp. 270–271.
32. *Penser la Révolution française*, op. cit., p. 87.
33. Voir l'article du *Censeur Européen* in A. Thierry, *Dix ans d'études historiques* (Bruxelles, 1867), p. 496.
34. Ch. de Rémusat, *La Révolution française*, écrit au mois de septembre 1818 (voir Ch. de Rémusat, *Mémoires de ma vie* (Paris, 1958) I, p. 343), éd. in *Passé et présent*, 2 vol. (Paris, 1847) I, p. 109.
35. *Passé et présent*, op. cit., I, p. 240.
36. *Mémoires de ma vie*, op. cit., II, p. 387.

# CHAPTER 6

# *"Monstres sanguinaires" et "circonstances fatales". Les discours thermidoriens sur la Terreur.*

BRONISLAW BACZKO

DANS l'histoire de l'histoire de la Terreur, qui reste toujours à faire, une place particulière revient au discours thermidorien sur la Terreur, et cela pour plusieurs raisons.

C'est, en quelque sorte, le *discours originaire*. En effet, il est le premier à se former *après* la Terreur, ou plutôt, et pour être plus précis, c'est un discours qui assume des fonctions importantes dans l'*expérience politique* thermidorienne du *démantèlement de la Terreur* ainsi que du choix de *voies de sortie* de celle-ci.[1]

C'est un discours par excellence *politique*: il porte autant sur des questions d'actualité les plus brûlantes que sur le passé immédiat. Du coup, il conjugue la politique et l'histoire jusqu'à les confondre dans l'interrogation: comment *cela* pouvait nous arriver? comment expliquer l'avènement et le règne de la Terreur? Disons d'emblée que, de règle, c'est un discours assez pauvre intellectuellement; les réponses avancées, autant de schémas explicatifs, sont assez souvent rudimentaires et simplistes. C'est donc un discours *réacteur*, au sens étymologique de ce mot; il exprime et formule le réaction, ou plutôt *les réactions* immédiates à la Terreur, ainsi qu'à la dictature montagnarde et jacobine. Pour les mêmes raisons c'est un discours très émotionel et passionnel. Cela s'explique par ses enjeux politiques; n'oublions pas qu'à ce moment-là la vie même, les têtes de ceux qui sont désignés comme "terroristes" constituent l'enjeu de la politique.

En raison, peut-être, de ces deux caractéristiques réunies, relative pauvreté intellectuelle et surcharge passionnelle, le discours thermidorien sur la Terreur formule des paradigmes qui vont durablement marquer et encombrer la mémoire collective et, par contrecoup, influencer aussi l'historiographie de la Terreur. Autrement dit, on constate la persistance des schémas et des symboles élaborés pendant la période thermidorienne non pas seulement dans l'historiographie du

131

XIX$^e$ sièclc, mais on observe même aujourd'hui que les mêmes schémas resurgissent et les vieux démons se réveillent.

Il ne nous appartient pas de faire ici l'analyse détaillée des discours thermidoriens sur la Terreur; de même, il nous est impossible de passer en revue la masse de textes sur la Terreur et les terroristes (ou plutôt *contre* la Terreur et ses artisans) produits pendant la période thermidorienne. La parole et la presse ayant retrouvé, après leur étouffement sous la Terreur, une assez grande liberté, on assiste à un véritable déferlement de journaux, brochures, pamphlets, etc., dont le nombre et la virulence l'emportent trop souvent sur leur qualité. Nous nous contentons donc, tout au plus, de dégager quelques lignes directrices de ces discours, leurs clivages et écueils ainsi que de relever leurs fantasmes et impasses.

### Découvrir la Terreur

"Le silence fait sur des actes énormes n'est pas le trait le moins curieux de cette étrange époque. La France put souffrir de la Terreur, on peut dire qu'elle l'ignora— et Thermidor fut d'abord une délivrance; mais ensuite une découverte: on allait pendant les mois suivants de surprise en surprise."[2]

Cochin semble être assez étonné de cette "ignorance," feinte ou réelle, de la Terreur, vécue pourtant quotidiennement par le pays tout entier, Avec une intensité, certes, variable, en fonction des circonstances locales, la Terreur était omniprésente. Pas toujours sous la forme d'*"actes énormes"* de répression massive, mais certainement sous sa forme de cortège quotidien de contraintes et de persécutions, de délation et de "listes des suspects," de visites domiciliaires et de chicanes accompagnant la délivrance d'un certificat de civisme. Dans des milliers de villes et de bourgades s'exerçait le pouvoir, voire la domination, de ceux qui hier osaient à peine lever la voix et qui désormais composaient les comités de surveillance. Le *silence* sur les *réalités* de la Terreur fait pourtant partie intégrante du "système de Terreur" lui-même. Pour être plus précis: lors de la Terreur, on ne cesse de *parler d'elle publiquement* mais cette parole est monopolisée précisément par le *discours terroriste*. A la tribune de la Convention, dans les journaux, lors des réunions des sociétés populaires, etc., on n'arrête pas de fustiger les "ennemis de la Nation," de dévoiler les "conspirateurs" et leurs ignobles complots, de clamer contre toute indulgence. Le *Bulletin du Tribunal révolutionnaire* publie systématiquement des comptes rendus des procès ou plutôt des procédures de plus en plus expéditives; les listes des condamnés à la peine capitale constituent une rubrique quotidienne du *Moniteur*, suivant les comptes rendus des séances de la Convention et de celles des Jacobins. A Paris, et dans plusieurs autres villes, la guillotine fonctionnait toujours sur la place publique (tout au plus on l'avait déplacée du centre de la ville vers sa périphérie; ainsi à Paris on l'a retirée de la place de la Révolution pour la placer à la barrière du Trône renversé) et ces spectacles attiraient toujours leurs habitués. Il est pourtant évident que le discours jacobin sur la Terreur avait précisément comme fonction de la *légitimer* en la *sublimant*, occulter par sa rhétorique, son symbolisme et son exaltation les réalités hideuses de la Terreur au quotidien: les bruits des charettes transportant les condamnés, les coups secs de la guillotine, la saleté, la promiscuité et les maladies dans les geôles surpeuplées. La Terreur, c'était aussi le refoulement des peurs et des hantises qui travaillaient les esprits en profondeur et que l'on n'osait pas dire ouvertement. Inévitablement, ces peurs étaient amplifiées par les rumeurs et les fantasmes secrétés par la répression quotidienne.

Le 9 Thermidor n'était pas encore le "jour de la délivrance," et cela malgré les premières libérations, assez massives. La véritable délivrance ne pouvait se faire qu'avec la *libération de la parole*, lorsque les peurs accumulées et refoulées osèrent, enfin, se manifester, se *dire publiquement*, lorsque les souffrances et les atrocités devinrent l'objet des "révélations". Les premières de ces "révélations" ont été débitées à la tribune même des Jacobins "régénérés," au lendemain du 9-Thermidor. Ainsi Réal, qui venait d'être libéré de la prison du Luxembourg, a fait le récit de ses propres expériences et appela à dévoiler tous les crimes et souffrances engendrés par la Terreur.

> Pour bien détester le régime qui vient de finir, je crois qu'il est nécessaire de faire voir ses dégoûtants effets; c'est dans la peinture des maux que l'on faisait souffrir dans les prisons que l'indignation de bons citoyens doit trouver son aliment. Je laisse aux citoyens que la persécution avait plongés dans les différentes maisons d'arrêt le soin de faire connaître les horreurs dont ils ont été les témoins: pour moi, je vais dire ce qui se passait au Luxembourg. Je ne crois pas, comme on l'a dit dans certain rapport , que la *Révolution soit une vierge dont on ne doit pas lever le voile.*[3]

Ainsi "lever le voile" sur la Terreur, et partant sur la Révolution qui a perdu sa "virginité", faisait nécessairement partie du *processus de sortie* de la Terreur. Dire la vérité sur la face jusqu'alors cachée de la Terreur, c'était affirmer dans les faits l'émancipation de la peur paralysante que celle-ci avait secrétée. A travers les "révélations", le discours idéologique qui légitimait la Terreur, voire l'exaltait, ainsi que tout un répertoire symbolique de l'an II qui en était solidaire, étaient inévitablement confrontés avec les réalités, crues et brutales, du fonctionnement de la machine terroriste. Parmi toutes ces "révélations" qui ne cessaient d'affluer après le 9-Thermidor, un rôle tout spécial revenait aux grands procès contre les terroristes, à savoir aux procès du Comité révolutionnaire de Nantes et de Carrier ainsi qu'au procès de Fouquier-Tinville.

Nous n'avons pas à résumer l'histoire complexe de la Terreur à Nantes en hiver de l'an II, notamment de la mission de Carrier et de ses conséquences; contentons nous de rappeler quelques faits relatifs aux procès eux-mêmes.[4] Sous prétexte d'avoir découvert un "complot fédéraliste," le 24 brumaire an II le Comité révolutionnaire de Nantes dresse une liste de 132 notables et négociants "suspects"; deux jours plus tard, Carrier, en sa qualité de représentant en mission, contresigne l'ordre de leur arrestation et donne son aval à la décision de les déférer devant le Tribunal révolutionnaire à Paris. Le 7 frimaire, le convoi de 132 Nantais part à pied à Paris; ils n'y arrivèrent qu'après 40 jours de marche, et ils n'étaient plus que 97, en raison des conditions particulièrement éprouvantes de leur route, en plein hiver (trois personnes encore mourront de maladie dans les geôles parisiennes). A Paris, ils attendront leur procès dispersés dans diverses prisons.[5] Dans les journées suivant le 9-Thermidor, les Nantais ne font pas partie de ceux qui sont libérés sans autre procédure; leur procès s'ouvrira seulement dans les derniers jours de l'an II, le 22 fructidor. Entre-temps, Carrier fut révoqué le 14 pluviôse an II (le 8 février 1794) de ses fonctions à Nantes, après une mission qui avait duré plus de quatre mois et pendant laquelle la Terreur battait son plein. Le départ de Carrier et l'arrivée de nouveaux représentants (Bô et Bourbotte) fît exploser les contradictions accumulées pendant la période précédante et a provoqué un réglement de comptes. Le Comité révolutionnaire dénonça deux collaborateurs et complices de Carrier, Fouquet et Lamberty, qui lui servaient d'indicateurs; tous les deux étaient aussi directement responsables d'avoir organisé et exécuté les noyades. Ils ont été jugés et exécutés (d'ailleurs sous un tout autre prétexte). Cependant les nouveaux représentants décidèrent de sévir contre les membres du Comité révolutionnaire, accusés de vol, de concussion et d'actes arbitraires de violence. Arrêtés le 24 prairial, ils ont été envoyés à Paris, le 5 thermidor, pour comparaître devant le Tribunal révolutionnaire. Ainsi, le 9-Thermidor sauva les têtes à la fois de 94 notables nantais, des membres du Comité révolutionnaire et, peut-être, de Carrier lui-même, fort suspect aux yeux de Robespierre d'avoir pratiqué une Terreur "sale", indigne de la Révolution qui, certes, ne devait tolérer que la répression pure et vertueuse.

Le procès des 94 notables nantais se prolongea par d'autres procès qui, tous ensemble, se transforment en un énorme procès contre la Terreur et les terroristes à Nantes et, partant, contre la Terreur comme système de pouvoir. Les chefs d'accusation retenus contre les 94 Nantais étaient à peu près les mêmes que ceux qui avaient été formulés contre eux au cours de éhiver de l'an II: conspiration contre la République, adhésion ou assistance au fédéralisme, etc. A la fin de l'an II, avec la nouvelle conjoncture politique qui mettait *la justice à l'ordre du jour*, le procès prend un train surprenant: dès ses débuts, il se retourne contre le Comité révolutionnaire, contre ses pratiques terroristes voire contre la Terreur en général, et, par conséquent, contre Carrier, incarnant le pouvoir révolutionnaire, ce pouvoir illimité que le Convention lui avait délégué. Finalement, après 36 jours de procès, les 94 accusés furent tous acquittés et ce verdict a été accueilli avec enthousiasme par le public et la presse. Il appelait, comme suite inévitable, le procès du Comité révolutionnaire dont les crimes avaient été sans cesse dénoncés. Ainsi, dans une atmosphère surchauffée, s'ouvre le 23 vendémiaire an III (le 14.X.1794) le deuxième de ces procès en cascade, celui des quatorze membres du Comité révolutionnaire de Nantes. L'acte d'accusation, rédigé par Leblois, largement diffusé, en dizaines de milliers d'exemplaires, dans le pays tout entier, témoignait de la volonté du pouvoir thermidorien de donner au procès la plus grande publicité et d'en faire un cas exemplaire. En effet, cet acte se distingue par sa virulence:

> Tout ce que la cruauté a de plus barbare, tout ce que le crime a de plus perfide, tout ce que l'autorité a de plus arbitraire; tout ce que la concussion a de plus affreux, et tout ce que l'immoralité a de plus révoltant, compose l'acte d'accusation des membres du Comité révolutionnaire de Nantes. Dans les fastes les plus reculés du monde, dans toutes les pages de l'histoire, mêmes des siècles barbares, on trouverait à peine des traits qui puissent se rapprocher des horreurs commises par les accusés . . . Ces êtres immoraux sacrifiaient à leurs passions honneur et probité . . . La terreur précédait leurs pas, et la tyrannie siégeait au milieu d'eux . . . La Loire roulera toujours des eaux ensanglantées, et le marin étranger n'abordera qu'en tremblant, sur les côtes couvertes des ossements des victimes égorgées par la barbarie, et que les flots indignés auront vomis sur ce bord. . . Des victimes innocentes, des enfants sortant à peine des mains de la nature, étaient désignés par ces nouveaux Caligula.[6]

La violence verbale de l'accusateur public, Leblois, était digne de la tradition de l'institution, et rappelait curieusement le ton et la rhétorique de son prédécesseur, Fouquier-Tinville, qui attendait, dans la prison, son propre procès. Le 23 vendémiaire s'ouvre donc le deuxième procès, celui des 14 membres du Comité révolutionnaire de Nantes. Dès le premier jour, les accusés adoptent une stratégie, plus ou moins concertée: rejeter la responsabilité de plusieurs actes criminels, notamment des noyades, sur les acolytes de Carrier, déjà exécutés; relativiser le sens d'autres actes, considérés aujourd'hui comme criminels, en les rapportant aux circonstances de la guerre de la Vendée dans lesquelles ils avaient été commis. Cependant l'argument principal qu'ils avançaient à leur décharge, concernait Carrier: ils n'étaient que des exécuteurs de ses ordres lorsqu'il disposait des pouvoirs illimités, en sa qualité de représentant en mission. Face aux témoignages sur les horreurs de la Terreur, les accusés demandaient la comparution de Carrier; les tribunes ne restent pas indifférentes: chaque jour s'élèvent des cris *Carrier! Vengeance!*

Le 9 brumaire, la Convention décrète une procédure assez complexe relative à la mise en accusation d'un député; le lendemain est désignée, par un tirage au sort, une commission des 21 membres pour statuer sur le cas Carrier. Ainsi s'ouvre le troisième acte de l'affaire de Nantes: le 21 brumaire, la commission dépose, finalement, son rapport concluant "qu'il y a lieu à accusation contre le représentant du peuple Carrier". Carrier aura droit de présenter à l'Assemblée, dans une atmosphère très tendue, sa longue défense; entre-temps une masse de pamphlets attaquent à la fois Carrier et les Jacobins, accusés de vouloir le soustraire à la justice (le soir même du 21 brumaire, le club des Jacobins, rue Saint-Honoré, est attaqué par la "jeunesse dorée"; le lendemain les rixes se répètent et sous ce prétexte la Convention décide de suspendre les séances de la Société et de fermer la salle). Le 3 frimaire, la Convention se prononce à l'unanimité pour la mise en accusation de Carrier (sur 500 votants, 498 voix pour le décret d'accusation et deux *oui* conditionnels). Carrier est arrêté sur le champ et, finalement, le 7 frimaire prend sa place sur le banc des accusés devant le Tribunal révolutionnaire. Ainsi s'ouvre le dernier acte de cet interminable procès qui se prolonge jusqu'au 26 frimaire, quand tombe le verdict: Carrier ainsi que deux membres du Comité révolutionnaire sont condamnés à mort et guillotinés le même jour (le Tribunal a reconnu coupables de plusieurs crimes et atrocités les autres coaccusés tout en les faisant jouir de la "clause intentionnelle", constatant qu'ils n'avaient pas commis ces actes avec des "intentions criminelles et contre-révolutionnaires").

Il nous semblait utile de rappeler cette chronologie pour donner une idée de l'ampleur de ces procès en chaîne et, partant, du poids des révélations qu'ils apportaient. Pendant cent jours, des centaines de témoins ont défilé devant le Tribunal; les comptes rendus des séances ont été publiés dan le *Bulletin du Tribunal révolutionnaire* mais aussi dans le *Moniteur* et dans la plupart des journaux. Autrement dit, pendant 100 jours le pays tout entier a été littéralement bombardé par des révélations dont la portée dépassait largement les jours tragiques de l'hiver de l'an II à Nantes.

Il nous est impossible de reprendre ici le tableau des horreurs qui étaient étalées pendant ces 100 jours. Deux images reviennent tout au long des audiences et deviennent les symboles de la Terreur à Nantes. L'une, que nous avons déjà évoquée, est celle de la Loire ensanglantée, couverte de cadavres, roulant ses eaux empoisonnées par des corps décomposés. La forme stéréotypée de cette image est consignée dans le célèbre livre de Prudhomme, qui pendant plusieurs générations alimenta la mémoire collective.

> Un homme digne de foi assura que pendant long-temps, et dans une étendue de dix-huit lieues, la Loire était, depuis Saumur et jusqu'à Nantes *toute rouge de sang*. Enflée par la foule immense de cadavres, qu'elle roulait avec ses flots, elle portait l'épouvante à l'Océan; mais tout à coup une marée violente repousse jusque sous les murs de Nantes ces affreux monuments de tant de cruauté. Toute la surface du fleuve est couverte de membres flottant çà et là que se disputent avec acharnement les poissons voraces qui les déchirent. Quel spectacle pour les Nantais. . . qui s'interdisent l'usage de l'eau et des poissons.[7]

L'autre image globale, est celle d'une ville prospère d'environ 80.000 habitants, complètement terrorisée, devenue la proie des "buveurs de sang" et des voleurs, de la lie du peuple prenant sa revanche sur les "honnêtes gens". La peur s'est abattue sur la ville comme une chape de plomb.

> On ne saurait trop le répéter, la terreur était à l'ordre du jour; cette ville a été frappée de la stupeur la plus accablante; tel qui se croyait innocent le soir, n'était pas sûr d'être reconnu tel le lendemain; il serait difficile de peindre l'inquiétude, l'anxiété des mères, des épouses, lorsqu'elles entendaient le roulement des voitures, dans leurs quartiers, à huit heures du soir; il leur semblait qu'elles et leurs maris allaient être arrachés à leurs foyers pour être plongés dans les cachots (déposition de Lanette, médecin de Charité à Nantes).

Le nombre de personnes arrêtées est "incalculable"; le Comité "a fait incarcérer presque tous ceux qui avaient de la fortune, des talents, des vertus, de l'humanité" (déposition de Thomas, officier de santé). Les prisons, d'où on ne sortait que pour être noyé ou fusillé, n'étaient qu'autant de mouroirs:

> Ayant reçu l'ordre de la commission militaire d'aller constater la grossesse d'un grand nombre de femmes détenues à l'Entrepôt, je trouvais une grande quantité de cadavres épars çà et là; je vis des enfants palpitants ou noyés dans des baquets plein d'excréments. Je traverse des salles immenses; mon aspect fait frémir les femmes; elles ne voyaient d'autres hommes que leurs bourreaux . . . Je constatais la grossesse de trente d'entre elles; plusieurs étaient grosses de sept à huit mois; quelques jours après, je reviens l'âme brisée de douleur, ces malheureuses femmes étaient précipitées dans les flots (déposition de Thomas).

Le fleuve ensanglanté, encombré de cadavres, évoque, bien entendu, les noyades, les "déportations verticales", dont la découverte et la dénonciation constituent une des grandes révélations du procès. Elles ont été décrites avec une abondance de détails, pour ainsi dire, "techniques", concernant leur préparation et exécution. Le nombre de ces noyades ainsi que le nombre exact de victimes variaient d'une déposition à l'autre mais le Tribunal s'efforça peu de vérifier les données. Certes, pour les historiens ces estimations aussi approximatives que contradictoires posent jusqu'à aujourd'hui des problèmes presque insolubles; dans l'esprit des contemporains l'emporte le tableau global du crime, de son immensité, les images des gabares coulées avec leur cargaison: femmes et enfants, prêtres et "brigands vendéens". La Terreur a pris à Nantes une dimension exceptionelle; ses réalités, notamment les "grandes mesure", les noyades et les fusillades, étaient particulièrement atroces et hideuses. Or, les procès en cascade des 94 Nantais, du Comité révolutionnaire et de Carrier, y ajoutent tout un imaginaire fantasmatique secrété par le Terreur. Le procès-monstre devient, pour ainsi dire, le lieu privilégié d'un défoulement collectif; les comptes rendus des audiences contribuaient à leur tour à la production et à la diffusion de ces fantasmes. Les dépositions respirent la peur et la haine conjuguées; il est assez souvent impossible de séparer les faits des fantasmes qui ont traumatisé la mémoire individuelle et collective. Ainsi en est-il de célèbres "mariages républicains" qui étaient évoqués dès les premiers jours des procès. Les témoignanges changeaient d'une déposition à l'autre et les récits connaissaient plusiers variantes: les bourreaux dépouillaient les hommes et les femmes, et les attachaient, tous nus, deux à deux, un homme et une femme, par les bras et les poignets, les faisaient monter sur le bateau où ils étaient assomés avec des bâtons, et, ensuite, poussés dans la Loire; selon d'autres versions, on attachait un vieillard à une vieille femme, un jeune homme à une jeune fille; on les laissait, tous nus, dans cette attitude pendant une heure, en les injuriant et en se livrant à des obscénités, pour les sabrer ensuite et jeter les corps dans la Loire. Ainsi, à la cruauté des bourreaux s'ajoutait leur perversité, la délectation de l'obscène et du scabreux. D'où également les dépositions sur leurs "orgies", notamment sur celles de Carrier qui aurait disposé de tout un "sérail", et choisissait des femmes qu'il "sacrifiait à sa lubricité". Quand il en était "rassassié il les faisait guillotiner" (déposition de Phelippes Tronjolly).

L'impact particulier des révélations sur la Terreur à Nantes tenait, certes, aux récits sur les "grandes mesures" et "l'horreur à l'ordre du jour". Mais il tenait aussi au fait que les comptes rendus des audiences parlaient aussi, au long de centaines de pages, de la terreur "ordinaire", quotidienne. En effet, à travers les dépositions, le discours sur la Terreur ainsi que les images qu'il véhiculait, se répartissaient, pour ainsi dire, sur deux niveaux. D'une part, c'est l'histoire de "grandes mesures", celles précisément qui font à la fois l'horreur et la particularité de la Terreur à Nantes. Mais, d'autre part, ces mêmes témoignages évoquent sans cesse la Terreur pour ainsi dire ordinaire, les actes d'exaction et de répression les plus communs et les plus répétitifs qui n'étaient guère particuliers à Nantes: les geôles surpeuplées; les délations et les rançonnements exercés par les comités de surveillance à l'encontre des suspects (ou encore de ceux qui n'étaient que "suspects d'être des suspects"), et cela à l'occasion de demandes de délivrance d'un simple certificat de civisme; des taxes "révolutionnaires" abusives; des petits vols commis à l'occasion d'une visite domiciliaire nocturne qui, nécessairement, passe par la fouille soigneuse de la cave, etc. Nous parlions de deux registres du discours dévoilant la Terreur; or, entre les deux s'installe une sorte de correspondance qui lui assure un formidable impact sur les esprits. En effet, les vexations, les brimades et les abus inséparables de la Terreur "ordinaire" connaissaient, un peu partout, un effet extraordinaire d'agrandissement grâce à l'éclairage projeté par le récit sur les horreurs à Nantes. "Les grandes mesures" leur donnaient un tout autre sens, amplifiaient les peurs, le souvenir des dangers courus et, partant, la haine et la volonté de vengeance. La Terreur à Nantes n'avait-elle pas démontré que chacune des innombrables vexations, subies un peu partout en France, aurait pu devenir le point de départ d'une chaîne de violence et de répression débouchant sur une noyade ou un autre massacre? Et tous ces milliers de membres des comités révolutionnaires qui, à travers le pays tout entier, n'ont pas résisté à la tentation de tirer ne serait-ce qu'un petit avantage de leur nouveau pouvoir ou bien de manifester leur morgue à l'égard des notables locaux, des "riches" et des "accapareurs", n'étaient-ils pas tous, virtuellement, autant de bourreaux à l'instar des "noyeurs" de Nantes? Ainsi le récit sur la Terreur à Nantes ne provoquait pas seulement la répulsion à l'égard des crimes commis ailleurs; par son entremise s'accomplissait aussi l'identification avec les victimes nantaises de tous ceux qui avaient été lésés, plus ou moins, par la Terreur dans la pays tout entier.

Le procès de Fouquier-Tinville et de ses coaccusés a fait découvrir d'autres faces cachées de la Terreur. C'était également un procès monstre: sur le banc des accusés se sont retrouvés tous les substituts de Fouquier ainsi que des membres du Tribunal révolutionnaire qui en faisaient partie après le 22 prairial (plusieurs membres de cet ancien Tribunal avaient été déjà exécutés le 10 et le 11 thermidor, et Fouquier lui-même s'est alors chargé de la procédure expéditive de leur condamnation . . .). Les audiences ont duré 39 jours (du 8 germinal au 17 floréal an III), dans une salle archicomble; le public manifest a bruyamment sa haine contre les accusés; plus de 400 témoins furent entendus (comme lors du procès de Carrier, certains témoins à décharge furent arrêtés à l'audience même et joints aux accusés). Le procès a dévoilé surtout le fonctionnement de la justice terroriste, son caractère arbitraire; les condamnations de personnes innocentes, sans aucune preuve; la manipulation de audiences et des débats (notamment pendant le procès des dantonistes); la fabrication de fausses preuves et de conspirations imaginaires (notamment la fameuse "conspiration des prisons"); mépris des lois et leur violation (notamment les condamnations de femmes enceintes). Tous ces crimes ont été commis avec le consentement des membres des anciens Comités de salut public et de sûreté générale, notamment de Robespierre, de Saint-Just et de Couthon. Ainsi, le procès devait être celui de la Terreur comme système de pouvoir. Son impact sur l'opinion publique fut incontestable mais, peut-être, moins important que celui de procès de Carrier. En effet, le procès de Fouquier a lieu relativement tard, quand la chasse aux jacobins et aux terroristes bat déjà son plein (des rumeurs circulaient d'ailleurs que le procès avait été retardé par des conventionnels influents qui craignaient les papiers compromettants en possession de Fouquier); le Tribunal révolutionnaire était, de toute façon, l'institution terroriste la plus connue et la plus détestée. Sans entrer dans les détails de ce procès, retenons surtout ces aspects de la défense de Fouquier qui faisaient découvrir le fonctionnement de la Terreur, pour ainsi dire, "d'en haut", en complétant ainsi les révélations sur son fonctionnement "en bas", à Nantes.

Dans ses mémoires justificatifs ainsi que pendant les audiences, Fouquier refusa avec force, en se servant de sa logique juridique implacable, d'assumer une quelconque responsabilité personnelle pour les crimes et délits qui lui étaien imputés par l'acte d'accusation. Il ne faisait que son devoir, en exécutant les lois votées par la Convention ainsi que les ordres des Comités qui étaient l'émanation de l'Assemblée et incarnaient le pouvoir révolutionnaire.

> J'ai démontré qu'organe de la loi révolutionnaire, je devais au désir de cette même loi rendre compte et prendre les ordres du Comité de salut public, en qui alors résidait et était déléguée la plénitude des pouvoirs; que je n'avais pu me dispenser sous aucun prétexte d'exécuter ses arrêtés et ceux du Comité de sûreté générale, comme les lois émanées de la Convention, qu'en tout j'avais suivi, et m'était ponctuellement conformé aux uns et aux autres,. . . que la rigueur de mes fonctions m'avait nécessairement donné pour ennemis tous les ennemis de la chose publique.[8]

Ainsi les machinations qui lors du procès de Danton avaient privé les accusés de tout moyen de défense, l'invention de la "conspiration de prisons" ainsi que la procédure expéditive pratiquée lors de "grandes fournées", groupant sur le banc des accusés des personnes qui ne se connaissaient même pas, toutes ces pratiques, jugées aujourd'hui ignobles, avaient été introduites sur des ordres directs des Comités. Fouquier s'attribuait même le mérite d'avoir plaidé la clémence et le respect

des normes juridiques devant ces Comités. En définissant le système de gouvernement et de justice révolutionnaires, Fouquier recourait souvent aux métaphores
empruntées à la mécanique. C'était une "machine" et lui, Fouquier, n'en était
qu'un simple "rouage" dont le fonctionnement dépendait des forces et principes
régissant le tout.

> Ne perdez pas de vue, Citoyens, que je n'étais qu'un rouage mobile et soumis à l'action du ressort
> de la mécanique du gouvernement révolutionnaire. Le ressort était-il trop violent? C'était au gouver-
> nement, à la Convention même à l'arrêter; moi, je ne pouvais que recevoir l'impulsion et la rendre
> avec la même force. Dois-je être responsable de la rigueur et de l'atrocité même, si vous voulez, de
> la loi du 22 prairial, lorsque je n'en pouvais être que le passif exécuteur? Est-ce moi qui faisais les
> loix? est-ce moi qui ai fait le choix des juges et des jurés?

Un de ses coaccusés, précisément un juré du Tribunal, a trouvé, pour exprimer
la même idée, une métaphore moins sophistiquée mais encore plus expressive:
"Comment peut-on me savoir mauvais gré d'avoir été juré? *Je n'étais que la hache
et l'instrument dont on se servait; je crois qu'on ne peut faire le procès à une
hache.*"[9] Déjà Carrier, dans sa défense, mettait l'accent sur la *responsabilité collective*, celle de la Convention tout entière, pour les actes dont il était accusé. Il n'avait
qu'exécuté les ordres et, en outre, il informait régulièrement la Convention de ses
activités et tous ses rapports n'ont trouvé que des louanges. Fouquier adopte la
même stratégie de défense en la poussant encore plus loin. Il refusait toutes les
accusations d'avoir conspiré avec Robespierre; ses ordres venaient des Comités et
étaient conformes aux intentions de la Convention tout entière, voire du peuple
tout entier. Preuve en est que *personne n'a protesté* avant le 9-thermidor contre
les actes dont on le rend maintenant responsable.

> On me reproche d'avoir mis en jugement un trop grand nombre d'accusés; je réponds avec vérité que
> telle était l'intention des deux Comités de salut public et de sûreté générale, et cette intention se
> prouve par la remise que je leur faisais chaque jour de la liste des jugements rendus, et si telle n'eût
> pas été l'intention des deux Comités, ils n'auraient pas manqué de prendre un arrêté contraire à cet
> égard qui me prescrivit une autre marche; je peux même avancer avec certitude que telle était
> l'intention de la *Convention et du public*, puisque personne n'a jamais réclamé dans la Convention
> ni ailleurs avant le 9 thermidor.[10]

Nous aurons à revenir sur cette stratégie; contentons nous de souligner ici qu'elle
était, en quelque sorte, dictée par la logique même des procès qui, tout en mettant
à nu les *réalités* de la Terreur esquivaient la question: *pourquoi la Terreur?* en lui
substituant une autre: *qui en est responsable et, du coup, mérite le juste châtiment?*

### Châtier les coupables

Les grands procès que nous venons d'évoquer ont eu comme conséquence l'accélération de la chasse aux responsables de la Terreur, à la fois dans la Convention et
en dehors d'elle. Ainsi ces effets accélérateurs des procès du Comité révolutionnaire de Nantes et de Carrier se sont traduits, comme nous l'avons dit, par la
fermeture des Jacobins ainsi que par la reprise de la dénonciation des membres des
anciens Comités: Barère, Billaud-Varenne, Collot d'Herbois et Vadier, procédure
qui débouchera sur leur mise en accusation (7 nivôse an III). Les procès sont donc
inséparables du contexte politique dans lequel ils s'inscrivent, et notamment du
débat sur la Terreur, sur les mesures à prendre pour liquider ses séquelles et,

surtout, afin de prémunir la République, une fois pour toutes, du risque de son retour.

Après le 9-Thermidor, en fonction de l'évolution de la situation politique et de l'apparition des clivages et conflits parmi les vainqueurs, se cristallisent assez rapidement deux interprétations principales de la Terreur, qui vont s'affronter au cours de ce débat. Ou plutôt, pour être plus précis, ces interprétations de la Terreur, de ses origines et de ses fonctions, font partie de l'arsenal idéologique d'où puisent leurs armes les protagonistes de la lutte politique de plus en plus acharnée. Dire que l'histoire est ainsi mise au service de la politique, que l'appréciation du passé a une fonction purement instrumentale, serait, certes, juste et pourtant anachronique. En effet, la réflexion sur la Terreur n'a guère encore acquis une autonomie suffisante par rapport au présent, aux passions et intérêts politiques qui s'affrontent. Pendant les quelques mois qui suivent le 9-Thermidor les interprétations du phénomène terroriste font tout simplement partie du *discours politique*, au sens le plus restreint de ce terme. La Terreur n'est point un phénomène qui a sombré dans l'oubli, elle n'est guère analysée par des historiens qui s'érigent en "juges impartiaux" du passé. Ce sont les acteurs politiques, les artisans de la Terreur, qui se déchirent, se dénoncent et rejettent les uns sur les autres les responsabilités. Le débat, nécessairement confus, a lieu dans l'atmosphère de plus en plus empoisonnée de la politique thermidorienne et chaque argument sert de flèche, elle-même empoisonnée. Le spectre de la Terreur n'a point disparu: son retour semble être un danger bien réel et, du coup, réveille toutes les haines et hantises. Chaque nouvelle révélation sur le passé aiguise les passions, appelle des vengeances.

Nous n'avons pas à faire l'histoire de ce débat au cours duquel se forment progressivement deux attitudes opposées: soustraire la Terreur à la Révolution, comme une sorte de monstruosité qui s'est glissée dans la marche ascendante de celle-ci, ou bien accepter la Révolution comme un bloc, dans une vision plus ou moins fataliste du changement révolutionnaire dont les "circonstances" incontournables ont déterminé le cours des événements, la Terreur y compris. Suivre tous les méandres de ce débat reviendrait à faire l'histoire des débats et luttes politiques thermidoriens. Retenons, tout au plus, ses étapes principales en s'efforçant de dégager, dans la mesure du possible, les témoignages et les ammorces d'une réflexion, plus ou moins approfondie, des flots de dénonciations et d'injures.

Constatons d'abord que c'est un débat *thermidorien* et entre des *thermidoriens*, dans ce sens qu'aucun de ses protagonistes ne veut revendiquer pour lui la responsabilité de la Terreur et que tous ensemble acceptent la "révolution du 9 thermidor" comme une époque glorieuse et bénéfique à la Révolution. Personne non plus ne prend la défense de Robespierre et de ses acolytes et ne songe à les décharger de leurs responsabilités de la politique terroriste. Il faudra attendre les années trente du XIX$^e$ siècle pour que commence à se profiler l'idée que Robespierre lui-même, au lendemain de la fête de l'Etre suprême, aurait voulu restreindre la Terreur, voire y mettre fin. Pour les contemporains il n'est pas question de blanchir Robespierre et, pour reprendre les paroles de Quinet, de "représenter cette figure sans la hache".[11] Rappelons également que la première réponse à la question *pourquoi la Terreur* a été fournie la nuit même du 9 au 10 thermidor dans les appels solennels de la Convention ainsi que sous la forme de rumeur fabriquée et diffusée par le

Comité de sûreté générale: Robespierre a été un tyran; il a mis en oeuvre la Terreur pour s'emparer du pouvoir absolu et rétablir la royauté en se proclamant lui-même roi.[12] Rumeur qui ne répondait qu'aux besoins les plus urgents du moment; justifier la "journée" du 9-thermidor et compromettre Robespierre. A plus long terme, cette assimilation de la Terreur à une simple machination royaliste ne répondait plus à l'évolution de la situation politique, aux nouveaux clivages et conflits (cela dit, aussi aberrante qu'elle soit, cette assimilation ne disparaît pas complètement; elle renaît sous plusieurs formes et nous aurons à y revenir).

Comme nous l'avons dit, le débat sur la Terreur prend, pendant la période thermidorienne, le tour d'attaques personnelles, où les invectives succèdent aux injures. Or, paradoxalement, il s'ouvre par deux discours qui semblent faire abstraction de tout problème personnel et inciter à une réflexion sur les mécanismes de la Terreur comme phénomène politique. Nous pensons notamment au discours de Fréron sur la liberté de la presse et à celui de Tallien sur la justice "à l'ordre du jour". Ces discours se succèdent en l'espace de deux jours (respectivement le 9 et le 11 fructidor) et sont, à première vue, d'autant plus surprenants qu'ils viennent de deux personnages qui non seulement affichent ostensiblement le revirement de leurs positions politiques mais qui prônent partout la nécessité de dénoncer et de punir les *individus* responsables de la Terreur.

Fréron ouvre son discours par l'éloge du 9-thermidor et son importance exceptionnelle dans cette "immense chaîne d'événements accomplis en France dans le court espace de cinq années, et qui tous occuperons des siècles sous le nom général de *révolution française*". Le 9-Thermidor, cette révolution dans la révolution, était la plus difficile à accomplir, car l'ennemi était le plus perfide, en se dissimulant sous le masque de patriotisme ardent. Maintenant, que "la tyrannie de Robespierre est connue", la Convention doit "mettre parmi ses devoirs celui de faire connaître les moyens par lesquels Robespierre avait usurpé la tyrannie. C'est un grand exemple et une grande leçon pour tous les législateurs et pour tous les peuples de la terre." Or, la tyrannie de Robespierre formait "un système artistement gradué. . . Il avait entrepris, sous le prétexte du gouvernement révolutionnaire, de mettre la Convention au-dessus des principes, les deux Comités au-dessus de la Convention, le Comité de salut public au-dessus du Comité de sûreté générale, et lui seul au-dessus du Comité de salut public." A cela s'ajoutait le pouvoir despotique qu'il exerçait aux Jacobins: "Dans cette Société de frères et d'amis, d'un geste ou d'un mot il faisait rayer de la liste des Jacobins et . . . celui qui était rayé de cette liste l'était bientôt de la liste des vivants." Or, la suppression de la liberté d'expression et notamment de celle de la presse était la pièce angulaire de la tyrannie. "Le tyran avait étouffé en même temps la liberté des discussions par laquelle la Convention aurait pu le dénoncer à la nation, et la liberté de la presse, par laquelle la nation l'aurait dénoncé à la Convention. . . Si la presse était restée libre. . . les horreurs commises dans les prisons auraient été mises sous les yeux d'une nation sensible." Cependant, même Robespierre n'a pas osé dire ouvertement: "il n'est plus permis d'imprimer" et aucune loi qui supprimait la liberté de la presse n'a été arraché à la Convention. Cela dit, les travaux auxquels doit maintenant se livrer la Convention afin d'achever la Révolution et de perfectionner le système représentatif demandent le retour aux principes fondateurs de la Révolution et tout particulièrement à celui de la liberté de la presse. Or, ce principe ne souffre aucun régime provisoire. "La liberté de la presse n'existe pas si elle *n'est pas illimitée; toute borne en ce genre est un anéantissement.* Qu'aujourd'hui même cette source de lumières qui jaileit incessamment de la liberté de la presse soit donc rouverte, et sur ce sanctuaire des lois et sur toute l'étendue de la république." En s'exclamant pathétiquement: "la liberté de la presse ou la mort!", Fréron demande donc à la Convention de confirmer solennellement, dans un décret spécial, la liberté illimitée de la presse, principe qui résume en lui seul la grande leçon à tirer de l'expérience cruelle de la Terreur.[13]

Comme nous l'avons dit, deux jours plus tard la Convention a eu droit à un autre discours magistral sur les mécanismes de la Terreur, celui de Tallien. Une thèse guide son analyse: la Terreur ne se résume pas dans une série d'exactions, crimes et horreurs; elle forme un *système de gouvernement* et Robespierre a mis "ce système en pratique". Comprendre ce système, c'est l'analyser dans ses rapports multiples: avec le *gouvernement révolutionnaire*; avec la *peur* qu'il secrète et sur laquelle il repose; enfin, avec la dynamique de la *répression* qu'il engendre.

Le problème clé, c'est répondre à la question: "ce qui est révolutionnaire, sans être tyrannique" et, du coup, de "déterminer nettement ce qu'on entend par gouvernement révolutionnaire. . . Entend-on, par gouvernement révolutionnaire un gouvernement *propre à achever la révolution ou bien agissant à la manière de la révolution".* Confondre ces deux sens, c'est prendre le risque grave de dénaturer la Révolution elle-même. Un acte révolutionnaire, "c'est le mouvement de retourner en dessus ce qui était en dessous"; malgré sa violence un tel acte n'est pas pourtant arbitraire car "c'était une bataille ouverte et le peuple ne pouvait agir que pour la liberté". Il en est tout autrement d'un gouvernement installé pour achever la révolution, il ne peut, en aucun cas, "continuer à traiter la France comme un champ de bataille. . . *Une tyrannie, même passagère ne peut être comprise parmi les moyens d'établir la liberté,* puisque pour l'exercer sûrement et impunément un an, un mois, un jour, elle a besoin d'être, au moins pendant cet intervalle, au-dessus de toute opposition."

La Terreur, comme système de pouvoir, menace et punit les gens pour ce *qu'ils sont* et non pas pour *ce qu'ils ont fait*; du coup, en introduisant le concept de "classes suspectes", elle substitue *l'arbitraire à la justice,* à l'Etat de droit. L'allusion à la loi des suspects était par trop transparente; du coup, Tallien repousse le début de la Terreur en la datant, au moins, de septembre 1793, et non pas de la loi du 22 prairial, comme l'affirmaient les déclarations officielles des Comités. D'ailleurs, affirme Tallien, contrairement aux allégations du pouvoir terroriste, la Terreur ne s'exerçait jamais uniquement contre les "classes suspectes", car "*il faut que la terreur soit partout, où qu'elle ne soit nulle part. . .* Le système de la terreur suppose l'exercice d'un pouvoir arbitraire dans ceux qui se chargent de la répandre. Il suppose aussi le pouvoir absolu. . . Le système de la terreur suppose le pouvoir le plus concentré, le plus approchant de l'unité et tend nécessairement à la royauté." Ainsi sous ce "système", la France a été divisée en "*deux classes: celle qui fait peur et celle qui a peur, en persécuteurs et persécutés.*" Le gouvernement ne peut faire régner la Terreur sans une peur généralisée, embrassant la société tout entière et en menaçant tout le monde d'une seule peine, la mort, "pour toute espèce d'action, et même pour l'inaction." Système de peur généralisée, qui en appelle un autre, celui de suspicion et de délation. "Il faut placer sous chaque pas un piège, dans chaque maison un espion, dans chaque famille un traître, sur le tribunal des assassins." Le système de la Terreur engendre ainsi sa propre dynamique, il aspire inévitablement à se perpétuer. "Comment ne pas craindre des vengeances après avoir commis tant de crimes? Comment ne pas profiter de la tyrannie, pour perpétuer la tyrannie?" Ainsi, le gouvernement, "agence de la terreur", est réduit à trembler lui-même; en fin de compte personne n'échappe à la peur. Or, maintenant, c'est le règne de la justice qui devrait s'installer et s'exercer pleinement pour mettre définitivement fin au système de la Terreur; la "journée mémorable" du 9 thermidor a ouvert cette nouvelle voie.[14]

Ces deux discours, *lus hors de leur contexte*, semblent annoncer une analyse de la Terreur considérée précisément comme "système politique". On est même frappé par leur caractère volontairement abstrait: aucun nom, sauf celui de Robespierre, n'est évoqué; les décrets proposés se contentent de généralités: confirmer solennellement la liberté de la presse ainsi que la justice comme principes de gouvernement. Cependant, au moment où ils furent prononcés, ces deux discours ne pouvaient être ni lus ni entendus hors contexte. Leur objectif était moins de s'attaquer au "système" et à ses fondements que de préparer, par des observations assez pertinentes mais volontairement très vagues, une attaque frontale contre des *personnes responsables* de ce système, de déclencher la chasse aux coupables. Autrement dit, ces analyses de la Terreur qui *pour nous*, deux siècles plus tard, conservent encore un intérêt certain, ne serait-ce que comme témoignage de deux artisans de la Terreur qui "ont fait peur et avaient eux-mêmes peur", ces réflexions n'étaient pour les contemporains qu'un écran de fumée qui masquait une intrigue, une manoeuvre politique. En effet, déjà les personnalités de *ceux qui parlent* suscitent une méfiance profonde. Aucun d'eux n'a manifesté dans le passé un penchant pour ce genre de réflexion "philosophique". Fréron était l'auteur d'une feuille incendiaire, appelant à la Terreur; la répression terroriste, il l'a mise en oeuvre sans scrupule, sous une forme sanguinaire, en massacrant Toulon. Tallien était le type même de représentant en mission corrompu, qui, entouré de toute une cour, n'hésitait ni à envoyer à la guillotine des "conspirateurs" ni à trafiquer la vie ou la liberté des "suspects". Ainsi, leurs dénonciations globales de la Terreur passaient habilement sous silence leur propre passé terroriste. Les deux discours amorçaient le *revirement politique* que leurs auteurs vont accentuer de plus en plus dans les mois à venir. Ainsi deviendront-ils des modèles de "transfuges de la guillotine," pour reprendre l'expression de Quinet, de cette figure nouvelle tellement caractéristique de l'espace politique thermidorien. Leurs discours ont suscité d'autant plus de méfiance que leurs *vrais objectifs tactiques* étaient livrés par deux pièces corollaires. Aucune n'était signée ni par Tallien ni par Fréron, mais, curieusement, elles coïncidaient, à un jour près, avec leurs observations générales sur la Terreur. En effet, le 9 fructidor est publié un pamphlet dont le titre, *La queue de Robespierre*, s'inspirait de l'anecdote circulant à Paris et selon laquelle Robespierre, avant sa mort, aurait dit: "Vous pouvez me couper la tête mais je vous ai laissé ma queue." Signé Felhémesis, la brochure nommait ceux qui formaient la "queue" de ce reptile sanguinaire: Barère, Collot d'Herbois, Billaud-Varenne, membres du Comité de salut public *avant* le 9 thermidor, et qui continuaient à en faire partie *après* la "grande révolution".[15] Le pseudonyme était par trop transparent et personne ne doutait que derrière lui se cachait un journaliste au service de Tallien. Tallien lui-même a prononcé son discours immédiatement après l'annonce par Lecointre, député de Versailles, de son intention de dénoncer le lendemain "sept de nos collègues, dont trois membres du Comité de salut public et quatre de celui de Sûreté générale, à savoir Billaud-Varenne, Collot d'Herbois, Barère, Vadier, Voulland, David" (donc, à peu près, les mêmes que ceux visés par la *Queue de Robespierre*). Lecointre était un homme facilement influençable et de nouveau il ne faisait aucun doute que derrière lui se cachaient Tallien et Fréron.

La dénonciation de Lecointre était mal préparée et documentée; très chaotique, elle mélangeait des accusations très globales et des faits ponctuels. Sommairement on pourrait résumer ses accusations en les classant en quatre groupes. Ainsi Lecointre denonçait les sept membres des Comités comme les artisans du système de la Terreur dans son ensemble ("d'avoir couvert la France de prisons, de mille bastilles; d'avoir rempli de deuil la république entière par l'incarcération injuste et même sans motif de plus de cent milles citoyens"); d'avoir été autant de complices de Robespierre dans la "tyrannie et l'oppression" exercées sur la Convention ("d'avoir étendu le système de terreur et d'oppression jusque sur les membres de la Convention nationale", en lui imposant, notamment, la loi du 22 prairial, après avoir anéanti toute liberté d'opinion dans l'Assemblée); d'avoir retardé la délivrance de la Convention de la tyrannie de Robespierre (ils étaient responsables de leur "silence coupable" sur les agissements de Robespierre et, surtout, de n'avoir pris toutes les mesures "énergiques" dans la nuit du 8 au 9 thermidor); d'avoir ordonné ou couvert de nombreux abus dans le fonctionnement du Tribunal révolutionnaire (le procès de Danton; outrages aux normes juridiques; invention de la "conspirations des prisons"; recours aux "hommes débauchés").

Ainsi, à travers des réflexions par trop générales et allusives, complétées par des attaques concentrées sur des personnes précises, s'esquissait, un mois après le 9-Thermidor, une stratégie dans la lutte pour le pouvoir, qui exploitait très habilement toutes les haines accumulées pendant la Terreur. Au discours sur la Terreur elle assignait des fonctions bien spécifiques. Le 9-Thermidor *n'a pas fermé* le dossier de la Terreur mais, au contraire, ne l'a qu'entrouvert. Ainsi, faut-il distinguer les *vrais* et les *faux* héritiers du 9-Thermidor. Ouvrir ce dossier, c'est, certes, dire toute la vérité, cruelle et atroce, sur la Terreur, mais c'est surtout distinguer de la "queue de Robespierre" ceux qui après avoir coupé la tête au monstre s'apprêtent maintenant à écraser sa "queue". C'est aussi distinguer ceux qui ont subi la Terreur de ceux qui *l'ont fait subir*, en commençant par les Comités et les Jacobins. Ainsi les deux grands "points de ralliement" que l'après-thermidor a mis à l'ordre du jour, la justice et la liberté de la presse, se recoupent et se complètent dans une action commune: *dénoncer* les coupables et les *châtier* d'une maière exemplaire. Le discours sur la Terreur, en dévoilant le passé, éclairerait ainsi l'avenir.

Aprés un débat houleux, qui dura deux jours et au cours duquel la Convention examina, sur la demande des accusés eux-mêmes, la dénonciation de Lecointre, point après point, l'Assemblée vota un décret solennel déclarant calomnieuse cette dénonciation, "motion mise aux voix et décrétée à l'unanimité et au milieu des plus vifs applaudissements".[16] Pour un moment, il semblait que la Montagne et les Jacobins l'emportaient sur ceux qui se désignaient eux-mêmes, de plus en plus franchement, comme leurs accusateurs (à la suite de ce débat, Tallien et Fréron furent d'ailleurs exclus des Jacobins, sur la proposition de . . . Carrier). Ce n'était pourtant qu'un épisode de la lutte politique acharnée et le rapport des forces changea assez rapidement. En plein procès du Comité révolutionnaire de Nantes et de Carrier, Lecointre revient à la charge et le 25 frimaire la Convention renvoya l'examen de sa dénonciation à ses trois Comités, de salut public, de sûreté générale et de législation, réunis. Ceux-ci rendirent leur rapport le 7 nivôse en concluant qu'il y avait lieu à examen contre quatre des sept députés dénoncés, à savoir: Barère, Billaud-Varenne, Collot d'Herbois et Vadier. Séance tenante, la Convention forma une commission de 21 membres pour présenter un rapport "sur les faits imputés"; l'enquête de cette commission aboutit, le 12 ventôse, au rapport de Saladin. Entre-temps, les inculpés ont répliqué aux accusations par plusieurs textes, individuels ou collectifs. Nous rappelons ces quelques faits non pas pour ouvrir ce dossier, fort complexe, mais uniquement pour mettre en évidence l'évolution du discours accusateur contre la Terreur par rapport à fructidor. Nous nous limiterons à donner quelques exemples significatifs de cette évolution; le discours anti-terroriste gagne en agressivité et en virulence mais aussi en cohésion, notamment grâce aux révélations fournies par les grands procès contre les terroristes.

Lecointre a mis beaucoup de soins pour étoffer son nouveau réquisitoire. Il se présente maintenant sous la forme d'un livre de 250 pages, et se propose, plusieurs pièces à l'appui, de "faire connaître . . . la vérité, dont le développment est utile à la révolution et son histoire".[17] La Terreur, comme système, commence bien avant la loi du 22 prairial; il faut faire remonter ses débuts à septembre 1793, à la loi sur les suspects et la nomination des membres des Comités de salut public et de sûreté générale sur les propositions de Robespierre (p.11). Depuis lors, les Comités entourent de secret leurs projets et travaux; l'accès aux séances est interdit même aux membres de la Convention et du coup, leur pourvoir échappe d'autant plus à tout contrôle qu'ils exigent "un morne silence . . . ravissant aux hommes les moyens de perfectionner leur raison" (pp. 10–12). Ainsi "ceux à qui vous (les députés) avez confié les rênes de notre gouvernement, avec des pouvoirs plus universels qu'aucun souverain, aucun despote, aucun tyran n'ait jamais eu; . . . ces hommes ont conspiré, ont trahi, pour asservir le peuple français, éégorger et vous avilir; . . . ils sont parvenus à faire dégénérer la plus belle des révolutions en un système honteux de machiavélisme et d'hypocrisie" (p. 7). Les Comités ont réussi leur oeuvre néfaste car ils se sont appuyés, dans le pays tout entier, sur "des comités de surveillance, soit des sections de Paris, soit des districts ou départements qui ont justifié de leur zèle par le plus grand nombre d'actes arbitraires ou de barbarie" (p. 12). Par tous ces actes de vexation s'explique la masse "colossale et inouïe" de personnes incarcérées; dans sa première dénonciation Lecointre avançait, sans aucune preuve, le chiffre de 100.000 détenus; en nivôse an III, il les chiffre, en se référant aux renseignements du Comité de salut public, à 300.000.

Les "meneurs du Comité de salut public, les Billaud, les Collot, les Barère" savaient tout sur les crimes qui se commettaient dans le pays. Ainsi, les crimes de Carrier "sont connus depuis longtemps du Comité de salut public. Au lieu de les dénoncer, ce Comité a laissé dix mois entiers ce député en mission" (p. 159). Le Comité ne peut donc se soustraire à la responsabilité de toutes les horreurs perpétrées à Nantes. Pendant le débat du 12 et 13 fructidor, on avait demandé à Lecointre des preuves à l'appui de ses accusations. Mais quelles preuves faudrait-il encore ajouter deux mois plus tard "lorsque la mer irritée rejette sur nos rivages infectés

les corps de plusieurs milliers d'hommes, de femmes, d'enfants jetés impitoyable-
ment au milieu des flots; lorsque les rives de la Saône, du Rhône, de la Loire sont
jonchées des membres mutilés de malheureuses victimes, jetées à dessein dans ces
fleuves par ces monstres, afin de porter sur leurs rives respectives la terreur. . .
Non Billaud, non Collot, et vous leurs complices que j'ai dénoncés, je cesserai
d'exister avant que je cesse de vous demander compte de tant de sang injustement
et cruellement versé, et des malheurs de la France" (p. 199). Certains républicains
honnêtes manifestent des inquiétudes et se demandent si "la *réaction* actuelle n'en
produira-t-elle pas une nouvelle? N'est-il pas à craindre que les citoyens, en voyant
tant de scènes se succéder les unes aux autres, ne disent, dans leur douleur profonde: Est-ce bien l'empire de la justice que l'on veut qui domine? N'est-ce pas
plutôt un parti, une faction qui veut succéder à une autre?" (p. 9) Or, la Convention ne peut rassurer le peuple qu'en se prononçant pour un gouvernement juste
et la justice demande impérativement le châtiment des coupables. Le long réquisitoire de Lecointre est un appel à la vengeance; la rhétorique anti-terroriste s'eni-
vrait de sang, de celui des innocents qui a été versé et de celui des assassins qui
devrait couler.

> La France, l'univers entier vous contemple, et attend avec impatience *le moment décisif, mais terrible,*
> *des vengeances nationales.* Faites donc briller la foudre, faites rouler vos tonnerres; qu'ils éclatent
> enfin sur leurs têtes criminelles. Ouvrez, ouvrez le livre de leurs forfaits, trop longtemps fermé! Que
> chacun y lise, sans voile et sans emblème, les traits que je me fais gloire d'y avoir tracé, et l'anathème
> formidable que vous prononcerez contr'eux, en proscrivant les horreurs multiples dont ils se sont
> souillés (p. 235).

La vengeance nationale devait, certes, commencer à s'abattre sur les têtes des
dirigeants, les membres dénoncés des Comités, mais où devrait-elle s'arrêter? Le
rapport de Saladin était encore plus virulent, si cela se peut, que la dénonciation
renouvelée de Lecointre; il reprenait les mêmes accusations, exploitait les mêmes
peurs en accumulant les images des horreurs, il puisait largement ses arguments
dans les anciens dossiers des Comités ainsi que dans les actes des procès des "terroristes". Sans entrer dans les détails, retenons seulement quelques exemples de cette
escalade.[18] Les débuts de la "tyrannie" sont repoussés à *mars 1793*, date de la
création du Tribunal révolutionnaire, et, du coup, la "journée" du 31 mai est
conçue comme acte de la "vaste conspiration tramée contre la liberté" (p. 4). Le
rapport s'ouvre par le rappel des "souvenirs de la Terreur"; dans leur évocation
se retrouvent les images devenues autant de clichés du discours anti-terroriste.

> La peuple français recourbé sous le joug de la plus odieuse et de la plus vile tyrannie; une législation
> atroce et sanguinaire substituée à cette législation morale et douce, par laquelle un peuple veut et
> doit être gourverné; la terre de liberté couverte de prisons, affaissée sous le poids des échafauds,
> regorgeant le sang dont chaque jour elle était abreuvée; la terreur planant sur toutes les têtes; le
> désespoir versé à flots dans toutes les âmes; le deuil répandu sur toutes les familles; la consternation
> dans toutes les cités, des armées révolutionnaires parcourant les départements, précédées d'épou-
> vante, accompagnées de la dévastation, suivies de la mort, le plus insolent despotisme siégeant au
> milieu de la représentation nationale qu'il comprimait et qu'il tendait à anéantir, telle était citoyens
> représentants, votre position à l'époque du 9 thermidor, époque à jamais mémorable (p. 1).

Saladin insiste, tout particulièrement sur cette "oppression" qu'avait subie la Convention qui, du coup, est présentée comme première *victime* de la Terreur, induite
en erreur, menacée sans cesse par "les moyens odieux qui ont été employés pour

envoyer à mort les représentants du peuple" (pp. 74–75). Les apologistes de la Terreur se replient sur des "circonstances qui exigeaient des mesures vigoureuses"; or, Saladin réfute fermement ces arguments; il n'existe point de "circonstances" qui puissent autoriser "tant d'excès et de cruautés contre les Français qu'on poursuivait sous le nom vague et insignifiant *d'ennemis de la liberté* . . . qui puissent légitimer l'usurpation et les abus du pouvoir. Fallait-il sans examen comme sans motif, incarcérer égorger, ruiner, détruire et en feignant de servir la révolution, n'était-ce pas là le plan assuré, infaillible de la contre-révolution?" (pp. 96–97; Saladin emprunte d'ailleurs à Babeuf cette réfutation de la "théorie de circonstances", nous y reviendrons). Tous ces méfaits, dont la liste est loin d'être complète, s'expliquent par le fait que Robespierre et ses complices, ceux qui ont déjà subi leur châtiment, et ceux qui l'attendent encore "investis de plus immense pouvoir . . . ont formé entr'eux *une ligue à laquelle les rattachaient la soif de la domination et le désir de régner, une exécrable conjuration* contre le peuple et la liberté".[19]

## Des circonstances fatales?

Ainsi le discours anti-jacobin et anti-montagnard présentait, au-delà de ses variantes, quelques points communs. *La Terreur était soustraite à la Révolution*: celle-ci, "la plus belle révolution du monde" n'a engendré ni la Terreur ni les terroristes. C'était, au fond, une explication volontariste: un moment particulièrement difficile a contraint la Convention de mettre sur pied un gouvernement concentrant en lui des pouvoirs extraordinaires; or, des "hommes sanguinaires", assoiffés du pouvoir, ont formé une conspiration qui s'est emparée de ce gouvernement et, du coup, ont installé un système de Terreur et d'oppression; ils se sont appuyés sur la lie du peuple, les "vandales" et les "buveurs de sang", autant de leurs agents subalternes. Après le 9-Thermidor, quand la Convention a fait "sa révolution", a abattu le tyran et ses acolytes, le moment est venu de châtier les autres coupables. Uniquement le châtiment de tous les terroristes pouvait à la fois rétablir la justice et exorciser les souvenirs cruels de la Terreur, c'était aussi le seul moyen préventif contre le retour éventuel de celle-ci.

Il n'est pas aisé de mettre un nom, une caractéristique politique, sur le discours opposé. C'est aussi un discours *thermidorien*, dans ce sens qu'il reconnaît le 9-Thermidor comme un point de non-retour, qu'il abhorre le "tyran" et son pouvoir arbitraire. Ceux qui tiennent ce discours ne prétendent guère à approuver la Terreur ni à en assumer les responsabilités. Cela dit, au-delà de ces convergences la dissension entre ces deux discours thermidoriens est frappante: elle porte sur l'appréciation globale de l'oeuvre de l'an II, sur l'explication des origines et mécanismes de la Terreur et, partant, sur la voie d'en sortir le pays: avec ou sans vengeance contre les "patriotes," même si ceux-ci se sont parfois égarés. Faute de meilleure terminologie et pour la commodité de l'expression nous nous sommes résignés à appeler ce discours *post-montagnard* ou *post-jacobin*.

Constatons d'abord que c'est un discours *défensif*, formulé pour faire face aux attaques de plus en plus violentes. Les partisans de ce discours deviennent de moins en moins nombreux. Le 13 fructidor la Convention a rejeté à l'*unanimité* la dénonciation de Lecointre; en hiver an III, il ne reste rien de cette unanimité. Après le procès de Carrier et la fermeture des Jacobins, le nombre de "transfuges" ne cesse d'augmenter. Les membres des anciens Comités contre lesquels est reprise la dénonciation trouvent de moins en moins de conventionnels qui manifesteraient une indulgence à leur égard. Ceux qui ne sont pas dénoncés cherchent à se faire oublier ou bien se désolidarisent (à l'exception de Lindet qui revendique très courageusement ses propres responsabilités au sein du Comité de salut public). Puisqu'il s'agit de la réfutation des accusations que nous avons déjà discutées, il nous semble inutile de suivre trop minutieusement l'évolution de ce discours postjacobin; nous insisterons surtout sur ces points de la polémique à travers lesquels se profile une autre interprétation des raisons de la Terreur et, partant, du bilan global de l'an II.

Comme nous l'avons dit, les membres dénoncés de Comités ne revendiquent guère la responsabilité de la Terreur et de son oeuvre; au contraire, il font tout pour s'en décharger. Leur démarche est double: d'une part, ils *limitent* les responsabilités à un groupe restreint, à Robespierre et ses accolytes, déjà punis le 10 thermidor; d'autre part, ils *élargissent* ces responsabilités. Chercher des coupables au-delà de ce groupe, c'est impliquer toute la Convention, la Révolution, le peuple lui-même, c'est reconnaître la culpabilité de tous ceux qui, jusqu'au 9 Thermidor, ne se sont pas opposés au tyran mais l'ont, au contraire, soutenu. Ces deux démarches ne sont contradictoires qu'à première vue; elles font partie de la même stratégie de défense.

Certes, Robespierre était un scélérat et un tyran; sur ce point les discours thermidoriens convergent. Par contre, l'insistance sur la nécessité de *relativiser* les événements par rapport au "cours de la Révolution", de *tenir compte des circonstances* constitue le fil conducteur du discours post-jacobin. Ainsi, est-il à la fois faux et injuste de reprocher aux membres des anciens Comités d'avoir trop tardé à s'opposer à Robespierre, et cela malgré la majorité dont ils disposaient au sein de ces mêmes Comités.

> *Distingons bien les époques* et fixons la marche naturelle des soupçons de tyrannie. . . Que tous les citoyens réfléchissent sur l'influence despotique avec laquelle Robespierre voulait les conduire. . . Ceux qui nous accusent ne ressentaient-ils pas le joug de cette *réputation colossale*, de cette opinion publique accaparée par Robespierre? La *Convention* même était-elle à l'abri de cette influence tyrannique de Robespierre ou des illusions qu'il donnait par ses discours patriotiques? Le *peuple lui-même* n'était-il pas, par son erreur, ou par une aveugle confiance, l'agent le plus actif de ce despotisme exercé par cet homme?[20]

Ainsi, Robespierre a réussi de tromper tout le monde et il fallait attendre le moment opportun, quand il a demasqué devant tout le monde ses ambitions dévorantes, notamment pendant et après la fête de l'Etre suprême, pour que le plan de faire tomber la tyrannie pût être conçu et ensuite réussir. Il faut avoir le courage d'accepter ses erreurs. Ceux qui disent aujourd'hui à la Convention qu'elle avait accepté les lois terroristes uniquement parce qu'elle était "opprimée" semble la flatter et l'innocenter. En réalité, ils l'avilissent et la présentent comme un troupeau de lâches, dépourvus de toute grandeur. C'est une pente dangereuse et la chute ne peut être que fatale.

> Quelques orateurs vous disent (aux conventionnels) que ces lois vous ont été arrachées, que vous étiez sous le joug et l'oppression. Jusqu'à quand souffrirez vous, représentants, qu'on vous dégrade et qu'on vous avilisse aux yeux de la France et de l'Europe. . . Si on les croit, quel respect aura-t-

on pour vos lois? ne regardera-t-on pas votre législation comme un recueil de disposition contre-révolutionnaires? Vous allez vous trouvez sans lois, dans une anarchie absolue, vous allez recommencer la révolution. Le peuple incertain et sans guide s'égarera; on lui imposera un joug nouveau. La France vous rappelle ici que vous êtes dignes d'elle, même dans vos erreurs; que vous fûtes toujours assez grands, assez courageux pour abattre les traîtres aussitôt que vous avez découvert leurs desseins.[21]

La Convention va-t-elle dire à toute la France qu'elle était "frappée de terreur", qu'elle s'est laissée asservir par un comité? Elle se livre ainsi un procès à elle-même; elle désavoue toute son oeuvre de 1793 et de l'an II, commençant par la constitution.[22]

Tels sont les véritables enjeux des accusations portées contre les membres des anciens Comités sous prétexte de dénoncer la Terreur que personne ne défend. En effet, il s'agit en réalité d'un procès fait à toute l'immense oeuvre accompli en an II, et notamment aux victoires emportées sur les ennemis de la République. Car c'est en cela consiste le *vrai bilan* de l'an II, glorieux et héroïque. Il y a eu toujours "une tactique infernale et aristocratique tendant à faire un procès à la Révolution"; or, maintenant des "ennemis déguisés de la représentation nationale voudraient *procédurer la Révolution, . . . faire sur les échafauds* l'inventaire de la Révolution" (pp. 279–281). Le discours post-jacobin évite soigneusement d'évoquer les images concrètes de la Terreur en oeuvre, les exécutions et les geôles, les persécutions et les vexations. Il se contente de parler évasivement des erreurs et des abus; il s'attarde, par contre, sur les atrocités et horreurs commises par les Vendéens, massacrant, sans pitié, les patriotes, maltraitant leurs femmes et enfants. Avant d'*être clément il fallait vaincre*, et on ne comprend rien en révolution si on ne tient pas compte des *circonstances spécifiques*, des "maux inséparables de toutes les révolutions politiques. . . Que dirait la Convention, si l'histoire, la mettant un jour en jugement, séparait artificieusement quelques *fautes inévitables, ou quelques erreurs politiques*, ou quelques mesures terribles, de cette masse de bien qu'elle a fait à l'humanité et à la France, de ces belles lois, de cette constitution républicaine qu'elle a publiée pour l'intérêt du genre humain, . . . de cette étonante organisation des armées et de leurs victoires" (p. 276). Ainsi, faut-il soigneusement distinguer "ce qui appartient au Comité, ce qui tient au salut de la patrie, ce qui tient à l'erreur, à la nécessité, *au malheur du temps, aux circonstances*". Lindet, à qui nous avons emprunté cette citation, avait déjà insisté à la fin de l'an II, dans son rapport sur l'état de la République, sur ce rôle déterminant des "circonstances". Il ne faut pas condamner en bloc les institutions dont on a abusé. Certes, "la Révolutions a ses taches" mais il ne faut pas exagérer ses erreurs et les fautes commises dont une partie était, sans aucun doute, inévitable. Comment les Comités de la Convention pouvaient-ils contrôler efficacement tous les comités de surveillance, cette véritable "armée de 200,000 fonctionnaires", que la République devait lever du jour au lendemain pour faire face aux dangers qui la menaçaient?

Ne nous reprochons ni nos malheurs ni nos fautes. Avons nous toujours été, avons nous pu être ce que nous aurions voulu être en effet? Nous avions tous été lancés dans la même carrière; les uns ont combattu avec courage, avec réflexion; les autres se sont précipités dans leur bouillante ardeur, contre tous les obstacles qu'ils voulaient détruire et renverser. . . Qui voudra nous demander compte de ces mouvements qu'il est impossible de prévoir et de diriger? La révolution est faite; elle est l'ouvrage de tous. Quels généraux, quels soldats n'ont jamais fait dans la guerre que ce qu'il fallait faire, et ont su s'arrêter là où la raison froide et tranquille aurait désiré qu'ils s'arrêtassent? N'étions-nous pas en état de guerre contre le plus nombreux et les plus redoutables ennemis? . . . Que nous est-il arrivé qui n'arrive à tous les hommes jetés à une distance infinie du cours ordinaire de la vie.[23]

Il est propre à toute révolution d'engendrer des événements imprévisibles et incontrôlables. C'est d'autant plus vrai de la Révolution française: "étonnante et profonde elle a froissé tous les citoyens, frappé toutes les fortunes, terrassé tous les préjugés, allumé toutes les passions, excité tous les intérêts et éveillé tous les crimes." Les risques de débordement de ce fleuve puissant étaient inévitables et ils étaient à courir; tel était le prix à payer pour la reconquête de la liberté. "Quel génie peut donc mesurer et connaître, dans les révolutions des empires, à quelle période est arrivée la liberté, à quel point il faut la faire arriver ou la fixer? Qui peut donner dans le cours de révolution, une garantie des événements qui auront lieu, du cours et du caractère qu'ils prendront?" (p. 275)

Ainsi, la Terreur et ses excès étaient à la fois condamnés et eclipsés, et, du coup, voués à l'oubli. A l'interprétation *volontariste* de la Terreur, système criminel imposé par une conspiration des hommes sanguinaires, assoiffés du pouvoir, s'opposait une interprétation *fataliste* insistant sur les "circonstances fatales" qui formaient le contexte des événements révolutionnaires. Ces "circonstances", c'étaient d'abord la guerre et ses contraintes, ensuite la contre-révolution ainsi que tous les préjugés sur lesquels buttait le projet révolutionnaire. Reconnaître la force des circonstances ne signifiait en aucun cas avoir l'intention de justifier les "scélérats" qui se sont glissés parmi les vrais patriotes ni laisser impunis leurs crimes. Il faut pourtant savoir *relativiser* les actions et les événements, en tenant compte du caractère inédit de l'époque révolutionnaire. Or, ce discours relativiste se rapprochait dangereusement aux propos d'un Carrier ou d'un Fouquier qui, lors de leurs procès, évoquaient aussi la "force des circonstances". Ils clamaient leur innocence en se référant à une responsabilité collective: puisque ni la Convention, ni le peuple lui-même ne peuvent se soustraire à la responsabilité de la Terreur, alors tout le monde serait coupable, et leurs procès ne servent que de prétexte à faire condamner la Révolution.[24]

Assigner les responsabilités respectives à la Convention et aux Comités, au pouvoir central et à ses représentants en mission, aux armées révolutionnaires et aux comités de surveillance, etc., toute cette problématique dans laquelle s'enlisait le débat sur la Terreur, était une tâche insoluble. Intellectuellement, le débat, reprenant les mêmes arguments, s'est trouvé rapidement dans l'impasse. Mais, rappelons-le, à ce moment précis, en hiver et au printemps an III, les enjeux sont surtout politiques: il s'agit moins de raisons et d'arguments que des têtes. Pratiquement, à la force des arguments se substitue l'argument de la force: la répression contre le personnel terroriste considéré comme coupable du fait même d'avoir participé à un pouvoir coupable. Même les membres des anciens Comités n'auront pas droit à un procès en bonne et dûe forme. Il se peut que le pouvoir thermidorien craignait qu'ils étalent des "révélations" par trop embarassantes. Quoi qu il en soit, il a saisi comme prétexte les troubles du 12 germinal pour les condamner, sans procès, à la déportation.

Nous nous sommes concentrés sur les deux principales interprétations de la Terreur qui traduisent le mieux les dilemmes et les clivages politiques après le 9-thermidor. Ce ne sont pas pourtant les seules interprétations; parmi les autres n'en retenons que deux, particulièrement révélatrices des obsessions et fantasmes qui travaillent l'imaginaire révolutionnaire.

Remarquons d'abord la persistance de ce schéma explicatif qui resurgissait à l'occasion de chaque crise politique, à savoir celui du complot aristocratique et royaliste. Il semblerait qu'il se prêtait particulièrement mal à être appliqué à la Terreur. Ce serait pourtant sous-estimer son enracinement profond dans l'imaginaire révolutionnaire. Ainsi, pour quelques publicistes mineurs les atrocités et les horreurs de Nantes trouveraient leur explication, combien simple et convaincante, dans un complot aristocratique particulièrement perfide. Les ennemis de la Révolution, et notamment les tyrans coalisés, auraient conçu un plan diabolique: à force de crimes et de malheurs, ils voulaient compromettre la Révolution, "faire repentir le peuple français d'avoir voulu ouvrir les yeux à la lumière, à cueillir les arbres de la liberté". Ils se proposaient ainsi de "révolter du spectacle des horreurs la nation aux moeurs douces", afin de rejeter ensuite sur le gouvernement républicain tous les malheurs et le crimes, et ainsi "faire étouffer le nouveau Hercule dans son berceau". Ainsi s'expliqueraient, notamment, les crimes de Carrier et d'autres scélérats qui, sous le masque de l'extrémisme révolutionnaire cachaient leur vrai visage, celui . . . des agents royalistes. De même Fouquier-Tinville, par ses agissements scélérats et criminels ne cherchait qu'à . . . rétablir la royauté. La guerre de la Vendée aurait été prolongée par des atrocités les plus horribles afin d'insinuer au peuple l'idée de confier l'autorité suprême à un seul homme qui ne pouvait être que Robespierre. On dirait, que la fable sur Robespierre-roi n'arrêtait pas de travailler les esprits, de renouveler ses versions et ramifications.[25]

Une autre interpétation mérite que l'on s'y arrête un peu plus longuement. En effet, elle est assez remarquable; en raison de ses fantasmes ainsi qu'en raison de son auteur. Nous pensons aux écrits de Babeuf consacrés à Carrier et à son procès.[26]

Babeuf réfute catégoriquement la thèse selon laquelle la Terreur aurait été imposée par des "circonstances" et les terroristes n'auraient agi que pour sauver la patrie en danger. La guerre de Vendée, les atrocités commises à Nantes, apportent un démenti flagrant à ces arguments dont l'intention est par trop évidente, à savoir celle de disculper les terroristes.

Fallait-il, pour sauver la patrie, 23 noyades à Nantes, dont une de 600 enfants? Fallait-il les mariages républicains, où les jeunes filles et les jeunes garçons, attachés deux à deux, étaient assommés à coup de sabre et de suite précipités dans la Loire? Fallait-il faire périr dans les prisons de Nantes, d'inanition, d'infection et de misère, dix mille citoyens, et trente mille avec les fusillades et les noyades? Fallait-il les *sabrades* sur la place du département qui ont occupé 300 hommes pendant six semaines à recombler les fosses de ceux qui ont péri par ce genre de supplice? Fallait-il que Carrier couchât avec trois belles femmes et les fît noyer ensuite? . . . Fallait-il fusiller des détachements d'infanterie et de cavalerie de l'armée des rebelles, qui étaient venus se rendre volontairement? Fallait-il arracher le fruit à des femmes prêtes à accoucher, le porter au bout d'une baïonnette et le jeter ensuite à l'eau? . . . Faillait-il insinuer cette horrible doctrine parmi les soldats de la compagnie de Marat que chacun d'eux devait se rendre capable de boire un verre de sang? . . . Fallait-il permettre que les généraux se proclamassent hautement les bouchers de la Convention?. . . Si ce n'est qu'ainsi que vous savez sauver la patrie, la patrie assassinée se relève, avant que vos mains sanguinolentes ne lui aient porté le dernier coup d'agonie, avant que vos coeurs atrocément insatiables n'aient réalisé leur voeu évident, d'ensevelir le genre humain entier dans les abîmes de la destruction, et de régner sur des cadavres et des déserts.[27]

Babeuf réfute aussi la thèse "subjectiviste" selon laquelle la responsabilité de la

Terreur reviendrait à quelques monstres et scélérats qui se sont emparés du pouvoir. Certes, Carrier était "un monstre, saturant les cruautés, les palpant avec délices manifestant par les moins équivoques témoignages, la délectation féroce qu'elles lui procuraient" (p. 14). Le problème politique est pourtant ailleurs: "la nature ou l'éducation peuvent bien donner au monde des hommes-fléaux, des monstres malfaisants comme Carrier, comme Lebon, comme Collot" (p. 15). Il faut cependant dévoiler *toutes les circonstances cachées* qui ont concouru à donner à ces "naturels carnivores" toute la lattitude dont ils avaient besoin pour pouvoir "éteindre leur soif de sang humain" et cela ne pouvait se faire sans l'accord de ceux qui "se mêlent de la régie de la société" (pp. 15-15).

Ce sont là les vrais questions qui n'étaient pas jusqu'alors examinées. Et pourtant la Terreur et, notamment ses formes les plus cruelles, appliquées pendant la guerre de Vendée, présentent, sous cet aspect, une vraie énigme. En effet, on a pris pendant cette guerre "un grand nombre de mesures dont l'ensemble avait paru présenter jusqu'ici un vaste problème politique" (p. 28). Comment comprendre cette guerre et surtout comment expliquer l'attitude du gouvernement révolutionnaire qui manifestait, sans vergogne, sa satisfaction, de voir "que des milliers de Vendéens tombassent sous le fer de la République, soit que des milliers de soldats de la République fussent massacrés par les Vendéens?" C'est une "contradiction apparente" qui paraissait "étonnante, inexplicable" à tous ceux qui se sont penchés sur la guerre de Vendée, sur ses origines et les atrocités qui l'ont marquée.

Or, la guerre de Vendée n'explique pas l'instauration de la Terreur, comme les Comités l'avaient maintes fois affirmé. Il faut préalablement expliquer *pourquoi* cette guerre a éclaté et se prolonge sans fin. Cette guerre n'a existé que parce que les gouvernants l'ont voulue. "Il faut remplir cette tâche. Il faut arracher tout-à-fait le voile qui a empêché de découvrir jusqu'ici, qu'il n'a existé une insurrection de la Vendée, que parce que d'infâmes gouvernants l'ont voulu, et qu'il entrait dans leur plan affreux" (p. 42). Certes, au début, en 1793, les Vendéens ont manifesté quelques mécontentements; ce sont pourtant de bons paysans, des gens paisibles, aux moeurs simples (on dirait que Babeuf modèle les Vendéens à l'instar des Montagnons de Rousseau). Il aurait suffi de faire venir quelques bons partriotes leur prêchant la bonne parole républicaine pour les faire gagner à la bonne cause, qui était d'ailleurs la leur (pp. 40-42). Il faut donc trouver le mot de l'énigme, "reconnaître l'aspiration directe et indirecte des esprit de ténèbres qui ont guidé les mains populicides de Carrier et compagnie" (p.48).

Or, ce mot de l'énigme est offert par la découverte du "système de dépopulation et de nouvelle disposition répartitive de richesse entre ceux qui doivent rester; (cela) explique tout, guerre de la Vendée, guerre extérieure, proscriptions, guillotinades, foudroyades, noyades, confiscations, maximum, réquisitions, préhensions, largesse à certaine portion d'individus, etc." (p. 31). Ce système, dévoilé par Babeuf, consiste dans le projet suivant, conçu par Robespierre lui-même: il a constaté,

calcul fait, que la population française était en mesure excédante des ressources du sol, . . . que les bras étaient trop nombreux pour l'exécution de tous les travaux d'utilité essentielle. . . Enfin (et c'est là l'horrible conclusion) que la population *surabondante pouvait aller à tant* (il nous manque le bordereau de fameux législateurs), qu'il y aurait une portion de sans-culottes à sacrifier, qu'on *pouvait déblayer ces décombres (expression de Barère)* jusqu'à telle quantité et qu'il fallait trouver les moyens (p. 28).

A cet objectif se sont jointes d'autres préoccupations qui aboutissaient aux mêmes résultats: les propriétés étaient tombées dans un petit nombre de mains et il fallait les redistribuer pour assurer l'égalité de droit; que cela ne pouvait se faire sans taxation excessive des riches et "sans attirer d'abord toutes les propriétés sous le gouvernement". Or, on pouvait le réussir "en immolant les gros possesseurs et en imprimant une terreur si forte qu'elle fut capable de décider les autres à s'exécuter de bonne grâce". Ainsi on aurait trouvé, finalement, assez de terre pour les soldats rentrant après la victoire ainsi que pour les familles des héros tombés sur les champs de bataille (pp. 26-28). Cet "immense secret" dévoilé explique, enfin, tous les mystères: toutes les "exécrations nationicides" (sic!) et "l'anthropophagisme" (p. 36); les Vendéens et les sans-culottes s'entretuant à tour de rôle; la Vendée transformée en champ expérimental "pour remplir un infâme but politique encore inouï: *sarcler la race humaine*" (p. 69). Ce projet diabolique a déjà coûté à la France un million d'habitants. Il ne se limitait pas d'ailleurs uniquement à la Vendée et à la prolongation de la guerre. En 1793, il existait à Paris, en rapport avec la guerre de la Vendée, "un plan sérieux" d'organiser la famine qui est un moyen encore plus efficace de "dépeupler la France" (pp. 91–93). Ainsi s'explique le fait que "les phalanges républicaines transformées en légions d'Erostrate, et d'horribles bouchers humains eurent, armées de cent mille torches et de cent mille baïonnettes, fait palpiter un semblable nombre d'entrailles, et combustionner autant de malheureuses retraites agricoles" (114). Or, les rapports des conventionnels en mission présentaient ces "exécrations, ces torrents de feu et de sang . . . au Sénat de France come les victoires les plus glorieuses remportées sur les ennemis de la Patrie" (p. 154). C'est dans "le gouvernement révolutionnaire qu'il faut chercher tous les malheurs de la république," la mise en oeuvre de ce terrible "système" dont la destruction de la Vendée n'était que le début. Le Convention en porte aussi la plus lourde responsabilité; elle a formé et appuyé ce gouvernement; elle a donné son accord aux lois "brûlantes et égorgeantes, elle en a tant sanctionné d'autres de la même carnassité, qu'il faut bien croire très vrai ce qu'elle dit, que Robespierre était plus fort lui seul, que tous les membres ensemble; qu'elle était descendu à ce point d'avilissement et de pusillanimité qu'elle ne pensait plus que par son maître" (p. 115). La découverte du plan machiavélique permettra donc de punir les vrais coupables, tous ceux qui servaient le "despotat" et dont les crimes appellent vengeance. C'est aussi "le mot de l'énigme heureux et justificatif pour de simples et infortunés citoyens que l'Autorité a forcé d'être les outils atroces de ses cruautés" (p. 122). Cela dit, malgré tous ces malheurs et désastres, la Révolution sort immaculée de ses épreuves; le dévoilement de la conspiration et de son "système terrible" lui permettra de manifester sa pureté originelle.[28]

Le texte est hallucinant, obsédé par des fantasmes qui s'enchaînent à la recherche du "mot de l'énigme". On y reconnaît facilement, amalgamés et fusionnés, les fantasmes qui hantaient l'Ancien Régime ainsi que ceux engendrés par la révolution: le pacte de famine; la conspiration et le complot ténébreux; la Terreur comme machination conçue par des forces occultes et mise en oeuvre par des monstres; l'infernale logique qui commande les déboires de la guerre ainsi que les horreurs de la Terreur, et qui est mise à nue par l'acte de dévoilement. C'est pourtant un texte daté; il est à la fois remarquable et singulièrement inquiétant que la logique de ces obsessions débouche sur la perception, ne serait-ce que sur un mode fantasmatique, de la Terreur comme système de pouvoir qui serait apte à mettre en oeuvre un plan d'exclusion et, partant, d'élimination de milliers, voire de millions, de citoyens afin d'assurer la réalisation de ses objectifs révolutionnaires.

Le dernier mot dans le débat thermidorien sur la Terreur, la Convention se l'est accordée à elle-même lors du dernier jour de ses travaux, le 4 brumaire an IV. Pendant cette dernière séance, elle discuta le projet d'amnistie, présenté par Baudin au nom de la Commission des Onze. Le projet lui-même ainsi que les débats étaient marqués par le contexte dans lequel ils s'inscrivaient, par l'écrasement de l'agitation royaliste qui déboucha sur l'insurrection du 13 vendémiaire. D'où une certaine modération du discours anti-terroriste et la recherche des moyens de clore la Révolution et ses expériences douloureuses par des mesures d'apaisement. "L'expérience ne nous-a-telle pas appris le danger des vicissitudes, ne savons nous pas que ce n'est qu'après avoir parcouru les extrêmes qu'on s'arrête dans un juste milieu."[29] En regardant rétrospectivement, la Terreur n'était-elle pas une de de ces "vicissitudes"? "Il est de maux inséparables d'une grande révolution, et parmi ces maux, il en est qui, par leur nature, ne sont plus susceptibles de remède." Il est difficile de demander aux victimes de la Terreur ou à leur famille le pardon, mais on est en droit de leur demander l'oubli. Exiger une justice abstraite ne mène qu'au renouvellement du mal: "s'il faut installer autant de jurys qu'il y eut de comités révolutionnaires, alors il faudra couvrir la république de prisons et d'échafauds pour la consoler de tant d'échafauds et de prisons."[30] Le projet propose même d'abolir la peine capitale, manifestant ainsi la volonté de clore définitivement la Révolution et, partant, faire oublier la Terreur. Un acte symbolique devait consacrer cette abolition; la Convention prononcera son décret sur la place de la Révolution; le président "foulera aux pieds la faux de la mort" qui sera brisée solennellement et les débris du couperet déposés aux archives. L'échafaud sera brûlé, la place changera de nom: elle s'appellera dorénavant place de la Concorde. Après un débat animé, où se sont affrontées les passions politiques qui devaient, précisément, être condamnées à l'oubli, la Convention thermidorienne statuera à sa manière, par un de ces actes de compromis ambigu dont elle était maître. L'amnistie a été proclamée pour les "faits purement relatifs à la Révolution" (sauf pour ceux contre lesquels existent des charges relatives à la "conspiration du 13 vendémiaire"). La peine capitale, par contre, n'a été abolie, ou, pour être plus exact, on a repoussé son abolition "au jour de la publication de la paix générale". Du coup, la cérémonie symbolique de détruire la guillotine était sans objet. Par contre, on décréta sur le coup de changer le nom de la place de la Révolution: elle devait désormais porter le nom de la place de la Concorde. Quant à la Révolution, on lui réserva le nom d'une rue conduisant du boulevard à la place de la Concorde.

## Notes

1. J'ai discuté les problèmes posés par le démantèlement de la Terreur et le choix politiques de voie de sortie de la Terreur dans ma communication au colloque d'Oxford: *L'expérience thermidorienne.*

2. A. Cochin, *Les sociétés de pensée et la démocratie* (Paris, 1921), p. 118.

3. Dans la suite de son discours Réal apporte des détails sur le "régime de fer et de l'état de mort" qui régnait dans la prison du Luxembourg. "Cette peinture excite des cris et des mouvements d'horreur; *quelques citoyens manifestent le désir que l'orateur ne continue pas ces descriptions révoltantes.*" Ces protestations ainsi que les débats animés qu'elles ont soulevés étaient très révélateurs des enjeux politiques et idéologiques que le dévoilement de la face cachée de la Terreur présentait à la Société des Jacobins. Finalement, Réal va continuer son récit sur les "mouchards" et la fabrication de la "conspiraiton des prisons". Cf. A. Aulard, *La société des Jacobins,* (Paris, 1897), vol. VI, pp. 343 et suiv. Réal va ensuite d'ailleurs jouer un rôle important dans les procès liés à la Terreur à Nantes, en sa qualité de défenseur, d'abord des 94 notables nantais et ensuite des membres du Comité révolutionnaire de Nantes.

4. On trouvera une mise au point qui se propose de démêler la vérité des légendes, tâche particulièrement délicate dans le cas de Nantes à l'époque de la Terreur dans P. Bois (sous la direction de:), *Histoire de Nantes* (Toulouse, 1969), pp. 260–81. L'ouvrage remarquable de J.–Cl.Martin, *La Vendée et la France* (Paris, 1987) apporte des analyses très stimulantes sur les particularités de la Terreur à Nantes, et notamment sur la mission de Carrier.

5. Fouquier-Tinville, dans un de ses mémoires justificatifs, rédigé après le 9 Thermidor, s'attribue le mérite d'avoir retardé le procès des Nantais, contrairement aux voeux du Comité de salut public. Cf. *Réquisitoires de Fouquier-Tinville, . . . suivis des trois mémoires justificatifs de l'Accusateur public,* publiés par Hector Fleischmann (Paris, 1911), p. 225.

6. Cf. AN W 493 no. 478, *Acte d'accusaiton fait au cabinet de l'accusateur public,* ce 17 vendémiaire, l'an III de la République française, signé Leblois, pp. 1–3.

7. L.M.Prud'homme, *Histoire générale et impartiale des erreurs, des fautes et des crimes commis pendant la Révolution française à dater du 24 août 1787* (Paris, an V), vol. VI, pp. 337–338. Prud'homme avance le chiffre de 100,000 victimes de Carrier, auquel on arriverait "par un calcul approximatif, avec les prisons, les maladies, etc." et cela alors que la population globale de Nantes était d'environ. . . 80,000 habitants. Il existe au moins quatre versions des comptes rendus des audiences du Tribunal révolutionnaire: celle du *Bulletin du Tribunal* révolutionaire (version Clément); celle du *Journal du soir* (version Gallety); la version écourtée du *Moniteur;* la version publiée sous forme de livre chez la veuve Toubon. Pour le besoin de cette étude il nous semblait inutile de relever les divergences, plus ou moins importantes, entre ces versions; dans la suite, nous nous contentons d'indiquer, entre parenthèses, le nom du témoin dont nous citons la déposition.

8. Fouquier, *Deuxième mémoire justificatif, . . .* in H. Fleischmann, op.cit., p. 223.

9. Fouquier, *Troisième mémoire justificatif . . . ,* ibid., p. 228; *Le procès de Fouquier-Tinville,* in P.J.B.Buchez et P.C.Roux, *Histoire parlementaire de la Révolution française* (Paris, 1837), t.35, p. 102 (déposition de Renaudin).

10. Fouquier, *Deuxième mémoire justificatif . . .,* loc, cit., p. 203. Retenons, pour y revenir plus tard, que l'acte d'accusaiton imputait aux Comités et à Fouquier d'avoir créé "le tribunal de sang et ses jugements iniques," autant de moyens qui mettaient "en pratique le *système de dépopulation imaginé par les conjurés"* cf. Buchez et Roux, loc. cit., t.34, pp. 271; 193.

11. Ce n'est qu'une quarantaine d'années après la Révolution que se forme la légende qui cherche à disculper Robespierre de sa responsabilité dans la Terreur sous prétexte que pendant les quelques semaines précédant le 9-Thermidor il refusait de participer aux travaux des Comités. "Fausse réhabilitation! Sans la hache que devient cette figure? Qui peut se le représenter? Laissez lui au moins sa grandeur sauvage; elle doit faire peur encore à la postérité." E.Quinet, *La Révolution* (Paris, 1987), p. 559.

12. Sur la fabrication et la diffusion de cette rumeur, cf. B. Baczko, "Robespierre-roi, ou comment sortir de la Terreur," *Le Débat,* no. 39, 1986.

13. Discours de Fréron à la séance du 9 fructidor, *Moniteur,* réimpression, t.21, pp. 601–05.

14. Cf. discours de Tallien à la séance du 11 fructidor, *Moniteur,* loc.cit., t.21, pp. 612–15; nous avons abordé d'autres aspects de ce discours dans notre communication au colloque d'Oxford, cf. note 1.

15. *La queue de Robespierre,* par Felhémesi (Paris, s.d. (an III)). L'auteur, Jean-Claude Méhée, était un personnage curieux, un des ces aventuriers politiques qu'a connus la Révolution. Né vers 1760, fils d'un chirurgien connu, il entre dans la police au début de la Révolution et espionne les milieux des premiers émigrés. Revenu en France en 1792, il devient secrétaire greffier adjoint de la Commune de Paris en septembre 1792 et il aurait, semble-t-il, encouragé les massacres de septembre. De cette époque dataient probablement ses rapport avec Tallien; après le 9-Thermidor il publie,

pour le compte de celui-ci, plusieurs pamphlets anti-terroristes. Il occupera ensuite plusieurs postes mineurs au service de Fouché et de Napoléon. Cf.Olivier Lutaud, *Révolutions d'Angleterre et la Révolution française* (La Haye, 1973), pp. 264 et suiv. *La queue de Robespierre* a connu un énorme succès et a servi de modèle à d'innombrables brochures appelant toutes à "couper la queue", à punir les terroristes, etc.

16. On trouve la dénonciation de Lecointre ainsi que les débats dans la *Moniteur* loc. cit., t.21, pp. 619–642.

17. Laurent Lecointre, *Les crimes de sept membres des anciens Comités de salut public et de sûreté générale ou dénonciation formelle à la Convention nationale contre Billaud-Varenne, Barère, Collot d'Herbois, Vadier, Vouland, Amar et David., suivie de pièces justificatives. . . .* (Paris, s.d.(an III)). Chaque exemplaire est signé par Lecointre "parce que, expliquait-il, s'agissant d'une dénonciation grave et importante je dois mettre en garde contre toutes contrefaçons." Pour alléger les notes nous indiquons dans la suite uniquement les pages, après des citations tirées de ce texte. Lecointre reprend toutes les accusations de sa dénonciation du 11 fructidor; il ajoute une masse de détails, plus ou moins anecdotiques, sur le fonctionnement des Comités et de la Convention pendant la Terreur; nous nous limitons à dégager de ce livre les vues plus générales sur la Terreur, ses causes, etc.

18. *Rapport au nom de la Commission des vingt-et-un créée par décret du 7 nivôse an III, pour l'examen de la conduite des représentants du Peuple Billaud-Varenne, Collot d'Herbois et Barère, membres de l'ancien Comité de salut public et Vadier, membre de l'ancien Comité de sûreté générale*, fait le 12 ventôse par Saladin, représentant du Peuple, Paris, an III. Nous indiquons les pages, après les citations empruntées à ce texte.

19. Pour compléter l'analyse du discours anti-terroriste il faudrait tenir encore compte de deux autres éléments, au moins: a) Le discours contre le *vandalisme*; ce discours, initié par les rapports de Grégoire , gagnait en ampleur tout au long de l'an III et s'efforçait de démontrer que la haine contre les esprits éclairés faisait partie intégrante de la Terreur; celle-ci aurait utilisé, comme agents, des gens ignares, en se proposant de rendre la France barbare; b) Le discours contre les Jacobins et leur rôle pendant la Terreur. La campagne anti-jacobine ne se limitait pas à des dizaines de pamphlets et libelles injuriant les Jacobins et les accusant de vouloir "sauver Carrier" et de disculper les "buveurs de sang". En vendémiaire an III, au cours d'un long débat, la Convention ébauche une analyse du rôle des Jacobins et des sociétés affiliées pendant la Terreur, les accusant d'avoir constitué un *contre-pouvoir*. Les Jacobins substituaient au système représentatif une pseudo-démocratie directe s'attribuant le "patriotisme exclusif", le droit d'exprimer les exigences et la volonté du peuple. Du coup, c'est aux Jacobins que se prenaient, sur l'initiative de Robespierre, les décisions que la Convention n'avait qu'à entériner.
Discuter plus à fond ces deux problèmes dépasse pourtant le cadre de cette étude. Sur le discours anti-vandale, cf. mon étude: "Le complot vandale", in *Le temps de la réflexion*, vol. IV, 1983.

20. *Réponse des membres des deux anciens Comités de salut public et sûreté générale aux imputations renouvelées contre eux par Laurent Lecointre, de Versailles, et déclarées calomnieuses par décret du 13 fructidor dernier*, Paris, an III; texte signé par Barère, Collot, Vadier, Billaud. Barère, dans ses *Mémoires*, affirme qu'il avait rédigé lui-même ce texte. Cette *Réponse* a été réimprimée par Aulard dans *La Révolution française*, t.34, 1898, pp. 70 et suiv. Dans la suite nous citons ce texte d'après cette édition, en indiquant les renvois aux pages dans le texte.

21. *Discours prononcé par Lindet, député à la Convention nationale, sur les dénonciations portées contre l'ancien Comité de salut public, et le rapport de la commission des 21*, Paris [germinal] an III, pp. 70–71. Ce discours forme un livre de 120 pages, que Lindet a lu pendant cinq heures!

22. *Ibid.*, pp. 116 et suiv.

23. *Ibid.*, pp. 119; Lindet, *Rapport présenté au nom du Comité de salut public, le 4ᵉ sans-culottide, an II,* "Moniteur", loc. cit., t.22, p. 23.

24. Ce rapprochement, que les membres des anciens Comités voulaient précisément éviter, était pourtant particulièrement frappant dans le cas de guerre de la Vendée. Les membres inculpés du Comité révolutionnaire de Nantes ainsi que Carrier évoquaient sans cesse les crimes et les atrocités commis par les Vendéens qui dépassaient en horreur tout ce qui s'est produit à Nantes. A son tour, Barère écrivait au nom des anciens membres des Comités: "Est-ce à nous qu'il faut imputer les suites inévitables du *droit de représailles*, droit inhérent à la guerre, droit que les soldats républicains avaient bien acquis le pouvoir d'exercer, en voyant suspendre aux arbres leurs camarades rôtis et mutilés, en voyant crever les yeux et couper les oreilles aux cannoniers de la République, en voyant égorger les avant-postes par des femmes perfides et déguisées?" *Réponse. . .*, loc., cit., p. 267.

25. Baralère, *Acte d'accusation contre Carrier présenté aux Comités réunis, à la Convention nationale, et au Peuple français*, Paris, an III, pp. 3 et suiv. *Motifs de l'acte d'accusation contre Carrier*, par Dupuis, représentant du Peuple, Paris, an III, pp. 5 et suiv. *Acte d'accusation contre Fouquier-Tinville*, in: Buchez et Roux, loc., cit., t.34, p.27. Retenons dans cet acte d'accusation de Leblois

la présence de plusieurs clichés thermidoriens: Fouquier aurait projeté de "dépeupler la France, d'en faire disparaître surtout le génie, les talents, l'honneur et l'industrie".

26. G. Babeuf, *On veut sauver Carrier! On veut faire le procès au Tribunal révolutionnaire. Peuple prend garde à toi!*, sans lieu ni date (Paris, an III); Gracchus Babeuf, *De système de dépopulation ou la vie et le crime de Carrier. Son procès et celui du Comité révolutionnaire de Nantes. Avec des recherches et des considérations politiques sur les vues générales du Décemvirat dans l'intention de ce système; sur sa combinaison principale avec la guerre de la Vendée et sur le projet de son application à toutes les parties de la République*, Paris, an III (dans la suite, après les citations empruntées à ce texte, nous indiquons les pages de cette édition). Nous n'analysons pas la place que ces textes occupent dans l'évolution de la pensée de Babeuf. Ils traduisent, certainement, un moment de grande confusion. A peine libéré de prison, après le le 9-Thermidor, Babeuf exprime dans ces textes toute sa haine contre Robespierre, le gouvernement révolutionnaire et les jacobins (Il fait de même dans son *Journal de la liberté de la presse* qui était, à côté de *l'Orateur du peuple* de Fréron, une des plus véhémentes feuilles "thermidoriennes", exaltant la "révolution du 9-thermidor" et respirant la rage contre la "queue de Robespierre", les jacobins et les anciens membres des Comités). Babeuf condamne violemment la Terreur mais veut aussi comprendre comment un tel système de pouvoir, le "despotat", pouvait s'installer au cours de la Révolution. En même temps, il semble croire que le 9-Thermidor ne peut être que le commencement du retour aux vrais principes révolutionnaires, notamment à l'exercice de la liberté par une sorte de démocratie directe et décentralisée. Les révélations apportées par le procès de Carrier ont encore approfondi la confusion, comme en témoignent les textes que nous venons d'évoquer. Dans notre perspective ils sont particulièrement intéressant en raison même de cette confusion: ils réunissent dans un tout les peurs et les fantasmes engendrés par la Terreur et à travers lesquels Babeuf perçoit celle-ci. *La vie de Carrier*, texte assez rare, n'a pas suscité un trop grand intérêt pendant deux siècles. Il était, pour ainsi dire, assez gênant tant pour les détracteurs de Babeuf, inspirateur de la Conspiration pour l'égalité, en raison de sa condamnation de la Terreur, ses appels à la vengeance contre les Montagnards, etc., que pour ses hagiographes, qui préféraient passer rapidement sur cet épisode "thermidorien", la collusion avec les "réacteurs", etc. Ce n'est qu'à l'occasion du bicentenaire que ce texte a été réédité par R. Secher et J-J. Bregon (Paris, 1987, éd. Tallendier, collection *In-texte*). D. Martin a consacré au "système de dépopulation" une communication in *La légende de la Révolution*, actes du colloque de Clermont-Ferrand (juin, 1986), présentées par Ch. Croisille et J.Ehrard, avec la collaboration de M.-Cl. Chemin (Clermont-Ferrand, 1988).

27. Babeuf, *Qui veut sauver Carrier . . .*, loc., cit., pp. 8–13. Babeuf semble prendre sur son compte tous les récits de horreurs, étalés pendant le procès, dans une sorte de défoulement collectif.

28. Babeuf semble partager l'idée malthusianiste qu'il attribue à Robespierre et qui serait prouvée par "la seule mesure certaine, le relevé du produit total de la culture et de l'économie rurale, mesure hors de laquelle il n'y a plus à faire d'autre calcul, puisque tous les autres arts possibles sont incapables de produire à eux tous une livre de pain de plus" (p. 28). Cependant, selon Babeuf, la réponse à ce problème devrait être pacifique et égalitariste. La principale source sur laquelle s'appuie Babeuf en découvrant le "mot de l'énigme" est une brochure de J. Vilatte, *Causes secrètes de la Révolution du 9 au 10 thermidor*, Paris, an III, qui venait de paraître et dont certains passages ont inspiré une interprétation, assez libre, de la part de Babeuf, qui y a trouvé autant d'allusion au "système infernal". C'est un cas tout à fait remarquable de confusion propre à Thermidor, période elle-même trouble et troublante, marquée par la commotion de la Terreur et ses séquelles. Vilatte, co-accusé dans le procès de Fouquier, a été condamné à mort, malgré ses attaques contre Robespierre.

29. Rapport de Baudin (des Ardennes), au nom de la Commission des Onze, *Moniteur*, loc., cit., t.26, p. 303.

30. *Ibid.*

CHAPTER 7

# Constant, Staël et la Révolution française[*]

MARCEL GAUCHET

### 1. Benjamin Constant

BENJAMIN CONSTANT arrive à Paris le 25 mai 1795, au lendemain des journées de Prairial et de la défaite des faubourgs. Il a vingt-huit ans. Il a fait la connaissance de Mme de Staël en septembre de l'année précédente. C'est à ses côtés, en étroite proximité avec elle qu'il va s'engager sur "le théâtre sublime de l'ambition ré-publicaine", en telle intimité d'esprit que la part de l'un et de l'autre, souvent, en ces années thermidoriennes, est difficile à démêler. Constant a suivi de loin, mais avec passion, depuis la cour de Brunswick, les étapes de la radicalisation révolutionnaire. Il en a assez fidèlement accompagné le mouvement, jusqu'à un moment de sympathie pour les jacobins. S'il est revenu de cette extrémité, sa conviction républicaine est faite et fermement faite. C'est à son illustration dans la défense du gouvernement directorial qu'il consacra ses premières brochures au milieu d'un contexte marqué, intellectuellement plus encore que politiquement, par une formidable poussée de l'esprit de réaction. La dictature installée, quelque part autour de 1802, c'est encore à établir "la possibilité de la constitution républicaine dans un grand pays" qu'il travaille. "Nous ne sommes pas condamnés à croire que les hommes aient besoin d'un maître. Nous ne percevons aucun motif pour désepérer de la liberté", écrit-il alors en dépit du naufrage de ses plus chères espérances et de l'apparent démenti des événements. C'est un peu plus tard, autour de 1806, qu'il deviendra "libéral", c'est-à-dire qu'il dissociera la question de la forme du gouvernement de la question des principes de la liberté politique, "compatibles avec la royauté comme avec la Républi-lique". Position en son fond très arrêtée qui, jointe à la passion typiquement révolu-tionnaire de jouer un rôle public, n'en sera pas moins source de trop de plasticité adaptative par lequel les palinodies de l'acteur tendront à masquer la fixité du pen-seur. Compromissions du "muscadin" et sinuosités du rédacteur de "La Benjamine" ne doivent plus faire oublier l'un des interprètes les plus pénétrants et les plus consé-quents de legs du la Révolution et des chances de ce qu'elle annonçait au monde.

Le problème de l'heure, en ce début de l'été 1795, c'est l'élaboration de la Consti-

---

[*] Ce texte a fait l'objet d'une publication dans le *Dictionnaire Critique de la Révolution Française*, dirigé par François Furet et Mona Ozouf, (Paris, 1988).

tution de l'an III. Vraie quadrature du cercle pour le personnel en place: comment sortir des pièges du dispositif de 1793 et marquer la rupture avec le système de la Terreur, sans se perdre, sans se mettre à la merci d'une impitoyable revanche? Constant rencontre là, d'entrée, nouées au coeur d'une actualité pressante, les deux questions autour desquelles s'ordonnera tout le développement de sa réflexion: la question pratique d'une organisation des pouvoirs à la fois viable et sûre, et derrière elle, la commandant en fait, la question de fond des raisons de la dérive dictatoriale et terroriste interrompue en Thermidor mais non maîtrisée. Comment rendre compte de l'usurpation jacobine et du règne sanglant de l'arbitraire? A quelle source les imputer? Faut-il les rapporter au noyau même du projet révolutionnaire? Faut-il y voir la sanction fatale du caractère chimérique de ses buts? Et s'il est moyen de dissocier une légitime et raisonnable volonté républicaine de l'embardée montagnarde, comment assurer un fonctionnement efficace et régulier au gouvernement issu de l'élection? Face à cette urgence qui de longtemps ne le lâchera plus, l'esprit de Constant trouve aussitôt à s'employer, n'en doutons pas. Son amie réagit au rapport déposé par Boissy d'Anglas devant la Convention le 23 juin par des *Réflexions sur la paix intérieure*. Elles témoignent chez la fille d'une forte imprégnation des idées de son père. Par l'intermédiaire de Mme de Staël, Constant élit en Necker son grand interlocuteur, qu'il ne nomme guère, dont il se démarque le plus souvent, mais par rapport auquel il pense et se situe durant toutes ces années. Le 20 juillet et le 5 août, Sieyès intervient dans le débat par deux discours fameux qui représentent la maturité de sa réflexion constitutionnelle. Il ne sera guère entendu de ses collègues. Sûrement, en revanche, a-t-il trouvé un lecteur incomparablement attentif en la personne de notre débutant: deux des idées majeures qu'il développera par la suite, la critique de la souveraineté et la nécessité d'un pouvoir neutre, ont leur amorce dans ces textes. Constant fréquentera assidûment Sieyès sous le Directoire. Il aura l'occasion d'approfondir, aux côtés du singulier oracle de l'art politique, les difficultés cardinales de la constitution républicaine, point résolues par les dispositions de l'an III. Il lui devra son accès au Tribunat après Brumaire (il en sera évincé, comme on sait, en 1802).

Necker et Sieyès: le privilège du nouvel arrivant est d'entrer sur scène et de pouvoir se situer entre ces deux grands protagonistes du drame noué en 1789, l'un défait dès le premier acte, mais observateur critique d'une rare pénétration, jusqu'au bout, l'autre partie prenante des péripéties principales jusqu'au dénouement—dénouement dont il sera victime après en avoir été l'instigateur (Constant avait lucidement averti Sieyès du péril prétorien qui pointait derrière l'instrument Bonaparte). Et ce fort bagage d'expérience politique vient se greffer sur un esprit formé à ce que la culture européenne a produit alors de plus neuf en matière de pensée de la société et de l'histoire: les Lumières écossaises dont l'ancien étudiant de l'université d'Edimbourg a été recueillir l'enseignement à la source. Autant dire que Constant part avec de solides atouts. Il a la chance à peu près unique dans le Paris de l'époque de pouvoir allier une initiation hors de pair aux affaires publiques avec l'instruction intellectuellement la mieux appropriée.

La dette envers les Ecossais est sensible dans ce qui fait l'originalité de son point de vue. On pourrait la ramasser d'une formule en parlant de *raisonnement par l'histoire*. Sa pensée se déploie exactement à la charnière de deux mondes: *quand la preuve par le mouvement* se substitue à la *démonstration par le fondement en nature*.

Ainsi, après avoir réfuté sur le fond l'argumentaire classique en faveur de l'inégalité des rangs, en vient-il à rétorquer, de manière typique: "Enfin, quand l'hérédité n'entraînerait point ces inconvénients terribles il y aurait encore à faire contre ce système un raisonnement bien décisif, c'est qu'il ne peut plus se relever" (*De la Force . . .*, p. 91). La tâche politique par excellence consiste à éclairer la nature du présent. Car les acteurs tendent communément à ignorer l'identité véritable du moment où ils se trouvent et les contraintes qui enserrent leurs entreprises. Ils errent, faute, à la lettre, de savoir où ils sont. Le drame de l'action historique, tel que le parcours révolutionnaire le révèle à Constant et tel que les urgences qu'il vient à son tour affronter le lui confirment, a sa source dans ce décalage entre la conscience des individus et les exigences de leur temps, soit qu'ils méconnaissent ce que l'oeuvre du devenir comporte d'irréversible, soit qu'ils s'abusent sur les modèles susceptibles de les guider. Mais élucidation des nécessités du présent ne signifie pas démission devant le cours des choses. Tout au contraire. Au milieu de la fluctuation des circonstances, il faut pouvoir se reposer sur la fixité des principes. L'identité de l'heure une fois dégagée, il reste encore à clarifier ce passage des "premiers principes" aux "principes intermédiaires" capables d'assurer le règne effectif de l'égalité ou la viabilité pratique du gouvernement républicain. Car les hommes ne sont pas seulement en peine de s'orienter; il leur manque aussi de savoir appliquer les doctrines abstraites qui dominent leurs esprits sans parvenir à s'incarner paisiblement dans leurs existences. L'hérédité, observe Constant, "tenait à un enchaînement d'institutions, d'habitudes, d'intérêts, qui descendait jusque dans l'individualité la plus intime de chaque homme" (*Des Réactions . . .*, p. 71). L'égalité a beau l'avoir emporté de fait dans les âmes, sa nouveauté l'empêche de faire fond sur ce long travail d'accommodation. "Elle ne pénètre jusqu'aux individus que pour bouleverser leur manière d'être." L'établissement des principes a pour but de remédier à cette confusion. Sa destination est de rendre habitable un site social dévasté par l'irruption d'une idée sans traduction à la fois développée, stable et familière au sein du corps politique. De 1796 à 1806, des brochures de Thermidor commandées par les urgences de l'actualité aux ouvrages systématiques que la dictature de Bonaparte l'obligera à laisser dans l'ombre, l'inspiration formatrice des écrits de Constant s'approfondit selon une ligne parfaitement continue. Les deux livres rédigés sous le Consulat et l'Empire détaillent les réflexions sur "la possibilité de la république dans un grand Etat" et "les principes élémentaires de la liberté" amorcées ou annoncées dès les deux principaux opuscules du Directoire, *De la force du gouvernement actuel et de la nécessité de s'y rallier* (1796) et *Des réactions politiques*, complété par *Des effets de la Terreur* dans un second temps (1797). L'interprétation de l'événement révolutionnaire ne se sépare pas, au long de ce parcours, de l'effet constructeur pour établir les règles constitutionnelles et les normes du fonctionnement collectif qui procureraient enfin leur pleine consistance aux promesses inaccomplies de "l'époque actuelle".

Les forces et les faiblesses du propos constantien découlent de cette perspective. Sur le processus révolutionnaire lui-même, sur son déclenchement et sa marche, Constant reste assez court. En bonne pensée de l'histoire, l'important à ses yeux est moins dans le fait que dans l'enjeu qui s'exprime au travers de lui et qui le rend lisible. "Lorsque l'accord entre les institutions et les idées se trouve détruit, les révolutions sont inévitables. Elles tendent à rétablir cet accord. Ce n'est pas toujours le but des révolutionnaires mais c'est toujours la tendance des révolutions" (*Des Réac-*

*tions . . .*). Et quant à ce qui rendait de la sorte la rupture de 89 inéluctable, il n'a pas de doute: "... sous quelques dénominations variées que se soit engagée et soutenue la lutte dont nous avons été témoins et souvent victimes, elle a toujours été dans le fond la lutte du système électif contre le système héréditaire. C'est la question principale de la révolution française, et pour ainsi dire la question du siècle" (Fragments d'un ouvrage . . ., N.A.F. 14363). Quatre-vingt-neuf est la révolution de l'égalité. Sur la dynamique irrésistible de cette "idée-mère", comme il dit, il a dès sa première brochure de 1796, une envolée qu'on ne peut pas ne pas rapprocher des plus fameuses considérations de Tocqueville. Le noyau de la philosophie de Constant est livré là d'emblée. "L'origine de l'état social est une grande énigme", écrit-il, "mais sa marche est simple et uniforme." La phrase résume un changement d'axe capital pour la réflexion: le secret de la bonne forme de société n'est plus à chercher dans le temps primordial de son institution, il se donne dans le travail qui a précipité ses transformations successives. Constant poursuit: "Au sortir du nuage impénétrable qui couvre sa naissance, nous voyons le genre humain s'avancer vers l'égalité sur les débris d'institutions de tout genre. Chaque pas qu'il a fait dans ce sens a été sans retour" (*De la Force . . .*). Et d'esquisser une périodisation des formes de l'inégalité et des étapes de sa réduction où l'on reconnaît le lecteur des Ferguson et des Millar. Il distingue quatre phases: les castes, l'esclavage, la féodalité, la noblesse, à son tour disloquée, comme ses devancières, "chez le premier peuple de l'Europe" et vouée à ne plus se relever (la *Constitution républicaine* fournit une analyse aiguë de la "noblesse sans féodalité" dans la France d'Ancien Régime, "corporation presque imaginaire", dotée de "faveurs abusives" sans remplir de fonction légale ni jouer le rôle de "corps intermédiaire"). La conclusion en forme d'exhortation coule de source: la sagesse est de ne pas s'opposer à la pente inexorable du changement social. "Il faut enfin céder à la nécessité qui nous entraîne, il faut ne plus méconnaître la marche de la société, ne plus amener par de vains efforts, des luttes sanglantes (. . .) ne plus faire acheter aux hommes leurs droits par des crimes" (*De la Force . . .*).

Une telle grille d'analyse a pour inconvénient, en voulant embrasser le sens d'ensemble, de laisser échapper le cours réel des événements dans ses embardées et ses paroxysmes. Va pour l'établissement de l'égalité, mais pourquoi a-t-il fallu en passer par l'arbitraire et la Terreur? On voit poindre, dans le passage qui vient d'être cité, un facteur explicatif qui sera exploité d'abondance: la force des résistances qui suscite l'exaspération du combat. Constant observe dans une note, d'ailleurs, en invoquant les exemples de l'histoire, que "c'est presque toujours par un grand mal que les Révolutions qui tendent au bien de l'humanité s'opèrent et que plus la chose à détruire est pernicieuse, plus le mal de la Révolution est cruel [. . .] Le fléau passe, le bien reste" (*De la Force . . .*, p. 97). Mais la logique de sa position conduit naturellement à mobiliser un autre facteur auquel il va faire jouer un rôle de plus en plus considérable: l'*anachronisme*. Les acteurs se trompent sur leur temps, qu'il s'agisse des fins à poursuivre ou des moyens à mettre en oeuvre, et de là résulte l'aberration sanglante des conduites lancées à l'assaut de l'impossible. L'idée est mobilisée une première fois au titre de l'*anticipation* pour rendre compte du phénomène somme toute énigmatique, du point de vue de Constant, des réactions politiques. Si l'oeuvre des révolutions consiste à rétablir l'harmonie entre les opinions régnantes et les institutions, pourquoi la tentation d'un mouvement rétrograde comme celle qui se manifeste de partout, y compris chez les auteurs hier amis des Lumières auxquels Constant s'adresse en particulier? En raison, répond-il, du dépassement des objectifs que l'époque permettait raisonnablement de poursuivre. Comme la Révolution anglaise, dont l'enjeu véritable était la liberté religieuse avait été trop loin en s'en prenant à la royauté, la Révolution française dirigée contre les privilèges "a dépassé son terme, en attaquant la propriété" (*Des Réactions* . . .). La menace du retour en arrière est le contre-coup d'une projection irréelle en avant.

Mais l'enchaînement d'idée qui a conduit des principes républicains à la dictature jacobine? Là-dessus, la capacité explicative de schéma global proposé par Constant demeure faible, comme la querelle qu'il va chercher à un proche en politique, pourtant, Lezay-Marnesia, le met en évidence. Dans le mois qui suit la parution des *Réactions politiques*, en avril 1797, Lezay-Marnesia, thermidorien comme Constant, publie une analyse en style *real politik* des *Causes de la Révolution et de ses résultats* qui justifie la Terreur comme un passage obligé pour vaincre. Elle fait sortir Constant de ses gonds, et il lui répond vivement en ajoutant une série de considérations spécifiques sur les *Effets de la Terreur* à la réédition des *Réactions*, en mai (F. Furet, "Une polémique thermidorienne sur la Terreur", *Passé-Présent*, 1983). Ce que Constant récuse avec véhémence, c'est la *fonctionnalité* de la Terreur; ce qu'on lui attribue comme résultats s'est produit en dépit d'elle. Seulement cet effort de dissociation entre la part d'inévitable d'une révolution réduite à ses enjeux authentiques et la part de tragédie d'une embardée terroriste nullement inscrite dans les nécessités de son cours normal rend d'autant plus énigmatique la survenue de celle-ci. Si l'on considère qu'il ne s'est agi que du recours à des moyens extrêmes dans une situation où il n'en existait pas d'autres, le mystère s'affaiblit. Il grandit en revanche d'autant plus que l'on se refuse les facilités de la raison d'Etat. Constant se crée ainsi un problème auquel ses écrits du Directoire ne comportent pas vraiment de réponse.

C'est le modèle de l'anachronisme, justement, qui va lui permettre de combler cette lacune. Un anachronisme compris cette fois non pas sous le signe de l'excès futuriste, mais sous le signe de la prégnance du passé. Plaidoyers et propositions des thermidoriens éclairés pour "terminer la Révolution" n'y pourront rien: la stabilisation de la République n'aura pas lieu; il reviendra au despotisme militaire de clore un processus apparemment impossible à maîtriser et à asseoir de l'intérieur. C'est là, sous le coup de la défaite après de fragiles honneurs, dans les années où l'emprise napoléonienne s'appesantit et triomphe, de 1802 à 1806, que la réflexion de Constant acquiert sa forme pleinement développée, sinon définitive. Il rédige alors, sans les publier, deux livres que nous ne connaissons dans leur teneur primitive que depuis peu, mais qui serviront de base aux écrits d'après 1814: les *Fragments d'un ouvrage abandonné sur la possibilité de la constitution républicaine dans un grand pays* (à ce jour encore inédits) et les *Principes de politique applicables à tous les gouvernements* (récemment publiés par E. Hoffmann). La continuité d'inspiration avec les brochures de Thermidor est entière. A contre-courant d'une opinion massivement gagnée à l'autorité, Constant continue en 1802 à chercher le bon mécanisme de fonctionnement d'un régime de liberté élective, en approfondissant les causes qui ont rendu la délégation représentative incontrôlable durant la Révolution. En 1806, à l'apothéose de la puissance impériale, il renonce à plaider pour la constitution républicaine. Mais c'est, en contournant la question du pouvoir, pour expliciter les principes généraux qui doivent de nécessité, à "l'époque actuelle de l'espèce humaine" et quelle que soit la forme du gouvernement, présider aux rapports de l'autorité sociale et des individus. Sa conviction, et le diagnostic historique qui la fonde, n'ont pas varié: nous sommes à l'âge de la liberté, sa poussée est irréversible, les peines et les traverses qu'elle rencontre sont les maux transitoires d'un enfantement laborieux. Toute la difficulté est de faire prendre conscience aux acteurs des buts véritables qui sont en fait les leurs, tels que l'histoire les leur dicte, et des instruments propres à les atteindre. La Révolution a erré sur les fins et les moyens. Mais errent plus encore ceux qui ont conclu de son échec à la défaite de sa cause pour se précipiter sous le joug d'un conquérant. Ils se sont enfoncés dans la méconnaissance en croyant y échapper. Le comble de l'anachronisme, c'est la poursuite de la gloire militaire à l'époque du commerce. Ce sera le thème spécifique orchestré par *De l'Esprit de conquête et de l'usurpation* que Constant brochera à la hâte en 1814 avec les matériaux de ses ouvrages inédits.

Les révolutionnaires se sont trompés sur les fins de leur entreprise, faute d'un juste discernement de la différence entre la liberté des modernes et la liberté des anciens. Ils se sont trompés sur les moyens, en prêtant à la souveraineté du peuple une extension et une efficience qu'elle ne saurait posséder en droit non plus qu'en fait. En l'un et l'autre cas, ils ont été victimes de modèles du passé qui leur ont dissimulé les nécessités du présent. Remontant à la source de l'illusion par excellence dont sont venus "tous les malheurs de la Révolution française", "la supposition que la société peut exercer sur ses membres une autorité illimitée", Constant l'attribue à la prégnance sur la pensée philosophique du moule politique même contre lequel ils s'insurgeaient.

> L'erreur de Rousseau et des écrivains les plus amis de la liberté, dit-il. lorsqu'ils accordent à la société un pouvoir sans bornes, vient de la manière dont se sont formées leurs idées en politique. Ils ont vu dans l'histoire un petit nombre d'hommes, ou même un seul, en possession d'un pouvoir immense qui faisait beaucoup de mal. Mais leur courroux s'est dirigé contre les possesseurs du pouvoir et non contre le pouvoir même. Au lieu de le détruire, ils n'ont songé qu'à le déplacer. C'était un fléau: ils l'ont considéré comme une conquête, ils en ont doté la société entière (*Principes . . .*, p. 201).

Mais c'est aussi qu'un exemple auréolé de tous les prestiges venait à l'appui de l'idée. Il avait existé une illustre incarnation de la liberté alliée à l'autorité sociale: les républiques de l'Antiquité. Après la fantasmagorie du pouvoir secrétée par la puissance monarchique, la vertu civique imitée des anciens a achevé de travestir les conditions inédites de la politique moderne. "Lorsque le flot des événements", écrit Constant, "porta à la tête des affaires des hommes qui avaient adopté la philosophie comme un préjugé, ces hommes crurent pouvoir exercer la force publique comme ils la voyaient exercée dans les Etats libres de l'Antiquité. Ils crurent que tout devait encore aujourd'hui céder devant l'autorité collective, que la morale privée devait se taire devant l'intérêt public, que tous les attentats contre la liberté civile seraient réparés par les jouissances de la liberté politique dans sa plus grande étendue" (*Principes . . .*, p. 40). La version définitive de ces considérations fameuses sur la *liberté des anciens*, en 1819, nuancera la sévérité du propos initial en insistant sur le "génie sublime" de Rousseau, animé par "l'amour le plus pur de la liberté". Le jugement n'en est pas moins intégralement maintenu sur le fond: "En transportant dans les temps modernes une étendue de pouvoir social, de souveraineté collective qui appartenait à d'autres siècles, [Rousseau] a fourni de funestes prétextes à plus d'un genre de tyrannie." Relayée par celle d'un Mably, plus hyperbolique encore quant aux ressources du législateur, son influence est à l'origine de la foi qui a égaré les révolutionnaires: le possible échange de la "restriction des droits individuels" pour "la participation au pouvoir social". C'était ignorer cette nouveauté capitale que "l'indépendance individuelle est le premier des besoins modernes" avec son corollaire: "en conséquence, il ne faut jamais en demander le sacrifice pour établir la liberté politique" (*De la Liberté* . . .). On a voulu donner aux hommes autre chose que ce qu'ils attendaient. De là "leur résistance obstinée à ce qu'on leur offrait comme liberté". De là le "cercle vicieux" en lequel s'enferme une action que son impuissance voue à l'escalade dans l'arbitraire. La cible est fatalement manquée. "Le pouvoir social blesse en tous sens l'indépendance individuelle sans en détruire le besoin" et, note plaisamment Constant, "le plus petit saint dans le plus obscur hameau résistait avec avantage à toute l'autorité nationale rangée en bataille contre lui" (*De la Liberté* . . .). De sorte que "la force rend de plus en plus la force nécessaire" et que pour finir "les amis aveugles de la liberté, qui ont cru l'imposer par le despotisme, soulèvent contre eux toutes les âmes libres" (*De la Liberté* . . .).

Constant ne développe pas une analyse de la Révolution française à proprement parler. Ce qu'il en dit reste constamment subordonné à la perspective pratique et positive de l'homme politique qui est avant tout la sienne. Qu'il s'agisse du mécanisme constitutionnel ou des principes généraux de l'action publique, son souci premier et permanent demeurera tout au long de sa carrière de définir les conditions d'un bon fonctionnement de la forme sociale qui doit de toute façon advenir et prévaloir. Le drame de la fausse conscience qui ferme les acteurs historiques à la vérité de leurs entreprises : voilà corrélativement le vecteur original sur lequel se déploiera sa démarche critique. Dès sa première brochure de 1796, il observait de façon typique: "Ceux qui veulent renverser la République sont étrangement la dupe des mots. Ils ont vu qu'une révolution était une chose terrible et funeste et ils en concluent que ce qu'ils appellent une contre-révolution serait un événement heureux. Ils ne sentent pas que cette contre-révolution ne serait elle-même qu'une nouvelle révolution" (*De la force* . . .). Le tableau d'ensemble des revirements successifs de l'opinion du 14 juillet 1789 au 31 mars 1814 qu'il donnera par la suite dans ses admirables *Fragments sur la France* représente à cet égard un modèle d'analyse du mécanisme d'automystification sur la base d'une perception juste et d'un raisonnement unilatéral qu'on appellera plus tard idéologie. L'empire des "fantômes du passé sur le cerveau des vivants" est un cas de figure particulier de ce phénomène plus général de méconnaissance, mais un cas de figure qui se trouve avoir pesé particulièrement lourd. Lui seul dans l'esprit de Constant peut rendre compte de l'échec paradoxal d'une révolution arrivée pourtant à son heure et de ses tendances tyranniques quand elle se dressait contre les abus de l'autorité. Ce ne sont pas les principes de la liberté qui sont en cause, plaidera-t-il inlassablement contre la conclusion communémment tirée par ses contemporains, mais des manières foncièrement archaïques de les comprendre. Et Constant combine en fait deux versions de ce schéma de la rémanence. Une version étroite: le modèle de la démocratie directe à l'antique, mobilisé plus spécialement pour expliquer l'épisode jacobin. Une version élargie, qui point dès les *Principes* de 1806, mais à laquelle il donnera tout son développement dans un de ses ouvrages les moins connus, le *Commentaire sur l'ouvrage de Filangieri* en 1822-1824: le volontarisme législatif des réformateurs du XVIIIe siècle, la croyance illusoire dans la capacité des lois à former les esprits et à constituer la société. Cette surestimation des puissances du législateur n'a pas été le fait d'un parti ou d'un courant en particulier. Elle a été plutôt l'illusion commune de la période. Obsession spartiate ou legs des Lumières, ce qui a échoué, en un mot, dans la Révolution, ce n'est pas la Révolution elle-même, c'est un imaginaire hérité qui l'a empêchée d'être elle-même.

Encore ne faudrait-il réduire l'interprétation de Constant au seul fardeau de l'anachronisme. Sur la base du même diagnostic—nécessité des buts, inadéquation des moyens—il propose une analyse tout autrement orientée des apories dans lesquelles l'essai du gouvernement représentatif s'est enlisé. L'échec de la Révolution a été aussi un échec interne provoqué par le dysfonctionnement consitutionnel et politique. Et ce n'est pas ici la pesanteur des précédents qui a été déterminante, c'est à l'inverse l'inédit d'une situation que nul n'a su maîtriser. Il n'y a pas eu seulement abus de la souveraineté, faute d'une mesure précise de ses limites, il y a eu en outre défaillance de principe dans son administration, faute d'un mécanisme de contrôle de sa délégation. Ainsi a-t-on vu successivement une assemblée se substituer au peuple, un gouvernement tomber dans l'impuissance par le conflit intestin des pouvoirs, jusqu'à ce qu'enfin cette souveraineté si problématique à représenter échoue dans les mains d'un homme seul. Comment tout à la fois, donc, prévenir l'usurpation, arrêter le pouvoir quand il concentre en lui toute la légitimité et veiller au maintien de la correspondance entre l'action des représentants et le voeu des représentés? Le discernement dont Constant fait preuve à l'endroit du mal infantile de la République en France mérite d'être compté au nombre de ses vues les plus profondes. Dérivée du jury constitutionnaire de Sieyès, la solution qu'il propose n'a certes pas fait école. La "pouvoir préservateur ou neutre, indépendant du peuple comme du pouvoir exécutif", destiné à "défendre le gouvernement de la division des gouvernants et les gouvernés de l'oppression du gouvernement", n'a nulle part vu le jour tel qu'il le préconisait au terme de son examen des chances de la constitution républicaine. Luimême en a abandonné d'ailleurs l'exigence formelle en se ralliant à la monarchie constitutionnelle où, dans son interprétation libérale, le pouvoir royal joue précisément le rôle de pouvoir neutre, non pourvu de prérogatives politiques directes, mais chargé de veiller à la bonne marche du gouvernement représentatif, c'est-à-dire en ultime ressort de permettre le contrôle des représentants par les représentés. Reste qu'il a posé avec une lucidité inégalée le problème de la stabilisation de la République: comment éviter que la délégation de la souveraineté se mue en aliénation ou en dépossession, avec la soustraction des gouvernants à la prise du corps politique une fois qu'ils ont été investis? Si l'on prend la Révolution au sérieux en tant qu'expérience politique, il faut reconnaître en Constant l'un de ceux qui ont su le mieux pénétrer les motifs de son inaboutissement. Le fait d'avoir compris que le système électif allait irrésistiblement supplanter le système héréditaire ne l'a pas empêché de discerner le problème béant qu'allait demeurer la maîtrise du système électif.

## 2. Madame de Staël

Deux temps bien distincts, séparés par une vingtaine d'années, dans la réflexion de Germaine de Staël sur la Révolution: Thermidor et la Restauration. Elle avait quitté Paris au moment des massacres de septembre 1792. Elle y revient au printemps 1795, en compagnie de Benjamin Constant, dans des circonstances plus favorables pour jouer le rôle politique qu'elle ambitionnait. Elle rédige alors deux ouvrages de circonstance qui resteront sous le boisseau: des *Réflexions sur la paix intérieure*, imprimées, mais non publiées, en 1795 (elles figurent en revanche dans ses *Oeuvres complètes* publiées en 1820) et surtout *Des circonstances actuelles qui peuvent terminer la révolution et des principes qui doivent fonder la république en France*, écrit en 1798 et demeuré inédit jusqu'en 1906. Elle reprend le sujet dans les dernières années de sa vie, la parenthèse de l'Empire une fois refermée, avec un livre qu'elle n'aura pas le temps d'achever. Elle meurt en 1817, à cinquante et un ans. Ce sont ses héritiers qui feront paraître, l'année suivante, les *Considérations sur les principaux événements de la Révolution française*. L'ouvrage aura un énorme retentissement. Il suscitera une polémique, illustrée en particulier par la critique de l'ancien conventionnel Bailleul, que l'on peut tenir pour le coup d'envoi et la matrice intellectuelle du débat fondateur de l'historiographie révolutionnaire proprement dite sous la Restauration. L'oeuvre des "fatalistes", Thiers et Mignet, à partir de 1823-24 en procède directement.

On pourrait différencier l'inspiration des deux périodes en fonction du rapport de Germaine à son père. Sous le Directoire, dans le temps fort de sa liaison avec Constant, elle est républicaine, en contradiction avec lui. Necker donne dans une lettre, début 1796, un aperçu de ce que pouvaient être leurs échanges: ". . . tous deux (sa fille et Constant) sont merveilleusement lestés en idées et en espérances républicaines et ils pardonnent un peu trop les moyens des gouvernants en faveur du but. Je suis bien éloigné de voir de même" (H. Grange, *Les idées de Necker*, Paris, 1974, p. 462). Rédigées sous le choc du 18 Fructidor, les *Circonstances actuelles* posent le problème de la constitution républicaine dans des termes qui anticipent le traitement plus systématique qu'en donnera Constant dans l'ouvrage qu'il devra lui aussi renoncer à publier autour de 1802—avec le recul d'un coup d'Etat supplémentaire, et celui-là sans retour. Le sentiment filial a entièrement repris le dessus, à la fin de sa vie. Les *Considérations*, emmêlant le témoignage et l'interprétation, sont un monument à la gloire de Necker. Elles justifient sans restriction ni nuance la conduite du ministre de Louis XVI, comme elle exaltent sans beaucoup plus de réserves la perspicacité de l'analyse du gouvernement révolutionnaire. Le moment s'y prête. La monarchie et le gouvernement représentatif voulus vainement par le réformateur malheureux de l'absolutisme sont devenus, après 1814, le point de ralliement des "amis de la liberté", Constant y compris. Ce n'est plus l'heure de la république, mais celle de la constitution anglaise, "le seul port où la nation puisse trouver le calme" (*Considérations*, p. 138).

D'une période à l'autre, cela dit, la compréhension fondamentale de l'événement demeure inchangée: la Révolution ce sont les Lumières. Le texte de 1798 dit: "le principe de la Révolution de France, ce sont les progrès de la philosophie" (*Circonstances*, p. 95). Le texte de 1818 précise, à l'endroit des obstinés continuant de la tenir pour un accident: "les principales crises de l'histoire ont été toutes inévitables quand elles se rattachaient au développement des idées." C'est du "triomphe des Lumières" qu'il s'est agi une nouvelle fois dans la Révolution de France, et c'est ce qui la constitue en l'une des "grandes époques de l'ordre social" (*Considérations*, p. 63). L'histoire des grands états modernes se divise en trois époques: "la féodalité, le despotisme et le gouvernement représentatif." "Le même mouvement dans les esprits a produit la révolution d'Angleterre et celle de France en 1789. L'une et l'autre appartiennent à la troisième époque de la marche de l'ordre social, à l'établissement du gouvernement représentatif vers lequel l'esprit humain s'avance de toutes parts'' (*Considérations*, p. 69). Toutes formulations qui restent fort proches, à distance, de ce qu'un Constant pouvait écrire autour de 1796, dans *De la force du gouvernement actuel*. L'option politique a changé, le cadre intellectuel est demeuré largement le même. Les traits de continuité sont très frappants. Ainsi le 18 Fructidor conserve-t-il aux yeux de Mme de Staël un statut de date-tournant. Elle y loge ''l'introduction du gouvernement militaire en France''. De même, reprend-elle en cet ultime ouvrage l'un des éléments qu'elle avançait sous le Directoire pour expliquer la Terreur, le plus polémique par rapport aux tenants de la réaction monarchique, à savoir la corruption de l'état moral de la nation par ''les abus de l'Ancien Régime''. ''D'où venaient donc'', maintient-elle en pleine Restauration, ''les penchants désordonnés qui se sont si violemment développés dans les premières années de la Révolution, si ce n'est de cent ans de superstition et d'arbitraire?'' (*Considérations*, p. 304). Elle parlait en 1798 du ''manque absolu de morale publique réduit presque en maxime'' et de la dépravation produite ''dans un gouvernement absolu par l'inégalité des rangs mêmes'' (*Circonstances*, pp. 33-37).

Pour le reste, il est permis de penser que l'ouvrage mûri avec le recul est plutôt en retrait sur l'acuité analytique de ce qui eût du être une brochure de circonstance. L'exemple de la Terreur en fournit une bonne illustration. Le contexte, il est vrai, rend le problème particulièrement pressant pour les thermidoriens. Plaider en faveur de la République exige de prouver que ''les crimes de la Révolution ne sont point une conséquence du système républicain'' (*Circonstances*, p. 5). Madame de Staël va plus loin. Elle ne s'arrête pas à l'exonération, elle renverse l'accusation: ''C'est au contraire dans ce système qu'on peut en trouver le meilleur et le seul remède.'' Toujours est-il qu'à cette enseigne elle développe une analyse plus substantielle que ce qui en survivra dans son dernier livre. Même l'examen des effets corrupteurs de l'inégalité est plus subtil en 1798 que ce qui en sera finalement retenu. Cette fine notation par exemple sur ''l'esprit de subalternité révoltée'' et sa différence avec ''le véritable amour de l'égalité'': ''L'homme qui dans quelque situation qu'il fût, a pu se croire subalterne, cet homme ne peut jamais arriver à l'égalité, il est le tyran, le despote, le persécuteur, jamais l'égal de celui qu'au fond de son âme, il croyait jadis devoir être son maître.'' D'où le renouvellement de la thèse: ce n'est pas le principe de l'égalité qu'il faut incriminer, mais l'héritage de l'inégalité dont seul le dépassement définitif pourra extirper les semences de haine qui lui sont inhérentes. Mais Mme de Staël fait intervenir deux autres facteurs à côté de celui-là qui auront, eux, disparus dans le texte de 1818: l'anticipation—''la République est arrivée en France avant les Lumières qui devaient préparer la République''—et d'autre part ''la fausse application du principe de la souveraineté du peuple dans le gouvernement représentatif'' (*Circonstances*, p. 33). Deux thèmes typiques de l'univers constantien, qu'il les ait initiés chez son amie ou qu'il les lui ait repris. Pour le premier, il appartient tellement au plus intime et au plus permanent de la démarche de Constant qu'on est tenté de le lui attribuer. L'anachronisme, ce décalage des temps qui empêche les acteurs d'être contemporains en pensée du moment qu'ils vivent: c'est son leitmotiv. Il commande, en grande partie, le propos de l'ouvrage: ''si les institutions ont devancé les Lumières, il appartient aux écrivains de porter les Lumières au niveau des institutions.'' Car, observe Mme de Staël, ''tout ce qui se fait d'accord avec l'opinion est maintenu par elle, mais dès qu'on la précède ou qu'on la combat, il faut avoir recours au despotisme. La France, en 1789, voulait la monarchie tempérée. Il n'a point fallu de terreur pour l'établir. La République s'est établie cinquante ans avant que les esprits y fussent préparés: on a eu recours à la Terreur pour l'établir" (*Circonstances*, p. 160). Elle a une notation très fine au passage, d'ailleurs, sur la spécificité proprement terroriste de la situation, à savoir la combinaison d'un volontarisme anticipateur, par lui-même banal, avec la nécessité neuve de l'assentiment démocratique. "Il n'y avait pas de situation plus violente qu'un gouvernement qui ne pouvait se contenter d'être tyrannique, mais qui avait encore besoin de forcer une approbation générale à sa tyrannie, de sanctionner le despotisme par les formes populaires" (*Circonstances*, pp. 35-36). De là donc la stratégie politico-intellectuelle dans laquelle l'ouvrage s'inscrit—et son illusion lyrique: "Ce sont les philosophes qui ont fait la Révolution, ce sont eux qui la termineront. Les généraux, considérés seulement sous leurs rapports militaires, auront beaucoup moins d'influence sur l'intérieur de la France que les penseurs écrivant ou parlant à la tribune ou dans les livres" (*Circonstances*, pp. 273-74). Il faut pour ce faire "jeter des torrents de lumière" sur des principes et des données dont la nature a été mal comprise, qu'il s'agisse de l'égalité, de la représentation ou de la liberté La science politique, avec des hommes comme Condorcet, Sieyès, Roederer, Godwin, ou encore Constant, "dont chaque année grandira la réputation", n'est-elle pas tout près de l'époque de la certitude? Grâce à la "philosophie d'analyse" et au calcul des passions, "l'organisation d'une constitution libre" n'est-elle pas en passe d'atteindre à la sécurité rationnelle que procure la méthode géométrique? C'est en terminant la science politique que les écrivains philosophes termineront la révolution. "Le calcul fera tomber les armes" (*Circonstances*, p. 281). Cet enthousiasme qu'on oserait presque dire prépositiviste et le projet d'explicitation qu'il alimente sont à la source de ce que le livre avance de plus original. Soit plusieurs des thèmes forts que développeront par la suite les ouvrages celés ou publiés de Constant, préfigurés ici de très ferme façon.

Dès à commencer donc par la critique des confusions engendrées par le principe de la souveraineté du peuple, destinée à devenir l'épicentre de la politique constantienne. L'idée n'est pas neuve en 1798, il s'en faut. Dès au début de la Révolution, elle point chez les monarchiens. Elle est chez Clermont-Tonnerre et Mounier à propos de la constitution de 1791. Sieyès la reprend à son compte dans la discussion de la constitution de l'an III, en opposant l'authentique notion de ré-publique aux chimères ruineuses de "ré-totale", comme il dit, fondées sur l'illimitation prétendue de la souveraineté populaire. Necker s'en fait l'écho dans ses *Réflexions sur l'égalité*. "Le principe absolu de la souveraineté du peuple", dit-il, "peut encore être mis au rang des idées spéculatives qui, dans l'organisation du gouvernement français ont combattu l'établissement d'une salutaire balance entre les différents pouvoirs politiques" (*De la Révolution Française*, II, 422). Tout disposerait de la sorte Mme de Staël à s'engager dans cette voie. À la vérité, elle n'entre pas dans l'analyse du mécanisme par lequel le pouvoir fantasmagoriquement prêté au peuple se retourne très effectivement contre lui, ainsi que Constant le fera en 1806. Elle se contente de mentionner le fait. C'est surtout de clarifier par contraste la nature véritable du système représentatif qu'elle se préoccupe, et peut-être est-ce que la réflexion esquissée à ce propos constitue la part la plus remarquable de son livre. Problème central: éliminer le court-circuit identificatoire permettant de décréter que sept-cent-cinquante hommes *sont* le peuple assemblé, ainsi que l'idéal omniprésent des cités antiques a conduit à le rêver. "Il n'y a point de démocratie dans un pays gouverné par sept-cent-cinquante députés sur trente millions d'hommes. La pure démocratie, à travers ses inconvénients, a de grandes jouissances, mais il n'y a de démocratie que sur la place publique d'Athènes" (*Circonstances*, pp. 158-59). Le passage du grand nombre au petit nombre n'est pas qu'un expédient technique permettant de contourner les obstacles physiques d'une vaste réunion d'hommes. Il change entièrement l'essence du phénomène. "La représentation", écrit Mme de Staël, "n'est pas le calcul de réduction, si l'on peut s'exprimer ainsi, qui donne en petit l'image du peuple; la représentation, c'est la combinaison politique qui fait gouverner la nation par des hommes choisis et combinés de manière qu'ils ont la volonté et l'intérêt de tous" (*Circonstances*, p. 19). En aucune manière, il n'y a équivalence des représentants et des représentés. La "volonté et l'intérêt de tous constituent une sphère spéciale, abstraite, impliquant un raisonnement à l'échelle de l'ensemble distinct de la simple projection des intérêts et des voeux particuliers". "Ce sont les intérêts de la nation", dit encore Mme de Staël, "et non les individus qui la composent, qui sont représentés" (*Circonstances*, p. 17). Sans doute n'est-ce que déplacer le problème en le rendant à maints égards plus profond. Du moins est-il nettement posé. Reste deux questions connexes, une fois ces prémisses admises: celle du moteur de l'action des représentants et celle du moteur de l'acceptation des représentés. Ce n'est pas du courage et de la vertu des députés qu'il faut attendre la fidélité au voeu du pays. Le calcul des passions fournit le remède: il s'agit de combiner "les pouvoirs, le nombre, la séparation" des procureurs fondés qui gouvernent au nom de la nation "de manière qu'ils ont pour intérêt personnel l'intérêt général" (*Circonstances*, p. 23). Quant à la masse des citoyens, il faut comprendre qu'ils ne recherchent pas cette participation politique en faveur de laquelle on a vainement voulu les mobiliser. "La nation ne veut que les résultats et ne se passionne pas pour les moyens." C'est ici que s'introduit le thème de la différence entre la liberté des anciens et la liberté des modernes. Là encore il a des antécédents ou des préfigurations dans le XVIIIe siècle, chez Rousseau même par exemple. Saint-Just lui consacre des lignes étonnantes dans son *Esprit de la Révolution*, en 1791. Mais c'est de se trouver mise en situation, à l'épreuve du volontarisme révolutionnaire, que l'idée prend toute sa force. La formulation qu'elle reçoit sous la plume de Mme de Staël est parfaitement précise, à défaut d'être développée. L'originalité radicale de l'époque moderne, c'est la valeur qu'est devenue "la possibilité d'exister isolément des affaires publiques" (*Circonstances*, p. 109).

> "L'intérêt de Rome renfermait tous ceux des citoyens romains. On créait toujours l'enthousiasme en proposant le sacrifice de l'intérêt personnel [. . .] Mais en France, où c'est le contraire, c'est le respect de l'existence particulière, de la fortune privée qui seul peut faire aimer la République. *La liberté des temps actuels, c'est tout ce qui garantit l'indépendance des citoyens contre l'indépendance du gouvernement. La liberté des temps anciens, c'est tout ce qui assurait aux citoyens la plus grande part dans l'exercice du pouvoir.* (Circonstances, pp. 111-121 je souligne)

De là l'exigence fondamentale, si l'on veut véritablement enraciner la République de "ne pas exiger, de ne pas peser", en un mot de se garder "d'un système de dévouement qui devient féroce lorsqu'il pas volontaire" (*ibid.*).

Quant à la réforme constitutionnelle qui est, en termes d'opportunité politique, la raison d'être du livre (et peut-être la raison qui a rendu sa publication inopportune), on se bornera à relever, au-delà des propositions circonstancielles, les idées directrices qu'on retrouvera dans la suite comme le commun bagage des libéraux thermidoriens, la leçon tirée de l'expérience institutionnelle de la Révolution. L'équation à résoudre n'est pas simple, en ces années de décomposition politique, où pour commencer "les républicains savent bien que les résultats des élections, abandonnées à elles-mêmes, serait très défavorables au maintien de la République" (*Circonstances*, p. 161). Il faut faire avec la crainte d'une réaction royaliste chez les anciens conventionnels encore en place, qui les pousse au coup d'Etat et qui oblige à prévoir de leur procurer la garantie d'un emploi public. Il y a la nécessité d'assurer le pouvoir des propriétaires contre la menace obsédante du mouvement populaire. Ajoutons-y le poids de puissants préjugés, en faveur de la pluralité de l'exécutif, par crainte du retour d'un roi, en faveur de la division des pouvoirs, avec les conflits subséquents— Mme de Staël combat ce dernier, à la suite de son père: "On confond sans cesse la séparation nécessaire des fonctions avec une division des pouvoirs qui les rend forcément ennemis les uns des autres" (*Circonstances*). Les solutions suggérées paraissent rétrospectivement de piètre portée au regard de l'imbroglio que le 18-Brumaire se chargera de trancher, vérifiant l'adage d'un "homme d'esprit" que Mme de Staël rapportait pour le conjurer: "En France on ne permet qu'aux événements de voter." Mais l'esprit des dispositions proposées éclaire dès 1798 les motifs du futur ralliement des républicains modérés d'alors au principe de la monarchie constitutionnelle. Il se résume d'une formule: les républicains doivent "adopter quelques-unes des idées de l'aristocratie pour établir solidement les institutions populaires" (*Circonstances*). La chose a un aspect social: le gouvernement représentatif doit être compris comme le "gouvernement des meilleurs", "l'aristocratie naturelle" se substituant avec l'abolition de l'hérédité à "l'aristocratie factice". Elle a un aspect principiel: il faut que dans un gouvernement acquisition et conservation soient également représentées, "le mouvement et la durée", traduira pour sa part Constant. Mais elle a enfin un visage constitutionnel, dont l'amorce est fournie par le projet de jurie constitutionnaire de Sieyès en l'an III. Mme de Staël propose d'en incorporer les attributions au Conseil des Anciens, transformé en Chambre à vie. C'est le point de départ des réflexions de Constant sur la nécessité d'un pouvoir neutre, c'est-à-dire de cette dimension supplémentaire et paradoxale, indépendante de la représentation, qui cependant lui permet seule de fonctionner. L'ultime leçon de l'immense difficulté à fonder la République en France, de l'impossibilité de terminer la Révolution.

Qu'apporte de nouveau, maintenant, l'ouvrage de 1818? Sur le fond, assez peu de chose en vérité. C'est à son épaisseur factuelle, aux éclairages directs de la mémorialiste sur les personnes et les faits, à ses "anecdotes particulières", comme dit l'auteur, qu'il devra surtout l'ampleur de son écho—pour la partie relative à la Révolution, en tout cas. Il survient au moment où bouches et oreilles s'ouvrent, où les acteurs survivants se mettent à témoigner, où un public formé en bonne partie par une génération nouvelle devient avide de ces mémoires et documents que la grande collection Berville et Barrière recueillera de façon systématique à partir de 1820. Mais la Révolution n'occupe que le tiers du livre. Il doit au moins autant son succès à ses deux autres aspects: l'examen sans aménité de l'ascension et de la chute de Bonaparte, et par-dessus tout le plaidoyer politique en faveur de la liberté à l'anglaise qui en fait un ouvrage d'actualité. Par ce biais, d'ailleurs, on retrouve la Révolution française. Parallèle obligé des deux événements fondateurs: "les principaux traits d'analogie entre la révolution d'Angleterre et celle de France sont: un roi conduit à l'échafaud par l'esprit démocratique, un chef militaire s'emparant du pouvoir, et la restauration de l'ancienne dynastie" (*Considérations*, p. 516). Rien de très original dans cette vertu attachée à l'exemple: la marche nécessaire vers le gouvernement représentatif, illustrée par la vaine tentative du retour en arrière. Pour le reste, s'agissant du processus révolutionnaire proprement dit, le trait frappant est le ralliement inconditionnel aux vues de Necker. Hors quelques observations frappantes, destinées à être souvent reprises, l'analyse paraît souvent en retrait par rapport à l'acuité suggestive de l'ouvrage de 1798. Tout à coup une page profonde, par exemple, sur "l'antipathie mutuelle" que se portaient les différentes classes de la société dans l'ancien régime, faute de relations entre elles.

> L'orgueil mettait partout des barrières, et nulle part des limites. Dans aucun pays, les gentilshommes n'ont été aussi étrangers au reste de la nation: ils ne touchaient à la seconde classe que pour la froisser [. . .] La même scène se répétait de rang en rang, l'irritabilité d'une nation très vive portait chacun à la jalousie envers son voisin, envers son supérieur, envers son maître; et tous les individus, non contents de dominer, s'humiliaient les uns les autres (*Considérations*, p. 303).

Mais sur le chapitre de la Terreur, en revanche, Mme de Staël se laisse gagner par "l'éloquence de l'indignation" et expédie le sujet comme s'il était sans mystère et à peine digne d'analyse. "Le règne de la Terreur doit être uniquement attribué aux principes de la tyrannie; on les y retrouve tout entiers. Les formes populaires adoptées par ce gouvernement n'étaient qu'une sorte de cérémonial qui convenait à ces despotes farouches" (*Considérations*, p. 315). Comme heureusement une brillante intelligence a de la peine à s'oublier elle-même, cela n'empêche pas une intuition aiguë de surgir au milieu d'une déploration triviale: "Les dogmes politiques, si ce nom peut convenir à de tels égarements, régnaient alors et non les hommes. On voulait quelque chose d'abstrait dans l'autorité, pour que tout le monde fût censé y avoir part" (*Considérations*, p. 314). Rarement l'impersonnalité idéocratique propre au jacobinisme aura-t-elle été aussi subtilement pointée . . .

En bref, on a le sentiment devant ces *Considérations* d'un ouvrage composite dans son âme même. Il est le dernier plaidoyer thermidorien, il a un côté de survivance, comme s'il appartenait à l'orbe vivant de la Révolution. Il annonce en même temps, par un autre côté, une façon nouvelle de la relater, à distance, et d'en saisir l'enchaînement, celles que mettront en oeuvre quelques années plus tard les Thiers et les Mignet. Il n'est pas de la plus grande veine des écrits thermidoriens, il est en-deçà des exigences du récit historique tel que les contemporains l'entendent, il sera victime enfin du discrédit où sombreront à leur tour les libéraux qui croyaient avoir pour de bon cette fois terminé la Révolution avec leur glorieuse révolution, comme les Anglais, celle de 1830. C'est dire la force d'oubli qu'il faut affronter lorsqu'on entreprend de ranimer le sens de ces tentatives originaires pour penser les voies et les chances de l'invention de la liberté.

# CHAPTER 8

# La Terreur sous le Directoire

FRANÇOIS FURET

LA période thermidorienne–entendue au sens large, entre la chute de Robespierre et l'avènement de Bonaparte–est une période bénie pour qui s'intéresse aux interprétations de la Révolution française. Car elle est tout entière dominée par une double question, posée et reposée par les acteurs ou par les témoins: comment rendre compte de ce qui s'est passé depuis 1789? Comment y mettre un terme?

Les deux questions peuvent être disjointes dans l'analyse; elles sont inséparables pour les contemporains dans la mesure où elles constituent le tissu même de la vie publique de l'époque.

En effet, ce qui s'est passé le 9 thermidor an II (27 juillet 1794) est un événement différent de toutes les ruptures spectaculaires antérieures qui ont marqué le procès révolutionnaire. Entre 1789 et 1794, la Révolution n'a cessé d'être poussée en avant, dans un sens de plus en plus radical, par des "journées" populaires, essentiellement parisiennes, menées au nom d'une surenchère sur les principes de reconstruction du corps politique solennellement proclamés en 1789. De ces journées, une seule a échoué, le 17 juillet 1791, quand la garde nationale a tiré au Champ-de-Mars sur les pétitionnaires venus réclamer le jugement du roi, quatre semaines après Varennes. Le 20 juin, l'année suivante, n'a été qu'un demi-succès. Mais la prise des Tuileries le 10 août, en imposant la suspension, puis l'abolition de la royauté, rend caduque la Constitution de 1791 et l'existence même de l'Assemblée. La République fondée, le même mécanisme domine la vie politique de la Convention: les journées du 31 mai–2 juin 1793 obligent la représentation nationale à une auto-épuration, par la liquidation des Girondins et des protestataires contre cette amputation forcée; celle du 5 septembre entraîne la mise à l'ordre du jour de la Terreur et de l'économie d'Etat, étape décisive vers la définition du "gouvernement révolutionnaire". Pendant et depuis l'établissement de la République, les activistes des sections parisiennes ont joué le rôle de minorités organisées agissant au nom de la volonté du peuple contre la représentation du peuple. Ils ont inscrit leur action dans l'ambiguïté constamment présente depuis 1789 dans la doctrine révolutionnaire entre la nécessité de déléguer le pouvoir souverain du peuple et le caractère inaliénable de ce pouvoir: les Assemblées successives sont à la fois élues et renversées en son nom.

Or, la chute de Robespierre, le 27 juillet 1794, est un événement à la fois comparable et différent. Comparable, puisqu'il marque une rupture de plus dans la succession chaotique des équipes dirigeantes. Mais différent, et même radicalement différent, puisque c'est une victoire de la Convention contre la rue, et non l'inverse; une réaffirmation des droits de l'Assemblée élue au suffrage universel contre l'usurpation d'une petite oligarchie régnant par la Terreur, et ayant fait en vain appel à ses partisans.[1] Dès le 10 thermidor, au matin, après la nuit décisive où les sections "populaires" de Paris, appuyées sur le Club des Jacobins, ont échoué à libérer Robespierre et ses amis, les vainqueurs de Robespierre rationalisent leur victoire dans la langue particulière de la Révolution, en s'identifiant à la volonté du peuple sortie victorieuse d'un nouveau complot de la contre-révolution.

Pourtant, la Convention est aussi l'Assemblée qui a élu et réélu chaque mois, au Comité de salut public, depuis l'été 1793, les futurs ostracisés du 9 thermidor. Les mêmes hommes qui ont mis Robespierre hors la loi l'avaient d'abord porté et soutenu au pouvoir. D'ailleurs, la Convention de juillet 1794 qui se réclame de la délégation de souveraineté consentie par les électeurs en septembre 1792 est aussi celle qui a été contrainte à exclure de son sein une partie de la représentation nationale le 2 juin 1793. Comment fonder dans ces gestes contradictoires l'affirmation d'un droit révolutionnaire? Barère, l'inévitable Barère, le meilleur interprète de cette collectivité qu'est la Convention, fait voter l'interprétation suivante, toujours le 10 thermidor:[2] "Le 31 mai, le peuple fit sa révolution; le 9 thermidor la Convention nationale a fait la sienne; la liberté a applaudi également à toutes les deux." Le malheur est que la phrase n'a pas de sens, puisque les deux événements présentés comme également inséparables de la liberté sont de signification contraire. Mais en réconciliant magiquement les députés avec tout leur passé, elle accomplit une fonction politique primordiale, au détriment de sa cohérence logique.

Elle montre aussi que la question de l'histoire de la Révolution a commencé d'obséder les esprits avec la disparition de la dictature de Robespierre. En se sentant contraints à l'aborder au premier jour, ce 10 thermidor où sont guillotinés avec leur chef tous les robespierristes, les députés répondent à une nécessité inscrite dans leurs vies: donner un sens à ce qu'ils ont fait non seulement depuis 1792, mais depuis 1789. Ces militants révolutionnaires, rescapés d'années chaotiques, ont tout simplement à donner à leurs existences un sens politique unifié. Il ne leur suffit pas d'attribuer à la Révolution une fin heureuse, ou un bilan favorable; il leur faut encore en expliquer le cours, puisqu'il a constitué la trame de leur activité pratique. La question historique la plus urgente est celle de la Terreur, s'il est vrai que le 9 thermidor s'accomplit contre le vertige de la guillotine qui a saisi la Révolution. Mais s'il a fallu tuer Robespierre pour renverser la Terreur, pourquoi avait-il fallu le laisser la répandre, et même soutenir sa dictature.

Interrogation d'autant plus imparable que, surgie tout de suite à la Convention, elle est aussi celle du pays. Car en desserrant autour d'elle l'étau de la Terreur, la Convention a déclenché très au-delà d'elle un formidable mouvement d'opinion contre la Terreur. Le sens même de ce qui s'est passé le 9 thermidor ne se dévoile dans sa plénitude que dans les semaines et les mois qui suivent, avec les délégations qui viennent raconter la Terreur à la tribune de l'Assemblée, et le massif retournement d'une société libérée de la peur contre ce qu'elle a dû accepter ou subir. Sous la dictature, les sans-culottes des sections parisiennes avaient figuré la force du peuple souverain. Après thermidor, les victimes de la Terreur incarnent le retour de l'opinion publique, si chère à la philosophie des Lumières. C'est cette inversion des rôles qui donne à la période son poids et sa nouveauté. Les thermidoriens qui gouvernent la nation ne peuvent se contenter de prêcher la réconciliation ou l'oubli. Ils doivent à l'opinion une interprétation du passé et des garanties pour l'avenir.

L'avenir? Problème formidable, puisqu'il consiste à résoudre la question posée depuis l'été 1789, et sans cesse remise sur le métier: terminer la Révolution. Ambition qu'ont eue tous les leaders provisoires de la Révolution, et les monarchiens, et La Fayette, et Mirabeau, et les Feuillants, et les Girondins, et Danton, et Robespierre enfin. Elle est plus facile à réaliser, en un sens, après que la Convention a été libérée de la pression sans-culotte à l'intérieur et du danger aux frontières. Mais elle est rendue aussi plus difficile à atteindre par l'héritage des années les plus récentes. La guerre civile et la Terreur ont alourdi du poids de souvenirs néfastes la naissance de la République, et la réaction qui porte les esprits contre ce passé tout proche les reconduit comme naturellement en amont, vers la monarchie.

Or, "terminer" la Révolution ne veut pas simplement dire, ou pas encore, conserver l'égalité civile et garantir la vente des biens nationaux: programme dont d'ailleurs les héritiers émigrés de la Couronne, à cette époque, n'acceptent pas les termes, mais qui, en tout état de cause, ne suffit pas aux thermidoriens. Car ceux-ci ne sont pas seulement les héritiers du 4 août 1789 et des intérêts liés à l'aliénation des biens du clergé et des émigrés; ils sont les hommes de toute la Révolution, République et régicide compris. Ils ont voté la mort du roi, et brûlé leurs vaisseaux. C'est en cela que la question du bilan n'est pas séparable de celle du déroulement des événements: la République fait partie du bilan, et pourtant elle apparaît liée indissolublement à cette dictature sanglante que la Convention vient de liquider comme le produit d'une conspiration, et que l'opinion déteste avec tant d'éclat.

Cette difficulté circonstancielle—ce qui ne veut pas dire qu'elle est d'une importance mineure—redouble un problème classique de la philosophie politique: l'impossibilité de la République dans un grand pays. C'est en effet un thème récurrent de cette littérature que le contraste institué sous ce rapport entre les Etats-cités de l'Antiquité et les Etats-nations modernes. Dans les premiers peut s'exercer le pouvoir du peuple comme pouvoir immédiat: les citoyens réunis sur l'agora votent les lois, élisent leurs mandataires chargés des fonctions exécutives, décident la paix ou la guerre. Les Etats-nations de l'Europe moderne, au contraire, sont trop vastes pour être républicains, c'est-à-dire fondés sur la souveraineté du peuple; ils se sont constitués en séparant le politique du social, l'Etat de ses membres, le roi du peuple. Ils font voir ainsi des sujets, et non des citoyens. Des hommes dont la liberté est définie non plus par leur participation à la sphère publique, mais par la jouissance de la sécurité et de la propriété de leurs biens. C'est que l'individu moderne des grands Etats-nations a trouvé son accomplissement dans l'universalité du travail, sous l'aile de monarchies qui ont accaparé la fonction publique.

Or, la Révolution française a ramené dans une des plus vastes d'entre elles la question de la citoyenneté, sous la double rubrique de la souveraineté du peuple et de l'universalité des droits. Elle a d'abord voulu (1789-91) récupérer l'ancien roi dans le système nouveau. Elle a bientôt (1792) fondé une République, finalement conforme aux principes radicaux avancés dès 1789. Mais cette République a suspendu les lois ordinaires, refusé un ordre constitutionnel, instauré la loi des suspects et la Terreur: épisode qui, après le 9 thermidor, confirme par l'expérience l'idée d'impossibilité du régime républicain dans un grand pays. La dictature de l'an II apporte la vérification de ce que tant de philosophes avaient prédit.

Le Terreur offre ainsi aux thermidoriens la matière d'un triple problème, existentiel, politique et philosophique. Existentiel d'abord, puisque ceux qui ont abattu Robespierre sont ceux qui l'avaient soutenu. Politique ensuite, puisque l'opinion réclame des explications. Philosophique enfin, s'il est vrai que la tentative d'instaurer un régime républicain dans un grand pays s'est heurtée à une contradiction explorée par les grands penseurs, et méconnue par le volontarisme jacobin. Triple impasse dont la résolution tient dans un seul impératif: fonder enfin la République dans la loi, sur la répudiation de son passé.

Au fond, le problème revient à séparer la République de ses deux premières années, alors que tout l'effort des émigrés et des jacobins est au contraire de l'en rendre indissociable. Les premiers ont tout condamné, depuis 1789, de la Révolution française, et 1793 n'a été à leurs yeux que la culmination d'un mouvement néfaste dans son principe, et dès son origine; la dictature terroriste offre au moins l'avantage sur 1789 d'une démonstration pédagogique de la perversité des Droits de l'homme. Quant aux seconds, ils font aussi de cette dictature l'aboutissement naturel de la Révolution, mais dans le sens positif: seul le jacobinisme a pris au sérieux la promesse d'égalité citoyenne et de souveraineté du peuple inséparable des nouveaux principes proclamés en 1789.

En face de ces deux philosophies inverses mais convergentes du "bloc" révolutionnaire, les thermidoriens ont au contraire à séparer l'idée de République des deux premières années de la République, pour renouer avec les fameux principes de 89. Problème qui n'est pas sans analogie avec celui que traitera Tocqueville trente-six ans plus tard par le voyage américain, imaginé pour distinguer les idées démocratiques de leur origine révolutionnaire;[3] mais qui, dans leur cas, n'est pas spéculatif le moins du monde, puisqu'ils sont devant des échéances de gouvernement, et des contraintes nées de la situation et de l'opinion publique. Contre le royalisme d'émigration, qui reprend de l'influence à l'intérieur du pays, il leur faut plus que jamais réaffirmer leur rapport de filiation avec 1789 et l'ensemble des idées de ce qu'on avait appelé la "philosophie". Contre le jacobinisme de nostalgie, dont Babeuf ornera bientôt la survie par la revendication du partage égalitaire des biens, ils doivent plus que jamais maintenir la condamnation de la Terreur. Il ne leur suffit donc pas, comme on l'écrit souvent, de prendre appui sur les intérêts post-révolutionnaires, qui leur sont largement acquis puisqu'ils les incarnent mieux que quiconque. Il leur faut encore définir une politique dans le chemin étroit que leur ont tracé les années passées: les Français tiennent comme eux à la Révolution mais ils ont un affreux souvenir de la Terreur. A cette disposition générale s'ajoute chez eux, comme classe politique au pouvoir qui a brûlé ses vaisseaux par l'exécution de Louis XVI et le "gouvernement révolutionnaire", la crainte particulière d'une restauration des Bourbons, et la difficulté à donner un sens unifié à ce qu'ils ont fait, qui s'appelle pourtant déjà *la* Révolution.

Après le 9 thermidor, la Convention avait d'abord tenté d'apaiser par une stratégie de l'oubli collectif la tyrannie des mauvais souvenirs. Elle avait exorcisé la Terreur par le languagе de la Terreur, en mettant à l'ordre du jour de la nation la condamnation du "tyran" et de ses "complices". Mais l'opinion publique demandait des coupables. Il avait fallu conjurer la Terreur par les moyens de la Terreur, faire juger et exécuter Carrier, dès l'automne 1794, et puis quelques mois plus tard, contre-coup á l'émeute de germinal an III, condamner à la déportation Billaud-Varenne, Collot d'Herbois, Barère et Vadier. En même temps, il est vrai, que ces "épurations" conformes au style jacobin, la Convention avait entamé un mouvement inverse: en réintégrant les "Girondins" qui avaient survécu à la persécution consécutive au 31 mai–2 juin, elle revenait sur une exclusion antérieure, et demandait aux vaincus de 1793, qui avaient été des élus de 1792, de retrouver leur place dans la représentation nationale.[4] Mais ceux-ci n'étaient revenus qu'en promettant de ne pas agiter les mauvais souvenirs. Il avait fallu faire, enfin, une nouvelle Constitution, pour donner à la République des institutions qui ne fussent pas celles dont les Montagnards avaient eux-mêmes suspendu l'application de 1793. Mais aussitôt votée la Constitution de l'an III, les Conventionnels s'étaient prolongés eux-mêmes dans les assemblées futures, à proportion des deux-tiers de leurs membres. Loin de passer la main, la grande Assemblée révolutionnaire s'installait donc d'avance dans de nouveaux meubles, qui ne changeaient rien aux symboles et aux souvenirs dont elle était inséparable. Le spectre de la Terreur entrait avec elle dans le régime du Directoire, salué par les canons de Vendémiaire.

On peut comprendre l'omniprésence de cette obsession à considérer la force avec laquelle elle ne cesse de hanter des hommes qui n'ont pas eu de part dans la dictature de l'an II, et qui ne cessent pourtant de vouloir libérer la République de son passé. Le plus profond, le plus typique aussi, est Benjamin Constant.

Son premier ouvrage, paru au début de 1796, quand s'installe le Directoire, s'intitule: "De la force du gouvernement actuel et de la nécessité de s'y rallier."[5] Titre menteur, puisque le gouvernement est faible et qu'il ne constitue pas un point de ralliement évident; mais titre significatif, à lui seul tout un programme, puisque l'objet de la brochure est un appel aux royalistes modérés, rejetés hors de la nouvelle République naissante par le canon de Vendémiaire, pour qu'ils rejoignent le camp des soutiens du régime. Il s'agit d'élargir la majorité républicaine autour du gouvernement représentatif, pour lui donner une force accrue contre les royalistes d'ancien régime d'un côté, et les néo-jacobins de l'autre: stratégie centriste du un contre deux qui est le problème thermidorien par excellence, et qui préfigure un dilemme classique de la politique républicaine-libérale en France tout au long du XIXe siècle. Ce qui est vrai pour Constant l'est encore pour Gambetta et Ferry presque cent ans après: la synthèse post-révolutionnaire passe par une alliance entre républicains anti-jacobins et royalistes modérés.

Encore faut-il donner à l'opinion des assurances sur le caractère modéré de la République: tâche particulièrement difficile au lendemain de la dictature, quand tous les Français ont dans leur mémoire proche les réquisitions, les arrestations et la guillotine. Pourtant, répond Constant, la République a un titre fort au ralliement de tous les esprits sages: c'est qu'elle existe. Argument puissant, qui prend au piège le conservatisme burkéen de la preuve par le temps, puisque c'est la Révolution qui a désormais le temps de son côté, matérialisé par les intérêts et les sentiments qu'elle a suscités autour d'elle. Mais chez Constant, le temps est devenu l'histoire:

non plus une sédimentation aléatoire, si elle n'est pas divine, de pratiques, de passions et de préjugés, mais la réalisation d'une idée à l'oeuvre dans la trame de la durée, celle de l'égalité. Du coup, s'il y a un sens universel au temps, l'irréversibi-lité de la Révolution, donc de la République qui en est sortie, est encore mieux garantie que sa simple existence, et la force sociale qui la fait être; elle est inscrite dans la raison historique, supérieure à la volonté des hommes.

Conséquence: une restauration royaliste ne pourrait être qu'une contre-révolu-tion, refaisant à l'envers la révolution. De ce qu'elle menacerait tant d'intérêts acquis, et tant de personnes en place, elle ne pourrait éviter la violence et l'arbi-traire qui ont caractérisé le cycle révolutionnaire. Mais elle opèrerait au surplus à contre-courant, cumulant les horreurs de la Révolution avec l'absence de sens historique, le retour vers l'archaïque. La Terreur a été une partie condamnable d'un événement nécessaire. Dans l'hypothèse contre-révolutionnaire, elle définirait le caractère détestable d'une réaction néfaste contre la marche du temps. Au sur-plus, elle n'épargnerait personne, même les plus modérés des révolutionnaires, même ceux de 1791, même ceux de l'été 89: car il n'y eu qu'une seule révolution aux yeux de ses ennemis, et ceux qui l'ont déclenchée n'en sont pas les moins coupables. Argument qu'on retrouve à l'époque chez beaucoup d'auteurs "directo-riaux," comme Roederer,[6] et d'une grande portée tactique: il cherche à regrouper dans le camp républicain tous les ex-Girondins, ex-Feuillants, ex-Monarchiens qui peuplent la classe politique et qui, ayant souffert chacun à leur tour de la Révolu-tion, peuvent être tous tentés par l'idée du retour d'un roi assagi par le malheur.

Dans ce premier ouvrage, Constant n'a pas présenté d'analyse particulière du "gouvernement révolutionnaire" et de la Terreur; il s'en tient à l'opposition entre une révolution bonne dans ses principes et mauvaise dans ses moyens, ou encore, puisqu'il s'agit de populariser le régime de l'an III, à un contraste, entre la route et le but: "Le République est un but, la révolution fut une route; il est temps de détourner nos regards de cette route, pour voir enfin où nous sommes arrivés."[7] Autre manière de recommander l'oubli, le fameux oubli thermidorien, au bénéfice de ce qui a été acquis.

Pourtant, le consil n'est pas plus efficace en 96 ou en 97 qu'au lendemain du 9 thermidor: la Terreur n'est pas seulement inséparable du passé révolutionnaire, elle est devenue plus que jamais un enjeu des luttes pour le pouvoir. La Constitution a prévu des échéances électorales chaque année, pour le renouvellement par cinqui-ème des Assemblées, autant d'occasions de conflit des partis et des opinions, dont la Terreur offre le point de cristallisation. Moins d'un an après "De la force du gouvernement. . . ," au printemps 97, Benjamin Constant revient à la charge avec un nouveau petit livre: "Des réactions politiques."[8]

"Des réactions politiques": l'idée de réaction est expliquée, chez Constant à travers une analogie avec l'univers des lois physiques: plus un mouvement va loin dans un sens, plus sa propre force d'inertie le ramène loin dans le sens inverse. Les révolutions sont destinées à mettre en harmonie les institutions d'un peuple et ses "idées", quand les premières retardent sur les secondes. Mais quand elles dépas-sent les dites idées, elles courent le risque de connaître un mouvement rétrograde qui les ramène en deçà du point d'équilibre recherché. C'est le cas de la Révolution Française: faite contre des privilèges, elle a dépassé son terme en attaquant la propriété; elle subit de ce fait une très forte réaction qui menace de la ramener à la renaissance des privilèges et à la restauration de l'ancien régime. Elle court ainsi le risque d'avoir causé de grands malheurs sans avoir déraciné les vieux préjugés: et de rendre "à l'homme ses fers, mais des fers ensanglantés".

Cette analyse quasi-naturaliste de la "réaction"–le terme fait son entrée dans le vocabulaire politique–est une nouvelle interprétation du profond mouvement d'opinion publique qui s'est fait jour depuis le 9 Thermidor contre la période dictatoriale et terroriste de la Révolution. Elle présente l'avantage de ne pas incriminer les personnes, prises un mécanisme abstrait, et d'offrir à ce mécanisme un point fixe qui soit un arrêt, formulation ingénieuse du fameux problème que tous les révolutionnaires ont posé depuis 1789: comment arrêter la Révolution? mais qui se présente, en 1797, en termes inversés: comment arrêter la Contre-Révolution? Constant conseille au parti des thermidoriens de ne céder ni aux appels à la vengeance ni à la répression désordonnée. Pour établir enfin la Révolution, le Directoire doit s'en tenir strictement aux institutions et aux lois, seuls points fixes dans l'agitation générale des intérêts et des idées; il doit faire respecter la justice, et laisser la liberté aux opinions. La temps fera le reste.

En attendant, Constant montre l'exemple de la lutte des opinions, en ferraillant contre des publicistes qui se laissant aller à cette "réaction" des esprits et des idées, et qu'il soupçonne de vouloir rétablir à leur profit le magistère d'opinion qu'ils exerçaient sous l'Ancien Régime. Il ne vise personne, mais on peut inférer de son allusion à l'Académie qu'il vise surtout Laharpe, bon symbole du retournement de la mode intellectuelle contre la "philosophie" du siècle: "Ils n'ont pas senti que les guerres civiles ne ferment pas seulement les académies, mais détruisent l'esprit académicien, et qu'après sept années d'un bouleversement qui a usé toutes les forces, l'on ne pourrait avoir, pour leurs allusions fines, pour leurs nuances délicates, pour leurs piquantes épigrammes, l'engouement qu'on leur témoignait dans les temps paisibles et désoeuvrés de la monarchie."[9]

Dans cette polémique, Constant défend les idées de la Révolution, c'est-à-dire celles de la philosophie des lumières, sans défendre la Révolution elle-même. Il attaque ses adversaires pour vouloir reconstituer la royauté, la noblesse et l'Eglise de l'ancien régime, suite logique de leur volonté d'effacer les évènements révolutionnaires. De la sorte, écrit-il, "l'on bâtit sur un terrain vierge mais on bâtit avec des souvenirs, et l'on perd le prix de sept années de calamités."[10] Ailleurs il parle des crimes qui ont souillé la plus juste des révolutions.[11] C'est cette dissociation entre la Révolution, calamiteuse, et son résultat, précieux, qui constitue la trame de son analyse et donne un sens à son combat contre les écrivains de la réaction.

Il ne suffit pas, d'ailleurs, de sauver les principes de la Révolution, ou son acquis. Il faut aussi sauver ses hommes. Comme l'année précédente, Constant est le porte-parole des hommes du pouvoir, ces régicides devenus Directeurs qui sont la cible des royalistes. Leur mise en accusation par les publicistes de la réaction vise au-delà d'eux. Il s'agit, en partant de 93, d'étendre la condamnation des crimes de la Révolution à l'ensemble de la Révolution et de remonter des Montagnards aux Girondins, puis des Girondins à La Fayette, pour englober finalement tous ses partisans et tous ses acteurs dans un fanatisme de la malédiction. La réaction remonte le cours de la Révolution pour frapper indistinctement tous les Français qu'il a roulés dans son torrent: "vous tous qui, pendant un jour, pendant une heure, avez espéré de la révolution, qui l'avez applaudie, ou secondée, ou souillée, constituants, législatifs, conventionnels, feuillants, jacobins, criminels d'acclamations ou coupables de silence, vous êtes frappés d'un égal anathème. Votre sort à tous est décidé." Sous une forme inversée, le fanatisme montagnard refait à reculons l'histoire de la Révolution, tuant une seconde fois, mais au nom du roi, Bailly, Condorcet, Vergniaud. Faisant table rase de la Révolution, comme la Révolution l'avait fait de l'Ancien Régime, il ne laisse au Français de 1797 que le rétablissement des anciens abus, ou la honte d'avoir tenté d'y substituer des principes.

Ainsi, le combat de Benjamin Constant pour que soit "fixée" la Révolution autour de la constitution de l'an III et des hommes qui l'ont faite s'accompagne inévitablement d'un inventaire critique du legs révolutionnaire. De celui-ci, Constant veut vanter d'abord les principes, c'est-à-dire la fin des privilèges, l'égalité civile; mais en ce qui concerne les circonstances et les hommes, il cherche aussi à circonscrire la part maudite de la succession. Après avoir parlé d'abord, comme on l'a vu, de "sept années de calamités", le voilà qui sauve de l'opprobre non seulement les Constituants, mais les Girondins: "Bailly, Condorcet, Vergniaud, ombres vénérables, noms immortels, sont insultés indifféremment par des écrivains vendus autrefois à leurs bourreaux."[12] Dans la Révolution, il finit par couper au plus juste: c'est 93 qui est en cause, c'est la Terreur. Et s'il en est ainsi, c'est que ces temps "épouvantables" ne sont que la négation des principes, le règne de l'arbitraire, et que 93 est en ce sens contradictoire avec 89.

La Terreur n'est que "l'arbitraire poussé à l'extrême."[13] Le gouvernement révolutionnaire, monstrueux parce qu'il ne repose sur aucune loi, a nécessairement conduit à l'exercice de la violence pure; et comme il est normal, il en est mort aussi. Constant le voit possédé d'une sorte de vertige de l'excès, dans la mesure où, sans fondement légal, il doit sans cesse compenser cette tare originelle par l'accélération de la contrainte et de la violence. Et c'est cet arbitraire de la Terreur qui crée en retour l'arbitraire de la "réaction", si les hommes ne sont pas assez habiles pour rétablir le règne de la loi. En effet, "rien n'est plus commun que de changer d'arbitraire; rien n'est plus rare que de passer de l'arbitraire à la loi."[14] D'où la fragilité du régime de l'an III, et les risques d'une rechute dans l'arbitraire, déjà visible dans les attentes de la réaction. Contre la filiation dans l'arbitraire que représente à ses yeux l'ancien régime, le gouvernement révolutionnaire de l'an II et la réaction royaliste de l'an V, Constant propose aux républicains un ralliement autour des institutions de l'an III qui soit en même temps un retour aux principes de 89. Deux mois après, le premier tirage de l'étude de Constant est épuisé. En la rééditant, en mai 97, l'auteur y ajoute quinze pages de considérations sur les "effets de la Terreur," en réponse à une brochure, parue entre-temps, de Lezay-Marnesia, intitulée "Des causes de la révolution et de ses résultats."[15]

Le texte de Lezay-Marnesia n'est pas directement dirigé contre Constant, mais il traite le même sujet—le seul sujet de l'époque, à vrai dire—comporte les mêmes ambitions—fonder la République—au nom d'une analyse différente: c'est ce qui définit bien une rivalité d'influence. En effet, Lezay-Marnesia est lui aussi un thermidorien, partisan de la République et de la Constitution de l'an III, favorable à l'unité du parti révolutionnaire en face des nostalgiques du royalisme et de l'ancien régime: mais sur quelle pensée de la Révolution asseoir cette unité? Constant propose: sur un 89 débarrassé de 93. Lui a une autre idée de l'indispensable réconciliation des Français avec leur Révolution.

Il ne se situe pas à la même place que Constant sur l'échiquier politique. Il s'en est expliqué l'année précédente dans une brochure destinée déjà à critiquer le premier texte de son rival, et dont le titre ironique définit le programme: "De la faiblesse d'un gouvernement qui commence, et de la nécessité où il est de se rallier à la majorité nationale."[16] Car si Lezay veut comme Constant terminer la Révolution, les moyens politiques qu'il propose ne sont pas les mêmes: il s'agit moins de couronner la mise en oeuvre des principes de 89 par des institutions libres que d'ajuster ces institutions à la société telle qu'elle est issue des événements révolutionnaires. Si cette société penche vers plus de conservatisme, comme vers une garantie plus sûre de ses intérêts, il faut que le "gouvernement qui commence," c'est-à-dire le Directoire, tienne compte de cette droite modérée sans quoi il n'y a pas de "majorité nationale". Tandis que Constant s'interroge sur les moyens de fonder la loi, comme garantie formelle des libertés, Lezay donne constamment aux libertés civiles le pas sur les libertés politiques: divergence qui n'est probablement pas sans rapport avec leurs avenirs respectifs, puisque Constant, s'il accepte (sans joie) le 18 Fructidor an V, sera un opposant à l'Empire, alors que Lezay sera un préfet de Napoléon.

Pourtant, le point de départ de leurs analyses est le même. Pour Lezay, comme pour Constant, il s'agit de distinguer entre le cours de la Révolution, exécrable, et son bilan, excellent. Du premier, tous les Français sont responsables, ceux qui l'ont soutenue et ceux qui l'ont combattue, puisque des deux côtés on l'a fait avec excès. Mais du second, tous doivent désormais jouir en paix en oubliant ce qu'il a coûté: "Détournons les yeux du passage et arrêtons-les sur le terme: c'est une grande et belle habitation sur le chemin de laquelle il s'est commis des vols et des assassinats sans nombre."[17]

Mais l'oubli organisé, cette vertu thermidorienne par excellence, n'est pas si facile qu'il dispense son auteur d'une analyse. Pour l'oublier, il faut encore avoir intégré ce passé tout récent; comme Constant, Lezay veut en offrir une philosophie: causes, résultats, et, entre les deux, ce déplorable"passage", qu'il s'agit de conjurer. La Révolution, c'est la France moderne, née du basculement général de l'esprit public, enracinée dans de nouvelles moeurs, de nouveaux intérêts, et dont l'acceptation est donc inséparable de la tranquillité publique. Sur ses origines, le rôle qu'y a joué la monarchie, le caractère nécessaire et irréversible de 1789, Lezay écrit d'admirable pages, où le lecteur d'aujourd'hui retrouve avec surprise un type d'analyse et même des arguments très proches de ceux que présentera soixante ans plus tard l'Ancien Régime de Tocqueville. Puis il consacre le centre de son étude (les chapitres 3, 4 et 5) au problème du fameux "passage": loin d'exclure 1793 de la Révolution, il veut comprendre au contraire pourquoi cette Révolution "a été si violente", et comment se sont articulés un événement historique si fondamental et un enchaînement de moyens si précaires et si déplorables.

Pourquoi la violence? D'abord parce que la Révolution, née du progrès des Lumières, a été faite par un peuple exclu de ce progrès: elle a ouvert un champ libre aux passions des pauvres. Ensuite parce qu'elle a suscité la résistance naturelle de tous ceux qu'elle lésait. A ces raisons premières s'ajoutent celles qui tiennent au déroulement des événements: la division des révolutionnaires, dûe aux surenchères inscrites dans un nouveau pouvoir fondé sur la "popularité", et concentré dans une seule assemblée, et à Paris. Et puis les fautes des hommes, dont les deux principales, commises d'ailleurs en sens inverse, sont d'avoir gardé l'ancien roi absolu, et d'avoir voulu détruire l'ancienne religion. Sur ce dernier point, Lezay annonce encore Tocqueville: "Les principes de l'évangile et ceux de la révolution étaient les mêmes; même dégénération de la pureté primitive dans l'église et dans la société. Il fallait les y ramener ensemble, soutenir le fanatisme politique, qui s'éteint promptement, par le fanatisme religieux, et opposer à l'autorité que les nobles avaient sur les peuples, celle qu'avaient sur eux les prêtres."[18] Enfin, la violence révolutionnaire est due à l'assignat et à la ruine de l'économie, qui a mis l'Etat en situation de banqueroute au moment même où il avait le plus besoin, par suite de la guerre, de mobiliser ses richesses: "il faudra que l'état périsse ou que le gouvernement devienne atroce."[19]

Ainsi, loin d'être un épisode étranger à l'esprit de la Révolution, ou un retour à celui de l'ancien régime, la Terreur est inscrite dans les causes qui l'ont rendue inévitable, et inséparable de la Révolution: on ne peut imaginer l'un sans l'autre. Lezay va même plus loin dans le chapitre suivant, intitulé "De la Terreur"; il généralise l'exemple français pour faire de la Terreur un épisode consubstantiel à toute "révolution populaire". Le texte mérite d'être cité en entier:

> C'est rarement par leurs extrêmités que manquent les révolutions populaires; en commençant elles sont fortes de l'affection des peuples et de leur propre impétuosité; et vers leur fin, elles le sont du besoin que tout le monde a de repos, besoin qui rend chacun ennemi d'un nouveau changement; elles le sont du grand nombre d'hommes qu'elles ont compromis, dans leur cours, à leur conservation.
>
> Mais lorsque ces révolutions ne sont plus soutenues par la ferveur du peuple, et qu'elles ne le sont pas encore par la lassitude, elles manqueraient, faute de force, s'il ne leur survenait, par le milieu, un renfort; et ce renfort, c'est la Terreur.[20]

Ainsi, la terreur est pour notre auteur un ressort central de toute révolution populaire, après que celle-ci ait perdu le soutien actif des masses, et avant qu'elle ait acquis le consentement intéressé de leur lassitude. La terreur opère la substitution des minorités activistes au peuple (ce que dira Michelet), par la substitution de la passion pour l'égalité à la passion pour la liberté (ce que dira Tocqueville): "comme cette égalité-là est quelque chose de plus populaire que la liberté, parce qu'elle promet des biens, tandis que l'autre ne promet que des droits, ceux qui la prêchent doivent nécessairement acquérir de la prépondérance, et une prépondérance d'autant plus grande que la classe dont ils gagnent la faveur est plus entreprenante, et celle contre laquelle ils la déchaînent, la plus craintive."[21] Les terroristes n'ont donc, pour devenir les maîtres, qu'à prêcher l'égalité; pour l'établir et se maintenir au pouvoir, qu'à étendre la terreur. Celle-ci "était à la fois leur moyen de constitution et leur moyen de gouvernement".[22]

Gouvernement dont la doctrine est contraire à celle qu'il affiche, la terreur installe sous le nom de l'égalité le règne d'une oligarchie. Mais ce règne peut durer, non seulement parce qu'il frappe indistinctement, et donc qu'il est craint par tous, mais parce que son impopularité même fait qu'on n'accorde à personne la gloire d'y mettre fin: "Camille Desmoulins proposa la clémence, et il périt. Danton la proposa, il périt. Robespierre la proposa, il périt. Mais étant beaucoup plus puissant que les autres, et le Comité de salut public étant divisé, il fallut intéresser l'assemblée nationale à sa perte, et la puissance ainsi dispersée, la terreur fut détruite."[23]

A ce mécanisme de la Terreur, Lezay joint enfin une analyse de son efficacité:

c'est son chapitre 5, consacré à examiner "comment la Révolution résista à tous ses ennemis et triompha de tous ses obstacles", et qui comporte probablement les passages essentiels qui ont provoqué la riposte de Benjamin Constant. En effet, Lezay y avance l'idée que c'est pour vaincre ses ennemis que la révolution s'est radicalisée, en leur opposant des moyens encore plus violents; de telle sorte que la Terreur devient alors un instrument monstrueux certes mais pourtant adapté aux circonstances extrêmes de la guerre intérieure et extérieure. Elle rend aux Français ennemis de la Révolution la haine que ceux-ci lui portent, en les contraignant à se solidariser avec l'étranger, en même temps qu'elle interdit tout retour en arrière aux révolutionnaires, par les crimes qu'elle leur fait commettre. A la lumière de cette analyse, la Terreur n'est plus seulement un stade obligé des révolutions populaires, mais un type de gouvernement des révolutions menacées: n'obéissant à aucune règle, à aucune Constitution, celui-ci peut obtenir une obéissance immédiate, donc une efficacité supérieure à tout régime légal.

Enfin, dernière idée qui a tout pour indigner Constant: le despotisme de la Terreur a préparé les voies à la liberté. D'abord parce qu'il a réappris au peuple l'obéissance indispensable à toute société, après la période d' "anarchie". Ensuite parce que, par la violence nue, il a déraciné "des usages de plusieurs siècles" pour donner au peuple des habitudes "que plusieurs siècles auraient eu de la peine à établir". La Terreur a constitué un "peuple neuf". Le raisonnement est absolument aux antipodes de celui de Constant, puisqu'il voit dans la période 1789-1792 une phase d'anarchie et de désordre, et qu'il fait du despotisme retrouvé de 93 le début d'une reconstitution du nouvel ordre social. Ainsi le 9 Thermidor peut-il s'inscrire dans une harmonieuse continuité: de l'anarchie révolutionnaire la Terreur reconstitue un ordre despotique, transition nécessaire vers la liberté, pour peu que les thermidoriens le comprennent. Les crimes mêmes de la Révolution contribuent à son succès final.

Ainsi, selon Lezay, la Terreur a été un des instruments indispensables de la Révolution: à la fois consubstantiel à sa nature, qui est d'être populaire, et indispensable à son succès, puisqu'elle a été si menacée. Avant de l'oublier, il faut donc l'inclure dans l'héritage: ces crimes ont eu leur nécessité historique. C'est à cette thèse que Constant s'attaque, en mai, dans la courte préface qu'il me reste à commenter.[24] Si en effet son analyse de mars est vraie, et s'il faut, du legs révolutionnaire, exclure le régne arbitraire de la Terreur, comparable à celui de l'absolutisme, il ne peut accepter l'espèce de réalisme un peu cynique de Lezay. Les deux thermidoriens, tous les deux partisans actifs de la République de l'an III, sont en désaccord radical sur ce qui fonde leur position politique.

Constant souligne d'abord la caractère ambigu des intentions cachées dans l'argumentation de son adversaire: celle-ci justifie la Révolution dans des termes qui permettent aussi bien de la condamner, puisqu'elle doit en incriminer les principes pour pouvoir en exalter les résultats. Doctrine bénissant par avance, au nom de 1793, une "terreur royale, la seule aujourd'hui qui nous menace". Doctrine potentiellement contre-révolutionnaire au nom de la Révolution. Constant aperçoit bien ce qui rapproche la thèse de Lezay-Marnesia de celle de Joseph de Maistre, exposée l'année précédente dans les "Considérations"; à savoir que les terroristes ont été des fléaux, mais qu'ils ont sauvé la France. Fléaux envoyés par la Providence, selon Maistre, inscrits dans une sorte de nécessité historique, selon Lezay. Sans se lancer pourtant plus explicitement dans cette comparaison, Benjamin Constant attaque la thèse en son fond: l'idée de la consubstantialité Révolution-Terreur. Juste une précaution politique, en guise d'exorde: critiquer la Terreur ne signifie pas accuser les terroristes. Le thermidorien veille à l'intérieur du philosophe: horreur pour les principes, mais indulgence pour les hommes!

Chez Benjamin Constant, l'homme peut être corrompu, l'esprit ne l'est jamais, infatigable machine analytique à l'abri des faiblesses de la vie. Qu'est-ce que la Terreur? C'est un moyen de gouvernement qui ne peut être confondu ni avec l'ensemble des fonctions gouvernementales, ni avec toutes les mesures inséparables de l'exercice d'une autorité centrale. Le gouvernement de 1793-1794 eut avec n'importe quel autre gouvernement une partie commune, qui consista tout simplement à gouverner, y compris dans l'acception normalement coercitive et répressive du terme; il y ajouta la Terreur, instrument exceptionnel et "atroce", superposé à la panoplie des moyens normaux et légaux de l'autorité. Il ne s'ensuit donc pas que l'on doive attribuer automatiquement à la Terreur le succès dudit gouvernement. Il faut en effet séparer, dans le gouvernement révolutionnaire, ce qui appartient à toute autorité gouvernementale, et ce qui appartient à la Terreur. La mobilisation du pays, la restauration de la discipline dans les armées, le châtiment des coupables (et d'eux seulement) eussent-ils été impossibles sans la Terreur? Tel est le véritable problème.

Or, continue Constant, c'est le contraire qui est vrai. Par son caractère indiscriminé, la Terreur a transformé l' autorité légale qu'a tout gouvernement sur ses citoyens en tyrannie arbitraire qui a multiplié les ennemis de la Révolution. En menaçant, en frappant des innocents, elle fournit aux vrais coupables non seulement un échappatoire, mais le terrain d'un ressentiment général et légitime. Elle se justifie et s'entretient elle-même par les propres obstacles qu'elle crée à la popularité de la Révolution dans l'opinion. L'argumentation qui lui fait un mérite d'avoir sauvé la France révolutionnaire repose d'abord sur un sophisme, puisque les menaces qui pesaient sur cette France révolutionnaire, elle les a d'abord multipliées sous le prétexte de les réduire. Ensuite sur une contradiction, puique ce faisant on lui attribue le dévouement et le patriotisme des républicains: si Fleurus lui est dû, qu'est-ce qui explique Arcole? L'apologie de la Terreur est une négation de l'esprit même de la Révolution.

Constant avance ici une analyse de l'illusion rétrospective de la Terreur qui sera reprise au XIXème siècle par Quinet:

> Ce qui trompe sur les effets de la Terreur, c'est qu'on lui fait un mérite du dévouement des républicains. Tandis que des tyrans ravageaient leur patrie, ils persistaient à la défendre contre des étrangers. Menacés de l'assassinat, ils n'en marchaient pas moins à la victoire.
>
> Ce qui trompe encore, c'est qu'on admire la Terreur d'avoir renversé les obstacles qu'elle-même avit créés. Mais ce dont on l'admire, on devrait l'en accuser.
>
> En effet, le crime nécessite le crime; et, la Terreur ayant soulevé tous les esprits, et tous les esprits s'étant égaré dans ce soulèvement, la Terreur fut nécessaire pour tout comprimer. Mais sans la Terreur, ce soulèvement n'eût pas existé, et l'on n'eût pas eu besoin, pour prévenir de grands dangers, de recourir à d'affreux remèdes.
>
> La Terreur causa la révolte de Lyon, l'insurrection départementale, la guerre de la Vendée; et pour soumettre Lyon, pour dissiper la coalition des départements, pour étouffer la Vendée, il fallut la Terreur.
>
> Mais sans la Terreur, Lyon ne se fût pas insurgé, les départements ne se seraient pas réunis, la Vendée n'eût pas proclamé Louis XVII.[25]

Enfin, après avoir détruit la justification circonstancielle de la Terreur, Constant s'attaque à la thèse de la consubstantialité Révolution-Terreur, deuxième volet du texte de Lezay: la Terreur comme nécessaire à une phase médiane de la Révolution, après que l'enthousiasme populaire se soit éteint, et avant que la "lassitude" de l'opinion permette de fonder des institutions sur les nouveaux intérêts. En réhabituant les hommes à l'obéissance, elle préparerait l'instauration d'une liberté enfin réglée. L'idée de cette tyrannie nécessaire fait horreur à Constant, qui refuse de voir dans la Terreur même l'ébauche d'un ordre futur, puisqu'il l'analyse au contraire comme l'échec de la Révolution, le retour à l'arbitraire de l'ancien régime, le redoublement révolutionnaire du despotisme. En déshonorant l'autorité publique, la Terreur autorise d'avance quiconque à mépriser la sévérité la plus légitime; si elle est une phase nécessaire de la Révolution, elle frappe de nullité tout pouvoir qui y trouve son principe; si elle est une étape inévitable sur la route de la liberté, elle dissuade tous les peuples d'en acquérir les avantages à ce prix. Enfin, si les thermidoriens l'avouent comme une partie intégrante de leur héritage, ils feront renaître les factions autour des souvenirs et la République de l'an III ne pourra acquérir une véritable assise nationale.

L'effort de Constant est à la fois comparable et inverse à celui de Lezay . Comparable, puisque les deux auteurs, tous les deux partisans du régime de l'an III, cherchent à faire autour de lui l'unité du parti républicain. Inverse, parce que Lezay propose pour ce faire une acceptation de facto de toute la succession, au nom du réalisme politique et des intérêts acquis, alors que Constant veut ramener la Révolution à des principes et n'accepter par conséquent l'héritage que sous bénéfice d'inventaire. Son inventaire est d'ailleurs très ouvert, intégrant non seulement 1789 mais aussi 1792 et la République: il est vrai que s'il veut fonder sur la tradition la République thermidorienne, il lui faut bien au moins avouer le 10 août et la tradition girondine. Mais sa ligne de partage reconstitue le clivage entre Girondins et Montagnards: la République de l'an III doit trouver son origine dans celle de l'an I, en récusant l'arbitraire de celle de l'an II. D'où l'appel final aux "amis de la liberté", pour qu'il unissent la tradition de 1789, celle de 92 et celle de thermidor: "Honorez avec nous les fondateurs de la République; ne profanez pas les tombeaux de ceux que les tyrans immolèrent: rendez justice à ceux qui ont échappé aux fureurs des décemvirs, à ceux qui renversèrent leur affreux empire, à ceux qui, au milieu des orages, vous donnèrent une constitution cent fois plus sage que celle de 1791, conçue et rédigée dans le calme, à ceux qui, trouvant les étrangers à trente lieues de Paris, ont conclu la paix à trente lieues de Vienne."[26]

Fonder la République sur la Révolution expurgée de la Terreur: quelques mois après, le coup d'Etat du 18 Fructidor montrait l'impossibilité du souhait de Constant en restaurant la Terreur. Mais il ne donnait pas pour autant raison à Lezay, puisqu'il ouvrait la voie au 18 Brumaire.

## Notes

1. Dans la nuit du 9 au 10 thermidor.
2. *Moniteur*, tome XXI, p. 347.
3. Je me permets de renvoyer à mon article, paru dans les *Annales E.S.C.*, 1984, n°2, "Naissance d'un paradigme: Tocqueville et le voyage en Amérique, 1825-1831."
4. Mona Ozouf, "Thermidor ou le travail de l'oubli", in *L'Ecole de la France* (Paris, 1984).

5. Texte récemment réédité, avec préface et notes de Philippe Raynaud (Paris, 1988).

6. Pierre-Louis Roederer, *De l'usage à faire de l'autorité publique dans les circonstances présentes* (extrait corrigé et augmenté des numéros XXVII, XXVIII, et XXIX du *Journal d'Economie publique*), *suivi d'un traité de l'émigration*, Paris, an V (juin 1797). Il existe également, de la même époque, un compte rendu très élogieux des *Causes de la Révolution*. . . de Lezay-Marnesia par Roederer, in *Journal de Paris*, 13 et 14 mai 1797.

7. *Op. cit.*, chap. III, p. 47

8. Egalement réédité dans le même volume. Il en existe une autre édition moins récente: B. Constant, *Ecrits et Discours politiques*, présentation, notes et commentaires par O. Pozzo di Borgo, 2 vol. (Paris, 1964).

9. *Des réactions politiques*, chap. V, p. 112.

10. *Op. cit.*, chap. V, p. 115.

11. *Op. cit.*, chap. VI, p. 119.

12. *Op. cit.*, chap. VII, p. 124.

13. *Op. cit.*, chap. IX, p. 145-146.

14. *Op. cit.*, chap. IX, p. 147.

15. A. Lezay-Marnesia, *Des causes de la Révolution et de ses résultats*, paru en avril 1797 dans le *Journal d'Economie publique* de Roederer. Existe également à la Bibliothèque Nationale (Paris) sous la cote 8° La 32 47. C'est à cette édition que renvoient les références qui suivent. Sur A. Lezay-Marnesia, on peut lire E. von Westerholt, *Lezay-Marnesia, Sohn der Aufklärung und Präfekt Napoleons (1769-1814)*, (Meisenheim-am-Glan, 1958).

16. A. Lezay-Marnesia, *De la faiblesse d'un gouvernement qui commence, et de la nécessité où il est de se rallier à la majorité nationale*, (Paris, an IV).

17. *Des causes de la Révolution et de ses résultats*, p. V.

18. *Op. cit.*, chap. III, p. 24.

19. *Op. cit.*, chap. III, p. 27.

20. *Op. cit.*, chap. IV, p. 28.

21. *Op. cit.*, chap. IV, p. 30.

22. *Op. cit.*, chap. IV, p. 31.

23. *Op. cit.*, chap. IV, p. 36.

24. B. Constant, *Des effets de la Terreur*, réédition Philippe Raynaud, *op. cit.* On trouve également ce texte in Pozzo di Borgo, *op. cit.* Les références renvoient à la réédition (Paris , 1988).

25. *Des effets de la Terreur*, p. 171.

26. *Ibid.*, p. 178.

## CHAPTER 9

# Benjamin Constant: comment parler quand l'éloquence est épuisée

JEAN STAROBINSKI

BENJAMIN CONSTANT n'a que seize ans lorsque, à la *Speculative Society* d'Edimbourg, le 16 mars 1784, il ouvre le débat sur la question: "Faut-il accorder une tolérance universelle?"[1] Question presque emblématique. Ce que nous pouvons considérer comme le premier discours de Constant a eu pour thème, fort vraisemblablement, la tolérance religieuse et sans doute aussi, plus largement, la liberté de pensée et la liberté d'expression. Or ce sera l'un des principaux sujets sur lesquels Constant s'exprimera dans sa carrière de théoricien politique et d'orateur parlementaire. Le dernier en date des discours qu'il publie dans le recueil de 1828 combat "le prochain rétablissement de la censure" (29 mai 1827). Après la Révolution de Juillet, Constant s'élèvera contre le cautionnement des journaux, contre la défiance manifestée à l'égard des "Sociétés populaires", contre le certificat de moralité exigé des instituteurs. On connaît encore assez incomplètement les derniers discours de Constant, bien qu'ils ne soient pas d'accès difficile. A titre d'exemple, lisons ces lignes, d'autant plus intéressantes qu'elles comportent une référence à 1789:

> Les craintes sur les Sociétés populaires sont un héritage du passé. Il y a quarante ans, les Sociétés populaires étaient composées d'hommes qui avaient tout à conquérir par la violence, d'hommes dont les pères avaient été froissés par un arbitraire immémorial. Lorsque du dénuement, de la misère et de la servitude s'élançaient en 89 à la liberté des hommes qui n'en avaient jamais joui, dont les bras étaient encore meurtris de fers, et qui éprouvaient des sentiments de rapacité et de vengeance, alors les Sociétés populaires ont eu le plus grand danger; et encore parce qu'un gouvernement perfide, un gouvernement qui tâchait toujours de pousser la violence à son plus haut point, en même temps qu'il négociait avec les étrangers pour punir cette violence anarchique. [. . .] Pourquoi avez-vous consacré la liberté de la presse? Vous l'avez fait pour que tout citoyen pût communiquer ses opinions à un nombre immense de citoyens, et vous voudriez empêcher quelques citoyens de communiquer leurs opinions par la parole à quelques citoyens. Il me semble que ce serait tout à fait un contresens. [. . .] Eh bien! Pourquoi ne pas laisser s'éteindre une agitation qu'il est bien naturel de voir se prolonger après une révolution qui n'a pas encore deux mois de date? Certes, s'il y a quelque chose de dangereux, c'est de vouloir comprimer cette agitation.[2]

De surcroît, s'il en était besoin, ce texte montre à merveille la complémentarité, selon Constant, de la voix vive et de la presse, qui n'est que "la parole multipliée par l'impression". Il pourrait donc paraître hasardeux, et quelque peu arbitraire, de vouloir isoler chez lui une "question de l'éloquence"—problème que dans ses écrits théoriques il n'a jamai séparé de la "liberté de la presse", de la formation et de l'expression de l'opinion,[3] elles-mêmes parties intégrantes des droits individuels qu'il entend soustraire aux prétentions excessives de l'"autorité sociale" et dont l'exercice s'étend jusqu'aux délibérations publiques et à la "discussion officielle". Il s'agit là de l'ensemble des conditions nécessaires au bon fonctionnement du régime représentatif.

Au moment où Benjamin Constant arrive à Paris, le 6 prairial an III, c'en est bien fini de l'époque où l'éloquence, dans les clubs, à l'assemblée, soutenait, l'événement politique, allant même jusqu' à le constituer, quand elle décrétait, dénonçait, excluait, mettait à mort. Après thermidor, il y eut, certes, encore bien des séances houleuses, bien des effets oratoires. Mais le dernier discours de Saint-Just, interrompu par Tallien, possède une valeur symbolique. Robespierre était accusé d'avoir voulu régner par l'éloquence, en "tyran de l'opinion", et Saint-Just, dans la péroraison qu'il ne put prononcer, prenait sa défense et s'exclamait: "Et quel droit exclusif avez-vous sur l'opinion, vous qui trouvez un crime dans l'art de toucher les âmes? Trouvez-vous mauvais que l'on soit sensible? [. . .] La conscience publique est la cité; elle est la sauvegarde du citoyen: ceux qui ont su toucher l'opinion ont tous été les ennemis des oppresseurs [. . .] Avez-vous vu des orateurs sous le sceptre des rois? Non. Le silence règne autour des trônes; ce n'est que chez les peuples libres qu'on a souffert le droit de persuader ses semblables."[4] La Terreur s'achève par ce plaidoyer pour un pouvoir qui fut l'un des instruments de la Terreur. Plaidoyer voué brutalement au silence, et marquant la fin d'un rêve, ou, pour dire mieux, la fin de la phase volontariste de la révolution, où la violence du verbe se voulait instauratrice.

Pamphlets, brochures, articles, discours répandront les appels et les arguments dans la lutte des factions, au-delà de thermidor. Mais le soupçon est désormais installé. Si l'on parle en public, si l'on cherche à convaincre, c'est en laissant entendre, ou en déclarant ouvertement qu'il s'agit désormais d'une autre parole: le temps n'est plus du *mot* inaugural à la Camille Desmoulins (debout sur sa table, au Palais-Royal, le 12 juillet 1789) ou à la manière des injonctions de Mirabeau; le temps n'est plus de la magie oratoire de Vergniaud; et c'en est fait de la sublimité républicaine, de l'intimidation vertueuse exercée par Robespierre. Les "déclamateurs" ont perdu leur public.

De fait, les exercices des universités d'Ecosse et d'Allemagne, les conversations vives, ironiques et tissées de sous-entendus en tête à tête avec Madame de Charrière, et surtout les joutes d'esprit dans le salon de Madame de Staël, n'ont pas trop mal préparé Benjamin Constant pour faire ses premières armes dans la vie publique française, à une époque où la véhémence n'est plus de mise, entre la fin de la Convention (dont il n'est que spectateur) et la fin du Tribunat (où il aura tenté de jouer son rôle).

Les *Lettres à un député* (contre la prorogation du mandat des membres de la Convention), le discours écrit pour Louvet (où Constant, face au péril royaliste, rectifie le tir), les trois brochures où il prend la défense des principes républicains sont des écrits dont le procédé rhétorique, souple et bien affilé, évite ou modère tout effet oratoire massif. Son propos est d'interpréter la situation présente, d'indiquer une voie salutaire, tout en combattant pied à pied l'argumentation adverse. Le ton ne s'échauffe qu'au moment de la conclusion—particulièrement à la fin de l'écrit sur les *Effets de la Terreur*. Les discours prononcés au Cercle Constitutionnel après le 18 fructidor répondent assurément aux lois du genre: c'est une défense résolue des lumières philosophiques, et une profession de foi anti-monarchique. Constant, à cette occasion, renoue un instant avec le style de la Montagne: "Pour faire marcher la liberté, il faut être partial pour la liberté."[5] Devant le péril de la réaction, Constant adopte un style où l'on perçoit un écho de Saint-Just, mais d'où l'exaltation est absente.

Constant, dans ses premières brochures, parlait en spectateur de la scène parlementaire. Dans *De la force du gouvernement actuel*, il ironisait sur les propos exagérés de certains orateurs, "à la barre d'une assemblée ardente et tumultueuse": "La vanité les égarait, le désir puéril de faire effet, le chétif triomphe de prononcer en public des phrases qui avaient cessé d'être courageuses, dès qu'on avait pu les répéter."[6] Constant a l'oreille particulièrement fine pour les abus de mots, pour les détournements de la parole. Dans un article de 1807, il écrira: "Il y a longtemps que nous savons que les agitations révolutionnaires ont dénaturé la langue."[7] Ayant vu à l'oeuvre la Convention post-thermidorienne il la décrira sévèrement dans les "Fragments sur la France":

> L'idée dominante, à la fin de 94, était: punissons tous les forfaits de 93. Les hommes les plus doux chantaient à tue-tête, au nom de l'humanité, des chansons dont le refrain demandait des hécatombes; et quand on osait représenter aux meneurs de l'impulsion vengeresse, qu'employer une assemblée unique et sans frein à sévir contre les crimes commis par une assemblée unique et sans frein, c'était frapper les effets sans écarter les causes, on était traité d'homme de sang, de complice de la terreur.[8]

Dans *De l'Usurpation*, Constant propose un tableau plus général de la perversion du langage consécutive à l'axiome qui "a fait retentir pendant dix ans toutes les tribunes françaises": "Que le despotisme était indispensable pour fonder la liberté." Axiome, rappelons-le, que Constant impute aux "partisans de la liberté antique":

> Pour former les hommes à la liberté, on les entourait de l'effroi des supplices; on rappelait avec exagération les tentatives qu'une autorité détruite s'était permise contre la pensée, et l'asservissement de la pensée était le caractère distinctif de la nouvelle autorité; on déclamait contre les gouvernements tyranniques, et l'on organisait le plus tyrannique des gouvernements. [. . .] Dans toutes les luttes violentes, les intérêts accourent sur les pas des opinions exaltées, comme les oiseaux de proie suivent les armées prêtes à combattre. La haine, la vengeance, la cupidité, l'ingratitude, parodièrent effrontément les plus nobles exemples, parce qu'on en avait recommandé maladroitement l'imitation. L'ami perfide, le débiteur infidèle, le délateur obscur, le juge prévaricateur, trouvèrent leur apologie écrite d'avance dans la langue convenue. [. . .] La foule, corrompue à la fois par le péril et par l'exemple, répétait en tremblant le symbole commandé, s'épouvantait du bruit de sa propre voix. Chacun faisait nombre et s'effrayait du nombre qu'il contribuait à augmenter. Ainsi se répandit sur la France cet inexplicable vertige qu'on a nommé le règne de la terreur.[9]

On trouverait, dans *Adolphe*, des analyses très semblables sur l'emploi de l'excuse, et de la formule convenue; et, de façon plus originale, une vive attention à la duplicité des engagements et à l'"effet en retour" de la parole sur celui qui la prononce. Les remarques fréquentes que Benjamin Constant, à l'instar des idéologues, formule sur les associations entre les mots et les idées, sur leur influence tantôt trompeuse et tantôt bénéfique, mériteraient d'être considérées dans l'en-

semble de ses écrits. Dès son premier ouvrage politique, Constant a su mettre en
évidence l'autonomie de la parole excessive: les mêmes termes sont devenus disponibles pour les passions les plus contradictoires. Le langage accusateur, d'où
qu'il vienne, se retrouve captif des schématismes et des stéréotypes: "Les factions
n'ont qu'un style, elles n'appliquent pas les invectives aux noms, elles attachent
des noms à des invectives, elles pourraient se passer de main en main les accusations
qu'elles prodiguent, et une seule philippique servirait à tous les partis."[10] (Il y a
chez Constant, plus généralement, une théorie diffuse de la vie indépendante
réservée aux idée, quelle que soit la volonté des hommes.)

Qu'on relise également les pages célèbres où Constant critique la pensée politique de Rousseau. Pourquoi Constant récuse-t-il la doctrine rousseauiste de la
souveraineté, et plus particulièrement la théorie qui fait du gouvernement une
magistrature toujours révocable, et entièrement soumise à la volonté générale?
La raison, d'abord, en est que Rousseau, dépossédant le monarque traditionnel,
n'opère qu'un transfert de pouvoir, et ne réduit pas la *quantité* de pouvoir.[11]
L'expérience révolutionnaire, ensuite, prouve qu'il est inévitable (dans un grand
pays) que la volonté générale soit représentée; dès lors, si l'on n'y prend garde, la
*voix* de la nation souveraine sera accaparée par ceux qui s'en présentent comme
les seuls interprètes autorisés. Le défaut capital de la pensée politique de Rousseau,
aux yeux de Constant, c'est qu'elle fonde le droit sur la *parole* collective, et qu'elle
ne propose aucun moyen d'en prévenir l'usurpation. Le texte peut-être le plus
explicite se trouve dans la première rédaction des *Principes*:

> La société ne peut exercer par elle-même les droits qu'elle reçoit de ses membres: en conséquence
> elle les délègue; elle constitue ce que nous appelons un gouvernement. Dès lors toute distinction
> entre les droits de la société et ceux du gouvernement est une abstraction chimérique.[12]

Ainsi l'existence individuelle se voit livrée, de part en part, à la discrétion du
pouvoir politique. Supposons qu'un gouvernement désire prendre une mesure
violente. Le système de Rousseau, fait observer Constant, lui en rend l'application
facile, moyennant l'attribution de l'énoncé impératif à "la société tout entière":

> [Le gouvernement] rappelle le droit imprescriptible de l'association entière, de la majorité toute-
> puissante, de la nation souveraine dont le salut est la suprême loi. Le gouvernement ne peut rien, *dit-
> il*, mais la nation peut tout; et bientôt la nation *parle*, c'est-à-dire quelques hommes ou dépendants,
> ou furieux, ou soudoyés, ou poursuivis de remords, ou dominés de crainte se font ses organes *en lui
> imposant silence, proclamant* sa toute-puissance en la menaçant. [. . .] Le peuple, observe Rousseau,
> est souverain sous un rapport et sujet sous un autre; mais dans la pratique ces deux rapports se
> confondent. Il est facile aux hommes puissants d'opprimer le peuple comme sujet, pour le forcer à
> *manifester* comme souverain la volonté qu'ils lui *dictent*. Il ne faut pour cela que frapper individuelle-
> ment de terreur les membres de l'association et *rendre ensuite un hypocrite hommage* à l'association
> en masse.[13]

L'oppression survient presque inévitablement, parce que le sujet collectif devient
une fiction, sitôt que "quelques hommes" se rendent les maîtres du langage dans
lequel il est censé communiquer sa volonté toute-puissante. Les droits individuels,
auxquels Constant tient par-dessus tout, ne peuvent recevoir de garantie que si
l'autorité sociale n'est pas illimitée, et si la décision politique résulte d'un débat.
Or tout pouvoir excessif se reconnaît à ce qu'il impose le silence, après qu'il a parlé
en réprimant la contradiction. Constant proteste au nom de la société civile, contre
les excès du pouvoir politique. La guerre, pour Napoléon, a été´ le moyen d'imposer

le silence à la nation: "Il fallait étouffer dans l'intérieur toute vie intellectuelle; il a banni la discussion et proscrit la liberté de la presse. [. . .] La nation pouvait s'étonner de ce silence: il y a pourvu par des acclamations arrachées ou payées, qui semblaient un bruit national [. . .] Si la France fût restée en paix, les citoyens tranquilles, les guerriers oisifs auraient observé le despote, l'auraient jugé, se seraient communiqué leurs jugements."[14] Parole substituée, identité locutrice usurpée, clameurs commandées, silence imposé: il conviendrait de montrer combien étroitement, chez Constant, s'établit la correspondance entre le dérèglement de la vie politique et la pathologie du langage.

Dans les *Circonstances actuelles* (manuscrit rédigé en 1798 et non publié), Madame de Staël constate, elle aussi, la fatigue du langage politique, elle dénonce "les phrases usées," elle pastiche à merveille un "discours de club", que l'on peut entendre "d'un bout de l'Europe à l'autre."[15] Mais le mal n'est pas sans recours. Certes, dans les écrits et les discours, l'abus de langage a déformé et trahi de grands principes, mais ceux-ci conservent toute leur validité:

> . . . Fonder un gouvernement sur des bases philosophiques, c'est la plus belle de toutes les pensées, le plus noble but pour un petit nombre de têtes législatives; c'est la source de toutes les folies humaines, quand des hommes qui ne savent pas lire se sont fait une religion de la propagation des lumières. Qu'y a-t-il au monde de plus susceptible d'interprétations diverses que la philosophie? Tous les contraires, toutes les impossibilités, toutes les incohérences s'établiront, se soutiendront à l'aide de quelques mots qui feront un noeud quelconque, non entre les institutions, mais entre les phrases qui les expliquent. [. . .] Enfin, comme il faut que les gouvernements marchent et que les hommes violents veulent triompher, nous avons vu les sectaires de la philosophie abandonner toute la théorie de la liberté aux faiseurs de phrases, et retenir pour eux les moyens clairs et précis du despotisme le plus absolu, le plus sanguinaire dont l'histoire nous ait offert l'exemple.[16]

Mais, de ce que la parole faussée a pu avoir tant d'influence, il ne faut pas conclure qu'il ne reste pas d'avenir pour une action menée par la parole; celle-ci peut tout, à la condition qu'elle soit orientée dans le juste sens, et animée par l'"enthousiasme". Il faut d'abord reconnaître qu'elle n'a rien perdu de son pouvoir; au moment même où la décision semble appartenir aux armes, c'est encorc la parole qui est à l'oeuvre:

> On a tout fait avec de l'opinion en France, soit en la trompant, soit en l'excitant, soit en dominant l'avis de la majorité par le fanatisme du petit nombre; mais c'est la parole qui a fait sortir de terre les légions. Depuis, les légions ont souvent enchaîné la parole, mais pour préparer les triomphes même des armées, il a fallu des journaux, il a fallu des discours.[17]

Madame de Staël peut dès lors affirmer: "Je crois encore à la toute-puissance des écrits républicains."[18] Le remède est dans le retour aux principes, aux grandes idées de la philosophie des lumières, que le discours terroriste a si mal interprétés. Comme Benjamin Constant, elle ne peut accepter que les "réactions politiques," rendues inévitables par les excès de la Terreur, deviennent elles-mêmes excessives au point de rendre nul et non avenu le fait révolutionnaire lui-même. D'où une argumentation vigoureuse, qu'on retrouve aussi chez Constant: d'une part, elle invite à séparer les "principes" intangibles (perfectibilité, république, liberté des cultes, liberté très large des journaux et des livres, etc. . . . .) et les mesures "despotiques" qu'on a pu prendre en leur nom; d'autre part, cette argumentation fait appel à l'image ancienne du remède trouvé dans ce qui fut "la source même du mal". Rousseau en avait fait usage pour justifier son idée de la "société perfection-née", où l'art le plus développé répare les maux de l'art commencé. Germaine de Staël se souvient de cette thérapeutique héroïque:

> Quel est le véritable remède aux traces qui nous restent encore de cette époque désastreuse? On ne peut le trouver que dans la source même du mal, dans la philosophie. Si la philosophie était en elle-même une mauvaise chose, on devrait s'attendre à la contre-révolution, parce qu'on finirait tôt ou tard par [se] détromper d'un principe faux, mais comme la théorie philosophique de la Révolution de France est en elle-même incontestable, il n'y a de remède à ses effroyables abus qu'en jetant des torrents de lumière sur les principes et sur leur application. [. . .] La cause d'une révolution est et sera toujours le seul moyen de modifier cette révolution et, quand l'amour de la liberté aurait amené le despotisme, c'est à la liberté même qu'il faudrait avoir recours pour combattre le despotisme qu'elle aurait amené. La nature entière n'est qu'un exemple de ce principe: le même être, le même arbre porte souvent le poison et le remède et, pour corriger le caractère d'un homme, c'est dans la passion qui l'égare qu'on trouve des ressources pour le conduire; et les moralistes comme les législa-teurs se tromperont toujours s'ils cherchent des remèdes dans les contraires, au lieu de les puiser dans le principe même qui a été dénaturé par les conséquences.[19]

En vertu de ce modèle homéopathique (le terme n'est pas anachronique: Hahne-mann, encore inconnu en France, est un contemporain), Madame de Staël propose, pour "terminer la Révolution", une solution qui fait la part belle aux "idées" et à ceux qui les élaborent: "Ce sont les philosophes qui ont fait la Révolution, ce sont eux qui la termineront."[20] Dans *De la Littérature* (1800), Madame de Staël, en conclusion de son ouvrage, soutiendra à nouveau les mêmes idées. L'ère est enfin venue des intellectuels et des écrivains, qui par la plume et par la parole, et avec un zest de mélancolie en surcroît, mèneront à chef le combat des lumières: "On croit toujours que ce sont les lumières qui font le mal, et on veut le réparer en faisant rétrograder la raison. Le mal des lumières ne peut se corriger qu'en acquérant plus de lumières encore."[21] Le chapitre "De l'émulation" (II, 3) et le chapitre conclusif "De l'éloquence" (II, 8) proposent d'abord une constatation: le goût, les moeurs, le langage, l'éloquence se sont altérés et détériorés en France durant les années de révolution; l'on voit prévaloir la vulgarité, le chaos et l'indifférence: "On peut parcourir en tout sens l'injure et l'éloge, sans faire naître l'enthousiasme ni la haine. On ne sait plus ce qui doit fixer l'appréciation des hommes; les calomnies commandées par l'esprit de parti, les louanges inspirées par la terreur ont tout révoqué en doute, et la parole errante frappe l'air sans but et sans effet."[22] Mais si dégradée, si avilie qu'elle soit, l'éloquence "pourrait renaître et se perfectionner."[23] Madame de Staël est convaincue du rapport étroit entre la liberté politique et l'épanouissement des arts ainsi que de la littérature: c'est là un thème qui lui vient de l'âge des lumières, et dont les événements contemporains lui prouvent l'actualité. En ce qui concerne l'éloquence, les sources de cette idée sont antiques (Longin, Tacite); en ce qui touche aux beaux-arts, Winckelmann en avait persuadé ses lecteurs, à travers une image idéalisée de la cité grecque. Et quelle que soit la différence qu'il juge nécessaire d'établir entre la liberté des anciens et la liberté des modernes, Benjamin Constant lui-même n'a cessé d'invoquer l'exemple romain, la décadence impériale, pour expliquer et accuser l'abaissement de la littérature sous la domination napoléonienne. Madame de Staël, en 1800, peut encore rêver d'une éloquence (écrite? parlementaire? l'une et l'autre!) qui par son énergie, susci-terait le réveil des enthousiasmes. Elle rêve d'une situation qui offrirait à l'écrivain, à l'orateur, leur auditoire le plus vaste; elle invite à parler et à écrire comme si cet auditoire était présent: le talent est le moyen par lequel la société politique peut s'articuler sur la société civile. Par quoi elle définit son style personnel, et tout aussi bien celui des écrivains romantiques qui deviendront des personnages politiques:

[. . .] Mais quand vous êtes entourés d'une *multitude* qui contient tous les éléments divers [. . .] si vous parlez à la nature humaine, elle vous répondra; si vous savez donner cette commotion électrique dont l'être moral contient aussi le principe, ne craignez plus [. . .] Toute cette multitude est à vous. Echappe-t-elle aux beautés de l'art tragique, aux sons divins d'une musique céleste, à l'enthousiasme des chants guerriers? Pourquoi donc se refuserait-elle à l'éloquence? L'âme a besoin d'exaltation; saisissez ce penchant, enflammez ce désir, et vous enlèverez l'opinion.[24]

C'est l'espoir d'une régénération et d'une revanche de la parole, au prix d'une mue et d'une conversion qui la transforment radicalement. Ses pouvoirs sont miraculeusement reconquis, si dorénavant le lieu de son surgissement est la "vérité du sentiment," et si elle s'adresse à un destinataire universalisé. Non plus à des "individus" isolés par leurs intérêts, ni à des factions partisanes, mais à cette "nature humaine" quasi abstraite, dont elle aura réussi à battre le rappel parmi les consciences concrètes. Fonction poétique ou prophétique, dont rêveront plus explicitement encore les écrivains de la génération suivante, en exaltant la double figure mythique du peuple et du poète. Assurément, c'est là une pratique du langage que Benjamin Constant n'a guère recherchée, dans les divers épisodes de sa carrière parlementaire. S'il fallait repérer, dans *De la Littérature*, une préfiguration de la méthode à laquelle il s'attachera, nous la trouverions bien plutôt dans l'éloge que fait Madame de Staël du système anglais, et de l'apprentissage politique dont peut bénéficier un jeune esprit "supérieur" en exerçant ses talents sur les bancs de l'opposition:

La force de l'esprit ne se développe tout entière qu'en attaquant la puissance; c'est par l'opposition que les Anglais se forment aux talents nécessaires pour être ministres.[25]

Au Tribunat, puis à la Chambre des Députés, Constant sera un parfait opposant. Il ne passera jamais au ministère. Il a opté pour le pouvoir constitutionnel, pour le "système représentatif", pour les garanties qui préviennent ou répriment l'arbitraire de l'exécutif. Il veut le strict respect des formes légales, pour tout ce qui intéresse les droits des citoyens. Le premier discours au Tribunat est symptomatique: Constant formule, à titre programmatique, le droit et les règles de la nouvelle éloquence parlementaire; il réclame, pour le corps auquel il appartient, le temps nécessaire à la discussion, contre un projet de loi qui vise à l'abréger et à la rendre inopérante. Il invite ses collègues à examiner minutieusement ce projet: "Il faut considérer l'abus que l'autorité peut en faire."[26] Par précaution, il commence par la dénégation; il ne tient pas à faire valoir son éloquence, pas plus qu'il n'est résolu à pratiquer une opposition systématique:

L'on semble considérer le Tribunat comme un corps d'opposition permanente, ayant pour vocation spéciale de combattre tous les projets qui lui seront présentés, et devant appeler à son secours, dans cette opposition nécessitée, tous les raisonnements, bons ou mauvais, qui pourraient la favoriser. [. . .] Le Tribunat n'est pas une assemblée de rhéteurs, n'ayant pour occupation qu'une opposition de tribune, et pour but que des succès d'éloquence. Organe unique de la discussion nationale, le Tribunat est intéressé, comme tous les corps de l'Etat, chacun de ses membres est intéressé, comme tous les autres citoyens, à ce que les propositions utiles ne rencontrent aucun obstacle et n'éprouvent aucun délai. Nulle prétention personnelle, nul amour propre puéril ne nous portera jamais, sans doute, à *retarder*, par des discussions superflues, des lois qui nous paraîtront nécessaires.[27]

Le temps est bien passé où le pouvoir était détenu par les Assemblées, ou par leurs "factions" dominantes et leurs comités. L'orateur n'a plus part à l'action fondatrice; ce n'est plus à lui qu'appartient la faculté de menacer l'adversaire. L'éloquence politique n'est plus cette "arme meurtrière" que dénonce encore Madame de Staël. La parole a bien plutôt pour but de désarmer, par les moyens qui lui restent, les entreprises d'un despotisme qui cherche à imposer ses volontés avec l'approbation (faussée, extorquée) des représentants de la nation. La seule tactique efficace, au Tribunat, consiste à éviter toute attaque directe contre les détenteurs de l'autorité, et à raisonner, à ironiser, à rappeler les principes, à évoquer les précédents, à laisser entrevoir des conséquences "funestes," etc. . . En l'occurrence, nier le recours à l'éloquence est la meilleure précaution oratoire. Ainsi, dans son plus important discours au Tribunat (25 janvier 1801), après avoir combattu point par point le projet de loi instituant des tribunaux spéciaux, Constant, en guise de péroraison, se défend d'avoir fait appel aux ressources traditionnelles de l'art oratoire, et se contente d'énoncer laconiquement ses conclusions. Il s'agit là, bien sûr, d'un procédé de dénégation dont la rhétorique traditionnelle avait pleine connaissance: lorsque la chaleur et l'emphase risquent de rendre suspecte la cause défendue, l'argumentation calme gagnera mieux les convictions: et Constant n'hésite pas à s'en prévaloir; mais la façon dont il évoque la persécution possible était de nature à la provoquer:

> J'ai rempli, Tribuns du peuple, la pénible tâche que mon devoir m'avait commandé.
> Je l'ai remplie, en m'interdisant tout recours à l'éloquence, tout développement qui pouvait émouvoir les passions, toute description même des conséquences terribles de ces institutions temporaires dont les effets vous sont connus. Dans la question la plus propre à remuer, je ne dirai pas seulement les âmes ardentes, mais les esprits prévoyants, je me suis imposé le joug sévère d'une analyse partielle, détaillée, peut-être minutieuse; je n'ai pas voulu courir la chance d'interprétations sinon malveillantes du moins inexactes; j'ai désiré les éviter, non pas pour moi, mais pour vous, mes collègues; je n'ai pas voulu prononcer dans cette enceinte un mot qui pût servir de prétexte à des défiances, ou nécessiter des explications.[28]

Sans aller jusqu'à développer, comme Bentham et Etienne Dumont, une "tactique des assemblées parlementaires," Constant a exposé très nettement ses vues sur l'éloquence au chapitre VII de ses *Principes de Politique* (1805). On a raison, affirme-t-il, d'interdire les discours écrits. Car les discours écrits font tarir la véritable discussion: "Chacun laisse de côté ce qu'il n'a pas prévu, tout ce qui dérangerait son plaidoyer terminé d'avance. Les orateurs se succèdent sans se rencontrer; s'ils se réfutent, c'est par hasard" . . . C'est l'éloquence *écrite* qui constitue le pire danger pour la liberté du débat; si on l'autorise, ce seront des "harangues académiques" qui "décideront et du sort, et des propriétés, et même de la vie des citoyens."[29] Le désir de "faire de l'effet," la poursuite du succès de tribune détournent le débat de son véritable objet. Constant prend les accents accusateurs du moraliste:

> Ce besoin, qui dégénère en une sorte de fureur, est d'autant plus dangereux qu'il n'a pas sa source dans la nature de l'homme, mais est une création sociale, fruit tardif et factice d'une vieille civilisation et d'une capitale immense [. . .] Opinions, éloquence, émotions, tout est moyen, et l'homme lui-même se métamorphose en un instrument de sa propre vanité.[30]

Cette accusation rousseauiste de la capitale et des méfaits de la civilisation a de quoi surprendre. Elle vise par avance les moeurs parlementaires de la Restauration, telles que l'illustreront les orateurs avantageux et dérisoires de la *Comédie humaine*: Canalis, Keller, Rastignac. En 1829, quand il réédite les *Mémoires sur les Cent Jours*, Constant signale dans sa préface les nouvelles dispositions du public, telles du moins qu'il les perçoit et telles qu'il les prend en considération dans ses propres activités de parlementaire et de publiciste: l'attention du public est lassée:

> L'hypocrisie des enthousiasmes ne trompe plus un peuple éclairé; ceux qui les professent ne les éprouvant pas eux-mêmes, ne sauraient communiquer à d'autres ce qu'ils ne sentent point. Ils répètent avec emphase des formules convenues: la foule s'attroupe un instant, les regarde, les reconnaît, les méprise, et passe, occupée qu'elle est de ses intérêts véritables, sachant ce qu'elle veut, le repos, le travail, l'industrie, la sûreté; mais sachant aussi que ces choses ne s'obtiennent qu'à l'abri de garanties solides et non disputées . . .[31]

Pour saisir sur le vif la façon dont Constant perçoit la supercherie oratoire de ses collègues, il faut prêter attention à la manière dont il leur répond à la Chambre, et à l'ironie qu'il déploie pour commenter leurs propos, quand il prend la plume du journaliste. Les articles du *Journal des Arts* (15, 18 et 21 septembre 1815), "Sur les assemblées électorales et les discours de leurs présidents," ne se contentent pas de résumer et de juger les opinions des orateurs: ce sont aussi des aperçus, d'une grande vivacité, sur leur pratique et leur théorie de la parole publique. Dans l'éreintement du discours tenu par le duc de Choiseul, la critique des incohérences de style va droit aux platitudes d'une banale "déclamation" dirigée contre l'excès rhétorique; Constant ridiculise les idées reçues:

> Nous avons été fâchés de voir les mots de *vils agitateurs*, d'*odieux sentier révolutionnaire*, dans un discours qui devait avoir pour but d'éteindre les haines. On a tant déclamé contre les abstractions, qu'on ne se donne plus même le mérite de la nouveauté, en les flétrissant du nom de mensongères.[32]

Constant, qui s'est plu si souvent à dénoncer les orateurs désireux de "faire de l'effet," n'aime pas sa propre idée dans le contexte que lui donne Choiseul. Il ne cache pas sa répugnance pour les clichés et pour les sous-entendus "connotés." "Nous ne concevons pas trop comment on peut exhorter les députés, dont l'unique mission sera d'exposer par la parole les intérêts et les voeux de la nation, à dédaigner *les dangereux succès de la tribune.*"[33] Paradoxalement, les propos stéréotypés et vides qu'échangent les représentants de l'ancienne artistocratie et ceux de la bourgeoisie révolutionnaire, peuvent parfois être considérés comme un signe—et un bon signe: ils veulent dire que la Révolution est terminée. A propos d'un ouvrage de Fiévée, Constant écrit:

> Un [. . .] signe infaillible de la fin des révolutions, c'est lorsque les hommes d'esprit et de talent qui appartiennent aux partis, éprouvent à en parler le langage une répugnance qui devient invincible. Tous les partis ont leurs symboles convenus, leurs professions de foi, pour ainsi dire, stéréotypées. Comme c'est la condition nécessaire pour se faire reconnaître et pour être appuyé, tout le monde commence par s'y soumettre [. . .] mais au bout d'un temps plus ou moins long [. . .] les hommes dont l'esprit ne saurait se fausser, même pour leur intérêt, sont forcés, malgré eux, de s'en affranchir."[34]

Ce qui ne veut pas dire que l'affrontement s'apaise. S'il devient moins violent, il est aussi plus diffus. L'arbitraire est omniprésent. Les tribunaux de la Restauration ne s'embarrassent pas de preuves légales. Et il importe de constater que, pour ce combat multiforme, Constant est amené—comme de propos délibéré—à occuper toutes les positions de parole, à utiliser tous les circuits par lesquels l'opinion publique peut être atteinte. La complémentarité de la presse et de la tribune, si importante au moment de la Révolution, est désormais un fait acquis, et les difficultés faites à la presse d'opposition, sous la Restauration, n'en éveillent que davantage l'attention du public. *Le Mercure de France*, la *Minerve Française* sont pour Constant des tribunes accessoires. Toute campagne électorale, tout procès intenté abusivement,[35] sont l'occasion de nouvelles brochures, de nouveaux comptes rendus, de nouvelles "lettres à l'éditeur". Il y a là un circuit virtuellement infini, où tous les genres de la parole publique trouvent à s'employer, dans une dispersion forcée, et dans une cohérence intellectuelle (que le livre *De la Religion* aurait voulu sceller) qui n'échappe toutefois pas à la discontinuité. On reconnaît, assurément, du théâtre en tout cela. Quand Benjamin Constant édite ses discours, il suit les habitudes des journaux, et il insère presque toutes les indications données par les sténographes sur les réactions de la Chambre: "On rit," "mouvement," "vive sensation à gauche," "interruption," etc. . . . Ce sont les didascalies d'une tragédie. Dans une intervention du 21 mars 1829, il proteste contre une omission au procès-verbal: un orateur a voulu présenter un amendement, des clameurs l'ont empêché de s'exprimer, le procès-verbal n'a pas mentionné cette interruption: "J'insiste pour la rectification du procès-verbal."[36] L'attention portée à l'exacte transcription de la dramaturgie d'une séance parlementaire montre à quel point Constant s'attache à la vérité formelle de la représentation écrite qui fixe le débat. Il y eut, à n'en pas douter, un "effet Constant" (alors même que la théorie de l'éloquence professée par Constant, nous l'avons vu, s'en prend à la recherche de l'effet). Et "l'effet Constant"—dont la preuve fut si bien donnée le jour de ses funérailles—ne tenait pas seulement à l'affirmation persévérante de ses convictions libérales, mais à la manière si prodigue dont ce joueur sut dépenser sa parole, et à la mise en scène, à la fois imprévisible et précise, ferme et négligée, qui accompaga chacune de ses interventions.

Guizot, en 1820, vise-t-il Constant (député de la Sarthe dès le printemps de 1819) lorsqu'il critique une opposition "cantonnée à la tribune", vivant de "beau langage", recherchant "sur des généralités quelques triomphes littéraires"? Le tort, selon Guizot, de ce style d'opposition est de ne pas chercher, pour le moins "une part restreinte, [. . .] mais réelle, dans les affaires de la société".[37] En tout cas, dans ses *Mémoires*, François Guizot fait ouvertement grief à Constant de s'être maintenu dans l'opposition au début de la monarchie de Juillet—c'est-à-dire dans les derniers mois de sa vie:

> Il avait reçu, du gouvernement nouveau, des emplois, des honneurs et des faveurs [. . .] M. Benjamin Constant ne s'en était pas moins engagé de plus en plus dans l'opposition, et dans la moins digne des oppositions, dans la flatterie subtile des passions révolutionnaires et populaires. Il avait fait à la presse, sous toutes ses formes et tous ses degrés, une cour assidue; il avait pris à tâche de repousser incessamment vers les vaincus de 1830 toutes les alarmes et toutes les colères du pays pour décharger de toute responsabilité les vainqueurs; il s'était élevé contre toutes les précautions et les exigences légales, jusqu'à ne pas vouloir qu'on demandât aux instituteurs un certificat de moralité. Il n'avait réussi à relever ni sa fortune ni son âme."[38]

Le vaincu de 1848 ne pouvait pardonner à Constant d'avoir persévéré, en 1830, malgré les gratifications du roi citoyen, à parler en qualité d'opposant. Tout orateur que l'on désapprouve est un flatteur et un déclamateur. Constant avait imputé cette attitude aux "apologistes du despotisme". Guizot retourne l'accusation contre Constant, en attribuant à la "presse" (et il aurait pu ajouter: à la "jeunesse") le rôle précédemment tenu par le "despote". Mais Constant ne faisait que rester fidèle à ses principes. Il avait, dans ses écrits théoriques, préconisé la *limitation* de "l'autorité sociale" exercée par le gouvernement. Dans sa pratique de l'éloquence délibérative, son but avait été, en tout temps, d'exercer un contrôle sur les actes et les décisions des ministres, de les empêcher d'outrepasser leurs prérogatives constitutionnelles, ou de faire passer des "lois spéculatives"[39] qui prétendent déterminer la vie sociale en restreignant le champ des libertés individuelles.

Rappelons-le, Constant n'était entré sur la scène politique qu'au moment de l'après-thermidor. Mais il s'agissait pour lui de conserver les grandes conquêtes de la Révolution, qui répondaient à son idée de la perfectibilité humaine: suppression des privilèges héréditaires, égalité des droits, liberté des cultes, garantie des libertés individuelles et des propriétés. De la Révolution, c'est la Terreur seule qu'il souhaitait retrancher, car, en se montrant infidèles aux principes mêmes de la Révolution, les jacobins avaient suscité les "réactions politiques," c'est-à-dire le risque de l'anéantissement complet des conquêtes les plus précieuses. Il n'est donc pas surprenant que, dans sa joute oratoire contre le monarchisme ultra, Constant ait assimilé son combat, en une sorte de fantasme rétrospectif, à celui qu'il aurait mené contre les terroristes: dans son intervention du 7 août 1822 contre la taxe sur les journaux, il fait, pour une fois, une exception au style "anglais" et pondéré qui est habituellement le sien, pour s'exclamer:

> On vous a parlé hier de la terreur de 1793: elle était horrible, parce que les possesseurs du pouvoir sentaient qu'ils n'avaient d'appui que dans la force contre la nation. J'ose le croire: en 1793 j'aurais lutté contre ces possesseurs d'un pouvoir terrible; Fouquier-Tainville au parquet, Marat à la tribune, n'auraient pu m'effrayer. On m'aurait impliqué peut-être dans quelqu'une des conspirations où ils entassaient leurs victimes; mais j'aurais lutté jusqu'au bout contre les jacobins de la république. Messieurs, je lutterai jusqu'au bout contre les jacobins de la royauté. (Un mouvement très violent éclate dans toute la droite).[40]

Sans doute pareils rappels ne sont-ils pas fréquents dans les discours de Constant. Mais ils font bien comprendre comment ce partisan du "système représentatif", ayant fait le sacrifice de l'idée républicaine qu'il défendait dans ses premiers écrits, a accepté de voir ce système s'exercer sous les formes de la monarchie selon la Charte, et comment il conçoit le rôle oratoire que ses électeurs lui ont confié. Il parle, il écrit, pour que l'on puisse écrire et imprimer, sans être arbitrairement censuré; il parle contre la menace renaissante du silence imposé. Si toutes les paroles individuelles obtiennent la garantie de leur liberté, le pouvoir aura fait la preuve de sa légitimité. L'autorité politique pourra s'alléger, et en même temps se raffermir et mériter le respect. Les intérêts de tous les groupes, de toutes les "classes" pourront ainsi entrer dans le système d'un échange généralisé. De cet échange généralisé, excluant aussi bien la concentration du pouvoir que celle de la propriété, Constant a fait un critère normatif, applicable à toutes les circonstances, "à toutes les formes de gouvernement". Il s'est bien gardé de leur donner forme d'utopie.[41] Il fut en politique ce qu'il avait été à l'égard de lui-même: un admirable critique, sans ménagement, surmontant le découragement par la témérité, à force de clairvoyance désabusée.

# Notes

1. G. Rudler. *La jeunesse de Benjamin Constant* (Paris, 1908), p. 167.
2. Séance de la Chambre des députés du 25 septembre 1830. *Moniteur,* 26 septembre 1830. Lors de la séance du 13 septembre 1830, Constant avait vigoureusement défendu la presse: . . . "Quand les jours de péril se sont levés, c'est encore la presse qui nous a devancés sur le champ de bataille appelant sur elle, avant nous, la proscription et la mort. A sa voix le peuple s'est armé; après le peuple nous sommes venus, et la presse, le peuple et nous, avons, par un triomphe miraculeux, renversé la tyrannie. [. . .] Si l'on se rend compte de ce qu'est la presse, on trouvera cette marche simple, la presse est la parole agrandie, c'est le moyen de communication entre le grand nombre, comme la parole est le moyen communication entre quelques-uns. Or, la parole est le véhicule de l'intelligence, et l'intelligence est la maîtresse du monde matériel. [. . .] Avec la presse, il y a quelquefois désordre; sans la presse, il y a toujours servitude, il y a désordre aussi, car *le pouvoir illimité devient fou.*" Sur les dernières interventions parlementaires de Constant, cf. Jean-Pierre Aguet, "Benjamin Constant parlementaire sous la monarchie de juillet (juillet-décembre 1830)", *Annales Benjamin Constant,* 2 (Oxford, Lausanne, Paris, 1982), pp. 3–45.
3. Sismondi, dans ses *Etudes sur les constitutions des peuples libres* (Paris, 1836; Bruxelles, 1839), insiste sur le passage de la "discussion spontanée" à la "discussion officielle". Le texte est remarquable; il n'émet aucune réserve sur les assemblées représentatives (exception faite, ajoutera-t-il, de celles qui se laissent gagner par le tumulte et la haine), ni surtout sur les réunions et les écrits qui contribuent à former "l'opinion publique":

> La formation et le développement de l'opinion publique s'opèrent dans les Etats libres par deux moyens: la discussion spontanée de tous ceux qui dirigent leurs pensées vers les affaires publiques, et la discussion officielle de ceux que la société députe pour prendre connaissance de ses affaires et exprimer ses désirs et ses volontés. Plus un Etat est libre et digne de la liberté, plus chacun y est pénétré de respect pour les droits et les opinions d'autrui, et plus aussi la discussion spontanée y acquiert d'importance. Cette discussion s'exerce dans les assemblées quotidiennes ou périodiques, les cercles, les clubs, qui réunissent des hommes de même sentiment. [. . .] Elle s'exerce encore par les écrits qu'on fait circuler, les imprimés, les livres et les journaux. Cette discussion spontanée a le grand avantage que, commune à tous, et paraissant l'oeuvre de toute la société, elle n'est pourtant l'expression que de sa partie intelligente. [. . .] Elle est beaucoup plutôt l'expression de l'aristocratie de l'intelligence, que de la démocratie. [. . .] La discussion officielle gagne beaucoup à être précédée et éclairée par la discussion spontanée. Peu de questions politiques seraient jamais suffisamment éclairées, si des penseurs n'avaient pas, à leur égard, ouvert la voie par des ouvrages longtemps médités, si des orateurs et des journalistes ne s'étaient pas emparés ensuite de leurs idées, pour les soumettre à l'épreuve de la contradiction, et pour en faire jaillir de nouvelles idées, par l'inspiration du moment, par l'émotion même du débat. Cependant les nations ne peuvent et ne doivent pas s'en fier uniquement à ces représentants volontaires, pour faire avancer les sciences sociales. Elles ont des désirs, des besoins, de souffrances, que l'esprit ne devine pas toujours, mais que l'expérience révèle. Une assez grande liberté spéculative régnait en France, pour les livres, dès avant la révolution. Là où Montesquieu, Rousseau, Turgot, Necker, les économistes physiocrates, avaient écrit, on avait pensé sans doute avec profondeur sur l'ordre social. Cependant, lorsque l'on compare leurs écrits avec les discours des députés du peuple, depuis l'introduction du système représentatif, on croit passer de la région des rêves à celle de la réalité; non sans doute que les derniers venus soient supérieurs en talent à leurs devanciers, mais parce qu'ils connaissent ce dont ils parlent, tandis que les autres ne pouvaient que conjecturer ("Troisième essai. De la délibération nationale, et des moyens d'appeler la raison publique à la souveraineté", Ed. 1839, pp. 98–99).

Nous savons que Constant avait pris connaissance en 1801 du premier manuscrit des *Recherches* de Sismondi. (Sur cette première version, cf. *Recherches sur les constitutions des peuples libres,* texte inédit; le passage que nous verrons de citer n'y figure pas encore. M. Minerbi éd., Genève, 1965.) Constant a fréquenté Sismondi et correspondu avec lui au moment ou celui-ci entreprenait la publication de son *Histoire des Républiques italiennes.* Signalons que le dernier volume de l'ouvrage (t. XVI, 1818) comporte un long développement sur la différence entre la liberté des anciens et la liberté des modernes, très proche des idées développées par Constant dans *De l'Usurpation* et dans sa conférence de l'Athénée en 1819. Ces idées, qui doivent beaucoup à Condorcet, et peut-être à Sieyès, forment le chapitre XVI du manuscrit des *Principes de politique* demeurés longtemps inédits. Leur version finale date de 1806. Cf. Etienne Hofmann, *Les "Principes de politique" de Benjamin Constant,* 2 vol. (Genève, 1980). L'édition critique du texte occupe le second volume. Sismondi avait déjà évoqué la question au tome IV de son ouvrage (Paris, 1809), p. 369 et Constant en avait inséré un extrait parmi les additions au Livre XVI de son propre manuscrit. Cf. E. Hofmann, op. cit., t. II, pp. 614–15. On peut imaginer que Constant et Sismondi ont conversé sur ce thème dès 1801, et surtout lors de leurs recontres à Coppet en 1804. Cf. sur l'ensemble du débat: Luciano Guerci, *Libertà degli antichi e libertà dei moderni* (Guida, 1979).

4. Saint-Just, *Oeuvres complètes*, éd. C. Vellay, 2 vol. (Paris, 1908), t. II, pp. 488–89. Cf. la belle étude de J.C. Bonnet, "La sainte masure, sanctuaire de la parole fondatrice" dans *La Carmagnole des Muses* (Paris, 1988).

5. B. Constant, *Ecrits et discours politiques*, éd. O. Pozzo di Borgo, 2 vol. (Paris, 1964), t. I, p. 119. On trouve, dans le même discours du 30 fructidor an V, une critique portant sur le style des débats des Cinq-Cents. Elle vise à disqualifier les orateurs royalistes. Constant s'exprime par prétérition, car cet aspect de la question n'est qu'une considération préliminaire: "Je n'entrerai point ici dans tous les détails des périls divers qui nous menaçaient naguère; je ne vous retracerai pas cette longue et pénible lutte soutenue par nos fidèles représentants, ces discussions perfidement divisées en discours incendiaires et en projets insidieux, cette exagération des principes, infaillible moyen de les rendre inapplicables, cette métaphysique dérisoirement subtile, avec laquelle vos ennemis croyaient vous en imposer sur vos plus chers intérêts, comme si le Sénat français n'eût été qu'une arène de rhéteurs, et comme si notre liberté et notre vie avaient pu dépendre de la réfutation de quelques sophismes."

6. *De la Force du gouvernement actuel* [. . .] (Paris, 1796).

7. Benjamin Constant, *Recueil d'articles, 1795–1817*, E. Harpaz, éd. (Genève, 1978), p. 78.

8. "Fragments sur la France," in *Mélanges de littérature et de politique* (Paris, 1829), p. 78. Cf. plus bas, n. 39.

9. *De l'Usurpation*, ch. VIII, in *De la Liberté chez les Modernes*, éd. M. Gauchet (Paris, 1980), pp. 194–95.

10. *De la Force du gouvernement actuel* [. . .], in *Gli Scritti politici giovanili di Benjamin Constant* (1796–1797), éd. C. Cordié (Como, 1944), p. 54. Le texte est désouvrais accessible dans l'édition de Ph. Raynaud (Paris, 1988).

11. "Le grand art est de gouverner avec force, mais de gouverner peu" (*Scritti giovanili*, p. 58). Ainsi, dès 1796, Constant posait en principe la nécessité d'une limitation de l'"autorité sociale" et d'une réduction du pouvoir gouvernemental. Le tort des disciples de Rousseau est d'avoir suivi la voie contraire: "L'erreur de ceux qui, de bonne foi dans leur amour de la liberté, ont accordé à la souveraineté du peuple un pouvoir sans bornes, vient de la manière dont se sont formées leurs idées en politique. Ils ont vu dans l'histoire un petit nombre d'hommes, ou même un seul, en possession d'un pouvoir immense, qui faisait beaucoup de mal; mais leur courroux s'est dirigé contre les possesseurs du pouvoir et non contre le pouvoir même [. . .] Au lieu de le détruire, ils n'ont songé qu'à le déplacer. C'était un fléau, ils l'ont considéré comme une conquête. Ils en ont doté la société entière. Il a passé forcément d'elle à la majorité, de la majorité, entre les mains de quelques hommes, souvent dans une seule main: il a fait tout autant de mal qu'auparavant." (*Principes de politique* [. . .], ch. I, in *De la Liberté chez les Modernes*, éd. cit., pp. 270–71). L'idée est exposée dans les mêmes termes dans les *Principes* de 1806, éd. cit., p. 39.

12. *Principes de politique*, E. Hofmann (Genève, 1980), p. 35.

13. *Ibid.*

14. *De l'Usurpation*, éd. cit., p. 259.

15. Madame de Staël, *Des circonstances actuelles qui peuvent terminer la Révolution et des principes qui doivent fonder la République en France*, éd. L. Omacini (Genève, 1979), p. 295.

16. Op. cit., pp. 270–71.

17. Op. cit., p. 272.

18. *Ibid.*

19. Op. cit., p. 273. Cf. Jean Starobinski, *Le Remède dans le mal* (Paris, 1989).

20. *Ibid.*

21. *De la Littérature*, 2e éd., 2 vol. (Paris, 1800), vol. II, p. 148.

22. Op. cit., t. II, p. 259.

23. Op. cit., p. 258.

24. Op. cit., p. 271–72.

25. Op. cit., p. 124.

26. *Ecrits et discours politiques*, éd. cit., t. I, p. 141.

27. Op. cit., p. 139–41.

28. Op. cit., p. 188.

29. *De la Liberté chez les Modernes*, éd. cit., pp. 326–27. *Principes de politique applicables à tous les gouvernements* (1815), ch. VII.

30. Op. cit., p. 327. Cette idée était déjà formulée très nettement dans *De la Force du gouvernement actuel* (1796). Cf. *Scritti giovanili*, éd. cit., pp. 16–17. Cf. n. 5 et 10.

31. *Mémoires sur les Cent-Jours*, nouvelle édition (Paris, 1829), p. XXV.

32. *Recueil d'articles, 1795–1817*, éd. cit., p. 233.

33. *Ibid.*

34. *Recueil d'articles, 1820–1824*, éd. E. Harpaz (Genève, 1981), p. 80.

35. En particulier celui de Wilfrid Regnault. Cf. Benjamin Constant *L'Affaire Regnault*, éd. René Bourgeoix (Grenoble, 1979).

36. *Archives parlementaires*, Chambre des députés, séance du 21 mars 1829. Dans *Benjamin Constant. Une biographie intellectuelle* (Genève, 1984), Kurt Kloocke rappelle très justement les discours où Constant s'est opposé aux modifications du règlement de la Chambre, quand celles-ci visaient à réduire au silence l'opposition (p. 252).

37. F. Guizot, *Des moyens de gouvernement et d'opposition dans l'état actuel de la France*, éd. Claude Lefort (Paris, 1988), p. 204. Cf. P. Rosanvallon, *Le moment Guizot* (Paris, 1985), pp. 151–152.

38. F. Guizot, *Mémoires pour servir à l'histoire de mon temps*, t. II, (Paris, 1859), p. 143. Dans la même page, Guizot fixe un portrait: "Sophiste sceptique et moqueur, sans conviction, sans considération, se livrant par ennui à des passions éteintes, et uniquement préoccupé de trouver encore, pour une âme blasée et une vie usée, quelque amusement et quelques intérêts" . . . Au total, donc, un mélancolique cherchant refuge dans le sensation, dans la catégorie que Kierkegaard nommera "l'esthétique".

39. Kurt Kloocke (op. cit., p. 259) insiste avec raison sur l'opposition que dresse Constant, dans son *Commentaire sur Filangieri* (t.I, p. 9 et p. 57) entre lois positives et lois spéculatives. Ces dernières "se fondent sur des espérances et des craintes, sur des probabilités, des hypothèses, des spéculations, en un mot". L'autorité se voit ouvrir, par là, une possibilité d'intervention dans tous les domaines de la vie civile: [Le législateur] "assujettit à des entraves nombreuses l'exercice de l'industrie, l'encourage d'un côté, la restreint de l'autre: actions, discours, écrits, erreurs, vérités idées religieuses, systèmes philosophiques, affections morales, sentiments intimes, usages, habitudes, moeurs, institutions, ce qu'il y a de plus vague dans l'imagination de l'homme, de plus indépendant dans sa nature, tout devient ainsi du domaine du législateur; son autorité enlace notre existence de toutes parts, consacre ou combat nos conjectures les plus incertaines, modifie ou dirige nos impressions les plus fugitives."

   Les "lois spéculatives," telles que les redoute Constant, au lieu d'exprimer la "morale vivante" (Eric Weil) de la communauté, prétendent la former par décret. Mais il existe à tout moment une morale vivante, un "esprit public". Ceux-ci se sont constitués au long de l'histoire; il n'est pas au pouvoir d'une législation volontariste d'en faire abstraction. Dans une addition au livre XVIII du manuscrit des *Principes* (1806), Constant écrit ces lignes remarquables:

   > L'esprit public est le fruit du temps. Il se forme d'une longue suite d'idées acquises, de sensations éprouvées, de modifications successives, qui sont indépendantes des hommes, et se transmettent en se modifiant encore d'une génération à l'autre. L'esprit public de 1789 était le résultat non seulement des écrits du XVIIIe siècle, mais de ce que nos pères avaient souffert sous Louis XIV, nos aïeux sous Louis XIII. L'esprit public est l'héritage des expériences de la nation, qui y ajoute ses expériences de chaque jour. Dire qu'il faut recréer l'esprit public, c'est dire qu'il faut prendre la place du temps et cette usurpation du moins est impossible aux usurpateurs. Les assemblées, les clubs ont particulièrement cette prétention, voulant suppléer en superficie à ce qui leur manque en profondeur. Ils se mettent à la place du peuple pour lui faire dire ce qu'il ne dit pas. Ils se chargent de la demande et de la réponse et de l'éloge encore que mérite à leurs propres yeux leur propre opinion. Il y a toujours un esprit public, c'est-à-dire une volonté publique. Les hommes ne peuvent jamais être indifférents à leur propre sort ni se désintéresser de leurs destinées. Mais lorsque les gouvernements agissent en sens inverse du voeu du peuple, le peuple se lasse de l'exprimer et comme on ne peut, même par la terreur, forcer toute une nation à mentir à sa conscience, on dit que l'esprit public sommeille, tout en se tenant prêt à l'étouffer, pour peu qu'il laissât soupçonner qu'il est éveillé. (Ed. cit., pp. 629–30.)

40. *Discours*. 2 vol. (Paris, 1827–1828), t. II. p. 202. On ne saurait trop insister sur le fait que Benjamin Constant, arrivé à Paris après les événements de prairial, n'a été en aucune façon impliqué dans les problèmes suscités par la Terreur. Ce qui s'offre à ses yeux, ce sont les discussions violentes entre des Conventionnels qui sont tous des thermidoriens. Dans les *Mémoires* dictés à Coulmann et publiés par celui-ci au t. III de ses *Réminiscences* (Paris, 1869), Constant évoque les remous de la Convention, après la victoire sur les émeutiers: "Les membres de la Convention, dès le lendemain de la victoire, s'étaient mis à se dénoncer les uns les autres, et à se faire expulser ou arrêter réciproquement. Toutes ces choses ne cadraient pas trop avec mes idées d'une république. Cepen-

dant, comme j'entendais répéter partout qu'il n'y avait pas d'autre moyen de la sauver, je ne disais rien, et j'attendais avec un peu de chagrin au fond du coeur et beaucoup d'envie de me mêler des affaires." (p. 45)

41. Constant avait déjà parlé des "montagnards de la royauté", en 1796, dans *De la Force du gouvernement actuel*. Cf. p. 118, dans l'édition de P. Raynaud (Paris, 1988). J'ai délibérément omis les témoignages et les jugements des contemporains sur l'éloquence de Benjamin Constant. On les trouvera mentionnés dans l'article de J.-P. Aguet signalé à la n. 2, et dans l'ouvrage de P. Bastid, *Benjamin Constant et sa doctrine*, 2 vol. (Paris 1966), t. II, pp. 550–59. Cormenin (Timon) a réservé à Constant l'un de ses morceaux de bravoure dans *Le Livre des orateurs* (Paris, 1838). La présente étude, consacrée à la fonction de l'éloquence, n'aborde pas la question du style. On consultera P. Delbouille, "Le style de Benjamin Constant orateur,' in *Benjamin Constant, Madame de Staël et le groupe de Coppet*, ed. E. Hofmann (Oxford, Lausanne 1982), pp. 305–18, ainsi que E. Harpaz, "Benjamin Constant polémiste," in *Annales Benjamin Constant*, No 1 (Lausanne, Genève 1980), pp. 43–53. Sur le contexte intellectuel de la Restauration, on trouvera ample information dans: E. Harpaz, *L'Ecole libérale sous la Restauration (1817–1820): le* Mercure *et la* Minerve (Genève, 1968). La pensée de Constant est remarquablement résumée au début du grand ouvrage de P. Bénichou, *Le Temps des prophètes. Doctrines de l'âge romantique* (Paris, 1977). Dans un de ses derniers discours à la Chambre, Constant a avoué un sentiment de "tristesse". Les contemporains en ont été vivement impressionnés, en particulier Alfred de Vigny. Cf. P. Bénichou, *Les Mages romantiques* (Paris, 1988), pp. 121 et 142–43.

# Part III

## Why the Terror?—2

# Presentation

PHILIPPE RAYNAUD

Les communications rassemblées dans cette partie traitent toutes de la réception et de l'interprétation de la Révolution française en Allemagne. A l'exception de l'étude d'Alain Ruiz sur les "Jacobins," elles portent sur des auteurs qui comptent parmi les plus grands représentants de la philosophie allemande, entre Kant et Hegel. Pour ces penseurs, la Révolution française est à la fois un événement d'une portée décisive et l'occasion de reposer des questions plus générales. Comme nous l'avons déjà vu,[1] les premiers débats sur la Révolution française sont en effet sous-tendus par un conflit déjà ancien entre l'*Aufklärung* et le romantisme naissant, dont l'épisode le plus célèbre est le *Pantheismustreit* de 1785: le problème posé alors par Jacobi était celui des rapports entre la raison et la vie, après 1789, sous l'influence en particulier de Burke, ce sera celui des relations entre théorie et pratique, c'est-à-dire des limites propres du rationalisme politique. Il faut noter, cependant, que les discussions allemandes sur la Révolution ne se réduisent nullement à un simple affrontement entre "rationalistes" et "irrationalistes": comme on va le voir, il y a un moment rationaliste même chez des "irrationalistes" supposés comme Humboldt et, d'un autre côté, les penseurs les plus "rationalistes" (Hegel, le dernier Fichte) ont dû aussi, de manière avouée ou non, intégrer une partie de la problématique de Burke ou des romantiques. En outre chez ceux-là mêmes—les "Jacobins"—qui ont soutenu par leur action les révolutionnaires français, l'admiration pour la Révolution n'entraîne pas nécessairement l'approbation de la totalité des *moyens* mis en oeuvre, notamment en 1793. La compréhension allemande de la Révolution est donc plus complexe que ne le laisserait croire l'âpreté des polémiques. Il ne saurait être question de résumer en quelques pages toute la richesse des contributions réunies ici; je me contenterai donc de relever quelques points qui m'ont paru spécialement remarquables, en partant de l'auteur réputé le plus éloigné des principes de 1789 (Humboldt) pour aller vers les défenseurs les plus militants de la Révolution.

La communication de Heinz Wismann sur Humboldt est surtout consacrée à la lettre de ce dernier à Gentz (août 1789), publiée en 1792 par la *Revue mensuelle de Berlin* sous le titre *Idées sur la constitution de l'Etat, à propos de la nouvelle constitution française*. Le propos de Heinz Wismann est d'éclairer une discussion classique chez les interprètes de Humboldt, qui se divisent entre ceux qui, comme

Meinecke, voient essentiellement en Humboldt un critique de la raison et un défenseur des droits de l'irrationnel et ceux qui, comme Kurt Müller-Vollmer, considèrent au contraire que son but est de produire une nouvelle définition des relations entre la raison et l'histoire.

L'interprétation irrationaliste s'appuie sur deux passages célèbres de la lettre à Gentz:

> (. . .) Aucune constitution ne peut réussir, que la raison—à supposer qu'elle ait le pouvoir sans entrave de produire ses projets dans la réalité—établit pour ainsi dire *a priori*, d'après un plan préconçu; seule peut s'épanouir une constitution qui résulte de la lutte entre le hasard prépondérant et la raison qui s'y oppose.
>
> (. . .) Les constitutions ne se laissent pas greffer sur les hommes comme des surgeons sur un arbre. Là où le temps et la nature n'ont pas préparé le terrain, tout se passe comme si on attachait des fleurs avec des fils. Le premier soleil de midi les brûle.

Néanmoins, comme le montre Heinz Wismann, cette interprétation se heurte à deux séries d'objections, historiques et philosophiques: la position personnelle de Humboldt à l'égard de la Révolution est beaucoup plus nuancée que celle, par exemple, de Burke et, surtout, l'interprétation "irrationaliste" est pour le moins unilatérale, car elle ne tient pas compte de ce qui chez Humboldt est le pendant du "hasard prépondérant": la "raison qui s'y oppose".

Le problème, formulé dans un langage criticiste, sera donc de sortir du conflit entre les deux métaphysiques de l'irrationnel et de la raison, en recherchant une synthèse réflexive des deux principes opposés.

Humboldt refuse de s'en tenir aux déclamations contre-révolutionnaires contre l' "abstraction" des Constituants. A ses yeux, les deux systèmes opposés que sont l'absolutisme et la révolution ont en commun un trait essentiel, car l'un et l'autre prétendent adopter une position de surplomb pour percevoir mieux que les "forces individuelles" les besoins de la société: "au lieu de satisfaire les désirs du prince, (la raison) se fait fort de combler les besoins de la société," mais elle ne peut le faire qu'en adoptant la position même de l'absolutisme éclairé. Le but ne saurait donc être, comme c'était le cas chez Rehberg, de dénoncer la raison abstraite pour défendre le point de vue de l'expérience et de l'autorité, il est plutôt de proposer une conception nouvelle des relations entre la *raison* et le *hasard*, que Humboldt va penser à travers la catégorie *d'action réciproque*.

Il ne s'agit pas seulement, néanmoins, de reconnaître que la raison doit *composer* avec ce qu'il y a de non-maîtrisable dans l'histoire et que, par exemple, les réforma-teurs doivent tenir compte des circonstances ou des traditions. La vision de Hum-boldt, est dialectique, ou plutôt même paradoxale: d'un côté, si la raison ne *crée* pas la matière de l'expérience historique, c'est parce que ce sont l'irrationalité et le hasard qui jouent ce rôle créateur, d'un autre côté, le développement de la raison, qui est l'objet et la fin de la *Bildung*, se paye par un épuisement de la *force* des individus et des nations. Humboldt donne ainsi l'esquisse d'une *histoire transcen-dantale des constitutions* qui échappe aussi bien à l'éloge sans mesure du progrès qu'au pathos de la décadence, et qui tisse subtilement, pour chaque époque histo-rique, les relations complexes de l'autonomie et de la domination, de la Nature et de la liberté etc.[2] C'est dans ce cadre là qu'il faut replacer l'appréciation nuancée que porte Humboldt sur la Révolution. Humboldt donne son *accord*, jusqu'à un certain point aux principes de la Révolution, tout en déplorant que les révolutionnaires n'aient pas su tenir compte des limites que leur imposait le "hasard prépondérant"; par ailleurs, même s'il est exclu pour lui que la Révolution soit de part en part un *progrès*, il peut avoir l'espérance qu'elle soit l'origine d'un nouveau développement de la liberté, au delà du sort (très probablement peu enviable) de la nation qui a mis la première ses principes en pratique.

Alain Renaut part d'un problème classique dans les études kantiennes: celui de l'ambivalence de l'attitude de Kant à l'égard de la Révolution, telle qu'elle ressort de nombreux textes, de la *Doctrine du droit* au *Conflit des Facultés*. Kant défend la Révolution par solidarité avec l'*Aufklärung* et avec certains des principes de 1789, et il voit en elle un signe de la *disposition morale de l'humanité* mais, inversement, il récuse totalement l'idée du *droit de résistance* et donc la légitimité de toute révolution *en tant que telle*.

Pour Kant, le droit de résistance est en effet une contradiction dans les termes puisque (a) il n'y a de droit que là où le peuple se soumet à un ordre légal et (b) le droit est par définition susceptible de publicité, ce que, par définition, ne peut pas être la *préparation* d'une révolution. La position réformiste est donc apparemment la seule possible, et, au contraire, l'encouragement à la rébellion est un crime capital. C'est là notamment la thèse d'Alexis Philonenko,[3] qui rattache Kant à la tradition pufendorfienne; celui-ci serait ainsi confronté au dilemme suivant: comment défendre la Révolution française si celle-ci est un "état d'injustice déclarée légale"? Comment, inversement, la condamner totalement, si elle est le signe d'une disposition morale de l'humanité?

Alain Renaut renouvelle profondément la question, à laquelle il apporte une solution qui m'a paru très convaincante car, si paradoxale qu'elle soit, elle est solidement étayée sur de nombreux textes: pour Kant, la Révolution française est légitime jusqu'à l'exécution du roi (exclue) car, jusqu'alors, elle *n'est pas* véritablement révolutionnaire.

Alain Renaut s'appuie sur divers textes des *Reflexionen* (8018, 8048, 8055, 8078) et de la *Doctrine du droit* (§ 52) pour reconstituer l'interprétation des événements français qui permet à Kant d'affirmer la "légalité" de l'action de la Constituante et, donc, son caractère non "révolutionnaire".

Pour Kant, la convocation de l'Assemblée avec pour mission de réformer l'Etat interdisait que l'on fixât des limites *a priori* à son pouvoir; en outre, dès lors que l'Assemblée avait pour tâche de régler les problèmes occasionnés par la dette de l'Etat, elle devait pouvoir se porter garant pour celui-ci, et elle aquérait *ipso facto*, avec le pouvoir de voter l'impôt, celui de *contrôler le gouvernement* (*Doctrine du droit*, § 52). Mais surtout, la convocation des Etats généraux leur donne la qualité de représentants; or c'est d'une telle qualité que le roi lui-même tire sa légitimité; dès lors que les Etats se voient reconnaître la qualité de représentants et attribuer le pouvoir constituant, le roi devient en fait leur subordonné: "son autorité n'est pas seulement suspendue, mais elle peut même cesser, comme le mandat de tout représentant quand celui dont il tient l'autorité est lui-même présent." En dernière analyse, le transfert de souveraineté opéré par l'Assemblée nationale est pleinement légal eu égard à la structure même de la Monarchie française, où le Roi "représente le Tout" et n'est pas une partie du tout (comme il l'est en Angleterre selon la doctrine du "*King in Parliament*"):

parce que (le roi de France) représente le tout, il s'anihile quand il fait comparaître ce tout, dont il n'est pas une partie, mais seulement le représentant (*Réflexion 8055*).

Qu'en est-il, dans ces conditions, de 1793? Là on peut parler de révolution, qui commence avec l'exécution du roi: on ne peut juger l'ancien souverain, car, par définition, ce qu'il faisait était légal. En outre, Kant mentionne comme spéciale-ment atroce l' "exécution dans les formes" du souverain, qui semble représenter une perversion radicale de la loi, pire que ne le serait l'assassinat.

D'un point de vue moral (et non juridique), il y a pour Kant deux types de trangressions, selon la *maxime* qui inspire l'acte: les premières revendiquent une *valeur universelle*, pour agir systématiquement contre la loi dans la forme de la loi, les secondes, moins graves, se présentent seulement comme des *exceptions* à la règle. L'exécution du roi *semble* appartenir à la première classe, mais, contraire-ment à la plupart des commentateurs, Alain Renaut pense que ce n'est pas là le dernier mot de Kant; pour celui-ci, l'assimilation du régicide à un acte quasi-diabolique exprimerait simplement le *sentiment* de ses contemporains, mais en fait, la vraie raison de la condamnation du roi serait à chercher dans la peur de la réaction, à laquelle on aurait simplement cherché à donner une "apparence juridique". A partir de là, on peut aussi conjecturer ce que Kant aurait pu dire de la Terreur, qui pose un problème du même type que celui du régicide: la Révolution n'est pas un "bloc," ses moments peuvent être dissociés, la concentration des pouvoirs entre les mains des comités est intrinsèquement condamnable, mais la Terreur elle-même relève d'une explication du processus politique qui a conduit à ce que d'autres ont appelé le "dérapage" de la Révolution.

Sur cette passionnante analyse, je ne ferai que quelques remarques. Elle montre d'abord l'acuité du jugement de Kant sur ce qui fait l'originalité de la Révolution française par rapport aux précédents anglais: l'idée de l'*unité* du corps politique, incarné dans le Souverain, et le fait que c'est la souveraineté elle-même que 1789 a transférée à la Nation. Elle laisse ouverte, en revanche, la question du sens de l'attitude politique de Kant, qui peut être comprise de deux manières; on peut l'interpréter d'une façon assez conservatrice (qui rapprocherait Kant de Brandes dans son premier livre), puisque pour Kant, la légitimité de la Révolution vient de ce que le Roi lui-même avait convoqué les Etats généraux, mais on peut aussi y voir une position beaucoup plus subversive, qui, grâce à un "art d'écrire" (Leo Strauss) très élaboré met la rhétorique pufendorfienne elle-même au service de la Révolution de 1789, rebaptisée "réforme". Elle montre aussi que, malgré sa profondeur et sa subtilité, la position de Kant présente quelques difficultés, sur 1789 comme sur le régicide. Sur 1789, elle contredit en tout cas la *doctrine* explicite des Constituants, qui, comme le montre la Déclaration des droits de l'homme et du citoyen, considéraient précisément qu'il n'y avait pas de "constitution" (c'est-à-dire d'ordre juridique) avant eux (cf. l'article 16) et qui tenaient pour évident le droit de résistance (article 2); sur le régicide, elle laisse de côté le fait que, malgré Saint-Just et Robespierre, le roi n'a pas été jugé en tant qu'ancien souverain mais comme un fonctionnaire convaincu de forfaiture et de trahison; dans les deux cas, c'est peut-être parce que, si séduisante qu'elle soit, la "fragmentation" (libérale) proposée par Kant ne rend pas parfaitement compte du déroulement du cycle révolutionnaire.

Si Kant est un des premiers à défendre avec éloquence l'idée d'une discontinuité dans la "Révolution française," Hegel est par excellence le penseur de la continuité de la "liberté absolue" à la "Terreur". Cela n'empêche pas néanmoins que son jugement sur la Révolution est, lui aussi, partagé entre l'enthousiasme et la critique; c'est à cette difficulté qu'est consacrée la communication de Luc Ferry, qui part du problème classique des relations entre les tendances (apparemment) autoritaires de la dernière philosophie de Hegel et l'évolution de son attitude à l'égard de la Révolution française. Contre ceux qui, de R. Haym à K. Popper, voient en Hegel le "dictateur philosophique de l'Allemagne," le but est donc d'abord, à la suite de E. Weil, de J. Ritter et de B. Bourgeois, de rappeler que Hegel n'a jamais cessé d'admirer cette formidable percée de la subjectivité politique qu'était la Révolution; cependant, il s'agit aussi de montrer comment, pour parler comme Habermas, la défense hégélienne de la Révolution passe nécesairement par la critique des révolutionnaires.

Luc Ferry analyse l'évolution de la pensée de Hegel à la fois sous l'angle systématique et sous celui de son attitude à l'égard de la Révolution, en montrant comment, de Tübingen à Iena, la rupture progressive avec toute vision morale du monde sous-tend une position toujours plus critique à l'égard de la Révolution. Le jeune Hegel restait jusqu'à un certain point fidèle à l'inspiration kantienne et fichtéenne et, en même temps, il célébrait la Révolution française dans laquelle "l'humanité est représentée comme si digne d'estime en elle-même" (Lettre à Schelling du 16 avril 1795); inversement, l'évolution philosophique de Hegel est parallèle à celle de son attitude à l'égard de la Révolution parce que l'expérience de la Révolution française est avant tout pour lui celle de la faillite des principes kantiens ou fichtéens, qui conduisent nécessairement à la tentative de supprimer le particulier au profit de l'universel.

C'est dans ce cadre qu'il faut replacer l'analyse hégélienne de la Terreur (*Phénoménologie de l'Esprit*, B, c) et ses jugements sur la Révolution dans les *Principes de la philosophie du droit* ou dans les *Leçons sur la philosophie de l'histoire*. Luc Ferry insiste à juste titre ici sur le fait que, si importante qu'ait été l'évolution de Hegel, elle ne conduit pas à un renversement complet de position: dans sa période la plus favorable à la Révolution, il n'était pas pour autant favorable à la Terreur (v. sa réaction au procès de Carrier) et, à la fin de sa vie, il reste attaché à l'universalisme des Lumières et de la Révolution. En fait, les thèses du dernier Hegel combinent une admiration renouvelée par la Révolution ("une émotion sublime a régné en ce temps-là") avec une critique d'ensemble des idées qui l'ont animée; inversement, elles expriment aussi une attitude ambivalente à l'égard des thèses romantiques ou contre-révolutionnaires: Hegel approuve la Révolution pour avoir affirmé la subjectivité politique et la citoyenneté au delà des particularités nationales, historiques, etc. et il affirme la supériorité de la *loi* sur la coutume et sur la jurisprudence, mais il adresse aussi à l'artificialisme politique ou constitutionnel des critiques que Burke n'aurait pas désavouées (on ne *fait* pas une constitution, celle-ci doit correspondre au *Volksgeist*).

Luc Ferry consacre en particulier un important développement à la célèbre analyse de la Terreur dans la *Phénoménologie de l'Esprit*. La condition préalable de la Révolution, c'est la délégitimation de l'ordre politique traditionnel opérée par les Lumières lorsque celles-ci ont entrepris de substituer le principe de l'*utilité* aux anciens modes de légitimation: alors que les théoriciens de la balance des pouvoirs restaient encore les héritiers de la division de la société en "masses spirituelles" (i.e. à la société d'ordres), l'idée de l'utilité conduit à l'abstraction de la "liberté absolue" et de la Volonté générale (qui est son corrélat subjectif). Le problème philosophique de la Révolution française est donc celui de l'incapacité de la doctrine de Rousseau à tenir la promesse qui est la sienne d'une réconciliation de l'universel et du particulier dans l'Etat. Cette incapacité est due à trois raisons essentielles: le "constructivisme" abstrait est incapable de fonder vraiment un ordre politique viable, faute de s'appuyer sur les moeurs et sur la société pré-existante, le formalisme de la volonté ne peut donc que se retourner dans une furie destructrice contre toutes les "masses spirituelles" et, ainsi, la Volonté ne peut jamais s'incarner dans aucune action ou institution particulière.

Comme le remarque Luc Ferry, Hegel parvient ainsi à une compréhension incomparable de ce qui constitue sans doute l'énigme centrale de la Révolution: la difficulté *de principe* de la doctrine des droits de l'homme à s'incarner dans un ordre politique et institutionnel stable, qui exprime elle-même "la dynamique d'un ordre libéral dans lequel (la Révolution) ne cesse d'agir". J'ajouterai pour ma part que cette conscience aiguë des difficultés de la Révolution s'appuie sur une analyse très précise d'un élément capital de la dynamique révolutionnaire, c'est-à-dire du rôle qu'y joue d'emblée l'idée de "la loi, expression de la volonté générale" dans la difficulté de la Révolution à admettre à la fois la supériorité de l'ordre constitutionnel et la consistance propre de l'exécutif. Ce qu'il y a peut-être ici de plus remarquable, c'est que Hegel parvient à montrer la continuité qui relie la culture politique du despotisme éclairé et de l'utilitarisme à la doctrine révolution-naire, tout en mettant en valeur les ressorts propres de la Révolution; son appré-ciation reste d'ailleurs énigmatique: d'un côté, il semble bien que la dialectique de la liberté absolue ait une nécessité interne (les "masses spirituelles" devaient être détruites et les thèses de Montesquieu dépassées) mais cependant la figure de la Terreur reste stérile.

Fichte, auquel est consacrée la communication de Marc Richir, est sans doute celui des grands philosophes allemands qui fut le plus favorable à la Révolution, et celui pour lequel l'hypothèse d'une réelle affinité entre sa doctrine et la politique jacobine ne peut pas être complètement écartée; en même temps, dans ses dernières années, il semble bien avoir désavoué les principes de 1789; le problème posé par Fichte est donc double: c'est à la fois celui de la portée de sa pensée politique et celui de la signification de son évolution intellectuelle. Marc Richir choisit d'analyser ce problème à travers le rapport de Fichte avec la Terreur, à partir d'un rapproche-ment entre certains traits caractéristiques des révolutionnaires et certaines formu-lations de Fichte, dans les *Conférences sur la destination du savant* de 1794; il ne s'agit pas tant d'analyser les positions de Fichte sur la Révolution que de montrer pourquoi, si Fichte ne fut pas lui-même un terroriste, néanmoins il "rejoint à sa manière, en philosophe, les germes de ce qui a pu faire, dans le cours de la Révolu-tion, une pratique et une "philosophie" terroristes".

Fichte ne fut pas un terroriste. Dans une savante reconstitution, qui prolonge les travaux classiques de Xavier Léon, Marc Richir montre à quel point la carrière de Fichte reste très éloignée de celle d'un militant révolutionnaire, malgré sa répu-tation de Jacobin. Fichte a toujours bénéficié de soutiens importants dans la noblesse et dans les cours allemandes, qui l'ont accueilli et défendu à Berlin comme à Iéna; il appartenait en fait au milieu "illuministe" et franc-maçon qui, s'il défendait un *réformisme radical* visant à la "régénération morale de l'humanité," a dans l'ensemble restreint ses ambitions dans les limites d'une Révolution par le haut, conduite par les princes éclairés eux-mêmes—ou par leurs conseillers.

D'un autre côté, néanmoins, la *philosophie* de Fichte a une logique interne qui, peut-être, n'est pas entièrement étrangère à l'esprit jacobin ou terroriste. De l'analyse complexe de Marc Richir, on retiendra l'idée que, tout en se voulant le prolongement de la doctrine de Kant, la pensée de Fichte en modifie profondément l'économie interne de manière à attribuer à la politique une fonction démiurgique nouvelle qu'elle n'avait ni chez Rousseau, ni a fortiori chez Kant.

Fichte passe en général pour avoir mis au premier plan, dans le criticisme, la *philosophie pratique*; pour Marc Richir, cette reconstruction s'est en fait accompagnée d'une modification radicale: la transcendance de la loi morale qui, chez Kant, ne peut jamais s'incarner, mais ne fait qu'apparaître dans une "*praxis* irréductiblement individuelle," est progressivement ruinée au profit d'un idéal de rationalisation, qui fait de l'Etat une incarnation de la transcendance, en même temps que la condition première de l'humanisation de l'homme. Parallèlement, l'équilibre de la *Critique de la Faculté de juger* connaîtrait une modification similaire, qui "court-circuiterait" le moment du sublime et pervertirait radicalement la problématique kantienne de la finitude. Ainsi se trouve reconduite contre Fichte une accusation de dogmatisme, où la tentative de *déduire* (ou d'*engendrer*) le lien social (conçu sous la figure de la réciprocité des libertés) à partir de l'expérience immédiate de la liberté apparaît comme une "fantastique illusion transcendantale". L'analyse de Marc Richir suppose au contraire que la compréhension de l'expérience politique—et de la Révolution française—doit s'inscrire dans la tradition qui va de Kant, penseur de la finitude, à la phénoménologie. On notera aussi que son interprétation de Fichte s'inscrit implicitement en faux contre celle d'Alexis Philonenko, qui voit dans l'auteur de la *Grundlage der gesamten Wissenschaftslehre* l'héritier légitime de la Dialectique transcendantale kantienne, conçue comme logique de l'illusion, et qu'elle revient, d'une certaine façon à celles de Martial Gueroult et, surtout, de Jules Vuillemin: dans sa perspective, la dialectique fichtéenne est toute entière tendue vers la réalisation de l'idéal comme tâche infinie de rationalisation, et non vers la déconstruction de l'illusion métaphysique. Peut-être est-ce pour cela que, malgré sa défiance envers l'hégélianisme, il retrouve parfois des éléments importants de la critique hégélienne de Fichte;[4] je me garderai de trancher ce débat, mais je rappellerai simplement que c'est de lui que dépend en grande partie l'interprétation de la pensée politique de Fichte. Fichte peut être vu à la fois comme un critique de l'illusion transcendantale, qui fonde une théorie démocratique ou républicaine du droit[5] et comme l'ancêtre des représentations totalitaires: c'est peut-être par cette ambiguïté qu'il est proche de la Révolution.

Avec la communication riche et vivante d'Alain Ruiz, nous entrons dans un autre monde: celui des sympathisants et même des militants allemands des idées révolutionnaires que l'historiographie désigne sous l'appellation commode mais quelque peu trompeuse de "Jacobins allemands". Comme le rappelle Alain Ruiz, les Jacobins français ne sont pas un bloc monolithique, puisque, en fait, la société a successivement épousé des idées très diverses et que ce n'est que tardivement que le club des Jacobins devint "le moteur du système terroritste animé par Robespierre et ses amis"; *a fortiori*, lorsqu'il s'agit des "Jacobins" allemands, il serait profondément injuste de réduire leur mouvement à une germanique "queue de Robespierre". Au contraire, à travers son évocation d'Anacharsis Cloots, de Georg Forster et d'autres figures moins célèbres, Alain Ruiz nous montre que les Jacobins allemands ont été infiniment divers, qu'ils se sont eux-mêmes divisés entre les factions rivales de Paris, en ayant d'ailleurs souvent une lucidité plus grande que les Français sur les mécanismes partisans à l'oeuvre dans la Révolution. Ce qui unifie les Jacobins allemands, c'est en fait qu'ils donnent de la philosophie des Lumières une interprétation démocratique, vigoureusement hostile au vieil ordre européen et volontiers cosmopolite (ce qui se traduit d'ailleurs parfois par un soutien actif à la politique d'expansion révolutionnaire des Girondins, et plus tard de la Convention thermidorienne ou du Directoire). Leur univers intellectuel est donc assez éloigné de la vision robespierriste de la "vertu": aussi bien furent-ils souvent Girondins, voire parfois Feuillants, plutôt que Montagnards; beaucoup moururent d'ailleurs en victimes de la Terreur.

En même temps qu'il nous invite à étudier la manière dont la Révolution française fut vécue avant même d'être conçue, Alain Ruiz nous permet aussi de mieux comprendre la nature de la sympathie de Kant, de Fichte ou du jeune Hegel pour la Révolution française: pour les Allemands éclairés, l'admiration pour l'entreprise révolutionnaire ne se confondait pas avec un engagement partisan en faveur de sa phase terroriste, ce qui explique aussi que la critique de la Terreur ait souvent pu aller de pair avec la défense raisonnée de la Révolution. C'est néanmoins la grandeur de la réflexion des philosophes classiques allemands d'avoir d'emblée perçu que la Révolution française ouvrait une époque nouvelle de l'humanité, et de n'avoir jamais esquivé les questions qu'un tel radicalisme ne pouvait manquer de soulever.

## Notes

1. Je me permets de renvoyer sur ce point à ma propre communication sur "Burke et les Allemands" (v. plus haut, Première partie).
2. Cette théorie n'est pas sans évoquer *une* des conceptions de l'histoire esquissées par Leibniz (et développée, à la suite de celui-ci, par Herder): celle qui fait jouer le principe du meilleur *contre* les deux idées antagonistes de progrès et de décadence. On remarquera d'ailleurs que, sur plus d'un point, Humboldt apparaît comme un représentant important du courant qui, de Herder et des romantiques à Nietzsche, a développé les virtualités anti-rationalistes de la philosophie leibnizienne: l'idée du chiasme entre la raison et la force (qui présuppose la valorisation de l'inconscient), tout comme la critique de l'infériorité de la pensée formelle (comparée au sentiment et à l'intuition) pour penser l'individualité, sont tout à fait typiques à cet égard.
3. Voir notamment *Théorie et praxis dans la pensée morale et politique de Kant et de Fichte en 1793* (Paris, 1968).
4. Comparer sur ce point, par exemple, la phénoménologie du corps présentée dans la *Doctrine du droit* avec le § 411 de l'*Encyclopédie des sciences philosophiques*.
5. Voir dans ce sens le beau livre d'Alain Renaut, *Le système du droit* (Paris, 1986).

# CHAPTER 10

# *Kant et le régicide*

ALAIN RENAUT

Vis-à-vis de la Révolution française, l'oeuvre kantienne apparaît comme traversée par une singulière tension:

—D'un côté, on sait comment par deux fois, en 1793 (*Sur le lieu commun: cela est bon en théorie, mais cela ne vaut point pour la praxis*) et en 1795 (*Projet de paix perpétuelle*), Kant est intervenu pour s'opposer aux critiques réactionnaires de la Révolution. La logique de ces interventions est bien connue: non seulement sous l'influence des *Réflexions* de Burke et de leurs traductions,[1] mais également par un mouvement *sui generis* dont témoignent, dès 1790, les interventions d'un Justus Möser ou d'un Jacobi,[2] une partie de l'intelligentsia allemande avait progressivement fait sienne une mise en cause, au-delà même de la Révolution française, de tout le rationalisme politique de l'*Aufklärung*, dont la volonté révolutionnaire de trouver "une manière philosophique d'être gouverné par la seule raison"[3] serait simplement l'héritière naïve et inquiétante. Kant, qui avait déjà défendu les Lumières lors de la querelle du panthéisme (1785), ne pouvait voir là qu'un second assaut lancé par l'irrationalisme, aussi redoutable que le premier, même si le terrain s'en était déplacé de la métaphysique vers la politique: sa défense de la Révolution fut donc d'abord et avant tout une défense des droits de la raison.[4] De cette défense portera encore témoignage, en 1798, le fameux passage du *Conflit des facultés* qui, en dépit d'une appréciation lucide des faits,[5] voit en la Révolution "un événement de notre temps qui prouve [la] tendance morale de l'humanité" et désigne, dans la contribution apportée par la France à la marche infinie vers la constitution républicaine, un incontestable "progrès".

—D'un autre côté, pourtant, toute la philosophie politique de Kant est dominée par une sévère condamnation du droit de révolution. Contre Rousseau estimant que "l'émeute qui finit par étrangler ou détrôner un sultan est un acte aussi juridique que ceux par lesquels il disposait la veille des vies et des biens de ses sujets",[6] Kant rejoint Pufendorf pour déclarer illégitime tout recours à un prétendu droit de résistance. Position souvent analysée,[7] et qui mobilise essentiellement deux arguments: 1) la notion d'un droit de révolution est contradictoire en elle-même, car il n'y a de droit que là où le peuple se soumet à la volonté du "législateur suprême de l'Etat";[8] 2) le droit n'existe pas hors de sa proclamation publique, c'est-à-dire de son inscription dans une législation:[9] comme nul ne saurait raison-

213

nablement songer à inscrire dans une constitution, qui définit les conditions d'un ordre public, une légitimation du désordre, le prétendu droit de résistance à l'oppression demeure nécessairement soustrait au principe de la publicité du droit et, en ce sens, il n'est pas un droit. Chacun connaît les conclusions que Kant tire de son argumentation: "Toute résistance à la puissance législatrice suprême, [. . .] toute agitation cherchant à rendre actif le mécontentement des sujets, [. . .] toute mutinerie débouchant dans la rébellion, est de tous les crimes dans la communauté le plus grand et le plus punissable parce qu'il en ruine les fondements", quand bien même "le chef suprême de l'Etat aurait été jusqu'à violer le contrat primitif et se serait privé, aux yeux de ses sujets, du droit d'être un législateur, en rendant le gouvernement tyrannique" (*Théorie et Praxis*); "La moindre tentative est ici une haute trahison et un traître de cette espèce, qui cherche à tuer son pays, ne peut être puni que de mort" (*Doctrine du droit*); "Toute amélioration de l'Etat au moyen d'une révolution est injuste car le fondement n'y réside point dans le droit du régime préexistant et par conséquent entre celui-ci et le suivant intervient un état de nature, où il n'existe aucun droit extérieur" (*Reflexionen*, AK XIX, n°8045).

Ces textes condamnant le droit de révolution sont sans équivoque. Ils fondent une conception *réformiste* du progrès qu'exprime en toute clarté la *Doctrine du droit*: "Un changement de la constitution (vicieuse) de l'Etat peut bien être parfois nécessaire—mais il ne peut être accompli que par le souverain lui-même par une *réforme*, et non par le peuple, c'est-à-dire par une *révolution*".[10] On sait aussi que l'obligation ainsi prescrite d'obéir absolument à la législation établie (que chacun peut "discuter publiquement" sans avoir jamais le droit de s'y opposer) conduit à recommander de "laisser en vigueur un droit politique entaché d'injustice", "parce qu'enfin une quelconque constitution juridique, encore qu'à un faible degré conforme au droit, vaut mieux qu'aucune constitution du tout [anarchie] qui résulterait d'une réforme précipitée".[11] Par là, Kant exposait sa philosophie juridico-politique à un grave risque, celui de préparer la réduction *positiviste* de la légitimité à la légalité:[12] immérité en théorie (puisque Kant ne nie aucunement qu'un ordre établi puisse être injuste), ce reproche n'est du moins pas absurde dans la pratique,—tant il est vrai que si la seule contestation *légitime* d'une légalité existante est celle qui s'accomplit conformément aux dispositions que cette légalité elle-même prescrit, la légitimité, à ce niveau, se fonde bien en fait sur la légalité.

Il n'entre pas dans le cadre du présent propos d'évaluer jusqu'à quel point Kant s'est abandonné à ce risque: Fichte, le premier, dès 1793, a attiré l'attention sur cette difficulté et a tenté de légitimer un processus révolutionaire parfaitement accordé à ses yeux avec l'esprit même de la "révolution copernicienne" accomplie en philosophie par le criticisme. Pour cerner avec précision ce qu'a dû être la lecture kantienne des événements de France et notamment de leurs épisodes les plus tragiques, il me semble en revanche important de souligner le problème posé à l'interprète par la rencontre des deux séries de textes que l'on vient d'évoquer, ceux qui procèdent d'une défense de la Révolution française et ceux qui attestent le refus constant de reconnaître un quelconque droit de révolution. La difficulté est en effet évidente: comment Kant peut-il juger positivement, même avec de sérieuses nuances, une entreprise que tout le conduit à désigner, selon une formule de l'*Anthropologie*, comme un état "d'injustice publique et déclarée légale"? Comment ce qui ne procède d'aucun droit peut-il manifester un "caractère moral" de l'humanité?

On contribue certes à lever l'apparence de contradiction en distinguant, chez Kant, une critique du processus révolutionnaire en tant que tel et une appréciation positive de ses résultats, à savoir les progrès de l'humanisme juridique ou (ce qui revient au même) la marche vers la constitution républicaine[13]: "Même si une *révolution*, estime-t-il en 1795, provoquée par une mauvaise constitution, avait arraché par des moyens violents et illégaux une constitution meilleure, il ne serait pas permis de ramener le peuple à l'ancienne."[14] Pour être pleinement éclairante, cette distinction me semble toutefois devoir être complétée par la mise en lumière précise de ce qui, dans les événements français, a pu apparaître à Kant relever d'une entreprise proprement révolutionnaire, et comme tel mériter d'être condamné. Dit autrement: non seulement convient-il de distinguer le processus de la Révolution et ses acquis (Kant condamnant le premier et défendant les seconds), mais encore s'agit-il de discerner peut-être, dans la globalité de la séquence qui s'ouvre symboliquement en 1789, le virage à partir duquel il s'est agi proprement d'une révolution. J'avancerai à cet égard une hypothèse, que la suite de mon intervention entreprendra de justifier: pour Kant, la Révolution française ne devint, pour son malheur, véritablement révolutionnaire qu'avec la condamnation et, *a fortiori*, avec l'exécution du roi. Bref: il n'y a pas de révolution en France avant le régicide et la Terreur. Comme telle, toute la séquence qui précède, aussi bien dans son contenu que même dans sa forme, peut être appréhendée positivement et mérite d'être défendue contre ses adversaires.


Lorsque, dans des *Réflexions* datées de 1776–1778, Kant utilise le terme de "révolution", il y recourt d'une façon très générale pour désigner un "changement" politique: ainsi "les révolutions [*Revolutionen*] de Suisse, de Hollande et d'Angleterre" ne sont-elles distinguées de cet autre "changement" survenu "en Russie" que par le plus grand profit qui a pu en résulter pour le monde.[15] En 1793, dans *Théorie et Pratique*, elles seront à nouveau évoquées, mais comme des révoltes ou des soulèvements (*Empörungen*).[16] Comme si Kant se résolvait désormais à ne parler proprement de "révolution" que sous bénéfice d'un inventaire précis des conditions hors le remplissement desquelles l'expression risquerait d'être inadéquate. Il est permis de penser qu'une méditation rigoureuse du cours de ce qui fut très vite désigné globalement, trop globalement peut-être aux yeux de Kant, comme "la Révolution française" n'est pas étrangère à ce scrupule terminologique.

Pour donner corps à cette hypothèse, il faut prêter attention aux quelques textes, peu nombreux, où Kant a consigné son appréciation des événements se déroulant en France, sous la forme de *Reflexionen* figurant dans le tome XIX de l'*Akademie-Ausgabe*. J'en retiendrai une série d'indications importantes pour délimiter le point à partir duquel, selon Kant, il s'est agi vraiment, à l'Ouest du Rhin, d'une révolution[17]:

—La *Réflexion 8018* (située par les éditeurs de l'Académie de Berlin entre 1789 et 1795) apporte une première justification à la décision prise par les Etats généraux de se transformer en Assemblée constituante: "Lorsqu'un roi convoque le peuple en la personne de ses représentants pour réformer l'Etat, aucune obligation ne les retient alors de donner à l'Etat une tout autre forme, et ils peuvent immédiatement s'investir de la souveraineté.'' Pour ainsi légitimer ce qu'on pourrait tenir, à tort à ses yeux, pour le commencement d'un processus révolutionnaire, Kant souligne que, là où le souverain "tient sa prérogative, non d'un contrat, mais simplement du fait", le peuple ne dispose d'aucune souveraineté: en conséquence, puisqu'"il est contraint à tout par le fait du souverain", le peuple, réduit à un "subordonné passif", n'a évidemment pas "le pouvoir de contraindre",—mais il n'a pas non plus "celui de s'obliger à quoi que ce soit, comme s'il avait une volonté libre". Raison pour laquelle ses représentants, une fois réunis par le roi "pour *réformer* l'Etat" (*réformer*: le terme est évidemment à noter), n'étaient limités en rien quant à l'ampleur des réformes à envisager: les réformes projetées pouvaient bien être radicales,—quand bien même elles donneraient une "tout autre forme" à l'Etat, elles ne suffiraient nullement à enclencher un processus révolutionnaire.

—Cette analyse d'une portée non négligeable, puisqu'elle déplace vers l'aval le commencement de la Révolution, est confirmée et même accentuée dans ses effets par la *Réflexion 8048* (1789?), où Kant examine la question de savoir "si, lorsqu'un souverain convoque la nation entière et la laisse se donner une représentation complète, il conserve à ce moment les droits d'un souverain". Bref, il s'agit cette fois de savoir si l'Assemblée constituante avait le *droit* de définir, voire de délimiter ou même d'anéantir les pouvoirs du roi, sans s'engager encore (si droit il pouvait ici y avoir) dans cette subversion de tout droit qui définit une révolution. La réponse que Kant apporte à cette question permet de se représenter avec une grande netteté jusqu'où va son adhésion au cours des événements français: "Il [le roi] n'était rien d'autre que représentant, lieutenant, avec lequel le peuple n'a pas fait de contrat, mais à qui il a simplement confié la change de représenter ses droits. Aussi longtemps que le roi joue ce rôle, il peut s'opposer à tous les mouvements du peuple, animé de l'intention de se faire constituant. Mais les a-t-il une fois convoqués et se sont-ils faits constituants, son autorité n'est pas seulement suspendue, mais elle peut même cesser, comme le crédit de tout représentant quand celui dont il tient l'autorité est lui-même présent." Argumentation limpide, mais singulièrement audacieuse: puisque le roi, sans contrat, était de fait le représentant du peuple, il n'avait le pouvoir de s'opposer aux mouvements du peuple qu'aussi longtemps qu'il exerçait sa fonction de représentant; le principe de la cessation de son pouvoir est donc inscrit dans la décision de réunir le peuple en Etats généraux,—puisque cette décision elle-même, en abolissant la structure représentative roi/peuple, subvertit le fondement de l'autorité royale et transfert l'autorité aux nouveaux représentants que sont les membres de l'Assemblée constituante. C'est donc le roi lui-même qui a mis fin à son pouvoir, et de ce fait la réorganisation des pouvoirs décidée par les constituants pouvait parfaitement être légitime: il n'y a pas, là non plus, matière à désigner l'engagement d'un processus révolutionnaire.[18]

—Même diagnostic dans la plus longue réflexion consacrée aux événements français (*Réflexion 8055*, entre 1789 et 1795): "En France, l'Assemblée nationale pouvait changer la constitution, quoiqu'elle ne fût convoquée que pour mettre de l'ordre dans les finances de la nation. Ils étaient en effet représentants de l'ensemble du peuple, après que le roi eût autorisé qu'on décrétât avec les pleins pouvoirs. Auparavant le roi représentait le peuple; cette fois, il s'est trouvé réduit à rien du fait de la présence effective du peuple." Une distinction subtile intervient à cet égard, dans les lignes qui suivent, entre l'Angleterre et le France: "En Grande-Bretagne, explique Kant, on peut dire, non que le roi représente le peuple, mais que conjointement avec les ordres, et le premier de tous, il constitue le peuple, et est par rapport à eux *primus inter pares*." Cette différence de statut entre le roi de France et le roi d'Angleterre a une conséquence capitale: "Parce qu'il [le roi de France] représente le tout, il s'annihile quand il fait comparaître ce tout, dont il n'est pas une partie, mais seulement le représentant. S'il en était une partie [= comme le roi d'Angleterre], le tout ne pourrait jamais sans son consentement prendre corps et une volonté générale ne pourrait jamais en naître qui possédât la toute-puissance législative." En termes plus brutaux: si le roi de France eut été le roi d'Angleterre, la décision unilatérale prise par l'Assemblée de changer la constitution sans le consentement du roi eût été révolutionnaire. Inversement: puisqu'en France le roi ne représente pas lui-même un ordre et n'est pas doté d'une voix s'ajoutant à celles des représentants des autres ordres, il n'y a pas de révolution en 1789, ni même en 1791, lorsqu'une nouvelle constitution émane des travaux d'une Assemblée que le roi lui-même avait convoquée, acceptant ainsi par définition de s'"annihiler". Kant complète même son argumentation en décrivant comme parfaitement légitime l'instauration d'un état républicain:

L'Assemblée nationale fut convoquée pour sauver l'Etat en couvrant de sa garantie toutes les dettes dont les dépenses du gouvernement l'avaient grevé [ils ne se sont pas bornés à élever des doléances]. Ils devaient donc se porter volontairement garants au prix de leur propriété. Il leur fallait pour cela se mettre dans une situation qui leur permît de disposer seuls de leur propriété, et donc dans la position de la liberté, certes sous des lois, mais de celles qu'ils se donnaient aux-mêmes, c'est-à-dire un état républicain ou de liberté civile. Et la cour a dès lors renoncé d'elle-même au droit de leur faire porter la charge. Mais pour pouvoir fournir cette caution, il leur fallut établir une constitution qui ne pût exercer sur eux de violences.

Ainsi non seulement, bien que n'ayant été convoqués que pour assainir les finances de la nation, les Etats généraux avaient toute liberté (donc le droit) de se transformer en Assemblée constituante,—mais en outre, puisqu'on demandait aux représentants du peuple de cautionner la dette, il était parfaitement légitime que ces représentants en vinssent à réformer l'Etat dans un sens tel que les devoirs dont ils se chargeaient fussent compatibles avec les droits nécessaires à leur remplissement: la marche vers une constitution républicaine, éventuellement à travers une monarchie républicaine, était inscrite, et juridiquement fondée, dans les motifs eux-mêmes qui avaient présidé à la réunion des Etats généraux.[19] Il ne s'est donc agi jusqu'alors que d'une succession de *réformes*, non d'une *révolution*: c'est une évolution *juridique* qui, par un transfert *légal* de souveraineté, conduit jusqu'à la déposition de Louis XVI, simple enregistrement de ce qui avait été en fait une abdication *légale*.[20] Par là s'explique que, pour toute cette séquence, Kant ait pu approuver non seulement le contenu de ce que nous appelons la Révolution, ses acquis (à commencer par la Déclaration des droits de l'homme), mais aussi—ce que, je crois, on n'a jamais observé suffisamment—sa *forme*, puisqu'en fait la Révolution, à ses yeux, n'avait pas encore eu lieu. Kant, bien sûr, n'a pas repris entièrement ces remarques dans ses écrits publiés: du moins expliquent-elles grandement comment, dans son oeuvre publique, la condamnation du droit de révolution peut coexister avec un refus de toute adhésion au parti contre-révolutionnaire.

Est-ce à dire que, pour Kant, la Révolution française, décidément, fut une "révolution introuvable"? Tout change, on s'en doute, avec le procès du roi et avec le régicide: la mort du roi marque que, rompant avec une politique de réforme, la France a basculé dans la Révolution. L'unique texte sur cette nouvelle séquence est constitué par une longue note de la *Doctrine du droit*, [21] souvent citée, mais qui reste difficile à appréhender, dans la mesure où Kant y mêle une condamnation juridique sans appel de l'exécution de Louis XVI et une explication historique du régicide, qui le conduit à rechercher pour les criminels des circonstances atténuantes.[22] Suivons l'analyse dans toute sa sinuosité, où quatre moments se laissent repérer:

1) L'illégalité, dans une condamnation prononcée au demeurant par les députés légitimes du peuple souverain, est située par Kant dans une rédaction fallacieuse de l'acte d'accusation: on a voulu juger "la personne souveraine en raison de son administration passée", ce qui était absolument contraire au droit, puisque tout ce que cette personne "a fait, en qualité de souverain, doit être envisagé extérieurement comme légal". En effet, du point de vue du droit, le peuple doit son existence à la législation du souverain: en prétendant juger ce dernier, il s'érige donc en souverain du souverain et subvertit totalement le principe même qui est à la base du droit public; condamner le souverain, c'est chercher à "tuer son pays" et en ce sens le régicide, qui est un parricide, devrait être puni de mort. Dit autrement: les représentants du peuple avaient le droit de juger Louis XVI, non comme roi, pour l'exercice passé de sa souveraineté, mais comme le simple citoyen Capet, pour ses tentatives en vue de reconquérir par la force (et, qui plus est, par la force des armées étrangères) un pouvoir qu'il avait abdiqué légalement. C'est dans ce déplacement que réside le crime: on a jugé et condamné, non un citoyen, pour haute trahison, mais, rétroactivement, un monarque, pour une action qui, source du droit, "ne saurait être injuste".

2) Ayant ainsi désigné l'inacceptable, Kant insiste sur ce qui le rend particulièrement monstrueux et qui "saisit d'horreur l'âme remplie des Idées des droits de l'humanité", à savoir *l'exécution dans les formes*": comme souvent lorsqu'il évoque la Révolution (on songe avant tout au fameux texte du *Conflit des facultés*), Kant se place ici, non plus du point de vue du droit, mais du point de vue du spectateur, et se demande comment peut s'expliquer ce sentiment qu'il qualifie de "moral", au sens où il y va en lui d'une indignation devant ce qui est perçu comme le plus inexpiable des péchés. L'interrogation se déplace donc: il ne s'agit plus de déterminer l'illégalité du régicide, mais, parce que l'acte a suscité chez les contemporains une épouvante analogue à celle que produirait la vision du mal absolu, il faut évaluer cette éventuelle immoralité, qui conduirait à expliquer l'exécution de Louis XVI par la monstruosité de ses juges.

3) En vue d'une telle opération, il consacre tout le deuxième alinéa de sa note à une mise au point abstraite sur ce que l'on pourrait appeler la structure psychique de la transgression de la loi ou du crime en général. Si tout crime suppose en effet l'adoption *libre* (comment, sinon, pourrait-il être jugé?) par le criminel d'une certaine maxime (par laquelle il se prescrit d'agir d'une manière déterminée), deux

cas de figure peuvent être envisagés: ou bien le criminel considère la règle qu'il donne à son action comme "ayant une valeur universelle", ou bien il y voit simplement "une exception à la règle" qui définit la loi. En clair: ou il subvertit totalement la règle du droit, en instaurant pour nouvelle règle d'agir systématiquement à l'opposé de la loi, ou au contraire il n'anéantit pas son respect en général pour la loi, mais choisit de s'en dispenser "à l'occasion". Force est par conséquent pour "un système de la morale", précise Kant en concluant cette analyse formelle, d'envisager deux types de criminel, dont le premier, correspondant à l'adoption de la subversion systématique de la loi pour maxime de ses actions, incarnerait donc l'idée même de "méchanceté" pure.[23] Sur la base de cette typologie du crime, il s'agit alors de déterminer dans quelle catégorie ranger le crime des auteurs du régicide: exception à la maxime du droit, ou perversion intentionnelle de cette maxime?

4) Le dernier alinéa de la note fait à cet égard preuve d'une grande subtilité. Le texte doit ici être lu avec la plus extrême attention:

La raison de l'épouvante que provoque la pensée à l'exécution d'un monarque *dans les formes* tient à ceci que l'assassinat doit être pensé seulement comme une *exception* à la règle dont ce peuple a fait sa maxime, tandis que l'*exécution* doit être pensée comme un *renversement* complet des principes du rapport entre le souverain et le peuple.[24]

S'agissant d'expliquer l'effroi des spectateurs et leur sentiment d'avoir assisté, dans l'ordre de la moralité, à une monstruosité, il faut donc distinguer le fait lui-même— le meurtre du roi—et les modalités selon lesquelles il s'est accompli, c'est-à-dire comme une exécution "dans les formes", se donnant les apparences d'une procédure juridique: ce qui, explique Kant, a tant effrayé les spectateurs et peut faire croire à un acte de méchanceté pure, ce n'est pas l'assassinat (qu'on interprète aisément comme une exception faite par rapport à la maxime du droit), mais bien davantage son travestissement juridique. Car cette fois, à travers cette mise des formes légales au service d'un acte dont l'illégalité est patente (puisqu'on ne pouvait juger le roi pour son administration passée), l'impression naît bel et bien que la maxime du droit a été totalement inversée et pervertie: ainsi le régicide s'expliquerait-il par une sorte de méchanceté radicale ou de diabolisation des consciences. Tel est d'ailleurs, il faut le souligner, le discours le plus couramment tenu par les contre-révolutionnaires sur l'exécution de Louis XVI.

Est -ce là toutefois la position de Kant? Considérons la manière dont, une fois expliquée *la réaction des spectateurs*, l'analyse se conclut:

On est donc fondé à admettre que l'adhésion donnée à de telles exécutions ne procédait pas d'un principe prétendument juridique, mais bien plutôt de la crainte de la vengeance exercée sur le peuple par un Etat peut-être susceptible de revivre, et que cette apparence formelle de justice n'a été imaginée que pour donner à cet acte l'aspect d'un châtiment et par conséquent d'une procédure juridique [aspect que ne pourrait avoir le meurtre].

Ces lignes sont étonnantes: si on fait l'effort de suivre la logique de l'argumentation à laquelle elles viennent mettre un terme, elles imposent de nuancer profondément ce que la plupart des commentateurs croient pouvoir dégager de cette fameuse note, à savoir l'assimilation kantienne du régicide à un acte diabolique où transparaît l'"Idée du mal le plus extrême". Une telle lecture consiste en réalité à attribuer purement et simplement à Kant ce sentiment des spectateurs dont nous

venons de voir que toute l'analyse consiste au contraire, le mettant pour ainsi dire
à distance, à le déconstruire pour en expliquer la genèse. Or, une fois opérée cette
déconstruction, que nous dit, pour son propre compte, Kant? Qu'en vérité la
décision du régicide s'explique, non par une perversion intentionnelle de la maxime
du droit (l'adoption d'un principe qui, "prétendument juridique", viserait en fait
délibérément la destruction du droit), mais par ce que l'on doit bien appeler des
circonstances atténuantes: les représentants du peuple ont redouté une possible
vengeance exercée sur ce peuple par l'Etat si Louis XVI était parvenu, à l'aide des
armées étrangères, à reprendre le pouvoir. La thèse de Kant est donc que le crime
ainsi commis s'explique, non par une méchanceté intrinsèque du peuple, mais par
une situation d'urgence (ou perçue comme telle) qui a faussé le bon fonctionnement
de la raison juridique, a suscité un acte d'accusation illégal et a fait basculer le
cours des événements, de la réforme, dans la révolution. Bref, il s'agissait purement
et simplement d'un assassinat suscité par une réaction de défense, voire par une
panique, et c'est pour masquer cette réalité des faits qu'on a voulu leur donner
une apparence juridique: l'exécution dans les formes renvoie donc moins à une
méchanceté radicale du peuple qu'à une peur honteuse de soi et soucieuse de se
dissimuler à elle-même.


Mesurons bien, pour terminer, la portée de cette mise au point: elle aide à la
fois à dégager la nature précise de la critique adressée par Kant à la Révolution
française, et à esquisser ce qu'eût pu être, s'il avait voulu la construire, une interprétation kantienne de la Terreur.

La condamnation du régicide demeure, chez Kant, exclusivement *juridique* et
ne dégénère nullement en indignation *morale*. C'était même sans doute, à mon
sens, le principal objectif de cette étonnante note de la *Doctrine du droit* que de
prévenir un tel dérapage: juridiquement inacceptable parce que renversant les
rapports du peuple et du souverain et mettant ainsi en cause les principes mêmes
de l'Etat de droit, le régicide n'a pas besoin en outre, pour être condamné et
expliqué, d'être imputé à une quelconque méchanceté foncière du peuple. Pourquoi Kant a-t-il tant tenu à écarter cette tentation, tout en soulignant ce qui pouvait
la susciter? Il s'agissait là, je le répète, du diagnostic même des adversaires de la
Révolution, conformément à un des ressorts classiques du discours contre-révolutionnaire depuis 1790, à savoir l'argument (présent évidemment en 1793 chez
Rehberg) qui consistait à insister sur la faiblesse d'un genre humain prisonnier des
passions et à en déduire l'absurdité de tout projet politique fondé sur l'idée d'une
souveraineté du peuple: comment, devenu souverain, un peuple traversé par
l'égoïsme des passions, donc intrinsèquement méchant, pourrait-il être animé par
la considération du bien commun? On comprend sans peine qu'à ceux qui partageaient une telle conviction, le régicide soit apparu comme une tragique confirmation. On comprend aussi que Kant, adversaire de Rehberg dès 1793, ait
entrepris, quelques années plus tard, de déminer un terrain—celui du débat sur
l'exécution de Louis XVI—susceptible d'accréditer singulièrement les thèses réactionnaires: de là son effort pour séparer condamnation juridique et condamnation
morale du régicide, pour montrer que l'exécution du roi pouvait être expliquée
par d'autres ressorts psychologiques que la méchanceté pure, et court-circuiter

ainsi le possible renforcement d'un camp contre-révolutionnaire prompt à voir là l'éclatante preuve de ses thèses. En d'autres termes, à travers son analyse du régicide, Kant défend encore la Révolution (ce que nous appelons la Révolution), jusques et y compris à travers la condamnation (plus précisément: à travers le *type* de condamnation) qu'il prononce à l'égard de son épisode le plus inacceptable: le régicide, pour radicalement condamnable qu'il soit, ne prouve pas, rétrospectivement, qu'il était absurde de vouloir fonder un ordre juridique, en 1789, sur la souveraineté du peuple et sur les droits de l'homme; il manifeste seulement qu'en 1793 une grave erreur juridique a été commise, dans des circonstances qui l'expliquent sans l'excuser, par le nouveau pouvoir, ouvrant, avec la subversion des principes même du droit, l'espace d'une révolution proprement dite. Avant le régicide, Kant pouvait défendre à la fois le contenu de ce qui se construisait en France (l'humanisme juridique) et la forme de sa construction (la réforme): après la mort du roi, il n'en pouvait plus que condamner, tout aussi indissolublement, la forme (le processus révolutionnaire) et le contenu (la Terreur comme suspension de l'Etat de droit).

Kant n'a pas écrit sur la Terreur. Tout au plus peut-on considérer que les pages de la *Doctrine du droit* sur la séparation absolue des pouvoirs[25] portent en elles une condamnation de la concentration des pouvoirs dans le Comité de salut public. Il reste que l'essentiel de son interprétation de la Terreur est présent, en filigrane, dans son analyse du régicide: d'une part, d'un point de vue normatif, là commence véritablement une révolution, c'est-à-dire un état d'"injustice publique et déclarée légale"; d'autre part, du point de vue de l'explication, le processus qui s'enclenche avec le régicide n'est pas intrinsèquement lié à ce qui était en cours depuis 1789, mais l'attitude de Louis XVI (intelligence avec l'ennemi), les menaces contre-révolutionnaires ont créé, à travers une réaction de peur, un enchaînement conduisant jusqu'à la guerre civile. Près d'un siècle avant Clemenceau croyant devoir réaffirmer que "la Révolution est un bloc" pour la défendre contre la droite antirépublicaine, Kant avait au contraire estimé nécessaire au rejet des thèses contre-révolutionnaires une fragmentation de la séquence ouverte en 1789: parmi d'autres, il rendait ainsi possible de poser la question de la Terreur.

## Notes

1. Fr. Braune (*E. Burke in Deutschland* (Heidelberg, 1917), p. 19 sqq.) rappelle qu'avant la traduction de Gentz (Berlin, 1793), les *Reflections* furent traduites deux fois en allemand, à Vienne, en 1791 et en 1793.
2. J. Möser, "Uber das Recht der Menschheit als den Grund der französischen Revolution," *Berlinische Monatschrift*, juin 1790; F.H. Jacobi, "Bruchstück eines Briefes an Johann Franz La Harpe, Mitglied der französischen Akademie", 5 mai 1790, *S.W.*, II, pp. 513-44, repr. *Wissenschaftliche Buchgesellschaft*, Darmstadt. Presque simultanés, ces deux textes présentent un intérêt exceptionnel: ils précèdent la parution à Londres, à l'automne 1790, des *Reflections on the French Revolution* de Burke qui, pénétrant très rapidement en Allemagne, allaient donner un élan considérable aux critiques conservatrices. Pour une analyse, cf. A. Renaut, "La première réception de la Déclaration des Droits de l'homme en Allemagne (1789-1793)", *Droits* (Paris, octobre 1988).
3. Jacobi, Op. cit., *Werk*. II, p. 516.
4. Sur la logique de cette intervention kantienne, et les deux types de réponse qu'elle mobilise contre les adversaires de la Révolution, cf. L. Ferry, article "Kant", in *Dictionnaire des oeuvres politiques* (Paris, 1986).
5. On oublie trop souvent que ce texte, (Deuxième section, § 6), écrit vers 1794, en pleine Terreur,

exprime en effet de graves réserves: "La Révolution est tellement remplie de misères et d'horreurs qu'à ses frais, un homme bien pensant ne se déciderait jamais à répéter cette expérience, même si, en l'entreprenant une seconde fois, il pouvait espérer la réussir." Pour une analyse, cf. L. Ferry, article "Kant", in *Dictionnaire critique de la Révolution française*, dirigé par F. Furet et M. Ozouf (Paris, 1988); A. Renaut, *Système du droit*, Première partie (Paris, 1986).

6. *Discours sur l'origine de l'inégalité parmi les hommes, Oeuvres complètes*, Bibl. de la Pléiade, t. III, p. 191 (Paris, 1964).

7. Cf. notamment W. Hänsel, "Kantslehre vom Widerstandrecht", *Kant-Studien*, no. 60, 1926; G. Vlachos, *La pensée politique de Kant* (Paris, 1962), p. 534 sqq. A. Philonenko, *Théorie et Praxis chez Kant et Fichte en 1793* (Paris, 1968), p. 43 sqq.; S. Goyard-Fabre, *Kant et le problème du droit* (Paris, 1975), p. 207 sqq.

8. *Doctrine du droit*, trad. par A. Philonenko (Paris, 1971), p. 202 sq.

9. *Projet de paix perpétuelle*, trad. par J. Darbellay (Paris, 1958), p. 159: "D'après ce principe [de la publicité du droit], le peuple lui-même se demande s'il oserait bien publier, avant l'institution du contrat social, la maxime prévoyant une rébellion dans ce cas. On voit immédiatement que si, en instituant une constitution, le peuple voulait poser comme condition d'employer à l'occasion la violence contre le souverain, il devrait s'arroger sur ce dernier un pouvoir légitime. Mais alors celui-ci cesserait d'être le souverain; ou alors, si l'on entendait poser cette double condition à la constitution de l'Etat, il n'y aurait plus de constitution possible, ce qui était pourtant l'intention du peuple. L'illicéité de la rébellion se manifeste donc en ce que la *publicité* de la maxime qui la rendrait possible rendrait impossible son propre but. Il faudrait donc la tenir secrète." De même, *Doctrine du droit*, p. 203: "Pour que l'on soit autorisé à la résistance, il faudrait qu'il existe une loi *publique* permettant cette résistance . . ." (c'est moi qui souligne).

10. *Doctrine du droit*, p. 204.

11. *Projet de paix perpétuelle*, p. 61.

12. Cf. par exemple la Préface de M. Villey à la trad. de la *Doctrine du droit*.

13. Cf. en ce sens L. Ferry, *Philosophie politique*, II (Paris, 1984).

14. *Projet de paix perpétuelle*, p. 139. De même, *Doctrine du droit*, p. 205: "Quand une révolution a réussi et qu'une nouvelle constitution est fondée, l'illégalité du commencement et de son établissement ne saurait libérer les sujets de l'obligation de se soumettre comme de bons citoyens au nouvel ordre de choses, et ils ne peuvent refuser d'obéir loyalement à l'autorité que possède maintenant ce pouvoir." Pour les mêmes raisons en vertu desquelles l'acte révolutionnaire se trouvait condamné, c'est donc aussi toute tentative de contre-révolution qui est récusée.

15. *Refl. 1438* (AK, XV).

16. *Théorie et Pratique*, tr. par L. Ferry, in *Oeuvres philosophiques de Kant*, Bible. de la Pléiade (Paris, 1986), III, p. 284.

17. On relève en outre une référence à "la définition de la liberté dans l'exposition et la détermination des droits de l'homme par l'Assemblée nationale à Paris" (*Ref. 8078*). Cf. aussi, dans la deuxième édition de la *Doctrine du droit* (tr. Philonenko, p. 252), une allusion, favorable, à la sécularisation des biens du clergé; et, AK, XII, p. 381, un jugement positif sur les campagnes de Bonaparte en Egypte.

18. Cette argumentation est reprise, au plan général, dans la *Doctrine du droit*, § 52 (p. 224): "Dès qu'un chef d'Etat se fait représenter en personne [que ce soit le roi, la noblesse ou tout le peuple, l'union démocratique], le peuple réuni alors ne *représente* plus seulement le souverain, mais il *est* lui-même le souverain."

19. La *Remarque* du § 52 de la *Doctrine du droit* reprend l'argument, sous une forme à peine moins explicite: "Ce fut donc une grande faute de jugement chez un puissant souverain de notre temps que d'avoir, afin de se tirer de l'embarras suscité par de grosses dettes publiques, remis au peuple ce fardeau afin qu'il s'en chargeât et le partageât comme il l'entendrait; car le peuple reçut ainsi naturellement non seulement le pouvoir législatif pour lever des impôts sur les sujets, mais aussi par rapport au gouvernement; c'est-à-dire pour empêcher que celui-ci ne fît de nouvelles dettes soit par ses prodigalités, soit par la guerre, et par conséquent le pouvoir souverain du monarque disparut entièrement [il ne fut pas simplement suspendu] et passa au peuple, à la volonté législative duquel le mien et le tien de chaque sujet fut soumis."

20. En ce sens, je ne crois pas que l'on puisse soutenir en toute rigueur, comme A. Philonenko (*Théorie et Praxis*, p. 51, note 14), que Kant condamna la Révolution "dès la déposition du Roi".

21. *Doctrine du droit*, pp. 203-204.

22. L'interprétation la plus minutieuse de ce passage a été fournie récemment par D. Losurdo, *Autocensura e compromesso nel pensiero politico di Kant* (Naples, 1985).

23. L'éventualité envisagée ici par Kant l'est aussi par B. Erhard, en 1795, dans son *Apologie du diable*, où l'espace diabolique de la méchanceté radicale est circonscrit comme celui au sein duquel toutes les maximes morales seraient, non pas seulement transgressées (*exception*), mais *inversées* (cf. B.

Erhard, *Uber das Recht des Volks zu einer Revolution und andere Schriften*, éd. par H.G. Haasis (Münich, 1970)). Il n'est pas interdit de penser que Kant a en tête l'essai d'Erhard.

24. *Doctrine du droit*, p. 204 (tr. modifiée).

25. Tr. citée, p. 195 sqq.

# CHAPTER 11

# *Le sens de la Terreur chez Hegel*

LUC FERRY

L'ANALYSE hégélienne de la Terreur pose un problème herméneutique particulier: il ne s'agit pas seulement d'en comprendre le contenu, mais aussi d'en saisir le statut topologique à l'intérieur du système. Sauf à s'en tenir à une pure doxographie qu'il n'a cessé de récuser, nous ne pouvons lire Hegel comme nous lirions un historien, ou même un autre philosphe, en cherchant à cerner *ce qu'il* nous dit sur la Révolution française; il nous faut aussi savoir *où* et *comment* il le dit, à partir de quelles présuppositions systématiques se justifie ici ou là, dans la *Phénoménologie*, dans la philosophie du droit ou dans les *Leçons sur la philosophie de l'histoire*, une critique au demeurant difficile à apprécier.

Les interprétations de Hegel sont en effet fort divergentes sur ce point. Elles oscillent entre deux extrêmes qu'illustrent assez bien les travaux de Haym et de Ritter. Pour l'auteur de *Hegel und seine Zeit* (1857), l'adhésion initiale de Hegel aux principes de la Révolution française n'aurait été qu'une folie passagère, un "péché de jeunesse"sur lequel la raison de celui qui allait devenir si "totalement anti-révolutionnaire" (op. cit., p. 33) est rapidement revenue. La critique hégélienne de la Terreur s'inscrirait ainsi dans le cadre d'une pensée *globalement* hostile à l'idée même de révolution, parce que vouée tout entière à légitimer l'ordre établi: "dictateur philosophique de l'Allemagne" (*ibid*., p. 357), théoricien universaliste d'un Etat qu'on qualifierait aujourd'hui de totalitaire, Hegel aurait finalement élaboré une philosophie qui, en son fond, ne serait "rien d'autre qu'une justification scientifiquement formulée du système policier de Karlsbader et de la persécution des démagogues". Cette thèse est largement reprise par Popper dans *La société ouverte et ses ennemis*. A. Stern, dans un article intitulé "Hegel et les idées de 1789" (*Revue philosophique de la France et de l'étranger*, 1939) ira jusqu'à affirmer que "les idées libérales nées de la Révolution et que partageait Napoléon ne trouvèrent guère l'approbation de son admirateur enthousiaste". Dans le chapitre consacré à la Révolution dans sa *Philosophie de l'historie universelle*, Hegel rejette le libéralisme. . . A cet "agrégat d'atomes volitifs" qu'est à ses yeux l'Etat libéral, il oppose la "nation individualité" (. . .) en précurseur de l'Etat autoritaire tel qu'il a été conç plus tard par le phénoménologue Scherer. . . puis réalisé par le fascisme et le national-socialisme.

Reprenant le projet qui était déjà celui d'E. Weil, J.Ritter s'est attaché à réfuter, dans un long article intitulé "Hegel et la Révolution française" ces interprétations, à ses yeux aberrantes, du rapport de Hegel à la Révolution. Estimant que la "Révolution française est l'événement autour duquel se concentrent, pour Hegel, toutes les déterminations de la philosophie par rapport au temps" (op. cit., p. 19), Ritter entend montrer qu' "aucune autre philosophie n'a été autant et aussi intimement philosophie de la Révolution". Loin d'être "réactionnaire", puisqu' "il s'est toujours opposé parfois avec passion, à la restauration politique" (ibid., p. 31), Hegel esquisserait une tentative progressiste de dépassement des apories liées au couple constitué par l'antinomie Restauration/Révolution. Que Hegel ait dénoncé les excès de la Terreur, qu'il en ait même fourni l'une des premières interprétations philosophiques importantes ne signifierait donc nullement qu'il se soit rangé "dans le camp des contre-révolutionnaires". Car, Ritter y insiste à juste titre, aux yeux de Hegel, "ce n'est pas la Restauration, mais bien la Révolution qui représente le principe de l'histoire européenne. Aussi la Restauration politique souffre-t-elle d'une contradiction interne; son absurdité consiste en ce qu'elle s'oppose comme une antithèse au principe présent et nie ainsi la substance historique elle-même que, cependant, elle veut sauvegarder et restaurer" (ibid., p. 36).

Il est clair, d'un simple point de vue philologique, que la lecture de Haym déforme injustement la pensée de Hegel. D'autre part, Ritter a certainement raison de souligner que, comme Kant d'ailleurs, pour n'être point lui-même révolutionnaire, Hegel n'a cessé d'admirer cette formidable percée de la subjectivité politique que constitue en son fond l'épopée révolutionnaire. Il reste que, aujourd'hui encore, le conflit des interprétations est si loin d'être tranché qu'il serait présomptueux d'entreprendre une lecture naïve sans avoir au préalable tenté de comprendre ce qui, du sein même de l'oeuvre hégélienne, a pu susciter de telles divergences.

Une première hypothèse pourrait être recherchée dans l'évolution qui caractérise l'attitude de Hegel à l'égard de la Révolution. On pourrait en effet repérer, depuis Tübingen jusqu'à Iena où s'élaborent véritablement les principes de sa dernière philosophie, quatre moments d'un parcours dont chacun marque une étape dans la critique de la "vision morale" ou révolutionnaire du monde. Pour une très large part, le jugement de Hegel sur la Révolution s'est modifié au fur et à mesure que se modifiait sa propre philosophie de l'histoire. A Tübingen et à Berne, sa pensée est encore dominée par une double référence; d'une part une vision romantique de la Grèce comme réalisation d'un idéal de liberté défini comme réconciliation de l'individu particulier avec l'universel de la cité; d'autre part une adhésion à la Révolution française dans laquelle Hegel voit peut-être une tentative de restaurer cet idéal, perdu avec l'apparition du monde romain et de la religion chrétienne positive. Le projet d'une transformation radicale du monde doit d'abord passer par une transformation, elle aussi radicale, de l' "esprit du peuple"—ce qui dépend, comme l'affirme le Fragment de Tübingen, non seulement de la religion, mais aussi "des rapports politiques". Il s'agit donc pour le jeune Hegel de débarrasser la religion chrétienne de sa positivité afin qu'elle puisse devenir la religion d'un peuple libre—tâche qui à certains égards est déjà celle de Kant et Fichte; mais il convient aussi d'oeuvrer à l'édification d'une juste constitution dont le modèle serait à chercher du côté de Rousseau. Il est certes difficile de trouver là une véritable philosophie de l'histoire. Pourtant, la structure ternaire idéal perdu/déclin/réappropriation de l'idéal se laisse déjà repérer dans la nostalgie d'une communauté grecque dont Rousseau et la Révolution pourraient contribuer à faire resurgir la figure ternie.

C'est au cours de la période de Francfort que se forme, par référence au concept romantique de Vie, une philosophie de l'histoire qui peut légitimement être considérée comme la première version originale de l'hégélianisme, en ce qu'elle marque la volonté de réconcilier la pensée et le réel en dépassant les scissions inhérentes au point de vue éthique de Kant et de Fichte. Le Projet, aporétique à Francfort, recevra une première solution au début de la période d'Iéna, dans l'*Ecrit sur la différence* ainsi que dans l'article "*Sur l'essence de la critique philosophique*". Hegel y reprend à ses propres fins la théorie schelligienne du "besoin de philosophie" qui vise à réconcilier la pensée avec le réel en montrant comment ce dernier, caractérisé par la scission, fait signe vers la philosophie de l'identité. Cette position sera bientôt abandonnée (comme en témoigne clairement l'introduction de *La phénoménologie de l'esprit*), parce qu'incapable d'assigner à l'histoire un statut convenable dans l'ensemble du système, le non-savoir de la conscience naturelle (donc son historicité) n'ayant encore que la signification d'une *propédeutique*, non d'un *moment de l'auto-déploiement temporel de la vérité*.

Comme on le voit, chacune de ses étapes, au cours desquelles se forme la philosophie hégélienne de l'histoire, marque un éloignement par rapport à la "vision morale du monde" qui caractérise l'idéologie révolutionnaire, en même temps qu'un constant "progrès" vers une philosophie "réaliste" (au sens de Leo Strauss) de l'identité de la volonté et de l'intelligence, de la pratique et de la théorie. Rien d'étonnant, donc, à ce que parallèlement, Hegel perde peu à peu de son enthousiasme révolutionnaire. Sans doute ne faut-il pas nier l'influence qu'eut sur lui, commme sur tous les penseurs allemands, la constatation que la Révolution tournait à la Terreur. Cela ne fut pourtant, comme le remarque à juste titre B.Bourgeois, qu'une illustration de l'échec rencontré au niveau philosophique dans la tentative pour transformer le christianisme en religion d'un peuple libre par l'application des principes de la philosohie pratique de Kant et de Fichte: "La révolution française dans laquelle la particularité jalouse de l'universel n'a toléré aucune particularité, n'a-t-elle pas montré que la réalisation des principes kantiens aboutissait à la laideur de la Terreur, antithèse de la liberté et de la *Polis*?" (*La pensée politique de Hegel*, Paris, p. 47). A Berne, en effet, bien qu'associant dans son esprit l'idée de la Révolution française à celle d'une restauration de l'idéal grec, le jeune Hegel adoptait encore un point de vue explicitement fichtéen et cherchait à renforcer la révolution politique par une révolution philosophique; si l'on ajoute que cettee dernière devait s'opérer par un retour au Kant de la *Critique de la raison pratique*, on ne peut s'empêcher d'être frappé par le caractère fichtéen de cette liaison qu'établit alors Hegel entre Révolution française et révolution copernicienne, comme en témoigne d'ailleurs cette proclamation extraite de la lettre à Schelling du 16 avril 1795: "Du système kantien et de son plus haut achèvement, j'attends une révolution en Allemagne". En évoquant l'idée du "plus haut achèvement" du système kantien, Hegel ne peut faire allusion qu'à Fichte dont son ami

Schelling l'entretient régulièrement—Fichte qui dans *L'Essai d'une critique de toute révélation*, a déjà partiellement accompli le projet qui est alors celui de Hegel (débarasser la religion chrétienne de sa positivité) en suivant la voie ouverte par Kant dans la *Religion à l'intérieur des limites de la simple raison*. Aussi n'est-il guère surprenant de voir Hegel célébrer dans cette même lettre la Révolution française grâce à laquelle "l'humanité est représentée comme si digne d'estime en elle-même", et recourir au point de vue éthique du devoir-être pour critiquer toute positivité:

> Religion et politique se sont entendues comme larrons en foire. La première a enseigné ce que voulait le despotisme: le mépris de l'espèce humaine, son incapacité à réaliser un bien quelconque, à être par elle-même quelque chose. Grâce à la propagation des idées qui montrent comment quelque chose *doit-être*, disparaîtra l'indolence des gens satisfaits, disposés à accueillir les choses telles quelles sont. Cette force vivifiante des Idées. . . élèvera les esprits et ils apprendront à se dévouer à ces Idées. . .

Il est donc indéniable que Hegel a considérablement évolué, que sa philosophie de l'histoire, au départ philosophie du *devoir-être*, et corrélativement, de la révolution, fait finalement place à une philosophie qui tient au contraire pour radicalement erroné (= unilatéral) le point de vue (fichtéen) de la volonté: à bien des égards, le § 6 de l'introduction à l'édition de 1830 de *L'Encyclopédie* s'oppose terme à terme au fichtéanisme révolutionnaire de la lettre à Schelling: "La séparation de la réalité [*Wirklichkeit*] d'avec l'idée est particulièrement prisée par l'entendement qui tient les songes de ses abstractions pour quelque chose de véritable et tire vanité du *devoir-être* qu'il aime à prescrire aussi et surtout dans le champ de la politique", comme si l'Idée était assez impuissante "pour devoir être seulement". De là à en conclure que le conflit des interprétations qu'on a évoqué tiendrait à cette évolution de Hegel et proviendrait du fait que certains commentateurs, tels Ritter, privilégieraient le jeune Hegel tandis que d'autres, avec Haym, insisteraient sur la philosophie définitive, il n'y a qu'un pas—qu'on aurait pourtant tort de franchir trop vite.

Pour des raisons de fait tout d'abord; car, il faut le rappeler, fervent partisan de la Révolution, le jeune Hegel ne fut jamais séduit par la Terreur, et l'exécution de Carrier devait lui fournir l'occasion de stigmatiser "toute l'ignominie des robespierristes" (lettre à Schelling de décembre 1794). Au demeurant, en dépit de ce qu'affirme Haym, le vieux Hegel n'a rien d'un "anti-révolutionnaire" acharné et l'on doit même dire que les textes de la maturité ne laissent aucun doute sur l'admiration indéfectible qu'a toujours vouée Hegel à ce moment décisif de l'histoire universelle que fut et resta à ses yeux la Révolution. Les *Leçons sur la philosophie de l'histoire* décrivent les événements de France comme un "superbe lever de soleil", célébré justement à l'époque par "tous les êtres pensants": "une émotion sublime a régné en ce temps là", et "l'enthousiasme de l'esprit fit frissonner le monde". Les révolutionnaires eux-mêmes furent des "hommes au coeur héroïque", qui avec "leur grand génie, leur chaleur, leur feu, leur esprit", ont "justement déchaîné la tempête contre un monde injuste".

Ce que Hegel admire et continuera toujours d'admirer dans la Révolution n'est rien d'autre que l'avènement de la subjectivité et de la raison dans la sphère politique: "Depuis que le soleil se trouve au firmament et que les planètes tournent autour de lui, on n'avait pas vu l'homme se placer la tête en bas, c'est-à-dire se fonder sur l'idée et construire d'après elle la réalité.'' Ce qui apparaît au grand jour en 1789, c'est cet humanisme abstrait au nom duquel c'est enfin "parce qu'il est homme, non parce qu'il est juif, catholique, protestant, allemand ou italien, etc, (*Philosophie du droit*, § 205) que l'individu devient le sujet véritable de l'ordre politique. La formulation même est profondément significative tant elle s'oppose *explicitement* aux vues de Maistre ou même de Burke; elle permet aussi de comprendre pour quels motifs Hegel restera jusqu'à la fin de sa vie, Ritter a raison sur ce point, un farouche adversaire de toute forme de Restauration.

Le conflit des interprétations ne s'explique donc pas, pas suffisamment en tout cas, par une simple référence à l'évolution de Hegel. Comme j'ai tenté de le montrer ailleurs, il prend plus vraisemblablement racine dans une ambiguïté interne à la dernière philosophie de l'histoire hégélienne au sein de laquelle on voit mal quel statut accorder à la critique de la Terreur—le point de vue critique en général ayant semble-t-il perdu toute légitimité, adossé qu'il est nécessairement à une vision morale du monde que Hegel rejette sans réserve.

Car, et tout le problème est là, il s'agit de comprendre comment et pourquoi, à côté d'un jugement qui, en effet, reste *globalement* favorable à la Révolution, Hegel peut fonder philosophiquement le réquisitoire qu'il dresse à partir de la *Phénoménologie de l'Esprit* contre cet épisode, certes particulier, mais pourtant inséparable de la Révolution qu'est la Terreur.

Il faut ici rappeler que, dans la systématicité propre à la *Phénoménologie*, la Terreur n'est possible que sur la base de ce "monde de l'utilité" qui constitue lui-même la vérité de l'*Aufklärung*, Dans ce monde libéral, en effet, toute chose est jugée en fonction de son seul rapport à la volonté de l'individu. Or il est clair que le concept d'utilité est en lui-même inconsistant, qu'il renvoie inévitablement à autre chose que lui; l'utile est toujours l'utile à l'utile *par* et *pour* quelqu'un, de sorte que le monde de l'utilité n'a de sens que par cette "liberté absolue" pour laquelle "le monde est uniquement sa volonté et celle-ci est volonté générale" (*Phénoménologie*, trad. Aubier, II, p. 131). Hegel vise bien sûr Rousseau, et dans la *Phenoménologie* la dialectique de la Terreur commence par une critique du *Contrat social* qui sera reprise pour l'essentiel au § 258 des *Principes de la philosophie du droit* et dans les *Leçons* (trad. Vrin, p. 225 sq.). Ce que cherche à réaliser le *Contrat* n'est rien d'autre, selon Hegel, qu'une unification absolue des volontés particulières dans le concept de volonté générale. Le but n'est pas en lui-même critiqué par Hegel—l'Etat hégélien se présentant lui aussi comme réconciliation de l'universel et du particulier. Ce qui est dénoncé dans le projet rousseauiste et dans l'application qui en est donnée par les jacobins, c'est le fait que cette réconciliation soit conçue de façon purement abstraite, formelle et volontariste, comme exclusive de toute médiation, de sorte qu'avec "ce formalisme de la liberté, on ne laisse rien de solide s'établir en fait d'organisation" (*Leçons*, p. 234, 225, 226):

> On a dit que la Révolution française est sortie de la philosophie et ce n'est pas sans raison qu'on a appelé la philosophie "sagesse universelle", car elle n'est pas seulement la vérité en soi et pour soi, mais aussi la vérité en tant qu'elle devient vivante dans le mode [. . .] Mais cette philosophie n'est tout d'abord que pensée abstraite . . . ce qui est une différence incommensurable (*ibid.*, p. 228).

L'argumentation de Hegel est bien connue. Elle consiste à montrer que l'exigence rousseauiste, reprise par la morale de Kant et de Fichte, selon laquelle les volontés particulières doivent s'identifier immédiatement, de façon fusionnelle, à la volonté générale, entraîne inévitablement dans la pratique politique trois conséquences fâcheuses:

1) La première tient aux méfaits inhérents à l'idéologie de la table rase qu'impliquent les concepts absraits liés au formalisme de la volonté. La critique Hégélienne de la Terreur reprend à cet égard un argument qu'on rencontre aussi bien chez les libéraux que chez les romantique contre-révolutionnaires—argument que l'on pourrait nommer "anti-constructiviste":

> Une fois parvenues au pouvoir, ces abstractions nous ont offert le spectacle le plus prodigieux qu'il nous ait jamais été donné de contempler depuis que l'humanité existe: la tentative de recommencer entièrement la constitution d'un Etat en détruisant tout ce qui existait et en s'appuyant sur la pensée afin de donner pour fondement à cet Etat ce que l'on supposait être rationnel. Mais en même temps, parce qu'il ne s'agissait que d'abstractions sans Idée, cette tentative a entraîné la situation la plus effroyable et la plus cruelle (*Principes*, §258).

2) La seconde conséquence tient au fait que, toujours en raison du formalisme de la volonté, toutes les organisations sociales circonscrites, toutes les "masses spirituelles" comme les appelle Hegel (ordres, corps constitués, corporations etc.), doivent disparaître puisqu'en elles la volonté est nécessairement vouée à la particularité. Par suite, "la substance indivise de la liberté absolue s'élève sur le trône du monde sans qu'une puissance quelconque soit en mesure de lui résister" (*Phénoménologie*, II, 132).

3) Enfin, et là réside aux yeux de Hegel le principal problème posé par la Révolution, la volonté générale ne peut jamais s'incarner dans aucune action ni aucune oeuvre particulières: "Passant à l'activité et créant l'objectivité, elle ne fait rien de singulier, mais seulement des lois et des actions d'Etat" (*Phénoménologie*, II, 133). "Rien de singulier": c'est-à-dire, dans le vocabulaire de Hegel, qui est fort précis, rien qui puisse réellement réconcilier l'universel et le particulier. C'est donc pour une raison essentielle, nullement anecdotique, que Rousseau et les jacobins ne pourront jamais tolérer le système représentatif, car leur "conscience de soi ne se laisse pas frustrer de l'effectivité consistant à donner elle-même sa loi [. . .] là où le soi est seulement représenté [. . .] il n'est pas effectivement; où il est par procuration, il n'est pas" (*ibid.*, p. 134). Pas davantage ils ne sauront produire une véritable constitution, ni non plus résoudre de façon un tant soit peu stable la question du gouvernement, puisque ce dernier "veut et exécute en même temps un ordre et une action déterminés [. . .] Il exclut donc, d'une part, les autres individus de son opération, et d'autre part, il se constitue lui-même comme tel qu'il soit une volonté déterminée et de ce fait opposée à la volonté universelle. Le gouvernement ne peut donc pas se présenter autrement que comme une faction" (*ibid.*, p. 136), de sorte que pour lui existence et culpabilité se confondent purement et simplement. Ce qui fera tant problème pour Marx—la multiplicité des formes politiques, des "superstructures" dans lesquelles s'incarne interminablement la Révolution— trouve chez Hegel une explication dont on voit qu'elle n'est pas sans profondeur.

Ces trois conséquences politique du formalisme de la volonté culminent bien sûr dans la Terreur: comme la liberté "absolue" "ne peut produire ni une oeuvre positive, ni une opération positive, il ne lui reste que l'opération négative. Elle est seulement la furie de la destruction" (*ibid.*, p. 135). Refusant par principe toute médiation—toute représentation et toute incarnation—"l'unique oeuvre et opé-ration de la liberté universelle est donc la mort, et plus exactement une mort qui n'a aucune portée intérieure, qui n'accomplit rien. . . C'est aussi la mort la plus froide et la plus plate, sans plus de signification que de trancher une tête de chou ou d'engloutir une gorgée d'eau" (*id.*).

Ce thème sera repris et développé par Hegel dans les *Leçons* qui posent avec une exceptionnelle acuité la question centrale du statut des formes et des institutions politiques dans une société libérale qui accepte le principe de la souveraineté du peuple, soit: le principe selon lequel la volonté générale doit devenir en quelque façon une volonté générale *empirique*, en ce sens que les "individus doivent gou-verner comme tels ou prendre part au gouvernement. Non content que des droits raisonnables, la liberté de la personne et de la propriété soient admis, qu'il y ait une organisation de l'Etat et en celle-ci des sphères de vie sociale qui ont même à s'acquitter de quelques affaires, que les gens sensés aient de l'influence sur le peuple et que chez celui-ci règne la confiance, le *libéralisme* oppose à tout cela le principe des atomes, des volontés particulières: tout doit se réaliser expressément par leur puissance et leur assentiment" de sorte qu'avec "ce formalisme de la liberté, avec cette abstraction, on ne laisse rien s'établir en fait d'organisation" puisqu'à "toute disposition particulière prise par le gouvernement s'oppose aussitôt la liberté" du "nombre", qui s'il devient à son tour gouvernement, se heurte à nouveau, en tant que particulier, à une nouvelle opposition du nombre: "Voilà la collision, le noeud, le problème où en est l'histoire et qu'elle devra résoudre dans les temps à venir" (op. cit., p. 234).

Hegel a donc pleinement conscience, au moment où il écrit ces lignes, que la Révolution n'est pas terminée, qu'elle est peut-être, une fois passé l'épisode de la Terreur, interminable, pour autant du moins qu'elle se confond avec la dynamique d'un univers libéral au sein duquel elle ne cesse d'agir.

# CHAPTER 12

# *Fichte et la Terreur*

MARC RICHIR

## 1. L'appréhension "esthétique" de la Terreur

On n'a peut-être pas suffisamment insisté, jusqu'ici, sur le fait que les acteurs révolutionnaires, plongés qu'ils étaient dans le rythme extrêmement rapide des événements, dans l'apparence d'une "logique" implacable et inexorable qui semblait, à travers une fantastique effervescence, un gigantesque bouillonnement social et politique, conduire à une sorte d'abîme, ont eu le sentiment d'être absolument dépassés par le cours des choses, et l'ont dit, à leur manière, dans des formules demeurées célèbres. Que ce soit dans le recul devant ce qui apparaissait comme un excès absolu: ainsi le girondin Vergniaud: "La Révolution est comme Saturne: elle dévorera tous ses enfants"; ou Billaud-Varenne, membre du Comité de Salut public, juste avant thermidor: "Nous marchons sur un volcan." Ou que ce soit, comme Saint-Just, pour invoquer ce même excès: "Tous les crimes se tiennent, et forment dans ce moment une zone torride autour de la République" (31 mars 1794); et: "Nous avons opposé le glaive au glaive, et la liberté est fondée; elle est sortie du sein des orages: cette origine lui est commune avec le monde, sorti du chaos, et avec l'homme, qui pleure en naissant" (15 avril 1794). Paroles ou dits qui, nulle part mieux que chez Saint-Just, témoignent de leur proximité avec la mort. On en connaît le mot: "La Révolution est glacée." Mais il faut encore citer ceux-ci: "Une révolution est une entreprise héroïque, dont les auteurs marchent entre les périls et l'immortalité" (31 mars 1794); "On peut arracher à la vie des hommes qui, comme nous, ont tout osé pour la vérité; on ne peut point leur arracher les coeurs, ni le tombeau hospitalier sous lequel ils se dérobent à l'escalavage et à la honte d'avoir laissé triompher les méchants" (même jour); "Ne vous attendez point à d'autre récompense que l'immortalité" (15 avril 1794).

Franchissons le Rhin, et écoutons les propos prononcés par un philosophe allemand, en juin 1794, dans la paisible ville d'Iéna: "Le sentiment de notre dignité et de notre force croît, si nous nous disons ce que chacun d'entre nous peut se dire: mon existence n'est pas vaine et sans but; je suis un maillon nécessaire dans la grande chaîne qui va depuis le moment où le premier homme est parvenu à la pleine conscience de son existence jusqu'à l'éternité: tout ce qui fut jamais de grand, de sage et de noble parmi les hommes . . . je suis venu pour récolter leurs fruits; . . . je puis continuer la construction là où ils ont dû s'arrêter; je puis rappro-

233

cher de son achèvement le temple sacré qu'ils ont dû laisser inachevé." Mais surtout:

> Si j'entreprends cette tâche sublime, je n'aurai jamais fini: aussi sûrement que c'est ma destination
> de l'entreprendre, je puis ne jamais cesser *d'agir*, et par conséquent ne jamais cesser *d'être*. Ce qu'on
> appelle mort ne peut briser mon oeuvre; car mon oeuvre doit être achevée, et comme elle ne peut
> être achevée en aucun temps, il n'est pas fixé de temps à mon existence,—et je suis éternel. En
> entreprenant cette grande tâche, j'ai tiré à moi l'éternité. J'élève ma tête hardiment vers les cîmes
> menaçantes, vers les tempêtes qui font rage, vers les nuages qui tonnent et voguent dans une mer de
> feu, et je dis, je suis éternel, et je défie leur puissance! Faites tout tomber sur moi, et toi terre, et toi
> ciel, mêlez-vous en un tumulte sauvage, et vous, tous les éléments, crachez, faites rage, et broyez
> dans un combat sauvage la dernière particule du corps que je dis mien;—seule, ma volonté doit, avec
> son plan déterminé, flotter, hardie et froide, sur les ruines de l'univers: car j'ai atteint ma destination
> et elle est plus durable que vous: elle est éternelle, et je suis éternel, comme elle.[1]

Ce philosophe allemand, c'est J.G.Fichte. Ces phrases ont donc été, même si
c'était rigoureusement à la même époque, dites dans un tout autre contexte. Mais
devant cette furieuse invocation de la catastrophe cosmique, ne peut-on être tenté
de lui répondre par cette parole de Saint-Just: "Rien ne ressemble à la vertu comme
un grand crime"? Ou mieux, encore, traduire notre recul par cette autre réflexion
du même Saint-Just: "Ce qui produit le bien général est toujours terrible ou paraît
bizarre quand on commence trop tôt?" Il n'y a pas lieu de s'étonner si les contemporains de Fichte furent partagés entre l'enthousiasme et la frayeur, et s'il fut perçu
comme un "jacobin". Quoi qu'il en soit, avant d'en venir à la critique historique
de ce jugement porté sur Fichte par les Allemands, nous voudrions indiquer ce qui
motive, par delà les contextes fort différents, le rapprochement que nous venons
de proposer entre les formules des révolutionnaires, plongés dans les événements,
et les formules de Fichte, très manifestement à leur écart.

Dans son pénétrant commentaire des *Conférences sur la destination du savant*,
J.L. Vieillard-Baron indique à juste titre que, dans cette flamboyante péroraison,
Fichte "reprend presque textuellement les expressions de Kant à propos du sublime
dynamique de la nature",[2] au § 28 de la *Critique de la faculté de juger*. Citons-les
en effet: "Des pics audacieux et pour ainsi dire menaçants, d'orageux nuages qui
se rassemblent dans le ciel et s'avancent avec des éclairs et des coups de tonnerre,
des volcans dans toute leur violence destructrice, des ouragans porteurs de déso-
lation, l'immense océan dans sa fureur, les chutes d'un fleuve puissant, etc., tout
cela fait paraître notre pouvoir de résister infime et insignifiant en comparaison de
leur puissance." Témoins, sans doute, d'une sensibilité commune à la fin du XVIIIᵉ
siècle. Cependant, contrairement à Fichte, Kant ajoute *aussitôt* après le passage
cité: "Mais, si nous nous trouvons *en sécurité*, leur aspect (*Anblick*) est d'autant
plus attirant (*anziehend*) qu'il est plus effrayant (*furchtbar*); et nous nommons
volontiers ces objets sublimes parce qu'ils élèvent les forces de l'âme au-dessus de
leur moyenne commune et nous font découvrir en nous un pouvoir de résister
*d'un tout autre genre*, qui nous donne le courage de pouvoir nous mesurer avec
l'apparente toute-puissance de la nature." (Nous soulignons). C'est par ce *recul*
rendu seulement possible par notre sentiment de sécurité physique que la puissance
irrésistible de la nature "nous fait connaître, en tant qu'êtres de la nature, notre
faiblesse physique, mais en même temps découvre un pouvoir de nous considérer
indépendants d'elle, et une supériorité sur la nature, sur laquelle se fonde une auto-
conservation d'un *tout autre genre* que celle qui est attaquée par la nature hors de

nous et qui peut être mise en péril. . ." (Nous soulignons). Ainsi la nature n'est-elle dite sublime que "parce qu'elle élève *l'imagination* à la présentation de ces situations en lesquelles l'esprit peut se *rendre sensible (sich fühlbar machen)* à ce qui est proprement sublime dans sa destination [d'être] lui-même au-dessus de la nature" (Nous soulignons).

Autrement dit, si les phénomènes naturels évoqués par Kant sont ressentis par le sujet comme menaçant effectivement son intégrité physique—cas réel des acteurs révolutionnaires pris dans le tourbillon des événements, cas imaginé par Fichte de l'être englouti par le cataclysme cosmique—, il sera pris, non pas par le sublime, mais par la peur physique de la mort physique. Nulle possibilité d'attrait, de fascination, dans ces cas, mais invasion pure et simple de l'effrayant, de la destruction. Pour qu'opère le sublime, c'est-à-dire le mouvement de l'imagination, il faut le recul que nous avons repéré, c'est-à-dire une véritable *épochè* phénoménolgique de l'effrayant: *l'imagination* s'épuise alors, selon la doctrine kantienne, à égaler ou à dépasser les forces gigantesques de la nature, et ce n'est que dans son épuisement, dans son échec à imaginer ce qui doit terrasser l'être comme la mort, que le sujet se découvre une destination encore plus forte, encore plus haute, au-delà des limites illimités du monde, et qui est sa destination supra-sensible, son rapport à ce qui, par-delà la mort physique elle-même, l'institue symboliquement comme sujet de l'institution symbolique, comme être déterminé symboliquement par la liberté. Le sublime kantien est, à notre sens,[3] l'épreuve sereine et résolue de la mort *et de l'au-delà de la mort*, non pas, précisément, dans ce qui serait tout simplement la "fermeté d'âme" de l'être-pour-la-mort (Heidegger), mais dans la "réconciliation" singulière, car toujours individuelle, du sujet avec les puissances transcendantes du symbolique, qui ne sont qu'unilatéralement mortifères—dans le fanatisme et la superstition, donc aussi, pourrions—nous ajouter, dans le "terrorisme politique". Cette "réconciliation" est un *abîme*, il n'en existe nulle part, pour le sujet, de formule toute faite, car elle est l'oeuvre quotidienne de ce qui doit être la sage pratique de la liberté. Elle est, selon l'esprit kantien, ce qui doit amener le sujet à vivre en harmonie avec soi-même et avec les autres, parce qu'elle doit amener le sujet à vivre en harmonie avec la puissance symbolique qui l'institue depuis l'au-delà du monde, comme vivant *humain*, symbolique.

Certes, les paroles révolutionnaires ont été prononcées dans de tels moments de recul, tout comme celles de Fichte prennent le recul de l'imagination. Mais les premiers se sentaient pris irrésistiblement dans le cours des choses qui leur paraissait inexorable et effrayant: on trouve cependant une ébauche de sublime chez Saint-Just, mais étrangement avortée dans une "esthétisation" de la mort qui est celle du héros révolutionnaire. Et le second imagine précisément un sujet impliqué dans son intégrité physique par la catastrophe naturelle qui l'emporte. Il y a donc là du sublime kantien, mais il y a là aussi, dans le même mouvement, le *court-circuit* du moment qui permet à l'imagination de travailler, "d'élever les forces de l'âme" au-dessus de "l'apparente toute-puissance de la nature", et d'articuler, dans la pratique, en gestes, en actes, et en paroles, la destination suprasensible (symbolique) de la liberté. Dans le cas de Fichte, il faudrait dire, non pas: que périsse le monde, et je (nous) serai (serons) toujours libre(s) car éternel(s); mais: que demeure le monde pour que j'y inscrive, par une *praxis* sensée, l'empreinte de la liberté, du mieux que je pourrai, à la mesure du mieux que les autres pourront—

à la mesure de ce qui fait notre commune humanité. Sûrement pas au prix de l'embrasement universel par les oeuvres de la mort. Ce que nous voudrions montrer ici, c'est que, si Fichte ne fut pas empiriquement un "terroriste"—fort heureusement l'occasion ne lui en a jamais été donnée—, il a rejoint à sa manière, en philosophe, les germes de ce qui a pu faire, dans le cours de la Révolution, une pratique et une "philosophie" terroristes. Et cela, dans la mesure où chez lui comme chez les révolutionnaires français—mais nous le verrons aussi: comme dans la philosophie politique postérieure—, il y a un véritable court-circuit aussi bien pratique que théorique de tout ce qui fait le mouvement du sublime chez Kant.

## 2. Fichte ne fut pas un terroriste

Il y aurait quelque unilatéralité, voire quelque complicité avec les jugements réactionnaires (contre-révolutionnaires) de l'époque, à dire que le "jacobinisme" avéré de Fichte dissimule quelque part un activisme politique qui aurait eu directement à voir avec le terrorisme français. A considérer l'ensemble de la vie de Fichte, on ne peut manquer, avec la distance historique, d'être étonné par deux séries de faits, apparemment contradictoires. Considérons tout d'abord la première série, celle des écrits, conférences, paroles, actes. Dressons-en le bref inventaire, en ne reprenant que le plus important, et en omettant la part de la philosophie spéculative (plus de dix versions rédigées dans la *Wissenschaftslehre* en vingt ans d'activité intellectuelle). En 1793/94, les *Considérations sur la Révolution française* firent connaître le philosophe comme ardent et fougueux défenseur de la Révolution, de sa profonde légitimité, comme un "jacobin" imbu d'un "démocratisme" si radical qu'on peut y voir une sorte de précurseur de l'anarchisme. En 1794, les *Conférences sur la destination du savant*, prononcées à Iéna, tous les dimanches (!), et dont nous avons cité un extrait en commençant, témoignent de la même virulence à l'égard de tout système politique despotique. En 1796, les *Fondements du droit naturel* ne prétendent à rien d'autre qu'à la fondation rationnelle de l'Etat légitime, qui, s'il n'est déjà plus démocratique dans l'esprit du philosophe (le peuple ne peut à la fois gouverner et être gouverné), n'en est pas moins une République égalitaire dont le pouvoir doit être censuré par un conseil d'Ephores. En 1798 paraît son écrit "Sur le fondement de notre croyance à un gouvernement divin du monde", qui lui vaut l'accusation d'athéisme, et son départ d'Iéna en 1799. *L'Etat commercial fermé*, système d'une sorte de "socialisme d'Etat" fondé sur l'exclusive valeur économique du travail (et non plus des privilèges ou des richesses accumulées), paraît à Berlin, en 1800. Après les *Traits caractéristiques du temps présent*, professé à Berlin en 1803/04, et qui sont une vigoureuse contre-attaque dirigée contre la "réaction romantique" visant à la réinstitution du Saint-Empire et de l'esprit du catholicisme, il prononce après la "catastrophe de 1806" (l'effondrement militaire de la Prusse à Iéna), plus précisément durant l'hiver 1807/08 et dans le grand amphithéâtre de l'Académie de Berlin, les célèbres *Discours à la nature allemande*: derrière les aberrations bien romantiques du peuple allemand comme *Urvolk* et de la langue allemande comme *Ursprache*, c'est encore un appel au républicanisme contre Napoléon, l'usurpateur de l'héritage révolutionnaire, à l'Etat égalitaire et éducateur contre la corruption des princes et des grands qui ont pactisé avec l'envahisseur français, comme si, la France ayant désormais fait la preuve de son immaturité politique, le réveil allemand devait, depuis l'extrême détresse, se faire par le reprise radicalisée des idéaux de 1789. Etrange coalescence, mélange instable et éminemment explosif, dira-t-on avec raison, et nous reviendrons longuement sur les dangers terroristes d'une pensée qui s'énonce, au moins en apparence, de si haut. Quoi qu'il en soit, cet activisme ne se démentit pas jusqu'à la fin (en janvier 1814, des suites de la fièvre typhoïde), puisqu'à l'occasion de la "guerre de libération" de 1813, Fichte fut encore réticent à l'appel du roi de Prusse à la guerre, disant qu'il ne pouvait y consentir que s'il s'agissait effectivement d'une guerre de *libération*, destinée à fonder un Etat égalitaire et éducateur, et non pas d'une guerre où un prince défendrait ses intérêts propres contre un autre prince—et cette guerre fut en effet bien peu libératrice puisque, de proche en proche, elle devait mener à la Restauration et au Congrès de Vienne. Quels que soient les changements dus aux époques et aux contextes, et en particulier à l'apparition du premier romantisme à la charnière des XVIII$^e$ et XIX$^e$ siècles—dont Fichte fut au demeurant l'une des sources si l'on pense à Novalis ou à Fr. Schlegel—, on ne peut manquer d'être frappé par une constante de la pensée politique fichtéene, qui est comme son commun dénominateur: la destination de l'homme, ce qui en fait un être véritablement humain, réside dans le perfectionnement *à l'infini* de soi-même et des autres, c'est-à-dire, tout autant dans la réduction progressive des barrières positives opposées à ce perfectionnement par le despotisme d'Ancien Régime (en France avec Napoléon), que dans l'humanisation progressive de la nature. C'est que, si on compare cette pensée à celle de Kant, l'expérience pratique de la Loi morale ne suffit pas à elle seule à instituer l'homme en son humanité, et cela, parce que l'intelligibilité nouménale de ce qui est, pour Kant, radicalement transcendant au monde (sensible ou phénoménal), est réinscrite, chez Fichte comme idée régulatrice, dans l'immanence d'une incarnation toujours à perfectionner dans l'effort. Cette transcendance qui, chez Kant, demeure de l'ordre du divin en l'homme, indicible sinon dans la *praxis* irréductiblement individuelle—le social et l'historique relevant plutôt d'une contingence non moins irréductible—, devient rapidement, chez Fichte, une transcendance qu'il en vient lui aussi à penser comme divine, mais qui doit trouver son *incarnation* mondaine, sa *médiation* nécessaire dans l'Etat qui doit *instituer* l'homme en disciplinant sa part sensible et phénoménale *en vue* de la reconnaissance de la Loi morale. C'est par là qu'on a souvent, quoiqu'un peu gauchement, baptisé sa pensée de "moralisme": le social et le politique sont en quelque sorte, chez lui, les conditions premières de l'humanisation, cela *seul* qui permet à l'homme d'accéder à sa destination supra-sensible. D'où un "activisme" politique à vrai dire fantastique, sinon souvent fantasque, où l'on pressent des ferments "terroristes" sur lesquels nous allons venir.

Penchons-nous à présent sur la seconde série de faits que nous annoncions. Il est frappant qu'à travers toutes ces vicissitudes et polémiques souvent violentes, à travers les foucades d'un caractère intempérant, intransigeant, voir intolérant, qui frise parfois la pathologie psychique (une sorte de "manie"), Fichte ait toujours bénéficié, tout au long de sa vie, de hautes protections. C'est Charles-Auguste de Saxe-Weimar, conseillé par Goethe, qui appelle Fichte à professer à Iéna, l'année même où paraissent encore les *Considérations* sur la Révolution française. C'est la Cour de Weimar qui défend Fichte contre les premières attaques extrêmement virulentes de la revue réactionnaire *Eudaemonia*, et contre les manifestations hostiles des ordres étudiants.[4] Et c'est encore la Cour de Weimar qui cherche à temporiser, à protéger le philosophe au début de la "querelle de l'athéisme". Si Fichte dut finalement quitter Iéna, c'est finalement qu'il n'y avait vraiment pas mis "du sien", qu'il n'a rien compris à la manoeuvre! Quand il arrive à Berlin en juillet 1799, il y jouit aussitôt de la protection du roi Frédéric-Guillaume et du conseiller de cabinet Beyme. Il y reçoit une pension, et est nommé en 1804 à l'Université d'Erlangen—sans compter qu'il fait des cours privés devant des aristocrates, des professeurs, des hommes d'Etat, des hommes d'affaires et des conseillers intimes du roi. En 1810, lors de la fondation de l'Université de Berlin par W. von Humboldt, il fut le premier doyen de la faculté de philosophie, et, un an plus tard, il en fut le premier recteur élu—même si, décidément tête très peu "politique", il dut démisionner en 1812, sous la pression du "clan" rassemblé autour de Schleiermacher. Voilà décidément un "agitateur" bien étrange, au mieux avec bien des gens! Voilà ce que ne peut certes pas expliquer à lui seul—ces temps n'étaient pas si différents des nôtres!—le fait que Fichte ait été un grand philosophe.

Pour comprendre cette étrange situation, il faut se replonger dans l'Allemagne de l'époque, qui n'a pas connu la rupture révolutionnaire et l'exacerbation corrélative des conflits sociaux, qui a gardé tout au long ses structures d'Ancien Régime, qui n'a glissé qu'insensiblement—malgré les secousses de 1806 et de 1813, lesquelles n'ont finalement rien secoué du tout—, de l'Aufklärung à la réaction politique de 1814/15. La seconde série des faits dont nous parlons consiste, à nos yeux en une remarquable convergence entre deux sous-séries en quelques sorte complémentaires.

1) D'un côté, l'appartenance de Fichte à la Franc-Maçonnerie, et même à sa partie "illuministe": il l'est devenu dès le début de 1793 à Dantzig, est admis, en novembre 1794, à la loge d'Iéna "Günther au Lion debout," puis est reçu, peu après son arrivée à Berlin, à la loge Royal Yorke où il est nommé Grand-Orateur le 23 mai—même si son conflit de pouvoir avec Fessler qui en avait entrepris la réforme l'en a finalement détourné. Fichte était donc un "illuministe," et même remarquablement informé des principes et secrets de l'ordre. Celui-ci, rappelons-le, fut fondé en Bavière, en 1778, à Ingolstadt, par Adam Weishaupt. Constitué en société secrète, l'ordre des Illuminés avait pour but de faire triompher contre les Jésuites, très influents en Bavière, la raison et la science, la dignité humaine et la vertu, mais aussi une nouvelle orientation politique. Inspirée par l'Aufklärung et la maçonnerie, l'organisation prônait une sorte d'anarchisme tempéré, dirigé contre le principe même de l'Etat, animé par l'amour de la liberté et par le respect des droits de l'homme, la vraie morale se trouvant dans l'enseignement authentique du Christ, qui se confond en réalité avec celui de la Raison, à condition d'en éliminer toutes les versions intolérantes et oppressives. Le moyen de transformation sociale qu'elle proposait était essentiellement réformiste puisqu'il reposait sur l'éducation, ainsi que sur le ralliement à ses idées d'individualités "d'élite" et de personnages influents—souverains, ministres, fonctionnaires, écrivains, artistes et professeurs. En 1780, le baron von Knigge—que Fichte cite nommément dans les Considérations de 1793—décida l'ordre à se joindre à la maçonnerie, à la "noyauter" pour en faire progressivement la conquête. Dénoncé en 1783 par des pamphlets, le mouvement fut pourchassé avec fureur et détruit en 1785 en tant qu'organisation. Mais il a subsisté sporadiquement en Saxe, à Weimar, sans doute

aussi à Francfort, et en esprit, vraisemblablement, chez les Allemands les plus audacieusement réformistes. Peu après la Révolution, la réaction anti-révolutionnaire s'est greffée sur le mouvement anti-illuministe, confondant dans la même attaque "jacobinisme" et "illuminisme"—allant même jusqu'à soutenir (par exemple l'abbé Barruel) que l'Illuminisme bavarois fut la véritable source de la Révolution française. Dès lors, il n'y a pas à s'étonner que, dans les campagnes menées contre Fichte par *Eudaemonia*, celui-ci y soit accusé d'être un émissaire des Illuminés et des Jacobins.

2) Nous ne pourrions ajouter foi à ce qui pourrait n'être qu'un amalgame diffamant, si à cette première "sous-série" de faits ne s'en ajoutait une autre, bien plus révélatrice encore: ce sont les noms d'"Illuminés" connus. Goethe et Charles-Auguste de Weimar, qui appelèrent Fichte à succéder à Reinhold (autre "Illuminé") à Iéna. Pestalozzi, que Fichte et son épouse visitèrent, en 1793, lors de leur "voyage de noces". Hardenberg, futur ministre, très important, et réformateur, de la Prusse. Fr. Schlegel, dont Fichte devint le "Frère" à la loge d'Iéna et qui l'accueillit chaleureusement à Berlin, lors de son arrivée suite à la querelle de l'athéisme. W. von Humboldt, le fondateur de l'Université de Berlin.[5] Et surtout le haut fonctionnaire Rahn, le propre beau-père de Fichte,[6] qu'il rencontra à Zürich en 1788, et dont il devint le "favori", en même temps qu'il le devint de sa fille. On n'a peut-être pas assez insisté sur l'importance de cette rencontre (de 1788 à 1790), qui marqua un véritable tournant dans la vie du philosophe, puisqu'elle aboutit déjà à un mariage—même s'il y eut de la part de Fichte des atermoiements, mais Jeanne Rahn n'était plus toute jeune. Il suffit en effet de considérer ce que fut Fichte avant et après la rencontre. Avant: un jeune homme d'origine modeste, né au village, qui ne dut son éducation que d'avoir été remarqué pour sa mémoire extraordinaire et ses talents oratoires par le baron de Miltiz, en visite à la campagne, et qui l'envoya au Collège de Pforta. Un jeune candidat en théologie sans le sou, qui erre à pied sur les routes d'Allemagne pour trouver un emploi de précepteur, et qui, surtout, par sa croyance en la prédestination et au déterminisme universel, est un jeune homme désespéré, déprimé, plutôt mélancolique, sans idée originale. Après: un homme non moins pauvre, mais fier, enthousiaste, entreprenant, qui vient de découvrir la culture ou la "vie de l'esprit", qui se met à lire de près les trois *Critiques* de Kant, qui y découvre l'aliment philosophique de la liberté, qui rencontre même le philosophe en 1791 à Königsberg, et qui le "séduit" par un *Essai d'une critique de toute Révélation*, lequel, paraissant par erreur sans nom d'auteur, est immédiatement attribué à Kant, qui dément publiquement et révèle le nom de Fichte, devenu par là célèbre en Allemagne. L'essai se vend bien et Fichte peut rentrer, la tête haute, à Zürich, en octobre 1793, pour épouser Jeanne Rahn. Dans la foulée est déjà écrit le texte sur la Révolution, dans lequel Fichte voit poindre l'idée directrice de la *Doctrine de la Science*.[7] Enfin, si nous en revenons à ce que nous avons repéré comme la constante de la pensée politique fichtéenne, le socio-politique comme condition première de l'humanisation, l'Etat légitime comme éducateur et "instituteur" de l'humanité de l'homme, nous ne pouvons manquer d'y reconnaître l'empreinte des idées illuministes: tout se passe comme si Fichte s'était fait le propagantiste de l'illuminisme, auquel il aurait donné une singulière énergie, et peut-être une singulière "force explosive" en le réaménageant selon les principes philosophiques du criticisme kantien, donc aussi en

adultérant ceux-ci d'une certaine manière—Kant s'en distancia publiquement en 1799. Tout cela s'explique si nous concluons que le père Rahn et sa fille, imprégnés d'illuminisme, furent les véritables éducateurs de Fichte en matière de "culture", que Fichte en reçut une empreinte indélébile, résistant aux variations, aux circonstances et aux changements du temps. Fichte ne fut donc pas, "dans la réalité", un "terroriste" mais il fut un "Illuminé" et un "jacobin", ce qui, dans l'esprit des contemporains allait ensemble.[8] Même s'il ne dit pas un mot contre la Révolution pendant et après l'épisode de la Terreur,[9] même si, sous le Directoire, il offrit ouvertement ses services à la France à l'occasion de la fondation projetée d'une université à Mayence.[10] Dans ce contexte, les attaques menées par *Eudaemonia* contre lui à Iéna, depuis l'affaire de 1794 contre les *Conférences* du dimanche jusqu'à la querelle de l'athéisme, paraissent en fait participer plus d'une campagne contre-révolutionnaire générale contre les tendances illuministes de la Cour de Weimar que d'un procès instruit contre un "terroriste" particulièrement dangereux: s'étant lui-même mis en évidence, Fichte devint sans doute la "tête de turc" contre laquelle il fallait d'abord frapper pour assurer la défense de l'Ancien Régime. Il n'en fallut d'ailleurs pas moins de cinq ans pour qu'elles aboutissent, malgré toutes les maladresses de celui que Goethe lui-même nommait "le Moi absolu", toujours convaincu, presque autistiquement, de son bon droit.

Certes, l'Illuminisme ne fut pas homogène: on y compte aussi Lessing, Herder et Jacobi, qui ne furent pas des "activistes"—tout comme au reste, Goethe, Humboldt et bien d'autres. Il ne faut pas tomber à son tour dans le fantasme contre-révolutionnaire du "complot". Il y a une certaine *recontre* de Fichte et de l'illuminisme, auquel le philosophe a donné sa marque propre, celle d'un activisme tout compte fait révolutionnaire, ou celle d'une radicalisation intempérante, en cohésion avec la radicalité spéculative de la *Wissenschaftslehre*. Ce que nous voulons dire, c'est que la pensée fichtéenne a deux sources qui, dans son esprit, se sont confondues: l'illuminisme et le criticisme kantien, les deux s'y modifiant l'un par l'autre. Et que si, dans ses actes et ses discours, il en vient à fréquenter des gens d'origines très diverses, alors qu'il était lui-même d'origine très modeste—autant dire, en ce temps: sans origine—, c'est que, formé à l'illuminisme par le père et la fille Rahn, il conçut son action dans la ligne de l'illuminimse, à travers ce qui fut, dans certaines loges maçonniques de l'époque, dont celles d'Iéna et de Berlin, le prolongement de sa doctrine socio-politique, aussi bien quant à la théorie que quant à la pratique. Fichte dut sa promotion sociale, mais aussi son intégration spirituelle, à sa femme et à son beau-père. C'est pourquoi il ne fut pas de ces Allemands qui émigrèrent en France par enthousiasme, désoeuvrement, ou esprit d'aventure: il a cru toute sa vie que la Révolution était possible "par le haut", et en ce sens, nul doute qu'il ne se soit voulu, plus ou moins, "conseiller de Prince", "réformateur" en un sens platonicien. C'est pourquoi aussi il serait encore plus absurde le l'imaginer comme un "guillotineur", un admirateur ou un sectateur de Danton et de Robespierre. C'est pour le coup qu'il eût perdu toutes ses amitiés et protections si haut placées. Il ne faut pas oublier, par ailleurs, la "libéralité" d'Ancien Régime qui régnait encore à l'époque, aussi bien dans le Grand-Duché de Saxe-Weimar qu'en Prusse, et ce jusque 1806—sociétés fortement hiérarchisées, certes, mais où les conflits sociaux couvent étouffés sous la cendre, et où *l'Aufklärung* unit dans la même culture aristocrates, bourgeois, hommes de talent qui, comme Fichte, ont échappé à la petitesse de leurs origines. Il devait y régner une sorte d'esprit de tolérance dont il faut situer l'acte du décès avec le Congrès de Vienne et la Restauration—après la grande secoussse, et la grande peur sociale engendrée par le rouleau incessant des guerres napoléoniennes.

### 3. Le terrorisme et la philosophie politique de Fichte

Le débat doit donc être porté au niveau fondamental, c'est-à-dire au niveau des implications de la *philosophie* politique de Fichte, et par là, être renoué avec ce que nous indiquions en commençant. La grande idée de Fichte, nous l'avons vu, et où réside l'empreinte illuministe, est que l'intelligibilité nouménale, chez Kant radicalement transcendante et principiellement non intuitionnable, même pour la pure pensée, est réinscrite, par Fichte, comme idée régulartrice ou comme horizon de sens *situé* à l'infini, cette situation dans l'immanence d'une incarnation toujours à perfectionner, indéfiniment, au long de la chaîne des générations, impliquant la pratique constante de *l'effort*—effort tendant à humaniser l'homme et la nature dans ce que Hegel nommera le "mauvais infini". Or, cet effort doit avoir, d'autre part, une origine en ce monde: elle est dans l'institution socio-politique qui constitue la condition première de l'humanisation, donc de la liberté. Il est dès lors capital, pour l'institution de l'humanité, que l'institution socio-politique n'obscurcisse pas, par la contingence de ses divisions ou l'opacité de sa positivité—qui la muerait en chose quasi-machinique—ce qui doit constituer le point d'entrée des hommes sous l'horizon de leur destination supra-sensible. C'est ce qui fait, malgré toutes les précautions à vrai dire oratoires que prend Fichte quand il dit, le plus souvent, qu'il parle dans l'idéalité, que le problème politique prend chez lui des allures explosives ou révolutionnaires: il s'agit toujours, plus ou moins clairement selon les circonstances, d'instituer un "état" du socio-politique qui soit le plus *transparent* possible à la destination supra-sensible de l'homme à laquelle il doit *introduire*. Non pas, donc, un Etat moral ou moralisateur à proprement parler, puisque le règne de la moralité, le règne kantien des fins, signifierait sa disparition immédiate, mais un Etat dont la "rationalite", la réciprocité totale des libertés *civiles*, conduirait à laisser s'épanouir au mieux la réciprocité des libertés *morales*. Par conséquent, toujours, l'Etat despotique d'Ancien Régime, avec ses inégalités et ses opacités, doit être détruit, soit par une classe éclairée de savants le réformant progressivement (quand Fichte est le plus modéré), soit par la Révolution (première période, de 1792 à 1796), soit encore, comme dans les *Discours à la nation allemande*, en profitant de l'effondrement soi-disant empirique des Etats allemands en 1806, pour instituer, quasiment *ex nihilo*, c'est-à-dire depuis les principes fichtéens eux-mêmes, une éducation générale de la jeunesse *à l'écart* radical de l'histoire allemande empirique et des anciennes générations—on se prend à rêver à ce qu'aurait pu donner cette sorte d'"encasernement" général de la jeunesse: image effrayante d'un projet que nous, aujourd'hui, pouvons reconnaître comme déjà "totalitaire". Là se manifeste le mélange explosif qu'il y a dans cette pensée, une sorte de coalescence très instable, où il nous faut situer notre interrogation, et qui ne vient pas seulement de l'irréalisme ou de l'intempérance spéculative jouant avec des abstractions.

Le problème, en fait, est bien celui de toute la philosophie politique du XIXe siècle (et jusqu'il y a peu: du nôtre), puisqu'il s'agit de *l'incarnation de la rationalité* dans l'Etat et la société, et de *cette incarnation comme condition de possibilité réelle de l'humanité.* Ce fut aussi, à l'évidence, le problème majeur de la Révolution française, mais également de toute pensée classiquement révolutionnaire, pour laquelle la Révolution devait amener l'homme à se libérer lui-même de ses chaînes pour être enfin, tel qu'en lui-même, l'être qu'il est et que seule la contingence de l'Histoire empêche d'être. La pensée fichtéenne est à cet égard l'un des premiers "laboratoires" de la pensée révolutionnaire, et il faut être conscient de cet enjeu, où c'est à l'institution socio-politique qu'il revient de faire, mieux d'*instituer* l'homme en son humanité—qu'on le baptise homme réellement homme ou nouvel homme est finalement assez secondaire. Et cette incarnation, chez Fichte tout comme dans le courant illuministe dont il procède, n'est certes pas elle-même chrétienne, mais prend pour mesure un modèle chrétien. Il s'agit donc aussi d'une nouvelle modalité de théologico-politique, déjà en rupture avec une tout autre modalité, celle de la philosophie politique moderne de Hobbes et de Rousseau— nous ne parlons pas, évidemment, de Machiavel.

Qu'est-ce qui se joue, donc, dans ce problème de l'incarnation d'une rationalité qui, dans sa pureté, est pour Fichte, véritablement divine? Pour le comprendre, rien n'est mieux, sans doute, que de considérer la manière dont il traite le fondement du droit naturel—de la réciprocité des libertés dans le monde sensible—, dans l'écrit de 1796 portant ce même titre.[11] La longue "déduction transcendantale" de la réciprocité des êtres libres ou raisonnables, c'est-à-dire des consciences ou des hommes en leur humanité dans le monde, aboutit au corps de chair (*Leib*)—qui n'est pas le corps (*Körper*) tout extérieur des choses de la nature—comme lieu de manifestation de la liberté, donc de l'humanité. C'est parce que nous sommes "pourvus" d'un corps de chair, qui n'est pas tout simplement un "instrument" machinique et technique, que nous reconnaissons *immédiatement*, en l'autre corps de chair comme en notre corps de chair propre, l'incitation à agir librement, à ne traiter ni notre corps ni celui de l'autre comme une chose, mais comme l'incarn-ation (nous ne disons pas "symbole") d'une liberté qui est à elle-même sa propre *fin* (tout comme, *mutatis mutandis*, dans l'une des expressions de l'impératif caté-gorique kantien). Selon un mouvement qui fait irrésistiblement penser à la Vᵉ *Méditation cartésienne* de Husserl, il s'agit donc là d'une appréhension ou d'une "apprésentation" (Husserl) *phénoménologique immédiate* de l'homme par l'homme, où le corps de chair se phénoménalise d'emblée comme un phénomène immédiatement porteur de sens, et dès lors irréductible, en fait, à la positivité corporelle et inerte des choses. Texte remarquable, très riche en enseignements phénoménologiques qui ne sont pas ici notre objet, mais aussi en enseignements philosophiques, et en conséquences pour la philosophie politique, comme nous allons nous efforcer de le montrer.

Dans sa "déduction", après avoir montré que le *Leib* est l'incarnation d'une liberté qui est à elle-même sa propre fin, le phénomène où affleure immédiatement, à même sa propre phénoménalité, un sens qui est déjà humain, Fichte ajoute en effet aussitôt et sans médiation qu'il est le "symbole" de la liberté, à savoir la manifestation sensible d'un sens, celui de la liberté, qui, d'une autre manière, lui reste transcendante. C'est ici que se joue une très profonde équivoque qui n'est pas sans conséquences pour *l'incarnation* de la rationalité. A lire, en effet, le texte fichtéen dans l'esprit de la *Critique* kantienne *de la faculté de juger*, l'appréhension immédiate du corps de chair procède d'un jugement esthétique réfléchissant, et même, dans la mesure où rien d'informe ni d'effrayant n'y paraît, d'un jugement esthétique réfléchissant où le *Leib* devrait se phénoménaliser dans sa *beauté*. En termes kantiens, la "déduction" fichtéenne aurait ceci d'absurde que la communauté humaine serait ultimement fondée sur un *sens* commun lui-même coextensif de la "beauté" du corps de chair des hommes. Ce qu'on pourrait prolonger, de manière plus subtile, en disant qu'il s'agit là, en fait, d'une manière restreinte de dire la *phénoménalité originaire du social*. Mais même à cette condition qui appréhende la phénoménalité non seulement dans le *Leib sensé* mais dans l'échange général *des sens* au sein *du* "sens commun" (qui n'est pas, rappelons-le, "l'entendement commun"), cette phénoménalité ne serait encore appréhendée qu'unilatéralement, en court-circuit de moment kantien du sublime, où, selon sa généralisation, non seulement le corps de chair, mais aussi le phénomène du social (le sens commun), se phénoménalisent *aussi* par l'informe, par l'effrayant, le menaçant, c'est-à-dire *aussi* par l'*imminence* suspendue en eux de la *mort*, et où seulement, en fait, selon l'esprit kantien, l'homme est susceptible d'accéder à sa destination suprasensible, pour peu, cependant qu'il s'y sente en sécurité par un recul, pour peu, donc, que l'imminence de la mort y demeure suspendue par une *épochè* et ne se transforme pas en menace immédiate.

Or, c'est ce "moment" phénoménologique du sublime qui est littéralement *court-circuité* par Fichte: le *Leib* est *immédiatement symbole* de la liberté, si bien que la part de mort en lui n'est jamais que la part corporelle (*körperlich, Körper*) ou mécanique en lui, la part "naturelle" qu'il faut discipliner et éduquer par la contrainte (*Zwang*). Cela fonde à son tour la légitimité rationnelle de l'Etat éducateur et instituant de la liberté—à savoir cette paradoxale légitimité d'une institution socio-politique, celle de l'Etat rationnel qui doit, par un "contrat" pourtant librement consenti à l'origine, *contraindre les hommes à la liberté*. La conséquence philosophique de ce mouvement est que tout se passe désormais comme si, le concept encore vide de la liberté se manifestant à même la phénoménalité innocente du corps de chair (et du social), c'était ce même concept, désormais, qui devait *instituer*, littéralement, depuis lui-même, *cette même phénoménalité*; dès lors, comme si le *concept* de la réciprocité des libertés paraissant à travers le phénomène devait néanmoins *engendrer ce même phénomène*—et nous savons, depuis la Dialectique transcendantale kantienne, que tout concept qui prétend à engendrer le phénomène depuis "une influence inaperçue de la sensibilité sur l'entendement" (Kant), n'est rien d'autre qu'une *illusion transcendantale*. Il y a donc, à l'oeuvre dans la pensée fichtéenne, une fantastique illusion transcendantale quant à la politique, que l'on va retrouver sous d'autres formes, nous allons y venir, dans les pensées postérieures, et que nous pourrions nommer d'un mot l'"illusion transcendantale de la philosophie politique contemporaine", génératrice de tous les terrorismes socio-politiques, et en notre siècle, du totalitarisme.

A l'encontre des interdits kantiens formulés tout au long des trois *Critiques*, et plus très particulièrement dans la troisième, la pensée fichtéenne est en effet profondément "métaphysique"—ou si l'on préfère: dogmatique—parce qu'en elle s'effectue un passage sans rupture apparente du champ propre de la phénoménalité au champ propre de l'institution symbolique (ici le social légitime ou rationnel), et ce, nous venons de le voir, jusqu'à impliquer ce passage dans les deux sens: comme si la phénoménalité du *Leib* et du *social* pouvait engendrer son institution symbolique, et comme si, à l'inverse, par cette chiquenaude initiale, l'institution symbolique du *Leib* et du social pouvait les amener, dans une sorte de parousie, à leur pleine phénoménalité, c'est-à-dire à une phénoménalité tout à fait transparente à l'institution symbolique de la loi morale—même si c'est là un travail qui doit se poursuivre à l'infini. Or, ce que Kant nous apprend très précisément dans la problématique du sublime, c'est qu'entre le champ des phénomènes et le champ du symbolique (ce qui institue l'homme comme être ayant une destination suprasensible, donc supra-phénoménale), il y a un *abîme infranchissable* par les moyens exclusifs de l'un *ou* de l'autre, parce que ce qui *creuse* cet abîme comme un gouffre sans fond, c'est l'épreuve de la *mort* et de ce qui permet de la *traverser* dès l'expérience d'ici-bas, dans une *praxis* au singulier, et *en abîme*, de la liberté. Celle-ci n'est pas plus "déductible" du sublime, que le sublime n'en est "déductible", mais l'expérience du sublime appelle, comme un "appel d'air", l'expérience de la liberté, tout comme celle-ci, qui est aussi l'expérience ou la praxis de la culture (de la "vie de l'esprit"), appelle, de la même manière l'expérience du sublime. Dialectique au singulier, sans synthèse universelle, que Hegel pensera tout aussi illusoirement résoudre par un saut dogmatique.

Dans des termes plus proches du langage contemporain, la grande leçon kantienne est que l'homme n'arrive à s'ancrer concrètement, et ce qui, chez Kant, est la même chose, librement, au champ de ce qui l'institue symboliquement comme sujet libre ayant son ipséité libre, que s'il fait, avec le recul ou l'*épochè* phénoménologique nécessaire, l'épreuve de la mort pour la traverser dans la découverte concrète de son immortalité symbolique, qui est celle du *sens* divin qu'il y a en la liberté humaine. C'est en ce sens que le sublime est la découverte, dans l'épaisseur phénoménologique de l'expérience elle-même, de la transcendance ou de la "divinité" du *sens* (de la liberté) au-delà de l'immanence: c'est, pourrions-nous dire, l'épreuve quotidienne, mais difficile, d'une "incarnation réussie". Cette épreuve est donc nécessairement, aussi, non seulement l'épreuve de ce qui paraît comme imminence de la mort à même l'informe ou l'effrayant qui apparaît aussi dans les phénomènes—pour Kant, certes, phénomènes de la nature, mais aussi, au-delà de Kant, phénomènes du social, où le sens commun paraît en sa phénoménalité qui n'est pas seulement ni nécessairement "belle" ou "rassurante"—; mais encore l'épreuve des puissances mortifères de l'instituant symbolique lui-même, génératrices des dévastatations fanatiques ou superstitieuses. Cela implique que la résonance en abîme de l'expérience phénoménologique du sublime à l'expérience pratique de la liberté s'étend à la résonance en abîme de la peur, ou de l'horreur exclusives face au sublime, à l'automatisme quasi-machinique de répétition dans le fanatisme ou la superstition, où dans un véritable *Gestell* au sens heideggerien, mais *Gestell* symbolique qui est un "machin" anonyme, se répète à l'aveugle l'oeuvre de ce que Freud nommait si bien la pulsion de mort. Si l'expérience kantienne du sublime est une expérience du singulier, qui n'est jamais donnée d'avance comme une fomule magique, c'est qu'elle est la rencontre, due à la bonne fortune (*tuchè*), au sein d'une *praxis* concrète, de l'épaisseur d'expérience d'un sujet concret et de ce qui l'institue symboliquement comme sujet par-delà la mort. C'est aussi que rien, *a priori*, ne peut empêcher le *malencontre symbolique*, presque au sens de La Boétie, où l'horreur de la mort, trop exclusive ou trop "égoïste", se retourne en puissance mortifère de l'instituant symbolique dans la machination anonyme et aveugle où le sectarisme fait alliance explosive avec le rituel—machination qui fut précisément à l'oeuvre, dans la Révolution française, durant l'épisode de la Terreur.

Dans une étude dont nous ne pouvons, ici, que reprendre l'idée directrice,[12] nous avons en effet tenté de montrer en quoi la Terreur révolutionnaire, survenant après une fantastique effervescence où le social en était venu à paraître dans sa phénoménalité même—phénoménalité ambiguë, tout autant de fêtes, de débordements, de gestes, d'actes et de paroles à l'infini, que de menaces, de tourbillons, de dissolution non moins traumatisante—, est une sorte de course folle et anonyme pour conjurer la mort, détruisant à la fois ses acteurs eux-mêmes et la société tout entière. Sous l'irréversible poussée des événements, ce mouvement vers l'abîme ne parvint pas à le "rattraper" et à le "traverser" (car le "réveil" thermidorien ne fut que le réveil d'un cauchemar que l'on s'empressa d'oublier en le chargeant de valeurs exclusivement négatives, ce qui ne l'a pas protégé, mais l'a au contraire exposé aux aventures, puis aux aventuriers militaires), manqua du recul nécessaire à ce qui aurait pu être l'épreuve toute nouvelle du sublime en politique, et se retourna, de cela même, en le *Gestell* symbolique quasi-machinique de la Terreur, où la société, mais aussi tout citoyen, étaient effectivement exposés à la menace *immédiate* de la mort—et c'est ainsi que nous interprétons le paroles des acteurs terroristes par lesquelles nous avons commencé. C'est donc comme si, dans la Terreur, la démocratie n'avait pas su faire l'épreuve concrète et libre de l'indéterminité foncière de ses phénomènes et de ses repères symboliques, et comme si cette fatale inexpérience, il est vrai devant quelque chose d'absolument *inédit* et *inouï*, s'était frénétiquement retournée en un "fanatisme", voire une "superstition" démocratiques, où tout un chacun était exposé à l'universel soupçon d'être un traître à la cohésion impossible du corps social—fanatisme dans les arrestations et exécutions sommaires, superstition dans l'observance, réclamée de manière de plus en plus sourcilleuse, des apparentes "règles" démocratiques, à mesure toujours plus vidées de leur sens. Ce recul nécessaire à l'épreuve du sublime en politique, peut-être avons-nous aujourd'hui une chance de le prendre, après que notre siècle ait administré des expériences de la Terreur politique encore bien plus effroyables, maintenant que l'horreur, devenue nue, absolue et incontournable, mais ne nous menaçant plus avec la même immédiateté, nous a délivré, pour l'essentiel, du mirage et de la fascination totalitaires—du moins en Occident. C'est sans doute seulement aujourd'hui que nous avons les moyens de comprendre la Terreur comme une véritable *pathologie symbolique* qui s'étend aux dimensions de toute une société, comme une machine de mort et une machination de la mort qui se machine dans l'automatisme de répétition, qui échappe à la prise des hommes et vise à les détruire. Les puissances de l'instituant symbolique se retournent contre nous comme puissances effrayantes car mortifères si nous ne cherchons pas le moyen de nous les concilier, et cela n'est possible que si nous affrontons symboliquement la mort—ce qu'a sans doute réalisé le christianisme puisque le mystère de l'incarnation se résoud par la Croix et la Résurrection laissant le tombeau *vide*.[13] Ce qui, au plan politique, pourrait se traduire par: si nous ne pouvons croire à notre immortalité empirique, du moins devons-nous, dans l'expérience de la démocratie, si imparfaite fût-elle, faire confiance au *sens* dont nous nous sentons porteurs, mais non détenteurs excusifs, en tant que *sens de l'humain*, sens de la transcendance en nous et qui rend les autres irremplaçables et non interchangeables dans le même "sens commun" démocratique; cela, tout en sachant, tant pour nous-mêmes que pour les autres, que nous n'en aurons jamais fini de lutter contre les malencontres de notre incarnation, qui ne sont pas dus seulement à ce que notre corps aurait de rebelle, mais plus profondément, aux puissances mortifères qui gisent en nous tout comme en l'institution démocratique. Bref, il nous faut quotidiennement faire l'épreuve de notre finitude comme l'épreuve de ce qu'il y a, dans "tout ça", quelque chose qui nous dépasse absolument, et qui n'est que secondairement notre mort propre: à trop nous braquer sur celle-ci (comme Heidegger, sur lequel il y aurait beaucoup à dire), nous ne faisons que l'étendre au corps social tout entier, et à en porter la menace contre les autres—le totalitarisme est un fantastique exemple de non-sens radical porté par la mort, qui y est significativement vécue dans une solitude absolument déserte, comme un broyage insignifiant par la machine de mort se machinant à l'aveugle.

Ce regard jeté sur les enjeux symboliques de la Terreur permet de mieux saisir la portée du court-circuit, chez Fichte, du moment du sublime dans ce qui, pourtant, doit amener les hommes à se reconnaître comme appelés à une destination supra-sensible. D'où vient que sa pensée soit très équivoque, et pleine, nous l'avons dit, d'un mélange explosif? De ce que, d'une part, l'incarnation de la liberté, et donc de la rationalité, dans le corps de chair y est unilatérament "heureuse", et d'autre part à jamais manquée puisque le *Leib*, véritable "corps glorieux" de la liberté, reste toujours empêtré, ici-bas, dans un *Körper*, dans une naturalité ou une choséité (la même chose pour Fichte) qu'il faut discipliner et éduquer par la contrainte. Dès lors, l'épreuve de la mort, et de sa traversée, ayant été manquée, c'est l'opacité mortifère d'une contrainte qui doit contrebalancer l'opacité mortifère d'une naturalité inerte, si bien que l'exigence pourtant rationnelle et donc librement reconnaissable de la réciprocité des libertés se charge symboliquement de tous les attributs de ce qu'elle a à combattre. Et c'est par là qu'en réalité, de manière bien dissimulée par ce court-circuit qui se traduit par un blanc dans la pensée, par une immédiation, l'Etat légitime fichtéen apparaît simultanément comme un Etat idéal, voire idyllique, où la société se verrait réconciliée avec elle-même—les conflits n'étant pas suffisamment déchirants pour que les Ephores ne puissent y apporter une sage solution—, et comme l'Etat le plus fantastiquement oppresseur, bénéficiant en effet de la rationalité, et par surcroît d'une rationalité suffisamment vide pour être interprétée, toujours à sens unique, par des dirigeants dont les Ephores deviendraient, dans le réel, presque inéluctablement les complices. Certes, ce serait un contre-sens historique de le dire totalitaire, puisqu'il ne serait institué qu'en vue de *tout* autre chose que lui-même, la divinité (la rationalité, la liberté) des hommes, et non pas en vue de la réconciliation soi-disant *immanente* de la société avec elle-même. Mais la factualité même de l'obstacle irrationnel qui est le seul à *le faire être* et à le légitimer du point de vue de la Raison—obstacle qui, dans son irréductibilité factuelle, le préserve du totalitarisme—, en fait un Etat encore bien plus *despotique* que l'Etat d'Ancien Régime, et d'où une certaine pratique que nous dirions totalitaire ne serait pas forcément exclue. Sous la forme d'une certaine pratique terroriste, tout citoyen pourrait y être soupçonné de n'être décidément pas "raisonnable", d'être perverti à l'origine, en sa Raison ou en sa liberté, et d'être finalement assimilé à un animal. Cela, notons-le bien, dans la mesure même où les puissances mortifères de l'instituant symbolique, tout comme ce qui leur fait pendant, les aspects informes, difformes ou effrayants des phéno-mènes en leur phénoménalité, n'y ont pas été conjurés en y ayant été reconnus comme tels, donc dans la mesure où ils n'ont d'autre statut que celui d'obstacles qui *résistent* à la rationalité, et non pas celui de puissances qui *agissent de l'inté-rieur même* de cette dernière. Rien ne protège, donc, l'incarnation fichtéenne de la rationalité dans l'Etat légitime, de ses puissances mortifères; rien n'y empêche, pour parler comme Saint-Just, la vertu individuelle de se confondre avec un grand crime. La vertu des citoyens, mais aussi celle de l'Etat, peut paraître belle, sans pour autant que ne se dissimule, derrière cette beauté, l'oeuvre de la mort. Cette oeuvre, il faut en faire concrètement l'épreuve pour que la beauté ne soit pas aussi, en quelque sorte, celle du "diable". Bref, dans notre rapport à la phénoménalité, il faut savoir aussi que nous sommes en rapport avec la mort, et que, dans ce double rapport se joue en abîme, chaque fois, notre condition d'hommes comme condition d'êtres libres sans réponses toutes faites aux questions ultimes. En ce sens, dès que la rationalité se pense comme pouvant être, sans reste, instituante du social et de l'humanité, comme devant aller jusqu'à façonner leur être même pour faire coïncider leur être et leur phénomène, le risque de l'expérience terroriste n'est pas loin—ou tout au moins le risque d'une oppression dévastatrice, peut-être celle que nous sommes amenés à vivre.

Tel est donc le rapport profond, mais de second degré, que la philosophie poli-tique fichtéenne entretient avec la Terreur. Rapport que les contemporains ont confusément ressenti, et qui a fait que, fort heureusement, Fichte n'a jamais été écouté par les gouvernants pour d'éventuelles "applications" de sa pensée dans le réel, mais tout au plus pour la "grandeur" de ses envolées dans l'idéal. Fort heureusement pour lui, Fichte n'a pas connu, comme Heidegger, le malheur d'une "aventure syracusaine". Mais, ce qui est significatif de son instabilité intrinsèque, la philosophie fichtéenne a profondément inspiré des penseurs comme les premiers romantiques, en lesquels, cependant, il ne tarda pas à reconnaître des adversaires, tant au plan spéculatif qu'au plan politique. Schelling reprend sans la critiquer son assimilation du corps de chair au symbole de la liberté. Et les romantiques pousseront jusqu'au bout le court-circuit du moment du sublime en reconnaissant, dans l'organisme social harmonieusement soudé à lui-même—qu'ils projettent imaginairement dans le passé médiéval du Saint-Empire—, la transparence du concept et de l'être, de l'instituant symbolique et du phénomène: au lieu qu'elle soit, comme chez Fichte, projetée dans un avenir infini, et, en fait, eschatologique, elle est rétro-jetée comme un Age d'or originaire dont il s'agirait de retrouver l'inspiration. Coalescence pareillement dangereuse, explosive, et, pour ainsi dire encore plus imaginaire que chez Fichte, qui se monnayera dans la pratique par le plat acquiescement au donné historique, au scepticisme politique et à la réaction triomphante du Congrès de Vienne. Mais coaslescence où, malgré tout, malgré l'imaginaire de la réconciliation rêvée de l'instituant symbolique et des phéno-mènes, s'aiguise un nouveau sens de la phénoménalité, c'est-à-dire aussi de la sensibilité.[14]

On retrouve cette réconciliation supposée universelle de l'instituant symbolique et de la phénoménalité dans les assises de la pensée hégélienne. Déjà l'oeuvre de jeunesse était partie à la recherche de cette grande "synthèse" de la "beauté" et de la vie en société, de ce qui est susceptible d'être pensé comme une incarnation "réussie" de la rationalité (de la liberté) dans le monde sensible, en sautant par-dessus l'abîme creusé par Kant dans le moment du sublime, abîme de la mort qui paraît à même l'informe et l'effrayant qu'il y a à même les phénomènes (et que Kant a un peu "naïvement" repérés), et qui, *toujours à même les phénomènes*, dans l'*épochè* de la menace réelle, conduit à la traverser, à saisir le dit de ce qu'elle inter-dit, et qui est la destination suprasensible de l'homme: la découverte kantienne est que ce dit est inénonçable dans le langage "logique" de la métaphysique, parce qu'il est l'amorce, et l'amorce seulement, de la téléologie métaphysique, dans l'*invention* en abîme qu'est appelée à faire la *praxis* au singulier de la liberté. Il y a tout d'abord, chez Hegel, le même court-circuit du sublime que chez Fichte, et cependant, il en a retrouvé, dans le profondeurs de son génie, quelque chose, vers 1805/06, avec la célèbre dialectique du maître de l'esclave. Il y complète en quelque sorte la dialectique fichtéenne du *Leib* en y ajoutant, à même la phénoménalité de la rencontre de l'homme avec l'homme, la mise en oeuvre des puissances de la mort. Mais là aussi, la résolution de ce conflit originaire, en tout les cas instituant d'humanité, est extrêmement équivoque et explosive: les choses demeurent, en quelque sorte, bloquées entre la maîtrise et la servitude, et si, finalement, seul l'esclave est véritablement institué en son humanité, c'est, non pas qu'il a *traversé* l'épreuve de la mort, qu'il est passé au-delà de sa propre mort physique, mais qu'il ne l'a mise à distance que pour avoir renoncé à sa mise en jeu. Dans le même temps, cela laisse le maître en suspens, fait que lui non plus n'a pas concrètement fait l'épreuve de cette traversée, mais demeure dans l'appréhension narcissique de soi comme être "fort", comme être mythiquement autarcique et instituant du point de vue symbolique. Certes, par là, l'esclave entre dans le temps, dans l'épreuve sans cesse différée de sa propre mort, dans l'économie de sa servitude qui doit lui permettre de subvertir le maître. Par là, il s'ouvre au langage et à la *praxis* véritablement humaine, mais c'est par rapport à un instituant symbolique qui demeure, dans son isolement, *à distance*. De la sorte, il y a bien dans cette dialectique quelque chose du sublime kantien qui n'est plus entièrement court-circuité. Il demeure néanmoins que c'est par rapport à un mode "aliéné" de l'institution symbolique un peu vite clôturée au lieu du Grand Autre (on sait tout ce que Lacan doit à Hegel), ou plutôt, c'est dans un *malencontre symbolique originaire* qui assure de sa fondation *métaphysique* ce que La Boétie nommait génialement la *servitude volontaire*. Paradoxe finalement non moindre que chez Fichte puisqu'il ne s'agit certes plus d'une contrainte à la liberté mais d'une *servitude* "*librement*" (rationnellement) *consentie*. Le principe de l'Etat comme instituant la liberté est non moins "rationnellement" fondé, avec ce tour de force qu'y est à présent incluse la division sociale entre dominants et dominés, dans la coalescence instable et explosive de la liberté et de la servitude—Hegel, on le sait, vit en Napoléon, au soir de la bataille d'Iena, l'"âme du monde". Certes, par là, le moment terroriste est mis hors circuit dans sa puissance redoutable d'effraction, il est dépeint par Hegel dans sa *Phénoménologie*, avec un ensemble de traits fort justes, mais c'est précisément pour être diffusé à l'infini tout au long de l'Histoire, pour être "économisé" dans son oeuvre patiente jusqu'au coeur de toute vie en société, de tout

véritable changement historique qui, puisant aux puissances mortifères de l'instituant symbolique, actionne aveuglément les hommes au gré des "ruses de la Raison", que l'on pourrait aussi bien nommer ruses du Grand Autre. Il y a, on l'a dit,
dans la pensée hégélienne, un fantastique acquiescement au donné, une très subtile
"rationalisation" du devenir historique, comme si, selon le même retour du théologico-politique par d'autres moyens, l'incarnation de la rationalité, dans l'apparente contingence des institutions et des événements, devait finalement aboutir
dans une formule dont le système serait censé détenir la clé. Or cela, à nouveau,
laisse radicalement à l'écart la *radicale* contingence *phénoménologique* du sujet,
et n'est pas, par voie de conséquence, à l'abri du fanatisme et de la superstition—
de l'Histoire comme *Gestell* symbolique se machinant à l'aveugle en machinant
aveuglément l'oeuvre de la mort. Il y a, chez Hegel, et c'est la grandeur de son
génie, un incontestable *sens* du sublime en histoire et en politique, donc un sens
non moins incontestable des enjeux symboliques qui y sont à l'oeuvre, mais il y a,
dans le même moment, un très subtil court-circuit du sublime puisque, pour lui,
ce dernier est censé pouvoir trouver quelque part une *formule* éternelle et universelle. Le passage est non moins métaphysique chez lui que chez Fichte, et tout
autant à double sens, entre le champ phénoménologique et le champ de l'institution
symbolique,[15] avec la même ambiguïté d'une origine qui, conduite par l'Histoire
à l'imminence de sa parousie, rend les deux champs transparents l'un à l'autre,
comme si le phénomène engendrait le concept, et comme si le concept était propre
à engendrer le phénomène—ambiguïté que l'on retrouvera tout entière au moins
chez le jeune Marx,[16] et qui conduit à ce que nous avons nommé *l'illusion transcendantale* de la philosophie politique contemporaine.

### 4. Conclusion. Fichte et la terreur

En envisageant la question propre à l'incarnation de la rationalité, c'est-à-dire de
la liberté, dans le monde sensible—dans le champ des phénomènes—comme devant
nécessairement en passer par l'institution socio-politique de l'homme en tant que
ce qui doit *ouvrir* celui-ci à la destination supra-sensible de sa liberté, Fichte a,
selon nous, ouvert le laboratoire de la philosophie politique contemporaine. Il en
résulte en effet une "divinisation" du socio-politique, qui y fait entrer autrement
le théologico-politique, et que l'on n'observe comme telle ni chez Rousseau ni
encore moins chez Kant. Dans cette tendance à penser le socio-politique, non plus
comme ne devant pas constituer la "mécanique" inerte, positive et corruptrice des
hommes qu'elle est censée avoir toujours été, donc comme étant à fonder pour
*contrecarrer* la domination, mais comme devant instituer véritablement l'homme
en son humanité, c'est-à-dire aussi en sa divinité, il est aisé de reconnaître, après
coup, le motif directeur de ce que nous avons nommé la pensée révolutionnaire
"classique", avec son "régime" de problèmes et d'apories dont on sait qu'ils ont
été diversement traités. Que l'infini, le divin, le rationnel ou le libre dans sa pureté,
soient à l'infini quasi-mathématique d'un futur asymptotique, à jamais futur,
comme chez Fichte, ou qu'ils soient intégrés dans l'Histoire, comme chez Hegel,
comme structure symbolique de domination devant parvenir, finalement, à la qua-
si-résorption du Grand Autre dans l'harmonie hiérarchique d'une rationalité
socio-historique, nous en sommes toujours au problème de l'incarnation. Et, nous

devons le reconnaître aujourd'hui, de l'incarnation *manquée*, car fondée sur un *malencontre symbolique*, qui est lui-même coextensif d'un refus, très chargé du point de vue symbolique, de l'épreuve concrète, dans l'épaisseur *quotidienne* de la praxis, de la traversée de la mort.[17] C'est, si cette épreuve concrète n'a pas lieu, ou si elle est supposée résolue dans l'imaginaire d'une formule censée être universelle, que les puissances symboliques de l'instituant symbolique se retournent contre les hommes comme puissances de mort—que ce soit la mort effective, physique, dans les déferlements terroristes ou guerriers, ou que ce soit la mort lente, économisée dans sa diffusion, administrée par la domination ou le despotisme. La liberté qui ne s'incarne pas dans l'expérience concrète de chacun, comme un "esprit" ou une "mentalité", et qui, dans cette incarnation, ne se met pas à l'épreuve de soi-même et des autres, devient rapidement despotisme, voire même terrorisme. En inversant l'"état de nature", entièrement mythique chez Rousseau—quoiqu'on en ait dit dans des lectures qui sont des contresens—, en "paradis" habité de "corps glorieux"et devant descendre sur terre par une sorte de processus d'approximations successives, Fichte a inversé pareillement l'institution de l'Etat légitime comme possibilité de l'esprit de *résistance* démocratique contre les inévitables pesanteurs symboliques du socio-politique, en l'institution fantastiquement oppressive de la rationalité devant ni plus ni moins, sinon faire l'homme *ex nihilo*, du moins le faire sortir des ténèbres originelles. Activisme, a-t-on dit à juste titre, et qui rentrait bien dans le quasi-"autisme" du philosophe, mais activisme qui, s'il avait dû se traduire dans le réel, eût sûrement été terroriste, car procédant de ce despotisme démocratique de la liberté, où encore une fois, comme le disait Saint-Just, "rien ne ressemble à la vertu comme un grand crime".

Laissons, pour conclure, à la méditation, ces phrases prononcées en 1807/08, dans les *Discours à la nation allemande*: "L'Histoire, et avec elle, le genre humain, ne suivent pas leurs cours selon la loi occulte d'une danse en rond (scil. attaque contre les romantiques): au contraire, c'est l'homme authentique et digne de ce nom qui la crée lui-même, non pas en répétant seulement ce qui a été, mais en projetant dans le temps sa création d'une *totale nouveauté*";"Le monde qui va naître (est) un monde régi par l'*a priori*, tel qu'il est à venir et qu'il restera constamment à venir"; "l'affaire de l'homme et de sa liberté, ce n'est pas d'*être* rationnel, mais de *devenir* rationnel"; "ce ne seront pas des individus qui modèleront la communauté historique de l'avenir, mais nous, en tant que communauté qui s'est *fondue* dans son concept, et s'est fondue en une unité de pensée, *par l'oubli absolu de nos personnalités individuelles*" (Nous soulignons). Nul doute que Fichte n'ait vécu la "catastrophe" de 1806 comme il s'imaginait, dans les *Conférences* de 1794, qu'il aurait vécu le cataclysme cosmique: une *tabula rasa* pour l'institution "rationnelle" de la liberté. C'est certes naïf car c'est croire qu'une grande défaite militaire a effacé d'un trait les cadres symboliques dans lesquels les hommes n'ont cessé de penser et de s'orienter comme sujets eux-mêmes dotés d'une identité symbolique qui perdure. Mais reconnaissons aussi, aujourd'hui, que c'est effrayant. N'oublions pas que Fichte attendait que l'on sépare les enfants de leurs familles pour qu'on les éduquât selon cette "absolue nouveauté"! La démiurgie est décidément une affaire trop sérieuse pour être laissée aux mains des philosophes. Mais aussi des hommes. Entre reconnaître que le monde n'est pas entièrement l'oeuvre de sujets souverains, qu'il s'est fait, se fait, et se fera largement à notre insu, et acquiéscer à l'ordre existant des choses, il n'y a pas immédiateté, mais il y a, nous sommes en train de le découvrir, un très long chemin, de nombreuses, voire d'innombrables médiations à *chercher* dans la pratique, qui font, dans ce faire à faire, toute l'épreuve concrète de la liberté, où jamais l'ordre existant des choses ne pourra nous satisfaire, parce que, toujours, nous y découvrirons de l'*insensé*, et parce que, toujours, nous-mêmes, aussi, ferons à notre tour et à notre corps défendant, de l'*insensé*. Ce qu'il nous faut penser aujourd'hui, tant en politique que dans d'autres champs, c'est que notre "destination suprasensible", comme disaient Kant et Fichte, n'est finalement que d'*être au sens*, et dans cette mesure de *faire* du sens; que de ce sens, que pourtant nous cherchons et faisons éveillés, nous sommes toujours responsables sans néanmoins en être les maîtres absolus. Il y a quelque chose dans le sens qui nous dépasse absolument. Quoi? Nous n'en savons rien. C'est pour avoir cru, dans la *W-L*, l'avoir saisi jusque dans ses profondeurs ultimes, que le métaphysicien Fichte a été conduit, lui aussi à son corps défendant, à faire, fantastiquement, du non-sens. Ce fut le fardeau de son existence. Et soyons lui reconnaissants de l'avoir porté avec conséquence, énergie et non sans grandeur. Il nous aura au moins montré une erreur qui fut aussi la nôtre, et qui pourrait encore l'être; une erreur, donc, qui nous appartient, alors que nous n'en savons guère plus que lui, pas davantage que lui n'en savait beaucoup plus que nous.

## Notes

1. J.G. Fichte, *Conférences sur la destination du savant (1794)*, trad. fr. par J.L. Vieillard-Baron, Paris, pp. 65–66 (fin de la troisième conférence).
2. *Ibid.*, pp. 149–50.
3. Cf. notre ouvrage: *Phénoménologie et institution symbolique* (Grenoble, 1988), IIe partie, ch. I.
4. Question complexe et obscure, qui nécessiterait les lumières de l'historien, puisqu'il y avait plus que probablement, parmi eux, d'authentiques révolutionnaires. L'"extrémisme" est toujours sujet, on le sait, aux manipulations politiques. Et dans l'"affaire" des ordres estudiantins (interdits par la Diète d'Empire mais tolérés à Iéna), il n'est pas impossible de penser que la complicité réelle de Fichte avec le Pouvoir puisse s'expliquer, nous allons l'indiquer, par un désir de "propagande illuministe". Sans doute Fichte fut-il, dans ce cas, un agent trop zélé du Prince.
5. Il faut citer aussi: Lessing, Herder, Wieland, Jacobi, Haydn, Mozart, Beethoven, mais pas Kant!
6. Et le beau-frère de Klopstock, lui-même "Illuminé": l'épouse de Fichte en était donc la nièce.
7. Voir le célèbre projet de lettre à Baggesen d'avril 1795.
8. Pas en France. On trouve en effet, parmi les Illuminés français: Bonneville, Fauchet (fondateurs du *Cercle social*), Brissot, Mirabeau, Talleyrand!
9. Mais rappelons la réaction de Kant *en privé*, selon une lettre célèbre de Nicolovius à Jacobi, du 23 janvier 1794: "Kant est un vrai démocrate, il m'a fait part récemment de sa sagesse. Toutes les horreurs qui arrivent actuellement en France ne sont rien en comparaison du mal prolongé du despotisme établi en France auparavant. Il est presque certain que les Jacobins ont eu raison dans tout ce qu'ils ont fait présentement."
10. Voir l'important dossier publié par X. Léon in *Fichte et son temps* (Paris, 2e éd., 1959), Tome II, 2e partie, pp. 287–90; ainsi que, dans le même ouvrage, Tome I, pp. 599–604 (on y apprend que C. Perret, secrétaire diplomatique de Bonaparte en mars 1798, était un ancien élève de Fichte!).
11. Nous résumons ici à l'extrême le traitement approfondi que nous en proposons dans notre ouvrage *Phénoménologie et institution symbolique*, Ière partie, ch. II.
12. Voir notre étude: "La trahison des apparences", in *Le genre humain*, no. 16–17, consacré à "la trahison" (Paris, 1988), pp. 139–56.
13. Et à l'inverse, le moment kantien du sublime est donc plus chrétien qu'il n'y paraît à première vue: c'est aussi un passage de la "chair mondaine" à la "chair mystique". Hegel, au reste, l'a pressenti.
14. Voir sur cette importante question les travaux de R. Legros, en particulier son ouvrage *Le jeune Hegel et la naissance de la pensée romantique* (Bruxelles, 1980), et son séminaire de 1987/88 au

Collège International de Philosophie, intitulé *Critique phénoménologique de la pensée romantique*, première expression publique d'un ouvrage à paraître prochainement.

15. Cf. dans notre ouvrage à paraître, *La "crise" du sens et la phénoménologie*, le chapitre final de la Ière partie, consacré à une lecture approfondie de l'*Introduction* à la *Phénoménologie de l'Esprit*. Voir aussi notre ouvrage *Phénoménologie et institution symbolique*, IIe partie, ch.I, §d.

16. M. Abensour sur le jeune Marx dans un ouvrage à paraître.

17. Laquelle est tout autre chose que l'épreuve de la guerre.

CHAPTER 13

# Un regard sur le jacobinisme allemand: idéologie et activités de certains de ses représentants notoires en France pendant la Révolution

ALAIN RUIZ

NOTRE mémoire collective associe au terme de "*jacobins*" un ensemble d'images stéréotypées: des hommes en bonnets phrygiens, la cocarde tricolore, la guillotine, un local de club enfiévré, mais où les discours posés d'un personnage à la mise impeccable, Robespierre, font passer un air glacial sur la nuque des auditeurs, etc. Et puis le "*Ça ira*", la "*Carmagnole.*" En fait, clichés que tout cela, imagerie d'Epinal, pourrait-on dire, imagerie qui simplifie très grossièrement l'histoire des jacobins français en la réduisant à la phase, où la Révolution culmina dans la Terreur, de la fin 1793 à la chute de l' "Incorruptible", le 9 thermidor an II.

Cette vision tronquée de l'histoire des Jacobins fait oublier que l'évolution de leur société depuis sa naissance à la fin de l'année 1789 refléta les stades successifs de la radicalisation qui caractérisa le déroulement de la Révolution jusqu'à la dictature montagnarde en 1794. En effet, le célèbre club des Jacobins, qui s'appelait à l'origine "*Société des amis de la Constitution*", fut tour à tour monarchiste constitutionnel et républicain, girondin et montagnard, d'abord relativement modéré, puis franchement révolutionnaire. Avant de devenir le moteur du système terroriste animé par Robespierre et ses amis, avant même de s'ouvrir, comme il le fit de plus en plus à partir de 1791, au tumulte sans-culottique de la rue, le club des Jacobins de Paris fut, pour reprendre les mots d'un de ses historiens, "*une société de bon ton, policée de manières et de langue, une académie, presqu'un salon*", où des bourgeois cossus et cultivés côtoyaient des aristocrates libéraux de plus ou moins haute volée.[1] En un mot, les jacobins de Paris qui ne furent jamais une famille unie—d'où des tensions parmi eux, des scissions, des épurations— incarnèrent de la fin de l'année 1789 à la fermeture de leur club en novembre 1794, quatre mois après la chute de Robespierre, toutes les tendances successives ou

253

simultanées, concordantes ou antagonistes, du mouvement révolutionnaire français, dont il n'est pas exagéré de dire qu'ils furent l'âme.

Il était tout à fait indispensable de rappeler ainsi cette diversité du jacobinisme français pour dissiper d'emblée le malentendu auquel peut prêter dans le titre de la présente étude les termes de *"jacobins allemands"*. S'il est déjà complètement erroné de se faire des jacobins français une image monolithique, il serait encore plus faux de croire que les jacobins allemands constituèrent un parti ou simplement un groupe d'une certaine homogénéité.[2] Encore plus faux parce qu'en Allemagne, il n'y eut pas un seul instant, ne serait-ce qu'une vague esquisse d'organisation semblable au réseau que les jacobins de Paris et de province tissèrent sur l'ensemble de la France. A supposer—ce qui ne fut absolument pas le cas—que les conditions politiques, économiques et sociales aient pu faire naître outre-Rhin une situation révolutionnaire comme en France, l'Empire germanique était, avec les quelques 350 Etats qui le composaient, trop morcelé territorialement pour permettre à un mouvement révolutionnaire de se développer en grand et de se structurer dans une organisation centralisée comme cela fut le cas en France avec le pôle d'orientation et la tête directrice que représenta le club des Jacobins de Paris. Certes, il y eut en Allemagne également des clubs de jacobins, en Rhénanie principalement, dans les parties de la rive gauche du Rhin occupées par les Français à l'automne 1792, en particulier à Mayence.[3] Il exista aussi de l'autre côté du Rhin, en Souabe,[4] à Altona près de Hambourg,[5] dans certaines villes universitaires et ailleurs,[6] certains groupements clandestins auxquels on donna en Allemagne avec beaucoup d'exagération le nom de *"Jakobinerklubs"*. Mais, excepté les quelques mois de 1792 à 1793 où le club de Mayence, fondé sous les auspices de l'armée française, joua pour ses environs en petit un rôle moteur comparable, toutes proportions gardées, à celui que le club des Jacobins de Paris remplit en grand de 1790 à 1794 pour l'ensemble de la France, excepté donc ce cas particulier de Mayence aussi limité dans le temps qu'il le fut dans l'espace, excepté aussi le mouvement des sociétés patriotiques cisrhénanes—également un phénomène borné à une courte période (1797–98) et à un espace géographique restreint[7]—excepté ces deux cas donc, les Jacobins mayençais et les Cisrhénans, jamais il n'y eut en Allemagne quelque chose qui puisse être comparé, même de très loin, au réseau à mailles serrées dont la France fut enveloppée par les Jacobins de Paris et leurs correspondants de province. Quelques groupements d'hommes acquis aux principes de la Révolution, mais surtout des individus isolés, sans véritable contact les uns avec les autres et généralement coupés des masses populaires[8]: voilà la physionomie du jacobinisme allemand, dont la dénomination même exige une explication.[9]

Pourquoi qualifier de *"jacobins"* des Allemands auxquels, vu dans une perspective globale, manquèrent et l'organisation centralisée et la base populaire qui caractérisèrent essentiellement le jacobinisme français dans la phase ascendante de son histoire? La question a fait, parmi les historiens allemands, l'objet de bien des débats qu'il n'est pas possible d'évoquer dans le détail. Aussi ne peut-on ici que se borner à dire, pour justifier le titre même de cette étude, que le terme de *"jacobins allemands"* peut être compris dans deux sens. Au sens étroit, il s'agit de ceux, en définitive très peu nombreux en Allemagne, qui furent de véritables démocrates révolutionnaires, c'est-à-dire des hommes prêts à agir, au besoin avec violence, pour détruire l'Ancien Régime chez eux comme les Français l'avaient fait dans leur pays. Au sens large, et c'est celui dans lequel est utilisé ici le terme de "*jacobins allemands*", il s'agit de ceux qui adhèrent aux principes de 1789 sans être toujours pour autant des activistes comme les premiers et sans même avoir toujours approuvé les formes radicales prises par la Révolution. Cet emploi inflationniste du terme de "jacobin" peut être légitimement contesté, cela est indéniable, car c'est celui-là même que les ennemis de la Révolution utilisaient comme insulte, pas seulement en Allemagne, contre tous ceux qui montraient des sympathies pour la France nouvelle. La dénomination de "jacobin" ainsi comprise était, à l'époque, diffamatoire puisque, dans la bouche ou sous la plume des réactionnaires, elle visait à discréditer tous ceux qui, épris de progrès politique et social, suivaient avec intérêt la régénération du peuple français sous le signe des principes de la liberté et de l'égalité. L'emploi, aujourd'hui, du terme de jacobin dans ce sens large est donc problématique, mais il est commode, et c'est pourquoi, comme l'usage s'en est maintenant bien établi, ce terme est utilisé dépouillé, cela va sans dire, de la connotation radicalement négative que lui attachaient conservateurs et réactionnaires à l'époque de la Révolution.[10]

Et maintenant pourquoi parler des jacobins allemands en France? D'abord parce que les activités de ces hommes chez nous sont restées mal connues et que je voudrais exposer quelques résultats des recherches que je leur consacre depuis un certain nombre d'années. Ensuite, et surtout, parce qu'en les montrant en la personne de certains des plus marquants d'entre eux, on fait apparaître une palette de couleurs dominantes et de nuances idéologiques qui correspondent aux réalités très diverses que recouvre le jacobinisme allemand, phénomène polymorphe qu'il faut absolument se garder de considérer comme une réplique du cas français, mais envisager comme un phénomène *sui generis*, dont les composantes variées et parfois contradictoires purent se recouper parfois avec celles du jacobinisme français sans pouvoir leur être assimilées pour autant. C'est ce que montrent bien les divers personnages que nous allons maintenant voir vivre, penser, agir et parfois aussi mourir en France dans le grand drame révolutionnaire.

Donc, les jacobins allemands en France. Il ne faut pas entendre par là seulement des réfugiés politiques, ceux que la répression aristocratique chassa d'Allemagne et qui vinrent chercher asile au pays des Droits de l'homme. Non, ce sont aussi les Allemands qui, vivant déjà en France sous l'Ancien Régime, furent pris dans le mouvement révolutionnaire à partir de 1789. Entre ces deux catégories, point de coupure puisque leurs représentants respectifs se côtoyèrent souvent à Paris ou en province au cours de ces années-là.

Fondée au début de l'hiver 1789, la "*Société des amis de la Constitution*" siégeant dans l'ancien couvent des Jacobins, rue Saint-Honoré à Paris, accueillit rapidement des étrangers, faisant preuve par là d'une hospitalité cosmopolite qui doit être d'autant plus remarquée que des temps viendront où le club, centralisant et dirigeant l'action révolutionnaire en France, fera souffler sur le pays un vent de xénophobie qui emportera entre autres l'Allemand le plus célèbre auquel échut l'honneur d'être admis parmi les tout premiers étrangers à la Société des amis de la Constitution de Paris, à savoir le fameux Anacharsis Cloots.[11]

Curieux personnage que ce riche baron qui, de tous les Allemands déjà installés en France sous l'Ancien Régime, est incontestablement celui qui se rendit le plus célèbre pendant la Révolution. Né en 1755 en Rhénanie du nord, à Kleve, près de

Düsseldorf, Cloots était venu à vingt ans se fixer à Paris où il mena grande vie, fréquenta les salons à la mode, connut les philosophes et prit part au mouvement de l'Encyclopédie. Intelligent et spirituel, mais aussi bizarre et pédantesque, poussant l'enthousiasme jusqu'à l'extravagance, Cloots rêvait de réformer le monde et il vit dans la Révolution la réalisation de ses idées exaltées. Il s'y rallia avec ardeur et, d'emblée, il se fit remarquer par l'emphase de ses déclarations. Il écrivait par exemple dans la *Chronique de Paris*: "*Je renonce à mon berceau tudesque et à mes titres gothiques pour me revêtir de l'honorable qualité de bourgeois de Paris.*" Il signait "*Cloots du Val de Grâce* [traduction de Gnadenthal, le nom du château paternel], *baron en Allemagne, mais citoyen en France.*"

Le 19 juin 1790, Cloots fit grande sensation en conduisant à l'Assemblée nationale une soi-disant députation d'hommes de tous les pays et de toutes les couleurs dans leurs costumes nationaux. Il demanda en leur nom pour les étrangers à Paris une place à la fête de la Fédération qui devait commémorer le 14 juillet 1790 la prise de la Bastille et marquer avec éclat la fraternisation de tous les Français. Cloots s'écria à la barre de l'Assemblée dans le style grandiloquent où il se noyait avec délice:

> *Cette solennité civique ne sera pas seulement la fête des Français, mais encore la fête du genre humain . . . La trompette qui sonne la résurrection d'un grand peuple a retenti aux quatre coins du monde et les chants d'allégresse d'un choeur de 25 millions d'hommes libres ont réveillé les peuples ensevelis dans un long esclavage . . . Un nombre d'étrangers de toutes les contrées de la terre demandent à se ranger au milieu du Champ de Mars et le bonnet de la liberté qu'ils élèveront avec transport, sera le gage de la délivrance prochaine de leurs malheureux concitoyens . . . Jamais ambassade ne fut plus sacrée que la nôtre.*

La demande fut acceptée et Cloots se considéra dès lors le plus sérieusement du monde, ainsi qu'il le proclamait pompeusement, comme l'"*Ambassadeur*" ou encore l'"*Orateur du genre humain*" auprès de l'Assemblée nationale, surnom sous lequel il est entré dans la légende de la Révolution. Ecrivant dans de nombreux journaux parisiens et multipliant les brochures, pérorant partout, aux Jacobins comme en plein air, Cloots prêcha la suppression des nations qu'il voulait fondre dans l'unité du genre humain. Il voulait une république universelle, dont Paris serait le "*chef-lieu*". Le monde désormais réuni dans une paix perpétuelle aurait un parlement composé de 10,000 députés élus par les habitants des deux hémisphères. Voyant déjà effacées toutes les différences de race, de langues et de moeurs entre les peuples grâce à la Déclaration des droits de l'homme, Cloots écrivait: "*On ira en poste de Paris à Pékin comme de Bordeaux à Strasbourg sans que rien ne nous arrête, ni barrière, ni muraille, ni commis, ni chasseur. Il n'y aura plus de désert; toute la terre sera un jardin.*"

Exemple ahurissant de ce que la raison raisonnante et l'imagination peuvent produire quand, se conjuguant , elles s'enflamment et délirent dans l'abstrait, cette vision édénique de Cloots fait apparaître sous une forme hypertrophiée le trait qui domine la pensée de tous les jacobins allemands par-delà toutes les nuances idéologiques qui peuvent les séparer. Ce trait que Cloots incarne avec outrance, c'est le cosmopolitisme, c'est-à-dire cette idéologie universaliste et rationaliste née du siècle des Lumières, dont sont sortis les principes de 1789 et qui explique l'enthousiasme avec lequel tant et tant d'Allemands saluèrent au début dans la

Révolution française, selon le mot célèbre de Hegel, "*un magnifique lever de soleil*" pour tous les peuples de la terre.

Au mois de décembre 1790, donc après une année d'existence, la Société des amis de la Constitution de Paris fit imprimer une liste officielle des quelques 1,500 membres qu'elle comptait alors.[12] Cette liste fait apparaître à côté de Cloots d'autres Allemands, lesquels, à cette date, n'étaient d'ailleurs pas les seuls membres étrangers du club puisqu'on relève aussi parmi les noms ceux de Suisses, de Britanniques, de Belges ou Hollandais, d'Italiens et même celui d'un Espagnol. Un de ces jacobins allemands était le littérateur prussien d'origine huguenote alors très célèbre, Paul-Jérémie Bitaubé de Königsberg, un grand ami de d'Alembert et traducteur très apprécié de l'*Iliade* et de l'*Odyssée* en français, traducteur également, pendant la Révolution, de l'épopée de Goethe *Hermann et Dorothée*.[13]

Bitaubé comme Cloots vivait déjà en France avant la Révolution et il en allait de même d'un certain Hesse, dont le nom figure sur la liste des Jacobins parisiens de 1790. Ce citoyen Charles Hesse s'appelait en réalité Karl Konstantin von Hessen–Rheinfels–Rothenburg, et c'était un authentique prince hessois qui avait pris du service dans l'armée du roi de France comme tant d'autres Allemands sous l'Ancien Régime. Ceci ne l'empêcha pas de donner dans un jacobinisme si écarlate qu'il se surnomma le "*général Marat*".[14]

Déjà installés en France avant 1789, les Germano-Français Cloots, Bitaubé et Hesse représentent un cas qui diffère sensiblement de celui constitué par d'autres Allemands, dont les noms figurent sur la liste des Jacobins de Paris en 1790, Schlabrendorff, Oelsner et Halem qui furent, eux, attirés en France comme bon nombre d'autres étrangers par la Révolution. Le voyage en France de ces "*pélerins de la liberté*", comme on les a appelés,[15] était déjà en soi un acte d'adhésion aux principes nouveaux, une adhésion que certains scellèrent en quelque sorte officiellement en se faisant admettre au club des Jacobins. Ainsi les trois Allemands en question. Le comte Gustav von Schlabrendorff, un libéral et cosmopolite achevé, fut à ce point fasciné par les événements de Paris qu'il ne devait plus en repartir jusqu'à sa mort sous la Restauration.[16] De même son compatriote silésien et ami Oelsner, un brillant publiciste, comme lui membre assidu du club des Jacobins de Paris et témoin aussi attentif que perspicace de ce qui se passait en France depuis 1789. Oelsner a laissé quantité de notes, lettres et écrits divers qui sont une mine précieuse de renseignements pour l'historien et, comme Schlabrendorff, il se fixa durablement à Paris puisqu'il y finit ses jours, lui aussi, sous la Restauration.[17] L'autre jacobin allemand de Paris précédemment signalé Gerhard Anton von Halem, s'en retourna, lui, dans le duché d'Oldenbourg d'où il venait, après avoir passé l'hiver 1790 à Paris.

Dans ses lettres qui furent publiées dès 1791,[18] Halem a évoqué d'une plume très vivante ce qu'il avait vu et entendu au club de la rue Saint-Honoré. On lui doit en particulier un portrait saisissant de Mirabeau alors nimbé de tout son prestige et dans toute la force de son verbe éloquent. On lui doit aussi des notations très intéressantes sur d'autres jacobins français qui devaient faire parler d'eux par la suite, en particulier Robespierre.

A la date du 8 octobre 1790, Halem remarquait dans une lettre: "*(A Paris), le club principal, auquel sont affiliés 200 à 300 clubs de différentes villes du royaume, est celui des Amis de la Constitution . . . Ce club qui se compose de 1,500 à 2,000*

*membres de toutes les classes, depuis le ci-devant duc jusqu'au sellier (. . .) grossit
tous les jours.''* Effectivement, le nombre des Jacobins ne cessait alors de s'accroî-
tre, progression spectaculaire d'effectifs qui se poursuivit jusqu'à l'événement
charnière que fut, en juillet 1791, après la fuite manquée de Louis XVI à Varennes,
la tragique fusillade du Champ de Mars, où la garde nationale de Paris, obéissant
aux ordres de la municipalité, tira sur la foule venue porter à l'autel de la Patrie
une pétition réclamant la déchéance du roi. C'était la première manifestation populaire du mouvement républicain qui allait s'amplifiant dans le pays. Aux Jacobins,
ce fut la cassure: les éléments modérés autour de La Fayette et de Barnave, des
bourgeois aisés et des aristocrates libéraux effrayés par les progrès de la Révolution, se retirèrent pour former le club des Feuillants, où l'on était pour le respect
de la Constitution, ce qui voulait dire pour le maintien de la monarchie. Le petit
noyau dur resté aux Jacobins autour de Robespierre allait donner au club une
physionomie nouvelle et former désormais à gauche de l'éventail politique français
un groupement qui, en abaissant les cotisations et en augmentant ainsi sa clientèle
de petits bourgeois et d'artisans, se démocratisa de plus en plus.

Cette scission du club des Jacobins de Paris était prévisible depuis plusieurs mois
déjà. Dès le 9 mars 1791, l'Allemand Oelsner qui ne manquait pas une séance
notait dans son journal: *"La Société des Jacobins (. . .) dégénère (. . .) en une
faction dangereuse. On a ouvert les portes à des fanatiques . . . Il s'y est introduit
une foule d'ambitieux avides de jouer un rôle qui, pour obtenir du crédit affichent
un patriotisme bruyant et prêtent la main à tout projet extravagant.''*[19]

Ces remarques sévères n'étaient évidemment pas celles d'un partisan de l'aile
gauche des Jacobins. De fait, Oelsner n'allait pas suivre le mouvement de radicalisation que Robespierre et ses amis imprimèrent de plus en plus au club après la
scission de juillet 1791, mais il n'en rejoignit pas pour autant les rangs des
Feuillants. Pour lui, en effet, Louis XVI avait, de par sa tentative de fuite à
l'étranger, perdu toute crédibilité et anéanti toute possibilité de réconcilier jamais
la monarchie avec la Révolution comme les Feuillants le croyaient encore faisable.
En cela, Oelsner et son grand ami le comte Schlabrendorff, qui partageait tout à
fait ses vues, se distinguent radicalement de leur compatriote Johann Wilhelm von
Archenholz, ex-officier prussien et publiciste renommé en son temps, qui incarne,
lui, le type de jacobin allemand devenu Feuillant.[20]

Archenholz avait salué avec enthousiasme les débuts de la Révolution. Au cours
de l'été 1791, il vint à Paris pour fonder une revue, la *Minerva*, destinée à tenir le
public allemand au courant de l'actualité révolutionnaire. Dans la capitale française, il rencontra tout naturellement les membres de la colonie allemande, en
particulier Schlabrendorff et Oelsner, mais comme il vouait un culte quasi idolâtre
à La Fayette, c'est surtout vers le milieu des Feuillants qu'il orienta ses fréquen-
tations. Comme ceux-ci, Archenholz était attaché sans réserve à la constitution
monarchique de 1791 et, comme eux, il s'inquiétait du progrès des tendances
radicales, dont le club des Jacobins, après la scission de juillet 1791, était devenu
le foyer. *"Je devins l'ennemi de cette effroyable société*, écrira-t-il plus tard, *dès le
jour où, en octobre 1791, j'entrai dans cet enfer pour y achever mon éducation
politique.''*[21] Archenholz ne niait pas que les Jacobins avaient rendu de grands
services jusqu'en 1791, mais maintenant il voyait dans leur club le mauvais génie

de la France. En août 1792, il signa dans sa revue *Minerva* une profession de foi
politique dans laquelle il déclarait:

> *J'aime la Révolution française en tant que suppression des innombrables abus et inqualifiables*
> *horreurs sous lesquels des millions d'individus voisins de nous ont été douloureusement pliés . . . Je*
> *respecte la Constitution française . . . Je méprise les chefs des Jacobins. C'est sur eux seuls que pèse*
> *la malédiction de la nation et de tous les étrangers impartiaux, parce qu'ils conduisent sur la mauvaise*
> *voie la masse du peuple qu'ils trompent.*[22]

Il n'était pas prudent d'afficher de telles opinions à ce moment où les passions
politiques se déchaînaient à Paris. N'oublions pas qu'Archenholz publia cette profession de foi en août 1792 et que, le 10 du même mois, le peuple de Paris renversa
de fait la monarchie en prenant le palais des Tuileries. Fort mal à l'aise au milieu
de ce Paris émeutier, poursuivi par la violente hostilité de son compatriote Anar-
charsis Cloots qui le dénonçait comme Feuillant et dangereux agent de la Contre-
Révolution, se sentant menacé dans sa sécurité personnelle même, Archenholz
s'enfuit précipitamment de Paris à la fin de l'été 1792 et rejoignit Hambourg d'où
il allait poursuivre ceux qu'il appelait les "*monstres jacobins*" de France d'une
haine aussi tenace que véhémente dans sa revue *Minerva* et d'autres publications.

A l'heure où Archenholz retrouvait ainsi le sol allemand, la Révolution française
venait d'entrer dans une phase critique. En effet, au sein même du mouvement
qui tendait à l'abolition de la monarchie et à l'instauration de la République, se
manifestaient déjà ces clivages qui, un peu plus tard, à l'époque de la Convention,
c'est-à-dire à partir de l'automne 1792, devaient conduire au tragique affrontement entre Girondins et Montagnards. Lutte fratricide puisque les députés girondins et les députés montagnards à la Convention cohabitaient, en personne ou par
partisans interposés, au club des Jacobins.

Dans leur grande majorité, les jacobins allemands en France comme ceux d'Allemagne d'ailleurs, furent en étroite sympathie idéologique avec les Girondins, ce
qui devait leur valoir généralement bien des ennuis sous la Terreur montagnarde.
Parmi les Allemands inscrits aux Jacobins de Paris, il n'en est pas qui furent plus
proches de la Gironde que Schlabrendorff, Oelsner et surtout le Souabe Karl
Friedrich Reinhard.[23] Avant de venir à Paris, celui-ci avait été président du club
des Jacobins de Bordeaux, où il était alors précepteur dans une famille, et il se lia
là-bas intimement au grand leader girondin Vergniaud et à ses compagnons Guadet
et Ducos. A l'instar de ces hommes qui apparaissaient aux Jacobins et à l'Assemblée législative comme les porte-parole de la grande bourgeoisie hostile à la démocratie prônée par Robespierre et son parti, Reinhard jugeait radicalement nocives
l'influence et la popularité montante de Robespierre qui, selon lui, flattait démago-
giquement les couches populaires. Il y avait là une expression très nette de cet
élitisme d'intellectuel bourgeois que Reinhard fut loin d'être le seul à manifester
parmi les jacobins allemands en général.

Reinhard a écrit un jour: "*J'ai vu naître la Révolution, je l'ai embrassée avec*
*enthousiasme et, du jour où la fuite de Louis XVI fut connue à Bordeaux, je*
*déclarai que je voulais vivre et mourir Français.*"[24] Est-ce à dire que ce Wurtember-
geois renia sa patrie germanique? Absolument pas, et jamais Reinhard n'eut le
sentiment d'être un renégat. Pourquoi? Parce que, pour lui comme pour tous les
jacobins allemands qui lièrent leur destin à la France révolutionnaire, ce n'était

pas devenir infidèle à l'Allemagne que se faire adopter par le pays, dont l'évolution depuis 1789 marquait selon eux un progrès décisif de l'humanité tout entière. C'est pourquoi Reinhard communia avec tant de ferveur comme la plupart des autres Allemands qui partageaient ses convictions avec l'idéologie des Girondins qui poursuivaient de grands rêves cosmopolites, où tous les peuples s'embrassaient fraternellement sous le signe de la liberté. Une des manifestations les plus spectaculaires de ce généreux cosmopolitisme qui trouva un écho très profond chez les Allemands, fut le décret par lequel l'Assemblée législative accorda solennellement en août 1792 la citoyenneté française à une vingtaine d'étrangers qui, comme il était dit, avaient bien mérité de l'humanité en préparant sa libération par leurs actes ou leurs écrits.[25] Parmi eux, quatre Allemands, dont les poètes Schiller et Klopstock ainsi que Cloots qui put, grâce à cette naturalisation, être élu quelques mois plus tard à la Convention.

A la tribune de la Législative, Brissot et les grands orateurs de la Gironde appelaient depuis le début de l'année 1792 avec un lyrisme fiévreux à la grande croisade qui affranchirait tous les peuples de la terre du joug des tyrans. Cloots fit tapageusement chorus avec cette propagande belliqueuse et joignit à ses grandes paroles un acte patriotique qui fit sensation. Il offrit à la nation—n'oublions pas qu'il était très riche—la somme de 12,000 livres pour équiper une cinquantaine de combattants. Il fit même mieux. Avec un docteur allemand du nom de Saiffert, qui avait été médecin personnel du duc d'Orléans avant de devenir un ardent membre du club des Jacobins de Paris, Cloots créa un corps de troupe, la Légion germanique, qui devait libérer l'Allemagne de ses princes.[26]

Le docteur Saiffert, qui était poète à ses heures, composa pour ses légionnaires un chant de marche qui exaltait en termes vibrants la liberté française et exhortait les Allemands encore esclaves à briser leurs chaînes. Déjà avant, Saiffert avait traduit en allemand la déclaration des Droits de l'homme et l'avait envoyée outre-Rhin afin de la faire imprimer et répandre à profusion. Très tôt, donc, cet isolé s'était lancé individuellement en direction de l'Allemagne dans une action de propagande révolutionnaire que les jacobins d'outre-Rhin chassés de leur patrie par la réaction aristocratique et réfugiés sur le sol de France allaient organiser en grand et mener activement depuis la province qui les accueillit nombreux dès le printemps 1791: l'Alsace.

Les jacobins allemands, dont il a été question jusqu'ici, étaient de deux sortes: soit ils vivaient déjà en France avant la Révolution comme Cloots, Saiffert ou Reinhard, soit ils étaient, comme Schlabrendorff ou Oelsner, de ces *pélerins de la liberté*" qui étaient venus spontanément en France et qui s'y étaient fixés de leur plein gré, par intérêt pour les événements qui se déroulaient dans le pays de la Révolution. Il en va différemment des jacobins allemands, dont il convient d'évoquer maintenant le destin en France, car il s'agit d'hommes qui furent contraints d'émigrer. Les précédents étaient des émigrés volontaires; ceux-ci, par contre, des exilés politiques, des proscrits, des réfugiés, auxquels l'Alsace s'offrit donc en asile dès le printemps 1791.

Il est frappant de constater que les représentants de cette première vague d'émigration en 1791–92 furent principalement des intellectuels; plus frappant encore que ces intellectuels aient été en très grande partie des ecclésiastiques venus des Etats catholiques de l'Allemagne du Sud et de Rhénanie. L'Alsace libérée de la

féodalité leur offrait non seulement un refuge proche contre les persécutions politiques, mais encore, puisque cette province était très largement germanophone,
des chances de carrière qui ne leur étaient pas données dans leur patrie encore
prisonnière des carcans de l'Ancien Régime. De fait, beaucoup de ces ecclésiastiques allemands trouvèrent place en Alsace dans les rangs du clergé constitutionnel, c'est-à-dire parmi les prêtres français qui avaient prêté le serment de fidélité à
la Constitution civile du clergé et donné par là un signe de leur adhésion aux
principes de la Révolution. Tel fut le cas du fameux Eulogius Schneider, ex-élève
des Jésuites et, ci-devant moine franciscain, qui, jusqu'à son émigration forcée à
Strasbourg, avait été professeur d'éloquence et de belles lettres à l'université de
Bonn, où il compta le jeune Beethoven parmi ses étudiants.

A Strasbourg, où il obtint le poste de vicaire de l'évêque constitutionnel du
Bas-Rhin Franz Anton Brendel, un Allemand de Franconie, Schneider prit aussi
rapidement la tête du mouvement jacobin local et afficha les tendances démocratiques les plus radicales. Ayant renoncé à la prêtrise pour devenir en 1793 accusateur public au tribunal criminel, puis au tribunal révolutionnaire du Bas-Rhin, cet
exalté poussa son zèle révolutionnaire si loin qu'il se fit une sinistre réputation
d'"*apôtre de la guillotine*" et fut même gratifié du surnom de "*Marat de Strasbourg*". Mais cette image devenue plus ou moins légendaire de monstre sanguinaire ne doit pas masquer les autres autres aspects de l'action révolutionnaire que
Schneider déploya en Alsace de concert avec les jacobins allemands qui s'y étaient
réfugiés comme lui.[27]

Depuis le printemps de 1792, la France nouvelle était en guerre contre les Prussiens et les Autrichiens. Comme le disait le slogan de l'époque, la patrie était en
danger et ces émigrés politiques allemands, dans leur cosmopolitisme, se sentaient
solidaires de la nation française qui les avait accueillis. Groupés autour de Schneider, conjuguan leurs efforts avec les siens, ces révolutionnaires en exil s'emplo-
yaient à exciter leurs compatriotes de l'autre côté du Rhin à se soulever contre leurs
maîtres. Feuilles volantes, tracts de toutes sortes, journaux, brochures, poèmes et
chansons, etc: ces hommes mirent tout en oeuvre pour parvenir à leur but. Dans
ce foisonnement de littérature subversive, les produits de leur cru s'ajoutaient aux
traductions de textes révolutionnaires français. Un parmi beaucoup d'autres: ce
chant qui devait s'appeler plus tard la *Marseillaise*. Le capitaine du génie Rouget
de Lisle, alors en garnison à Strasbourg, venait de le composer dans un moment
brûlant de lyrisme patriotique, et Eulogius Schneider fut un des tout premiers à le
traduire en allemand.

Il n'est pas possible de présenter ici dans le détail tous les brûlots révolutionnaires que les jacobins allemands d'Alsace lancèrent vers leur ancienne patrie.[28]
Aussi faut-il se borner à ne citer que quelques titres, l'*Argos, oder der Mann mit
hundert Augen*, le journal de combat de Schneider, le *Straßburgisches Politiches
Journal* du Souabe Friedrich Christoph Cotta qui s'adressait dans un style très
populaire aux petites gens des villes et des campagnes du sud-ouest de l'Allemagne,
ou encore, en plus violent, plus percutant, ce vrai chef-d'oeuvre de littérature
révolutionnaire que l'ex-avocat prussien Karl Clauer publia sous le titre sensation-
nel de *Sendschreiben an alle benachbarten Völker Frankreichs zum allgemeinen
Aufstand* ("Epître à tous les peuples voisins de la France en vue de l'insurrection
générale").[29]

Dans la phase de la Révolution qui va jusqu'aux débuts de la guerre durant le printemps et l'été 1792, Strasbourg constitua le centre le plus important des jacobins allemands émigrés et le foyer le plus intense de leurs activités. Cette situation changea après Valmy, à l'automne de 1792, lorsque les Français, passés à la contre-offensive, entrèrent dans le Palatinat, remontèrent le Rhin et firent capituler la citadelle de Mayence au mois d'octobre après avoir pris les villes de Spire et de Worms.

A Mayence, comme dans la région, se constitua sous les auspices de l'armée française une société qui, sous le nom de *"Société des amis de la Liberté et de l'Egalité"*, était une exacte réplique du club des Jacobins de Strasbourg. Bon nombre des démocrates allemands émigrés qui militaient là-bas aux côtés de Schneider, revinrent en Rhénanie pour soutenir et activer ce célèbre mouvement jacobin de Mayence, qui conduisit à la mi-mars 1793 à la proclamation d'une république officiellement appelée *"République rhéno-germanique"*, le premier Etat démocratique de l'histoire allemande.[30] Lorsqu'après un siège de trois mois par les troupes prussiennes, la garnison française, aidée par les patriotes mayençais dans sa résistance héroïque, dut capituler en juillet 1793, une brutale répression s'abattit sur les clubistes jacobins. Il y eut des lynchages, des arrestations, des emprisonnements. Un certain nombre de jacobins mayençais purent cependant s'échapper à temps et se réfugièrent en France, où ils eurent les destinées les plus diverses et connurent toutes sortes d'aventures.[31] Quelques-uns retrouvèrent momentanément, en retournant à Strasbourg aux côtés de Schneider, la sphère d'activité qu'ils avaient quittée à l'automne 1792 pour aller *"révolutionner"* la Rhénanie. D'autres entrèrent dans l'administration ou dans les armées françaises. Il y en eut qui, sous l'uniforme des Républicains, allèrent se battre contre les Blancs en Vendée. L'un de ces ex-clubistes rhénans, Gerhard Münch, ci-devant vicaire catholique au village de Wöllstein près de Mayence, trouva dès 1793 la mort au combat contre les Vendéens. Pendant le même temps, certains de ses anciens compagnons fondaient à Paris une *"Société des Patriotes mayençais unis à la République française"* dont l'histoire demeure assez obscure. Ce club de réfugiés eut momentanément pour président l'ex-professeur de droit Andreas Joseph Hofmann, une des figures les plus importantes de la République rhéno-germanique.[32]

Dans l'ensemble, ces réfugiés de Mayence vécurent en France dans des conditions très précaires et parfois même misérables. En témoignent ces demandes de secours, ces appels à l'aide adressés en termes souvent déchirants au gouvernement français et qu'on peut exhumer des archives où se cachent des traces du tragique destin de ces hommes.

Une figure domine l'ensemble de ces jacobins mayençais exilés en France, celle de l'écrivain et savant célèbre Georg Forster qui constitua la grande figure de proue du jacobinisme allemand en général.[33] En 1790, Forster avait fait le pélerinage de la liberté à Paris au moment de la fête de la Fédération. Il était toujours bibliothécaire de l'université de Mayence lorsque les Français y arrivèrent et initièrent la création d'un club de Jacobins dans la ville. Président du club en janvier 1793, vice-président de la Convention rhéno-germanique constituée le 17 mars suivant, Forster fut chargé par cette assemblée d'aller demander à Paris le rattachement de l'Etat libre mayençais à la République française. Cette demande, Forster la présenta effectivement le 30 mars 1793 à la Convention qui vota le rattachement à l'unanimité. Par l'effet d'une curieuse coïncidence commença exactement au même moment le blocus de Mayence par les Prussiens, ce qui obligea Forster à rester en France. Sa fin, une triste fin, était proche. Accusé de haute trahison en Allemagne où sa tête était mise à prix, abandonné de ses amis et même de sa femme, malade, près du désespoir, mais non pas ébranlé dans sa fidélité aux principes de la Révolution à laquelle il avait tout sacrifié, Forster mourut misérablement d'une congestion pulmonaire le 10 janvier 1794 dans une chambre d'hôtel à Paris, alors que la Terreur faisait rage. Il n'avait que quarante ans et demeure une des incarnations les plus émouvantes du jacobinisme allemand dans ses aspirations idéalistes les plus nobles.

La dernière consolation de Forster fut l'amitié d'un autre jacobin allemand émigré, le jeune médecin souabe Georg Kerner.[34] Impatient du despotisme que faisait régner dans sa patrie le duc Charles Eugène de Wurtemberg, Kerner était parti spontanément en 1791 pour Strasbourg et avait adhéré là au club des Jacobins dont il fut quelque temps le secrétaire. A ce titre, il enregistra l'inscription d'Eulogius Schneider. L'année suivante, il était à Paris où il se lia à son compatriote Reinhard, à Schlabrendorff et Oelsner. C'est lui qui disait: *"J'ai quitté le pays de ma naissance pour trouver une patrie en France, et je mets dans le mot 'patrie' un poids immense."*[35]

Georg Forster mourut pratiquement dans les bras de Kerner. Quelque mois auparavant il avait eu la douleur de perdre dans des conditions particulièrement dramatiques un des deux amis mayençais qui l'avaient accompagné dans sa mission à Paris. Ce compagnon de Forster s'appelait Adam Lux. Nourri de Jean-Jacques Rousseau, il brûlait d'un idéalisme qui lui fut fatal. En effet, méprisant le danger, il prit hautement le parti des Girondins à l'heure où les Montagnards triomphaient. Il fit l'apologie de Charlotte Corday, la meurtrière de Marat, une imprudence folle qu'il paya de sa tête sous la guillotine au début de novembre 1793.[36]

Adam Lux représente un des cas les plus frappants, où jacobinisme allemand et girondinisme français coïncidèrent le plus parfaitement, et son nom reste celui du premier jacobin allemand victime de la Terreur montagnarde, dont la terrible loi dite des suspects promulguée le 17 sept septembre 1793 fut le prélude dans la France entière. Cette loi des suspects ouvrit une période particulièrement dangereuse pour tous les étrangers qui vivaient alors sur le territoire de la République. C'était l'époque où jacobins et sans-culottes français, alarmés par les menaces extérieures et intérieures qui pesaient sur la patrie, flairaient partout des ennemis cachés, des conspirateurs, des agents de la Contre-Révolution européenne. Une véritable psychose se développait dans le pays chez les patriotes, et cette psychose avait pour nom *"le complot de l'étranger"*. La France républicaine traversait une crise grave et, comme toujours dans les situations de ce genre, il en résultait un climat de xénophobie de plus en plus prononcée qui contrastait vigoureusement avec l'ambiance euphorique de confiance cosmopolite dans laquelle le lyrisme des Girondins avait plongé la France.[37] Les choses se gâtèrent de ce point de vue à un tel degré que même les immigrés politiques, qui avaient donné les gages les plus manifestes de leur attachement aux principes de la Révolution, se trouvèrent englobés dans la suspicion générale et connurent tous les ennuis possibles, des tracasseries policières à la prison, de la prison au Tribunal révolutionnaire et du

Tribunal révolutionnaire à la guillotine sous laquelle les deux jacobins allemands de France les plus en vue, Anacharsis Cloots et Eulogius Schneider, finirent leurs jours.

D'abord Cloots. Ardent partisan des Girondins en 1792, l'"*Orateur du genre humain*" alla ensuite se ranger à la Convention sur les bancs de la Montagne, où il se retourna avec hargne contre ses anciens amis. Plus exalté que jamais, il se lança à corps perdu dans le mouvement déchristianisateur mené par l'aile gauche la plus extrémiste des Jacobins. Cloots, qui avait déjà troqué son prénom chrétien de Jean-Baptiste contre celui d'Anacharsis emprunté à l'antiquité païenne, déclarait maintenant: "*"La seule vraie république est la république athée.*" Dès lors, le conflit était inévitable avec Robespierre qui disait, lui: "*L'athéisme est aristocratique. Au contraire, l'idée d'un grand être—l'Etre suprême—[. . .] est très populaire*" (entendons démocratique). Robespierre n'hésitait pas à dénoncer la campagne déchristianisatrice comme une manoeuvre contre-révolutionnaire de l'étranger, et il engagea la grande purge de l'an II en attaquant personnellement Cloots qui venait de présider le club des Jacobins de Paris en novembre 1793. Le 12 décembre, il prononça contre le "*Prussien Cloots*" un terrible réquisitoire qui conduisit à l'exclusion de l'"*Orateur de genre humain*", d'abord du club, ensuite de la Convention. Condamné comme agent de l'étranger avec les Hébertistes, il fut guillotiné le 24 mars 1794 en même temps qu'eux.[38]

Après Adam Lux et Cloots, la Terreur montagnarde fit encore d'autres victimes parmi les jacobins allemands en France, des victimes, dont les exécutions, dans leur chronologie, coïncidèrent de façon frappante avec les phases par lesquelles passa l'élimination des "*factions*" extrémistes de gauche et de droite, qui, au sein de la Montagne victorieuse des Girondins, s'opposaient à la politique et aux visées dictatoriales de Robespierre: d'un côté, à l'extrême gauche, les Hébertistes et Enragés; de l'autre côté, autour de Danton, ceux qu'on appelait les "*Indulgents*" parce qu'à l'inverse des premiers, ils étaient partisans d'une politique de modération tendant à arrêter la Terreur. Robespierre et ses amis, pour affirmer leur pouvoir, se décidèrent à frapper, d'abord à gauche, puis à droite, et ils réussirent: en mars ils se débarassèrent des Hébertistes, en avril des Dantonistes, deux grandes fournées successives dans lesquelles, chaque fois, des jacobins allemands furent englobés.

D'abord, donc, l'élimination des extrémistes de gauche. Parmi eux, on l'a vu, Cloots qui fut exécuté le 24 mars 1793 avec les Hébertistes. A peine une semaine après, le 1er avril 1794, ce fut le tour de Schneider, l'"*apôtre de la guillotine*" de Strasbourg lui-même. Accusé par le parti Robespierre d'être l'"*âme du complot de l'étranger*" en Alsace, Schneider fut en fait victime de son ardeur à dénoncer les inégalités sociales entre les riches et les pauvres, victime aussi de ses origines allemandes et de ce cosmopolitisme révolutionnaire que Robespierre abhorrait. Avec lui disparut un des représentants les plus durs du mouvement sans-culotte, dont Robespierre s'employa à enrayer la montée après s'être appuyé sur lui pour parvenir au pouvoir.[39]

Peu après l'élimination de la gauche jacobine à laquelle appartenaient Cloots et Schneider, ce fut celle de la droite montagnarde dominée par Danton. Parmi les Dantonistes, deux personnages énigmatiques, les frères Frey qui s'appelaient en réalité Dobruschka alias Schönfeld, des Juifs convertis originaires de Moravie, sujets des Habsbourg d'Autriche donc. Se présentant comme des victimes de l'aristocratie viennoise, ils étaient arrivés en juin 1792 à Paris, où ils avaient participé à la prise des Tuileries et étaient entrés au club des Jacobins. Liés aux amis les plus proches de Danton, ce groupe dit des *"fripons"* qui mêlaient habilement affaires et politique, les frères Frey, que l'*"Incorruptible"*, appelait les *"deux plus habiles scélérats que l'Autriche ait vomis parmi nous"*, furent guillotinés en même temps que Danton et ses partisans au début d'avril 1794.[40]

Désormais débarassé sur sa droite et sur sa gauche des factions qui s'opposaient à lui, Robespierre et ses amis eurent toute liberté pour gouverner. Alors commença la période dite de la *"Grande Terreur"* avec ses grandes messes rouges autour de la guillotine: d'avril à la fin juillet 1794, plus de 2,100 têtes et, dans cette hécatombe, encore des têtes de jacobins d'outre-Rhin, dont les orientations idéologiques reflétaient la grande diversité du phénomène jacobin allemand à la fois en lui-même et surtout dans son contact avec les réalités révolutionnaires françaises. La même remarque vaut évidemment pour ceux qui furent plus ou moins sauvés *in extremis* par la chute de Robespierre. Parmi ces Allemands rescapés de la Terreur, on ne s'étonne pas de trouver des hommes très proches des Girondins comme le huguenot prussien Bitaubé,[41] le Souabe Reinhard ou encore Schlabrendorff qui avaient été de ce fait emprisonnés et qui furent relâchés après le 9 Thermidor.[42]

C'est aussi ce qui arriva au jeune pédagogue holsteinois Johann Friedrich Butenschön qui représente le cas exceptionnel d'un jacobin allemand admirateur de Robespierre lors même qu'il en était une victime comme son ami Eulogius Schneider.[43] Membre du club des Jacobins de Strasbourg particulièrement actif, Butenschön eut le courage de protester en tant qu'officier municipal contre l'arrêté qui ordonnait d'abattre dans la huitaine toutes les statues qui décoraient la façade de la cathédrale. En 1793, il était allé se battre en Vendée contre les Blancs, et il fut arrêté à Strasbourg quelques jours après Schneider, avec les autres partisans de celui-ci. Resté en prison dans la capitale alsacienne alors que ses amis s'étaient vus transférés et enfermés à Paris ou à Dijon, Butenschön put, malgré son incarcération, poursuivre la publication du journal *Argos* après l'exécution de Schneider. Il manifesta alors une surprenante admiration pour Robespierre. Expression d'un rousseanisme fervent et d'un idéalisme passionnément attaché aux valeurs morales du kantisme, cette vénération de Butenschön pour l'*"Incorruptible"* ne l'aurait pas sauvé de la guillotine sans la journée fatidique du 9 Thermidor. Emprisonné à Strasbourg en janvier 1794, il fut conduit au mois de juillet suivant à Paris dans la sombre Conciergerie, l'antichambre de la mort pour tant de victimes de la Terreur. Survient la chute de Robespierre. Butenschön était sauvé, mais n'en retrouva pas pour autant tout de suite la liberté: ce n'est, en effet, qu'en octobre 1794, environ trois mois plus tard donc, qu'il fut relâché.

Le tournant capital que le 9 Thermidor représenta dans l'histoire de la Révolution marqua le début d'une période où la France, sauvée des périls extérieurs par les victoires de ses armées, redevint peu à peu le pays accueillant aux étrangers et la terre d'asile politique qu'elle avait été jusqu'à la grande crise de 1793. Après s'être repliée sur elle-même dans un irrésistible réflexe d'auto-défense, la *"Grande Nation"* enterra le démon de la xénophobie et ce revirement, ce retour à l'hospitalité cosmopolite qui avait marqué l'attitude de la France révolutionnaire jusqu'à la période girondine, ramena peu à peu sur son sol des jacobins allemands qui l'avaient fui à l'époque de la Terreur. Parmi ces revenants, en particulier Oelsner et Georg Kerner: tous deux étaient allés se mettre en sécurité en Suisse pendant la tourmente.[44] Et voici que les réfugiés mayençais de 93 sortaient aussi de l'obscurité et du silence auxquels les avait condamnés la Terreur.

C'était un signe plus que significatif du profond changement politique en France depuis la chute de Robespierre que ces jacobins mayençais aient pu lancer à Paris durant l'été 1795 une spectaculaire campagne de presse pour le rattachement de la rive gauche du Rhin à la France. Ils apportaient ainsi un soutien très actif à la politique d'expansion révolutionnaire que la Convention thermidorienne jusqu'à la fin de l'automne 1795, puis le Directoire qui lui succéda, poursuivirent dans le droit fil des tendances girondines que l'épisode robespierriste avait étouffées. Le principal organe de cette propagande des Mayençais de Paris fut un quotidien financé par le gouvernement français et qui parut en allemand à partir du 1er janvier 1796 sous le titre *Der Pariser Zuschauer* ("Le spectateur parisien").[45] Présenter fidèlement tout ce qui avait trait à la Révolution et à l'*"Etat libre français"* au dedans et au dehors: tel était le but des rédacteurs, Georg Wilhelm Böhmer, ancien enseignant au collège protestant de Worms et ardent propagandiste du club de Mayence, Anton Joseph Dorsch, Nimis et Blau,[46] trois ci-devant prêtres catholiques et professeurs à l'université de ladite ville.

Cependant arrivaient en France de nouveaux émigrés allemands que les potentats de l'Empire germanique, renforçant alors plus que jamais leur pression sur libéraux et démocrates, avaient persécutés comme "*jacobins*," les contraignant à l'exil quand ils ne les avaient pas déjà jetés dans leurs bastilles.

Parmi ces nouveaux venus de l'époque thermidorienne et du Directoire, il convient de citer Karl Friedrich Cramer, professeur à l'université de Kiel, démis de sa chaire en 1794 à cause de ses sympathies pour la France nouvelle.[47] "*Cramer le Franc*", comme son ami Klopstock l'appela dans une de ses odes révolutionnaires, s'était prévalu en 1793 de sa traduction allemande du *Contrat social* de Rousseau et de sa courageuse lutte journalistique en faveur des principes de 89 pour demander à la Convention la citoyenneté française. Cet espoir, ruiné par la chute des Girondins qu'il adulait, se réalisa d'une autre manière. Contraint de quitter le Holstein par suite de sa révocation, Cramer trouva une nouvelle patrie en France. Il s'établit à la fin de l'année 1795 comme imprimeur-libraire à Paris, employa dans son officine entre autres des réfugiés mayençais comme typographes et, en dépit de bien des désillusions, il s'efforça inlassablement jusqu'à sa mort survenue en 1807 de jouer les intermédiaires littéraires et idéologiques entre sa nouvelle patrie et l'ancienne qu'il rêvait de voir réunies sous le signe des principes politiques auxquels il avait tout sacrifié.

A côté de Cramer, dont la maison fut un rendez-vous des Allemands à Paris de l'époque du Directoire à l'Empire, une figure émerge: celle de Rebmann qui fut, après Forster, le représentant de loin le plus marquant du jacobinisme allemand.[48]

Homme de lettres très fécond et doué d'un grand courage politique, Georg Friedrich Rebmann avait attaqué les abus de l'ordre aristocratique et féodal en Allemagne d'une plume si mordante qu'il dut s'enfuir de Saxe, où le menaçait une arrestation pour menées subversives. Traqué par la police dans divers autres Etats allemands, il émigra finalement à Paris en 1796. Là, il continua avec une étonnante ténacité à lutter avec sa plume contre la réaction et l'obscurantisme en Allemagne.

Mais davantage encore que la persévérance et la hargne de ce combat contre les forces rétrogrades dans sa patrie germanique, ce qui frappe dans les écrits politiques de Rebmann à Paris, c'est le ton d'amère déception qui domine son évocation des réalités françaises vues de près.

En effet, Rebmann fut écoeuré par le spectacle de corruption et d'immoralité que la République bourgeoise du Directoire, conduite par les profiteurs de la Révolution, étalait au grand jour. Sa triste constatation était que les Français avaient oublié les vertus républicaines. *"L'égalité a disparu"*, écrivait-il, *"le riche voleur est tout, le pauvre travailleur n'est rien; l'honnêteté est prise pour de la faiblesse, l'immoralité est une marque honorable."*[49] Cet effondrement des valeurs morales en France affectait et obsédait Rebmann, car il était tout plein de l'idéalisme auquel Kant, le philosophe de l'impératif catégorique, initia l'Allemagne à la fin du XVIIIe siècle, tout plein de ce moralisme kantien qui fut, à quelques rares exceptions près, une composante majeure dans l'univers idéologique des jacobins allemands. D'où les efforts que beaucoup d'entre eux déployèrent en France pour y faire connaître la pensée de Kant, dont l'éthique, pensaient-ils, permettrait à la *"Grande Nation"* de progresser dans la voie du devoir et de la véritable liberté.[50]

Déjà Forster, avant de mourir dans le Paris de la Terreur en janvier 1794, avait fait la douloureuse constatation que la liberté française, initialement porteuse de si belles promesses, avait dégénéré en licence et en anarchie à cause du manque de maturité morale des Français. Déjà chez Forster s'était dessinée en filigrane dans ce constat désabusé, une idée que d'autres jacobins allemands après lui, tout particulièrement Rebmann, allaient développer pour parvenir à la conclusion que ce n'était pas en France, mais en Allemagne, chez ce "peuple des poètes et des penseurs", supérieur sur le plan de la culture et moralement mieux éduqué, que les principes de la Révolution auraient pu ou pouvaient peut-être encore porter des fruits.

Une Allemagne éclairée par la philosophie kantienne et auréolée du pur rayonnement de l'impératif catégorique prenant la relève d'une France qui n'a donc pas pu, par carence morale, mener à bien la grande mission qu'elle avait été appelée en 1789 à réaliser pour le bien de l'humanité: voilà la vision qui s'impose à Rebmann. Les Allemands relèveront les Français et réussiront là où ceux-ci ont échoué. Voilà ce que Rebmann croit, croyance aussi ferme que profonde qui marque chez lui comme chez d'autres jacobins allemands à la même époque, particulièrement chez les Cisrhénans, l'éveil d'un sentiment nouveau qu'on peut certainement qualifier de patriotisme, mais non de nationalisme germanique. Car cette idée de mission allemande baigne toujours dans l'idéologie cosmopolite qui fut une des bases mêmes du jacobinisme allemand. Ce n'est pas pour dominer les autres peuples de la terre, mais pour les guider vers la vraie liberté que l'Allemagne va reprendre le flambeau que la France a laissé tomber: telle était la conviction de Rebmann qui, en s'intitulant comme il le fit, *"citoyen allemand de la République français"*, montrait bien la nature, tout sauf chauvine et francophobe de son patriotisme germanique.

La meilleure preuve en est qu'en dépit de ses désillusions, Rebmann, loin de tourner le dos à la République française, entra à son service. Lorsqu'au cours de l'hiver 1797–98 la rive gauche du Rhin annexée militairement à la République, fut organisée en département français, Rebmann accepta aussitôt du Directoire un poste de juge au tribunal de Mayence. Et il ne fut pas le seul à faire de la sorte. Au même moment, c'est-à-dire en 1798, nombre de jacobins mayençais parmi les plus marquants quittèrent la France et retournèrent en Rhénanie occuper les places de fonctionnaires auxquelles le gouvernement français venait de les nommer. Dans l'ensemble, ces hommes saluèrent comme Rebmann avec la plus vive satisfaction le coup d'Etat par lequel, le 18 brumaire an VIII, Bonaparte renversa le Directoire, dont l'immoralité et la gabegie, plus que sensibles justement dans l'administration de la Rhénanie annexée, avaient fait douter les jacobins allemands de la Grande Nation.

Ce serait sortir des limites imposées à cette étude que vouloir retracer l'évolution idéologique de ces jacobins allemands au-delà de l'époque révolutionnaire proprement dite, dont l'avènement de Bonaparte comme Premier consul marqua la fin. Aussi faut-il, pour terminer, se borner à quelques remarques générales.

Toute la rive gauche du Rhin devint officiellement française par le traité signé à Lunéville le 9 février 1801 et elle resta française jusqu'a l'effondrement de la domination napoléonienne, avec une administration recrutée en très grande partie dans le personnel fourni par les ex-Jacobins et ex-Cisrhénans, lesquels donc, dans l'ensemble, réagirent d'abord positivement à l'avènement de Bonaparte en saluant en lui, à l'instar de la majorité des Français, un héros républicain, restaurateur de l'ordre politique et moral dans le pays de la Révolution. Ensuite—et par le fait d'un glissement tout à fait analogue à celui qu'on observa chez les républicains français en général—ils en vinrent tout naturellement à accepter l'Empire, évolution tout à fait typique qui les mena à collaborer avec les Français comme ils l'avaient déjà fait pendant la Révolution, c'est-à-dire dans l'esprit de solidarité et de fraternité franco-allemande où avaient baigné pour eux, dès le début de la Révolution de 89, le généreux message cosmopolite qu'elle avait apporté au monde.

Cette attitude dans l'ensemble typique ne rend que plus intéressants les cas assez exceptionnels de jacobins allemands qui ne l'épousèrent pas et évoluèrent vers un nationalisme allemand anti-français militant. Ainsi le célèbre Cisrhénan Joseph Görres, qui avait embrassé avec enthousiasme la cause révolutionnaire de la Grande Nation, qui vint à Paris en 1799 pour demander l'annexion des pays rhénans à la France et qui se mua par la suite en champion de la cause allemande, ennemi juré de Napoléon et des Français.[51]

A côté de cette évolution vers un chauvinisme germanique virulent, qui marquait une rupture totale avec l'idéologie cosmopolite constitutive du jacobinisme allemand, il convient de signaler que certains des représentants de celui-ci—mais il s'agit encore là de cas exceptionnels—refusèrent l'Empire napoléonien, non par nationalisme, mais parce que, restés fidèles aux idéaux fondamentaux de la Révolution, ils ne pouvaient s'accommoder du régime impérial qui, de ces idéaux, sauvegardait peut-être celui de l'égalité, mais trahissait celui, non moins essentiel, de la liberté. Parmi les jacobins allemands de France, on put observer cette attitude chez le comte Schlabrendorff qui avait été à Paris membre du club de la rue Saint-Honoré dès 1790 et qui, au nom des valeurs républicaines, publia en 1804 sous l'anonymat un pamphlet anti-napoléonien virulent.[52] Un cas plus ou moins analogue est celui de l'ex-président de la Convention rhéno-germanique, leader marquant du mouvement jacobin mayençais Andreas Joseph Hofmann qui chercha refuge en France après la chute de Mayence en juillet 1793, trouva ensuite place dans l'administration française et demeura jusqu'à la Révolution de 1848, au lendemain de laquelle il mourut, un républicain aussi inflexible qu'austère.[53] Autre exemple encore, particulièrement émouvant celui-là: l'ex-universitaire de Leipzig, Johann Friedrich Hilscher, qui finit lamentablement sa vie dans le Paris de Napoléon et des Bourbons revenus pour être resté fidèle jusqu'au bout à l'idéal jacobin qui l'avait contraint à fuir sa patrie en 1794.[54]

Ces quelques indications apportent une dernière touche à l'analyse du phénomène original que fut le jacobinisme allemand, telle que la permet la présentation de ceux de ses représentants plus ou moins notoires qui vinrent en France—émigrés spontanés ou exilés forcés, "pèlerins de la liberté" ou réfugiés—de la fin de l'Ancien Régime au début de l'époque napoléonienne.

## Notes

1. L'ouvrage de Jean Castelnau d'où est tirée la citation, *Le club des Jacobins (1789–95)* (Paris, 1948), p. 31, n'est guère satisfaisant. Sur l'histoire du jacobinisme français en général et sa société-mère de Paris en particulier, on se reportera à l'excellente petite monographie de Gérard Maintenant, *Les Jacobins* (Paris, 1984) et aux titres fournis par la bibliographie sommaire qu'elle apporte (p. 127). On y ajoutera l'étude de Michael Kennedy, *The Jacobin Clubs in the French Revolution* (Princeton, 1982).
2. Trop longtemps resté dans son ensemble une "terra incognita" de l'histoire allemande, le jacobinisme d'outre-Rhin a, depuis une quinzaine d'années, fait l'objet d'un nombre croissant d'études qu'on trouvera indiquées, à côté de travaux particuliers plus anciens d'historiens allemands locaux généralement hostiles à la Révolution française, dans les bibliographies très fournies offertes par les ouvrages suivants: Inge Stephan, *Literarischer Jakobinismus in Deutschland (1789-1806)* (Stuttgart, 1976); *Jakobiner in Mitteleuropa*. Herausgegeben und eingeleitet von Helmut Reinalter (Innsbruck, 1977), pp. 433–81; Helmut Reinalter, *Der Jakobinismus in Mitteleuropa. Eine Einführung* (Stuttgart, 1981), pp. 149–74; et les cinq volumes de la série *Deutsche revolutionäre Demokraten. Darstellung und Dokumentation*, éditée par Walter Grab (Stuttgart, 1971–78).
3. Le mouvement jacobin, dont Mayence fut le centre d'octobre 1792 à l'été 1793, a suscité une abondante littérature. Cf. Hellmut Haasis, *Bibliographie zur deutschen linksrheinischen Revolutionsbewegung 1792–93* (Kronbert/Ts, 1976), ainsi que *Deutsche Jakobiner. Mainzer Republik und Cisrhenanen*, 3 vol. (Mayence, 1981); Klaus Tervooren, *Die Mainzer Republik* (Frankfurt a.M., 1982); et Franz Dumont, *Die Mainzer Republik. Studien zur Geschichte der Revolutionierung in Rheinhessen und der Pfalz* (Alzey, 1982), pp. 507–26 (Bibliographie très détaillée).
4. Heinrich Scheel, *Süddeutsche Jakobiner. Klassenkämpfe und republikanische Bestrebungen im deutschen Süden Ende des 18. Jahrhunderts*, 2e éd. (Berlin/DDR, 1971).
5. Joseph Gierlinger, "Der Jakobinerklub von Altona. Zeitbilder aus den Jahren 1790–93" in *Altonaer Nachrichten*, 23 et 24 mars 1928; Walter Grab, "Clubs démocrates en Allemagne du nord 1792–93" in *Annales historiques de la Révolution française*, 186 (1966), pp. 523–546; et du même, *Demokratische Strömungen in Hamburg und Schleswig-Holstein zur Zeit der ersten französischen Republik* (Hamburg, 1966), pp. 82–116.
6. Par exemple au fameux séminaire de théologie protestante ("Stift") de Tübingen, où les jeunes futures gloires du "peuple des poètes et des penseurs" Hölderlin, Hegel et Schelling, partageaient au début des années 90 la même chambre d'internat et, avec d'autres condisciples, le même enthousiasme pour la Révolution française. Cf. Uwe Jens Wandel, *Verdacht von demokratismus? Studien zur Geschichte von Stadt und Universität Tübingen im Zeitalter der Französischen Revolution* (Tübingen, 1981), pp. 47–68.
7. Jacques Droz, *L'Allemagne et la Révolution française* (Paris, 1949), pp. 217–47; du même, *La pensée politique et morale des Cisrhénans* (Paris, 1940); et surtout Axel Kuhn, *Jakobiner im Rheinland. Der Kölner konstitutionelle Zirkel von 1798* (Stuttgart, 1976); et du même, *Linksrheinische deutsche Jakobiner. Aufrufe, Reden, Protokolle, Briefe, Schriften 1794–1801* (Stuttgart, 1978), avec une bibliographie détaillée. Cf. également le catalogue de l'exposition cité *supra* note 3.
8. D'où l'heureuse formule de *jacobins sans peuple* ("Jakobiner ohne Volk") proposée par Walter Markow pour différencier les jacobins allemands de ceux de France.

9. Voir à ce sujet Stephan, pp. 39–49; Reinalter, *Der Jakobinismus in Mitteleuropa*, pp. 17–26 (Bibliographie, pp. 150–51).

10. Ce sont, après les études de Heinrich Scheel, spécialement *Deutsche Jakobiner* et *Deutscher Jakobinismus und deutsche Nation* reproduits par H. Reinalter dans *Jakobiner in Mitteleuropa*, pp. 23–46, les travaux de Walter Grab, dont la liste complète jusqu'en 1978 se trouve dans *Revolution und Demokratie in Geschichte und Literatur*, herausgegeben von Julius H. Schoeps und I. Geiss. Zum 60. Geburtstag von Walter Grab (Duisburg, 1979), qui ont poussé le plus loin la difficile tentative de définir de façon précise le jacobinisme allemand. Parmi ces travaux, il convient de citer *Deutsche revolutionäre Demokraten* (reproduit par Reinalter dans *Jakobiner in Mitteleuropa*, pp. 47–77), ainsi que *Zur Definition des mitteleuropäischen Jakobinismus* dans les actes au colloque "Die demokratische Bewegung in Mitteleuropa im ausgehenden 18. und frühen 19. Jahrhundert" (Berlin, 1980), pp. 3–22 et surtout la dernière mise au point de Grab dans le chapitre "Die Theorie und Praxis der deutschen Jakobiner" de son livre qui représente la somme impressionnante de ses travaux *Ein Volk muß seine Freiheit selbst erobern. Zur Geschichte der deutschen Jakobiner* (Frankfurt a.M., Olten, Wien, 1984), pp. 33–62.

11. Sur Jean-Baptiste du Val-de-Grâce (Johann Baptist von Gnadenthal), baron de Cloots, surnommé Anacharsis Cloots (1755–94), cf. Georges Avenel, *Anacharsis Cloots. L'Orateur du genre humain* (Paris, 1965. Reproduction de l'édition de 1855); Henri Baulig, Anacharsis Cloots dans *La Révolution française*, t. 41, 1901, pp. 123-54, 314–55, 401–38; Selma Stern, *Anacharsis Cloots, der Redner des Menschengeschlechts* (Berlin, 1914); Albert Mathiez, *La Révolution et les étrangers. Cosmopolitisme et défense nationale* (Paris, 1918), pp. 48–57 et passim. Cf. *infra* note 38.

12. Alphonse Aulard, *La Société des Jacobins. Recueil de documents pour l'histoire du club des Jacobins de Paris*, 6 vol. (Paris, 1889–97), t. 1, XXXIII–LXXVI.

13. Sur Paul-Jérémie Bitaubé (1732–1808), qui n'a pas encore la biographie qu'il mériterait, on pourra consulter l'article qui lui est consacré dans le *Dictionnaire de biographie française*, t. 6, 1954, col. 533–34, et qui peut dispenser de se reporter à ceux que donnent la *Bibliographie universelle ancienne et moderne* (Nlle éd.), t. 4 (Paris 1843), pp. 376–78, et la *Nouvelle biographie générale*, t. 6 (Paris 1853), col. 145–46. L'éloge de Michel Berr, *Essai sur la vie et les ouvrages de Paul Jénémie Bitaubé [. . .] (Nancy, s.d. (1808))*, reste trop flou pour présenter une valeur historique réelle.

14. Arthur Chuquet, *Un prince jacobin: Charles de Hesse ou le 'général Marat"* (Paris, 1906).

15. Sur ces voyageurs allemands en France au début de la Révolution, cf. Alain Ruiz, *Deutsche Reisebeschreibungen über Frankreich im Zeitalter der Französischen Revolution (1789–99). Ein Überblick*, dans *Reiseberichte als Quellen europäischer Kulturgeschichte*. Hrsg. von A. Maczak und H.J. Teuteberg. (Wolfenbüttel, 1982), pp. 229–51; Karl Hammer, "Deutsche Revolutionsreisende in Paris" dans *Deutschland und die Französische Revolution*. Hrsg. von Jürgen Voß (München, 1983), pp. 26–42. Pour situer ces "pèlerins de la liberté" allemands parmi les autres voyageurs étrangers en France à cette époque, cf. Mathiez, pp. 13–28.

16. Indications bibliographiques sur ce personnage fascinant qui n'a pas encore trouvé son biographe dans l'article de Karl Hammer, "Graf Schlabrendorff, ein deutscher Kritiker Napoleons uns seiner Herrschaft" dans *Francia*, t. 1, 1972 (Munich, 1973), p. 402.

17. Klaus Deinet, *Konrad Engelbert Oelsner und die Französische Revolution. Geschichtserfahrung und Geschichtsdeutung eines deutschen Girondisten* (Munich/Vienne, 1981).

18. G.A. von Halem, *Blicke auf einen Theil Deutschlands, der Schweiz und Frankreichs bey einer Reise vom Jahre 1790*, 2 vol. (Hambourg, 1791), livre traduit en français par Arthur Chuquet, *Paris en 1790. Voyage de Halem* (Paris, 1896). Cf. Karten Witte, *Reise in die Revolution. G.A. von Halem und Frankreich im Jahre 1790* (Stuttgart, 1971).

19. Oelsner, *Luzifer oder gereinigte Beiträge zur Geschichte der Französischen Revolution*, 2 vol. (1797–99), t. 1, p. 160.

20. Friedrich Ruof, *Johann Wilhelm von Archenholtz. Ein deutscher Schriftsteller zur Zeit der Französischen Revolution und Napoleons, 1741–1812* (Leipzig, 1915).

21. *Ibid.*, p. 39.

22. *Ibid.*, pp. 143–45.

23. Wilhelm Lang, *Graf Reinhard. Ein deutsch-französisches Lebensbild 1761–1837* (Bamberg, 1896); *Karl Friedrich Reinhard 1761–1837. Gedenkschrift zum 200. Geburtstag* (Stuttgart, 1961); Jean Delinière, *Karl Friedrich Reinhard (1761–1837). Un intellectuel allemand au service de la France* (Thèse de doctorat d'Etat, Paris IV, 1984).

24. Cité par Delinière, *ibid.* Cf. du même, *Karl Friedrich Reinhard, ein Schorndorfer Sohn wird zum französischen Citoyen* (Schorndorf, 1981), pp. 23–24.

25. Mathiez, pp. 70–79.

26. Arthur Chuquet, *La Légion germanique 1792–93* (Paris, 1904).

27. Walter Grab, "Eulogius Schneider. Ein Weltbürger zwischen Mönchszelle und Guillotine", dans

le livre du même, *Ein Volk muß seine Freiheit selbst erobern*, pp. 109–66 (Bibliographie détaillée, pp. 544–45). En dehors des nombreuses études souvent partiales consacrées à Schneider lui-même, on consultera Roger Jaquel, "Les Jacobins allemands en Alsace d'après la revue 'Klio' " dans *L'Alsace et la Suisse à travers les âges* (Strasbourg, 1952), pp. 307–26, et Hugh Gough, "Politics and Power. The Triumph of Jacobinism in Strasbourg, 1791–93", dans *The Historical Journal*, vol. 23, 1980, pp. 327–52.

28. Roland Marx, "Strasbourg, centre de la propagande révolutionnaire vers l'Allemagne" dans *Deutschland und die Französische Revolution* (Cf. supra note 15); Alain Ruiz, "Les émigrés allemands en France de la fin de l'Ancien Régime à la Restauration" dans *Emigrés français en Allemagne. Emigrés allemands en France 1685–1945* (Catalogue d'exposition, Paris, 1983), pp. 61–79, ici pp. 61–62, 66–67.

29. Hans Werner Engels, Karl Clauer, "Bemermerkungen zum Leben und zu den Schriften eines deutschen Jakobiners" dans *Jahrbuch des Instituts für Deutsche Geschichte*, t. 2, 1973, pp. 101–44.

30. Cf. supra note 3.

31. Alain Ruiz, "Les émigrés allemands en France" (Cf. supra note 28), pp. 71–74; du même, "Des Allemands dans la Révolution" dans *L'Allemagne et la Révolution française 1789–1989* (Catalogue d'exposition, Stuttgart 1989), pp. 101–25, ici pp. 119–20.

32. Fr. Otto, "A.J. Hofmann, Präsident des Rheinisch-deutschen Nationalkonvents zu Mainz" dans *Annalen des Vereins für Nassauische Altertumskunde und Geschichtsforschung*, 29 (1897–98), pp. 77–92; Helmut Mathy, "Andreas Joseph Hofmann (1752–1849), Professor der Philosophie in Mainz und Präsident des Rheinisch-deutschen Nationalkonvents" dans *Jahrbuch der Vereinigung "Freunde der Universität Mainz"* 22, 1973, pp. 15–45.

33. Horst Fiedler, *Georg-Forster-Bibliographie 1767–1970* (Berlin/DDR, 1971). Depuis la parution de cette bibliographie exhaustive sont sorties d'autres études souvent importantes sur Forster. Parmi elles on citera Marita Gilli, *Georg Forster. L'oeuvre d'un penseur allemand réaliste et révolutionnaire* (Lille, 1975); Gerhard Steiner, *Georg Forster* (Stuttgart 1977). D'autres titres sont signalés par Marita Gilli, *Pensée et pratique révolutionnaires à la fin du XVIIIe siècle en Allemagne* (Paris, 1983), p. 331.

34. Adolf Wohlwill, *Georg Kerner* (Hambourg et Leipzig, 1886); *Georg Kerner, Jakobiner und Armenarzt. Reisebriefe, Berichte, Lebenszeugnisse*. Hrsg. von Hedwig Voegt (Berlin/DDR, 1978).

35. *Georg Kerner, Jakobiner und Armenarzt*, p. 393.

36. Alfred Börckel, *Adam Lux, ein Opfer der Schreckenszeit. Nach seinen Schriften und den Berichten seiner Zeitgenossen* (Mainz, 1892); Arthur Chuquet, "Adam Lux" dans *Etudes d'histoire*, t. 2 (Paris, s.d.); Friedrich Hirth, "Adam Lux, der Mainzer Revolutionär" dans *Jahrbuch für das Bistum Mainz*, t. 5, 1950, pp. 494–503.

37. Ce chapitre dramatique de la Révolution a été décrit de main de maître par Mathiez, pp. 80–190. Cf. Ruiz, *Emigrés (. . .)*, pp. 62, 70, et du même *Des Allemands (. . .)*, pp. 104, 116–19.

38. Cf. supra note 11 et Mathiez (note 37), passim.

39. Cf. supra note 27.

40. Mathiez, pp. 111–19, 142, 175–76, 179–80. Au jugement tout à fait négatif de cet auteur s'opposent les études plus récentes qui visent à présenter les Frey sous un jour favorable, tout particulièrement le livre de l'historien israélien Gershom Scholem, *Moses Dobruska, alias Franz Thomas Schönfeld, alias Junius Frei* (Paris, 1981), qui présente les deux frères comme des républicains et jacobins sincères.

41. Bitaubé fut emprisonné et l'on trouve une "Relation de sa captivité au Luxembourg par Madame Bitaubé" après la "notice historique" sur sa vie et ses oeuvres qui précède son *Joseph*, Nlle éd. (Paris, 1826).

42. Reinhard fut "oublié" dans les bureaux du Comité des Relations extérieures jusqu'à la veille du 9 Thermidor, puis arrêté (Cf. supra note 23). Schlabrendorff, lui, aurait été sauvé de la guillotine dans des conditions romanesques qui relèvent en fait, semble-t-il, plus de son affabulation que de la réalité. Mais il est sûr qu'il fut emprisonné et sérieusement inquiété (Cf. supra note 15, Hammer, p. 31).

43. Cf. les indications bibliographiques fournies par W. Grab, *Ein Volk (. . .)* p. 547.

44. Cf. supra notes 17 et 34.

45. Ruiz, *Les émigrés (. . .)*, pp. 72–74, et du même, *Des Allemands (. . .)*, pp. 119–120.

46. Renseignements bibliographiques dans Stephan, *Literarischer Jakobinismus (. . .)*, p. 105.

47. Alain Ruiz, *Le destin franco-allemand de Karl Freidrich Cramer (1752–1807) Contribution à l'étude du cosmopolitisme européen à l'époque de la Révolution française* (Thèse de doctorat d'Etat, Paris III, 1979). Avec une bibliographie exhaustive.

48. Rainer Kawa, *Georg Friedrich Rebmann (1768–1824). Studien zu Leben und Werk eines deutschen Jakobiners* (Bonn, 1980). Avec une bibliographie exhaustive.

49. Cité par Droz, p. 253.

50. Alain Ruiz, "Neues über Kant und Sieyès. Ein unbekannter Brief des Philosophen an Anton Ludwig Theremin (März 1796)" dans *Kant-Studien*, 1977, 4, pp. 446–53; du même, "A l'aube du kantisme en France: Sieyès, Karl Friedrich Reinhard et le traité 'Vers la paix perpétuelle' (hiver 1795–96)" dans *Cahiers d'études germaniques*, 4, 1980, p. 147–93, et 5, 1981, pp. 119–53; du même, "Aux origines de la légende jacobine de Kant en France: le traité 'Vers la paix perpétuelle' traduit et commenté dans la presse parisienne en 1796" dans *Cahiers d'histoire littéraire comparée*, publiés par l'université de Metz, 8/9, 1985, pp. 205–22; du même, "Der Königsberger Weise mit der Jakobinermütze, oder das erste Kant-Bild der Franzosen" à paraître en 1989 dans la *Deutsche Zeitschrift für Philosophie* (Berlin/DDR).

51. Provoquée par son immense déception de cosmopolite, l'amorce de cette évolution marque profondément les *Resultate meiner Sendung nach Paris* ("Résultats de ma mission à Paris", 1800) que Görres écrivit "à chaud" au lendemain du coup d'Etat de Bonaparte. A ses yeux, la Révolution avait désormais "perdu son caractère universel et cosmopolite qui en faisait autrefois le bien commun de tous les peuples".

52. Cf. supra note 16.

53. Cf. supra note 32.

54. Alain Ruiz, "Un jacobin allemand oublié: le professeur Johann Friedrich Hilscher de Leipzig" dans *Annales historiques de la Révolution française*, 255–56, 1984, pp. 63–87; du même, "Les dernières étapes d'un jacobin allemand en exil: Johann Friedrich Hilscher, fonctionnaire de la République française et sa fin à Paris de l'Empire à la Restauration" dans *Cahiers d'études germaniques*, 7, 1983, pp. 173–204, et 8, 1984, pp. 215–50.

CHAPTER 14

# Raison et contingence:
# Humboldt sur la constitution de
# 1791

HEINZ WISMANN

CE n'est pas le lieu, ici, de retracer la formation de la pensée politique de Humboldt,[1] souvent assimilée, depuis la parution posthume de l'essai sur les *Limites de l'action de l'Etat*,[2] à un libéralisme utopique,[3] ni même de la situer dans ses rapports complexes avec la France révolutionnaire, dont traite l'excellente étude de Ulrich Muhlack, *Das zeitgenössische Frankreich in der Politik Humboldts* (Lübeck, 1967). Aussi je me bornerai à examiner une seule question, centrale il est vrai, mais généralement tranchée de manière hâtive, au nom de l'évidence plutôt qu'au terme d'une analyse approfondie. En voici l'énoncé volontairement schématique: est-il vrai que la critique humboldtienne des illusions de la raison abstraite, représentées par les options fondamentales de la Révolution française, implique nécessairement le ralliement à une philosophie irrationaliste de l'histoire, qui liquiderait le projet normatif des lumières et prônerait la soumission de l'intelligence à la réalité contingente des faits? La réponse se découvre dans le texte même où l'on se plaît à lire, depuis Meinecke, une profession de foi historiciste, dans la mesure où "l'essence de l'historicisme n'est au fond rien d'autre que la reconnaissance et l'appréciation positive de ce qu'il y a d'inexplicable et d'incalculable dans la vie humaine".[4] Il s'agit de la lettre programmatique que Humboldt adressa à son ami Gentz en août 1791, et qu'il jugea suffisamment importante pour en autoriser la publication dans la *Berlinische Monatsschrift* de janvier 1792, sous le titre *Ideen über Staatsverfassung, durch die neue französische Constitution veranlasst*. Le jeune magistrat en disponibilité (Humboldt a tout juste vingt-quatre ans et vit, depuis son mariage en juin 1791, retiré sur le domaine de sa femme en Thuringue) y développe la thèse selon laquelle "aucune constitution ne peut réussir que la raison–à supposer qu'elle ait le pouvoir sans entrave de traduire ses projets dans la réalité–établit pour ainsi dire *a priori*, d'après un plan préconçu; seule peut s'épanouir une constitution qui résulte de la lutte entre le hasard prépondérant (*mächtigeren Zufall*) et la raison qui s'y oppose". Or, pour bien marquer que cet avis de circonstance renvoie à une réflexion plus générale, proprement philoso-

273

phique, il ajoute aussitôt: "Cette proposition me paraît si évidente que je voudrais ne pas la limiter aux seules constitutions politiques mais l'étendre à toute entreprise pratique en général." Les interprètes n'ont pas manqué de suivre l'indication et se sont empressés de tirer de la notion de "hasard prépondérant" toute une ontologie de l'événement, incompatible avec l'idée même d'action rationnelle, sans parler des prétentions rationalistes des révolutionnaires français.[5] En privilégiant les mystères de la contingence, ils ont non seulement négligé la définition, très précise, que Humboldt donne du hasard, mais ignoré jusqu'à l'existence de "la raison qui s'y oppose", et dont le pouvoir, fût-il moindre, doit à son tour être fondé en théorie.[6] De fait, il apparaît clairement, dès la formulation de la thèse, que l'argumentation de la lettre, loin de substituer un point de vue dogmatique à un autre, vise au contraire à mettre fin à l'oscillation vaine des affirmations métaphysiques, en déterminant l'articulation des principes antagonistes au moyen d'une synthèse de la réflexion. C'est là la source des "paradoxes" annoncés d'entrée de jeu et justifiés, non sans ironie, par la cohérence toute personnelle de la démarche adoptée.[7]

Pour commencer, Humboldt écarte ainsi toutes les critiques qui mettent en doute la capacité de la Constituante; car ce ne sont à ses yeux que des "blâmes", dont la tendance polémique culmine dans la "pénible excuse" selon laquelle "douze cent hommes, fussent-ils sages, ne sont jamais que des hommes". Il accorde non seulement que le projet de l'Assemblée soit le projet de la raison elle-même, mais supprime, par hypothèse, tous les obstacles qui pourraient empêcher sa réalisation, à savoir le caractère trop spéculatif de ses principes, l'inadaptation aux conditions réelles du pays et de ses habitants, les difficultés pratiques de sa mise en oeuvre. En effet, "s'il est peut-être vrai et spirituel de dire 'qu'il ne faut pas donner des leçons d'anatomie sur un corps vivant' [en français dans le texte], il n'en faudrait pas moins attendre le résultat pour voir si l'entreprise n'est pas, malgré tout, susceptible de durer, et si la prospérité solidement établie de l'ensemble ne mérite pas d'être davantage prise en considération que les maux passagers qui frappent des individus isolés". Ces concessions spectaculaires, qui ne font pourtant qu'expliciter la logique de la thèse initiale, ont pour but d'éviter la confusion entre deux problématiques radicalement différentes, celle de la réalisation et celle de la réussite. Tant qu'on discute pour savoir dans quelle mesure un projet humain peut être dit conforme à la raison universelle et à quelles conditions il pourrait aboutir, on n'a rien dit encore des conséquences, heureuses ou malheureuses, d'un tel aboutissement. Or l'interrogation de Humboldt porte ici exclusivement–et en dehors de toute observation empirique–sur l'évaluation de ces conséquences. C'est pour quoi il conclut sa mise au point en réaffirmant: "Je considére, pour l'instant, cette constitution comme parfaitement réalisable et même, si l'on veut, comme déjà realisée. Cependant, dis-je, une telle constitution ne peut pas s'épanouir (*gedeihen*)."

La démonstration de cette thèse s'effectue en deux temps. Tout d'abord, il s'agit de montrer que la succession de deux systèmes diamétralement opposés, dont le premier ne sert qu'à satisfaire "l'ambition et la prodigalité d'un seul", tandis que le second a pour unique finalité "la liberté, la paix et le bonheur de chaque individu", ne saurait s'accomplir avec succès sous l'impulsion de la seule raison. En effet, "tout notre savoir et toute notre connaissance reposent sur des idées générales, c'est-à-dire incomplètes et à moitié vraies quand nous parlons d'objets de l'expérience, et nous n'appréhendons que peu de chose de la réalité individuelle; or tout ici dépend de forces individuelles, d'activité, de passivité et de jouissance individuelle". Autrement dit, quand la raison prétend assurer l'épanouissement des aspirations individuelles, elle entre en conflit avec son propre principe, et tout ce qu'elle réussit à faire est de reproduire le point de vue surplombant du despote, en inversant, purement et simplement, la direction du souci de satisfaction. Au lieu de rechercher les moyens de satisfaire les désirs du prince, elle se fait fort de combler les besoins de la multitude, son pendant disparate mais indifférencié. C'est très exactement le point de vue de l'absolutisme éclairé, représenté par les conceptions du coadjuteur Dalberg, que Humboldt réfute dans son essai sur les *Limites de l'action de l'Etat*. Rien n'empêche, en effet, qu'un tel système se réalise et parvienne à durer; seulement, les conséquences risquent d'être graves, car "le principe selon lequel le gouvernement doit se soucier du bonheur et du bien-être, physique et moral, de la nation" fonde précisément "le despotisme le plus perni-cieux et le plus écrasant" (voir plus loin, p. 277). Pour sortir de l'impasse, la raison doit tenir compte de la manifestation des forces individuelles et adapter son action à celle du hasard: "Tout change quand on laisse agir le hasard et que la raison se contente de vouloir le diriger." Bien entendu, le terme de hasard n'évoque pas ici la contingence absolue, le corollaire conceptuel des lois de la physique, mais la configuration particulière de l'instant historique, à laquelle ne correspond aucun concept. C'est d'elle qu'il faut partir pour réussir, sans réprimer d'avance sa singu-larité essentielle. "De toute la qualité individuelle du présent—car ce ne sont que ces forces inconnues de nous que nous nommons hasard—émane alors la suite, et les projets que la raison s'efforce d'imposer reçoivent, même quand ses efforts aboutissent, de l'objet lui-même qu'ils visent forme et modification." Si les projets de la raison, sous peine de rester "éternellement stériles" doivent ainsi respecter la puissance du hasard, ils n'y sont pas assujettis au point de perdre leur autonomie. Humbolt pense le processus historique selon la catégorie de l'action réciproque, considérant que "chaque action appelle une contre-action équivalente, toute créa-tivité une réceptivité également active". Comme le hasard ne manifeste sa richesse que lorsqu'il est sollicité par la raison, la raison ne porte ses fruits que lorsqu'elle est fécondée par le hasard. Actives et passives à la fois, les deux puissances désignent les principes constitutifs d'une même réalité, que la réflexion isole d'après l'ana-logie de la matière et de la forme, de la force et de la fin. "La raison a bien la faculté de former la matière existante, elle n'a pas la force d'en produire. Cette force réside uniquement dans l'essence des choses; celles-ci agissent, la raison vraiment sage ne fait que les inciter à l'activité et cherche à les diriger." Leur complémentarité est telle que la tentation dogmatique de privilégier l'une aux dépens de l'autre conduit inévitablement à l'échec. Pour peser sur le cours des choses, il ne suffit certes pas de se laisser porter par l'événement; mais il est tout aussi vain de prendre appui sur le seul raisonnement. L'histoire échappe à la raison instrumentale. C'est la leçon de la célèbre métaphore qui clôt la première partie de la démonstration: "Les constitutions ne se laissent pas greffer sur les hommes comme des scions sur des arbres. Là où le temps et la nature n'ont pas préparé le terrain, tout se passe comme si on attachait des fleurs avec des fils. Le premier soleil de midi les brûle."

Reste à se demander si la France révolutionnaire n'a pas subi une mutation suffisamment profonde pour offrir les conditions d'une innovation radicale, autrement dit, "si la nation française n'est pas suffisamment préparée pour accueillir la nouvelle constitution". Ici encore, la réponse est négative, car "pour une constitution conçue systématiquement, d'après les seuls principes de la raison, aucune nation ne pourra jamais être assez mûre". En effet, l'idéal de la raison est l'unité, la totalité du réel. Elle exige des individus comme des nations d'exercer toutes leurs forces en les faisant converger dans un accord rigoureusement proportionné. En ce sens, la raison est le moteur de la *Bildung*, de la formation et du perfectionnement des hommes. Seulement, si la raison exige cette harmonie, le sort naturel de l'humanité plongée dans le devenir est la discontinuité, l'atomisation des élans. "Chaque instant n'exerce qu'une seule force, selon une seule modalité de manifestation." De sa répétition naît l'habitude, et la manifestation habituelle d'une force unique se nomme caractère. L'homme a beau lutter avec son caractère et rechercher l'intégration complète des forces qui l'animent d'un moment à l'autre, ce qu'il gagne en universalité il le perd en force. "Ainsi la force et la culture (*Bildung*) entretiennent à tout jamais un rapport inversé." C'est pourquoi le sage se contente de pondérer les inconvénients. Or la même chose vaut pour la vie des nations. Chacune ne suit qu'une trajectoire à la fois. Le "sage législateur" commence par l'étudier, décide de la maintenir ou de l'infléchir, et se contente de l'approcher, de modification en modification, du but de la perfection. Quand cette sagesse fait défaut, la nation la plus vigoureuse connaît le déclin et sombre peu à peu dans l'inertie complète. "Quel est le résultat inévitable lorsqu'elle doit tout d'un coup travailler d'après le plan de la pure raison, d'après l'idéal, qu'elle ne doit plus se contenter de poursuivre une seule excellence, mais se voit obligée de les conquérir toutes à la foi? L'apathie et l'inaction." L'idéal de la raison, en mobilisant simultanément et uniformément toutes les forces de la vie individuelle finit par épuiser l'énergie nécessaire à sa réalisation. "Or avec l'énergie disparaît toute autre forme de vertu. Sans elle, l'homme devient machine. On admire ce qu'il fait, mais on méprise ce qu'il est."

Ce qui sépare cette analyse, dont la pertinence prémonitoire est incontestable, de la plupart des critiques contemporaines de la Révolution, c'est sa méthode. Humboldt y développe ses "paradoxes" sans faire appel au moindre élément empirique, et en tournant résolument le dos aux perspectives historiques, juridiques ou politiques, qui orientent le débat naissant. Le seul texte comparable à certains égards est la lettre adressée le 5 mai 1790 par Jacobi—avec qui Humboldt entretenait, depuis sa visite à Pempelfort en automne 1788, des relations amicales, sans partager pour autant l'essentiel de ses convictions—à François de La Harpe, et qui devait servir de recommandation à son frère Alexandre lors de son voyage à Paris. Mais cette lettre, restée inachevée, n'a été publiée qu'un quart de siècle plus tard.[8] En revanche, Humbolt s'était initié, dès son arrivée à Göttingen au printemps 1788, à l'oeuvre de Kant, en faisant porter le plus clair de ses efforts sur la *Critique de la raison pure*, et sa démarche s'inspire manifestement de la méthode transcendantale, que Kant y définit en ces termes (p. 12 de l'introduction à la première édition): "J'appelle *transcendantal* toute connaissance qui s'occupe non pas tant d'objets que de nos concepts *a priori* d'objets en général." Il serait intéressant d'étudier dans le détail l'usage que fait Humbolt de certaines notions clés de la philosophie kantienne, comme raison, idée, idéal spontanéité et réceptivité, force, action réciproque, etc., pour mesurer le degré de conformité de cette utilisation, évidente mais allusive, avec les exigences de son modèle théorique.[9] Cependant, une telle étude risquerait de conduire loin et de faire oublier la suite de l'argumentation, qui prend la forme inattendue d'une brève esquisse de l'histoire des constitutions.

On pourrait penser, de prime abord, que ce complément historique est destiné à introduire un certain nombre de données empiriques susceptibles d'appuyer la thèse qu'on vient de démontrer à l'aide des seuls "concepts *a priori* d'objets en général". Mais il apparaît vite que l'histoire proposée est elle-même conçue du point de vue transcendantal, qui en assure l'intelligibilité. En effet, l'indication préliminaire selon laquelle aucune constitution du passé ne présente "un quelconque degré élevé de perfection" découle directement du "paradoxe" inhérent à l'idéal de la raison, qui fait que ses progrès épuisent les énergies nécessaires à sa réalisation. Sous sa forme inversée, ce postulat permet de prévoir que "nous découvrirons tel ou tel des avantages que l'idéal d'un Etat devrait totaliser jusque dans les Etats les plus corrompus". Le monde ancien ne connaissait encore que le balancement entre les extrêmes: la soumission à l'un ou l'affirmation de la diversité. Née du besoin, la domination était contestée, dès que le besoin avait cessé. "C'est là l'histoire de tous les Etats anciens, même les plus florissants. Un danger pressant obligeait la nation d'obéir à un souverain. Sitôt le danger écarté, la nation cherchait à se libérer du joug." Ce schéma simple correspond aux deux tendances de la nature humaine, d'agir au dehors et d'agir au dedans, dont l'une n'exige que de la "force" convenablement orientée vers un but, tandis que l'autre, synonyme de *Bildung*, implique une "activité autonome" (*Selbstthätigkeit*).[10] Il fait comprendre "comment le même Romain, en ville, dictait des lois au Sénat et, au camp, offrait son dos sans résistance aux coups des centurions". L'alternance naturelle des comportements, chez les nations et chez les individus, explique pourquoi les Etats anciens n'avaient pas de "système politique à proprement parler" et que "nous, qui assortissons les institutions politiques de raisons philosophiques et politiques, ne rencontrons chez eux que des raisons historiques". Au moyen âge, la barbarie générale avait engendré une forme de despotisme qui laissait augurer la mort définitive de la liberté. "Seulement, la lutte entre eux des passionnés du pouvoir la maintenait en vie." Le système féodal, où personne n'était libre sans réprimer en même temps la liberté d'un autre, garantissait une sorte d'équilibre, dans lequel "le pire esclavage et la liberté la plus débridée existaient l'une à côté de l'autre". En supprimant les médiations féodales, l'absolutisme portait un nouveau coup à la liberté. "Tout était désormais au service des volontés de seul souverain." Mais une nouvelle forme de médiation, favorisée par les besoins mêmes du prince, l'argent, ouvrait de nouveaux espaces de liberté. Pour drainer les richesses du pays, il fallait d'abord les produire; et à cette fin il fallait stimuler l'activité, en octroyant des franchises et des garanties. "C'est là le véritable fondement de nos systèmes politiques actuels." La liberté n'y est accordée que comme un moyen de procurer la prospérité, et la prospérité ne sert qu'à remplir les caisses de l'Etat. Des auteurs bien intentionnés ont cru pouvoir renverser les termes du rapport, en faisant de l'impôt le moyen d'assurer la prospérité. "Ainsi est apparu le principe selon lequel le gouvernement doit se soucier du bonheur et du bien-être, physique et moral, de la nation. Justement le despotisme le plus pernicieux et le plus écrasant. Car, les moyens de la répression étant si cachés et si compliqués, les hommes se croyaient libres et se trouvaient paralysées dans leurs forces les plus nobles." Mais là encore le mal portait en lui le remède. L'essor de l'industrie, en multipliant les connaissances et en répandant les lumières, rappelait aux hommes leurs droits et ranimait la soif de liberté. De l'autre côté, l'art de gouverner, devenu trop subtil, excédait peu à peu les capacités de ceux qui en avaient la charge. Ainsi le pays où le contraste entre ces deux évolutions parallèles avait le plus augmenté devait connaître la Révolution et remplacer un système discrédité par "le système de la raison, l'idéal de la constitution".

L'analyse transcendantale avait établi qu'une constitution conforme à l'idéal de la raison n'aurait aucune chance de réussir. Les leçons de l'histoire semblent confirmer ce diagnostic. Mais la loi de compensation mise en évidence grâce à l'éclairage transcendantal du processus historique permet de nuancer le verdict. Même si cette constitution doit échouer à cause des conséquences funestes qu'entraînera inévitablement la réalisation de son principe, elle aura tout de même un certain nombre d'effets bénéfiques. Son adoption ne profitera pas à la nation qui l'aura inventée. "Mais elle éclairera à nouveau les idées, elle ravivera à nouveau toute vertu active, et elle répandra ses bienfaits loin au-delà des frontières de la France. Elle confirmera ainsi le cours de toutes les vicissitudes humaines, dans lesquelles le bien n'agit jamais à l'endroit où il s'accomplit, mais à de grandes distances de l'espace et du temps, cet endroit recevant à son tour l'influence bénéfique d'un autre, également distant de lui." Pour étayer cette conclusion, Humboldt ajoute une dernière série d'exemples historiques destinés à prouver que "à chaque époque, il s'est trouvé des choses qui, pernicieuses en elle-mêmes, ont sauvé pour l'humanité un bien inestimable". Ainsi au moyen âge, on vient de le voir, la liberté s'est maintenue grâce au système féodal; pendant les siècles barbares, la science a survécu grâce à la règle monacale; en Grèce ancienne, la noblesse de l'amour s'est réfugiée dans la pédérastie. Mais comme pour souligner une dernière fois que l'histoire n'est qu'une illustration parmi d'autres de la loi universelle de polarisation compensatoire, il revient à son paradigme favori, la vie humaine, dont la totalité, pourtant présente à chaque instant, ne peut être appréhendée qu'à travers la différenciation des âges et des sexes. Ce qui lui permet de répéter la conclusion à un niveau de généralisation plus élevé, en déclarant "qu'aucun état isolé des hommes et des choses ne mérite en soi d'être considéré avec attention, mais seulement dans la continuité de l'existence qui précède et de celle qui suit; que les résultats ne sont rien, et que ne comptent que les forces qui les produisent et qui en émanent".

Malgré la tournure prise par les événements, et en dépit de ses propres engagements politiques ultérieurs, Humboldt n'a jamais eu à renier ce jugement, doublement précoce, sur la Révolution française. Cela s'explique par l'absence de toute rigidité dogmatique dans sa démarche. La futur fondateur de la première université moderne en Allemagne, sinon en Europe, n'est ni un rationaliste endurci, défenseur des vieilles lunes de l'*Aufklärung* (comme ses amis de la *Berlinische Monatsschrift*), ni un irrationaliste préromantique (comme, par exemple, Jacobi), pourfendeur des prétentions de la raison en marche. A la différence de Gentz qui, comme beaucoup d'autres à la même époque, bascule d'une position à l'autre, pour finir sa vie comme propagandiste de la politique de Metternich, Humboldt évite de s'enfermer dans des alternatives systématiques, aidé en cela par la méthode criticiste qui lui ouvrira la voie de ses propres recherches. S'il a ainsi été amené à formuler un certain nombre de critiques à l'encontre du projet révolutionnaire, que l'expérience devait largement confirmer, il n'en est pas moins resté fidèle à la cause qui s'y incarne jusque dans l'échec. C'est ce qui donne tout son sens à un passage extrait de la lettre à Brinckmann du 9 novembre 1792: "Les vérités de la Révolution française restent des vérités éternelles, même si douze cents fous s'acharnent à les profaner."

## Notes

1. Cf. Robert Leroux, *Guillaume de Humboldt. La formation de sa pensée jusqu'en 1794* (Paris, 1932).
2. Rédigé entre janvier et mai 1792, à l'instigation de Dalberg qui y répondit en 1793 par un écrit intitulé *Des vraies limites de l'Etat*, le petit "livre vert" ne sera publié, mis a part quelques extraits parus dès 1792 dans *Thalia*, la revue de Schiller, et dans la *Berlinische Monatsschrift* de Biester, qu'en 1851, plus de quinze ans après la mort de son auteur. Les causes de ce retard sont multiples. Elles ne se réduisent en aucun cas aux seuls problèmes posés par la censure. Comme le montre la correspondance de Humboldt, la publication, en 1793, des *Réflexions* de Burke dans la traduction de Friedrich Gentz imposait, sous peine de confusions fâcheuses, une refonte complète du manuscrit, qui finalement n'eut pas lieu. Du reste, l'accueil réservé par certains milieux anglais à la traduction du texte posthume (Londres, 1854) justifiera à distance les craintes éprouvées quelque soixante ans plus tôt (voir notamment le compte rendu de la *Westminster-Review*, N.S. 12, octobre 1854, pp. 473ss.).
3. Ainsi Jacques Droz, *L'Allemagne et la Révolution française* (Paris, 1949), voit dans la pensée humboldtienne "l'expression la plus complète de l'individualisme anarchique" (p. 305), qui finit par sacrifier toute action positive "à un projet utopique, au rêve chimérique d'une humanité supérieure" (p. 308).
4. Eberhard Kessel, *Wilhelm von Humboldt. Idee und Wirklichkeit* (Stuttgart, 1967), p. 133.
5. Cf. Roger Ayrault, *La genèse du romantisme allemand* (Paris, 1961), tome II, p. 119s.: "Humboldt accomplissait une démarche décisive quand il en appelait à l'histoire contre les prétentions de la raison á faire naître le réel; il ouvrait le domaine mystérieux où allait s'établir un jour l'irrationalisme."
6. Dans son essai sur le 18ème siècle, Humboldt assigne à l'humanité la tâche de réduire progressivement la "royaume du hasard" et d'étendre le gouvernement de la raison à la réalité entière. La plupart de ses travaux anthropologiques et historiques sont consacrés à l'étude du rapport qu'entretiennent ces "forces motrices" dans la vie de l'homme et dans le cours de l'histoire. Voir le recueil publié par Annete Disselkamp, André Laks et Jean Quillien sous le titre *La tâche de l'historien* (Lille, 1985); on y trouve notamment les célèbres. "Considérations sur les causes motrices dans l'histoire mondiale."
7. On lira avec profit la mise au point circonstanciée que propose Jean Quillien au chapitre III (La religion, l'Etat et la Révolution) de sa thèse intitulée *Problématique, genèse et fondements anthropologiques de la théorie du langage de Guillaume de Humboldt* (Lille, 1987).
8. *Sämmtliche Werke II* (Leipzig, 1815), pp. 513-44. Voir ma présentation de ce texte capital dans la revue *Poésie*, 49, 1989, pp. 13–24.
9. Cf. Jean Quillien, op. cit., *passim*.
10. Tirée de l'antinomie kantienne de la nécessité et de la liberté, l'opposition entre l'action sur le monde et l'action sur soi pose le problème de l'articulation des deux chaînes causales. En effet, l'activité autonome, ou autodétermination de la volonté selon l'idée de liberté, ne peut se penser comme *Bildung* que si elle se situe d'"emblée dans l'horizon de la totalité, car l'individu formé est un tout organisé appartenant au monde sensible. La solution élaborée par Kant dans la *Critique de la faculté de juger* (1790) servira de point de départ aux recherches ultérieures de Humboldt, notamment après la lecture approfondie faite en 1793/94 sous l'impulsion de Schiller.

# Part IV

## *How to End the Revolution?*

# Presentation

JEAN STAROBINSKI

Iʟ y eut d'abord la question des principes, des fondements, de la régénération. Puis, dès l'été de 1789, après la nuit du 4 août, certains considérèrent que la mutation nécessaire était accomplie. Mais la Constitution n'avait pas pris forme, la rue bougeait, le statut du roi et de la monarchie n'était pas défini. La question devint: comment terminer la révolution? Cette question que ne pouvaient résoudre les "monarchiens" de 89 (Mounier, Malouet), toutes les équipes au pouvoir, dans les années consécutives, allaient en hériter. Sans doute, parmi ces équipes, y en eut-il qui souhaitaient pousser plus avant la "marche" de la révolution. On déplaçait le terme qui devait marquer l'achèvement du processus de rénovation. Il y avait des théoriciens de la perfectibilité indéfinie de l'esprit humain, mais pas de théoriciens de la "révolution permanente". Si la révolution ne s'arrêtait pas, c'était parce que la pression populaire persistait, parce que la Vendée se révoltait, parce que les assignats se dépréciaient, parce que la guerre étrangère relançait la violence intérieure et les mesures de salut public. Mais tous ont conçu la conjoncture où ils intervenaient comme une crise de la légitimité, dont par leurs soins l'aboutissement serait l'instauration d'un ordre politique stable, répondant au "voeu de la nation". L'abolition révolutionnaire des anciens abus devait faire place à la loi nouvelle, enfin conforme à la raison. La Révolution (dans le singulier de majesté qui la distinguait des anciennes turbulences politiques auxquelles convenait le pluriel de "révolutions"[1]) demandait à recevoir un contenu positif: elle ne pouvait s'accomplir qu'en s'abolissant en tant que processus révolutionnaire. Tous aspiraient à voir s'imposer une légalité réinventée, en laquelle les citoyens puissent se fier et se reconnaître, dans la sécurité enfin trouvée et sous de solides *garanties*.

Notre intérêt ne se portera pas, dans cette discussion, sur ceux qui furent les acteurs du drame politique, mais sur ceux qui en furent les témoins et les interprètes, et qui en appelèrent, par leurs écrits, à l'*opinion*, par le biais de laquelle il était devenu évident qu'on pourait infléchir les événements.

Les années 1796–1797 sont particulièrement intéressantes à cet égard. Dans son premier écrit, Benjamin Constant apporte son appui au régime directorial. Les terroristes étant éliminés de la scène politique, la révolution pourrait être terminée, pour autant que les Français, et surtout les monarchistes, oublient leurs ressentiments et acceptent l'irrévocable: l'abolition des privilèges héréditaires, la vente des biens nationaux. Mais d'autres convictions se font entendre, hostiles à ce qui fut accompli par l'Assemblée nationale, et qui ne se contentent pas de répéter les arguments de Burke contre la table rase, contre l'abstraction géométrique et l'appel aux principes universels qui présidèrent, dans la Déclaration des droits de l'homme et du citoyen, à la destruction des "traditions chevaleresques" et des institutions qui avaint formé la France au long des siècles. Joseph de Maistre et Louis de Bonald inaugurent avec force le discours contre-révolutionnaire, mais ils ne peuvent simplement inviter à ramener les aiguilles du cadran en deçà de la convocation des états généraux. A tout le moins, ils ne peuvent le faire qu'en démontrant l'erreur de l'argumentation qui fut victorieuse en 1789. Résolus à pourfendre la révolution, désireux de rétablir la monarchie, ils ne peuvent faire l'économie d'une nouvelle doctrine légitimante. Fût-ce en reprenant d'anciens motifs théologiques, leur combat contre la révolution doit nécessairement recourir à un langage post-révolutionnaire. Ainsi la conjoncture révolutionnaire développe-t-elle ses effets chez ceux mêmes qui voient en elle l'ennemi à vaincre. Et, chez Maistre, le langage est d'autant plus véhément, d'autant plus inventif que le succès est loin d'être à portée de main. La révolution continue d'aller "toute seule". Comme tous ceux dont la cause n'a pas prévalu, il recourt à la voix prophétique, à la foudre des images apocalyptiques.

Burke en avait appelé à la puissance légitimante de l'histoire: la France avait une Constitution, et les membres de l'Assemblée n'ont pas voulu la reconnaître. Comme le montre très bien Massimo Boffa, ce n'est pas au passé historique que Maistre a recours, mais à une théodicée. Son dogme fondamental est celui de la Chute: il croit à la déchéance de la créature, et à un Dieu de colère qui intervient providentiellement dans l'histoire humaine. Il n'est enclin à nulle indulgence pour la monarchie et le clergé français du XVIIIe siècle: ils méritaient la punition qui s'est abattue sur eux. Cette erreur monstrueuse que fut la révolution, et le sang qu'elle a versé, entraient dans les plans de la Providence. L'orgueil humain a dépassé toute limite; un effondrement satanique en a été la conséquence. Les terroristes n'ont pas tué des innocents. Maistre va même jusqu'à déclarer que, dans la fonction punitive, les jacobins ont tenu lieu de l'autorité royale défaillante, qu'ils en ont assuré l'interim. Ce transfert d'autorité marque une "époque" dans l'histoire humaine. Bonald argumentera de la même façon, en comptabilisant au bénéfice de la monarchie les conquêtes territoriales de la Révolution.

"Si la Providence efface, c'est sans doute pour écrire." Cette phrase fameuse exprime mieux que toute autre, dans les *Considérations*, l'espèce de quiétisme auquel aboutit le providentialisme de Joseph de Maistre. On peut même parler, avec Massimo Boffa, de nihilisme, si c'est être nihiliste que d'obéir à un pouvoir, quel qu'il soit, dont on accepte qu'il nous demeure incompréhensible. Si nous sommes incapables de discerner le pouvoir suprême en sa source, si nous sommes contraints d'accepter "le caractère arbitraire de la souveraineté", par quel privilège saurons-nous lire l'écriture de la Providence? La clé que nous en offre Maistre n'explique le mystère que par le Mystère.

On le voit, dans la pensée maistrienne, les contradictions ne manquent pas. Le quiétisme, la critique de l'attitude volontariste, que Maistre oppose si résolument aux révolutionnaires, ne s'appliquent plus, chez lui, lorsqu'il y va du souverain légitime ou du Pape. Le peuple s'était approprié la souveraineté: Maistre la rend à ses anciens détenteurs: le Roi, le haut clergé, meaux: le Pape, C'est à eux qu'appartient la responsbilité de la décision en cas de "crise"; le courage de l'acte volontaire leur incombe. Au moment où Maistre propose une politique, il renverse les thèses de sa théodicée. Au lieu de s'incliner devant une Providence qui meut l'histoire d'en-haut, Maistre bat le rappel des énergies autour de ce qui ne sera, en fin de compte, qu'un parti parmi d'autres, et de peu d'avenir: les ultras. Au départ, Maistre avait proclamé: "Le rétablissement de la monarchie, qu'on appelle *contre-révolution*, ne sera point une *révolution contraire*, mais le *contraire de la révolution*." Or, observe Boffa, le parti qui s'inspirera, sous la Restauration, des idées maistriennes préconisera et pratiquera les mesures qui correspondent très exactement à ce que l'on peut nommer une révolution contraire. En quoi ils ne sortent pas du cycle révolutionnaire, que Maistre leur a appris à considérer comme un cycle sacrificiel. En quoi aussi ils pourront encourir le même reproche d'inhumanité (on d'humanité féroce) et d'abstraction, qu'ils avaient adressé aux Constituants et aux Jacobins.

Nous le savons, Joseph de Maistre était exaspéré par le jeune Constant, "ce petit drôle", et par les idées politiques du couple Staël–Constant. C'est bien Constant qui est visé, quand Maistre apostrophe les "lâches optimistes", et quand il traite de "coupables" les républicains à la recherche d'une formule centriste,—"ces écrivains trompeurs ou pusillanimes, qui se permettent d'effrayer le peuple de ce vain épouvantail qu'on appelle contre-révolution! qui, tout en convenant que la révolution fut un fléau épouvantable, soutiennent cependant qu'il est impossible de revenir en arrière."[2] Maistre est de ceux qui lancent la métaphore mécanique du couple action-réaction dans le langage politique: "La réaction [. . .] devant être égale à l'action, ne vous pressez pas, hommes impatients. . ."[3] Maistre charge d'une valeur positive le mot *réaction* qui, dans le langage scientifique, demeurait un terme parfaitement neutre. En écrivant *Des réactions politiques* (1797), Constant reprend le terme, et, partant d'une définition neutre, l'infléchit vers l'acception négative qu'il a aujourd'hui dans l'usage courant. (Cc n'était toutefois pas à Maistre que Constant répliquait, mais à Lezay-Marnésia, et il évoquait une "classe d'écrivains nombreuse et puissante, qui semble employer tous ses moyens à prolonger cette [. . .] agitation rétrograde des opinions".[4]) Pourtant, dans leur opposition même, Constant et Maistre n'évitent pas les termes communs, ou les formules parallèles. Lorsque Benjamin Constant allègue "la force des choses", pour déclarer irréversibles les transformations révolutionnaires, il inscrit une providence dans l'histoire elle-même. Il faut céder devant "la nécessité qui nous entraîne":[5] il entendait la nécessité qui a détruit les privilèges héréditaires et instauré l'égalité. Car l'égalité, pour lui, est "une idée mère, qui n'a jamais été tout à fait expulsée du coeur de l'homme".[6] Si bien qu'en raison de la perfectibilité de l'homme, quelque chose s'efface et s'écrit dans l'histoire, non par la main de la Providence mais par la "marche" de l'humanité: "Au sortir du nuage impénétrable, qui couvre sa naissance, nous voyons le genre humain s'avancer vers l'égalité, sur les débris d'institutions de tout genre."[7]

Je parlais d'un quiétisme historique de Joseph de Maistre, que l'on a très justement comparé à celui de Tolstoï. N'oublions pas qu'après son renvoi du Tribunat,

et dans une phase critique de sa vie personnelle, Benjamin Constant fut très fortement attiré par le groupe quiétiste de Lausanne, constitué par les disciples du
mystique Dutoit-Membrini, que Maistre avait fréquenté.[8] Reconnaissons même
que ce quiétisme pouvait aller de pair avec une version providentialiste de la
croyance en la perfectibilité indéfinie de l'espèce humaine,—version qui, à l'instar
du providentialisme religieux, tendait à se donner d'autant plus de vigueur qu'elle
avait à faire face à une plus noire adversité.[9] Contre l'évidence des faits, il faut
hausser le ton de la doctrine d'espoir. Condorcet, s'apprêtant à se donner la mort,
termine son *Tableau* en célébrant la perfectibilité, et en contemplant "la chaîne
éternelle des destinées humaines". C'est pour le philosophe un "asile où le souvenir
de ses persécuteurs ne peut le poursuivre". . .

Il n'est pas inutile d'ajouter ici une nouvelle remarque: le providentialisme de
Maistre peut être considéré comme une critique du volontarisme révolutionnaire,
et plus particulièrement des décisions de l'Assemblée qui se réclamaient d'une
"volonté générale" légiférant de manière inaugurale. Mais, sous d'autres auspices
que ceux de la pensée maistrienne et de son ultramontanisme imaginatif, les adversaires de la révolution eurent largement recours eux-mêmes à une "doctrine de la
volonté" présente à l'état diffus dans la culture de l'époque. Il ne s'agit pas seulement d'un héritage venu du grand Corneille, et qui arma Charlotte Corday.
"Croyez et voulez" a été la formule fondamentale du marquis de Puységur, qui
découvrit le somnambulisme artificiel et qui ramena le magnétisme animal de
Mesmer à un effet de la volonté. Cazotte, à en croire Nerval, était persuadé qu'un
acte de volonté eût permis à Louis XVI d'échapper à la guillotine. Les "traités de
la volonté" que composent les héros balzaciens doivent autant à l'illuminisme
contre-révolutionnaire qu'à la carrière de Napoléon, considérée comme la grande
preuve à l'appui de la doctrine. "Il faut vouloir", affirmera Bonald à son tour, et
Gérard Gengembre la rappelle très opportunément dans sa communication.

Maistre reprend aux révolutionnaires le mot de *régénération*, que ceux-ci avaient
détourné du vocabulaire religieux. Dans l'été de 1789, après la nuit du 4 août et
la Déclaration des droits de l'homme, Louis XVI avait été proclamé le "restaurateur des libertés françaises". Les contre-révolutionnaires, les théocrates n'auront
de cesse que le roi n'ait été restauré dans la plénitude de sa souveraineté absolue.
Les plus intransigeants d'entre eux se déclareront hostiles à la Charte acceptée (ou
octroyée) par les Bourbons à leur retour d'exil. Ils ne se défendront pas d'un
sentiment d'échec: le roi aurait dû reprendre, sans partage, la souveraineté usurpée
par le "peuple" et la "nation" en 1789. La grande coupure s'est opérée au moment
où le roi, régnant "par la Grâce de Dieu," a été dépouillé du pouvoir d'édicter la
loi de par son "bon plaisir". La marche catastrophique de la révolution, pour
Maistre tout au moins, n'a d'autre intérêt que de démontrer l'ampleur de l'outrage
initial. Thermidor? "Quelques scélérats firent périr quelques scélérats." La
Restauration? Une comédie de quinze ans, dira Bonald.

La Déclaration des droits, et surtout son article 3, est la cible privilégiée de la
critique contre-révolutionnaire. Cette critique vise tout le rationalisme des Lumières. Le rationalisme s'exprime dans la Déclaration en imposant, à la place des
réalités existantes, un individualisme associé à un universalisme abstraits. Pour

Maistre, il n'y a pas d'homme en général, il y a des Français, des Italiens, des Russes. . . La prétention à la validité générale est une illusion. Burke avait insisté sur le même défaut: "La science de composer un Etat, de le renouverler, de le réformer [. . .] ne s'apprend pas *a priori*. . ."[10] Pour Maistre, comme pour Bonald, la notion abstraite d'égalité n'a aucun sens. Il faudra Tocqueville (selon la remarque de Massimo Boffa) pour que le caractère *imaginaire* de l'égalité ainsi proclamée soit évaluée favorablement, parce qu'elle met en mouvement la "dynamique" de "l'émulation sociale".

Si Maistre, pour étayer sa critique des Droits, insiste sur le caractère sacré du pouvoir monarchique—sacralité irréductible, opaque, mystérieuse—Bonald recourt davantage à un argument complémentaire: le primat du social sur l'individuel, l'antériorité du langage (qu'Adam reçut de Dieu) par rapport au discours de l'individu qui se croit illusoirement autonome, et capable de s'unir à d'autres individus pour établir les fondements d'un ordre purement humain. Fort de ce dogme, le traditionalisme religieux de Bonald prétend remonter plus haut que le traditionalisme "juridictionnel" et "coutumier" de Burke. La théorie de Bonald permet d'établir la liaison entre la nature originaisement sociale de l'homme et une "législation primitive". Le fondement préexiste; il n'appartient pas à l'homme de l'établir ou de le remettre en discussion. En croyant s'approprier le langage, le sujet parlant est en fait approprié par le langage, qui lui confère sa pleine humanité.

En rattachant la nature elle-même à la volonté divine, Bonald insère dans sa *Théorie du pouvoir politique et religieux* (1796) les thèses des naturalistes déistes qui trouvaient la démonstration de l'existence de Dieu dans les merveilles de la nature. Il se met au diapason de savants tels que Bonnet, DeLuc, Saussure. Et il se trouve en mesure d'interpréter la révolution comme une perturbation des rapports naturels, et comme une inadéquation entre les institutions et la volonté de la nature. La crise politique est survenue lorsque le pouvoir politique et la société ont cessé de se réfléchir l'un l'autre. Or si "la société a le droit de faire tourner à son usage toutes les facultés de l'homme", il faut penser "le politique" et proposer les moyens d'une politique. De même que Maistre reprenait aux révolutionnaires l'emblème de la régénération, Bonald veut leur reprendre leur grand projet d'éducation: il s'agira d'en faire une éducation pour l'ordre restauré, dans une société hiérarchisée. Les modèles organiques, empruntés à la biologie vitaliste, dirigent un programme où interviennent tout ensemble l'appel à la volonté, et le rôle capital attribué à un but commun d'activité (motif cher aux saint-simoniens et, plus tard, aux catholiques "de gauche", tels que Buchez et Cerise). Trop soucieux de prévenir le retour du désordre révolutionnaire, Bonald ne donne à ses propositions théoriques aucun contenu réel, que ce soit dans le domaine social, économique ou industriel. La société mobilisée ne travaille qu'au maintien de ses propres structures. Gérard Gengembre voit chez Bonald prévaloir une pensée de la "globalité politique", qui est moderne, et qui tend à évincer la théologie elle-même, mais, en tous les domaines où pourait se déployer une politique, cette pensée est paralysée par un archaïsme, par un fixisme, parfaitement symbolisés par l'apologie que Bonald fait des vieillards.

Quoi qu'il en soit, le refus des principes formulés par la Déclaration des droits de l'homme n'a pas été lié aux seuls intérêts du monarchisme ultra. Quelques-uns des Idéologues s'associèrent à la critique, pour des raisons de clarté conceptuelle, et pour ne pas clore dogmatiquement, par un catéchisme, la voie qui devait rester ouverte aux exigences d'un empirisme et d'un utilitarisme adaptés aux circonstances. Etienne Dumont, rédacteur, en août 1789, du projet présenté par Mirabeau, critique les Droits dans ses *Souvenirs*, et en appelle à l'autorité de Bentham, qui avait réfuté presque chaque terme de la Déclaration.[11] On doit admettre, avec Massimo Boffa, que l'héritage de la critique contre-révolutionnaire n'a pas été repris seulement par les romantiques anti-modernistes, par certains néo-libéraux hostiles à un égalitarisme de principe, mais tout aussi bien par Marx et ses disciples, quand ils s'en sont pris à l'idéologie des " libertés formelles", et de l'individualisme bourgeois. Quant au primat de la société et du langage pré-constitué, il était promis à un bel avenir (moyennant quelques révisions et distorsions), non seulement dans les doctrines sociologiques des dix-neuvième et vingtième siècles, mais jusqu'à nos jours, dans les théories psychologiques qui accordent au langage une primauté rendant illusoires les prétentions du *cogito*, et l'image du moi responsable, autonome et "centré".


Keith Baker étudie, dans sa communication, la perspective qui s'ouvre, après le retour des Bourbons, pour la génération de 1820. Pour beaucoup d'esprits, rien n'est résolu, rien n'est "terminé". La sociologie positiviste cherchera à faire face à une situation héritée d'une révolution inachevée. Elle reprend les problèmes que la Restauration ne pouvait résoudre. L'action se donne un levier: c'est l'idée d'une "science sociale". Rousseau, Turgot, avaient parlé d'*art social*, évoquant par cette expression une technique éclairée par la réflexion. La "science sociale" est une expression qui apparaît chez Sieyès, et qui trouvera son développement dans la pensée de Condorcet. En tant que "science" elle possède un degré de certitude supérieur. Keith Baker relève les deux tendances discernables dans *Qu'est-ce que le tiers état?* D'une part, *vouloir*: c'est le rôle capital attribué à la "volonté politique"; d'autre part, *connaître*: la société régénérée sera fondée sur la connaissance exacte: c'est le fondement lointainement cartésien de la doctrine. Mais comment appliquer, dans la pratique, la théorie de la volonté civique? L'unanimité et la transparence se laissent-elles atteindre? Surmonter ces difficultés, en perfectionnant la science sociale, est l'un des buts de la Société de 1789. Ses dirigeants établissent l'équation de la science et de l'ordre: à politique rationnelle, solution pacifique. Condorcet, adepte résolu du calcul, met en garde ses lecteurs contre les effets pervers de la soudaine libération de l'éloquence politique. (Nous savons quels espoirs, à la fin de l'ancien régime, certains intellectuels avaient placés dans la renaissance d'un art oratoire analogue à celui des cités libres de l'antiquité: c'en était devenu un lieu commun.) A tout moment, le raisonnement scientifique doit faire bonne garde pour empêcher l'emportement passionnel de la parole séductrice. . . La doctrine de Condorcet prévaudra parmi les membres de la Classe des sciences morales et politiques de l'Institut. Mais l'on sait que les idéologues ne parviendront pas à leurs fins. Entre alors en scène Saint-Simon—"le derviche tourneur du tournant du siècle"—avec ses modèles cosmologiques, son recours à la physiologie vitaliste. Il est persuadé, d'une part, que la révolution a commencé avec l'essor des sciences d'observation. D'autre part, quant à la récente période de troubles et de violence (qu'il appelle aussi, comme tout le monde, révolution, mais dont on ne saurait vraiment dire s'il s'agit de celle même qui prit naissance avec l'éclosion des sciences de la nature), elle tarde à se terminer, et la faute en est imputable aux légistes et aux métaphysiciens. Il suffirait que le pouvoir temporel des rois passe aux industriels, que le pouvoir spirituel du clergé passe aux savants, et la révolution arriverait à son terme: à cette condition, selon la formule célèbre, le gouvernement des personnes pourra être remplacé par l'administration des biens. Le dilemme entre souveraineté monarchique et souveraineté populaire serait ainsi aboli. La raison serait parvenu à exorciser le démon de la souveraineté.

Voici donc, nous dit Keith Baker, la synthèse ingénieusement bricolée, unissant la théorie organique des théocrates et la doctrine rationaliste de la science, que Saint-Simon transmet au jeune Auguste Comte. Les théocrates conservateurs avaient critiqué l'individualisme conjugué avec l'étatisme: à les en croire, les liens sociaux s'en étaient durement ressentis. Saint-Simon a voulu donner à ces faits leur traduction scientifique. La société est un être vivant: par conséquent la science de la société doit se construire sur le modèle de la physiologie. L'on voit s'opérer la transition du physicalisme mécaniste, en faveur au début de XVIII$^e$ siècle, à la physiologie, laquelle servira d'exemple à la sociologie. L'unité du corps vivant précède, selon une logique nouvelle, les *fonctions* de ses diverses parties. Il n'y a plus rien à attendre d'une science sociale individualiste et égalitaire, qui remonterait à la formation des idées (selon les illusions ''psychologistes'' des idéologues), ou qui se fierait à l'instrument mathématique. Cabanis s'était résolu à subordonner la psychologie à la physiologie. De même, la science sociale n'a que faire de remonter aux principes, selon la démarche de Sieyès et de Condorcet, et les mathématiques sociales doivent être considérées comme un jeu stérile. Loin d'être explicable comme le champ d'un progrès de l'intelligence qui découvre des théories et des principes, l'histoire s'offre à nous comme une succession de systèmes organiques différents, basés chacun sur d'autres forces organisatrices. Keith Baker le montre avec netteté: ce qui est procédure mentale chez Condorcet est supplanté, au niveau des *faits*, par l'alternance des périodes critiques et des périodes organiques. Entre Condorcet et Saint-Simon, puis Comte, il y a simultanément parallélisme et opposition polémique. Le débat avec Condorcet joue donc un rôle capital dans la construction du système positiviste. Comte, dans son *Prospectus*, reformule l'*Esquisse*, en donnant au progrès un tout autre substrat. Science de l'histoire et science sociale en arrivent à se confondre. Le savoir du destin des sociétés est le savoir qui permet de les régir. . .

L'éducation, derechef, prend une importance capitale. C'est là sans doute un nouveau point commun entre Comte et Condorcet. Mais c'est aussi un nouveau point de désaccord. Comte aboutit à une pédagogie qui inculque les principes organiques du positivisme en des termes quasi religieux. En sacralisant l'idée d'organisme, Comte aboutit à une théologie sociale. Le progrès de la civilisation est un thème majeur de la pensée comtienne, mais cela n'implique pas que les individus additionnent et cumulent, comme le souhaitaient les révolutionnaires, leurs entreprises constructrices. La première tâche, selon Comte, est d'amener les individus à penser leur intégration dans une totalité qui les englobe, une fois pour toutes, en vertu d'une *loi historique*. Reconnaître cette loi, selon la belle analyse de Keith Baker, équivaut pour Comte à ne plus s'efforcer de libérer l'action politique, mais à travailler positivement dans le sens de la civilisation en marche. Ce serait là pour de bon, terminer la révolution.

Ces trois études, on l'a vu, ont le mérite de provoquer la réflexion, et sur des points assez divers. Je me borne à signaler l'intérêt qu'il y aurait à comparer la *légitimation par l'histoire* à la façon de Burke, et cette même légitimation dans le contexte de la philosophie de Comte. La différence, me semble-t-il, réside dans l'orientation des vecteurs temporels. L'ordre politique, pour Burke, est l'oeuvre du passé: nous sommes tenus de reconnaître, dans le présent, ce qui est justifié par la mémoire des siècles. La visée de l'ordre, chez Comte, est pointée vers l'avenir, au nom d'une loi déchiffrée dans le passé. "L'ordre du temps" (selon l'expression de Pomian) bascule en direction de l'avenir. . . Il y aurait lieu, de surcroît, de suivre le destin de l'argumentation vitaliste dans la pensée politique. Et inversement, de se demander si le transfert métaphorique n'a pas joué en sens opposé. Virchow, dans sa pathologie cellulaire, Ribot, dans sa théorie de la personnalité, fondent leur représentation de l'organisme vivant non plus sur le postulat du vitalisme, mais sur le modèle de la société démocratique, plurielle et égalitaire. Autre problème: comme Keith Baker l'a fait remarquer au cours de la discussion, on parle le plus souvent du volontarisme comme s'il n'en existait qu'une seule manifestation. A y regarder de plus près, il y a divers volontarismes qu'il conviendrait de distinguer soigneusement: le volontarisme de l'acte de foi n'a rien de commun avec la volonté cartésienne, ni avec la volonté générale, guidée par l'intérêt commun. Le mythe napoléonien en offrira une version héroïque et romantisée, et l'on verra Nietzsche se servir du terme, après Schopenhauer, dans un sens qui n'a plus grand chose à voir avec le volontarisme que l'on impute aux membres de l'Assemblée qui rédigèrent et votèrent, en 1789, la Déclaration des droits.

## Notes

1. Cf. K.M. Baker, "Revolution," in *The Political Culture of the French Revolution*, ed., C. Lucas (Oxford, 1988), pp. 41–62.
2. J. de Maistre, *Considérations sur la France*, ed., J. Tulard (Paris, 1980), pp. 87–88.
3. *Op. cit.*, p. 40.
4. B. Constant, *De la force du gouvernement actuel* [. . .], ed., P. Raynaud (Paris, 1988), p. 111.
5. *Op. cit.*, p. 81.
6. *Op. cit.*, p. 79.
7. *Ibid.*
8. Dans son *Journal*, notamment en 1813, apparaissent les initiales: L.v.d.D.s.f., qui veulent dire: "La volonté de Dieu soit faite."
9. Cf. E. Behler, "La doctrine de Coppet d'une perfectibilité infinie et la Révolution française," in *Le groupe de Coppet et la Révolution française*, ed., E. Hofmann, A.-L. Delacrétaz (Paris-Lausanne, 1988) pp. 255–274.
10. E. Burke, *Réflexions sur la révolution de France* [. . .], tr. fr., 3ᵉ ed. (Paris, s.d. [1790]), p. 75. Necker ne dit pas autre chose dans ses *Réflexions philosophiques sur l'égalité*, au t. IV de son *De la Révolution française*, s.l. 1796.
11. E. Dumont, in *Souvenirs sur Mirabeau*, ed., J. Bénétruy (Paris, 1951), pp. 97–99.

## CHAPTER 15

# La Contre-Révolution, Joseph de Maistre

MASSIMO BOFFA

## I

DE la Contre-Révolution il existe d'abord un mythe, formulé de manière efficace par Joseph de Maistre en 1797: "Le rétablissement de la monarchie, qu'on appelle *contre-révolution*, ne sera point une *révolution contraire*, mais le *contraire de la révolution*."[1] Tel est le programme avec lequel se présentaient les adversaires du nouveau régime, né en 1789: leur victoire ne devait pas être cette "réaction" qui épouvantait Benjamin Constant, aussi violente et anachronique que l'avaient été les méthodes jacobines de gouvernement; elle devait être, au contraire, un simple retour à la stabilité, au bien-être, à la douceur de vivre de l'Ancien Régime. La Contre-révolution ne devait pas être donc une énième faction à l'intérieur d'un univers déchiré, mais l'instrument d'une restauration de l'ordre détruit par la crise. Ce mythe rassurant s'appuie sur une interprétation chirurgicale du phénomène révolutionnaire, diagnostiqué comme un mal obscur venu agresser un corps sain, et devant donc être extirpé pour que le malade guérisse. La révolution est perçue, en somme, comme une parenthèse néfaste—gouffre soudain ouvert dans l'histoire de la France—qu'il suffit de renfermer pour renouer le fil de la continuité rompue.

Cette image polémique d'une révolution surgie du néant et vouée à y retourner est, d'ailleurs, l'image inversée du mythe que la Révolution française avait voulu offrir d'elle-même: n'etait-elle pas, aux yeux du parti patriote, le commencement absolu du règne de la liberté après des siècles de despotisme? son destin n'était-il pas, justement, d'arracher la France à son propre passé à travers une "régéné-ration"? L'Assemblée constituante, en créant la notion négative d'"ancien régime", par laquelle toute la tradition de la monarchie française était condamnée en bloc, avait voulu fonder son oeuvre non pas sur les particularités d'une histoire nationale, mais sur l'universalité de certains principes rationnels. Elle avait ainsi tranché net, autant que l'avaient fait ses adversaires, tout rapport de continuité entre l'Ancien Régime et la Révolution.[2]

Or, c'est justement ce fond mythique du programme contre-révolutionnaire (où l'hostilité à l'égard du présent est nourrie par une image idéalisée du passé) qui va être usé, incapable comme il est de faire face à un examen moins indulgent de la crise de l'Ancien Régime, auquel même les partisans de la monarchie seront bientôt contraints. Qui plus est, ce mythe de la contre-révolution cohabite assez mal avec certains des principaux éléments de la doctrine de ses représentants, notamment avec l'idée, très nette par exemple chez Maistre, que la Révolution n'est point un épisode localisé dans le temps, mais qu'elle représente toute une époque de l'histoire ("Il faut avoir le courage de l'avouer . . . longtemps nous n'avons point compris la révolution dont nous sommes les témoins; longtemps nous l'avons prise pour un *événement*. Nous étions dans l'erreur: c'est une *époque*; et malheur aux générations qui assistent aux époques du monde!").[3] En tant qu'"époque", elle enfonce donc ses racines dans ce même passé qu'on voudrait idéaliser: son élan soudain apparaît alors comme le résultat du lent processus d'érosion du surnaturel et de la tradition opéré par les forces dissolvantes du protestantisme et des Lumières; elle manifeste enfin les énergies destructives accumulées par la pensée moderne dans le sein même de l'ancienne société. D'où aussi l'intuition, historiquement exacte, que la révolution ne se terminera même pas avec la restauration de la dynastie.

C'est dans cette distance entre le mythe d'un retour au passé et le diagnostic de la révolution comme époque irréversible que se trouve la contradiction de fond de la position contre-révolutionnaire; et les vicissitudes de la faction "ultra" sous la Restauration témoignent bien de cette impossibilité de la contre-révolution de se conformer à son propre concept, d'être à la hauteur de son propre mythe. Ces mêmes hommes qui déclarent aberrante (à la lettre, contre nature) la pratique moderne de la politique, fondée sur le conflit des intérêts et sur le consensus populaire, finiront eux-mêmes par devenir "parti", un parti parmi les autres, obligé à confier ses propres fortunes aux compétitions électorales. Ils poursuivent l'idéal de recomposer une totalité organique dissoute, et pourtant ils devront se résigner à n'être que l'*un des deux* pôles (révolution et restauration) qui inaugurent l'époque nouvelle. Ils seront condamnés à être ce qu'ils refusent le plus: *post*-révolution-naires.

Si on peut parler d'un héritage, ce n'est pas ici qu'on peut le trouver. En tant que faction, en tant que parti, la contre-révolution à cherché en vain à s'opposer au courant du temps. Les prévisions funestes de ces "prophètes du passé" sur le sort de la société démocratique, qui leur paraissait fondée sur le néant car elle ne reposait que sur elle-même, ont été bientôt démenties, ou même ignorées, par le cours des événements. Pourtant, un héritage existe: et puisque dans l'histoire des simples "réactions" ne se produisent jamais, même ce qui semble purement négatif, comme dans le cas de la contre-révolution, a fini par trouver sa place, avec sa propre valeur idéale, dans le cours général de la civilisation. Non seulement parce que les pages de ces irréductibles adversaires de la révolution enregistrent et transmettent encore aujourd'hui au lecteur le sentiment solennel de celle-ci comme d'un événement énorme (qui veut l'entendre pleinement ne peut pas lire Sieyès sans Burke, Michelet sans Taine). Et non seulement parce que les hommes qui sont venus après, et qui ont voulu neutraliser les conflits suscités par les factions opposées, ont dû quand même régler leur compte aux objections avancées par ces adversaires de la modernité. Mais surtout parce que—selon l'intuition hégélienne, pour laquelle la vérité de l'époque moderne se trouve justement dans la scission du moderne et de l'anti-moderne, et non seulement dans "un des deux"—au fil des années, le temps a mêlé beaucoup de cartes, et même la pensée contre-révolution-naire, paradoxalement, a fini par s'intégrer dans la sensibilité moderne, qui est la sensibilité d'un monde non concilié avec ses propres valeurs. Cette "intégration" a suivi essentiellement trois parcours: d'abord elle s'est déroulée à travers la tra-dition socialiste, qui a hérité, sans le savoir, de Burke, Maistre et Bonald la critique de l'individualisme et de la démocratie, ainsi que l'idée que l'égalité "formelle" est un mensonge, car les hommes réels sont inégaux; elle s'est déroulée aussi à travers la culture libérale modérée (c'est-à-dire cette partie de la culture libérale qui n'ac-cepte pas les "principes de 89"), préoccupée de faire survivre un fond d'aristocratie dans la civilisation démocratique, pour atténuer le pouvoir des majorités et le despotisme de l'opinion publique; enfin, à travers le romantisme, la pensée contre-révolutionnaire a contribué à élaborer un sentiment de l'histoire plus mûr, em-preint de pessimisme et d'ironie.


Destinée à devenir plus complexe au fil du temps, l'idée de la Contre-révolution n'est ni simple ni linéaire, et cela dès l'origine. En fait, elle ne désigne pas un phénomène homogène car elle recouvre des doctrines et des tendances allant de l'apologie de l'absolutisme le plus intransigeant à certains courants européens modérés, unis dans le refus des principes démocratiques de 1789. Si la frontière entre Révolution et Contre-révolution est clairement perceptible lorsqu'on consi-dère les forces extrêmes des deux partis, elle devient plus nuancée au fur et à mesure que l'on examine les tendances politiques intermédiaires et, en particulier, la tendance libérale, dans laquelle coexistent des arguments "révolutionnaires" et "contre-révolutionnaires". Il est possible, pourtant, malgré l'extrême variété des manifestations polémiques qui accueillent la Révolution française, de caractériser, si non un vrai corpus de doctrines, au moins des thèmes fondamentaux communs aux différents courants de pensée qui cherchent à s'opposer à la marche de la révolution. De toute façon, deux tendances principales méritent d'être mises en évidence, car elles représentent la référence obligée de toutes les critiques contre-révolutionnaires: une tendance "traditionaliste", incarnée par Burke, et une ten-dance "théocratique", dont Maistre et Bonald sont les représentants.

Ce n'est pas, cependant, sur le plan strictement politique que la contre-révolu-tion réussira jamais à se montrer efficace. Le jugement des historiens sur l'action des émigrés, ou mieux, de l'émigration contre-révolutionnaire rassemblée autour des deux frères du roi, a toujours été plutôt sévère, et pour de bonnes raisons. Car tous les projets entrepris pour peser sur les événements française se révélèrent des échecs. La fuite du roi s'achève dans un fiasco, les insurrections que le comité contre-révolutionnaire de Turin cherche à susciter à Lyon, à Valence et dans le Poitou, ne donnent lieu qu'à quelques désordres sporadiques, tandis que la tenta-tive d'obtenir l'intervention des puissances européennes reste longtemps sans issue; et lorsque la guerre survient enfin, amenant la campagne de 1792, l'armée des princes émigrés en sort sans gloire aucune.

La suite est conforme à ce début. En fait, ce n'était pas les complots des exilés, dispersés dans toute l'Europe et contraints à errer d'un pays à l'autre, ni les réseaux d'espions ou les tentatives militaires, comme celle de Quiberon (1795), qui pouvai-ent constituer des menaces réelles pour la Révolution. Beaucoup plus graves, car directement provoquées par la dynamique interne des événements, sont les insurrections de Vendée et du Sud-Est—celles de Lyon, Marseille et Toulon—qui éclatent au moment où la politique religieuse du gouvernement de Paris et le radicalisme à outrance des Jacobins permettent à la Contre-révolution d'enrôler dans ses rangs ces troupes populaires qui, jusqu'alors, lui avaient manqué. La tentative même d'opérer, après la chute de Robespierre, une restauration monarchique par le moyen électoral révèle moins la vitalité des forces royalistes que la fragilité du régime thermidorien. Mais à part ces opportunités, que la Révolution elle-même ne cesse de créer de son propre intérieur, la Contre-révolution militante restera désarmée jusqu'à la fin. Divisée en son sein par les polémiques entre absolutistes et constitutionnels, affaiblie par la politique de conciliation nationale mise en oeuvre par Bonaparte, elle se perdra en tentatives maladroites pour forcer les événements, soit dans l'illusion d'une restauration à l'anglaise, avec Pichegru ou Napoléon lui-même dans le rôle de Monk, soit encore, tout simplement, dans l'attente que la conjoncture internationale finisse par briser le gouvernement de Paris. Lorsque, en 1814, la coalition européenne ramènera les Bourbons sur le trône de France, la Restauration ne sera pas le résultat d'une victoire militaire des principes du vieux monde, sauvegardés en exil, sur ceux du nouveau monde, momentanément défaits: pour régner, le souverain légitime devra pactiser avec les intérêts "illégitimes" que la Révolution avait créés dans l'intervalle. C'est au moment de son triomphe apparent que la Contre-révolution pourra mesurer toute son impuissance.

Inefficace sur le plan de la politique immédiate, la Contre-révolution produira ses fruits les plus durables dans le champ de la pensée, en élaborant, dans une doctrine systématique qui fera sentir sa présence pendant tout le XIX$^e$ siècle, les motifs de son hostilité au monde moderne né de la Révolution. C'est une hostilité radicale et précoce qui n'attend pas le développement des événements pour se manifester. Déjà, en 1790, l'année apparemment la plus heureuse de la Révolution, Edmund Burke prononce, dans ses *Reflections on the Revolution in France*, une condamnation sans appel: pour lui, le véritable drame a eu lieu au cours de l'été 1789, le reste ne sera qu'un épilogue. Pour ces hommes qui la refusent, la Révolution est malade depuis son commencement: de sorte que les contre-révolutionnaires les plus conséquents, contrairement à ce qui arrive à la grande part de l'opinion éclairée de l'Europe, qui suit les événements français d'abord avec enthousiasme, puis avec un effroi croissant, manifesteront toujours un manque absolu d'intérêt à l'égard du développement concret de la Révolution, et même de ses aspects les plus spectaculaires. Même dans les pages de Joseph de Maistre, bien qu'il écrive quelques années plus tard, il serait vain de chercher les signes d'une réelle analyse des épisodes de la dérive révolutionnaire: qu'il s'agisse de la mort du roi, de la Terreur ou de la guerre, ces événements ne sont autre chose, à ses yeux, que les conséquences fatales de l'acte de rébellion originel contenu dans la Déclaration des droits de l'homme. "Quelques scélérats firent périr quelques scélérats":[4] ceci est son seul commentaire au tournant du 9 Thermidor. Dans la logique des contre-révolutionaires, c'est la discussion sur les "excès" de la Révolution et sur sa radicalisation qui disparaît complètement. "Je ne connais pas, je l'avoue, ce qu'on appelle les excès de la révolution", écrira Bonald, "Tous les crimes qu'elle a produits n'ont été que les conséquences naturelles et prévues par les bons esprits, pour horribles qu'elles aient été.''[5] Et il ajoutera: ''J'ose dire qu'il n'y a pas un principe politique posé en 1789, dont une dialectique rigoureuse ne fît sortir toute la révolution.''[6] Il est évident que le problème classique, posé par les Thermidoriens et dont les libéraux ont hérité, sur la question de savoir comment la liberté de 1789 a pu conduire au despotisme de 1793, ne se pose même pas pour eux qui n'y voient rien d'autre qu'un rapport nécessaire de cause à effet. Pour les contre-révolutionnaire qui condamnent la révolution, comme pour les Jacobins qui en font l'apologie, 89 et 93 sont un bloc indissoluble.

Quelle avait été la faute première des hommes de 89? D'avoir agi comme si la France n'avait point de Constitution, et d'avoir voulu lui en donner une toute neuve; c'est-à-dire, d'avoir voulu faire table rase du passé et refondre entièrement la société, à partir de principes purement rationnels, tels que les ''droits de l'homme'' et la ''souveraineté populaire''. Le débat juridique qui avait passionné l'opinion dans les années précédant la Révolution, sur le fait que la France fût ou non une nation ''constituée'', est simplement repoussé comme étant dénué de tout sens. ''Au fond cette question est absurde'', résumera Bonald, ''La constitution d'une peuple est le mode de son existence; et demander si un peuple qui a vécu quatorze siècles, un peuple qui existe, a une constitution; c'est demander, quand il existe, s'il a ce qu'il faut pour exister; c'est demander si un homme qui vit, âgé de quatre-vingt ans, est constitué pour vivre.''[7] Même pour Maistre, qui est pourtant disposé à admettre qu'elle n'était pas toujours observée, la ''constitution'' (''ce mélange de liberté et d'autorité, de lois et d'opinions'')[8] était précisément l'ensemble des moeurs et des institutions qui distinguaient la France de toute autre monarchie. Elle était assurée, dans l'ancient régime, par les ''lois fondamentales'' du royaume, que même le roi ne pouvait pas violer, et elle était le résultat naturel d'un parfait équilibre entre le magistère politique et le magistère religieux: ''Toutes les influences étoient fort bien balancées, et tout le monde étoit à sa place. Sous ce point de vue, c'est l'Angleterre qui ressembloit le plus à la France.''[9]

Mais cette reconstruction idéalisée des institutions de la monarchie française, jugées déjà parfaites ou quand même perfectibles, était moins le résultat d'une analyse historique de l'Ancien Régime qu'un parti pris philosophique. Pour condamner l'esprit politique abstrait, Burke déjà avait dû passer à travers une apologie de la tradition: non pas de la tradition française, mais de l'anglaise. Mais il en avait conclu que la France aussi aurait pu suivre l'exemple de la ''Glorious Revolution'' de 1688, ''en restaurant'' les droits historiques consignés dans son ''ancienne constitution'': ''You might, if you pleased, have profited of our example, and have given to your recovered freedom a correspondent dignity . . . Your constitution was suspended before it was perfected; but you had the elements of a constitution very nearly as good as could be wished.''[10] Burke évoquait les anciens pouvoirs de l'aristocratie, des parlements et des corps intermédiaires qui, s'ils avaient été rétablis, auraient pu contrebalancer et tempérer la souveraineté absolue du monarque. ''You had all these advantages in your antient states; but you chose to act as if you had never been moulded into civil society, and had every thing to begin anew.''[11]

Cette position de Burke se fondait sans doute sur son idée anti-spéculative: la société est un ordre naturel indépendant de la volonté des individus et dans lequel la légitimation des oeuvres humaines et des institutions politiques advient à travers un travail lent et spontané, qui accumule et sélectionne empiriquement les expériences des différentes générations; les décrets d'une assemblée ne sauraient fonder une liberté qui ne soit déjà présente dans les moeurs d'un peuple. Mais dans le jugement de Burke, elle s'alliait à une conception idéalisée, et pour ainsi dire "britannique", de l'Ancien Régime français. Cette tradition d'équilibre entre les pouvoirs qui, selon Burke, avait survécu à la *tabula rasa* de l'absolutisme, et qui aurait dû guider les pas d'une "bonne" révolution dans les premiers mois de 1789, apparaissait en réalité comme un objet mystérieux et, en tout cas, ne correspondait pas à la vérité de l'absolutisme. Ce que Burke sout-estimait (et que les autres auteurs contre-révolutionnaires refusaient même de voir) c'est que la *tabula rasa* proclamée par les hommes de 89, leur acharnement contre le passé qui tant blessait son sentiment historique et politique, suivait en réalité une *tabula rasa* déjà accomplie par la monarchie absolue. Ce sera, en effet, l'objection que Tocqueville fera plus tard à l'écrivain anglais: "Burke savait mal dans quelles conditions cette monarchie qu'il regrettait nous avait laissés à nos nouveaux maîtres."[12]

C'était là la limite fondamentale de la conception de Burke: elle tenait au fait que cette conception était entièrement modelée sur une histoire particulière, c'est-à-dire qu'elle était, en définitive, une théorie (voire une apologie) de la constitution britannique. Burke semblait ne pas voir que la France avait suivi un parcours différent de l'Angleterre, et que donc en France l'apologie du temps et de la tradition ne pouvait pas avoir le même retentissement. C'est cette limite particulariste (qui fait corps avec le conservatisme de Burke) qui lui a valu la critique d'un interprète comme Leo Strauss, lequel, même s'il partage la polémique anti-moderne de l'anglais, juge cependant qu'elle est insuffisante à son propre objet.[13] Le fait est que Burke n'avait recours à aucun critère universel pour juger les réalisations humaines, car c'était la vérification du temps et de l'expérience qui fournissait, toute seule, la légitimation nécessaire; et son renoncement à une définition rationnelle des fins de l'Etat rapprochait donc Burke moins aux canons prudentiels de la pensée politique classique, qu'à l'empirisme moderne de l'économie politique, qui conçoit le processus historique rationnel comme le résultat providentiel d'actions égoïstes et fortuites; et sa critique de la raison individuelle le conduisait vers le relativisme du *consensus gentium*, qui reconnaît la supériorité de la sagesse consignée dans les moeurs et dans les traditions. Selon Strauss, il ouvrait ainsi le chemin à l'"école historique", hostile à la métaphysique des modernes, mais aussi à celle des anciens.

Ce serait pourtant une erreur d'interpréter la position de Burke comme une vraie anticipation de l'historicisme moderne. Car dans sa pensée la notion du temps historique restait subordonnée au rôle essentiellement jurisprudentiel que la durée chronologique joue dans la légitimation des oeuvres humaines. Il s'agissait d'un temps immobile, enveloppant l'homme comme une seconde nature: il ne permettait pas de caractériser le contenu d'époques historiques différentes, ni de penser l'idée de leur succession; à la rigueur, donc, il n'y avait chez lui même pas l'intuition de la Révolution française comme "époque" de l'histoire mondiale (présente, au contraire, chez les libéraux français et même chez les contre-révolutionnaires catholique, tels que Maistre). Celle qui vit dans les pages de Burke c'est une idée jurisprudentielle de l'histoire, qui s'exprime dans le concept clé de la *prescription*: ce n'est pas le droit qui fonde la durée temporelle, c'est la durée qui fonde le droit.

Tout critère possible du juste et de l'injuste finissait par se confondre ainsi avec l'autorité de ce qui est et qui a toujours été, et qui pour cela même toujours sera. Nous verrons tout à l'heure que sur ce point justement la distance entre sa pensée et celle des contre-révolutionnaires théocratiques, tels que Maistre et Bonald, sera particulièrement marquée.

Mais le débat sur l'Ancien Régime n'épuise pas la conception contre-révolutionnaire, car à son fondement se trouve une intuition plus essentielle: le rapport négatif qu'entretient la Révolution française avec le temps historique, précisément, est inséparable de l'avènement de la démocratie. C'est l'universalisme abstrait de ses principes qui tranche les fils qui liaient les sujets de la monarchie et les institutions nationales à la mémoire historique du royaume. La pratique politique qui nie la valeur du temps se fonde en réalité sur une nouvelle philosophie: Sieyès écrivit que la nation est "un corps d'associés",[14] c'est-à-dire un ensemble d'individus égaux, dotés de droits naturels, qui s'associent selon un libre choix, au nom d'une commune identité humaine. Et cette idée égalitaire et volontariste, qui fonde la nouvelle conception de la représentation proclamée par la Révolution, impose que le lien social s'élabore en faisant abstraction de la condition concrète des individus et en se bornant à considérer l'humanité commune qui est en chacun d'eux.

C'est précisément contre cet *esprit de géométrie*, intrinsèque à la démocratie, que s'exerce la polémique des adversaires de la Révolution, lesquels réclament, au contraire, une reconnaissance des différences réelles qui distinguent les hommes entre eux. Ils ne nient pas l'idée que la nation doive être "représentée", mais cette représentation ne peut être autre chose que la somme des intérêts corporatifs de la nation, expression directe de sa constitution sociale qui est aussi sa constitution naturelle. La nation n'est pas une association volontaire de citoyens: ceux-ci naissent déjà intégrés à un corps de règles sanctionnées par le temps, et qu'ils apprennent à respecter; la société préexiste à l'homme, comme le langage, tous deux également soustraits à son arbitraire. L'homme ne peut pas plus donner une constitution à la société, qu'il ne peut donner la pesanteur aux corps, ou l'étendue à la matière. L'idée du droit naturel, chère à la philosophie du XVIII^e siècle, celle d'un pacte qui lie le pouvoir du souverain à la volonté populaire, se trouve ainsi niée à sa racine. En fait, il n'existe même pas, comme l'ont cru ceux pour qui la société est le résultat d'une convention, un état qui lui soit antérieur: "A proprement parler, écrit Maistre, "il n'y a jamais eu pour l'*homme* de temps antérieur à la société, parce que avant la formation des sociétés politiques, l'homme n'est point tout à fait homme."[15] Pour le théocrate savoisien, comme pour Bonald, la société est un ordre naturel et transcendant, directement créé par Dieu. Par conséquent, la "constitution" ne peut pas être ce contrat entre peuple et souverain rêvé par les réformateurs du siècle ni cet acte fondateur écrit et récrit par les révolutionnaires français: la constitution authentique d'une nation ne peut être que l'ensemble des coutumes que la mémoire transmet et que la tradition sanctifie; elle est oeuvre du temps, non de l'homme, et ses racines préexistent à toute loi écrite.

Même Burke, qui partait de prémisses différentes, était arrivé à la conclusion que le peuple n'est pas l'auteur, mais le produit des constitutions. En tant que représentant de la tradition whig (lockéenne et contractualiste), il avait recours aux mêmes catégories du droit naturel utilisées par les théoriciens de la souveraineté populaire, mais il les avait retournées en une interprétation conservatrice.[16] "Society is indeed a contract",[17] écrit Burke; mais le contrat social, dont l'origine se perd dans la nuit des temps, reste moralement soustrait à l'intervention des individus, puisque ce contrat lie chacun d'eux à toutes les générations qui l'ont précédé et qui le suivront, le peuple présent n'étant qu'un anneau d'une chaîne ininterrompue de la civilisation. La société, loin d'être une pure et simple somme de volontés, est en effet une communauté organique, qui vit et se perpétue grâce à la succession solidaire des générations, qui est menacée par toute brusque innovation. Cet organisme délicat doit donc être protégé de ces changements radicaux et soudains, conçus à la lumière de la pure raison, dans lesquels se manifeste la volonté d'hommes qui se sentent émancipés: mais pour Burke cela doit arriver non pas au nom d'un lien transcendant, comme c'est le cas pour les "théocrates", mais bien au nom d'une raison immanente au cours de l'histoire. C'est une raison inconsciente qui s'exprime dans les habitudes, les inerties et même les préjugés à travers lesquels est constituée la sagesse d'un peuple.

Qu'elle soit théocratique ou traditionaliste, la pensée contre-révolutionnaire formule une critique de la démocratie qui servira de modèle tout au long du XIXᵉ siècle aux auteurs, de droite comme de gauche, qui chercheront à réfuter l'"illusion des droits de l'homme". Car le fondement individualiste de la Déclaration de 1789 et son universalisme apparaissent aussitôt incompatibles avec la construction, ou la conservation, d'un lien social concret. Ils représentent, en réalité, une base purement imaginaire: l'"homme" n'existe pas, dit un passage celèbre de Joseph de Maistre,[18] il existe des Français, des Italiens, des Russes, même des Persans, existent les hommes en chair et os déterminés par la société et par l'histoire, mais non pas l'homme abstrait des théories démocratiques. L'égalité prêchée et promise par les Français n'est qu'un mensonge, avait déjà dit Burke, puisque dans la société et dans la nature c'est l'inégalité qui est réelle; et une représentation politique qui ne reconnaisse pas comme constitutives les "différences" qui composent la vie sociale, et qui au contraire programmatiquement les ignore, est un pur et simple artifice de la raison, sinon une mystification intéressée. La critique de la démocratie "formelle", des romantiques à Marx, à Taine et à tant d'autres, plonge ses racines dans ce refus précoce des valeurs universelles proclamées par la Révolution française. Il faudra attendre Tocqueville, et son livre sur l'Amérique, pour trouver explicitement revendiqué comme titre de mérite de la démocratie ce caractère "imaginaire" de l'égalité instituée par elle, car c'est justement dans la dynamique, ainsi ouverte, de l'émulation sociale que la promesse de l'égalité connait une réalisation efficace.

Pour les contre-révolutionnaires, cependant, les droits de l'homme ne sont pas seulement une illusion, mais aussi, pour ainsi dire, une aberration nihiliste, susceptible de produire des résultats despotiques. Dotant les individus de la souveraineté absolue, exercée suivant la loi du nombre, c'est-à-dire de la majorité, ils produisent chez l'homme moderne une sorte de sentiment de toute-puissance, libérant la possibilité d'un agir indéterminé, selon le caprice de la volonté ou de l'intérêt. C'est la voie ouverte au relativisme: si la majorité le veut, il n'est rien qui ne soit permis. Et la dérive de la "volonté populaire", souverain on ne peut plus absolu, pendant la Révolution française, confirme aux lecteurs de Burke, mais aussi aux libéraux du continent, les virtualités inquiétantes contenues dans le principe démocratique.

Pour ces critiques de 89, la considération purement rationnelle et quantitative des individus est, en outre, un facteur destructeur à l'oeuvre dans la sphère morale comme dans la sphère esthétique: elle balaie comme des vulgaires pléonasmes les atours et les artifices sous lesquels l'homme civilisé cherche à occulter les défauts de sa nature; voulant, au nom de la vérité, mettre le monde à nu, elle décrète la fin du goût, de l'élégance, des moeurs chevaleresques et du cérémonial courtois. "On this scheme of things", écrit Burke dans ses invectives contre la philosophie rationaliste, "a king is but a man; a queen is but a woman; a woman is but an animal; and an animal not of the highest order."[19] Sous la critique de l'égalitarisme démocratique pointe le dégoût, déjà romantique, pour le matérialisme de la société bourgeoise et pour le pouvoir égalitaire de l'argent. "The age of chivalry is gone", concluait Burke tristement, "That of sophisters, oeconomists, and calculators, has succeded."[20]

## II

Les deux grands courants de la pensée contre-révolutionnaire, le traditionaliste, représenté par Burke, et le théocratique, représenté par Bonald et Maistre, unis dans un même refus de la révolution de 89, finiront par prendre des formes historiques divergentes. En France, c'est-à-dire dans le pays où le combat entre révolution et contre-révolution ne cessera pas d'avoir, tout au long du XIX$^e$ siècle, ses manifestations extrêmes, c'est plutôt sous la forme de la doctrine théocratique que la contre-révolution alimentera d'abord le parti *ultra* sous la Restauration, puis le courant légitimiste après 1830. Maistre et Bonald utilisent largement les thèses de Burke, mais ils le font parce qu'ils partagent avec lui l'objet de la polémique, et non parce qu'ils adhèrent à ses prémisses: car ils n'aiment pas le modèle constitutionnel anglais, n'acceptent pas le jugement critique sur la monarchie française, détestent le protestantisme et, en fin de compte, ils ne partagent même pas la passion burkéenne pour les libertés. Certes, ils ont en commun la même tendance antirationaliste et antivolontariste, fondée sur une conception pessimiste de la nature humaine. Mais l'antihumanisme de Burke débouchait sur une intuition de l'histoire rigoureusement immanentiste: le sentiment de la fragilité humaine et de la toute-puissance divine se transforme en une confiance positive en l'oeuvre constructive du temps et en la collaboration des générations, qui fondent la civilisation, noble et digne parure qui revêt la pauvre nature humaine.

La position théocratique, et notamment celle de Maistre, a ceci de particulier que ces thèmes "burkéens" sont, au contraire, intégrés à une conception dramatique de la condition humaine, irréversiblement marquée par la Chute et par le péché originel. Le spectacle apparemment insensé de l'histoire, avec ses guerres sanglantes, ses violences gratuites, ses virages imprévisibles et inexplicables, est, aux yeux de Maistre, l'image même de la vanité de tout effort pour maîtriser le destin de l'homme: les résultats sont toujours très éloignés des intentions, la volonté est toujours déçue, et les hommes ne savent jamais ce qu'ils font. L'histoire n'est que ce flux mystérieux, soustrait à l'arbitre humain, où enfin, après toute l'agitation de philanthropes et de réformateurs, l'impondérable oriente à son gré les choses du monde; et la seule sagesse consiste alors à comprendre et seconder, à l'intérieur de ce flux, l'élément inaltérable de la vie humaine, les enchaînements permanents des faits, c'est-à-dire à épouser ce réalisme sceptique, propre aux gens humbles et simples, qui fait dire: "ainsi va le monde".[21]

C'est surtout le spectacle de la Révolution qui nourrit ces considérations fatalistes. Son cours même, qui engloutit tous ceux qui cherchent à la maîtriser, est déjà un démenti des théories des Lumières, puisque les hommes ne sont pas en état de la conduire suivant des desseins rationnels. "Ce qu'il y a de plus frappant dans la révolution française", écrit Maistre, "c'est cette force entraînante qui courbe tous les obstacles. Son tourbillon emporte comme une paille légère tout ce que la force humaine a su lui opposer."[22] Et il ajoute: "On ne saurait trop le répéter, ce ne sont point les hommes qui mènent la révolution, c'est la révolution qui emploie les hommes. On dit fort bien, quand on dit qu'*elle va toute seule*."[23] Joseph de Maistre, qui cherche à en pénétrer le mystère, transmet de la Révolution un sentiment solennel, métaphysique. La "force irrésistible" qui emporte toute chose avec soi est déjà, elle aussi, une image romantique: elle est adressée moins contre les Jacobins et les hommes de l'an II, qui ont interprété le caractère démoniaque de l'événement, et dont il subit, malgré l'horreur, la diabolique fascination, que contre les "constitutionnels" et contre tous ceux qui ont cherché à arrêter la Révolution pour construire sur ses fondations mobiles. Cette idée de la Révolution, conçue comme puissante énergie impersonnelle, débarassait aussi le champ de toutes les théories du "complot", très répandues dans les milieux de l'émigration contre-révolutionnaire, notamment de la thèse célèbre de l'abbé Barruel, qui avait voulu expliquer la Révolution comme le résultat d'une conjuration ourdie dans les loges maçonniques de toute l'Europe.[24]

Aux yeux d'un auteur comme Maistre, la Révolution administre en fait la preuve que la force d'un destin supérieur l'emporte toujours sur les forces de la volonté humaine: comment expliquer la disproportion entre la misère des individus et la grandeur des événements, sinon en faisant appel à une intelligence supérieure, capable même de contredire les lois naturelles de la cause et de l'effet? Si les hommes ont cru un moment être les maîtres de leur destin, ils vont bientôt être déçus: cette fièvre révolutionnaire qui avait commencé, comme le dira Bonald, avec la déclaration des droits de l'homme, doit s'achever avec la déclaration des droits de Dieu.

Dans une telle conception, la politique perd toute autonomie, pour devenir une forme dérivée, dont la vérité réside dans la sphère religieuse. Dans les coulisses de l'histoire humaine se déroule en effet un drame métaphysique aux dimensions plus vastes: c'est la Providence divine qui réalise, même à travers les souffrances indicibles imposées à la France, ses desseins insondables. Un siècle avant, Bossuet avait déjà montré la main de Dieu dans le cours de l'histoire universelle. Maistre reprend la même idée dans ses *Considerations sur la France* (1797), même si la question s'est inversée—il ne s'agit plus de montrer la raison de la grandeur du royaume de France, voulue par Dieu, mais bien d'expliquer sa misère actuelle: comment Dieu a-t-il pu la vouloir? La Providence, nous dit Maistre, poursuit un double dessein: châtier les Français coupables, sauver la France. Châtier les Français parce qu'il n'y a pas de victimes innocentes, que tous par leur irresponsabilité ont fait le lit de la Révolution; la nation entière est complice du régicide. Mais à travers la Révolution et ses excès, la Providence fort judicieusement vise aussi à préserver le pays. Maistre, s'il n'est pas le premier, est en tout cas le plus éloquent de ceux qui ont reconnu le rôle national du Jacobinisme. Le Comité de salut public a en effet occupé provisoirement la place laissée vide par la royauté. En adoptant des mesures d'exception pour défendre la Révolution, il a en réalité défendu l'intégrité du royaume. Les monarchistes qui appellent de leur voeux la défaite militaire de la Révolution manquent donc singulièrement de discernement: "qu'on y réfléchisse bien, écrit-il, on verra que le mouvement révolutionnaire une fois établi, la France et la monarchie ne pouvoient être sauvées que par le Jacobinisme."[25]

Maistre n'était pas davantage le premier à associer Révolution et Providence. L'année précédente était sorti un opuscule de Louis-Claude de Saint-Martin, dit le "philosophe inconnu", un de ces *illuminés* martinistes tant prisés par le Savoisien et qui avaient fait revivre dans la culture du XVIII<sup>e</sup> siècle des thèmes gnostiques et néoplatoniciens, et qui attendait du soulèvement général qu'il régénérât le clergé corrompu. Pour lui également la Révolution était l'"exécution d'un décret formel de la Providence".[26] Toutefois, ce thème restait inscrit en filigrane. Devant le spectacle de l'innocence persécutée, l'apologétique catholique entendait sans nul doute retentir l'écho des anciennes objections des Libertins sur la félicité des méchants, les infortunes de la vertu et l'injustice divine. Maistre, qui découvre la main de Dieu dans toutes les affaires terrestres, ne peut se satisfaire de voir la vertu récompensée dans l'au-delà: c'est un christianisme païen que le sien; il s'intéresse à l'ordre ici-bas. Il faut donc rendre raison de tout ce qui dans l'activité omniprésente de la Providence pourrait sembler incompréhensible et absurde, afin que la justice divine soit elle aussi justifiée. Et si dès les *Considérations* il niait qu'il existât des victimes innocentes de la Révolution, dans *Les soirées de Saint-Pétersbourg* il brossera une fresque apologétique et grandiose de la justice (à la fois humaine et divine), rattachant le mystère du mal au péché originel: "Nul homme n'est puni comme juste, mais toujours comme homme, en sorte qu'il est faux que la vertu souffre dans ce monde: c'est la nature humaine qui souffre, et toujours elle le mérite."[27]

Maistre, nous le voyons, prend le contre-pied de la croyance rousseauiste en l'innocence originaire de l'homme.[28] La séduction que le dogme du péché originel exerce sur la pensée réactionnaire n'est pas le fruit du hasard. Contre le volontarisme des révolutionnaires, qui aspirent à changer le monde pour restituer l'homme à sa bonté native, il postule une nature humaine irrémédiablement corrompue que ne saurait racheter le temps historique. Pour Maistre l'histoire ne peut être le théâtre d'aucune rédemption ni progrès, ni ascension. Au contraire, elle se charge de rappeler sans relâche au genre humain sa situation dans le monde, livré à des puissances transcendantes et dévastatrices: "L'effusion de sang humain n'est jamais suspendue dans l'univers";[29] ce phénomène révèle également la main de Dieu; et la guerre aussi est divine, car le sang est le ferment du génie, parce que doté d'une valeur mystique, déjà présente dans les sacrifices de l'Antiquité.[30] Ces motifs, pourtant, sont dénués de toute coloration chrétienne, et ils se rattachent aux sources gnostiques hétérodoxes de la religiosité maistrienne. Il y a quelque chose de païen et de judaïque dans l'absence totale du thème de l'amour.[31] Le Dieu que Maistre propose à un christianisme épuisé par un siècle de scepticisme et de déisme entend redevenir le tyran du monde, le juge insondable et inflexible dont la colère réclame des expiations. Et, certes, il est étrange (mais l'est-ce tellement à la réflexion?) que de ce salmigondis hétérodoxe soit issu un des plus vigoureux courants du réveil catholique au XIX<sup>e</sup> siècle: "Les religions se meurent faute de paradoxes", écrit Cioran dans son commentaire à Maistre, "il le savait ou le sentait, et, pour sauver le christianisme, il s'ingénia à y introduire un peu plus de piquant et un peu plus d'horreur."[32]

Tout en plaçant le problème politique dans le contexte d'un plus grand problème métaphysique, Maistre reconnaît, lui aussi, pour les réfuter, les principes purement humains dont se nourrit la crise révolutionnaire: le rationalisme abstrait qui préside à la conception des droits de l'homme, et l'idée de la souveraineté populaire. Il reprend donc, à ce propos, beaucoup des thèmes de Burke: que l'homme abstrait n'existe pas, que la constitution authentique est oeuvre du temps, non de l'homme, que ses racines préexistent à toute loi écrite, parce qu'elles émanent directement de Dieu; et que l'homme est sociable par nature, et que Dieu a créé la société comme il a créé le langage, et ainsi de suite. Ce sont les thème développés, de manière systématique, dans l'*Essai sur le principe générateur des constitutions politiques et des autres institutions humaines*, publié à Paris en 1814, quand Maistre se trouvait en Russie. Même dans le cas des auteurs théocratiques, donc, l'"histoire" et la "société" sont les deux grands arguments auxquels on fait appel pour réfuter les droits de l'homme et leur valeur universelle. Car l'un et l'autre de ces concepts évoquent les puissances terrestres qui transcendent la pauvre existence des individus et leurs velléités: l'histoire conduit l'homme par des chemins imperscrutables, et se joue de ses desseins; la société, elle aussi, enveloppe l'homme dans un destin plus grand que lui: elle préexiste à l'individu, ainsi que le tout vient avant ses parties; elle est le contexte organique où seulement l'individu acquiert son sens.

A cause de cet accent, si marqué, porté sur le contexte mondain dans lequel inéluctablement se déroule la vicissitude humaine, certains ont pu voir, dans la pensée des théocrates, un antécédent significatif de la "sociologie" et de l'"historicisme" qui se sont affirmés au XIX<sup>e</sup> siècle. Un auteur américain, par exemple, a montré récemment que les concepts essentiels dont la sociologie se sert—l'idée d'une primauté du social sur l'individuel, de l'interdépendance fonctionnelle des facteurs sociaux, de la nécessité du "sacré", des corps intermédiaires entre l'individu et l'Etat, de la hiérarchie, l'analyse des effets dissolvants de la modernité, le respect pour le passé—font partie de l'héritage de la pensée conservatrice (dans laquelle il inclue soit Burke, soit Maistre et Bonald, et d'autres encore).[33] Pour ne rien dire, en outre, des multiples signes de reconnaissance que les saint-simoniens et Auguste Comte avaient rendu à un auteur comme Maistre. Quant à l'"historicisme" avant la lettre attribué à la pensée maistrienne, l'historien italien Adolfo Omodeo—qui avait montré pourtant qu'il s'agissait en réalité de "traditionalisme", c'est-à-dire d'un sens historique tourné vers le passé—avait déjà souligné comment la critique anti-intellectualiste de l'écrivain savoisien, assimilée et dépassée par l'idéalisme romantique, avait fini par nourrir, elle aussi, un sentiment plus affiné de l'histoire et de sa dialectique intime.[34]

Il vaut mieux cependant se méfier des généalogies trop faciles: même si elles signalent les affinités qui sans doute existent avec les développements ultérieurs de la culture européenne, elles sont obligées de refouler de la pensée des contre-révolutionnaires théocratiques exactement l'élément distinctif, voire l'exigence fondamentale de leur conception; chez Maistre, en effet, et pour des raisons qui concernent intimement la cohérence interne de sa doctrine, les thèmes de l'"historique" et du "social" n'ont pas une valeur autonome; histoire et société sont les figures terrestres d'une domination supra-terrestre: elles sont les images mondaines des limites de l'expérience humaine, mais leur vérité les transcende toutes les deux. Ce qui est vrai, pourtant, c'est que dans la doctrine de la contre-révolution théocratique, et notamment dans celle de Maistre, qui est poussé sans cesse à passer de la première intuition métaphysique du droit divin aux exigences de la politique concrète, une oscillation typique se produit entre le sacré et le profane, entre la sphère du transcendant et celle de l'immanent, entre la théologie et l'empirie. Et en effet il s'agit là d'un point critique de la position de l'écrivain savoisien, d'une "contradiction" qui a permis de dénoncer dans sa pensée la pure et simple apologie du fait empirique, le "machiavélisme très mondain"[35] dans lequel, en définitive, serait destiné à se convertir l'éloge de la tradition, du lent passer du temps, qui finit par légitimer n'importe quoi, même les usurpations.[36]

Le problème est radical, et naît du fait que l'argument "historiciste", d'inspiration traditionaliste, renferme en soi les germes d'une dérive nihiliste qui ne pouvait qu'inquiéter un représentant de la contre-révolution théocratique comme Maistre. Car il est évident qu'une légitimité purement historique se trouve, précisément, à la merci de l'histoire: la Révolution aussi pourra bientôt démontrer, à mesure que le temps tissera sa trame, qu'elle possède sa propre "histoire", et donc sa propre légitimité historique. Si bien que, déjà dans la culture de la Restauration, le thème de la "durée", de la "tradition", de la "révolution accomplie par le temps et non par les hommes"[37] pourra aisément se composer en une image dialectique où chaque instant possède sa propre nécessité historique à laquelle l'avenir concourt au même titre que le présent ou le passé. De telle manière, cette exigence "historiciste" pourra confluer soit dans le libéralisme modéré, soit dans l'oeuvre de ces représentants de la culture de la Restauration, tels que Ballanche, qui voudront refuser tant les novateurs trop hardis (les "néophiles") que les prophètes du passé (les "archéophiles").[38]

Les auteurs théocratiques semblent conscients de cette difficulté intime de s'opposer à la modernité sur le terrain insidieux de l'histoire: "Dans quelque sens que l'on tourmente notre histoire", écrira Bonald, qui énonce le problème plutôt que de le résoudre, "on trouvera toujours que les rois ont commandé, et que les peuples ont obéi . . . Une institution n'est pas bonne, précisément parce qu'elle est ancienne; mais elle est ancienne, ou plutôt elle est perpétuelle . . . lorsqu'elle est bonne ou parce qu'elle est bonne."[39] Mais ils ont beau répéter qu'on ne peut pas fonder la légitimité sur la tradition, comme il arrive, au contraire, dans le cas de la "prescription" burkéenne; que ce n'est pas la tradition qui fonde la valeur mais, au contraire, la valeur qui fonde la tradition; que le temps n'est point un temps historique, mais seulement une image de l'éternité, et que les valeurs qui s'y expriment transcendent tout temps, car elles sont le reflet d'un ordre inaltérable. En fait, dans la situation politique et spirituelle de l'époque de la Restauration, cette conscience ne faisait que se traduire, chez Maistre, dans une apologie sans réserve de la dogmatique catholique et dans l'appel à la souveraineté absolue et infaillible, supérieure à celle même des monarques sur les trônes, du Pontife romain.[40]

Expulsée provisoirement du problème de la "légitimité", cette oscillation, si typique de la pensée de Maistre, entre transcendance et empirie, entre métaphysique et positivisme, réapparaît dans sa conception de l'"autorité", qui représente le noyau le plus authentique de sa doctrine. Alors que son traditionalisme présentait, comme on l'a vu, une structure conceptuelle qui en permettait également l'assimilation par des courants de pensée très éloignés du sien, comme le courant libéral, le motif de l'autorité, et de l'obéissance, se trouvait vraiment aux antipodes de la sensibilité moderniste.

Il était clair, pour les adversaires de la Révolution, qu'au fond de la crise historique, dont 1789 était seulement la manifestation extrême, il y avait le graduel processus de dissolution de l'autorité dogmatique commencé par la Réforme luthérienne et accéléré par la diffusion de l'esprit critique.[41] L'individualisme et la libre discussion avaient érodé toute obéissance, et avec elle l'ordre même de la société; l'homme présocial des philosophes, l'individu isolé, porteur de droits naturels est, en effet, un homme qui n'obéit pas; il dit *non* à la manière du protestant; il remet tout en question puisqu'il ne reconnaît aucune autorité hormis celle de l'évidence. Pour les nostalgiques de l'ordre ancien, il s'agissait de substituer, selon la formule de Bonald, "à l'autorité de l'évidence l'évidence de l'autorité"; ou plutôt de montrer, comme l'avait écrit Maistre, qu'"il y a un point où la foi doit être aveugle, il y a de même dans la politique un point où l'obéissance doit l'être; que la masse des hommes est faite pour être conduite, que la raison même enseigne à se défier de la raison, et que le chef-d'œuvre du raisonnement est de decouvrir le point où il faut cesser de raisonner".[42]

Contre cette raison qui dit *non*, la restauration de l'autorité, qui a son fondement dernier dans la "souveraineté" de Dieu et de ses ministres, a besoin, pour se réaliser, d'un outillage mondain. Pour Bonald, par exemple, elle doit pivoter sur la dimension *sociale* de l'homme: il existe un primat du social sur l'individuel, et c'est le secret de toute bonne constitution; il doit être reproduit dans toutes les institutions, et jusque dans l'éducation des enfants. C'est l'autorité du conformisme social et de ses raisons qui doit s'imposer au-dessus de toute raison individuelle. Même la censure apparaît alors nécessaire, une censure qui veillera à ce que "tout ce qui est de l'écrivain *social* soit conservé, et tout ce qui est de l'homme soit supprimé".[43] Pour Joseph de Maistre, au contraire, la réponse au problème de l'autorité et de l'obéissance se trouve, plutôt que dans une sociologie organiciste, dans un particulier recours aux attributs sacrals et mystérieux dont le pouvoir doit être revêtu. Un des rôles principaux de la durée historique, à ses yeux, consiste justement à envelopper d'un voile d'obscurité les origines de la société et du pouvoir: la vertu de l'histoire n'est pas de dévoiler mais de cacher les commencements. "Je crois avoir lu quelque part, écrit-il, qu'il y a bien peu de souverainetés en état de justifier la légitimité de leur origine."[44] Précisément du fait de cette originelle absence de droit, un symbole qui voile le pouvoir est plus compatible avec son exercice qu'un concept qui l'explique et le justifie.[45] "Il existe des mystérieuses lois", insiste Maistre, "qu'il n'est pas bon de divulguer, qu'il faut couvrir d'un silence religieux et révérer *comme un mystère*."[46] De même, le rôle politique de la religion ne consiste pas seulement à offrir au pouvoir temporel un fondement transcendant—rôle reconnu sur le plan juridique, pour ainsi dire—mais, plus particulièrement à revêtir le pouvoir de la majesté du mystère. La fonction sociale de la religion tient précisément au fait qu'elle n'est pas une religion rationnelle, mais au contraire, qu'elle se manifeste à travers des dogmes, des superstitions, des mystères inexplicables.

Ce que Maistre a bien compris, c'est qu'une société qui devient transparente à elle-même, se trouve du même coup en péril permanent de dissolution, puisque le mécanisme de l'autorité y devient problématique. A ses yeux, seule une société capable de sauvegarder le sens du mystère—sur ses propres origines, sur son propre fonctionnement—peut se soustraire à cette issue fatale. La conclusion de ses réflexions est sans équivoque et le situe aux antipodes du siècle des Lumières: "J'ose dire que ce que nous devons ignorer est plus important que ce que nous devons savoir."[47] L'homme obéit, pour Maistre, à cause du charme et de l'étonnement que suscite un mystérieux pouvoir. L'homme obéit comme il croit: car le pouvoir, comme Dieu, est absurde.

Pareille conception du pouvoir révèle un goût nihiliste qu'on n'aurait pas soupçonné de prime abord chez un champion du catholicisme militant. C'est précisément cette intuition du caractère somme toute arbitraire de la souveraineté (alliée à la conscience de la vanité des efforts de l'homme pour la fonder sur autre chose que la force) qui semble justifier l'interprétation de ceux qui, comme Carl Schmitt, ont vu en Joseph de Maistre un "décisionniste", c'est-à-dire un partisan du fond irrationnel de l'autorité politique et de ses décisions.[48] De ce point de vue, au-delà de sa longue bataille contre la "souveraineté populaire", Maistre apparaît comme un des ardents défenseurs de la *souveraineté* en tant que telle, contre la dissolution à laquelle le monde post-révolutionnaire la vouait.

La pensée libérale avait compris, en fait, que quelque chose, dans l'absolu de la logique souveraine, était responsable du traumatisme révolutionnaire. Par sa nature même, la souveraineté tend à concentrer tout le pouvoir en un seul lieu, que ce soit le monarque ou le peuple. L'idée même de la constitution d'un sujet titulaire de la souveraineté paraissait infiniment périlleuse. Ecartelés entre la souveraineté du peuple et celle de Dieu, les théoriciens politiques de l'époque de la Restauration, comme, par exemple, les "doctrinaires", tenteront donc d'éliminer le concept même de souveraineté, jugé abstrait et théologique. "Il n'y a, sur la terre, point de souveraineté", écrira Guizot, "Toute souveraineté de droit attribuée à des hommes, un, plusieurs ou tous, est un mensonge et une iniquité."[49]

Joseph de Maistre se fait l'adversaire radical de ce procès.[50] En fait, il le considère illusoire: "Toute espèce de souveraineté", écrit-il, "est absolue de sa nature; qu'on la place sur une ou plusieures têtes, qu'on divise, qu'on organise les pouvoirs comme on voudra: il y aura toujours, en dernière analyse, un pouvoir absolu qui pourra faire le mal impunément, qui sera donc *despotique* sous ce point de vue, dans toute la force du terme, et contre lequel il n'y aura d'autre rempart que celui de l'insurrection. Partout où les pouvoirs sont divisés, les combats de ces différents pouvoirs peuvent être considérés comme les délibérations d'un souverain unique, dont la raison balance le *pour* et le *contre*. Mais dès que le parti est pris, l'effet est le même de part et d'autre et la volonté du souverain quelconque est toujours invincible."[51] "Souverain quelconque": l'important n'est pas donc de savoir qui décide, ou comment; il importe qu'une décision soit prise. Aux partisans libéraux de l'Etat de droit, qui voudraient (selon Schmitt) éliminer du monde le "cas critique" pour ne jamais devoir recourir à la sanction d'une autorité souveraine, Maistre oppose une image dramatique de la société, saisie au moment suprême de la décision. De cette façon, il glisse d'une conception pré-moderne de l'autorité, où le souverain est le représentant d'un ordre immobile dans lequel la légitimation se fait à travers la tradition, à une idée plus moderne, selon laquelle le souverain apparaît comme un acteur venu de nulle part pour remettre de l'ordre dans une société qui risque de se dissoudre. Mais semblable autorité est déjà, d'une certaine façon, "dictature" et non "légitimité".

On voit mieux, à ce point-ci, comment l'horizon de Maistre et des contre-révolutionnaires théocratiques se place au-delà même de l'expérience de l'absolutisme, jugée insuffisante devant la portée "métaphysique" du défi moderne, tel qu'il s'était manifesté dans les deux grandes crises historiques: la Réforme luthérienne et la Révolution française. L'absolutisme avait représenté, en effet, une solution mal adaptée au problème posé par le protestantisme, dans la mesure où son rôle historique avait consisté précisément à "neutraliser" les conflits religieux et à se constituer comme pouvoir séculier autonome. C'est le même comportement "neutre" que Maistre découvrira dans la tentative des "doctrinaires" de concilier la tradition et la révolution. A ces solutions de conciliation, il oppose une conception du monde comme théâtre d'une lutte mortelle entre le principe du bien et celui du mal, où la neutralité n'est pas de mise.

En définitive, ce parti pris de la volonté, ce rappel continuel d'un choix métaphysique inéluctable, révèle pleinement la distance qui sépare la pensée théocratique de l'éloge traditionaliste de la créativité spontanée de l'histoire: Maistre veut un pouvoir qui prenne position, qui sache aussi aller à contre-courant, instrument conscient de l'ordre divin. Au sentiment des libertés, encore si vif chez Burke, succède l'obsession de l'autorité; plus encore que adversaire de la démocratie—ce que fut surtout l'Anglais—, il est aux antipodes de l'équilibre libéral, il est le dernier défenseur d'une idée absolue de la souveraineté, incarnée desormais, dans l'Europe qui change, par le seul pouvoir infaillible du Pape.

C'est pourtant cette volonté de restauration qui était condamnée à apparaître, aux yeux des contemporains, aussi "humaine" et "abstraite" que l'avait été l'activisme des Constitutionnels et des Jacobins. D'un tel paradoxe, les hommes de la Contre-révolution ne parviendront jamais à se libérer: comment concilier, en effet, l'apologie de l'oeuvre du temps, paisible et impersonnelle, et l'appel à une lutte sans quartier pour infléchir le cours des événements? Pendant la Restauration, ce paradoxe deviendra plus criant que jamais avec le parti des "ultras". Depuis longtemps déjà, de toute façon, l'impasse de la position contre-révolutionnaire était évidente pour ceux qui, ayant subi le traumatisme de la Révolution, ne voulaient pas renouveler l'expérience au prix d'un traumatisme inverse. "L'autorité qui, aujourd'hui, voudrait rétablir la féodalité, le servage, l'intolérance religieuse, l'inquisition, la torture", écrivait Benjamin Constant en 1814, "cette autorité dirait en vain qu'elle se borne à rappeler des institutions antiques. Ces antiques institutions ne seraient que d'absurdes et funestes nouveautés."[52] La vérité est que les contre-révolutionnaires n'aspirent pas à arrêter la Révolution. En dépit du mythe qu'ils proclament, c'est une *révolution contraire* qu'ils appellent de leurs voeux.

## Notes

1. J. de Maistre, *Considérations sur la France*, in *Oeuvres complètes* (Lyon, 1884), vol. I, p. 157.
2. Sur la notion d'"ancien régime" et sur son origine révolutionnaire, voir l'article écrit par François Furet pour le *Dictionnaire critique de la Révolution française*, ed., F. Furet et Mona Ozouf (Paris, 1988).
3. J. de Maistre, *Discours à Mme la Marquise de Costa*, in *Oeuvres*, VII, p. 273.
4. J. de Maistre, *Considérations* . . ., in *Oeuvres*, I, p. 107.
5. L. de Bonald, *Observations sur l'ouvrage de Madame la Baronne de Staël, ayant pour titre "Considérations sur les principaux événements de la révolution française"* (1818) (Paris, 1838), p. 107.
6. *Ibid.*, p. 109.
7. *Ibid.*, p. 32.
8. J. de Maistre, *Considérations* . . ., in *Oeuvres* cit., I, p. 89.
9. *Ibid.*, p. 90.
10. E. Burke, *Reflections on the Revolution in France* (1790) (London, 1983), pp. 121–22.
11. *Ibid.*, p. 122.
12. A. de Tocqueville, *L'Ancien Régime et la Révolution* (1856) (Paris, 1967), p. 315.
13. L. Strauss, *Droit naturel et histoire* (Paris, 1954), pp. 304–34.
14. E. Sieyès, *Qu'est-ce que le Tiers état?*, édition critique par Roberto Zapperi (Genève, 1970), p. 126.
15. J. de Maistre, *Etude sur la souveraineté*, in *Oeuvres*, I, p. 317.
16. Voir, à ce propos, A. Cobban, *Edmund Burke and the Revolt against the Eighteenth Century* (London, 1929), chap. II.
17. E. Burke, *Reflections* . . ., p. 194.
18. J. de Maistre, *Considérations* . . ., in *Oeuvres*, I, p. 74.
19. E. Burke, *Reflections* . . ., p. 171.
20. *Ibid.*, p. 170.
21. Dans un essai sur Tolstoï, Isaiah Berlin a largement montré les affinités qui existent entre la conception de l'histoire de Maistre et celle du grand écrivain russe (I. Berlin, *Russian Thinkers*, trad. ital. (Milano, 1986), pp. 122–57). Le thème de l'affinité entre Maistre et Tolstoï avait été traité aussi par Albert Sorel, dans une conférence du 1888 ("Tolstoï historien", in *Revue bleue* (Paris, 1888), pp. 460–599).
22. J. de Maistre, *Considérations* . . ., in *Oeuvres*, I, p. 4.
23. *Ibid.*, p. 7.
24. Voir A. Barruel, *Mémoires pour servir à l'histoire du Jacobinisme* (1797) (Chiré-en-Montreuil, 1973).
25. J. de Maistre, *Considérations* . . ., in *Oeuvres*, I, p. 17.
26. L.-C. de Saint-Martin, *Lettre à un ami, ou Considérations politiques, philosophiques et religieuses sur la révolution française* (Paris, an III).
27. J. de Maistre, *Les Soirées de Saint-Pétersbourg*, in *Oeuvres*, V, p. 82.
28. L'attitude de Maistre à l'égard de Rousseau est autrement complexe. Rousseau est honni par la pensée contre-révolutionnaire unanime qui songe surtout au *Contrat social*. Mais il est aussi vrai que le renouveau, après la Révolution, d'un virulent courant chrétien est en grande partie redevable au Rousseau du *Vicaire savoyard*. Dans une note des *Considérations*, Maistre écrit de lui: "Il faut veiller cet homme sans relâche, et le surprendre lorsqu'il laisse échapper la vérité, par distraction."
29. J. de Maistre, *Considérations* . . ., in *Oeuvres*, I, p. 34.
30. J. de Maistre, *Eclaircissement sur les sacrifices*, in *Oeuvres*, V, pp. 283–360.
31. "Je dirais volontiers à M. de Maistre et à ses disciples: vous êtes les juifs de l'ancienne loi et nous sommes les chrétiens de la loi de grâce" (P.S. Ballanche, *La Ville des expiations*, (Lyon, 1981).)
32. E.M. Cioran, Préface à J. de Maistre, *Du Pape*, choix de textes (Monaco, 1957), p. 10.
33. R. Nisbet, "Conservatism", in *A History of Sociological Analysis*, éd. par T. Bottomore et R. Nisbet (London, 1979).
34. A. Omodeo, *Un reazionario. Il conte J. de Maistre* (Bari 1939), pp. 84–101.
35. *Ibid.*, p. 98.
36. "*Usurpation légitime* me semblerait l'expression propre (si elle n'était point trop hardie) pour caractériser ces sortes d'origines que le temps se hâte de consacrer" (J. de Maistre, *Essai sur le principe générateur des constitutions politiques et des autres institutions humaines*, in *Oeuvres*, I, p. 232). Pour un moment, Maistre a considéré la possibilité que Napoléon réussisse à fonder une nouvelle dynastie "légitime".

37. P.S. Ballanche, *Essai sur les institutions sociales dans leur rapport avec les idées nouvelles* (1818), in *Oeuvres*, (Paris, 1830), vol. II, p. 30.

38. *Ibid.*, pp. 167–68.

39. L. de Bonald, *Observations* . . ., cit., pp. 15–16.

40. Cf. J. de Maistre, *Du Pape*, in *Oeuvres*, vol. II.

41. "Qu'est-ce que le protestantisme? C'est l'insurrection de la raison individuelle contre la raison générale, et par conséquent c'est tout ce qu'on peut imaginer de plus mauvais (. . .) Elle n'est point seulement une hérésie religieuse, mais une hérésie civile . . . [elle] met la discussion à la place de l'obéissance" (J. de Maistre, *Réflexions sur le protestantisme dans ses rapports avec la souveraineté*, in *Oeuvres*, VIII, pp. 64–66).

42. J. de Maistre, *Lettres d'un royaliste savoisien à ses compatriotes*, in *Oeuvres*, VII, p. 39.

43. L. de Bonald, *Mélanges littéraires, politiques et philosophiques* (Paris, 1819), p. 258. Voir également l'essai de A. Koyré "Louis de Bonald", in *Valeurs*, 1946, n. 4.

44. J. de Maistre, *Essai sur le principe générateur* . . ., in *Oeuvres*, I, p. 264.

45. Le mystère ne doit pas voiler seulement les origines de la société et du pouvoir, mais aussi leur fonctionnement: "Lorsqu'on donne à un enfant un de ces jouets qui exécutent des mouvements inexplicables pour lui, au moyen d'un mécanisme intérieur, après s'être amusé un moment, il le brise pour voir dedans. C'est ainsi que les Français ont traité le gouvernement. Ils ont voulu voir dedans: ils ont mis à découvert les principes politiques, ils ont ouvert l'oeil de la foule sur des objets qu'elle ne s'était jamais avisée d'examiner, sans réfléchir qu'il y a des choses qu'on détruit en les montrant" (J. de Maistre, *Lettres d'un royaliste savoisien à ses compatriotes*, in *Oeuvres*, VII, p. 38).

46. J. de Maistre, *Les Soirées* . . ., in *Oeuvres*, IV, p. 56.

47. *Ibid.*, vol. V, p. 187.

48. C. Schmitt, *Teologia politica. Quattro capitoli sulla dottrina della sovranità*, in *Le categorie del politico*, (Bologna, 1972), pp. 75–86.

49. Cité in Ch. Pouthas, *Guizot pendant la Restauration* (Paris, 1923), pp. 315–16.

50. Harold Laski, au contraire, qui partage entièrement la direction de ce mouvement, et qui est le théoricien d'une société pluraliste, où il n'y a pas de souverainetés exclusives, a consacré des essais à Maistre et Bonald, car ils représentent le principe opposé à celui qu'il soutient. Voir, par exemple, H.J. Laski, *De Maistre and Bismarck*, in *Studies in the Problem of Sovereignty* (Yale University Press, 1917); et aussi, du même auteur, *Authority in the Modern State* (Yale University Press, 1919).

51. J. de Maistre, *Etude sur la souveraineté*, in *Oeuvres*, I, pp. 417–18.

52. B. Constant, *De l'esprit de conquête et de l'usurpation* (Paris, 1814).

CHAPTER 16

# Bonald, 1796–1801: Contre-Révolution et politique du possible

GÉRARD GENGEMBRE

Sɪ la pensée de Louis de Bonald suscite aujourd'hui quelque peu l'intérêt des chercheurs,[1] elle le doit sans doute plus à une complexité de mieux en mieux mise en évidence qu'à une cohérence encore récemment présentée comme monolithique. Parmi ces aspects apparemment contradictoires, je me propose d'examiner le statut de la politique dans les textes de 1796 à 1801, autrement dit d'articuler l'implacable réfutation de la Révolution et de ses principes fondateurs avec la mise au point d'un programme de restauration politique. Le moindre de ses paradoxes n'est pas d'envisager les retombées positives d'un cataclysme sur lequel tant d'autres contre-révolutionnaires se contentent de jeter l'anathème, quand ils n'y lisent pas l'effrayante inscription du châtiment divin. Les concepts théoriques, s'ils autorisent l'interprétation du fait révolutionnaire, repérant sa genèse et dégageant sa logique, délimitent en même temps un champ du possible politique, permettent une prise sur l'histoire, rendue d'autant plus urgente par sa nature foncièrement dramatique. La transmission de l'héritage historique[2] pose à l'ère post-révolutionnaire la plus angoissante des questions. Une restauration devra rendre à la société corps et âme. Travail de résurrection, la Contre-Révolution doit aussi faire oeuvre de progrès.

## Le sens de la Restauration

Le principal problème que doivent affronter les contre-révolutionnaires n'est peut-être pas tant de concevoir la Révolution—ne sont-ils pas riches de la notion telle qu'elle se définit depuis le XVII$^{\text{ème}}$ siècle[3]—ni sa réfutation idéologique—ils disposent de tout l'arsenal des anti-Lumières—mais l'apparition du concept de politique, dont Rousseau exprime ainsi l'importance: "J'avais vu que tout tenait radicalement à la politique."[4] Rompus à la conception DU politique, tel que la tradition l'avait instauré, ils doivent maintenant penser LA politique,[5] ce qui les contraint à innover et à penser la Contre-Révolution. Peut-être l'un des angles d'attaque privilégiés pour construire une théorie crédible consiste-t-il en une redéfinition du temps, pierre de touche d'une conception de l'action historique.

Hantée par l'historicisation du temps, la pensée contre-révolutionnaire milite pour la réversibilité, autrement dit pour le retour à un état antérieur, d'avant la politique, où le cours naturel des choses régissait tout. Concevant la nature comme achèvement, comme réalisation progressive de l'intention divine,[6] elle imagine, selon une logique organiciste, une société harmonieuse, où chacun occupe une place préalablement déterminée par sa nécessité opérationnelle, et se définit par sa fonction et ses liens sociaux.

Etre social, l'homme ne tire son humanité que de la société, cet ensemble structuré des rapports qu'il entretient avec les autres et avec le pouvoir. Conceptuellement, une révolution n'est qu'une perturbation des rapports, et s'explique par l'imperfection de la créature, ses passions, ou par une inadéquation entre les institutions et la volonté de la nature. Selon des procédures diverses, elle restitue la société dans son ordre imprescriptible.[7] Accident historique, elle relève d'une logique décelable. Inscrite dans le sens de l'histoire, elle prélude à une restauration qui relégitime le pouvoir et raffermit la société, dont, finalement, elle accouche. La révolution s'avère profondément, essentiellement politique: elle est gérable par la théorie, mieux même, elle la fonde, puisqu'elle offre un point de départ pertinent, voire un principe organisateur.

La Révolution française lance ainsi un défi théorique: est-elle une révolution comme les autres? C'est peut-être la seule vraie question que se posent les contre-révolutionnaires, et Bonald au premier chef. Une réponse positive autorise la réversibilité du temps, c'est-à-dire l'intégration de la crise révolutionnaire française dans l'histoire de la société, comme positivité, comme leçon enrichissante: la Révolution est un acquis. Elle confirme donc le temps de l'histoire, et n'est en rien une origine, ce qui détruit l'illusion des révolutionnaires. Elle s'abolit comme révolution en se dépassant historiquement.

Une réponse négative inquiète car elle signale un dysfonctionnement historique. Une révolution qui rendrait impossible le retour, la restauration par consolidation, signifierait la mort de la société et la fin de l'histoire par chute dans l'aventure, par déboussolement du temps, par perte des repères, et, en dernier lieu, du sens. La Révolution serait alors une dérive de l'histoire. De quoi la Révolution est-elle en définitive porteuse? Le raisonnement contre-révolutionnaire aboutit à des formulations, ou des implications, qui recoupent les problématiques de l'historiographie la plus contemporaine. Il convient de porter au crédit de la Contre-Révolution ce dont l'anti-Révolution ne saurait guère bénéficier.[8]

A cette question, la théorie contre-révolutionnaire apporte différentes réponses: de Maistre s'en tire par le châtiment divin, Ballanche par la palingénésie. Bonald propose une Révolution d'autant plus violente qu'il en multiplie les facteurs de causalité.[9] Dans ces premières années de réflexion, Bonald récupère la Révolution quand il croit possible de la terminer, ce qui ne peut que vouloir dire l'intégrer dans le continuum historique, et ce faisant, la dédramatiser, l'évacuer comme trauma. Comme chez Guizot et Tocqueville, le discours sur la Révolution le cède à une enquête sur ses origines et l'établissement de filiations. De ce point de vue, l'entreprise contre-révolutionnaire et la démarche libérale procèdent de la même ambition, et elles dessinent les grilles de lisibilité de l'histoire.

Par ailleurs, le programme de restauration se devra d'être d'autant plus conséquent et cohérent qu'il semble s'édifier sur une table rase: "La France a tout détruit.''[10] C'est que la Révolution prétend engendrer l'expérience sur laquelle elle opère, usurpant ainsi le privilège divin. Rétablir les droits de Dieu, réénoncer les devoirs de l'homme: la politique bonaldienne emprunte à la théologie la totalisation de son discours et l'universalisme de ses ambitions. Mais ne nous y trompons pas: la théologie—souvent invoquée pour confiner Bonald dans le camp des théocrates—informe la politique, elle ne l'englobe pas. S'inscrit ici de manière sans doute définitive l'autonomie du politique, au nom duquel la politique se légitime, et tend à tout s'incorporer.[11]

Il faut dès lors démontrer que la reconstruction, ou, en termes bonaldiens, la reconstitution, est possible, en vertu de la force de la nature sociale. A la *tabula rasa* révolutionnaire, cet effacement du passé, s'oppose la pérennité des lois sociales. Contre la volonté abolitionniste se dresse la réalité, dont les lois, dérivées de la nature des choses, et donc imprescriptibles, s'imposeront tôt ou tard. La tâche des restaurateurs n'est que de vouloir ce triomphe du réel: telle se définit la politique selon Bonald.

### La Restauration ou l'inversion de la Révolution

Grâce à la *Théorie de l'éducation sociale et de l'administration publique*, texte annexé à la *Théorie du pouvoir politique et religieux*, Bonald développe le plus complètement un programme de fin de Révolution et de redéploiement de la société. Le titre à lui seul définit la visée: se placer sur les terrains de l'éducation et de la gestion de l'État (car par administration, Bonald entend les fonctions étatiques), autrement dit, reconquérir des domaines investis par la Révolution, et s'installer dans les cadres et les perspectives d'une modernité.

Engager la bataille de l'éducation, c'est reconnaître la pertinence des ambitions révolutionnaires. La possession des esprits par l'inculcation de principes apparaît bien comme l'enjeu décisif de la reconquête sociale, qui s'identifie à la reconquête du sens de l'histoire. Elle prouve que l'accomplissement de l'intention divine, fût-elle assurée par la révélation, n'est jamais garanti, ce qui contourne l'écueil d'un déterminisme qui ferait bon marché du libre arbitre. Telle apparaît l'inscription théorique du volontarisme[12] qui définit la possibilité même de l'action politique: "il faut vouloir: c'est en tout ce qu'il y a de plus difficile."[13]

Finir la Révolution ne consiste pas seulement à attendre l'inéluctable retour à l'ordre, mais à penser ses conditions de faisabilité et classer les priorités. Si la révolte de l'individu, de la créature contre son Créateur est toujours possible, car les passions travaillent le champ historique, il importe, pour sortir de la Révolution, de l'extirper des mentalités,[14] où la corruption inhérente à la nature humaine l'avait laissée se développer. La purification des esprits, l'investissement des âmes: la Contre-Révolution se bat sur le terrain qu'avaient choisi les révolutionnaires, il suffit d'inverser les signes.

"Perfectionner l'homme":[15] la formule résume bien l'entreprise qui réconcilie le thème de la perfectibilité, très présent dans la pensée bonaldienne, mais qu'il faut dérober aux Lumières, pour en faire non pas une instance de laïcisation de la société, mais une actualisation du plan divin, une avancée de la nature, une maturation, et le principe de fixité des institutions. En proposant une division de la société par catégorie d'âge, de sexe et de profession, Bonald embrasse la totalité

du social, et développe un plan d'éducation totalitaire, qui s'affiche comme retour
aux préceptes et méthodes antérieurs à la Révolution, et maintien de ses perspectives régénératrices. Le système se donne une double objectif: former des êtres
sociaux convaincus d'une identité naturelle entre l'ordre des choses et la nécessité,
et, plus important encore, permettre la rentabilité maximum de l'homme pour la
société. En effet, la société bonaldienne suppose l'utilisation totale des possibilitiés
de chacun par la société: La société a droit de faire tourner à son usage toutes les
facultés de l'homme.''[16]

Refus de la nouveauté,[17] recensement de toutes les pratiques d'éducation nécessaires chargées de maintenir les hommes dans les bons principes, insistance sur
l'uniformité, organisation des études autour du latin, souci attentif de respecter
les hiérarchies: Bonald propose un système éducatif éminemment conservateur,
base du fonctionnement idéologique de la société. D'accord avec les révolutionnaires, il sait que tout se joue dans l'enfance.[18] C'est une leçon majeure de la
Révolution: "S'il y avait eu une bonne éducation publique, la France n'aurait pas
eu de révolution, parce qu'elle n'aurait pas eu de révolutionnaires.''[19]

Rupture et continuité: l'éducation réactionnaire vise à une plus grande cohésion
du corps social. La Contre-Révolution équivaut pour Bonald à une socialisation
encore plus forte des êtres. Certes, l'on ne saurait parler d'aliénation, puisque
l'humanité de l'individu prend sa source dans la société. Mais par ce précepte—il
n'est d'activité qu'utile pour la société—se redéfinit la liberté qui s'épuise dans
l'intégration de toutes les potentialités dans un projet commun, une instance supérieure. L'éducation apparaît dès lors comme la plus ardente des obligations:
"L'éducation doit être le premier objet de dépense de la société.''[20] Peu importe
dès lors que Bonald veuille confier les collèges aux ordres religieux, et aux Jésuites
en particulier: il fait bien de l'école le stade inaugural de la soumission aux impératifs collectifs. "La société (. . .) doit user l'homme jusqu'au bout'':[21] de la naissance
à la mort, chacun se doit à la société. Certains révolutionnaires retrouveraient là
un précepte fondamental. Ainsi, le programme éducatif n'est-il rien d'autre qu'une
prise en charge collective de l'individu, pour l'amener à servir au mieux la société.
Le projet bonaldien imite le projet révolutionnaire, lui emprunte sa visée globali-
sante pour une finalité opposée.

La théorie de l'Etat, quant à elle, conduit à des considérations trés intéressantes.
En effet, Bonald distingue l'administration générale de la particulière. Par générale,
entendons le gouvernement, réduit au "roi en son conseil".[22] Contre la prolifération des portefeuilles, Bonald ramène le gouvernement effectif de la nation à
l'accompagnement par l'autorité royale des lois de la nature. Alors que l'éducation
s'exhibait comme modélisation des individus, l'action gouvernementale se can-
tonne dans la discrétion: se donne à lire ici l'anti-étatisme foncier de la Contre-
Révolution, beaucoup plus développé que celui des libéraux français.[23] En effet,
l'Etat dégénère nécessairement en bureaucratie, autrement dit en une substitution
de l'activité organisatrice humaine à la gestion naturelle, celle qui établit les lois
comme émergence d'évidences conditionnées par le développement naturel des
sociétés. La réversibilité de l'histoire entend revenir à cette maturation de la législation comme accords successifs des lois avec la nature.[24] L'intelligence sociale
réside dans cette écoute, cette observance des exigences naturelles.

Ayant l'enfermement social dans les textes en horreur, le contre-révolutionnaire sait qu'on ne gouverne pas la société par décret: "L'administration doit agir comme la nature, par une action continuelle, mais inaperçue; on doit sentir son influence, bien plus qu'on ne doit apercevoir son action."[25] Mais discrétion ne signifie pas faiblesse: "Il faut aimer les hommes comme si tous étaient bons; il faut les gouverner comme si tous étaient méchants."[26] La société moderne souffre de sa cancérisation par la fonction bureaucratique: en réaction, il convient de réduire la fonction administrative.[27] Comme Tocqueville, Bonald identifie cours de l'histoire et extension de l'Etat centralisé.[28]

Facteur plus décisif encore, l'intégration progressive de l'Etat dans le circuit économique l'a démocratisé, et soumis au régime des passions. En la réduisant souvent ainsi, Bonald, ici décidément archaïque, s'en tient à une interprétation morale de l'économie.[29] Cependant, l'érigeant en mode de structuration du social, il lui confère une légitimité nouvelle comme axe de lecture d'une évolution qu'il déplore, mais qu'il analyse.

Eclairé par cette perspective évolutionniste, l'Etat bonaldien distingue donc le pouvoir royal et l'administration particulière, lieu de la bureaucratisation, ensemble d'organes proliférants. Elle se divise en administrations intérieure, civile, militaire et extérieure, répartition qui se fonde sur la hiérarchie sociale des fonctions. Seront dites intérieure l'organisation du clergé, civile la justice, la division territoriale et ses différentes instances dirigeantes ou responsables et les finances, militaire tout ce qui ressortit à la noblesse et à l'armée, extérieure la politique étrangère et les relations économiques.

Dans cette répartition, éclate la volonté de revenir aux fondements de l'ordre social, et de mettre en évidence des fonctions. Soit par exemple l'administration militaire. Y inclure la noblesse ne vise à rien moins qu'à redéfinir celle-ci comme ordre combattant, et revenir à ses origines historiques. De même, le refus des administrations locales autres que la commune, et le retour aux provinces gérées par des intendants témoignent d'un souci d'harmonisation de la centralisation et de la décentralisation, qui procède lui-même de la conception générale du pouvoir. L'administration communale reproduit la structure du pouvoir suprême: un chef et un conseil.[30] Etant une société, la commune relève de l'administration de type étatique, contrairement à la province, qui dépend du pouvoir royal, par l'intermédiaire d'un délégué.[31] L'administration bien comprise gère les aspirations des groupes sociaux en leur ménageant des secteurs d'initiative. A la fois émanation du pouvoir royal et limite à ses prérogatives, elle assure un équilibre et participe de l'harmonie générale en canalisant les volontés.[32] Mais toute tentative d'ériger la province en société particulière génère une révolution.[33]

Suppression des jurys, du divorce, censure,[34] gestion attentive de la pauvreté et de la marginalité, sagesse de l'impôt et des finances, conçues à l'image de l'économie domestique,[35] restriction de l'activité économique, car le commerce est au fond une dynamique dangereuse,[36] cantonnement de l'industrie à la fabrication d'objets utiles, recentrage autour de l'agriculture . . .: l'éventail des mesures à prendre traduit la modification radicale introduite par la Révolution: tout est politique.

Sans entrer dans les détails des propositions bonaldiennes, il suffit de souligner leur cohérence: imposition de limites, souci de restitution de fonctions et de rétablissement de relations, retour aux pratiques de l'Ancien Régime, avec une insistance particulière sur tel ou tel secteur de la vie sociale, que l'expérience historique a privilégié. Ainsi des gens de lettres, dont l'influence est décrite, sinon en des termes, du moins selon des préoccupations qui annoncent les analyses modernes sur les élites, en particulier celles de François Furet, Denis Richet ou Daniel Roche.[37]

De même, Bonald préfigure, me semble-t-il, les analyses de Tocqueville, car il débusque dans la société d'Ancien Régime cette tendance à la fusion quasi égalitaire entre la noblesse et l'intelligentsia. Le processus démocratique résulte ainsi de la convergence de son implantation mentale et de la réalité objective d'une redistribution des richesses par morcellement de la propriété foncière. C'est, en termes bonaldiens, la décadence. La Révolution couronne des tendances à l'oeuvre dans la société d'Ancien Régime, mais des tendances délétères, ce qui s'oppose à la position tocquevillienne. Ainsi l'Ancien Régime auquel il s'agit de revenir se présente-t-il plus comme une reconstruction intellectuelle d'un idéal social que comme indépassable état de société. Bonald substitue à l'analyse du processus de dévitalisation du corps politique issu de l'absolutisme—processus qu'il ne saurait envisager sans remettre en cause l'absolutisme même—une description des moeurs prises dans sa logique de la décadence. Il refuse de voir dans le règne de l'opinion le résultat de l'évolution de l'Ancien Régime. C'est sans doute là l'un des aveuglements majeurs de la Contre-Révolution que de ne pas voir les conséquences d'un mode de fonctionnement conduisant à la chute de la monarchie.

Si comme le résume Jacques Solé dans un ouvrage récent, "dans tous les domaines, de la science à l'esthétique en passant par la critique de l'actualité, une radicalisation et une politisation se préparaient au sein du 'public cultivé' ",[38] l'interprétation bonaldienne du siècle des Lumières tend à mettre en évidence cette modification spécifique des mentalités. Convaincu du rôle moteur des idées, Bonald repère dans les strates sociales le délitement des cadres de représentation, des cadres idéologiques d'une société. La Révolution commence dans les têtes. Au fond, Bonald comprend parfaitement que la Révolution invente en France la culture démocratique, parachevant la mutation des Lumières.[39]

La France des Lumières se présente donc comme un laboratoire social, où toutes les expériences de la décadence se combinent. Etat en instance de révolution, elle s'installe toujours plus dans le divorce entre la société et la politique, puisque la politique, en s'autonomisant, tend à intervenir sur la société pour la faire se conformer à ses principes ou ses désirs. Dans cette coupure, se joue le drame du XVIIIème siècle, destiné à s'accomplir comme tragédie. La scène sociale française rassemble ainsi acteurs et tensions d'une façon exemplaire: la plus constituée des sociétés se devait de vivre la plus radicale des déconstitutions.

Toute la pensée bonaldienne s'articule dans ces années 1796–1800 autour d'une conviction tirée de l'histoire: la France occupe une place privilégiée dans le concert des nations, et se trouve investie d'une mission éminente. Ainsi la Révolution a-t-elle déstabilisé le centre du monde. Mais la France peut et doit redevenir le modèle.[40] En fait, sa capacité intrinsèque à la restauration, sa vertu restauratrice, pourrait-on dire tient à un facteur spécifique: l'adéquation entre son *Lebensraum* et ses moyens.[41] La France enfin telle qu'en elle-même: la marche des siècles a produit cette assomption. Or, dans cet accouchement, la Révolution a joué un rôle décisif. Ses conquêtes militaires, fondées sur une idéologie monstrueuse, ont élargi son territoire jusqu'à ses frontières naturelles, inscrites depuis toujours dans la logique des choses. Par des moyens détournés, la France est parvenue à sa vérité, elle touche à son être le plus profond. La Révolution était donc bien une crise salutaire, elle a accéléré le temps de l'histoire. Les rapports entre les nations se pensent désormais différemment: c'est ainsi que la Révolution s'avère non pas origine, mais nécessité. Récupérée, elle n'inquiète plus. Pensée positivement, elle est maîtrisée. Elle restitue l'histoire à elle-même. Une politique post-révolutionnaire ne peut alors que tenir compte de la nouvelle donne.

### Gérer la Revolution ou le moment de la Géopolitique

Deux textes majeurs exposent l'un des axes fondamentaux de la politique post-révolutionnaire selon Bonald: les *Discours politiques sur l'état actuel de l'Europe,* et *Du traité de Westphalie et de celui de Campo-Formio.*[42] S'y développe une analyse très circonstanciée des rapports de force européens tels qu'ils existent à l'époque post-révolutionnaire. La Révolution se donne dès lors comme un événement imprescriptible, une donnée de l'histoire, dont il s'agit de tirer les avantages et les leçons. La réfutation idéologique le cède au pragmatisme.

Inaugurant une "nouvelle ère pour le monde politique",[43] le traité de Campo-Formio aurait dû stabiliser le nouvel équilibre européen. La "faute" du Directoire fut de ne pas s'y borner, et de se lancer dans une série de conquêtes aléatoires,[44] dont les bénéfices n'ont pas récompensé l'audace, Bonald regrettant d'ailleurs l'échec de l'expédition d'Egypte.[45] Campo-Formio, complété qu'il est par la paix de Lunéville, doit donc être la base de la nouvelle Europe.

Il prend en compte, pour la pérenniser, l'expansion naturelle de la France, selon le principe des frontières naturelles, que Bonald justifie en rapportant étendue et population d'un Etat à sa force intrinsèque nécessaire pour sa conservation. Il existe donc un état de développement optimum: après des siècles de maturation et d'entraves posées par le reste de l'Europe, la France vient de parvenir à cet état: elle le doit à la Révolution. Il y a le "plus de population disponible avec le moins de frontière attaquables". Le cours de l'histoire peut donc être envisagé selon cette ligne de développement, cette logique naturelle de l'expansion, constitutive de la tendance naturelle des états, principe de vie, progrès mesurable, conceptualisable. La perfectibilité bonaldienne, c'est aussi cette consécration de la géographie politique comme grille de lecture de l'histoire, comme mesure du temps et de l'espace, comme catégorisation positive du cours historique. La Révolution ouvre sur la *Realpolitik.*

Le traité de Westphalie était condamné par l'histoire, puisqu'il n'établissait qu'un état provisoire des forces, à l'opposé du seul traité définitif conclu par la France, celui des Pyrénées. Il reste donc à conclure un traité des Alpes et un traité du Rhin. C'est que l'Europe de 1648 était majoritairement composée de petits états, alors que la tendance naturelle est la constitution de grands états, ce qui s'est accompli depuis. L'Europe débordait donc ce traité, ne se conformant plus à ses présupposés d'où un état de révolution.[46] Campo-Formio ouvre la voie vers cet état fixe, préambule à un traité plus général qui fixera l'Europe dans une stabilité heureuse, véritable maturité (âge viril, dit Bonald). Le paysage politique européen sera dessiné par un pacte d'alliance entre France, Espagne, Autriche et Italie, balançant l'Europe du Nord. La division Nord/Sud constitue donc le trait dominant de l'Europe.[47]

A vrai dire, ne subsiste qu'un facteur de déséquilibre: l'Angleterre. Circule chez Bonald un véritable mal anglais, inhérent à la nature de ce pays néfaste, compendium de toutes les tares: protestantisme, commerce, puissance maritime, qui en font un perpétuel conquérant, un exportateur d'idées pernicieuses et mortelles. De fait, seule la logique des principes bonaldiens permet de conjurer la menace anglaise: l'inévitable parcours qui mène du règne de l'or à la révolution, par décadence obligée, résultat de la faillite des vertus. Etat fondé sur les passions, l'Angleterre périra ou se réformera.

Ainsi la Révolution s'avère-t-elle salutaire: terrifiant exemple de la monstrueuse dérive sociale issue de principes philosophiques aberrants, produit de la décadence inévitable dans toute société, crise de régénération, résultat du lent travail de la logique historique, elle s'inscrit dans le projet géopolitique inhérent à la nature des états. La Révolution participe de la marche des sociétés, elle relève de la science sociale et historique. En 1801 Bonald est parvenu au sommet provisoire de sa maîtrise des événements: il domine symboliquement le cours des choses.

Avec Bonald, la doctrine contre-révolutionnaire échappe d'emblée à la stérilité de la déploration: elle fonde un programme, qui, même s'il manque de précision et d'amplitude, en raison des exclusions prononcées contre la modernité économique ou la validité des principes libéraux, n'en procède pas moins d'une pensée de la globalité politique. La question reste posée de la possible dégradation de cette vision pragmatique, concrète de la politique par rapport à l'ambition théorique d'une (re)fondation du politique.

### Du politique à la politique, ou les contradictions de la modernité

Si le cours nouveau de l'histoire oblige à penser la modernité, même s'il s'agit de la nier pour restaurer un ordre aboli, l'attitude de la Contre-Révolution est finalement celle d'une acceptation. Reste à déterminer si cette acceptation est du réalisme ou un piège mortel pour cette doctrine. En effet, se battre sur le terrain de la politique, c'est choisir un terrain délimité par les adversaires. La modernité des Lumières a laïcisé et désenchanté le monde.[48] Une dynamique nouvelle est à l'oeuvre qui soumet tout à l'ordre politique. Contre la politique démocratique instituée comme idéologie dominante, la Contre-Révolution, à en juger par le cas de Bonald, retourne les armes de la politique. Elle assume ainsi cet acquis de la conclusion révolutionnaire des Lumières: tout est connaissable, donc tout est transformable.[49]

Le rapport Révolution/France institue la Révolution comme bond du temps historique. Comme ses ennemis, les idéologues, qui voient dans l'événement historique la condition de possibilité de progrès décisifs dans tous les domaines, comme véritable saut quantique pour la pensée de l'humanité,[50] Bonald reconnaît à la Révolution un mérite inaliénable. Le progrès rendu possible est à la mesure du cataclysme. Rejoignant Leibniz, Bonald intègre l'idée du "tout est pour le mieux", ultime leçon de l'histoire. J'ai essayé de montrer ailleurs comment cette certitude se délitait progressivement pour introduire dans la pensée bonaldienne une inquiétude insurmontable, et partager sa théorie de l'histoire d'une faille sans cesse s'élargissant.[51] Mais ceci est littéralement un autre histoire.


Peut-être peut-on risquer quelques propositions sur archaïsme et modernité dans la pensée contre-révolutionnaire de Bonald. S'il reste incontestable qu'il ne peut échapper aux délimitations intellectuelles, aux conceptualisations, repérages et balisages des Lumières, Bonald essaie de concilier les exigences d'une politique moderne, au fond issue de l'actualisation historique de certains des principes posés par les Lumières, et désir du retour. Retour ne signifie nullement régression, mais réaction (re)fondatrice. On l'a vu, il ne s'agit pas de nier un progrès, mais de le prendre dans la logique supérieure du développement des sociétés. Tout se passe comme si deux temporalités se concurrençaient pour mieux converger. Celles de la nature naturante, et de la nature naturée, soit le temps de la potentialité historique d'une société vivante, en cours de maturation, et celle de cette société en tant qu'elle existe et produit ses propres causalités. Tout se passe comme si la causalité seconde, celle produite par l'histoire même comme milieu autonome et laïcisé, prenait le pas. Là réside la véritable modernité de Bonald, qui le conduit à accorder de plus en plus d'importance à la société comme ensemble complexe. Ainsi s'instaure-t-il comme précurseur de la sociologie. Les descriptions bonaldiennes tirent d'elles seules leur fécondité et témoignent d'un regard analytique souvent pénétrant. Il faut dépasser l'impression d'un système fondé en Dieu, dont l'intimidante cohérence semble interdire toute manipulation (redistribution, permutation, élimination d'éléments), pour y voir la production de résultats qui ne nécessitent nullement une vision théologique de la société.

Sans doute le prix à payer pour entrer dans la modernité est-il élevé. S'il a fallu répondre à l'invention de la politique révolutionnaire par celle de la politique contre-révolutionnaire, celle-ci est entrée du même coup dans l'ordre idéologique, autrement dit un ensemble structuré de principes au nom desquels s'entreprend la transformation de la société, traduction moderne de la distorsion entre société et politique. Alors même qu'elle entend restituer l'harmonie dans leur rapport, la pensée contre-révolutionnaire ouvre la voie aux idéologies conservatrices ou réactionnaires, et ne peut ainsi échapper à sa filiation révolutionnaire, puisqu'elle se condamne à évoluer dans le champ de la politique moderne.[52] Mais en même temps, elle inaugure une "nouvelle tradition".[53]

A cette modernité, j'ajouterais volontiers la prescience du cours que prendra le XIXème siècle, et que Bonald développera d'ailleurs dans les textes postérieurs à la période que j'ai isolée. Il aurait souscrit à ces propos de François Furet: "L'histoire du XIXème siècle tout entier peut être considérée comme l'histoire d'une lutte entre la Révolution et la Restauration."[54] Plus profondément encore, les aperçus bonaldiens, et son entreprise idéologique, confirment ces lumineuses lignes de Pierre Manent: "(La Révolution) offrait le spectacle inédit d'un changement politique d'une ampleur inouïe qui n'a pas d'effets politiques stables, d'un bouleversement politique impossible à fixer, d'une événement interminable et indéterminé."[55] Si Bonald tente quelque chose, c'est bien de penser la terminaison de l'interminable. Les décennies post-révolutionnaires et la stabilité de la société: voilà l'enjeu. Faute de fixer l'événement, faute de l'embrasser dans la totalité de ses implications, la société mourra. En dernière analyse, la Contre-Révolution exprime d'abord l'angoisse de la mort. Dans la Révolution, Bonald a eu l'horrifiante vision de la chute.

L'archaïsme tient à l'incapacité d'aller au delà du descriptif, pour aller vers le prospectif. Bonald rabat la société d'Ancien Régime, ou plutôt une société d'Ancien Régime idéalisée, restituée telle qu'elle aurait dû être, sur la société postrévolutionnaire. Dans sa rage définissante, il renvoie les corps sociaux, les institutions et les fonctions à leur pureté notionnelle, donc à une abstraction, au nom du réalisme le plus concret. Ainsi ne peut-il comprendre les nouveaux rapports de force autrement que comme manquement à la loi sociale. Coexistent donc dans son texte des passages descriptifs séduisants et leur torture sur le lit de Procuste de la théorie. Ils servent en effet de preuve à la véracité de principes édictés au nom d'une pérennité. Au fond de cette pensée gît le rêve utopique d'un arrêt du temps, que nous décelons dans cette apologie des vieillards, où se récupère la tradition du respect des anciens, mais où se lit, me semble-t-il, la clé du système bonaldien: une évolution qui conduirait à la stabilité, l'harmonie, le fixisme, une société telle qu'en elle-même l'éternité l'a changée et installée, miroir du plan divin:

> La vieillesse résiste au changement, parce qu'elle ne change plus; elle veut que tout reste en place autour d'elle, parce qu'elle voudrait y rester elle-même, et que les changements lui rappellent une idée de destruction et de mort qu'elle repousse. Cette inflexibilité de goûts et d'opinions, dans le vieillard, qui le rend ennemi de toutes les innovations, est le plus ferme rempart de la constitution des sociétés.[56]

Il serait trop facile d'identifier la pensée révolutionnaire à cette rigidité de la vieillesse, mais force est de constater qu'elle oppose toujours la résistance obstinée du passé et le poids de la tradition au jaillissement de la nouveauté ou à la pulsion du changement. La mobilité dans tous les domaines inquiète un Bonald. Dans la fascination pour le commerce, il voit la perdition par excès de mouvement, la perte de l'homme dans la fébrilité et l'agitation. Dans la circulation des idées, il voit la source des contresens et des perversions. Bonald hait le mouvement qui déplace les lignes et les corps: il ne pouvait que mal vivre le XIXème siècle.

## Notes

1. Les travaux les plus récents en langue française sont dus à Jean Bastier, Gérard Gengembre, Jules Gritti, David Klinck, Pierre Macherey. On se reportera en particulier à Jean Bastier, "La pensée politique de Louis de Bonald", *Mémoire 5* (1986), Gérard Gengembre, "Bonald: la théorie pour et contre l'histoire", *Le Débat* 39 (1986), et Pierre Macherey, "Bonald et la philosophie", *Revue de synthèse* 1 (1987).
2. "Une génération a commencé dans la haine du pouvoir et dans l'ignorance des devoirs; elle transmettra aux âges suivants la tradition funeste de tant d'erreurs accréditées, le souvenir contagieux de tant de crimes impunis; et les causes de désordre, toujours subsistantes au milieu de la société, y reproduiront tôt ou tard leurs terribles effets, si les pouvoirs des sociétés n'opposent à ce profond système de destruction leur force infinie de conservation, si, pour rendre à leur action sociale son efficacité toute-puissante, ils ne reviennent à la constitution naturelle des sociétés", *Essai analytique sur les lois naturelles de l'ordre social*, (1801), in *Oeuvres complètes*, 7 vols (Paris, 1847-1854), 3:18. Toutes nos références seront prises dans cette édition. Il faut déplorer l'absence d'édition moderne des textes bonaldiens, d'ailleurs incomplets, car à une masse considérable d'inédits s'ajoutent bien des articles parus dans la presse impériale et sous la Restauration qui n'ont pas été recueillis.
3. Sur cette question voir Jean-Marie Goulemot, "Le mot révolution et la formation du concept de révolution politique," *Annales historiques de la Révolution française*, 190 (oct.-déc. 1967), pp.

417-44, et *Discours, histoire et révolutions, Représentations de l'histoire et discours sur les révolutions de l'Age classique aux Lumières,* (Paris, 1975).

4. *Les Confessions* (1782–1789).

5. Nous considérerons comme opératoire la définition qu'en donne incidemment François Furet dans *Penser la Révolution française* (Paris, 1978): "Un langage à la fois commun et contradictoire de débats et d'actions autour des enjeux du pouvoir," p. 44.

6. L'influence de Leibniz est particulièrement marquée chez Bonald.

7. On notera la communauté de démarche avec les libéraux, Guizot en particulier. L'enquête historique se présente comme quête d'une marche vers une société. Pour les libéraux, cette société est en devenir, procédant par étapes; pour Bonald, elle est déjà advenue. Dans les deux cas, la Révolution est accoucheuse.

8. Sur la notion d'anti-Révolution, on se reportera à Claude Mazauric, "Autopsie d'un échec, la résistance à l'anti-Révolution et la défaite de la Contre-Révolution," in *Les Résistances à la Révolution* (Paris, 1987), pp. 237-44. Je souscris totalement à ce qu'il écrit: "La Contre-Révolution ne se trouve finalement que vers les sommets de la société, au niveau de la politique. Autres sont les oppositions populaires à la Révolution."(p. 239)

9. On trouvera des développements plus circonstanciés dans mon article du *Débat* cité en note 1.

10. *Théorie du pouvoir politique et religieux dans la société civile, démontrée par le raisonnement et par l'histoire* (1796), 1:377. Voici un extrait de ce passage, où Bonald compare les révolutions d'Amérique et de France, pour faire de la démocratie française l'exemple absolu de la perversité d'un tel régime: "La France s'érige en désorganisation auquel une société puisse atteindre (. . .) C'en est fait; la coupe de la destruction et du malheur est épuisée, la royauté et le roi, le culte et ses ministres, les distinctions et les personnes, la propriété et les propriétaires, l'homme, Dieu même, la France a tout détruit."

11. Le *politique d'abord* de Maurras y trouve un antécédent.

12. Ce qui semble contredire l'affirmation de Stéphane Rials selon laquelle la Contre-Révolution a horreur de la volonté. Voir "La droite ou l'horreur de la volonté," *Le Débat*, 33 (1985), repris in *Révolution et Contre-Révolution au XIXème siècle* (Paris, 1987). Cette contradiction se lève si l'on admet que le volontarisme bonaldien vise à combattre l'hubris volontariste des révolutionnaires et de tous les adeptes du contrat social.

13. *Théorie de l'éducation sociale . . .* (1796), 2:364.

14. Investir l'intériorité: une telle perspective récupère tout le débat classique sur la persuasion, mais s'inscrit aussi dans l'émergence d'une pensée de l'intime. Le rationalisme bonaldien semble envisager, sans trop l'approfondir, cet aspect de la modernité romantique naissante.

15. *Ibid.*, 2:350.

16. *Ibid.*, 2:356.

17. "Quant au petit nombre d'idées neuves ou nouvelles qui auraient pu se glisser, presque à son insu, dans une matière plus susceptible que toutes autre des écarts de l'imagination et des illusions de la vanité, l'auteur les abandonne à la discussion la plus sévère." *Ibid.*, 2:347.

18. D'où l'intérêt qu'il porte à *l'Emile*.

19. *Ibid.*, 2:370.

20. *Ibid.*, 2:370.

21. *Ibid.*, 2:546.

22. *Ibid.*, 2:403.

23. "L'écueil de ceux qui gouvernent est de vouloir toujours gouverner, de vouloir tout gouverner, de vouloir gouverner avec ostentation." *Ibid.*, 2:403.

24. On reconnaîtra la version bonaldienne du droit naturel. L'on s'empressera d'ajouter que Bonald réfère la nature à une instance surnaturelle, ce qui le fait échapper à une conception naturaliste de la société. La loi sociale n'est une loi naturelle que si l'on identifie processus naturel et processus social.

25. *Ibid.*, 2:403.

26. *Ibid.*, 2:404.

27. Une distinction s'impose ici: on en confondra pas législation et administration. En effet Bonald considère les lois politiques et civiles comme un développement nécessaire de la loi naturelle dès lors que la société a été constituée. Les hommes n'ont finalement pas l'initiative de ces lois, alors que leur incombent les règles administratives. Ainsi la propension de l'homme à administrer le porte à vouloir tout administrer, donc à surimposer aux lois une réglementation. C'est cette dernière seule qu'il convient de cantonner, et non la législation, d'ailleurs réduite à quelques principes. L'Etat doit rester instrumental.

28. Provoquant, comme le dit François Furet, "la domination des communautés et de la société civile par le pouvoir administratif," *Penser la Révolution Française*, p. 29.

29. J'ai essayé de développer quelques considérations sur cette question de l'Etat dans "La notion

d'Etat chez Bonald," *Actes du colloque d'Aix en Provence*, Association française des historiens des idées politiques (Aix-Marseille, 1987).

30. Revendiqué comme héraut des libertés locales par la tradition décentralisatrice de la droite légitimiste, Bonald est en fait très centralisateur, puisque un même modèle régit commune et état. En revanche, il s'oppose au cumul des mandats.

31. "J'ose fronder une opinion assez générale, et m'élever contre le système des administrations collectives, quelles que soient leur composition, leur forme et leur dénomination." *Théorie de l'éducation sociale . . .*, 2:444.

32. Le texte le plus incisif sur les rapports entre démocratie et administration date de 1830: "En France, si la noblesse appartenait à la constitution comme ministère du pouvoir royal, l'administration appartenait au Tiers-Etat; et c'est là que la partie démocratique de l'Etat est bien placée. Quand la monarchie pure est dans la constitution, la démocratie peut et doit être placée dans l'administration; et en France, les municipalités, les assemblées provinciales, les pays d'Etat étaient et faisaient la démocratie, mais sans danger, contenue qu'elle était par la force de la constitution. Si au contraire, il y a de la démocratie dans la constitution, il faut placer la monarchie dans l'administration, car il y aurait trop de démocratie, si elle était à la fois dans l'une et dans l'autre. De là est venue la grande autorité des maires dans toutes les révolutions; aujourd'hui qu'il y a de la démocratie dans notre constitution, la force des choses a placé la monarchie dans l'administration, et cette concentration administrative dont on se plaint depuis si longtemps n'est pas autre chose que le monarchisme dans l'administration.", *Démonstration philosophique du principe constitutif des sociétés* (1830), 5:474.

33. Bonald serait d'accord avec Tocqueville pour voir dans la réforme de Loménie de Brienne en 1787 la destruction de l'Ancien Régime: "Lorsqu'une province veut être une société, l'Etat est en révolution. Les prétentions de quelques provinces de France de former une société particulière ont été, malgré elles-mêmes, le signal de la Révolution." *Théorie de l'éducation sociale . . .*, 2:445.

34. "Si les lettres et les arts doivent corrompre les hommes et perdre la société, il faut anéantir les lettres et les arts." *Ibid.*, 2:475. Cette formule radicale exprime bien l'horizon ultime de cette conception bonaldienne de l'influence des lettres sur la société. Pour la pratique de la censure, des procédures détaillées sont envisagées. Par exemple: 'Pourquoi l'administration ne ferait-elle pas faire des éditions châtiées des auteurs célèbres?" *Ibid.*

35. "Loin de chercher les règles d'une bonne administration dans les exemples ou les systèmes des financiers modernes, je les trouve dans le livre de raison d'un particulier aisé, intelligent et sage." *Ibid.*, 2:497.

36. "L'extension du commerce est un principe nécessaire de révolution dans les sociétés." *Ibid.*, 2:557.

37. "Les gens de lettres avaient usurpé un grand ascendant dans la société (. . .) ils disposaient exclusivement en leur faveur et en faveur de leurs amis de je ne sais quelle opinion publique, dont ils étaient les souffleurs et les échos." *Ibid.*, 2:471.

38. In *La Révolution en questions* (Paris, 1988), p. 37.

39. Plus globalement, la notion de culture politique me paraît décisive. Voir par exemple Lynn Hunt, *Politics, culture and class in the French Revolution* (London, 1986), p. 15.

40. "C'est surtout en France qu'il est possible, qu'il est nécessaire de ramener le pouvoir et ses ministres à leur constitution naturelle, c'est-à-dire de constituer la société. La France a toujours servi de modèle en bien comme en mal aux autres nations." *Essai analytique sur les lois naturelles* (1800), 3:18.

41. "Seule peut-être en Europe, elle est dans la situation où doit être une société pour se constituer définitivement ou parfaitement, parce qu'elle est, je crois, la seule qui soit parvenue aux limites que la nature a marquées à son territoire." *Ibid.*, 3:18.

42. Les *Discours* ont été publiés dans le *Mercure de France* en 1800 et 1801, puis réunis pour former la 4ème partie de La *Législation primitive* en 1802, avec *Du traité . . .*, publié dès 1801.

43. *Discours . . .*, 4:421.

44. "Ici commence le second âge de la Révolution française. Dans le premier, le événements avaient conduit les hommes, et la France atteint le plus haut point de ses succès: dans le second, les hommes ont été au devant des événements, et les succès ont été moins rapides. En révolution, si l'on commet des crimes, il ne faut pas faire de fautes; quand un gouvernement se sert des passions des peuples, il ne doit pas y mêler les siennes, et jamais gouvernement n'eut plus de passions, et de plus petites passions que le gouvernement directorial." *Ibid.*, 4:421–22.

45. "L'homme éclairé (. . .) regrettera toujours que ce beau pays ne reste pas à la France." *Ibid.*, 4:424.

46. La notion bonaldienne positive de révolution—passage d'un état provisoire à un état fixe—est ici convoquée: "l'Europe était donc réellement depuis longtemps, et particulièrement depuis le traité de Westphalie, constituée, pour ainsi dire, en révolution générale, puisqu'une révolution n'est que l'effort que fait la société pour passer d'un état provisoire, état contre nature, à l'état fixe, et par

conséquent naturel, et pour mettre ainsi les hommes d'accord avec la nature." *Du traité* . . ., 4:539.

47. Bonald s'inscrit dans le grand débat de ces années sur cette bipolarité, donc on connaît la prégnance dans la pensée des Lumières et la fortune littéraire. On se contentera de citer *De la littérature* . . . de Mme de Staël, publié en 1800.

48. Je récupère ici abusivement le titre que donne Marcel Gauchet à son magistral ouvrage, *Le Désenchantement du monde* (Paris, 1985).

49. On reconnaîtra bien entendu des thèmes développés par François Furet dans *Penser la Révolution française*.

50. C'est ce que Destutt de Tracy appelle l'ère française.

51. Je me permets de renvoyer à mon article du *Débat* cité en note 1.

52. Je souscris à cette formulation de Lynn Hunt: "Rather than expressing an ideology (. . .) revolutionary politics brought ideology into being." *Op. cit.*, p. 13. Elle me paraît rendre compte du devenir obligé de la théorie contre-révolutionnaire.

53. Expression que j'emprunte à l'excellent article de Pierre Macherey, cité en note 1, p. 3. L'on ne peut qu'approuver ces lignes: "opposer au discours des 'progressistes' un contre-discours (. . .) (c'est) ainsi rentrer dans le mouvement qu'on entreprend de contrecarrer. On voit imagine mal comment une telle intervention, qu'elle soit pratique ou théorique, pourrait être purement conservatrice, au sens strict du terme: car elle doit comporter, à un degré plus ou moins élevé, un élément d'innovation qui l'apparente aussi bien à une action transformatrice." *Ibid.*, pp. 13–14.

54. *Penser la Révolution Française*, *Op. cit.* p. 16.

55. *Histoire intellectuelle du libéralisme, dix leçons* (Paris, 1987), p. 177.

56. *Théorie de l'éducation sociale* . . ., 2: p. 463.

CHAPTER 17

# Closing the French Revolution: Saint-Simon and Comte

KEITH MICHAEL BAKER

THE story of Auguste Comte's expulsion from the Ecole Polytechnique in 1816— together with the rest of the rebellious student body— has often been told by his biographers. But as Alan Spitzer has recently reminded us, it was scarcely the result of an isolated incident. The early years of the Restoration witnessed a generalized pattern of student unrest and official repression as agents of throne and altar, working to reorder and resacralize the educational system they had captured from the Empire, encountered the resistance of a generation for whom the Bourbons had become—until the rude re-awakening of 1814—as remote as the Carolingians.[1] Suddenly, with the shattering of the Empire, the history of the French Revolution— indeed, history itself—was reopened. "L'écroulement d'un monde avait été ma première éducation. . . ", Quinet later remarked, recalling the impact of the successive invasions and defeats of 1814 and 1815 on his early ideas; "l'histoire que je ne pouvais souffrir devenait une chose vivante, de morte qu'elle était auparavant. Le passé était à bien des égards le présent qui m'agitait encore."[2] When Comte characterized his epoch in 1822 as one torn apart by the competing claims of kings and peoples, he was summarizing the experience of the entire generation Spitzer has called "The Generation of 1820". When he announced that it was "la grande et noble entreprise réservée à la génération actuelle" to bring this period of crisis to an end by arriving at "une nouvelle doctrine générale",[3] he was expressing an aspiration common to many of his contemporaries. Comte differed from them less in this aspiration than in the particular manner in which he sought to fulfill it through the creation of a positive social science. Positivist sociology, like many other features of our modern political culture, was born from the effort to confront the historical legacy of the French Revolution and to bring it to a close.

## Revolution and social science

The idea of a science of society was hardly novel when Comte proclaimed it to his generation. Indeed, the desire for a rational social science issuing in principles that would finally allow humanity to live in accordance with the true nature of man and of society represented one of the most profound impulses at the origins of the French Revolution itself. It is scarcely a coincidence that the earliest usage of the term *science sociale* so far discovered appears in the work that can fairly be regarded as giving birth to Revolutionary political discourse itself: Sieyès's celebrated pamphlet, *Qu'est-ce que le Tiers Etat?*[4] In using this term to designate the science of politics he claimed finally to have brought into being, Sieyès was drawing on a rational discourse of the social with deep roots in the political culture of the Old Regime. It was a discourse that found its most general intellectual elaboration in the physiocratic conception of an *art social*, its fullest institutional expression in the proposals of Turgot and other administrative reformers to trans-form the exercise of royal authority through the introduction of provincial assemblies, and its most refined scientific development in Condorcet's mathemat-ical investigations of the rationality of collective decision-making. Underlying all these efforts lay the Enlightenment impulse to replace the disorder and injustice resulting from the assertion of arbitrary political will with the rational implemen-tation of the natural and essential order of societies: an order grounding the legit-imacy of public authority on cognition of the demonstrable principles of the rights of man derived from nature, and its authority on objective understanding of the inherent rationality and ultimate harmony of individual social interests properly conceived.

It is a remarkable feature of *Qu'est-ce que le Tiers Etat?*, however, that the rationalist discourse of the social underlying this conception of social art coexisted with a voluntarist discourse of political will issuing in the principle of national sovereignty.[5] The tension between these idioms—built into revolutionary language at the very moment of its creation—held profound implications for the history of the nation that now sought to institute a rational social order, grounded in nature, by asserting the primacy of its sovereign will. Will and nature could he held together only on the assumption of unanimity and *transparence*: the identity of individual wills with the general will might then recapitulate the *transparence* of reason in relation to the natural order. But as the postulate of unanimity became more difficult to achieve in political practice, and as the logic of sovereign will propelled the French Revolution through disorder and instability inexorably towards ever more radical extremes, so the conception of a rational social art received a new valency for those who would bring the Revolution to an orderly close on the basis of scientific principles. In their eyes, social science came to offer a rational antidote to the disorders of revolutionary will.

This latter was already the goal of the Société de 1789 founded by Sieyès and Condorcet in the wake of the October Days with the aim of working to re-establish political order by applying the truths of the moral and political sciences to the early completion of a French constitution. "Nous avons regardé l'art social comme une véritable science, fondée, comme tous les autres sur des faits, sur des expé-riences, sur des raisonnements et sur des calculs: susceptible, comme tous les autres, d'un progrès et d'un développement indéfini, et devenant plus utile à mesure que les véritables principes s'en répandent davantage", Condorcet insisted in his defence of the society's activities.[6] Dedicated to "la recherche des principes et des moyens du perfectionnement de l'*art social*",[7] and organized as a kind of hybrid between a scientific academy and a political club, the Société de 1789 appealed principally to moderates fearful of further disorder. Its leaders equated science with order; rational politics with peaceful solutions. By directing the elaboration of a rational constitution on the basis of the principles of social science, they hoped to secure the political achievements of 1789, thus bringing the Revolution to a close under the guidance of an enlightened élite.

Three years later, Condorcet and Sieyès were still trying to bring the Revolution to an orderly close through the creation and propagation of a rational social art. But their *Journal d'instruction sociale*, which appeared briefly in June and July 1793 as the Girondins were being purged from the Convention at the insistence of the Parisian crowd, no longer appealed to the élite that had been the target of the Société de 1789. Instead, it attempted to bring to the mass of the people that instruction in the moral and political sciences "que la fausse politique ou l'indifférence de nos législateurs nous a constamment refusée depuis trois ans".[8] Convinced that all the disorders of the Revolution resulted from abuse of the principle of popular sovereignty by an ignorant populace duped by unscrupulous political leaders, the editors of the *Journal d'instruction sociale* sought stability once again in the project of a social science. For Sieyès, this meant reiterating the true nature of political representation, understood as the rational expression of the division of labour in modern society. For Condorcet, it was above all a matter of propagating his new vision of social mathematics as a democratic art. This "science usuelle et commune" could rationalize social choice, freeing the great mass of individuals from passions and prejudices, as from the baleful influence of political charlatans. It could "détruire cet empire usurpé par la parole sur le raisonnement, par les passions sur la vérité, par l'ignorance active sur les lumiè-res". Above all, it could "accoutumer les esprits à la marche lente et paisible de la discussion, pour les préserver de cet art perfide par lequel on s'empare de leurs passions pour les entraîner dans l'erreur et dans le crime; de cet art qui, dans les temps d'orage, acquiert une perfection si funeste".[9] Only the idea of a social science seemed now to hold the promise of a peacable alternative to the impassioned political assertion of revolutionary will. Driven into hiding before this sketch of his social mathematics could be completed, the last of the philosophes was to pen the *Esquisse d'un tableau historique des progrès de l'esprit humain* precisely in order to demonstrate the power, potential, and assured triumph of a rational social art.

It was a promise renewed for those who sought once again, after Thermidor, to bring the Revolution to an orderly close. Principal among them were Sieyès and the Idéologues—a number of them disciples of Condorcet and former members of the Société de 1789—who were now ushered into the intellectual leadership of the Class of Moral and Political Sciences of the newly-created Institut de France. For the Idéologues, Condorcet's *Esquisse* became the philosophical manifesto for the recovery of individual liberty and the achievement of a stable social order suscep-tible to rational change in accordance with the progress of the moral and political sciences. And under their direction the Class of Moral and Political Sciences became a laboratory for the development of a social science whose fundamental premises were the idea of progress, a sensationist psychology of human needs, the equality of rights among individuals as logically implied in their sensate nature, the differentiation of capacities in the modern social order, and the special responsibility of an enlightened élite to instruct, enlighten, and guide a democratic society. The task of their positive social science—positive because based on facts derived from observation of the nature of human beings and of society—was to recover stability without repudiating the liberal principles of the Revolution; to substitute scientific reason and empirical observation for political passions; to reassert the primacy of social needs over political will. In their project for a social science, the Idéologues sought to set the liberty of the moderns on its positive, scientific foundations.[10]

## A science of social organization

It need hardly be remarked that the Idéologues failed. For all the interest of their philosophical ideas, their political project collapsed with their participation in the destruction of the Directory. Symptom of this failure, their acquiescence in the elevation of Bonaparte served only to consolidate it; their growing isolation during the Restoration merely confirmed it. But their vision of a comprehensive science of man—positive foundation for a rational and stable social order—lost none of its allure for those who would bring the Revolution to a close on the basis of a new general doctrine. When Comte found himself recruited in 1817 as secretary, collaborator and *fils adoptif* to Saint-Simon, he was to learn that the idea of social science could be given an inflection and adapted to political purposes very different from those envisaged by the Idéologues.[11]

In the thinking of Saint-Simon, that whirling dervish of turn-of-the-century ideas, there is little that might be called systematic. But there are obsessions turned and returned in the whirlpool of his writings over two decades—writings often sketched, half-finished, abandoned, recopied, dashed off, or otherwise simply consigned in desperation for completion by others. The first of these obsessions recapitulated the Idéologue conception of a comprehensive science of man as the basis for a stable social order. "La philosophie du XVIIIe siècle a été critique et révolutionnaire, celle du XIXe sera inventive et organisatrice", Saint-Simon proclaimed.[12] In so doing, he put a new spin on the idea of social science by combining it with elements of Bonald's philosophical conservatism. "En lisant, en méditant les ouvrages de M. de Bonald, je me suis convaincu que cet auteur avait profondément senti l'utilité de l'unité systématique. . . ", he argued in his *Introduction aux travaux scientifique du dix-neuvième siècle* (1807).

> Je suis à cet égard entièrement de l'avis de M. de Bonald; mais je ne partage pas son exaltation pour le déisme. Cette conception ne me paraît pas avoir le plus fort caractère unitaire. Ce caractère me paraît exclusivement affecté à l'idée de gravitation universelle.[13]

Bonald was profoundly correct, in Saint-Simon's estimation, in his insistence on the necessity for a systematic doctrine as the basis for social order and stability. He was no less profoundly mistaken in his hopes for the restoration of a spiritual system now undermined by centuries of scientific development. Scientism, not deism—physiology, not theology—was to provide the new basis for organic social solidarity.

Paradoxical though it may seem, universal gravitation was Saint-Simon's preferred metaphor for the unifying principle of cohesion that would be revealed by the general science of living beings within which he included the science of man. Once physiology (and with it social physiology) had finally followed the physical sciences in becoming positive, he speculated in his *Mémoire sur la science de l'homme* (1813), its subordinate sciences of ethics and politics would also cease to be conjectural and find their basis in positive facts. That universal science of the sciences, philosophy, could then become systematic in its turn, by encompassing and unifying the positive principles of all the particular sciences. Religion—which Saint-Simon followed Dupuis in seeing as no more than the dogmatic and sentimental application of a prevailing scientific system—would accordingly acquire a newly perfected scientific form. And with it would come a reorganization and reconstitution of the clergy as an international body of scientists.[14] Modern society would thus acquire a new spiritual power, no less universal than that of the medieval church in which Bonald found his inspiration, and no less important for the achievement of social solidarity.

No less important, too, as an antidote for the fragmentation of Europe into warring nation-states. "Les moments les plus heureux pour l'espèce humaine ont été ceux où les pouvoirs spirituel et temporel se sont le mieux équilibrés."[15] For Saint-Simon, writing in 1813, twenty years of revolutionary and Napoleonic wars were ultimately the expression of the loss of the spiritual force of the Christian clergy with the rise of the sciences; the wars would continue until the scientists themselves had been constituted as a new spiritual power offering the conceptual basis for a revived European unity.[16]

But a new social order required its temporal power no less than its spiritual. Reflections on the nature of the former became the principal focus of Saint-Simon's writings during the Restoration, just as the nature of the latter had been the principal focus of his thinking under the Empire. They took shape in a series of articles, essays and manifestos addressed to or on behalf of the productive classes—those Saint-Simon designed *les industriels*—in arguments nowhere better summarized (appropriately enough) than in the "Considérations sur les mesures à prendre pour terminer la Révolution" published in *Du système industriel* in 1821. Why had the French Revolution still not been brought to a close? Why was France still profoundly divided by competing claims to legitimacy? Saint-Simon (in all probability aided in this work by his young collaborator) found his answer in another theme dear to the philosophical conservatives since Burke: the baleful influence of lawyers and metaphysicians. "Tant que ce seront les légistes et les métaphysiciens qui dirigeront les affaires publiques, la révolution n'atteindra point son terme; le Roi et la nation ne sortiront point de la position précaire dans laquelle ils vivent depuis trente ans, un ordre de choses stable ne s'établira point."[17]

Saint-Simon did not see the lawyers and metaphysicians as fundamentally responsible for the French Revolution. On the contrary, he saw the latter's occurrence as the inevitable result of profound spiritual and social changes that had been undermining the traditional social system for centuries: the rise of science on the one hand, and the growth of productive activity on the other.

Les forces temporelles et spirituelles de la société ont changé de mains. La force temporelle véritable réside aujourd'hui dans les industriels, et la force spirituelle dans les savants. . . . C'est ce changement fondamental qui a été la véritable cause de la révolution française. . . . Une révolution civile et morale, qui s'exécutait graduellement depuis plus de six siècles, a engendré et nécessité une révolution

politique: rien n'était plus conforme à la nature des choses. Si l'on veut absolument assigner une
origine à la révolution française, il faut la dater du jour où a commencé l'affranchissement des
communes et la culture des sciences d'observation dans l'Europe occidentale."[18]

In the process of undermining the traditional social order, the lawyers and metaphysicians had played an essential critical role; but they were incapable of con-
structing a new political order on the basis of such negative metaphysical principles
as the rights of man. It had therefore been a fundamental mistake of the Third
Estate to allow the lawyers and metaphysicians to take the political lead as their
representatives in 1789. This critical error explained the disasters and bloody
excesses of the French Revolution.[19] It also explained the fact that after three
decades the Revolution had not yet been brought to an end.

Le but réel de la révolution, celui que la marche de la civilisation lui a assignée, était la formation
d'un nouveau système politique. C'est parce que ce but n'a pas été atteint, que la révolution n'est
point encore terminée.
   L'état de désordre moral et politique dans lequel la France et les autres pays occidentaux de
l'Europe sont aujourd'hui plongés tient uniquement à ce que l'ancien système social est détruit sans
que le nouveau soit encore formé. Cette crise ne cessera, et l'ordre ne s'établira sur des bases solides
que lorsque l'organisation du nouveau système sera commencée et en pleine activité.[20]

Saint-Simon therefore urged the *industriels* to do, thirty years later, what they had
failed to do in 1789. They should assert the temporal force their dominance in the
new social order assured them. They should speak in their own name, and as the
true organs of the common interest, invoking positive facts regarding the present
state of society rather than the negative abstractions of metaphysical principles.
They should implement a system of public administration conducive to the growth
and prosperity of the productive forces of agriculture, commerce, and manufacturing. At the same time, the prophet of industrialism called upon the restored Bourbon monarchy to resume an alliance with the productive classes that was as old
as the rise of the Communes: a policy the monarchy had abruptly and disastrously
abandoned in 1789 for a defence of aristocratic privilege doomed to failure by the
necessary order of social development. "En un mot, le Roi, au lieu d'être le chef
des gentilhommes de son royaume, doit devenir le chef des industriels. Je demande
si c'est là une perte réelle, à l'époque où la gentilhommerie n'est rien, et où l'industrie est tout."[21]

   The echoes of *Qu'est-ce que le Tiers-Etat?* are clear. On the one hand, Saint-
Simon's prescriptions for ending the French Revolution amounted to a reiteration
of Sieyès's sociological claims for the Third Estate as constituting the real, productive society in the modern order of things. They also represented a simultaneous
disengagement of these claims from the baleful political doctrine of national sovereignty with which they had become contaminated in Sieyès's famous pamphlet. *Les
industriels* were invited to start the clock again from 1789, staking their exercise of
temporal power on social realities rather than metaphysical fictions. On the other
hand, these same prescriptions amounted to a reworking of that programme for
the regeneration of the monarchy on the basis of rational understanding of the
true nature of modern society, that projected transformation of political will into
rational social administration that had been the principal goal of Turgot and other
administrative reformers of the Old Regime. The restored monarchy was invited

to start the clock again from 1787, summoning the real society to accept responsibility for the administration of its own affairs.

> L'ancienne doctrine avait constitué la société dans l'intérêt des gouvernants; la nouvelle doit combiner l'association dans l'intérêt de la majorité des associés. L'ancienne doctrine avait principalement chargé les gouvernants de commander; la nouvelle doit leur donner pour principale fonction de bien administrer, et elle doit par conséquent appeler la classe des citoyens la plus capable en administration, à diriger les affaires publiques."[22]

Thus it was a fundamental implication of the transformation of the monarchy proposed by Saint-Simon, as of that imagined by Turgot and other enlightened reformers of the Old Regime, that the government of persons would give way to the rational administration of things by those who were the most competent. "Dans l'état actuel des lumières, ce n'est plus d'être gouvernée dont la nation a besoin, c'est d'être administrée, et d'être administrée au meilleur marché possible; or, il n'y a que dans l'industrie qu'on puisse apprendre à administrer à bon marché."[23] Like its predecessor, this renewed version of the social theory of representation sought to exorcise the spectre of sovereignty by an appeal to administrative rationality and social utility. In Saint-Simon's analysis, the notion of divine-right sovereignty was the creation of a clergy anxious, once its true authority had been undermined by the Reformation, to bolster its waning political power by means of a dogmatic alliance with monarchy. The contrary doctrine of popular sovereignty was no more than the metaphysical opposite of the doctrine of sovereignty by divine right. Metaphysical expression of the fundamental crisis of legitimacy in an age of transition, each of these doctrines drew its force only in opposition to the other: neither had any relation to the real order of things in modern society.

> Ces deux dogmes antagonistes n'ont donc qu'une existence réciproque. Ils sont les restes de la longue guerre métaphysique qui a eu lieu dans toute l'Europe occidentale, depuis la réforme, contre les principes politiques du régime féodal. . . La métaphysique du clergé a mis en jeu la métaphysique des légistes destinée à lutter contre elle. Mais cette lutte est déjà terminée. . . [L]es industriels, qui ne font de la métaphysique pas plus à la manière des légistes qu'à la manière du clergé, mettront pour jamais de côté ce genre de discussions comme ne pouvant mener à rien d'utile. . . ."[24]

Saint-Simon thus offered the young Auguste Comte a bricolage of the organic social theory of the theocrats with the scientism of the Enlightenment, in the guise of a systematic general doctrine that would finally bring the moral and political crisis of the revolutionary period to a close. The philosophical conservatives had interpreted the political tyranny and social disorders of the revolutionary period as the product of two essentially interrelated principles: individualism and *etatisme*. In the name of these principles, they insisted, revolutionary legislation had destroyed the corporate fabric of the Old Regime, dismembering family, church and corporation. For Bonald, as for Maistre, the principal excesses of the Terror were the inevitable result of the destruction of these primary social groups. The atomization of society had severed individuals from their social mooring, leaving them defenceless before the power of the mightiest of Leviathans. Pointing to the excesses of the revolutionary period as a necessary consequence of the destruction of corporate social institutions, the conservative theorists stressed the function for the preservation of social order of precisely those corporate groups destroyed by the Revolution. Where the revolutionaries saw family, corporation and association as checks on the free development of the individual, they found that it was only in terms of membership in the group that the individual was defined and had recognizable social existence. It is the individual that is essentially fictitious, argued Bonald, not the group; as for society, "c'est un corps dont les sociétés naturelles, ou les familles sont les éléments".[25]

Saint-Simon placed a scientized version of this organic social doctrine of the philosophical conservatives at the heart of his "philosophie organisatrice". "La société n'est point une simple agglomération d'êtres vivants, dont les actions indépendantes de tout but final n'ont d'autre cause que l'arbitraire des volontés individuelles, ni d'autre résultat que des accidents éphémères ou sans importance", he insisted in a sketch of the conception of social physiology probably drafted as a projected second part of the *Mémoire sur les science de l'homme* in 1813. "La société, au contraire, est surtout une véritable machine organisée dont toutes les parties contribuent d'une manière différente à la marche de l'ensemble. La réunion des hommes constitue un véritable ETRE, dont l'existence est plus ou moins vigoureuse ou chancelante, suivant que ses organes s'acquittent plus ou moins régulièrement des fonctions qui leur sont confiées."[26] To argue in this way was to disengage the Enlightenment conception of social science from its individualist and egalitarian assumptions. And in this endeavour, paradoxically enough, Saint-Simon was able to draw upon the investigations of the very generation of philosophers that had found itself heir to this idea of social science as institutionalized in the Class of Moral and Political Sciences of the Institut de France.

The version of Enlightenment social science inherited by the Idéologues, which owed its principal formulation to Condorcet, was at once psychological and mathematical. Analytical psychology reduced all processes of thought to a basically mathematical (that is, combinatorial) model, the ability to combine sensations and ideas. By this procedure, rational human understanding could be elaborated on the natural basis of sensate experience, and with it the true principles of social and political order. Since individuals were essentially similar in the fact of their sensate nature, they were equal in the possession of their rights. Differences in individual capacities existed in society: they were necessary, indeed, for the development of social order and the progress of the human mind. But these differences were essentially differences in degree rather than in nature. All were capable of receiving the instruction that was necessary for everyone to be enlightened as to the essential principles and procedures of rational thinking, and for all to engage in the mathematics of social choice that would make rational social conduct the norm.

As Frank Manuel has clearly shown, however, this psychology was profoundly modified by the philosophers of the Directorate and Empire.[27] In a series of papers read to the Class of Moral and Political Sciences, Cabanis brought to life the hypothetical statue invoked by Condillac. The sensations we receive from nature, he argued, are modified by the action of our internal organs and by the general state of physiological organization. Differences of age, sex, temperament, and health, which affect the intensity of impressions and produce a variety of different characters and minds, make it impossible to arrive at a "type commun à tout le genre humain".[28] This emphasis upon psychological variations hardened in the work of Bichat into a division of man into three major physiological types—brain man, sensory man, motor man—in each of which the vital energies are directed in the dominant faculty, be it reason, feeling, or a kind of locomotive drive. Bichat's scientific stress on the diversities and inequalities among men was put to good use by Saint-Simon. It enabled him to overlay the theocratic concept of status with the positivist notion of function, thereby giving the hierarchical, organic social order of the theocrats a respectable scientific foundation in the nature of man. Social harmony was not the outcome of the social and political choices of rational individuals—how could it be, when reason was characteristic of only one of the basic types of man?—but of the emotional satisfaction of each social class in fulfilling its role in providing for the needs of the *système industriel*.

It is important to note the anti-political content of these conceptions of status and function, shared as they were by the theocrats and the early prophets of positivist sociology. In the organic conception of society which emerged from the ashes of the French Revolution, there was little room for political voluntarism or social choice. For Saint-Simon and Comte, as for Bonald, the organic structure of society had been disrupted by the political action of philosophers ignorant of the nature and complexity of social life. Society, they argued, is not an aggregate of individual parts to be constituted and reconstituted at will according to the principles of abstract reason, but a living organic whole subject to its own laws of development and exhibiting a concrete reason of its own. Saint-Simon and Comte anticipated the development of a national industrial workshop in which the government of men would give way to the scientific administration of things on positive principles. Bonald's image was somewhat different, yet not entirely dissimilar. In his view, society must be like a monastery: not only in its hierarchical order of stability but in the essentially religious nature of its obedience. Bonald's societal monastery deriving its essential harmony from the acceptance of a "quasi-positivist religion" found a powerful echo in the societal workshop of Saint-Simon or Comte harmoniously administered according to the dictates of a "quasi-religious positivism". Both were intended not to rationalize political choice but to exile it: to preserve the organic integrity of society from the divisive political conflicts of the revolutionary period.

### History and social science

Systematized by Auguste Comte, Saint-Simon's reworking of the Enlightenment conception of social science to secure the recovery of social unity and organic order also required a profound rethinking of its understanding of the relationship between history and social science. In this respect, Condorcet's *Esquisse d'un tableau historique des progrès de l'esprit humain* became the central work. "Je parlerai souvent du travail de Condorcet, dont je ferai un examen approfondi dans la première partie de mon second ouvrage," Saint-Simon had promised in his *Introduction aux travaux scientifiques du XIXe siècle*.[29] Indeed, this second work in the series of scientific studies projected by Saint-Simon in 1807 was intended to offer a systematic critique of the *Esquisse*, followed by an *Esquisse d'un nouveau tableau historique divisé en neuf parties*.[30] Like many other works Saint-Simon imagined himself writing, this one was never completed. But the need to come to terms systematically with Condorcet's conception of historical progress remained a crucial problem in Saint-Simon's efforts to elaborate a social science, and his promise to rewrite the *Esquisse* in the light of truly positive principles was often reiterated. "Condorcet a indiqué, dans son *Esquisse d'un tableau historique des progrès de l'esprit humain*, la manière dont il fallait s'y prendre pour démontrer que les progrès de la civilisation avaient toujours tendu vers l'établissement du système industriel", the second cahier of the *Catéchisme des industriels* announced in 1823. "Il a très mal exécuté ce plan, mais son invention n'en a pas moins été un grand acheminement vers l'établissement du système industriel. Son ouvrage, que nous avons refait, et que nous publierons incessament, en fournira une preuve incontestable."[31] What was this work that Saint-Simon now promised to publish immediately, if not the writing destined to become the focus of contention in the resounding quarrel between the master and his disciple: Comte's fundamental *Prospectus des travaux scientifiques nécessaires pour réorganiser la société*, already circulating in proofs in 1822, which Saint-Simon published in the third cahier of the *Catéchisme des industriels* in 1824 under the title *Système de politique positive*? Since 1819, rewriting the *Esquisse* had become one of the principal tasks of the young Auguste Comte.

"Quelle doit être la véritable science, celle des faits ou celle des principes?" Sieyès had demanded, at the very beginning of the French Revolution, in his *Vues sur les moyens d'exécution dont les représentants de la France pourront disposer en 1789*. "Parce que le physicien est assuré de former la science à l'étude de ce qui se passe dans la nature, le législateur cherchera-t-il pareillement le modèle de l'ordre social dans le tableau des événements historiques?"[32] To this question, Condorcet gave an answer no less resoundingly negative than Sieyès. By appealing to the past he sought to demonstrate the efficacy of a rational social art in securing freedom from determining conditions, while still maintaining the distinction between historical fact and natural principles of human reason essential to his conception of social science. The *Esquisse d'un tableau historique des progrès de l'esprit humain* was intended as a manifesto for the inevitable (and indefinite) progress of human liberty, not for its subjection to necessary historical laws. "J'ai voulu montrer seulement comment à force de temps et d'efforts, [l'homme] avait pu enrichir son esprit de vérités nouvelles, perfectionner son intelligence, étendre ses facultés, apprendre à les mieux employer et pour son bien-être et pour la félicité commune", Condorcet insisted.[33] In reclaiming history as the rationally explicable domain of human action, rather than the obscure expression of divine providence or blind chance, he sought historical proof of the expanding power of rational political choice—grounded in the principles of the rights of man he regarded as the first truths of social science—to shape an open future in the service of human liberty and welfare. Far from dictating the principles of the social art, the function of the collective human history traced in the *Esquisse* was to demonstrate its power, identify the errors and superstitions that had threatened its progress, and point out the obstacles that still blocked its progress. Progress was the warrant to free social science from history.

In the work of Saint-Simon and Comte, however, this notion of the relationship between history and social science was profoundly transformed.[34] Saint-Simon has left fascinating evidence of the manner in which he pored over the *Esquisse d'un tableau historique des progrès de l'esprit humain*.[35] Yet to compare his doctrines with those of his predecessor is to see a familiar face reflected in a whirlpool. Condorcet saw historical progress as an essentially unilinear, incremental process, dependent upon the steady accumulation and ordering of knowledge. Saint-Simon came to see it as a succession of organic social systems each based on its own organizing principles. Condorcet saw error as a necessary feature of the progress of the human mind: the natural consequence of the gap between what we can know and what we would like to know, perpetuated and rendered harmful by powerful vested interests. Saint-Simon proclaimed that the truths of today are the errors of tomorrow, that all knowledge is relative to a particular stage of human existence. Condorcet signalled the danger of the establishment of an exclusive intellectual élite for scientific and social advance; Saint-Simon maintained that unless the bearers of scientific knowledge constitute a socially organized élite within the hierarchy of society there can be no social stability. Condorcet had been concerned to reconcile scientific élitism with the principle of democratic control in politics; Saint-Simon expected political choice to give way to rational administration. Condorcet had remarked that all religious errors are founded ultimately on scientific errors; Saint-Simon insisted that religion is the collection of the applications of science by means of which enlightened men govern the ignorant. Deriving these powerful reinterpretations from the *Esquisse* by fusing Condorcet's conception of historical progress with the organic social theory of the theocrats, Saint-Simon offered Comte a view of history as a succession of discrete social systems each based on a systematic philosophy, represented in social terms by the dominance of a particular élite associated with it.

The same process of transformation continued as Saint-Simon came to deal with the mechanics of progress. Condorcet had maintained that scientific activity alternates between periods given to the organization and collection of material and those devoted to its critical reassessment. Saint-Simon historicized this mental procedure into the powerful dialectic of critical and organic periods. Social systems overlap in time. Since one grows out of the very flowering of the other by developing the contradictions within it, there must be critical transitional periods of tension and antagonism between organic periods of social stability; and since successive social systems are represented by the dominance of a particular élite, it follows that the antagonisms of these critical periods must take the form of class conflict. Condorcet had devoted much time during the revolutionary period to the argument that, since the economic harmony of individual interests also implied a harmony of class interests, rational social progress did not involve a conflict between the various classes in society. Saint-Simon found the very mechanics of progress in the conflict of the classes representing the old and new orders. Harmony and social stability were to be achieved not by preaching the doctrine of a rational harmony of interests but by intensifying the social crisis which would bring the new order into being. It was necessary to go forward: to hasten the inevitable advance of history towards the next organic period of social stability, when the divisive political conflicts and the organized political force of the critical period of transition would give way to the scientific administration of things.

In Condorcet's view, finally, the course of progress had brought man to the threshold of an "open future" in which the possibilities of political action and scientific control of the environment were infinite. Saint-Simon replaced this vision with a scientific version of the hierarchical social order of the theocrats, to which man was ordained by the very historical process that Condorcet had first invoked as warrant for his emancipation.

> La loi supérieure des progrès de l'esprit entraîne et domine tout; les hommes ne sont pour elle que des instruments. Quoique cette force dérive de nous, il n'est pas plus en notre pouvoir de nous soustraire à son influence ou de maîtriser son action que de changer à notre gré l'impulsion primitive qui fait circuler notre planète autour du soleil.
>
> Les effets secondaires sont les seuls soumis à notre dépendance. Tout ce que nous pouvons, c'est obéir à cette loi (notre véritable Providence) avec connaissance de cause, en nous rendant compte de la marche qu'elle nous prescrit, au lieu d'être poussés aveuglement par elle.[36]

This is only a slight reformulation of Condorcet's arguments, but its implications are immense. Condorcet had argued from historical fact that man was able to control his future. He found in history proof positive of the expanding power of the social art. Saint-Simon, on the contrary, found human progress governed by inevitable laws that human beings were powerless to affect. Their only choice was whether or not to add their conscious will to the logic of history, knowingly promoting historical development they were in any case powerless to prevent. It need hardly be pointed out that the effect of Saint-Simon's reformulation of the doctrine of progress was to overthrow the distinction between history and social science that Condorcet had intended it to support. In the writings of Saint-Simon— still more in those of Auguste Comte—history was fused with social science. In the process, the revolutionary conception of a rational social art was finally swallowed up by positivist philosophy.

In such a conception, Condorcet's hopes for a mathematicization of social choice through the application of the calculus of probabilities—already subject to a telling critique by Destutt de Tracy—found no place. Saint-Simon had anticipated in his *Mémoire sur la science de l'homme* that the claims of the mathematicians would present a fundamental obstacle to the development of social physiology. But it was left to Comte to make the positivist case against any attempt to mathematicize social phenomena. In 1819, he jotted down his reflections on various misconceived attempts to render social science positive by basing it on some other science. Cabanis had made the mistake of attempting to reduce social science to a branch of physiology; Destutt de Tracy in his turn had tried to base it on the principles of ideology. These two models were to be clearly set aside. The third attempt that Comte considered was Condorcet's social mathematics. This he repudiated as utterly and completely misconceived, although he found himself unable at this stage to explain why. Instead, leaving his discussion of social mathematics unwritten, he turned in a note on Condorcet's political writings to a rather different question. Why did Condorcet, having embraced the misguided idea of basing social science on the calculus of probabilities, at the same time conceive in the *Esquisse d'un tableau historique des progrès de l'esprit humain* of a work utterly incompatible with such an idea: "un travail qui avait pour but d'observer la marche générale de l'esprit humain et de la civilisation, et par conséquent d'étudier et de constater la série des faits généraux qui seuls peuvent servir de point de départ à la théorie positive de la politique"?[37]

For the underlying conception of the *Esquisse*—as he misunderstood it—Comte found no praise too strong. Condorcet had grasped the essential truth that political forms are necessarily determined by the general law of historical development.

"Car lorsqu'on analyse le plus scrupuleusement possible tous les mouvements de la machine sociale, on trouve que la loi du développement progressif de la civilisation en est le régulateur général et définitif. Toutes les choses politiques se mettent irrésistiblement, et par des lois dont on s'efforcerait vainement d'anéantir le cours, au niveau de l'état général des lumières." In writing the *Esquisse*, then, Condorcet had undertaken the most important enterprise conceivable in politics:

> Car s'il est extravagant de vouloir tenter, en politique, rien qui ne soit absolument conforme à l'allure générale et à la tendance actuelle de l'esprit humain, si tout ce qui n'est pas rigoureusement dicté par l'état des lumières est, ou absurde, ou prématuré, et, dans tous les cas, impraticable, et si, au contraire, tout ce qu'il réclame doit s'exécuter nécessairement, par l'impérieuse force des choses, il est donc tout à fait indispensable d'observer et d'étudier la marche générale de l'esprit humain, parce que c'est le seul moyen de savoir nettement à quel point il en est de sa carrière, et où il tend.[38]

In this passage the transformation of the idea of progress into positive sociology was virtually complete. It remained only to rewrite the *Esquisse d'un tableau historique* in accordance with its now fundamentally redefined meaning. For the brilliance of Condorcet's conception, Comte insisted, had been matched only by the inadequacy of its execution. Exhausted by the intellectual effort of discovering the true basis for positive politics, the philosophe had been unable to transform his vision into reality. His division into epochs had been haphazard rather than philosophical; his critical reforming temper had prevented him from recognizing "que les institutions de chaque époque sont et doivent être en harmonie avec l'état correspondant des lumières".[39] Only because his powerful historical conception was so weakened by the inadequacies of its execution, Comte therefore concluded, had Condorcet been able to retain in the same work a conception of social science essentially antithetical to it: that of the mathematicization of the moral and political sciences through the application of the calculus of probabilities. In reality, then, the *Esquisse* remained to be rewritten in its totality on positive principles.

Such was the purpose of the cardinal essay that Comte completed three years later, the *Prospectus des travaux scientifiques nécessaires pour réorganiser la société*. In this first sketch of the *Système de politique positive*, Condorcet's cumulative, unilinear view of progress, issuing in an open future, clearly gave way to a conception of history as a succession of closed social orders, each based upon a fundamental, philosophical system. Political action became the necessary expression of the state of civil society, its scope reduced to rendering as mild and as short as possible the inevitable crises to which the human species was subject in its passage from one stage of civilization to the next. Politics, in short, had been subordinated to history.

> Dans cette politique, l'espèce humaine est envisagée comme assujettie à une loi naturelle de développement, qui est susceptible d'être déterminée par l'observation, et qui prescrit, pour chaque époque, de la manière la moins équivoque, l'action politique qui peut être exercée. L'arbitraire cesse donc nécessairement. Le gouvernement des choses remplace celui des hommes.[40]

This reformulation of the *Esquisse* left little room for the idea of social science that work was originally meant to sustain: the idea of a science of conduct in an open society, a social art made rational through the application of the calculus of probabilities. Such a conception, Comte reiterated in the *Prospectus*, was "purement chimérique, et, par conséquent, tout-à-fait vicieuse".[41] Comte now gave several reasons for this violent repudiation of social mathematics. The first and most fundamental he bolstered with the authority of Bichat, whose distinction between organic and inorganic bodies made it in principle impossible for mathematics to achieve the same success in physiology (individual or social) that it had enjoyed in physics. The variability of effects and the complexity of causes characteristic of physiology generally were at their most extreme. Comte insisted, in the moral and political phenomena of the human species, "qui forment la classe la plus compliquée des phénomènes physiologiques".[42] This being the case, it was clear that significant application of mathematics to these phenomena was impossible, whatever the degree of perfection our knowledge of them might attain. For even if social phenomena were in principle susceptible of mathematical analysis, Comte insisted, this latter could not be achieved until positive laws had first been elicited through observation. To apply such analysis before these empirical laws had been discovered would be premature; to apply it afterwards would be redundant.

This primitive view of the role of mathematics in scientific discovery was matched by a no less primitive misunderstanding of the mathematical theory of probabilities.[43] Yet even a more sophisticated grasp of probability theory would not have been sufficient for Comte to accept its applicability to social phenomena in the manner proposed by Condorcet. More fundamentally, his very conception of the social field precluded such a possibility. This became abundantly clear in the last of the fundamental series of early essays on social philosophy in which Comte's view of positive politics took form, the *Considérations sur le pouvoir spirituel* (1826). There are striking similarities between the conception of education Comte set out in this essay and that developed by Condorcet in the *Mémoires sur l'instruction publique*. For both Condorcet and Comte education would come to eclipse power in the organization of modern society; for both, the social responsibility for education would be in the hands of the scientific and intellectual élite (Comte's *pouvoir spirituel*). For both, above all, the dominant political and social problem to be solved by education derived from the division of labour characteristic of modern society. There the similarities abruptly stop. For Condorcet, the essential problem was to reconcile the inequalities inherent in the division of labour with the principles of the rights of man. He aimed at a system of scientific instruction that would render individuals free and independent in the exercise of their rights and rational in the calculation of their interests. For Comte the essential problem was quite the opposite. Concerned with the effects of the division of labour on the organic unity of society, he envisaged a system of moral education that would inculcate the principles of positivism in quasi-religious terms.

As the division of labour led to progressive specialization, Comte insisted in the *Considérations*, it would become increasingly difficult for the individual to recognize the common good in his specialized tasks. His private concerns and social existence would seem progressively more isolated from those of the whole. The result would be a process of social disaggregation that could never be alleviated by the rational choices of individuals tending to the common good. In this respect, the economic model of the market was sadly lacking:

L'homme ne se conduit pas uniquement, ni même principalement, par des calculs; et, en second lieu, il n'est pas toujours, ni même le plus souvent, susceptible de calculer avec justesse. La physiologie du dix-neuvième siècle, confirmant ou plutôt expliquant l'expérience universelle, a démontré positivement la frivolité de ces théories métaphysiques qui représentent l'homme comme un être essentiellement calculateur, poussé par le seul mobile de l'intérêt.[44]

For Comte, accordingly, the essential purpose of education was not to establish a system of instruction that would render reason universal, for individual reason could never provide the foundation for organic unity. Neither the individual nor the human species, he insisted, "ne sont destinés à consumer leur vie dans une activité stérilement raisonneuse, en dissertant continuellement sur la conduite qu'ils doivent tenir".[45] Social organization supposes principles of hierarchy and subordination that the mass of individuals has neither the ability nor the time to establish through reason. It follows that the function of the spiritual power is to inculcate these organic principles in a system of moral education. "Vivifiée par une force morale régulièrement organisée, qui, la rappelant sans cesse à chacun au nom de tous, lui imprimerait toute l'énergie résultant de cette adhésion universelle", the positive philosophy would become the basis of a new social religion: the only doctrine "capable de surmonter ou même de contrebalancer suffisamment la puissance des penchants antisociaux, naturellement prépondérante dans la constitution de l'homme".[46] The influence of the theocrats is all too obvious in this passage. In Comte's social theology, individualism has taken the place of original sin.

## Conclusion

"Surtout, ne nous décourageons pas de rien voir dans l'histoire qui puisse convenir à notre position. La véritable science de l'état de société ne date pas de loin. Les hommes ont construit longtemps des chaumières avant d'être en état d'élever des palais", Sieyès declared in *Qu'est-ce que le Tiers Etat?*[47] There is perhaps no better summary of the assumptions sustaining the Enlightenment conception of social science as it summoned the French to remake, on the basis of principles of reason and nature, a social order now outmoded by the progress of civilization. For those who sought to transform French society in 1789, words had outlived things; the institutions of society lagged behind its progress; the moral and political sciences had yet to translate into social practice the advances of the human mind. The revolution-as-process that was the progress of civilization—"la révolution que le temps et la force des choses ont opérée"[48]—was invoked to justify that revolution-as-event that would introduce a new order of things in France. But the course of the latter became longer, more bloody, and more difficult to bring to a halt than any of its participants had anticipated. To close the French Revolution, the prophets of positivist sociology appealed once again to the progress of civilization—not, this time, as a warrant to liberate political action, but as a writ for its final arrest. In the social science of Saint-Simon and Comte, politics was reclaimed by history.

# Notes

1. Alan Spitzer, *The French Generation of 1820* (Princeton, 1987).
2. Edgar Quinet, *Histoire des mes idées* (Paris, 1878), pp. 200–201; quoted in Spitzer, op. cit., p. 194.
3. Auguste Comte, "Plan des travaux scientifiques nécessaires pour réorganiser la société", in *Système de politique positive*, 4th ed., 4 vols. (Paris, 1851–54), *Appendice général*, pp. 58–9.
4. *Qu'est-ce que le Tiers Etat?*, ed., Zapperi (Paris, 1970), p. 151. Sieyès used the term *science sociale* in the first edition of his pamphlet, replacing it with "la science de l'ordre social" in later editions. See Brian W. Head, "The Origins of 'La Science Sociale' in France, 1770–1800", *Australian Journal of French Studies* 19 (1982): 115–29.
5. On this theme, see Baker, "Sieyès", in François Furet and Mona Ozouf, eds., *Dictionnaire critique de la Révolution française* (Paris, 1988), pp. 334–45.
6. Condorcet, "A Monsieur *** sur la Société de 1789", in *Oeuvres de Condorcet*, ed., Arago and O'Connor, 12 vols. (Paris, 1847–49), 10:70. On the Société de 1789, see J.B. Challamel, *Les clubs contre-révolutionnaires* (Paris, 1895), pp. 391–443; Baker, "Politics and Social Science in Eighteenth-Century France: the *Société de 1789*", in J.F. Bosher, ed., *French Government and Society (1500-1850)*, pp. 208–30.
7. "Règlements de la Société de 1789 et liste/de ses membres", in Challamel, *Les clubs contre-révolutionnaires*, p. 393.
8. *Journal d'instruction sociale. Prospectus*, p. 12 (*L'Entrepreneur du journal à ses concitoyens*).
9. "Tableau général de la science qui a pour objet l'application du calcul aux sciences morales et politiques", *Oeuvres de Condorcet*, 1:542–3.
10. On the Idéologues' conception of social science, see Sergio Moravio, *Il tramonto dell'illuminismo* (Bari, 1968); *Il pensiero degi Idéologues* (Florence, 1974); Thomas E. Kaiser, "The Idéologues: From Enlightenment to Positivism" (Ph.D. Diss., Harvard Univ., 1976); Cheryl B. Welch, *Liberty and Utility: The French Ideologues and the Transformation of Liberalism* (New York, 1984); Brian W. Head, *Ideology and Social Science: Destutt de Tracy and French Liberalism* (Dordrecht, 1985); Martin S. Staum, "Individual Rights and Social Control: Political Science in the French Institute", *Journal of the History of Ideas* 48(1987); 411–30.
11. On Saint-Simon and Comte, and the relationship between them, the essential works are Henri Gouhier, *La jeunesse d'Auguste Comte et la formation du positivisme*, 3 vols. (Paris, 1933–41); Frank Manuel, *The New World of Henri Saint-Simon* (Cambridge, Mass., 1956). See also Robert Wokler, "Saint-Simon and the passage from political to social science", in Anthony Pagden, ed., *Ideas in Context: The Languages of Political Theory in Early-Modern Europe* (Cambridge, 1987), pp. 325–38.
12. "Introduction à la philosophie du dix-neuvième siècle", in *Oeuvres de Saint-Simon et d'Enfantin*, ed., E. Dentu, 47 vols. (1868–1876), 15:92.
13. *Oeuvres de Claude-Henri de Saint-Simon*, 6 vols. (Paris, 1966), 6:167–8.
14. *Oeuvres de Saint-Simon et d'Enfantin*, 40:28–31.
15. *Ibid.*, 40:34.
16. *Ibid.*, 40:35.
17. *Ibid.*, 21:36.
18. *Ibid.*, 21:77–78.
19. *Ibid.*, 21:83–4, 182
20. *Ibid.*, 21:89-90.
21. *Ibid.*, 21:206.
22. *Ibid.*, 21:178.
23. *Ibid.*, 21:151.
24. *Ibid.*, 21:211.
25. Bonald, *Oeuvres complètes*, 1:163.
26. *Oeuvres de Saint-Simon et d'Enfantin*, 39:177.
27. Manuel, *The New World of Henri Saint-Simon*, pp. 295–304.
28. Cabanis, "Considérations générales sur l'étude de l'homme", *Institut national des sciences et arts, Mémoires de la classe des sciences morales et politiques, 1796–1803*, 5 vols. (Paris, an IV–an XII), 1:66.
29. *Oeuvres de Claude-Henri de Saint-Simon*, 6:65.
30. *Ibid.*, 6:5.
31. *Oeuvres de Saint-Simon et d'Enfantin*, 37:169–70.
32. *Vues sur les moyens d'exécution dont les représentants de la France pourront disposer en 1789* ([Paris,] 1789), p. 30.
33. *Oeuvres*, 6:282–3.

34. In these paragraphs I have drawn closely on my earlier discussion of this issue in *Condorcet. From Social Mathematics to Natural Philosophy* (Chicago, 1975), pp. 375–82 (*Condorcet. Raison et politique*, trans. Michel Nobile [Paris, 1988], pp. 488–503).

35. Saint-Simon's reading notes on the *Esquisse* are preserved among his manuscripts remaining in the Bibliothèque nationale. They are discussed by Francesco Gentile, "La transformazione dell'idea di progresso da Condorcet a Saint-Simon", *Revue internationale de philosophie* 14(1960): 417–44.

36. *L'Organisateur, neuvième lettre* (1819), *Oeuvres de Saint-Simon et d'Enfantin*, 20:119. An earlier version of this passage goes back to manuscripts left by Saint-Simon in Alençon in 1812. See Manuel, *The New World of Henri Saint-Simon*, p. 151.

37. Auguste Comte, *Ecrits de jeunesse, 1816–1828*, ed., Carneiro and Arnaud (Paris, 1970), p. 483.

38. *Ibid.*, p. 484–85.

39. *Ibid.*, p. 488.

40. *Plan des travaux scientifiques nécessaires pour réorganiser la société* (the *Prospectus* reprinted as cited note 3), p. 102.

41. *Ibid.*, p. 120.

43. *Ibid.*

43. Comte, like d'Alembert before him, found himself unable to accept the distinction between logical probabilities and physical outcomes upon which the theory of probability rested. By a strange degradation, he argued in the *Système de politique positive*, this branch of mathematics had abandoned the fundamental postulate of the rational order of events for "des spéculations où l'on suppose des événements dépourvus de toute loi" (*Système de politique positive*, 1:469).

44. "Considérations sur le pouvoir spirituel", in *Système de politique positive*, vol. 4, *Appendice général*, p. 209.

45. *Ibid.*, p. 203.

46. *Ibid.*, pp. 203–4.

47. *Qu'est-ce que le Tiers Etat?*, pp. 175–76.

48. *Ibid.*, p. 196.

# Part V

*The Revolution and Christianity*

# Presentation

COLIN LUCAS

For much of the nineteenth century, Frenchmen thought about their politics in terms of history and that meant, inescapably, in terms of the Revolution and its place in history. For the first half of the century, many explored that history in terms which gave an important place to the question of religion. The liberal historians of the 1820s—Mignet, Thiers, Guizot, Thierry—alone stood out against this preoccupation, since they saw the essence of the Revolution to have been the victory of the middle classes, an historically necessary passage from aristocracy and absolutism to bourgeois democracy. For most other commentators, and especially after 1830, the religious theme was a common element beneath the contrasts of doctrine and school. Naturally, this is not to say that the preoccupation with the question of religion in the Revolution and with an attempt to frame an interpretation of the meaning of the Revolution in religious terms was *the* central theme of writing. The emphasis varied from author to author: there was a whole conceptual world between the providentialism of Bonald or Maistre and Tocqueville's allusions to men who believed in themselves. Yet, the virtual omnipresence of the religious reference in an historiography otherwise so diverse is very striking. It is doubly so since it appears so alien to modern thought about the Revolution, a thought in many ways the heir to the positivist history and the academic consensus of the liberal republic that smothered this historiography in the second half of the nineteenth century.

The papers in this section, it must be said, provide us with only a partial exploration of this theme. In the first place, they evoke only one part of this complex question. In a discussion of political culture, it may be legitimate to exclude the reflection undertaken inside the Church on the Revolution and Christianity as well as the developments in christology associated with the perception of Christ in romantic sensibility. Yet, this was not without powerful echo in the domain which interests us here. For example, Lamennais, who is certainly part of that reflection, was also a profound influence outside the Church with the view of Christ as friend of the poor and revolutionary model which he expressed in the *Paroles d'un Croyant*. Indeed, with Christian socialism, this religious reference was one of the strongest themes in the revolutionary movements of the first half of the century. The identification of Christ by revolutionaries of the 1790s (Fauchet, Bonneville)

343

as the victim of the tyrants and aristocrats of his day and their emphasis upon the message of equality and fraternity in the Gospel teaching reappeared in concentrated form in the writings of men such as Buchez, Considérant, Leroux, Esquiros, and even Cabet. The reference is doubtless most explicit in Buchez for whom the Revolution was the implementation of the Gospel: Liberty, Equality, Fraternity were the Gospel message and their proclamation as the basis of social order in 1789 was the practical sign of God's word as well as evidence that France was the chosen land. In one way or another, however, all these men saw the gospel and the life of Christ as practical teachings of socialist values and revolutionary conduct: the Passion of Christ (and especially the Resurrection) epitomized the destiny of the people. Finally, at the other end of the political spectrum, one would expect the providentialists and theocrats (Bonald, Maistre and, perhaps, Ballanche) to find their place in this section. Here again, in a different way, was an attempt to integrate the Revolution into a Christian meaning and to see it as a working out of the divine will, the proof of the divine institution of human society.

Reference is made elsewhere in this volume to Christian socialism and to theocracy. The reader will have to turn to those pages to consider further these dimensions to the subject. The papers that are in this section present us, however, with a second difficulty. They are decidedly disparate. Pierre Manent's reflection upon the nature of "secularization" is of quite a different nature from that of the other papers. If he begins by pointing to the Revolution as the moment when religion was uncoupled from its temporal, political function, he is really concerned with a wider philosophical reflection. He is concerned with the consequences of the proposition that, in order to leave the state of nature, man created his own rules of conduct. If the ideal is therefore the product of the power of opinion, the destruction of the belief that man has two ends—one natural and the other supernatural—leads eventually to the liberal project of divorcing the "real" from the "ideal" and instituting a neutral unreligious power in society. Yet, argues Manent, this immediately reveals (as Rousseau saw) that there is no neutral power possible, that neither nature nor power exist for man in neutrality, that all is opinion. Man is totally free, self-determinant. However, concludes Manent, such liberty is not inhabitable without an ideal; generalized Christian sentiment, presenting a defined image of what humanity is, becomes necessary to social man, even if he has the freedom to reject it or choose his own images within it. There is both a specificity and a generality about this argument that makes it difficult for a commentator to integrate it into the discussion in this section. On the one hand, it examines a paradox which is supposed present from the inception of civil society; on the other, although Manent writes uniquely in terms of Christianity, there is no reason to deduce that this "secularization" concerns one religion more than another nor that the "ideal" of modern (post-revolutionary) man need necessarily be religious or derived from some recognizable pre-existing value system. None the less, there is a point of contact between Manent and the other authors in the sense that all are indeed concerned in one way or another with the relationship between the "ideal" and the "real" either at the time of the Revolution or among those attempting to think about the Revolution in the subsequent generation.

The papers presented by Claude Lefort and Paul Viallaneix touch quite closely upon each other. Both concern the religious theme in the nineteenth-century retro-

spection on the Revolution. Each accords a large place to the same authors—
Michelet and Quinet—though Lefort spends a considerable time on Tocqueville
and Viallaneix introduces some reference to the socialists. The place which Quinet
and Michelet (and Tocqueville) accord to religion in their analysis of the Revolution is too well known to need repeating here (and, indeed, Claude Lefort's paper
is largely a summary of the heart of their arguments). What emerges from both
these papers is some sense of the necessity of the religious reference in their analysis. For Michelet, as for Quinet, it provided the key both for inserting the Revolution into an historical continuum (and endowing it with a particularly French
context) and also for explaining the Terror, which both saw as the failure of the
Revolution. In this respect the differences between Quinet and Michelet are less
important than their common recourse to the religious theme. As Lefort emphasizes, both saw the failure of the Revolution as essentially a rel gious failure.
Michelet saw it in the Revolution's failure to realize itself as religion, to accept its
identity as Revelation and to merge social and religious revolution in the reign of
Justice that necessarily must expel Grace and salvation through Christ; Quinet
saw it in the failure to erect a new Christian religion against Catholicism with its
heritage of state power and traditions of national servitude. Even though "l'épaisseur du christianisme" separated Michelet from Quinet, there was considerable
affinity between, on the one hand, Michelet's view that the concept of "salut
public" in the Terror led straight back to the theology of salvation through grace
and to a republican version of divine right monarchy and, on the other, Quinet's
view that the Terror was essentially a return to catholic absolutism, that Robespierre was the Pope of 1793 and that the Cult of the Supreme Being was distinct
from catholicism only in theory. There was affinity also between Michelet and
Quinet in their common rejection of the *liberté des cultes* as being in fundamental
contradiction to the nature of the Revolution.

Lefort is certainly right to affirm that Quinet never argued that the revolutionaries should have adopted Protestantism to combat Catholicism. Yet, Paul Viallaneix's paper reminds us how central the Reformation was to Quinet's view of
the Revolution: he attributed its failure in good measure to the failure of the
Reformation in France—in contrast to England where the success of the political
revolution was accounted a consequence of the success of a prior religious revolution. More than that, however, Viallaneix also demonstrates how widespread the
reference to Protestantism was in this first half of the nineteenth century among
those seeking to situate the historical antecedents of the Revolution. If the socialists
appear torn between the views of Protestantism as the promoter of individualism
and as the challenger of divine right monarchy, here again there exists a point
of affinity between Michelet and Quinet for, as Viallaneix nicely demonstrates,
Michelet came back to the Reformation after his history of the Revolution and
discovered there the first signs of the crisis which would ultimately consume the
Old Regime, the republic of the people growing in the shadow of the monarchy.

In this context of Michelet and Quinet, the emphasis on Tocqueville in Claude
Lefort's paper is somewhat surprising. It is true that Lefort is addressing himself
to the nineteenth-century perception of the Revolution as a new religion; yet, the
three authors do not sit easily together in that analysis. Tocqueville's remarks in
this direction were essentially concerned with the Revolution as a process akin to

a religious movement, although he does push his thought in one sentence to envisage it as a kind of religion in itself. This is a point of contact with Michelet, but it is hardly a point central to Tocqueville. Indeed, the thrust of Tocqueville's general premises seems very different to either Michelet or Quinet since he begins by denying the significance of a religious element in the explanation of the course or causes of the Revolution and constructs his thesis out of the relationship between political and social change. Religion is relegated to Book III among the short-term causes which locate the Revolution in the late eighteenth century. Tocqueville would certainly not have shared Quinet's premise that religion was the very substance of peoples for there flowed from it their political institutions, the arts, poetry, philosophy and even, up to a certain point, the sequence of events in history. Nor would Tocqueville have had much sympathy with Michelet's view of the Revolution as Revelation. Tocqueville's sense of the Revolution as a religion was more an echo of the discourse of the revolutionaries themselves than the personal identification with 1789 and the absorption into the historic people of France that Michelet was experiencing. Tocqueville shared with Michelet, as with Quinet, the desire to put the Revolution into a continuity rather than to view it as a rupture; but the terms in which he expressed that approach were very different.

Lefort points out correctly that Tocqueville came close to Quinet in his judgement that the Catholic Church sustained and justified the Old Regime political power. Yet Tocqueville associated this judgement with the assertion that "la société politique et la société religieuse étant par nature essentiellement différentes ne peuvent se régler par des principes semblables". Both Quinet and Michelet would agree with the condemnation of the Catholic Church, but they would not follow this characteristically post-revolutionary division between the political and the religious. Neither man saw the sacred (christian for the one, non-christian for the other) as being separate from the political. It is here that we encounter the papers of Claude Langlois and Pierre Manent. Both historians stand out against the perception of the Revolution as continuity, at least in religious terms. Langlois rejects explicitly the nineteenth-century position, listing all the objective points of rupture. Manent sees the Revolution as the brutal uprooting of the religious from its insertion into the political, as a moment of differentiation where the "ideal" and the "real" are allotted to different spheres of experience.

Claude Langlois' preoccupations are of course different from those not only of Manent but also of Viallaneix and Lefort. His concern is with the event; it is not the history of a perception but rather the interpretation of "l'évidence massive" of the Revolution that interests him. This evidence points massively to a multiple rending of the Catholic fabric of France. Langlois is concerned first to identify the crucial moment of rupture (which he situates doubtless correctly at the Civil Constitution of the Clergy rather than in the dechristianization of the Year II) and then to determine to what degree this rupture was a conscious and voluntary gesture on the part of the revolutionaries. In reality, Langlois appears to identify a triple rupture: first, a rupture with the past in which the Old Regime Church disappeared in the destruction of its revenues and its autonomous institutions; second, a rupture within the body of the Church with the schism among priests and among the faithful around the Civil Constitution of the Clergy; third, a rupture between Catholicism and the Revolution under the double impact of the papal condemnation of the principles and work of the Revolution and dechristianization—a rupture which in the Year II was of course not simply with Catholicism but with all confessions. Yet, in what terms are we to understand this rupture? Are we in the presence of a birth or of a death? Did the Revolution lead out onto a vigorous resurgence of a Christian faith seeking to find a new and pertinent place in the social and political debate of the nineteenth century? Or did it leave behind merely an exhausted Church, rendered anaemic by the desertion of former members, a kind of Buridan's ass unable to choose between the contradictory currents of the nineteenth century? And to what extent can we see in the vision of a Michelet or a Quinet the reflection of issues still recognizable by modern historiography?

The revolutionary attempt to renew the church was not of course a Reformation in the sense that certain nineteenth-century authors were tempted to explore. It was not a question of returning to the purity of the Gospel, but rather of recovering the so-called "primitive" church. If the christian-republicans and christian-socialists found their source in the general propositions of the constitutional church, as distinct from the ideas of Fauchet or the notion of "le sans-culotte Jésus", then they were mistaken: the constitutional church appealed to the gospel writings to demonstrate that it was just as much in conformity with scriptural prescriptions as was the refractory church and not to demonstrate that it was more so. In reality, for the revolutionaries, the reference to the primitive church was rooted in other concerns. It was, in the first place, a manifestation of the idea (so widespread in the first moments of the Revolution) that the regeneration of France would occur by a return to a cleaner past, by the removal of the parasitic falsifications and additions and the rediscovery under them of an original constitution. The reconstruction of the church was rooted in one of the first perceptions of the new regime. To begin with, therefore, the church was not an inconvenient remnant of the Old Regime which it was unfortunately necessary to retain for a population as yet unenlightened. On the contrary, the reform of the church began on the understanding that it was an institution to be integrated fully into the new society.

Yet, at the same time, the terms of its insertion were contradictory to any received notion of the integration of church in society. Returning to the primitive church also meant resolving the tension between Christianity's nature as spiritual power and as temporal power. The primitive church was defined not merely as one freed from all the corruption of material goods but also as one entirely devoted to spiritual affairs. The Civil Constitution of the Clergy described a church not only stripped of the material assets of temporal power but also stripped of any temporal function. Furthermore, the transfer of the registration of births, marriages and deaths to a lay official, the abolition of its role in public assistance and the refusal of any religious monopoly to the Catholic Church were not the by-products of a fear of the Old Regime or the corollary of the asset-stripping of the church; they were central features of the reform. Well before the separation of church and state contained in the Boissy d'Anglas Law, the revolutionaries had separated the spiritual from the temporal. They had sought to confine Christianity to a purely spiritual function; they had sought to render it an "ideal" distinct from a religiously neutral "real", as Pierre Manent has it. From the beginning, the Revolution was founded upon the idea of the separate autonomy of the religious and of the temporal. Refounding society upon the strict basis of the original social contract, where all men were equal in the rights they brought into society with them, meant defining the temporal power in terms only of those rights and consigning the rest of human activity (including religious belief) to individual freedom of action and choice in the private sphere.

In practice, the reform of the church was in profound tension with these premises and both Quinet and Michelet reflected that fact. Some contradictions were immediate and obvious. For example, the abolition of the regular orders (to the point of prohibiting them even when supported by private donations) appears quite illogical in the context of a separation of the temporal and spiritual spheres, especially given their importance in the church's spiritual activity. Much more significant, however, was the artificial position of the constitutional church. A church confined to purely spiritual functions should not fulfil temporal functions. Yet, parish priests were explicitly referred to as public officials ("fonctionnaires publics") and the revolutionaries expected priests to preach virtues which were civic before they were Christian. The constitutional church was a revolutionary oxymoron because it was a religious institution within the state. In a contradictory fashion, the revolutionaries both wanted the spiritual to be separate from the temporal and yet also wanted the spiritual to confirm, endorse and sustain the temporal. They themselves were ultimately incapable of making the separation between the public and the private spheres and, in an important sense, it was this which led to the Terror.

The solution to the contradiction was of course a transfer of sacrality from the religious sphere to the political. More than any other writer in the nineteenth century, Michelet understood this with great clarity. His description of the *Fête de la Fédération* in 1790 captures directly the Revolution's invention of the cult of itself. By shedding the Christian reference, the revolutionaries could articulate a civic religion enshrining the virtues appropriate to a new society. The concept of renewal by a return to a former purity, which had presided over the reform of the church (at a time, indeed, when the concept probably already no longer carried conviction among revolutionaries), rapidly gave way to the vision of regeneration by the creation of a New Man, as Mona Ozouf demonstrated in the previous volume in this series. The Revolution became an act of foundation, consecrated by its own symbolism, by its own rituals, by its own moral teaching. It is self-evident that this new foundation, this civic rebirth of man and society were irremediably contradictory to the Christian concept of redemption and rebirth by Christ. Furthermore, the Revolution claimed for its identity the self-same ground upon which the Christian church stood—it attributed to itself a universality derived from the very nature of man; it was an *ecclesia* which one joined not by birth or caste but by free choice in a gesture that was both free and liberating. And, naturally, the revolutionary cult of the Revolution had recourse to a symbolic discourse close to that of the Christian church: Claude Langlois reminds us of that when he refers to the oath as the "sacrament" of the Revolution.

There was necessarily a tension between the revelation at the base of the Christian faith and the self-evidence that sustained the revolutionary faith. Michelet's reference to the Revolution as Revelation conveys a profound insight. The two claims to universality were incompatible. Just as the Revolution had substituted in 1789 the absolutism of the indivisible sovereign nation for the indivisible power of the absolute monarch, so too it came to substitute the universality of its own claim to truth for that of the Christian religion. In the short term, the Revolution could not admit of a church in schism, since that church could not supply it with the unanimity which its claim to universalism required. Of necessity, it was quickly brought to substitute the cult of itself and the hegemony of its own rituals. The French Revolution was quite incapable of supplying modern political culture with an established church in a liberal state, such as existed in the English model. Its contribution in this domain had to be the religion of republicanism.

Ultimately, there existed only three possible exits from this tension between religion and revolution. The first was to confine christianity to the realm of ideal, which implied equally the freedom of the individual to deny it any validity. The second was to return to the Gospel as a practical lesson in social organization and social justice and thus as a revolutionary text. The third was to reject the division between the "ideal" and the "real" and to discover in human affairs the manifestation of divine action—a solution upon which the "divine surprise" of 1814 conferred a semblance of conviction. All three solutions were explored in the nineteenth century.

What about the other face of the schism, the refactory church? Can we discover here another contribution to the political culture of the nineteenth century? Was this the vessel in which the old church crossed the tempest to revive in the next century? In reality, the refractory church was in many ways just as new as the constitutional church. Indeed, the refractory church returned to the condition of the primitive church much more than did its constitutional rival. In the short term, the refractory church distanced itself much more completely from the tension between spiritual and temporal power. Furthermore, it was the clandestine church which won the three-sided battle between the refractory, constitutional and revolutionary faiths, since she shepherded and articulated the revival of popular religiosity. Indeed, one is tempted to suggest that the Concordat with its established church, practically a servant of the temperal power, destroyed the model with which the clandestine church might have furnished the nineteenth century—the model of a church with its centre of gravity in the parishes and bearer of popular religious sentiment, the model of a church as mediator of society rather than as the intermediary of social and political power.

Claude Langlois reminds us that the map of the schism corresponds to a marked degree with the geography of religious practice during the subsequent two centuries. There is no need here to enter the question of whether the Revolution created these zones of religious indifference or whether it released indifference from the constraints of formal religious practice. But we need to remember also that the 1790s saw a formidable affirmation of religious faith at all levels of society, and most especially among the *petit peuple*. Despite the zones of religious indifference, France during the first half of the nineteenth century was an actively Christian country. By means of the clandestine church, the post-revolutionary church should have been the heir to this fervour. In the eyes of an historian of the Revolution, the Restoration church's preoccupation with rechristianizing France from top to bottom and its adoption of the posture of a missionary church appear unrealistic. This apparent gap between the hierarchy and the faithful reflected of course the comparison which the restored church necessarily made between its present mutilated condition and its memory of the pre-revolutionary world of church and faith. It testified also to the fact that this wounded and despoiled church had ceded to the temptation to subordinate itself to the temporal power and to see in the renewed piety of the notables the principal guarantee of a Catholic France. Yet, beyond this, it was also symptomatic of the ambiguities that surrounded the clandestine church and the religious renewal of the 1790s.

In the first place, although the popular reaffirmation of faith sought expression through the clandestine church, it does not seem to have been a popular church in the proper sense of the term. In many dioceses, the organization of the refractory church into missions allowed the hierarchy to destroy the old independence of the parish clergy by refusing them permission to work in their own parishes as clandestine priests. This victory was consolidated by the Concordat which installed so few *curés* and so many *desservants* who could be moved about at will by the hierarchy. One has the feeling that the parish clergy of the Concordat church was considerably less close to the population than had been the case in the late Old Regime.

In the second place, popular adherence to the refractory church—and most especially in the countryside—was a very complex phenomenon in which the intensification of religious sentiment was only one element. All recent work in this domain emphasizes that popular support for the refractory church frequently articulated an affirmation of community identity, of its norms and values against the intrusion of revolutionary authority and its demands. To support the refractory church was above all to refuse the Revolution. For that very reason, it was often evidence of social, economic and mental traditionalism in opposition to the innovatory revolutionary state. It follows therefore that, once the Revolution was over, a part at least of the *petit peuple* continued to allow itself to be enrolled by the church because it continued to see in it a guarantee of traditionalism. The hierarchy seems to have been happy to accept this function because of its other social choices. None the less, such a mutually sustaining alliance of traditionalisms was profoundly sterile in the long term. Above all, it rendered exceptionally difficult any accommodation with forces of renewal inside the church and any positive reaction to alternative christian initiatives, such as christian socialism.

It is difficult to avoid the conclusion that the Revolution did indeed constitute a permanent rupture, both in the expulsion of the religious from the political domain and in the failure of the restored church to recapture a central position, let alone a monopoly, in the religious reflection of post-revolutionary France. Yet, the ubiquity of the religious reference in the political culture of the first half of the nineteenth century needs an explanation beyond the fact of the religious revival and the need to accommodate the survival of religion despite the collapse of the church and the assault of dechristianization. In its diverse applications, it was presumably an attempt to theorize the Revolution, to explain the Terror and to endow the Revolution with a specific place in history. The great majority of the writers—whether Tocqueville or Michelet or Quinet or Buchez—had a strong sense of a revolution still with the promise of fruition but constantly jeopardized by failure. The religious reference was one way of defining the Revolution as a past which was not yet entirely history since it was incomplete.

# CHAPTER 18

# Quelques remarques sur la notion de "sécularisation"

PIERRE MANENT

Il est assez troublant de constater que plus le rôle de la religion décroît dans la vie de l'homme moderne, plus ce rôle s'accroît dans l'interprétation qu'il donne de son passé. Plus l'homme est athée, plus l'historien est croyant, plus il croit du moins au pouvoir historique formateur de la religion. A peu près tous les grands phénomènes du monde moderne—de la physique mathématique au capitalisme et à la démocratie—ont ainsi été attribués à la causalité directe ou indirecte du "christianisme". Le "christianisme" pour l'historien est presque aussi créateur que Dieu lui-même pour le chrétien. Or, les miracles attribués par l'historien au "christianisme" seraient beaucoup moins plausibles que le passage à pied sec de la Mer Rouge s'il n'était possible de recourir à la vertu rassérénante d'un mot: sécularisation. La "sécularisation du christianisme": telle est l'éponge de toutes les difficultés, telle est la ressource toujours prête de l'historien occupé à reconstituer la généalogie du monde moderne.

Le recours à cette notion, sinon à ce mot, commence à la Révolution française, du moins aux années qui la suivent.

Pendant les deux ou trois siècles qui précèdent la Révolution française, le "christianisme" est pour l'opinion dominante—celle qui devient de plus en plus dominante—l'ennemi, ce contre quoi se fait, se construit le monde moderne, c'est-à-dire la civilisation commerçante et tolérante.[1] Après la Révolution française, le "christianisme" est presque immédiatement réintégré dans le mouvement historique, il en devient un élément constitutif, positif, nourricier, moteur même. Croyants, incroyants, libéraux, socialistes, réactionnaires, la plupart des auteurs postrévolutionnaires disent leur conviction de la fécondité du moins passée, souvent présente et même future du "christianisme". Ecoutons Chateaubriand:

. . . il est impossible à quiconque n'est pas chrétien de comprendre la société future. . . . Au fond des combinaisons des sectaires actuels, c'est toujours le plagiat, la parodie de l'Evangile, toujours le principe apostolique qu'on retrouve: ce principe est tellement entré en nous, que nous en usons comme nous appartenant; nous nous le présumons naturel quoiqu'il ne le soit pas; il nous est venu de notre ancienne foi. . . . Voulez-vous que l'idée chrétienne ne soit que l'idée humaine en progression? J'y consens; mais . . . si le Messie *n'était pas venu* et *qu'il n'eût point parlé*, comme il le dit de lui-même, l'idée n'aurait pas été dégagée, les vérités seraient restées confuses. . . . Loin

351

d'être à son terme, la religion du libérateur entre à peine dans sa troisième période, la période politique, *liberté, égalité, fraternité*. . . . Le christianisme, stable dans ses dogmes, est mobile dans ses lumières; sa transformation enveloppe la transformation universelle. Quand il aura atteint son plus haut point, les ténèbres achèveront de s'éclaircir; la liberté, crucifiée sur le Calvaire avec le Messie, en descendra avec lui; elle remettra aux nations ce nouveau testament écrit en leur faveur et jusqu'ici entravé dans ses clauses. . . . Quand viendra ce jour désiré? Quand la société se recompo-sera-t-elle d'après les moyens secrets du principe générateur? Nul ne peut le dire . . .

Chaque ligne de cet impressionnant exposé de ce qu'on appellera bien plus tard la "théologie de la libération" est écrite par un chrétien qui veut manifester sa ferveur ou au moins sa fidélité, mais tout autant par un historien qui veut montrer la capacité de son "isme", sa capacité exclusive, de "sauver les phénomènes".

A partir de ce chapitre, l'avant-dernier des *Mémoires d'Outre-Tombe*, il est vraiment difficile de décider si Chateaubriand est effectivement croyant, ou si le "christianisme" n'est pour lui qu'une "idée"—l'"idée chrétienne" du titre, l'"idée humaine" du corps du chapitre—dont la fécondité, d'abord manifestée mais de façon "entravée" par l'Eglise ou les églises, est maintenant destinée à régénérer l'association humaine telle qu'elle est, et surtout sera visible, fondée sur la liberté, l'égalité et la fraternité, dans l'organisation politique de ce monde-ci. Il est difficile d'en décider, mais l'interrogation est peut-être oiseuse. Cette ambiguïté est la grande ressource de la position et de la vision historiques de Chateaubriand, de sa rhétorique aussi. De Chateaubriand en particulier, mais aussi de ce qu'on peut appeler "la religion du XIX^e siècle".

Selon cette "religion du XIX^e siècle", prolongée du reste par une grande partie des "sciences sociales" du XX^e, tantôt la Révolution française et la démocratie apparaissent comme des entreprises qui veulent "réaliser" dans le monde le "mes-sage évangélique", les "idéaux" ou les "valeurs" du "christianisme" (et d'abord l'égalité et la liberté), tantôt le "christianisme" est une anticipation de la Révolu-tion française—il a pensé ou rêvé la liberté et l'égalité dans une société d'esclaves. Le premier point de vue est souvent adopté par ceux qui se déclarent chrétiens; le second par ceux qui ne le sont pas. Mais les deux points de vue, nous venons de le constater avec Chateaubriand, sont sous-tendus par la même vision et en fait se confondent: ils font du "christianisme" une "idée" ou un *idéal*. C'est cette notion d'idéal, pivot de toute interprétation de la Révolution française, ou de la démocra-tie, ou de la "modernité", en termes de "sécularisation" que je voudrais brièvement considérer.

## Le cycle de l'idéal

La tendance principale de la pensée politique moderne à partir du XVI^e siècle, à partir de Machiavel[2] ou, si l'on veut, de Montaigne,[3] peut être caractérisée comme une "critique de l'idéalisme" païen ou chrétien. On critique l'idée de *summum bonum*, le finalisme, tout ce qui faisait de la nature humaine une "flèche lancée vers le soleil". On cherche la nouvelle règle de l'action humaine au plus près de la "condition naturelle", au plus près de la nécessité: le désir, ou le besoin de conservation, ou la peur de la mort, va être le point d'Archimède de la nouvelle pensée politique.[4]

Or, comment tirer la règle—la loi à laquelle on est tenu d'obéir—de la nécessité? Comment régler le monde humain en prenant pour critère les circonstances extrêmes, donc rares, voire très rares, où se manifeste la souveraineté de la nécessité? Comment donner parole, sens et moralité à la nécessité?

On connaît la démarche de la première philosophie politique moderne. Elle imagine ou conçoit un "état" où cette nécessité régnerait sans partage, c'est-à-dire où aucune opinion sur le bien, sur le vrai, sur la fin, bref aucune opinion sur l'homme ne réglerait les actions et les passions humaines: l'état de nature.

Que révèle l'état de nature? L'état où règne la nécessité—l'absence de toute opinion—enseigne l'impuissance de la nécessité: réduit à lui seul, le désir de se conserver conduit à une situation—la guerre de tous contre tous—où il est essentiellement, hyperboliquement insatisfait. Ce nœud gordien, délibérément noué, ne put être tranché qu'en inventant un être métaphysique nouveau: le *droit* comme détermination essentielle attachée à l'individu prépolitique, à l'atome humain en tant que tel. L'"état de nature" révèle les "droits de l'homme" en les bafouant, en interdisant rigoureusement leur affermissement; les hommes sont contraints par la nécessité de sortir de cet état pour construire un ordre politique qui garantisse vraiment leurs droits. Cette notion des "droits de l'homme" est très opaque; emphatiquement proclamée, elle a été trop peu explorée. Une enquête à leur propos devrait d'abord tenir compte du fait que peut-être leur *ratio essendi*, en tout cas leur *ratio cognoscendi* est un état, l'état de nature, qui se présente *à la fois comme une norme et comme un repoussoir.*

Une instance si singulière—cette norme-repoussoir—est la condition de possibilité et d'apparition d'un être métaphysique non moins singulier: l'"idéal".

En effet, la nature étant ainsi tenue à distance, confinée dans son "état" indésirable, dans cet "état" que l'homme doit nécessairement fuir, les règles de l'action humaine sont nécessairement créés par l'homme lui-même, par sa "raison" ou par son imagination créatrice: dès la fin du XVIIIᵉ siècle, et le mouvement depuis n'a cessé de s'amplifier, on célèbre la puissance et la fécondité de l'imagination collective telle que manifestée dans l'"esprit du peuple" ou dans la "culture". L'idéal, ou la valeur, se contradistinguent rigoureusement de la fin ou du bien. La fin ou le bien, aussi relevés soient-ils, sont essentiellement tangibles, ou attingibles: leur atteinte, ou seulement leur approche, transforme celui qui les cherche, elle le perfectionne, l'accomplit. De l'"idéal" en revanche, on ne se rapproche jamais, même "asymptotiquement": puisqu'on en est l'auteur, on s'en trouve toujours également proche et également éloigné. ("Lutter pour un idéal" est évidemment la situation la plus absurde à laquelle un homme puisse se trouver—s'imaginer—réduit.) Pas davantage les "valeurs" ne transforment-elles réellement les hommes qui se dévouent à elles: puisqu'elles sont posées ou créées, leur auteur aurait pu en poser ou créer d'autres, et par exemple de contraires (il le peut encore, en principe, à chaque instant). Il est donc absolument, ontologiquement indifférent à cette "valeur" qui paraît le définir de part en part. La philosophie de l'"idéal" et des "valeurs", ou de l'"engagement" et de la "création" est en fait appuyée sur la notion métaphysique qu'elle méprise le plus: la liberté d'indifférence.

Ces remarques prétendent éclairer le contexte dans lequel l'"idéalisation" du "christianisme" a pris place.

Le projet politique moderne, libéral si l'on veut, suscité par l'intolérance religieuse et ses conséquences, a consisté à séparer de plus en plus complètement le pouvoir de l'opinion, à réduire l'Eglise ou les églises chrétiennes à un seul "pouvoir," celui d'enseigner. Or, au fur et à mesure qu'on dépouillait, théoriquement d'abord, l'ordre politique de son contenu d'opinions (dogmes religieux et, pour une part, lois morales), au fur et à mesure qu'on perfectionnait l'épure d'un ordre humain fondé sur le désir de conservation et les "droits" qui en découlent, on était assailli par l'évidence de la diversité historique et géographique du monde humain, c'est-à-dire par l'évidence du pouvoir, du pouvoir nécessaire, de l'opinion. Plus en effet on réduisait la nature à ses urgences, plus la diversité du monde exigeait une explication "non-naturelle", et plus on devait recourir à l'"opinion" et à son pouvoir. Cette opinion que le libéralisme chassait par la porte, la sociologie la faisait rentrer par la fenêtre.

Ainsi, au fur et à mesure que l'homme européen, acteur politique, construit un pouvoir neutre ou laïc, détaché de toute opinion, en particulier religieuse, il mesure, observateur politique—il exagère, sociologue ou historien, puisqu'il ne reconnaît plus de "nature"—l'ampleur et la profondeur du pouvoir de l'opinion, en particulier religieuse. Tandis que pratiquement l'ordre politique européen se détache de toute opinion religieuse, il éprouve le besoin théorique de se rattacher à une opinion religieuse, la seule plausible dans ce rôle étant bien entendu celle dont il se détache: le "christianisme". La Révolution française, avec la "religion du XIXe siècle" qui la prolonge, est le moment de cette délicate opération. Alors qu'on arrache violemment la religion de son inscription politique, on s'apprête à l'embrasser dans son nouvel état, qui n'est ni de la terre ni du ciel, état gazeux, état de l'"idéal".

A la division onéreuse et douloureuse entre le pouvoir spirituel et le pouvoir temporel a succédé une division plus avenante, celle entre l'"idéal" et le "réel". Le nouvel "idéal" chrétien est aussi plaisant que l'ancien—celui qui traînait après soi les interdits, les excommunications et le bras séculier—était difficultueux. C'est précisément que lui seul est vraiment un "idéal". La Révolution française et la démocratie "réalisent" le "christianisme" dans la mesure où précisément elles le privent de toute inscription effective, où elles en font un idéal. Elles réalisent le "christianisme" dans la mesure où elles l'idéalisent.

Ce qui avait été reproché au "christianisme" entre le XVIe et le XVIIIe siècle, "pendant la guerre", à savoir d'être une "principauté imaginaire" à ce point "contraire à l'esprit social" qu'elle a "rendu toute bonne *politie* impossible dans les Etats chrétiens",[5] ce qui lui avait été reproché devient maintenant, maintenant que cette "principauté" n'a plus de pouvoir, un motif d'approbation: le "christianisme" ne fait plus que présenter l'idée générale de l'humanité sous la forme d'une opinion particulière, et l'humanité moderne lui en sait bon gré. Ainsi idéalisé, il n'est plus que la tautologie de la Révolution ou de la démocratie. Bref, le mouvement politique moderne culminant dans la Révolution française a consisté à transformer le "christianisme" en principauté vraiment imaginaire.

### Le devenir-chrétien du monde et le devenir-monde du "christianisme"

Le mouvement de "réalisation" du "christianisme" ne fait qu'un avec le mouvement de son "idéalisation", venons-nous de suggérer. Considérons de plus près ce double et simple mouvement.

Dans son irruption et sa définition originelles, le christianisme apporte une nouvelle cité, un nouveau monde: le principe de l'ancien monde, de l'ancienne cité était la nature, celui du nouveau monde, de la nouvelle cité, est la grâce. La grâce n'a de sens que si elle suppose la nature: elle la corige et la perfectionne, sans la détruire. Bref, le christianisme emporte à la fois "affirmation" et "critique" de la "nature païenne".

La première version pleinement développée de cette "affirmation critique" est celle de l'Eglise du moyen âge, telle que Saint Thomas en a explicité la conception. L'homme a deux fins, l'une naturelle, l'autre surnaturelle; et le pouvoir qui est l'instrument de celle-ci est évidemment le supérieur incontestable du pouvoir qui est l'instrument de celle-là.

Cette formule contient ce qui va apparaître comme une double contradiction. D'une part, l'affirmation des fins naturelles tend à paraître, c'est-à-dire à être annulée par celle des fins surnaturelles. D'autre part, l'affirmation des fins surnaturelles tend à être contredite par leur mode de présence dans le monde humain: un pouvoir humain, souvent trop humain. Il s'agira de débrouiller cette double contradiction, dont la première face trouble le citoyen, la seconde le chrétien. (Il fut sans doute humainement impossible d'éprouver l'un et l'autre trouble avec une égale intensité.)

Pour le citoyen comme pour le chrétien, c'est l'idée "païenne" ("hiérarchique") de la nature qui est au principe de son trouble: c'est elle qui livre la cité au pouvoir de l'Eglise, et c'est elle qui livre la foi au pouvoir de la chair et du monde. Le zèle chrétien et le zèle citoyen, ou antichrétien, vont donc entrer en émulation pour critiquer la conception "païenne" ou "aristotélicienne" de la nature. Tant de "scandales" offensent l'honneur du citoyen comme la conscience du chrétien qu'aucun des deux partis n'imagine le terme de la route: à supposer que le citoyen zélé réussisse à mener sa critique jusqu'au bout, il aura privé la vie civique de son ressort et de son contenu; à supposer que le chrétien zélé réussisse à mener sa critique jusqu'au bout, son christianisme n'aura plus rien à baptiser. Il est vrai qu'alors le "citoyen" n'aura plus de difficulté à être "chrétien", ni le "chrétien" à être "citoyen".

Je ne considérerai ici que la démarche du citoyen.

Il est facile de voir que la critique dirigée aux XVIᵉ et XVIIᵉ siècles contre le christianisme reprend la critique que celui-ci avait dirigée contre le paganisme: il s'agit toujours d'incriminer l'orgueil ou la vanité, la *vain-glory*. L'orgueil dogmatique est pris à partie comme l'avait été l'orgueil civique. Les opinions religieuses, dans la mesure où elles veulent régner, sont dénoncées comme des expressions de l'amour-propre. Toutes tant qu'elles sont, elles ont même valeur, et cette valeur est nulle. C'est ce qu'explique Thomas Hobbes. Ses explications ne suffiraient peut-être pas si les hommes ne faisaient l'expérience des conséquences de leurs amours-propres, qui sont la guerre religieuse, civile, de tous contre tous. La peur de la mort leur fait prendre conscience de l'égale nullité de leurs opinions et de l'égale validité de leurs "droits". C'est de là qu'ils se relèveront.

La critique hobbienne paraît un prolongement de la critique chrétienne, retournée contre le christianisme lui-même. Mais ici, c'est la mort terrestre qui est l'organe ou le principe de la critique; c'est la mort qui est la grâce. Le monde humain, simplement humain, contient tout à la fois le péché (*pride* ou *vain-glory*), la punition du péché (la guerre de tous contre tous) et la guérison du péché (par *Léviathan*, l'Etat-providence). La construction ou la dialectique hobbienne répète la dialectique chrétienne. Il ne s'agit pourtant pas de "réaliser le christianisme", il s'agit au contraire de l'expulser du monde humain.

Il y a pourtant une contradiction, ou peut-être seulement une insuffisance, dans la vision de Hobbes. Dans sa critique de l'opinion, il s'est arrêté en chemin. Il a cru trouver le coeur de la nature humaine, de la nature humaine non polluée par l'opinion, dans le désir de pouvoir. Il n'a pas vu que le désir de pouvoir suppose ou contient une opinion. C'est Montesquieu qui le relève,[6] avant que Rousseau n'en tire toutes les conséquences: tout n'est qu'opinion, le désir de pouvoir et de supériorité comme la peur de la mort. L'humanité même n'est qu'opinion: le second *Discours* raconte la construction de cette opinion d'être homme, de cette vanité d'être homme qui est au fond l'essence de l'humanité.

Au terme de l'effort pour détacher le pouvoir de l'opinion, on découvre qu'il n'y a ni pouvoir, ni nature, que tout n'est qu'opinion. Est-ce la défaite finale du citoyen? Il voit là en tout cas son suprême triomphe: cette incertitude ou cette plasticité signifie qu'il est, que l'homme est essentiellement libre de toute détermination naturelle, qu'il est absolument souverain, ou absolument autonome. Cette autodétermination de l'humanité n'est pensable, si elle l'est, que par le philosophe le plus aguerri. Elle n'est "vivable" en tout cas, semble-t-il, pour la plupart des hommes qu'avec l'aide d'une image déterminée de l'humanité, la plus générale qui soit cependant. Tocqueville a montré comment le christianisme était ainsi, en Amérique, la religion civique de l'homme démocratique, effrayé par le caractère illimité de sa liberté.

Sa "nature" ainsi finalement exténuée, le citoyen moderne n'a pas de peine à se sentir "chrétien", "culturellement chrétien". Toutes les déterminations naturelles que le chrétien "traditionnel" se donnait pour tâche de dompter ou de perfectionner sont maintenant comme si elles n'étaient pas: résidus de sa nature païenne, celle d'avant l'autodétermination, elles ne sauraient entraver cette dernière. Pour qui "crée ses valeurs", que sont "la chair et le sang"? Au terme de sa course, le citoyen moderne n'a plus le sentiment ni l'expérience d'une nature qui aurait besoin d'être baptisée. En ce sens, il est toujours déjà chrétien. Plus encore, il a le meilleur du "christianisme", ces "valeurs chrétiennes" qui n'ont nullement besoin d'être incarnées, d'exercer pouvoir sur la nature, puisque c'est en tant qu'auteur de ses valeurs que l'homme moderne vaut à ses propres yeux. Quant au chrétien à l'ancienne, empêtré de sa nature mal baptisée, c'est lui le vrai, le seul, le dernier païen.

Plus la société moderne se barricade effectivement contre l'influence réelle du christianisme, plus elle se sent animée des "valeurs chrétiennes". On peut, si l'on y tient, appeler ce processus "sécularisation".

## Notes

1. Montesquieu, *Esprit des Lois*, XXI, 20.
2. Machiavel, *Le Prince*, ch. 15.
3. Montaigne, *Essais*, III, 13.

4. Hobbes, *Léviathan*, ch. 14.
5. V. Machiavel, *Le Prince*, ch. 15 et Rousseau, *Contrat Social*, IV, 8.
6. Montesquieu, *Esprit des Louis*, I, 2.

# CHAPTER 19

# *Réformation et Révolution*

PAUL VIALLANEIX

RÉVOLUTION, réforme: les deux mots, les deux concepts s'opposent aujourd'hui comme le changement brutal au changement progressif, comme l'exigence du tout ou rien, de l'absolu à la pratique du relatif, telle qu'a pu la prêcher Albert Camus dans *L'Homme révolté*. Mais l'étymologie se charge d'atténuer un contraste qui n'est peut-être qu'une figure, une idée reçue. Elle attire l'attention sur un même mouvement de retour (*ré*-volution, *ré*-forme), mais non de recul, vers un point de départ privilégié, vers une radicalité que tout projet de vrai changement postule, quel que soit le rythme, précipité ou maîtrisé, de l'exécution. De son côté, le déroulement de l'histoire moderne du monde occidental, qui passe pour débuter au XVIe siècle avec la Réforme autant qu'avec la Renaissance et pour s'accélérer, à la fin du XVIIIe siècle, sous l'effet de la Révolution française, suggère la parenté des deux événements. Elle devient sensible à l'oreille pourvu qu'on adopte la variante archaïque du mot Réforme dont les communautés protestantes ont maintenu l'usage. Réformation, Révolution: cette manière de parler sied décidément au couple, plus assorti qu'il semble, qu'elle désigne.

Mais il ne suffit pas d'une assez piètre rime pour enregistrer sérieusement et, encore moins, pour consommer une alliance. L'histoire officielle, depuis un siècle, ne s'est guère souciée de celle qui pourrait concilier, voire réconcilier Réformation et Révolution. Pas question de mésallier les grands ancêtres de 89, héritiers immédiats, légitimes et glorieux des Lumières, ni de prêter aux huguenots, consignés dans le rôle de fondateurs du capitalisme, des dispositions politiquement subversives. Au moment où le gouvernement de la République venait d'opérer la séparation de l'Eglise et de l'Etat, on n'allait pas compromettre avec la religion, fût-elle réformée, l'histoire de la Révolution fondatrice. L'anticléricalisme dominant imposa une vision parfaitement laïcisée, sinon scientifique, de l'apprentissage tumultueux que la France avait fait de la démocratie.

Aujourd'hui, cependant, la religiosité révolutionnaire a cessé d'être censurée . On l'observe, on l'étudie dans la dramaturgie des fêtes de la Raison ou de l'Etre Suprême, mais aussi dans les grands débats qui précédèrent le vote de la Constitution civile du clergé ou de la mort du Roi et jusque dans la tentative finale de déchristianisation du pays. Or, elle était encore très vivante au XIXe siècle, dans la mémoire des anciens. Elle ne fut pas étrangère au réveil spirituel qui dressa contre le rationalisme du "hideux Voltaire" la génération des "enfants du siècle", si peu oublieuse de la Révolution qu'elle en fonda l'historiographie. Depuis les *Considérations sur la France* (1797) de Joseph de Maistre jusqu'à la *Révolution française* (1865) d'Edgar Quinet, la représentation du phénomène révolutionnaire resta religieuse ou, du moins, politico-religieuse. Elle l'est, sur le mode catastrophique, chez Bonald et les ultras comme aussi, sur le mode optimiste, chez Louis Blanc et les socialistes. Telle fut la noblesse des premiers actes: l'abolition des privilèges, la Déclaration des droits de l'homme, telle fut l'audace de l'oeuvre législative des Assemblées, la gravité du régicide, l'héroïsme des "soldats de l'an II", la folie sanguinaire de la Terreur qu'il y fallut supposer quelque mystère, quelque sens caché du côté d'un Ciel d'apocalypse que ne pouvait plus habiter le Dieu horloger des philosophes, avec son génie harmonieusement classique.

C'est pourquoi l'antique schéma judéo-chrétien d'une Histoire où s'accomplit, dans la douleur et l'espérance, l'infidélité et le repentir, le pire et le meilleur, l'Alliance promise par l'Eternel à son peuple transparaît dans le légende de la Révolution. Les historiens libéraux, Thiers, Mignet, Thierry, qui ne sont pourtant pas des dévots, sont tentés d'en appeler, philosophiquement, il est vrai, à la Providence. Guizot rachète de justesse, en le baptisant, le "fatalisme" que Quinet leur reprochera de cultiver dans sa *Philosophie de l'histoire de France* (1857): "Que de temps, que d'événements avant que la régénération de l'homme moral par le christianisme ait exercé sur la régénération de l'état social, sa grande et légitime influence! Il y a réussi pourtant: qui peut le méconnaître aujourd'hui?"[1] De cette "régénération" de la société européenne, nul doute que la Révolution française ait ait donné le signal. Si Guizot le laisse entendre, avant 1830, ses successeurs dans le magistère de la parole historienne, Michelet, Buchez, Quinet, Esquiros, éveillés au prophétisme par le spectacle des Trois Glorieuses ou des premières révoltes ouvrières, le proclament d'une seule voix. A en croire Michelet, la Révolution de 1789 ne serait rien moins que la Révélation des temps modernes. C'est ce qu'avait osé annoncer l'abbé Fauchet devant l'Assemblée Constituante, au lendemain de la prise de la Bastille: "Le jour de la Révélation est arrivé!"[2] Joseph de Maistre, fidèle à la monarchie, ne tint pas un autre language, huit ans après, pour souligner l'étendue du désastre révolutionnaire: "Jamais la Providence n'est plus palpable que lorsque l'action supérieure se substitue à celle de l'homme et agit toute seule: c'est ce que nous voyons dans ce moment. Ce qu'il y a de plus frappant dans la révolution française, c'est cette force entraînante qui courbe tous les obstacles. . . . On a remarqué, avec grande raison, que la révolution française mène les hommes, plus que les hommes ne la mènent. Ceux qui ont établi la république l'ont fait sans le vouloir et sans savoir ce qu'ils faisaient."[3]

A défaut d'une théologie de la Révolution que, dans l'indigence de la réflexion dogmatique consécutive au règne des Lumières et propre à la culture romantique, républicains et socialistes se montrent, encore plus que les partisans du trône et de l'autel, incapables de construire, s'impose du moins le principe du fondement religieux non seulement des grandes crises politiques, mais de toute vie communautaire. "Les questions qui tiennent à l'existence de la société sont des questions religieuses", affirme Ballanche,"avant d'être des questions politiques."[4] Des esprits aussi positifs que Guizot, au moment de définir le concept de "civilisation"[5] ou que Tocqueville, au moment de dévoiler "la source principale des croyances chez les peuples démocratiques",[6] adoptent le même postulat.

Penser la Révolution selon cette problématique, momentanément préférée à l'hypothèse du "contrat social", purement laïc, de Rousseau, c'est donc s'interroger sur son statut spirituel. Les plus téméraires, qui la considèrent comme une Révélation nouvelle, susceptible d'inaugurer l'ère finale de l'Histoire, qui pourrait être celle de l'Esprit, saluent la naissance d'une véritable religion. Michelet, qui se prend, en tant que narrateur, pour l'évangéliste, voudrait devenir, en tant qu'interprète, le Paul, le Pierre ou le Jacques de la Révolution. Il intitule "De la religion nouvelle" les deux chapitres qu'il consacre à le Fête de la Fédération,[7] après avoir tenté, dans l'introduction de l'*Histoire de la Révolution*, en se servant de la problématique que lui a enseignée Luther, d'opposer l'Ancien Régime à la République comme le gouvernement de la Grâce à celui de la Justice.

L'historien doit pourtant convenir que le scandale de la Terreur fait obstacle à sa vision dogmatique. A demain donc l'énoncé complet de la "foi" dont les acteurs de la Révélation de 1789 n'ont été que les scribes: "Au premier âge, qui fut une réparation aux longues injures du genre humain, un élan de justice, la Révolution formula en lois la philosophie du XVIIIe siècle. Au second âge, qui viendra tôt ou tard, elle sortira des formules, trouvera sa foi religieuse (où toute loi politique se fonde) et, dans cette liberté divine que donne seule l'excellence du coeur, elle portera un fruit inconnu de bonté, de fraternité."[8] En attendant que l'"Eglise républicaine" fasse ses preuves et qu'elle se réconcilie avec l'"Eglise socialiste" à l'occasion d'un banquet universel,[9] il convient, pour éclairer l'initiative religieuse des "grands ancêtres", de mettre en évidence celles qui ont pu la préfigurer. Quinet, avec sa formation comparatiste et sa sensibilité oecumémique, donne l'exemple de cc nécessaire élargissement de la perspective révolutionnaire. "On se condamne à flotter toujours à la surface des choses", regrette-t-il, dans *Le christianisme et la Révolution française*, "si l'on n'embrasse une fois, dans une même vue, les révolutions religieuses dont les institutions politiques, les littératures et les arts sont une conséquence. Ces révolutions religieuses, ces orages qui, à de certaines époques, s'élèvent dans le dogme et semblent d'abord tout bouleverser, c'est l'esprit de vie qui recommence à souffler sur une mer stagnante."[10]

A ce compte, l'"orage" originel qui souffle de plus belle, en 1789, au point de déséquilibrer, en France, une monarchie de droit divin, ne se serait-il pas levé au XVIème siècle du côté de Wittenberg avant de se déchaîner à travers l'Europe entière? La Réformation ne serait-elle pas et l'antécédent et le modèle de notre Révolution? A cette question, Bossuet[11] et les prédicateurs de la Contre-Réforme ont répondu, avant la lettre, par l'affirmative. Ils accusent luthériens et calvinistes de combattre en même temps que l'autorité pontificale la monarchie dans laquelle le sacre du roi, administré par l'Eglise, est bien plus qu'une simple bénédiction. La longue patience, la passivité, pense parfois Michelet, avec laquelle les huguenots, fidèles au roi de France, subirent pendant plus d'un siècle la persécution, à l'exception des paysans (et non pas des bourgeois) cévenols, ne ruina apparemment pas l'idée reçue de leur subversion politique. Après la Révolution, les catholiques intransigeants, de Bonald à Veuillot, l'orchestrent à l'envi. "La Réforme", soutient Bonald, "a été l'événement des temps modernes le plus funeste à la société et la cause prochaine ou éloignée de toutes les révolutions qui, depuis le XV^ème siècle, ont agité l'Europe et de toutes les guerres qui l'ont ensanglantée."[12] Rien n'interdit dès lors, bien au contraire, de supposer qu'un complot protestant, lié, comme il se doit, à un complot maçonnique, ait mis la France de l'Ancien Régime à feu et à sang.

Mais ne serait-il pas possible, après tout, de retenir, en la dépouillant de tous les fantasmes polémiques qui la défigurent, l'idée d'une profonde continuité entre les deux grandes révolutions modernes, qu'il ne suffit pas de qualifier respectivement de religieuse ou de politique pour les rendre l'une à l'autre irréductibles? Les héritiers patentés de la Révolution, républicains ou socialistes, font, chacun à sa manière, le pari de cette continuité. En 1847, Louis Blanc et Esquiros le prennent simultanément. Blanc l'assortit, il est vrai, de sérieuses réserves. S'il affirme d'emblée que le principe d'individualisme, inauguré par Luther, s'est développé avec une force irrésistible "et qu'il a triomphé en France par les publicistes de la Constituante",[13] la Révolution, selon lui, ne s'y réduit pas. Elle recèle aussi les deux autres "principes" qui "se partagent", associés au pouvoir, "le monde et l'histoire"[14] et qui sont l'autorité et la fraternité. Or, si la fraternité ne fut pas étrangère à la Réformation, grâce à l'héritage des Vaudois, des Hussites et des Frères Moraves et malgré l'opposition de Luther à la révolte des paysans anabaptistes de Münzer,[15] l'"autorité" appartient en propre à la tradition de Rome, que Blanc, élevé catholique, ne se résigne à exclure ni de sa vision de la Révolution ni de son projet de socialisme autoritairement égalitaire. En fin de compte, l'élan donné par les Réformateurs eut pourtant l'immense mérite de faire peser, pour la première fois, une menace sur le pouvoir absolu des rois "très chrétiens", tout en défiant celui du pape. "Ce pape, qu'il s'agit de renverser, c'est un roi spirituel, mais enfin c'est un roi. Celui-là par terre, les autres suivraient. Car c'en est fait du principe d'autorité, pour peu qu'on l'atteigne dans sa forme la plus respectée, dans son représentant le plus illustre."[16] En jetant au feu, le 11 décembre 1520, à Wittenberg, la bulle *Exsurge domino* de Léon X, le Réformateur prophétisa, à long terme, le procès et la condamnation de Louis XVI.

Le jugement de Louis Blanc rappelle celui de Buchez, également convaincu de la nécessité et de l'efficacité du renouveau que Luther imposa à la chrétienté, bien avant que "la morale évangélique n'entre, à partir de 1789, dans la voie de sa réalisation définitive".[17] Toutefois, chez l'auteur, associé à Roux, de l'*Histoire parlementaire de la Révolution*, qui fournit à tous les historiens de l'époque le plus clair de leur information, la Réformation éveille une antipathie beaucoup plus marquée. Converti au catholicisme, Buchez adopte, avec la ferveur d'un néophyte, que redouble, en l'occurence, celle d'un socialiste radical, le discours de la Contre-Réforme sur la "doctrine de désorganisation"[18] qu'auraient prêchée les Réformateurs, aussi redoutable pour la Cité égalitaire où se vivra un jour l'Evangile que pour la catholicité. Le socialisme, héritier du jacobinisme militant, doit combattre "un esprit qui rendait impossible toute conclusion commune, un esprit essentiellement contraire à la fondation d'une nouvelle unité".[19] Proche de Blanc, qui pousse l'antipathie jusqu'à la malveillance en soutenant que l'"'assassinat'" devint pour les coreligionnaires de Calvin le *nec plus ultra* de leur témoignage,[20] alors qu'il applaudit ailleurs l'oeuvre progressiste, pré-révolutionnaire, de la Réformation, Buchez cherche, comme son frère en socialisme, à lever la contradiction en réservant aux Hussites la meilleure part de son admiration et l'insigne honneur d'avoir conçu, dans leurs agapes fraternelles, le communisme de Chaumette et de Babeuf. Ainsi se distingue, pour mieux s'opposer au "libéralisme" que la "première" Révolution, celle de 1789, aurait pratiqué dans la ligne de la Réformation, un socialisme typiquement latin, qui emprunte au catholicisme le modèle de la centralisation du pouvoir et, par voie de conséquence, d'une parfaite égalité des citoyens dans l'obéissance.

Accusations et soupçons cessent d'altérer l'hommage rendu au protestantisme dans l'historiographie républicaine de la Révolution. La violence des attaques portées contre leur enseignement du Collège de France par le "parti prêtre" suffirait à sceller la complicité instinctive qui lie Michelet et Quinet aux victimes des dragonnades et à leurs descendants, rétablis dans leurs droits civiques par la Révolution, si ne s'ajoutait à ce rapprochement circonstanciel, surtout de la part de Quinet, un réel effort de compréhension. Quand Michelet se met à écrire, en 1846, son *Histoire de la Révolution*, il reste proche de Luther, le "restaurateur de la liberté",[21] dont il a reconstitué les *Mémoires* en 1837. Mais il connaît encore mal le calvinisme et le protestantisme français. Il n'en applaudit pas moins avec insistance l'apparition des premiers acteurs réformés de la Révolution, le pasteur Rabaut Saint-Etienne, élu président de l'Assemblée nationale, les "religionnaires" de Nîmes et d'Avignon, que vise une nouvelle fois le fanatisme romain, animateur de la Contre-Révolution, dès le printemps de 1790, mais aussi ceux des bourgs cévenols, comme Saint-Jean de la Gardonnenque, qui fraternisent avec les catholiques au sein de la Fédération locale. La sympathie aiguise l'intelligence de l'historien, qui analyse finement la réserve apparente des communautés urbaines, encore meurtries par la persécution: "Les protestants des villes, instruits, modérés, sérieux, clos dans la vie sédentaire, voués à leurs souvenirs, ayant dans chaque famille de quoi pleurer et peut-être craindre, étaient une population infiniment peu aventureuse et très dure à l'espérance. Quand ils virent pointer ce beau jour de la liberté, à la veille de la Révolution, ils osèrent à peine espérer. Ils laissèrent les parlements, la noblesse s'avancer hardiment, parler en faveur des idées nouvelles; généralement ils se turent. Ils savaient parfaitement que pour entraver la Révolution, il eût suffi qu'on les vît exprimer des voeux pour elle."[22] Cette discrétion momentanée et trop compréhensible n'entame nullement chez Michelet la conviction que la Révolution est la fille ou la petite-fille de la Réformation, même si elle paraît rejeter la théologie du salut par grâce en accomplissant les oeuvres de la justice. Il ne faut pas attendre longtemps pour que l'ennemi juré des Jésuites reproche vertement à Buchez de supposer que "la tradition catholique s'est perpétuée dans la Révolution"[23] et se mette en devoir de rétablir, telle qu'il la voit, la vérité, exactement contaire: "l'erreur" . . . c'est de "supprimer ces siècles qui préparent la Révolution", c'est "de nier la Renaissance, de nier le Protestantisme, qui est la moitié du monde. . ."[24]

Mais la protestation de Michelet reste timide auprès de la démonstration que Quinet entreprend dans *Le christianisme et la Révolution* (1845) et qu'il développe dans la *Philosophie de l'histoire de France* (1857), avant d'en utiliser les conclusions de manière originale dans *La Révolution* (1865). Si le christianisme, "enfermé dans les tombeaux", tente de ressusciter "à l'heure de la Révolution française",[25] c'est que les réformateurs, une première fois, l'ont arraché au sommeil mortel du formalisme. C'est aussi que du XVI^ème au XVIII^ème siècle, le génie protestant, reffréné en France, a multiplié ailleurs les preuves de sa modernité. Quinet apprécie beaucoup mieux que Michelet tout ce que lui doivent la Hollande républicaine, dont l'inspirateur fut un huguenot, Marnix de Sainte-Aldegonde,[26] la monarchie anglaise, délivrée de l'absolutisme par la Glorieuse Révolution, la démocratie américaine et, bien entendu, la Genève de Calvin. "Toutes ces institutions que le protestantisme forme de son esprit", commente le professeur du Collège de France, "lui sont une cuirasse contre laquelle s'émoussent tous les traits de la religion du Moyen Age. Il s'élève à une forme de gouvernement plus chrétienne que l'idéal catholique. . . La constitution de l'Eglise catholique, réglée par le concile de Trente, est l'idéal du pouvoir absolu. Sur ce modèle se sont réglées et formées les monarchies catholiques du Midi depuis trois siècles. Qu'est-ce, au contraire, que ces formes nouvelles. . ., sinon le protestantisme lui-même devenant l'âme de l'ordre temporel?"[27] Quinet est presque aussi mal armé que les autres "enfants du siècle" pour interpréter théologiquement les constats historiques qui étayent l'hypothèse de la portée politiquement révolutionnaire de la Réformation. Il bute, comme Michelet, sur le paradoxe de la fertilité en oeuvres de l'annonce du salut par grâce. "Il fallait", se contente-t-il d'affirmer, sans approfondir sa pensée, que "la volonté humaine s'abrite dans la pleine souveraineté de Christ"[28] pour se libérer de l'obéissance passive à l'Eglise et développer ses initiatives. C'était aussi, pour le "droit de chaque homme", placé sous la sauvegarde du seul Seigneur, l'occasion d'inventer enfin sans contrainte sa pleine expression civique. Mais quoi qu'on en pense ou dise, un fait, méconnu de la France catholique, demeure, qui oriente toute la pensée de Quinet: l'esprit démocratique a derrière lui une histoire, une légende et une oeuvre de deux siècles et plus quand les Français, à leur tour, rejettent la monarchie de droit divin.


Est-ce à dire que la Révolution de 1789 éclate et se déroule sous le signe de cette Réformation dont elle dérive? Ni Quinet, ni Michelet ni aucun des historiens de leur temps qui supposent cette filiation n'est tenté d'affirmer qu'elle fut jamais consciente et délibérée. Et pour cause! Il leur faut bien s'accommoder ici d'un premier paradoxe: la faible part prise par les boucs émissaires de l'Ancien Régime au bouleversement politique qui, non seulement reconnaît leur dignité, mais qui paraît aussi s'inspirer de leur exemple. Michelet et Quinet songent à expliquer ce curieux effacement. Ils invoquent tous les deux, et à bon droit, l'effet de la persécution. Elle a entraîné l'exil des "religionnaires" les plus entreprenants et la démobilisation des "nouveaux convertis", si bien qu'en 1789, au lendemain du tardif édit de Tolérance, "une moitié de la France manque à l'autre", selon la formule vigoureuse de Quinet.[29] Les protestants qui subsistent interviennent dès la réunion des Etats généraux; mais ils sont loin d'exploiter, par la suite, le respect que leur vaut, de la part des "patriotes", le souvenir d'une injuste excommunication. C'est pourquoi leur rôle exact dans l'histoire de la Révolution reste, aujourd'hui encore, problématique.[30] Quinet, avant et après Michelet, souligne leur modération pour la regretter. Il s'étonne que dans les débats de la Constituante sur la liberté des cultes le président Rabaut Saint-Etienne "ne veuille prendre que l'*attitude d'un suppliant*".[31] Sa conduite est à l'image de celle de tous ses coreligionnaires, rendus muets par tout un passé de résignation ou de résistance clandestine. "Dans tout le royaume", observe amèrement l'historien, "qui se souvient des *fugitifs* religionnaires? Il sort un faible murmure de La Rochelle, de Nîmes et des Cévennes si bien réduites au silence par les dragonnades; mais aucun écho ne le répète. . . . Tout ce qu'on accorde de répit aux protestants sera reçu par eux non comme une dette, mais comme une grâce; et il est de fait que les protestants se sont trouvés seuls muets, dans un moment où les pierres même ont crié contre l'iniquité. Les bourreaux avaient bien fait leur oeuvre; les supplices n'avaient pas été si impuissants que nous le prétendons aujourd'hui. Par là il faut avouer que les églises réformées, ainsi accablées, anéanties, ne purent aider en rien à la Révolution."[32] Quand la question religieuse revient, sous l'influence de Robespierre, à l'ordre du jour, les descendants des héroïques huguenots n'ont toujours pas recouvré le dynamisme de leurs ancêtres. Quinet rapporte, d'après les mémoires inédits du Conventionnel Baudot, la réaction du pasteur Jean Bon Saint-André, que son collègue invitait à co-signer un projet de loi visant à substituer le protestantisme au catholicisme comme religion officielle. Ce fut "la réponse qu'on a toujours reçue de protestantisme en France depuis que les persécutions lui ont ôté l'audace du prosélytime: 'Je n'y puis rien. Ma demande paraîtrait intéressée comme ministre protestant; fais la proposition toi-même, je l'appuierai.' "[33]

La réserve observée par les protestants français au lendemain de la reconnaissance de leurs droits civiques persiste au moment où se constitue l'historiographie de la Révolution. Michelet, Quinet et les autres historiens qui leur veulent du bien ne peuvent guère compter sur leur témoignage ou leur assistance théologique pour vérifier l'hypothèse d'une filiation entre le projet des Réformateurs et celui des révolutionnaires. Le mouvement du Réveil bat son plein, mais l'effort considérable d'évangélisation qui l'accompagne commence seulement à se doubler d'une consultation de la mémoire huguenote, d'une réflexion sur le passé des communautés disloquées par la répression ou sur la place de la Réformation dans l'histoire nationale. La Société de l'histoire du protestantisme, fondée en 1852, se borne à recueillir, dans la collection de *La France protestante* des frères Haag, les documents sauvés de la censure ou de la destruction. Un Alexis Muston, historien des Vaudois (1834), un Napoléon Peyrat, auteur des *Réformateurs de la France et de l'Italie au XII^{ème} siècle* (1860) comptent parmi les protégés, et non point parmi les conseillers de Michelet. Aucun de leurs coreligionnaires ne se risque à amorcer le récit de la reconstitution mouvementée de l'Eglise réformée depuis la proclamation de la liberté de conscience (Déclaration des droits de l'homme, 22 août 1789) et de la liberté de culte (Constitution du 3 septembre 1791) jusqu'aux "articles organiques" qui s'ajoutèrent, en 1802, au Concordat. Le protestantisme contribue donc, le premier, à la méconnaissance de son rôle historique, au moment même où l'entourent une curiosité et une sympathie tout à fait inhabituelles. Il arrive à Quinet de s'en offusquer, même s'il confesse qu'il n'est pas lui-même protestant et qu'il ne "suppose pas que notre pays soit appelé à le devenir".[34] Evoquant le soulagement, mêlé de gratitude, qu'éveille le statut très officiel accordé à leurs églises par les articles organiques, "les Réformés", observe-t-il, "sont désormais trop heureux d'être tolérés, sand bruit, sans éclat, sans aucune des espérances passées. Et, en effet, depuis ce temps, qui a entendu parler du protestantisme? Satisfait d'être surveillé, qu'il est loin de vouloir régner! Je dirai même que l'épreuve l'a trop adouci, trop annulé. L'ilotisme où il a été réduit pendant deux siècles lui a trop bien appris à se contenter de vivre, sans ambitionner de reconquérir ce qu'il a perdu."[35]

Au manque d'empressement avec lequel les descendants des "indomptables huguenots"[36] accueillent l'hommage rendu à leur confession par les historiens de la Révolution s'ajoute, pour dissimuler l'importance effective de la Réformation, la persistance des préjugés catholiques et, tout d'abord, complaisamment "divinisé" par *Le Génie du christianisme*, "celui qui nous tient le plus au coeur et qui consiste à confondre le christianisme et le catholicisme".[37] Buchez, Blanc et tous les socialistes plus ou moins idolâtres de "Jésus sans-culotte" tombent sous le coup du verdict que prononce Quinet contre la piété atavique de ses compatriotes: "Les Français, n'ayant pu accepter les avantages de la révolution religieuse de XVIème siècle, en ont conclu que le protestantisme qu'ils avaient repoussé n'était en rien supérieur au catholicisme qu'ils avaient gardé."[38] Aveuglement d'autant plus grave qu'avant d'expliquer les dispositions spirituelles des sujets de Louis-Philippe ou de Napoléon III, il causa, d'après l'auteur de *La Révolution*, l'échec de la Première République.

Mais ici se devine un nouveau paradoxe: si le protestantisme s'est trouvé à ce point exclu de l'action comme de la mémoire de la Révolution, n'est-il pas illogique que les historiens de la chute de la monarchie française s'y réfèrent avec une telle insistance? Blanc, Buchez évitent la contradiction en distinguant l'insuffisante Révolution de 1789, celle des grands principes libéraux et du succès de la bourgeoisie, où l'individualisme réputé protestant se combina au culte philosophique de la "conscience", et la Révolution prometteuse du temps de la Terreur, où le principe catholique de l'unité égalitaire tira de la pratique jacobine les prémisses du socialisme. D'autres, comme Esquiros ou Leroux, diluent la spécificité de l'apport de la Réformation en l'incluant dans cette grande fermentation révolutionnaire qui travaille tout le Moyen Age chrétien avant le schisme du XVIème siècle, mais qui se laïcise largement de siècle en siècle, si bien que la Révolution, selon la définition d'Esquiros, "c'est l'Evangile armé par la raison humaine et le sentiment du droit".[39] Le modèle de l'Evangile Eternel, si présent dans la religion romantique,[40] intervient, plus généralement, pour imposer une vision globale de l'Histoire où, succédant à celui du Père et du Fils, le règne de l'Esprit, après s'être annoncé dans les diverses hérésies, y compris celle de la Réformation, qui succédèrent à l'enseignement apocalyptique de Joachim de Flore, commencerait avec la Révélation de 1789. Ainsi associé et plus ou moins assimilé à un messianisme séculaire, le message proprement évangélique et christocentrique des Réformateurs perd son tranchant et sa raison d'être. Rien n'interdit qu'il fusionne avec l'idéologie, elle-même convertie en pathos mystique, des Révolutionnaires.

Quinet et Michelet, Michelet surtout succombent parfois à la tentation de ce syncrétisme. Dans l'*Histoire de la Révolution*, l'ancienne chapelle des Cordeliers, siège du club de Danton, retentit, le temps d'un accès de "résurrection du passé", de la prédication des premiers disciples de Joachim de Flore: "Qui a bâti cette chapelle? La Révolution elle-même, en l'an 1240. Elle porte ici le premier coup au monde féodal, qu'elle doit achever la nuit du 4 août. Observez bien les murs. . . . C'est un grand coup de la justice révolutionnaire qui les a fondés. . . . C'est là que vers 1300 retentit la dispute de l'Evangile éternel et qu'on posa la question: 'Christ est-il passé ?' . . . 'La Jérusalem du monde!' s'écrient des voix enthousiastes. Une véritable ivresse avait saisi la foule, un ravissement extatique. Si les anciens Cordeliers, qui, sous les anciennes voûtes, avaient jadis donné carrière à leurs mystiques élans, étaient revenus ce soir, ils se seraient toujours crus chez eux, reconnus. Croyants et philosophes, disciples de Rousseau, de Diderot, d'Holbach, d'Helvétius, tous, malgré eux, prophétisaient."[41]

Mais le sens historique reprend le dessus bien vite. "L'histoire de cette Révolution n'est pas la Justice, l'Evangile éternel, la Religion absolue",[42] rappelle Quinet, qui, pour avoir vécu plusieurs années à Heidelberg, se méfie des constructions de la philosophie de l'histoire d'obédience hégélienne autant que des visions gnostiques. Le but de *La Révolution*, qui paraît en 1865, vingt ans après *Le christianisme et la Révolution*, est autrement précis: expliquer le phénomène de la Terreur, qui n'a pas cessé de scandaliser l'opinion, même républicaine, et l'échec de la première République, que delui de la seconde a répété en préparant derechef la venue d'un despote. C'est la référence à la Réformation qui va orienter toute la démonstration, non pas parce que les révolutionnaires auraient copié le modèle protestant, mais précisément parce que, à la différence des puritains de la Glorieuse Révolution britannique, ils n'ont pas été en mesure de le reproduire. Ainsi fonctionne, dans le discours de Quinet, la présence/absence de la Réforme protestante. Le premier élan de 1789 se compare à celui de l'évangélisme qui servit de prélude à la Réformation. Il semble l'épouser dans l'abolition des privilèges et la Déclaration des droits de l'homme, où s'affirme enfin, dans le registre de la philosophie politique, cette dignité de la personne, de quelque condition qu'elle soit, que sauve, en tout cas, le pardon de Dieu. Mais les hommes qui accomplissent les actes fondateurs de la Révolution en ignorent la portée religieuse. Ils ne se doutent pas que la religion établie, le catholicisme, doit subir une nouvelle réforme, autrement dit qu'elle doit être remise en cause aussi radicalement qu'au XVIème siècle. Au lieu de quoi, ils la ménagent. Ces paroissiens du Vicaire Savoyard croient possible de "changer le monde par l'influence du *bon prêtre* sans rien changer à l'Eglise".[43] La Constitution civile du clergé, en dépit de quelques velléités novatrices, "laisse subsister, dans sa plénitude de puissance, l'institution fondamentale de l'ancien régime religieux".[44] Le principe "philosphique", issu des Lumières, de la liberté des cultes, protège, en effet, l'Eglise qui a cautionné, pendant des siècles, l'absolutisme monarchique et qui, bien loin de savoir gré aux révolutionnaires du respect qu'ils lui conservent, s'en servira pour organiser la Contre-Révolution et fomenter, en Vendée, une guerre civile.

Mais l'impuissance dont souffre peu à peu la Révolution est plus profonde encore. Elle tient à la mentalité même de ses leaders. L'éducation religieuse qu'ils ont, tous, reçue, dans les collèges des Jésuites ou des Oratoriens, les retient prisonniers. Il leur manque la problématique théologique et la pratique spirituelle qui rendraient effective, en même temps que leur émancipation personnelle, la révolution religieuse qu'implique, selon Quinet, leur engagement politique. L'explication que Madame de Staël, protestante, proposait des égarements révolutionnaires reste la bonne: "C'est parce que les Français n'ont pas uni la religion à la liberté que leur révolution a si tôt dévié de sa direction primitive. Il se pouvait que certains dogmes de l'Eglise catholique ne s'accordassent pas avec les principes de la liberté. L'obéissance passive au pape était aussi peu soutenable que l'obéissance passive au roi."[45] Quinet se montre plus précis que la fille de Necker. Il regrette formellement que la Réformation n'ait pu sous l'Ancien Régime, qui la réprimait, préparer les esprits à une révolution dont la nécessité se faisait de plus en plus sentir. "Seule des nations modernes", observe-t-il, consterné, "la France a fait une révolution politique et sociale avant d'avoir consommé sa révolution religieuse."[46] A aucun moment, cependant, il ne suppose que l'enseignement de Luther et de Calvin eût pu, en 1789 "arracher" la fille aînée de l'Eglise "à l'idolâtre romaine"[47] ni non plus qu'elle l'en débarrassera jamais. "La France, tranche-t-il avec son pessimisme habituel, avait déjà passé l'époque où la réforme de sa religion naissait d'elle-même. A la fin du XVIIIème siècle, il était déjà trop tard. . . . C'est ce que sentirent les hommes de la Révolution; ils pensèrent échapper à cette difficulté par un artifice qui n'a pas encore été examiné de près et qui pourtant fait surgir une question toute nouvelle: si une réforme civile peut tenir lieu d'une réforme religieuse."[48]

A la "question toute nouvelle", à laquelle tant de révolutionnaires modernes répondront, après ceux de 1789, par un oui que leur échec presque général désavoue aujourd'hui sans conteste, Quinet oppose la dénégation de la Terreur et de l'avènement du despotisme impérial. Il s'ingénie plus précisément à détailler l'emprise qu'exerça l'ancienne religion sur le cours d'une "réforme civile" qui se crut, bien à tort, émancipée et qui relâcha sa vigilance dans l'illusion de se suffire à elle-même. Sous le règne, ou plutôt le pontificat, de Robespierre, ce sont les modèles catholiques qui s'imposent de plus belle dans la gestion et qui, à l'insu de tous, dérèglent le cours de la Révolution, jusqu'à restaurer de proche en proche et sous couvert d'une idéologie neuve tout l'ordre ancien. Le Révolution cesse de s'inventer, faute d'une conversion des révolutionnaires.

Qu'est-ce donc que la fête de la Raison sinon une tentative de redéploiement de la pompe romaine? "Véritable désastre que cette impossibilité de concevoir la révolution religieuse autrement que comme une occupation des yeux et un coup de théâtre."[49] Qu'est-ce que la Terreur tout entière, sinon l'Inquisition ressuscitée? Elle trahit le même degré de fanatisme: "tous entrevoient un règne d'éternelle injustice et croient qu'il n'est contrarié que par quelques téméraires."[50] Elle prétend, elle aussi, sous le signe mystique du "salut public", sauver malgré eux les citoyens d'un péché dont ils seraient tous chargés. C'est que la Convention a rétabli "une religion d'Etat", dont l'Incorruptible devient "le pape"[51] et dont l'orthodoxie fait fureur aux dépens des inévitables hérétiques, L'alliance renouée du Trône et de l'Autel produit ses excès ordinaires. "Dragonner les esprits, sabrer les croyances"[52]: la Terreur républicaine ne manque pas d'antécédents dans le passé de la monarchie de droit divin, depuis le massacre de la Saint-Barthélemy jusqu'aux ordonnances de Louvois et au jugement de Calas. Le vieux procès se poursuit donc à travers la Révolution. Elle a commencé par prêcher la tolérance. Mais elle l'a cultivée si inconsidérément, pour se dissimuler à elle-même son manque de foi, qu'elle s'est laissée ressaisir par l'intolérance congénitale d'une religion complaisamment ménagée

D'où toute une dispute à mort, une fatale surenchère sur l'orthodoxie exigée des citoyens. L'hérésie demeure ou redevient (et pour longtemps) dans une communauté faussement laïcisée le mal absolu, inexpiable, dont l'obsession remet en vigueur toutes les figures de l'autoritarisme romain. Quinet s'attache, dans la 13e leçon de son cours de 1845, à les désigner les unes après les autres dans le discours ou l'action du jacobinisme centralisateur, follement soumis, lui aussi, au mot d'ordre, au tabou de l'unité: "L'esprit d'examen, de discussion, n'ayant pas été enraciné par une révolution religieuse, il s'ensuit que le moindre dissentiment passe pour un schisme inexpiable. On voit les assemblées s'ériger en conciles; chaque parti s'attribue souverainement l'orthodoxie politique, hors de laquelle il n'y a point de salut. Peu à peu, l'Eglise politique devient aussi soupçonneuse que l'a été autrefois l'Eglise religieuse. Où est le pape plus intolérant que Saint-Just? Ces censeurs, qui, partout présents, doivent lire jusque dans le fond des âmes, ne ressemblent-ils pas beaucoup à une ombre de l'Inquisition? De plus en plus, l'orthodoxie se resserre. . . . Comme chacun est convaincu que l'infaillibilité est toute d'un côté, l'égarement de l'autre, il ne reste qu'à s'interdire mutuellement dans la même cause; l'anathème est la mort. . . . En un mot, dans la France catholique éveillée sans préparation à la liberté, vous voyez la Révolution conserver d'abord, en partie, le tempérament exclusif de l'Eglise qu'elle remplace."[53]

Pour mieux confondre ce conservatisme spirituel, la pire des tares qui puissent gâter un mouvement révolutionnaire, Quinet ne cesse de lui opposer l'esprit d'initiative, l'invention, l'audace dont firent preuve, au XVIème siècle, les Réformateurs. Ce furent, à l'en croire, de vrais révolutionnaires, les premiers et peut-être les derniers des temps modernes, aussi longtemps que leur témoignage resta radical, s'agissant de la dénonciation du papisme ou de la fidélité aux Ecritures. Il s'ensuit que dans *La Révolution* comme dans *La Révolution et le christianisme*, la démonstration de la couardise des révolutionnaires français se double de la contre-épreuve qu'en fournit le rappel des coups de force des Réformateurs. Encore une manière de tirer parti de la présence/absence de la Réformation dans l'histoire, malheureuse, de la Révolution! La grande, la vraie Révolution du XVIème siècle est constamment utilisée comme pierre de touche, citée comme un reproche vivant, à chaque défaillance de celle de 1789. Le procureur prend à témoin du sérieux de son réquisitoire Luther, Calvin et tous les Réformés d'Europe. Ce n'est pas eux, assurément, qui auraient, avec les députés de la Constituante, reculé devant l'Eglise établie en se récitant la débonnaire profession de foi du Vicaire Savoyard: "Je regarde toutes les religions particulières comme autant d'institutions salutaires."[54] Luther "eût bien ri", en 1793, de voir Robespierre et Danton "trembler" devant les "ravageurs de monastères",[55] fût-ce à l'occasion d'une campagne de déchristianisation!

Emporté par son élan, Quinet n'hésite pas à opposer à la tolérance dont se réclament, d'emblée, les prétendus révolutionnaires pour dissimuler leur indigence, la martiale énergie des coreligionnaires de d'Aubigné. A vrai dire, sa préférence ne signifie ni qu'il réagit en esthète, comme le ferait Stendhal si sa chère Italie du XVIème siècle était en cause, ni qu'il cautionne le fanatisme, des guerres de religion. C'est en historien des révolutions qu'il s'exprime, attentif aux indices de leur vitalité ou de leur asthénie. La violence peut être jusqu'à un certain point le gage de la volonté de changer ce qui doit être changé d'urgence. Mais si elle se dérobe au premier assaut nécessaire, est-il si sûr qu'elle sera finalement conjurée? L'exemple de la Terreur, succédant aux velléités oecuméniques de la Constituante ou de la Législative, atteste que tout le contraire se produit sous l'effet des anciens démons qui, précisément, n'ont pas été à temps et mortellement combattus. Il incite à se méfier bien plus des révolutions lénifiantes que des révolutions agressives. "La différence", conclut du moins Quinet, "sans oublier la tromperie des baisers Lamourette, entre la Réforme et 89 est celle-ci: en matière religieuse, la Révolution française a commencé par où toutes les autres ont fini. Son premier mot a été 'tolérance'. Il avait été le dernier des révolutions antérieures."[56] Avec un sens très . . . protestant de la référence biblique qui emporte la décision, le censeur des trop timides sans-culottes oppose à leur coupable "tolérance" l'intransigeance salutaire dont fit preuve Moïse lui-même envers son peuple idolâtre quand il le conduisit hors du royaume d'Egypte. "Si, dans le terrorisme hébraïque, Moïse se fût contenté d'entraîner les Juifs dans le désert, en leur laissant emporter avec eux leurs anciennes idoles, le peuple, déconcerté d'abord, n'eût pas manqué de revenir au génie de l'Egypte."[57]

Le censeur des terroristes de l'an II, auxquels fit défaut la vraie et sainte rigueur de Moïse, a décidément réponse à tout. Mais son aplomb, s'il en impose tout d'abord, peut impatienter à la réflexion. D'où la polémique que souleva, en 1865, *La Révolution*. Elle perturba le camp républicain lui-même. Elle entraîna entre Quinet et son plus vieux compagnon de lutte une brouille à l'amiable, mais définitive. Michelet, en effet, n'admit point l'excessive sévérité du procès fait aux responsables de la Terreur, bien qu'il n'eût pas lui-même ménagé Robespierre, ce "tyran". On peut aussi supposer que sa pratique plus professionnelle de la réflexion historique lui rendit suspecte la construction théorique de *La Révolution*. Après avoir postulé, dans l'"Introduction" de son propre ouvrage, en 1847, l'incompatibilité de la religion de la grâce et de celle de la Justice, il ne pouvait admettre que l'histoire de la Révolution fût à ce point associée à celle du christianisme en France. Il le pouvait d'autant moins qu'il restait convaincu, malgré bien des déceptions, qu'une foi nouvelle s'était exprimée le 14 juillet 1790 au Champ de Mars et que l'"Eglise républicaine", une seconde fois ruinée le 2 Décembre, après l'avoir été le 18 Brumaire, finirait par s'établir durablement, par se doter d'un catéchisme, par former des prédicateurs et convertir le peuple à la religion civique de l'avenir.

"L'épaisseur du christianisme, rien de plus, rien de moins. . .":[58] telle est, selon Michelet, la distance infranchissable qui le sépare désormais de Quinet. Mais au milieu des gravures qui ornent le logis parisien de l'historien, rue de l'Ouest,[59] les portraits des deux compères encadrent, depuis des dizaines d'années celui de Luther et *Les Evangélistes* de Dürer.[60] Mise à mal par *La Révolution*, la communion d'antan survit dans le culte, nullement dogmatique, de la Réformation. S'il ne cautionne pas, chez Michelet, la critique de la Terreur, il s'associe du moins à celle de l'Ancien Régime, dans la perspective toujours présente de 1789. Le développement même de son oeuvre conduit l'historien à adopter cette stratégie, qui lui permet de rendre compte à sa manière, qui n'est pas celle de Quinet, de la présence/absence de la Révocation dans la Révolution.

Il faut rappeler, en effet, que lorsque Michelet reprend la rédaction de l'*Histoire de France*, interrompue en 1844, c'est pour aborder le XVI^ème siècle, mais après avoir raconté, de 1847 à 1853, la Révolution. C'est donc en historien de la Révolution qu'il va considérer la Réformation, non seulement avec un préjugé favorable qu'il n'a pas caché, à l'occasion, dans son interprétation du phénomène révolutionnaire, mais aussi avec la volonté de recueillir, aussi anciennement que possible, dans l'histoire de l'Ancien Régime les signes de la crise qui aboutit à sa chute. Les premiers qu'il discerne lui sont précisément fournis par l'histoire du calvinisme française dont le souvenir, après avoir été maudit, fut presque effacé de la mémoire nationale par plusieurs siècles de prédication catholique. Michelet découvre toute une tradition protestante, parallèle à celle du triomphalisme monarchique que consacra le Grand Siècle. Et il croit s'apercevoir qu'elle fonda, dans l'ombre, une autre France, celle de l'avenir, de la Révolution. Quand il pénètre, à Genève, dans le "vieux collège" de Calvin et de Bèze, il lui semble que "le grand souffle de la Révolution est passé par là".[61] Dans la conclusion de l'*Histoire de France au XVI^ème siècle*, il se vante d'avoir "relevé, défendu" le protestantisme comme "parti de l'examen et de la liberté intérieurement identique à la Renaissance et à la Révolution."[62] Cette hypothèse, qu'il avait déjà posée pendant qu'il rédigeait l'*Histoire de la Révolution*, il l'a vérifiée par le dépouillement des archives et la consultation des historiens réformés. Voilà ruinée l'idée reçue, reprise par les historiens socialistes et tout particulièrement par Blanc, de l'origine aristocratique des calvinistes de France! L'historien du peuple, toujours fidèle à l'idée démocratique de la Révolution, s'émerveille de n'identifier dans le martyrologe "immense" de Crespin que "trois nobles en quarante années", de 1515 à 1555, tandis que "les pauvres ouvriers, les bourgeois et les marchands ne s'y comptent plus".[63] Mais la découverte décisive est celle qu'il fait en se renseignant sur la tenue à Paris, en 1559, du premier synode des églises françaises de la Réforme et l'adoption d'une "discipline" qui prescrit l'élection des ministres du culte et celle de représentants du peuple des fidèles dans des assemblées souveraines. "Voilà", conclut-il, "la base républicaine de l'Eglise de France, vraiment républicaine."[64] Et ailleurs: "Que vois-je au XVI^ème siècle? Que le protestantisme seul nous donne la République. . . . Je dis qu'il donne la République, l'idée et la chose et le mot."[65]

Pendant tout le long temps de luttes, de vexations, de persécutions et d'actes de résistance qui s'écoule entre la promulgation et la révocation de l'Edit de Nantes, la "guerre naturelle et fatale de la royauté catholique contre la république protestante"[66] captive l'attention de Michelet. Louis XIV signe, par anticipation, l'arrêt de mort du régime, incapable de respecter et même de reconnaître l'existence d'une minorité religieuse. Un siècle avant le coup de grâce de 1789, la monarchie de droit divin est condamnée par le reniement de l'acte pacificateur d'Henri IV. "La place que la Révolution occupe dans le XVIII^ème siècle est remplie dans le XVII^ème siècle par la Révocation de l'Edit de Nantes."[67] Si l'on recherche une réplique de la persécution et du bannissement des huguenots, on la découvre, mais affaiblie, dans l'oeuvre funeste des tribunaux révolutionnaires: "L'émigration (lors de la Révocation) fut-elle moindre que celle de 1793? je n'en sais rien. Celle de 1685 fut très probablement de trois ou quatre cent mille personnes. Quoi qu'il en soit, il y a une grosse différence. La France, à celle de 93, perdit les oisifs et à l'autre les travailleurs. La Terreur de 93 frappa l'individu, et chacun craignit pour sa vie. La Terreur de la Dragonnade frappa au coeur et dans l'honneur; on craignit pour les siens."[68]

La proximité et la différence du discours de Michelet et de Quinet sautent aux yeux. Il s'agit bien, chaque fois, de rapprocher histoire de la Révolution et histoire de la Réformation et de les expliquer l'une par l'autre. Mais alors que chez Quinet, la référence protestante sert de critère à la comparaison et au jugement, chez Michelet c'est tout le cours du passé protestant qui s'éclaire de la lumière qu'y projette rétrospectivement l'"illud tempus" révolutionnaire. L'épisode de la guerre des Cévennes en fournit un dernier exemple. Si, poussant jusqu'au mimétisme son dévouement à la cause huguenote, Michelet songe alors aux combats du peuple élu sur la Terre promise, c'est parce qu'il a d'abord identifié la révolte des paysans cévenols à l'élan révolutionnaire des assaillants de la Bastille ou, du moins, des soldats de Valmy. "Ces pâtres, ces tisserands, qui n'avaient jamais vu le feu, explique-t-il avec une égale admiration et presque dans les mêmes termes, s'y trouvèrent dans leur élément, superbes sur le champ de bataille!"[69]

Ainsi se parachève, dans l'oeuvre de l'historien du peuple français, avant que Quinet ne l'exploite une nouvelle fois et avec quel brio! dans *La Philosophie de l'Histoire de France* et dans *La Révolution*, la singulière alliance scellée par l'historiographie romantique de la Révolution entre le souvenir brûlant des grands actes fondateurs de la République et celui, plus ancien et jusqu'alors plus ou moins rejeté, des jours de gloire et de deuil de la "petite France réformée"[70] qui fut, elle aussi, une république. L'établissement de la "vérité historique" a pu s'en trouver faussé. Mais il en a été stimulé bien plus encore. L'idéologie républicaine, de son côté, a trouvé l'occasion de s'enrichir d'une nouvelle et durable composante, empruntée au protestantisme et très perceptible au moment où se pensera, vers la fin du siècle, la laïcité de la République. L'intégration du peuple protestant dans la communauté nationale, enfin, a bénéficié de l'initiative audacieuse des historiens de la Révolution, à cette réserve près que l'absence d'un véritable débat théologique condamna le dialogue instauré entre républicains et fils de la Réformation à tourner court, au point d'apparaître, à distance, comme un rendez-vous manqué.

## Notes

1. François Guizot, *Histoire de la civilisation en Europe*, Ière leçon, éd. P. Rosanvallon (Paris, 1985).
2. Cité par Michelet, *Histoire de la Révolution*, II, 5; éd. Walter, Pléiade, t. I, p. 217.
3. Joseph de Maistre, *Considérations sur la France*, éd. de 1853. p. 5.
4. Ballanche, *Essai sur les institutions sociales*, 1818, p. 164.
5. Guizot, *Histoire de la civilisation en Europe*, Ière leçon, p. 59.
6. Tocqueville, *De la démocratie en Amérique*, I, 2, éd. Furet, Garnier-Flammarion. 1981, t. 2, p. 15
7. Michelet, *Histoire de la Révolution*, III, 11 et 12.
8. Michelet, *Ibid.*, IV, 1, t. I, p. 430.
9. Tel est le projet messianique que Michelet esquisse, en 1854, dans *Le Banquet*.
10. Edgar Quinet, *Le christianisme et la Révolution française*, Ière leçon (Paris, 1984), p. 20
11. "Luther, en affirmant que le chrétien n'était sujet à aucun homme, nourrissait l'esprit d'indépendance dans les peuples et donnait des vues dangereuses à leurs conducteurs." (*Histoire des variations des églises protestantes*, 1. II).

12. Bonald, *Démonstration philosophique du principe constitutif de la société*, 1830; *Oeuvres Complètes*, Leclère, (1847–54), t. IV, p. 524.
13. Louis Blanc, *Histoire de la Révolution*, "Dessein et plan", Langlois et Leclercq, 1847; t. I, p. 10.
14. *Ibid.*, p. 9.
15. Louis Blanc consacra toute une annexe du t. I de son ouvrage à "la guerre des paysans", p. 577–88.
16. *Ibid.*, I, 2; t. I, p. 34-35.
17. Buchez et Roux, *Histoire parlementaire de la Révolution*, 1834, t. I, p. 10.
18. *Ibid.*, t. 40, p. XI-XII.
19. Buchez, *Introduction à la science de l'histoire. . .*, 1842, t. 2, p. 503.
20. Louis Blanc, op. cit., t. I, p. 74.
21. J. Michelet, *Mémoires de Luther*; *Oeuvres Complètes*, éd. P. Viallaneix, Flammarion, t. III, p. 238.
22. J. Michelet, *Histoire de la Révolution*, III, 8, éd. Walter, Pléiade, t. I, p. 373–74.
23. *Ibid.*, III, "De l'esprit et de la méthode de ce livre", t. I, p. 294.
24. *Ibid.*
25. E. Quinet, *Le christianisme et la Révolution française*, 5e leçon, p. 90.
26. E. Quinet, lui-même exilé, publie en 1864 une biographie de l'ami de Guillaume d'Orange: *Marnix de Sainte-Aldegonde.*
27. E. Quinet, *Le christianisme et la Révolution*, 11ème leçon, p. 199.
28. Voir *Ibid.*, 10ème leçon, p. 177 et suiv.
29. E. Quinet, *La Révolution*, VI, 14, p. 226.
30. Dans sa récente *Histoire des protestants en France* (Privat, 1977), Pierre Bolle en fait le constat, sans prétendre qu'il pourra réparer entièrement cet oubli.
31. E. Quinet, *Le christianisme et la Révolution*, 13ème leçon, p. 231.
32. E. Quinet, *La Révolution*, I, 12, p. 88.
33. E. Quinet, *Ibid.*, XVI, 6, p. 483. Voir aussi XXXIII, 3, p. 724.
34. E. Quinet, *Le christianisme et la Révolution*. 10ème leçon, p. 173.
35.. E. Quinet, *La Révolution*, XXIII, 3, p. 724.
36. *Ibid.*
37. E. Quinet, *Ibid.*, XXIV, 1, p. 743.
38. *Ibid.*; V, 3, p. 158. Voir *ibid.*, XXIV, 8, p. 762.
39. Alphonse Esquiros, *Histoire des Montagnards*, 1847, "Introduction", t. I, p. 25.
40. C'est dans *Spiridion* (1842) de George Sand que se lit la plus pure version romantique de L'Evangile Eternel.
41. J. Michelet, *Histoire de la Révolution*, IV, 6, t. I, p. 493 et 502.
42. E. Quinet, *Le christianisme et la Révolution*, 15ème leçon, p. 274.
43. E. Quinet, *La Révolution*, V, 3, p. 156.
44. E. Quinet, *Ibid.*, V, 4, p. 161.
45. Madame de Staël, *Considérations sur la Révolution française*, VI, 12.
46. E. Quinet, *La christianisme et la Révolution*, 13ème leçon, p. 230.
47. E. Quinet, *La Révolution*, XXXIII, 3, p. 724.
48. E. Quinet, *Ibid.*, XXIX, 8, p. 765.
49. E. Quinet, *Ibid.*, XVI, 3, p. 473.
50. E. Quinet, *Ibid.*, XVII, 10, p. 524.
51. E. Quinet, *Le christianisme et la Révolution*, 13ème leçon, p. 239.
52. E. Quinet, *La Révolution*, XVII, 2, p. 503.
53. E. Quinet, *Le christianisme et la Révolution*, 13ème leçon, p. 240–41.
54. E. Quinet, *La Révolution*, V, 3, p. 157
55. E. Quinet, *Ibid.*, XVI, 4, p. 474.
56. E. Quinet, *Ibid.*, V, 6, p. 166.
57. E. Quinet, *Ibid.*, XVI, 3, p. 466.
58. Lettre, sans date, mais qui n'a pu être écrite qu'à la fin de l'été 1868, au moment où se consomme la rupture.
59. Aujourd'hui, rue d'Assas.
60. D'après une lettre du 19 septembre 1854.
61. J. Michelet, *Histoire de France*, "Guerres de religion", ch. 6; *Oeuvres complètes*, éd. P. Viallaneix, Flammarion, t. VIII, p. 107.
62. J. Michelet, *Ibid.*, "La Ligue et Henri IV"; O.C., t. VIII, p. 466.
63. J. Michelet, *Ibid.*, "Guerres de religion", ch. 5; O.C., t. VIII, p. 96-97.
64. J. Michelet, *Ibid.*, ch. 9; O.C., t. VIII, p. 137.
65. J. Michelet, *Ibid.*, "La Ligue et Henri IV", ch. 2; O.C., t. VIII, p. 285.
66. J. Michelet, *Ibid.*, "Louis XIV et la Révocation de l'Edit de Nantes", ch. 9, Flammarion, coll. Champs, p. 96.

67. J. Michelet, *Ibid.*, "Introduction," p. 7.
68. J. Michelet, *Ibid.*, p. 8
69. J. Michelet, *Ibid.*, "Louis XIV et le duc de Bourgogne", ch. 12. Voir le recueil publié par P. Viallaneix: Jules Michelet, *De la Révolution de l'Edit de Nantes à la guerre des Cévennes* (Presses du Languedoc, 1985), p. 184.
70. J. Michelet, *Ibid.*, "La Ligue et Henri IV", ch. 2; *O.C.*, t. VIII, p. 281.

CHAPTER 20

# La rupture entre l'Eglise catholique et la Révolution

CLAUDE LANGLOIS

La rupture, aurait rappelé Monsieur de La Palice, suppose une entente préalable entre deux partenaires. S'agissant de la Révolution et de l'Eglise catholique, nous sommes prêts aujourd'hui, comme historiens, à nous interroger sur le moment fatidique où elle s'est manifestée, sur ses causes et sur ses conséquences. Mais avons-nous raison de procéder ainsi? Au xixe siècle, d'autres historiens et des plus illustres, ou seulement des hommes politiques férus d'histoire, pensaient autrement. Leur point de vue mérite au moins quelque attention. Sans invalider ce qui est devenu, avec le poids de deux cents ans de pratique, une quasi-certitude, leur positions nous oblige au moins à abandonner le terrain des évidences pour tenter de "fonder" en quelque sorte cet antagonisme sur la base plus solide d'une analyse des mécanismes culturels, idéologiques et strictement politiques qui se sont mis brutalement en branle et qui ont abouti à produire de fait une véritable "rupture instauratrice".

## Refus de la rupture ou ruptures multiples?

On a tort de négliger, sur la Révolution, le point de vue, même s'il est minoritaire, des catholiques libéraux. Il est fort bien exprimé par leur leader incontesté, Montalembert qui, en 1867, a sans doute encore à l'esprit les débats tumultueux de camp républicain, suscités notamment par le récent livre de Quinet, mais qui surtout voit avec inquiétude et tristesse la pensée contre-révolutionnaire l'emporter dans son propre camp, après la publication toute récente du *Syllabus* pontifical.

"Hélas!" écrit-il, "nous sommes encore, après soixante-dix ans, en présence de deux écoles d'aveugles également incurables. Les uns, pour qui l'avènement de l'Antéchrist date de 1789, semblent croire qu'avant cette date célèbre il n'y avait dans le monde ni impiété, ni crises, ni corruptions, ni spoliations, ni régicides, ni sacrilèges, et lui attribuent sans hésiter tous les malheurs et les forfaits du xixe siècle(. . .). Les autres, pour qui la Révolution française, *telle qu'elle s'est faite*, a été aussi irréprochable que nécessaire, croient l'avenir de la France et l'honneur de la démocratie intéressés à nier ou à pallier toutes les bévues et toutes les atrocités des fous et des scélérats qui, dès l'origine, ont souillé le grand et généreux mouvement de 89, en le détournant des voies du droit et de la liberté, pour le faire aboutir, à travers un océan de sang, au despotisme impérial.''[1]

Soixante-dix ans plus tard, si l'on en croit l'illustre champion du catholicisme libéral, la Révolution demeure passionnelle; l'aveuglement dicte toujours à chaque camp sa manière de voir et les combats politiques qui reprennent renforcent les lectures antagonistes du passé national. Comment alors, dans cette perspective, concevoir le principe même d'une rupture quand chacun voit la Révolution à sa manière, ténèbres ou lumière? Qui oserait avancer, dans l'un ou l'autre camp, l'idée d'un moment où l'accord était possible entre deux forces devenues antagonistes? *Penser la rupture*, c'est d'abord avaliser une objectivation du passé selon des critères communs, c'est aussi désigner des partenaires/adversaires susceptibles d'avoir eu l'un par rapport à l'autre des positions qui n'étaient point fixées une fois pour toute.

Si la rupture est en fait impensable pour ceux qui campent sur des positions extrêmes, sa négation se présente aussi, de manière plus paradoxale, comme un commun préalable pour les trois "mages" de l'historiographie romantique française, Buchez, Michelet et Quinet. Chacun d'entre eux cherche la vérité de la Révolution, à rebours de la génération précédente, contre l'évidence événementielle et la nécessité de l'enchaînement factuel. Pour chacun d'eux la Révolution se manifeste comme une eschatologie inachevée dont ils ont la charge de restituer, dans la durée, la véritable signification. La Révolution, selon Michelet, est révélation. Tous le pensent: à chacun d'eux revient la charge de faire connaître au monde ce qu'elle aurait dû être.

Dans cette commune perspective chacun construit sa Révolution sur le refus identique, avec des raisons différentes, de la rupture entre le catholicisme et la Révolution. Buchez est le plus logique, lui qui postule la continuité, mieux la filiation: la Révolution égalitaire et jacobine est fille de l'Evangile, fille même de l'Eglise.[2] Quinet, pour sa part, déplore plutôt l'absence de véritable rupture: Robespierre a brisé le mouvement déchristianisateur; la Révolution politique n'a pu s'installer sur ce qui devait la fonder durablement, une révolution religieuse, qui aurait dû être marquée par la disparition du catholicisme théocratique et l'avènement d'une sorte de protestantisme.[3] Quant à Michelet qui, on le sait, partage la même hostilité foncière envers le catholicisme que son ami Quinet, il nie implicitement l'existence d'une rupture opérée par la Révolution, dans la mesure où depuis mille ans le combat n'a cessé entre la justice et la grâce, et que la Révolution manifeste seulement au grand jour la victoire de la Justice sur la Religion de la grâce et du Salut: victoire, il est vrai, fragile, incomplète, trahie même par des contaminations monstrueuses . . .[4]

On croit pouvoir se débarasser aisément de ces visionnaires. Force est de constater que l'historiographie la plus récente reprend, d'une certaine manière, à son compte leurs négations, à travers des modèles ''scientifiques'' qui, selon des approches différentes, mettent en cause également cette idée même de rupture. Dans la droite ligne de Buchez, se situe une réévaluation menée depuis une vingtaine d'année du catholicisme des Lumières, dont nombre de ses représentants accueillent la Révolution avec enthousiasme, la croient voulue par la Providence et lui demeurent fidèles jusque dans les épreuves, sans avoir à choisir—donc à rompre—entre deux fidélités assumées jusqu'à leur terme.[5]

On peut placer sous l'invocation de Michelet, de manière toute analogique, une relativisation de la rupture révolutionnaire, qui s'effectue par l'accent mis davantage sur ce qui a précédé. Il ne s'agit plus ici d'un millénium, mais seulement des décennies antérieures où les changements décisifs ont eu lieu, déchristianisation cachée peut-être avant la déchristianisation proclamée.[6] Mais la rupture révolutionnaire, dans la lignée, si l'on veut, de Quinet, ou mieux encore de Tocqueville, se trouve mise en cause d'une toute autre façon par ceux qui pensent, à l'inverse des précédents, que l'ébranlement révolutionnaire n'a point atteint en profondeur le catholicisme et qui estiment soit que celui-ci, essentiellement religion des ruraux, a encore pour lui une longue vie[7] soit qu'il est capable de puiser en lui-même des forces suffisantes pour se renouveler et donc conserver, quitte à s'adapter, ses capacités d'emprise sur la société.

Il est toujours possible d'opposer, à ces récusations argumentées de la rupture, qui fonctionnent aussi, mais selon les modalités spécifiques de l'opération historiographique, en niant l'apparence pour mieux mettre en évidence les "structures cachées", l'évidence massive d'une Révolution qui est, par définition, rupture. Mais ce retour sur l'événement ouvre les vannes à la prolifération factuelle et déplace la difficulté. Devant la masse des repères possibles, selon quels critères choisir en privilégiant celui-ci au détriment de tous les autres?

Rappelons brièvement des faits bien connus:

Rupture, l'introduction d'un état civil en faveur des protestants en 1787.[8]

Rupture, la décision de Necker de faire passer le pouvoir au bénéfice des curés au sein du premier ordre, en 1789.

Rupture, le ralliement du clergé, et d'abord des curés, au Tiers.

Rupture, l'abolition des privilèges, et ceux notamment du clergé, la nuit du 4 août.

Rupture, l'instauration de Droits de l'homme et du citoyen.

Rupture, la Nationalisation des biens du clergé.

Rupture, la suppression des réguliers.

Rupture, le refus de reconnaître le catholicisme comme religion d'Etat.

Rupture, le vote de la Constitution civile du clergé.

Rupture, le partage du clergé sur le serment bientôt exigé.

Rupture, la condamnation tardive de Rome.

Rupture, l'intégration des juifs dans la Nation.

Rupture, le transfert de l'état civil aux municipalités.

Rupture, l'exil massif des réfractaires, les massacres de Septembre.

Rupture, l'insurrection vendéenne.

Rupture, l'introduction d'un nouveau calendrier.

Rupture, la déchristianisation de l'an II.

Rupture, le refus de continuer à salarier le clergé constitutionnel.

Rupture, le Concordat. . . .

Et encore dans ce rappel sous forme de litanie, ne figurent point des événements politiques qui, pour certains protagonistes, du strict point de vue religieux, sont aussi importants que ceux qui sont ici énumérés. Cette multiplication des repères factuels a plusieurs causes. Elle tient d'abord à la Révolution même et à son déroulement chaotique. Elle provient aussi de la diversité des points de vue, et tout particulièrement de la fragmentation que le déroulement même de la Révolution introduit dans des groupes sociaux initialement homogènes. Ainsi des prêtres qui constituent ce que l'on va bientôt appeler "la Vendée": pour le curé Marchais,[9] dans les Mauges, tout est consommé à l'été 1789; mais pour certains de ses confrères des Deux-Sèvres,[10] l'irréparable ne se produit que lorsque Pie VII ose ratifier, par le Concordat, ce que son prédécesseur avait condamné en 1791.

Les historiens eux-mêmes ont leur part de responsabilité dans le brouillage événementiel dans la mesure où ils introduisent des a priori rarement explicités et utilisent des critères d'appréciation sans cesse différents. Postulons la réalité de la rupture. Mais où la chercher? Dans l'affirmation des grands principes (Droits de l'homme) ou dans la brutalité des faits les plus dramatiques (Massacres de Septembre)? Dans les réactions décisives au sommet (condamnation papale de la Constitution civile) ou à la base (partage du clergé face au serment)? Dans les prémices (Nationalisation des biens du clergé) ou dans l'accomplissement (déchristianisation de l'an II)? Dans les décisions marginales mais significatives (citoyenneté accordée aux juifs) ou dans l'attaque frontale contre le catholicisme, religion dominante? La rupture se situe-t-elle là où l'effet immédiat est le plus évident (abdication du clergé) ou là où la charge utopique est la plus manifeste (calendrier révolutionnaire)? Ou plutôt, par une de ces ruses dont l'histoire est coutumière, la rupture n'est-elle pas plus tardive, à chercher dans l'anticipation de la Séparation de l'Eglise et de l'Etat, voire dans la nouvelle légalisation concordataire?

### La constitution civile du clergé: mécanisme de la rupture

Affirmer le principe de la rupture, concrètement la localiser avec la crise suscitée par la Constitution civile du clergé, ce n'est point assurément faire preuve de grande orginalité. Montalembert déjà—et bien d'autres encore—dans le texte cité plus haut concluait que "la Révolution politique a été gâtée par la Révolution religieuse". Réponse explicite à Quinet. Et il continuait: "Rien n'eut été plus facile que de faire accepter la Révolution par tout ce que la France renfermait d'honnêtes gens et de gens sensés, si l'Assemblée constituante n'avait pas eu l'incroyable prétention de refaire l'Eglise en même temps que la société." Localiser la rupture là, dans ces premiers mois de 1791, c'est incontestablement aller à l'encontre du postulat d'une évolution sinon linéaire, du moins continue, du début au terme de la Révolution, c'est avaliser l'idée qu'entre 1789 et l'an II, d'une certaine manière, un changement politique fondamental intervient, *dérapage* ou *accélération*, comme l'on veut, si l'on a besoin pour l'exprimer du secours de ces métaphores routières.

Reste, à ce stade de la réflexion, l'essentiel: démonter, si possible, le mécanisme de la rupture, expliquer pourquoi et comment la crise suscitée par la Constitution civile se distingue des précédentes et par sa nature et par sa portée. Il va sans dire que cette réflexion doit beaucoup au remarquable travail de Timothée Tackett[11] mais aussi à un essai personnel d'élucidation du phénomène religieux durant la Révolution et le xixe siècle mené parallèlement et, depuis quelques temps, progressivement explicité.[12]

L'importance de la crise issue de la Constitution civile du clergé se manifeste d'abord par sa durée. Le texte législatif est discuté à la fin de mai 1790, le crise rebondit de mois en mois jusqu'en mai 1791, quand la condamnation pontificale est connue du public, voire jusqu'à la fuite de Louis XVI. Et ultérieurement, sous la Législative comme durant la Convention, apparaissent les conséquences immédiates de la Constitution civile. Aucun événement d'une Révolution qui n'en est pas avare n'a sans doute suscité autant d'articles dans la presse, de brochures, de pamphlets . . . et de caricatures.

Mais plus encore que son ampleur, importe sa nouveauté. La Révolution de 1789 a provisoirement abouti à un compromis politique formalisé dans la nouvelle constitution. Certes aucune des forces qui l'ont rendue possible n'a abdiqué ses propres revendications. Les mouvements populaires, urbains et ruraux, demeurent menaçants bien que leurs manifestations soient alors sporadiques; la bourgeoisie, largement bénéficiaire des événements de 1789, n'est pas unanime sur ses objectifs et les moyens d'y parvenir; le roi et l'Assemblée se satisfont mal du pouvoir laissé par chacun à l'autre partenaire. Mais la crise nouvelle ne naît pas, comme en 1789 ou en 1792, de la confrontation globale et violente des "acteurs" collectifs anciens et nouveaux. Elle se situe au coeur de l'oeuvre réformiste de la Constituante, elle naît d'un refus manifesté par une partie des "bénéficiaires" d'entrer dans le nouveau système de reconstruction nationale.

Or la réforme proposée, contrairement à ce que l'on a pu écrire après coup, pouvait apparaître comme une de celle qui était susceptible de rencontrer le plus large consensus, mais aussi qui témoignait de la plus évidente continuité: ne pouvait-elle pas se justifier aussi bien aux yeux des gallicans traditionnels, pour qui le pouvoir agit en toute indépendance dans le domaine ecclésiastique, qu'à ceux des partisans de réformes, qu'ils prennent comme modèle ce qui s'est passé dans les Monarchies éclairées ou qu'ils concoivent les transformations souhaitées comme un retour aux pratiques de la primitive Eglise. Pour les Constituants une telle réforme était devenue nécessaire après la suppression des dîmes et des biens du clergé; mais plus encore elle s'inscrivait dans la logique d'un réaménagement de l'espace, après la toute récente création des départements,[13] et dans celle de la remise en ordre de l'administration.

Mais si l'on regarde les choses du point de vue de l'Eglise catholique, déjà fortement touchée par ce qui s'est passé depuis 1789, il en va tout différemment: la Constitution civile apparait comme une *agression* délibérée, difficilement supportable, comme une mise en cause directe de son organisation hérarchique, de sa structure même. Si l'on considère en effet que l'essentiel des décisions législatives prises par la Révolution en matière religieuse s'incrit dans un processus de laïcisation[14] qui concerne simultanément le champ politique, la société, et l'Eglise elle-même, on peut considérer qu'à l'été 1790 on se trouve devant une situation paradoxale: la première étape est pour l'essentiel atteinte mais, comme en témoigne la crise, longtemps mal appréciée, suscitée par le refus de déclarer le catholicisme religion d'Etat, la prise de conscience de ses effets réels s'effectue de manière progressive; la seconde n'est pas encore parvenue au stade de l'élaboration législative, mais des discussions souvent immédiates et vives sur certains points essentiels comme le mariage civil et le divorce[15] peuvent faire pressentir le sens de l'évolution; la troisième, déjà amorcée avec la nationalisation des biens du clergé qui entraîne, à terme, une forte diminution de la "visibilité" de l'Eglise, et par la

suppression des voeux monastiques qui met immédiatement en cause les fondements de la vie religieuse, est directement engagée par la Constitution civile du
clergé.

La forme ici importe autant que le fond, la manière que le contenu. L'initiative
de la réforme est le fait d'une assemblée composée dans une large majorité de laïcs,
d'une assemblée avant tout politique. Celle-ci, de surcroît, refuse la procédure
habituelle de négociation bilatérale avec la papauté (Concordat); elle récuse pareillement tout recours possible à l'intervention de l'Eglise gallicane (Concile
national).[16] La nouveauté de pareille situation est quelque peu masquée par un
parasitage polémique qui consiste à ne retenir des positions des adversaires que
ses aspects politiques et par un brouillage idéologique dans la mesure où la volonté
des patriotes de régénérer la Nation parait coïncider avec le désir des réformistes
intra-ecclésiaux de revenir à la pureté des origines. La Constituante ne dépossédait
pas moins l'Eglise catholique, et tout particulièrement sa hiérarchie, d'une de ses
prérogative essentielle, celle de s'auto-réformer. Et dire que les croyances restaient
sauves[17] ne signifiait rien, l'ecclésiologie dominante était de fait largement mise en
cause.

Les nouveautés introduites par la Constitution civile sont tout aussi importantes: encore convient-il de les localiser, au milieu de réformes demandées ou
acceptées. Elles ont une même origine, la volonté d'appliquer à l'organisation de
l'Eglise catholique les nouvelles *normes* qui gouvernent la vie politique, mais deux
points d'application spécifiques, la géographie ecclésiastique et le choix des
responsables cléricaux. Les évêchés dorénavant devaient correspondre aux nouveaux départements, les paroisses aux nouvelles communes, tout en tenant
compte, dans les villes d'un seuil minimum de 6000 personnes pour disposer de
paroisses distinctes. Evêques et curés sont maintenant choisis, en tenant compte
de nouveaux critères de qualification et d'ancienneté, par les *électeurs*, dans le
cadre des départements ou dans celui des districts, selon les principes déjà
appliqués pour élire les nouvelles administrations et les nouveaux responsables de
la justice. Le premier point fut immédiatement objet de débats passionnés. Nul
doute que le second était à terme porteur de transformations plus radicales.

Il convient, pour mesurer la nouveauté de telles décisions, de les comparer aux
mesures souhaitées, à l'intérieur de l'Eglise catholique, de plus ou moins longue
date. Ne prenons qu'un seul exemple, la nomination des curés de paroisse. La
réforme tridentine, visant à asseoir le pouvoir épiscopal et à le dégager de l'emprise
laïque, envisageait comme normale la désignation des curés par l'évêque. Les courants réformistes, cléricaux notamment, étaient partagés entre une perspective
méritocratique (généralisation du concours) et une option très minoritaire, plus
utopique (élection des curés par leurs pairs, voire par l'ensemble de la paroisse).
De toute manière, la procédure mise en place par l'Assemblée (élection par les
notables, eux-mêmes désignés par les citoyens actifs) ne tenait aucun compte des
modèles intra-ecclésiaux qui délimitaient pourtant le champ d'une réforme acceptable.

Certes ni le Concordat de 1516 ni le système bénéficial n'étaient exempts de
critiques, et la loi nouvelle supprimait bien des abus, maintes fois dénoncés, jamais
écartés. Mais ces améliorations ne pouvaient masquer les profondes modifications
introduites par la nouvelle loi. Des deux formes de laïcisation de l'Eglise catholique

qu'elle contient, la première est celle qui entraîne le plus de perturbations immédiates tant au sommet, par la suppression de 40% des diocèses et la nouvelle circonscription de tous les autres, qu'à la base par la menace d'un remaniement complet de la carte des paroisses. La seconde est celle qui, en théorie, met en cause le plus radicalement la structure hiérarchique de l'Eglise catholique d'autant plus que la communion des évêques avec Rome était réglée par une procédure discutable. La première était négociable, la seconde difficilement. On peut en apporter deux preuves, indirectes mais éclairantes. En 1789, dans les Cahiers, la première est envisagée, de manière atténuée le plus souvent, par 12% du clergé, la seconde par 1% seulement.[18] Une minorité réformiste est sensible à la première question, la seconde n'est envisagée par personne. En 1801, le Concordat conduit à une même dissociation: le remaniement des circonscriptions ecclésiastiques, parfois plus sévère qu'en 1790, est accepté, après discussion dans le cadre d'une négociation globale pour les évêchés, après accord entre l'évêque et le préfet, pour les paroisses; par contre tout principe électif est rejeté; le chef du pouvoir exécutif récupère le droit de choisir les évêques, mais ceux-ci disposent maintenant de la possibilitié de nommer l'ensemble des curés et des vicaires.

Ainsi la Constitution civile du Clergé, par elle-même, indépendamment des polémiques périphériques qui l'accompagnent, se présente, pour les patriotes, comme une pièce maîtresse de leur projet réformiste, mais pour l'Eglise catholique, comme un processus de laïcisation de son organisation difficilement acceptable. A partir de cet antagonisme initial, la situation va progressivement se durcir, sans *politisation* immédiate—au sens strict sans intégration immédiate dans le processus d'affrontement central roi/Assemblée—puisque Louis XVI, malgré ses scrupules, accepte rapidement la nouvelle loi, mais avec une politisation *différée* dans la mesure où la condamnation pontificale, publiquement connue en mai 1791 cumule ses effets sur l'opinion publique avec la fuite de Varennes le mois suivant. Au départ la Constitution civile disposait cependant d'un avantage. Les décisions qui devaient intervenir immédiatement étaient ou celles qui avaient reçu une large approbation (traitement du clergé) ou celles qui envisageaient un changement territorial plus général (nouvelles circonscriptions). Les nouvelles modalités électorales n'entreraient en principe que progressivement en application, à mesure du décès des évêques et des curés, puisque le "stock" d'évêques disponibles devait permettre un recrutement sans problème à la tête des diocèses changeant de titulaires: la permanence des cadres cléricaux était sans aucun doute la condition nécessaire à la mise en application de la nouvelle législation.

Or devant l'agitation, face à la polémique portée sur la place publique, après l'intervention des évêques de la Constituante qui produisent un texte ferme sur les principes, modéré de ton, appelant à la conciliation, l'Assemblée réagit en politisant cette fois-ci la situation, comme en témoigne la réponse de Mirabeau à Boisgelin,[19] qui avait rédigé le texte incriminé, et en décidant d'utiliser le serment à des fins de coercition morale. On peut se demander si le parti patriote n'envisage pas alors de *rejouer 1789*, c'est-à-dire de reconstituer une sorte de "front de classe" qui repousse l'épiscopat du côté de la Contre-révolution et le clergé des curés, vers le Tiers.

## Les dimensions de la rupture

La manoeuvre, si telle était la pensée profonde de ceux qui ont imposé le serment, immédiatement exigible, assorti d'une démission automatique pour ceux qui refusent, était risquée. Menée brutalement, elle se révéla dangereuse et se retourna contre ceux qui l'avaient inspirée. L'immense majorité des évêques, à quelques exceptions près, refuse, et effectivement la majorité des curés accepte, mais celle-ci est loin d'être massive (moins de 60%), et plus de la moitié des vicaires, "la jeunesse" de l'Eglise, est hostile. Nombre de prêtres de paroisses cherchaient, de diverses manières, principalement par des serments restrictifs, à concilier une double fidélité mise ainsi à rude épreuve. Mais ici encore, les responsables voulaient trancher: il fallait choisir.

Les réfractaires—comme on allait bientôt les appeler—qui représentent 45 à 47% du clergé paroissial, obéissent sans doute à des motivations diverses, mais leurs prises de position publiques montrent leur attachement à l'ecclésiologie tridentine, par l'affirmation de leur soumission aux décisions de leurs évêques voire du pape. Les constitutionnels mettent en avant des arguments plus variés, sans doute parce qu'ils se sentent parfois en position défensive, mais aussi parce qu'ils acceptent la constitution civile pour des raisons différentes. Les uns obéissent au nouveau pouvoir établi, pour les mêmes raisons qui les faisaient se soumettre au précédent;[20] d'autres se disent convaincus du rôle providentiel d'une Révolution qui est appelée à réformer conjointement la société et l'Eglise; d'autres enfin, soit qu'ils donnent leur assentiment à une certaine laïcisation de l'Eglise, soit qu'ils estiment essentielles les réformes politiques entreprises depuis 1789, approuvent d'abord comme citoyens les nouvelles décisions de l'Assemblée. Incontestablement la nouvelle Eglise constitutionnelle qui se constitue, avec quelques apports supplémentaires, est plus composite. Mais, et c'est là l'essentiel, on voit nettement que le choix ou le refus du serment, met en cause conjointement conceptions théologiques (ecclésiologie, théologie politique) et prises de position politiques.

Mais cette déchirure—sans doute partiellement voulue par les Constituants—au sein de l'Eglise catholique se double d'une rupture entre le Catholicisme et la Révolution qui se manifeste durant le même temps et que l'on distingue ici pour une plus grande clarté. Celle-ci se manifeste de deux manières conjointes. D'abord par la *nationalisation* du conflit, et donc de ses suites. L'immédiate obligation, faite à la totalité du clergé paroissial de prêter le serment crée un phénomène similaire, toute proportion gardée, à la convocation des Etats généraux: elle *nationalise le débat*, c'est-à-dire qu'elle l'introduit dans chaque presbytère et dans chaque village.

Mais il faut entendre cette *nationalisation* comme un processus de généralisation du conflit, étendu au même moment non seulement à l'ensemble du clergé, mais tout autant à la totalité de la *Nation*. Certes des spécialistes, notamment anglo-saxons, se sont interrogés sur la réalité d'une espèce de *référendum*[21] opéré dans le pays à travers la Constitution civile du clergé. Le serment et les événements qui suivent occasionnent incontestablement l'intervention des populations, soit que le clergé tienne compte dans son choix initial des sentiments de ses paroissiens, soit que les fidèles manifestent vigoureusement contre des décisions plus ou moins immédiates de mise à l'écart de prêtres réfractaires.[22] En tout cas, pour la première fois apparaît avec netteté une géographie du "non" qui correspond, pour grande partie, à des provinces périphériques, à des régions souvent moins intégrées dans l'ensemble français: se dessine nettement une France du refus où il faut pointer notamment le pôle de la France de l'Ouest qui deviendra, après 1791, le foyer principal de la Contre-Révolution.

La seconde manifestation de la rupture n'offre pas le même type de visibilité, mais elle est tout aussi importante dans la mesure où elle concerne, à travers le geste du serment, la *légitimation* que la Révolution cherche à se donner par la maîtrise d'une nouvelle symbolique. Le serment, faut-il le rappeler, n'est pas une invention de la Révolution, mais une pratique ancienne à forte valeur religieuse, possédant une triple signification sacrale (serment prêté devant Dieu), sociale (face à la communauté) et individuelle (en conscience). Or le serment devient, à partir du mouvement fédératif, puis de février 1790, l'un des gestes essentiels de la nouvelle symbolique révolutionnaire. Il est prêté unanimement par la Nation assemblée notamment le 14 juillet 1790, lors de la fête de la Fédération. Le serment exprime parfaitement la volonté consciente de fonder une nouvelle Nation. Il résout symboliquement l'antinomie sur laquelle la Révolution se fonde: susciter la libre adhésion de chacun tout en maintenant l'unanimité de tous. Il apparaît donc comme la figure parlante du pacte national à travers laquelle les libertés individuelles se fondent dans la volonté collective. Il est vraiment le *sacrement* de la Révolution.

Jusqu'alors, le clergé avait prêté sans difficulté et souvent spontanément, comme le reste de la Nation, les divers serments du premier semestre de 1790. Et maintenant, ouvertement, à la face de la Nation, il refuse. Plus exactement, une partie du clergé refuse, mais cette nuance—de taille pourtant— importe peu ici. C'est par le clergé, pour rester dans la symbolique biblique, que s'est opérée la perte de l'innocence originelle, par lui qu'est venue la révélation soudaine de la nudité honteuse. Le choix—libre et contraint tout à la fois—brise l'unanimité de la Nation, à travers la propre division du corps clérical. Avec la Révolution française, la *liberté* religieuse prend deux visages contradictoires: émancipation pour les minorités, suspicion pour le catholicisme. L'héritage de la Révolution s'avèrera sur ce point, ô combien durable dans la tradition politique française.

Cette rupture capitale a sa traduction visible au plan de la symbolique, par *la séparation* du Catholicisme et de la Révolution dont témoigne trois événements connus qu'il faut ici mettre en rapport avec la crise religieuse qui nous occupe. Le 4 avril, à l'occasion de la mort de Mirabeau, l'Assemblée décide que la nouvelle église Sainte-Geneviève, encore inachevée, deviendrait le Panthéon où la Révolution enterrerait ses grands hommes.[23] En juillet, au lendemain de la fuite du roi, les cendres de Voltaire y sont déposées: c'est l'occasion d'une fête[24] qui, pour la première fois, se passe des cérémonies de l'Eglise catholique (Te deum, messe, sermon patriotique). La fête en l'honneur de Voltaire deviendra le prototype des nouvelles liturgies festives révolutionnaires.

En septembre enfin, on peut voir au Salon le dessin du fameux *Serment du jeu de Paume*[25] de David que certains privilégiés ont découvert dès la fin mai, exposé dans l'atelier du maître. Le dessin de David, on oublie habituellement de le rappeler, a été réalisé justement durant la crise de la Constitution civile. Et David évoque explicitement et la dimension religieuse et la possibilité de rejeter le serment mais surtout il oppose, au serment refusé du clergé de 1791, le serment des députés du Tiers de juin 1789, prononcé en une liturgie toute laïque, mais qui fonde plus sûrement la nouvelle religion de la Révolution. Avec David, le serment retrouve sa pureté initiale en se resourçant à 1789, mais également il bénéficie, à travers la réévaluation du *Serment des Horaces*, d'un enracinement dans l'héroïsme antique qui permet de faire l'économie de la symbolique religieuse assimilée à un catholicisme maintenant suspect. A travers David, dorénavant, les grandes célébrations festives vont tenter de trouver leur liturgie propre en empruntant, sur des registres divers, et aux Lumières et à l'Antiquité. Sur le plan de la symbolique, la séparation de l'Eglise et de la Révolution est accomplie. Du moins dans la capitale.

Mais l'importance de la crise occasionnée par la Constitution civile ne se limite pas à l'émergence brutale d'un schisme au sein du catholicisme, qui se transforme immédiatement en un divorce entre catholicisme et Révolution. L'événement prend une plus grande ampleur, dans la mesure où il assume les caractéristiques de la Révolution elle-même, où il est à la fois *récapitulatif* et *cumulatif*: la crise est l'occasion d'une cristallisation de ce qui vient de se passer, mais aussi à partir d'elle, les faits se succèdent, lourds de conséquences imprévisibles et d'effets durables.

L'aspect *récapitulatif* de la crise religieuse a été surtout évoqué par les historiens dans la mesure où elle a été l'occasion d'une évaluation faite en même temps par la population des avantages et des inconvénients apportés par la Révolution, en une sorte de "pesée" benthamienne instinctive. Mais cet aspect vaut plus encore pour le clergé lui-même, obligé de faire, à l'occasion de la prestation du serment, un examen de conscience, mieux une sorte de confession générale sur les événements survenus depuis 1789. Cette récapitulation est d'autant plus facile à accomplir que les premières décisions, notamment la nationalisation des biens du clergé, sont appliquées progressivement et que l'on commence, au moment de la crise du serment, d'en voir les effets concrets. Ainsi procèdent également les évêques lorsqu'ils interviennent individuellement ou collectivement dans le conflit, et plus encore le pape, par ses Brefs tardifs de condamnation de la Constitution civile, connus seulement en mai 1791. Le disours pontifical en effet ne s'en tient pas à un rejet du texte législatif, il inclut une condamnation globale de la Révolution en mettant explicitement en cause ses origines idéologiques (Droits de l'homme).[26]

Ce refus est important, autant pour l'immédiat que pour l'avenir, car il crée un précédent qui devient vite un modèle, en introduisant une condamnation *rétrospective* portant sur l'ensemble de la Révolution. L'exemple des responsables de l'Eglise, et notamment du pape, est suivi par un certain nombre de prêtres, qui reviendront d'eux-mêmes sur leur serment; il les conduit à doubler leur "abjuration", d'une manifestation d'amnésie significative, en l'assortissant d'une condamnation de l'ensemble de la Révolution, ce qui inclut les événements du début auxquels nombre de prêtres feignent d'oublier qu'ils ont pris une part active. C'est de cette manière aussi que les constitutionnels repentis seront contraints de renier l'ensemble de leurs engagements révolutionnaires.[27] Et plus généralement, cette condamnation tardive fonde en droit, en quelque sorte, la culture contre-révolutionnaire catholique qui établit comme une évidence l'antagonisme originel entre le catholicisme et la Révolution.

La rupture de 1791 produit plus encore des effets *cumulatifs* perceptibles à court, à moyen et à long terme. *A court terme*, la crise se manifeste d'abord à l'intérieur du catholicisme par la constitution de ceux qui acceptent et refusent le serment en deux Eglises antagonistes qui en viennent rapidement à une contestation radicale de leur caractère spécifique et de leur capacité d'être, par les sacrements qu'elles dispensent, le vrai canal du salut, pour l'ensemble des fidèles.[28] La crise du serment a produit, au sein du catholicisme, un véritable schisme, le plus important depuis le XVIe siècle, mais un schisme suscité, cette fois-ci, par une Révolution politique non par une Réforme religieuse. L'inverse en somme du schéma "fictif" ultérieurement envisagé par Quinet pour qui, on le sait, la réforme religieuse aurait dû précéder la transformation politique.

Ce schisme se double immédiatement d'une radicalisation politique qui entraîne l'échec de toute tentative pour mettre en oeuvre, sur une large échelle, les principes tout nouveaux de la tolérance religieuse, et qui fait apparaître, au "bénéfice" des réfractaires, tout un arsenal répressif, à commencer par la législation contre les suspects,[29] qui préfigure celui qui sera plus systématiquement mis en oeuvre durant la Terreur. Les constitutionnels ne sont pas davantage à l'abri: ils subissent d'abord le contre-coup des mesures de laïcisation de l'état civil, puis ils se trouvent engagés dans les luttes entre partis opposés: ainsi dès l'été 1793, des grandes figures du clergé constitutionnel, comme Fauchet et Lamourette, sont compromis avec les girondins et exécutés comme eux.

Si à court terme, le Révolution donne l'impression, en se radicalisant, de s'en prendre d'abord aux réfractaires, puis ensuite aux constitutionnels, il n'en va pas de même si l'on regarde l'évolution *à moyen terme*, c'est-à-dire si l'on suit le sort de cette génération engagée dans la Révolution. La situation est nettement plus contrastée pour les deux clergés: on assiste d'un côté à une consolidation des réfractaires puis à leur victoire, de moins en moins contestée, et, de l'autre, à la mise en cause brutale puis à l'anéantissement systématique des constitutionnels. La Révolution en effet a contribué à consolider la situation des réfractaires qui, tôt opposés à ses principes, ont progressivement élaboré une idéologie et une pastorale originales. Elle leur a fourni des martyrs, des cadres mis en réserve en exil ou aguerris dans la clandestinité, et surtout des troupes de plus en plus nombreuses.

A l'inverse, la déchristianisation de l'an II,[30] avec l'abdication forcée du clergé, a constitué la première et la plus importante agression dirigée contre le clergé constitutionnel. Ultérieurement, les différents régimes, du Directoire à la Restauration, pour des raisons différentes, refuseront leurs soutien à l'Eglise constitutionnelle ou à ce qui en restera: ses prêtres n'auront bientôt plus le choix qu'entre un reniement de leurs convictions en se ralliant à l'Eglise romaine et une marginalisation sociale qui souvent s'accompagnera d'une sécularisation de fait, que certains de ses membres ont eux-même voulu.

La conséquence *à long terme* de cette destruction systématique du clergé constitutionnel, qui s'accompagne d'une durable destructuration du cadre paroissial dans les régions où cette Eglise était dominante, se manifeste au niveau de la pratique religieuse. Nous avons montré ailleurs[31] que la carte de la pratique religieuse de 1950/1960 ressemblait fort à celle du serment de 1791, à quelques différences près, dans le sud-est notamment. Doit-on en conclure que la rupture de 1791 a produit la déchristianisation? Il serait plus exact de dire que la déchristianisation[32]—perceptible notamment dans le refus de la pratique dominicale et pascale—apparaît comme la trace en creux d'une forme de catholicisme disparu qui se proposait comme le modèle d'un accord possible entre le christianisme et la Révolution, modèle fragile et ambigu, mais enfin modèle qui au départ, faut-il le rappeler, avait l'accord de la majorité du clergé paroissial et sans doute de la population. Si l'on rétablit cette perspective, le refus de la pratique religieuse, tel qu'il se manifeste dans les premières enquêtes du milieu du xixe siècle, apparaît comme le rejet du catholicisme qui l'a emporté après 1791, réfractaire et contre-révolutionnaire, intransigeant et fortement cléricalisé: que ce rejet soit davantage le fait des hommes, des élites bourgeoises, de larges fractions des populations urbaines, des campagnes où les constitutionnels dominaient, n'a évidemement rien que de très compréhensible.

## Le temps de la rupture

Pour mieux asseoir cette démonstration, il conviendrait encore de répondre à trois questions qui demeurent en suspens: les contemporains eurent-ils conscience de l'enjeu de 1791? Comment situer la radicalisation opérée en l'an II par rapport à la rupture de 1791? Comment enfin affirmer que les traces de cette rupture sont largement durables alors que, officiellement les deux partis, la papauté et Bonaparte—non il est vrai l'Eglise et la Révolution—se réconcilient avec le Concordat? Ces questions importantes ne peuvent être écartées, on comprendra cependant que les réponses fournies demeurent ici seulement esquissées.

La première pourtant mérite une plus large attention. Certes, surtout durant la Révolution, l'importance réelle d'un événement ne se mesure pas à la conscience qu'en ont ses participants. Mais celle-ci est un indice que l'on ne doit pas rejeter. Les acteurs les plus avertis de la scène politique se sont rendus compte des enjeux réels de la crise: l'opinion pourtant en a la révélation non au moment de la discussion du texte législatif où la compréhension des débats a été masquée par la technicité des propos,[33] mais lorsque le serment a été imposé, à la fin de 1790, au début de 1791. Nous retiendrons deux témoignages qui recourent l'un et l'autre, pour faire comprendre l'importance de l'enjeu, au langage aisément déchiffrable de la fiction.

Le premier est emprunté aux propos prémonitoires que Mirabeau prononce à la Constituante le 14 janvier. Celui-ci, il est vrai, dans le même temps suggère à la Cour de faire, sur la question religieuse, la politique du pire; néanmoins son discours, malgré le ton provocateur, fait clairement connaître les logiques en présence qui s'imposeront, prévoit-il, selon ce que sera l'issue de la crise. En tout cas, quel que soit le contexte trouble dans lequel se situe son intervention, Mirabeau décrit l'avenir prévisible à l'aide de deux scènes imaginaires présentées de manière identique: "Figurez-vous que les partisans de l'irreligion [. . .] prononcent dans leur cercle de terrible discours . . ."—Et, en contre-point, après l'évocation rituelle de la primitive Eglise: "Or, supposons que l'un de ces hommes vénérables, sortant tout à coup de ces catacombes antiques . . ."[34]

Et ce contemporain des débuts du christianisme de découvrir, ébloui "la gloire dont la religion (se) voit entourée" actuellement. Il est le témoin, convoqué pour convaincre les réticents de bonne foi, que la Constituante maintient le catholicisme dans toute sa magnificence, comme en témoigne dans la ville l'accumulation des monuments religieux élevés au cours des siècles pour honorer la religion. La Constitution civile est donc tout à fait *acceptable*, surtout au regard du scénario-catastrophe, sur lequel Mirabeau s'attarde davantage, quand il montre combien *redoutable* serait la situation si l'irreligion l'emportait. Mais Mirabeau ne tient pas entre les deux cas de figure la balance égale: progressivement il prend à son compte le long discours qu'il a mis initialement dans la bouche des tenants de l'irreligion. Quel sera l'avenir? Ce qui était, répond-il, supputation injuste des adversaires de la Révolution—"Voyez avec quelle ardeur [le sacerdoce] s'attache à faire croire au peuple que *la Révolution et la religion ne peuvent subsister ensemble* [souligné par nous]"—risque de devenir la réalité de demain: "Balancé dans une alternative d'être chrétien ou libre [le peuple] . . . abjurera le christianisme; il maudira ses pasteurs; il ne voudra plus connaître ni adorer que le Dieu créateur de la Nation et de la liberté; et alors tout ce qui lui retracera le souvenir du Dieu de l'Evangile lui sera odieux; il ne voudra plus sacrifier que sur l'autel de la patrie".[35]

On ne pouvait plus clairement annoncer la substitution prochaine d'une religion de la Révolution au catholicisme rendu suspect et odieux. Et Mirabeau de désigner clairement l'alliance contre nature qui pousse à une telle évolution: un épiscopat contre-révolutionnaire qui fait la politique du pire et ainsi "expose la foi aux plus grands dangers", et les tenants de l'irreligion qui profitent des circonstances devenues favorables pour se débarasser enfin du catholicisme: "La seule différence qui distingue ici la doctrine irreligieuse de l'aristocratie ecclésiastique c'est que la première ne souhaite la ruine de la religion que pour rendre plus sûr le triomphe de la constitution et de la liberté et que la seconde ne tend à la destruction de la foi que dans l'espoir de la voir entraîner dans sa chute la liberté et la constitution de l'empire".[36] On peut certes, dans le détail contester l'analyse de Mirabeau—sans doute inspirée par Lamourette—et l'accuser de mauvaise foi, lui qui favorise aussi la politique du pire; il n'empêche, il a pris clairement conscience d'une situation nouvelle qui va conduire, après la rupture qu'il n'a pu empêcher, à l'opposition dramatique entre Catholicisme et Révolution.

On trouverait les mêmes "préfigurations" d'un changement en profondeur en analysant les caricatures suscitées par la crise du serment. Celles-ci restent traditionnelles quand elles mettent en cause et les évêques et plus encore le pape, selon des procédés en vigueur depuis 1789. La nouveauté provient d'une mise en cause directe de la religion, de ses rites et de ses croyances. Assurément celle-ci demeure conditionnelle, c'est le "mauvais usage" de la religion qui est dénoncé publiquement, mais les caricaturistes patriotes ne craignent pas, après avoir montré du doigt la *manipulation* des objets religieux à laquelle se livrent les réfractaires, de procéder sans vergogne de façon identique pour leur propre compte; et par ailleurs, les réticences verbales disparaissent rapidement face à la violence des images. La caricature rend visible jusqu'à l'excès le choix politique de 1791: intégration ou exclusion. Mais elle "montre" sans fard ce que le discours écrit transcrit avec plus de réticence: ce qui vaut pour le clergé, vaut aussi pour la religion toute entière. Les croyances fondamentales, les gestes liturgiques essentiels, pour un catholicisme qui n'accepte pas les nouvelles règles du jeu politique, deviennent immédiatement objet de dérision.[37] La caricature de 1791 anticipe sur la déchristianisation de l'an II. Par une autre voie, spécifique, elle manifeste le même cheminement que le discours de Mirabeau.

Ces anticipations, dès 1791, de la déchristianisation, ne suffisent pas évidemment à expliquer pourquoi la crise de la Constitution civile nous paraît le moment d'une rupture plus importante que celle de l'an II. On peut avancer trois raisons pour justifier ce choix. La première, d'évidence: 1791 préfigure et conditionne ce qui se passe deux voire trois ans plus tard. La seconde, encore de bon sens: seule la rupture de 1791 revêt une ampleur nationale, c'est-à-dire qu'elle concerne la totalité du clergé paroissial, et à travers lui, l'ensemble des populations. La déchristianisation de l'an II vise essentiellement l'Eglise constitutionnelle, et même la touche de manière inégale selon les régions. Son importance se manifeste à la profondeur de l'ébranlement qu'elle lui cause, notamment par l'abdication forcée et le mariage contraint de son clergé.

Pourtant,—et c'est la troisième raison invoquée—on ne saurait écarter la réalité d'une révolution culturelle qui accompagne le mouvement abdicataire et qui se traduit par la tentative de supprimer toutes les manifestations du culte catholique et plus largement toute trace de "culture" religieuse. Incontestablement à ce niveau, la rupture s'est voulue plus radicale qu'en 1791 comme en témoignent certains aspects violents spontanés (fêtes "sauvages" incluant des profanations)[38] et certaines politiques plus raisonnées (nouveau calendrier révolutionnaire). Mais incontestablement aussi, cette tentative s'est soldée par un échec, même si elle laissa plus de traces dans les mémoires antagonistes que dans la réalité et si ces débordements, sans cesse rappelés par la tradition contre-révolutionnaire, servent souvent à masquer les réalités plus embarrassantes et plus difficiles à assumer de 1791.

Dernier point à éclaircir: le Concordat n'apporte-t-il pas la pacification religieuse, n'efface-t-il pas les antagonismes antérieurs, comme en témoigne son succès, immédiat et durable au xixe siècle? Bonaparte a réussi, il est vrai, là où la Constituante avait échoué, fort d'une expérience traumatisante, toujours présente à la mémoire de chaque protagoniste, mais aussi bénéficiant de la disparition de trois obstacles de taille qui sont tombés d'eux-mêmes du fait de l'évolution politique que la France a connue en dix années: plus de références idéologiques (Droits de l'homme) dans la constitution de l'an VIII; plus de pratiques électives pour choisir curés et évêques; plus de serment enfin à une "constitution" contestée. Par ailleurs la forme a été modifiée: on est revenu à une négociation de type traditionnel, à la signature d'un Concordat classique entre le pape et le premier Consul.

Ces changements essentiels expliquent, avec le nouveau rapport des forces, l'ampleur des concessions que Pie VII accepte de faire: disparition définitive des biens ecclésiastiques; refus de revenir à la religion d'Etat pour le catholicisme; circonscription diocésaine nouvelle effectuée selon les critères de 1790, mais plus défavorable à l'Eglise catholique que dix ans plus tôt; démission forcée des épiscopats existants, les constitutionnels comme les réfractaires. Par ailleurs le pape accepte que le sort des réguliers ne soit pas discuté, il ferme les yeux sur le pluralisme religieux devenu effectif, et s'empresse de faciliter le règlement, pour les prêtres et les fidèles, au mieux et au plus vite, des situations exceptionnelles créées par la Révolution.

Il serait pourtant inexact de limiter le Concordat à un compromis pragmatique. Celui-ci repose sur le postulat d'un accord nécessaire entre l'Eglise romaine—non plus constitutionnelle—et l'Etat post-révolutionnaire—non plus la Révolution—

au niveau idéologique, politique et social. Et Portalis,[39] chargé de mettre en oeuvre la politique religieuse de Bonaparte, a tenté ultérieurement de préciser sur quelles bases une pacification idéologique pouvait s'opérer, l'alliance d'un conservatisme politique et d'un catholicisme éclairé. Mais pour y parvenir il eut fallu que l'Empire se soit stabilisé et que la tradition du catholicisme des Lumières ait gardé quelque vigueur, ce qui aurait supposé notamment que l'on ait appuyé plus fermement les constitutionnels.

Par ailleurs, le régime reposait sur un système de contrainte, fort peu libéral qui, pour obtenir la paix civile, avait écarté tout débat politique. Mais la situation ne pouvait se stabiliser sous cette forme. Dès 1814, le débat reprend, mais dans le cadre étroit du système censitaire; en 1848, l'instauration du suffrage universel restitue à l'ensemble de la population le rôle d'acteur politique que la Révolution avait tenté de lui donner. Et dans ces nouveaux contextes le conflit religieux surgit de nouveau, parce que 1791 l'avait inscrit au coeur du politique.

D'autre part, sans entrer dans la querelle d'école sur un Empire continuateur ou fossoyeur de la Révolution, il est évident que le nouveau régime napoléonien met en place trois institutions, destinées à stabiliser la société en tenant compte des principes révolutionnaires, qui sont difficilement acceptables par l'Eglise catholique: le *ministère des Cultes* qui avalise de fait un pluralisme religieux, ce qui présuppose un insupportable "athéisme d'Etat" et une non moins insupportable "liberté religieuse"; *le code civil*, parce que celui-ci manifeste, indépendamment des péripéties concernant le divorce, la laïcisation complète de la société;[40] *l'Université*, destinée à devenir le symbole de la nationalisation de l'Ecole. Avec l'Empire, les enjeux de 1791 se sont déplacés: l'Etat ne prétend plus imposer à l'Eglise ses propres modalités de fonctionnement: la laïcisation forcée de l'Eglise a vécu. Par contre c'est la laïcisation de la société qui est devenu un enjeu central, et c'est pourquoi la question scolaire, pour près de deux siècles, se trouve maintenant l'objet principal du contentieux entre les tenants de la Révolution et ceux du Catholicisme.

## Notes

1. *Bulletin de la société d'histoire de la Révolution de 1848*, 1988, p. 48.
2. Claude Lefort, *Essai sur le politique, XIXe-XXe siècles* (Paris, 1986), pp. 141–42.
3. François Furet, *La gauche et la Révolution française au milieu de XIXe siècle. Edgar Quinet et la question du jacobinisme (1865–1870)* (Paris, 1986); et Simone Bernard-Griffiths, "Autour de *La Révolution* (1865) d'Edgar Quinet: les enjeux du débat Religion–Révolution dans l'historiographie d'un républicain désenchanté," *Archives de sciences sociales des Religions* (abrégé ASSR), 1988, 66/1, pp. 53–64.
4. Paul Viallaneix, "Jules Michelet, évangéliste de la Révolution française," *ASSR, ibid*, pp. 43–51.
5. On se rapportera aux travaux de Bernard Plongeron notamment à sa thèse *Théologie et politique au siècle des Lumières (1770–1820)* (Genève, 1973); voir aussi Pierre Pierrard, *L'Eglise et la Révolution, 1789–1889* (Paris, 1988).
6. Michel Vovelle, *Piété baroque et déchristianisation en Provence au XVIIIe siècle* (Paris, 1973).
7. Commode présentation du débat dans Jacques Solé, *La Révolution en questions* (Paris, 1987).
8. Il serait plus ou moins aisé de mettre un ouvrage ou un article sous chaque rubrique. Voir le numéro spécial du *Bulletin de la société de l'histoire du Protestantisme Français*, avril-juin 1988, consacré à L'édit de tolérance de 1787.
9. François Lebrun, *Parole de Dieu et Révolution. Les sermons d'un curé angevin avant et pendant la guerre de Vendée* (Toulouse, 1979), pp. 100–102.
10. A. Billaud, *La Petite Eglise dans la Vendée et dans les Deux-Sèvres* (Paris, 1962).
11. *La Révolution, l'Eglise, La France. Le serment de 1791* (Paris, 1986).

12. Claude Langlois, "La déchirure", postface à l'ouvrage cité de T. Tackett, pp. 319–37 et "L'inquali-fiable et l'inévitable. La déchristianisation révolutionnaire", *ASSR*, 1988, 66/1, pp. 25–42.
13. Marie-Vic Ozouf-Marignier, *La formation des départements* (Paris, 1989).
14. Claude Langlois, "Catholicisme et Révolution: les trois cercles de la laïcisation," *Projet*, septembre 1988, pp. 103–14.
15. Francis Ronsin, *Du divorce et de la séparation de corps en France au dix-neuvième siècle*, Thèse d'Etat, dact. Paris VII, 1987, vol. I.
16. Paul et Pierrette Girault de Coursac, *Louis XVI et la question religieuse pendant la Révolution* (Paris, 1988). Timothy Tackett, op. cit., p. 169.
17. Yann Fauchois, "Révolution française, Religion et logique de l'Etat," *ASSR*, 1988, 66/1, pp. 11–13.
18. T. Tackett, op. cit., pp. 29 et 171.
19. Discours sur la Constitution civile du clergé du 26 novembre 1790.
20. Daniele Mennozi, *Les interprétations politiques de Jésus, de l'Ancien régime à la Révolution* (Paris, 1983), pp. 144–61.
21. T. Tackett, op.cit., chap. VIII, le serment référendum.
22. Le premier cas de figure renvoie plutôt au modèle élaboré par Paul Bois, le second davantage à la problématique de D. Sutherland, *The Chouans* (New York, 1982).
23. Marie-Louise Biver, *Le panthéon à l'époque révolutionnaire* (Paris, 1982); et Mona Ozouf, "Le panthéon", *Les lieux de mémoire, I. La République* (sous la dir. de Pierre Nora) (Paris, 1984), pp. 139–65.
24. James A. Leith, "Les trois apothéoses de Voltaire", *AHRF*, avril-juin 1979, pp. 161–209.
25. Philippe Bordes, *Le serment du jeu de paume de Jacques-Louis David* (Paris, 1983).
26. Louis de Vaucelles, "Les droits de l'homme, pierre d'achoppement," *Projet*, septembre 1988, pp. 115–28; et Paul Ladriere, "La Révolution française dans la doctrine politique des papes de la fin du XVIIIe à la moitié du XXe siècle," *ASSR*, 1988, 66/1, pp. 87–112.
27. Voir notamment, dans le dossier des réconciliations de prêtres mariés, la correspondance adressée par ceux-ci à Caprara.
28. Bernard Plongeron, *Conscience religieuse en Révolution* (Paris, 1969).
29. Jean-Louis Matharan, "Suspect(s)/soupçon/suspicion: la désignation de ennemis (été 1789–été 1793", *Dictionnaire de usages socio-politiques, Fasc. I. Désignants socio-politiques* (Paris, 1985), p. 199. C'est le 12 novembre 1791, à l'occasion de mesures envisagées contre les réfractaires que, pour la première fois, au niveau de l'ensemble de la France, un texte législatif utilise le terme de *suspect* à l'encontre d'une catégorie de personnes.
30. Michel Vovelle, *Religion et Révolution. La déchristianisation de l'an II* (Paris, 1976); et *La Révolu-tion contre l'Eglise* (Bruxelles, 1988).
31. Dans la Postface de l'ouvrage cité de T. Tackett, pp. 320–23.
32. Claude Langlois, "L'inqualifiable et l'inévitable", art. cit.
33. Yann Fauchois, art. cit.
34. Discours sur le serment des ecclésiastiques, 14 janvier 1791. D'après le *Moniteur*.
35. *Ibid*.
36. *Ibid*.
37. Claude Langlois "Le spectacle de la religion dans la gravure politique révolutionnaire (1789–1791)", *Pratiques religieuses, mentalités et spiritualités dans l'Europe révolutionnaire (1770–1820)* (Paris, 1988), pp. 682–90.
38. Mona Ozouf, *La fête révolutionnaire, 1789–1799* (Paris, 1976), ch. 4, "Dérision et Révolution".
39. Claude Langlois, "Philosophe sans impiété et religieux sans fanatisme: Portalis et l'idéologie du système concordataire", *Richerche di storia sociale e religiosa*, 1979, 15–16, pp. 37–57.
40. J. Charbonnier, "Le code civil" in P. Nora (sous la dir. de), op. cit., II, 2, pp. 293–316.

# CHAPTER 21

# La Révolution comme religion nouvelle

CLAUDE LEFORT

L'IDÉE d'une religion nouvelle hante bien des esprits au début du XIX<sup>ème</sup> siècle. Pour la sonder, il faudrait interroger Saint-Simon, Comte, Leroux, et d'autres plus obscurs. Quant à l'interprétation de la Révolution, durant la même période, comme d'un événement voulu par la providence ou comme d'une nouvelle étape dans l'accomplissement du christianisme, voire plus précisément du catholicisme, elle mériterait d'être explorée à travers les versions diverses et mêmes opposées de Maistre, Ballanche et Chateaubriand, Buchez et Esquiros. La liaison du politique et du religieux, déjà si bien mise en évidence par Paul Bénichou, n'a pas fini de nous troubler. Je ne m'intéresserai ici brièvement qu'à l'une de ses manifestations: la représentation de la Révolution comme religion nouvelle,—une représentation qui témoigne sans doute de l'esprit du temps, mais n'en est pas moins spécifique et qui suscite d'autant plus d'intérêt qu'elle ne doit rien aux tentatives faites sous la Révolution pour forger de nouvelles institutions religieuses.

Que la Révolution ait contenu dans son principe une religion nouvelle, cette conviction, on le sait, est partagée par Michelet et par Quinet. On est tenté de ne pas la prendre au sérieux. Mais plutôt que de l'imputer aussitôt à leur imagination romantique, mieux vaudrait sans doute se demander ce qui cherchait à se dire à travers ces mots "religion nouvelle"; plutôt de ne voir en eux que le signe d'un échec de l'explication positive et d'un passage malheureux à l'irrationalisme, sans doute vaudrait-il mieux tenter d'entendre la question que ces deux historiens philosophes tentaient de faire émerger dans le moment même où peut-être ils la rendaient obscure.

Je prendrai pour guide un écrivain qu'on ne saurait certes accuser d'aucune concession à l'irrationalisme, Tocqueville. Ses réflexions sur la Révolution et la religion sont précieuses en raison même de l'hésitation qu'elles trahissent, de ce qu'elles ont de discordant, sinon de contradictoire. Le sujet importe assez à Tocqueville pour qu'il en traite dès le début de *L'Ancien Régime et la Révolution* (Livre 1, chapitre 2 et 3) et qu'il y revienne dans le troisième livre (chapitre 2) et dans des notes destinées au quatrième livre. La comparaison des titres des deux chapitres du livre 1 est éloquente; le premier s'intitule: "Que l'apport fondamental

et final de la Révolution n'était pas comme on l'a cru de détruire le pouvoir religieux et d'énerver le pouvoir politique"; le second: "Comment la Révolution française a été une révolution politique qui a procédé à la manière des révolutions
religieuses et pourquoi." Une interprétation se laisse ainsi entrevoir; mais, comme
on le vérifie souvent à la lecture de Tocqueville, la démarche réserve des surprises.

Tocqueville observe en premier lieu que parmi les passions qui sont nées de la
Révolution "la première allumée et la dernière éteinte fut la passion irreligieuse".
Mais ce constat n'est formulé que pour ramener aussitôt de l'apparence à la réalité.
La "guerre aux religions" s'avère n'avoir été qu'un incident dans la Révolution;
elle en marque "un trait saillant mais fugitif". L'auteur en voit la preuve dans l'état
de choses présent: l'Eglise s'est relevée, les esprits se sont apaisés. Des passions
déchaînées durant la Révolution, il trouve l'une des causes principales dans la
philosophie du XVIII$^{ème}$ siècle. Il y avait en celle-ci "deux parts tout à la fois
distinctes et séparables": d'un côté, une critique de toutes les opinions qui
touchaient à la société civile et politique; de l'autre, une critique du clergé, de sa
hiérarchie, de ses institutions, qui incitait à vouloir "arracher les fondements du
christianisme". Cependant, "*c'était bien moins comme doctrine religieuse que
comme insitution politique que le christianisme avait allumé ces furieuses haines*".
Et l'on comprend ainsi pourquoi la lutte contre la religion cessa après qu'on eut
atteint l'objectif politique. Cette analyse se trouve renforcée par un argument
d'ordre général: "*Croire que les sociétés démocratiques sont naturellement hostiles à la religion est commettre une grande erreur; rien dans le christianisme ni
même dans le catholicisme n'est absolument contraire à l'esprit de ces sociétés et
plusieurs choses y sont très favorables*". A quoi s'ajoute la conviction que l'instinct
religieux a toujours été enraciné dans le peuple.

L'interprétation que nous venons de résumer se voit complétée mais aussi sensiblement modifiée dans le chapitre suivant qui s'ouvre sur une nouvelle observation. "*Toutes les révolutions civiles et politiques*", note Tocqueville, "*ont eu
une patrie et s'y sont enfermées*". La Révolution française, en revanche, a effacé
toutes les anciennes frontières, elle a rapproché ou divisé les hommes, quelques
fussent les lois, les traditions, les caractères de la langue; elle a créé "une patrie
intellectuelle commune dont les hommes de toutes les nations ont pu devenir citoyens". "*Fouillez toutes les annales de l'histoire, vous ne trouverez pas une seule
révolution politique qui ait eu ce même caractère. Vous ne le retrouverez que dans
révolutions religieuses. Aussi c'est à des révolutions religieuses qu'il faut comparer
la Révolution française, si l'on veut se faire comprendre à l'aide d'une analogie*".
Tocqueville ne se contente plus de dire que la Révolution a procédé à la manière
d'une révolution religieuse, il précise même qu'elle a pris "en quelque chose l'aspect d'une révolution religieuse". Nous apprenons que, comme celle-ci, elle se
propage au loin, elle use de la prédication et de la propagande. "*Une révolution
qui inspire le prosélytisme, qu'on prêche aussi hardiment aux étrangers qu'on
l'accomplit chez soi: considérez quel nouveau spectacle*". Ce nouveau spectacle,
convenons-en, nous détache de l'appréciation des fureurs anti-religieuses comme
incident, "trait saillant et fugitif". L'apaisement présent des passions que signale
notre auteur ne suffit pas désormais à effacer un bouleversement qui n'eut pour
précédent que les haines des guerres des religions. Tocqueville, en outre, n'hésite
pas à se demander si cette ressemblance dans les effets ne tiendrait pas à quelques

ressemblances cachées dans les causes. Et remarquable est sa réponse. Il observe d'abord que le dessein général des religions fut d'atteindre l'homme lui-même, sans tenir compte des traditions ou des coutumes d'un pays; puis il rectifie son propos, pour préciser qu'un tel dessein ne se forma pleinement qu'avec le christianisme et qu'en somme, il n'y eut point de grande révolution religieuse avant son avènement. La Révolution française acquiert alors en regard du christianisme une nouvelle dimension qui lui est comparable: elle a considéré le citoyen d'une manière toute abstraite, nous dit-on, son but fut de fixer les devoirs et les droits généraux des hommes en matière politique; elle a cherché en tout à remonter du contingent au naturel. C'est précisément parce qu'elle semblait tendre à la régénération du genre humain, que la Révolution a suscité propagande et prosélytisme. En cet endroit du texte, Tocqueville fait un pas de plus; il écrit qu'en raison de cette immense ambition, elle a pu prendre "*cet air de révolution religieuse qui a tant épouvanté les contemporains*". Puis il précise: "ou plutôt elle est devenue elle-même une sorte de religion nouvelle [je souligne] *religion imparfaite, il est vrai, sans culte, sans Dieu, mais qui néanmoins a inondé la terre, comme l'Islamisme de ses soldats, de ses apôtres et de ses martyrs.*" Il y eut dans le passé, même au Moyen Age, l'annonce d'une telle entreprise mais les hommes étaient trop différents les uns des autres pour concevoir "*l'idée d'une même loi applicable à tous*". Mais il vint d'autres temps "*où il suffit de leur montrer de loin et confusément l'image d'une telle loi pour qu'ils la reconnaissent aussitôt et courent vers elle.*" L'argument, on le voit, s'est considérablement infléchi. Reformulons-le: ce qui fait l'essence de la révolution religieuse (cette essence qui se dévoile pleinement dans le christianisme), c'est qu'elle prétend dégager de toutes les lois particulières la loi fondatrice de l'ordre humain. Or la Révolution française poursuit ce même objectif. A cette différence près que la loi fondatrice se découvre dans l'institution politique du social.

Portons-nous maintenant au livre III. Le chapitre qui retient l'attention s'intitule: "Comment l'irréligion avait pu devenir une passion générale et dominante chez les Français du XVIII$^{\text{ème}}$ siècle et quelle sorte d'influence cela eut sur le caractère de la Révolution." Il s'agit pour Tocqueville de montrer pourquoi la France et la France seule fut le théâtre d'un combat contre la religion. Le schéma de son raisonnement, à vrai dire, s'apparente à celui qu'il avait suivi au début du livre II, quand il demandait "pourquoi les droits féodaux étaient devenus plus odieux au peuple en France que partout ailleurs". En bref, les causes générales ne suffisent pas à rendre compte de l'explosion de la violence. Si l'on remonte dans le passé, on conviendra que l'incrédulité est née au XVI$^{\text{ème}}$ siècle dans le sillage de l'hérésie. Toutefois, elle ne s'exerça longtemps que dans des cercles étroits. Si l'on considère l'état des croyances au XVIII$^{\text{ème}}$ siècle, on verra que "d'une manière générale, le christianisme avait perdu sur tout le continent de l'Europe une grande partie de sa puissance; mais dans la plupart des pays, il était plutôt combattu que délaissé". Le cas de la France est donc singulier. Il le paraît davantage encore lorsqu'on remarque que les vices et les abus de l'Eglise étaient moindres que partout ailleurs et qu'elle était d'une tolérance sans précédent et sans égal dans le monde catholique. En conséquence, il faut chercher les causes particulières dans l'état de la société et non dans celui de la religion. Or, s'il développe à nouveau la thèse que c'est en tant qu'institution politique que l'Eglise excitait la haine, Tocqueville jette une lumière nouvelle sur l'autorité qu'elle prétendait exercer sur l'ensemble de la société et la fonction qu'elle occupait dans le système de pouvoirs. Le conflit entre l'Eglise et les nouveaux guides de l'opinion publique ne tient pas à l'opposition de leurs principes: d'un côté, l'attachement à la tradition, le respect d'une autorité transcendante, la défense de la hiérarchie; de l'autre, la critique des institutions du passé, l'affirmation de la liberté individuelle et de l'égalité des conditions—ce conflit naît de la confusion entre le religieux et le politique qui caractérise l'Ancien Régime. Pour que le catholicisme pût coexister avec les nouveaux penseurs, *"il eût fallu que de part et d'autre on eût reconnu que la société politique et la société religieuse étant par nature essentiellement différentes ne peuvent se régler par des principes semblables"*. A défaut d'une telle distinction, l'Eglise paraissait soutenir et elle soutenait en fait dans toutes ses parties le régime. Tocqueville le dit expressément: *"l'Eglise d'ailleurs était elle-même alors le premier des pouvoirs politiques et le plus détesté de tous, quoiqu'il ne fût pas le plus oppressif: car elle était venue se mêler à eux sans y être appelée par sa vocation et par sa nature, consacrait souvent chez eux des vices qu'elle blâmait ailleurs, les couvrait de son inviolabilité sacrée et semblait vouloir les rendre immortels comme elle-même."* Ce jugement mérite d'être médité car il n'est pas loin de celui que formulera Edgar Quinet, à cette réserve près que dernier en tirera une toute autre conclusion: la nécessité d'extirper le catholicisme pour rendre la société à la vie.

Négligeons les arguments secondaires, notamment l'idée que la tolérance de l'Eglise rendait plus insupportable les tracasseries de ses censeurs, bref, cette idée familière au lecteur de Tocqueville qu'un pouvoir devient d'autant plus odieux qu'il perd une part de ses moyens. L'essentiel tient dans la démonstration que l'incrédulité ou davantage la haine anti-religieuse, est le produit du système politique de l'Ancien Régime, puisque la religion catholique, fût-ce pour de mauvaises raisons, lui était devenue consubstantielle. Cette incrédulité n'est donc pas toute imputable à l'extravagance des théories d'écrivains privés du sens des nécessités politiques et elle ne désigne pas un phénomène accidentel, une manifestation spectaculaire, mais superficielle de la Révolution. Certes, Tocqueville considère toujours l'irreligion comme un malheur, mais il entrevoit qu'elle relève d'une passion positive qui se substitue à la foi défaillante. Qu'on en juge: après avoir observé que *"le discrédit universel des croyances religieuses à la fin du siècle dernier a exercé sans aucun doute la plus grande influence sur notre révolution. . ."*, il revient sur les effets de l'irreligion pour estimer *"que ce fut bien plus en déréglant les esprits qu'en dégradant les coeurs ou même en corrompant les moeurs qu'elle disposa les hommes de ce temps-là à se porter à des extrémités singulières."* Puis il va plus loin encore: *"lorsque la religion déserta les âmes, elle ne les laissa pas ainsi que cela arrive souvent vides et débilitées.* Elles se trouvèrent momentanément remplies par des sentiments et des idées qui tinrent pour un temps sa place [je souligne] *et ne leur permirent pas d'abord de s'affaisser."* Enfin, sa pensée s'emporte au-delà de ce qu'elle s'autorisait à concéder: *"Si les Français qui firent la révolution étaient plus incrédules que nous, en fait de religion, il leur restait du moins une croyance admirable qui nous manque, ils croyaient en eux-mêmes."* En eux-mêmes? L'expression ne lui semble pas juste, car il précise aussitôt:

*Ils ne doutaient pas de la perfectibilité, de la puissance de l'homme, ils se passionnaient volontiers pour la gloire, ils avaient foi dans la vertu. Ils mettaient dans leurs propres forces cette confiance orgueilleuse qui mène souvent à l'erreur, mais sans laquelle un peuple n'est capable que de servir. Ils ne doutaient point qu'ils ne fussent appelés à transformer la société et à régénérer notre espèce. Ces sentiments et ces passions étaient devenus pour eux comme une sorte de religion nouvelle [je souligne] qui, produisant quelques-uns des grands effets qu'on a vu les religions produire, les arrachait à l'égoïsme individuel, les poussait jusqu'à l'héroïsme et au dévouement et les rendait souvent insensibles à tous ces petits biens qui nous possèdent. J'ai beaucoup étudié l'histoire et j'ose affirmer que je n'y ai jamais rencontré de révolution où l'on ait pu voir au début dans un aussi grand nombre d'hommes un patriotisme plus sincère, plus de désintéressement, plus de vraie grandeur.*

Il est vrai le chapitre auquel je me réfère ne s'achève pas tout à fait là. En quelques lignes, l'auteur rappelle le mal public immense que fit l'irreligion. Ce mal, il en voit les effets dans l'apparition de "*révolutionnaires d'une espèce inconnue, qui portèrent l'audace jusqu'à la folie. Ces êtres nouveaux ont formé depuis une race qui s'est perpétuée et répandue dans toutes les parties civilisées de la terre. . . Nous l'avons trouvée dans le monde en naissant, elle est toujours sous nos yeux*". Remarquons-le, de nouveau, au passage, Tocqueville se déplace d'un point de vue à un autre sans se soucier de les raccorder; ainsi observe-t-il tour à tour que son époque marque la réconciliation de la société avec la religion, que cette société s'abîme dans la médiocrité, enfin qu'elle devient le théâtre d'une prolifération de révolutionnaires.

L'interprétation de Tocqueville rend moins étranges les idées de Michelet et de Quinet. Sans doute, leur inspiration est-elle toute différente. Tandis que Tocqueville aboutit à l'hypothèse d'une religion nouvelle par un mouvement qui contredit à son premier jugement, Michelet et Quinet trouvent dans cette religion l'essence même de la Révolution. Tocqueville explique qu'elle devait s'évanouir au terme du bouleversement politique et social; Michelet et Quinet sont persuadés que c'est en raison de son échec religieux que la Révolution n'a pu atteindre à son but et que la société de leur temps continue de requérir une foi d'un nouveau genre. Tous trois, du moins, tiennent dans un même mépris le culte de la raison et celui de l'Etre suprême; cette mascarade n'a rien à faire à leurs yeux avec l'expérience religieuse. Tous trois, surtout, se rencontrent dans la célébration de l'*héroïsme* de l'époque révolutionnaire, cet oubli de soi et cet abandon à des forces surnaturelles dont il y eut tant d'exemples et qui fait si puissamment constraste avec les mesquineries du présent. N'est-ce-pas, finalement, pour Tocqueville, le phénomène le plus troublant? Cependant l'héroïsme ne dit pas tout. Et Michelet et Quinet, sans tout à fait s'accorder, sont seuls à chercher le *sens* de la religion nouvelle, d'une religion en rupture avec toutes les anciennes institutions et qu'ils jugent toujours en gestation.

La religion nouvelle, Michelet en découvre le plus grand signe au spectacle du peuple rassemblé pour la Fête de la Fédération, communiant avec l'humanité entière dans l'espérance en un monde nouveau—au spectacle de ce qu'il appelle encore le mariage de la France avec la France. La Révolution, il la voit se détacher de l'histoire, se faire inlocalisable: "*elle a ignoré l'espace et le temps*" s'émerveille-t-il. Aussi bien l'écrivain se plaît-il aux formules qui permettent d'évoquer le passage du Christ, sa naissance en un temps où l'empereur décrétait le recensement de tous les hommes dans le monde connu. Il s'inspire tour à tour de Saint-Paul et de Dante. Qu'on se souvienne de la manière dont il parle du Champ de Mars, le grand rendez-vous de la Nation: *"Un tel lieu semblait attendre les Etats-généraux du monde."* Il écrivait un peu plus tôt: *"Ce jour-là, tout était possible. Toute division avait cessé; il n'y avait ni nobles, ni bourgeois, ni peuple. L'avenir fut présent . . . c'est-à-dire plus de temps . . . un éclair, l'éternité."* La religion nouvelle est pour lui davantage qu'une formule, il en fait le thème exprès de quatre chapitres de son *Histoire*: les deux derniers du livre III, le premier du livre IV et le premier du livre XIV. Ces textes sont trop célèbres pour qu'il vaille la peine de les citer. Rappelons du moins comment il oppose à l'inspiration religieuse le travail de la machine jacobine et à l'exaltation devant la tâche de construire un monde nouveau la peur et le vertige qui s'emparent des révolutionnaires. *"Contre la vaste conspiration qui se prépare, il faut une conspiration"*, écrit-il au début du livre IV. *"Vienne celle des Jacobins et qu'elle enveloppe la France. Deux mille quatre cents sociétés, dans autant de villes ou de villages s'y rattachent en moins de deux ans. Grande et terrible machine qui donne à la Révolution une incalculable force, qui seule peut la sauver, dans la ruine des pouvoirs publics; mais aussi elle en modifie profondément le caractère*, elle en change, en altère la primitive inspiration [je souligne]". Rappelons aussi comme il dénonce au même endroit la timidité d'une bourgeoisie qu'on a cru à tort résolue et radicale: *"la bourgeoisie trembla devant la révolution qu'elle avait faite. Elle recula devant son oeuvre. La peur l'égara, la perdit, bien plus encore que l'intérêt."* Ce jugement, il le reformulera dans le chapitre du livre XIV qu'il ne craint pas d'intituler *"la Révolution n'était rien sans la révolution religieuse."* Là paraît l'ampleur de son interprétation et ses raisons s'éclairent: *"Le plus avancé, Saint-Just, n'ose toucher ni la religion, ni l'éducation, c'est-à-dire le fond même des doctrines sociales; on entrevoit à peine ce qu'il pense de la propriété./Que cette révolution, politique et superficielle, allât un peu plus ou un peu moins loin, qu'elle courût plus ou moins vite sur le rail unique où elle se précipitait . . . elle devait s'abîmer."* Et de préciser: *"il lui manquait pour l'assurer la révolution religieuse, la révolution sociale, où elle eût trouvé son soutien, sa force, sa profondeur."* Ce qu'il reproche aux révolutionnaires, c'est d'être demeurés dans les limites de la philosophie que leur avait léguée le siècle. Il voit dans les Girondins et les Jacobins *"deux partis raisonneurs"* qui ignoraient tout de *"l'éternelle faim de l'âme humaine, toujours affamée, altérée de Dieu"*.

Alors qu'il vient de condamner leur défaillance, leur retrait dans les frontières d'un débat qui n'importait pas au peuple, Michelet, en quelques mots frappants, met soudain en évidence le lien entre la peur de la rénovation religieuse et la précipitation dans la Terreur: *"Toute la fureur des partis ne leur faisait pas illusion sur la quantité de vie que contenaient leurs doctrines. Les uns et les autres, ardents, scolastiques, ils se proscrivirent d'autant plus que, différents moins au fond, ils ne se rassuraient bien sur les nuances qui les séparaient qu'en mettant entre eux le distinguo de la mort."*

Michelet est décidément loin de Tocqueville; il ne fait pas que concéder la grandeur de la religion nouvelle, il l'exalte, il affirme que le politique est indissociable du religieux et du social, là où Tocqueville prétend les tenir séparés. Sans doute, je l'ai signalé, il a la même vision d'une conduite héroïque qui excède les limites de la raison. Mais l'héroïsme, il le pense plus subtilement, car il ne lui suffit pas que les hommes défient la mort pour mériter le nom de héros. Ne compte à ses yeux que l'héroïsme de l'esprit (selon la formule qui lui est chère et qu'il a empruntée à

Vico), un héroïsme qui ne s'attache à l'individu que s'il ne se retranche pas du peuple.

A considérer l'idée qu'il se fait de la religion nouvelle et des raisons de son échec, il faut convenir que Michelet entretient la plus étroite affinité avec Quinet. Que la révolution sociale ne fût rien sans la révolution religieuse, que celle-ci dût se confondre avec une révolution sociale, que les révolutionnaires eussent peur de leur propre révolution, que ceux qu'on désigne comme des furieux fussent en fait des timides, que *"le vide spirituel"* de la Révolution vint à se masquer sous la Terreur: autant d'idées qui sont au centre de l'interprétation de Quinet. En quoi se distingue-t-il toutefois, et pourquoi nous incite-t-il à interroger de plus près le sens du religieux?

En premier lieu, Quinet découvre dans le destin de la Révolution la marque d'un héritage. Ce qui lui importe est de mettre en évidence la tradition de servitude qui caractérisa la France monarchique et catholique, Il ne se contente pas, comme Michelet, de présenter Robespierre comme un nouveau tyran, voire plus généralement de repérer le retour des pratiques de l'absolutisme au sein du pouvoir révolutionnaire, sa thèse est plus rude: ce sont les Français eux-mêmes, c'est, dans ses profondeurs, la Nation qu'il voit accoutumés depuis des siècles à la servilité, sous l'effet du joug spirituel de l'Eglise. Michelet, pour sa part, n'a jamais cessé dans ses ouvrages de célébrer la France, une nation élue. Qu'on se reporte seulement à son *Introduction à l'histoire universelle*. Cet écrivain qui affirma plus tard qu'il n'y avait pas d'esprit moins mystique ni plus réaliste que le sien, ne reculait devant aucune métaphore religieuse. *"(Comme) le monde moral eût son verbe dans le Christ, fille de la Judée et de la Grèce, la France expliquera le verbe du monde social"*, écrivait-il alors. Il ajoutait: *"C'est à elle de faire éclater cette révélation universelle."* En ce sens, elle détenait à ses yeux *"le pontificat de la civilisation nouvelle"*. Certes l'auteur de *L'histoire de la Révolution française* a changé; il ne pense plus que *"le nom du prêtre et du roi, représentants de ce qu'il y a de plus général, c'est-à-dire de divin, a prêté au droit obscur du peuple comme une enveloppe mystique, dans laquelle il a grandi et s'est fortifié"*. Quand il parle du passé, il plaint les victimes de la monarchie qui ont dû si longtemps attendre le retour de la Justice. Mais ces victimes, elles sont soumises, elles ne sont pas serviles. Aussi bien sa critique du christianisme, et particulièrement du catholicisme, ne l'empêche-t-elle pas de s'emparer de leurs symboles pour glorifier l'avènement du peuple. La préface de 1868, comme j'ai tenté de le montrer en une autre occasion, témoigne d'un extraordinaire transfert du décor du sacre du roi sur la scène du sacre du peuple. En revanche, point de nation élue, pour Quinet. Nulle concession au symbolisme chrétien. La religion nouvelle, affirme-t-il, si elle eut pris forme aurait détruit toutes les images. L'idôlatrie, quel qu'en soit l'objet est sa cible.

Faut-il penser alors que sa religion nouvelle est fille du protestantisme? La division entre les deux historiens, qui s'appelaient volontiers *frère*, trouve-t-elle là son origine, dans le débat sur les liens de la Révolution et de la Réforme? Sans doute Michelet note-t-il dans sa préface de 1868: *"La révolution, a-t-on dit, a eu tort. Contre le fanatisme vendéen et la réaction catholique, elle devait s'armer d'un crédo de sectes chrétiennes, se réclamer de Luther ou Calvin. Je réponds: elle eût abdiqué. Elle n'adopta aucune église. C'est qu'elle était une église elle-même."* On peut douter pourtant que Michelet se référait en cet endroit à Quinet. Le croirait-on, il faudrait convenir qu'il se trompait. Nulle part, Quinet ne dit ni ne laisse entendre que les Français devaient en 1789 ou 93 se rallier au protestantisme. Il juge seulement qu'ils ont manqué la chance de la Réforme au XVII$^{ème}$ siècle et qu'ils n'ont pas su agir avec la même ardeur que les révolutionnaires anglais. Mais à ses yeux, l'heure est passée et les tâches sont devenues d'un autre ordre. L'exemple des briseurs d'images, Anglais ou Hollandais, est certes rappelé pour démontrer qu'on ne déracine pas sans violence une Eglise établie et que la prudence des plus radicaux des Montagnards en matière de religion s'est avérée la plus dangereuse des erreurs. Toutefois, il ne dit pas plus. Quant à la Réforme elle-même, il la loue d'être à l'origine de la liberté de l'individu, mais il rappelle qu'elle eût pour contrepartie la fabrication d'un dieu despote. La doctrine de Calvin lui paraît désespérante. A toute tentative de refaire une religion au sens traditionnel du terme, il oppose un refus résolu. Dans *La révolution religieuse au XIX$^{ème}$ siècle*, il écarte toute équivoque sur ses intentions: "*cette idée de refaire un dogme universel est un triste legs de l'Eglise que vous voulez combattre*", lance-t-il à l'adresse de contemporains en quête de nouveaux cultes et de nouvelles certitudes. Il tourne en dérision "*ceux qui vivent dans l'attente de je ne sais quel Messie social*": ceux-là, juge-t-il, "*cherchent l'impossible et sont en pleine contradiction avec l'esprit moderne.*" Enfin souvenons-nous que dans *Chritianisme et Révolution* déjà, il allait jusqu'à demander "*s'il ne pourrait arriver que Dieu retirât le Livre*"?

Que Quinet entend-il donc par religion nouvelle? Peut-être l'entreverrait-on mieux, si sans s'arrêter à ses formules, on scrutait la liaison qu'il établit entre l'avènement de l'individu, celui du peuple et celui de l'humanité. Liaison essentielle, à condition de la bien comprendre. Il a foi dans l'individu, mais à la condition qu'il veuille être libre, et comment le voudrait-il, s'il demeurait captif dans une société régie par le prince et le prêtre ou ne venait à jouir d'une indépendance que dans la poursuite de son intérêt. L'individu, la plus noble création des temps modernes, selon Quinet, ne s'affirme qu'en rupture avec l'individualisme, comme le détenteur d'un pouvoir de s'élever au-dessus de lui-même, de faire valoir une liberté qui s'éprouve au contact des autres, cherche tout à fois sa garantie et son sens dans des institutions libres, lesquelles font la vraie vie d'un peuple. Mais encore faut-il ne pas faire du peuple une idole, lui mesurer sa foi à la capacité qu'il a lui-même de se vouloir libre, de donner expression à l'humanité qui tend à s'accomplir à travers lui: "*on sacrifie tout à l'idée de je ne sais quel peuple-Messie qui a besoin de sacrifices sanglants. Mais tous les peuples se prétendent Messie à ce prix-là. Tous veulent qu'on adore leurs violences, leurs iniquités, leurs férocités comme sacrées. Finissons-en avec ce mysticisme sanglant*" (La Révolution, XXIV, 11). Enfin, que gagnerait-on à vénérer l'humanité elle-même, quand on l'a convertie en une nouvelle divinité. L'humanité ne mérite notre foi qu'en tant qu'elle nous demande de répondre d'elle, qu'elle nous charge d'une tâche infinie. A l'adresse des partisans de la religion de l'humanité, Quinet lance: "*Eh bien me disent-ils, adorez donc l'Humanité. O le curieux fétiche / Je l'ai vu de trop près. M'agenouiller devant celui qui est à deux genoux devant toute force triomphante / Ramper devant cette bête rampante, aux milliards de pieds, ce n'est pas là ma foi. Que ferais-je de ce dieu-là? Ramenez-moi aux ibis et aux serpents à collier du Nil.*"

*L'individu, le peuple, l'humanité, ce ne sont pas des êtres empiriques. Si Quinet ne les dissocie pas, s'il les investit d'un sens religieux, c'est qu'ils ne trouvent pas de définition positive, qu'ils témoignent d'une transcendance à défaut de laquelle la société démocratique, l'homme démocratique s'affaissent, la liberté se convertit en sournoise servitude. A la réflexion, la crainte et l'espérance de Quinet ne sont pas étrangères à celles de Tocqueville. Mais ce dernier conserve l'idée que la démocratie trouve un appui en quelque sorte extérieur sur le sentiment religieux des individus, mais qu'elle possède sa dynamique propre, dont le ressort est l'égalité des conditions tandis que la liberté ne s'y maintient que par des institutions qui relèvent d'un art. A la différence de Tocqueville, Quinet semble lier l'existence de la démocratie à la foi dans ses fins, pour autant qu'elle associe l'image de l'individu, du peuple et de l'humanité—une foi donc privée, sociale et universelle. La question que pose la notion de religion nouvelle, ce mot permet-il d'y répondre? On peut en douter, mais qui dirait qu'en tant que question elle ne vient pas jusquà nous.*

Nos citations, dont les références sont indiquées au cours du texte, sont tirées des éditions suivantes: Tocqueville, *L'Ancien Régime et la Révolution*. Oeuvres complètes, NRF Gallimard; Michelet, *Histoire de la Révolution française*, Pléiade, NRF Gallimard; Quinet, *La Révolution*, Paris, Belin, 1987.

# Part VI

## *Reviewing the Revolution. The Political Issues*

# Presentation

BRONISLAW BACZKO

LE regroupement sous l'intitulé *Reprendre la Révolution: le politique* des cinq communications qui font l'objet de ce rapport ne s'impose pas comme évident. En effet, elles ont respectivement comme objets des phénomènes très divers géographiquement et chronologiquement ainsi que des expériences collectives, politiques et intellectuelles, assez hétéroclites. Deux communications, celle de Pierre Bouretz et celle de Pierre Rosanvallon, portent sur la France, notamment sur sur le libéralisme politique "classique" de l'époque de la Restauration (Rémusat est d'une dizaine d'années plus jeune que Guizot; il continue son activité politique après 1848, c'est-à-dire après le retrait de Guizot des affaires. Cela dit, ils partagent tous les deux la même *problématique politique*, celle précisément qui distingue la génération libérale des années vingt du XIX^e siècle). Michael Broers analyse le régime napoléonien en Italie en le situant dans un contexte plus large à savoir celui de l'interrogation sur les rapports conflictuels entre les structures de l'Etat moderne, influencées directement ou indirectement par la Révolution, et les mentalités traditionnelles. John Dinwiddy examine un courant relativement marginal des radicaux anglais dans la première moitié du XIX^e siècle. Finalement, la communication de Heinz-Dieter Kittsteiner est centrée sur l'élaboration du concept de révolution globale par les jeunes hégéliens dans la troisième et quatrième décennies du XIX^e siècle.

Déjà cette brève énumération met en évidence les *différences nationales* propres au XIX^e siècle. Les problèmes politiques qui surgissent dans chacun de ces pays ne sont pas conceptualisés avec le même outillage; de même les références historiques varient d'un pays à l'autre. Il ne s'agit d'ailleurs ni de mêmes problèmes ni de mêmes discours. Je n'aimerais pas faire de nécessité vertu, mais il se peut que cet éclatement ne soit pas dû uniquement à la contrainte de repartir des communications par séance dans le cadre d'un colloque. A sa manière traduirait-il la spécificité du XIX^e siècle dont la culture politique est elle-même éclatée en cultures nationales qui se réfèrent à leurs expériences historiques spécifiques? La culture politique du XIX^e siècle, ou plutôt ses *cultures politiques* s'élaborent et s'affirment en opposition à un cadre conceptuel qui était propre aux Lumières et, en large partie, à l'époque de la Révolution. Il me semble que ce phénomène se répercute nécessairement sur le caractère de notre colloque par rapport à ceux de Chicago

403

et d'Oxford dont les problématiques étaient beaucoup plus homogènes. L'éclatement de la problèmatique traduit, peut-être, le destin même de la référence à
l'héritage de la Révolution française. Celle-ci ne constitue pas une matrice universelle; son importance varie en fonction des traditions nationales et des familles
politiques. Quoi qu'il en soit, j'avoue franchement de n'avoir pas réussi à trouver
un dénominateur commun aux problèmes discutés dans cette série de communications (sauf, bien entendu, la référence, parfois très vague, à la Révolution).
D'autre part, je tiens à souligner que certains sujets dépassent largement mes compétences; tel est notamment le cas de radicaux et chartistes anglais sur lesquels je
n'ai jamais travaillé. Autant d'excuses et de réserves qui délimitent le caractère de
cette présentation: je me contente de rappeler les grandes lignes des communications, en espérant ne pas trop les déformer, et de formuler quelques interrogations. Autrement dit, il s'agit moins d'un rapport de synthèse que d'une première
intervention dans le débat qui va suivre.

Commençons par les deux communications sur le *libéralisme français* qui prolongent d'ailleurs notre débat sur Mme de Staël et Benjamin Constant. La communication de Pierre Bouretz porte sur l'oeuvre de Charles de Rémusat qui
présente, pour ainsi dire, une sorte de *vulgate libérale*, élaborée par la génération
qui s'affirme dans la deuxième décennie du XIX^e siècle. S'inspirant largement
de l'oeuvre des doctrinaires, notament de Guizot, de Rémusat doit faire face à
l'offensive des *ultras* et défendre les principes mêmes de quatre-vingt-neuf (cela
distingue d'ailleurs le libéralisme des années vingt de celui des républicains
libéraux de la période thermidorienne et du Directoire qui considèrent ces principes comme un acquis durable car solennellement consacré par la constitution de
l'an III). Or, sous la Restauration, face aux attaques contre la Charte, les libéraux
doivent *relégitimer* les principes de quatre-vingt-neuf, d'où leur acceptation de la
Révolution et de ses acquis: un gouvernement représentatif et rationnel est lui
seul conforme à l'évolution du temps, au *progrès de la civilisation*. Cependant,
l'acceptation de la Révolution comme un *bilan* entraîne le dilemme, pour ainsi
dire, classique: devrait-on du coup l'accepter comme *bloc*, et si oui, que faire alors
avec la Terreur? Comme le démontre Pierre Bouretz, la position de de Rémusat
est assez hésitante. Il penche plutôt pour l'acceptation de l'héritage révolutionnaire
dans son ensemble, en constatant pourtant l'existence d'une bipolarité: d'un côté
les principes de quatre-vingt-neuf, de l'autre côté les pratiques terroristes de l'an
II. En effet, la Terreur ne présente pas seulement une hypothèque à lever, elle est
aussi une énigme. Etait-elle uniquement un produit passager des "circonstances",
notamment de la guerre? (comme nous l'avons observé lors de nos débats, cette
explication était déjà avancée au lendemain du 9 Thermidor et elle était promise
à un bel avenir). Ou bien le phénomène de la Terreur serait la conséquence de
l'esprit même du XVIII^e siècle, de ses idées par trop abstraites qui virtuellement se
prêteraient à justifier une tyrannie exercée au nom de la Vertu et de la Raison?
La Révolution, produit de l'évolution historique, serait donc nécessaire dans ses
principes mais néfaste trop souvent dans son déroulement réel. Des contradictions
analogues travaillent aussi la pratique politique des libéraux: refus de tout système
politique qui remettrait en question les principes de quatre-vingt-neuf; méfiance
profonde à l'encontre de toute tendance politique qui n'hésiterait pas à déclencher
une nouvelle révolution pour réaffirmer ces mêmes principes. A ses hésitations

Rémusat n'apporte pas de réponse définitive: il reste un témoin privilégié des dilemmes dont la Révolution grève la liberté conçue comme son oeuvre et son legs universel.

Toute vulgate présente l'avantage, ou, si l'on veut, le défaut, de simplifier des problèmes autrement complexes, jusqu'à les annuler. Ainsi, pour Rémusat le *gouvernement représentatif* est un acquis non-problématique de la Révolution; il en est autrement pour certains doctrinaires, et tout particulièrement pour Guizot dont les idées font l'objet de la communication de Pierre Rosanvallon. "Le mot *représentation* mal compris a brouillé l'esprit", affirmait Guizot. Son oeuvre de l'époque de la Restauration fournit un long commentaire sur le concept même de *représentation* et, partant, sur les principes du gouvernement représentatif. Les réflexions politiques et historiques de Guizot sont parallèles aux conflits politiques de la Restauration centrés sur le sens à donner à la Charte ainsi qu'au système représentatif. Or le concept de représentation qui se retrouve au coeur de ces débats est frappé par les ambiguïtés issues de l'expérience révolutionnaire. En effet, des difficultés se sont manifestées déjà lors de premiers débats constitutionnels. La Constitution de 1791 fait plutôt enregistrer l'ambivalence du concept que de la lever. Comme on le sait, l'article-clé stipule ainsi sur cette question: "La Constitution française est représentative; les représentants sont le corps législatif et le roi." (titre III, art. II). On remarque facilement la difficulté majeure: les députés sont *élus*, par contre le roi est *héréditaire*. Du coup, les rapports entre *représentation* et *élection* se trouvent posés comme problème sans trouver d'autre solution que pragmatique.

Guizot reprend cette problématique et les contradictions qui la travaillent mais à un autre stade historique, à la lumière à la fois de l'expérience de la Terreur et du régime napoléonien. La *représentation*, si elle est "mal comprise" se réfère uniquement aux *élections*, au mandat délégué par des commettants, donc à une "multitude", au "nombre". Or, se rapporter uniquement au "nombre" comme seule instance de légitimité, c'est nécessairement encourager le recours à la démagogie lors des élections, embraser les passions et aviver des conflits politiques et sociaux. En dernier ressort, baser la représentation sur le *nombre*, c'est faire triompher les principes et les passions égalitaires, ou plutôt le despotisme qui s'en sert et en tire profit. Telle est la leçon politique à tirer de la tyrannie de Robespierre, appuyée par la populace ou du despotisme de Napoléon cautionné par des plébiscites. Or, affirme Guizot, la représentation, cette fois bien comprise, exige que les représentants soient les *meilleurs*, que chacun parmi eux soit *capable* de vouloir pour la Nation tout entière. D'où la double solution avancée par Guizot: il faut nettement distinguer entre la procédure de *légitimation du pouvoir* (les élections) et *les conditions de l'activité* de ce même pouvoir. La procédure électorale devrait assurer le choix de "meilleurs" comme représentants, d'où la nécessité d'un système censitaire qui garantirait l'accès aux pouvoir des *capacités*, opposées à la "multitude" et au règne aveugle du "nombre". D'autre part, les conditions de l'activité du pouvoir sont définies par la *publicité*: par les débats libres et publics dans les Chambres ainsi que par la liberté de la presse. La publicité contribuerait ainsi à une sorte de sélection, pour ainsi dire, naturelle des "meilleurs", des "capacités". Grâce à l'accès au pouvoir de nouvelles élites ainsi qu'au mécanisme de leur renouvellement permanent trouverait sa solution la contradiction entre le peuple souverain, cette idole révolutionnaire, et la souveraineté de la raison. Certes, les élites n'incarnent pas pleinement celle-ci mais elles assurent au mieux le respect des lois de la raison et de l'équité afin de satisfaire aux besoins généraux et actuels de la société. Ainsi, le pouvoir légitime n'est point une donnée fixe mais devrait être en permanence perfectionné. Grâce à la publicité l'exercice du pouvoir ne serait plus opaque pour la société. Parfaire la Révolution (et du coup, la clore définitivement), c'est installer un nouveau type de communication entre les gouvernants et les gouvernés, et, du coup, se situer dans une logique que Pierre Rosanvallon appelle "post-représentative".

Deux observations à propos de ces deux communications fort stimulantes. La première est d'ordre lexicologique et concerne l'actualité politique. *Publicité* est un concept qui est aujourd'hui revenu à la mode par des voies detournées. Je pense au terme *glasnost*, souvent mal traduit par "transparence". En effet, il s'agit de *publicité*, au sens que les libéraux de la première moitié du XIX<sup>e</sup> siècle, notamment Guizot, donnent à ce terme. A leur tour les libéraux russes des années soixante le reprennent et le traduisent par *glasnost*. C'est là, dans cette tradition que Gorbatchev a trouvé le mot clé de son discours politique (Georges Nivat a judicieusement attiré l'attention sur cet emprunt). Curieuse histoire d'un mot qui par un long détour (pensons au sens que la *publicité* a acquis dans notre langage quotidien) revient à sa signification première. Deuxième observation: je me demande dans quelle mesure les libéraux des années vingt étaient toujours marqués par les souvenirs de la Terreur et, partant, à quel point leurs réflexions sur le concept de représentation prolongeaient le débat constitutionnel de l'an III. Une des préoccupations majeures de ce débat était de trouver des moyens efficaces qui protégeraient l'espace politique contre tout retour de la Terreur. Cela se traduit notamment par la volonté de détacher le système représentatif du principe de la souveraineté illimitée du peuple, ce principe néfaste d'origine rousseauiste qui, selon la formule de Sieyès, faisait dégénérer la *ré-publique* en *ré-totale*. Comme on le sait, la Constitution de l'an III met en place tout un dispositif institutionnel qui devrait assurer cette tâche et dont la pièce maîtresse était l'introduction d'un double cens électoral, matériel et culturel. Guizot à son tour trouve dans l'instauration du cens électoral la protection contre la souveraineté du peuple, principe qu'il juge à la fois faux et néfaste. L'incarnation de ce principe ne pouvait être que le suffrage universel aboutissant nécessairement à la "dictature du nombre" avec toutes ses conséquences et que Guizot ne cessera pas de combattre. Sa réflexion sur le concept moderne de représentation semble buter ici sur des bornes infranchissables, comme si pour lui l'histoire du système représentatif s'achevait en 1830. Contrairement à Tocqueville, il n'arrivait pas à saisir la dynamique propre au système représentatif qui fait sauter les barrières censitaires et débouche sur un espace démocratique dans lequel les rapports entre liberté et égalité, entre la souveraineté du peuple et les droits de l'homme qui la limitent, ne sont jamais acquis mais présentent autant de problèmes que la démocratie moderne doit affronter en renouvelant ses réponses.

On retrouve une toute autre problématique dans la communication de John Dinwiddy sur les attitudes des radicaux anglais face à la Révolution française. L'auteur distingue deux phases dans l'évolution de ces attitudes: avant et après 1830. Dans la première période, les radicaux partagent la méfiance généralisée à l'égard de la tradition révolutionnaire, qui s'est installée en Angleterre: le spectre de la guillotine et de la dictature jacobine hante les esprits. Du coup, dans leurs revendications politiques et sociales les radicaux ne se réfèrent pas à l'héritage idéologique de la Révolution mais aux droits historiques anglais, voire aux libertés saxonnes. Ne relevons qu'un seul exemple, combien remarquable: Henry Hunt portait avec ostentation un bonnet rouge tout en insistant que c'est un symbole des anciennes libertés constitutionnelles anglaises et non pas un insigne emprunté aux sans-culottes. L'exemple français est considéré comme non pertinent et cela pour plusieurs raisons: la France, contrairement à l'Angleterre, n'a connu aux XVII$^e$ et XVIII$^e$ siècles que le joug de la monarchie absolue; elle ne disposait ni de tradition ni d'expérience des libertés publiques, notamment des débats politiques dans le parlement et dans la presse. Je me demande d'ailleurs dans quelle mesure ces idées témoignent de l'influence directe ou indirecte de la position de Burke. Il est, d'autre part, intéressant à constater que c'est une argumentation dont les termes sont les mêmes mais inversés par rapport à celle qui s'imposa lors du débat constitutionnel français en 1789–91. En refusant le modèle anglais glorifié par les monarchiens, les "patriotes" soulignent que la *chance* historique de la France consiste présisément dans le fait qu'elle n'a pas de constitution; du coup, la Constituante doit repartir de *zéro*, inventer de nouvelles institutions politiques, conformes aux idées les plus avancées du "siècle éclairé" et non pas respecter les traditions et les préjugés d'un autre âge, comme l'avaient fait les Anglais.

Après le Reform Bill de 1832, le désenchantement à l'égard de la politique whig va de pair avec le renouveau de l'intérêt pour la France et son expérience révolutionnaire. Le spectre de la Terreur commence à s'effacer et les "trois glorieuses" offrent l'exemple d'une révolution non-violente qui reprend et développe les principes de quatre-vingt-neuf. On constate alors la reprise par des radicaux d'un certain langage jacobin ainsi que les signes d'une nouvelle perception de la Révolution, insistant notamment sur ses aspects sociaux et l'exigence d'égalité. Dans ce contexte s'inscrit l'intérêt suscité pour *La conspiration pour l'Egalité* de Buonarroti; publié en 1828, le livre est traduit en anglais en 1836, par O'Brien, Irlandais, journaliste radical, auteur également d'une biographie apologétique de Robespierre ainsi que d'une *Elégie* à la gloire de l'Incorruptible, ouvrages qui ont inluencé des chartistes radicaux, notamment Julian Harney. Dans leurs écrits ils se réfèrent à la tradition insurectionnelle jacobine comme moyen efficace de réaliser les revendications sociales. La Convention chartiste de 1839 condamna pourtant les orientations néo-jacobines et babouvistes. O'Connor insista sur le caractère spécifiquement anglais du mouvement chartiste qui se traduit par l'invention, comme moyen d'action collective privilégiée, de la *grève générale* par opposition à l'insurrection armée. Ainsi se confirme la tendance à conserver les particularités du mouvement radical anglais, de rechercher des modèles référentiels dans la tradition anglo-saxonne, par exemple dans la Révolution américaine, et non pas dans l'expérience révolunnaire française.

Je passe sans transition, car je n'en ai trouvé aucune, à la communication de Michael Broers sur *L'Italie et l'Etat moderne: l'exemple du régime napoléonien*. L'auteur aborde l'héritage de la Révolution française sous un angle bien spécifique. En effet, il ne suit pas son destin à travers les jacobins italiens, les carbonari et leurs conspirations au XIX$^e$ siècle, etc., filon trop souvent exploité. Cet héritage est examiné sous la forme d'*Etat moderne* modelé par la Révolution. Etat moderne mais aussi Etat modernisateur. En Italie se manifeste nettement la continuité entre l'Etat napoléonien et les traditions, les pratiques et le personnel de l'Etat absolu-tiste (notamment de l'absolutisme joséphin). Cependant l'Etat napoléonien s'eng-age beaucoup plus loin dans la voie de transformation de la société civile: il se propose de gérer cette société, il intervient dans la vie économique (essais de mod-erniser l'agriculture et les manufactures), il se propose de former des citoyens, et non pas des sujets, à travers un système scolaire renouvelé. L'Etat napoléonien trouve une base culturelle dans l'ancien personnel des Etats absolutistes; à son tour il forme des fonctionnaires qui seront relayés par les cadres de l'Etat italien moderne après le Risorgimento. Si l'Etat napoléonien dispose d'un certain appui culturel il manque, par contre, de *base sociale*. Michael Broers insiste sur les résis-tances multiples et diverses sur lesquelles butte l'action modernisatrice (le rejet de la modernisation l'emportant même sur les sentiments anti-français, bien qu'il soit difficile d'isoler ces deux aspects de la résistance à l'intervention de l'Etat). D'où l'*anti-révolution larvée* (pour reprendre le terme proposé par Colin Lucas comme désignation de ce type de mouvements collectifs): des déserteurs, des contreban-diers, des révoltes contre les impôts nouveaux, etc. Aux *formes de sociabilité méridionale*, l'Etat napoléonien oppose son idéologie imprégnée des Lumières, condamnant et combattant les "préjugés", en déclenchant ainsi une sorte de Kul-turkampf avant la lettre (en réprimant, par exemple, les fêtes traditionnelles). Sur ces oppositions se greffe le conflit religieux qui oppose une culture politique issue des Lumières à une religiosité qui a conservé ses formes baroques. L'Eglise catho-lique demeure la seule force capable de cimenter les résistances contre l'agression culturelle et sociale de l'Etat modernisateur; elle fait basculer d'ailleurs l'anti-révolution larvée et la pousse vers une action contre-révolutionnaire organisée et munie d'un projet politique. Du coup, les conflits locaux gagnent en virulence et en importance: leur enjeu se présente comme le choix global entre une *religiosité baroque et l'esprit éclairé*. Ainsi se profile la continuité structurale de l'opposition entre l'Etat moderne et tout un style de vie méridional et baroque refusant les nouvelles valeurs, conflit qui a ses racines dans l'action modernisatrice de l'Etat napoléonien et dont les prolongements se retrouvent au long du XIX^e siècle, voire même dans la société italienne contemporaine.

La riche et dense communication de Heinz-Dieter Kittsteiner reprend les pro-blèmes qui étaient déjà soulevés lors de la séance consacrée à la philosophie clas-sique allemande et qui trouvent leurs prolongements dans la communication de Jerry Seigel. Il m'est impossible de la présenter brièvement sans courir le risque de simplification excessive; mais il m'est également impossible de suivre tous les cheminements, souvent aussi sinueux que spéculatifs, de l'évolution des idées phi-losophiques qui débouche sur l'élaboration de *l'idée de révolution globale*. Nous trouvons comme point de départ l'incontournable problématique religieuse que nous avons déjà discutée, à savoir les rapports entre la Réformation et la Révolu-tion, entre réforme religieuse et révolution politique. Il revient à Hegel d'avoir formulé ce double problème d'une manière marquée par une ambivalence irréductible qui, du coup, suscitera des interprétations multiples et contradictoires. D'une part, Hegel souligne que l'Allemagne n'a pas besoin de révolution car elle a connu la Réformation, à travers laquelle s'affirme la marche de la Raison dans

l'Histoire. Ainsi, la réforme religieuse impliquerait des conséquences institutionnelles et politiques et le mode révolutionnaire de changement politique ne serait
spécifique que des pays catholiques. D'autre part, Hegel énonce sa thèse célèbre
définissant les rapports entre le réel et le rationnel: ce qui est réel est rationnel, et ce
qui est rationnel est réel. Contrairement aux apparences, ce n'est pas une apologie
conservatrice de l'état de fait mais l'expression de la confiance à la "vieille taupe",
au travail de la raison qui creuse son chemin dans le monde. Or, dans cette perspective, l'ambiguïté de la Révolution ressort pleinement: elle applique au monde un
devoir-être abstrait qui lui reste externe et qui pourtant ne peut s'imposer qu'en
se confondant avec sa rationalité immanente. Heinz-Dieter Kittsteiner analyse
comment à partir de ces formules les jeunes hégéliens cheminent, à travers l'activisme fichtéen, la rencontre avec les réformateurs sociaux français (les saint-simoniens, Cabet et Proudhon), la découverte des "masses", notament du phénomène
de paupérisme (la révolte des tisserands en Silésie), vers l'élaboration du concept de
*révolution globale*. Cette *exigence de globalité* radicalise le débat philosophique, le
pousse vers une surenchère. Autrement dit, ou bien la révolution à faire englobera
tout, ou elle ne saura pas être une révolution. Le dépassement du religieux est la
condition même de cette globalité révolutionnaire: la Réforme ne peut être accomplie que par son dépassement. Sa vérité consisterait ou dans la création d'une
communauté libre de toute contrainte extérieure ou bien, comme c'est le cas de
tout phénomène religieux, dans la réappropriation par les hommes de leur
Gattungswesen, de leurs facultés génériques qui sont aliénées par les représentations du sacré. La révolution ne peut être "globale" en se limitant uniquement
au politique; elle doit embrasser également l'économique et le social. La nouvelle
révolution est donc inséparable de l'intégration du religieux et du social, de l'économique et du politique dans un seul et même acte historique (elle ne peut donc être
qu'universelle, notamment en faisant fusionner dans une seule théorie la philosophie allemande, le socialisme français et l'économie politique anglaise). Elle ne
peut être que le résultat de la prise de conscience qui s'opère dans et par le processus
historique lui-même. Celle-ci prend la forme ou bien de "critique philosophique"
dont l'objet sont les "masses", leur inertie ainsi que leur fausse conscience (une
sorte de révolution culturelle permanente, selon Bruno Bauer), ou bien la forme
*d'action du prolétariat*. Comme on le sait, le jeune Marx en fait le concept-clé de
son idée de révolution: le prolétariat étant dans l'histoire porteur de sa propre
émancipation globale, celle-ci passe nécessairement par une révolution globale
dont la finalité consiste dans la réappropriation par l'homme de ses facultés
aliénées dans les modes de son existence sociale basée sur la propriété privée. De
ces développements, présentés trop schématiquement, dégageons encore une thèse
particulièrement importante pour nos débats: plus s'élabore le concept de révolution globale, plus recule l'importance du modèle révolutionnaire français dont
Marx cherche à démontrer les limites. Ajoutons seulement que pour le faire, Marx
doit précisément passer par *l'analyse* de la Révolution française. Il s'y livre dans
*La Sainte famille*, et c'est un peu dommage que la communication laisse de côté
cette analyse. Marx la reprendra d'ailleurs à maintes reprises en découvrant avec
surprise (elle rappelle celle des libéraux qu'il combattait pourtant) que cette révolution classée comme définitivement achevée semble sans cesse resurgir du passé et
travailler le présent.

A la fin de ce parcours j'aimerais revenir à son point de départ. Comme je l'avais annoncé, il est assez difficile de retrouver ne serait-ce que le plus petit dénominateur commun de ces communications qui explorent des problématiques très diverses. La question qui nous intéresse tout particulièrement, à savoir la réflexion sur la *reprise de la Révolution*, se profile, peut-être, le plus nettement chez les libéraux français ainsi que dans les débats philosophiques et politiques allemands qui culminent dans l'oeuvre du jeune Marx.

Je me demande pourtant s'il est possible de se livrer à une autre lecture de cette série de communications. En effet, elles semblent mettre en lumière l'émergence de nouvelles figures politiques issues de l'expérience révolutionnaire, modelées par elle-même, ou par ses retombées. Ainsi, à travers ces communications se profilent: a. *L'homme politique* qui est député mais également journaliste, qui associe l'action politique au maniement de la parole publique, qui passe de l'opposition au gouvernement (et vice versa) par le truchement du jeu parlementaire. b. *Le haut fonctionnaire de l'Etat moderne* qui demeure l'agent de celui-ci au-delà des fluctuations de la conjoncture politique. Cette figure nous l'avons rencontrée dans la communication sur l'Italie; mais l'exemple français est particulièrement révélateur. N'évoquons que le destin des Conventionnels: 80% des Conventionnels qui ont survécu à la Convention ne sont jamais retournés à leurs activités antérieures; 65% serviront successivement le Directoire, le Consulat et l'Empire, l'écrasante majorité en qualité de hauts fonctionnaires. c. Last but not least: *le révolutionnaire*, au sens propre de ce mot, c'est à dire celui dont l'activité politique, voire toute sa vie, sont au service d'un seul projet: *faire la révolution*. Je pense, bien entendu, à Marx mais aussi, sinon surtout, à Buonarroti qui, pour ainsi dire, ouvre la série: amalgamant le jacobinisme et le babouvisme, il trame, au long de sa vie, des complots, réels et imaginaires, au service d'une seule cause, celle de préparer la Révolution triomphante dont la victoire finale réaliserait enfin la grande promesse de faire régénérer l'humanité.

# CHAPTER 22

# Les Doctrinaires et la question du gouvernement représentatif

PIERRE ROSANVALLON

C'EST pendant la Restauration qu'un régime de type parlementaire prend forme en France.[1] Faut-il d'ailleurs parler de régime parlementaire ou de gouvernement représentatif? Les deux notions semblent se superposer pendant cette période, ce qui ne manque pas de faire problème, nous y reviendrons. Mais ce flou sémantique est en lui-même significatif de la perception d'une rupture globale qui est alors en train de s'accomplir dans les rapports entre l'Etat et la société. Les nouvelles pratiques budgétaires qui s'élaborent après 1814 témoignent de ce basculement de façon particulièrement éclatante. Le budget rectifié de 1814, celui de la première Restauration, donne ainsi lieu, pour la première fois, à un vote de l'Assemblée. Si le principe d'un tel vote, consubstantiel à la notion de gouvernement représentatif, avait été inscrit dans la Constitution de 1791, il n'avait, de fait, pas été mis en application. La Constitution de l'an VIII, qui ne fut pas modifiée sur ce point par l'Empire, avait de son côté seulement prévu que le gouvernement présente au Corps législatif un projet de budget qui était globalement voté, mais sans aucune discussion. Le budget de 1814 marque ainsi un tournant dans l'histoire des rapports entre l'Etat et la société en France. La révolution de la transparaence financière était proclamée et le gouvernement parlementaire se trouvait du même coup fondé.

La procédure qui est alors instaurée—présentation à l'Assemblée d'un projet de loi de finances examiné par une commission parlementaire avant d'être discuté et voté—ne variera guère par la suite. Seules se transforment progressivement les conditions du contrôle parlementaire, qui reste encore très global en 1814 (la Chambre ne vote à cette époque que sur les crédits des sept ministères existants). Pendant toute la Restauration, les libéraux identifient ainsi leur combat en faveur d'un régime parlementaire à l'amélioration des procédures de la discussion budgétaire. Durant une dizaine d'années, la question du vote par chapitres spécialisés du budget semble même servir de catalyseur aux débats politiques sur le sens du gouvernement représentatif. Royer-Collard a défendu en des termes particulièrement éloquents ce principe du vote par chapitre. "La raison de l'impôt, disait-il en 1822, c'est la dépense; la raison de la dépense, c'est les services. Ainsi les

411

services sont la dernière et véritable raison de l'impôt. Ce qui se passe entre le Gouvernement et la Chambre dans la proposition de la loi annuelle des finances en est la preuve (. . .). Dans le fait, le consentement général de la Chambre se décompose en autant de consentements particuliers qu'il y a de dépenses distinctes (. . .) La réciprocité de ces deux choses, les services et l'argent, forme un véritable *contrat* qui oblige le gouvernement envers la Chambre et la nation."[2] Ce point de vue obtient partiellement gain de cause avec l'ordonnance du 1er septembre 1827 qui consacre le principe de l'établissement du budget par sections spécialisées, les dépenses de personnel et de matériel étant pour la première fois clairement distinguées. Le vote du budget par chapitres sera ensuite systématisé en 1831. Vote sur sept ministères en 1814, sur 52 sections en 1827, sur 116 chapitres en 1831, puis sur 400 en 1877 et sur 933 en 1911: ces chiffres témoignent des progrès du régime parlementaire. "Tous les voiles qui couvraient différentes parties des finances ont été dissipés, et tout l'ensemble du système financier est découvert à tous les yeux", notait un publiciste en 1820.[3] La transparence financière symbolise les nouvelles conditions de l'interaction de l'Etat avec la société. Elle aura de multiples conséquences. Mais elle ne constitue que l'un des aspects de la révolution plus globale de la publicité. Le rôle général joué par la chambre et la liberté de la presse en participent également.

Il serait tentant d'en déduire que le gouvernement parlementaire s'est introduit progressivement en France sous la poussée des idées et des revendications libérales, l'Etat et le gouvernement devenant de plus en plus contraints par le public. Mais les choses ne se sont pas passées de cette manière.

### Les paradoxes de l'introduction du gouvernement parlementaire en France

Ce sont paradoxalement les ultras qui ont le plus contribué à l'implantation du régime parlementaire dans les premières années de la Restauration. Pour des raisons essentiellement tactiques. Majoritaires dans la Chambre de 1815, ils cherchaient à s'appuyer sur les prérogatives parlementaires pour limiter les velléités de réforme d'un souverain qu'ils soupçonnaient d'être le jouet des libéraux. "Vive le Roi quand même!": la formule adoptée en 1817 par *Le drapeau blanc* traduit bien cet état d'esprit ultra. Dès 1814 dans ses *Réflexions politiques sur quelques écrits du jour*, Chateaubriand se fait pour cette raison le défenseur de l'initiative parlementaire et de la liberté de la presse, jugeant qu'il était plus avantageux pour son parti de se servir des institutions nouvelles plutôt que de les combattre. *De la monarchie selon la Charte*, publié en 1816, peut faire figure de véritable catéchisme constitutionnel. La convergence avec Benjamin Constant, dont les *Principes politiques* paraissent en mai 1815, est très large. Dans les *Mémoires d'outre-tombe*, Chateaubriand, parlant de cette période, confie qu'il ne soutenait les ultras que parce qu'ils avaient adopté sans réserve les principes du gouvernement parlementaire. C'est se donner le beau rôle (il en était coutumier) et surtout placer sur le terrain philosophique une question qui n'était que politique. Il suffit de lire les pamphlets ultras des années 1814–17 pour s'en persuader. C'est particulièrement net dans une brochure de Vitrolles, *Du ministère dans le gouvernement représentatif*, publiée à la fin de 1815. Elle eut un écho considérable en défendant avec passion le principe de la nécessaire unité entre le ministère et la majorité des chambres.[4] Il s'agissait alors de contraindre le roi à ne point trop céder à la France nouvelle.

A l'inverse, les doctrinaires se font pendant ces années les défenseurs de l'initiative royale et des prérogatives du souverain. Les brochures de Villemain, *Le Roi, la Charte et la monarchie* (1816) et de Guizot, *Du gouvernement représentatif en France en 1816*, témoignent de ce curieux contraste dans lequel les chefs de parti semblent tous à contre-emploi. "Le vrai but, la vraie nature des institutions représentatives," note ainsi Guizot, "est non d'asservir le gouvernement aux incertitudes de la majorité et de le rendre par là le jouet des partis, mais de lui imposer l'obligation d'être assez juste, assez sage, assez habile, assez national pour conserver la majorité malgré les partis."[5] Les doctrinaires acceptent également très mal pour cette raison l'idée de responsabilité politique des ministres. Dans son célèbre discours du 24 février 1816 sur le gouvernement représentatif,[6] Royer-Collard va jusqu'à dire: "le jour où les ministres du Roi seront les ministres de la Chambre (. . .), ce jour-là nous sommes en République." A l'inverse, c'est Chateaubriand qui se fait l'apôtre de la responsabilité ministérielle.[7]

Le débat constitutionnel est ainsi complètement lié aux conditions des affrontements politiques dans les premières années de la Restauration. Le Roi fait figure de rempart de la France nouvelle alors que la Chambre symbolise le volonté de revanche de toute une partie de l'aristocratie. Les enjeux de classe affleurent en permanence et guident en fait toutes les prises de position. "Le gouvernement représentatif", va jusqu'à écrire Guizot, "n'est point comme la légitimité, impartial et neutre de nature. Il appartient à qui l'a voulu, à qui l'a conquis. C'est un instrument de triomphe, une place de sûreté. Si cet instrument tombe entre des mains ennemies, si la place est livrée aux assaillants, tout est changé; ce qui était garantie devient péril (. . .) Les institutions ne sont rien par elles-mêmes; ce n'est point pour elles-mêmes qu'on les veut; elles ont un but déterminé, une utilité pratique; ce sont des moyens d'attaque ou de défense."[8] Et Villemain de lancer aussi abruptement: "Ce gouvernement représentatif que l'on regarde comme le plus heureux produit de la civilisation n'est autre chose que le concours du tiers-état à l'exercice du pouvoir."[9]

Ce contexte rend difficile et délicate l'interprétation de toute la littérature des années 1814–20 qui traite du gouvernement représentatif. Chaque texte ne peut être compris qu'en étant resitué dans son contexte. Est-ce à dire qu'il ne s'agit pour autant que de simples justifications a posteriori de l'attaque d'un gouvernement ou de sa défense? Sans aller jusque là, comme n'ont pas hésité à le faire certains historiens de la période,[10] force est au moins de constater que les réflexions sur le gouvernement représentatif sont largement parasitées par les données de la lutte sociale et de l'affrontement politique. C'est vrai pour les doctrinaires comme pour les ultras.

### La Charte entre le vieux et le neuf

La Charte de 1814 fait entrer la France dans l'ère du régime parlementaire. C'est indéniable d'un strict point de vue institutionnel, nous l'avons rapidement suggéré en prenant l'exemple symbolique des procédures budgétaires. Mais la signification et la direction du mouvement auquel elle correspond sont loin d'être clairs pour autant. Les conditions de rédaction de la Charte en témoignent très concrète-ment.[11] Celle-ci a été conçue comme une sorte de compromis entre la Constitution de 1791 et la tradition britannique. Pour la rédiger, Barbé-Marbois, Destutt de Tracy, Emmery et Lambrechts, quatre "idéologues", travaillent sous la contrôle du gouvernement britannique et du tsar de Russie, soucieux pour leur part de doter la France d'institutions stables de telle sorte que cette dernière soit moins susceptible de se lancer dans de nouvelles aventures extérieures. Mais comment situer la Charte dans l'histoire constitutionnelle et politique française? Ses rédacte-urs ne s'en étaient guère souciés. Ils s'étaient surtout attachés à bâtir un système à peu près cohérent de pouvoirs publics. La question n'en restait cependant pas moins posée, et ce d'autant plus que l'affrontement entre la France nouvelle et l'ancienne noblesse se menait aussi sur le terrain de la gestion de la mémoire collective pendant ces années.[12] Le préambule de la Charte témoignait de la diffi-culté. Tout en se référant à des principes libéraux, il affirmait le caractère "octroyé" du texte constitutionnel et resituait la Charte dans une tradition ancienne, comme s'il n'y avait aucune rupture dans la tradition monarchique française, la révolution n'étant que le contre-coup d'une parenthèse absolutiste.

> Nous avons cherché, y lit-on, les principes de la Charte Constitutionnelle dans le caractère français, et dans les monuments vénérables de siècles passés. Ainsi, nous avons vu dans le renouvellement de la pairie une institution vraiment nationale, et qui doit lier tous les souvenirs à toutes les espérances, en réunissant les temps anciens et les temps modernes. Nous avons remplacé, par la Chambre des députés, ces anciennes Assemblées des Champs de Mars et de Mai, et ces Chambres du tiers-état, qui ont si souvent donné à la fois des preuves de zèle pour les intérêts du peuple, de fidélité et de respect pour l'autorité des rois.

Les ultras s'engouffreront dans cette brèche pour dire que rien n'était changé. Dans son ouvrage publié en 1814, *De la monarchie française*, Montlosier fut le premier à théoriser cette continuité historique et à repousser sur cette base les revendications de la France nouvelle.[13] Le débat sur le statut des Chambres, une fois passées les années 1814-1820, est resté marqué par cette question: renouaient-elles avec une ancienne tradition parlementaire ou correspondaient-elles à une nouvelle forme de représentation politique? Le gouvernement représentatif, en d'autres termes, avait-il une histoire continue? Guizot consacrera à cette question ses cours de 1820-1822 sur l'*Histoire des origines du gouvernement représentatif et des insitutions politiques de l'Europe*.[14]

A partir de cette période, l'histoire des états généraux occupera une place cen-trale dans les débats politiques. Henrion de Pansey, le grand juriste, aborde la question en 1826 en publiant *Les Assemblées nationales en France*. Dans les pre-mières années de la Monarchie de Juillet, les légitimistes mèneront une grande campagne pour ressusciter le souvenir des vieilles assemblées et dénigrer la perver-sion du gouvernement représentatif "moderne", allant sur cette base jusqu'à opposer le suffrage censitaire des années 1830 à la tradition qualifiée d'ancestrale du suffrage universel.[15] Pendant le Second Empire, les libéraux rouvrent à leur tour le dossier. Ernest Duvergier de Hauranne publie pendant cette période sa monumentale *Histoire du gouvernement parlementaire en France* tandis que Fustel de Coulanges fait l'histoire savante des anciennes institutions politiques françaises. En 1866, l'Académie des sciences morales et politiques met au concours une "étude sur les Etats-Généraux de France considérés au point de vue de leur influence positive sur le gouvernement".[16] Le débat traverse ainsi le siècle, montrant à quel point la question de la représentation s'est inextricablement mêlée, en France, à une réflexion sur les ruptures et les continuités de l'histoire. La question de la droite et de la gauche, pour parler en des termes qui n'ont pas encore vraiment de sens sous la Restauration, devient indissociable d'une interprétation des rapports entre le vieux et le neuf, brouillant toutes les lectures institutionnelles usuelles. Pendant la Restauration, on voit par exemple des ultras comme Villèle, Vitrolles ou l'abbé de Monstesquiou qui défendent des projets de décentralisation en entendant renouer avec le mouvement des assemblées provinciales timidement amorcé à la fin du XVIII^{ème} siècle.[17]

### La gestion de l'héritage révolutionnaire

La question du gouvernement représentatif telle qu'elle est réfléchie pendant la Restauration reste marquée par l'expérience révolutionnaire. Si les ultra entendent renouer avec une tradition anté-absolutiste, supposée incarner une forme satisfaisante de représentation politique, il est difficile de mettre entre parenthèses une tentative comme celle de 1791 pour repenser le sens et les fondements de la représentation. Mais cet héritage est particulièrement difficile à gérer tant est contraignante la somme de dénégations sur laquelle la constitution de 1791 a cherché à se fonder. Comment, en effet, définir la notion de gouvernement représentatif, si la représentation ne peut être ni représentation des intérêts ou des classes d'intérêts, ni représentation des corps ou des ordres, ni simple mandat, comme on l'affirme après 1789? Comment représenter la nation et constituer une Assemblée nationale sur la base de telles critiques? La réponse des constituants passe par une redéfinition de la représentation. Elle n'a plus chez eux pour objet principal de transmettre une volonté, de reproduire une qualité ou d'exprimer une autorisation. Sa fonction, comme l'a fortement souligné Carré de Malberg, est d'*organiser* la volonté et la personne nationales.[18] La représentation est le processus constructif par lequel la nation, comme totalité irréductible, constituée par le seul droit naturel,[19] peut agir et parler. La nation peut tout, existe avant tout, mais elle n'acquiert de vrai visage qu'en se donnant un organe: "Ce n'est point la nation que l'on constitue, c'est son établissement politique", écrit ainsi Sieyès.[20] Le caractère abstrait de la nation fonde la nécessité d'établir un processus représentatif aux yeux des constituants, Elle ne joue plus seulement le rôle d'une procédure technique liée à la dimension de la société. La représentation n'est donc plus comme chez Rousseau un obstacle au maintien de la souveraineté générale: elle devient au contraire *la condition* pratique de son exercice. La rapport d'antinomie avec la souveraineté de la volonté générale se transforme ainsi en rapport de nécessité avec la souveraineté de la nation.

Cette réponse constitue-t-elle, comme on l'a affirmé, un simple tour de passe-passe intellectuel? L'important est en tout cas de comprendre que c'est sur cette base conceptuelle qu'est édifiée la Constitution de 1791, et que la façon dont cette dernière traite du droit de suffrage est déterminée par ce point de départ.

La vision de Sieyès, pour aller jusqu'au bout de la reformulation du problème de Rousseau qu'elle entend opérer, tend constamment à exacerber la distance entre les données de l'expérience immédiate et les exigences de sa logique théorique. A la limite, Carré de Malberg l'a bien montré, le fait de l'élection pourrait rester sinon extérieur au principe de la représentation élaboré par les constituants, du moins tout à fait périphérique, l'élection n'étant qu'un moyen parmi d'autres de nommer des représentants dont la qualité (vouloir pour la nation) procède de leur nature propre d'organe. Cette place conceptuellement subordonnée de ce qu'on peut appeler le *suffrage moderne* a l'inconvénient de heurter de front la conception spontanée que les Français de 1789 se font de l'élection. Elire des représentants apparaît alors comme un signe essentiel de la rupture avec le despotisme qui impose ses lois et ses administateurs à une société assujettie. Voter est le symbole de la reconquête de la parole par un peuple qui avait été obligé de vivre en silence, la manifestation d'un droit à l'existence et à la dignité pour ceux qui avaient vécu entourés de mépris. D'où l'extraordinaire prestige dont jouit le processus électif en 1789. On veut élire les fonctionnaires publics, les administrateurs locaux, les juges, le clergé, les officiers de la garde nationale. On cherche par là à marquer une rupture avec l'ancien ordre des choses, à signifier avec éclat que les places ne seront plus jamais le prix de l'intrigue ou des bassesses, en même temps que l'on dissociait la "bonne" tradition de la monarchie française d'avant 1614 des méfaits ultérieurs de l'absolutisme. La revendication d'élections établit un lien entre l'événement révolutionnaire et une tradition oubliée. Le règlement électoral de 1789 s'était d'ailleurs lui-même référé à ces "anciens usages" dont le retour avait été réclamé au long du XVIII^ème siècle.[21] D'où le problème posé par la conception du suffrage qui sous-tend la mise au point de la Constitution, les règles de convocation des Etats généraux de 1789 pouvant paraître plus "démocratiques" que celles qui étaient envisagées par les constituants. La dynamique des événements ne fait que creuser cet écart. Rœderer l'a bien compris lorsqu'il déclare en août 1791 à l'Assemblée: "S'il avait été possible que vous séparassiez l'idée de représentation de celle d'élection, vous feriez disparaître, vous obscurciriez au moins la notion la plus frappante que vous puissiez proposer à la garde de la Constitution (. . .) Prenez-y garde, Messieurs, *les vérités sensibles sont les meilleures gardiennes des vérités politiques qui toutes ne peuvent pas être sensibles.*"[22] On ne peut pas exprimer plus clairement la contradiction historique à laquelle les constituants se trouvent confrontés. Contradiction qu'ils ne résolvent d'ailleurs pas vraiment.

Une conception "ancienne" du vote finit ainsi par coexister de fait avec son nouvel usage, comme s'il était impossible de traduire dans ce domaine la rupture qui avait été opérée dans les fondements de l'ordre politique. L'amalgame qui s'opère progressivement entre la notion d'élection et celle de confiance constitue l'un des signes les plus éclatants de l'*indétermination pratique* à laquelle se résolvent en fin de compte les constituants. Robespierre, Rœderer, Sieyès, Thouret, Mounier ou Malouet accordent tous à cette notion de confiance une grande importance. Mais elle remplit chez chacun d'entre eux des rôles fort différents. Pour Rœderer ou pour Sieyès, la confiance n'est qu'un signe sensible, une sorte de nécessité psychologique; elle intervient dans le processus politique comme un principe de légitimation pratique et ne fonde rien en elle-même. C'est le sens de la fameuse formule: "L'autorité vient d'en haut et la confiance vient d'en bas." Malouet ou Mounier voient au contraire dans l'idée de confiance le moyen de moderniser la vieille idée du mandat: elle produit l'équivalent d'une autorisation et d'une délégation.[23] Approche qui reprend la célèbre idée de Montesquieu exprimée dans l'*Esprit des lois*: "Le peuple est admirable pour choisir ceux à qui il doit confier quelque partie de son autorité (. . .) Mais saura-t-il conduire une affaire, connaître les lieux, les occasions, les moments, en profiter? Non, il ne le saura pas."[24] Chez Robespierre, la confiance, prouvée par l'élection, est tout à la fois signe de la capacité du représentant (et donc garantie suffisante), manifestation du lien intime et de la continuité entre le représentant et le représenté, transmission d'une volonté. Faire du représentant un "homme de confiance" permet ainsi de recouvrir le fossé qui sépare l'organe du mandataire. D'où l'extraordinaire succès équivoque de cette notion chez les constituants: elle leur permet de ne pas aller jusqu'au bout de leur logique de la représentation et de laisser dans l'ambiguïté leurs véritables divergences. La distinction du peuple et de la nation—conceptuellement fondamentale—peut rester dans le flou dès lors que l'on se contente d'invoquer la nécessité d'obtenir la confiance de l'un ou de l'autre par le moyen de l'élection.

Les grandes réformes opérées de 1789 à 1791 se ressentent de cette ambiguïté. Le vieux et le neuf, en matière d'élection et de représentation, s'y mêlent en effet de façon souvent inextricable. Lors de la discussion de la Constitution civile du clergé par exemple. Dans le débat qui s'ouvre le 29 mai 1790, de nombreux orateurs voient dans l'élection des prêtres et des évêques un principe indissolublement purificateur et régulateur. Il s'agit à la fois de détruire les abus anciens en retournant aux premiers principes de l'Eglise primitive[25] et de renforcer l'autorité spirituelle du clergé. La démarche est parallèle dans l'élaboration de la réforme judiciaire. L'élection des juges est la voie spontanément empruntée pour remédier aux défauts de l'ancienne justice. Le fait de l'élection relève à la fois d'un principe libéral-protecteur (le pouvoir judiciaire ne peut être la propriété de celui qui l'exerce) et d'un principe de surveillance démocratique (le juge doit être couvert par les regards du peuple). *On attend ainsi de la procédure élective qu'elle serve à toute une gamme d'usages extérieurs au problème de la représentation.* L'élection est à la fois une procédure de légitimation, une preuve de confiance, un système de nomination, un moyen de contrôle, un signe de communion, une technique d'épuration, un opérateur de représentation, un symbole de participation. Une telle multiplicité des usages conduit à déséquilibrer complètement l'articulation entre le vote et la représentation. Face à une conception de la représentation dans laquelle la procédure électorale est finalement secondaire, s'accumule en effet une somme d'attentes et d'exigences dont l'élection figure la solution. Ce déséquilibre se manifeste très concrètement par le fait que l'on peut être un élu sans être un représentant—c'est le cas de certains fonctionnaires—et qu'il est à l'inverse possible d'avoir un caractère représentatif sans avoir été élu—c'est le cas du roi. *Dissymétrie qui illustre de façon exemplaire les paradoxes qui structurent dès sa naissance la démocratie à la française.* Les conditions d'adoption de l'article 2 du titre III de la Constitution lors de la révision d'août 1791 en témoignent de façon éclatante.

Cet article, qui fait suite à celui définissant la souveraineté de la Nation, stipule: "La Nation, de qui seule émanent tous les pouvoirs, ne peut les exercer que par délégation. La Constitution française est représentative: les représentants sont le corps législatif et le roi." Rœderer ouvre le débat et prononce à cette occasion un discours marquant sur le rapport entre l'élection et la représentation. Au point de départ de sa réflexion, ce qu'il ressent comme un paradoxe: l'article proposé attribue un caractère représentatif au roi alors même qu'un article précise que "les administrateurs n'ont aucun caractère de représentation", bien qu'ils soient élus pour certains d'entre eux par les mêmes corps électoraux que les représentants. Situation illogique pour Rœderer. "Le roi", explique-t-il, "n'a pas le caractère représentatif, quoique sans contredit il ait un caractère très éminent. Les administrateurs, au contraire, ont dans un sens le caractère de représentants, et s'il n'en était pas ainsi on ne pourrait pas appeler la France un gouvernement monarchique représentatif. L'essence de la représentation est que chaque individu représenté vive, délibère dans son représentant; qu'il ait confondu par une confiance libre, sa volonté individuelle dans la volonté de celui-ci. Ainsi sans élection, point de représentation; ainsi les idées d'hérédité et de représentation se repoussent l'une l'autre; ainsi un roi héréditaire n'est point un représentant."[26] le problème de Rœderer est, à partir de ce constat, de définir la spécificité du nouveau régime français comme une réincorporation et un développement de l'idée ancienne de représentation dans le nouveau cadre formé par la doctrine de la souveraineté nationale. Il est amené à redéfinir la différence entre la France et l'Angleterre à partir du champ social couvert par le processus représentatif, et non plus seulement à partir de la notion même de représentation. Il ouvre ainsi la voie à une conception du progrès politique envisagé comme un processus de *parlementarisation sociale*. Citons-le sur ce point capital:

> Si les administrateurs, comme les juges, n'avaient pas le caractère représentatif, à quel titre notre Constitution serait-elle représentative? demande-t-il. Pourquoi dirait-on partout et sans cesse que notre Constitution est une création toute nouvelle qui n'a de modèle nulle part? Si les membres du corps législatif, et même le roi, si l'on veut, étaient seuls représentants, notre Constitution ne serait qu'une simple monarchie, où le peuple exercerait la souveraineté par des représentants, et où l'exécution des lois serait commise à un seul homme (. . .) Si notre Constitution n'établissait la représentation que dans le corps législatif, elle ne serait pas plus représentative qu'elle ne l'était il y a deux siècles, qu'elle ne l'est maintenant en Angleterre. A la vérité, une partie de cette Constitution, c'est-à-dire le pouvoir législatif, serait *mieux* représentée, parce qu'il n'y a plus d'ordres en France, et que les bases de la représentation sont meilleuresi mais il n'y aurait pas, dans la Constitution, *plus* de parties des pouvoirs publics où la représentation ait lieu, la Consitution ne serait pas *plus* représentative.[27]

La représentation moderne comme *extension et perfectionnement* de la représentation ancienne fondée sur l'élection et la confiance; extension jumelée avec la formation d'une nouvelle conception de la représentation. Rœderer concilie ces deux mouvements en distinguant le député et le fonctionnaire, qui procèdent tous deux de l'élection et sont donc également des représentants, par la nature des pouvoirs qu'ils exercent. Les députés exercent un *pouvoir représentatif*, "égal à celui du peuple, indépendant comme le sien": ils sont des représentants-organes. Les administrateurs exercent seulement un *pouvoir commis* qui est subdélégué et subordonné: ce sont des représentants mandataires. le roi n'est lui que de chef du pouvoir exécutif, qui est essentiellement commis, Situation bâtarde, juridiquement difficile à fonder, qui n'a en réalité pour seule justification que de correspondre à une situation de fait. Rœderer s'en rend dien compte lorsqu'il se sent obligé de préciser: "il serait bien malheureux que des interprétations de républicanisme jetassent de la défaveur sur ce que je dis".[28]

Robespierre appuie la démonstration de Rœderer. "Je demande", dit-il, que le roi soit appelé le *premier fonctionnaire public*, le chef du pouvoir exécutif, mais point du tout le représentant de la nation."[29] Mais il ne partage pas pour autant la conception du corps législatif comme organe de la nation qui reste défendue par Rœderer. Comme Pétion de Villeneuve, il se montre partisan de la souveraineté du peuple, entendue au sens le plus classique du terme. S'il accepte en effet qu'aucune section du peuple ne puisse s'attribuer l'exercice de la souveraineté, le peuple n'est pas pour lui une totalité abstraite comme l'est la nation. Il a un visage et peut en certaines occasions vouloir par lui-même, sans avoir besoin de la médiation d'aucun organe. Robespierre se contente en fait de reprendre Rousseau en *présupposant* résolue la contradiction entre démocratie et représentation dont ce dernier avait fixé les termes. Il élimine ce faisant la tension qui traversait le *Contrat social* pour penser le gouvernement représentatif moderne comme une démocratie. Cette confusion de la démocratie et du gouvernement représentatif tend en retour à dissoudre le caractère inoccupable du lieu de la souveraineté, qui était impliqué dans la notion de souveraineté de la nation, pour en détruire le contenu libéral. L'expression de la volonté générale, détachée de tout rapport à un organe légitime et régulier, devient dès lors l'enjeu direct de la lutte politique. Le rejet de tout organe constitué ne peut en effet être pratiquement compensé que par des formes d'auto-proclamation de la volonté générale par des groupes ou des factions qui se nient en tant que tels. La question de la médiation cesse d'être un problème constitutionnel à résoudre pour devenir un pur enjeu de pouvoir, d'autant plus violent qu'il ne saurait jamais s'avouer pour ce qu'il est réellement.

Barnave et Thouret, qui défendent dans ce débat la position du Comité, doivent combattre sur ces deux fronts. Face à Rœderer et à Sieyès,[30] ils doivent argumenter sur le caractère représentatif du roi (tout en concédant cependant qu'il est en même temps fonctionnaire public). Mais ils sont pratiquement obligés pour cela de reprendre les arguments des monarchiens, qu'ils avaient combattus à l'automne 1789, et de faire du roi la garantie ultime de la liberté de la nation et la figure symbolique du pur organe, dont l'intérêr est historiquement totalement confondu avec celui de la nation. D'où le caractère malaisé de leur réponse et leur insistance sur les limites qui bornent la qualité représentative du roi et le caractère symbolique de son statut de représentant (il représente par son éclat la dignité nationale). Face à Robespierre, Thouret et Barnave se contentent de rappeler la théorie de la souveraineté nationale qui implique que le corps législatif veuille pour la nation.

La discussion de cet article de la Constitution montre très clairement les raisons pour lesquelles l'équilibre entre le libéralisme et la démocratie fut particulièrement difficile à s'opérer en France. Par la somme des récusations sur laquelle il s'est construit, le droit public exprimé par la Constitution de 1791 tend en effet constamment à dissocier ces deux pôles; tendance qui ne fera que s'accentuer avec la disparition de la figure du roi de la scène constitutionnelle. Il favorise spontanément l'ascension aux extrêmes, que ce soit dans le sens de la démocratie populaire ou dans la direction inverse du libéralisme oligarchique (qu'il se manifeste comme en 1875 sous la forme du parlementarisme ou comme en 1830 à travers le gouvernement des capables). L'échec de la Constitution de 1791, en tant qu'elle était justement recherche d'un équilibre, et réponse par là-même au problème de Rousseau, en est le signe. Au cœur de ce mouvement fortement centrifuge: la conception française de l'unité nationale, forgée dans le triple rejet de l'ancienne monarchie et des modèles anglais et américain, qui rend si difficile à construire juridiquement, et plus encore à légitimer pratiquement, la notion de représentation qui lui est liée.[31] D'où ces rapports si pervers entre l'ancien et le nouveau qui caractérisent la période qui s'ouvre avec la Révolution française

Si le point de vue du Comité de Constitution, défendu par Barnave et Thouret, l'emporte largement dans la discussion d'août 1791, il importe de remarquer qu'il le dut peut-être plus à ce qu'il rejetait chez Rœderer et Robespierre qu'à ses propres vertus. Il ne permit nullement, en tout cas, de surmonter l'écart entre le sens commun attaché à l'idée d'élection et la conception de la représentation conséquente avec l'affirmation de la souveraineté de la nation. La question du droit de vote restait écartelée entre ces deux pôles, comme elle était également rendue difficile par l'affrontement de visions contradictoires de la citoyenneté.

Toutes ces interrogations resurgissent sous la Restauration. Elles continuent de constituer la toile de fond des réflexions des libéraux. Les écrits des doctrinaires, tout particulièrement, doivent être compris dans le prolongement de ces débats révolutionnaires.

### Le sens de l'entreprise doctrinaire

L'œuvre des doctrinaires, et tout particulièrement celle de Guizot et de Royer-Collard, constitue sous la Restauration l'effort le plus systématique pour reprendre la problématique des constituants et proposer une philosophie du gouvernement représentatif qui ne retombe pas dans les ornières, les errements ou les impasses de la Révolution. "La vraie tâche de notre époque", dit Guizot, "est de savoir si, des idées de 1789 et de l'état social qu'elles ont amené, il peut sortir un gouvernement stable et régulier. Pour y réussir, deux conditions nous sont absolument imposées. La première, c'est de purger les principes de 1789 de tout alliage anarchique: cet alliage a été naturel, inévitable; il était la conséquence de la première situation, du premier emploi des idées de 1789. Ces idées ont servi à détruire ce qui existait alors, gouvernement et société; elles ont contracté dans ce travail un caractère révolutionnaire. Le moment est venu de les en dégager et de les ramener à leur sens vrai et pur."[32] Contrairement aux thermidoriens, Guizot ne présuppose pas, en effet, que les idées de 1789 forment un système clairement défini, exempt de toute ambiguïté. C'est pourquoi il ne peut se contenter d'opposer 1789 à 1793. La clôture de la Révolution implique plus profondément à ses yeux d'en redéfinir les fondements intellectuels. L'échec des constituants, comme celui des thermidoriens, repose pour lui sur une triple ambiguïté touchant à leur conception de la représentation, de la souveraineté et de l'égalité.[33] Les constituants et les thermidoriens, estime Guizot, n'ont pas été jusqu'au bout de leur réflexion sur la souveraineté, le moment libéral de leur approche (la notion de souveraineté de la nation revient pour une part à postuler un lieu vide et inappropriable du pouvoir) se distinguant mal de son moment démocratique (la différence entre la souveraineté du peuple et la souveraineté de la nation n'étant pas vraiment élaborée). Ils ont, ensuite, mal articulé leur critique de l'aristocratie et des privilèges avec une philosophie positive de l'égalité civile. D'où, sur ce dernier point, leur difficulté à penser le rapport entre égalité et citoyenneté. Mais Guizot, comme Royer-Collard d'ailleurs, leur reproche surtout de n'avoir pas réussi à construire de façon opératoire le concept de représentation, oscillant en permanence, malgré toutes les dénégations, entre une approche traditionnelle de la représentation des intérêts et une conception constructiviste de l'intérêt général, dans laquelle le Parlement est perçu comme l'organe de la nation.

Les doctrinaires cherchent à dépasser les contradictions du droit public révolutionnaire en radicalisant les thèses de Sieyès et en rejetant les conceptions classiquement déductives de la représentation. "C'est le mot de *représentation* qui, mal compris, a brouillé toutes choses", note en effet Guizot dans son cours de 1821 sur le gouvernement représentatif.[34] Dans son célèbre discours de 1816, Royer-Collard était même allé plus loin en disant que "le mot représentation est une métaphore".[35]

L'objectif des doctrinaires est de recomprendre l'essence du gouvernement représentatif à partir d'une réflexion sur la *publicité*. Celle-ci s'est développée dans les premières années de la Restauration en trouvant sa pleine expression au printemps de 1819, au moment de la discussion des lois sur la presse.[36] Dans un article des *Archives politiques, philosophiques et littéraires* publié dans ce contexte, Guizot identifie très clairement le gouvernement représentatif au système de la publicité. "A le bien prendre", écrit-il, "ce qui caractérise les insititutions que la France possède et où l'Europe aspire, ce n'est pas la représentation, ce n'est pas l'élection, ce n'est pas la délibération, c'est la publicité. Le besoin de publicité, dans l'administration des affaires publiques, est le trait essentiel de l'état social et de l'esprit du temps. C'est une condition impérieusement attachée à toutes les institutions, et sans lesquelles elles sont impuissantes à satisfaire les sociétés modernes. Où la publicité manque, il peut y avoir des élections, des assemblées, des délibérations; mais les peuples n'y croient pas, et ils ont raison."[37] Revenant sur cette question dans son cours sur le gouvernement représentatif, il reconnaît que la division des pouvoirs et l'élection constituent aussi des formes du système représentatif, mais, écrit-il, "à considérer la théorie, la publicité est peut-être le caractère le plus essentiel".[38] C'est en reprenant ces textes qu'Habermas estime que Guizot "a donné la première formulation classique du règne de l'opinion publique".[39]

## La dissociation de l'élection et de la représentation

Le problème clef, pour les doctrinaires, en assimilant le gouvernement représentatif au principe de publicité, est de dissocier l'élection et la représentation et de tenter ainsi d'échapper aux problèmes qui avaient été soulevés de 1789 à 1791. Leur première préoccupation est de repousser le pouvoir du nombre fondé sur l'affirmation de la souveraineté du peuple. Or le principe représentatif classique induit à leurs yeux logiquement le suffrage universel. "Hors l'élection populaire et le mandat", note Royer-Collard, "la représentation n'est qu'un préjugé politique qui ne soutient pas l'examen, quoique très répandu et très accrédité."[40] La logique représentative ne permet pas, estime-t-il, de trouver un équilibre entre les principes libéraux et les principes démocratiques, les premiers finissant toujours par l'emporter sur les seconds. "La Révolution, telle qu'elle s'est opérée pour le malheur des siècles", dit ainsi Royer-Collard, "n'est autre chose que la doctrine de la représentation en action."[41] Dans leur perspective, la distinction entre le "représentant", puisqu'il leur faut bien continuer magré tout à employer le mot, et le fonctionnaire est abolie.

La dissociation de l'élection et de la représentation leur permet aussi de dépasser une certaine "contradiction technique" des gouvernements modernes qui aspirent à se conformer à la raison en employant des procédures qui favorisent l'éclosion des passions. "L'élection", écrit en ce sens Guizot, "est, de sa nature, un acte brusque et peu susceptible de délibération; si cet acte ne se lie pas à toutes les habitudes, à tous les antécédents des électeurs, s'il n'est pas, en quelque sorte, le résultat d'une longue délibération antérieure, l'expression de leur opinion habituelle, il sera très aisé de surprendre leur volonté, ou de les pousser à n'écouter que la passion du moment; alors l'élection manquera de sincérité ou de raison."[42] A l'inverse, la publicité entretient des flux permanents de communication entre l'opinion et le gouvernement. Dans cette optique de communication politique, les mécanismes électifs ne jouent qu'un rôle finalement secondaire. Ce n'est pas en tant que moyen d'expression arbitraire des volontés qu'ils comptent, ils n'ont de sens qu'encastrés dans un ensemble plus vaste de circulation des opinions. D'où la minutie avec laquelle Guizot s'est penché sur l'organisation des scrutins électoraux, visant à réduire au maximum la coupure entre l'acte électif et les habitudes de la vie sociale, insistant sur la nécessité de réunir les électeurs là où gravitent ordinairement leurs autre intérêts. La perspective est presque d'aboutir à une suppression de la distinction entre l'élection et l'enquête d'opinion, le scrutin et la conversation sociale. Présentant en 1830 devant la Chambre des députés le projet de loi sur la réélection des députés nommés fonctionnaires, il montre que ces élections partielles fonctionnent comme une "sorte d'enquête perpétuelle". Guizot aborde dans les mêmes termes le problème de la régulation de la société familiale. La famille, explique-t-il, est "la plus douce des sociétés" alors même que ni la femme ni les enfants n'ont à voter sur les volontés du mari ou du père. Guizot reprend ici la métaphore classique du pouvoir paternel dans une optique nouvelle. Il ne s'agit pas de calquer l'organisation de la société politique sur la structure du pouvoir paternel comme pour les philosophes du XVIIIème siècle, mais de montrer dans quelle mesure ce dernier est finalement plus moderne dans son fonctionnement qu'on ne le suppose. Il repose en effet, estime Guizot, sur un système interactif de négociations informelles et de transactions formelles. "Qu'importe après cela", note-t-il, "que le droit de suffrage ne se manifeste point sous une forme matérielle, par la présence d'une urne et le dépôt d'un bulletin? Qu'importe qu'il ne soit point écrit dans les lois de la société ni garanti par les nécessités de leurs relations?" [43] Contrairement aux apparences, "nulle part le droit de suffrage n'est plus réel ni si étendu. *C'est dans la famille qu'il touche de plus près à l'universalité.*"[44] A l'inverse, le vote formel peut n'être qu'une sorte de "lettre anonyme de la vie sociale",[45] manifestant un déficit de l'interaction sociale normale. Les principes de publicité et de communication réalisent en ce sens beaucoup mieux l'essence de la représentation que le système de l'élection.

Le principe de publicité a aussi pour les doctrinaires un avantage que l'on pourrait qualifier d'épistémologique sur l'élection: il permet de tendre à réduire l'écart entre la simple transmission de l'opinion et la découverte de la vérité. Le système représentatif ne fait donc pas que traduire, transmettre quelque chose qui existerait déjà: il produit de l'unité et de l'intelligibilité. C'est l'aspect publicitaire et interactionniste du gouvernement représentatif qui est ici essentiel. Il est le moyen par lequel la société peut accéder à une compréhension supérieure de son être et de son devenir. Reprenant la célèbre formule de Pascal: "La multitude qui ne se réduit pas à l'unité est confusion. L'unité qui n'est pas multitude est tyrannie", Guizot comprend le gouvernement représentatif comme le moyen d'empêcher à la fois la tyrannie et la confusion. "Le but du gouvernement représentatif", écrit-il, "est de ramener la multitude à l'unité en la provoquant à la reconnaître et à l'accepter elle-même."[46] Il est ainsi le mouvement d'ordre phénoménologique, de découverte et d'intériorisation par les hommes de la raison et de la nécessité. Il produit de la même façon de l'unité politique:

> Le caractère et la tendance du gouvernement représentatif sont de contraindre tous les pouvoirs, par l'état permanent de concert et de lutte qui s'établit dans leur sein, à chercher ensemble l'unité politique de laquelle ils doivent partir, comme de leur principe, pour y être sans cesse ramenées, comme à leur pierre de touche, toutes les actions qu'ils exercent sur la société; unité qui réside dans la raison et dans l'intérêt de la société elle-même. Pour que cette tendance puisse se déployer régulièrement, une condition est de rigueur: c'est que les pouvoirs constitués ne demeurent point isolés et indépendants les uns des autres, mais qu'ils s'amalgament et se fondent ensemble de telle sorte qu'une unité véritable s'établisse entre eux.[47]

Nous sommes ici aux antipodes de la conception traditionnelle de la représentation. A la limite, il n'y a rien à représenter au sens étymologique du terme chez Guizot: il s'agit principalement de reconnaître et de découvrir l'*Un du social* dans un processus dynamique d'accès à une nouvelle conscience du monde et des choses. Sa fonction est intellectuelle et non pas mécanique. Cet aspect dynamique est essentiel chez le doctrinaires. Il est cohérent avec leur inscription des phénomènes politiques et sociaux dans le mouvement de la civilisation. Mais il traduit également une conception foncièrement active du politique. Pour eux, un système politique ne saurait exister au repos, il n'a d'existence et de réalité que dans un travail. Ce que Royer-Collard exprime dans une belle formule: "Les constitutions ne sont pas des tentes dressées pour le sommeil. Les gouvernements sont placés sous la loi universelle de la création; ils sont condamnés au travail. Comme le laboureur, ils vivent à la sueur de leur front."[48] On retrouve là leur idée selon laquelle le pouvoir n'est pas un stock mais un flux. "Ne faites pas du pouvoir ce que l'avare fait de l'or", avertit par exemple Guizot dans *Des moyens de gouvernement . . .*, "ne l'entassez pas pour le laisser stérile."[49]

Le principe de publicité est supérieur à l'élection pour cette raison de méthode: en lui se résout la contradiction du nombre et de la raison et s'opère le parfait accord de la procédure et du fond. Il s'inscrit dans une théorie de la délibération qui se confond complètement chez les doctrinaires avec une théorie du savoir. Antoine Guérard de Rouilly, auteur d'un remarquable *De l'esprit public ou de la toute-puissance de l'opinion* (1820), écrit ainsi dans la veine doctrinaire que l'esprit public est à la fois impartial et infallible. Impartial, car l'unanimité des jugements est une garantie qu'ils ne sont pas entachés par l'esprit de parti. Infaillible parce que "si l'esprit public est le résultat collectif des jugements de la partie éclairée de la population, cette universalité, garant nécessaire de sa franchise, repousse-t-elle toute erreur dans ses décisions. Et si un accord de suffrages aussi imposant n'offre pas le caractère le plus approximatif de l'infaillibilité, qui pourra se flatter d'en trouver seulement le fantôme."[50] Texte remarquable en ce sens qu'il montre bien que le clef de voûte de la théorie doctrinaire du pouvoir social repose sur la notion de capacités. La division sociale entre les capables et la multitude permet en dernier ressort de faire du pouvoir social un pouvoir raisonnable,[51] à la fois dans et hors de la société. Cette distinction sociologique donne à la philosophie politique doctrinaire sa cohérence, en même temps qu'elle désigne sa faiblesse.

"Le propre du gouvernement représentatif", dit en ce sens en 1820 le duc de Broglie, "c'est d'extraire du milieu de la nation l'élite de ses hommes les plus éclairés, de les réunir au sommet de l'édifice social, dans une enceinte sacrée, inaccessible aux passions de la multitude, et là, de les faire délibérer à haute voix sur les intérêts de l'Etat."[52] L'objet du système représentatif change alors de nature, comme nous l'avons déjà souligné. Il n'est plus de régler une arithmétique complexe des intérêts et des volontés, mais "de recueillir, de concentrer toute la raison qui existe éparse dans la société",[53] "d'extraire de la société tout ce qu'elle possède de raison, de justice, de vérité, pour les appliquer à son gouvernement".[54] La théorie de la souveraineté de la raison ne conduit donc pas seulement à critiquer l'idée de souveraineté du peuple et à nier la possibilité de toute souveraineté de droit. Elle mène à une doctrine nouvelle de la représentation. "Il existe dans toute société", écrit Guizot, "une certaine somme d'idées justes. Cette somme d'idées justes est dispersée dans les individus qui composent la société et inégalement répartie entre eux (. . .) Le problème est de recueillir partout les fragments épars et incomplets de ce pouvoir, de les concentrer et de les constituer en gouvernement. En d'autres termes, il s'agit de découvrir tous les éléments du pouvoir légitime disséminés dans la société, et de les organiser en pouvoir de fait, c'est-à-dire de les concentrer, de réaliser la raison publique, la morale publique, de les appeler au pouvoir. Ce qu'on appelle la *représentation* n'est autre chose que le moyen d'arriver à ce résultat. Ce n'est point une machine arithmétique destinée à recueillir et à dénombrer les volontés individuelles. C'est un procédé naturel pour extraire du sein de la société la raison publique, qui seule a droit de la gouverner."[55]

La souveraineté de la raison se résout ainsi en "souveraineté sociale organisée",[56] en légitimation de la domination de fait de ceux qui possèdent l'*intelligence sociale*". Le gouvernement est dans la société ce que le père est dans la famille: l'expression d'une raison supérieure, plus apte que les autres à juger du juste et de l'injuste, de ce qui est raisonnable et de ce qui ne l'est pas.

## La publicité comme moyen de gouvernement

Le gouvernement représentatif n'est ainsi rien d'autre pour les doctrinaires que le contexte dans lequel une société travaille sur elle-même, produit son identité et son unité dans une mise en coïncidence progressive de l'imagination et de la raison. Travail qui consiste en une sorte de propédeutique de la vérité liée tant au système de la publicité qu'aux conditions de l'interpénétration croissante entre gouvernement et société. "Plus les institutions sont d'une application fréquente et étendue", estime Guizot, "plus elles pénètrent dans l'intérieur de la société, plus le mensonge leur devient difficile."[57] Le gouvernement représentatif permet dans cette mesure d'établir entre la société et le pouvoir une relation à la fois naturelle et légitime, dans laquelle le droit et le fait finissent par se superposer. Et c'est ce qui constitue sa supériorité sur toutes les formes de gouvernements extérieurs: il n'est pas tant une addition d'institutions qu'un *principe vital*. Le thème revient comme un leit-motiv chez Guizot: "L'autorité", écrit-il par exemple, "ne se fonde point en l'air; elle ne peut vivre de sa propre substance: isolée, vainement elle paraît avoir en main les revenus publics, une administration, une armée, tous les instruments d'action; ils s'arrêtent, se dissolvent et lui échappent si elle ne peut faire circuler dans ces machines un principe de vie qui ne leur est point inhérent, et doit venir d'ailleurs."[58] Ce principe vital est à la fois le moteur de la vie sociale et le vecteur de sa progression; il est la respiration de la société politique et de l'espace public, de ce que Guizot appelle l'"organisation délibérante et active de la société".[59]

L'avènement d'un pouvoir social résulte de ce travail par lequel la société et le gouvernement se présentent l'un à l'autre, s'imbriquent l'un dans l'autre et se révèlent en même temps à eux-mêmes. Pour essentiels qu'ils soient, les mécanismes centraux sur lesquels s'appuie le gouvernement représentatif (le système des chambres et la publicité du pouvoir) ne sauraient donc en contenir toute la signification. Si la vie et les besoins de la société s'expriment dans les Chambres, ils doivent aussi s'insérer dans un travail beaucoup plus capillarisé de la représentation. Il faut comprendre dans cette optique très particulière l'importance du thème de la décentralisation chez les doctrinaires.

L'idée de pouvoir social repose en effet sur la visée d'un encastrement du politique dans le social. Ce n'est plus seulement la société qui doit être représentée dans le système politique pour Guizot, mais *le pouvoir social qui doit être également reconnu comme partout présent dans la société*. La décentralisation, dans ces conditions, n'implique pas une limitation du pouvoir central, une concession faite par l'Etat à la société civile. Elle est au contraire un moyen de constituer un pouvoir social plus homogène et plus fort, de l'enraciner dans les profondeurs du social.

La liberté de la presse, dans cette perspective, n'est pas seulement un droit individuel, elle est une institution publique.[60] "La liberté de la presse", écrit Guizot, "n'est pas plus établie dans l'intérêt des auteurs que le système représentatif dans celui des députés."[61] Cette approche tranche avec l'approche libérale traditionnelle pour laquelle l'opinion est principalement analysée comme la simple résultante d'un droit: celui de s'exprimer, de publier. Ce qui mobilise les principaux théoriciens libéraux, c'est l'organisation de ce droit. La liberté de la presse, dit significativement Benjamin Constant, n'est qu'"un moyen de plus d'exercer une faculté naturelle."[62] Elle a pour but essentiel de protéger les individus en consolidant les barrières civiles, politiques et judiciaires qui sont théoriquement destinées à assurer leur protection. Elle est l'œil invisible et omniprésent qui surveille les institutions, le complément des garanties légales qu'elles instaurent, l'ultime rempart de la sauvegarde des individus.[63]

Tout autre est le point de vue des doctrinaires. La liberté de la presse n'est pas tant pour eux un instrument de sauvegarde ou un moyen d'exercer une liberté fondamentale qu'un *moyen de gouvernement* et l'expression d'une nécessité. La liberté de la presse, expliquent de Broglie, Guizot, Rémusat et Royer-Collard, correspond à une nécessité, à un *besoin social*. Elle n'est pas seulement exercice d'une faculté naturelle, prolongement de la liberté individuelle. Dans une société libre, les moyens de gouvernement ne peuvent plus, en effet, être extérieurs à la société: ils n'ont d'efficacité que s'ils sont encastrés dans celle-ci. La nécessité de la presse s'enracine dans l'"esprit actuel de la société", note ainsi Royer-Collard: elle est le cœur et le régulateur d'une *société démocratique*. Les garanties accordées aux citoyens doivent donc être insérées à l'intérieur des dispositifs de régulation politique, de telle sorte que la liberté des hommes et les nécessités du gouvernement se superposent totalement. "Les moyens de gouvernement", développe Guizot, "se sont établis au sein de la liberté elle-même. L'habitude ne gouverne plus les nations; la force seule ne le peut pas davantage car, pour y réussir, elle a besoin d'excès, et l'excès la tue. C'est dans la liberté publique qu'il daut puiser l'énergie vitale que tout gouvernement a besoin d'emprunter à la sociétéi c'est à la raison publique qu'il faut demander la protection première de l'ordre et des lois. Ainsi la liberté de la presse servira à la fois les souverains et les peuples. A ceux-ci elle sera une garantie, à ceux-là un moyen de gouvernement."[64] Elle est, en d'autres termes, un moyen essentiel d'interpénétration du gouvernement et de la société.

Les doctrinaires se détachent par là de la conception libérale pour laquelle la liberté de la presse n'est qu'un rempart, un instrument de mise à distance du pouvoir et de la société. Guizot fustige ceux qui ne l'envisagent que "comme une arme offensive, bonne seulement pour l'attaque et contre le pouvoir" ainsi que ceux qui ne voient en elle que l'exercice d'un droit individuel.

L'intuition fondamentale des doctrinaires est au contraire que la publicité est le moyen déterminant d'instaurer une *communication politique* de type nouveau. La publicité, note Guizot, opère un travail de *révélation* réciproque du pouvoir et du public. Si son véritable office est de servir à gouverner, c'est, selon les termes de Rémusat, parce que "dans nos grands empires modernes, avec leurs grandes populations, les citoyens ne peuvent que par la presse communiquer entre eux, et prendre acte de leur opinion; par elle seule l'autorité peut recevoir d'eux et leur rendre la lumière, et cet échange est nécessaire pour que les citoyens et l'autorité marchent dans les mêmes voies".[65] Le propre de la société moderne, poursuit-il, c'est que "la société se fait spectacle à elle-même".[66] La publicité crée ainsi un espace public, *elle est à la sphère politique ce que le marché est à la sphère économique*: elle produit de l'autorégulation dans un système que l'on qualifierait aujourd'hui d'informationnel. Comme le marché, elle fait du système des besoins le moteur autosuffisant de la vie sociale. C'est de cette façon que les doctrinaires donnent sa pleine cohérence à leur conception de la représentation. Ils ne substituent pas l'économique au politique comme Smith ou Paine, mais pensent le politique sur le même mode qu'eux l'économique, ce qui est profondément différent. Manière de résoudre la contradiction entre le libéralisme politique et le libéralisme utopique (économique). Mais cette communication politique qu'ils décrivent n'est pourtant pas tout à fait du même ordre que le type d'échange sur lequel se fonde le marché. Le marché est en effet un processus qui peut rester caché à ceux qui en sont les opérateurs individuels. Ces derniers n'ont pas besoin d'avoir conscience de son fonctionnement: l'ordre qui en résulte s'opère à leur insu. La communication politique suppose au contraire une visibilité croissante, une manifestation toujours plus évidente de ce qu'est la société. Elle se nourrit de visibilité alors que le marché se satisfait de l'opacité.

Si la liberté de la presse peut révolutionner le monde—"elle est, écrit Guizot, l'expansion et l'impulsion de la vapeur dans l'ordre intellectuel"[67]—,c'est aussi parce qu'elle s'inscrit dans un processus cognitif par lequel les hommes découvrent ce pour quoi ils sont faits, et non pas une institution qui leur permettrait de formuler leurs désirs et d'affirmer leur volonté collective. "Elle a pour objet constant et définitif", dit Guizot, "de développer et de manifester la raison publique qui veut tout ce qui est nécessaire, et qui n'est pas moins favorable aux besoins raison-nables du pouvoir qu'aux droits légitimes des citoyens."[68] Si le marché est mû par une main invisible, les hommes n'ont pas besoin d'en comprendre la nature pour se laisser guider par elle. Peu importe qu'il soit un mécanisme immanent ou l'ex-pression d'une providence supérieure (l'ambiguïté sur ce point est, on le sait, cons-tante chez Smith). L'échange politique implique au contraire pour les doctrinaires un travail de découverte dans lequel la conscience des hommes se transforme et accède à une perception nouvelle de la liberté comme réalisation de la nécessité. Le marché produit certes aussi de la nécessité (l'ordre économique) à partir d'une addition de libertés individuelles qui se rencontrent dans l'échange. Mais les hommes, s'ils peuvent le constater, n'ont pas besoin d'y consentir pour qu'il s'opère. Le marché élimine la volonté, alors que l'échange politique l'éduque *natu-rellement*. La liberté est ainsi comprise comme un processus d'apprentissage, une technologie éducative. Elle répond à une *rationalité sociale*. "La liberté politique", dit de façon abrupte Rémusat, "n'est plus pour nous une affaire de goût mais de calcul."[69] C'est en circulant, en se frottant les unes aux autres, que les opinions, forme spontanée de la raison, expression du bon sens commun, s'élèvent pour accéder à la raison réfléchie. La liberté de la presse joue ainsi le rôle d'un catalyseur de l'unification intellectuelle de la société, permettant à un pouvoir social omni-présent et délocalisé à la fois de se constituer. Unification par la publicité qui se traduit par une interpénétration croissante des chambres et du pays ("les journaux font assister la France entière aux débats de la Chambre"[70]), de l'administration et du gouvernement, de la société et de l'administration, du gouvernement et du parlement.

### La représentation incontournable

La conception politique de la publicité que développent les doctrinaires est-elle vraiment neuve? Le rapprochement de la publicité et de la représentation, notons-le tout d'abord, est déjà un grand topos politique du XVIII<sup>ème</sup>.[71] Mais la publicité est conçue au XVIII<sup>ème</sup> siècle comme un substitut à la représentation, une première étape de sa réalisation. Les doctrinaires s'inscrivent au contraire dans une optique post-représentative, le principe de publicité est à leurs yeux un progrès par rapport aux logiques simples de la représentation. Guizot ne cesse d'y insister dans son grand cours sur l'histoire des origines du gouvernement représentatif. Là réside d'ailleurs l'originalité de leur démarche qui consiste à réincorporer dans une vision moderne du politique une approche que l'on peut qualifier de prédémocratique.

Les hommes des Lumières concevaient également la publicité comme un moyen de gouvernement. Morellet s'exprime très clairement sur ce point dans ses *Réflexions sur les avantages de la liberté d'écrire et d'imprimer sur les matières de l'administration* qui sont publiées en 1775[72] et le plaidoyer pour la visibilité, de Boisguilbert à Necker, est une des grandes constantes de la littérature économique du XVIII<sup>ème</sup>. Avant la Révolution, de nombreux cahiers de doléances de la noblesse et du tiers-état inscrivent d'ailleurs la revendication de liberté de la presse dans cette perspective.[73] Mais les doctrinaires vont plus loin. Leur but n'est pas seule-ment de rendre le pouvoir moins opaque pour la société et de réduire la distance entre l'Etat et la société, il est de *constituer ensemble*. dans un même mouvement, le gouvernement et la société.

Ont-ils vraiment réussi dans cette direction à faire entrer la société moderne dans un nouvel âge politique, post-représentatif? L'échec de Juillet est là pour signifier le contraire. Mais que nous apprend-il et à quelles réflexions nous renvoie-t-il vraiment? Il concentre à mon avis l'ensemble des impasses de la philosophie politique doctrinaire. Guizot et Royer-Collard, pour des motifs indissociablement tactiques au début de la Restauration, puis philosophiques et politiques ensuite, ont voulu pousser à bout les conceptions constructives de 1789, jusqu'à concevoir l'ensemble des institutions politiques comme des systèmes purement fonctionnels. Leur système est ainsi menacé en permanence par un énorme déficit de légitimation. Ils décrivent un univers qui tend logiquement à se replier sur lui-même et à devenir complètement auto-référenciel. Leur rejet de la représentation-élection mérite sur ce point d'être médité: comme toute critique radicale et absolue des institutions, elle finit par basculer dans l'abstraction. Il faut d'ailleurs le remarquer, une secrète connivence unit symétriquement la critique marxiste des institutions formelles et la critique doctrinaire de la représentation-élection. Dans les deux cas, les procédures de légitimation de la sphère politique finissent par se replier sur une sociologie. Les capacités et la classe ouvrière sont censées incarner *en elles-mêmes* une vérité de l'intérêt social sans qu'il soit besoin d'une médiation politique et institutionnelle pour l'exprimer.

La radicalité des positions doctrinaires sur la représentation présente cependant l'intérêt de poser un problème de fond auquel sont confrontées toutes les sociétés démocratiques: celui de la gestion de la coupure entre les procédures de la légitimation des institutions (qui relèvent de l'élection) et les conditions de l'activité démocratique (qui renvoient à la publicité et à le délibération). Le rêve doctrinaire a été de faire coïncider les deux et d'absorber les premières dans les secondes. Le réalisme démocratique conduit probablement plutôt à réfléchir les conditions de la coexistence difficile de ces deux dimensions de la vie politique: la décision et la délibération, la légitimité et l'efficacité, l'opinion et la vérité. La représentation reste en ce sens un *problème* toujours ouvert, sa critique oscillant en permanence entre la recherche d'une "meilleure représentation" (plus fidèle) qui conduise à améliorer les procédures de légitimation et l'exploration des modalités post-re-présentatives de ce qu'il est maintenant convenu d'appeler l'activité communicationnelle

## Notes

1. Joseph Barthélémy, *L'introduction du régime parlementaire en France sous Louis XVIII et Charles X* (Paris, 1904) présente une bonne synthèse sur la question.
2. Royer-Collard, discours du 18 avil 1822, in P. de Barante, *Le vie politique de M. Royer-Collard, ses discours et ses écrits* (Paris, 1851), 2: 150–51. Se reporter également sur cette question à A. Calmon, *Histoire parlementaire des finance de la Restauration* (Paris, 1868).
3. Duc de la Vauguyon, *Du système général des finances* (Paris, 1820), p. 7.
4. Se reporter pour de plus amples informations sur cette question importante à J.J. Oechslin, *Le mouvement ultraroyaliste sous la Restauration. Son idéologie et son action politique, 1814–30* (Paris, 1960).
5. F. Guizot, *Du gouvernement représentatif en France, en 1816*, cité ici in F. Guizot, *Mélanges politiques* (Paris, 1869), p. 47. Se reporter également sur ce point aux "Notes" que Guizot ajoute

à sa traduction de F. Ancillon, *De la souveraineté et des formes de gouvernement* (Paris, 1816) et particulièrement à la note 2 sur l'initiative royale en matière parlementaire.

6. Reproduit in P. de Barante, *La vie politique de M. Royer-Collard*, op. cit., 1: 220–33. Prononcé à l'occasion de la discussion de la loi sur les élections, c'est un des textes théoriques français les plus importants du XIX^ème siècle sur la représentation.

7. Cf. les chapitres 39 et 40 de son ouvrage *De la monarchie selon la Charte* (Paris, 1816).

8. F. Guizot, *Du gouvernement de la France depuis la Restauration et du ministère actuel* (Paris, 1820), pp. 211–12.

9. Abel Villemain, *Le roi, la Charte et la monarchie* (Paris, 1816), p. 15.

10. Cf. par exemple Ch. Pouthas qui estime pour cette raison dans *Guizot pendant la Restauration, préparation de l'homme d'Etat* (Paris, 1923) que les textes politiques ou philosophiques de Guizot écrits pendant cette période n'ont pas de véritable consistance intellectuelle.

11. On trouvera à ce sujet les indications nécessaires dans Pierre Simon, *L'élaboration de la Charte constitutionnelle de 1814* (Paris, 1906).

12. Je renvoie sur ce point à Pierre Rosanvallon, "Histoire et politique en France à l'époque de la Restauration", *Actes du 9ème centenaire de l'Université de Bologne* (Bologne, 1989). A paraître.

13. Montlosier écrit ainsi: "Un roi, un sénat, une chambre des représentants, c'est ainsi que la monarchie française a existé sous Philippe-Auguste et sous Charlemagne; c'est ainsi qu'elle a existé dans les forêts même de la Germanie. Il faut laisser dire ceux qui ne voient dans cet ordre de choses, que l'imitation d'une nation voisine. Diverses causes, dont j'ai rendu compte, ont pu modifier, soit en France, soit en Angleterre, l'ancien mode d'un Sénat et d'une Chambre des représentants, et ancrer ainsi dans les deux pays la forme des états généraux. Ces causes ayant disparu, l'Angleterre d'abord, et ensuite le France, ont dû revenir par la seule pente des choses à leur constitution politique ordinaire" (*De le monarchie française* (Paris, 1814), 3: 405). Voir également un ouvrage comme celui d'Adolphe de Calonne, *Analogie entre l'ancienne Constitution et la Charte* (Paris, 1828).

14. La première édition complète est publiée en 1851.

15. Voir sur ce point Stéphane Rials, "Les royalistes français et le suffrage universel au XIX^ème siècle", *Pouvoirs*, 26, 1983, pp. 145–52. Pour les ultras, puis les légitimistes, le suffrage universel a une dimension presque organique: il renvoie à la perspective d'un peuple rassemblé autour de ses chefs et non à la culture de l'individualisme démocratique.

16. L'ouvrage primé est celui de Georges Picot, *Histoire des Etats généraux considérés au point de vue de leur influence sur le gouvernement de la France de 1355 à 1614* (Paris, 1872).

17. Sur ces projets et leur critique, voir Prosper de Barante, *Des communes et de l'aristocratie* (Paris, 1821).

18. Carré de Malberg, qui procède à une remarquable analyse juridique de la Constitution de 1791 dans sa *Contribution à la théorie générale de l'Etat*, estime par contre à tort qu'il y a une rupture complète entre Rousseau et Sieyès.

19. Pour Sieyès, "La nation se forme par le seul droit naturel. Le gouvernement, au contraire, ne peut appartenir qu'au droit positif", *Qu'est-ce que le tiers-état?* (nouvelle éd., Paris, 1912), p. 68. Si "une nation ne sort jamais de l'état de nature" (*ibid.*, p. 69), cela signifie qu'elle ne peut ni ne doit être soumise à une Constitution. Le processus de représentation est ainsi lié au fait de cette coupure.

20. *Préliminaire de la Constitution* (Versailles, juillet 1789), p. 34.

21. Cf. sur ce point A. Bavelier, *Essai historique sur le droit d'élection et sur les anciennes assemblées représentatives de la France* (Megariotis Reprints, 1979). On trouvera en particulier le texte du règlement électoral du 24 janvier 1789 dans J. Cadart, *Le régime électoral des Etats Généraux de 1789* (Paris, 1952), pp. 192 et sq.

22. Discours du 10 août 1791, *Archives parlementaires* (désormais AP), 29: 323.

23. *L'Encyclopédie* donne la définition suivante: "La confiance est un effet de la connaissance et de la bonne opinion que nous avons des qualités d'un être, relatives à nos vues, à nos besoins, à nos desseins, et plus généralement à quelqu'intérêt marqué, qui consiste à nous en reposer sur lui quelquefois plus parfaitement que sur nous-mêmes de ce qui concerne cet intérêt."

24. *Esprit des lois*, livre II, chap. II.

25. L'Assemblée nationale, dit Mirabeau, "a rétabli l'antique forme de ces élections, et tiré de sa désuétude un procédé qui fut une source de gloire pour la religion, aux beaux jours de sa nouveauté" (Adresse adoptée par le Comité ecclésiastique et lue devant l'Assemblée le 14 janvier 1791, *Moniteur*, 7: 135). Robespierre déclare de son côté: "Les officiers ecclésiatiques étant institués pour le bonheur des hommes et pour le bien du peuple, il s'ensuit que le peuple doit les nommer (. . .) le peuple peut élire ses pasteurs, comme les magistrats et autres officiers publics" (31 mai 1790, *Moniteur*, 4: 504).

26. Discours du 10 août 1791, AP, 29: 323.

27. *Ibid.*

28. *Ibid.*, p. 325

29. Discours du 10 août 1791, AP, 29: 327.

30. Sieyès est en effet également très opposé à la notion de roi-représentant. Il n'est pourtant pas intervenu dans le débat, bien qu'il ait rédigé une longue note pour réfuter Barnave sur ce point (cf. Archives Nationales: 284 AP 4, dossier 12). "Le roi", écrit-il, "n'agit que comme ministre de l'intérêt national auprès de l'Assemblée, il n'est pas représentant législatif."

31. Et qui rend, en retour, si difficile l'expression d'intérêts privés comme intérêts légitimes. J. Belin montre bien comment, dès le début de la révolution, la référence à l'intérêt public accompagne automatiquement toute revendication particulière. D'où cette rhétorique spécifiquement française de la critique des intérêts particuliers corporatistes. Cf. J. Belin, *La logique d'une idée-force, l'idée d'utilité sociale et la révolution française, 1789–92* (Paris, 1939). Voir en particulier la 2ème partie: "Le parler des pétitionnaires et l'enchaînement de leurs idées fondamentales."

32. Discours du 14 mars 1838, F. Guizot, *Histoire parlementaire de France* (Paris, 1864), 3: 153.

33. Cette triple critique est particulièrement bien exprimée dans F. Guizot, *Des moyens de gouvernement et d'opposition* (Paris, 1821), pp. 140–80 tout particulièrement.

34. F. Guizot, *Histoire des origines du gouvernement représentatif*, 2ème èd. (Paris, 1855), 2: 133.

35. P. de Barante, *La vie politique de M. Royer-Collard*, op. cit., 1: 227.

36. C'est un des moments intellectuellement les plus riches de la Restauration.

37. F. Guizot, "Des garanties légales de la liberté de la presse", *Archives philosophiques, politiques et littéraires*, APPL (Paris, 1818), 5: 186.

38. F. Guizot, *Historie des origines du gouvernement représentatif*, op. cit., 1: 124.

39. J. Habermas, *L'espace public* (Paris, 1978), p. 111.

40. Discours du 24 février 1816 in P. de Barante, *La vie politique de M. Royer-Collard*, op. cit., 1: 229.

41. *Ibid.*, p. 231.

42. F. Guizot, *Histoire des origines du gouvernement représentatif*, op. cit., 2: 242.

43. "Du droit de suffrage dans la famille", chap. XXIII du manuscrit *Philosophie politique*, reproduit in F. Guizot, *Histoire de la civilisation en Europe*. éd. P. Rosanvallon (Paris, 1985).

44. *Ibid.*

45. L'expression est attribuée à Guizot par Faguet dans le tome l de ses *Politiques et moralistes du XIXème siècle* (Paris, s.d.), p. 322. Je n'en ai retrouvé l'origine ni dans ses discours ni dans ses écrits.

46. F Guizot, *Histoire des origines du gouvernement représentatif*, op. cit., 1: 94.

47. "Du Conseil d'Etat", premier article, APPL (1818), 3: 142.

48. Discours du 3 mai 1820, reproduit dans P. de Barante, *La vie politique de M. Royer-Collard*, op. cit., 2: 228.

49. F. Guizot, *Des moyens de gouvernement et d'opposition*, op. cit., p. 271.

50. Op. cit., p. 8. Cet ouvrage, peu connu, eut un important succès à l'époque (cf. les comptes rendus dans *Le Courrier français* du 27 avril 1820 et dans *Le Constitutionnel* du avril 1820).

51. Cf. la façon dont Guizot abordait le problème du cautionnement de la presse. "L'objet du cautionnement", disait-il, "est surtout de ne placer l'influence des journaux qu'entre les mains d'hommes qui donnent à la société quelques gages de leur existence sociale et lui puissent inspirer quelque confiance. Les journaux ne sont point l'expression pure et simple de quelques opinions individuelles; ils sont les organes des partis, ou si l'on veut, des diverses opinions, des divers intérêts auxquels se rallient des masses plus ou moins nombreuses de citoyens. Eh bien! Il ne convient pas que ces organes publics soient pris et placés dans la région inférieure des opinions et des intérêts qu'ils expriment" (Discours du 3 mai 1819 à la Chambre, F. Guizot, *Histoire parlementaire*, op. cit., 1: 12). Cf. également le maintien de sa position sur ce point dans le débat parlementaire des 8 et 9 novembre 1830 sur le cautionnement et le droit de timbre.

52. Duc de Broglie, "Discours sur le projet de loi relatif aux élections adopté dans la session de 1820", *Ecrits et discours* (Paris, 1863), 2: 78.

53. F. Guizot, "Elections, ou de la formation et des opérations des collèges électoraux", *Encyclopédie progressive* (Paris, septembre 1826), ici dans *Discours académiques suivis de trois essais de philosophie littéraire et politique* (Paris, 1861), p. 406.

54. F. Guizot, *Histoire des origines du gouvernement représentatif*, op. cit., 1: 98.

55. *Ibid.*, 2: 149-150.

56. "Le gouvernement constitutionnel, c'est la souveraineté sociale organisée. Hors de là, il n'y a plus que la société flottant au hasard, aux prises avec les chances d'une révolution" (Discours à la Chambre du 18 août 1842 sur la régence, *Histoire parlementaire*, op. cit., 3: 681).

57. F. Guizot, *Des moyens de gouvernement et d'opposition*, op. cit., p. 61.

58. F. Guizot, *Du gouvernement de la France depuis la Restauration et du ministère actuel*, op. cit., pp. 281–82.

59. *Ibid.*, p. 290.

60. Cf. tout particulièrement l'article "Des garanties légales de la presse", APPL (Paris, 1818), 5: 184–205.

61. Article cité ci-dessus, p. 186.

62. Discours à la Chambre du 14 avril 1819, in *Discours de Benjamin Constant à la Chambre des députés* (Paris, 1827), 1: 4.

63. Voir, de B. Constant, *De la liberté des brochures* (Paris, juillet 1814) et "De la liberté de la presse", chap. VIII des *Réflexions sur les constitutions* (Paris, 1814), textes qui illustrent bien le point de vue libéral traditionnel.

64. F. Guizot, "Annales de la session de 1817 à 1818 par M. Benjamin Constant", APPL (Paris, janvier 1818), 2: 262,

65. Charles de Rémusat, *De la liberté de la presse et des projets de loi présentés à la Chambre des députés dans la séance du lundi 22 mars 1819* (Paris, 1819), p. 12.

66. *Ibid.*, p. 35

67. F. Guizot, *Mémoires pour servir à l'histoire de mon temps* (Paris, 1858), 1: 176.

68. F. Guizot, "Annales de la session de 1817 à 1818 par M. Benjamin Constant", article cité, 2: 262.

69. Charles de Rémusat, *De la procédure par jurés en matière criminelle* (Paris, 1820), p. 4.

70. Guizot, Discours de 1819 à la Chambre, op. cit., 1: 7.

71. On se reportera sur ce point aux réflexions de Mona Ozouf dans "L'opinion publique" in *The French Revolution and the Creation of Modern political Culture*, ed. K. Baker, vol. ɪ *The Political Culture of the Old Regime* (Oxford, 1987), pp. 419-434.

72. Cet ouvrage valut à son auteur d'être embastillé.

73. Cf. sur ce point *Les principes de 1789 et la liberté de la presse. Extraits des cahiers de doléances des trois ordres de toutes les provinces de France* (Paris, 1867).

# CHAPTER 23

# Charles de Rémusat, témoin des dilemmes de la raison libérale

PIERRE BOURETZ

Au XIXème siècle une interprétation de la Révolution est toujours liée à une politique, et réciproquement peu de politiques peuvent s'affranchir d'une réflexion sur la Révolution. Celles des libéraux sont le plus souvent centrées sur une stratégie de double démarcation, par rapport aux Ultras et aux Jacobins, d'où une tendance récurrente à travailler l'écart entre 1789 et 1793, à effectuer le tri entre une bonne et une mauvaise Révolution. Mais c'est pour la seconde génération libérale, celle qui parvient à maturité aux alentours de 1820 que ces questions deviennent particulièrement saillantes. Pour la première en effet, celle que l'on peut appeler thermidorienne, s'il faut dissocier 1789 et 1793, du moins la positivité de la Révolution des droits de l'homme va de soi et point n'est besoin d'argumenter longtemps pour la défendre. Les choses changent cependant après 1815: désormais face aux attaques des Ultras, à la reconstitution de la Révolution comme un bloc passible d'une critique voire d'un rejet global, force est de relégitimer 1789.[1] Telle est la tâche que s'assigne un Guizot par exemple, et que l'on voudrait suivre ici autour de la démarche de Charles de Rémusat.

De Rémusat est sans doute l'un des meilleurs témoins de cette inflexion dans le rapport à la Révolution et de cette tentative de renouer les fils de l'interprétation avec la défense d'une vision intellectuelle et politique. Moins engagé que Guizot ou Royer-Collard dans la lutte pour le pouvoir, plus proche que Mignet, Cousin ou Damiron par exemple d'une réflexion sur le politique, il bénéficie d'un double avantage: involontaire lorsqu'il s'agit d'une longévité qui en fait un observateur exceptionnel, intellectuel quand de 1818 à 1865 il aborde le problème de la Révolution dans une perspective qui se pense comme générationnelle. Son oeuvre et celle de ses amis du *Globe* d'abord, de la *Revue française* ensuite figure dès lors moins qu'un courant ou une famille spécifique, mais plus qu'une simple sensibilité au sein du libéralisme français: le projet d'une génération qui espère et prépare d'abord, réalise ensuite et enfin cherche à assumer la révolution de 1830.[2] Ajoutons qu'il partage avec Quinet notamment le fait d'être né au tournant du siècle, ce qui lui permet, comme le remarque Pierre Rosanvallon, de "porter sur (la révolution) un regard neuf qui n'est altéré par aucun souvenir."[3]

S'interrogeant en 1859 sur ce qu'a produit le mouvement qu'il veut incarner depuis 1815, de Rémusat affirme pouvoir répondre: "il nous a rendus capables de la révolution de 1830, et je croirais assez dire."[4] Inutile alors de préciser à quel point la référence à la Révolution est un enjeu et, dans le contexte de la Restauration, c'est largement sa défense qui est à l'ordre du jour du moins dans les premiers temps. Reste que de Rémusat travaille inlassablement le thème, constamment repris au prisme de deux autres révolutions, voulue pour l'une, subie pour l'autre: de l'article de 1818 qu'il consacre à "La révolution française"[5] à la notice "Révolution" du *Dictionnaire général de la politique* de 1864[6] en passant par son ouvrage le plus célèbre, la *Politique libérale* fort significativement sous-titrée en 1864 encore "pour servir de défense à la révolution française."

Est-ce à dire alors que l'on rencontrerait ici une vision oubliée de la Révolution, occultée par celles des Michelet, Thiers ou Quinet par exemple, délaissée au profit des oeuvres de Constant ou Tocqueville? Sans doute pas, et de Rémusat ne renouvelle ni la méthode de l'historien ni l'intuition du philosophe au service de la découverte du sens de l'événement ou de son interprétation. Dès lors, plutôt que de le suivre à la recherche des nuances qui le distingueraient de ceux qu'ils connaît et côtoie, on voudrait le prendre à témoin des difficultés que rencontre cette génération libérale à penser son histoire en référence à l'événement qui s'impose à elle comme à se définir une position dans le champ des doctrines politiques. Plutôt que de chercher à reconstruire une systématicité absente, on cherchera à indiquer la manière dont l'interrogation souvent ouverte de Rémusat et ses amis illustre les obstacles que rencontre la raison libérale au début du XIXe siècle tant au regard de l'énigme de la Révolution que des dilemmes de la liberté.

### L'énigme de la Révolution

Comprendre la Révolution, c'est avant tout pour le Charles de Rémusat de 1818 inscrire sa lecture dans le projet conquérant d'une génération qui découvre la politique dans le contexte des débuts de la Charte. Le jeune disciple de Royer-Collard peut alors déclarer sans ambages: "La jeunesse s'est identifiée avec la révolution, elle ne comprend, elle ne croit, elle ne veut, elle ne sait qu'elle: je veux dire ses principes et ses résultats."[7] Mais une telle pétition de principe ne peut dans cette conjoncture troublée que s'articuler à un discours vigoureusement polémique contre l'atitude des ultras. Dès l'abord, la référence à la Révolution se veut défense de son héritage et c'est très clairement d'un combat qu'il s'agit: "vos idées conservatrices sont à nos yeux de dangereux desseins; ce que vous appelez concession, nous l'appelons droit. Ce qui vous paraît une exception, nous le tenons pour un principe. En tout genre, le terrain qu'on nous reproche d'avoir envahi, nous le regardons comme un patrimoine: nous héritons d'une conquête, voilà tout."[8] Refusant ainsi d'entrer dans la problématique de compromis esquissée par le "gouvernement selon la Charte," de Rémusat peut alors engager une stratégie d'interprétation de la Révolution qui vise à en dégager les "principes et les résultats", selon une logique qui tend à les sauver ensemble tout en déplaçant la discussion concernant ce qui doit être refusé de l'héritage révolutionnaire.

Pour ce qui est des principes de la Révolution, ils se découvrent autour d'un unique idéal: "obtenir un gouvernement rationnel". Et, à la lumière sans doute de Montesquieu, celui-ci se déplace de la problématique classique du meilleur gouvernement vers une interrogation nouvelle: "quel est le gouvernement le mieux en harmonie avec la raison humaine, dans un pays ou dans un temps donnés, ou, en d'autres termes, le gouvernement rationnel relatif?"[9] En prenant ainsi la précaution de définir le but de la révolution d'une manière que l'on pourrait qualifier de modérée ou pragmatique, de Rémusat réserve habilement le traitement de deux questions clefs: celle de ses origines et de son sens historique d'une part, de son déroulement et partant de son échec ou sa réussite de l'autre.

S'agit-il de discuter des origines de la Révolution, il est clair qu'elles ont partie liée avec ses principes: les unes et les autres trouvent leurs racines dans une sorte d'esprit du XVIIIe siècle qui travaille à rendre obsolète la société d'ancien régime. De ce point de vue, de Rémusat accepte sans difficulté la thèse de la révolution nécessaire: "la Révolution française ne fut point un acccident, mais le résultat nécessaire de tout le siècle passé."[10] Et la description esquissée du phénomène emprunte un chemin connu: des écrits des philosophes à la littérature puis à l'opinion publique, sous l'idée générale qu'il s'agit là d'un mécanisme de substitution des idées aux croyances. Le schéma d'analyse de l'explosion révolutionnaire se réduit alors à une simple dialectique de la réalité et de l'idée, et tout peut s'expliquer par la nécessaire réduction de leur écart: "les faits n'avaient plus aucune valeur, toute la force était allée du côté de la pensée. Il suffit donc d'une parole pour renverser l'échafaudage des préjugés et des coutumes. Cette parole fut dite; la génération nouvelle se souleva contre ces formes officielles qui ne cachaient rien de solide, contre ces faussetés convenues, qui n'étaient plus même des mensonges, puisque personne n'en était dupe. De ce moment la révolution était mise en action."[11]

Dans une telle prespective, l'analyse des difficultés de la révolution est évidemment la conséquence directe de celle de ses causes: si son mouvement tend à substituer les idées aux préjugés, si elle s'effectue au nom des idées contre les faits, elle peut connaître une logique d'affranchissement à l'égard de ces derniers et l'on rencontre une discussion courante autour du thème de la prudence. Force est d'abord de concéder que la volonté de réformer les faits par l'esprit se conjugue mal avec cette vertu: en 1789, la nation manque d'une "connaissance du possible", d'une "politique expérimentale". Mais de Rémusat n'accorde que peu d'importance à cette réserve et écarte rapidement l'objection qui pourrait naître: "la nation ne fut donc pas alors aussi imprudente qu'on l'a répété. Elle fit ce qu'elle avait à faire; elle marcha avec sa force dans son espérance. Jamais plus vaste carrière ne s'ouvrit devant une réunion d'hommes; il s'agissait de créer une nouvelle France."[12]

Reste qu'une logique tout aussi implacable que celle qui lui fait admettre les incertitudes de l'expérience conduit de Rémusat aux rivages de la Terreur et donc de la discussion des résultats, de l'échec ou de la réussite, de la Révolution. Et, de ce point de vue, l'analyse hésite entre deux directions. Sur l'une d'entre elles, la thématique de l'accident semble viser à dissocier l'esprit d'où naît une révolution légitime de l'emploi qui peut en être fait et qui en infléchit le cours. Pétition de principe qui permet de se garder de l'accusation de justifier l'injustifiable: "la terreur fut très funeste à la révolution. Elle en arrêta la marche, elle la fit rétrograder."[13] L'argument porte loin dans la mesure où il interdit toute forme d'accommodement: en voyant dans la terreur une régression on disqualifie toute tentative d'y trouver d'une quelconque manière un moyen de sauver le mouvement de la Révolution. Dans le même sens et en allant plus avant encore, de Rémusat peut alors écrire: "la barbarie acheva l'édifice commencé par la civilisation."[14] Mais le même énoncé du caractère régressif de la terreur se retourne aussitôt contre ceux qui viseraient à inculper la révolution toute entière à partir d'un de ses épisodes. Dès lors, la thèse accidentelle sert précisément à la sauver de l'argument des conséquences: "c'est bien la terreur au contraire qui fut un accident. Elle eut pour causes des circonstances qui auraient pu ne pas se rencontrer, et non l'esprit du siècle qui ne pouvait ne pas être."[15] Ainsi posée, l'analyse semble dissocier une révolution inéluctable qui produit des effets bénéfiques d'une inflexion de son sens sous le coup de circonstances mystérieuses. En d'autres termes, on peut entrevoir ici une problématique du nécessaire et de l'accidentel qui viserait à arracher la Révolution comme telle à la critique à partir de la terreur, en distinguant dans l'épisode deux moments, l'opération permettant de rejeter clairement 93 sans altérer 89.

Pourtant, lorsqu'il s'agit d'éclairer ce mystère, de comprendre les raisons d'un retournement régressif, les mêmes facteurs qui étaient sauvés de la critique paraissent au banc des accusés et de Rémusat semble presque contredire sa première intuition. La Raison était-elle mise en scène dans son combat contre les préjugés, elle devient d'un seul coup intolérante et inquisitoriale. L'esprit du siècle qui oeuvrait à ramener les faits dans la lumière de la vérité se mue en une sorte de force aveuglée qui ravage tout sur son passage. La révolution toute entière est accusée, avec ce qui continue d'être ses origines intellectuelles: "L'intolérance s'aperçoit dans le sein même de la philosophie du XVIIIe siècle. Entendez-la juger l'histoire, la religion, l'antiquité. Quel dédain superbe! Il semble que ce ne soient pas des choses humaines et dignes de son intérêt. Tout a été erreur gratuite, stupidité stérile; le passé ne mérite que d'être oublié. La révolution met l'intolérance en action; elle ne se contente pas d'abolir, elle veut punir le passé: 89 avait jonché le sol de ruines, 93 y passe la charrue."[16]

A lire une telle proposition, on semble forcé à un double constat. Tout d'abord, la première piste d'analyse est oubliée, voire parfaitement inversée: non seulement la terreur n'est plus un accident, mais elle resurgit comme portée par la logique même qui nourrit la révolution comme un tout, une logique destructrice qui ne lègue que ruines en empêchant toute reconstruction. Soudainement, tout se passe comme si la Révolution reformait un bloc, une dynamique nourrie par un esprit purement critique et négatif. D'autre part, on attendrait même qu'allant plus loin de Rémusat s'installe sur un position radicalement hostile à un projet démesuré de la raison, voire même oppose au volontarisme rationaliste une défense des préjugés et de la tradition. Est-ce à dire que parti à la recherche de 1789 avec l'enthousiasme d'un Constant découvrant la mise en oeuvre de la liberté des modernes, il rencontrerait 1793 avec le regard d'un Burke dénonçant la vanité et l'orgueil de ces mêmes modernes?

Les choses sont sans doute moins simples, et, à y regarder de près, de Rémusat connaît sans doute une difficulté semblable à celle de ses contemporains: concilier une condamnation de la terreur avec une explication de ses causes; assumer la bipolarité d'une révolution qu'il peut être tentant d'accepter ou de refuser en bloc.[17] A ce point de l'analyse, on peut avoir le sentiment que dans ce texte de

1818 la conciliation est impossible et que le seule issue réside dans un rejet brutal et sans nuance de l'esprit du XVIIIe siècle, condamné pour son attitude excessivement critique, sa passion destructrice et son volontarisme. Il n'en est pourtant rien, et passant étrangement au dessus de l'épisode conventionnel, de Rémusat en vient à dénoncer sous l'Empire le défaut de ce qu'on attendrait en excès sous la terreur. Attend-on qu'il décèle dans cette dernière un volontarisme outrancier, un dérapage de la raison prétendant soumettre la société à sa règle ou encore un excessif désir des citoyens de se gouverner eux-mêmes, il découvre sous l'Empire le désintéressement et le repli sur soi, thèmes qui trouveront la fortune que l'on sait chez Tocqueville. On attendrait l'activisme voire la manipulation, on découvre l'apathie: "on avait cessé de se croire fait pour se gouverner soi-même; on s'était habitué à redouter ce besoin aventureux de penser et d'agir, qui avait poussé tant d'hommes obscurs sur la scène éclatante de la politique. On s'était repris d'un goût légitime pour la vie paisible et régulière, pour les affections de famille, pour les vertus privées, qui paraissaient les seules solides depuis que les vertus publiques avaient mal tenu leurs promesses."[18]

Si l'on cherchait à résumer le parcours de Rémusat dans l'ensemble de la période révolutionnaire, on aboutirait alors à un étrange paradoxe. A l'aube de la Révolution, il met en avant comme nombre de ses contemporains l'influence d'une conception volontariste de la raison, celle qui soumet l'histoire et le monde au crible de la critique et prétend reconstruire sur un schéma abstrait une société à défaire. Mais au crépuscule, lorsque l'Empire pour d'autres parvient enfin à arrêter la Révolution, il dénonce quant à lui un déficit de rationalité et de volonté. Tout se passe alors comme si, entre l'excès et le déficit, la raison ne parvenait jamais à s'adapter aux exigences de la société, la volonté à produire un mode raisonnable de gouvernement de soi. Est-ce alors dans cet écart que s'inscrit l'énigme de la terreur? Force est de constater en tous cas que l'événement de ce point de vue demeure une énigme.

Le sentiment d'étrangeté est alors d'autant plus fort qu'ayant semblé aborder un instant aux rivages où l'on condamne la révolution comme un bloc à partir de ses conséquences, de Rémusat clôt son analyse sur un vibrant hommage et une défense enthousiaste de son héritage. Le regard qu'il porte sur Burke est à cet égard fort significatif. De Rémusat est sans doute le premier à effectuer une lecture critique des *Réflexions sur la Révolution de France*. Pour lui, "Whig par accident", Burke ne se laisse cependant pas enfermer dans une réappropriation contre-révolutionnaire: coupable sans doute d'avoir confondu sa haine des révolutionnaires avec une adhésion aux thèses de leurs adversaires, il ne s'y réduit pas. Sa défense de la Révolution anglaise de 1688 permet de lever chez lui l'ambivalence souvent relevée entre tendances libérales et conservatrices. Mais si elle retrouve sens pour Rémusat en 1830, c'est dans le cadre d'un débat entre "esprit de conservation" et "esprit de révolution": défendre 1830, c'est aussi sauver 1789, dans une vision de l'histoire de la civilisation qui assume à la fois la possibilité de la rupture et la vision d'un progrès en voie de réalisation, idées proprement incompatibles avec le système de Burke.[19] Armé d'une telle interprétation, de Rémusat peut alors franchement retourner l'argument du danger de l'excès contre ses interlocuteurs contre-révolutionnaires et il n'hésite pas à déclarer: "sachez bien que vos souvenirs sont de la fable pour nous; ce sont les restaurateurs du passé qui nous semblent d'imprudents novateurs et, peu s'en faut, des rebelles."[20] Plus vigoureux que Guizot ici contre les ultras, de Rémusat rejoue avec lui le thème de la révolution terminée, posé dans une perspective générationnelle: "nos pères avaient la mission de détruire; la nôtre est de conserver. Agressifs dans leurs bouches, les mêmes principes nous restent, modifiés et convertis en instruments d'ordre et de protection. L'esprit de révolte n'est pas en nous; si quelques-uns semblent en garder la forme et le langage, ce sont des traînards de l'ancienne armée, des imitateurs maladroits qui se trompent d'époque. Que nos adversaires ne s'y méprennent point, qu'ils ne confondent pas l'esprit révolutionnaire et l'esprit né de la révolution; l'un entreprend, l'autre termine."[21]

La distinction de la révolution et de l'esprit révolutionnaire n'est sans doute pas d'une profonde originalité et nombre de partisans d'un "juste milieu" y recourent pour justifier et leur attachement aux principes libéraux et leur méfiance à l'égard de ceux qui les prétendent insuffisants. De Rémusat la reprendra d'ailleurs inlassablement et notamment en 1864 pour une fois encore effectuer la même opération: "au fond, sous ce nom de la Révolution, on veut proscrire les principes de 1789, c'est-à-dire de la révolution du 14 juillet. Ce langage est un masque qu'il faut arracher. Si, au contraire, on n'a pour objet que de mettre en garde les esprits contre la violence dans les passions et dans les actes qui est trop souvent l'accompagnement et la perte des révolutions, ce n'est pas celles-ci qu'il faut condamner en masse, mais ce que l'on ferait mieux d'appeler l'esprit révolutionnaire."[22] Mais elle trouve ici une signification différente dans le contexte d'une critique vigoureuse de la politique conduite au nom de la défense des "intérêts". A ceux qui prétendent échanger l'abandon des principes contre la défense du bien-être matériel, de Rémusat oppose une âme rebelle et querelleuse: "renoncez, croyez-moi, à cette idée de dominer les esprits en salariant les consciences, et pour commander à l'opinion, d'acheter à un certain prix le droit de l'insulter (. . .). Le commandement ne peut être honorable si l'obéissance ne l'est pas, et l'on ne règne pas avec sécurité sur ceux qu'on offense en même temps qu'on les paye."

On saisit mieux dans ce texte joyeusement impertinent l'espace de la politique de Rémusat: défense et conservation de l'héritage des principes de 1789. Sous sa première modalité, il se conjugue vigoureusement contre les attaques ultras et nourrit le projet d'un combat contre une restauration conservatrice. Mais dans le même temps, sous la seconde, il vise à arrêter le cours de la révolution et rejoue positivement le thème de la conservation contre toute forme d'impatience révolutionnaire. Plusieurs années plus tard, ce même discours fixera d'ailleurs la ligne de critique de la révolution de 1848. Moins violemment critique dans doute que Guizot par exemple, de Rémusat n'en reprend pas moins le thème de l'héritage à préserver contre les révolutionnaires de février: "il est toujours loisible de regarder en avant et d'espérer un meilleur avenir. Mais franchement la simple cause de 1789 elle-même, cette vieillerie de nos pères, est-elle si pleinement, si universellement gagnée, les biens qu'ils nous ont conquis, les principes qu'ils nous ont légués sont-ils tellement hors de toute atteinte, qu'il soit permis de ne s'en plus inquiéter et de songer à mieux?"[23]

Ainsi posée, la référence à la Révolution française articule un programme commun a toute une génération libérale: "terminer la révolution par la liberté politique et fonder la liberté politique par le gouvernement représentatif."[24] Pourtant ce programme ne nourrit chez de Rémusat ni les entreprises historiques de Guizot[25] ou Ernest Duvergier de Hauranne,[26] ni les réflexions théoriques de Prosper Duvergier de Hauranne[27] ou de Royer-Collard.[28] Tout juste permet-il de définir une attitude du "juste milieu",[29] historiquement tendue entre l'héritage de 1789 et le fantôme de la terreur, politiquement installée entre le conservatisme monarchique et le radicalisme révolutionnaire. Mais en tout état de cause cette attitude pratique n'éclaire guère mieux la question de la révolution et de son énigme. A tout prendre même, à mesure que l'on surenchérit dans la défense des principes positifs de 1789 affirmés comme nécessaires sans interroger 1793 posé comme accidentel, on accentue le caractère de point aveugle de l'interprétation que constitue la terreur dans l'interprétation de la révolution.

Tout se passe dès lors comme si, réceptacle des discussions de son temps, de Rémusat ne parvenait à choisir une interprétation. Avance-t-il l'idée d'une révolution nécessaire qu'il semble voir poindre l'argument qui prolongerait cette nécessité jusqu'à la justification du dérapage de la terreur, argument qui lui paraît aussitôt conduire à justifier l'injustifiable. A l'inverse, cherche-t-il pour contrecarrer cette dérive à recourir au schéma de l'excès de volontarisme ou de la prétention à la table rase qu'il comprend que son utilisation pour critiquer la terreur risque l'altérer l'image de la Révolution toute entière en abimant l'héritage même de ses débuts. Force est alors de constater qu'entre ces deux écueils l'interprétation s'estompe. Mais, plus que toute autre chose, cet échec n'est-il pas significatif de la difficulté à cette date de comprendre et de faire le tri?

Comment comprendre en effet que cette révolution engagée au nom de la liberté conduise à son annulation? De Rémusat a bien l'intuition que la Révolution porte en elle-même sa propre négation et qu'elle connaît un mouvement de régression en amont de ses principes. Mais faute peut-être d'interroger comme Constant l'ambivalence du concept de liberté et l'incertitude de la notion de souveraineté censée la garantir, il ne parvient à lever l'énigme de la terreur.[30] De même, comment faire le tri des logiques à l'oeuvre lorsque l'on perçoit que la question de savoir si la Révolution est une ou duale est un enjeu par trop politique? Faute de facteurs d'explication de la terreur comme accident, on semble voué à osciller entre la condamnation d'un "esprit révolutionnaire", cause imprécise des dérives observées, et l'adhésion parfois presque naïve à un "esprit de la révolution", tout aussi vague pour désigner son héritage assumé. Point culminant de cette oscillation, de Rémusat à la fin de sa vie écrira même qu'"une révolution légitime dans son but, juste dans ses principes, modérée dans ses actes, heureuse dans ses résultats, durable dans son oeuvre, est l'idéal que paraît poursuivre le dix-neuvième siècle",[31] sans que l'on sache s'il s'agit d'un constat désabusé sur l'époque ou d'un pari sur la possibilité de concilier une révolution toujours nécessaire et une modération inlassablement attendue.

Reste que cette incertitude témoigne sans doute largement de la difficulté de la position libérale sous la restauration, entre le refus de se rallier à une politique et un système pensés comme niant l'héritage de 1789 et la tentation d'assumer le risque d'une autre révolution qui en réaffirmerait les principes. Certains trouveront alors en 1830 une occasion fort opportune de franchir ce dernier pas et croiront découvrir enfin la solution à l'impossible équation des années 20. Rémusat est de ceux-là qui salue une "révolution irréprochable". Mais c'est pour déplacer aussitôt l'objet de son insatisfaction en ajoutant: "cela est beau sans doute; mais enfin une révolution n'est qu'un moyen, et ceux qui l'ont faite sont responsables aussi de ce qu'elle produit."[32] En d'autres termes, spectateur des révolutions du XIXe siècle, de Rémusat semble ne vouloir jamais s'abandonner à leur mythe, fussent-elles politiquement "irréprochables". Là encore, en déplaçant son interrogation de l'équivoque maintenue sur le sens de la Révolution vers l'auscultation de l'esprit incertain du siècle, il éclaire au delà du politique les dilemmes de la raison libérale.

## Les dilemmes de la liberté

De même que la lecture de l'histoire ne parvient pas à lever l'ambiguïté d'une révolution à la fois nécessaire dans ses principes et néfaste dans son déroulement, l'interrogation sur l'esprit du siècle débouche sur un paradoxe propre à cette génération libérale: "la liberté comme dogme unique et la diversité des opinions comme principe de vie sociale."[33] De manière évidente, de Rémusat et ses amis communient dans l'idée que la conquête moderne par excellence est celle de la liberté et l'analyse qu'en donne Constant dans son discours de l'Athénée Royal devient une sorte de lieu commun de ralliement.[34] Dans le contexte des années 20, c'est la liberté d'opinion, arrachée à la fois contre le dogme religieux et l'absolutisme politique, qui est l'enjeu de l'essentiel des discussions. "C'est peut-être le plus grand progrès de ce siècle et sa principale découverte", écrit de Rémusat, "la vérité étant au concours parmi les hommes, la force n'a de droit que sur la force, l'esprit que contre l'esprit; par conséquent, toutes les opinions sont égales devant la loi et le pouvoir. Telle est l'idée la plus féconde en bienfaits positifs à laquelle le genre humain se soit encore élevé; du moins est-il vrai que l'opinion opposée, de temps immémorial pratiquée par toutes les sectes et tous les pouvoirs, est de toutes les pensées humaines celle qui a fait le plus de mal à l'humanité. C'est elle qui a ordonné ou justifié tous les meurtres pour opinion que raconte l'histoire."[35] Ainsi posé, le postulat de la liberté trouve deux adversaires privilégiés: ceux que *Le Globe* nomme les "nouveaux catholiques" et les amis de Saint-Simon puis Auguste Comte, regroupés autour du *Producteur*.

Pour de Rémusat en effet, il ne semble guère faire de doute que "l'absolutisme théologique ou industriel"[36] relève d'une seule et même attitude, celle qui prétend opposer à l'incertitude d'un siècle de critique le remède d'un dogmatisme par nature anti-libéral. Et Damiron confirme que "les producteurs et les théocrates s'entendent et veulent quelque chose en commun, c'est un pouvoir spirituel."[37] On peut alors examiner ensemble les critiques de ces doctrines renvoyées dos à dos lors même que l'une travaille à restaurer une unité perdue et l'autre à produire une unité introuvable. Il semble en effet clair que de Rémusat a retenu la leçon de Guizot: au delà de la stricte théorisation de la représentation, l'enjeu politique et intellectuel du temps est bien celui de la formation de l'opinion publique. Mais il perçoit aussi le défi lancé aux libéraux: comment ne pas être désarmés dans la bataille pour la conquête de l'opinion face aux séductions qu'exercent les différentes variantes de l'unité spirituelle?

S'agissant des théocrates, de Rémusat prend pour cible l'*Essai sur l'indifférence en matière religieuse* de Lamennais et cherche à réfuter l'argument qui consiste à identifier la maladie dont souffrirait le XIXe siècle dans la critique effectuée au

XVIIIe de la toute puissance du dogme catholique. Pour Lamennais on le sait, l'époque est marquée par l'indifférence née du rejet des certitudes passées, indifférence dont le libre examen ne serait que la mise en forme plus ou moins sophistiquée. Or dit de Rémusat, le temps n'est pas à l'indifférence, à la négation du fait qu'il existe du vrai et du faux, mais à "l'impartialité", idée qui procède d'une toute autre intention. En effet, c'est d'une affirmation de type épistémologique que se nourrit l'impartialité: "la perfectibilité est un des attributs essentiels de la nature humaine (. . .) l'infaillibilité n'est pas donnée à la nature humaine."[38] En d'autres termes, entre un scepticisme relatif sur le savoir et un pari raisonnable sur le progrès, on cherche à affirmer contre le dogmatisme un rationalisme limité héritier des Lumières.

A partir de ce postulat, c'est sur le terrain de la théorie de la connaissance que se situe la réfutation des "nouveaux catholiques". A ceux-ci qui, au *Mémorial catholique* notamment, posent que la dissolution du dogme est synonyme d'abandon de l'idéal de vérité, les auteurs du *Globe*, Damiron, Jouffroy et Rémusat en tête répondent: "Dieu seul embrasse la vérité toute entière; l'unité dont nous parlons tant ne regarde que lui: les hommes la prennent en détail, et nos milliers d'opinions peuvent la représenter chacune par un côté sans se confondre, et même sans se ressembler."[39] Ainsi, aux catholiques qui identifient la multiplicité des opinions à la négation de la vérité, les libéraux opposent que seule la liberté peut être le dogme qui unifie lors même qu'elle est le seul vecteur de l'émergence de la vérité. Sans doute la position est-elle fragile, pour autant qu'elle demeure formulée comme une profession de foi, sans que l'on cherche à montrer comment le mécanisme même de l'opposition des opinions peut produire une connaissance. Mais elle a au moins le mérite d'apporter un soubassement théorique au refus politique du retour aux certitudes du passé, une assise au rejet de la tentation de répondre au désarroi du temps par le repli sur les valeurs antérieures à la Révolution.

S'agissant de l'utopie scientifique, le point de départ est identique, mais les conséquences différentes. Partant du même constat de la maladie d'un siècle voué à la critique, Saint-Simon et ses disciples cherchent moins à restaurer un ordre perdu qu'à produire une unité spirituelle nouvelle. Mais c'est précisément cette tentative que visent les libéraux, arguant qu'elle n'est que le symétrique de la précédente, aboutissant comme elle à ruiner la liberté de l'esprit au nom de la reconstitution d'un dogme. Constant est sans doute le plus précis dans la dénonciation des conséquences d'une telle position: "La nouvelle secte veut fonder un papisme industriel. Dans toute dissidence d'opinion, dans toute divergence d'effort, cette secte voit l'anarchie. Elle s'effraie de ce que tous les hommes ne pensent pas de même, ou, pour mieux dire, de ce que beaucoup d'hommes se permettent de penser autrement que ne le veulent ses chefs; et pour mettre fin à ce scandale, elle invoque un pouvoir spirituel qui, par des moyens qu'elle a la prudence de ne pas nous révéler encore, ramènerait cette unité si précieuse suivant elle, comme suivant les auteurs plus célèbres de l'*Indifférence en matière de religion* et des *Soirées de Saint-Pétersbourg*."[40]

De Rémusat écrivant des rédacteurs du *Producteur* qu'ils "n'attendent le retour de l'ordre que d'un système social qui ferait de l'humanité un grand couvent polytechnique gouverné par l'Académie des sciences"[41] ne pense pas autrement. Au fond, tout se passe comme si les libéraux de cette génération identifiaient dans la symétrie des thèses théocratiques et industrialistes le plus grand danger opposé à leur propre conception de la liberté. La raison en est sans doute assez simple dans la mesure où les certitudes offertes par ces différentes variantes de la restauration d'un dogme révèlent la fragilité de leur propre position. Qu'ont-ils en effet à opposer à ces tentatives?

Sans doute qu'elles ruinent l'héritage de 1789 et l'idéal d'autonomie individuelle, l'une au nom de la tradition, l'autre au nom du progrès. Mais récuser la nécessité d'un "pouvoir spirituel" pour défendre la primauté de la subjectivité nécessite un pari qui peut encore se révéler hasardeux. De Rémusat semble l'admettre, qui reprend à son compte pour décrire son temps l'idée des "époques critiques" chère à Saint-Simon et ses disciples. Il peut même aller jusqu'à concéder que face à ce désarroi la nécessité du choix est une limite à l'indépendance individuelle: "il n'y a pas liberté d'être incertain",[42] autre manière de reconnaître que la volatilité des opinions n'est pas un principe suffisant, même comme moyen de résister à la tentation du dogmatisme.

Plus généralement, de Rémusat ne cache pas la difficulté de la position libérale. Au départ en effet elle s'appuie sur le postulat qui n'a rien de rassurant de la faillibilité humaine, tout juste contrebalancé par celui de la perfectibilité. Sans doute ont-ils l'avantage immédiat de réserver un espace infini à la liberté: "il faut que les institutions laissent l'homme libre, sauf dans les actes extérieurs dont la culpabilité morale compromet la sûreté des membres de la société. Il faut que ni le gouvernement, ni le tribunal, ni l'église, ni enfin aucune force factice ne s'interpose entre les efforts de chaque homme et l'objet commun des méditations et des recherches de tous, savoir, la vérité."[43] Mais au-delà, comment concilier cette liberté indéfinie avec le besoin de certitude, le désir de conviction? Comment refuser de céder à l'alternative qui semble se profiler: "l'autorité n'est-elle pas le remède unique à ce désordre, en même temps que la preuve de la vérité et la garantie de la foi?"[44]

Parvenu à ce point, on ne semble pouvoir formuler que ce qui finalement apparaît comme quelques unes des apories de la pensée moderne. En philosophie par exemple: "la raison cite tout à son tribunal, même la raison; elle est le juge universel du vrai et du faux. Or, elle n'est pas infaillible, et elle ne juge que sur son propre témoignage." En politique de la même manière: "les hommes n'ont d'autre souverain légitime que la raison, interprète de la vérité, qui, appliquée aux relations sociales n'est que la justice. Or, ils sont des préjugés, des faiblesses, des passions; ils jugent mal, ils agissent mal, ils méconnaissent et violent la règle."[45] Sans doute ne faut-il attendre de Rémusat plus qu'il ne prétend offrir. Aux questions formulées, aux difficultés mises en scène il n'apporte de réponses ni dans l'ordre philosophique ni dans l'ordre politique. Mais du moins a-t-il le mérite de pointer assez tôt dans le siècle les dilemmes que la raison politique moderne s'acharne à surmonter: "comment concilier la certitude avec la faillibilité, la souveraineté de la raison avec sa limitation, la foi avec le défaut d'autorité, l'ordre avec la responsabilité du pouvoir, le devoir avec la liberté personnelle, le goût avec l'abolition des règles?"[46]

On peut rester insatisfait devant l'absence de solutions à ces problèmes posés, mais le diagnostic est clair et l'attitude de Rémusat exemplaire. Ne met-elle pas à jour en effet l'espace que parcourt finalement la pensée politique du XIXe siècle, oscillant sans cesse entre la reconstitution d'une unité intellectuelle et politique perdue ou sa réinvention sous des formes nouvelles d'une part, le difficile pari de l'acceptation de la diversité de l'autre? Plus encore, en laissant présager un choix en faveur de la second partie de l'alternative, ne décrit-il pas ce qui demeure la spécificité de la position du libéralisme philosophique? Bien sûr ce choix demeure chez lui allusif, lorsqu'il pressent par exemple que "en politique comme en philosophie, l'unité est une des idées dont on peut le plus abuser: en politique comme en philosophie, la passion de l'unité peut conduire aux principes outrés, aux systèmes exclusifs, en un mot à l'absolu."[47] Reste que de Rémusat semble ici mettre le doigt sur le caractère moniste de la philosophie politique de son temps, et sa gêne paraît inclure y compris la variante libérale. Ne peut-on entendre en effet que sa critique de l'idéal d'unité englobe par exemple la problématique d'un Guizot déclarant que "le but du gouvernement représentatif (. . .) est de ramener la multitude à l'unité"?[48] Indéniablement, là où Guizot pense en termes d'unité du corps politique, de recherche d'un espace social non conflictuel et d'une opinion publique non divisée, de Rémusat affirme la valeur de la pluralité dans une sorte de critique interne d'un libéralisme moniste. Sans doute perçoit-il aussi le danger: ranger ouvertement le libéralisme sous la banière du pluralisme, c'est aussitôt fragiliser sa position dans le concert des doctrines en concurrence pour la formation de l'opinion publique. Mais du moins semble-t-il en accepter le risque.

Bien entendu, les paris ne sont formulés que sous la forme fragile d'une profession de foi lorsque de Rémusat, par exemple, postule "L'idée que la publicité des opinions est pour le citoyen une sauvegarde autant qu'un devoir".[49] Manque pour les appuyer une argumentation théorique du fait qu'en politique la diversité est préférable à l'unité, que la recherche pragmatique de solutions aux conflits par la représentation et la déliberation est l'alternative à leur suppression au risque de la violence. Manque encore d'un point de vue plus général une démonstration de ce que la connaissance peut progresser davantage par la confrontation des opinions et la réfutation des erreurs que par l'affirmation dogmatique de la vérité. Seul un John Stuart Mill par exemple, plus tard dans le siècle, apporterait ces problématiques qui peuvent assurer à la démarche libérale ses assises épistémologiques et politiques. De Rémusat en a l'intuition d'ailleurs, qui consacre une part importante de son dernier ouvrage à la discusion de Mill. Sans voir cependant que l'argument de On Liberty permettrait sans doute de renouer les fils disjoints de ses propres réflexions des années vingt.[50] En interprétant la révolution au prisme d'une problématique qui oppose l'acceptation de la diversité et la production de l'unité pour mettre à jour dans la terreur un travail de l'obsession de la transparence. En théorisant dans le modèle de la collision des opinions le paradigme épistémologique qui permet de résister aux tentations du dogmatisme et de critiquer les conséquences anti-individualistes et anti-libérales des utopies industrialistes comme des réminiscences théocratiques.

## Notes

1. Cf. Pierre Rosanvallon, "Guizot et la Révolution française", communication au Colloque *François Guizot et la culture politique de son temps*, le Val-Richer, septembre 1987.

2. Sur cette entreprise générationnelle, cf. François Furet, *La révolution, 1770–1880* (Paris, 1988), p. 312s.

3. Pierre Rosanvallon, *Le moment Guizot* (Paris, 1985), p. 17.

4. Préface à: *Critiques et études littéraires* ou *Passé et présent*, (Paris, 1859), I, p. 25.

5. "La révolution française", 1818, in *Passé et présent* op. cit., I, pp. 92–116.

6. In Maurice Block, *Dictionnaire général de la politique*, 2 Vols. (Paris, 1864), II, pp. 814–16.

7. "La révolution française", loc. cit., p. 109.

8. *Ibid.*, p. 110.

9. *Ibid.*, p. 96.

10. *Ibid.*, p. 92. Dans d'autres textes, de Rémusat se place, pour affirmer cette idée, dans le sillage de Guizot, Thierry et Mignet. Cf. notamment *Politique libérale* (Paris, 1860), p. 4.

11. "La révolution française", loc. cit., pp. 95–96.

12. *Ibid.*, pp. 96–97.

13. *Ibid.*, p. 100.

14. *Ibid.*, p. 99.

15. *Ibid.*, p. 100.

16. *Ibid.*, p. 106.

17. Sur cette difficulté et l'oscillation entre interprétations qui l'accompagne, cf. Mona Ozouf, Article "Révolution", in *Dictionnaire critique de la Révolution française*, sous la direction de F. Furet et M. Ozouf (Paris, 1988), p. 847s.

18. *Ibid.*, pp. 107–108.

19. Cf. "Burke, sa vie et ses écrits", *Revue des deux mondes*, mars–avril 1853. On se reportera sur ce point aux analyses de Pierre Rosanvallon, *Le moment Guizot*, op. cit., p. 281s.

20. *Ibid.*, p. 110.

21. *Ibid.*, p. 111.

22. Notice "Révolution", *Dictionnaire général de la politique*, *op. cit.* II, p. 815.

23. *Politique libérale*, op. cit., p. 281.

24. *Ibid.*, p. 275.

25. Notamment l'*Histoire des origines du gouvernement représentatif en Europe* (Paris, 1851).

26. *Histoire du gouvernement parlementaire en France* (1814–1848) (Paris, 1857–1871).

27. Cf. *Des principes du gouvernement représentatif et de leur application* (Paris, 1838).

28. Cf. notamment son discours du 25 février 1816, in P. de Barante, *La vie politique de M. Royer-Collard, ses discours et ses écrits* (Paris, 1851).

29. A laquelle de Rémusat consacre une notice dans le *Dictionnaire général de la politique*, op. cit., II, p. 161s.

30. Sur l'interprétation de Constant, cf. les articles de Marcel Gauchet ("Constant") et François Furet ("Terreur") du *Dictionnaire critique de la Révolution française*, op. cit. pp. 951s et 156s.

31. Notice "Révolution", *Dictionnaire général de la politique*, op. cit., II, p. 816.

32. Préface (1859) à *Passé et présent*, op. cit., I, p. 25.

33. Paul Bénichou, *Le temps des prophètes, Doctrines de l'âge romantique* (Paris, 1977), p. 44.

34. De Rémusat la commente notamment dans un article de 1823. "De l'industrie et de la liberté" in *Passé et présent*, op. cit., I, p. 190s. Ed. Laboulaye lui consacre une brochure, le *Dictionnaire général de la politique* y fera constamment référence . . .

35. "De l'état des opinions", *Revue française*, 1828, in *Passé et présent*, op. cit., II, p. 36.

36. *Ibid.*, p. 23.

37. *Le Globe*, 6 mai 1826 (compte rendu des *Fragments philosophiques* de Victor Cousin). On trouverait une critique beaucoup plus développée dans Damiron, *Essai sur l'histoire de la philosophie en France au dix-neuvième siècle*, 2 vols. (Paris, 1828). Cf. notamment, I., p. 231s.

38. "De l'état des opinions", op. cit., p. 37.

39. Jouffroy, *Le Globe*, 27 novembre 1824.

40. *Revue encyclopédique*, XXXIX, février 1826.

41. "De l'état des opinions," op. cit., p. 23.

42. "Du choix d'une opinion," *Passé et présent*, op. cit., I, p. 159.

43. "De l'état des opinions", loc. cit., p. 53.

44. *Idem.*

45. *Ibid.*, p. 54.

46. *Ibid.*, p. 55.

47. *Politique libérale*, op. cit., p. 54.

48. F. Guizot, *Histoire des origines du gouvernement représentatif en Europe* (Paris, 1851), 1, p. 94. Cf. sur ce point Pierre Rosanvallon, *Le moment Guizot*, op. cit., p. 56 et Pierre Bouretz, "François Guizot et l'héritage des Lumières," communication au colloque *François Guizot et la culture politique de son temps*, précité.

49. "Du choix d'une opinion," loc. cit, p. 165.
50. Sur cette référence et l'interprétation qui la sous-tend, cf. Pierre Bouretz, "John Stuart Mill", *Dictionnaire des oeuvres politiques*, sous la direction de F. Châtelet, O. Duhamel et E. Pisier (Paris, 1986), pp. 555–65.

# CHAPTER 24

# English Radicals and the French Revolution, 1800–1850

JOHN R. DINWIDDY

MUCH has been written about the impact of the French Revolution on English radicalism in the 1790s. There was considerable disagreement at the time about how far French principles and practices should be adopted by the English democratic societies, and there has been a long-running debate among historians about how far such principles and practices *were* actually adopted. There is no doubt that the early phase of the Revolution aroused enthusiastic though ephemeral interest among intellectuals and Dissenters, and that the events of 1792 gave an important stimulus to the artisan radicalism that was then emerging. Some of the democratic reformers—such as Maurice Margarot, Henry Redhead Yorke, John Thelwall—identified very closely, at least at times, with the French jacobins. However, the ideology of English radicalism in the 1790s was highly variegated, and it is doubtful whether French elements can be said to have predominated. Much was carried over from the "real whig" and "country" traditions of the eighteenth century; and the myth of an Anglo-Saxon phase of truly popular government, which enabled the reform movement to be represented as a campaign for the recovery of "lost rights," was a powerful source of legitimation.[1] Also, of course, Paine was a major influence; but despite his fervent defence of the French Revolution against Burke it was arguable that the basic tenets of his republicanism were more American than French. As the September Massacres, the execution of Louis XVI, and the Terror succeeded one another, the American example became increasingly important for those in England who wished to emphasize the virtues of republican government.[2] It is true that around the end of the decade, constitutional agitation having been virtually ruled out by repressive legislation, those radicals who remained active did often appear strongly Francophile. Many of them expatriate Irishmen, they saw their best hope of success as lying in an Irish rebellion, co-ordinated with a French invasion and a rising or *coup d'état* in England. However, although these ultra-radicals attracted a considerable amount of working-class support in areas of Irish immigration such as south Lancashire, their aims and methods appealed only to limited segments of the population; and developments in France, which seemed to carry the country further and further away from the ideals of the Revolution and in the direction of an aggressive nationalism, were making it increasingly difficult for most English reformers to see the French republican regime in a positive light.[3]

This paper will not attempt to reassess the influence of the French Revolution on the English radicalism of the 1790s.[4] It will be concerned with the less familiar question of how the French Revolution was seen by English radicals during the first half of the nineteenth century. For this purpose, it will be convenient to distinguish between the first and second quarters of the century, since prevailing attitudes towards the Revolution differed markedly as between the two periods.

During the first twenty-five or thirty years of the century, attitudes were generally reserved and often defensive, and it was common for reformers to steer clear of the episode in their speeches and publications. Between the mid-1790s and the latter part of the French wars, the whole question of political reform featured very little in public discussion, partly because of official repression but more fundamentally because of a strong reaction among the politically articulate classes against "French" principles. When reform resurfaced as a subject of debate towards the end of the first decade of the century, its proponents were careful to avoid positions which could be stigmatized as jacobin, and the conservative Whig MP William Windham commented on this in a speech of May 1809. The new agitation was fuelled, he said, not by the "metaphysical reasoning" and "grievances of theory" which had been prominent during the French Revolution, but by discontent over taxes and "abuses". The agitators of the day were exciting popular opinion against "the wasteful expenditure of the public money in jobs and corruption"; and these alleged abuses provided a focus for the resentment produced in the first instance by wartime taxation, and filled the place of "the abstract rights of a few years ago".[5] He doubtless had Cobbett chiefly in mind, and it was certainly the case that the brand of radicalism purveyed by Cobbett and Henry Hunt in the 1810s and 1820s put a strong emphasis on taxation and corruption in supplying a political explanation for popular distress. In so far as they and their associates argued that the people at large had a *right* to the vote, they tended to appeal to the historic "rights of Englishmen", maintaining for example (as Major Cartwright did) that the Anglo-Saxon witenagemot had been elected annually by the people at large, or (as did Sir Francis Burdett) that a statute of the early fifteenth century had recognized the common law right of all Englishmen to vote at county elections.[6] Some reformers did make explicit use of natural right concepts, but although Thomas Paine's authority was sometimes invoked in support of these (notably by Richard Carlile), they were not usually associated in any explicit way with the French Revolution.[7]

In regard to symbols, also, the tendency of postwar radicals was to avoid those with a jacobin resonance. The distinctive headgear sported by radicals in the years around Peterloo, especially in the north west, was the tall white hat habitually worn by the gentleman-farmer Henry Hunt; and a periodical entitled *The White Hat* was published during the latter months of 1819.[8] Another periodical was appearing at much the same time called *The Cap of Liberty*, but this title did not refer directly to the *bonnet rouge* which had come into fashion in Paris during 1792.[9] It referred to a symbol which, imported originally from Holland, had been part of the English "patriot" tradition well before the French Revolution. The periodical itself has been described as "full of the old rhetoric" about the ancient constitution and historic liberties of England; and an article published in the paper in September 1819 on "The origin and properties of the Cap of Liberty" emphasized the cap's Phrygian and Roman provenance, described it as "whitish, the native colour of the wool undyed," and included no mention of France. At the trials of Hunt and Sir Charles Wolseley in the following year, it was stated that the cap was an ancient symbol of British constitutional liberty, and by no means a symbol of revolution.[10]

If the inclination of reformers was to say as little as possible about the French Revolution, the tendency of their opponents was to do quite the opposite. The multiplicity of purposes for which they turned it to account was satirized by Lord John Russell in an anonymous pamphlet of 1820:

> If a book is written containing new opinions on subjects of philosophy and literature, we are told to avoid them, for to Voltaire and Rousseau is to be ascribed the French Revolution. If an ignorant cobbler harangues a ragged mob in Smithfield, we are told that the state is in danger, for the fury of a mob was the beginning of the French Revolution. If there is discontent in the manufacturing towns, we are told that discontent of the manufacturing towns in France was the great cause of the French Revolution. Nay; even if it is proposed to allow a proprietor of land to shoot partridges and hares on his own ground, we are told that this would be to admit the doctrine of natural rights, the source of all the evils of the French Revolution.[11]

At times, radicals felt constrained to produce some rejoinder to the reiteration of this theme. One response was that the situation of late eighteenth-century France was so different from that of early nineteenth-century Britain that analogies between them were meaningless. Cartwright wrote in 1812 that although France had had men of genius at the outset of the Revolution, the people as a whole had had no tradition of town and country meetings for political discussion, and no familiar landmarks such as Magna Carta and the Bill of Rights: "The national mind of France, when called to the great work of political regeneration, was in utter darkness, forming a complete contrast to the public mind of England."[12] Cobbett made a similar point in his *Political Register* in 1816, and the Burdettite reformer Walter Fawkes wrote of the French in the following year:

> They had been governed by the *sword*, and only knew how to resist by *violence*. They had *no law*, no *ancient Constitution*, the proud legacy of their forefathers, to appeal to. They were misled by *metaphysics* and *imaginary* good. We bow to the *accumulated wisdom* and *experience* of ages. When they had *curbed* their *old* government, they had a *new* one to make; when we get rid of our "virtual representation," we shall fall into the *old current*, and feel ourselves *at home* again.[13]

The view that the French example was basically irrelevant to English conditions was sometimes accompanied by the idea that much more pertinent lessons were to be drawn from the experience of America. Jeremy Bentham was influenced by considerations of this kind when he took up a radical position in politics in 1809. Events in France in the 1790s had turned him against political reform; but by 1809 he had come to see the American example as closer, in a cultural sense, to the Britain of his day than the example of France in 1792—or, indeed, than that of the English themselves in the 1640s. What the recent history of the United States showed was that when men with "English-bred minds" and an advanced level of civilization adopted a democratic system of government they were able to stop at that point and were not carried on into anarchy.[14]

A different and rather more positive line of argument, which was used quite widely in the early years of Louis XVIII's reign, was that whatever "horrors" the French Revolution had involved, it *had* brought substantial improvements. In his journal *The Republican* in September 1819, Richard Carlile printed an item headed "BENEFITS OF THE REVOLUTION IN FRANCE. Concerning which it is assumed few will disagree". The list included the abolition of arbitrary and partial imposts, the extinction of venal hereditary offices of justice, the abolition of *lettres de cachet*, and "the establishment of a representation of the people: full, free and equalized in a very high degree".[15] Another artisan radical, John Wade, wrote in his journal *The Gorgon* that in spite of the "transitory evils" associated with the Revolution, the state of France was far better since that event than it had been before it; and he drew attention to improvements in agriculture and communications, the abolition of tithes and of the privileges of the nobility, reforms in the law and the administration of justice, and "the general liberty that has been extended to all classes".[16] A radical of a different kind, Shelley, said much the same thing in his *Philosophical View of Reform* (1820). Adapting Shakespeare, he wrote that the good the revolutionaries had done lived after them, the evil lay interred with their bones.[17]

Yet another line of response to the use made of the French Revolution by anti-reformers was to look more closely at the actual history of the Revolution, putting the "horrors" into perspective and explaining them as the outcome of a particular set of circumstances rather than as the natural consequence of revolution *per se*. John Stuart Mill wrote in 1826 that the conception most English people had of the Revolution was a confused but horrible vision of mobs, massacres, and guillotines, derived from what the Tory press chose to tell them about this period of history.[18] In fact he may have been overstating the point, for considerable efforts to bring the educated public to a more balanced and understanding view had already been made—notably by the Whig writers of the *Edinburgh Review*. The general explanation which they offered for the Revolution was that the old political regime had failed to adjust itself to the progress of civil society. The emerging middle ranks had been confronted by an inflexible system in which the avenues to both political power and social prestige were monopolized by the court and aristocracy. A new political élite had broken through in the years after 1789, but its failure to achieve a peaceful transition to constitutional government was a predictable consequence of the conditions which had previously excluded its members from all political experience.[19]

Mill did carry on the work of the desensationalizing the Revolution and of engaging sympathy for elements within it. The first generation of Edinburgh reviewers was too much linked with an aristocratic party to identify closely with the Girondins; their sympathies and connections—notably through Étienne Dumont, whom they encountered at Holland House—were more with the constitutional monarchists. But for Mill and other middle-class radicals, the Girondins embodied much of the virtue of the Revolution. Reviewing Sir Walter Scott's *Life of Napoleon* in 1828, Mill went so far as to describe them as "the purest and most disinterested body of men, considered as a party, who ever figured in history".[20] He also argued in this and other articles that the excesses of the Revolution were principally attributable to the "dogged resistance of the privileged classes" to political reform, and that the essential object of those who perpetrated the excesses was to *defend* the Revolution against "its irreconcilable enemies, within and without".[21]

William Hazlitt went further along the same lines in the chapters on the Revolution which he included in the first volume of his own *Life of Napoleon* (1828). Dating the horrors of the Revolution from the Brunswick Manifesto, he interpreted the Terror as a necessary evil which enabled France to "weather the storm" of foreign and domestic hostility. He did not approve of Robespierre and Marat: in fact he was extremely damning about their dogmatism and insensitivity. But he maintained that the "humane and accomplished" Girondins,

> The true representatives of liberty, . . . necessarily gave place to those men of violence and blood, who, rising out of the perilous situation in which the Republic was placed, were perhaps alone fitted, by their furious fanaticism and disregard of all ordinary feelings, to carry the Revolution triumphant through its difficulties, by opposing remorseless hatred to the cold-blooded and persevering efforts of tyranny without, and cruelty and the thirst of vengeance to treachery and malice within.[22]

By the late 1820s the crude use of the French Revolution as a blanket argument against any kind of change was no longer very compelling. Hazlitt, indeed, wrote in 1826: "The cant about the horrors of the French Revolution is mere cant— every body knows it to be so . . . There were none in the American, and have been none in the Spanish Revolution."[23] The years of social calm since the Cato Street conspiracy, and the relatively moderate nature of the European revolutions of 1820, had allayed the fears that had been first aroused in the 1790s and then revived by the working-class discontent and agitation of the postwar period. The July Revolution of 1830 underlined the message, for middle-class reformers, that revolution was not such a terrible thing and that political change need not be uncontrollable. It also carried other messages, of course—notably the one that intransigent conservatism of the kind displayed by Polignac was more likely to jeopardize stability than to preserve it.

In the debates on the Whig Reform Bill, T.B. Macaulay derived the same moral from the first French Revolution, maintaining that the nobility provoked its own destruction through its obstinate resistance to reform. J.W. Croker, his principal opponent so far as historical interpretation was concerned, claimed that this was nonsense: the French nobles had made a whole series of concessions, and their downfall was attributable to their weakness in granting them.[24] But although Croker had a historical case here that was not satisfactorily answered, the realities of the contemporary situation gave a formidable thrust to the practical lesson which Macaulay drew from the French precedent. In the years after the Reform Bill was passed, Croker's line lost favour even in Tory circles. In Disraeli's *Coningsby*, the speeches of Rigby (a character based on Croker) at the Darlford election of 1837 are described as being so loaded with tedious digressions on the French Revolution that "the people at last, whenever he made any allusion to the subject, were almost as much terrified as if they had seen the guillotine".[25]

So far, this paper has been concerned with those who engaged in open political debate, and it has said little about the *ultra*-radical strand in early nineteenth-century politics. (The last paragraph, indeed, has strayed away from radicalism altogether.) There was, however, an extreme wing of the radical movement which engaged spasmodically in conspiracy and insurrectionism, and it is in this environment that one would most expect to find French Revolutionary myths and symbols being kept alive and cherished. As E.P. Thompson and others have noted, by the end of the eighteenth century the language of popular protest had acquired a distinct jacobin tinge. Anonymous threatening letters sent to magistrates or employers, and the handwritten notices that were passed around or posted on trees during food riots, showed a belief that the French Revolution, if not an example to be actually followed, at least provided means of intimidation and incitement for local purposes. During the famine of 1800 a sketch of the guillotine appeared on a handbill advocating *taxation populaire* at Maldon in Essex, and posters elsewhere carried messages such as "Peace and Large Bread or a King without a Head," and "Bread or Blood . . . Have not Frenchmen shewn you a pattern to fight for liberty?"[26]

Traces of the same practice are to be found in the early nineteenth century. During the Luddite disturbances of 1812, a manuscript handbill was circulated at Huddersfield which proclaimed: "All Nobles and Tyrants must be put down, come let us follow the noble example of the Brave Citizens of Paris . . . above 49,000 Heroes are ready to break out, to crush the Old Government and establish a New one."[27] Also it is clear that in a few places groups of committed "jacobins" remained in existence through the years of the war, a notable example being the Oldham–Royton–Chadderton district to the north-east of Manchester. Captain William Chippendale, a local mineowner, complained repeatedly about the restless spirit of jacobinism, "the true French revolutionary mania," which activated these people and led them to seize every opportunity of exciting popular disaffection.[28] He was not simply an alarmist: other records testify to the militancy of this neighbourhood, and a spy's report of August 1816 indicates that the Royton leaders had some acquaintance with the history of the Revolution. According to the report, they argued at a radical meeting at Hollinwood that

> if they would but establish Hampden Clubs in all the great Manufacturing Districts of the Kingdom, it would enable the Hampden Club in London to raise its head above the Government, and that it was practicable was certain, from the success of the Jacobin Club in France, which rose from small beginnings, and under more unfavourable Circumstances.[29]

However, indications of this kind were more the exception than the rule. Provincial risings were attempted at Pentridge and Huddersfield in 1817 and at Barnsley in 1820; but although it has been suggested that the concept of a popular seizure of power on French Revolutionary lines was in the minds of these insurgents, it is not easy to find firm evidence of this.[30] Rather more evidence exists in relation to London. The Spa Fields insurrection of December 1816 was launched by a group of conspirators which had at least tenuous links with the United Societies of the years round the turn of the century. The group talked of setting up a Committee of Public Safety, and used a tricoloured flag of red, white, and green to symbolize the future British Republic.[31] On other occasions members of the ultra-radical underworld meeting in London taverns were reported as singing *Cq ira* and drinking outrageous toasts such as "May the guillotine be as common as a pawnbroker's shop and every tyrant's head a pledge"; and the Spencean agitator Allen Davenport said in October 1819, two months after Peterloo: "I compare the present time to the crisis of the French Revolution, we must arm ourselves as they did."[32] Yet even in the metropolis it appears that jacobin influences were not the dominant strain in the mentality of the far left, which embraced a bizarre mixture of Saxon constitutionalism, seventeenth-century republicanism, agrarian socialism, pseudo-religious millenarianism, and sheer saturnalian ribaldry.[33]

It was not until the 1830s that a serious and positive interest in the first French Revolution became a marked feature of English popular, or populist, radicalism. Hedva Ben-Israel says in a book on the English historiography of the Revolution that after 1832 there was an increasing separation of history from politics, and that the obsession with drawing polemical analogies between Revolutionary history and English political developments went out of fashion.[34] This is true up to a point at the level of Whig-Tory debate, and Thomas Carlyle's determination to get away from historiography as party-political propaganda is the outstanding illustration of the new trend. But among radicals it was the 1830s and 1840s that saw the most notable attempts (after the 1790s) to treat the Revolution as a source of inspiration.

The July Revolution of 1830 was certainly one cause of the revival of interest in the French Revolutionary tradition. The enthusiasm it aroused in England was at first fairly widespread and undifferentiated: even Sir Walter Scott claimed to have been turned into a jacobin by the conduct of the French ministry.[35] But before long a division took place between those who welcomed the moderate and controlled nature of the Revolution, and those who regarded this outcome as a betrayal of the Parisian artisans who had actually manned the barricades. The latter view was held by the National Union of the Working Classes and by the "unstamped" press. In 1831, 1832 and 1833 the NUWC held meetings to celebrate the anniversary of the July Revolution, and speakers lamented that although it was the artisans who had overthrown Charles X, the republic they wanted had not been proclaimed and the fruits of victory had been wrested from them by the "crafty middlemen".[36]

At the same time, of course, in the period before and after the passage of the Reform Bill, convinced democrats were becoming increasingly disgusted with whig and middle-class reformism in England. It was a period of excitement when revolutionary and republican possibilities were in the air, and some activists, no longer feeling any need to avoid postures which might alarm middle-class allies, reached back to the 1790s for the symbols and strategies of an uncompromising jacobinism. The journalist J.H.B. Lorymer was a conspicuous example. From March 1831 he edited a weekly paper called *The Republican*, and the leading article in the first issue, addressed to "Fellow Citizens," asserted that the whole of Europe was on the verge of being "revolutionized" and that both France and England would be "republicanized" within thirty years. When reproved by the *Morning Chronicle* for using the term "Citizen," he responded that it was "the most honourable appellation by which a man can be designated".[37] For several weeks in 1833 his paper substituted for its original title the even more challenging one of *Le Bonnet Rouge*; and an article headed "Fraternization," addressed to the French inhabitants of England, began: "We are thus led to address you because the symbol, under which our lucubrations are ushered into the world, is the same that figured so conspicuously, during the annals of your first grand Revolution."[38]

One of Lorymer's favourite themes was the need for the summoning of a "national convention". This was a device that had a long history in English radical strategy, and one of its attractions was that it was neatly ambivalent: it could either be presented as a mere assembly of reformers for purposes of consultation, or it could be conceived as a body which, being far more representative of the people than the established authorities, would be able to supersede them and set up a new constitutional system. Partly as a result of the French Convention of 1792, the latter conception had been strong in the 1790s; but the convention of Hampden Club delegates held in London in January 1817 had been closer to the former. Lorymer clearly had the French model in mind. He sometimes wrote of a "National Convention," sometimes of a "National Assembly," and one of the articles in which he mooted the idea (in August 1831) was signed "TRICOLOR".[39] When the House of Lords resisted the Reform Bill in the following May, he published a handbill entitled *A National Convention the Only Proper Remedy*, in which he argued that the hereditary elements in the constitution should be eliminated, and that delegates should be elected to a national convention "to sit and legislate" in place of the present parliament: ". . . nothing could be more feasible than for the real Representatives to turn out the mock-Representatives."[40] In the period of sharp disillusionment that followed the passage of the Reform Bill and the Irish Coercion Act of 1833, the National Union of the Working Classes tried to turn the idea into a reality, calling a public meeting "to adopt preparatory measures for holding a National Convention". One of the Union's leaders, Richard Lee, said it was quite clear that "the people were the source of political power, and they had a sacred right to remodel and alter any form of Government so as to make it meet their wants".[41] The government was sufficiently alarmed first to ban the meeting, and then to use the police to disperse those who nevertheless assembled.[42]

At a more analytic level, the political conditions of the 1830s gave rise, in England as in France, to interpretations of the French Revolution that put a new emphasis on the role of social class. In the radicalism of the early nineteenth century, class feeling has been strong, but it had been directed in a general way against those classes perceived as parasitic, among which aristocratic landowners and placeholders were conspicuous. In the years after 1832, though anti-aristocratic feeling continued, hostility towards the *middle* classes became much stronger and more specific than it had been previously: partly because the anti-capitalist theories broached in the previous decade by Thomas Hodgskin and others had become an important strand in popular radicalism, and partly because the middle classes, having been helped by the working classes to obtain the Reform Bill, were thought to be monopolizing its benefits and supporting a regime that was *more* oppressive towards working people than the governments of the 1820s. François Furet, in his book *La Gauche et la Révolution française*, has noted how the July Revolution helped to produce new perspectives on the *first* French Revolution, driving a wedge between its liberal interpreters, the men of 1789, and its socialist or social-democratic interpreters, the men of 1793.[43] Under the combined impact of 1832 and of Orleanism in France, much the same thing was happening in England. Indeed, the articulation of a new anti-bourgeois interpretation of the Revolution was taking place as early on the English side of the Channel as on the

French, and the man responsible for this was the outstanding radical journalist of the 1830s, the Irishman Bronterre O'Brien. Especially famous for his association with the *Poor Man's Guardian*, which he edited between September 1832 and 1835, he expressed more vividly and memorably than any of his contemporaries the notion that capitalists and "middlemen" were the principal exploiters of the working class and that profits rather than taxes should be the prime focus of the latter's resentment.

The book which fired his interest in the French Revolution was Buonarroti's *History of Babeuf's Conspiracy*, though curiously it was on the right rather than the left that this conspiracy first attracted attention in England. Robert Southey devoted several pages to it in an article on "Lives of the French Revolutionists" in the *Quarterly Review* for 1812, but he remarked that it had been little noticed in England at the time when it occurred.[44] Buonarroti's account was first published in Brussels in 1828, and Southey reviewed it at some length in the *Quarterly* three years later, at the height of the Reform Bill crisis. He maintained that it was the most important book about the French Revolution that had yet appeared, because in explicitly recording the aims of the conspiracy it disclosed the immanent trend of revolutionary politics—the kind of politics that Southey associated with the unstamped press.

> The object was to subvert the existing system, not of government alone, but of society in France, and to introduce an absolute community of goods . . . To this principle it is that the course of revolution is tending in the present state of the old world . . . The most inflammatory of those papers which openly defy the laws profess that principle; and they accompany it with excitement to insurrection little less direct than those which Babeuf addressed in his journal to the people of Paris.[45]

O'Brien, who had had a university education in Dublin and spoke French, drew attention to Buonarroti's book in an article in the *Poor Man's Guardian* on 24 November 1832. The article broached several themes which were to be found in Buonarroti: the glorification of the Constitution of 1793, the rehabilitation of Robespierre, and the attribution to him of a thorough-going policy of socio-economic as well as political egalitarianism.[46] These themes were to be reiterated in O'Brien's subsequent writings on the French Revolution, which included, besides many newspaper articles, an extensively annotated translation of Buonarroti's *History* (1836), the first volume of an uncompleted biography of Robespierre (1838), and *A Dissertation and Elegy on the Life and Death of the immortal Maximilian Robespierre* (1859).

O'Brien paid several visits to Paris in the mid-1830s to collect material on Robespierre, and on one of these occasions he actually met Buonarroti. The latter had communicated with him shortly before, having seen an advertisement of the forthcoming translation of his own book; and he had sent O'Brien an essay in defence of Robespierre which he himself had recently written but had not yet published.[47] The 500-page volume of biography which O'Brien completed went only as far as the end of the Constituant Assembly. (The reason why the work was never finished was recounted in the *Dissertation*: soon after the appearance of the first volume, a prosecution for debt—which O'Brien attributed to middle-class malignity—led to the forced sale of all his property, his family being "stripped of books, furniture, and every essential convenience of life" and being "literally turned into the streets".[48]) His most important source was the great *Histoire parlementaire de la Révolution française* compiled by Buchez and Roux, the first volumes of which appeared in 1834. Buchez, though the Saint-Simonian ideas he had absorbed in the 1820s were fused with Catholicism, had anti-bourgeois views which accorded to a large extent with those of O'Brien; and, as he made very clear in the prefaces to the *Histoire parlementaire*, he too was an admirer of Robespierre.[49] Other sources sympathetic to Robespierre which O'Brien used, though with some recognition of their shortcomings as historical evidence, were the fictitious autobiography entitled *Mémoires authentiques de Maximilien de Robespierre*, of which the first two volumes appeared in 1830–31, and Laponneraye's *Mémoires de Charlotte Robespierre sur ses deux frères* (1835).

He rightly emphasized, however, in the introductory chapter of his biography, that the overwhelming weight of the historiography of the Revolution up to that point had been highly critical of Robespierre. Much of it, he said, had been totally and extravagantly damning, while the so-called "liberal" histories of Mignet and Thiers had "said all the bad that it was possible to say of Robespierre with the chance of being believed, and omitted all the good that it was possible to omit with the chance of appearing impartial".[50] As for works in English, he mentioned the two biographical sketches of Robespierre which had been published in the late 1790s by John Adolphus and Richard Phillips. While the former writer was manifestly anti-jacobin, the latter was a radical publisher and bookseller who had suffered a spell of imprisonment for selling Paine's *Rights of Man*. But he was no ultra-radical, and in his sketch, which O'Brien described as "a cross between whiggery and sham-radicalism," the Girondins were praised while Robespierre was vilified.[51] As further evidence that even radicals in England were generally inimical to the latter, O'Brien might have cited Cobbett's famous postwar "Address to the Journeymen and Labourers," in which Robespierre was described as a "monster" who was "exceeded in cruelty only by some of the Bourbons". And O'Brien himself, in fact, had written in 1831 about "the Robespierres, the Marats, the Dantons, and other such demons of the day as were thrown up to the surface in the seething of the revolutionary cauldron".[52] When he first started *praising* Robespierre in the *Poor Man's Guardian* in the following year, he drew a protest from the radical journalist William Carpenter, who pointed out that Robespierre had imprisoned Thomas Paine and might well have had him executed if he had remained longer in power. Since Paine was a "real philanthropist," Carpenter asked, how could one admire Robespierre, who attempted to crush such a man? O'Brien's answer was that Paine, though "a very able man for his day," was not a true radical, and "his views fell immeasurably short of the exalted destiny intended by Robespierre for mankind".[53]

The main features of O'Brien's own interpretation of the Revolution will be unsurprising to those familiar with the work of later socialist historians, though the novelty of the interpretation at the time when he was writing should not be lost to view. His heroes are few: Robespierre and Saint-Just; Marat, though his character is said to have contained "a strand of cynicism"; and the *Égaux* of the Year IV, though as we shall see O'Brien was not wholly in agreement with them.[54] His villains are numerous. The constitutional royalists of the Constituent Assembly were representatives of the wealthy, of aristocrats and usurers; and the

Constitution of 1791, through the distinction it drew between active and passive citizens, "converted all France into one huge monopoly for the rich," placing the lives, fortunes and liberties of the mass of the people "at the utter mercy of the upper and middle classes".[55] The Girondins were "lawyers, bankers, and babbling literati, who, jealous of the nobility and privileged orders, sought to swindle the Government, and all the advantages derivable from it, into their own hands," chiefly by means of an alliance with the "small middlemen". Equally bad was "the sham-Radical portion of the Mountain party," which included "the chief terrorists of the Convention" and other self-seeking desperadoes, and which conspired to overthrow Robespierre when his unflinching commitment to virtue, democracy, and social equality came to be seen as a threat by those who were less disinterested and philanthropic.[56] Those who then substituted the Constitution of 1795 for that of 1793 performed one of the most hideous acts of treason in the history of the world, and France was "never so infamously governed as it was by the middle classes under the Directorial government they installed over the grave of Robespierre".[57]

The episodes in Robespierre's career which O'Brien highlighted also seem quite predictable from a later perspective. They include his opposition to the property qualifications incorporated in the Constitution of 1791, his opposition to the Le Chapelier law of the same year, the declaration of rights which he presented to the Convention in April 1793, his famous report of 17 Pluviôse (5 February 1794) on the principles of public morality, and the laws of Ventôse proposed by him and Saint-Just a few weeks later.[58] His views on property were of special interest to O'Brien. Buonarroti had criticized the Declaration of Rights incorporated in the Constitution of 1793, on the grounds that it consecrated the right of property "in all its appalling latitude". O'Brien took the opportunity of drawing attention to the clauses which Robespierre had proposed but the Convention had rejected. Here the right of property had been defined as the right of every citizen to dispose of whatever goods were guaranteed to him by the law; and this left the law open, O'Brien said, "to unlimited change at the will of the sovereign people" and "to any or to every social order that the most enlarged and comprehensive benevolence can contemplate".[59] He also admired Babeuf and his fellow *Égaux*, whose conspiracy he regarded as the only one in history that was genuinely designed for the benefit of the human race; but he did not consider that they were justified in attempting to establish communism by force. "Without the people's consent," he said, "we have no right to thrust systems upon them (be they ever so perfect in our view), but with their consent all systems should be equally accessible to them." These, he claimed, were the principles implicit in Robespierre's declaration.[60]

It will be evident that in O'Brien's view Robespierre was virtually incapable of error. In August 1838, when the *Northern Star* reported Thomas Attwood as saying at a Chartist meeting in Birmingham that he would never be an English Robespierre and that no blood would be shed with his concurrence, O'Brien wrote to protest against this aspersion on his hero, and offered to prove "not only that he was not the author of all, or any, of the horrors committed in the French Revolution, but that he laboured harder than any other Frenchman of his day to prevent such horrors".[61] O'Brien's adulation reached its peak, or *reductio ad absurdum*, in the *Elegy on the Death of Robespierre* which he published in the

1850s. The verse is bad, apart from a few lines borrowed verbatim from Milton's *Lycidas*; and the author's accompanying remarks are about as far over the top as Burke's famous passage on Marie Antoinette.

> The words of this Elegy are supposed to be spoken by a small group of brave, sorrowing workmen of the Faubourg St. Antoine, in Paris, a few days after the fatal 9th Thermidor, when they saw the last hopes of the Revolution extinguished in the blood of its most illustrious chief and his most devoted friends. They are represented in the act of plucking laurel, myrtle, and ivy berries, to strew the bier of their murdered apostle . . . All that was great and glorious in the Revolution originated with him and a few other master-spirits; and amongst his innumerable acts, discourses, and proposed reforms at that epoch, there is not a single one that does not reflect honour upon his memory, and glory upon his country.[62]

What were the motives that led O'Brien to become a historian, or hagiographer? One motive arose from his belief that history, and indeed literature in general, were almost invariably written by "rich men or their tools" and were very powerful engines of delusion.[63] In a footnote to his translation of Buonarroti, he said, in announcing his forthcoming biography of Robespierre:

> If there be one duty which, more than another, an intellectual man owes to his country, it is to blast the existing literature of the world, and to damn its authors in the eyes of posterity. This literature is, from beginning to end, a mass of fraud and misrepresentation, designed and encouraged to perpetuate the present cannibal state of society; and is, perhaps, the most formidable and fatal of all existing obstructions to human progression.[64]

He claimed that even before he had read Buonarroti's book, his interest in Robespierre had been aroused by the violent and constant abuse that was directed at him. He attributed this treatment to the fact that Robespierre's levelling projects were seen as an appalling threat by the upper and middle classes; and he believed that a vindication of Robespierre would not only "shake the credit of 'history',," but would help the cause of political and social regeneration in Britain by showing how that cause had been frustrated and calumniated in France.[65]

In the course of his historical writings, he found many opportunities for inserting contemporary analogies and observations. For instance, the men who were responsible for the Constitution of 1791 were compared to the supporters of the July monarchy and to the perpetrators of the 1832 Reform Bill; the *Tiers État* was said to have used "pressure from without" to overawe the privileged orders in France in just the same way as middle-class reformers used it to intimidate the borough-mongers in England; and "Swing"—the mythical leader of the agricultural riots in southern England in 1830, whom O'Brien treated as the quintessential spirit of popular revolt—was declared to have been the real hero of 4 August 1789.[66] Also, a comparison which Buonarroti himself had drawn between the ideas of Babeuf and those of Robert Owen led O'Brien to explain that in regard to property he differed from both of them. In his own view, so long as the means of acquiring and retaining wealth were equally available to everyone "in proportion to the respective industry and services of each," private property was unobjectionable; what one needed to eliminate was usury—the practice which enabled a rich man to use his wealth as "a sort of sucking-pump or thumbscrew for sucking and screwing other people's produce into his possession".[67]

The impact of O'Brien's writings about the French Revolution is hard to gauge; but one prominent radical who shared his interest in this period of history, and who seems at least in part to have derived this interest from him, was George Julian Harney. A young man in his early twenties when he became a conspicuous figure in the opening phase of the Chartist movement, Harney called O'Brien in 1838 his "guide, philosopher, and friend"; and one finds him, at a dinner in September 1845 to celebrate the anniversary of the establishment of the French Republic, purveying an interpretation of the Revolution which closely resembled O'Brien's in its disparagement of Lafayette and the Girondins and its praise of Robespierre and Babeuf.[68] However, in the early and most militant phase of his career, the aspects of the French Revolution which appealed to him were rather different from those that appealed to O'Brien: it was the insurrectionary strand that particularly excited him.

O'Brien was prepared to write positively about violent revolution in some contexts. He applauded, for example, the negro rising of 1791 in Saint Domingue and went so far as to add:"May their example be one day followed by the oppressed of all nations!"[69] But in relation to England he tended to write more cautiously. In the *Poor Man's Guardian* in July 1833 he said that although the French had achieved many triumphs in their first revolution through "the irresistible energy of popular action," the English should not imitate them by taking up arms.

> Could we, indeed, accomplish a successful insurrection as readily as we could wish it, our admonitions might be different; but as we know that it is one thing to will a general rising, but quite another to succeed with it, we must (at least for the present) be content to leave to our gallant neighbours, the French, all the glories of that species of struggle.[70]

Three years later, he wrote that his admiration for the political and social principles of Buonarroti should not be taken to imply that he wished "to instruct the British people in the arts of conspiracy and insurrection".[71] For Harney, on the other hand—at least in 1838–39—the insurrectionary aspect of the French Revolution had a much stronger and more immediate attraction. At a meeting at Norwich in October 1838, speaking with a tricolor ribbon round his neck, he said that when the French petitioned for a redress of grievances on 20 June 1792 they backed their petition with 30,000 pikes and muskets; and when their wishes were still unfulfilled several weeks later, they rose *en masse* on 10 August and overthrew the monarchy. He went on to tell the Norwich Chartists that "if their present peaceable petition failed, if the National Petition should be trampled upon, then he should ask them for a 20th of June, and, if needs be, for a 10th of August, against the present abominable system of representation".[72]

A jacobin style also characterized the London Democratic Association, of which Harney was a leading member, and its organ the *London Democrat* which he helped to launch in April 1839. The LDA was formally inaugurated (having previously been the East London Democratic Association) on 10 August 1838; and at a meeting in the following December to commemorate the Polish Revolution of 1830, Harney said that just as the French Convention of 1793 had required a Jacobin Club to "look after it," so the forthcoming Chartist Convention in London would need the "watchful support" of the LDA.[73] Of the great figures of the Revolution, it was Marat with whom he specially identified. In a series of articles he wrote for the *London Democrat* he styled himself "The Friend of the People," and he declaimed in the first of these:

Hail! spirit of MARAT! Hail! glorious apostle of Equality!! Hail! immortal martyr of Liberty!!! All
hail! thou whose imperishable title I have assumed; and oh! may the God of Freedom strengthen me
to brave, like thee, the persecution of tyrants and traitors, or (if so doomed) to meet, like thee, a
martyr's death![74]

He also contributed a number of "Scenes and Sketches from the French Revolution," in order, as he put it, that in the approaching revolution in England his
countrymen might learn "to avoid the errors, and to imitate the heroic, god-like
deeds of the sons of republican France".[75] After a few weeks, owing to the pressure
of other engagements, Harney passed on the "Scenes and Sketches" to J.C.
Coombe, principal editor of the paper; and Coombe ended an account of the
storming of the Bastille and the march on Versailles by asking: "Englishmen, how
many more examples of energy, courage, and success, will you require before
YOU commence the battle?"[76] It was Harney's view, expressed in the *London
Democrat*, that there was only one way of obtaining the Charter, and that was
"by INSURRECTION";[77] and at the LDA meeting which he chaired at the end of
February—and at which he was alleged to have waved a naked dagger above his
head—some strongly worded resolutions were passed and ordered to be presented
to the General Convention when it assembled a few days later. The resolutions
declared that if the Convention did its duty the Charter would be the law of the
land within a month, that all acts of oppression should be met with immediate
resistance, and that the Convention should "impress upon the people the necessity
of an immediate preparation for ulterior measures".[78]

How far did this style of politics gain sympathy and support within the Convention itself and within the Chartist movement as a whole? The answer is that it was
widely deprecated. When the LDA resolutions of 28 February were presented to
the Convention, three members who had been present at the meeting—Harney,
William Rider, and Richard Marsden—were called upon to disclaim them. A succession of speakers—including R.J. Richardson of Salford, John Taylor of Glasgow, James Whittle of Liverpool, Hetherington, Carpenter, and O'Brien—
deplored the threatening language of the resolutions; and when the three militants
refused to dissociate themselves from the transactions at the LDA meeting a motion
of censure upon them was passed by 16 votes to 9.[79] In the paper called *The
Operative* which he was then editing, O'Brien printed a letter in support of Harney
and his colleagues by J.H.B. Lorymer, whom he described as "a well-known democratic writer of the French republican school". But he commented in his leading
article that the London Democrats should not express suspicion of the Convention
until it had been tried and found wanting, and that most people were inclined to
be more suspicious of the LDA than of the Convention.[80]

Further discussion of jacobin postures was to follow later in the Convention
debates, when Harney provoked criticism for having appeared at a public meeting
in Smithfield on 22 April wearing a red cap of liberty. He defended himself stoutly,
saying that in his opinion all members of the Convention should attend its meetings
in red caps of liberty; and in response to the laughter which greeted this remark,
he went on to say that the *bonnet rouge* was "the emblem under which mankind
had won the most glorious victories over tyranny, and the most glorious triumphs
of democracy". William Lovett, however, commented that "all the talk of daggers,
and all the swagger of persons who decorated themselves with the cap of liberty"

were "unworthy of the cause";[81] and a few days later W. S. Villiers Sankey, delegate from Edinburgh and Midlothian, gave notice of the following motion:

> That this present Movement being essentially English and not having in view any theoretic Innovations but a recurrence to the first principles of the original Saxon Constitution this Convention do deprecate all language or expressions which would appear to assimilate our objects to those of the French Revolution or having in view to take it as our model.

The motion, though seconded by John Collins, was withdrawn at the suggestion of Dr. Fletcher of Bury, on the grounds that it would give rise to unnecessary dissension and "personal observations".[82] But there is little doubt that it did reflect the predominant tone of the assembly, and indeed of the movement at large.

While in the Convention's correspondence one finds some use of the word "Citizen" as a form of address, few people seem to have regarded the body itself as a reprise of the French Convention of 1792.[83] It is true that there was much talk of physical force in 1839, and a belief in some areas that it might actually succeed. In south Wales and south Lancashire a considerable amount of arming took place, and at the end of the year there was the famous Newport Rising, followed by insurrectionary plotting in Yorkshire and the north east. Few traces are to be found in the provincial agitations, however, of French Revolutionary concepts and models. The example of the Parisian *sans-culottes* had some relevance in the metropolitan setting, but much less in the manufacturing districts of the north and midlands. Even in London, the jacobin brand of militancy did not win general support. Recent research has underlined the fact that London Chartism at the end of the 1830s was dominated neither by the moderation of the London Working Men's Association nor by the extremism of the LDA, but by the O'Connorite element which formed the mainstream of the national movement.[84]

Feargus O'Connor himself, in one of the debates in the Convention when the LDA came under fire, did say that he had no objection to so-called Jacobin Clubs or Democratic Associations if they managed to infuse energy into the Convention, and that there was quite enough discretion in that body to counteract any excess of zeal.[85] But although he wanted the movement to be menacing enough to intimidate parliament and the governing classes, he always stopped short of inciting physical confrontation; and in spite of being the nephew of Arthur O'Connor, who had promoted co-operation between the United Irishmen and republican France in the 1790s, he had a political style that was distinctively English and consciously patterned on that of Henry Hunt. As Paul Pickering has shown, what symbolism he used was directly aimed at the everyday class perceptions of English working people—as when, on his release from York Castle in August 1841, he appeared in a fustian suit, thereby (gentleman though he was) placing himself firmly on the working-class side of the sartorial divide between fustian and middle-class broadcloth.[86] During the earlier 1840s, the jacobin strand in the Chartist agitation was far from conspicuous. The emphasis at this time was on organization—the building up of the National Charter Association—and on co-operation with trade unions; and the climactic moment was the general strike of August 1842. Although the concept of a general strike had not been unknown in late eighteenth-century France, it was not one that was commonly associated with the French Revolution, and the strike movement in the west midlands and the north west owed little or nothing to jacobin inspiration.

In the Chartism of the mid-1840s two different currents of interest emerged into prominence. One, associated principally with O'Connor, was the Land Campaign. The other, with Harney much to the fore, was an international dimension which was chiefly apparent in London and especially embodied in the society of Fraternal Democrats; and this element did involve a recurrence to the mythology of the 1790s, which lay at the foundation of the European revolutionary inheritance. Although the Chartist press (Harney being editor of the *Northern Star* from 1845 to 1848) gave substantial coverage to both elements in the movement, relations between them were uneasy. In September 1846, O'Connor came to speak at a meeting arranged by the Fraternal Democrats to celebrate the anniversary of the proclamation of the first French Republic, but he used the occasion to highlight one crucial particular in which the Chartist movement was superior to the French Revolution. The French had waged war on an oppressive system but had not been prepared with a substitute for it; the Chartists, on the other hand, *were* prepared, because they had devised the Land Campaign.[87] Others present at the meeting, such as Harney and the German exile Karl Schapper, were also interested in the land question, influenced by a tradition of ideas which could be traced back to Spence and Babeuf.[88] But this was not a tradition that appealed to O'Connor. The Land Campaign, as he made clear on a number of occasions, had nothing to do with agrarian socialism, its aim being to transfer as many people as possible from industrial employment to the position of independent agricultural smallholders.

At the anniversary celebration which took place a year after the one attended by O'Connor, one of the toasts proposed was: "May the society of Fraternal Democrats, founded to propagate the principles of the French Revolution, progress triumphantly, and advance in this and every other land the principles of Equality, Liberty, and Fraternity."[89] The revolution in Paris five months later produced (at least for a time) a heightened enthusiasm for the slogans and incantations of the French revolutionary tradition. Not only in London, but in Glasgow and elsewhere, people were singing the Marseillaise and shouting "*Vive la République!*"[90] Harney was in his element, and proposed to the Fraternal Democrats an "Address to the People of Paris" which urged them to introduce a republican system based on the central principles of the Constitution of 1793: "Universal Suffrage in the choice of the Legislative Deputies, and the adoption of the laws by the direct vote of the people in the primary assemblies."[91] (This element of direct democracy in the Constitution of 1793 had earlier been applauded by O'Brien in his notes on Buonarroti.[92]) The address, engrossed on parchment and surrounded with a tricoloured border, was also approved by the executive committee of the National Charter Association and by a large metropolitan demonstration in Lambeth, and Harney was one of the delegates chosen to present it to the Provisional Government in Paris.[93]

On his return, he contributed a series of letters to the *Northern Star* under the pen-name "L'Ami du Peuple", and further echoes of the French Revolution are to be found in the papers he edited from 1849 to 1851—the *Democratic Review*, the *Red Republican*, and the *Friend of the People*. The *Democratic Review* for May 1850 carried a report of a "social supper" held by the Fraternal Democrats to celebrate Robespierre's birthday. Harney, who presided, proposed a toast to "the Incorruptible" and to his inspiring example in promoting the cause of democratic and social equality; and "Citizen Bronterre O'Brien" followed this up with a dissertation on Robespierre's career.[94] When he launched the *Red Republican* a few weeks later, Harney began his first issue with a quotation from Saint-Just: "Those who make half revolutions, dig a grave for themselves!" And to encapsulate the aims and principles of his paper, he simply quoted two paragraphs from Robespierre's report of 17 Pluviôse Year II.[95] He did say in his leading article that the tricolor had lost its authenticity as the flag of the people, because it had been "thrice polluted": by the despotism of Napoleon, the corruption of Louis Philippe, and the treason of Lamartine. Henceforth the red flag, "dyed in the life-stream of the martyrs of June," should be the flag of European democracy. But although the June Days had become a more immediate reference point, it is clear that, at least for Harney and O'Brien, the first French Revolution retained its potency as a source of principle and inspiration.

O'Brien and Harney, as two of the outstanding publicists of the "Unstamped" and Chartist periods, were in positions to ensure that their own enthusiastic interest in the French Revolution was widely ventilated in radical circles. But one would hesitate to say that this preoccupation of theirs was of great significance for radical culture: to put it in perspective one should note that at public meetings and in the press American models were cited much more frequently than French ones.[96] O'Brien's interest in the French Revolution reflected a kind of politicized antiquarianism, and one doubts whether many readers of the *Poor Man's Guardian* shared his concern for the rehabilitation of Robespierre; those with any critical sense, indeed, may well have felt that his interpretation was as unbalanced as those he attacked. His attempt to revise the history of the Revolution was an idiosyncratic by-product, rather than an essential feature, of his role in popularizing anti-capitalist ideas. As for Harney, he came much closer than O'Brien to thinking of *himself* as a revolutionary. His style contained a strong element of theatricality, but so of course did the style of his French prototypes; and in 1839, as well as deploying the trappings and rhetoric of revolution, he may have genuinely hoped that a revolutionary situation would develop. However, in a candid letter to Engels in 1846 he admitted that he was not the sort of person to take the lead in such a situation, as he lacked the "animal courage" and "physical energy" required. He also said in the same letter that his countrymen in general were so unmilitary—even anti-military—that to try to achieve a revolution in England by "organized combat" would be foolish and indeed culpable.[97]

Fostered by O'Brien and Harney, and by others such as Lorymer and Coombe, a jacobin strand did figure in the radicalism of the 1830s and 1840s—principally in the capital, where it was fertilized by contacts with revolutionary movements in Europe, and rooted in a social milieu of alienated journalists and sub-professional men. But in the country as a whole popular radicalism had a different tone. Less exposed to disaffected and freethinking intellectuals, it was more strongly coloured by religious nonconformity; and it was more parochial and pragmatic in its emphasis on the specific grievances of labour against capital. The English labour movement was never very receptive to foreign influences; but in so far as Harney and his circle made a memorable contribution to it they did so less by their jacobinism than by providing the original conduit through which new socialist doctrines were introduced from the Continent in mid-century.[98]

## Notes

1. Günther Lottes, *Politische Aufklärung und plebejisches Publikum. Zur Theorie und Praxis des englischen Radikalismus im späten 18. Jahrhundert* (Munich, 1979), especially chap. 4; D.A. Lambert, "The Anglo-Saxon Myth and Artisan Mentality, 1780–1830", unpublished Ph.D. thesis, Australian National University (1987).
2. Cf. Arthur Sheps, "The American Revolution and the Transformation of English Republicanism", *Historical Reflections/Réflexions Historiques* 2 (1975), 3–28.
3. Cf. J. R. Dinwiddy, "Conceptions of Revolution in the English Radicalism of the 1790s", forthcoming in E. Hellmuth, ed., *The Transformation of Political Culture: England and Germany in the Late Eighteenth Century* (Oxford, 1990).
4. For a valuable survey of recent research and discussion, see H.T. Dickinson, *British Radicalism and the French Revolution 1789–1815* (Oxford, 1985).
5. *Cobbett's Parliamentary Debates*, 14: 733–6.
6. John Cartwright, *The English Constitution Produced and Illustrated* (London, 1823), pp. 85, 191; Hansard, *Parliamentary Debates*, 38: 1125–6.
7. A work of French Revolutionary provenance that *was* popular in English radical circles in the early nineteenth century was Volney's *Les Ruines*, first translated into English in 1795 and reprinted in 1796, 1801, 1807, 1811, 1822, 1826, 1833, 1835, and 1840. Carlile estimated in 1820 that it had sold at least 30,000 copies in English, though he added that Paine had been much *more* influential, having "applied himself more particularly to the English nation, and the English people". *The Republican*, 18 February 1820, p. 148; and cf. Iorwerth Prothero, "William Benbow and the Concept of the 'General Strike' ", *Past and Present* 63 (1974), 161–2.
8. Cf. P.A. Pickering, "Class without Words: Symbolic Communication in the Chartist Movement", *Past and Present* 112 (1986), 154–5; Louis James, *Print and People 1819–1851* (London, 1976), pp. 62–69.
9. Jennifer Harris, "The Red Cap of Liberty: A Study of Dress worn by French Revolutionary Partisans, 1789–1794", *Eighteenth-Century Studies* 14 (1981), 283–312.
10. Lambert, op. cit., pp. 63, 305; *Cap of Liberty*, 29 September 1819, p. 64; Robert Walmsley, *Peterloo: The Case Re-opened* (Manchester, 1969), p. 68n. Recently James Epstein, in a well-researched and interesting article, has argued that the cap of liberty did have strong Jacobin as well as "patriot" connotations: "Understanding the Cap of Liberty: Symbolic Practice and Social Conflict in Early Nineteenth-Century England", *Past and Present* 122 (1989), 75–118.
11. [Lord John Russell], *Essays and Sketches of Life and Character. By a Gentleman who has left his Lodgings* (London, 1820), pp. 141–42.
12. Cartwright, *Six Letters to the Marquis of Tavistock, on a Reform of the Commons House of Parliament* (London, 1812), p. 24.
13. *Cobbett's Political Register*, 2 November 1816, col. 568; Walter Fawkes, *The Englishman's Manual; or, A Dialogue between a Tory and a Reformer* (London, 1817), p. 76.
14. University College London, Bentham MSS, cxxvii. 38–42. Cf. D.P. Crook, *American Democracy in English Politics 1815–1850* (Oxford, 1965), chap. 2.
15. *The Republican*, 24 September 1819, p. 78. Cf., *ibid.*, 11 February 1820, p. 110; Henry Weisser, *British Working-Class Movements and Europe 1815–48* (Manchester, 1975), pp. 11–13.
16. *The Gorgon*, 14 November 1818, p. 201; 26 December 1818, p. 256.
17. *Shelley's Prose*, ed., David Lee Clark (London, 1988), p. 236.
18. J.S. Mill, *Essays on French History and Historians*, ed., J.M. Robson and J.C. Cairns (Toronto, 1985), in *Collected Works of John Stuart Mill*, 20, pp. 4–5.
19. Biancamaria Fontana, *Rethinking the Politics of Commercial Society*: The Edinburgh Review *1802–1832* (Cambridge, 1985), pp. 11–38; J. W. Burrow, *Whigs and Liberals: Continuity and Change in English Political Thought* (Oxford, 1988), pp. 29, 39–44.
20. *Essays on French History and Historians*, p. 99.
21. *Ibid.*, pp. 58, 121.
22. *Complete Works of William Hazlitt*, ed., P.P. Howe, 21 vols. (London, 1930–34), 13: 144–5. See also pp. 110–11, 119, 123, 127–28, 137, 153–55, 163–68.
23. *Ibid.*, 12: 51–52.
24. Hedva Ben-Israel, *English Historians on the French Revolution* (Cambridge, 1968), pp. 102–6.
25. Benjamin Disraeli, *Coningsby* (London, 1844), Book V, chap. 3.
26. Roger Wells, *Wretched Faces: Famine in Wartime England 1793–1801* (Gloucester, 1988), p. 144;

W.F. Galpin, *The Grain Supply of England during the Napoleonic Period* (New York, 1925), p. 19. Cf. E.P. Thompson, "The Crime of Anonymity", in Douglas Hay et al., *Albion's Fatal Tree* (London, 1975), pp. 282, 333.

27. Public Record Office [PRO], HO 40/1, fo. 228.
28. Chippendale to Ralph Fletcher, 29 January 1806, PRO, HO 42/87, and 25 December 1807, HO 42/91; Chippendale to Richard Ryder, 22 May 1812, HO 42/123.
29. Donald Read, "Lancashire Hampden Clubs: A Spy's Narrative", *Manchester Review* 8 (1957–58), 84. Cf. John Foster, *Class Struggle and the Industrial Revolution: Early Industrial Capitalism in Three English Towns* (London, 1974), pp. 39–40, 138–43.
30. K.J. Kaijage, "Working-Class Radicalism in Barnsley, 1816–1820", in Sidney Pollard and Colin Holmes, eds., *Essays in the Economic and Social History of South Yorkshire* (Sheffield, 1976), pp. 126–27.
31. J. Ann Hone, *For the Cause of Truth: Radicalism in London 1796–1821* (Oxford, 1982), p. 264. The fact that "the intended Insurrection assumed the symbols of the French Revolution" was stressed by the Commons Committee of Secrecy which endorsed the need for repressive legislation (19 February 1817, *Journal of the House of Commons*, 42: 86).
32. Iain McCalman, *Radical Underworld: Prophets, Revolutionaries, and Pornographers in London, 1795–1840* (Cambridge, 1988), pp. 151, 122; Malcolm Chase, *The People's Farm: English Radical Agrarianism 1775–1840* (Oxford, 1988), pp. 90–91.
33. See McCalman, op. cit., part II, for a fascinating account of these circles.
34. Ben-Israel, op. cit., p. 109.
35. Henry, Lord Cockburn, *Memorials of His Time* (London, 1856), p. 468; cit. Michael Brock, *The Great Reform Act* (London, 1973), p. 110.
36. *Poor Man's Guardian*, 3 August 1833, p. 248. Also *ibid.*, 6 August 1831, pp. 38–39, and 4 August 1832, pp. 482–83.
37. *The Republican*, 26 March 1831, pp. 1–3; 2 July 1831, p. 8. The best account of Lorymer's career is that by David Large in J.O. Baylen and N.J. Gossman, eds., *Biographical Dictionary of Modern British Radicals*, vol. 2, *1830–1870* (Brighton, 1984), pp. 295–99.
38. *Le Bonnet Rouge*, 16 February 1833, p. 1.
39. *The Republican*, 16 April 1831, p. 13; 6 August 1831, p. 2.
40. PRO, HO 64/19, fo. 728.
41. British Library [BL] Add. MSS 27797, fo. 8.
42. T.M. Parssinen, "Association, Convention and Anti-Parliament in British Radical Politics, 1771–1848", *English Historical Review* 88 (1973), 516–17; Prothero, op. cit., pp. 139–40.
43. François Furet, *La Gauche et la Révolution française au milieu du XIX^e siècle: Edgar Quinet et la question du Jacobinisme* (Paris, 1986), pp. 8-19.
44. *Quarterly Review*, 7 (1812), 417–22.
45. *Ibid.*, 45 (1831), 207–9.
46. *Poor Man's Guardian*, 24 November 1832, pp. 617–18.
47. Alfred Plummer, *Bronterre: A Political Biography of Bronterre O'Brien 1804–1864* (London, 1971), chap. 4; Alessandro Galante Garrone, *Filippo Buonarroti e i rivoluzionari dell'Ottocento (1828–1837)* (Turin, 1951), pp. 410–27.
48. James Bronterre O'Brien, *A Dissertation and Elegy on the Life and Death of the immortal Maximilian Robespierre* (London, 1859), pp. 4–5.
49. Roger Reibel, "Les idées politiques et sociales de P.-J.-B. Buchez", *Travaux et recherches de la Faculté de droit et de sciences économiques de Paris, série "Science politique"*, 5 (1966), 1–60.
50. O'Brien, *The Life and Character of Maximilian Robespierre*, vol. 1 (London, [1838]), p. 7.
51. *Biographical Anecdotes of the Founders of the French Republic*, 2 vols. (London, 1797–98), 1: 260–72.
52. *Cobbett's Political Register*, 2 November 1816, cols. 568–59; Plummer, op. cit., p. 68.
53. *Poor Man's Guardian*, 8 December 1832, pp. 637–38. The republican writer W.J. Linton, in his *Life of Thomas Paine* (London, 1840), pp. 25–26, was to reconcile an admiration for Robespierre with an admiration for Paine by attributing the latter's regrettable association with the Girondins to his previous acquaintance with Brissot, and to his poor knowledge of French, which prevented him from really understanding what was going on in the Convention.
54. *Dissertation*, p. 13.
55. *Robespierre*, pp. 519–22.
56. *Buonarroti's History of Babeuf's Conspiracy for Equality*, trans. and ed., O'Brien (London, 1836), pp. xiv–xv.
57. *Ibid.*, pp. xix–xx; *Dissertation*, p. 36n.
58. *Robespierre*, pp. 477–96, 512–13; *Babeuf's Conspiracy*, pp. 72n., 79n.; O'Brien, *An Elegy on the Death of Robespierre* (London, [? 1857]), p. 15.

59. *Babeuf's Conspiracy*, p. 72n.
60. *Ibid.*, pp. 72n., 218n.
61. *Northern Star*, 25 August 1838, p. 4.
62. *Elegy*, pp. 2, 14.
63. *Poor Man's Guardian*, 22 December 1832, p. 639.
64. *Babeuf's Conspiracy*, p. 36n. Cf. *Robespierre*, p. 284: "The pulpit, the press, the stage, the universities and public seminaries, the literature of the country, in short, every avenue to knowledge, every channel and vehicle of information, . . . all are preoccupied and conducted in the interests of the upper and middle classes."
65. *Robespierre*, p. 4.
66. *Babeuf's Conspiracy*, p. xiv; *Robespierre*, pp. 281, 219.
67. *Babeuf's Conspiracy*, p. 216n.
68. *The Operative*, 11 November 1838, p. 19; *Northern Star*, 27 September 1845, p. 5.
69. *Robespierre*, p. 510.
70. *Poor Man's Guardian*, 6 July 1833, p. 213.
71. *Babeuf's Conspiracy*, p. 214n.
72. *The Operative*, 11 November 1838, p. 21.
73. Jennifer Bennett, "The London Democratic Association 1837–41: A Study in London Radicalism", in James Epstein and Dorothy Thompson, eds., *The Chartist Experience: Studies in Working-Class Radicalism and Culture, 1830–1860* (London, 1982), p. 87; A. R. Schoyen, *The Chartist Challenge: A Portrait of George Julian Harney* (London, 1958), p. 50.
74. *London Democrat*, 13 April 1839, p. 5.
75. *Ibid.*
76. *Ibid.*, 1 June 1839, p. 59.
77. *Ibid.*, 4 May 1839, p. 29.
78. BL Add. MSS 34245A, fo. 76; *London Despatch*, 10 March 1839, p. 1036.
79. *The Charter*, 10 March 1839, p. 108.
80. *The Operative*, 17 March 1839, pp. 8–9.
81. *Northern Star*, 27 April 1839, pp. 1, 8; *The Charter*, 28 April 1839, p. 221.
82. BL Add. MSS 34245B, fo. 255; *Northern Star*, 4 May 1839, p. 5.
83. BL Add. MSS 34245A, fos. 124, 134, 154, 368.
84. David Goodway, *London Chartism 1838–1848* (Cambridge, 1982), pp. 26–27.
85. *Northern Star*, 27 April 1839, p. 1.
86. James Epstein, *The Lion of Freedom: Feargus O'Connor and the Chartist Movement, 1832–1842* (London, 1982), pp. 90–91; Pickering, op. cit., pp. 158–60.
87. *Northern Star*, 26 September 1846, p. 7.
88. Schoyen, op. cit., pp. 14, 135. At an equivalent meeting a year earlier, Harney had praised Babeuf for his attempt to institute a republic in which "the selfishness of individualism should be known no more" (*Northern Star*, 27 September 1845, p. 5.)
89. *Northern Star*, 25 September 1847, p. 5.
90. Schoyen, op. cit., p. 160; Henry Weisser, *April 10: Challenge and Response in England in 1848* (Lanham, Maryland, 1983), p. 14.
91. *Northern Star*, 4 March 1848, p. 1.
92. *Babeuf's Conspiracy*, p. 215n.
93. *Northern Star*, 4 March 1848, p. 1; 11 March 1839, p. 1.
94. *Democratic Review*, May 1850, p. 463.
95. *Red Republican*, 22 June 1850, pp. 1, 5.
96. Cf. G. D. Lillibridge, *Beacon of Freedom: The Impact of American Democracy upon Great Britain 1830–1870* (Philadelphia, 1955).
97. *The Harney Papers*, ed., F.G. Black and Renée M. Black (Assen, 1969), pp. 240–41.
98. It was in Harney's *Red Republican* that the first English translation of the *Communist Manifesto* appeared in 1850.

CHAPTER 25

# La Révolution totale. Les jeunes hégéliens entre la critique théologique et la révolution politique et sociale*

HEINZ-DIETER KITTSTEINER

Fin février 1844, l'histoire des jeunes hégéliens tire à sa fin. Marx s'est brouillé depuis longtemps avec Bruno Bauer et sa rupture avec Arnold Ruge est imminente. C'est alors que paraît à Paris le premier et unique numéro des *Deutsch-Französische Jahrbücher*. L'article de Marx le plus important, outre le travail sur la *Question juive*, est *L'Indroduction à la critique de la philosophie du droit de Hegel*. Ce texte commence par la célèbre formule: pour l'Allemagne, la critique de la religion est achevée, la critique du ciel doit se transformer en critique de la terre. La forme de la critique aussi a changé: ce n'est plus une simple entreprise littéraire, mais elle croit savoir que l'arme de la critique ne peut pas remplacer la critique des armes. La phase de la critique de la religion dépassée, elle a libéré le terrain pour une conception de la révolution à venir, comme révolution véritablement radicale.[1] Marx, sur ce point, interrompt son analyse pour revenir en arrière. De la révolution du futur, il passe à la Réforme.

Le passé révolutionnaire de l'Allemagne a été théorique, il a été l'oeuvre de la Réforme luthérienne. Luther lui-même n'a pas été au-delà d'un changement de forme de l'esclavage—il a brisé la foi en l'autorité parce qu'il a restauré l'autorité de la foi—mais l'évolution ultérieure du protestantisme a dépassé la foi. A présent, la théologie n'existe plus: elle n'a pas survécu au "ruisseau de feu" (*Feuer-bach* en allemand) de la critique. La vérité de la théologie et de la spéculation philosophique, c'est la conscience de l'aliénation de l'être humain. Le mot d'ordre de la nouvelle révolution, mot triomphant avec la critique de la théologie, est donc celui d'une totale récupération de l'homme.[2] Mais ce nouveau renversement dépasse les revendications politiques et civiles: "l'émancipation de l'Allemand, c'est l'émancipation de l'homme." Marx a trouvé un nouveau sujet pour sa révolution, un sujet dont la servitude absolue et les besoins radicaux correspondent à la radicalité

* Texte traduit de l'Allemand par Marina Valensise et Jean-Luc Evard.

de la critique. "La tête de cette émancipation c'est la philosophie, son coeur, le prolétariat. La philosophie ne peut devenir réalité sans l'abolition du prolétariat, le prolétariat ne peut s'abolir sans que la philosophie ne devienne réalité." Il est vrai, pourtant, que cet événement prodigieux reste marqué au coin d'une certaine faiblesse. Fondamentalement, la révolution "radicale" allemande ne peut pas surgir d'elle-même. Elle reste liée au signal venu d'au-delà du Rhin. La délivrance de l'être générique humain est une entreprise commune franco-allemande: "quand à l'intérieur toutes les conditions seront remplies, le jour de la résurrection allemande sera annoncé par le chant du coq gaulois."[3]

Voilà réunis quelques thèmes récurrents de la pensée révolutionnaire pendant le *Vormärz*. Ce ne sont pas des thèmes propres à Marx, puisqu'on les retrouve également, à quelques variations près, chez d'autres jeunes hégéliens. La Révolution française, dans toute l'ampleur de son essor, de 1789 à 1830, c'est un événement exemplaire, dont on attend qu'elle mette le feu aux poudres: sans l'avantgarde française, aucune insurrection ne paraît concevable.[4] Mais, en même temps, on critique les résultats de la Révolution française. La révolution allemande à venir réclame en effet une profondeur et une radicalité particulières, qu'on ne peut pas tirer du modèle français, car elles s'enracinent dans l'histoire allemande de l'esprit. Au commencement de cette histoire, pour tous les hégéliens, il y a Luther, le début des temps modernes, la Réforme et ses prolongements idéalistes. Le rapport entre la Réforme et la révolution constitue pour eux un point de repère historique et théorique à la fois. Historique, car il leur donne la mesure de leur critique du présent, de la Prusse et même de Hegel qui, pour eux, avait explicité le rôle historique de ce pays. Théorique, car la théologie ne peut se transformer en critique de la société existante que sur un terreau protestant. Dans son système, Hegel avait su passer le même joug à la réforme et à la révolution, à la théologie et à la pensée spéculative. Lorsque ce joint se brise au contact brutal de la réalité, l'heure de l'assaut sonne pour la critique jeune hégélienne.

### L'arrière-plan historique. La jonction de la Réforme et de la Révolution chez Hegel

Qu'il manque un élément de compréhension important, si l'on étudie le rapport de Hegel à la Révolution française séparément de son rapport à la Réforme, c'est une observation qui découle des interprétations de Joachim Ritter et de Jürgen Habermas. A la thèse de J. Ritter selon laquelle "il n'y a point d'autre philosophie qui soit autant et jusqu'en ses ressorts les plus profonds une philosophie de la révolution",[5] J. Habermas oppose la question du pourquoi—pourquoi Hegel fait-il de la révolution le principe de sa philosophie?—et répond: parce qu'il la craint: "Hegel, écrit Habermas, ne s'est pas débarrassé de la Révolution française et de ses enfants en les maudissant, mais en les fêtant: de son vivant il aurait, selon certaines sources, salué l'anniversaire de la prise de la Bastille en levant son verre."[6] J. Habermas voit dans ce geste quelque chose de magique et de conjurateur à la fois, et développe le problème des paradoxes de Hegel que J. Ritter, en effet, a contourné, en gardant le silence. Hegel veut révolutionner la réalité, mais sans révolutionnaires. Ce qu'il critique chez Robespierre, il le délègue à l' "esprit objectif". La ruse de la raison produit inconsciemment ce qu'elle ne peut donner consciemment; la philosophie se réjouit des résultats de la révolution, sans pour autant devoir être elle-même révolutionnaire.

Pourtant, la révolution n'est pas simplement interdite. Les expériences historiques de Hegel semblent attester qu'en Allemagne elle n'est même pas nécessaire. Si l'on considère la *Phénoménologie*, faisant abstraction des écrits de jeunesse,[7] on remarque qu'à la fin du paragraphe sur "La liberté absolue et la terreur", la liberté change de domicile: elle sort "de son effectivité qui se détruit soi-même pour entrer dans une autre terre de l'esprit conscient de soi où la liberté absolue dans cette non-effectivité a la valeur du vrai; dans la pensée de ce vrai l'esprit se réconforte, en tant que l'esprit est *pensée et le reste*."[8] On découvre là l'autre couche profonde qui, au moins dans la première phase de la révolution, a déterminé la pensée des *Aufklärer* allemands, et dont l'expression classique se trouve chez Kant, dans le *Streit der Fakultäten*. C'est que pour Kant, la distance donne aux événements parisiens une valeur sublime, du relief. Le véritable événement, messager d'avenir, ce n'est pas la révolution elle-même, mais le spectateur de la révolution, le spectateur moralement ému depuis la lointaine Königsberg. Car la manière de penser, initiée par la révolution, "la sympathie d'aspiration qui touche de près à l'enthousiasme" par le spectateur, est pour Kant le "signe d'histoire" qu'il cherchait, la preuve du pogrès moral du genre humain.[9] Hegel sera encore plus réservé dans son enthousiasme. A l'époque où il rédige la *Phénoménologie*, son adhésion à la révolution vaut pour Napoléon, l'âme du monde à cheval, qui en a porté les résultats en Allemagne.[10] Quand fait long feu la perspective du "Rheinbund" et d'une nouvelle organisation politique de l'Allemagne, Hegel développe une nouvelle thèse, dont on ne trouve aucune trace dans l'*Encyclopédie*, mais qui sera entièrement élaborée dans la *Philosophie du droit* de 1820: en Allemagne une révolution n'est plus nécessaire, car il y a le précédent de la Réforme.

Pourtant, l'inverse aussi est vrai: on ne peut pas considérer la Réforme sans la Révolution. Hegel, dit-on, aurait fêté non seulement le jour de la prise de la Bastille, mais aussi celui de la Réforme.[11] Sans doute ne l'a-t-il pas fait … parce qu'il craignait la Réforme. Au contraire, à mesure qu'il avance en âge, Hegel voit dans la Réforme le garant de la raison dans l'histoire. Car les retombées les plus décisives de la Réforme ne sont pas simplement religieuses, mais aussi politiques. La Réforme dicte à Hegel sa première métaphore solaire dans la *Philosophie de l'histoire*: elle est, au lever de la liberté subjective, "le soleil qui transfigure tout et qui succède à cette aurore de la fin du moyen âge". Elle marque en même temps le début d'un cheminement culturel particulier: les autres nations ont conquis le monde, l'Allemagne n'a fait que rénover son "intériorité". Et pourtant cette intériorité doit se dessaisir d'elle-même; la Réforme dresse "la dernière bannière autour de laquelle se groupent les peuples, le drapeau de l'*esprit libre*". Ce principe doit être mis en valeur dans la réalité, et de fait l'histoire du monde n'a d'autre but que celui-ci: "depuis lors et jusqu'à nous, le temps n'a pas eu et n'a pas à faire d'autre oeuvre que d'introduire ce principe dans le monde, la réconciliation en soi et la vérité s'objectivant aussi, quant à la forme (. . .) le droit, la propriété, la moralité (Sittlichkeit), le gouvernement, la constitution etc., doivent être maintenant déterminés d'après des principes généraux, afin d'être conformes au concept de la volonté libre, et rationnels."[12] Voilà la réconciliation protestante avec le monde: le dualisme du monde et de l'esprit s'écroule, le monde va être moulé conformément à l'esprit; il va pouvoir s'approprier le vrai en soi, tandis qu'avant il passait pour mauvais, incapable du bien qui restait dans l'au-delà. Après la décadence de la Suède comme grande puissance, le champion historique de ce principe protestant est la Prusse de Frédéric II.

Dans cette perspective, les différences révolutionnaires par rapport à la France paraissent des différences de confession. Une révolution ne pouvait et ne devait avoir lieu que sur un terrain catholique. "En Allemagne, à l'égard du séculier, tout avait déjà été amélioré par la Réforme."[13] Par cet événement, la deuxième métaphore solaire consacrée à la Révolution française est aussi relativisée. Sur la grandeur de l'événement Hegel ne laisse planer aucun doute:

> depuis que le soleil se trouve au firmament, et que les planètes tournent autour de lui, on n'avait pas vu l'homme se placer la tête en bas, c'est-à-dire se fonder sur l'idée et construire d'après la réalité. Anaxagore avait dit le premier que le *voũs* gouverne le monde; mais c'est maintenant seulement que l'homme est parvenu à reconnaître que la pensée doit régir la réalité spirituelle. C'était donc là un superbe lever de soleil. Tous les êtres pensants ont célébré cette époque. Une émotion sublime a régné en ce temps-là, l'enthousiasme de l'esprit a fait frissonner le monde, comme si à ce moment seulement on était arrivé à la véritable réconciliation du divin avec le monde.

Georg Lukács avait déjà attiré l'attention sur la manière dont il faut lire cette dernière phrase, à savoir comme la correction d'une faute pardonnable. Car la réconciliation du divin avec le monde ne date pas d'aujourd'hui, mais de la Réfome.[14] D'autre part, pour Hegel, tout reste inchangé, il y a deux anniversaires, deux levers de soleil. L'un ne peut aller sans l'autre, car ce n'est que leur combinaison historique qui donne naissance à la raison.

Dans la révolution, la malédiction de la "scission" catholique se consomme: elle ne trouve pas une forme politique où articuler ses éléments: la loi, le gouvernement et l'opinion entrent réciproquement en contradiction. La monarchie constitutionelle est envahie par les principes abstraits de la liberté et de la vertu; les inclinations et les intérêts des citoyens finissent pas entrer en opposition avec l'effroi et la Terreur. Napoléon se met à la tête des militaires et porte "les institutions libérales" à travers toute l'Europe, qu'en même temps il place sous son joug. Secoué, le joug tombe, et Napoléon est renversé, mais la nouvelle monarchie constitutionelle ne survit pas à 1830. De nouvelles collisions se produisent: la "volonté du nombre" est en opposition permanente au gouvernement: "ainsi se continue le mouvement et le trouble. Voilà la collision, le noeud, le problème où en est l'histoire et qu'elle devra résoudre dans les temps à venir."[15]

Lorsque Hegel écrit ces lignes, il considère le passé à moitié résigné, ses propres solutions du problème révolutionnaire et leurs fondements, qu'il avait lui-même élaborés: "c'est en effet un faux principe, que les entraves du droit et de la liberté puissent être ôtées sans que soit libérée la conscience et qu'il puisse avoir une Révolution sans Réforme." Libération de la conscience ne signifie pas qu'on en reste à une simple conscience subjective et formelle qui, en protestant, est toujours prête à se tourner subitement vers le mal. Liberté de conscience signifie que, dans les mentalités, on se dirige vers une moralité substantielle, vers la réconciliation avec les institutions de l'Etat et de la société.[16] Pour soi-même, la révolution est une "*Furie* de la destruction". Ce n'est que si on l'élève de l'extérieur sur le terrain protestant qu'elle permet, en union avec celui-ci, le résultat de raison. Inversement, le principe protestant n'aurait pas été capable d'une transformation de par ses forces propres, si la révolution, rusée, ne s'y était pas patiemment prêtée afin d'être renouvelée en elle-même. Telle était l'interprétation historique de la Prusse que Hegel avait léguée à ses disciples. Il vécut juste assez longtemps pour constater que le terrain sur lequel elle était fondée commençait à trembler.

### Arnold Ruge, la Prusse, la raison et le "devoir-être"

Dans sa préface à la *Philosophie du droit*, Hegel avait exprimé son espoir dans la capacité d'évolution de la Prusse nouvelle, issue des réformes de Stein et Hardenberg, ceci en quelques phrases célèbres objet de bien des attaques, phrases caractéristiques du parti pris par la philosophie face à la réalité. Pour former un Etat, il n'importe pas de savoir *comment* il doit être, puisque "saisir et comprendre ce qui est, telle est la tâche de la philosophie, car ce qui est, c'est la raison". Puis vient la phrase cruciale: "Ce qui est rationnel est réel, et ce qui est réel est rationnel."[17] Avec cette phrase, toutefois, Hegel ne béatifie pas du tout la réalité prussienne en bloc, une fois passé l'élan des réformes et après les Décrets de Karlsbad en 1819. Au paragraphe VI de l'*Encyclopédie* de 1830, Hegel explique sa phrase oraculaire en ce sens: ce qu'il voulait dire, c'est qu'une simple existence contingente ne mérite naturellement pas le "nom emphatique de réel". En 1833, Eduard Gans, affirme qu'il ne faut surtout pas entendre en ce sens les mots placés à l'entrée de l'enfer de Dante: "lasciate ogni speranza, voi ch'entrate". Hegel, au contraire, voulait dire simplement que "le véritable rationnel, afin d'être conforme à sa nature, s'imagine en permanence dans le monde, et gagne sur le présent; et ce qui constitue le vrai dans le monde, porte aussi la justification d'une rationalité qui lui est immanente".[18]

L'explication de Gans survient au moment où la *Philosophie du droit* doit s'imposer entre le double feu de la critique libérale-nationale et de la critique conservatrice. Chez les libéraux, Hegel passe pour un serviteur inconditionnel de l'Etat, chez les conservateurs, pour un constitutionnaliste déguisé, dont les vues ne sont pas compatibles avec une véritable monarchie. De fait, le concept d'Etat, chez Hegel, occupe une position intermédiaire: il voisine avec la figure d'une monarchie "constitutionnelle", sans pour autant séparer les pouvoirs législatif, exécutif et judiciaire, à la manière de Montesquieu. Hegel distingue plutôt une capacité législative, un pouvoir gouvernemental et le pouvoir du prince: trois pouvoirs qui, pourtant, en tant que "hiéroglyphes de la raison", doivent être organiquement liés, pour que les moments de l'universalité, de la particularité et de l'individualité se médiatisent mutuellement.[19] Sans trop forcer, on peut concevoir cette construction comme une réélaboration de la réalité prussienne dans laquelle, après 1807, la réforme administrative est pensée comme l'anticipation programmée d'une constitution à venir; puis, au cours de l'évolution, la mise au point du système de l'autorité étatique se pensera comme un succédané de constitution, la promesse de constitution du 22 mai 1815 ne devant pas être tenue. Souvent cité, le jugement de Niebuhr selon lequel "la liberté est infiniment plus fondée sur l'administration que sur la constitution" peut même faire valoir l'argument suivant: le début d'émancipation de toutes les forces, y compris économiques, qui devait faire sortir la Prusse de son immobilité forcée, était irréalisable dans le cadre d'une constitution. C'était une réforme dirigée d'en haut, qui allait même parfois jusqu'à heurter la conscience du citoyen. Car la participation prévue présupposait ce qui la rendait possible: une classe de citoyens libres et conscients de l'être, citoyens propriétaires qui plus est.[20] Tant que les "slogans" de l'époque des réformes étaient encore en vigueur—la Prusse doit contrebalancer sa relative faiblesse par sa force morale et spirituelle—il semblait que l'Etat prussien fût "construit sur l'intelligence". A considérer l'évolution générale, entre 1807 et 1848, la dialectique de l'Etat propédeute a sans doute cours dans le cas de la Prusse. Avec les succès économiques relatifs les problèmes se multiplient qui, en fin de compte, ne peuvent plus être contrôlés par la bureaucratie. "Considérée de ce point de vue, l'histoire de la Restauration et du *Vormärz* c'est une histoire qui traîne de l'esprit qui s'efface."[21] L'affaiblissement du pouvoir de la bureaucratie se marque surtout dans deux domaines, tous deux assez importants pour que les jeunes hégéliens reprennent l'idée de révolution.

Le premier est celui où une bourgeoisie en ascension réclame désormais vraiment une constitution. C'est ce qui apparaît de la manière la plus claire dans la résolution adoptée en 1840 par le "Provinziallandtag" de la Prusse Orientale. La requête d'une constitution est soutenue, au premier chef, par la bourgeoisie des provinces de l'ouest, dont l'organe le plus radical est la *Rheinische Zeitung*, coéditée par Marx en 1842–43. Des journaux militants de ce genre ont encore à se mesurer avec un autre ennemi: depuis 1819, la Prusse, à l'unisson de Metternich et de la Sainte Alliance, a accompli une conversion, d'un Etat de justice elle est devenue un Etat de police. Après 1830, la peur augmente dans le camp de la réaction. Déjà au moment où un nouveau roi monte sur le trône, en 1840, les signes se multiplient de ce changement, à savoir un revirement romantique et piétiste qui assigne un contenu national, clérical, chrétien, patriotique et royaliste au concept d'opinion (*Gesinnung*) réconciliée avec l'Etat, et qui soumet à la censure les opinions déviantes.[22] C'est aussi cette définition théologique de la substance idéelle de l'Etat, qui explique pourquoi le combat politique des jeunes hégéliens prend, dans sa première phase, la forme d'une critique de la religion.

Cette phase "littéraire" de la critique prend fin avec "les erreurs de 1842", comme Bruno Bauer les appelle. Cependant, après l'éphémère ouverture libérale de la part du nouveau roi et le soutien défaillant des universités et de la bourgeoisie, ce n'est pas seulement la déception politique qui joue un rôle dans la réorientation d'une partie des jeunes hégéliens. Ce qui entraîne un changement dans leur attitude à l'égard de la révolution, c'est en fait la découverte des théoriciens du communisme français due en grande partie à l'initiative de Moses Hess, c'est aussi, rien moins que négligeable, l'expérience pratique elle-même, semblable en quelque sorte à celle que fait Marx lorsqu'il écrit son article sur les "Débats sur la loi relative aux vols de bois". Certes, c'est à juste titre que Wilhelm Abel insiste sur l'idée que le paupérisme du *Vormärz* n'est pas un phénomène nouveau, et que l'histoire de la pauvreté de masse et des crises des famines remonte bien avant, jusqu'à la société préindustrielle.[23] Mais la nouveauté du phénomène, c'est qu'il se situe à l'horizon d'une société qui venait tout juste de proclamer qu'elle allait vaincre la pauvreté, et produire la "richesse des nations". Hegel, qui, visiblement, avait lu Smith, Say et Ricardo, saisit parfaitement le problème de l'exigence restée sans suite, lorsqu'il écrit: "Il apparaît donc que, malgré son excès de richesse, la société civile n'est pas assez riche, c'est-à-dire qu'elle n'a pas, dans ce qu'elle possède en propre, assez de ressources pour empêcher l'excès de pauvreté et la production de la populace."[24] Avec cette crise de légitimation de la bourgeoisie des années 1840, change aussi le regard porté sur la révolution, dont elle passait pour l'héritière, de même que la valeur de son héritage.

Les écrits d'Arnold Ruge de la fin des années 1830 et du début des années 1840 permettent de suivre la radicalisation des jeunes hégéliens et leur passage progressif de la "Réforme" à la "Révolution". Ancien membre ultra-libéral de la Ligue des étudiants. Ruge a déjà six années de captivité en forteresse derrière lui lorsqu'il fait son retour à l'Universite de Berlin, en 1830. En 1837–38, il réussit à fonder les *Hallische Jahrbücher für deutsche Wissenschaft und Kunst*, une publication spécialement destinée aux jeunes hégéliens et, qui devait remplacer les *Berliner Jahrbücher für wissenschaftliche Kritik*, l'ancienne revue de l'école hégélienne, fondée en 1827. Au milieu des années 1830, dans la foulée des très diverses réactions à la "Vie de Jésus" de D.F. Strauss (1835) l'école hégélienne s'était scindée. A l'exemple de la Révolution française, on avait distingué une gauche, une droite et un centre indifférencié.[25] Plus tard, Ruge, évoquant une conversation avec son coéditeur Echtermeyer, aurait dit qu'à cette époque on avait voulu jouer encore une fois le rôle du philosophe et qu'on avait voulu préparer la révolution, ce qui, au moins pour les premières années, n'est pas aussi évident. Car Ruge reste encore fidèle à l'image hégélienne de la Prusse et défend la possible raison de cet Etat contre les attaques de la réaction. C'est dans un sens tout à fait hégélien qu'il répond à la dénonciation de Heinrich Leo, d'après lequel "la bande des jeunes hégéliens" est en train de préparer une révolution prussienne. Pour Ruge, on ne peut pas "faire" une révolution: elle se fait d'elle-même, elle se produit comme la conséquence nécessaire du "présent corrompu". A cet égard, il est impossible de ne pas entendre la menace d'une "histoire du monde comme tribunal du monde".[26] Cette attitude de principe correspond à la polémique menée contre la catégorie du "devoir-faire", polémique semblable à celle déjà menée par Hegel. L'idée centrale est qu'il n'y a pas de critique morale extérieure qui changerait le monde, mais une conscience philosophique qui se sait en accord avec la substance et son procès.

Le retour du devoir-être, la réorientation à une "philosophie de l'action"[27] font leur chemin chez Ruge à travers l'idée que la Prusse, peut-être, rate son destin protestant. Pour un disciple de Hegel, l'explication est vite donnée: la Prusse est sur le point de trahir son principe. En tant qu'Etat, elle est "encore catholique", réglemente, réprime et censure, alors qu'en tant qu'Etat "protestant" elle devrait faire confiance à l'esprit de réconciliation des citoyens. Le concept de "protestant" se fait donc plus agressif: "Nous sommes protestants et nous voulons être de bons protestants, rien que protestants, autrement dit nous le sommes aussi dans l'Etat." L'argumentation de Friedrich Köppen, qui en 1840 donne en modèle au nouveau roi l'image de Frédéric II,[28] va dans le même sens. L'ancienne "catégorie niaise de changement" prend ainsi une dignité nouvelle. Ruge parle maintenant d'un "devoir-être autorisé par l'évolution", qui ne doit pas être pensé comme une exigence extérieure, mais plutôt comme un devoir substantiel, comme une action en accord avec l'idée dans le mouvement de l'histoire. Le philosophe, autrefois porteur de l'"oiseau de Minerve", devient maintenant l'"apôtre de l'avenir". Il n'y a que les vieux hégéliens, non pas Hegel lui-même, qui auraient refusé le "devoir-être". Dans la *Philosophie des Selbstbewußtseins*—Ruge reprend ici le développement de Bruno Bauer—le moi fichtéen et le devoir kantien sont restitués à un autre niveau.[29] Hegel même est lu "à rebrousse-poil", et l'interprétation activiste est soutenue comme la vérité propre, bien que souvent secrète, cachée et ésotérique, de son système. "Qu'il le veuille ou non", avec son concept d'Etat, il a "posé un devoir-être et une exigence qui ne pouvaient être pensés de manière plus fondamentale". Le reproche adressé à Hegel d'"accommodement" avec les rapports existants ne concerne pas le noyau de sa philosophie. Hegel a certes fait trop d'honneur à la simple existence, en l'élevant à la hauteur de "certitudes logiques". Friedrich Engels, la même année, partage les vues de Ruge. Cependant, les disciples de gauche de Hegel s'en tiennent aux principes libéraux, dont ils rejettent les conséquences orthodoxes ou pseudo-historiques.[30]

Dans la radicalisation révolutionnaire des jeunes hégéliens (Ruge, B. Bauer, Marx), l'interdiction professionnelle et la censure finissent par jouer un rôle décisif. Après un premier relâchement, en 1842 les vis sont de nouveau serrées à fond. Les *Hallasche Jahrbücher*, déjà émigrées en Saxe, continuent de paraître sous le titre de *Deutsche Jahrbücher*. Mais elles sont de nouveau interdites, parallèlement à la *Rheinische Zeitung*. Entre juin et octobre 1843, Ruge est à Paris où il cherche à entrer en contact avec les fouriéristes, les saint-simoniens et les communistes. Ce qu'il propose, c'est une nouvelle alliance spirituelle: les peuples libres et civilisés doivent s'unir contre les barbares, contre la Russie avant tout. L'esprit de l'humanité ne peut plus avoir aucun intérêt à l'existence même de la Prusse et de l'Autriche, par conséquent ces deux pays aussi peuvent disparaître. Les penseurs politiques et sociaux et les écrivains de la France—c'est ainsi que Ruge appelle Leroux et Proudhon, Louis Blanc, Lamennais et Larmartine—doivent s'allier avec les hégéliens de gauche. Car Ruge a découvert que les penseurs des deux pays, sans s'être donné le mot, sont parvenus à la même position, les uns dans le domaine politique, les autres dans celui de la critique de la religion. On doit "sérieusement former les hommes aux principes de l'Etat, ce n'est qu'ainsi qu'on forme des hommes".[31] Cela vaut pour Proudhon comme pour Feuerbach. On doit faire fusionner ensemble la philosophie allemande et la théorie politique et sociale française, laquelle est déjà en elle-même philosophique. Dans la révolution à venir qu'on imagine venir de la France, les erreurs du passé ne seront pas répétées. Autrefois, la propagation violente des principes révolutionnaires a engendré le mouvement inverse des "guerres d'indépendance", devenu désormais le fondement de la servitude allemande. Cette fois-ci, l'Allemagne sera spirituellement préparée. Inversement, la transmission de la philosophie allemande à la France (c'est la thèse de l'article d'introduction des *Deutsch-Französische Jahrbücher*) ne va pas seulement représenter l'expiation des péchés du passé, mais elle va en même temps préserver les Français de leur engouement pour le romantisme et le christianisme.[32]

A faire le même parcours en sens inverse de la Révolution à la Réforme et à l'histoire allemande de l'esprit, du "devoir-être" des jeunes hégéliens à la raison immanente du réel chez Hegel, il semble que dans le *Vormärz* apparaisse de nouveau une constellation fondamentale de la philosophie de l'histoire allemande. Au début de cette constellation chez Kant, il y eut le problème de la réconciliation entre l'être et le devoir-être. Le véritable lieu de naissance de cette constellation, c'est la *Critique de la faculté de juger*.[33] Kant avait résolu le problème moyennant une téléologie du point de vue pratique et moral, une hypothétique idée pour une histoire universelle du point de vue cosmopolite, qui pourtant devait contribuer à titre de construction auxiliaire, pour ainsi dire, à la réalisation de la légalité et de la moralité. Après 1789, cette espèce de sismographe idéal s'oriente vers la France et en reçoit ses secousses, autant de stimulations à l'élévation morale. Napoléon en finit avec l'idéalité. En revanche, à cette époque, ce sont les résultats de la révolution eux-mêmes qui pénètrent en Allemagne. La réalité devenait rationnelle, bien que, en fin de compte, elle ne le devînt que dans le sens d'un équilibre du principe protestant et du principe révolutionnaire. Pourtant, cette croissance de la raison dans le tissu de la réalité vacille à partir de 1815. Hegel s'adapte—c'est ainsi qu'en jugent ses disciples de gauche—en élevant l'existence de la réalité prussienne à la dignité d'une catégorie logique qui a trouvé en elle-même sa propre détermination. L'écrit de Marx de 1843, *Critique de la philosophie politique de Hegel*, relève du même schéma intellectuel. Dans ce mélange d'idée et de réalité, le "devoir-être" a sombré: "L'expérience ordinaire a pour loi non point son propre esprit, mais un esprit étranger, alors que l'Idée réelle ne développe pas sa réalité à partir d'elle-même, mais elle existe dans l'expérience ordinaire."[34] Avec la critique de la mystification du monde, ressort aussi la différence d'avec celui-ci. La tension entre l'être et le devoir-être est réitérée, mais entre-temps le "devoir-être" a dangereusement changé. Alors que chez Kant et Fichte le devoir-être moral n'est qu'une innocente exigence du monde tel qu'il est, le devoir-être se nourrit maintenant de la "conscience de soi". La substance est devenue sujet et avance des prétentions de nature politique, même si leur force de pénétration ne dérive pas de la politique mais de la sphère religieuse. La critique de la religion est la véritable contribution des jeunes hégéliens. C'est elle qui fonde la prétention à une révolution totale. Elle se divise en deux branches, dont l'une répond au nom de Feuerbach, et l'autre à celui de Bruno Bauer. Or, le triomphe de la révolution est différemment pensé suivant le courant considéré.

### Bruno Bauer: la critique totale comme révolution

Les *Leçons sur la philosophie de la religion* de Hegel, textes compilés et publiés en 1840 par Bruno Bauer, s'achèvent sur une "dissonance", qui porte sur la réalisation de la réalité de l'esprit. Ses voies de réalisation montrent l'histoire divine comme l'histoire ésotérique du monde, "le processus de la différenciation de soi-même, de la séparation de soi, de la reprise en soi" de l'idée absolue. L'histoire divine achève son mouvement dans le Saint-Esprit, dans l'esprit de réconciliation de la communauté. Mais sur le chemin de la réconciliation, la religion est devenue philosophie, la seule instance dont elle puisse encore attendre une justification conforme à l'époque. Car, au fond, les formes fondées sur le sentiment et l'imagination entrent en collision avec les exigences de l'époque, idée, celle-ci, que Feuerbach va développer plus tard: "On n'entend plus parler de la vérité spéculative en laquelle l'Evangile est prêché aux pauvres (. . .). Le sel est devenu stupide. Quand l'être en sa finité est ainsi satisfait, que tout fondement, tout ce qui est solide a été silencieusement écarté, (. . .) le peuple désormais dépourvu de raison concrète (. . .) ne sait plus que devenir la classe à qui sa culture ne permet de trouver la vérité que dans la représentation, qui éprouve la douleur infinie et le besoin de la réconciliation." Mais le passage à la réalité fait également défaut à la réconciliation philosophique, si, dans le savoir absolu, elle sait la médiation de la substance et du sujet, si elle est la conscience de soi de ce mouvement vers la vérité, "n'empêche que la réconciliation de la philosophie est partielle, elle forme une caste de prêtres, isolée en son sanctuaire et qui ne s'associe pas au monde, ne se souciant guère de lui, ayant la garde de la vérité".[35]

Mais si ce titre de propriété n'est que partiel, la question se pose de la réalisation de la philosophie et du devenir-philosophie du monde. Les hégéliens de gauche forcent l'isolement du sacerdoce et cherchent la liaison avec le monde. Dans ce processus, Bruno Bauer joue un rôle moteur et critique à la fois. Disciple de "droite" de Marheinke, il commence par prendre la défense de Hegel contre D.F. Strauss. Puis, en 1839, il passe à gauche avec une attaque contre Hengstenberg et devient pour longtemps le chef de file des jeunes hégéliens. En 1840–42 paraissent ses écrits les plus importants, la *Critique de l'histoire évangélique de Jean* et la *Critique de l'histoire évangélique des Synoptiques*.[36] En 1842, il publie un embarrassant écrit polémique, *La Trompette du jugement dernier sur Hegel l'athée et l'antichrétien. Un ultimatum*. Sous le masque d'un piétiste fanatique, Bauer fait voir quelle prétendue unité de vues régnerait entre les jeunes hégéliens et Hegel, à l'endroit de sa doctrine ésotérique. Bauer cherche ainsi à mettre dans la ligne de tir de la réaction les hégéliens de droite qui ont encore le droit, parce que personne ne les suspecte, de travailler à la machine infernale d'une théologie hégélienne. Ainsi, en ce qui concerne la critique de la religion proprement dite, il est intéressant de constater que Bauer, dans la série accélérée de ses renchérissements successifs, va être doublé par Feuerbach. Voici comment Arnold Ruge décrit rétrospectivement les choses: pour Strauss, les Evangiles étaient des mythes issus de l'esprit de la communauté. Bauer, à son tour, défait cet artefact d'un esprit générateur de mythes et explique les Evangiles comme le produit d'écrivains: "Cette oeuvre n'est pas un chef-d'oeuvre: les évangélistes ont écrit ce qu'ils ont compris." Mais tandis que Bauer en est encore à publier son écrit apologétique contre l'orthodoxie révoltée, *La bonne cause de la liberté et ma propre cause* (1841), il est déjà dépassé par Feuerbach qui, dans *l'Essence du Christianisme* (1841), dissout la théologie et la philosophie spéculative en anthropologie, en un geste vraiment émancipateur s'il en est: Strauss et Bauer n'étaient que des hérétiques à l'intérieur de la théologie, l'un plus inquiétant que l'autre, mais c'est Feuerbach seulement qui donne le coup décisif.[37] Du point de vue de Bruno Bauer, resté sur le chemin critique, les choses apparaissent différemment: avec sa métaphysique de l'être générique, Feuerbach n'a fait que donner une nouvelle religion à l'humanité, perdant ainsi le bénéfice de la critique. La philosophie de la libre conscience de soi s'oppose à toute contrainte d'une nouvelle théologie prétendue révolutionnaire.

Bauer et Feuerbach combattent tous les deux la "substance" hégélienne. Feuerbach cherche à lui régler son compte en lui ôtant ses prédicats, de sorte que, déliée de ses déterminations, la "substance" n'est qu'un nom hypostasié. Ses prétendus prédicats appartiennent à l'être humain générique: pour se réaliser, les hommes doivent donc se les approprier.[38] Ainsi, Feuerbach remplace la substance par un "être générique" collectif, contre lequel Bruno Bauer accomplit un revirement athéiste radical. Pour Hegel, la religion était la "conscience de soi de l'Esprit absolu": la substance restait toujours sous-jacente, comme point de départ et comme point final. Bauer, en revanche, met l'accent uniquement sur le moment où l'Etre devient *conscient* de soi-même: "la conclusion du mouvement ce n'est pas la substance, mais la conscience de soi qui s'est posée comme réellement infinie et a compris l'universalité de la substance en tant que son essence."[39] Thèse lourde de conséquences, car le monde, désormais, n'apparaît pas comme l'objectivation de la substance, mais c'est plutôt comme son objectalité qui repose sur l'activité de la conscience de soi. Cette activité consiste en une production et une destruction permanentes. La conscience de soi, libérée des lourdes chaînes de la substance, traite ses propres productions d'une manière radicale. Il n'y a plus besoin d'aucune triade, thèse-antithèse-synthèse, car l'on ne connaît que l'anéantissement complet de l'ancien et la mise en place du nouveau. Avec l'achèvement de la religion, cette antithétique révolutionnaire est parvenue à un point crucial: dans le désastre universel, l'aliénation doit être totale pour que l'antithèse puisse être radicale. Ce développement s'accomplit dans l'histoire, laquelle n'est rien moins que le devenir de la "conscience de soi".[40]

Dans *la Trompette du jugement dernier*, écrit sur le mode de l'auto-dénonciation, Bruno Bauer avait déjà mis l'accent sur "la haine contre l'existant" et "l'admiration pour les Français". Les philosophes, pour Bauer, ce sont les seuls révolutionnaires vraiment dangereux. Lorsqu'on renverse quelque chose, ils y sont toujours mêlés. Hegel, au fond, était un plus grand révolutionnaire que tous ses disciples réunis. N'a-t-il pas pris la défense de l'"Unmenschen Robespierre" dans cette phrase où il dit qu'il est "diesem Menschen mit der Tugend Ernst gewesen": que cet Homme ne plaisantait pas avec la vertu? N'a-t-il pas fait l'éloge de Napoléon et insulté le brave bougre d'Allemand? Et les jeunes hégéliens? Ils n'ont pas étudié en vain l'histoire de la Révolution française: ils veulent l'imiter. "Qui sait si parmi eux les Danton, les Robespierre, les Marat ne sont pas déjà là."[41] En 1843, Edgar Bauer développe ces thèmes dans son ouvrage *Le conflit de la critique avec l'Eglise et avec l'Etat*. Cet écrit se fonde sur la critique de la religion de son frère Bruno, et montre aussi qu'avec l'inventaire autocritique de 1843 la réception de la littérature socialiste française a également commencé dans le milieu des "Hommes libres" de Berlin. La philosophie de la conscience de soi passe une alliance singulière avec cette littérature. Car le vrai problème, maintenant, ce n'est pas l'Etat, c'est la propriété privée. Le manque de biens signifie manque de formation, la pauvreté rend l'homme religieux, parce que, tout simplement, elle le rend dépendant. Un radical qui ne l'est qu'en matière de politique n'aspire-t-il pas à la domination des simples d'esprit? Et l'Etat, d'autre part, ne protège-t-il pas les nantis? La révolution doit donc dépasser l'Etat. Par où on prononce en même temps le jugement sur la Révolution française: "Si la révolution doit s'accomplir, la liberté doit être encore élargie, elle doit se dépouiller de son caractère exclusivement politique." Contre la Révolution française, Hegel avait avancé deux arguments: l'instabilité, d'une part, et, d'autre part, l'idée que la stabilité ne peut être garantie qu'en liaison avec le protestantisme. La première objection est à la fois reprise et modifiée la conséquence de la révolution, c'est la restauration de la légitimité. Hegel l'avait imputée à son "catholicisme", mais à présent la cause en est cherché uniquement dans son essence "politique". C'est que la médiation constitutionelle des partis en lutte ne pouvait pas durer longtemps, et, de plus, la liberté ne se laisse pas médiatiser dans l'Etat. Le signe extérieur de cet échec: Robespierre a dû introduire le culte d'un Etre suprême, et, finalement, le peuple s'est détourné de ce culte et de la Terreur, c'est-à-dire d'une politique qui ne lui avait apporté aucune liberté, pour revenir, déçu, à ses intérêts petits-bourgeois.[42]

Même l'argument du protestantisme réapparaît, profondément modifié. Pour Hegel, sa valeur historique universelle tenait au développement de la liberté de la volonté à l'intérieur des institutions de l'Etat et à la réconciliation finale avec elles. Maintenant, les jeunes hégéliens se placent eux-mêmes à la fin de l'histoire du protestantisme: la Réforme n'a été accomplie "que lorsqu'elle fut dépassée, selon sa propre essence, et que la lutte fut tout naturellement dirigée contre la religion". Ce qui reste de la Réforme, c'est l'idée d'une communauté libre, mais cette communauté ne peut faire l'objet d'une description positive. La tâche du temps est d'ordre purement critique: "c'est seulement ainsi qu'on extirpe les vieilles herbes mauvaises." L'antithétique révolutionnaire de Bruno Bauer se manifeste aussi dans la défiance à l'égard d'une paix trop facile. "La vérité n'est vérité qu'autant qu'elle lutte. Lorsqu'elle est universellement reconnue, elle est déjà près de devenir fausse." Sans doute ne s'agit-il pas du tout de faire déboucher l'histoire dans l'empire éternel de la paix dont rêvent les visionnaires, mais uniquement de modeler sa dynamique, de sorte que la liberté reste intacte. Bien qu'ils se fussent interdit de dépeindre la société socialiste, Edgar Bauer indique bien un critère des temps nouveaux lorsqu'il écrit: "Ce n'est qu'avec la révolution, celle qui a débuté par la destruction des formes étatiques, que commence la vraie histoire, car elle devient *consciente*." Que jusqu'à la révolution l'histoire de l'humanité se soit accomplie inconsciemment, c'est l'une des grandes idées de la philosophie allemande autour de 1800. La conversion de l'histoire en un mouvement autoconscient est véritablement le fait nouveau, qui la distingue de l'histoire précédente: la communauté libre "sait ce qu'elle fait".[43]

Le jugement porté sur la vieille révolution et l'anticipation de la nouvelle sont essentiellement définis par la sortie hors de la religion. Mais la fin de la religion, c'est la critique, la communauté critique, et non pas simplement une situation qui serait à interpréter, de nouveau, comme une sécularisation positive. Bruno Bauer est extrêmement sensible à ce sujet, il cherche partout, en les trouvant, les épaves et—ce qui est pire—les formes renouvelées de la religiosité. Dans ces années, son adversaire véritable n'est pas Marx; c'est Ludwig Feuerbach: ce ne sera que plus tard, à travers la lecture dogmatique de la *Sainte Famille*, que se réalisera une telle distorsion. Dans sa réflexion rétrospective sur les années 1842–46, intitulée *Révolte et chute du radicalisme allemand*, le "socialisme et le communisme allemands" sont subsumés à l'histoire des mouvements religieux. Dans cet ouvrage, Bauer rapproche deux événements, et rappelle que, lorsque, à la fin de l'année de 1842, les radicaux allemands ne savaient à quel saint se vouer, le mouvement politique stagnait et que l'interdiction menaçait ses journaux; alors, juste à temps, à travers le livre de Lorenz von Stein, *Le socialisme et le communisme dans la France contemporaine* (1842), il leur arriva la bonne nouvelle qu'ils ne devaient plus désespérer, car ils allaient trouver l'aide et la solidarité d'une immense foule d'autres compagnons de misère. Le dépassement du paupérisme à travers l'"organisation du travail", reçut de plus, une aura de religiosité, car elle fut liée à l'appropriation de l'"être générique".[44]

Or, ce qui tracasse le plus Bruno Bauer, c'est que la norme, la loi et la règle s'opposent de nouveau à la libre "conscience de soi" à la "mesure du genre". La substance chez Feuerbach n'est pas vraiment anéantie. Elle apparaît encore sous la forme d'une "religion populaire". De même que la "philosophie de l'action" ne fait que reproduire les imperfections de la société existante, de même Feuerbach ne fait que prolonger la non-essence de la religion. Donc, il ne fallait s'attendre à rien d'autre qu'à ce qu'il annonce à la fin des ses *Principes de la philosophie de l'avenir* (1843): cette philosophie "prend la place de la religion, a en soi-même l'essence de la religion, et en vérité est religion elle-même".[45] Cette critique de Bruno Bauer prend force à travers deux textes de 1844, *Qu'est-ce l'objet actuel de la critique?* et *Le Genre et la Masse*, dans lesquels le prolétariat fait l'objet d'un nouveau culte. C'est au premier de ces deux écrits que Marx répond dans *la Sainte famille*.

### La "critique" et la "masse"

Dans sa célèbre lettre, si déférente à Ludwig Feuerbach, du 11 août 1844, Marx évoque, entre autres, son vieil ami Bruno Bauer dont il s'est désormais éloigné, et annonce une petite brochure où il va blâmer son ridicule mépris de la *masse*. Marx, qui à cette époque déjà traduit tacitement l' "être générique" de Feuerbach par le "rapport social de l'homme à l'homme", reproche à Bauer de s'être empêtré dans le système hégélien et d'avoir appris de la *Phénoménologie* uniquement "l'art de transformer des chaînes réelles, objectives, existantes hors de moi, en chaînes simplement idéelles, simplement subjectives, simplement intérieures à moi, et de muer ainsi toutes les luttes extérieures et sensibles en pures luttes d'idées". A cet "achèvement critique caricatural de la conception hégélienne de l'histoire", Marx oppose ce que lui-même a appris de Feuerbach et qu'il a mis en oeuvre dans la critique de la philosophie politique de Hegel: "l'histoire de l'humanité devient l'Histoire de l'Esprit *abstrait* de l'humanité, donc de l'*Esprit situé au-delà* de l'homme réel."[46] Ce ne sont pas les masses, c'est l'esprit universel qui fait l'histoire; chez Hegel, il la fait encore inconsciemment, et ce n'est que *post festum* qu'il en prend conscience, dans le cerveau du philosophe. Bruno Bauer annule ce demi-raisonnement de Hegel (qui caractérise d'ailleurs le problème même posé plus tard par Habermas), et avance lui-même vers l'esprit universel conscient de soi. Tout cela, c'est de la simple théologie spéculative. Rien d'étonnant à cela; Bauer n'est-il pas aussi théologien? Marx, manifestement, considère cette critique comme tellement efficace du point de vue du matéralisme, qu'il ne lui vient même pas à l'esprit d'aborder sérieusement le problème posé par le reproche d'enlisement dans la théologie, reproche que Bauer, de sa part, a adressé à tous les partisans de Feuerbach. Il lui échappe que l'objection d'un défaut de matérialisme porte complètement à faux, car Bauer a abouti depuis longtemps au problème de la sanctification du prolétariat. Sur ce point, ils parlent sans s'entendre. *La Sainte famille*, à maints égards, n'est qu'un coup d'épée dans l'eau. Pourtant, dans ses commentaires des textes de Bruno Bauer, cette oeuvre de Marx donne un aperçu significatif sur le rapport de ces deux auteurs à la Révolution française, et sur leur attitude vis-à-vis de la révolution prolétarienne à venir.

Qu'est-ce que donc l'"objet de la critique"? En premier lieu, pas la masse qui se critique soi-même, mais la critique critique. Elle critique, notamment, qu'on ait abandonné le domaine littéraire pour se rapprocher de la lutte politique de la masse dans les années 1842–43. Or, dans cette prise de position, elle a "perdu la capacité de mener un combat scientifique". Elle s'est rapprochée des pensées du vieux monde et a identifié l'être *humain* à l'être *politique*, par exemple dans le domaine de la "Question juive".[47] De même, c'était une erreur que de parler d'un peuple libre, qui serait né de la révolution. Kant voyait dans la révolution un "signe d'histoire", de même, à présent, la révolution ne vaut que comme symbole, l'"expression inouïe" de quelque chose qui n'aurait pas pu réussir par ses propres prémisses. Expérience du XVIIIᵉ siècle, la révolution devait finalement aboutir au "pur égoïsme de la nationalité". Cette évolution, relevant du cadre interprétatif habituel de l'école hégélienne, est mise en parallèle par Bauer avec le dénouement de l'*Aufklärung* philosophique et religieuse du XVIIIᵉ siècle. La thèse de Bauer sera réfutée d'une manière circonstanciée et sur un ton fiévreux par Marx, qui examinera tous les enjeux qu'elle soulève.[48] La chose devient intéressante lorsqu'il s'agit de la "masse". Pour Bauer, la "masse" est le produit de la révolution, le "bubon" que les guerres révolutionnaires ont laissé après elles. Cette égomanie atomisée doit être "réorganisée". Mais la masse *telle qu'elle est*, est-elle un matériau utilisable à cette fin? La réponse de Marx est claire: les communistes ne veulent pas organiser la masse; elle *est* organisée par la forme de l'ordre social actuel. Bruno Bauer, lui, veut transformer la masse, c'est-à-dire qu'il veut la soumettre à la critique. "Un être spirituel se saurait être élevé sans être modifié, et il ne saurait être modifié avant d'avoir éprouvé la résistance extrême. Ce qu'on veut élever, on doit le combattre." Réponse de Marx: la masse oppose tous les jours une résistance extrême, non pas à la Critique, mais à la critique de la vie pratique, et elle n'a pas besoin de la protection directe du *Saint-Esprit*.[49]

Les buts, à y bien regarder, ne sont pas si différents, car dans les deux cas la masse doit prendre conscience de soi. Mais, alors que Bauer ne peut s'imaginer ce processus autrement que critique, Marx fait confiance au mouvement des rapports sociaux, qui, chez lui, commencent maintenant à remplacer l'être générique feuerbachien et—comme chez Hegel au fond, mais avec la différence qu'ils sont justement metérialisés—, en tant que "substance", doivent en venir au "sujet" et à la "conscience". Marx relie le "devoir-être substantiel", au sens d'Arnold Ruge (cf. ci-dessus), aux premières connaissances du mouvement réel, qu'il a acquises par l'étude de l'économie anglaise. Chez Marx aussi, le devoir-être n'est pas une exigence face au monde, il apparaît plutôt dans les formes du monde. Ainsi, l'erreur qu'il avait dévoilée chez Hegel, exactement un an avant, à savoir l'emboîtement de l'expérience et de l'idée, Marx en fait maintenant un principe d'action et le propose lui-même, naturellement dans un but révolutionnaire. Le prolétariat empirique, pour lui, se transforme en surface de projection de la réalisation de l'être humain; dans les événements historiques contemporains, il lit le mouvement de l'histoire vers ce but. Il s'agit finalement de la réapparition du "signe d'histoire" kantien (*signum rememorativum, demonstrativum, prognostikon*), inscrit sur le dos du prolétariat. A présent, toutefois, ce n'est plus une hypothèse dans une intention pratique, mais une exigence de la réalité reconnue. Et cette exigence consiste dans le devenir–conscience de soi de la classe ouvrière. Avec quel esprit entier Marx veut lire cette exigence dans la réalité, son interprétation de la révolte des tisserands silésiens le montre bien. En même temps, Marx reprend l'idée d'une surenchère de toutes les révolutions passées: "La révolte silésienne *commence* justement par là où les révoltes ouvrières française et anglaise s'achèvent, avec la conscience de ce qui constitue l'être du prolétariat." Cette conscience, Marx la découvre dans le fait que la révolte est dirigée à la fois contre les machines et les registres de comptabilité, les seigneurs de l'industrie et les banquiers. De même, à partir des écrits de Weitling, il prédit au prolétariat allemand une future "stature d'athlète", dans le sens théorique. Ainsi, l'idée du modèle français de la révolution commence à reculer, ou du moins le prolétariat international occupe le même rang dans la révolution: "Il faut reconnaître que le prolétariat allemand est le *théoricien* du prolétariat européen, tout comme le prolétariat anglais en est l'*économiste* et le prolétariat français le *politique*." Mais par cette caractérisation, n'affirme-t-on nous déjà la prééminence du théoricien? Le prolétariat allemand, écrit Marx, a reconnu en effet qu'il n'est pas isolé de la communauté politique, par conséquent il n'a aucune revendication politique à avancer. A vrai dire, il est isolé de la communauté humaine, de l'être commun feuerbachien: il accomplit la *Protestation de l'homme contre la vie déshumanisée.*[50] Plus tard, après la critique de Proudhon (1847), la valeur initiatrice de la Révolution française sera encore réduite: dans le *Manifeste communiste*, le signal venu d'outre-Rhin sera remplacé par le modèle d'une révolution allemande en deux phases.[51]

Or, Bruno Bauer ne peut ni ne veut souscrire à cette idéalisation du prolétariat ni aux résultats d'une révolution à venir. En 1844, il écrira: "On dérobe la masse à la critique, parce qu'on voudrait se dérober soi-même à elle. On l'utilise comme un moyen contre l'Esprit. On en fait l'objet d'un culte, afin de disposer d'un nouvel euphémisme pour l'ancien égoïsme." Les tentatives d'organisation de la masse se sont concentrées sur ce culte, en liaison avec l'anthropologie du genre de Feuerbach. On est en train de créer une nouvelle théologie qui veut jauger les hommes réels et empiriques sur ses indiscernables pouvoirs absolus, et les contrôler. "Ce qui est vrai, est ce qui est en accord avec l'essence du genre humain." Cette substance nouvelle est devenu plus solide et plus ferme que la vieille substance religieuse. Elle réclame l'utilité publique, l'épanouissement de l'individu dans cette communauté nouvelle, humaine. La prétention que chacun doive être en accord avec la nature du genre humain déclenche chez Bauer des visions d'horreur, dans le style d'Aldous Huxley et de George Orwell. "Il existe, comme on sait, des insectes qui ont la même couleur et la même forme que les pétales qui les nourissent, à tel point qu'ils n'en peuvent même pas être distingués. Fourier aurait voulu peupler le monde avec ces insectes-pétales en lesquels, selon Feuerbach, doivent se transformer les travailleurs, pour échapper au sentiment de désunion." Les vices du temps présent sont évidents, mais, pour Bauer, ce n'est que des conflits de la concurrence que peuvent naître "des formes humaines libres de respirer". Car si, au contraire, l'être humain générique prend la forme d'une autorité qui organise tout, la masse n'hésitera pas à se plier à ce qui assure "panem et circenses".[52]

J'arrête ici cette mise en opposition de Marx et Bruno Bauer. Avec l'évolution de sa théorie de la valeur, Marx s'est trop détaché de la pensée des jeunes hégéliens pour qu'une telle opposition fasse encore sens. Il n'en demeure pas moins que Bauer a mis le doigt sur un point sensible, qui a joué un rôle funeste dans l'histoire du socialisme: la fonction presque religieuse, et sa surenchère, du prolétariat rédempteur. D'ailleurs au prolétariat empirique n'ont pas été épargnées les critiques et la censure; sa propre forme idéale au sens de l'être générique feuerbachien, il l'a reçue dans la forme du parti léniniste.[53]

## Thèses: reprendre la révolution

Pour comprendre le rapport théorique des jeunes hégéliens à la révolution de 1789 et 1830, on doit revenir à Hegel. Hegel lui-même comprend l'existence raisonnable de la Prusse issue des réformes de 1807 à travers la combinaison historique de la Réforme luthérienne et de la Révolution française. La révolution est demeurée dans la scission et l'instabilité, sans produire de résultats durables; tandis que, sur le terrain de la Réforme, s'est formé l'esprit de la réconciliation avec la réalité. C'est ici qu'a opéré l'impulsion initiale vers la conversion de toutes les institutions étatiques et sociales en une moralité substantielle. Ce qui exprime en même temps chez Hegel l'exigence de supériorité du développement allemand et protestant par comparaison avec le développement catholique français.

Après 1815, avec l'intégration politique de la Prusse aux objectifs de la Réaction, cette construction immanente de la raison commence à devenir fragile. La définition positive et religieuse des fins de l'Etat provoque la critique de la religion de l'école hégélienne de gauche. La conscience cesse de se trouver en accord avec la réalité historique et son évolution. Le "devoir-être" s'oppose de nouveau à l'"être" avec une acuité plus forte encore. La Prusse est accusée d'avoir failli à sa mission libérale et protestante. Il faut de nouveau révolutionner la réalité pour pouvoir satisfaire à la demande d'une constitution bourgeoise. Le modèle est la Révolution française, que 1830 rappelle à la vie.

On peut distinguer entre la forme et le contenu de la discussion des années 1840 sur la révolution allemande à venir. Quant au contenu, avec le naufrage des tentatives de réforme bourgeoise, le phénomène du paupérisme et du communisme est au premier plan en 1843. Les hégéliens de gauche se radicalisent et tiennent le prolétariat pour le nouveau porteur de la révolution. Leurs nouvelles connaissances, acquises au contact de la littérature française, trouvent leur élaboration formelle dans les catégories issues de la critique de la philosophie hégélienne de la religion. Nous les avons distingué en deux orientations: celle de Bruno Bauer, qui met l'accent sur le déclin de la substance dans la conscience de soi, et celle de Feuerbach qui, de son côté, transforme la substance religieuse en nouvelle religion de l'être humain générique.

De ces deux modèles critiques découlent les exigences d'une révolution totale, complète surenchère à toutes les révolutions précédentes. Bauer développe la représentation d'une révolution permanente dans la production et la destruction des objectivations de la conscience de soi. Le point crucial, c'est le passage d'une histoire qui s'accomplit inconsciemment à une histoire qui se fait consciemment.

La variante de Feuerbach et de Marx voit dans la forme du prolétariat la preuve vivante de l'aliénation du genre humain, dont la réappropriation est projetée dans la révolution sociale de l'avenir. Dans ce modèle aussi, la préhistoire de l'humanité s'achève avec la révolution, et une nouvelle époque commence.

Dans les deux modèles, le caractère absolu des postulats dérive de la critique de la religion. Ainsi, l'idée d'une surenchère par rapport à la vieille révolution entre dans une nouvelle phase. Hegel faisait dériver la supériorité du contraste entre réconciliation protestante et scission catholique. De là le contraste, chez les jeunes hégéliens, entre une révolution simplement politique et une révolution sociale. Mais chez Feuerbach et Marx, cette révolution sociale reçoit une aura religieuse d'une manière beaucoup plus nette que chez Bauer. Désormais, la constitution de l'être humain générique prend valeur de conclusion pour l'autocritique du protestantisme. La pureté et la purification du prolétariat par la philosophie de l'histoire prolongent l'héritage de la réconciliation hégélienne avec la réalité.

La critique contemporaine détruit l'aura religieuse de la révolution, et ramène celle-ci sur le terrain de la politique.

## Notes

1. Karl Marx, *Pour une critique de la philosophie du droit de Hegel*. Introduction, in *Oeuvres*, éd., Maximilien Rubel (Paris, 1982), t.III, pp. 382.
2. "La critique de la religion s'achève par la leçon que *l'homme est, pour l'homme, l'être suprême*, donc par *l'impératif catégorique de bouleverser tous les rapports* où l'homme est un être dégradé, asservi, abandonné, méprisable: (. . .)," *ibid.*, p. 390. Le jeu de mot du "ruisseau de feu" figure dans un article attribué à Marx, mais écrit probablement par Feuerbach lui-même, "Luther, arbitre entre Strauss et Feuerbach", dans Karl Marx, Friedrich Engels, *Werke* (Berlin, 1964) (MEW), t.I, p. 27: "Pour vous il n'y a qu'un seul chemin à la *vérité* et à la liberté: le ruisseau de feu (*Feuerbach*). Il est le *purgatoire* du temps présent."
3. K. Marx, *Pour une critique . . .*, op. cit., p. 397.
4. Cf. la reconstruction par Eric Hobsbawm, *Europäische Revolutionen* (Zürich, 1962), pp. 224 et 240.
5. Joachim Ritter, *Hegel et la Révolution française* (Paris), p. 19.
6. Jürgen Habermas, *Hegel critique de la Révolution française*, dans *Théorie et pratique* (Paris, 1975), t.I, p. 146.
7. J. Habermas, op. cit., pp. 150–51; Karl Löwith a montré dans *De Hegel à Nietzsche* (Paris, 1969) (trad. Rémi Laureillard) la reprise par les jeunes hégéliens de positions philosophiques du Maître datant de ses écrits de jeunesse. Cf. également, Georg Lukács, *Der junge Hegel. Uber die Beziehungen von Dialektik und Oekonomie* (Zürich, 1948).
8. Georg Wilhelm Friedrich Hegel, *La Phénoménologie de l'Esprit*, 2. vols. (Paris, 1941) (trad. Jean Hyppolite), t.II, p. 141.
9. "Que la révolution d'un peuple spirituel que nous avons vu s'effectuer de nos jours réussisse ou échoue: qu'elle amoncelle la misère et les crimes affreux au point qu'un homme sage, s'il pouvait espérer, l'entreprenant une seconde fois, l'achever heureusement, se résoudrait cependant à ne jamais tenter l'expérience à ce prix,— cette révolution, dis-je, trouve néanmoins dans les esprits de tous les spectateurs (qui ne sont pas engagés dans ce jeu) une *sympathie* d'aspiration qui touche de près à l'enthousiasme et dont la manifestation même exposait au péril, qui par conséquent ne pouvait avoir d'autre cause qu'une disposition morale du genre humain." C'est cette manière de réagir du spectateur, dont Kant considère ici l'expérience, que fait avancer l'humanité vers le progrès. (*Le Conflit des facultés* (Paris, 1955) trad. Jean Gibelin, p. 101]. La sécurité relative du spectateur éloigné de la Révolution et son élévation morale face à cet événement relèvent des catégories mêmes, dans lesquelles Kant décrit l'impression du sublime dynamique de la nature dans la *Critique de la faculté de juger*: "Mais, si nous nous trouvons en sécurité, le spectacle est d'autant plus attrayant qu'il est plus propre à susciter la peur; et nous nommons volontiers ces objets sublimes, parce qu'ils élèvent les forces de l'âme au-dessus de l'habituelle moyenne et nous font découvrir en nous un pouvoir de résistance d'un tout autre genre, qui nous donne le courage de nous mesurer avec l'apparente toute-puissance de la nature." (trad. Alexis Philonenko (Paris, 1974) p. 99].
10. Cf. G. Lukács, op. cit., p. 574.
11. J. Ritter, *Hegel und die Reformation*, dans *Metaphysik und Politik. Studien zu Aristoteles und Hegel* (Frankfurt, 1969), p. 311.
12. G.W.F. Hegel, *Leçons sur la philosophie de l'histoire* (Paris, 1970) (trad. Jean Gibelin), pp. 319–20.
13. *Ibid.*, p. 338.
14. *Ibid.*, p. 340; G. Lukács, op. cit., p. 582.
15. G.W.F. Hegel, op. cit., p. 343; Hegel voit une différence fondamentale entre l'Aufklärung protes-

tante et l'Aufklärung catholique. Chez les protestants, l'Aufklärung n'a pas lutté contre la théologie, mais elle a plutôt tiré son fondement ultime de la théologie, pour mettre le sentiment subjectif en accord avec le monde transformé selon les principes de la volonté libre. En comparaison de cette réconciliation concrète de l'individuel et de l'universel, chez les catholiques on n'est arrivé qu'au formalisme de la liberté du libéralisme politique: rien ne peut être réalisé sans le consentement des volontés particulières atomisées: "avec ce formalisme de la liberté, avec cette abstraction, on ne laisse rien de solide s'établir en fait d'organisation."

16. *Ibid.*, p. 344; l'Etat, par conséquent, ne peut pas reconnaître la pure conscience subjective. G.W.F. Hegel, *Principes de la philosophie du droit* (Paris, 1975) (trad. par Robert Dérathé), pp. 174 et 177 (§ 134; § 139). "Dans cette acception du concept d'ordre éthique, l'Etat est pour Hegel 'la réalité effective de la liberté concrète', car d'un côté sur son territoire 'la personne individuelle et ses intérêts particuliers' ont 'leur complet développement et la reconnaissance de leur droit-pour-soi', de l'autre, 'ils passent d'eux-mêmes à l'intérêt de l'universel.' (§ 260)" J. Ritter, *Moralität und Sittlichkeit. Zu Hegels Auseinandersetzung mit der kantischen Ethik*, dans *Metaphysik und Politik*, op. cit., p. 301.

17. G.W.F. Hegel, *Principes de la philosophie du droit*, p. 55.

18. Eduard Gans, *Vorrede des Herausgebers zu G.W.F. Hegel, Grundlinien der Philosophie des Rechts (. . .)*, dans E. Gans, *Philosophische Schriften* (ouvrage publié sous la direction de Horst Schröder), (Berlin, 1971), p. 8.

19 Voir Shlomo Avineri, *Hegels Theorie des modernen Staates* (Frankfurt, 1976), p. 220; sur la réception de la *Philosophie du droit* chez les contemporains de Hegel, cf. *Materialien zu Hegels Rechtsphilosophie*, I (Frankfurt, 1975). publié sous la direction de Manfred Riedel.

20. Reinhart Koselleck, *Preußen zwischen Reform und Revolution. Allemeines Landrecht, Verwaltung und soziale Bewegung von 1791 bis 1848* (Stuttgart, 1967), pp. 163, 170, 217.

21. *Ibid.*, pp. 399. En passant de Heidelberg à Berlin, Hegel avait sans doute nourri quelques espérances d'entrer dans l'administration: c'est ce que laisse entendre Karl Rosenkranz, *Georg Wilhelm Friedrich Hegels Leben* (1844) (Darmstadt, 1972), p. 318.

22. R. Koselleck, op. cit., p. 407.

23. Wilhelm Abel, *Massenarmut und Hungerkrisen im vor-industriellen Deutschland* (Göttingen, 1972).

24. G.W.F. Hegel, *Principes de philosophie du droit*, § 189, p. 220, § 245, p. 251; sur ses études économiques cf. G. Lukács, op. cit., p. 225 et p. 407.

25. K. Löwith, *De Hegel à Nietzsche*, p. 73; sur les hégéliens de droite, cf. Hermann Lübbe, *Politische Philosophie in Deutschland. Studien zu ihrer Geschichte* (München, 1974), p. 27. Pour l'histoire des hégéliens de gauche, cf. Ingrid Pepperle, *Junghegelianische Geschichtsphilosophie und Kunsttheorie* (Berlin, 1978) p. 30. En 1838, Heinrich Leo comptait D.F. Strauss au nombre des hégéliens de "gauche", Bauer au nombre de ceux de "droite" et Gans, Ruge et Feuerbach, parmi les autres, au centre. Heinrich Leo, *Die Hegelingen* (Halle, 1839), p. 27.

26. I. Pepperle, op. cit., p. 36; Arnold Ruge, "La dénonciation des 'Annales de Halle' ", dans Heinz et Ingrid Pepperle, éd., *Die Hegelsche Linke. Dokumente zu Philosophie und Politik im deutschen Vormärz* (Berlin, 1985), pp. 81 et 85. Que "l'histoire du monde" soit "le tribunal du monde" exprime chez Hegel l'idée d'une justice rationnelle et immanente, par la quelle chaque Etat sera soumis au droit de l'Esprit du monde, G.W.F. Hegel, op. cit., § 340, p. 333.

27. Cf. Horst Stuke, *Philosophie der Tat. Studien zur 'Verwirklichung der Philosophie' bei den Junghegelianern und den Wahren Sozialisten* (Stuttgart, 1963). Stuke traite d'August Cieszkowski, Bruno Bauer et Moses Hess. Cieszkowski, auteur des *Prolegomena zur Historiosophie* (1838), est considéré comme le fondateur de la "Philosophie d'action" qui vise à travers le retour à Fichte à surmonter les dernières limites de la philosophie hégélienne, pour autant qu'elle continue d'être une philosophie. Du sommet de la théorie elle doit "descendre dans la région de la pratique. La philosophie pratique, ou plus précisément *la philosophie de la pratique*, et son influence dans la vie et les rapports sociaux, le développement de la *vérité* dans l'activité concrète, c'est là le futur destin de la philosophie." (August von Cieszkowski, *Prolegomena zur Historiosophie*, éd., R. Bubner, J. Garewicz (Hamburg, 1981) p. 129). C'est aussi le point sur lequel Moses Hess met l'accent dans son ouvrage, "Die europäische Triarchie", in *Philosophische und Sozialistische Schriften 1837–1850*, éd., A. Cornu, W. Mönke (Berlin, 1961): "L'hégélianisme comprend tout le domaine de la pensée, du savoir phénoménologique et logique au savoir absolu; toutefois, il est dans l'erreur lorsqu'il croit être une philosophie plus qu'une philosophie absolue de *l'Esprit* ou lorsqu'il croit comprendre en tant que telle *eo ipso* l'action" (p. 79).

28. Arnold Ruge, Theodor Echtermeyer, *Karl Streckfuß und das Preußentum*, dans: *Die Hegelsche Linke*, p. 120; Karl Friedrich Köppen, *Zur Feier der Thronbesteigung Friedrichs II, ibid.*, p. 138: 'Le positif doit devenir rationnel et le rationnel positif, pour que l'homme cesse d'être un pur laïque, obéissant et croyant. *L'Aufklärung, donc, est le vrai protestantisme* et l'histoire nouvelle

commence avec l'Aufklärung, non pas avec la Réforme." Köppen, comme tous les jeunes hégéliens, en citant la Réforme n'entend pas Luther, mais les conséquences du principe de la "liberté de penser", une idée qu'ils ont en partage avec la Réaction, comme le montre une lettre de Friedrich Gentz, le secrétaire de Metternich, à Adam Müller, en 1819: "Le protestantisme est la première, unique et véritable source de tous les maux monstrueux sous lesquels nous sommes en train de succomber aujourd'hui. (. . .) Ce que nous avons vécu, n'est que l'évolution naturelle et la conséquence nécessaire de cet énorme premier sacrilège. La Révolution française et la révolution bien plus inquiétante qui menace l'Allemagne, découlent de la même source" (cité par E. Hobsbawm, op. cit., p. 449).

29. Arnold Ruge, *Vorwort zum Jahrgang 1841 der Deutschen Jahrbücher*, dans *Die Hegelsche Linke*, pp. 223 et 227. Ce "nouvel Idéalisme" se fonde sur un "monisme de l'esprit", fondé à son tour sur l'idée que "le processus de l'histoire, après tout, ne peut pas être différent du processus de la conscience de soi". Autrement dit, le "devoir-être" kantien et fichtien s'opposait au monde tel qu'il est; la critique des jeunes hégéliens ne fait qu'accélérer la venue au grande jour de ce qui a lieu de toutes façons dans le processus universel. Inversement, en tant que "critique", elle est elle-même un étape nécessaire du développement.

30. Arnold Ruge, *Die Hegelsche Rechtsphilosophie und die Politik unserer Zeit*, dans *Die Hegelsche Linke*, pp. 451 et 461. Friedrich Engels, *Schelling und die Offenbarung. Kritik der neuesten Reaktionsversuche gegen die freie Philosophie*, dans MEW, *Ergänzungsband*, II, p. 176: "Les barrières dans lesquelles Hegel lui-même enraya le terrible flot de conséquences de sa doctrine qui emportait la jeunesse, étaient conditionnées d'une part par son époque, de l'autre, par sa personnalité. (. . .) Pour cela, toutes les inconséquences, toutes les contradictions peuvent se ramener à Hegel. Tout ce qui apparaît trop orthodoxe dans la philosophie de la religion, ou prétendument historique dans le droit public, il faut le comprendre par ce biais. Les principes sont toujours indépendants et libéraux, les conséquences qu'on en tire ici et là, illibérales, personne ne le nie. Mais il n'y a qu'une partie de ses disciples qui ait pris la parole. Ils s'en sont tenus aux principes et ont rejeté les conséquences qui ne pouvaient pas être justifiées." Dans sa thèse de doctorat de 1840–41, Marx se prononce contre l'explication des insuffisances par le principe de l'"accommodement". Les disciples de Hegel, au contraire, doivent "expliquer *en scrutant sa conscience intime et essentielle* ce qui n'avait *pour lui même* que la forme d'une *conscience ésotérique*" (*Différence générale de principe entre la philosophie naturelle de Démocrite et celle d'Epicure*, Première Partie, Notes, Section IV, *Oeuvres* , op. cit., p. 85).

31. Arnold Ruge, *Zur Verständigung der Deutschen und Franzosen. Von einem Publizisten in der Fremde*, dans *Die Hegelsche Linke*, pp. 716 et 723. Sur ses contacts parisiens, cf. Charles Rihs, *L'Ecole des Jeunes Hégéliens et les penseurs socialistes français* (Paris, 1978), p. 41.

32. Arnold Ruge, *Plan der Deutsch-Französichen Jahrbücher*, dans *Deutsch-Französische Jahrbücher*, éd., Joachim Höppner (Frankfurt, 1973), p. 94.

33. Comment dépasser le clivage entre le domaine du concept de nature (auquel appartient même la nature humaine) et celui du concept de liberté? La solution pour résoudre ce problème est de penser la nature de manière "que la légalité de sa forme s'accorde tout au moins avec la possibilité des fins qui doivent être réalisées en elle d'après les lois de la liberté!" (Kant, *Introduction à la Critique de la Faculté de Juger*, op. cit., p. 25). Cette solution kantienne mène à une téléologie hypothétique dans le but pratique, qui peut aussi être étendue à l'histoire, cf. *Le Progrès métaphysique en Allemagne depuis le temps de Leibniz et de Wolf* (Paris, 1968), éd., Louis Guillermit, p. 71. Dans l'*Idée pour une histoire universelle du pont de vue cosmopolitique*, un tel concept moral et théologique est le présupposé général. Esquisser le passage du concept de "finalité de la nature" chez Kant au concept hégélien d'"Esprit du monde" nous conduirait trop loin. Le point final de ce mouvement, toujours pertinent depuis cette époque, est le transfert chez Marx de l'"Esprit du monde" au "marché mondial", cf. *L'Idéologie allemande*, op. cit., p. 1067.

34. K. Marx, *Critique de la philosophie politique de Hegel*, op. cit., p. 874. Cf. Heinz-Dieter Kittsteiner, *Naturabsicht und Unsichtbare Hand. Zur Kritik des geschichtsphilosophischen Denkens* (Frankfurt am Main, Berlin, Wien, 1980) p. 44.

35. G.W.F. Hegel, *Leçons sur la philosophie de la religion*, Trosième Partie, *La Religion absolue* (Paris, 1954), trad. J. Gibelin, pp. 69, 216–18. Cf. là-dessus, Jakob Taubes, *Abendländische Eschatologie* (Bern, 1947), p. 162.

36. Sur la critique de la religion chez Bruno Bauer, cf. Ernst Barnikol, *Bruno Bauer's Kampf gegen Religion und Christentum und die Spaltung der vormärzlichen preußischen Opposition*, dans *Zeitschrift für Kirchengeschichte*, vol. 46, 1928, pp. 1–34; et aussi la précise reconstruction par Jürgen von Kempski, *Uber Bruno Bauer. Eine Studie zum Ausgang des Hegelianismus*, dans *Brechungen. Kritische Versuche zur Philosophie der Gegenwart* (Hamburg, 1964) surtout p. 126. Que la philosophie de la "conscience de soi" ait son origine dans cette critique de la religion, résulte du fait que Bauer a pratiquement considéré la critique biblique comme la négation de la

"substance": "La critique nous a-t-elle fait de nouveau un coeur pur, libre et moral? Le coeur nouveau ainsi ne sera plus loin. Mais, est-ce que nous voulons plus? Est-ce que la simple évolution de la conscience de soi libérée ne nous suffit plus?" Bruno Bauer, *Kritik der evangelischen Geschichte der Synoptiker* (Leipzig, 1841), vol. I, p. XXIV. A la fin du deuxième volume, Bauer pose la fonction de la critique dans une perspective presque apocalyptique: "Quand le temps est arrivé, où le mensonge doit devenir conscient et voulu, alors, le jugement dernier n'est plus loin", *ibid.*, t. II, p. 392. Pour une analyse des jeunes hégéliens comme "révolutionnaires métaphysiques" dans la tradition des visionnaires européens et de la gnose, cf. Jürgen Gebhardt, *Karl Marx und Bruno Bauer*, dans *Politische Ordnung und menschliche Existenz. Festgabe für Eric Voegelin zum 60. Geburtstag* (München, 1962), pp. 202–42.

37.  Arnold Ruge, *Unsere letzten zehn Jahre*, dans *Werke*, Mannheim, 1848, t.VI, p. 42. Même Engels, plus tard estimera que l'issue de la critique de la religion avait été indiquée d'abord par Feuerbach: "Il faut avoir soi-même vécu l'influence libératrice de ce livre, pour s'en faire une idée. L'enthousiasme fut général: nous fûmes tous feuerbachiens pour un moment." Friedrich Engels, *Ludwig Feuerbach und der Ausgang der klassischen deutschen Philosophie*, MEW, t.XXI, p. 272. Marx aussi, après la critique sarcastique de Bruno Bauer, met l'accent sur le succès de la critique feuerbachienne de la religion, dans les *Manuscrits parisiens*, MEW, *Ergänaungsband*, I, p. 569.

38.  "Nous devons simplement transformer le *prédicat* en *sujet* et en tant que *sujet*, en faire l'*objet et le principe*. Nous n'avons donc qu'à *renverser* la philosophie spéculative, c'est ainsi que nous aurons la pure vérité, nue et dévoilée", Ludwig Feuerbach, *Vorläufige Thesen zur Reformation der Philosophie* (1843), dans *Werke*, éd., Erich Thies, 6 vol. (Frankfurt, 1975), t.III, p. 224.

39.  G.W.F. Hegel, *Leçons sur la philosophie de la religion*, 1$^{re}$ partie (Paris, 1959), trad. J. Gibelin, p. 132. B. Bauer, *Die Posaune des jüngsten Gerichts über Hegel, den Atheisten und Antichristen. Ein Ultimatum*, dans *Die Hegelsche Linke*, p. 287.

40.  H. Stuke, op. cit., p. 125.

41.  B. Bauer, *Die Posaune des jüngsten Gerichts*, op. cit., p. 299 et 311.

42.  Edgar Bauer, *Der Streit der Kritik mit Kirche und Staat*, dans *Die Hegelsche Linke*, p. 690. Bruno Bauer aussi traque âprement toute rechute de la révolution, donc aussi celle poursuivie par Napoléon, dans le culte. Cf. E. Barnikol, *Bruno Bauer. Studien und Materialien*, éd., Peter Reimer et Hans-Martin Saas (Assen, 1972), p. 258. Cette édition par E. Barnikol des prises de position de Bauer sur la Révolution française montre qu'il s'agit souvent de travaux occasionnels, sans valeur propre. Ici, je me suis donc borné aux textes plus importants.

43.  Edgar Bauer, art. cité, p. 700. Même chez Marx, la définition du "communisme" comme libre association des ouvriers vise à dépouiller l'histoire de son cours jusqu'à présent "naturel", c'est-à-dire inconscient: "L'existence créée par le communisme est précisément la base réelle qui permet de rendre impossible qu'aucune existence soit indépendante des individus, pour autant que l'état existant n'est encore que le produit du commerce traditionnel des individus" (*L'Idéologie allemande*, p. 1115). En fixant cette tâche, Marx parvient exactement à ce que Schelling avait présenté sans le résoudre comme "le problème le plus élevé de la philosophie transcendantale", celui du rapport entre la liberté d'action et une nécessité mystérieuse, "rapport en vertu duquel, par leur activité libre, et pourtant contre leur volonté, les hommes doivent produire des résultats qu'ils ne voulaient point, ou réciproquement, en vertu duquel ce qu'ils avaient voulu avec liberté et de toutes leurs forces doit échouer ou tourner à leur confusion", F. Schelling, *Système de l'idéalisme transcendantal* (Paris, 1842), trad. Paul Grimblot, 4$^e$ partie, III, C, pp. 326–27.

44.  B. Bauer, *Vollständige Geschichte der Partheikämpfe in Deutschland während der Jahre 1842–1846*, 3 vol. (Charlottenburg, 1847), t.II, p. 76.; cf. aussi le livre III, *Die ersten Anfänge des deutschen Socialismus und Communismus*, p. 13. Bauer critique les tentatives d'"organiser l'histoire"; c'est que, pour lui, "une communauté qui sait ce qu'elle fait" (cf. note 43 ci-dessus) devrait consister en une société de Critiques critiques. Si l'on cherche la solution de ce problème à l'échelle de la société dans son ensemble, se reproduisent les vices que l'on voulait corriger. B. Bauer, *Der Fall und Untergang der neuesten Revolutionen* (Berlin, 1850) vol. II: *Aufstand und Fall des Deutschen Radicalismus*, livre V, *Die religiösen Bewegungen*, p. 178.

45.  L. Feuerbach, *Grundsätze der Philosophie der Zukunft*, Werke, t.III, § 66, p. 322; B. Bauer, *Aufstand und Fall*, p. 181.

46.  Lettre à Feuerbach, 11.8.1844, dans: *Die Hegelsche Linke*, p. 882; K. Marx, F. Engels, *La Sainte Famille*, op. cit., pp. 514, 517; le problème de la prise de conscience par l'histoire inconsciente continue d'être traité. Pour Hegel, l'Esprit absolu réalise l'histoire "inconsciemment"; chez Bauer, au contraire, l'histoire ne parvient à la conscience que dans la construction spéculative.

47.  Bruno Bauer, *Was ist jetzt der Gegenstand der Kritik?* (1844), dans *Feldzüge der reinen Kritik*, éd., Hans-Martin Sass (Frankfurt, 1968), p. 207. Dans les *Annales franco-allemandes*, Marx avait repris deux écrits de Bauer sur la "question juive", et il avait montré que la critique reste prisonnière des catégories de l'émancipation politique: "La question du *rapport de l'émancipation politique à*

*la religion* devient pour nous la question du *rapport de l'émancipation* politique à l'émancipation humaine." K. Marx, *La question juive*, op. cit., p. 355. Cette question se rattache à la critique de la Révolution française, révolution purement politique, qui n'a connu "l'homme vrai" que dans la forme illusoire du "citoyen abstrait". Par la suite, l'homme est devenu le citoyen de deux mondes différents: il est l'individu égoïste de la société civile, et une personne morale dans l'Etat. Pour Marx, dans la révolution à venir, "l'homme individuel, réel (doit) recouvrer en lui-même le citoyen abstrait" et devenir un *être générique* dans ses rapports individuels. C'est notamment face à ce changement, et à l'identification entre l'individu et le genre, que Bruno Bauer recule. Car il y subodore un nouvelle répression au nom du "genre".

48. Puisque Bruno Bauer exprime sa conception de la révolution française de manière très dense, je reproduis ici le passage en entier: "La Révolution française fut une expérience qui appartenait encore au XVIII⁰ siècle. Elle voulait fonder un nouvel ordre humain. Mais les idées qui l'avaient provoquée, n'ont pas mené au-delà d'un ordre qu'elle voulut abolir par la violence. Ainsi, après avoir aboli les barrières féodales dans la vie du peuple, la Révolution fut forcée de satisfaire et même d'attiser le pur égoïsme de la nationalité en même temps que de le contenir par son complément nécessaire, la reconnaissance d'un Être suprême, confirmation supérieure de cet être général qu'est l'Etat, appelé à maintenir ensemble les divers atomes égoïstes. Le véritable exécuteur de la Révolution fut Robespierre lorsqu'il permit d'éliminer Anacharsis Clootz, l'orateur du genre humain, comme une anomalie dans la machine révolutionnaire, et qu'il sacrifia les chefs athées du parti de la Commune à son culte de l'Être suprême. L'idée grandiose de Robespierre et de Saint-Just, de créer un 'peuple libre' qui vivrait selon les règles de la 'justice et de la vertu' (voir, par exemple, le rapport de Saint-Just sur les crimes de Danton et l'autre rapport sur la police générale), cette idée ne pouvait tenir quelque temps que par la terreur; c'était une contradiction contre laquelle les éléments vulgaires et égoïstes du *peuple* réagirent de la façon lâche et sournoise que l'on ne pouvait qu'attendre d'eux", B. Bauer, *Was ist jetzt der Gegenstand der Kritik*, p. 209, trad. partielle dans K. Marx, F. Engels, *La Sainte Famille*, op. cit., p. 557. La Révolution, par conséquent, pouvait facilement devenir la proie de Napoléon. Ce dont Bauer lui fait proprement grief, c'est d'avoir mis en oeuvre un retour à la religiosité, afin de contenir l'homme "égoïste" libéré. Mais, comme la Terreur, cela fut un moyen inapproprié. Marx, qui connaissait l'*Histoire parlementaire de la Révolution française* de Buchez et Roux, répond à Bauer par une critique de la langue hégélianisante. D'abord, des "idées" ne peuvent absolument rien faire. Pour les réaliser, il faut les hommes. Puis, il remarque que les égoïsmes libérés ne se laissent pas réfréner par les idées religieuses. Surtout, pour Marx, ce n'est pas l'Etat qui maintient la vie civile, mais c'est la société qui maintient l'Etat. Ensuite, en s'appuyant sur une citation de Saint-Just, Marx développe la thèse rendue célèbre par le *Dix-huit brumaire*. Les révolutions empruntent des costumes à l'histoire universelle. Elles ont voulu la vertu antique pour la société moderne. C'est un surplus utopique qui est immanent aux révolutions, pour Marx. Dans le cas français, la transformation "prosaïque" de la Révolution commence par le Directoire. La Révolution n'a pas été la proie de Napoléon. Napoléon, plutôt, a détourné la dynamique de la Terreur vers l'extérieur, en remplaçant la révolution permanente par la guerre permanente. Cf. François Furet, *1789—Vom Ereignis Zum Gegenstand der Geschichtswissenschraft* (Frankfurt/M, Berlin, Wien 1980), p. 146. Enfin, en 1830, la Révolution s'est réalisée dans la mesure où la transfiguration idéalisée de l'"Etat représentatif constitutionnel" a disparu. L'Etat, en fait, n'est plus reconnu comme le moyen d'atteindre le bonheur des hommes, mais comme l'expression des intérêts bourgeois (*La Sainte Famille*, op. cit., pp. 557–64). L'interprétation de la Révolution occupe chez Bauer et Marx une position stratégique. Car Bruno Bauer se pose le problème de la juste manière de critiquer les "masses" (culte, vertu et Terreur ne sont pour lui que des faux moyens), tandis que Marx, dont les réponses à Bauer sont le fruit d'une réflexion historique), oppose à cette problématique l'attention à la dynamique du processus historique. L'évolution elle-même dissoudra le problème, quand le prolétariat sera devenu conscient.

49. B. Bauer, op. cit., p. 211; K. Marx, F. Engels, op. cit., p. 576.

50. K. Marx, *Gloses critiques en marge de l'article "Le Roi de Prusse et la Réforme sociale. Par un Prussien,"* in *Oeuvres*, op. cit., t.III, p. 412. Pour Marx, c'est précisément le retard des tisserands silésiens sur les ouvriers français et anglais qui constitue un avantage. A la différence des révoltes des ouvriers de Lyon en 1831 et 1834, dans le cas des ouvriers allemands "aucune intelligence politique" ne trompe "leur instinct social", *ibid.*, p. 415.

51. "C'est sur l'Allemagne que les communistes concentrent surtout leur attention. Ce pays se trouve à la veille d'une révolution bourgeoise. Cette révolution, l'Allemagne l'accomplit donc dans des conditions plus avancées de civilisation européenne, et avec un prolétariat plus développé que l'Angleterre et la France n'en possédaient au XVII⁰ et au XVIII⁰ siècle. Par conséquent, en Allemagne, la révolution bourgeoise sera forcément le prélude immédiat d'une révolution prolétarienne", K. Marx, F. Engels, *Le Manifeste communiste*, in *Oeuvres*, op. cit., t.I, p. 194.

52. Bruno Bauer, *Die Gattung und die Masse*, dans *Feldzüge der reinen Kritik*, op. cit., pp. 211 et 219.

53. En ce sens, Carl Schmitt n'a pas tort lorsqu'il souligne l'importance incontournable de la première moitié du XIX<sup>e</sup> siècle pour les conflits du XX<sup>e</sup>: "Celui qui connaît dans leur profondeur les courants de la pensée européenne entre 1830 et 1848, ne peut se laisser surprendre par la plupart des événements dont on entend aujourd'hui le bruit dans le monde entier. Le monceau de décombres laissé depuis 1848 par l'autodestruction de la théologie allemande et de la philosophie idéaliste, s'est transformé en un champ de forces de sédiments théogoniques et cosmogoniques. Ce qui explose aujourd'hui a été préparé avant 1848. Le feu qui brûle de nos jours a été attisé à cette époque. Il y a des mines d'uranium dans l'histoire de l'Esprit. Les présocratiques, quelques pères de l'Eglise et quelques auteurs d'avant 1848 en font partie." Carl Schmitt, *Ex Captivitate Salus. Erfahrungen der Zeit 1945–47* (Köln, 1950). Mais qui était Carl Schmitt, pour pouvoir parler ainsi?

# CHAPTER 26

# *Italy and the Modern State: the experience of Napoleonic rule*

MICHAEL BROERS

## I

THE importance of the *epoca francese* for the shaping of the modern Italian state has never been questioned, although verdicts on the nature—and desirability—of Napoleonic influence on the process of state-building in Italy could not be more diverse. Nevertheless, it would seem that much of the debate on the place of the *epoca francese* in the development of Italian political culture has not been mis-guided in itself, as too narrow in its approach. The study of the relationship of the French Revolution to the origins of *Risorgimento* has centred largely on the period of the sister republics, the *triennio* of 1796–1799, and on the experience of state-building undertaken by the Italian patriots, *i giacobini*, in these few years. Whether the verdict on the emergent political culture of the *triennio* has been positive or damning, the debate has been centred too narrowly on this particular period and, even more exclusively on the patriots themselves.[1]

There have been many recent efforts by historians to redress this balance by concentrating on the phenomonen of counter-revolution during the *triennio*,[2] and on the economic and institutional aspects of the longer period of Napoleonic rule, 1800–1814.[3] The present paper is an attempt to broaden the scope of the debate still further, by examining a number of popular responses to the institutions of the Napoleonic state and by concentrating on the interaction of several aspects of that state with its *administrés*, rather than centring attention on those Italians directly involved in government under the French. The French and the patriots were trying to do much more than legitimize their rule, they were also trying to establish and root in Italian culture a new concept of government and of civil society, to engender a social and cultural revolution, as well as—but through—the creation of a new kind of state.

There are three particular reasons why this line of inquiry, of examining response, in addition to form, is of value for an analysis of modern Italian political culture. The first is obvious even to the most casual observer: the unified Italian state which emerged in 1861 virtually patterned its institutions on those perfected in Napoleonic France. A closer parallel would be difficult to find in the history of political institutions, a fact underlined by the readoption of French administrative practices by the Piedmontese monarchy in the decade prior to unification.[4] The second imperative is to draw attention to the need of every major political theorist of nineteenth-century Italy, both before and after unification, to define and measure his ideas on the development of the state in Italy with reference to the French model and, either directly or by implication, to the experienc of Napoleonic rule. The judgements were diverse, but the yardstick was universal: the relationship between the Revolutionary–Napoleonic model of the state and nineteenth-century Italian society. The third reason is probably the most discussed and analyzed by Italians themselves, the enduring estrangement of "the people" from the state. The Italian state is still often perceived by its *administrés* as an irrelevance and, at times, a hostile alien entity. This has been the problem that has preoccupied post-*Risorgimento* theoreticians as different as Gramsci and Mosca,[5] an indication of how important this problem is to the finest political minds in Italy.[6] It would seem reasonable, then, to be aware of the possibility of its existence in the Napoleonic period; this appears crucial to any attempt to interpret the central problem of modern Italian political life.

A subjective supposition is at the heart of this inquiry, for the analysis that follows stems from the conviction that the Italian state, modelled on Napoleonic France, failed—and, arguably, continues to fail—to reflect the culture it administers. From this has evolved a study which, almost inevitably, reflects hostility on the part of the governed and failure on the part of the governors. It has been drawn like a magnet to the phenomenon of anti-revolution, in its most clearly defined sense: opposition less to the French themselves, as to the political system they introduced and the subsequent search by Italians for alternative structures.[7] As a consequence, it represents the *epoca francese* as a negative exercise in state-building, in terms of the evolution of a viable social base for the state, in direct contrast to the powerful intellectual hold the political culture of the Revolutionary–Napoleonic state gained over those who participated in it directly. The experiment in state-building that was the essence of Napoleonic rule fostered a human, personal gulf in Italian political life; it is a stark example of the problems of abstract theories being incarnated into the grim realities of the human experience of the Revolution.


## II

The Napoleonic state had three faces for Italians, each of them in different ways disagreeable. The first was its authoritarian character, which left an incalcuable but profound mark upon the Italian political classes, most particularly those directly involved in the running of the state. The second aspect was dictated by the circumstances of the period because the Napoleonic regime was incessantly at war throughout its tenure of the peninsula; whether in the two satellite kingdoms of Naples and Italy or in the departments annexed directly to France, it was forced to make heavy material and human demands on its Italian subjects. The third of the cardinal features of French rule was the ideological mantle the Napoleonic state inherited from the enlightened, reforming and ultimately authoritarian regimes of the late eighteenth century. Its unswerving commitment to so many of the basic tenets of an enlightened reform of society led the regime into a diffuse but intense

*Kulturkampf* with the Italian masses and with the most powerful social and cultural institution in Italian life, the Roman Catholic Church.

Here, then, are the salient characteristics of the Revolutionary–Napoleonic state in Italy: its authoritarian nature; its rapaciousness; and its cultural disruptiveness, none of them calculated to create a viable social base for the new concept of civil society the French were trying to establish in Hesperia. Each was to alienate key elements of society in different ways, but their cumulative effect was to create a tangible gulf between the state and the citizen at a particular point in time, while simultaneously preparing the way for its re-emergence in the nineteenth century.

The experience of French rule created a new governing élite in Italy, wedded to many of the cardinal maxims of Revolutionary–Napoleonic political and adminis-trative practice. These maxims, however useful and pragmatic, were linked with a deeply unpopular regime in the minds of many Italians, but they were also the only modern models of administration familiar to the Italian *enfants du siècle*, who became the leaders of the *Risorgimento* and the tutors of the first rulers of unified Italy. This is the heart of the problem created by the interaction of Italian society with the Revolutionary–Napoleonic state: the mores of that state were alien to Italian culture not only—and not mainly— because they were French, but because of their very nature and because they found just enough support to ensure their survival and re-emergence within the *classe dirigente* of the early nineteenth century, finally to become the cornerstone of the new state after 1860. At this point, it is essential to define the Revolutionary–Napoleonic state, to explain both its structure and its ideology, with the purpose of justifying its identification with the concept of the "modern state" in an Italian context. Second, it is necessary, however briefly, to examine the motivation, behaviour and significance of that segment of the Italian élite which responded favourably to the French model, in sharp contrast to the majority of Italians.

## The Napoleonic model of the modern state

The late eighteenth century produced the genesis of a new concept of the state that found its fulfilment, after significant mutations, in the Revolutionary state of the 1790s. Its essential forms are well known—centralized; exclusive of any parallel, semi-autonomous bodies—as are its ideological foundations: the concept of the citizen as an individual, with no intermediate, corporate identity beyond that of the nation. Both these concepts were central to the Napoleonic structure of the state introduced into Italy during the *epoca francese*, the former as the heritage of pre-revolutionary reforming monarchs, the latter fully realized under the Revolu-tion. The successful embodiment of both in the Napoleonic state marks a break with much of the political reality of the *Ancien Régime*. Above all, these new structures were proving themselves successful innovations; the French state had produced a military machine on a scale as unprecedented as it successes in the field. The Revolutionary–Napoleonic state had proved itself the unrivalled master of the traditional functions of European absolutist monarchy: it raised taxes, con-scripted men and waged war with stunning efficiency. To do this, it was able to extend its civilian bureaucracy with an equal degree of success. These are obvious, practical features of the modern nation-state model which came to be coveted by

its unreformed contemporary rivals, as Tocqueville was swift to remind his readers: " . . . que la centralisation soit une belle conquête . . . queé Europe nous
l'envie. . .", something enhanced by the Revolution, even if it was not invented by
it.[8]

Its other aspect has proved more problematic for historians and political scientists, but is even more crucial to any attempt to define the Revolutionary–Napoleonic state as "modern", rather than as a refinement of traditional absolutism.
The truly "modern" element in the Revolutionary–Napoleonic state was its penchant for intervention in the workings of the society it governed, an expression of a
desire to mould and educate its citizens along particular, often quite precisely,
defined lines. Perhaps even more than the regimes of the 1790s, the Napoleonic
state was inclined to "social engineering" through attempts at state-controlled
public education, the thorough reform of religious life expressed in the Concordat
of 1801, and the official promulgation of industrial and agricultural improvement.
All of this was undermined by the Code Civil, itself the embodiment of a desire to
establish the new state on a regulated basis which, however authoritarian it was,
represented a decisive break with any residual theories of arbitrary absolutism.

In its Italian context, the Napoleonic regime merits equation with a more modern concept of the state, particularly in its desire to shape, as well as to rule,
civil society. In all of this, its clearest conceptual debts would seem to be to the
enlightened absolutism of the late eighteenth century and, in the Italian context,
the relationship between enlightened absolutism and the Napoleonic regime was
much less nuanced than may be the case in a purely French context.[9] In tangible,
less theoretical terms, there is a "human chain" linking the two political systems,
formed by the conspicuous *ralliement* to the French of the Leopoldine reformers
in Tuscany, both lay and clerical, and of the leading proponents of reform in
Bourbon Naples, a process paralleled in Spain by the collaboration of the men of
Carlos III with Joseph Bonaparte.[10] Equally illustrative is the very favourable
attitude of French administrators, especially in Tuscany, to the reform projects of
the Leopoldine period, particularly in the realms of education and clerical reform.
In essence both political systems shared the same belief in reform, together with
the same methods of implementing their policies, that is, they were unashamedly
authoritarian, a fact of overwhelming importance for the development of Italian
political culture.

### The formation of the classe dirigente

If the period spanning the late eighteenth and early nineteenth centuries can be
seen as the point when modern political culture crystallized in western Europe,
then the experience of the Italian states in this process saw the concept of enlightened reform emerge as firmly bound to the principle of centralized, authoritarian
government. This is an historical reality that is often obscured by too heavy a
concentration on the events of the *triennio* and the short-lived experiments of the
sister republics. This experiment was bracketed by the decades of enlightened
absolutism, at least in Florence, Naples and Milan, and the period of Napoleonic
rule. That is, in this most formative period of political development, the dominant
experience of the Italian political classes was authoritarian, rather than demo-

cratic. Hesperian liberals and radicals spoke of a revolutionary *triennio*, while their counterparts beyond the Alps had a varied, if ultimately traumatic, decade of experience to draw upon for all time to come.

In terms of their practical experience, the *classe dirigente* of the nineteenth century had only absolutist models to draw upon, however much some of them sought to reject crucial aspects of them. Thus, absolutism emerged as a seminal influence on the process of state-building during the *Risorgimento*. Italy became, and would remain for a significant element of the *classe dirigente*, the land of *la thèse royale*.

The pervasiveness and power of this influence is borne out by the disparity of those who adhered to many of its central tenets, above all because for most of the men of the *epoca francese* and of the *Risorgimento* dislike of French rule did not mean a complete rejection of French political culture. Napoleonic centralization found a particularly receptive milieu among those Piedmontese administrators who came of age under the Empire and who received their formative training in the *Conseil d'État* and the prefectures of the Italian departments. Perhaps most typical of this tendency to worship much of the Napoleonic system while detesting Napoleonic domination was Cesare Balbo, the son of a former Savoyard minister and himself an *auditeur* of the *Conseil d'État*, 1809–1814. Balbo said that his experience on the *Conseil* proved to him, on the one hand, the ultimately personal, dictatorial nature of Napoleonic rule[11] but that the workings of the *Conseil* had left a favourable mark on him that was as least as strong. His severe critique of the restored monarchy after 1814, was based on his belief in the indispensable nature of the institution and his desire to see it imitated in Piedmont.[12] Even more telling is the attitude of Massimo d'Azeglio, whose denunciations of Napoleon rival Tolstoy's in their virulence,[13] but who nevertheless openly admitted the administrative benefits he felt had been derived from French rule.[14] D'Azeglio's views are of great practical importance because he represents the generational link between Balbo and *les enfants du siècle*, with their direct experience of Napoleonic rule, and the Cavourian generation of 1848 and 1859–60. He was a boy, too young to serve the First Empire, but saw his elder brother go to St. Cyr[15] and himself became the second constitutional prime minister of Piedmont in 1849, in succession to Balbo, with whom he helped prepare the way for Cavour. All of them combined a devotion to *Il Statuto* and the "national cause" with a desire to reform the administration in direct imitation of the French model.[16]

It was not only Tuscan and Neapolitan *illuministi* and liberal Piedmontese patricians with a long, direct experience of it who were drawn to Napoleonic centralization, however. Other Italian nationalists were attracted to some form of it, either in direct admiration for the "Piedmontese miracle" of the 1850s, as was the case with Ricasoli and the National Societies or, more obliquely, in the manner of Mazzini and Garibaldi, who saw a centralized, unitary republic as the only form of government which could mould a nation-state. Mazzini's example is, perhaps, all the more poignant because of his sustained and passionate rejection of French influence in the process of shaping an Italian national identity. This is expressed very clearly in *Delle Giovine Italia*, written in 1832, which, while it praises the aims and aspirations, of contemporary French radicals and identifies many hopes shared with "Young Italy"—remains emphatic about Italian "separateness" and the need to preserve it. Victory must be won by the forces of the nation alone; the acceptance of foreign aid was cowardly and deplorable in the Mazzinian canon. The Italian problem was "lack of faith in the self", and the need was " . . .not for power, but for the conviction that we, ourselves, are powerful", but which ultimately depended on " . . . the vast unity of the national concept, where its own best elements would prevail".[17]

Nevertheless, even during the Restoration period, when the cause of unification was still little more than the perverse obsession of a handful of exiles, the problems of regional diversity and widespread hostility to nationalist ideas were perceived strongly enough to wed even the most anti-Napoleonic radicals to the concept of centralization. Once again, Mazzini's voice was among the clearest, with his vision of Italian history as " . . . ten centuries of frustration, derived from provincial animosities".[18] It provided a vital, if almost unique, common strand for those politicians most active in the crucial phase of unification, 1859–1860, and this perverse agreement over the need for centralization, between élitist liberals inspired by Cavourian Piedmont and radical, nationalist democrats, provided an important degree of consensus in the initial stages of state-building in the 1860s, leaving the rebellious *Garibaldini* in a distinct minority.[19]

Following unification, belief in centralization was sustained and nurtured in the minds of the élite by negative factors, as much as by positive ones, all indicative of the failure of the *classe dirigente* to create a viable social base for the new state, for reasons which can be detected partly in the pervasive strength of anti-revolution during the Napoleonic period. The word "detect" is used deliberately; the link between anti-revolution in the period c. 1800–1815, and the resistance encountered by the unified *Regno* post-1860 should not necessarily be seen as having a direct, linear relationship, although in places there is much evidence for exactly this.[20] Rather, their relationship stems from the intellectual outlook of the political élite who, when met with the absence of substantial support for the new regime, retreated behind the security of Napoleonic centralization as a bulwark against regionalism, and behind almost instinctive authoritarian tendencies when faced with powerful popular resistance.

Both reactions had tangible roots in the immediate experience of those sections of the Italian political classes commited to some form of political change. They had been shaped not only by their positive support for, in turn, the goals of eighteenth-century enlightened despotism, Napoleonic *étatisme* and the post-1848 Piedmon-tese monarchy, but by the often ferocious rejection of these regimes by the Italian masses. This opposition expressed itself in the *Viva Maria* revolts of the 1790s in Tuscany, the gargantuan counter-revolutions of 1799, the malingering "anti-revolution" in the years that followed, and the incochate disorder in the *Mezzogiorno* during the 1860s and beyond. This series of violent upheavals bred a deeply ingrained fear of the masses within the ranks of the nineteenth-century reformers, even Mazzini, Garibaldi and Manin, at least where the countryside was concerned.[21] They had a long tradition of persecution behind them—*la caccia dei giacobini*—and arguably, this did more than any positive factors to give Italian political culture, as expressed through the state, the shape it acquired. Fear of the masses led to the introduction of coercive, draconian legislation in each period of reforming rule, whether under Napoleon or the post-1860 *Regno*. The need for martial law in the *Mezzogiorno* as late as the 1890s ensured that any concept of devolved authority as formulated by Mosca and codified by Di Rudini, remained moribound.[22]

This represents an analysis of the Italian state from within, seen through the preoccupations of its creators and, as such, a vital point it missed, that of why the concept of the modern state faced such intense opposition, why it was so ferociously rejected and had to be maintained by force. The *classe dirigente* failed to see that it was the model of the state, itself, that was being rejected, as much as the foreign nature of French or Piedmontese rule. An important key to the failure of state building in Italy is an understanding of anti-revolution, and its essential forms were already crystallizing in the Napoleonic period. The reasons for the rejection of the modern concept of the state in Italy, and of the political culture of the French Revolution from which it sprang, must be based on an understanding of anti-revolution, on its own terms, as well as on the experience of the *classe dirigente*.

### III

Anti-revolution existed on two levels, when seen in the context of its influence on popular attitudes to the Revolutionary–Napoleonic state. One level was intense, often violent, and that which most absorbed the energies of contemporaries. It centred on resistance to the immediate demands of the state, epitomized by resistance to conscription and taxation, particularly by smuggling and the banditry connected with it. Opposition to new forms and higher levels of taxation and the threat of conscription were reported as the immediate causes of the rising in Parma-Piacenza in 1805;[23] the same reasons given by officials for the very serious revolt which engulfed much of central Italy and the Vallentina in 1809.[24] It was this aspect of anti-revolution that spawned brigandage and swelled the ranks of the bandits with *conscrits fuyards* from Cataneo to Cuneo, just as it was the higher levels of the *droits réunis* on meat, salt and alcohol that lined the pockets of the more successful *capi bandi* as they made a mockery of the blockade. All of this is spectacular, but it is, essentially transient, a problem pertaining to a particular state involved in a particular war. When the war ended and the French regime departed, this aspect of anti-revolution ended too. It was an eventmental, not a structural phenomenon.

However, there is another, quite distinct level of anti-revolution; it is subtler, more diffuse and much more difficult to penetrate, but remains fundamental to any attempt to understand the development of the state in Italy. This represents a response to—an outright rejection of—the attempted reforms of the Napoleonic regime. Its various aspects when drawn together, present a pattern of resistance best expressed as a *Kulturkampf* between the "enlightened" Napoleonic state and what might be termed the "baroque" nature of much of Italian culture. It is a striking comment on this struggle that the intentionally uniform attempts at reform by the governments of the two satellite kingdoms and the Empire produced remarkably similar forms of resistance in a peninsula marked more by its regional contrasts than similarities.

There is no doubt that the French and their allies, *i giacobini italiani*, deeply disapproved of the culture that confronted them and held strong views about the need to change many of its most fundamental beliefs. "Forcing Italians to be free", "giving them a new view of the world", are catch phrases not wholly inappropriate to the attitude adopted by many agents of the state. Indeed, a close reading of the correspondence of the prefects, magistrates and those French clerics who served in the Italian departments sheds much light on the wider, long-lived debate on the influence and context of the "Enlightenment" and, indeed, on the question of its very existence outside a narrow intellectual circle. The opinions, hopes and prejudices expressed daily in the administrative records of Napoleonic Italy testify to the reality, and the centrality, of the ideals generally associated with the Enlightenment. From civil service pens flowed constant requests for the creation of a system of primary schools, *gratuite, publique et obligatoire*; for improved public amenities; for the propagation of new agricultural technology. If the Enlightenment had life and reality, its impact is to be found among these hard-pressed men at the helm of Napoleonic local government, who saw themselves as its frontline troops, as its missionaries. Theirs was the gospel of Condorcet and Voltaire, undiluted.

In September and October 1812, the Director General of Police for the departments of Rome and Trasimeno (Umbria) toured the mountainous areas of his jurisdiction, and his daily reports are reminiscent of the attitude of his equivalents in the British Raj, although marked with far less sympathy for his *administrés* than many colonial administrators. He described the town of Alatri as very dirty, "in keeping with its inhabitants", while neighbouring Ferentino ". . . est aussi affreuse".[25] Speaking of the countryside of the Roman uplands as a whole, he discerned a culture to be despised:

> . . . la plus profonde ignorance, et l'absence de presque toute industrie, et de toute civilisation, signalent les moeurs sauvages de ces contrées. Les papes avaient bien raison de les nommer leur tartarie, mais ils avaient bien tort de ne pas y envoyer des missionaires évangéliques et politiques pour y prêcher la moral de Dieu et celle de la société. . . On n'en connaît aucune dans ces contrées vraiment barbares, où la jeunesse se fait brigand, comme autrefois en France elle se faisait soldat.[26]

He went on to draw an unfavourable comparison with the Swiss cantons, where a similar landscape had produced ". . . un peuple tout différent, ce qui prouve également et l'empire de la religion et celui des lois". Encapsulated here is the "Enlightenment on horseback", with its contempt for what it classified as meridional barbarism, but coupled with a firm belief that it could be changed. The Papal *Ancien Régime* had not tried to "enlighten" these areas—or even to "counter-reform" them, but the Napoleonic state would.

A fascinating glimpse of this particular French official's direct encounter with the earthy realitites of this baroque culture, "a baptism of consternation", is captured by his horror at the traditional running of the bulls through the streets of Frosinone, a spectacle reminiscent of Pamplona:

> . . . un usage barbare . . . On les [les boeufs] poursuit à coups de bâtons, et avec des cris affreux, et malheur à celui qui se trouve sur le passage de ces animaux naturellement féroces. J'ai manqué en être la victime la veille de mon départ. Je ne sais pourquoi le préfet n'a pas voulu abolir cet usage, qui entretient la barbarie naturelle des habitants . . .[27]

This distaste for the more colourful aspects of la *sociabilité meridionale* was not confined to secular spectacles; indeed, it conserved its real dislike, and fear, for the baroque pageantry of the Church. This is epitomized by the reaction of the Director General of Police for Turin, to the *festa dei lumi* of Chiavari, on the Liguarian coast, held for the Ascension. His disdain, mingled with a perceptive analysis of its implications for the process of state-building, almost leaps from the page, when he wrote in 1810:

> Que devient alors le fonctionnaire public? Il ne peut manquer d'être entraîné par la foule. S'il survient des désordres, pourra-t-il contenir ses administrés? L'appareil des fêtes religieuses, presqu'aussi nécessaire au maintien du peuple que la loi, lorsque le ministre des autels n'est pas porté à fomenter l'esprit de fanatisme pour assurer sur lui son empire, ne peut lorsque les fêtes sont prolongées, que produire de funestes effets, par les scènes tumultueuses, auxquelles elles doivent donner lieu. La populace ne voit que Dieu et ses ministres, et croyent, alors, obéir au ciel, elle devient sourde à la voix fonctionnaire qui fait parler la loi.[28]

Encapsulated in these remarks is the essence of the conflict between the modern state, be it French or Italian, and not only the Church, but the whole matrix of baroque culture with which it had consciously integrated itself since the Counter-Reformation.

The revulsion of the *serviteur des lois* was two-fold, embracing the assault on the Church as a corporate body the unitary state could not tolerate, and also a cultural revulsion against the character of popular belief and behaviour. It is the latter aspect that made the religious conflicts of the last years of Napoleonic rule more than just another quarrel between the Pope and an Emperor of the West. What took place was a confrontation—across every parish pump and in every parish church— between the philosophies of Voltaire and Loyola. The immediate policy of the Napoleonic state was ecclesiatical reform as embodied in the Concordat of 1801, with its banning of many saints' days, of missions—a particular source of worry and distaste—and the abolition of the regular orders. This was the net result of the contempt of the administration for the culture of the *administrés* and it was insisted upon frequently and at length, documenting the yawning chasm between the *pays légal* and the *pays réel*.

The long term, structural assault on baroque culture was intended to come from education, however. In 1812, following a tour of his *arrondissement*, the subprefect of Perugia reported that:

> . . . l'esprit public n'existe qu'en sens opposé aux lois du gouvernement et que pour obtenir ce que justement la loi exige, il y faut mantenir une force permanente et une surveillance continuelle . . . un bon avenir ne peut être préparé que par l'augmentation et l'amélioration de l'instruction publique, ainsi que la réforme indispensable de plusieurs curés ignorants et mal intentionnés auxquels il est urgent de substituer des sujets instruits, prudents, désintéressés et de bonne morale.[29]

These attitudes, and their strong links with the traditions of enlightened absolutism, are also evident in a report drawn up in 1809 by the Ministry of the Interior for the Emperor on the Tuscan *conservatore*, secondary schools for girls, created under Peter-Leopold II, "ces beaux établissements", in the words of the *rapporteur*:

> Il est remarquable que l'Autorité Écclesiastique n'exerçait aucune influence sur ces établissements, leur direction, sous les rapports économiques, et leur surveillance étaient confiées à des commissaires riches, zèlés et éclairés. Ils étaient dotés. . .[30]

So impressed was the French provisional government of Tuscany by these models of enlightened philosophy, that they accorded financial support to as many of them as possible.

Everywhere the goal of the new state was the same, to "enlighten" its *administrés*, and everywhere the enemy was the same, the presence of the Church. The centrality of religious affairs to the problems of state-building is not fortuitous. On the structural, cultural level, the officials of the new state saw that the cultural backwardness they felt engulfed by had a discernible source: the Church. On the eventmental level of political institutions, it was equally apparent to them that the new state was not moving into a void; the Church occupied the cultural and spiritual ground the state saw as paramount to its own success. All those involved had no illusions about the strength of the Church's position in the cultural life of the Italian masses nor that a struggle to dislodge it would be a bitter one. More emphatically, they did not question the urgent need to challenge the Church. The battlelines so familiar under the post-1860 *Regno*—and under the Third Republic—were already being drawn up in Napoleonic Italy.

Alone of the corporate institutions of the *Ancien Régime* in Italy, the Church pervaded society and this alone made it difficult for the new state to accept it without extensive reform, but the real end of the conflict was to determine which system of beliefs would prevail. It was a genuine battle for hearts and minds, but one which would not be worthy of intense study in the context of political history had the battle not become a popular one. The fact that it did, and the forms it took, lead back to the importance of the phenomenon of anti-revolution, and religion as a major force within it.

## IV

The resistance of the Church as a body to the onslaught made upon it by the Napoleonic regime should be defined as an aspect of counter-, rather than anti-revolution for a number of reasons. The clash between Church and State was often a jurisdictional one which took place on a political and institutional level; the clash over the oath of loyalty to the Emperor imposed on the Roman clergy in 1809, the occupation of the Papal States and Pius VII's refusal to recognize French rule in his temporal domains, together with the dispute over the method of appointing bishops all fall into the category of counter-revolution, in that they were part of a direct political challenge to French rule in the Papal States, to the legitimacy of the Bonaparte dynasty and finally, to the whole political system engendered by the Revolution. In itself, this was a narrow, almost academic dispute; what made it a struggle of seminal importance for the future of Italian political culture was that the assault on the Church went deeper than diplomacy, curial politics or the clash between ultramontane theology and Rousseauesque political theory. It was transformed into a *Kulturkampf* because when the Napoleonic regime attempted to reform the tangible aspects of baroque religion, as the crucial first step to uprooting and undermining the whole matrix of the culture it belonged to, the forces of counter-revolution and anti-revolution discovered a fertile stretch of common ground to inhabit.

There is little need, within the scope of this paper, to dwell on the practical aspects of ecclesiastical reform which engendered anti-revolutionary resentment among the laity. The parallels with recent studies of France are often very clear:[31] the urban poor suffered greatly throughout the peninsula; the disruption of daily life by changes in religious practice bred bewilderment and resentment; the abolition of the regular orders threw into destitution a mass of pitiable but influential men and women; above all, the imposition of the oath of loyalty in 1809 divided clerics and flocks in ways broadly similar to those recently and ably studied for France in 1791. However, in an Italian context, the disruption caused was arguably greater than in France, given the stronger position of the Church *vis-à-vis* the weaker states of the *Ancien Régime* and, therefore, it was often in a stronger position to resist the encroachments of the new state than in France.

Throughout Italy, expressions of popular religiosity became the main focal points for defiance of the regime, especially at the height of its power, c. 1809-1812, and it is very clear that the authorities themselves regarded these confrontations as crucial. Above all, the Church was able to put itself at the head of them, to become a counter-revolutionary body prepared to articulate many of the resentments of anti-revolution, and able to remedy at least some of them. In the process of so doing, the Church created a social base for itself based on the forces of anti-revolution and was able to meet future challenges from like-minded native regimes aspirant to the Napoleonic mantle as the missionaries of enlightenment. As Gabrielle Turi has commented, referring to the role of the Church in the *Viva Maria* revolt in Tuscany in 1799, the Church emerged from the unstable period of the Revolution having lost its ideological monopoly over the upper classes of society, and to compensate for this, it began an intense pastoral mission to "create its own party" amongst the masses.[32] The longer period of Napoleonic rule helped it to continue to do so, in the conducive atmosphere created by anti-revolutionary resentment.

This is not to say the Church—or more precisely, its clergy—did not become the standard-bearers of other, more immediate aspects of anti-revolutionary resentments, for this did often occur. No clearer example of this could be found than that of the young priest of Cortemaggiore, in the hills near Piacenza, who is reported to have told his flock at Sunday mass on the eve of the Wagram campaign that:

> L'église est devenue comme une place d'enrôlement [for conscription], et les prêtres doivent faire les recruteurs, . . . quant à moi, je me borne à vous parler de l'Evangile, seul objet qui m'a porté à monter sur la chaire.[33]

These remarks got him gaoled in Fenestrelles, without trial.[34]

It is tempting, and perhaps not unreasonable, to see in this act of defiance not only the Church's increasing identification with anti-revolution, but also the emergence of a new, more strident piety within the ranks of the clergy. This is further evidenced by the harrassment endured by the great numbers of Roman clergy whose refusal to take the oath of loyalty led them into exile, poverty and often, harsh imprisonment.[35] In this round of the struggle, the state lost again, because the cultural climate of Italy was only too prepared to see these clerics as martyrs.[36] The Church was adapting remarkably well to its role as "opposition"; it was doing well in the wilderness. Nonetheless, its initial strength as a rival to the new state was drawn from its defence of the more popular, traditional aspects of religiosity. It was here that the laity not only felt the effects of the struggle most directly, but saw the Church turn back the tide of Enlightened reform—and with it the state—most dramatically. It was the final reckoning between Loyola and Voltaire, and Loyola won. There was, then, a viable alternative to the modern state and a battle it did not win.

The terms of the Concordat alone, bent on restricting all worship to Sundays and concentrating it solely on the parish clergy, were far too narrow a definition of religious practice for meridional culture to tolerate. Resistance to these changes was determined and largely successful, just as a more passive support for many banned practices of baroque piety remained strong. Perhaps the main points to be made about these forms of resistance are that they were public, and that when the Napoleonic state was at the height of its power, the Church was the only corporate body of the *Ancien Régime* left in a position to offer public, if merely symbolic resistance. Finally, in so doing, it was seen to defend traditional cultural values.

One of the most successful and popular practioners of this form of defiance was Cardinal Archbishop Spina of Genoa. He continued to celebrate High Days banned under the new calendar, and it was only on such occasions, apparently, that prayers for the Emperor were said, if they were said at all, in the churchs of the city. Spina also busily invented new High Days, as in the summer of 1809, when the town prayed, processed and revelled for the four days of the new, un-official *festa* of Our Lady of Charity. Neither the significance of these ceremomies, nor their popularity were lost on the *commissaire de police*:

> A week does not go by that similar ceremonies do not get repeated several times—first in one church and then in another. More often still, these general solemnities are celebrated not in one neighbourhood, but over the whole length of the city. This is how the whole point of the Concordat is avoided completely.

At a time when the Empire had little to offer but conscription and taxation, the Church proffered the traditonal bread and circuses, and the civil authorities' conduct was usually marked by a reluctance to intervene to stop such illegal occasions. Clearly, the "battle to win hearts and minds" for the Enlightenment was being lost; this was the point where the state did not dare confront the old order directly, and it might be interpreted as a sign of its ultimate weakness, through its estrangement from society.

There was one point of agreement between the Napoleonic state and its opponents, which the nineteenth-century apostles of each inherited, and that was the identification of the institutions of the state with the reforming impulses of the Enlightenment. To accept or reject the system of centralized government entailed far deeper choices about the nature of society itself. It is in this way that the seemingly marginal, local confrontations between Church and State during the Napoleonic period acquire a lasting, seminal importance for the history of nineteenth-century Italy.

## V

The modern state was reintroduced into the Italian peninsula by the process of unification, which meant that the reformed Piedmontese state extended its system of government to the rest of Hesperia. The institutions and structures of the new state were foreign to Italian life in character as well as origin; the whole national ideal they were meant to support, as Gramsci said, ". . . belonged to a small minority of great intellectuals".[37] The history of the new state soon evolved into a long "anti-revolution". Whatever the limits of the application of this concept to the history of France, it offers profound insights into the life of the Italian state after unification. "Anti-revolution" emerges, therefore, as a central theme in the history of modern Italy, a theme the cardinal features of which are already well defined in the Napoleonic period. Its genes—or germs—were assured a rebirth, after the "incubation period" of the early nineteenth century, by the policy of youthful recruitment that created the *auditeurs de l'Empire* and drew Italians into their ranks.

However, this only explains the continued existence of half the conflict. The persistence of "anti-revolution" is more complex and does not lend itself to explanations based on the intellectual influences on politicians, because it is the history of a diffuse majority, not of a articulate élite. The political classes of the new, united Italy were all agreed that the Italian masses, particularly the peasantry, were not fit to enter political life in the late nineteenth century for the same reasons their French predecessors feared and despised them. The radical heirs of Mazzini turned to fervent attempts to educate the masses towards a general sense of political awareness and, more specifically, in the hopes of instilling in them an anti-clerical mentality, of relating anti-clericalism to the land question.[38] Their optimism about the likelihood of success was not shared by the heirs of Cavour. However, the most important point for the realities of modern Italian history is their refusal to accept the most basic cultural foundations of the society they governed. The history of this anti-revolutionary majority has yet to be written on its own terms, rather than those of the radical minority who sought not only to win them over to new political ideas, but to reject their way of life. That way of life found its defence in anti-revolution, in a rejection of the cultural values of the new state, as well as many of its particular activities. Perhaps the introduction of the particular definition of anti-revolution into the study of nineteenth-century Italian history will allow the period to be appreciated from the perspective of "*anti-Risorgimento*" in a completely new way.

In wider terms, once the structural continuity is grasped between the anti-revolution of the *epoca francese* and the diffuse *anti-Risorgimento* of the rest of the nineteenth century then, perhaps, a further conceptual refinement illuminates the period. The enduring conflict between "enlightenment" and "baroque" can be seen as one of a coherent, and therefore consciously resurrectable ideology—a systematic, definable set of opinions easily identified with an organized political system—against a more inchocate, but widely held group of practices and beliefs, a *mentalité*. If there is a "test case" for proving the distinctions of one from the other, the history of modern Italy might provide one. Thus interpreted, the term *trasformismo* becomes a synonym for a united reformist front in the *Kulturkampf*, the conflict between the modern phenomenon of enlightenment ideology and the pre-modern *mentalité* of the baroque. Seen in this way the modern state becomes the weapon of ideology against *mentalité*, and D'Azeglio's famous statement, "We have made Italy, now we must make Italians," a declaration of war.

# Notes

1. The history and political ideas of the *giacobini* have spawned a huge literature. See especially, the two classic studies by B. Croce, *La Rivoluzione napoletana del 1799* (Bari, 1948) and A. Galante-Garrone, *Buonarroti e Babeuf* (Turin, 1948). Among the more important recent studies, of a general nature: R. de Felice, *Italia giacobina* (Naples, 1965). A. Saitta, *Filippo Buonarotti*, 2 vols. (Rome, 1950). *Idem*, "La questione del 'giacobinisimo' italiano", *Critica storica*, iv (1965), pp. 204–52. For the classic interpretation of the right: G. Lumbroso, *I Moti Popolari contro i Francesi, 1796-1800* (Florence, 1932). An important documentary collection: D. Cantianori and R. de Felice, eds., *Giacobini italiani*, 2 vols (Bari, 1956 and 1964).

2. See particularly: C. Cingari, *Giacobini e Sanfedisti in Calabria nel 1799* (Messina-Florence, 1957). T. Pedio, *Giacobini e Sanfedisti in Italia meridionale*, 2 vols. (Bari, 1974). Idem, *Vomini, aspirazioni e contrasti nella Basilicata del 1799* (Matera, 1961). G. Turi, *Viva Maria: La Reazione alle riforme Leopoldine, 1790-1799* (Florence, 1969).

3. V. Caldora. *Calabria Napoleonica, 1806-1815* (Naples, 1960). C. Capra, "Nobili, notabili, élites: del modello francese al caso italiano", *Quaderni storici*, 37 (1978), pp. 12-42, a conceptually influential work. Idem, *L'Età rivoluzionaria e napoleonica in Italia, 1796–1815* (Turin, 1978). R. Davico, *Peuple et notables, (1750-1816), essais sur l'Ancien Régime et la Révolution en Piémont* (Paris, 1981). E.V. Tarlé, *La Vita economica dell' Italia nell' età napoleonica* (Italian trans., Turin, 1950). P. Villani, *La Vendità dei beni dello stato nel Regno di Napoli* (Milan, 1963). C. Zaghi, *Napoleone e l'Italia* (Naples, 1966). R. Zangheri, *La Proprietà terriera e le origini del Risorgimento nel Bolognese, 1789-1804* (Bologna, 1961).

4. A contemporary work stressing this continuity: R.C. Fried, *The Italian Prefects* (New Haven and London, 1963). The classic apologist for the system in its Piedmontese aspects was F. Selopis, in two monumental studies, written in the first years of unification: *La Domination française en Italie, 1800-1814* (Paris, 1861) and *Storia della legislazione italiana*, 3 vols. (Turin, 1863–4).

5. This is a recurrent theme in the vast corpus of Gramsci's work; of particular relevance is: "*Sul Risorgimento*", among the *Quaderni del carcere* and are clearly evident in: *Sulla teorica dei governi e sul governo parlamentare. Studi storici e sociali* (Turin, 1884) and *Le costituzioni moderni* (Turin, 1887).

6. Despite their many, profound differences, both Mazzini and Gioberti stressed the importance of creating a state with an enthusiastic and broad social base, regarded by both as the foundation of the national ideal. They also dwelt on the dangers of an alien state, with reference to Napoleonic as well as Austrian rule: V. Gioberti, "Dell' Unione Italiana" in Volume 1 of *Del Primato Morale e Civile degli Italiani*, 3 vols. (Turin, 1843). These themes are found throughout Mazzini's work, but a clear discussion of the problem is in the essay "Fede e Avvenire", written in 1835, see *Opere*, vol. II (Milan, 1967).

7. The genesis of this concept is in C. Lucas, "Résistances populaires à la Révolution dans le Sud-Est", in *Mouvements populaires et Conscience sociale (XVIᵉ–XIXᵉ siècles)*, Actes du Colloque de 24-26 Mai, 1984 (Paris, 1985), and further developed in another regional context by R. Dupuy, "Ignorance, fanatisme et Contre-Révolution", in *Les Résistances à la Révolution*, Actes du Colloque de Rennes. 17-21 Sept., 1985 (Paris, 1987).

8. A. De Tocqueville, *L'Ancien Régime et la Révolution*, Livre II, ch. 2, p. 98 (Paris. 1967).

9. F. Bluche, *Le Bonapartisme: aux origines de la droite autoritaire (1800–1850)* (Paris, 1980), pp. 87–88 stresses the need for care when comparing the First Empire with the enlightened absolutism of the eighteenth century, preferring to stress its debt to the Revolution. The same work also stresses "Ce qui est plus important sans doute dans l'aspect européen de le politique napoléonienne, c'est l'opposition que cette dernière a suscitée." *Ibid.*, p. 83.

10. M. Artola-Gallego, *Los Afrancesados* (Madrid, 1953).

11. E. Passerin d'Entrèves, *La Giovinezza di Cesare Balbo* (Florence, 1940), p. 29.

12. *Ibid.*, pp. 28–29.

13. See particularly, M. d'Azeglio, *I Miei Ricordi*, 2 vols. (Florence, 1867), i, pp. 155–56 for his declaration that, as a warmonger on so vast a scale, Napoleon was admired only among savages.

14. d'Azeglio, *Ricordi*, i, pp. 166–67.

15. *Ibid.*, p. 155.

16. For a fine account of their tenures of office, 1848–49 see: R. Romeo, *Cavour e il suo tempo*, 3 vols. (Turin, 1974), ii, pp. 271–335.

17. G. Mazzini, "Della Giovine Italia" in *Opere*, ii, pp. 158, 162–63.

18. *Ibid.*, p. 162.

19. The political problems of this period are all raised in E. Ragionieri, "La storia politica e sociale", in *Storia d'Italia*, vol. iv (iii), *Dall' Unità ad Oggi*, pp. 1667–85. On the co-operation of the radical

democrats: C.M. Lovett, *The Democratic Movement in Italy, 1830–1876* (Cambridge, Mass., 1982), pp. 201,203–208.

20. There are many local studies, particularly of the *Mezzogiorno*, which point to the persistance of political traditions and rivalries at the level of the family. The corpus of work by Benedetto Croce exemplify this together with the works of I. Pedio, A. Lucarelli and Coppa-Zuccari, all of whom trace these rivalries from 1799 into the last decades of the nineteenth century.
21. On Manin's failure to extend the Venetian revolution to the peasantry of the Veneto in 1849 see: P. Ginsburg, *Daniel Manin and the Venetian Revolution of 1848–49* (Cambridge, 1979) and Idem, "Peasants and revolutionaries in Venice and the Veneto, 1848", *Historical Journal*, 18 (1974), pp. 503–550.
22. Ragionieri, *Storia d'Italia*, pp. 1834–38 on the plans for the decentralization developed by Di Rudini and Mosca, 1897–8, and their rejection in the wake of the Sicilian *fasci* troubles of 1898.
23. A.N. F⁷ 8926 (dept, Taro), Prefect, dept. Apennines to Min., 3ᵉ arrond. de police, 21 Jan. 1806.
24. For the Vallentine: G. Cassi, "L'Alta Lombardia durante l'insurrezione tirolese nel 1809", *Rassegna storica del Risorgimento*, 18 (1931), pp. 289–328. On central Italy: Zaghi, *Napoleone e e'Italia*, pp. 410–12.
25. A.N. F⁷ 8899 (dept. Rome), D. Gen. Police, Rome to Min. 3ᵉ arrond. police, 20 Sept. 1812.
26. A.N. F⁷ 8899 (dept. Rome), D. Gen. Police, Rome to Min. 3ᵉ arrond. police, c. 22 Sept. 1812.
27. A.N. F⁷ 8899 (dept. Rome), D. Gen. Police, Rome to Min. 3ᵉ arrond. police, 20 Sept. 1812.
28. A.N. F⁷ 8794 (dept. Apennines), D. Gen. Police, Turin to Min. 3ᵉ arrond. police, 14 May 1810.
29. A.N. F⁷ 8936 (dept. Trasimène), S. Prefect, Perugia, to Perfect, dept. Trasimène, 24 May 1812.
30. A.N. F¹⁹ 1075 (Police des cultes, Italie), Report of the Minister of the Interior to the Emperor, 24 March 1809.
31. A valuable contribution to this problem is: T. Tackett, "The West in France in 1789: the religious factor in the origins of counter-revolution", *Journal of Modern History*, vol. 54 (1982), pp. 715–45. See also, Dupuy, "Ignorance, Fanatisme et Contre-Révolution".
32. Turi, *Viva Maria*, p. 301.
33. A.N. F⁷ 8928 (dept. Taro), D. Gen. Police, Turin, to Min. Police-Générale, 7 Feb. 1809.
34. A.N. F⁷ 8928 (dept. Taro), Min. Police-Générale, to D. Gen. Police, Turin, 20 Feb. 1809.
35. Extensive archival sources exist on the "Roman Priests" in the Archives Nationales; the most concentrated are: A.N. F¹⁹ 1075–1082 (Police des cultes, Italie) and A.N. F⁷ 6529–6536 (police, prêtres romains, 1809-1813). There are also important but scattered souces throughout A.N. F⁷ 8887–8907 (dept. Rome) and A.N. F⁷ 8926–8933 (dept. Taro).
36. In his memoires d'Azeglio drew attention to the changing image of the curia from being comfortable and corrupt into one of a body of men courageous and principled enough to defy Napoleon: *Ricordi*, i. pp. 164–65.
37. Gramsci, *Sul Risorgimento* (Rome, 1975), p. 30
38. See especially Lovett, *The Democratic Movement*, ch II, pp. 9-27, ch III. pp. 48-52.

# Part VII

*Reviewing the Revolution.*
*The Social Issues*

# Presentation

FRANÇOIS FURET

Trois solutions s'offrent aux générations qui suivent l'effondrement de l'Empire dans la politique française: défaire la Révolution, ou la parfaire, ou la refaire. La première voie est celle de la Contre-Révolution, dont le parti ultra royaliste explore les limites quand il est au pouvoir sous la Restauration, à partir de 1820. La crainte d'un retour de l'*Ancien Régime* est une des causes profondes du soulèvement parisien de Juillet 1830 et de l'acceptation par le pays de la nouvelle dynastie. La seconde voie, finir la Révolution, la couronner par un gouvernement stable, est le rêve des libéraux depuis 1789. C'est précisément l'objectif de la monarchie de Juillet, dont Guizot a écrit par avance la philosophie. Mais Février 1848 mettra fin à cette tentation ou à cette illusion.

La troisième politique est elle-même aussi vieille que la Révolution. Elle a ses lettres de noblesse dans la période qui suit le 9 Thermidor an II (27 juillet 1794), quand Babeuf regroupe autour de lui beaucoup d'anciens robespierristes hostiles au règne des nantis dont le Directoire offre le spectacle. L'idée est que la Révolution de 1789, même dans sa phase la plus égalitaire, a échoué faute d'avoir pu supprimer l'inégalité dans la production des richesses, enracinée dans la propriété privée; il faut donc refaire la révolution contre la bourgeoisie, sous le drapeau d'un communisme étatique redistributeur des biens. Le complot babouviste échoue en 1796, mais l'idée demeure comme un legs de la Révolution. Elle va parcourir les siècles qui suivent.

La "question sociale", comme on dit à l'époque, est au centre du développement spectaculaire des idées communistes et socialistes dans les premières années du régime de Juillet. Ceux qui en sont pénétrés se différencient par là des héritiers de la Révolution qui voudraient seulement recommencer la politique de l'an II: les "néo-robespierristes", étudiés par Maurice Agulhon, privilègient le politique par rapport au social. Au contraire, les socialistes veulent, comme le dit William Sewell, "dépasser l'an II", faire ce que l'an II n'a pas su ou pas voulu faire, et dont ses héros ont fini par mourir: traiter la question sociale. Ainsi s'élabore tout un courant d'interprétation de la Révolution française, critique de l'individualisme bourgeois de 1789, admirateur du jacobinisme égalitaire, et pourtant convaincu que même le robespierrisme doit être dépassé pour répondre aux échéances de l'histoire du capitalisme. William Sewell en retrace la généalogie, de Babeuf à Louis

Blanc. Edward Berenson marque la place que tient dans cette interprétation de la
Révolution la tradition catholique démocratisée, issue par exemple du dernier
ouvrage de Saint-Simon, "le nouveau Christianisme" (1825). Il montre l'importance, dans la critique de l'individualisme radical de la Révolution en 1789, de
l'idée d'une communauté spirituelle d'égaux, véhiculée par l'esprit catholique; que
cette idée soit explicite, comme chez Buchez ou Esquiros, ou forme l'arrière-plan
existentiel de l'annonciation socialiste, comme chez Louis Blanc.

Il existe enfin une dernière expression de la volonté de dépasser la Révolution
française: c'est l'utopie, vieux genre littéraire, renouvelé par l'événement messianique de 1789 puisque de purement philosophique elle s'est faite pratiquante,
militante, prosélyte. A partir de cette mutation, Mona Ozouf cherche à repérer à
la fois ce qui unit, au XIX<sup>e</sup> siècle, l'utopie aux doctrines socialistes et ce qui l'en
sépare. Saint-Simon est-il un utopiste, ou un socialiste? Et Cabet? Et Fourier? Ils
mêlent à des doses variables la confiance au temps de l'histoire et la croyance à la
toute-puissance de la volonté, dans une navigation intellectuelle moins éloignée
que ne l'a cru Marx de l'horizon révolutionnaire.

A cet examen des tentatives faites pour aller au-delà de ce qu'avait voulu la
Révolution française, le programme du Colloque avait ajouté l'exemple de la
nation où s'est produite, en 1917, une révolution qui avait inscrit aussi cette
ambition sur son drapeau. Pourtant la Russie du XIX<sup>e</sup> siècle, banlieue de l'Europe,
est restée longtemps étrangère à la tradition révolutionnaire. C'est à partir des
années 1860, comme le montre Alain Besançon, que commence à se jouer quelque
chose d'analogue à ce qui s'était passé dans la France de Louis XV et de Louis
XVI; mais si l'analogie apparaît bien dans l'impuissance de la monarchie russe à
maîtriser le changement, il n'en va pas de même quant à la solidité de la société
civile en face de la vague révolutionnaire. Celle-ci emporte non seulement l'Etat,
mais brise la société.

CHAPTER 27

# Beyond 1793:
# Babeuf, Louis Blanc and the
# Genealogy of "Social Revolution"[1]

WILLIAM H. SEWELL, JR.

By 1848 it was a commonplace to claim that the French Revolution had been only a political revolution and that a social revolution was necessary to finish what 1789 had begun. The Revolution of 1789, it was asserted, had only succeeded in establishing a spurious equality before the law; even in the Year II, social revolution had been no more than a vague aspiration. Social justice would be impossible as long as the rich were able to exploit the poor with impunity, that is, as long as proprietors had the absolute right to dispose of their property as they saw fit. A truly social revolution would have to go beyond the Year II to address the question of property.

The idea of going beyond the essentially political goals of 1789 and the Year II dates from the Revolution itself. It was most dramatically expressed in Babeuf's "Conspiracy of the Equals" of 1796. The "Doctrine de Babeuf" stated

> La révolution n'est pas finie, parce que les riches absorbent tous les biens et commandent exclusive-ment, tandis que les pauvres travaillent en véritables esclaves, languissent dans la misère, et ne sont rien dans l'Etat.[2]

The solution proposed by Babeuf was, of course, the abolition of private property and the establishment of communism. The idea of a revolution that went beyond political to socio-economic transformations was revived in the years following the Revolution of 1830, the period when the terms "socialism" and "social revolu-tion" achieved currency, and has been a part of revolutionary thought ever since. The conventional history of socialism traces a filiation of the idea of a social revolution from Babeuf, through Buonarroti and the Carbonari, to such political-ly-minded socialists as Blanqui, Buchez, and Louis Blanc in the 1830s and 1840s.

In this paper, I wish to challenge this conventional genealogy. It is true that both Babeuf and the socialists of the 1830s and 1840s were appalled by the inequality of their society, that they opposed the existing institutions of private property, and that they explicity called for an extension of principles of the French Revolu-

tion beyond the still predominantly political efforts of 1793. But the recitation of
these similarities masks the profound discontinuities that separate them. Between
the 1790s and the 1830s, conceptions of the social order, of production and distribution, of history, and of the human condition underwent a dramatic transformation. Babeuf appeared as a "socialist" only in retrospect. He is better understood
not as the first socialist, but as the last *sans-coulotte*; even his radically commu-
nistic position on property arose out of the utterly pre-socialist political and moral
discourse of the Parisian Left in the 1790s. The "social revolution" and "socialism" advocated on the revolutionary Left in the 1830s and 1840s arose from a
new discursive terrain—where a progressive concept of history had replaced a
cyclical chiliasm, where the problems of labour and production had replaced the
problem of distribution and exchange, where human suffering was less a consequence of evil intentions than of ignorance of social laws. This paper attempts to
show that in spite of their surface similarities, the "revolution of the equals"
proposed by Babeuf in 1796 and the "social revolution" proposed by Louis Blanc
in 1840 belong to two utterly distinct discursive universes. They are not so much
linked by a continuous filiation as divided by a profound epistemic rift.

## Babeuf

By the end of 1795, Babeuf had come to believe in the necessity of a revolution
that would change not only constitutions and formal political obligations but the
fundamental relations of social life.

> Ils se trompent, ceux-là qui croient que je ne m'agite que dans la vue de faire substituer une consti-
> tution à une autre. Nous avons bien plus besoin d'institutions que de constitutions. La constitution
> de 93, n'avoit mérité les applaudissemens de tous les gens de bien, que parce qu'elle préparoit les
> voies à des institutions. . . .
> 　　Travaillons à fonder d'abord de bonnes institutions, des institutions plébéiennes, et nous serons
> toujours sûrs qu'une bonne constitution viendra après.
> 　　Des institutions plébéiennes doivent assurer le *bonheur commun*, l'aisance égale de tous les co-
> associés.[3]

Political changes, in other words, are not to be valued for their own sake, but only
as means to the fundamental goal of instituting true equality.

### Equality, time, and revolution

Albert Soboul has demonstrated that equality was always the fundamental social
aspiration of the *sans-culottes*.[4] Equality is also the radiant centre of Babeuf's
entire programme, the ultimate goal and the sole valid criterion for political action.
Babeuf, of course, had a far more explicit and elaborate idea of equality than did
the *sans-culottes*. Babeuf regarded equality as sacred, transcendent, and natural,
a self evident human right that predates all social conventions. ". . . *L'égalité
parfaite* est de droit primitif; . . . le pacte social, loin de porter atteinte à ce droit
naturel, ne doit que donner à chaque individu la garantie que ce droit ne sera jamais
violé. . . ."[5] Or, in the more poetic language of Sylvain Maréchal's *Manifeste
des Egaux*, equality is "le premier voeu de la nature. . . ."[6] Equality, thus, is a
transcendent and eternal fact of nature, whereas inequality is the consequence of

"d'absurdes conventions". Such conventions have "permis le dépouillement du grand nombre par le plus petit". The task of the revolution is to destroy the conventions that permit inequality and thereby to allow the primitive natural equality of humanity to reassert itself. "Nous proclamerons, sous la protection de nos cent mille lances et de nos bouches a feu, le véritable premier code de la nature, qui n'auroit jamais dû être éteint."[7] Human temporality, mankind's history of striving and suffering, is thus contained within a higher eternal reality of blissful natural equality from which it emerged and to which it will finally return. Time, for Babeuf, is not progressive, but cyclical.

Babeuf sees this return to the original code of nature in apocalyptic terms that clearly owe much to the Christian chiliastic tradition. Babeuf's drama is a story of initial innocence, a fall from grace, and a sudden revolutionary return to grace. Although the human race began in a happy condition of natural equality, most of recorded history is a story of the seemingly ineluctable progress of the evil of inequality, an evil that has reached its maximum at the end of the eighteenth century. But as in the chiliastic tradition, the apparent of triumph of evil is actually a sign of the coming millenium. The chiliastic overtones are clearest in the *Manifeste des Egaux*.

> Le moment des grandes mesures est arrivé. Le mal est à son comble; il couvre la face de la terre. Le chaos, sous le nom de politique, y règne depuis trop de siècles. Que tout rentre dans l'ordre et reprenne sa place.[8]

As in Christian apocalyptic writings, the millenium is preceed by the expansion of evil and chaos over the entire surface of the globe. Only when evil reaches its maximum will the millenium—in this case the egalitarian revolution—occur.

In the *Manifeste des plébéiens*, Babeuf traces out a similar trajectory of an expansion of evil leading to an apocalyptic break. The absurd social conventions that permit inequality have, at the end of the eighteenth century, driven society to the brink of ruin.

> Les derniers résultats de ces meurtrières règles sociales, étoit que l'universalité des richesses de tous se trouvoit engloutie dans la main de quelques-uns; . . . la paix, qui est naturelle quand tous se trouvent hereux, devenoit nécessairement troublée alors; . . . la masse, ne pouvant plus exister, trouvant tout hors de sa possession, ne rencontrant que des coeurs impitoyables dans la caste qui a tout accaparé, ces effets déterminoient l'époque de ces grandes révolutions, fixoient ces périodes mémorables, prédites dans le livre des Temps et du Destin, où un bouleversement général dans le système des propriétés devient inévitable, où la révolte des pauvres contre les riches est d'une nécessité que rien ne peurt vaincre . . . . Dès 89, nous en étions à ce point, et . . . c'est pour cela qu'a éclaté alors la révolution.[9]

The expansion of the evil of inequality has continued ineluctably, destroying social peace and eventually provoking the "epoch of great revolutions". This epoch, which began in 1789, was determined by cosmic forces—it was, according to Babeuf, "prédites dans le livre des Temps et du Destin". The epoch of revolutions is a harbinger of the final drama: "La Révolution française n'est que l'avant courrière d'une autre révolution bien plus grande, bien plus solennelle, et qui sera la dernière."[10]

The epoch of revolution has promised the establishment of equality, but its real effects have been quite different. Especially since Thermidor, the sufferings of the poor and the depredations of the rich have multiplied. "Nous avons éprouvé que la tyrannie royale vaut encore mille foix mieux que la tyrannie sénatoriale . . . NOUS ETIONS BEAUCOUP MIEUX SOUS UN ROI."[11] Under the Thermidorian regime "je vois le malheur à un degré sans exemple . . . Je vois tous les crimes triomphants."[12] This efflorescence of evil under a nominal republic indicates the need for a final revolution.

> . . . Depuis 89, et singulièrement depuis 94 et 95, l'agglomération des calamités et de l'oppression publiques avoit singulièrement rendu plus urgent l'ébranlement majesteux du peuple contre ses spoliateurs et ses oppresseurs.[13]

Babeuf's revolutionary chiliasm was derived not only from *sans-culotte* discourse—where such themes were certainly present—but from a much more pervasive Christian millenarianism that rises to the surface in virtually all European revolutionary crises. But his chiliasm was joined to a specifically *sans-culotte* concept of the revolution as an act of the popular will: "l'ébranlement majesteux du peuple contre ses spoliateurs." For the *sans-culottes*, insurrection was a somewhat mystical act of collective will. The people regained their full legislative, judicial, and executive powers the moment they declared themselves in insurrection. Armed struggle might be necessary to impose the people's will on the malevolent, but it was the act of willing, not the seizure of power, that made the revolution.[14] It was just such an insurrection, a 10 August or 31 May on a vaster scale, that Babeuf envisaged.

However, the highly voluntarist *sans-culotte* notion of insurrection was modified by Babeuf's necessitarian chiliasm, with its notion that the revolution of the equals is "prédite dans le livre des Temps et du Destin". Babeuf understood insurrection as an act of popular will, but his descriptions of the revolution lack the *sans-culottes*' typical language of obsessive activism. The popular will, in Babeuf, has a remarkably passive quality. Unlike the *sans-culottes*, he does not invoke surveillance, activity, and terror. He asks the French people not to impose their will on the recalcitrant but to recognize and proclaim the eternal and sacred truth of equality, and implies that once they have done so equality will automatically be achieved.

> Il est tems que le peuple, foulé et assassiné, manifeste, d'une manière plus grande, plus solennelle, plus générale qu'il n'a jamais été fait, sa volonté, pour que non seulement les signes, les accessoires de la misère, mais la réalité, la misère elle-même soient anéanties.[15]

The final words of the *Manifeste des Egaux* were not a call to arms, but a plea to the people to recognize its true will: "Ouvre les yeux et le coeur à plénitude de la félicité: reconnais et proclame avec nous la République des Egaux."[16] And a little earlier the same manifesto had proclaimed "Dès le lendemain de cette véritable révolution, ils se diront tout étonnés: Eh quoi! le bonheur commun tenait à si peu? Nous n'avions qu'à le vouloir."[17] For Babeuf, the revolutionary act of will is less the militant imposition of equality on society than the recognition and acceptance of its chiliastic inevitability.

Babeuf's theory of revolution is not a plan for the systematic transformation of society; it is an enunciation of the foreordained return of humankind to its natural and original condition of true equality. It in fact presupposes a fundamental stasis of the human condition. Equality always was and always will be the sole and ultimate source of happiness. Equality is not relative to the stage or condition of society but absolute; all forms of inequality are negations of the good and are therefore fundamentally the same. The drama of history is not progressive or cumulative. The progress of the arts and industry celebrated by many of his contemporaries was entirely spurious—merely another mask for the age-old scourge of inequality. Only by returning to the primal equality of the state of nature can happiness be attained. This is the goal of the revolution of the equals.

## Property, exchange, and production

This static (and ecstatic) conception of human history was paralleled by a particular understanding of production and exchange—a kind of radical physiocracy that Babeuf shared in its essentials with the *sans-culottes*. Like the *sans-culottes*, Babeuf believed that the land was naturally bountiful. Scarcity of foodstuffs was a consequence not of bad harvests but of "*accapareurs*"—evil speculators who withheld grain from the market in order to drive up prices and starve the good *sans-culottes*. Shortages were always artificial, not natural: they were "*disettes factices*". The land was a kind of perpetual production machine; the problem was not to increase productivity by means of human labour, but simply to assure equal distribution of the natural bounty. This conception of the relationship between humans and nature was best captured by Sylvain Maréchal in the *Manifeste des Egaux*: "Familles gémissantes, venez vous asseoir à la table commune dressée par la nature pour tous ses enfants."[18] It was nature, not human labour, that set the table for humanity—that is, that assured the production of goods.

This conception of production as the natural bounty of the land is linked to Babeuf's, and the *sans-culottes*', obsession with the question of food—the question of "subsistance". For both Babeuf and the *sans-culottes*, the touchstone of equality is equal consumption of foodstuffs. The revolution of the equals will be a conquest of hunger, of bread: ". . . le peuple, dès l'instant, brise ses chaînes, et conquiert du pain pour lui et pour toutes ses générations."[19] The goal of the revolution is an assurance of subsistance for all: "assurer à chacun et à sa posterité, telle nombreuse qu'elle soit, la suffisance, mais rien que la suffisance."[20] As the final phrase of this sentence ("mais rien que la suffisance") implies, equality means not merely sufficient bread for all. Babeuf had something far more radical in mind: identical quantities and quality of food, so that no one would eat better than anyone else. Here and elsewhere, Babeuf's concept of equality is profoundly ascetic.

Qu'il ne soit plus d'autre différence parmi les hommes que celles de l'âge et du sexe. . . . Ils se contentent d'un seul soleil et d'un même air pour tous: pourqui la même portion et la même qualité d'aliments ne suffiraient-ils pas à chacun d'eux?[21]

It was this radically equal consumption of the "fruits de la terre" that Babeuf had in mind when he spoke of instituting "l'égalité de fait"[22] as opposed to formal legal equality proclaimed thus far by the French Revolution. "Ils nous faut non pas seulement cette égalité transcrite dans la Déclaration des droits de l'homme et du citoyen, nous la voulons au milieu de nous, sous le toit de nos maisons."[23] The essential step toward such a real, concrete equality was the restoration of the community's right to the land and its fruits. Land was like air and sunlight: a part of nature and therefore the common possession of all. "Nous prouverons que le terroir n'est à personne, mais qu'il est à tous."[24] The appropriation of land by individuals had been pure usurpation, and had to be ended. What was required was a return to the original natural situation, where the land, like the air and water, was the possession of no one, and the fruits of the land were enjoyed by all. "Plus de propriété individuelle des terres, *la terre n'est à personne*. Nous réclamons, nous voulons la jouissance communale des fruits de la terre: Les fruits sont à tout le monde."[25]

Assuring the equal communal enjoyment of the fruits of the earth would require revolutionary changes in institutions. Private property would have to be suppressed and the fruits of the earth would have to be distributed by new means.

> Le seul moyen d'arriver là, est d'établir *l'administration commune*; de supprimer la propriété particulière; d'attacher chaque homme au talent, à l'industrie qu'il connoît; de l'obliger à en déposer le fruit en nature au magasin commun; et d'établir une simple administration de distribution, une administration des subsistances, qui, tenant registre de tous les individus et de toutes les choses, fera répartir ces dernières dans la plus scrupuleuse égalité et les fera déposer dans le domicile de chaque citoyen.[26]

This simple but centralized system of distribution had been shown practicable, according to Babeuf, by the experience of the revolutionary armies.

> . . . Il est celui appliqué aux douze cents mille hommes de nos douze armées (ce qui est possible en petit l'est en grand); . . . ce government est le seul dont il peut résulter un bonheur universel, inaltérable, sans mélange; *le bonheur commun, but de la société*.[27]

Because the evils of society are a consequence of material inequality, the establishment of equality by means of the new system of distributing necessities will not only end hunger and want, but begin the reign of "le bonheur commun".

> ". . . Ce gouvernement fera disparoître les bornes, les haies, les murs, les serrures aux portes, les disputes, les procès, les vols, les assassinats, tous les crimes; les tribunaux, les prisons, les gibets, les peines, le désespoir que causent toutes ces calamités; l'envie, la jalousie, l'insatiabilité, l'orgueil, la tromperie, la duplicité, enfin tous les vices; plus (et ce point est sans doute l'essentiel) le ver rongeur de l'inquiétude générale, particulière, perpétuelle de chacun de nous, sur notre sort du lendemain, du mois, de l'année suivante, de notre vieillesse, de nos enfans et de leurs enfans.[28]

The revolution of the equals promises a return to the simple equality that characterized the state of nature. Nature produces food today just as she always has. By simply carrying out an equal division of the fruits of the earth, the Republic of Equals will assure that every person enjoys the modest sufficiency provided by nature to all her children. Eliminating the unnatural institutions that perpetuated inequality will issue in a worldly paradise. The worries and violence that have characterized societies dominated by inequality will melt away.

Clearly Babeuf was a utopian. But was he a utopian *socialist*? It should be noted that his utopia differs markedly from those of Robert Owen or Charles Fourier, or even of Karl Marx, who foresaw a world of universal abundance and greatly expanded potential for human self-development. Babeuf offers a vision of perfect equality, but of an equality based on a strict moral asceticism and bounded by the sufficient but intrinsically limited production of foodstuffs by the earth. In Babeuf's utopia all would have enough, but all would be limited to the very modest standards that characterized life in the state of nature. Babeuf (we should remember his adopted name "Graccus") had a classical hostility to luxury and opulence, which he saw as destructive of equality and virtue. In this respect he remains firmly within the "Machiavellian moment", at one with Rousseau or with Robespierre's disdain for "chétives commodités", and light years away from the nineteenth-century socialists' celebration of universal abundance.

Babeuf's "physiocratic" conception of production as the natural bounty of the earth is intimately tied to his static conception of the human condition and to his chiliastic notion of the revolution as a return to the bliss of natural equality. If production of the necessities of life is a constant gift of nature, then the possibility of a sudden return to the original condition has always been possible. If humankind becomes aware of the evil of inequality and wills the good, if it renounces the spurious luxury and striving that rend society in the late eighteenth century, if it adopts a simple communal administrative distribution of the fruits of the earth in equal portions, then it can stride painlessly into a secular Eden.

But there are hints of trouble in paradise. Babeuf's utopian prescriptions are haunted by a suppressed recognition that the return cannot be so simple—by the nagging fear that (to extend the metaphor) Adam's labour by the sweat of his brow has rendered the departure from Eden definitive. Although Babeuf was a defender of the poor, labour is a poorly developed concept in his writings. In Enlightenment culture, labour was understood as the process by which humans created goods out of nature, transforming natural substances into objects of value.[29] Indeed, according to the Lockean version of the social contract, labour on nature was the very foundation of society. This concept of labour as transformative or creative occurs only fleetingly in Babeuf's writings. It is, for example, suggested at one point in the "Manifeste de Plébéiens", where Babeuf speaks of "les produits de la nature et du travail", which seems to imply that labour, as well as nature, can produce goods.[30] But such occurrences are rare and are never elaborated. Instead, when Babeuf mentions labour he generally assimilates it to nature. In the "Analyse de la doctrine de Babeuf", for example, labour is spoken of not as a productive activity, but as an onerous natural obligation imposed equally on all of human-kind. "La nature a imposé à chacun l'obligation de travailler; nul n'a pu, sans crime, se soustraire au travail."[31]

It is easy to see why Babeuf's references to labour as a principle of production are rare and unelaborated. In the first place, the Lockean notion of labour as the transformation of nature was the standard justification for private property in Enlightenment and revolutionary discourse. To conceptualize labour in such terms would have made it difficult to argue for the abolition of private property. But more fundamentally, a recognition of the productivity of labour would have undermined Babeuf's entire vision of the revolution of the equals as a return to the simplicity of nature. Above all, it would imply that the survival of the current population depended on arts of agriculture and manufacture that had developed since humankind left the state of nature, and therefore that there could be no question of returning to the state of original simplicity. It would also imply that the division of labour into distinct trades and industries—a development that challenged the sort of absolute and identical equality of condition that Babeuf sought—was irrevocable. A view of the human condition that fully recognized the productivity of labour would have rendered impossible the sort of cyclical chiliasm that underlay Babeuf's notion of revolution.

I believe that Babeuf was dimly aware of the threat contained in a notion of labour as productive. Texts enunciating his ideas contain two strategies that surreptitiously, probably unconsciously, suppress such awareness. One of these strategies was passive in character, the other active. The passive strategy was to say virtually nothing about how production will take place in the Republic of Equals. Indeed, in those rare moments when Babeuf says anything about how goods will be produced, he seems to assume a virtually total continuity with prerevolutionary practices: each man will be attached "au talent, à l'industrie qu'il connoît", and will simply "en déposer le fruit en nature au magasin commun".[32] This passage (which has been quoted in larger context above) is particularly revealing. It assumes the productivity of labour (what is deposited in the common storehouse is the fruit of talent and industry) and it recognizes that occupations will continue to be distinct and require specialized knowledge (every man will be attached to the talent or industry that he knows). It therefore implicitly undermines Babeuf's fundamental assumptions that production is purely a product of natural bounty and that after the revolution humans will return to their original uniformity of condition.

But these implications are never acknowledged openly, and the passage where they make their appearance is made up of two brief clauses in a very lengthy sentence that sets forth the new system of administrative distribution to be established in the Republic of the Equals. Productive work is passed over in two flat and cursory clauses, encompassed in a sentence and paragraph that highlight distribution rather than production. By this means, Babeuf presents production as given, stable, unproblematic, and consequently assimilable to an unchanging and bountiful nature. Although one might imagine that the abolition of private property would affect the nature of work, Babeuf shows no awareness of this possibility. For Babeuf, communism is not a means of transforming production, but of assuring the equal distribution of what men and nature already produce and will continue to produce. The evil of private property is not that it creates exploitative productive relations, but that it turns certain individuals into "accapareurs des biens communs",[33] that is, makes it possible for them to hold back the products of nature (and labour?) that in fact should belong to all. Establishing an absolutely equitable system of distribution, therefore, will by itself solve the problem of inequality and assure an adequate flow of foodstuffs and other necessary goods. Labour and production, by this "passive strategy", are effectively effaced from the text.

The passive strategy of allowing the productivity of labour to fall through the cracks of the text was supplemented by an active strategy. Babeuf actually attacked the idea that labour was productive by casting such an idea as an excuse used by the enemies of equality to justify their advantages. Any increase in wealth enjoyed by a particular individual could only come at the expense of another; it could not be the result of a net increase in the product of society. For Babeuf, the economy was a zero-sum game: ". . . Rien n'est prouvé mieux que notre grande maxime: *qu'on ne parvient à avoir trop qu'en faisant que d'autres n'aient point assez.*"[34] Hence he denounced the claim that *differences* in skills or productive capacity could justify a greater share of the common wealth. ". . . La supériorité des talens et d'industrie n'est qu'une chimère et un leure spécieux, qui a toujours induement servi aux complots des conspirateurs contre l'égalité."[35] The notion that wealth was a product of talent or industry was a chimera.

But Babeuf also seems to have entertained the worrisome possibility that such claims might not be chimerical after all, that natural or learned differences in human capacities might actually exist.

> . . . Celui même qui prouveroit que, par l'effect de ses seules forces naturelles, il est capable de faire autant que quatre, et qui, en conséquence, exigeroit la rétribution de quatre, n'en seroit pas moins un conspirateur contre la société, parce qu'il en ébranleroit l'équilbre par ce seul moyen, et détruiroit la précieuse égalité . . . La sagesse ordonne impérieusement à tous les co-associés de réprimer un tel homme, de le poursuivre comme un fléau social, de le réduire au moins à ne pouvoir faire que la tâche d'un seul, pour ne pouvoir exiger que la récompense d'un seul.[36]

In this case it is only naturally existing differences that are hypothesized and only those who would demand a recompense for their superior productivity who should be repressed. But Babeuf was profoundly suspicious of any difference—whether physical or intellectual, natural or learned—that could distinquish one citizen from another. The development of distinctive talents, skills, or strength, even if these would serve to increase the wealth or the enlightenment of society, threatened equality and therefore public happiness. Hence the extraordinary statement in the *Manifeste des Egaux*: "Perisse, s'il le faut, tous les arts, pourvu qu'il nous reste l'égalité réelle!"[37] In other words, Babeuf was willing to sacrifice all of civilization's accumulated techniques, skills, and knowledge in order to attain his goal of real equality.

If all necessary goods really did spring from the earth without the aid of human labour, the destruction of the arts could plausibly be thought of merely as doing away with frivolous luxuries. Babeuf, by expressing this indifference to the arts and by denouncing the claim that talents or capacities should be rewarded, was verbally denying what he simultaneously knew to be true: that eighteenth-century society could not support its population without the accumulated and highly diversified knowledge that characterized the various occupations and professions, and consequently that his longed-for return to the simple equality of the natural condition was impossible. Hence, the revolution of the equals, that seemingly pacific return of a secular Eden, a return to be accomplished by the mere act of collectively willing equality, actually implied a vast campaign of coercion.

The common happiness would of course be impossible without genuine equality. But in a society dependent on the division of labour, perfect equality would not be easy to attain or maintain. For equality, according to Babeuf, requires not only a strictly equal division of material goods, but the total destruction of "les germes de la cupidité et l'ambition".[38] The government, hence, must not only assure the perfect equality of goods, but assure that persons working in different occupations never be tempted to distinguish themselves from their fellow citizens.

> . . . Il faut donc que les institutions sociales mènent à ce point, qu'elles ôtent à tout individu l'espoir de devenir jamais ni plus riche, ni plus puissant, ni plus distingué par ses lumières, qu'aucun de ses égaux . . . Il faut, pour préciser davantage ceci, parvenir à *enchaîner le sort*; à rendre celui de chaque co-associé indépendant des chances et des circonstances heureuses et malheureuses; *à assurer à chacun et à sa postérité, telle nombreuse qu'elle soit, la suffisance, mais rien que la suffisance*; et à

fermer, à tous, toutes les voies possibles, pour obtenir jamais au delà de la cote-part individuelle dans les produits de la nature et du travail.[39]

In this passage, Babeuf employs a rhetoric and vocabulary of constraint: "ôtent à tout individu", "jamais . . . plus", "enchaîner", "rien . . . que", "fermer . . . les voies" that seems fundamentally at odds with the characterization of the republic of equals as "ce grand hospice ouvert à tous les hommes".[40] All hope of obtaining any power, wealth, or intellectual distinction beyond one's fellows must be absolutely and permanently dashed and it is the task of the government to establish social institutions that will accomplish this end. Behind the beneficent asylum open to all men about which Babeuf dreamed, there loomed the shadowy nightmare of a repressive state systematically rooting out all signs of distinctions between citizens, repressing intellectual and technical initiative, and imposing a rigorously ascetic morality and standard of living on all. Babeuf's texts subtly threatened that far from entering painlessly into a condition of common happiness, citizens of the Republic of Equals would have to be forced to be equal by a repressive state.

## Louis Blanc

Turning from Babeuf to Louis Blanc requires a step across a vast epistemic chasm into a nineteenth-century discursive world much closer to our own. There were, of course, many surface similarities between Babeuf and Blanc: a profound sympathy for the plight of the poor, a passionate desire for equality, and a sense that their proposals would carry to fruition the incomplete and inadequate projects for social revolution first sketched out in 1793. But Blanc's diagnosis of society's ills and his prescription for their cure rested on an entirely different conception of society and of its dynamics.

### A corrupt social order

Like Babeuf, Blanc began from a deep sympathy for the sufferings of the poor. The bulk of his *Organisation du travail* is a detailed account of the poverty, hunger, and deprivation of the workers of France and England, backed by statistics, tables, and vivid quotations culled from the studies of social investigators. But if Blanc, like Babeuf, was moved above all by the *"souffrance"* or *"misère"* of the poor, his diagnosis of the problem was strikingly different. Where Babeuf saw poverty as a result of maldistribution of food, Blanc saw it as a consequence of a maldistribution of labour. "Partout où la certitude de vivre en travaillant ne résulte pas de l'essence même des institutions sociales, l'iniquité règne."[41] He believed that such was the case in the France of his day. Where the land has long since been appropriated by individuals, the person who possesses no property must sell his labour in order to live.

> Que fera donc ce malhereux? Il vous dira: "J'ai des bras, j'ai une intelligence, j'ai de la force, j'ai de la jeunesse; prenez tout cela, et en échange donnez-moi un peu de pain." C'est ce que font et disent aujourd'hui les prolétaires. Mais ici même vous pouvez répondre au pauvre: "Je n'ai pas de travail à vous donner."[42]

The poor are at the mercy of the rich, in other words, because they need to labour for a wage in order to live. They are reduced to misery not because evil *"accapa-reurs"* withhold foodstuffs, but because they are unable to find work at decent wages. Not only is unemployment rife, but under a system of competition the wages of even those who find employment will inevitably be bid down below the subsistence level. ". . . Sous l'empire de la concurrence illimitée, la baisse continue des salaires est un fait nécessairement général, et point du tout exceptionnel."[43] For this reason, the system of competition "est pour le peuple un système d'extermination".[44]

Blanc is frequently critical of the rich for being insufficiently sympathetic to the poor. But unlike Babeuf, who speaks of "coeurs impitoyables dans la caste qui a tout accaparé",[45] Blanc does not blame the rich so much as the system of competition in which both the rich and the poor are ensnared. In fact, the system of competition brings no lasting benefits to the *bourgeoisie*. Because the workers are driven to criminality by their poverty, *bourgeois* can never feel secure in the possession of their wealth and pleasures. "Pour chaque indigent qui pâlit de faim il y a un riche qui pâlit de peur."[46] Moreover, *bourgeois* are insecure in another more fundamental sense, because today's winner in the economic competition will tomorrow be swallowed up by an even bigger or luckier competitor. Both in industry and agriculture, competition progressively ruins the *bourgeoisie*.

> . . . A côté de quelques financiers qui se rendent maîtres de l'industrie, s'élèvent quelques usuriers qui se rendent maîtres du sol. De sorte que la bourgeoisie marche à sa dissolution, et dans les villes et dans les campagnes. Tout la menace, tout la ruine . . . Les fabriques écrasant les métiers; les magasins somptueux absorbant les magasins modestes; l'artisan qui s'appartient remplacé par le journalier qui ne s'appartient pas; . . . les faillites se multipliant; l'industrie transformée par l'extension mal réglée du crédit est un jeu où le gain de la partie n'est assuré à personne, pas même au fripon . . .[47]

Competition is "une cause sans cesse agissante d'appauvrissement et de ruine";[48] "la concentration toujours croissante des capitaux" threatens the *bourgeoisie* "du même joug sous lequel fléchit la classe ouvrière".[49] Finally, just as the system of competition results in the moral as well as physical corruption of the workers, so it destroys the moral fibre of the *bourgeoisie*.

> Ce vaste désordre, si propre à éveiller dans l'âme de chacun la jalousie, la défiance, la haine, éteignant peu à peu toutes les aspirations généreuses et tarissant toutes les sources de la foi, du dévouement, de la poésie . . . . voilà le hideux et trop véridique tableau des résultats produits par l'application du principe de concurrence.[50]

The problem, then, is not the evil machinations of the rich, but a system of competition that drives both the proletariat and the *bourgeoisie* to ruin. In Blanc, evil is depersonalized; he speaks not of the tyranny of the rich but of what he calls on more than one occasion "la tyrannie des choses".

> Nous voulons que le travail soit organisé, afin que l'âme du peuple . . . ne reste pas comprimée et gâtée sous la tyrannie des choses![51]
> Je connais une tyrannie bien plus inexorable, bien plus difficile à éluder ou à secouer que celle d'un Tibère et d'un Néron, c'est la tyrannie des choses.[52]

"La tyrannie des choses" is an odd but appropriate term. It is odd because Blanc does not mean literally that people are tyrannized by things. Blanc explains the tyranny of things as follows.

Elle naît d'un ordre social corrompu; elle se compose de l'ignorance, de l'indigence, de l'abandon, des mauvais exemples, des douleurs de l'âme qui attendent en vain un consolateur, des souffrances du corps qui ne trouvent pas de soulagement; elle a pour victime quiconque est en peine de sa nourriture, de son vêtement et de son gîte, dans un pays qui a des moissons abondantes, des magasins encombrés d'étoffes précieuses et des palais vides.[53]

The source of the tyranny of things is a corrupt social system and the tyranny is composed not of things but of moral problems (ignorance, indigence, abandonment, bad examples, suffering). Things are not introduced until the third clause, where the victims of tyranny are identified as those who experience difficulty in procuring food, clothing and shelter. But even here privation of things is given a moral dimension by being contrasted to the surrounding wealth of the country. The implication is that material want leads to a tyranny composed of ignorance, indigence, abandonment, bad examples and suffering not simply as an intrinsic effect of privation, but because want in the midst of plenty is morally destructive. The tyranny of things turns out to be above all a moral tyranny; things can tyrannize only because society has been morally corrupted.

But "the tyranny of things" is an appropriate term in a metaphorical sense. It signals that the tyranny of the nineteenth century is not one of persons (Nero or Tiberius) nor even of a class of persons (the rich) but of an impersonal social system founded on competition. This system is "thinglike" in that it is driven by its own iron laws, which operate independently of the wills or intentions of the persons who compose it. It ruins not only those whom it obviously disadvantages (the proletariat) but even those whom it seems to advantage (the *bourgeoisie*). The corrupt system is complex and durable; it certainly cannot be overthrown by Babeuf's naïve act of popular will. Louis Blanc has entered a nineteenth-century discursive universe where "society" is not a contract arrived at by a collection of individual wills, but a *sui generis* and determinative object with its own suprapersonal laws. It should therefore not be surprising that his proposed social revolution has very different contours than Babeuf's revolution of the equals.

### Revolution and historicity

Blanc's social revolution is inscribed on a progressivist temporal backdrop that contrasts sharply with Babeuf's cyclical chiliasm. The French revolutionaries, Babeuf included, looked across the intervening centuries of tyranny, folly and superstition to a numinous and transtemporal state of nature. Their revolution was in a sense an attempt to deny historicity, to reinact in the present the original and just foundation of society. Blanc, by contrast, was an historicist and a progressive. Like so many of the leading French political intellectuals of his era, he was a serious student and a widely read producer of history.[54] For Blanc, the key to understanding society in the present was not to know the laws of nature that presided over its distant origins, but to understand how, over time, social institutions came to be what they now are. Indeed, Blanc dismisses what he calls "*l'état sauvage*" as a state of "abominable oppression" resulting from the inequality of forces between men.[55] Revolution was not a break with temporality and a return to a pure origin but the fulfilment and outcome of progressive historical sequences.

Thus the "révolution bourgeoise de 1789" was the historical product of a prior moral and intellectual revolution.

> Sortie vivante de l'encyclopédie, ce grand laboratoire des idées du XVIIIᵉ siècle, [la révolution bourgeoise] n'avait plus, en 1789, qu'à prendre matériellement possession d'un domaine déjà conquis moralement.[56]

Because its principles had been prepared and spread in advance, the Revolution of 1789 had proved remarkably durable. In spite of the stormy political history of the period since 1789, these principles had survived unbroken into the present. The revolution of 1789

> a reparu sur les ruines mêlées de la Convention, de l'Empire et de la Restauration. 1830 appartient à cette chaîne dont 1789 fut le premier anneau. 1789 avait commencé la domination de la bourgeoisie; 1830 l'a continuée.[57]

If the social revolution of the future was to achieve a durable success, it would also have to be the consequence of a prior intellectual revolution. The aspiration for a social revolution had first emerged in 1793, but because intellectual foundations had not been prepared in advance, the revolution of 1793 was chaotic, violent and ephemeral—in the sharpest contrast to the unanimous, orderly and durable Revolution of 1789.

> Voyez, au contraire, la révolution de 1793! Combien a-t-elle duré? qu'en reste-t-il? Et pourtant, de quelle puissance, de quelle audace, de quel génie n'étaient pas doués ceux qui s'étaient chargés de son triomphe? Quels efforts gigantesques! quelle effrayante activité! . . . Mais le but de cette révolution, dont les conventionnels avaient à donner le catéchisme, n'avait pas été défini longtemps à l'avance. Aucune des théories aventurées par Robespierre et Saint-Just n'avait été suffisamment élaborée au sein de la nation . . . . C'était donc tout un nouveau monde à créer, à créer en quelques jours, à créer au milieu d'un déchaînement inouï de résistances et de colères. Il fallut improviser, demander aux passions l'appui que ne pouvaient pas encore fournir les idées; il fallu étonner, enflammer, enivrer, dompter les hommes qu'un travail antérieur n'avait pas disposés à se laisser convaincre . . . . De là ces luttes sans exemple qui firent successivement tomber dans un même panier fatal la tête de Danton sur celle de Vergniaud, et la tête de Robespierre sur celle de Danton.[58]

In order to avoid the futility of 1793, the coming social revolution had to be prepared by patient effort of thought and proselytizing—an effort to which Blanc was contributing by writing *Organisation du travail*. A genuine social revolution, one that would transform society, would be more than a sudden movement of the collective will; it would have to be the mature product of a long historical preparation.

Blanc's social revolution not only would be the outcome of processes that developed through time, but would itself be a temporally extended process. Revolution was not a sudden once and for all transformation of society and the state, but a complex achievement that could only be accomplished progressively. Since the enemy was not a tyrant or a class but a corrupt social order, the revolution would require much more than simply eliminating or overpowering certain people. A social revolution would be a thorough, complex and painstaking reconstruction of the entire society, a displacement of its principles and a reshaping of its dynamics. Such a reconstruction would necessarily take time.

Blanc's conception of society as a suprapersonal entity with its own history implied a conception of revolutionary knowledge very different from Babeuf's.

Babeuf regarded himself as a prophet and as a tribune, one whose function was to enunciate the timeless moral truths on which the revolution was predicated. The truths themselves were regarded as simple and self-evident. They were inscribed in every human heart, ready to be recognized once they were announced. Their discovery required not learning, but a virtuous heart and a mind unclouded by sophisms. Blanc conceived of truth as complex and uncertain, the product of study, research, and discussion. The object of knowledge was an historically changing social order, not a body of timeless moral truths. The form of knowledge was not prophetic enunciation but empirically founded observations about the nature of society and of social change. Hence the statistics, lengthy quotations, and citations that figure so prominently in Blanc's text.

In the search for such knowledge there were bound to be many false steps. But these false steps would have to be tolerated, even encouraged, if truth was to be attained.

> Mais on émettra beaucoup d'idées fausses, on prêchera bien des rêveries! Qu'est-ce à dire? Fut-il jamais donné aux hommes d'arriver du premier coup à la vérité? Et lorsqu'ils sont plongés dans la nuit, faut-il leur interdire de chercher la lumière, parce que, pour y arriver, ils sont forcés de marcher dans l'ombre? . . . N'acceptons pas aveuglément tout ce que des esprits légers nous donneraient comme autant d'oracles; et cherchons la vérité avec lenteur, avec prudence, avec défiance même; rien de mieux. Mais pourquoi fermerions-nous carrière aux témerités de l'esprit? A une armée qui s'avance en pays inconnu, il faut des éclaireurs, dussent quelques-uns d'entre eux s'égarer.[59]

The duty of a revolutionary was to search for the truth and to broadcast widely the conclusions and proposals that emerged. Society could never be changed for the better until its laws and its history were understood. Although Blanc was by no means so serious a scholar as Marx, like Marx he presumed that a social revolution would have to be based on systematic knowledge of society.

Blanc's researches and reflections led him to conclude that his society was being ruined by competition, which, in spite of the continuing progress of techniques of production, drove proletarians into misery and crime and reduced *bourgeois* to proletarians. Competition had the effect of disorganizing economic and social life, of reducing it to chaos. A social revolution would be necessary to reverse this tendency, to, as the title of the pamphlet announces, *organize* labour. What had to be done was to replace competition by the contrary principle of "association",[60] and to use the power of the state to assure the gradual and pacific victory of association in society. The government, which would be "considéré comme le régulateur suprême de la production", would use its financial resources to create "*ateliers sociaux* dans les branches les plus importantes de l'industrie nationale".[61] In the beginning the state would create only a few such social workshops, managing them until they were able to stand on their own feet and then turning them over to the associates, who would henceforth choose their leaders and make their decisions by democratic elections. These social workshops would soon be so much more productive than existing shops that they would absorb privately owned industry entirely, gradually converting the whole economy into a grand association.[62] The state, thus, would not transform the society by administrative fiat, but by sponsoring the development of a system that would use the very technique of existing firms—competition—to incorporate those firms, with their workers, skills, and technical knowledge into a higher and better system. The state's task would be to "se servir de l'arme même de la concurrence, pour faire disparaître la concurrence".[63] It would not return to a primal equality by means of repression, but would create an associative egalitarian order that would incorporate, build on and surpass the achievements of the previous competitive system.

Blanc assigns a very important role to the state in this process of transformation. Socialism will never be introduced successfully without state sponsorship: "Le socialisme ne saurait être fécondé que par le souffle de la politique."[64] The state must act as the guarantor of social workshops and as a source of credit for their continuing expansion.

> . . . L'émancipation des prolétaires est une oeuvre trop compliquée; elle se lie à trop de questions, elle dérange trop d'habitudes, elle contrarie, non pas en réalité mais en apparence, trop d'intérêts, pour qu'il n'y ait pas folie à croire qu'elle se peut accomplir par une série de tentatives isolées. Il y faut appliquer toute la force de l'Etat. Ce qui manque aux prolétaires pour s'affranchir, ce sont les instruments de travail: la fonction du gouvernement est de les leur fournir. Si nous avions à définir l'Etat, dans notre conception, nous répondrions: l'Etat est le banquier des pauvres.[65]

But if Blanc insists on the necessity of state action, he also placed strict limits on the state's role. He regarded society as a sphere distinct from the state and governed by its own laws;[66] it therefore would be illusory to imagine, as Babeuf had, that a political insurrection could institute a new social and economic order by fiat. Social revolution was a process that could be initiated and guided by the government, but to succeed it would have to win on the terrain of the economy by proving its superior ability to produce and equitably distribute wealth.

Blanc's vision of socialism is, thus, far from the repressive asceticism of Babeuf. The state will coax and aid the social workshops, but it will not expropriate the rich or hold down the gifted. Indeed, Blanc accepts and celebrates the continually improving productivity of human labour. Once labour has been organized and harmonized, universal abundance can be achieved. "Il ne s'agit donc pas de déplacer la richesse, il s'agit de l'universaliser en la fécondant. Il s'agit d'élever, pour le bonheur de tous, de tous sans exception, le niveau de l'humanité."[67] Rather than achieving equality by levelling down, by limiting all to an ascetic subsistence, Blanc's socialism promised to achieve it by levelling up to a universal abundance. The social revolution would not only arise out of the matrix of history and be accomplished by a historical process of social reconstruction. It would also manifest "la loi du progrès" by ushering in a new and higher historical era.

### Conclusions

There remain a number of similarities between Babeuf and Blanc. Both regarded the suffering of the poor as proof that the social systems and political regimes of their times were intolerable. Both wished to establish equality by transforming the property system, Babeuf by instituting communal ownership and Blanc by vesting collective control over property in the hands of producers. And both saw themselves as inheritors of 1793 but wished to go beyond the projects of both jacobins and *sans-culottes* in order to abolish social and economic as well as political inequality.

But these similarities between Babeuf and Blanc were woven on two radically distinct discursive looms. The differences between Babeuf and Blanc are fundamental and systematic. Babeuf inhabits a world in which time is reversible, society is a simple composite of the wills of its members, human suffering is a consequence of the evil intentions of the rich, production is limited but natural and automatic, subsistence is threatened by maldistribution of goods, useful knowledge is a knowledge of first principles, and revolution is a return to the origin of time that results from a sudden collective change of heart. In Blanc's world, time is historical and progressive, society is a suprapersonal entity with its own laws and dynamics, suffering is a consequence not of evil intentions but of a corrupt social order, production is the outcome of collective human effort, subsistence is threatened by a disorganization of labour, useful knowledge is empirical knowledge of a historically changing society, and revolution is a complex process of social reconstruction that arises out of history, is accomplished in historical time, and constitutes a step forward in the progress of humankind. The idea of social revolution, as it was developed in the 1830s and 1840s, was therefore not so much a filial descendent of 1793 and Babeuf as a reappropriation and reconfiguration of revolutionary ideas and symbols in nineteenth-century terms—a reappropriation that entailed reinventing the French Revolution as a moment in a progressive historical sequence of social change. Indeed, the very notion that there could be a relation of *filiation* between the political revolutions of 1789 and 1793 and the qualitatively different social revolution of the future could only have arisen out of a deeply historicized discursive universe like that inhabited by Louis Blanc.

Of course, the distinct discursive worlds of Babeuf and Blanc were not their personal inventions; they were collectively constituted conditions of social and political thought in their eras. With relatively minor modifications, the discursive world of Babeuf was also that of Robespierre, Saint-Just, Marat, Hébert, and the *sans-culottes*. Nor was it very far removed from that of Rousseau or Mably. Blanc, on the other hand, shared the discursive world of the nineteenth-century socialists, not only of such French contemporaries as Leroux and Buchez, but of German contemporaries like Engels and Marx, or French predecessors like Saint-Simon.

Indeed, the comparison of Babeuf and Blanc stands as an emblem of much broader changes in French and European political discourse in the decades following the Revolution—changes that are documented in many of the contributions to this book.[68] As much as political thinkers may have disagreed about the French Revolution, the awesome events that played themselves out between 1789 and 1815 seems to have provoked a nearly universal recognition that political life was subject to profound and previously unrecognized historical and social determinations. Nearly all post-revolutionary political thought rejected the predominantly combinatorial reasoning of the Enlightenment to embrace a genetic historicist discourse that cast society as a complex evolving entity that was far more than the sum of its rational wills. This new mode of thought, which sought to ground both political morality and political knowledge in the unfolding history of society, was as characteristic of conservatives like Burke, Bonald and de Maistre, as of liberals like Thiers, Guizot or Michelet, of would-be social scientists like Saint-Simon and Comte, or of socialists like Buchez, Leroux and Blanc. Nor was this shift evident only at the loftier pinacles of political thought. It also occured at the level of common vocabulary and day-to-day politics. This is evident in the Europe-wide transformations of the terms "society" and "nation" from their combinatory eighteenth-century meanings to their historical or genetic nineteenth-century meanings and in the parallel rise of popular socialist and nationalist political movements based on these new linguistic understandings. Moreover, the newly historical idea of the nation was accompanied by an explosion of historical writing, most of it documenting the gradual but progressive emergence of national societies. Whether the French Revolution succeeded in introducing a modern democratic political culture in Europe in the first half of the nineteenth century may be debated endlessly. But it is indisputable that the Revolution provoked a rapid, massive and multiform shift, all across the face of Europe, on the right and on the left, and from political philosophers to street corner orators, toward deeply historicized forms of political discourse.

## Notes

1. I would like to thank my daughter, Jessica Sewell, whose observations about Babeuf inspired some of the arguments developed in this paper.
2. "Analyse de la doctrine de Babeuf", in Maurice Dommanget, *Babeuf et la conjuration des égaux*, 2nd. ed. (Paris, 1969), p. 77.
3. Babeuf, "Manifeste des plébéiens", in *Pages choisies de Babeuf*, ed. and intro. by Maurice Dommanget (Paris, 1935), p. 250.
4. Albert Soboul, *Les Sans-culottes parisiens en l'an II: Mouvement populaire et gouvernement révolutionnaire, 2 juin 1793—9 thermidor an II* (Paris, 1962), esp. pp. 55–98.
5. "Manifeste des plébéiens", p. 251
6. Sylvain Maréchal, "Manifeste des égaux", in Dommanget, *Babeuf et la conjuration des égaux*, p. 77.
7. "Manifeste des plébéiens", p. 251.
8. "Manifeste des égaux", p. 79.
9. "Manifeste des plébéiens", p. 251.
10. "Manifeste des égaux", p. 78.
11. Babeuf, from *Le Tribun du Peuple*, 15 Brumaire an IV, in *Pages choisies*, p. 234.
12. Babeuf, from *Le Tribun du Peuple*, 5 Ventôse an IV, in *Pages choisies*, p. 283.
13. "Manifeste de plébéiens," p. 251.
14. Albert Soboul, *Les Sans-culottes*, pp. 542-50. In this connection it is worth noting that the great revolutionary journées of 14 July, 10 August, and 31 May were characterized by a generalized popular occupation of public spaces that resulted in violence rather than by disciplined quasi-military actions on the part of the insurrectionaries. Babeuf was, of course, not only a prophet and tribune but the organizer of an insurrectionary conspiracy; he foresaw the necessity of force. He spoke of "la protection de nos cent mille lances et de nos bouches à feu" ("Manifeste des plébéiens", p. 257) which would be necessary to overcome the resistance of "l'égoïste, l'ambitieux [qui] frémira de rage" ("Manifeste des égaux", p. 79). But for him, and for the *sans-culottes* before him, force was only an auxilliary to the popular will, a means of clearing away impediments to its transparent manifestation.
15. "Manifeste des plébeiens", p. 256.
16. "Manifeste des égaux", p. 79.
17. *Ibid.*, p. 79
18. *Ibid.*, p. 79.
19. "Manifeste des plébéiens", p. 264.
20. *Ibid.*, p. 261.
21. "Manifeste des égaux", p. 78.
22. "Manifeste des plébéiens", p. 255.
23. "Manifeste des égaux", p. 78.
24. "Manifeste des plébéiens", p. 258.
25. "Manifeste des égaux", p. 78.
26. "Manifeste des plébéiens", p. 262.
27. *Ibid.*, p. 262.
28. *Ibid.*, p. 262.
29. William H. Sewell, Jr., *Work and Revolution in France: The Language of Labour from the Old Regime to 1848* (Cambridge, 1980), pp. 64-72.

30. "Manifeste des plébéiens", p. 261.
31. "Analyse", in Dommanget, *Babeuf et la conjuration des égaux*, p. 77.
32. "Manifeste des plébéiens", p. 261.
33. *Ibid.*, p. 258.
34. *Ibid.*, p. 259. Emphasis in original.
35. *Ibid.*, p. 258.
36. *Ibid.*, p. 260.
37. "Manifeste des égaux", p. 78.
38. "Manifeste des plébéiens", p. 261.
39. *Ibid.*, p. 261.
40. "Manifeste des égaux", p. 79.
41. Louis Blanc, *Organisation du travail*, 5th ed. (Paris, 1847), p. 4. It should be noted that the phrase "vivre en travaillant" was borrowed from the slogan of the uprising of the Lyonnais cannuts (silkworkers) of 1831, "Vivre en travaillant ou mourir en combattant!"
42. *Ibid.*, p. 29.
43. *Ibid.*, p. 31.
44. *Ibid.*, p. 27.
45. "Manifeste des plébéiens", p. 251.
46. "Organisation du travail", p. 25.
47. *Ibid.*, p. 83.
48. *Ibid.*, p. 27.
49. *Ibid.*, pp. 12–13.
50. *Ibid.*, pp. 83–84. Elipsis in original.
51. *Ibid.*, p. 5.
52. *Ibid.*, p. 48.
53. *Ibid.*, p. 48.
54. He wrote both *Révolution française: Histoire de dix ans 1830–40*, 5 vols. (Paris, 1842–44), a detailed and highly critical history of the first ten years of the July Monarchy and *Histoire de la révolution française*, 12 vols. (Paris, 1847–62).
55. Blanc, *Organisation du travail*, p. 16.
56. *Ibid.*, p. 9.
57. *Ibid.*, p. 10.
58. *Ibid.*, pp. 10–11.
59. *Ibid.*, pp. 11–12
60. *Ibid.*, p. 107.
61. *Ibid.*, p. 102. Emphasis in original.
62. *Ibid.*, pp. 103–12.
63. *Ibid.*, p. 102.
64. *Ibid.*, p. 20.
65. *Ibid.*, p. 14.
66. In this respect, in spite of his hostility to their overall arguments, he accepted the claims of such political economists as Smith and Say.
67. *Ibid.*, p. 21.
68. Keith Baker's contribution to this volume seems a particularly clear case. He detects differences between Sieyès and Saint-Simon or between Condorcet and Comte that are strikingly parallel to the differences between Babeuf and Blanc.

# CHAPTER 28

# A propos de "Néo-robespierrisme": quelques visages de "Jacobins" sous Louis-Philippe

MAURICE AGULHON

### Quel Robespierre?

LE terme de "néo-robespierriste" ne s'est pas imposé dans notre histoire ni dans nos catégories politiques. Il est trop lourd et trop long, et surtout, peut-être, il serait porteur d'équivoque.

"Robespierrisme", mais de quel Robespierre?

Ce personnage fort complexe a fasciné au delà de sa mort. Mais ses admirateurs, qui sont aussi ses meilleurs connaisseurs, attachés à démêler cette complexité pour l'opposer à la caricaturale simplicité des dénigrements, ont été des littérateurs ou des historiens plutôt que des militants. Ils ont voulu comprendre un martyr et lui rendre justice. Mais, dans le mouvement politique réel, y eut-il jamais de purs robespierristes? Qui a su, ou seulement voulu prolonger dans ce qu'elle avait de tendu, de contradictoire, à la limite d'impossible, la politique du dictateur de l'An II, tiraillé entre les "factions", puis entre les principes et les nécessités?

La postérité (celle qui est plus ou moins favorable à la Révolution, bien sûr—la Contre-Révolution n'est pas à examiner ici aujourd'hui), la postérité, donc, s'est partagée.

Ou bien elle s'est dite "républicaine", et elle a honoré, après les hommes de 89, les Girondins, les Dantonistes, quelques Thermidoriens (surtout ceux qui ont fait face à l'étranger, tel Carnot); ainsi s'est constitué le Panthéon officieux d'une Troisième République qui n'a jamais laissé statufier Robespierre. Ou bien elle s'est voulue "révolutionnaire," donc proche du peuple le plus humble et des projets les plus avancés, elle s'est sentie sans-culotte, enragée, déchristianisatrice, hébertiste, maratiste, babouviste . . . et Robespierre pêchait cette fois par défaut plutôt que par excès!

S'il y a donc quelque part un Robespierrisme (d'adoption), ou un néo-robespierrisme, c'est parce qu'il existe un Robespierre symbole qui a éclipsé le Robespierre réel. Et cette fois, c'est la simplicité qui prévaut. Maximilien ayant été l'homme le plus puissant, et le plus en vue, dans la période dramatique qui va du 31 Mai 93 au 27 Juillet 94 (9 Thermidor An II), il la représente pour la postérité, il l'évoque globalement, il lui est identifié. Dès lors quiconque tient pour positif le bilan des quinze mois de la dictature de Salut public peut être dit robespierriste par commodité d'expression.[1]

Ce n'est donc pas autre chose, au fond, que d'être "Jacobin".

La période que nous venons de citer est aussi celle pendant laquelle le Club a le plus pesé sur les événements et s'est identifié avec le soutien donné à Robespierre. Nous sommes habitués, notamment depuis Michelet, à considérer Robespierre comme l'archétype de l'homme de club et les Jacobins comme une sorte de Robespierre collectif.

Il s'est vite créé une assimilation, appelée à longtemps durer, entre la qualité de "Jacobin" et le jugement favorable porté sur 1793—An II.

### Jacobins au propre et au figuré

Ce n'est pas le lieu ici de retracer la longue histoire de la famille de mots Jacobins-Jacobinisme. On nous demande seulement de savoir ce qu'il en est de ce terme, de cette notion, de cette image, dans la première période qui suit la Révolution.

Cette période (la première moitié, ou plus justement sans doute les trois premiers quarts du XIX$^e$ siècle) toute traversée de péripéties politiques parfois violentes, est encore à l'ombre du grand drame; la Révolution y est plus qu'un modèle théorique, elle est un précédent encore proche et peut-être possible encore.

Jusque vers 1830, il y avait des survivants. De 1830 à 1870 il y a encore des hommes directement formés par ces survivants. Exemplaire, et toujours justement cité comme tel, le cas d'Auguste Blanqui, lequel, à la veille de 1830 a reçu, jeune, le flambeau de Buonarroti. Mais quand Blanqui mourra en 1881, la Révolution sera devenue de l'histoire ancienne. En fait on peut mettre plus précisément la charnière en 1870-71, et cela pour deux raisons. D'une part, dans le mouvement politique, c'est dans la Commune de Paris que la tradition jacobine jette son dernier éclat (la proposition d'élire un Comité de Salut public pour concentrer, face au péril, le pouvoir collégial de la Commune). Et cet éclat, précisément, paraît déjà si anachronique qu'il divise la Commune elle-même. Une forte minorité, ouvrière et libertaire, vote contre, et refuse par là de jouer à la Convention.

D'autre part, dans l'ordre du débat d'idées, les penseurs et publicistes républicains se sont ouvertement divisés sur le jugement qu'il convenait de porter sur la Terreur. On connaît l'affaire, dont François Furet a eu récemment le mérite de republier le dossier.[2]

Il est dès lors évident qu'on peut être républicain, et même globalement ami de la Révolution, en étant anti-Jacobin.

L'histoire du mot n'est pas pour autant aussi clarifiée qu'il se devrait, puisque l'on continue de l'employer, et jusqu'à nos jours.

Dans un autre texte,[3] François Furet pose par exemple la question du "jacobinisme" de Gambetta. C'est en effet une bonne occasion de faire le point et de marquer le tournant historique.

A première vue, Gambetta, aussi "farouche" comme héros de la République

que comme chef de la Défense Nationale, Gambetta qui exalte expressément la Révolution et la levée de 1792, Gambetta qui exerce à Tours un pouvoir dictatorial de fait, pourrait passer pour Jacobin. Mais,—avis contraire—la République et la Patrie ne sont la propriété d'aucun parti et ne suffisent pas tout à fait à spécifier une politique. Quant à la dictature de Tours, elle était inévitable dans la conjoncture constitutionnelle et militaire. Et, surtout, Gambetta s'est interdit de mêler la radicalisation de la politique intérieure à l'effort de la défense, désireux qu'il était au contraire de rallier les catholiques. D'où son conflit avec les extrémistes de Marseille et de Lyon.[4] Le Jacobinisme, tous comptes faits, autrement dit les réflexes et les recettes hérités de l'An II, étaient dans le langage des gens dont Gambetta refrènait les ardeurs, et non dans le sien propre. Gambetta restait un homme du Droit et de la Liberté, tel que les républicains, à la rude école de l'opposition à l'Empire, s'étaient promis d'être et de demeurer.

Si donc l'on peut à la rigueur tenir encore Gambetta pour "jacobin", c'est que le mot n'a plus son acception historique précise, néo-robespierriste si l'on veut, mais qu'il entre dans une phase nouvelle de son évolution sémantique, celle où il signifie républicain convaincu, démocrate avancé, homme attentif à l'Etat et à l'Unité Nationale, non libertaire et non régionaliste. Les jacobins typiques, dans le langage de notre temps, sont MM. Michel Debré et Jean-Pierre Chevènement, que nul ne soupçonnerait d'être des dictateurs en puissance.

La difficulté est qu'il peut exister des analogies en même temps que des différences. Prenons un exemple encore, celui de Georges Clemenceau. Clemenceau jacobin? Un chef de gouvernement énergique, qui "fait la guerre", et qui trouve scandaleuses les intrigues par lesquelles on pourrait en sortir, c'est Clemenceau faisant inculper Caillaux, ou Robespierre faisant envoyer Danton au Tribunal Révolutionnaire. Analogie. Mais—différence—Caillaux a sauvé sa tête, parce qu'en 1917 on n'était plus en 1794, et qu'il n'y a donc pas eu de "Justice" en violation de Droit.

Clemenceau, même dans le climat de salut public de 1917, restait lui aussi un républicain, d'une République qui avait inclus essentiellement le Droit et la Liberté dans ses principes, et dont, par conséquent, le "jacobinisme" n'avait plus le sens redoutablement précis qu'il pouvait encore avoir pour Blanqui.

Cet exemple illustre d'ailleurs la nature complexe des apparentements politiques, où le coeur et l'esprit sont parfois en discordance. Car Clemenceau, qui, jeune étudiant républicain, avait rendu visite en 1865 à l'Enfermé de Sainte-Pélagie, *aimait* et respectait Blanqui, et la mémoire de Blanqui. Alors qu'il détestait, par exemple, Jules Ferry.

Mais, en terme de politique, il *pensait* plus près, tout de même, de Jules Ferry que de Blanqui. Nous pourrions prolonger l'analyse en termes généraux, et parler alors de discordances entre l'étage des "idéologies" et celui des "mentalités", mais ce n'est pas ici le lieu.

Nous nous en tiendrons désormais à l'époque, située en plein milieu de XIXe siècle, où il pouvait y avoir encore des néo-jacobins véritables.

L'étude du néo-jacobinisme des lendemains de la Révolution au début de la Troisième République, vient d'être amplement retracée par François Furet, qui en montre heureusement la continuité, les inflexions, l'enrichissement, et qui insiste, naturellement, sur l'opposition qu'il y a entre ce courant et celui du libéralisme.[5]

Nous aimerions cependant ajouter deux remarques.

Il est bien vrai, d'abord, que dans les années 20, 30, 40 du siècle les néo-jacobins ont été attentifs aux nouvelles analyses du problème social, produites notamment par les Saint-Simoniens, et que leur populisme encore initialement flou, à la manière de 1793 ou de la Conspiration des Egaux, a tendu peu à peu à se préciser en socialisme. A parler "prolétaire" au lieu de parler "sans-culotte". Mais le fait que les néo-jacobins se soient colorés de socialisme ne signifie pas qu'en revanche tout le socialisme se soit jacobinisé! Nous rappellerons tous à l'heure au contraire qu'à la veille de 1848 il était possible d'opposer le "socialisme" associationniste, pacifique, humanitaire, anti-autoritaire, au "Jacobinisme", ou au Communisme qui en était la version populaire. Les Jacobins n'étaient donc pas contestés seulement par le Libéralisme de milieu bourgeois (c'est-à-dire Orléaniste ou Républicain d'école américaine) mais aussi par le Socialisme associationniste (utopique?) de milieu ouvrier.

D'autre part,—deuxième remarque—l'histoire du XIX^e siècle n'est pas un Duel entre Jacobins et Libéraux, comme Furet tendrait presque à le suggérer à force d'insister sur ce conflit, ni même un combat un peu plus complexe entre Jacobins, Libéraux et Socialistes. Elle garda longtemps comme un acteur d'importance majeure le parti de la Contre-Révolution autoritaire et cléricale . Et le contraste de doctrine et de sentiments entre Jacobins et Libéraux sera souvent atténué par leur besoin vital de résister ensemble (de 1820 à 1830, de 1851 à 1859, en 1873–74), à ceux qui n'étaient ni l'un ni l'autre.

Et c'est encore un fait de nature à brouiller l'histoire des idées.

Aussi bien celle-ci est-elle aujourd'hui amplement écrite; par François Furet, déjà nommé, par Claude Nicolet,[6] par la pléiade des historiens récents du libéralisme.[7] Nous ne les résumerons pas.

Nous ne songerons pas davantage à résumer l'étude alors pionnière des petits robespierristes (comme on dit les "petits romantiques") par Roger Garaudy,[8] ni celle des prophètes humanitaires des années 40 par Paul Bénichou.[9]

On essaiera de prolonger ces données par d'autres, plus fragiles mais plus rares, sur les types d'hommes ordinaires qui furent habités par ces tendances, et sur la perception que l'on eut d'eux dans la société bourgeoise du XIX^e siècle.

### "Vieux jacobins" et épigones en littérature

Bien des acteurs de la Révolution lui ont survécu longtemps. Mais les plus notoires l'ont fait en cessant d'être révolutionnaires. Accepter le 18 Brumaire, renoncer à une république directoriale décevante pour une "république" consulaire, se retrouver ainsi fonctionnaire de l'Empereur, et, tout au long de ces péripéties politiques, continuer à gérer le pays et la société, ainsi devient-on un Notable; ainsi se rend-on indispensable et peut-on même le rester au-delà de 1815.

Plus rares sont ceux qui, hostiles au Coup d'Etat, ont renoncé à toute fonction et ont pu garder le titre de "républicains", en échange, si l'on peut dire, de leur inactivité politique, voire de leur isolement.

Ces derniers personnages ont éte trop obscurs pour donner lieu à une étude prosopographique, et trop éloignés du pouvoir au XIX^e siècle pour faire l'objet de recherches classiques d'histoire sociale à base d'archives publiques. Ils ont cependant existé assez nettement aux yeux de leurs plus jeunes contemporains pour constituer un type littéraire, et atteindre l'histoire par cette voie détournée.

Je ne crois pas que l'on ait encore jamais rapproché les trois figures que voici.

D'abord, dans les *Paysans*, de Balzac écrit peu avant 1848, le personnage du vieux Niseron[10] (Il s'agit d'un personnage secondaire de ce roman).

> Vouté par le travail, le visage blanc, les cheveux d'argent, ce vieux vigneron, à lui seul toute la probité de la commune, avait été pendant la Révolution président du Club des Jacobins à La Ville-aux-Fayes et juré près du tribunal révolutionnaire au district. Jean-François Niseron, fabriqué du même bois dont furent faits les apôtres, offrait jadis le portrait, toujours pareil sous tous les pinceaux, de ce Saint-Pierre en qui les peintres ont tous figuré le front quadrangulaire du Peuple, la forte chevelure naturellement frisée du Travailleur, les muscles du Prolétaire, le teint du Pêcheur, ce nez puissant, cette bouche à demi-railleuse qui nargue le malheur, enfin l'encolure du Fort qui coupe des fagots dans le bois voisin pour faire le dîner, pendant que les doctrinaires de la chose discourent.
>
> Tel fut, à quarante ans, ce noble homme, dur comme le fer, pur comme l'or. Avocat du peuple, il crut à ce qui devait être une république en entendant gronder ce nom, encore plus formidable peut être que l'idée. Il crut à la République de J.J. Rousseau, à la fraternité des hommes, à l'échange des beaux sentiments, à la proclamation du mérite, au choix sans brigues, enfin à tout ce que la médiocre étendue d'un arrondissement comme Sparte rend possible et que les proportions d'un empire rendent chimériques. Il signa ses idées de son sang, son fils unique partit pour la frontière: il fit plus, il les signa de ses intérêts, dernier sacrifice de l'égoïsme. Neveu, seul héritier, du curé de Blangy, ce tout-puissant tribun de la campagne pouvait en reprendre l'héritage à la belle Arsène, la jolie servante du défunt; il respecta les volontés du testateur et accepta la misère, qui, pour lui, vint aussi promptement que la décadence de sa république.
>
> Jamais un denier, une branche d'arbre appartenant à autrui ne passa dans les mains de ce sublime républicain, qui rendrait la république acceptable, s'il pouvait faire école.

Puis (1862) dans *Les Misérables* de Victor Hugo, le vieux Conventionnel:[11]

> Il y avait près de Digne, dans la campagne, un homme qui vivait solitaire. Cet homme, disons tout de suite le gros mot, était un ancien Conventionnel. Il se nommait G.
> [en ville on parle de lui avec horreur, bien qu'il n'ait pas voté la mort du roi . . .]
> C'était un athée, d'ailleurs, comme tous ces gens là.—Commérage des oies sur le vautour.
> Il habitait à trois quarts d'heure de la ville, loin de tout hameau, loin de tout chemin, on ne sait quel repli perdu d'un vallon très sauvage. Il avait là, disait-on, une espèce de champ, un trou, un repaire. Pas de voisins, pas même de passants. Depuis qu'il demeurait dans ce vallon, le sentier qui y conduisait avait disparu sous l'herbe. On parlait de cet endroit-là comme de la maison du boureau.
> Un jour enfin le bruit se répandit dans la ville qu'une façon de jeune pâtre qui servait le convention-nel G. dans sa bauge était venu chercher un médecin, que le vieux scélérat se mourait, que la paralysie le gagnait, et qu'il ne passerait pas la nuit.
> [alors le saint évêque Monseigneur Myriel se décide à aller le voir il chemine dans le vallon, traverse les obstacles. Enfin il arrive.]
> C'était une cabane toute basse, indigente, petite et propre, avec une treille clouée à la façade.
> Devant la porte, dans une vieille chaise à roulettes, fauteuil du paysan, il y avait un homme en cheveux blancs qui souriait au soleil.
> Près du vieillard assis se tenait debout un jeune garçon le petit pâtre; il tendait au vieillard une jatte de lait.
> [Suit, entre le vieillard et l'évêque la célèbre conversation, en forme de controverse, très moderne, sur la Révolution, le Monde et Dieu. Le vieillard meurt. C'est l'évêque qui lui avait demandé sa bénédiction!]

C'est enfin (1883), dans les *Souvenirs d'enfance et de jeunesse*, de Renan, l'histoire du Père Système.[12] On est à Lannion, autour de 1830.

> Un personnage singulier, qui resta longtemps pour nous une énigme, compta pour quelque chose parmi les causes qui firent de moi, en somme, bien plus un fils de la Révolution qu'un fils des croisés. C'était un vieillard dont la vie, les idées, les habitudes formaient avec celles du pays le plus singulier contraste. Je le voyais tous les jours, couvert d'un manteau râpé, aller acheter chez une petite mar-chande pour deux sous de lait dans un vase de fer blanc. Il était pauvre, sans être précisément dans la misère. Il ne parlait à personne; mais son oeil timide avait beaucoup de douceur. [. . .]

[il a des idées. il les a exposées quelquefois à certains. Le mot de "Système" y figurait et comme ses rares interlocuteurs en ignoraient le sens, ils en firent un sobriquet: "Le Père Système".]

Il n'allait jamais à l'église et évitait toutes les occasions où il eût fallu manifester une foi religieuse matérielle.

[c'est très mal vu, cela fait horreur, . . .]

Il possédait une bibliothèque très considérable, composée d'écrits du XVIIIᵉ siècle. Toute cette grande philosophie qui, en somme, a plus fait que Luther et Calvin, était là réunie. Le studieux vieillard la savait par coeur et vivait des petits profits que lui rapportait le prêt de ses volumes à quelques personnes qui lisaient. C'était là pour le clergé une sorte de puits de l'abîme, dont on parlait avec horreur. L'interdiction de lui emprunter des livres était absolue . . .

Un matin, on le trouve mort dans sa pauvre chambre, au milieu de ses livres empilés. C'était après 1830; le maire lui fit le soir des funérailles décentes. Le clergé acheta toute sa bibliothèque à vil prix, et la fit détruire. On ne découvrit dans sa commode aucun papier qui pût aider à percer le mystère qui l'entourait. Seulement, dans un coin on trouva soigneusement enveloppé un bouquet de fleurs désséchées, liées par un ruban tricolore.

[énigme! une histoire d'amour? peu probable. Renan découvre un jour par analogie une hypothèse plus plausible. Vers 1840 la presse signale la mort à Paris, rue Saint-Jacques, d'un vieillard au passé mystérieux. Chez lui aussi on trouve un vieux bouquet fané, mais celui-là a une étiquette, où on lit "bouquet que je portais à la fête de l'Etre Suprême, 20 Prairial An II". Le Père Système était probablement, comme celui-ci, un ancien de la Convention, et de la République.]

Ces personnages ont pour traits communs d'abord leur âge. Un homme qui a eu trente ans en 1793 est un septuagénaire sous Louis-Philippe, mais ceci est bien évident. Il n'allait pas de soi, en revanche, qu'ils soient tous les trois présentés comme solitaires, mais ils le sont, comme si c'était un effet de la réprobation sociale, et pas seulement celui d'une démographie sévère encore. Ils sont pauvres, austères, sobres (notons ce détail: deux d'entre eux se nourrissent de lait, soit parce qu'ils n'ont plus de dents, soit parce que c'est sans doute alors l'aliment le plus nourrissant pour le moindre coût), mais l'on nous suggère que leur sobriété tient un peu de la pauvreté et un peu d'une vertu de vieux romain. Ils sont isolés et entourés de réprobation, malgré leur caractère désormais totalement inoffensif. Ils sont absolument fidèles à la grande époque qu'ils ont vécue. Enfin ils se tiennent résolument à l'écart de l'Eglise catholique, comme si ce refus constituait le dernier de leurs principes, et le seul militantisme qui leur soit encore accessible.

Au total, dans l'esprit de nos narrateurs, l'image de ces vieillards est nettement sympathique, puisqu'ils sont curieux et originaux, sincères et dénués de tout moyen d'action.

On peut saluer sans risque le vestige d'une espèce étrange, et qui ne peut plus mordre. On peut même, comme Balzac, s'offrir le plaisir d'opposer la vertu du révolutionnaire de l'An II à la vilenie du "révolutionnaire" de 1830.

Mais comment est-il, précisément, le révolutionnaire issu des Trois Glorieuses? La littérature le connaît aussi.

Le vainqueur de Juillet peut être un bourgeois libéral, satisfait de la monarchie orléaniste. Flaubert, dans *Madame Bovary*, en a tracé, sous le nom de Monsieur Homais, un portrait admirable par sa pénétration et par la multiplicité de ses touches. Mais il ne nous concerne pas ici, où nous ne recherchons que des républicains.

C'est dans l'*Education Sentimentale* que le même Flaubert en a retracé plusieurs types, avec une précieuse conscience de leur diversité.

Cinq personnages font l'objet de présentations assez complexes, avec d'autres, plus nombreux mais à peine entrevus. Ce sont des types sociaux et des types psychologiques à la fois, plus que des types politiques. Ou plutôt on devine la nuance politique derrière les traits de situation et de caractère, et parfois à travers le comportement. Deux d'entre eux, vers 1848, appartiennent à la génération des hommes mûrs; ils sont donc nés à peu près avec le siècle, ce sont Regimbart et Arnoux. Les trois autres, membres de la petite bande des amis de Frédéric, sont nés, comme Flaubert lui-même, au début des années 20; ils ont donc entre 20 et 30 ans. Ce sont Deslauriers, Dussardier et Sénécal. Mais ce n'est pas la différence de générations qui compte le plus, on va le voir.

Des deux aînés, l'un, Arnoux est un commerçant, habile et inventif, un peu trop brasseur d'affaires; de moralité élastique dans tous les domaines, mais brave homme. Républicain à la fois convaincu et opportuniste. Légèrement méprisable, finalement plutôt sympathique. Regimbart au contraire est un fantoche. Petit bourgeois oisif. Ancien soldat peut être? en tous cas pilier de cabaret, intoxiqué par la lecture permanente des journaux,[13] qui forme sa seule occupation, puisqu'il est entretenu par sa femme, tenancière d'un petit commerce. Il est ferme de conviction mais borné; il n'a qu'une solution aux difficultés politiques: "Prenons le Rhin!" A ce détail on le voit grand admirateur de l'épopée de 1792, ce qui confirme le surnom sous lequel il est connu, "le Citoyen".

Même diversité chez les jeunes gens. Deslauriers, avocat sans fortune est un peu l'équivalent d'Arnoux. Républicain sans appartenance précise, habile et intelligent, bon garçon et peu scrupuleux, surtout arriviste, et qui arrivera au statut de notable provincial. Dussardier, le seul ouvrier de la petite bande, est au contraire un pur: bon, sensible, généreux, naïf et dévoué; humanitaire; facilement docile (en Juin il se bat "pour la République" sous Cavaignac, mais il a vite des scrupules: n'était-ce pas "combattre le Peuple?"). Au 2 Décembre, il essaiera de la Résistance et il y trouvera la mort.

Sénécal enfin est présenté comme un maniaque; nous dirions aujourd'hui un caractériel; puritain, autoritaire, rigide dans son comportement social, il adopte les versions les plus outrancières de l'idéal du Progrès, parce qu'il retrouve en elles son systématique foncier. Il finira policier et c'est lui qui, dans le drame de Décembre 51, tuera le bon Dussardier!

Aucune de ces façons d'être républicain n'est très engageante. Aussi bien Flaubert, à la date où il composait ce roman, n'était-il pas encore lui-même rallié à la République. Mais il y a des degrés dans son scepticisme réprobateur.

Un seul personnage est nettement sympathique, puisque innocent et inoffensif, c'est l'ouvrier Dussardier. Deux hommes assez ordinaires inspirent à l'auteur quelque mépris mais point de hargne, Arnoux et Deslauriers. Mais deux autres sont à la fois ridicules et détestables, Regimbard et Sénécal, ceux qui vivent la République avec un sectarisme à la fois intime et doctrinal, indissolublement.

Ainsi le stéréotype de Jacobin commence-t-il à se dégager de la typologie républicaine.

Pour Hugo ou Balzac, dont les pages citées faisaient déjà de l'histoire, le "vieux jacobin" a sans doute été un jacobin stricto sensu (membre du Club de ce nom, ou d'un club affilié), et il se définit surtout par le fait d'avoir activement vécu cette époque.

Pour Flaubert, romancier analyste d'un présent plus jeune d'un demi-siècle, il n'existe évidemment que des "jacobins" par adoption rétrospective, des "jacobins" au sens figuré, et la définition, plus précise, ne saurait s'appliquer à tous les adeptes de la République mais seulement à certains d'entre eux, spécialement typés. C'est beaucoup tirer, dira-t-on, de la littérature.

Mais elle n'est pas seule à nous révèler que l'idée de Jacobinisme, dans les années 40, avait glissé du souvenir vécu de l'An II à son souvenir idéalisé et exemplarisé, et qu'elle en arrivait par là à désigner la mauvaise façon d'être républicain.

## Emergence d'une catégorie

Il nous paraîtrait aujourd'hui évident de désigner un républicain non jacobin comme un républicain libéral. Mais la notion de républicain libéral est-elle bien constituée avant 1848? il est plus certain, en revanche, qu'avant 48 l'antithèse naissante au républicanisme autoritaire était le "socialisme", alors défini comme humanitaire, anti-Etatique et anti-politique.

Nous en avons souvent emprunté le témoignage à Emile Ollivier (né en 1825), témoin, acteur, puis historien et mémorialiste.[14] Fils d'un père républicain, conspirateur et militant infatigable, Emile a été soustrait au jacobinisme de l'héritage paternel par la sensibilité romantique de sa génération. Sympathique aux souffrances des humbles, il ne peut pas chercher l'antidote à la violence dans le libéralisme des bourgeois, qui est oligarchique, et brutal à l'occasion. C'est donc l'idée socialiste qui fournit pour lui l'alternative au jacobinisme et, en somme, la bonne façon d'être républicain. A la limite même, il trouvera préférable un "socialisme" sans République à une République jacobine, et on sait que sa carrière effective traduira cette conviction. Mais tenons-nous en au témoin et à l'histoire.

A propos des années 1840, il note comme caractéristique l'apparition un peu partout de républicains "raisonnables", refusant "le tout ou rien", gens "de bon sens", en Italie un d'Azeglio (face à l'intransigeant Mazzini), en France Arago, Carnot et Lamartine (face à l'intransigeant Ledru Rollin), et il poursuit:

> L'immense majorité du prolétariat s'y rallia (à cette conversion au gradualisme non violent). Depuis quelque temps une évolution s'opérait dans son esprit; de républicain il se faisait socialiste. Il en venait à croire que la question des formes de gouvernement est accessoire, que si souhaitable que fût la République il ne fallait pas perdre ses forces à poursuivre son avènement, qu'après tout une monarchie favorable aux améliorations sociales serait préférable à une république de bourgeois.[15]

Et, plus nettement encore, sur un éloge des utopistes des années 40 (Pierre Leroux, Victor Considérant), il enchaîne:

> Leur action même ne fut pas sans résultat bienfaisant. Jusque là le peuple démocratique appartenait aux Jacobins, uniquement préoccupés de conquérir le gouvernement et son budget per *fas et nefas*; ils le lui arrachèrent en partie, et ils opposèrent à leur *compelle intrare* la liberté de la discussion, professant de n'attendre la transformation sociale que d'un acquiescement volontaire. Afin de se distinguer des révolutionnaires purs, dont Blanqui conduisait la gauche et Ledru-Rollin la droite, ils s'appelèrent socialistes, c'est-à-dire les apôtres d'amour et de paix, par opposition aux sectaires de haine et de combat.[16]

On voit la typologie qu'il nous propose. Le Jacobin est républicain, il ne peut pas être autre chose, puisqu'il a besoin de l'Etat, et qu'un Etat populaire est nécessairement républicain: toutes les monarchies ont été en effet oligarchiques à leur manière. C'est ce primat du politique comme moyen d'action qui caractérise le jacobin; en revanche le contenu de la politique à mener peut offrir des nuances, puisque Ledru-Rollin et Blanqui n'ont pas vraiment le même programme. Ledru-

Rollin est robespierriste (on disait plutôt, à l'époque, de l'école de la Convention—mais c'est tout comme) sans être communiste, alors que Blanqui est Robespierriste (via Babeuf) et communiste. Primat du politique, donc République, Patrie, élections, barricades pour y parvenir, mesures de Salut public, au besoin, pour se maintenir.

Le socialiste au contraire est généralement républicain (tels étaient Leroux, Considérant, Proudhon, Louis Blanc, et tant d'autres) mais il peut à la rigueur ne pas l'être (le prisonnier de Ham se disait socialiste en même temps que Napoléonien, et le vicomte Hugo socialiste en même temps que fidèle au roi des Français). L'essentiel est la pitié à l'égard de la misère. D'où la méfiance à l'égard du surcroît de maux qu'entraîne la violence politique, et la volonté de soulager le mal social sans attendre demain, par la mutualité, la coopération, l'association, avec l'aide de l'Etat si possible, sans Lui s'il le faut.

Emile Ollivier n'a pas inventé cette antithèse entre Jacobinisme (Politique d'abord, République nécessaire, violence éventuelle acceptée) et Socialisme (Social d'abord, République seulement préférée, Humanitarisme). Il l'a peut être accentuée pour les besoins de sa justification, mais peu importe ici.

Nous avons eu déjà l'occasion de signaler un écho de ce même thème dans le couplet final du "Chant des Ouvriers" de Pierre Dupont, écrit en 1846:

> A chaque fois que par torrent
> Notre sang coule sur le monde
> C'est toujours pour quelque tyran
> Que cette rosée est féconde.
> Epargnons-le dorénavant,
> L'amour est plus fort que la guerre,
> En attendant qu'un meilleur vent
> Souffle du Ciel, ou de la Terre.[17]

Cette divergence alors évidente est un peu oubliée aujourd'hui parce qu'elle ne s'est pas développée. Le socialisme Apolitique, tournant le dos à l'Etat pour "organiser le Travail" et faire grandir de proche en proche un réseau d'associations de producteurs (utopie?), ne s'est pas réalisé. Et le socialisme non républicain, lié par exemple au bonapartisme, tel que l'avait encouragé Napoléon III dans les années 60, a finalement échoué. Une raison en est sans doute qu'avant d'être l'Empereur audacieux de 1860, Louis-Napoléon avait été, comme Président de la République, puis comme chef de l'Empire autoritaire, l'associé, de bon ou de mauvais gré, d'une bourgeoisie répressive.

De 1848 à 1851, et même, malgré quelques exceptions, à 1860, le Parti de l'Ordre a détesté et frappé les socialistes et leurs velléités d'organisation pacifique tout autant que les oppositions, les complots et les rébellions des politiques. Et, les frappant ensemble, il les a rapprochés au lieu de les disjoindre. Ainsi le socialisme est-il—de l'aveu même d'Emile Ollivier, qui le regrettait—devenu "jacobin", c'est-à-dire dans son esprit, à la fois mauvais et républicain.

Encore Emile Ollivier, emporté par son système, omettait-il de rappeler comme nous l'avons fait que, jusque dans la Commune de Paris, une résistance socialiste anti-autoritaire surgirait contre le mimétisme jacobin.

Mais peu importe ici. C'est l'historien témoin des années 40 qui nous était précieux pour attester l'émergence d'un portrait du jacobin en tant que distinct de la masse grandissante et moins accentuée du peuple républicain.

## Un néo-jacobin bien compliqué

A ce point, il faudrait rassembler des portraits réels, sans nous contenter des héros de fiction déjà entrevus.

En voici un du moins, qui est assez riche.

Juliette Lambert (dite Lamber, épouse d'un certain Lamessine puis, après son veuvage, d'Edmond Adam) a tenu pendant près d'un demi-siècle, du milieu du Second Empire à la veille de la première Guerre Mondiale, un des principaux salons politiques de Paris. Elle a publié sept volumes de Souvenirs, autobiographiques, comme il se doit, pour les premiers, chronique politique pour les suivants.[18] Sa génération est celle des républicains d'opposition à l'Empire, devenus les fondateurs de la République opportuniste. Brouillée avec Gambetta à cause de "l'abandon de la Revanche" (elle jugeait trop complaisante pour Bismarck la diplomatie prudente de Gambetta et de Ferry), elle évolua par la suite assez naturellement vers le nationalisme. Entrée en politique dans le sillage très républicain libéral, très bourgeois et très mondain de la Comtesse d'Agoult, elle avait été formée, toute enfant, dans une famille originale, divisée, et compliquée. Ses parents étaient séparés; la mère assez falotte. Les grand parents maternels, plus influents, étaient nettement bourgeois; quant au père, épisodique mais fascinant, adoré de loin . . .—mais c'est de lui qu'il s'agira.

> Ma grand'mère était orléaniste-gouvernementale, mon grand'père passionnément impérialiste, et il fallait l'entendre dire l'Empereur avec son grasseyement; mon père se déclarait jacobin.[19]

C'était un caractère, aussi (Mais peut-on être un extrémiste, et par conséquent un isolé, sans avoir un fort tempérament?). Il avait:

> une générosité de coeur admirable, une droiture de sectaire, passionnément convaincu dans ses exaltations, et immodifiable.[20]
> Avec sa puissance d'arguments, la plupart négateurs, et sa bonté vivifiante, (il) s'empara de mon esprit et m'entraîna dans ses idées.[21]

Jean-Louis Lambert, tel qu'il apparaît à travers d'innombrables touches éparses dans ces deux volumes et que nous ne saurions toutes reproduire, était évidemment très doué, bon et sensible, intelligent et cultivé, capable d'être alternativement charmeur et exaspérant, tant par ses intransigeances que par ses colères. On craint ici qu'il ne soit trop brillant et trop original pour être bien typique, et on ne le donnera pas pour tel. Mais on peut retenir quelques traits suggestifs.

D'abord, c'est un prêtre manqué, et un anticlérical farouche. Enfant bien doué de cultivateurs picards aisés, il a été destiné à la prêtrise. Il a abordé le séminaire avec une foi ardente puis, choqué par ce qu'il crut surprendre un jour de tiédeur et d'hypocrisie chez ses condisciples et ses maîtres, il partit, rompit et finit, après quelques péripéties, par rejoindre le siècle et devenir médecin et chimiste amateur. La haine de l'Eglise sera son sentiment le plus fort et le plus durable.

La baptême forcé de la petite Juliette âgée de huit ans, à l'instigation des grands-parents et en l'absence du père, donne lieu à quatre pages de fort pittoresque tragi-comédie. Au terme du récit:

> j'entends encore les exclamations poussées par ma grand'mère:
> "Elle n'était pas baptisée, elle n'était pas baptisée! Mon gendre est un fou dangereux avec ses idées démocratiques sociales, sans Dieu, mon Dieu! C'est la fin de la religion, de la famille, de la propriété, c'est la fin du monde que ces idées-là."
> Cette longue phrase, avec tous ses termes, depuis "mon gendre est un fou dangereux", je l'ai encore dans l'oreille parce qu'elle n'a cessé de résumer les griefs politiques de ma grand'mère contre mon père durant des années.
> Les mots de jacobin, de républicain, de socialiste, les noms de Robespierre, de Saint-Just, de Louis Blanc, de Pierre Leroux, de Proudhon, de Ledru-Rollin, dits et redits avec épouvante par mes grands-parents et avec une sorte de culte par mon père, entraient dans ma mémoire et plus encore dans ma pensée. Le "mon gendre est fou" commençait l'antienne, et le "sans Dieu, mon Dieu" la terminait; le milieu en était varié selon les circonstances, mais les mêmes mots, les mêmes noms s'y entrecroisaient[22].

Certes tous les anticléricaux du XIXe siècle n'étaient pas des évadés du séminaire, et Jean-Louis Lambert n'est pas plus représentatif que le Julien Sorel de Stendhal. Mais la vieille femme qui retient dans la liste des abominations jacobines le "Sans Dieu" comme la plus intolérable de toutes a sans doute à nous apprendre, sur le conservatisme du siècle dernier, une vérité oubliée. On songe à ces Etats Islamiques de notre siècle dans lesquels il est avéré que le Communisme est bien plus honni comme athée que comme protestataire social.

En 1848 l'antichristianisme de notre Lambert devenu maire de son village ne sera pas claironné, l'expression en sera seulement plus courtoise puisque le curé aura accepté de bénir l'arbre de la liberté. Point d'insultes donc, mais pas non plus de vague conciliation. C'est la controverse publique, qui offre aux spectateurs une vraie petite joute oratoire.[23]

A la fin de sa vie, Lambert subira bourgeoisement l'Empire de Napoléon III, et les mémoires de sa fille ne parlent de lui qu'en deux occasions: en 1856 la naissance du prince impérial l'exaspère, d'abord parce que l'enfant est voué à prolonger l'Empire, mais aussi et surtout parce qu'il est filleul du pape. Et, en 1863, la lecture de la *Vie de Jésus* de Renan lui offre sa dernière jubilation.[24]

Le refus hostile du catholicisme dominant a donc bien été le plus solide fil conducteur de sa vie. Nous avons déjà recontré cela tout à l'heure.

Quant aux idées politiques de Lambert, nous devons de les bien connaître grâce à l'heureux hasard qui l'a fait vivre à Blérancourt (Oise) où survivait la famille de Saint-Just, un neveu, tout bonnement pharmacien, et une soeur, douce vieille dame; l'un et l'autre redevenus royalistes, mais néanmoins fidèles au souvenir d'un parent malheureux, à leurs yeux pur et bien intentionné. C'est par Saint-Just, gloire locale, que Lambert entreprend l'éducation révolutionnaire de sa fille, et nous expose indirectement sa conception de l'histoire. La Justice exige l'Egalité, la Pitié veut le bonheur des humbles, la Violence est donc permise pour parvenir à ces deux fins. Mais écoutons la mise en contexte à fondement historique.

> Mon père m'emmenait partout avec lui, à pied, dans ses visites à ses malades aux alentours. Il m'apprenait à conduire son cheval, très vif, et, dans sa voiture à deux places, nous allions, par les bonnes et mauvaises routes, voir les pauvres et les riches, les pauvres surtout.
> Je lui parlais de mes études d'histoire, des opinions de ma grand'mère, que je partageais.
> "Vois-tu", me disait-il, "ta grand'mère et toi, vous admirez avec raison Louis XI et Louis XIII parce que vous croyez toutes deux que, sous leur règne, les grands ont été abattus; or, ils n'ont changé

que de condition vis-à-vis de la royauté. Ils sont devenus courtisans, ils ont été domestiqués par les rois, mais ils restaient à peu près les même vis-à-vis des bourgeois et du peuple; ils continuaient à maintenir avec leurs inférieurs les distances que les souverains avaient établies avec eux. L'égalité n'était nulle part avant la Révolution. Elle seule a commencé le grand oeuvre. Laisse-moi te parler de Saint-Just, avec lequel, parmi les révolutionnaires, je me sens le plus en compréhension. Il est pour moi l'ami connu et perdu. Je te conduirai chez sa soeur, tu verras comme elle est distinguée et douce, tu l'amuseras. Elle parle de son frère avec tant d'affection qu'il ne sera plus pour toi, mon Saint-Just, le coupeur de têtes de ta grand'mère, le monstre de ton grand'père."

—"Ah! par exemple, papa, moi être comme toi l'ami d'un affreux Saint-Just ou d'un horrible Robespierre, jamais."

—"Qu'en sais-tu? on ne t'a jusqu'ici fait entendre qu'une cloche et qu'un son. Tu détestes l'injustice, tu aimes les humbles et les petits; tu absoudras ceux qui les ont émancipés dans le sens de la justice, même violemment. Vois-tu, dans la politique, on n'a jamais de mesure. C'est une balançoire! ajoutait-il en riant. On est lancé par elle deux fois aux extrêmes et l'on ne passe qu'une fois sur trois au milieu."

—"Moi, papa, je suis pour les milieux, les plus justes milieux; comme ma grand'mère, je déteste les extrêmes de ta balançoire politique."

—"Juliette, tu n'es pas sérieuse."

—"Mais, papa, c'est toi qui as commencé avec ta balançoire."

—"Eh bien, je me repens, et je veux te dire une fois pour toutes que même la grande Révolution n'en a pas fait assez."

—"Ah! l'horreur! papa."

—"Non. Ecoute-moi bien. Les seigneurs avaient opprimé les serfs, tu sais comment et tu le sais bien, tu en parles même savamment; ta grand'mère et toi, vous jugez les 'grands' comme ils doivent l'être, mais ce n'est pas tout, il ne faut pas s'arrêter en chemin; depuis que les seigneurs sont abattus, d'autres oppresseurs, tout aussi durs, tout aussi tyranniques pour les humbles et les petits, les on remplacés, et ceux-là n'ont pas la vaillance et l'allure qu'ont eues les féodaux, les gens de la chevalerie. Les 'grands' d'aujourd'hui sont les grands bourgeois. Il faut de nouveaux Louis XI, de nouveaux Richelieu, une autre Révolution, pour détruire cette autre féodalité. Les nouvelles formules sont trouvées, ma Juliette, pour que le règne de la justice absolue s'ouvre enfin, et ce sera par la République, par les principes de liberté, d'égalité, de fraternité. Il n'y aura plus ni richesses exagérées, ni complètes misères. La souffrance, comme la justice, sera distribuée équitablement."

—"Ce sera bien beau, ce temps-là, papa, mais arrivera-t-il jamais?"[25]

L'intelligente enfant se demande (ou peut être plutôt la vieille dame qu'elle est devenue à son tour et qui reconstitue le souvenir, mais peu importe) s'il n'y a pas du caractériel derrière la théorie de la violence acceptée. C'est un vrai problème, dont voici comment le père et la fille l'exposaient:

J'avais cependant le secret instinct que la violence de mon père, dont il donnait des preuves trop fréquentes, pourrait en faire un méchant comme son Saint-Just pour les fortunés, aussi bien que sa bonté en faisait un bon pour les malheureux. Et je voulais savoir si je devinais juste. C'était une cachette intérieure à découvrir.

Après tout ton Saint-Just, je le veux bien, aimait les petits autant que toi, dis-je un jour à mon père, mais tu ne peux pas me prouver qu'il n'ait pas été un cruel, qu'il n'ait pas tué.

Mon père me répondit:

"L'action change la nature des hommes, il faut juger Saint-Just sur ses intentions."

—"L'enfer en est pavé, papa."

Je savais ce que je voulais savoir.

"Quoi qu'en dise ta grand'mère, ajouta mon père, je n'aime pas Robespierre parce qu'il fut jacobin-né. On ne doit pas naître jacobin. On peut le devenir, mais il faut tout d'abord s'être senti humanitaire. La férocité n'est permise que pour la défense des principes et de la patrie en danger. Il faut, pour la légitimer, qu'il y ait eu provocation."[26]

Sa violence était-elle donc doctrinale ou congénitale? était-il jacobin de raison, comme il le croyait? ou jacobin-né, quoi qu'il en pensât? nous ne pouvons le savoir.

Au reste la question des rapports entre le caractère d'un individu et l'opinion qu'il choisit est bien trop complexe pour être ici traitée complètement; il suffit que nous sachions comment un neó-jacobin de base se justifiait lui-même en ce temps.

Son amour du peuple en tous cas paraît avoir été bien réel. On ne fait pas sa vie entière le médecin des pauvres sans une vocation véritable au dévouement.

Mais Lambert amalgamait sa philanthropie à son système jusqu'à vouer au peuple de l'admiration autant que de la pitié. Il voyait dans les masses toutes les vertus, au moins à l'état latent, et il ne doutait pas que, sitôt libéré par la révolution, ce peuple idéalisé ne suscite une société idyllique.[27] Dans les souvenirs de sa fille, cela nous vaut encore quelques pages pittoresques, celles où elle nous expose l'intention qu'il exprima un jour de la marier à un ouvrier (que l'on se rassure! il n'y parvint pas . . .),[28] et celles où elle nous apprend qu'il portait volontiers la blouse; il est vrai qu'il affectait de croire que la blouse était le sayon des gaulois, et la Gaule était aussi l'une de ses marottes.[29]

Car il en avait beaucoup.

Le dernier trait à retenir de ce portrait-souvenir, dont la multiplicité de touches fait le prix, apportera un complément utile à la dichotomie jacobin-utopiste que nous avons vue tout à l'heure avérée.

Le jacobin Lambert, quoique partisan de la dictature sanglante, était un des premiers abonnés et un lecteur fidèle de la *Démocratie pacifique*, du fouriériste Victor Considérant!

Il devait parler souvent aussi de Louis Blanc, de Pierre Leroux, de Proudhon, puisque nous avons entendu ces noms dans la litanie d'horreurs énumérée par sa belle-mère. Il connaissait et recevait des fouriéristes; il était et restera longtemps lié à Toussenel, connu aujourd'hui surtout pour l'aspect antisémite de son oeuvre, mais qui était alors notoire aussi comme phalanstérien, matérialiste, et ami des animaux.

Lambert prenait quelque chose à tous les non-conformismes.

Il n'est pas question de rejeter ici comme fausses les distinctions que nous avons posées tout à l'heure à la suite de Flaubert ou d'Emile Ollivier; comme types humains, on pouvait distinguer les enragés et les doux rêveurs; comme théoriciens, des néo-jacobins et des associationnistes, des gens à barricades et des gens à utopie.

Mais notre jacobin-fouriériste a existé aussi, et il témoigne pour l'existence d'un autre processus plausible: toucher à tout, (à tout ce qui est non conforme) c'est sentir la solidarité de toutes les révoltes, c'est affirmer globalement son opposition au monde et à la Société tels qu'ils sont. Pour nous qui analysons tout cela de haut et de loin, le souvenir de Saint-Just et l'utopie de Fourier, la guillotine et les ruisseaux de lait, nous paraissent distincts et incompatibles. Mais il y eut des êtres curieux qui pensaient combattre d'autant mieux qu'ils collectionnaient plus d'hétérodoxies!

Lambert, nous l'avons dit, en collectait bien d'autres! il était à la fois Gaulois et Grec (entendons celtisant et néopaïen), il était féministe et ami des animaux—mais la place nous manquerait pour le suivre partout. Serait-ce utile? peut être. On peut certes voir dans ce curieux bonhomme l'histoire d'un individu singulier, à la fois plus doué, plus lettré et plus bizarre que la moyenne. Mais il y a aussi quelque chose d'époque dans cette avidité à rechercher tout ce qui échappe au Catholicisme et qui le contredit; dans cette aspiration à un syncrétisme qui remplacerait la Religion romaine, colonne vertébrale d'un monde que l'on n'aime pas. Que ce syncrétisme paraisse parfois délirant n'a rien d'extraordinaire.[30] C'est un fait majeur, quoique trop rarement rappelé, de l'histoire morale du XIXe siècle français:

l'Eglise y a subi, de par la Révolution, un tel recul d'influence que la pensée rationaliste n'a pas pu occuper la totalité du terrain perdu. Sur la place ainsi disponible,
toutes les anti-, pseudo- ou quasi-religions, tous "les systèmes", ont proliféré.

Ce caractère un peu fou de l'esprit et du climat de quarante-huit s'explique par
là. Il nous restait à apprendre que le jacobinisme pouvait aussi, parfois, participer
à ces amalgames.

## Vers le linceul de pourpre?

Mais c'est peut être qu'il était aussi, à sa façon, un nouveau culte? Malgré la survie,
jusqu'aux approches de 1848, de quelques émouvants débris, comme le Père
Système, ou la vieille dame de Blérancourt, malgré le prolongement dans les sectes
blanquistes d'un programme politique violent, la Révolution, et surtout la Révolution de l'An II, n'appartenait plus au passé perçu comme proche et comme susceptible de continuation. Parenthèse récente, mais refermée, et comme effacée par
Napoléon et par les monarchies sages, elle semblait plus lointaine qu'elle n'était.
Elle avait pris le rôle ou la fonction d'un réservoir de légendes et de demi-dieux.
Le Jacobinisme se disposait à entrer dans la mythologie française.

## Notes

1.  Telle est l'acception impliquée dans le titre de la "Société des études robespierristes", éditrice des
    *Annales historiques de la Révolution française*.
2.  F. Furet, *La Gauche et la Révolution française au XIXᵉ siècle* (Paris, 1986).
3.  *La Révolution, 1770–1880, Histoire de France* (Hachette) tome IV (Paris, 1988). Nous sommes
    reconnaissant à François Furet de nous en avoir communiqué le manuscrit avant impression.
4.  A Marseille l'avant-garde radicale parlait tout bonnement d'emprisonner les Jésuites . . .
5.  Dans l'ouvrage cité ci-dessus, note 3.
6.  *L'idée républicaine en France* (Paris, 1982).
7.  L. Girard, A. Jardin, P. Rosanvallon, P. Manent, F. Mélonio, . . .
8.  *Les sources françaises du socialisme scientifique*.
9.  *Le temps des prophètes* (Paris, 1977).
10. *Les paysans*. Chap. XII, oeuvres complètes, Paris, ed. Calmann Lévy, tome XIV, pp. 407–599.
11. *Les Misérables*. Livre I chap. X, oeuvres complètes, Paris, coll. Bouquins, Roman II, pp. 531–599.
12. *Souvenirs d'enfance et de jeunesse*, cité d'après la réed. Calmann Lévy, Paris, 1966), pp. 69–72.
13. La grande tare, pour Flaubert. Il l'attribue aussi à M. Homais, et il la stigmatise sans cesse dans sa
    *Correspondance*.
14. Dans notre article "Emile Ollivier, socialisme et bonapartisme" (Colloque *Socialismes français*
    sous presse aux éditions SEDES-CDU—aussi dans Maurice Agulhon, *Histoire Vagabonde*, tome
    II, pp 68 à 84) et dans l'Introduction à Emile Ollivier *1789 et 1889*, réédition à paraître en 1989
    dans la Librairie du Bicentenaire (Aubier éditeur).
    Sur Emile Ollivier, l'ouvrage collectif *Regards sur Emile Ollivier*, dirigé par A. Troisier de Diaz
    (Paris, 1985).
15. *L'Empire libéral*, 17 volumes (Paris, 1895 à 1915), tome I, p. 360.
16. *Ibid.*, tome I, p. 387.
17. Pierre Dupont *Chants et Chansons* (Moussiaux, 1850).
18. Juliette Adam, *Souvenirs politiques et littéraires*, 6 volumes . . . Tome I, *Le roman de mon enfance
    et de ma jeunesse*, tome II, *Mes premières armes politiques et littéraires*.
19. Tome I, p. 89.
20. Tome I, p. 3.
21. *Ibid.*
22. Tome I, p. 88.
23. Tome I, pp. 288–89.
24. Tome II, p. 27 et pp. 420–21.
25. Tome I, pp. 106 à 108.

26. Tome I, pp. 110–11.
27. Tome I, p. 274, p. 349.
28. Tome I, pp. 266–67.
29. Tome I, pp. 272–73.
30. Phillippe Muray, *Le XIX^e siècle à travers les âges*.

# CHAPTER 29

# A New Religion of the Left: Christianity and Social Radicalism in France, 1815–1848

EDWARD BERENSON

THE nineteenth century has long appeared to us as the century of unbelief and dechristianization, as the time when France was secularized once and for all. We see the period this way because we know how the century turned out. We know that it ended with the secularization of the schools, the legalization of divorce, the victory of Dreyfus and, ultimately, with the separation of church and state. Viewed, however, from 1800 instead of 1900, the picture is entirely different. It is one of Catholic revival and anti-materialism, of the search for a new spirituality and a "new Christianity".

The first half of the nineteenth century was nothing if not religious, and one of the most dramatic developments of this era was the formation of a new discourse on equality, of a left-wing critique of economic liberalism and the "*juste milieu*" that owed its language and its inspiration to the religion of Jesus. During the 1830s and 1840s, virtually everyone who considered himself a socialist claimed to be inspired by Christianity or even by Catholicism itself. The Gospels were everywhere, and Jesus, it seemed, was the founding father of revolutionary change.

This portrait of socialism and political dissent as immersed in Christianity in the years before 1848 is by now reasonably well known among those who study the workers' movement and the French Left.[1] What is less understood is how and why this Christian conversion came about. There is a general sense that the Romantic movement played a central role in Christianizing the Left, but we need, I think, to look further into why a Romantic sensibility took hold so deeply and so widely. Hostility to the new market society and to the economic liberalism that went with it provides part of the answer, but only part. At least as important are developments within Catholicism itself and within the French educational system, developments that facilitated the reception among working people of this left-wing Christian discourse. As Catholicism became increasingly christocentric in the years following the French Revolution—that is, focused its faith on an accessible, even populist, image of Christ—members of the Church themselves helped

543

create a religious mentality that the Left could later use to its benefit. So did primary school teachers, who played a major role in ensuring religious instruction in the early nineteenth century.

Beyond the christocentrism of church and school, perhaps the most important impetus for Christianizing the Left came from within the French revolutionary tradition itself. The failure of insurrection in 1834 and then again in 1839 moved republicans, socialists, and communists alike to reject the violence and conspiratorial politics associated with the French Revolution. Instead, they turned to a new source of change, one that would be peace-loving, unifying, and spiritual, that would change individuals as the means of changing society. The French Revolution failed, voices on the Left began to assert, because its leaders had tried to transform society and government without changing people first. The approaching revolution of the nineteenth century would succeed, it was now proclaimed, not through violence, but by creating a community of believers committed to the fraternal message of Jesus Christ. A new Christianity, or, at least, a purified one, would provide the moral underpinnings of a truly egalitarian order. Far from being incompatible with the ideals of 1789 and 1793, the revival of Christianity would make them possible.

The religiosity of the 1830s and 1840s represented no mere effort to create a secular religion. Nor was it the civil religion of Rousseau or the deist spirituality of Robespierre. For Rousseau, as for Robespierre, Christianity and republicanism were mutually contradictory, "chacun de ces deux mots exclut l'autre", Rousseau wrote in *Du contrat social*. "Le christianisme ne prêche que servitude et dépendance. Son esprit est trop favorable à la tyrannie pour qu'elle n'en profite pas toujours."[2] Unorthodox and anticlerical though it may have been, the left-wing religiosity of the July Monarchy was genuinely Christian. For the most part, republicans and socialists believed Jesus to be divine, his teaching sacred. They showed impressive familiarity with the Gospels and with the New Testament in general. And they expressed awe, reverence, and obedience to God. Unlike the clergy, however, they embraced Christianity not for any hope of salvation in the afterlife, but for the promise of justice and perfection in the here-and-now. Left-wingers brought Christianity down to earth, but they did not strip it of its spirituality. From ordinary workers to middle-class theorists, opponents of the July Monarchy were not content with rational arguments for change; they wanted something to believe in. And the more they hoped to recreate individuals and society anew, the less the French Revolution sufficed as an object of belief. The Revolution may have been a beacon of liberty, but Jesus alone, they said, had achieved individual and social regeneration; Jesus alone embodied equality and fraternity. After 1830, reformers seemed more interested in equality and fraternity than liberty—in reaction perhaps against economic liberalism—and it was to Jesus and his religion that reformers turned.

No one recognized this turn to Christianity more clearly than Friedrich Engels, who appeared not a little dumbfounded by the phenomenon:

Il est tout à fait remarquable qu'au moment où les socialistes anglais sont en général opposés au christianisme et sont forcés de supporter tous les préjugés religieux d'un peuple réellement chrétien, les communistes français qui appartiennent à une nation réputée pour son incroyance sont eux-mêmes chrétiens. Une de leurs maximes favorites est "le christianisme, c'est le communisme" et, à l'aide de la Bible, ils s'efforcent de le prouver par ce fait que les premiers chrétiens ont dû vivre dans le régime de la communauté des biens.[3]

Engels offered no explanation for the communists' Christianity, which he nonetheless took to be genuine, and he erred only in underestimating the widespread religious sensibility to which they appealed.

French observers tended not to make the same error. Some of them were as bewildered as Engels by the era's Left-wing religiosity, but few underestimated the extent to which a religious revival had occurred. Engels's view of France as a land of unbelief was two decades out of date. In 1840, it was "à la mode d'avoir de la religion", as the once-Voltairian editors of *Le Mémorial* (Pas-de-Calais) somewhat flippantly put it.[4] Virtually no one, save for cynics like Adolphe Thiers, seemed to be without religious belief. Even the likes of the revolutionary putschist Armand Barbès avowed their faith: "Oui, sans doute je suis chrétien", declared Barbès in 1839 from his prison cell, "et la religion ne doit pas être un des moindres soutiens de la cause républicaine."[5] Louis Blanc's endorsement of the widespread religious revival was even stronger. "Continuer Voltaire aujourd'hui serait dangereux et puéril. A chaque époque son oeuvre! Celle de notre temps est de raviver le sentiment religieux."[6]

As Blanc and others made clear, not just any religious sentiment would do. For France to change, for it to become free and egalitarian, it would have to be Christian. What, Blanc asked in his *Catéchisme socialiste*, is socialism? "C'est l'Evangile en action." And who was the "sublime maître des socialistes?" Jesus himself.[7] Such commitment to Christianity as the basis for social change separates republicans and socialists of the July Monarchy from the ties to Rousseau sometimes attributed to them. It is true that Rousseau extolled Jesus in words similar to those the socialists would later use: "Quelle douceur", Rousseau declared, "quelle pureté dans ses moeurs! quelle grâce touchante dans ses instructions! quelle élévation dans ses maximes! quelle profonde sagesse dans ses discours."[8] But Rousseau found in the Gospels no promise of social transformation. "La doctrine de l'Evangile", he declared, "n'a qu'un objet, c'est d'appeler et sauver tous les hommes; leur liberté, leur bien-être ici-bas n'y entre pour rien; Jésus l'a dit mille fois."[9] And in *Du contrat social*, Rousseau stated flatly that he knew of "rien de plus contraire [than Christianity] à l'esprit social." Christianity in its original uncorrupted form may have been a "religion sainte, sublime, véritable" but it is "une religion toute spirituelle, occupée uniquement des choses du Ciel; la patrie du chrétien n'est pas de ce monde".[10] To republicans and socialists of the July Monarchy such statements amounted to political blasphemy. For them, the idea of Christianity as the key to social transformation became an article of faith, so much so that people—especially those on the Left—seemed almost obsessed with Christianity, and in particular with Jesus and the Gospels.

Take, for example, Alphonse Esquiros, a romantic poet and novelist of middling stature imprisoned in 1840 for writing *L'Evangile du peuple*. The guilty work took the form of a popular brochure similar to those of Lamennais. Esquiros had composed it for "le peuple, parce que c'est à lui surtout que s'adresse la doctrine sublime apportée sur la terre par le Christ", whom he proclaimed the world's "libérateur et le révolutionnaire", the one who carried within himself "la société nouvelle".[11] As for the Gospel, it contained all the principles of democracy and popular sovereignty "dont toute la vie du Christ fut une affirmation constante". Those who did not believe this to be true, Esquiros maintained, "ne sont pas chrétiens". They were the enemies of Jesus, those who subjected the common people to misery and oppression just as their predecessors had done to Christ. The people alone belonged to Christ, and they alone could save the modern world.[12]

Victor Considérant, the man who turned Fourierism into a political movement after 1830, shared Esquiros's belief in Jesus and the Gospels. In fact, Considérant went so far as to attempt to convert the Catholic clergy to his quest for a "christianisme régénéré". For him, Fourier's egalitarian teaching was "tout simplement la réalisation du christianisme dans la société", and his newspaper called on all "prêtres [et] chrétiens" to unify "vos efforts aux nôtres pour préparer le royaume de Dieu sur la terre".[13] Philippe Buchez is perhaps better known than Considérant for merging socialism and Christianity, but their messages sounded alike. "La dernière époque du christianisme", Buchez wrote, "doit être la réalisation de cette égalité dont les premières époques ont proclamé et dogmatisé le principe: égalité, fraternité; tels ont été les premiers mots du christianisme, tels seront encore les derniers."[14]

Nothing was more common in this left-wing discourse than the appeal to primitive Christianity, to early Christian equality and fraternity. Etienne Cabet, the founder of Icarian communism, gave it particular emphasis:

> Si le Christianisme avait été interprété et appliqué dans l'esprit de Jésus-Christ; s'il était bien connu et fidèlement pratiqué par la nombreuse portion des chrétiens qui sont animés d'une piété sincère . . . ce christianisme, sa morale, sa philosophie, ses préceptes auraient suffi et suffiraient encore pour établir une organisation sociale et politique parfaite.[15]

Cabet, like Buchez, made it clear that the Christian principles most important for his "perfect social and political organization" were equality and, above all, fraternity, a word that appears in virtually every paragraph of Le vrai christianisme. "Liberty" seems to have been dropped from the revolutionary triptych altogether.

The workers press was at least as consistent as these middle-class theorists in viewing Christianity as the basis for social transformation. The best-known of these fledgling newspapers was L'Atelier, whose editor, A. Corbon, had been inspired by Buchez. Corbon and his colleagues urged workers to draw on the moral values of early Christianity, on the pure teaching of Christ distilled from the Church doctrine that had perverted it. For the editors of L'Atelier, society would change only through moral regeneration, and the key to that regeneration was Christian fraternity. A workers' society was a fraternal society, and for that reason, Corbon wrote, "la Révolution nouvelle [doit] proclame[r] hautement qu'elle est chrétienne".[16]

These themes were repeated again and again throughout the period. The prospectus of a workers' journal called Lumière dans l'Atelier declared: "On ne conçoit plus aujourd'hui d'autre morale que celle de l'Evangile."[17] Le Travail, a communist paper from Lyon, echoed L'Atelier's homage to Christian fraternity and claimed that "communisme est le véritable christianisme appliqué aux relations de la vie".[18] Fraternité, another communist news sheet, endorsed Cabet's allegiance to early Christianity, maintaining that its adherents had based their lives on justice and equality, "principes sublimes enseignés par le Christ". It goes without saying that the editors of *Fraternité* considered the concept of fraternity fundamental to true Christianity, and they credited Jesus with being the world's greatest preacher of fraternal union.[19]

Not surprisingly, representatives of the Catholic Church found considerable fault with the Left's appropriation of their language and doctrines. "C'est dans des lieux trop souvent témoins des plus honteuses prostitutions [e.g. clubs]", wrote Mgr. Thibaut, bishop of Montpellier, "qu'ils [the socialists] se réunissent pour chanter leur Noël au Dieu des chrétiens ainsi arrangés. Dans la naissance de Dieu fait homme, ils ont fait comme un symbole de nous ne savons quelle égalité." According to the Bishop of Nîmes, "Jesus-Christ est présenté comme l'auteur et le propagateur de leur odieuse utopie." And the enraged editors of *L'Ami de la religion* declared that "parmi les toasts du banquet réformiste de Limoges [held in January 1848], il en est un qui dépasse toute imagination et qui défie tout commentaire: A Jésus-Christ!"[20]

Perhaps no one expressed this union of Christianity, moral renovation, and social change more ardently than the worker poets who helped to democratize the Romantic movement after 1830.[21] In a song entitled *Alerte* (1836) the carpenter Jules Vinçard proclaimed that God would unite all the world's workers in a new faith, a faith that would abolish oppression itself.

> Plus d'agresseurs,
> Plus d'oppresseurs,
> Mêlons et nos voeux et nos coeurs.
> C'est Dieu qui nous révèle
> Ses secrets d'avenir!
> Dans une foi nouvelle,
> C'est lui qui vient tous nous unir.[22]

In *Le Salaire*, (1848) Charles Gille, a corset-maker and former Babouvist, urged workers to side with God against capital. "Ralliez-vous à l'ordre . . . de Dieu, C'est la Fraternité!"[23] And Edmond Tissier, a worker patronized by Pierre Leroux, composed an ode to Jesus and the Gospels that identified Christianity as the source of equality and fraternity. Its title was *Le Banquet égalitaire*.

> Quand les premiers Chrétiens, proscrits de l'ancien monde
> Désertaient les faux Dieux et leur autel immonde
> Pour le Dieu que Jésus leur avait apporté,
> A l'exemple immortel de l'auguste victime,
> Ils partageaient à tous, dans un repas sublime,
> Les symboles vivants de la Fraternité.[24]

Not Liberty, Equality, and Fraternity, but Union, Equality, and Fraternity seemed to be the revolutionary motto of the July Monarchy. "Le dernier mot de l'Evangile", wrote Alphonse Esquiros, "c'est l'union." Politicized workers and *bourgeois* radicals sought not individual liberty, but fraternal union, not personal autonomy, but the security of a group. Again, in the words of Esquiros, "Le christianisme fond l'homme dans l'homme et les hommes en Dieu . . . Faisceau ardent et lumineux où toutes les individualités s'effacent! Cette tendance unitaire . . . sera la grande loi de l'avenir. C'est alors que le christianisme fera vraiment son oeuvre sociale."[25] The French Revolution had set people adrift in the new market-oriented world of economic freedom, and workers wanted to come ashore. Separated and alone, they felt vulnerable. Together they would be safe and free. What workers wanted above all, therefore, was union and association, the fraternal bonds without which there could be no security.

Saint-Simon and Fourier had introduced French men and women to the concept of association, but their ideas did not penetrate very deeply into the working population. Both doctrines were too abstract and too obscure, the movements too cultish for either to undergird a new ideology of change. The goals of union, association, and fraternity had to find other means of expression, a vocabulary and a set of traditions with more widespread resonance. In the cultural atmosphere of the 1830s, no discourse could have served better than the discourse of Christianity. Writing in 1835, Alphonse Esquiros understood the benefits of Christianity over the religion of Saint-Simonianism quite clearly: "Le Saint-Simonisme, dans ce qu'il avait de ridicule, de fanatique et d'arbitraire, est mort; dans ce qu'il cachait d'intelligent, de religieux, et de chrétien, il vit."[26]

The prevalence of Christian language and ideas on the political Left should, by now, be abundantly clear. What remains is to consider in detail why workers and radicals converted to them after 1830. Observers at the time were quite right to attribute much of the new left-wing religiosity to the person and the ideas of Félicité de Lamennais, the ultra-royalist abbé turned prophet of democracy. And beyond his commanding influence, the christianization of radical politics had as much to do with developments within Catholicism and the Church as within the Left itself.

In the spring of 1834, when Lamennais's *Paroles d'un croyant* was still in press, his publisher confessed to finding it nearly impossible to finish typesetting the book, so powerfully were his workers "soulevés et transportés" by the text before them. As the pages were being composed, he said, the print shop was "tout en l'air".[27] Still, even with the delays, the book saw print soon enough to go through eight editions by the end of 1834. The following year an additional 40,000 copies were published in an inexpensive "édition populaire". *Cabinets de lecture* throughout the country were overwhelmed with demands for the book, and literate workers read its sermon-like sentences aloud to their comrades in ateliers throughout the country.[28]

George Sand wrote in 1843 that thanks to Lamennais, the people, unlike the upper classes, had left their old Voltairianism behind: "Depuis les *Paroles d'un croyant*, une grande partie du peuple est redevenue évangélique." Meanwhile, the republican lawyer D'Alton Shée found it "une chose bizarre" that the *Paroles d'un croyant*, the work that marked "la rupture de Lamennais avec le clergé . . . contribua à diminuer [l']aversion dont le prêtre était l'objet".[29] Sainte-Beuve told Lamennais that he had written nothing less than "un nouvel Evangile". And others claimed that his little book had changed their lives. A former Deputy arrested for republican activity in 1834 wrote: "Mes idées ont bien changées—et non seulement les miennes, mais aussi celles de tous mes amis politiques. [Nos idées ont changé] tellement que notre premier acte si nous arrivions au pouvoir serait de déclarer que la morale du christianisme serait la base de toutes nos lois."[30] Pierre Leroux's commentary on Lamennais's work exemplified the very ties between Christianity and the revolutionary tradition that the former abbé had helped to forge: "*Les Paroles d'un croyant*", Leroux wrote, "c'est la Marseillaise du christianisme."[31]

Lamennais himself was deluged with admiring, even worshipful, correspondence. The abbé's tailor, one Jean Dessoliaire, assured him that "si j'étais près de vous, vos habits ne seraient jamais ni piqués, ni chiffonnés; ils seraient bien soignés." The tailor was so devoted to the *Paroles d'un croyant* that he used it to teach his daughter to read.[32] All of this attention perhaps went to Lamennais's head, but he was not without justification in telling a friend that the *Paroles d'un croyant* had had an "influence remarquable sur une partie du Parti républicain qui devenait aujourd'hui spiritualiste et religieuse".[33]

What was it about Lamennais's work that made it so influential, so fundamental to an emerging religiosity of the Left? Part of the answer turns on the text itself. Lamennais composed his book in simple language, with the sounds and the rhythms of such traditional religious works as *L'Imitation de Jésus-Christ* and the *Vies des Saints*, addressed to the common man. For workers, therefore, *Paroles d'un croyant* had a certain familiarity about it, a look and feel that evoked recognition as a book written for them. They could perhaps sense this familiarity even in glancing over the text, but as soon as they began to read it, there could be no question about its populist flavour. "Au peuple", the volume begins, "ce livre a été fait principalement pour vous. Puisse-t-il, au milieu de tant de maux qui sont votre partage, de tant de douleurs qui vous affaissent sans presque aucun repos, vous ranimer et vous consoler un peu!"[34] Again and again in this work, Lamennais associates the people with God and Christ, the kings and the powerful with Satan. The latter belong to Satan because they violate God's "loi d'amour" which forbids any one individual from placing himself above all the others. The law of God, is the law of equality: "Cellui qui dit dans son coeur . . . les autres hommes m'ont été donnés pour que je leur commande, et que je dispose d'eux et de ce qui est à eux à ma fantaisie, celui-là est fils de Satan."[35] More important still, the *Paroles* provide assurance that as bad as things were, the near future promised justice, equality, and plenty, the worldly salvation that was the true message of Christ: "Le Christ, mis en croix pour vous, a promis de vous délivrer. Croyez en sa promesse."[36] We may be living at this moment under the "règne de Satan", he continued, but "ceux qui ont dit: Nous sommes rois, seront à leur tour enfermés dans la caverne avec le Serpent, et la race humaine en sortira, et ce sera pour elle comme une autre naissance, comme le passage de la mort à la vie. Ainsi soit-il."[37]

In one small book, Lamennais told working people ripe for a message of political hope everything they wanted to hear. Their own Christian religion, Lamennais suggested, the real religion, not the false dogmas of the privileged classes, promised salvation on earth. It promised equality and justice and well-being in the here-and-now. God and Jesus sided with the people, and because this was so, things had to change. Lamennais needed to create no new system of belief, no arcane theories or blueprints for utopia. His success lay in his ability to tap the reservoir of egalitarianism that resided in Christianity itself, especially in the "Christocentric"

Christianity so central to the new Catholic discourse of the early nineteenth century.

Christianity has always been oriented, somewhat unstably, toward two different objects of faith, God and Christ. Since the time of the apostles, believers have had to confront the question of whether faith should be directed toward a distant and transcendent God whose role as the sovereign judge inspired fear and awe; or toward a historical figure, Jesus, who appeared on earth to save humankind and was represented as good, merciful, and loving.[38] Jean Milet argues that, despite the tensions between them, these two poles remained in rough balance within Catholicism until the seventeenth century, when the latter or christocentric pole began to overtake the former or theocentric one. This shift in emphasis toward Jesus stemmed, Milet writes, from the powerful influence of the Ecole française de spiritualité lead by Cardinal de Bérulle in the early seventeenth century. Bérulle sought in his theology to disprove the humanists' charge that French Catholicism remained subservient to the scholastic tradition, that like the scholastics, it could demonstrate the existence of God only through abstract philosophical argument. Such may have been Descartes's approach, but Bérulle's was to demonstrate the existence of God by appealing to the historical reality of Jesus Christ. His reality was, of course, readily established, and his teaching and his works easily accessible through the Gospels. It took little effort, therefore, for a pious soul to have faith in Jesus, to love and worship him, to give oneself over to his ideas and his will. God was not so accessible. Virtually never did he reveal himself directly, and for most Christians abstract scholastic argument did not give rise to faith. It was futile, therefore, to approach God directly. Individuals could reach God, Bérulle maintained, only through Christ. Jesus alone was capable of loving God the way he should be loved—that is infinitely—and Jesus alone could understand God. Only by loving Jesus, by contemplating his teaching, did people open for themselves the possibility of loving and knowing God. In developing such a theology, Milet concludes, Bérulle laid the groundwork for a shift in Christian faith from God to Jesus, and he helped to anchor that faith in historical experience rather than in the mystery of the divine.[39]

Christianity, in other words, was brought down to earth, making possible a popular christocentrism open later on to an infusion of political meaning. Milet admits that the eighteenth century tipped the balance back toward theocentrism as the philosophes articulated a deism that largely ignored Jesus Christ.[40] And others have shown that the eighteenth-century Church instilled the theocentric notion of a "Dieu-terrible" in a scare-campaign to christianize a rural population stubbornly attached to unorthodox ritual and belief.[41] Still, the groundwork had been laid for the ascendancy of Catholicism's christocentric pole, a development that would characterize the early decades of the nineteenth century when France witnessed a full-blown "rediscovery of Jesus Christ".[42]

What made this rediscovery possible was the institutional devastation suffered by the Catholic Church during ten long years of revolutionary upheaval. The French Revolution had so weakened the Church that by the first years of the nineteenth century its leaders had virtually to reconstruct their edifice from the ground up. To do so required an effort to rechristianize the population so massive that the scare techniques of the Old Regime could no longer succeed. After the

Revolution, with its message of liberty, equality, and fraternity, the image of an authoritarian "Dieu-terrible" had to give way to the more intimate and more populist image of Jesus Christ.

The Church's situation in the aftermath of the Revolution was dire indeed, for the ordination of new priests had come to a virtual halt. In 1814, there were 3,345 vacant clerical posts nationwide, and the total number of priests in the country as a whole stood at half that of the Old Regime. By 1828, clerical vacancies had grown to nearly 5,000, as deaths of priests continued to outpace the ordination of new ones.[43] In the diocese of Nantes, for example, the Church managed to ordain just 44 priests between 1803 and 1810, and only 206—or 16 per year—between 1810 and 1822. So many priests died during these years that Nantes ended up with 42 fewer curés in 1822 than it had had in 1803.[44] Outside of Nantes priests were so rare in several regions that Sunday mass could not be held nor catechism taught. Church property, moreover, had fallen into such disrepair that even if curés could be found, there was no money to restore chapels to usable condition.[45] One of the most palpable effects, then, of the French Revolution was the disappearance of the official Church from the lives of French men and women throughout the country.

How to remedy this situation proved to be one of the Church's most serious challenges since the Counter-Reformation. French Catholicism had first to create a new corps of clerics, then to rebuild its chapels, and finally to recapture the population. The first two tasks were relatively straightforward, and both began to succeed by the late 1830s. While churches were being slowly rebuilt, bishops established new seminaries around the country and filled them with young men recruited from the lower social ranks of rural France. No longer were prospective curés drawn from "good" families as under the Old Regime. Now, the sons of peasants and rural artisans had to do.[46] These may not have been the ignorant rustics Stendhal portrayed in Le rouge et le noir, individuals who joined the priesthood in search of "a good dinner and a warm suit for the winter", but the new clergy of the nineteenth century did hail largely from the countryside.

These new curés enjoyed the advantage of social identity with their charges, but at the same time they suffered from a lack in inborn authority over them. And the new priests' inability to command the deference enjoyed by the old made it all the more difficult for them to accomplish the crucial but delicate task of recapturing a population separated from the Church since the 1790s. Even though official Catholic doctrine remained largely unchanged and many Church leaders intended to return to the Old Regime's "christianisme de la peur", the new rural clergyman found it difficult to do so. They lacked the necessary authority, especially in regions marked by the Revolution's egalitarianism, and they had to contend with the popular religious traditions that had resurfaced with a vengeance after 1800. In the absence of the official Church, French men and women had, by 1830, become accustomed to practising religion as they wanted it to be.[47]

In order to rechristianize this somewhat restive population, clergymen had to abandon the scare tactics of the Old Regime and along with them the theocentric image of a harsh and distant God. Increasingly, in the early decades of the nineteenth century, curés revived the christocentrism that Bérulle and his school had done so much to develop two hundred years earlier.[48] In the new conditions of the post-revolutionary period, a "christianisme de la peur" only alienated those the Church hoped to reconvert, as the efforts of curés who retained these methods showed all too well.[49] If churchmen were to succeed in their new efforts, they had to emphasize the positive benefits of Christian belief, not the negative consequences of failing to conform.

For all these reasons, the most popular catechisms of the early nineteenth century focused on Jesus and the Gospels, on the idea of Jesus's religion as a religion of love, goodness, and concern for the common man.[50] The celebrated *Catéchisme de Saint-Pons* (1722), published in edition after edition during the Restoration, makes not a single reference to "crainte". Hell and damnation appear only six times, but love fourteen. So completely does Jesus embody this love in the *Catéchisme de Saint-Pons*, that he "veut que tous les hommes soient sauvés sans en excepter un seul".[51] The language of the new or reissued catechisms was much simpler and more popular than the formal and élite language of the old ones. The new idea was to present the life and teaching of Jesus in a vocabulary the people could understand.[52]

Other widely-used works with similar christocentric themes, published in multiple editions between 1820 and 1848, included Alphonse de Liguori's *Pratique de l'amour envers Jésus Christ* and Thomas A. Kempis's *Imitation de Jésus-Christ* originally written in the fifteenth century. With the revival of Catholicism's christocentric pole, Kempis's work became one of the most popular religious texts of the early nineteenth century, especially among literate workers and peasants.[53] As in the new catechisms, the Jesus of *L'Imitation* brings love, beauty, and protection: "Quand Jésus est là", reads one of its aphorisms, "tout est beau, rien ne semble difficile. Quand Jésus n'est pas là, tout est dur." Another couplet proclaims: "Si Jésus est avec toi, aucun ennemi ne peut te nuire. Qui trouve Jésus trouve un trésor, plus grand que tous les biens." Unlike the newer catechisms, Kempis's work preaches obedience and submission, but it does so by stressing Jesus's special love for the humble. "Mets-toi toujours au fond et l'on te donnera ce qui est au sommet . . . Les plus grands devant Dieu sont les plus petits à leurs propres yeux."[54] The notion that Jesus reserved his greatest love for the common people attracted them to the revived Christianity of the 1830s and 1840s and resonated with the populist religiosity of that era.[55]

Although this new Catholic orientation helped revive religious enthusiasm in many parts of the country, it spread only gradually during the first half of the nineteenth century and largely from the bottom up. Many within the Church hierarchy and among its supporters continued to resist the image of a good and loving Christ who appreciated the common man. In *Comédies et proverbes*, the orthodox comtesse de Ségur had her character Madame d'Embrun deplore the new christocentrism, even as she confirmed its progress: "De mon temps, le respect était la première des sciences! . . . Maintenant, on aime! . . . A présent, on veut aimer tout le monde, jusqu'au Bon Dieu! Ce n'est pas la crainte qu'on inculque aux enfants, c'est l'amour!"[56]

Thus, despite all of the era's *ad hoc* clerical efforts to reconvert a flock lost to official Catholicism after the French Revolution, members of the Church may not have played the major role in spreading the new and more palatable christocentric message. Too many priests remained tied to the harsh theocentrism of earlier eras, and even as late as 1840 the Church still had not produced enough new curés to evangelize on its own a nation of some 35 million souls.[57] Help was needed, and mostly it came from the schools. It may be that until the mid-century, the most important source of the christocentric message—as of the Catholic revival itself— was the primary school.[58]

The educational decree of 1816 ordered teachers to consider religion as the foundation of all primary instruction. So did the Guizot law of 1833 which required each commune to have a primary school. The second law went even further than the first, for it made religious instruction the keystone of a national system of elementary education. Article I of the Guizot law stated that "l'instruction primaire élémentaire comprend nécessairement l'instruction morale et religieuse". This instruction featured daily recitations of the catechism, the singing of cantiques, and readings in "l'histoire sainte", with particular emphasis on the life of Jesus and the Gospels.[59] Christocentric themes pervaded the catechisms specially prepared for France's elementary schools, for in the words of the Marists' Guide des écoles (1853), widely consulted by clerics and non-clerics alike, "Jésus-Christ est principe et fin de tout l'enseignement religieux." No catechism class should take place, the Guide declared, "sans dire un mot sur Notre Seigneur ou sans raconter quelques traits de sa vie".[60] The same was true for the cantiques sung in school. And as if to ensure that no one would forget which Christian pole was dominant, a crucifix or other image of Jesus was required in each classroom in the realm.[61] It should be added that not just the Marists, but other teaching orders as well, used "strongly christocentric" catechisms.[62]

As for the schools' success in instilling Christian teaching, Françoise Mayeur argues that lay instituteurs proved more effective in their efforts with the catechism than did members of the Church itself. This was true, it seems, not just with respect to children but also to adults, whose ignorance of basic religious doctrine rivaled that of their offspring.[63] In the aftermath of the Revolution, French men and women appeared to prefer religious training from members of the laity like themselves. In the short-run, the success of lay teachers may have benefited a Church desperate for new manpower, but in the long-run, the results are not so clear. Even though the various educational laws of the first half of the nineteenth century required lay teachers to master the Old and New Testaments and to be "très chrétiens", the Church could not exercise the same control over lay teachers as over members of the clergy. Lay instituteurs, already more christocentric in orientation than the Church hierarchy, were bound to acquire unorthodox religious ideas and impart them to their pupils. This was especially true during the late Restoration and July Monarchy, when non-clerical teachers played such an important role in Christian education. For it was during these years that France's intellectual life was marked by an explosion of religious theorizing christocentric in orientation but at odds with official Catholic dogma.

The entire Romantic movement was permeated with Christian themes, as was virtually everyone who advocated some sort of social and moral change. George Sand called for a "religious and social truth, one and the same", a truth that would reconcile the religious spirit of Ballanche and Lamennais with the social idealism of Saint-Simon.[64] Saint-Simon himself advocated a "new Christianity" in which "morality would form the basis of a real religious doctrine", and countless other intellectuals and writers, from Philippe Buchez to Alphonse Esquiros to Henri Lacordaire, sought a rejuvenated Christianity consonant with the modern world.[65] The Church considered many of these thinkers more dangerous than unbelievers, but the intellectuals themselves believed they were genuinely Christian, more so, in fact, than the representatives of official Catholicism. Jean Touchard's fascinating study of one Louis Rousseau, a part-time man of letters who moved effortlessly from utopian socialism to social Catholicism, shows how easy it was for people of the Restoration and July Monarchy to profess a faith in Saint-Simon and Fourier while considering themselves genuinely Catholic.[66] Perhaps they were, but the Church elders did not think so. France's bishops had to contend with *instituteurs* who deemed themselves "très chrétiens" even though their faith and their beliefs came from outside the official religion. No doubt some of these lay teachers were quite orthodox, but it is likely that many of them taught catechisms that owed as much to Lamennais and Esquiros as to the Monseigneur d'Astros, Lamennais's censor.[67]

Church leaders did, in fact, complain bitterly about the lay *instituteurs'* lack of doctrinal purity. The problem, claimed the bishop of Nantes, stemmed from the low social origins of those attracted to elementary teaching, "La classe de la société qui aspire à ces fonctions", he wrote, "puise dans tant de sources de corruption des moeurs et des principes." In particular, the members of this class were susceptible to "le poison des mauvaises doctrines, celui des mauvais livres". And because most of these "mauvaises doctrines" used the language of Christianity and claimed to be more faithful to Jesus and the Gospels than the Church itself, it comes as no surprise that the bishop believed they "présentent à l'administration des dangers presque inévitables".[68]

Even when *instituteurs* remained completely loyal to Catholic orthodoxy, the effect of having them impart religious doctrine was to accustom people to receive religious wisdom from non-clerics. If lay instructors could teach people about Christianity—apparently with the Church's blessing—then so could others outside the Church, especially writers like Lamennais, Buchez, and Esquiros who used its language so well. Primary schools, therefore, may have played a crucial role in rechristianizing the French population, but they did so in a way that helped open adults, as well as children, to a message of social reform having little to do with the social goals of official Catholicism. The religious legitimacy conferred by their educational mission enabled lay teachers—and the writers who influenced them—to emphasize the era's christocentric turn in Catholic faith and even to advocate a revolution of unity, equality, and fraternity in the name of Jesus and the Gospels.

These developments within the Church and outside it did much to fashion the social discourse grounded in Christian precepts that appealed so widely during the July Monarchy. But other phenomena, more specific to the politics of the 1830s, suggest why Christianity had *particular* allure for the leaders of the republican and socialist Left. In the aftermath of the failed insurrections of 1834, a time of repression and defeat for French radicals, opponents of the July Monarchy began to question some of the basic assumptions of what by 1830 had become the French revolutionary tradition. Saint-Simonians and Fourierists had already called into question the commitment to violent change and the conspiratorial politics associated with the years from 1789 to 1794. And now, in the wake of the political disappointments of 1830 and of the insurrections that ensued, leaders of the republican movement, themselves influenced by Saint-Simon and Fourier, began to look for more peaceful avenues to change.[69] Thanks in large part to the phenomena discussed above, they would find these peaceful avenues in the religion and the example of Jesus Christ. As the working-class writer August Ott put it in 1840, "Si les hommes de la Révolution se fussent appuyés sur la foi chrétienne, leur oeuvre eût été bien autrement féconde, et les tristes retours que la France a subis eussent été à jamais impossibles."[70] Jesus, it was increasingly argued, regenerated the world not through violence and confrontation, but through a cultural revolution of love, charity, and good will.

No one expressed the new desire for a peaceful revolution inspired by the culture and morality of Christianity better then Etienne Cabet. "Ce n'est pas par la violence, par l'insurrection et par la guerre", he wrote in *Le Vrai christianisme suivant Jésus-Christ* (1846), "qu'il [Jesus] veut délivrer cette Humanité, mais par une Doctrine nouvelle, par la prédication et la propagande de cette Doctrine."[71] Unlike many *nineteenth-century* revolutionaries, Cabet continued, Jesus understood that humanity would be delivered from its subjection to Satan not "par la conspiration et la société secrète", but "par la discussion et la propagande pacifique". Jesus's immediate successors proved him tragically correct when they provoked the Roman army through their insurrectionary zeal. The result, Cabet claimed, was the deaths of 1,100,000 people and the destruction of Jerusalem: "Voilà où peut arriver un Peuple en marchant d'émeute en émeute, d'insurrection en insurrection, de défaite en défaite." What, Cabet asked, would Jesus do were he alive in France of the July Monarchy? "Après tant d'émeutes écrasées, avec tant de divisions, devant tant de provocateurs, tant de traîtres, tant de nouveau pharisiens et scribes, tant de soldats et tant de Bastilles, ne ferait-il pas encore la propagande *pacifique*?"[72]

Cabet was far from alone in extolling Christianity as a doctrine of pacific change, as representing the cultural revolution that made social and political transformation possible. In *De l'esclavage moderne* (1839), Lamennais argued that violence was "une indice de faiblesse morale et des desseins équivoques".[73] And using similar logic, Alphonse Esquiros criticized Napoléon for having "tenté par la force et au profit de son ambition, ce qu'un homme d'âme et de génie, essaiera par l'intelligence au profit des idées chrétiennes". It is not by force, he concluded, "que les idées d'avenir s'infiltreront dans les peuples, mais par l'enseignement".[74]

On this issue of violence and Christianity, Buchez's intellectual transformation is quite significant. The more committed he became to Catholicism, the more he departed from the revolutionary faith in violence. Still new to Catholic belief in the early 1830s, Buchez held that the advent of an egalitarian society would likely require a violent revolution. But by the end of the decade, his Catholic commitment secure, he had decided otherwise. In volume XXXII of his *Histoire parlementaire de la Révolution française*, published in 1837, he wrote: "Une lutte sans fin entre deux classes, lutte qui immobilisera la société, . . . ne profitera en rien au progrès social."[75]

This search for a Christian alternative to revolutionary violence became even more marked after 1839 when failed *coups d'état* by Blanqui, Barbès, and Louis Napoléon brought another wave of repression against the Left. In 1841, a new working class journal called *Le Travail* declared itself for Christ and against violence: "On se tromperait étrangement si l'on nous croyait l'intention d'ajouter aux divisions qui règnent entre les diverses classes de la société . . . Notre oeuvre est une oeuvre de paix et d'union fraternelle; nous voulons . . . réaliser cette belle maxime du Christ dans la bouche de Saint-Paul, 'Aimez-vous les uns les autres'; c'est là toute la loi du Seigneur."[76] Two years later, Victor Considérant founded the *Démocratie pacifique*, dedicated to "la réalisation sociale du Christianisme" through non-violent change.[77] Considérant's goal was to combat "la fausse Démocratie, c'est [à dire] l'esprit révolutionnaire, l'esprit de jalousie, de haine et de guerre, l'esprit de liberté anarchique, d'égalité violente et envieuse". Real democracy, he wrote, resulted not from class conflict and conspiratorial violence, but from "deux révélations du Christ, la Fraternité et l'Unité". For Considérant, the essence of Christianity—and therefore of democracy—found expression in two sentences from the Gospels: "Vous êtes tous frères, les enfants du même Dieu, les membres de la même famille" and "Vous devez former un seul corps, une seule âme, un seul esprit, et être un avec Dieu."[78] Not revolutionary individualism, but familial solidarity true to the Gospels was, for Considérant, the model for all social change. The same can be said for Considérant's former collaborator Constantin Pecqueur, who dedicated his influential tract *De la République de Dieu* (1844) "à ceux qui ont trouvé la cause du peu d'efficacité des révolutions politiques violentes".[79]

For Pecqueur, as for most of his colleagues, the cause of the era's revolutionary futility lay in the lack of fraternal unity, the absence of brotherly love. The solution, therefore, was to recover both at their very source: the teaching of Jesus and the Gospels. Only there would republicans and socialists find the inspiration for a new culture of love, unity and co-operation. "Ce que veut le Peuple", Lamennais wrote, "c'est l'accomplissement dans l'humanité de cette sublime parole du Christ: qu'ils soient *UN*, mon Père, comme vous et moi, nous sommes *UN*!"[80] Or, as Esquiros put it, "la religion du Christ . . . était venue établir l'unité de la famille humaine."[81] For Cabet, fraternal union healed all social ills, and it goes without saying that it was Jesus who announced a "nouvelle organisation sociale parfaite, basée sur le principe de la Fraternité".[82] In a well-known speech of 1835 before the Hôtel de Ville, Considérant described Christ as "la plus complète incarnation de l'amour", the one who had prepared the "conditions saintes et unitaires de la République universelle".[83] Finally, Pecqueur claimed that "la vraie religion consiste dans la pratique de la loi de fraternité, c'est-à-dire dans l'amour de l'humanité par amour de Dieu." To achieve that love people needed only to follow the example of the early Christians.[84]

In these early Christians, left-wingers of the July Monarchy claimed to find all to which they aspired. Pierre Leroux believed the first Christians had invented democracy, while Cabet identified primitive Christianity with communism itself.[85] And nearly everyone, as we have seen, believed that contemporary radicals owed the concept of fraternity to Jesus and his early followers. It is sometimes claimed that the republicans and socialists of the July Monarchy took their Christian rhetoric directly from Rousseau. But unlike Jean-Jacques, whose model of equality derived from a state of nature innocent of all belief, Leftists of the 1830s and 1840s derived theirs from a mythical new civilized state founded on nothing but belief. Rousseau found his inspiration in primitive humanity; the radicals found their inspiration in primitive Christianity. Rousseau's model of equality owed little to religion; his successors' model owed itself to little else.

Perhaps this is why radicals of the July Monarchy seldom referred to the Christianity of Rousseau, overshadowed as it was by his quest for a civil religion so closely associated with the violence and intolerance of the whole revolutionary tradition. Socialists and republicans turned to Christianity in the 1830s and 1840s precisely as a way to overcome the divisions and the dogmatism that seemed inherent in all efforts to make the Revolution itself an object of worship. Rousseau's own arguments in favour of a civil religion so resembled the harsh theocentrism of the eighteenth-century Church, the old religion of fear, that nineteenth-century radicals would have rejected them out of hand. "Si quelqu'un", Rousseau proclaimed, "après avoir reconnu publiquement ces mêmes dogmes [of the civil religion], se conduit comme ne les croyant pas, qu'il soit puni de mort."[86] Despite a common exaltation of Jesus and the Gospels, Rousseau and his successors differed profoundly in their respective uses of Christianity in particular, and religion in general. Rousseau had hoped to found a new political community on absolute obedience to a secular religion of citizenship and sociability; Leftists of the July Monarchy sought to found their community on the love, unity, and peacefulness they identified with Jesus Christ.

In February 1848 the leaders of this movement tried, albeit futilely, to create just such a republic of love and unity, a "springtime of the people" free of class conflict, harmonious with the Church, opposed to slavery and capital punishment. And even though this new Christian language of the Left ultimately succumbed to the same forces that turned the dream of Louis Blanc into the nightmare of Louis Napoléon, a certain spirituality, even religiosity, persisted within the French Left, especially in the thought of Jean Jaurès. The great socialist leader defined socialism as "a regeneration of the moral ideal", arguing that it represented above all "a moral revolution which must be facilitated and expressed by a material revolution. At the same time, it will be a great religious revolution."[87]

Socialists of the late nineteenth century may not have employed the explicitly Christian language that characterized the generation of 1830, but many of them shared their predecessors' belief in the need to ground the coming revolution in a culture of moral and spiritual solidarity. And even though Marxism ultimately replaced Christianity as the spiritual basis of France's left-wing ideology, it did so in a piecemeal and belated way. The competing claims of France's indigenous revolutionary tradition, as of the legacy of its religious-based socialism, kept Marxism from taking hold as powerfully as it did elsewhere.[88] Indeed, it may be that Marxism, extremely weak in France before 1920 and moribund today, will one day seem only modestly more important to the history of the French Left than the "new Christianity" so influential 150 years ago.

# Notes

1. There has been a proliferation of literature on this phenomenon during the past few years. See Pierre Pierrard, *1848 . . . Les pauvres, l'Evangile et la révolution* (Paris, 1977) and *L'église et les ouvriers en France (1840-1940)* (Paris, 1984); Frank Paul Bowman, *Le Christ des barricades, 1789–1848* (Paris, 1987); Edward Berenson, *Populist Religion and Left-Wing Politics in France, 1830–1852* (Princeton, 1984); Jean Bruhat, "Anticléricalisme et mouvement ouvrier avant 1914", in *Christianisme et monde ouvrier* (Paris, 1975). Somewhat older works include: François-André Isambert, *Christianisme et classe ouvrière* (Paris, 1961); Georges Duveau, "L'ouvrier de Quarante-huit", *Revue socialiste*, XLII (January–February, 1948); Jean-Baptiste Duroselle, *Les débuts du catholicisme social en France, 1822–1870* (Paris, 1951); Paul Droulers, *Action pastorale et problèmes sociaux sous la Monarchie de Juillet chez Mgr d'Astros* (Paris, 1954).

2. Jean-Jacques Rousseau, *Du contrat social* (Paris, 1966), p. 177.

3. Friedrich Engels, *The New World and Gazette of the Rational Society*, 4 November 1843. Cited in Bruhat, "Anticléricalisme et mouvement ouvrier", p. 82.

4. Yves-Marie Hilaire, *Une chrétienté au XIX$^e$ siècle? La vie religieuse des populations du diocèse d'Arras (1840–1914)*, 2 vols. (Lille, 1977), I: 137-140.

5. Cited in Gérard Cholvy and Yves-Marie Hilaire, *Histoire religieuse de la France contemporaine, 1800–1880* (Paris, 1985), p. 167. The quote is from 1839.

6. Louis Blanc, *Revue du progrès*, I: 246, cited in Georges Weill, *Histoire du Parti républicain en France, 1814–1870* (Paris, 1928), p. 186n (Slatkine Reprints, 1980).

7. Louis Blanc, *Le catéchisme socialiste* (Paris, 1849), p. 30.

8. "Profession de foi du vicaire savoyard", cited in Daniele Menozzi, *Les interprétations politiques de Jésus de l'Ancien régime à la Révolution* (Paris, 1983), p. 48. Menozzi comes to different conclusions about Rousseau's uses of Christianity than I have. He maintains, unconvincingly in my view, that Rousseau believed the Gospels contained a revolutionary message, only its promise could never be realized because Christians had failed to recognize its implications.

9. *Lettres écrites de la montagne*, cited in Menozzi, *Les interprétations politiques*, p. 49.

10. Rousseau, *Contrat social*, pp. 175–76.

11. Alphonse Esquiros, *L'Evangile du peuple* (Paris, 1840), pp. 8, 24.

12. *Ibid.*

13. *Démocratie pacifique*, 2 November and 26 December 1843.

14. Cited in Duroselle, *Débuts du catholicisme social*, p. 83.

15. Etienne Cabet, *Le vrai christianisme suivant Jésus-Christ* (Paris, 1846), p. 4.

16. *L'Atelier*, 30 November 1842.

17. *Lumière dans l'atelier* (Paris, 1840), reprinted in *Feuilles populaires et documents divers, 1835–47* (Paris, 1979).

18. *Le Travail, organe de la Rénovation sociale*, prospectus, 1841. Reprinted in *Feuilles populaires.*

19. *La Fraternité*, 1846, 1847, quoted in Isambert, *Christianisme et classe ouvrière*, p. 225.

20. Pierre Pierrard, "L'Eglise et le socialisme. Association sacerdotale", *Lumen Gentium*, 75 (1981), p. 11; Bruhat, "Anticléricalisme et mouvement ouvrier", p. 82n.

21. On the worker poets of the July Monarchy see Pierre Brochon, *Le pamphlet du pauvre (1834–1851)* (Paris, 1957); Edgar Leon Newman, "Sounds in the Desert: The Socialist Worker—Poets of the Bourgeois Monarchy, 1836–1848", in *Proceedings of the Third Annual Meeting of the Western Society for French History* (Austin, 1976); Maurice Agulhon, *Une ville ouvrière au temps du socialisme utopique. Toulon de 1815 à 1851* (Paris, 1970).

22. Reproduced in Pierre Brochon, *Le pamphlet*, p. 39.

23. Brochon, *Le pamphlet*, p. 143.

24. Edmond Tissier, "Le banquet égalitaire", reprinted in *La propagande socialiste de 1835 à 1848* (Paris, 1974).

25. Alphonse Esquiros, "Philosophie du christianisme", *La France littéraire*, May 1835, p. 45.

26. Ibid.

27. Cited in Pierrard, *L'église et les ouvriers*, p. 126.

28. Pierrard, *L'église et les ouvriers*, p. 126.

29. Droulers, *Action pastorale*, p. 152.

30. Louis Le Guillot, *L'évolution de la pensée de Félicité de Lamennais* (Paris, 1966), p. 259.

31. Musée de Saint-Malo, *Lamennais, la croix et la République*, Exposition du Bicentenaire, 1782–1982 (Saint-Malo, 1982), p. 35.

32. Duveau, "L'ouvrier de quarante-huit", p. 75.

33. Le Guillot, *L'évolution de la pensée religieuse*, p. 259. Writing in 1954, the Jesuit historian Paul Droulers confirmed the abbé's impression of his influence: "C'est à l'auteur des *Paroles d'un croyant*, plus encore qu'aux théoriciens sociaux comme Buchez et *L'Atelier*, les fourieristes catho-

liques, ou beaucoup de socialistes les plus divers, qu'il faut remonter la popularité des appels à Dieu ou à Christ en faveur de l'amélioration du sort des travailleurs, tels qu'on les rencontre fréquemment dans la presse ouvrière et le socialisme dès avant 1848." See Droulers, *Action sociale*, pp. 151-52.

34. Félicité de Lamennais, *Paroles d'un croyant* (Paris, 1851), p. 1. All quotations are from this edition, part of a collection entitled *Les chefs-d'oeuvre de la littérature et de l'illustration*.

35. *Ibid.*, p. 3.

36. *Ibid.*, p. 2.

37. *Ibid.*

38. This discussion draws heavily on the fascinating work of Jean Milet, *Dieu ou le Christ? Les conséquences du christocentrisme dans l'église catholique du XVIIe siècle à nos jours. Etude de psychologie sociale* (Paris, 1980).

39. *Ibid.*, pp. 155–75.

40. *Ibid.*, pp. 181–82.

41. Jean Delumeau, "Christianisation et déchristianisation. XVe–XVIIIe siècles", in *Etudes euro-péennes. Mélanges offerts à Victor L. Tapié* (Paris, 1973); Delumeau, "Au sujet de la déchristianis-ation", *Revue d'histoire moderne et contemporaine* 22 (January–March 1975); Gabriel Le Bras, "Déchristianisation: Mot fallacieux", *Social Compas* 10 (1963); Gérard Cholvy, " 'Dieu terrible' au Dieu d'amour: Une évolution dans la sensibilité religieuse au XIXe siècle," in *Transmettre la foi: XVIIe–XXe siècles*, vol. I. *Pastorale et prédication en France.* 109e congrès des sociétés savantes (Paris, 1984); Cholvy and Hilaire *Histoire religieuse*, pp. 167–76.

42. The phrase belongs to Cholvy and Hilaire, *Histoire religieuse*, p. 167.

43. Maurice Faugeras, *La reconstruction catholique dans l'ouest après la Révolution. Le Diocèse de Nantes sous la Monarchie censitaire*, 2 vols. (Fontenay-le-Comte, 1964), 2: 5–8.

44. *Ibid.*, pp. 2–3.

45. Gérard Cholvy, "Réalités de la religion populaire dans la France contemporaine", in Bernard Plongeron, ed., *La religion populaire dans l'occident chrétien* (Paris, 1976), pp. 155–56; André Latreille and René Rémond, *Histoire du catholicisme français*, 3 vols. (Paris, 1962), 3: 255–56.

46. Hilaire, *Une chrétienté au XIXe siècle?*, 1: 175–80.

47. Cholvy, "Réalités", p. 164; Berenson, *Populist Religion*, pp. 55–56; Yves-Marie Hilaire, "Notes sur la religion populaire au XIXe siècle", in *La religion populaire* (Paris, 1979), p. 195: "L'efface-ment de l'enseignement religieux traditionnel entraîne une résurgence d'une religiosité populaire pagano-chrétienne particulièrement sensible dans les régions ou l'encadrement ecclésiastique est le plus déficient."

48. Milet argues that christocentrism became dominant in the French church in the early decades of the nineteenth century. *Dieu ou le Christ?*, pp. 7, 191.

49. Berenson, *Populist Religion*, p. 72.

50. Yves-Marie Hilaire, "Responsables et agents de la catéchèse en France au XIXe siècle", in *109e Congrès des sociétés savantes*, I: 132.

51. Cholvy and Hilaire, *Histoire religieuse*, p. 58.

52. Françoise Mayeur, *Histoire générale de l'enseignement et de l'éducation en France*, 3 vols. (Paris, 1981), 3: 226.

53. Cholvy and Hilaire, *Histoire religieuse*, p. 170.

54. *L'Imitation de Jésus-Christ*, trad. Marcel Michelet (Saint-Maurice, 1985), pp. 86–87, 96.

55. Berenson, *Populist Religion*, ch. II.

56. Cited in Cholvy and Hilaire, *Histoire religieuse*, p. 174.

57. On the persistence of theocentrism and of a "christianisme de la peur", see *ibid.*, pp. 58–66.

58. Hilaire, "Responsables et agents", pp. 130–35; Cholvy, "Dieu terrible au dieu d'amour", p. 144; Pierre Zind, *L'enseignement religieux dans l'instruction primaire publique en France de 1850 à 1873* (Lyon, 1971), pp. 67–110; Mayeur, *Histoire générale de l'enseignement*, pp. 230–318.

59. Zind, *L'enseignement religieux*, pp. 90–91; Hilaire, "Responsables et agents," p. 130; Mayeur, *Histoire générale*, pp. 230, 317.

60. Zind, *L'enseignement religieux*, p. 78.

61. Hilaire, "Agents et responsables", p. 130.

62. *Ibid.*, p. 135.

63. Mayeur, *Histoire générale*, pp. 226–35.

64. D.O. Evans, *Social Romanticism in France, 1830–48* (Oxford, 1951), p. 41.

65. Henri de Saint-Simon, *Le nouveau christianisme*, ed., H. Desroche (Paris, 1969), p. 153; Cholvy and Hilaire, *Histoire religieuse*, pp. 79–89; Paul Bénichou, *Le temps des prophètes* (Paris, 1977).

66. Jean Touchard, *Aux origines du catholicisme social. Louis Rousseau* (Paris, 1968).

67. Droulers, *Action pastorale*.

68. Faugeras, *La reconstruction catholique*, p. 189.

69. Two of the best works on the republican movements of the July Monarchy remain: Gabriel Perreux, *La propagande républicaine au début de la Monarchie de Juillet* (Paris, 1930) and Weill, *Histoire du Parti républicain*.

70. August Ott, *Appel aux hommes de bonne volonté* (Paris, 1840), p. 11.

71. Cabet, *Le vrai christianisme*, p. 54. For an excellent treatment of Cabet, see Christopher H. Johnson, *Utopian Communism in France. Cabet and the Icarians, 1839–51* (Ithaca, 1974).

72. Cabet, *Le vrai christianisme*, pp. 84–86. Emphasis in original.

73. Félicité de Lamennais, *De l'esclavage moderne* (Paris, 1839), pp. 86-87.

74. Esquiros, "Philosophie du christianisme", p. 46.

75. Philippe Buchez and P.-C. Roux, *Histoire parlementaire de la Révolution française*, vol. XXXII (Paris, 1837), p. vi; François-André Isambert, *Politique, religion et science de l'homme chez Philippe Buchez* (Paris, 1967), p. 80. By the late 1830s, Buchez's co-author Roux had become a practising Catholic.

76. *Le Travail*, Prospectus, 1841.

77. *Démocratie pacifique*, vol. I, n.I, 1 August 1843: 6–7.

78. *Ibid.*

79. Constantin Pecqueur, *De la République de Dieu (Union religieuse pour la pratique immédiate de l'égalité et de la Fraternité universelles)* (Paris, 1844), p. 6.

80. Lamennais, *De l'esclavage*, pp. 122–23.

81. Alphonse Esquiros, *Histoire des Montagnards*, vol. I (Paris, 1847), p. 69.

82. Cabet, *Le vrai christianisme*, p. 57.

83. Cited in Pierrard, *L'église et les ouvriers*, p. 131.

84. Pecqueur, *De la République*, pp. 66–70.

85. Pierre Leroux, *Du christianisme et de son origine démocratique* (Boussac, 1848). These essays were originally published in Leroux's *Encyclopédie nouvelle* in the 1830s; Cabet, *Le vrai christianisme*, p. 510.

86. Rousseau, *Du contrat social*, p. 179.

87. Jean Jaurès, *La question religieuse et le socialisme*, ed., Michel Launay (Paris, 1959), pp. 30–31.

88. On Marxism's slow and unsteady entry into the French Left, see Michelle Perrot, "Les Guesdistes: controverse sur l'introduction du Marxisme en France", *Annales. E.S.C.* 22 (May–June, 1967).

# CHAPTER 30

# La Révolution française au tribunal de l'utopie

MONA OZOUF

> Qui apprécie au juste comment l'idée, je ne dirai pas révolutionnaire, mais infiniment plus révolution-naire qu'organique, qui avait animé Danton, Camille Desmoulins, Robespierre, se teignit des couleurs de l'Aurore du socialisme? (C'est ainsi que je nomme la triade St Simon, Robert Owen, Fourier). Personne encore. Je ne connais rien cependant qui jette plus de lumière sur l'histoire de notre temps. En soi, cette invisible communion de l'intelligence à travers le temps et l'espace, circulant du dix-huitième siècle au dix-neuvième siècle, de la France à l'Angleterre et de l'Angleterre à la France, est assurément le spectacle le plus curieux que nous puissions nous procurer: car c'est le spectacle de nous-mêmes considérés dans notre essence et dans l'intelligence qui nous éclaire.
> P. Leroux, *La grève de Samarez*.[1]

LORSQUE Etienne Cabet, en mai 1847, lance dans le *Populaire* son fameux "Allons en Icarie", il fournit à Marx, au nom du véritable esprit révolutionnaire, l'occasion d'une condamnation immédiate—l'article de Marx est de septembre 1847—et restée canonique, de l'utopie. Pour peu qu'on tienne "la brèche de la vieille Europe" pour le seul et vrai théâtre des événements—l'histoire, qui tient en réserve une révolution trois semaines à peine après l'embarquement pour le Nouveau Monde, en janvier 1848, de la petite avant-garde icarienne, va apporter une écla-tante confirmation à Marx—l'émigration n'est qu'un autre nom pour la désertion: l'utopie, loin d'appeler à la transformation du réel, est une fuite hors du réel. Elle est une rêverie pauvre et partielle, enfermée dans l'illusion d'une petite colonie autarcique, île heureuse au milieu des malheurs du monde. Elle est une rêverie archaïque, adaptée sans doute à une époque où les prolétaires n'avaient pas encore franchi la rampe de l'histoire, mais qui reproduit sans inventivité les récits de voyage des Lumières, avec la personne déplacée de leur narrateur, brusquement débarqué sur une terre inconnue, témoin acritique d'un monde découvert par chance, offert tout construit à ses yeux émerveillés. Elle est une rêverie sans véri-table espérance, veuve de tout programme d'action, vide de toute affirmation positive d'un monde meilleur, et en son fond conservatrice. Elle est enfin une rêverie intellectualiste, qui attache aux idées vraies, et à elles seules, le pouvoir de régler la sociabilité humaine. La condamnation de Marx a lourdement dessiné l'antinomie de la Révolution et de l'utopie, au point, comme le remarque M. Rubel, d'avoir longtemps découragé l'examen de leurs rapports réciproques. Elle a contribué à les faire penser comme deux mondes absolument antagonistes: ainsi les verra, de son côté, Flaubert.

Le fil ainsi si brutalement et si visiblement rompu entre l'expérience révolutionnaire, le rêve utopique et l'idée socialiste, il y a eu pourtant des hommes pour tenter de le renouer. Ainsi s'explique l'euphorie de Jaurès aux pages de *l'Histoire socialiste de la Révolution* lorsqu'il rencontre l'obscure personne d'un dessinateur en soieries lyonnais, un nommé L'Ange. Ce militant jacobin avait conjugué l'activisme révolutionnaire et l'écriture de textes d'intention utopique, qui promettaient le *"Remède à tout ou constitution invulnérable de la félicité publique"*. Sur quelques remarques inspirées à Michelet par le personnage et aussi par une terre lyonnaise toujours remuée par la misère, "fertile en coeurs blessés et en rêveurs utopistes", Jaurès devait beaucoup broder. Si on admet—chose indémontrée mais non impossible—que Fourier avait médité les textes de L'Ange et si le socialisme sort de Fourier, on tient enfin le chemin qui mène, à travers l'utopie, de la Révolution au socialisme. Jaurès confie son éblouissement: "il me semblait, sur la terre bouleversée de la Révolution, entrevoir des germes sans nombre et la profonde évolution des forces".[2]

Filiation pour Jaurès, antinomie pour Marx. On peut aussi refuser de se laisser enfermer dans un tel débat, en remarquant, après Judith Shklar, Frank Manuel et Miguel Abensour que l'utopie post-révolutionnaire ne ressemble que de très loin à l'utopie pré-révolutionnaire. Avant la Révolution, il n'y a dans le texte utopique que fort peu d'optimisme historique. Il est lu pour faire percevoir, mesurer ou déplorer un écart entre la norme et le fait, mais non pour le réduire. La société parfaite est proposée à la réflexion critique que mène le lecteur sur son propre monde, ou simplement à son enchantement esthétique, mais non à son activité. Quand il se trouve un utopiste préoccupé de populariser son "vrai système", comme Dom Deschamps, il rencontre un accueil circonspect et s'il conquiert des lecteurs, il ne gagne pas de militants. On lit Mably et Morelly, mais il n'y a ni mablistes ni morellistes. Après la Révolution en revanche, que de fouriéristes, de saint-simoniens, d'icariens, que d'appels à des adeptes susceptibles de tenter l'expérimentation, que de départs réels pour l'utopie: tout fait voir qu'on a changé de monde. Les utopies se sont faites militantes, prédicantes, croyantes, pratiquantes. Elles ont désormais des adversaires, signe qu'on prend au sérieux leur capacité subversive. Il arrive encore à ceux qui les écrivent de remettre leurs pas dans les traces anciennes, tel Cabet, dont l'Icarie est comme ci-devant une terre de confins, miraculeusement découverte par un voyageur ingénu, mais ils n'oublient pas pour autant d'inscrire cette trouvaille dans l'histoire (l'Icarie de Cabet a surgi, non d'un immémorial événement fondateur, mais d'une Révolution qui a une date, et même fort récente, 1782), d'inviter leurs lecteurs à des accomplissements similaires, et de leur fixer un avenir probable. L'utopie, si longtemps spectatrice sur les rives de l'Histoire, a désormais réintégré son lit.

Ces traits nouveaux peuvent du reste s'observer dans la Révolution française elle-même. Nul ne les rend mieux perceptibles que Babeuf, dont l'utopie, fondée sur la communauté des biens et des oeuvres, et qui révèle un homme qu'avait "électrisé"—c'est son mot—la lecture de Mably, Morelly et Fénelon, a tous les traits qui composent le visage archaïque dénoncé par Marx: anti-urbanisme, frugalité générale, haies arrachées entre les champs, serrures envolées aux portes des maisons, expression de la diversité humaine confiée à la seule couleur des costumes, et jusqu'à la manière de penser l'égalité sur un mode biologique et de la mesurer simplement à la capacité des estomacs. On se croirait dans quelque Bétique et pourtant, un élément extérieur, inédit, insolite, sans liens organiques avec le texte utopique, y est entré comme par effraction: l'activisme d'une minorité insurrectionnelle, qui rend les moyens de parvenir à la cité idéale plus importants encore que le modèle. Babeuf peut donc bien confier à son lecteur que ce modèle a existé avant la propriété romaine (son utopie en ce sens est un "retour"), mais il le projette dans l'avenir et le suspend à la volonté d'une petite phalange entraînée. L'appel impérieux de l'avenir—dans un tout autre registre, c'est lui encore qui organise la dixième et lumineuse "époque" de l'Esquisse de Condorcet—ne cessera plus de retentir dans les utopies, désormais agitées, fiévreuses, moins préoccupées de décrire que de construire, de rêver que d'organiser. Souvent même les nouvelles-nées tiennent à marquer leur rupture avec les textes de "la félicité calme". Fourier n'aura pas assez de sarcasmes pour les visionnaires sociaux obsédés par le passé, les "rétrogradateurs ineptes" acharnés contre toute vraisemblance à ressusciter les bergers du Télémaque.

La réalité de ce hiatus entre deux formes d'utopie—grossièrement distribuées de part et d'autre de la Révolution française—avertit qu'on ne peut se contenter d'opposer sans appel l'esprit utopique à l'esprit révolutionnaire, puisque la Révolution française inaugure elle-même un nouveau mode utopique; mais qu'on ne peut non plus voir l'esprit utopique dériver paisiblement de la source révolutionnaire, puisque les utopies nouvelles se construisent sur le refus de ce qui est en train de devenir la tradition révolutionnaire. Si, dira Cabet, je tenais une Révolution dans la main, j'hésiterais à l'ouvrir.

Quelque chose s'est donc joué dans la décennie révolutionnaire que les utopistes du dix-neuvième siècle ont capté, retraduit à leur manière, jugé. C'est ce regard particulier porté sur la Révolution qu'il faut saisir. Tâchons de le surprendre chez Fourier, Saint-Simon et Cabet, au-delà de leurs inimitiés personnelles et de leurs excommunications réciproques. Les deux premiers avaient vécu la Révolution, l'enance du troisième avait été bercée par la légende révolutionnaire. Les deux premiers constellent leurs textes de références à l'obsédant événement, et le troisième en propose un récit organisé. Aucun des trois n'imagine pouvoir affranchir ses projets utopiques d'un jugement préalable sur la Révolution française. Faisons la, avec eux, comparaître au tribunal de l'utopie.


Celle qui s'avance à la barre des prévenus n'a, semble-t-il, pas une chance. Aux lendemains de Brumaire, elle doit répondre d'une terrible inculpation: elle aurait pulvérisé le lien social. Crime alors sans pardon, et tout spécialement aux yeux des utopistes, si attachés à l'idée d'une organisation de la collectivité. Au même moment, les traditionalistes rêvent nostalgiquement de la communauté perdue à reconstruire. Eux rêvent d'une communauté à construire et à gagner. Au lieu de mobiliser les souvenirs ils mobilisent les projets. Toute leur pensée tourne autour des moyens de rendre le lien entre les hommes à nouveau visible, et cette fois inaltérable. Or comment pourrait-on à la fois révolutionner la société et la reconstruire? L'entreprise révolutionnaire paraît donc impossible à sauver, non seulement dans ses péripéties, mais encore dans son enjeu et ses principes.

De cette méfiance globale, le trait le plus voyant est la condamnation de la violence révolutionnaire, aussi véhémente chez eux que chez les traditionalistes, avec lesquels ils partagent du reste l'idée qu'elle est présente dès les premiers jours, et consubstantielle par conséquent à la Révolution. Fourier et Saint-Simon avaient, il est vrai, connu l'un et l'autre les prisons de la Révolution et chez Fourier, comme chez Ballanche, vivaient douloureusement les souvenirs du siège de Lyon. L'horreur existentielle de la violence n'est pourtant pas tout: faute contre les hommes, elle est encore erreur tragique. Cabet, celui des trois qui est le plus indulgent à la Révolution, toujours prêt à rapporter la Terreur aux terribles "circonstances", et à elles seulement, est aussi celui qui fournit ici l'épreuve décisive. Car qu'elle soit spontanée, comme aux journées d'octobre, ou organisée, comme en l'an II, la violence, resurgie dans le présent d'un lourd passé de dragonnades ou de Saint-Barthélemy, est toujours condamnable: elle appelle inlassablement la violence et c'est pourquoi le communisme des partageux, qui consiste à dépouiller une classe pour pourvoir une autre classe, paraît si déplacé dans l'utopie communiste de Cabet. Ce refus, lié dans le texte utopique au rêve d'un bonheur sans larmes et à l'idée d'une harmonie sans sacrifice, Pierre Leroux l'a fortement marqué en rappelant en 1848 aux "braves gens effarouchés de la Noblesse et de la Bourgeoisie" que l'utopie, loin d'avoir poussé aux désordres de la Révolution, les a conjurés et retenus: "Ce n'est point Ledru, ni Monsieur de Lamartine qui ont empêché la violence de cette Révolution, c'est nous. Et au début, c'est Cabet principalement. C'est Cabet qui ayant fait luire aux masses l'idée consolante et pacificatrice d'une société fraternelle, leur rendit odieuse la seule idée d'une révolution où on emploierait la guillotine et la lanterne."[3]

Non moins insupportable, une autre violence, plus discrète pourtant, celle de l'austérité. Le souvenir de la Révolution leur est resté comme un prêche de la privation, alors que leurs propres systèmes utopiques—fort différents en cela des romans restrictifs où on va pieds nus et partage un maigre brouet—se donnent tous la facilité initiale de l'abondance. Renoncer à une civilisation riche et prospère serait une absurdité pour Saint-Simon et pour Fourier un scandale, car il ne faut écarter aucune des sources d'activité en l'homme, richesses, désirs, amours, passions, autant de dons de Dieu que nul n'a droit de refuser. Même Cabet, qui a bien lu Babeuf, ne croit nullement qu'il faille réduire la consommation de tous pour assurer l'égalité. S'il proscrit de sa république icarienne les industries de luxe, en raison du lien qui unit le luxe et le privilège, chaque maison icarienne dispose des commodités du confort matériel et des agréments de l'harmonie esthétique. Si la mode ne doit pas en Icarie changer au fil des temps (réflexe coutumier de conjuration du temps dans les utopies) au moins varie-t-elle au gré des âges, des sexes, des occupations et des occasions de l'existence. Cabet croit avoir ainsi réconcilié avec l'uniformité égalitaire la somptuosité des couleurs et des formes, à laquelle il n'est pas prêt à renoncer.

Mais l'atmosphère morale, violente et chagrine, de la Révolution française, n'est pourtant pas l'essentiel dans le jugement négatif des utopistes, car elle pourrait, et Cabet au moins l'indique, n'être attachée qu'aux péripéties qui l'ont marquée et non aux principes qui l'ont guidée. C'est avec ceux-ci, surtout, qu'il faut compter.

Or, ils viennent en droite ligne des Lumières, essentiellement "critiques" comme on sait, et donc marquées d'un signe négatif. Les droits de l'homme sont la cible favorite des utopistes, car l'idée que l'individu est pourvu de droits bien avant d'appartenir à la collectivité et que cette appartenance est toujours seconde, volontaire et révocable, leur paraît à la fois un rébus et une faute. Pour eux, pas de fondation subjective du social et pas d'individu hors d'un collectif dans lequel il est dès l'origine immergé: l'utopie se définit comme une tentative pour organiser la coexistence des hommes et les droits ont le maléfice de la délier. La Révolution française, en posant absurdement la primauté des droits individuels, a opéré cette oeuvre de disjonction, que Le Chapelier, vrai héros négatif de la Révolution, qui a osé en effet parler des "prétendus" intérêts communs, a si criminellement illustrée. Chez nos trois utopistes vit en effet, colorée chez Saint-Simon par l'image nostalgique des corporations médiévales, l'idée que la destruction des associations traditionnelles a été la défaite historique des travailleurs français. En la décidant, la Révolution française montre qu'elle a choisi, contre l'appartenance, l'indépendance des individus: ce qu'illustrent encore les deux premiers termes de la devise républicaine—les seuls à avoir été officialisés pendant la Révolution française—tous les deux menteurs, le premier plus encore que le second, et sur lesquels on ne saurait rien construire.

Les éléments d'une critique de la liberté n'étaient pas trop difficiles à réunir, tant le vocabulaire de la liberté avait été dès longtemps associé, bien avant la Révolution, aux garanties particulières des statuts, c'est-à-dire au privilège. Mais s'ils trouvent toute constituée—ils ont lu Rousseau et Mably—la critique d'une liberté ancrée dans la diversité, d'une liberté d'indépendance, pure négation du social, les utopistes y ajoutent un thème nouveau, promis à un bel avenir, celui de la mystification. Ce n'est pas du reste que la liberté d'indépendance, qui établit son droit contre les contraintes, n'ait eu à leurs yeux son heure de gloire et d'utilité: Saint-Simon lui accorde pleinement le mérite d'avoir fourni des armes contre l'arbitraire féodal. Mais hors du despotisme ou de l'esclavage qui en expliquent et en légitiment l'usage, la liberté n'est plus à leurs yeux, comme le dit Cabet, "qu'une erreur, un vice, un mal grave".[4] Lui qui a milité dans une association pour la liberté de la presse sous un régime malheureux, la supprime entièrement dans son Icarie heureuse, vouée au ronronnement d'un unique Journal officiel. C'est dire que passées les époques disgrâciées de l'histoire humaine, le combat pour la liberté n'est plus qu'un ferment d'atomisation sociale, qui outrepasse sa mission historique en voulant se perpétuer: les époques organiques, où la valeur suréminente est celle de la communauté, réclament tout autre chose. Là sonne le glas de la liberté critique. Constant n'aura pas assez de sarcasmes pour cette représentation d'une liberté transitoire, objet fané devenu une antiquaille, comme si la liberté d'examiner, si essentielle à l'homme moderne, pouvait jamais être reléguée au grenier des vieilleries.

Mais c'est moins le thème d'une liberté superfétatoire que d'une liberté menteuse qui devait connaître une extraordinaire fortune chez ces inventeurs de la "liberté formelle". Des trois, Fourier—on comprend la lecture attendrie qu'en fera Engels—l'exprime avec le plus de force. Qu'est-ce que la liberté pour l'homme qui jouit du "droit de travailler quinze heures accroupi dans un atelier malsain comme ceux de l'Angleterre, ou bien d'aller crocheter les ordures et y chercher sa vie selon l'usage du peuple régénéré"?[5] Saint-Simon renchérit: la liberté n'est pas le droit d'agir—sans moyens le droit n'est qu'une forme vide—mais la capacité d'agir. Et cette capacité suppose elle-même l'adhésion passionnée au projet collectif, au but d'activité fixé à la communauté tout entière. Si bien que l'homme dépourvu des moyens de s'intégrer à la communauté n'a aucune liberté, et c'est un leurre de l'en entretenir. On sent ici *in nuce* tout ce qui sépare l'idée démocratique de l'idée socialiste, dominée par la certitude qu'il y a une vérité sociale et un bonheur collectif possibles à définir et que la liberté véritable, la seule à ne pas mentir, tient dans la conformité à l'activité communautaire. Cabet, qui donne à l'idée sa forme la plus dogmatique, enseigne qu'en Icarie la liberté se réduira à faire "tout ce qui n'est pas défendu par la Nature, la Raison, la Société et à s'abstenir de tout ce qui n'est pas défendu par elles".[6] Nature, Raison: c'est assez dire que leurs ordres sont aisément intériorisés par l'individu, qui dès lors qu'il saisit la rationalité de l'ensemble, ne peut plus refuser son assentiment. A condition d'avoir ainsi rogné les ailes du droit individuel, qui ne saurait plus jamais être fauteur de désordres, et d'avoir extirpé de la liberté ses capacités de résistance, les utopistes peuvent bien continuer à user du mot de liberté. Dès lors qu'ils l'assujettissent au bonheur social, ils témoignent qu'ils n'en ont ni le sens ni le goût.

Plus décisif encore est le traitement de l'égalité. L'utopie du dix-huitième siècle mettait l'accent sur la ressemblance entre les êtres (qu'elle plaçait à l'origine du rapport social) et confiait volontiers la diversité de ses communautés à la seule variation des âges. Diversité heureuse, sans privilège: les rôles de l'enfant, de l'adolescent, de l'homme mûr et du vieillard ne ruinent pas la cohésion collective puisque chacun doit les emprunter tour à tour. Le paysage change au dix-neuvième siècle. Les utopistes deviennent rétifs à l'égalité, qu'ils ne séparent plus de la Révolution, rendent responsable des embardées incontrôlables de l'événement et sont prêts du même coup à juger fausse dans son sens absolu. Rien n'agace davantage Fourier que l'assimilation de son phalanstère au "monastère morave" de l'utopie égalitariste (il pense à l'owenisme, empoisonné à ses yeux par la quête de l'égalité). Le tranchant de la critique fouriériste, c'est que l'égalité n'est pas seulement une mystification de surface (les hommes de la Révolution parleraient d'une égalité désirable qu'ils se garderaient bien d'accorder) mais de fond: ils prétendent que l'égalité est désirable alors qu'elle ne l'est nullement. Loin de s'affliger qu'il y ait des riches et des pauvres, il faudrait se féliciter que la société comporte des discordances. Des discordances: en décidant de traiter comme telles les inégalités, Fourier apporte sa solution originale au problème qu'elles posent; il découvre leur face cachée, faite de la richesse des contrastes, de leur concours à l'harmonie du tout; pour peu qu'on sache *classer* (obsession fouriériste) les particularités, en composer un arrangement ingénieux et arbitrer entre les penchants individuels, leur foisonnement n'est pas immaîtrisable. On retrouve alors, et quand bien même elle s'exercerait dans une société hiérarchisée, une équivalence relative entre les individus, dans la satisfaction que donne à chacun une activité adaptée à ses penchants. Une fois réalisée par ailleurs la délicate combinatoire des inclinations, le législateur s'efface. Pas de trace visible chez Fourier d'un manipulateur à la baguette impérieuse: sa présence et ses arrangements sont oubliés dans l'assentiment de tous à un système savamment hiérarchisé. Car ici la découverte de la différence est toujours une grâce, occasion d'émerveillement et d'enrichissement.

Fourier prive complètement le sentiment d'égalité du tremblement jaloux, souffrant et inguérissable qui lui est attaché depuis Rousseau et qu'a si complètement capté la Révolution française.

Tout semble identique avec Saint-Simon. Même diagnostic sur la Révolution: son échec vient de ce qu'elle a confondu l'indispensable suppression du privilège héréditaire avec l'égalité. Et le principe d'égalité (si consubstantiel à toute révolution que Bossuet, inlassable prédicateur d'une égalité des créatures dans l'abjection, est aux yeux de Saint-Simon le véritable auteur de la Révolution française) est responsable de toutes les extravagances révolutionnaires. Même recul devant le caractère indéfiniment tourmenteur du sentiment d'égalité (mais, à la différence de Fourier, soupçon que ce pourrait bien être là sa définition même puisque le malheur des hommes entrés en Révolution est de ne pouvoir ensuite "calmer leur exaltation pour l'idée d'égalité").[7] Même répugnance à l'égalité niveleuse, à "l'égalité turque" contradictoire de l'équité. Même conviction que ce qui rend non seulement tolérable mais désirable l'inégalité, c'est la proportion. Chez Fourier elle est entre les goûts et les occupations, chez Saint-Simon entre la mise que les individus jettent sur le tapis social et le gain qu'ils en retirent (équivalence contre laquelle Louis Blanc élèvera la protestation décisive: une inégalité qui se produit au nom des succès de l'esprit ou de la possession des savoirs est-elle plus respectable que celle qui naît de la force?). Ce qui rend la pensée de Saint-Simon, si persuadé que la supériorité intellectuelle légitime la hiérarchie, moins décisivement allergique à l'égalité que celle de Fourier, c'est d'une part que l'industrie appelle à la coopération des êtres émancipés de tout rapport féodal et crée donc les conditions de l'égalité, d'autre part que les inégalités de la compétence et du talent sont indéfiniment mobiles et reclassent constamment les êtres: si la classe gouvernante est supérieure à la classe gouvernée, puisque le mérite justifie l'autorité, elle est du même coup ouverte à deux battants: le gouverné méritant y est naturellement appelé.

Cabet, lui, a accepté et même exalté dans la Révolution l'idée d'égalité, non seulement dans ses effets immédiats (la réduction de la noblesse à la condition commune) mais dans ses développements, (comme le montre la prédilection qu'il témoigne à l'épisode jacobin) qui lui paraissent irrésistibles, au point que les hommes qui la combattent, comme Napoléon, en sont pourtant les instruments inconscients. Mais même chez lui l'égalité conserve un caractère brutalement séparateur. Avec Fourier et Saint-Simon, il continue à partager l'idée que l'égalité, comme la liberté déjà, met les êtres à part: entre l'égalité conçue qui promet l'abolition des différences, et l'égalité vécue, qui les fait à nouveau surgir, reste un fossé infranchissable tant qu'on n'a pas recours à un troisième principe, celui de la fraternité. En Icarie, elle est le *primum movens*: "si on demande aux Icariens quelle est leur science, leur doctrine, leur système", ils répondent inlassablement la Fraternité. Saint-Simon lui aussi en fait le principe véritablement constituant: c'est que la fraternité, expression sociale de l'amour, a été la contribution spéciale du christianisme à l'histoire de l'humanité. Et si la Révolution française dans certains de ses épisodes (le Serment du Jeu de Paume, scène pure de la fraternité, où les hommes ne font aucun autre serment que celui de rester réunis) paraît saisir le sens de ce sentiment principiel, elle échoue pourtant à faire vivre la fraternité, soit parce qu'elle la marie à la liberté—qui suppose une conscience individuelle en désaccord toujours possible avec autrui—soit—ce qui est bien pis et que Fourier ne cesse de rappeler—parce qu'elle la conjugue avec la mort.

Liberté négative, fruit de l'égoïsme bourgeois; égalité menteuse et brutale; fraternité balbutiante et finalement manquée. C'est au nom de la cohésion sociale qu'est rendu le verdict final sur la Révolution. Chacun de nos trois utopistes le formule pourtant à sa manière. Fourier est le plus disposé à la considérer comme un bloc maléfique: s'il charge les "jacobins"—trait d'époque—de symboliser et de résumer le mal de la Révolution tout entière, il n'en juge pas moins sévèrement les Constituants pour avoir confisqué les biens du clergé, mis le territoire national en miettes départementales et, décisivement, délié des individus libres et égaux: aucun épisode de la Révolution n'est donc sauvable. Il y a plus de subtilité chez Saint-Simon qui à la fois refuse de confondre 89 et 93—par où il se distingue de Fourier—et de les séparer—par où Cabet se distinguera de lui. A ses yeux, un bref épisode positif luit en 89 dans la Révolution française: l'homme qui avait en 1790, devant les paysans de son canton, flétri "les distinctions impies de la naissance", n'a jamais renié le 89 anti-féodal et la nuit du 4 août, son emblème. Mais tout 89 n'est pas également éblouissant: il suffit de considérer le bricolage juriste et métaphysicien de la Déclaration des Droits. Symétriquement, il faut trier aussi dans 93: Saint-Simon est très près d'admettre un 93 positif, car tout en estimant pitoyables, comme Fourier, les cultes substitués au culte chrétien, il prend au sérieux l'intention religieuse de la Révolution française: la prédication de 93, en dépit des moyens détestables qu'elle adopte, Terreur et égalité absolue, lui reste proche dans sa finalité de création d'un homme nouveau. Seul des trois, Cabet, qui avait fait ses premiers pas politiques en pleine résurrection du robespierrisme et s'était lié avec Buonarroti, oppose—un découpage qui aura la vie dure—le 89 individualiste au 93 communautaire, et les Girondins égoïstes aux Jacobins habités pas la passion du collectif. Cela accordé, il est loin de donner au moment jacobin l'éblouissante prééminence qu'il a chez Buchez et Roux, et même chez Louis Blanc, car la haine de la violence ne l'abandonne jamais.

C'est qu'au fond, tous s'entendent sur ce point fondamental: la Révolution n'a pas été la *vraie*. Bien avant Marx, ils ont l'idée de l'inadaptation profonde d'une Révolution essentiellement politique. Ils ne croient pas que le bien social soit à chercher dans une forme particulière du gouvernement—il est même arrivé à Cabet, le plus réceptif pourtant des trois au discours politique classique, de juger la monarchie aussi satisfaisante que la République. Tous les trois ont hérité de Voltaire la conviction que les vrais bouleversements sont ceux de l'opinion, et donc que la transformation des institutions doit être précédée par celle des intelligences, vrai commencement de tout aux yeux de Saint-Simon. Et si lentement que se prépare le triomphe de celles-ci, il ira toujours plus vite que tout autre arrangement. Close, par conséquent, l'ère des complots.


De l'observatoire utopique, la Révolution se contemple donc comme un chaos de fureurs, que sanctionne un champ de ruines. Sur le refus de ce qu'elle a été et de ce qu'elle a produit se construisent les nouveaux systèmes. Pour achever la démonstration d'une incompatibilité entre l'esprit utopique et l'esprit révolutionnaire, il faudrait montrer que le projet utopique lui-même n'emprunte rien à la

Révolution. C'est à cette extrémité que nous n'irons pas. Sur les utopies du dix-neuvième siècle, réponses à une crise jugée irréparable, s'est profondément inscrite la marque de la Révolution.

Car si on sort de l'événement traumatique avec le sentiment qu'il n'a pas été la *vraie* Révolution, on y a contracté aussi la certitude qu'une Révolution est imminente et imparable. Une rumeur d'attente fait bruire toute la littérature de ce premier dix-neuvième siècle: chacun croit alors entendre la société se mettre en marche vers une ère nouvelle, dont le sésame serait non plus l'individualisme, mais l'association. Or si véhémente que soit chez nos utopistes la conjuration de l'événement révolutionnaire, du moins y reconnaissent-ils comme un premier coup de vent annonciateur du changement des temps. Du moins lui accordent-ils d'avoir tenté d'organiser la vie collective. Tentative à laquelle ils donnent une extension inégale: elle couvre chez Cabet la période jacobine, chez Saint-Simon et Fourier elle n'a vécu que l'espace d'un matin, fulgurance qui s'éteint dès qu'elle a brillé, le temps de prophétiser une subversion généralisée de la civilisation: "il semblait, dit Fourier, que le grand corps du peuple allait se purger." Mais elle suffit à alimenter chez eux le mépris pour tous "les rétrogradateurs", libéraux ou ultras, qui n'ont pas su déchiffrer dans la commotion révolutionnaire le signe que l'humanité touchait à une grande métamorphose. Eux savent, comme le dira scandaleusement Saint-Simon en 1819, que "nous sommes encore en révolution".[8] La fébrilité particulière de l'attente fait trembler leurs textes. Elle explique qu'ils ne peuvent plus, à la différence des utopistes du siècle précédent, se contenter de loger l'utopie dans un lieu particulier et de la suspendre à la bonne chance du voyage. Même inscrit dans son espace balisé et clos, même expérimenté dans des conditions protégées, le phalanstère est multipliable à l'infini. C'est à l'humanité entière que l'utopie fait ses promesses.

Or c'est bien la politique révolutionnaire qui a été ici inaugurale. Malgré ses ratés, elle a donné aux hommes une idée neuve du possible et de l'impossible, concepts que Robespierre jugeait étroitement liés à une imagination beaucoup trop timide. Elle qui a mis en oeuvre, à une grande échelle, le conseil de Rousseau, recommandant aux pédagogues de moins se préoccuper du faisable que du souhaitable. C'est son enseignement que recueillent les utopistes, eux aussi acharnés à redessiner, quand ce n'est pas à volatiliser, la frontière entre le possible et l'impossible. Où donc se recrutent en effet les ennemis jurés de l'utopie, sinon parmi ces gens que Fourier, toujours prodigue d'éclatants noms de baptême, a étiquetés comme "impossibilistes", "secte la plus vicieuse du monde savant et la plus dangereuse aussi",[9] qui décrète toute institution sociale impossible "sous prétexte qu'elle n'a pas existé". Saint-Simon ne dit pas autre chose: il souligne que le mot d'utopie, pris en mauvaise part, sert à discréditer tout projet de perfectionnement de l'ordre social. Quant à Cabet, qui confie à l'historiographe de l'utopie, Dinaros, le soin d'écrire une histoire globale de l'Humanité, il fait l'inventaire des prétendues impossibilités devenues réalités: et de convoquer à la démonstration l'éclairage au gaz, le bateau à vapeur, la circulation du sang, le christianisme tout entier. La conclusion est qu'il est prudent de rayer le mot impossible du vocabulaire de l'homme éclairé.

De l'expérience révolutionnaire, de son effort exorbitant pour refaire les êtres humains dès l'origine et de fabriquer intégralement des hommes nouveaux, on pouvait sans doute retenir l'échec lamentable: tel sera le sentiment de Constant, en constatant l'impuissance de la Révolution française non seulement à changer les âmes mais même à déplacer le moindre saint de village, thème qu'il lègue à toute l'historiographie libérale jusqu'à Quinet. Mais on pouvait aussi, quand on se sentait en consonance profonde avec l'entreprise, n'en retenir que l'inspiration de reculer les limites du possible, et attribuer alors l'échec final non à l'ambition mais au contraire à la timidité. C'est bien cette seconde interprétation que retiennent les utopistes. Mais comment ne pas voir que c'est aussi donner raison sur l'essentiel aux hommes de la Révolution? Avec eux ils partagent la certitude qu'on peut constituer les individus en société, soumettre à l'organisation rationnelle toute l'existence collective, distribuer les places, les rôles et les fonctions dans un système bien lié, bref la conviction que le social est de bout en bout maîtrisable, pour peu qu'on ait acquis un tour de main suffisant.

On peut relier cette conviction à l'expérience historique d'hommes qui ont vu accomplir en quelques mois, parfois en quelques semaines abruptes et folles un prodigieux renversement des institutions. C'est ce que suggérait Buonarroti, pour qui le spectacle des deux premières années de la République portait à croire que pour le peuple français "il n'y avait alors aucune institution démocratique qu'il n'eût adoptée avec enthousiasme". Il s'ensuit que le péché majeur des révolutionnaires a été de veulerie: ils ont multiplié les demi-mesures, ils n'ont pas su saisir aux cheveux le "bon moment", cet instant de vertige où tout est possible (idée qu'on retrouvera chez Michelet quand il analysera l'épisode fédératif, temps suspendu où les barrières de classe étaient à terre et la fraternité à portée de main, moment bienheureux, moment hélas manqué). Sur ce diagnostic de faiblesse, l'accord règne entre nos trois utopistes. Aux yeux de Cabet, qui blâme la modération de Robespierre, il n'a manqué qu'un jour pour assurer par des institutions solides le bonheur et la liberté de tous. A ceux de Saint-Simon, les mesures prises contre les nobles—expulsion, dépouillement, massacre même—étaient en dépit de leur férocité des demi-mesures puisqu'elles changeaient les pouvoirs de main sans changer la nature des pouvoirs. Et à ceux de Fourier, les hommes de la Révolution se sont arrêtés net devant les mesures les plus révolutionnaires comme celles qui auraient consisté à reconsidérer l'inusable lien familial. Il est clair que ce diagnostic d'intimidation recouvre un accord sur le fond. Encore un effort: c'est l'injonction rétrospective que tous adressent aux acteurs de la grande scène révolutionnaire.

L'exemple central qui illustre la pusillanimité révolutionnaire c'est celui de la religion. Tous trois la considèrent comme l'indispensable ciment de la communauté, principale institution politique, dit Saint-Simon, qu'il ne faut pas laisser disparaître de la vie des hommes, baume pour une société malade de vivre sans lien moral. Le surnaturel a déserté cette religion d'utilité sociale: nos utopistes ne tiennent pas Jésus-Christ pour un Dieu, mais pour le plus grand des hommes; ils se désintéressent de l'expérience religieuse individuelle; ils n'ont d'yeux que pour la capacité qu'a la religion de tendre à la communauté le miroir où elle se voit réunie: en harmonie comme en Icarie, on célèbre avec faste des cérémonies jubilatoires auxquelles le parlement saint-simonien, de son côté, accorde autant d'importance qu'aux travaux publics, aux mines et aux canaux. Tous trois sont convaincus d'autre part que le nouveau pouvoir spirituel est à bâtir au détriment de la vieille Eglise. Comment ces idées ne les disposeraient-ils pas à comprendre le

projet robespierriste de rendre aux hommes, par la réinstitution d'un lien transcendant aux individus, de "grandes idées" d'eux-mêmes? bref il y a bien eu dans
la Révolution française la "tentative de réorganisation" dont un prédicateur saint-
simonien fait honneur à Robespierre.

Sur le succès de cette tentative, Fourier est le plus sévère. Raison, Etre suprême,
Théophilanthropie, aucune des innovations successives de la Révolution en matière de religion ne trouve grâce à ses yeux. Il amalgame la religion "pour les yeux
et les oreilles",[10] celle de la Raison, avec ses bouffées carnavalesques, à la religion
anémique, celle de la théophilanthropie, avec ses "fadeurs spirituelles". Sous toute
sa dérision—il montrera la même aux papes schismatiques du saint-simonisme—
se cache pourtant l'assentiment à l'entreprise: car Fourier ne montre tant d'amertume à ces créations religieuses que parce qu'il est persuadé que dans la France
terrorisée de l'an II les circonstances étaient favorables à l'établissement d'une
religion nouvelle. Chacun en 1794 étant pleinement libre de l'acte fondateur, les
philosophes auraient dû s'ériger en pontifes. Mieux, ils l'auraient pu: ils avaient
entre les mains l'instrument même de la transformation, la secte maçonne, à
laquelle Fourier montre de la tendresse pour son vieux génie à associer—n'a-t-elle
pas réussi à opérer "l'affiliation dans toutes les régions civilisées"[11]—et qu'on
aurait pu astucieusement reconvertir. Qu'a-t-il donc manqué aux révolutionnaires
pour entrer triomphalement dans la carrière religieuse? Rien qu'un homme, un
transfuge du culte dominant (comme Mirabeau fut un temps transfuge de sa
classe), capable de fournir des plans de bataille contre la vieille religion, d'inspirer
les acteurs et d'animer la scène. Il y avait donc un "grand coup"[12] à tenter en
matière de religion.

Mais le cas de Fourier, le plus agressif de nos utopistes dans le jugement qu'il
porte sur les religions révolutionnaires substituées est aussi du même coup le plus
démonstratif des liens profonds qui unissent la révolution et l'utopie. Non seulement parce qu'elles témoignent toutes deux du sentiment qu'il est impossible de
laisser les hommes à leurs initiatives propres. Mais aussi parce que ni l'une ni
l'autre n'envisage de solution hors de la volonté humaine. Même sans réunir un
concile (comme c'est le cas chez Cabet), même sans envisager une corporation
dogmatique de prêtres, de savants et d'artistes (comme c'est le cas chez Saint-
Simon), Fourier ne peut se passer pout sa religion d'appel à un fondateur autoritaire, auquel il adresse un vibrant et pathétique appel: et pour tenir ce rôle, n'importe qui fera l'affaire, de Bonaparte à Louis-Philippe. Saint-Simon témoignera du
même oecuménisme, ou de la même indifférence.

On touche ici à un point capital, bien au-delà de l'hommage rendu par les
utopistes à la religion comme pratique sociale. Comme les libéraux ils tiennent
l'impuissance de la Révolution à changer les âmes pour son échec même. Mais
alors que les libéraux en déduisent, avec la méfiance pour tout groupe d'hommes
qu'on prétendrait spécialement désigné par ses lumières, la critique du volontarisme, les utopistes en tirent un volontarisme aggravé. En déplorant que ce volontarisme n'ait été qu'intermittent sous la Révolution et en condamnant les hommes
de la Révolution pour avoir lâché prise, ils partagent évidemment leur idée-mère:
que cette prise est possible et que la recréation des individus va de haut en bas.
Saint-Simon met toute sa confiance dans un catéchisme national rédigé par l'Institut et soutient que des moyens de parvenir à la régénération la dictature est encore

le meilleur. Cabet fait voter, "par assis et levés" les articles de la religion icarienne, existence de Dieu et immortalité de l'âme. Fourier spécule sur "un projet d'association violentée, sur un acte assorti au caractère grandiose et fastueux d'un Néron".[13] C'est cette prédication autoritaire qui a tant choqué au dix-neuvième siècle les libéraux et les républicains. Les disciples de Saint-Simon, en quête, si on en croit Renouvier, d'un système de réorganisation, "n'aperçurent finalement aucun autre plan possible que celui où La Compagnie de Jésus et la Société des Jacobins seraient venues se donner la main".[14] On comprend du reste mieux cette dérive si on constate que, même à l'intérieur du camp libéral, continuait à vivre, malgré les démentis aveuglants de l'expérience, l'idée qu'il y avait quelque chose à tenter et qui aurait pu l'être avec des hommes audacieux et décidés. Le cadre de référence légué par les Révolutionnaires—que l'homme est de bout en bout éducable—est si prégnant que même ceux qui, après Constant, filent le thème de la paralysie des révolutionnaires, pris dans la nasse serrée des croyances immémoriales, continuent de croire—songeons seulement à Quinet—qu'il y avait un "grand coup" à faire en matière de religion. Grand coup magique et libérateur illustré par tant de formules, comme ces "il suffira de dire", ou "il suffira de faire" qui constellent les textes de Fourier.


Nous voici loin de l'intuition qu'avait eue Flaubert de l'incompatibilité entre l'esprit de l'utopie et l'esprit de la Révolution. Ce que l'utopiste reconnaît comme sien dans la Révolution, c'est le passage de l'apathie à l'énergie, le fait pour les classes sociales "d'entrer en verve", comme dit si bien Saint-Simon, l'appareillage matinal vers un monde nouveau, avec la sensation enivrante du lâcher tout. Ce départ à neuf suppose chez les uns et les autres la certitude que rien dans le donné hérité n'est immuable ni même véritablement précieux, que tout peut être objet de transformation. Aux propos exaltés des Constituants sur une construction politique qui n'eut jamais d'exemple, répond ainsi l'Icarie de Cabet opposant l'imparfait bricolage d'une constitution oeuvre du temps et des générations successives, "ajoutant pièce à pièce des éléments nouveaux", à la perfection rationnelle de celle qui est "l'oeuvre d'un seul homme et d'une seule assemblée".[15]

Deuxième élément de cette confiance dans la possibilité de rompre les amarres, l'idée que le bonheur social est susceptible d'une description objective et que sa définition peut recueillir l'assentiment de tous: voici encore une certitude que les utopistes partagent avec les hommes de la Révolution, et qui explique bien des cheminements de la foi révolutionnaire à la foi utopique. Carnot avouera que son attirance pour les études saint-simoniennes lui avait été inspirée par l'analogie qu'il pensait voir entre leurs aspirations humanitaires et les développements de la Révolution française. Ni en utopie, ni en révolution, on ne s'attarde vraiment au problème redoutable de la remise en question par les individus des conditions mises au bonheur social ni de leur rébellion par rapport à la norme collective: le seul à l'apercevoir est Fourier, mais c'est pour mieux le diluer dans l'accord harmonique des goûts bigarrés et des exigences contradictoires. Pour la plupart des utopistes, à condition d'avoir mis assez de soin à penser l'éducation des enfants et la formation permanente des adultes, et assez d'ingéniosité à monter les spectacles qu'on dispose pédagogiquement autour d'eux, on peut espérer venir à bout des singularités individuelles, sans oublier celles qui sont un bon test de la capacité de résistance à l'ordre établi: crimes, délits, infractions en tout genre. Cette stratégie, qui suppose en Icarie une vigilance de chaque instant, obtenue grâce à la circulation de l'information, à la réunion systématique des individus, à l'analyse permanente et publique de tout ce qui traverse et agite le collectif, comment ne pas la lier à la Révolution française et plus spécialement au jacobinisme? De l'un aux autres s'est communiquée une vision identique de l'homme: englué dans l'univers des sensations et des spectacles, radicalement dépendant, et donc indéfiniment modelable.

Quelle place alors faire à la liberté? Pour les dérogations qu'elle avait dû faire à la liberté la Révolution disposait d'un baume emprunté à Rousseau: l'idée que la loi est l'expression de la volonté générale, si bien que le sacrifice qu'on lui fait n'est jamais un sacrifice à quelque chose d'extérieur et d'étranger, mais un sacrifice à soi-même. Ainsi peut-on ne pas perdre en chemin les individus dont on était parti, puisque l'intérêt public est aussi l'objet de leur volonté. Il en va un peu différemment pour les utopistes, moins soucieux de conserver un lien avec la revendication individuelle. Si pour eux les droits de la conscience sont inimaginables chez les administrés de leurs systèmes, pas plus que les tentations despotiques concevables chez leurs administrateurs, c'est qu'ils les voient emportés nécessairement vers une fin, dans un mouvement de l'histoire qu'il serait tout à fait vain de vouloir contrarier. Il n'y avait rien de tel chez les utopistes du dix-huitième siècle, fermés à l'idée que le cours de l'histoire obéit à une tendance générale. Ceux-ci au contraire en sont si pénétrés qu'ils sont plus désinvoltes encore que les hommes de la Révolution à l'égard de la liberté: car si l'humanité est nécessairement conduite vers une fin, alors rien n'est opposable au sentiment qui fait adhérer l'individu à cette fin. Renouvier a fortement souligné, pour la condamner, l'indifférence morale qui s'en déduit: si ce qui se fait n'est à aucun moment autre que ce qui doit être, "comment la conscience ne serait-elle pas désintéressée de la morale?"[16] Les sacrifices des droits individuels au bien collectif deviennent insignifiants au regard de l'immense et impressionnante idée de la destinée.

Il n'est pas sûr pourtant que les utopistes poussent cette idée jusqu'à ses conséquences extrêmes et assument pleinement celles-ci. Au nom de l'historicisme, Saint-Simon par exemple avait condamné Condorcet: pourquoi s'être absurdement épuisé en diatribes contre les rois et les prêtres, catégories promises à la disparition sociale après avoir accompli leurs trois petits tours sur la scène de l'histoire? Mais l'accusateur tombe lui-même sous le coup de l'accusation. Car où prend-il à son tour ses raisons de condamner les philosophes, "critiques" à coup sûr, mais nécessairement tels eux aussi, et eux aussi occupés à la tâche historique de venir à bout de la théologie? Pourquoi se débarrasser violemment des classes parasites, puisqu'elles tomberont d'elles-mêmes? Si les civilisations meurent, le rôle de l'utopiste ne devrait consister qu'à annoncer leur caducité et leur mort prochaine, et nullement à intervenir.

Sans doute y aurait-il quelques moyens de penser en même temps la rupture—de l'acte volontaire—et la continuité—de la maturation du temps. On pourrait soutenir que l'intervention humaine, coup de pouce donné à la destinée, ne crée pas la rupture mais l'accompagne et la couronne. Si bien que la leçon de l'utopie militante pourrait être à la fois de savoir attendre (que le temps ait fait murir la bonne occasion) et ne pas attendre (saisir aux cheveux cette occasion et la forcer). Dans la plupart des cas pourtant, les utopistes se contentent de juxtaposer les deux affirmations sans se préoccuper de les articuler. Fourier égrène les étapes de la transformation humaine sur le chapelet des siècles; il n'en fait pas moins à Thiers, dont il admire la promptitude d'esprit, la proposition de se mettre à la tête du changement, car il devrait goûter l'idée de "changer la face du monde par une opération de trois mois".[17] Saint-Simon dit que la vraie révolution doit réformer les opinions avant les institutions et qu'il est fou de croire que ce soit la Révolution française qui ait fait crouler en un instant un édifice vieux de huit siècles: il y fallait d'autres taupes. Il soutient pourtant que si les artistes transportent le paradis terrestre dans l'avenir et s'ils le présentent comme devant être le résultat du nouveau système, ce système se constituera "promptement". Cabet dit n'attendre que des progrès du temps un avenir meilleur, mais à quoi lui sert alors d'être un militant, l'affilié des sociétés secrètes de la Restauration?

Comment expliquer toutes ces contradictions? En réalité, l'utopie a adopté l'historicisme. Mais elle l'a marié avec l'idée qui fait avec lui le plus orageux ménage: celle de l'activisme humain qui lui vient de la Révolution. Contre la Révolution, contre la brutalité de sa politique autoritaire, elle peut bien en appeler à la lenteur des choses, à la complication des causalités intermédiaires. Mais de la Révolution, elle a hérité la croyance au geste inaugural et décisif des hommes, à la maîtrise qu'ils ont de leurs destinées. Elle ne l'abandonne jamais tout à fait. Par où elle montre que la dénégation véhémente qu'elle oppose aux procédés de la Révolution ne la garantit pas de son illusion majeure, qui est la politique de la volonté.

## NOTES

1. Pierre Leroux, *La grève de Samarez* (Paris, 1979), 1:307.
2. Jean Jaurès, *Histoire socialiste de la Révolution française* (Paris, 1970), 3:468.
3. Pierre Leroux, op. cit., 1:320.
4. Etienne Cabet, *Voyage en Icarie* (Paris, 1842), p. 404.
5. Charles Fourier, *Théorie de l'Unité Universelle*, in *Oeuvres complètes* (Paris, 1966), 2:V à LXVIII.
6. Etienne Cabet, op. cit., p. 404.
7. Claude-Henri de Saint-Simon, *Introduction aux Travaux scientifiques du XIX^e siècle*, in *Oeuvres complètes* (Paris, 1966), 6:166.
8. Claude-Henri de Saint-Simon, *L'Organisateur*, in *Oeuvres complètes* (Paris, 1966), 2:6.
9. Charles Fourier, *Théorie de l'Unité Universelle*, in *Oeuvres complètes* (Paris, 1966), 4:512.
10. Charles Fourier, *Théorie des quatre mouvements*, in *Oeuvres complètes* (Paris, 1966), 1:200.
11. Charles Fourier, *ibid.*, 1:197.
12. Charles Fourier, *ibid.*, 1:201.
13. Charles Fourier, *Théorie de l'Unité Universelle*, in *Oeuvres complètes* (Paris, 1966), 4:144.
14. Charles Renouvier, *Introduction à la philosophie analytique de l'histoire* (Paris, 1896), p. 118.
15. Etienne Cabet, op. cit., p. 308.
16. Charles Renouvier, op. cit., p. 116.
17. Charles Fourier, *La Fausse industrie*, in *Oeuvres complètes* (Paris, 1967), 8:429.

# CHAPTER 31

# La Russie et la Révolution française

ALAIN BESANÇON

A TOUS les pays d'Europe, la Révolution française pose un double défi. D'abord, à l'exception de l'Angleterre qui a sa révolution derrière elle, ils comprennent tous qu'elle est un des futurs contingents qui s'offrent à eux. Ensuite, que puisque cette révolution a eu lieu et qu'on en connaît le déroulement, on ne la fera plus innocemment. Tout processus allant dans ce sens sera comparé, mesuré, avec angoisse ou espoir, au formidable précédent français.

Le cas de la Russie est déterminé par des particularités (taille, situation périphérique, histoire) qui pour la plupart peuvent se ranger sous une seule: le décalage chronologique par rapport aux conditions de l'événement révolutionnaire français. La Russie se trouve en effet, parce qu'elle s'y est mise volontairement, sur la même ligne historique que la France, simplement avec un énorme retard. Longtemps elle a été hétérogène au monde européen, mais la volonté de Pierre le Grand l'y a rattachée définitivement. L'Europe des rois, comme des Lumières en a pris acte. Cependant, elle se trouve initialement dans la banlieue la plus éloignée. Son agriculture, son artisanat, sa littérature sont les plus pauvres de toute l'Eurasie. Sa société est la plus simple: des serfs, et une noblesse encore engagée dans le service d'Etat. La Russie n'est pas en 1789 comme l'Allemagne Occidentale ou les Pays-Bas, un ancien régime finissant. Au contraire, elle s'efforce de créer cet ancien régime qui pour elle représente le progrès. En 1789, il est tout juste né.

Comment, dans un monde si indigent, Pierre le Grand pouvait-il dégager de la puissance militaire, de la richesse, de la civilisation? En imitant avec une brutalité qui pouvait tourner à la caricature et à l'atrocité, les monarchies militaires de Suède et de Prusse. En remettant les paysans aux nobles, pour leur donner quelques ressources. En forçant ces nobles à recevoir un rudiment d'éducation. En mobilisant les plus capables des prêtres et toute la noblesse pour subvenir à l'encadrement de l'armée, de l'administration, du gouvernement central et local.

Or le *Polizeistaat* petersbourgeois, en moins d'un siècle réussit au moins partiellement. Sous le règne de Catherine, il était devenu possible de relâcher un peu l'effort étatique sans que tout retombe dans la crasse et l'inertie. Catherine ne pouvait songer à remplacer le *Polizeistaat* par un *Ständestaat*: c'eût été prématuré.

Mais elle pouvait préparer un *Ständegesellschaft* c'est à dire une société fondée sur des "états" au moins sur un "état", celui qui commençait à prendre tournure, à faire bonne figure, la noblesse. L'incontestable convergence entre la Russie de Catherine et l'Europe repose sur l'acculturation réussie de la noblesse russe. Ce demi million d'hommes acquiert les manières, le costume, les responsabilités du gentilhomme européen. Depuis 1762, il n'est plus astreint au service militaire. Depuis 1785, il ne peut plus légalement être battu. Il commence à jouir d'un véritable droit de propriété, sur ses terres et ses serfs. Il parle une langue nouvelle, capable de littérature, le russe de Fonvizine et du jeune Pouchkine. Il est heureux. Le peu que la Russie connut jamais de la douceur de vivre, ce fut dans l'élite urbanisée de la noblesse et dans cette brève génération qui va de la maturité de Catherine aux guerres de l'Empire, si joyeuses et honorables. Malheureusement, le printemps de l'ancien régime russe, coïncide justement avec la révolution française.

De ce moment, un spectre hanta la Russie. Comment l'éloigner? Ce fut la question dominante jusqu'en 1861. Comment composer avec lui? C'est ce que se demanda la Russie de 1861 à 1917 quand son ancien régime, maintenant mûr puis déclinant, vit approcher sa révolution.

## Comment éloigner la crise? 1789-1861

Depuis l'extrémité russe de l'Europe, la Révolution française n'était pas facilement interprétable. On distinguait les grandes masses: la chute du roi, la persécution de la noblesse, la terreur, enfin le bouleversement des relations internationales lequel n'étais pas si défavorable, puisqu'il permettait de procéder dans de bonnes conditions au partage de la Pologne, mais qui se révéla aussi gros de menaces militaires et finalement d'une invasion comme la Russie n'en avait pas connue d'aussi dangereuse depuis deux siècles. Vue de Russie, la Révolution est un bloc, et ce bloc enveloppe également le régime impérial. 1812, l'année du véritable affrontement (Zurich, Austerlitz, Eylau étant des combats de reconnaissance et d'avant-garde) vit donc s'affronter l'Ancien Régime russe adolescent et le jeune nouveau régime français. Celui-ci Fut vaincu.

La menace militaire écartée: restait la menace politique.

Quelles furent les solutions envisagées par l'Etat russe, par la noblesse enfin par les intellectuels?

L'Etat russe, dès le temps de Catherine et de Paul Ier, recourut à des mesures prophylactiques, qui furent aggravées à la fin du règne d'Alexandre et sous Nicolas Ier. La fermeture des frontières, l'interdiction de voyager à l'étranger, la censure, faisaient partie des vieilles recettes de l'Etat. Il ne faut pas en exagérer la portée. Quand l'opposition prit des forces, elle se souvint de ces tracasseries comme d'un cauchemar, et certes il n'est pas agréable pour un professeur de montrer à l'autorité son cours, et pour un écrivain, son manuscrit. Mais l'entrée des idées, de la science, des techniques, de l'érudition universitaire européennes se poursuivit malgré ces entraves à vive allure, favorisée par l'action même de l'Etat russe qui plus que jamais se voulait l'*Aufklärer* et le *Kulturträger* de la Russie.

En effet, pour ce qui est de faire entrer le pays dans le monde moderne, l'Etat russe pensait n'avoir pas de leçons à recevoir de la France. Le modèle pétrovien était encore en pleine force et si Napoléon pouvait l'intéresser, c'était comme despote éclairé, pourvoyeur d'innovations administratives adaptables au milieu russe, selon les méthodes petersbourgeoises éprouvées. Vu de Russie, Louis XVI s'était perdu pour avoir reculé devant les réformes nécessaires. Ces réformes, la bureaucratie russe y procédait hardiment depuis un siècle. Nicolas Ier continue donc sur la lancée de "l'Etat bien policé" avec plus de régularité et de douceur, après tout, que Pierre: ainsi se propose-t-il de rendre inutile la révolution, de la désarmer à l'avance.

C'est pourquoi il développe un réseau d'enseignement secondaire et supérieur qui n'existait encore que sur le papier. Le lycée napoléonien, l'université allemande sont copiés avec soin, et donnent aux enfants la noblesse et au clergé une éducation à l'européenne d'excellent niveau. Une littérature toute nourrie de Voltaire, de Rousseau, de Walter Scott, de Byron naît avec Pouchkine. Le but est de fournir l'administration en fonctionnaires compétents, et le pays d'une civilisation à la hauteur de sa puissance.

Mais le moyen principal de conjurer l'esprit révolutionnaire est de stabiliser l'exercice du gouvernement et la vie sociale en la fondant sur le droit. Là encore Nicolas se situait dans la ligne de la grande Catherine, qui elle aussi voulait rassurer son peuple, le protéger contre l'arbitraire et le caprice. Le seul fait que le niveau culturel de l'administration s'élève un peu et que le réseau administratif s'étoffe contribue à adoucir les moeurs. L'essentiel fut la mise en ordre du droit, à laquelle est attachée le nom de Speranski. On recula devant un code, mais le classement systématique des lois dans le *Svod* en 15 volumes permit d'introduire des concepts juridiques adaptés de l'exemple prussien et français. Désormais, l'administration et les cours de justice disposaient d'un cadre stable, solide, qui répondait à une idée générale de légalité, de permanence et de droit. Si fréquentes encore au XVIII$^{ème}$, les confiscations devinrent exceptionnelles. La notion de contrat se précise: l'économie moderne devient juridiquement possible.

Nicolas peut penser qu'il contrôle le fait révolutionnaire par tous les bouts. Il n'est pas conservateur puisqu'il pousse vigoureusement le modèle pétrovien qui a été et qui est encore, dans le contexte russe, un modèle révolutionnaire, en tout cas modernisateur. Il n'est pas non plus tyrannique, comme l'était Pierre le Grand et Napoléon, puisqu'il donne aux classes sociales non asservies plus de sûreté et de garanties qu'elles n'en ont jamais eues. Enfin, cette politique a prouvé son efficacité, puisque la Russie a été capable d'écraser le plus grand conquérant des temps modernes et que, dans l'Europe des traités de Vienne, la Russie occupe le centre du dispositif de sécurité des Anciens régimes. Cette victoire dispense de recourir aux réformes risquées qu'ont dû prendre la Prusse et l'Autriche, principalement la liquidation du servage.

Il y a quelques motifs d'inquiétude cependant. L'incident décembriste a montré que du sein de l'ancien régime, du sein de la noblesse privilégiée pouvait naître un mélange de révolution de palais, à la manière du XVIII$^{ème}$ siècle et de romantisme de gauche post révolutionnaire, à l'espagnole ou l'italienne. Le style bureaucratique et militaire du gouvernement élargit la fêlure entre l'élite de la noblesse et l'Etat. Le remède est alors de la colmater par le nationalisme.

Le nationalisme est le grand emprunt des anciens régimes à la révolution française parce que, convenablement modifié, il peut être tourné contre la révolution. Le "nationalisme officiel" de Nicolas et de son ministre Ouvaroff, qui s'énonce

"Autocratie, Orthodoxie, génie du peuple (narodnost')", non seulement insiste sur l'union organique qui, en Russie, unit le Tsar à tous les "états" de la société, mais indique que la Russie suit une voie à part, unique, différente de celle de l'Europe et meilleure. C'était ouvrir une dangereuse contradiction: car la légitimité pétrovienne de l'Etat petersbourgeois reposait justement sur sa capacité à "rattraper" l'Europe sur tous les plans. Les rudesses scandaleuses de la vie russe tiraient leur excuse du retard et de leur caractère provisoire. Mais si la voie russe était spécifique, il fallait ou les supprimer, ce qui était impossible, ou les nier et on entrait dans le mensonge généralisé. A la fin du règne de Nicolas, on y était en plein.

Quelle est, d'autre part, l'attitude de la noblesse?

Nous pouvons tenir pour représentatif le fameux *Mémoire sur la Russie Ancienne et Moderne* remis au Tsar Alexandre par Karamzine (1811). Il prône l'absolutisme libéral. Que la Russie conserve le monarque autocrate qui a fait sa gloire et sa grandeur. Que ce monarque autocrate, sans rien concéder à la liberté politique, accorde généreusement les libertés civiles à ceux qui en sont dignes. Qu'il humanise le droit pénal, consolide la liberté personnelle de la noblesse et de la bourgeoisie citadine, que la tolérance religieuse progresse, qu'on laisse la voie libre à l'initiative privée dans la vie économique.

Et les paysans? La noblesse juge que le moment n'est pas venu de les émanciper. Ce serait ouvrir une brèche dans le droit de propriété qui est encore si neuf. Et puis, si on les émancipe, ils ne travailleront plus, s'enivreront, feront du désordre. On ne pourra les tenir. Le servage, la noblesse le considère comme une partie de sa liberté. C'est l'idéal d'un ancien régime à la Montesquieu adapté à la Russie qui anime la société.

A mesure cependant que le règne de Nicolas s'appesantit, la noblesse est obligée de pousser sa réflexion. Elle lit Guizot, qui enseigne qu'on peut étendre les privilèges aux capacités, Tocqueville qui montre les avantages de la décentralisation et du self gouvernement, c'est à dire des assemblées locales nobiliaires. Mais c'est surtout Hegel qui inspire le premier historien sérieux de la Russie, Serge Soloviev. L'évolution de la nation russe trouve son couronnement dans l'Etat qui manifeste l'esprit de la Russie et la relie à l'histoire universelle. Reste à associer la société à l'oeuvre nationale, à parfaire l'Etat de droit, à participer, dans la forme nationale, au concert de la civilisation.

Hélas, Nicolas ne fait rien de tout cela, ou si mal, si lourdement, si autoritairement. Alors, Pouchkine expose un dernier argument: "l'Etat est le seul européen de la Russie." La civilisation en Russie est réfugiée sur un étroit radeau: tout autour, c'est la barbarie, l'océan paysan et ses imprévisibles tempêtes. L'autocratie est lourde mais elle "nous" protège.

Quant à la position des intellectuels, elle est déterminée par les idées qu'ils importent d'Occident. Ils ne sont pas capables de les inventer, tout juste de les infléchir et de les simplifier. Le point saillant est l'effacement de l'influence française, et le triomphe des idées allemandes. Du romantisme allemand, la pensée russe a tiré successivement deux systèmes:

—Le premier est un nationalisme théologisé, absolument hostile à tout ce que représente la révolution française. Celle-ci apparaît comme la catastrophe finale déjà annoncée par les aberrations plus anciennes de l'Europe occidentale, le juridisme de l'Eglise catholique, l'individualisme protestant, le rationalisme post cartésien, finalement l'irréligion philosophique et le libéralisme bourgeois. La Russie est indemne de toutes ces horreurs. Elle possède dans l'orthodoxie (réinterprétée à travers la théosophie allemande) le trésor de la vérité. Dans la communauté paysanne, dans le lien d'amour qui unit le peuple à son Tsar, elle détient le secret de la politie chrétienne organique, qui seule pourra guérir ce malheureux Occident déchiré, sans âme.

—Le second est le socialisme. Lui aussi se présente comme une critique moins de la révolution française, que de la société qui en est issue. En soustrayant la composante religieuse, Herzen fait passer à gauche les valeurs du nationalisme slavophile. L'idée essentielle est que la Russie contient *déjà*, sous la forme de la commune rurale, une formule sociale très supérieure à tout ce que l'Europe peut proposer. Il espère un peu dans un Tsar éclairé qui l'incarnera pour l'étonnement du monde, puis, déçu, et au contact du monde socialiste parisien, il accueille l'esprit révolutionnaire.

A la mort de Nicolas il faut constater que l'esprit de 1789 est étranger à la Russie, soit qu'à cause de son retard historique il n'est pas à l'ordre du jour, soit que, par les influences intellectuelles qu'elle a subies, elle ait été sensible à la critique de 1789, telle qu'elle est élaborée en Allemagne à droite et à gauche.

### Comment négocier la crise? 1861-1917

Après les réformes des années soixante, la Russie a enfin constitué sa société. Le verrou du servage est levé. L'économie moderne se développe très vite. Les bienfaits et les méfaits de l'instruction se répandent dans toutes les classes. La sûreté, la liberté des personnes est celle même dont on rêvait en Russie depuis un siècle. L'Ancien régime russe a atteint sa maturité. La société civile, de plus en plus sûre d'elle-même, réclame de participer aux affaires. Bref, la révolution russe commence, comme elle a commencé en France au XVIII$^{ème}$ siècle. Et, cette fois, le modèle français est devant tous les yeux

La pièce se joue à trois personnages: l'Etat, la société civile et l'intelligentsia révolutionnaire. Le premier veut éviter 89. La seconde veut 89, mais veut éviter 92, c'est à dire le désastre prévu par Pouchkine: "La révolte à la Russe absurde et sans merci." La troisième veut éviter 89, précisément parce qu'elle veut 92 puis l'utopie qui se dessine au-delà de 92.

Si l'Etat a opéré un vaste tournant au début du règne d'Alexandre II, c'est qu'il rencontrait une crise de puissance. Le système pétrovien avait suffi à vaincre Napoléon Ier, mais il avait trouvé sa limite en Crimée devant Napoléon III et Victoria. C'est pourquoi il avait pris les devants, en supprimant le servage, en forçant la noblesse réticente à entrer dans le monde moderne. Il organise l'Etat de droit. Il parfait le réseau d'enseignement secondaire et supérieur—mais en négligeant longtemps le primaire. Il pousse les feux de l'industrialisation. Bref, il retrouve pleinement son rôle d'Aufklärer dans un absolutisme libéral qui, pense-t-il, doit recueillir l'assentiment général. N'est-il pas à l'avant garde du "développement"?

Cette conscience d'être un gouvernement éclairé, d'être le gardien de la grandeur russe ne le dispose pas à capituler devant les forces sociales qu'il a lui-même si

puissamment dévelopées et organisées. Il veut garder l'initiative. Il n'imagine pas
que les groupes sociaux puissent la prendre ni que leur initiative concurrente et
diverse puisse contribuer au bien commun. Il conserve le goût des méthodes
bureaucratiques qui en Russie ne se distinguent pas facilement des méthodes militaires. De plus, si par son aspect de monarchie militaire, l'Etat bien policé russe est
ouvert à la gestion rationnelle, il est aussi une monarchie de droit divin. L'Empereur
pétersbourgeois est aussi le Tsar oint à Moscou: dualité qui n'est pas si différente
de celle de la monarchie française sous Louis XV et sous Louis XVI. Il a donc toute
les raisons de se prémunir contre la dévolution de son pouvoir à la société, à
laquelle Louis XVI a dû consentir.

Il usa, pour cela de deux moyens principaux.

Le premier fut de garder le contrôle sur tous les centres d'autonomie qu'il avait
créé, ou qui naissent spontanément. Les assemblées de Zemstvo, les municipalités,
les universités, les guildes, les "états", les allogènes, les Juifs, les entreprises, les
banques, les syndicats, furent réglementés, soumis à la surveillance administrative.

Le second fut de mettre à part l'immense majorité de la population de l'Empire,
la paysannerie. Elle fut soustraite au droit commun. Les paysans relevaient d'une
justice spéciale, d'un code pénal différent. L'instruction ne leur fut donnée que
chichement. Alors que dans les débuts de l'ère Meiji, le Japon entreprenait de
généraliser l'instruction primaire, il fallut attendre en Russie le début du XX$^{ème}$
siècle. Le point décisif fut que les paysans n'accèdent pas, ou très difficilement, à
la propriété privée. La terre appartient à la commune. Les paysans vivent sous
tutelle de l'administration et d'une organisation communautaire étouffante,
exclusive de toute conscience juridique, destructrice de la personnalité. L'Etat
russe se créait ainsi croyait-il une réserve patriarcale, chrétienne, dévouée au trône,
protégée contre le libéralisme, l'argent, la prolétarisation et toutes ces mauvaises
choses qui viennent d'Europe et sont étrangères par nature à l'esprit russe.

La Révolution de 1905 déchira ce rêve. L'Etat russe pourtant se rétablit provisoirement, mais en prenant deux directions contradictoires, Politiquement, il s'efforça d'imiter l'exemple bismarckien. Ce fut du moins la politique plus ou moins
consciente des deux derniers ministres intelligents de l'ancien régime. Witte donna
à la Russie une constitution à la prussienne qui laisse à l'empereur, à la bureaucratie et à l'armée un rôle d'arbitre, mais offre aux classes moyennes un certain champ
d'action et d'expression. Stolypine liquida, mais trop tard, le régime d'exception
des campagnes, permettant enfin au paysan d'être un sujet de droit à part entière
et un entrepreneur individuel.

Mais le compromis dynamique, associant comme dans l'empire allemand, un
ancien régime à une société vaquant à ses affaires et sublimant dans le nationalisme
ses frustrations politiques, ce compromis qui devait court-circuiter la révolution,
ne réussit pas. En effet, le dernier éclat du *Polizeistaat* à la russe fut occulté par
une évolution toute contraire de la monarchie. La cour et le Tsar ne suivirent pas
et ne comprirent pas le projet des ministres. Ils s'enfoncent progressivement dans
une rêverie néoslavophile, dans une utopie vaguement raspoutinienne, dans une
pratique de coterie où l'Etat lentement se décompose, perd sa légitimité pétrovienne sans bien sûr retrouver sa légitimité moscovite.

Cet aveuglement, était-il évitable? Nicolas II n'était pas intelligent. Mais il faut
voir aussi que les conditions n'étaient pas aussi bonnes qu'en Allemagne. Bismarck

avait écrasé l'Autriche puis la France alors que la Russie avait été rossée par le Japon. L'Empire Allemand était national, l'Empire Russe multi-national. Le parti révolutionnaire était si radical qu'il était possible voire probable que 92 suive immédiatement 89. Enfin le grand "truc" bismarkien, l'utilisation du suffrage universel comme d'une force conservatrice, rata complètement en Russie. Le paysan vota à gauche.

Le second acteur de la pièce est non plus seulement la noblesse mais la "Société", les couches instruites à l'européenne, les diplômés, les compétents, les riches.

Cette société avait toujours été libérale quant à elle-même. Elle transite lentement de l'absolutisme libéral au libéralisme constitutionnel, à mesure qu'elle prend des forces. Elle ne cesse en effet de grossir, même sous le régime antilibéral mais modernisateur d'Alexandre III. Dans les dernières années d'avant guerre, elle est mûre pour prendre le pouvoir. Mais comment? Elle n'ignore pas le réservoir de sauvagerie que représente la paysannerie et la foule prolétarisée qui s'accumule dans les villes. C'est pourquoi elle hésita toujours—et jusqu'à la veille de février 1917—à jeter à bas la grande machine protectrice de l'Etat russe. Elle voudrait désespérément le convaincre et d'ailleurs toujours elle trouva dans l'administration et la cour des éléments "éclairés", "progressistes" qui souhaitaient aussi cette collaboration.

Cependant quand la crise s'ouvrit, en 1905, le parti Cadet qui représentait cette société joua à la Révolution française. Comme l'armée impériale n'était pas tout à fait décomposée, il n'osa pas recourir à la force et ne prit pas la Bastille. Il sentait aussi qu'il n'était pas sans danger de faire appel aux masses, qui commençaient à écouter le parti révolutionnaire lequel haïssait les Cadets plus encore que la monarchie. Toutefois, il essaya de transformer la Douma en assemblée constituante: son serment du jeu de paume fut le "manifeste de Vyborg" au printemps 1906. Il fit long feu: dissolution de la Douma.

Ultérieurement, les Cadets n'eurent garde d'avoir des ennemis à gauche. Dans la question agraire, ils firent mine de coller au programme socialiste, contre Stolypine qui fit ainsi figure de vrai libéral bourgeois contre les radicaux francs-maçons de la Douma qui avaient peur de l'être. Il faut cependant les comprendre. Un jour ou l'autre, l'ancien régime russe devait tomber. Si la société civile voulait gouverner elle devait empêcher les masses de tomber sous l'influence du troisième acteur, le parti révolutionnaire, et donc se montrer un peu plus à gauche qu'elle n'aurait voulu. Ah! si le gouvernement comprenait! . . .

L'intelligentsia radicale, consolidée peu à peu en parti révolutionnaire, refuse aussi bien l'ancien régime russe que le nouveau régime franco-anglais, et bien sûr le compromis prussien, autrichien ou russe, s'il existe. A l'égard de la Révolution française, elle est résolument critique, puisqu'elle a conduit au résultat à ses yeux désastreux de la société bourgeoise libérale. Sur ce point, il y a unanimité des populistes et des marxistes de toute obédience.

Son but politique est donc de détruire l'Etat russe et ensuite—ou simultanément—de détruire la société civile qui est candidate à sa succession. Sa conduite politique s'accorde à cette vision théorique. Elle fait ce qui est en son pouvoir pour empêcher tout accord entre l'Etat et la "société", et pousse l'Etat à se montrer aussi répressif, réactionnaire que possible, le forçant ainsi à "démasquer" sa vraie nature. En même temps, elle s'efforce de compromettre les partis modérés, dénonce sans trêve leur collusion avec le pouvoir, les "démasquant" aux yeux des masses. Toute la vie politique consiste dans cette concurrence entre les modérés et les révolutionnaires vis à vis du monde ouvrier et du monde paysan, les révolutionnaires ayant intérêt à ce que leur sort soit aussi pénible que possible afin qu'ils ouvrent enfin les yeux devant le système du monde libérateur qu'offre leur doctrine. Ils seront donc simultanément réactionnaires, et révolutionnaires, afin de discréditer le "réformisme".

Il y a cependant un moment de la Révolution française sur lequel se divisent les révolutionnaires russe: la terreur.

En principe les populistes et les sociaux démocrates la condamnent. Les uns et les autres restent fidèles à la critique marxienne de la terreur et de la dictature inutile, nuisible, contraire à la volonté démocratique et à la capacité d'autogestion des masses. La future révolution sera douce. L'immense majorité du peuple gouvernera par lui-même et pour lui-même et fera, de ce fait, le bonheur des classes dépossédées, qui ne tarderont pas à se rallier.

C'est cependant la Russie qui inventa le terrorisme moderne: la politique terroriste, au but eschatologique indéfini, visant à exaspérer la répression étatique et à émouvoir l'opinion; la technique terroriste, avec la constitution de cellules clandestines cloisonnées, d'une aile semi-légale apte à exploiter les sympathies, le refuge hors frontières, l'infiltration des services de police, la longue préparation des attentats. Ce terrorisme connut deux moments forts, à la fin du règne d'Alexandre II et pendant la révolution de 1905–1907. Mais il eut très précocement ses théoriciens, puisqu'il peut réclamer le patronage du décembriste Pestel, de Bakounine, de Netchaev, de Tkatchev. Leur idée, qui a sa justesse, est que l'Etat russe est en fait un Etat faible, que la société russe n'a pas encore de consistance et de vigueur, qu'il y a donc un vide provisoire qu'un groupe de conspirateurs décidés peut remplir. Le parti révolutionnaire n'attendra pas l'accord des masses, il prendra le pouvoir et appliquera dictatorialement le programme révolutionnaire. Celui-ci est un communisme à la Babeuf et à la Blanqui, exprimé en langage marxiste.

Lénine fut fréquemment accusé par ses adversaires d'être un Tkatchevien, un blanquiste russe. Ce n'est pas exact. L'idée léninienne est fondée sur l'harmonie préétablie du parti révolutionnaire et des masses, telle que, quoi que fasse le premier, il accomplit la volonté consciente ou inconsciente des secondes. Cette fiction étant solidement tenue, grâce à l'idéologie, Lénine put donc condamner énergiquement le blanquisme et se présenter comme le seul démocrate conséquent. Mais elle lui permit aussi de faire l'éloge non seulement des terroristes russes de la *Zemlia i Volia*, de la *Narodnaia Volia*, mais de nos jacobins français, de nos Marat et de nos Robespierre. Le précédent invoqué de la terreur française fut, avant la prise du pouvoir, comme la promesse, et, après la prise du pouvoir, comme la justification de l'extermination.

La guerre de 1914, en détruisant l'Etat, en ruinant la société, en désorganisant les partis populistes et sociaux-démocrates, donna sa chance à Lénine qui sut la saisir. La Révolution russe, qui depuis 1905 semblait suivre pas à pas les étapes classiques de la Révolution anglaise et française, soudain bifurqua dans une direction inconnue et passa de l'autre côté du miroir.

En somme, la Russie avait commencé sa révolution en 1905 avec un peu de retard sur l'Allemagne et l'Autriche (1848), sur le Japon (1868) et l'Espagne (mettons 1873). Tous ces pays sont arrivés, après bien des traverses, au "régime moderne". La Russie seule, pour avoir voulu dépasser la Révolution française, l'a toujours devant elle.

Deux remarques pour conclure:

1. L'interprétation proposée semble supposer qu'il y a une sorte de cours obligé de l'histoire, au moins pour la faire passer de l'Ancien Régime au Nouveau Régime. Tous les Etats européens ont traversé cette crise. On peut parler d'un modèle classique à propos de la Révolution anglaise et de la Révolution française parce que l'événement s'est produit quand les conditions étaient arrivées à maturité et sans interférence externe. Les conquêtes napoléoniennes ont épargné la Révolution mais ont apporté les résultats de la Révolution, du moins certains d'entre eux, à la Belgique, la Hollande, la Suède, l'Allemagne de l'Ouest, l'Italie.

L'Allemagne bismarckienne, l'Autriche de François-Joseph, l'Espagne, ont fait leur révolution dans l'ombre et l'appréhension de la Révolution française et d'une certaine façon trop tard. Aussia-t-elle pris un tour dramatique. Elle n'a été achevée qu'en 1918 pour l'Allemagne et l'Autriche, peut-être faut-il dire: 1945 et 1975 pour l'Espagne. Il convient de remarquer, qu'il s'agisse de l'Angleterre ou de l'Espagne, que la crise de passage a été chaque fois très longue, de l'ordre d'un siècle.

Le cas russe est plus tragique. En effet, la Russie, à cause de son "retard" et en même temps du fait qu'elle vivait au rythme de l'Europe, s'est trouvée comme pincée dans une conjoncture chronologique catastrophique. La Russie s'était péniblement donnée, à la fin du XVIII$^{ème}$ siècle, un Ancien Régime tout neuf. Normalement cette étape devait durer quelques siècles. Or, à peine cet Ancien Régime était-il né, encore marqué par toutes sortes d'archaïsmes et d'imperfections, que la Russie s'est trouvée sommée de passer au régime moderne. Cette intimation de plus en plus indignée n'émanait pas seulement de l'Europe occidentale, qui avait achevé sa révolution, mais de l'Europe centrale qui s'estimait plus civilisée et plus libérale. A cause de cette constante pression, pour reprendre la formule de Jean-Jacques Rousseau, l'Ancien Régime russe a été "blet avant d'être mûr". C'est une des raisons pour lesquelles le nouveau régime n'a pas pu naître de sa chute. Cette catastrophe chronologique, l'impossibilité d'attendre le "moment opportun" (le "Kairos") s'est reproduite avec la décolonisation hâtive de l'Afrique et la révolution chinoise.

2. La jonction entre la Révolution Française et la révolution russe s'est faite après la Révolution d'octobre. Jonction artificielle: la Révolution française a fonctionné, par rapport à la russe, comme une légitimation et comme une fausse clé de lecture.

Lénine et Trotsky ont tout de suite compris le parti qu'ils pouvaient tirer du recours aux grands souvenirs. La terreur rouge, les tribunaux d'exception, la défense de la Révolution, l'amalgame dans l'armée, plus tard les grands procès ont été ouvertement referés à notre épisode jacobin. On sait que notre historiographie, Mathiez et Soboul en tête, a ratifié cette interprétation.

En conséquence, par réciprocité, le déroulement de notre révolution a été appliqué à celui de la révolution russe. Depuis 70 ans, nous attendons Thermidor (la Nep, le jeune Staline, le Staline de la guerre, Krouchtchev, Gorbatchev) ou Napoléon (Trotsky, Staline, les "Militaires", Gorbatchev encore etc.). C'est une attitude commune, hélas, que de vouloir apprivoiser le nouveau et l'inconnu en le ramenant à une expérience ancienne et maîtrisée.

# Part VIII

## The French Revolution and Democracy

# Presentation

DAVID BIEN

THE writers discussed in this session are well known. At least three always get into the general histories of European thought, and Quinet is reasonably placed with them. What matters for us is that, writing in the 1840s through the Second Empire, each worked out original ideas about the Revolution whose meaning continued to preoccupy them and many others. Through their histories they crystallized a number of bitterly competing traditions that have marked French politics until almost our own day. The papers as a group are unusually lucid and interesting, which will be no surprise to anyone who knows the participants and their other work. Each analyses the evolution of a writer's perceptions and ideas, and evokes the life, situation, and society that explain it. I shall summarize the papers in turn, but very briefly—the papers are not lengthy, are in any event here to be read, and as a refugee from the eighteenth century I am surely not the best person to say in detail what received wisdom each may challenge. I want instead to speculate about the possible meaning of the papers taken collectively.

Françoise Mélonio's paper is about Tocqueville. She treats, among other things, his central idea that revolutionary radicalism and democracy were rooted in the long-standing practices of the absolute state. Here, in his close study of the centralizing administrative state and its effects on society, lay Tocqueville's great contribution. It is the effects that are most interesting. By its relentless and intrusive action, the state broke the ties that once linked men unequal in status and function, and drained life from communities where members had dealt with local problems themselves, spontaneously and in cooperation. Thus, the state destroyed what Tocqueville understood as liberty, and left in its place despotism and the new society (or non-society) of dependent and servile subjects. Now they lost their habits of association and, isolated as individuals, became strangers to one another. They also became equals (in their common lack of power) and incipiently revolutionary. Signs of inequality, unquestioned when based on real function, grew detestable as the state spread privilege and reinforced hierarchy for mere fiscal gain. An agglomeration of politically inexperienced subjects was thereby conditioned to receive the message about universal equality from other subjects, the intellectuals, who were equally inexperienced. When the Revolution came, except for one brief moment at its outbreak, it was equality that dominated, not liberty which no one remembered and was no longer recoverable. Despotism had done its work.

Françoise Mélonio treats these and others of Tocqueville's ideas, and shows the steps he took to arrive at them. He set aside Burke, who had not understood that tinkering and reform would not have helped, that the revolution was made in the minds of a whole society long before 1789. The idea about the formative role of absolutism came to Tocqueville in stages, and the way he used comparison changed also. At the end Mélonio describes Tocqueville's late developing interest in how 1789 not only continued the Old Regime, but broke with it as well. He began to ask what may have distinguished the demands of revolutionaries from those of liberal aristocrats, and to wonder about the rôle of minorities in pushing along the Revolution. Perhaps he was moving toward the ideas of Cochin.

Edgar Quinet, the subject of François Furet's paper, is known better today through Furet's recent studies of him. Like Tocqueville, Quinet reached into the past to explain what he thought was the failure of revolutionary democracy. Although the Revolution at its outset installed civil equality easily and permanently, it could not institutionalize and sustain political liberty for long. That liberty, defined with Tocqueville as decentralization and citizens acting for themselves, was ended with the Jacobins who restored absolute power of a traditional kind. Quinet's Robespierre was Richelieu in all but name. The historical heritage made the failure predictable, though Quinet's reasons were his own. What Tocqueville found in a long conditioning of society by the state alone, Quinet attributed to the mutually reinforcing effects of the state and a particular religion. Monarchical despotism was joined with Catholicism from which the original Christian impulse toward liberty (an impulse often found in Protestantism) had been removed. French Catholicism was hierarchical and authoritarian, a Catholicism suited to subjects and not to citizens. After 1789 there was an interlude of liberty and, for a time, hope—the Revolution appeared to have reinvigorated the active and sovereign individual conscience that liberty required. But that was misleading, as the Jacobin sequel proved. The fatal flaw of the Constituent Assembly was that it had no real religion of its own to put in the place of the old one. There was "philosophie" of course, but it could only negate Catholicism without supplying the faith to activate individual consciences. The sovereign people, therefore, fell prey to renewed absolutism, to the domination of naked power over servile subjects. If, with Quinet, liberty was a phase in the Revolution, not Tocqueville's mere moment, that liberty similarly disappeared under the too-heavy burden of a long history.

Lionel Gossman's Michelet did not like the past either, and with Quinet he shared the view that the Revolution's central problem was religion. But for Michelet the Revolution did have a real religion, and it still survived in the minds and spirit of the faithful—Michelet was one of these—in his own day. That religion, however, was not the original and revivified Christianity for which Quinet had hoped. Instead its necessary rôle was to eradicate and replace Christianity in general for, whether using the monarchy or later being used by it, Christianity had arbitrariness and inequality in its essence. The Christian God granted grace to some and not to others, and thereby favoured an aristocracy of the elect. The religion of the Revolution, by contrast, left no-one out of its community of equality and love. Completing the work begun by the Enlightenment, it brought rights and above all fraternity. Here at last was the truly immanent and universal religion, the end of all transcendent gods and all alienations, the active spirit working in each to bring men together. It was, in a sense, the end of history—almost. For Michelet was also an empirical investigator who understood well what took place after the wonderful days of 1789–90. He knew much about counter-revolution, bloody conflicts of parties and classes, the arrival of Bonaparte, in short, the renewed expression of opposing interests that fragmented a community simultaneously political and spiritual. In the end the religion of the Revolution, like Christianity before it, compromised with things as they were, with the petty interests, and even business which was the enemy of French spirituality. Why? Michelet had no simple answer. He did not invoke counter-revolution, the Jacobin machine, war, or any of the favourite explanations of others. As a believer, however, he would wait, like Christians after the first heroic days of their faith. Providence would at last set things right, uniting Right and Left, rich and poor, all diversities in the renewed religion of 1789—patriotic hymns and the fête instead of party struggles, all partialities overcome. At the end of his paper Lionel Gossman asks whether the France Michelet desired was a democracy or a church.

Unlike the others, Karl Marx wrote no history of the French Revolution, and his more or less developed thoughts on it have to be extracted from his writings on other subjects. This is what Jerrold Seigel has done, in a broad but precise analysis of how Marx's understanding of the Revolution shifted over many years, and how that understanding was embedded in other views on the state, revolution, and the movement of history. Reflected in Marx's references to the Revolution was a curiosity as to how two spheres—the state and public political life, on the one hand, and the social and material world of interests, on the other—were related. The simple answer to the question—that the one was no more than the instrument of the other—would not do. Marx saw two spheres separated early on in the Revolution, each representing its own reality. After 1789 a self-contained world of liberal political institutions with ideas of citizenship, individual rights, and community coexisted with a second, the civil society where men were isolated, egoistic, private, in short, "bourgeois". The Revolution in fact completed that separation, and only when the two were joined could true community exist. Neither, however, was the "cause" of the other, at least in the short run, and that insight left Marx free to ponder the independent and even socially formative rôle of politics and the state. It did not surprise him that an autonomous political life might take on universal significance in men's minds (in the Terror), or that Bonaparte represented state interests that were not merely "bourgeois". More important, he knew that the state and politics could and did produce social groups from time to time, that those social groups acted politically before they were classes, indeed, that classes appeared only slowly and in part through a political action and conflict that contributed to social development. Thus, the kaleidoscope of changing institutions and political shifts in the great Revolution troubled Marx less than commentators on him sometimes suppose. His ideas about economic determinism, applicable to the long sweep of history, did not fix everything in short periods. Even the arrival of Louis Napoleon in power and the renewal of independent state activity, although not at all what Marx expected, were susceptible to explanation. Thus, his interpretation of politics, and specifically of the Revolution, was not rigid. It evolved, and by 1870–71 Marx was warning against a too hasty and mechanical application of the French Revolution as model to the varying circumstances of that day.

The papers are far richer than so brief a summary makes clear, and each should be read to understand an individual better. There is another kind of question, however, that could be worth talking about as well. It emerges when thinking about the four papers all together. Because the historical writings appeared (or the ideas for them were formed) at roughly the same time, and because the historians appear to have shared certain views on both the Revolution and their own society, we might ask what held them together as a group. Do their writings, as sources for intellectual history, suggest a kind of periodization in that history? The subject of this section "The French Revolution and Democracy" (probably better entitled, "Perceptions of the French Revolution and Democracy") is as good as any for raising the question.

The historians treated here apparently converged on at least two ideas about democracy, one a definition and the other the agreement that the Revolution failed to achieve it. First, the failure. For Tocqueville, democracy in the modern sense (as anything more than legal equality) never arrived nor, considering what the old state had done, could it have done. On that point Marx agreed with him: democracy was not attainable in a Revolution that tried to build man as citizen on man as bourgeois. The revolutionary democracies of Quinet and Michelet, by contrast, were real, but they were also very brief, ending in discord and bloodshed because a new religion either did not appear or could not sustain itself. All four, then, believed that for one reason or another the democratic Revolution did not do what it announced.

But what was the democracy that was not achieved? If it had come, what would it have looked like, and how would it have been known? However varied their explanations for its absence, the historians were evidently much alike in their visions of the ideal democracy. Its essence was community, harmony, a society without conflict. Social inclusion, agreement, and cooperation were the standard (explicit or implicit) against which the writers measured the failings of a Revolution where they found mainly exclusion, bitter conflict, and, in the end, indifference to common purpose and community. Michelet's democratic ideal is the extreme and clearest example. Enthusiasm and faith would lead to unanimity in a social congregation of equals, the society so unified that it would be without discussion and debate. No doubt with reservations about that much equality, Tocqueville and Quinet also imagined a good society of citizens conditioned by a better history into the habits of participation and public awareness. Those citizens, finding their unity on a different basis—because functionally diverse, they were usefully unequal—would similarly reject the egoism, quarrels, or "politics" of petty and private interests in favour of a ready cooperation. The harmony in Marx's good community is well known: the long historical transformation of private interests (reflected in struggles within and between classes) would one day bring the classless society and peace. It appears, therefore, that none of the writers accepted one idea that is central to the practice of modern democracy. They did not easily imagine a democratic system working on the basis of interests that remained private and even in conflict. Politics defined as the art of accommodation between persisting and opposing private interests, rather than the art of control or the forming of political and social unity, was evidently not much in their thinking. As they conceived democracy, divisions were something to be overcome, not lived with.

It was not that the conflict-model for democracy was unavailable to them. There were places where they might have looked for it in their own society. And it was certainly in Rousseau, though to be fair it takes a careful reading of the *Social Contract* to find it. Because all would have known Rousseau's work and because it also remains so useful analytically, let me set out that model. Rousseau's analysis supposed two processes for democracy, one the formation of the kind of community that made it possible and the other its routine operation. His heavy emphasis on the first part, on forming the community, is what those who see authoritarian, even totalitarian, implications in the book have drawn upon. Here, where Rousseau was establishing the ground rules, the democratic "constitution", he resembled Michelet—agreement had to be unanimous. Thus, the "general will", liberty defined as obedience and acceding to the rules, "forcing to be free", and so on. Perhaps that stress on constraints made sense in a society where, for many, the central problem was how to create awareness of the general or public interest where it was thought not to exist, how to establish community in a society of corps, privileges, and centrifugal forces generally. Living today, when democratic constraints have become habit and are therefore rarely specified—if you doubt their force, try not filing a tax return, or refusing conscription in time of war— Rousseau would surely have changed the emphasis. What is less noticed, although equally important, in the *Social Contract* lies in part III where it is not unanimity but disagreement that is both expected and entirely legitimate. In the activity we call political (as opposed to making a constitution) the prior and universal agreement on the general good supplied the context in which differences of opinion could occur without being disruptive. On practical matters (the kind and amounts of taxation, for example) each citizen consulted his understanding of the general interest, and stated an opinion about how it applied to the specific matter in question, that is, he voted. At that level the perceptions varied, opinions would be divided, and the majority carried the day. That left a possibly unhappy minority which had lost. What bound its members to accept the decision and kept them within the community? This was the crucial point. It was not simply force that did it. Instead, the equality of citizens as citizens, and their original unanimous identification with the general interest meant that the losing minority had the same interests as the winning majority. The minority had simply looked at a practical question differently, and it could live with a decision reflecting the heavier weight of opinion given by men just like themselves. Thus, no individuals or minorities imposing their wills on the rest, no Terror, no civil war, no emigration. In Rousseau, conflict was both legitimized and contained within a democratic community.

Now, with that model in mind and for the sake of discussion, suppose that one tries to explain the origins of modern French democracy, including its implicitly Rousseauist assumptions. What might we and our nineteenth-century predecessors have seen in the Revolution that contributed to its growth? We would have to select our evidence. At the national level it would be less Robespierre, the

Terror, Bonaparte, and more the political processes of the National Assembly and
the Directory, perhaps also the continuing work of some of the committees. More
important would be the activity at the most local level in the communes (so well
studied for the first years of the Revolution by Alison Patrick, see her paper in
Volume 2). More was going on than would have been suspected, the beginnings
everywhere of an active and durable political life in miniature. Starting with the
Revolution the inhabitants of nearly 40,000 communes sometimes elected *maires*,
usually elected municipal councillors, and were involved in the local issues that
concerned them. In the process they were confronted repeatedly by the notion that
equal citizenship overrides other inequalities—a kind of political fiction, perhaps,
but no less important a psychological force for that. Now, it is certain that those
communities did not live up to Rousseau's ideal for democracy. There was domination by real or small-fry notables, sometimes corruption, often factionalism,
and usually the need to negotiate local demands and decisions with prefects. But
the political society was nonetheless alive at the bottom, there was voting, there
was, in short, a model and schooling for democracy mixing conflict with community. It was not perfect and it was not Anglo-Saxon—then as now, French
democracy has left little place for corporate pluralism. But the point here is only
that if one sets out to find the roots of modern democratic community, there is
something in the Revolution that helps to identify them.

The four historians we are considering, however, were not looking for that.
What was clearest to them in the Revolution was the divisions, the evidence that
it did not produce the community they all wanted. Of course, they did not invent
what they did see in the Revolution—no-one writing on it could miss the factionalism, the Terror, the horrors of a society at war with itself and others, the Napoleonic dénouement. That legacy was inevitably heavy. But the question is one of
emphasis, whether to see in those dramatic and troubling features the whole
essence of the Revolution. The Revolution also launched a long democratic process
that continued, or was certainly not extinguished, even under later authoritarian
regimes. The nineteenth-century historians made an unconscious choice. They
drew on one part of the Revolution to the exclusion of another. Why? What shaped
their principles of selection?

Part of the answer may lie in what they were trying to explain in their own
society. There, too, they made a selection. Surrounding them they saw mainly
individualism, egoism, bourgeois materialism, indifference to others. The fondness
for business careers marked his age, Tocqueville said, and the others agreed with
him, and agreed also that it was a sign of what was wrong. There were private
interests and political squabbles, it was every man for himself. Whether the society
of the 1830s and 1840s was exactly like that is difficult to say, but those were the
social traits from which the historians generalized about a society gone wrong, a
society that made them uncomfortable because it was without community. It was
also the society that all felt impelled to explain historically. In doing so, they had
especially to come to terms with a Revolution that on the surface, at least in
its rhetoric, had been created to transform the private interests and to create
community. It was very important for all to understand and to show that such a
transformation had not occurred.

Merely connecting current social perception with the view of history, however, does not in itself explain either. It is tempting to suppose that the personal characteristics of the historians—one aristocrat, two professors, one socialist—shaped what they disliked in their present and the past. Probably there is something to that, though it should not be exaggerated. At least as important was the intellectual tradition in which they were working. All were intellectuals, read books, and were deeply involved in the traditions of the Enlightenment. None, I suspect, would have felt out of place if returned in time to 1750. Two ideas at the heart of the French Enlightenment were evidently very familiar to them. One was the definition of a problem. Then too the issue of community and how to form it was the basis of much intense discussion; Rousseau was only one of many who advanced varying proposals and programmes for shaping community in a society that seemed to have none. And the enemies of community in the two centuries were strikingly alike. Eighteenth-century writers complained about bad values that encouraged private interests at the expense of public ones, egoism, new wealth flaunting itself in commerce and finance, materialism (called "luxe"), and everywhere indifference. Here was a ready-made picture of society and its problems, and it must have been strongly etched in the minds of the nineteenth-century historians. To listen to them, one would suppose little had changed between the earlier day and theirs, except that in the interval one massive attempt at change had been tried and failed.

If the historians' sense of a problem seems to have been inherited, so too was their epistemology. This was the view that, if people and behaviour were bad, the fault lay in the institutions and society that formed them. The epistemology of *Lumières* supposed people to be relatively malleable, at least in their "moeurs", the habits and "préjugés" that together made up what we would today call a "culture". With its environmentalist idea the eighteenth century occupied itself with comparison, evoking again and again the varying political forms and situations in the ancient and modern worlds. Each distinctive set of institutions generated the habits and values appropriate to itself, each favoured one or another kind of behaviour. What this meant for engineering change was not always clear, of course. Optimists and pessimists would disagree on its difficulty. The optimistic side was expessed in a line of thinking that extended into the Revolution (the "new man" of 1789 and after had a pedigree). But even the gloomiest in the Enlightenment, those not hopeful for change, still saw a diversity of possible behaviours coming from social conditioning throughout history.

In that framework of a half century or more of French eighteenth-century thought, the nineteenth-century historians are again recognizable. Like their predecessors, they drew heavily on comparison; they looked across time and space, at other eras and societies, to ask what differences a kind of religion, an economic system or varying political institutions had made. They wondered in each case how and why history had produced particular ways of thinking and acting in a specific culture. Lurking in their question was always the assumption that the right history, working with the right institutions and environment, might have produced something else. What it might have produced was, in fact, the "new man," the public-spirited man made for community. He might still appear, or perhaps it was too late—the historians differed on that point—but either way their assumptions about what makes man into what he is are much the same. In short, the four historians seem to fit well into a long Enlightenment extending at least to the mid-nineteenth century.

That may be why we still read them. Their sense for the variety of cultures and their possibilities led them to range widely and to find connections and causes for their own society that others had not seen. They turned moral criticism into remarkable historical analysis. They were also the last full generation of the Enlightenment. Bracketing that Enlightenment were other problems and other ideas about man. Just ahead lay Gustave Le Bon and a new age of social science that reinvented some of the controlling ideas of the seventeenth century. There were persons inspired by social science who did not like the Revolution either, but they approached it differently, as if going to a laboratory to study a virus. In the Revolution they sought the illustration of a human nature much more fixed (and unpleasant) in its innate and unchanging characteristics, a human nature to be controlled more than formed. The relatively unvarying laws of human behaviour and patterns of recurrence, laws for which the Revolution was only a single example, were often more interesting than the contingency and culture-specific combinations historians looked for earlier. Although history, unlike the new disciplines of economics, sociology, psychology, and the rest, remained interested in change, even so it narrowed the investigation consistent with the new views. "Stages" of universal development interested some, and many others entered the increasingly dominant field of medieval history, there to study institutions in isolation, to examine in detail (and applaud) the slow crystallization of governing power over a people whose aggressive and permanent tendencies were already known and did not need examining. Whatever the strengths of the new social science (and they were many), they did less for the investigation and understanding of the Revolution through the later nineteenth century than might have been hoped.

What, to conclude, then, about the four historians? They seem to have been well rooted in the intellectual tradition of the Enlightenment, sharing its sense of a problem, its dislikes, its ideas about man and society. Their understanding of the Revolution was selective, fitting their questions and shared concerns. They are still worth reading, both for what they say and for an approach, a way of posing questions arising from broad reflection on comparison. Seen separately, each writer helps to explain some lasting divisions in French politics. Seen together, they suggest a stage in nineteenth-century intellectual history and historiography.

CHAPTER 32

# Tocqueville: aux origines de la démocratie française

FRANÇOISE MÉLONIO

A CINQ ans, Tocqueville pleurait la mort de Louis XVI; à trente, il commémorait 1789, l'année heureuse où "nos pères s'efforçaient de fonder quelque chose de plus grand que ce que nous voyons";[1] à cinquante, il repoussait l'ancien régime et proclamait l'odieux de tout ce qui suivit, n'exceptant de son désenchantement que ces quelques mois de 1788-89 où la France avait communié dans le désir de liberté. Ainsi, pour Tocqueville, la Révolution ne cessa jamais de constituer un enjeu: un enjeu politique, parce qu'elle n'était pas close encore et que chaque péripétie de notre vie nationale en redessinait la configuration; un enjeu personnel parce qu'aristocrate rallié à la démocratie, Tocqueville tenait à l'ancien régime, tout en voulant consentir à la modernité. La faille survenue dans notre histoire nationale traversait aussi son histoire singulière.

Paradoxalement en Tocqueville, l'historien se qualifia de ne rien renier de ses enracinements affectifs contradictoires, ni de ses appartenances politiques. Parce qu'il était excentrique dans notre tradition, écartelé entre l'ancien régime et le nouveau, il put se déprendre de la légende révolutionnaire pour critiquer l'idée même d'une révolution conçue comme origine radicale, et chercher plus en amont le point de départ de la démocratie en France. Suivons le dans son effort incessant pour élaborer une conceptualisation: sur ce cas exemplaire, on découvre mieux que la Révolution n'est pas un événement fini, séparable des enjeux qui en réactivent la mémoire; qu'elle se prolonge, prenant un sens nouveau au fil de l'expérience démocratique du XIX$^e$ siècle; et qu'en retour, le XIX$^e$ siècle construit son identité en écrivant l'histoire de la Révolution.

## Héritage: l'écart avec le légitimisme

En 1856, quand il publie, à plus de cinquante ans, l'*Ancien Régime et la Révolution*, Tocqueville a derrière lui une double carrière d'homme politique et de publiciste. On a dit qu'il était devenu historien sur le tard, parce que le coup d'état du 2 décembre 1851 l'avait écarté de la vie politique. Et puis l'histoire est un souci de l'âge mûr. . .

Tocqueville n'eut pas en fait à devenir historien. S'il eut à apprendre le métier, il hérita de sa sensibilité à l'histoire, comme toute la génération romantique. De sa famille il reçut d'emblée une interrogation douloureuse sur le rôle de l'aristocratie dans les sociétés modernes, et sur le devenir de la liberté. A cette interrogation la tradition familiale ne proposait pas de réponse univoque mais semblait bien plutôt condenser l'hésitation de la noblesse du XVIIIᵉ siècle entre le libéralisme des lumières et le repli crispé sur des prérogatives surannées.

Tocqueville aimait rappeler qu'il était l'arrière petit-fils du célèbre Malesherbes. "Personne n'ignore que M. de M [alesherbes] après avoir défendu le peuple devant le roi Louis XVI, a défendu le roi Louis XVI devant le peuple. C'est un double exemple que je n'ai point oublié et que je n'oublierai jamais."[2] Ecrivant sur la Démocratie en 1835, sur la France d'avant 1789 en 1836, puis sur l'Ancien Régime dans ses notes des années 1850, Tocqueville citera les "remontrances de M. de Malesherbes au nom de la cour des Aides" de 1770. A Malesherbes il dut l'idée de la continuité de la centralisation administrative en France depuis Philippe le Bel et de l'affaiblissement corrélatif du principe de représentation. Depuis le XIVᵉ siècle, "on a pour ainsi dire *interdit* la nation entière et on lui a donné des tuteurs".[3] Mais la piété n'empêchait pas Tocqueville de dénoncer ce que le libéralisme de Malesherbes avait d'incomplet par sa méconnaissance du principe véritable de la représentation et par la confusion du privilège avec la liberté.[4]

Le père de Tocqueville, Hervé, participait aussi de la tradition des lumières, quoiqu'avec moins de constance; les épreuves avaient conduit la noblesse à plus de méfiance craintive envers la modernité. Serviteur dévoué de la Restauration qui le fit préfet, puis pair de France, ultra quelque peu despotique dans l'exercice de ses fonctions, Hervé de Tocqueville n'en soutint pas moins l'expérience décentralisatrice de Martignac. En 1847, il publia, à 75 ans, une *Histoire philosophique du règne de Louis XV*, suivie d'un *Coup d'oeil sur le règne de Louis XVI*. Dans l'esprit de Montesquieu, il y analysait la progressive déchéance de la noblesse, privée de ses fonctions de classe de service par l'arbitraire royal, classe parasite par contrainte autant que négligence mais pénétrée au XVIIIᵉ siècle de l'esprit de générosité sociale et de liberté auquel les rois restaient sourds. Les deux ouvrages asservis à la chronologie, et restreints à l'analyse du rôle des grands personnages, étaient arriérés d'un siècle. Alexis ne les cite jamais.[5] Mais on saisit bien ici ce que le jeune Tocqueville put devoir à une tradition décentralisatrice soucieuse de libertés publiques, qu'il inscrivit dans un système conceptuel nouveau sans le renier tout à fait. Ce pourquoi d'ailleurs les légitimistes et conservateurs se reconnaîtront pour une part en Tocqueville.

L'Ancien Régime et la Révolution ne pesaient pas seulement du poids douloureux des souvenirs de famille. Sous la Restauration, ils n'étaient pas morts encore. Ils ne l'étaient pas dans l'ordre social, on l'a souvent montré. Ils ne l'étaient pas non plus dans l'ordre juridique. Au tribunal de Versailles où il fut juge-auditeur de 1827 à 1832, Tocqueville côtoya des magistrats vieillis dans leurs fonctions depuis l'Ancien Régime. Longévité ici valait compétence: la pratique juridique recourait, sans exclusive, aux vieilles coutumes du royaume, à la législation révolutionnaire, aux codes napoléoniens, aux lois de la Restauration. Dans l'ordre symbolique, la continuité n'était pas moins évidente, puisque la Restauration s'exténuait à réhabiliter les vaincus de l'histoire. Tocqueville requit dans plusieurs procès liés aux indemnisations des émigrés prévues par la loi d'avril 1825. Il mesura alors l'importance du bouleversement des fortunes opéré par la Révolution, mais surtout la permanence des haines entre des émigrés étrangers à la nation et un peuple attaché à ses possessions nouvelles. On a beaucoup admiré l'intuition théorique de Tocqueville qui s'efforça, le premier, en 1856, d'établir le bilan de la Révolution. La nécessité de ce bilan, encore inachevé aujourd'hui, c'est en ces années 1827-30 qu'il la perçut, non pas dans les livres, mais dans la pratique: familles désunies, clôtures vagabondes, haines recuites ... quelle singulière histoire pouvait expliquer que les vivants restent ainsi prisonniers des querelles des morts?[6]

Dans ces querelles même, Tocqueville dut prendre parti et revivre, pour son compte, l'histoire révolutionnaire. En 1828-30, quand la monarchie, un instant tentée de se réformer, s'enferme à nouveau dans la réaction nobiliaire pour rejouer la chute du roi, il faut bien choisir, comme en 1789, entre l'Ancien Régime et la Révolution. La famille de Tocqueville choisit l'Ancien Régime; Tocqueville, sans joie,—"c'est un moment désagréable"—opte pour la modernité, prête serment au nouveau régime, et, du coup, reformule la question initiale, celle du devenir de la noblesse. Il avait caressé le projet d'un voyage en Angleterre. Comme le modèle anglais d'une aristocratie ouverte lui apparaît désormais une occasion ratée par l'histoire de France, il se jette en Amérique pour étudier une démocratie épargnée par les révolutions: de ce voyage sortit une oeuvre prospective, *La Démocratie en Amérique*; sortit aussi dans le même mouvement une conceptualisation neuve de la Révolution, dans ses rapports avec les progrès de cette démocratie, à laquelle Tocqueville venait, douloureusement, de se rallier.

### Vers la rupture avec Guizot

En s'écartant du légitimisme, Tocqueville s'était rapproché des historiens libéraux: Augustin Thierry dont il possédait plusieurs ouvrages, Guizot surtout dont il alla suivre les cours sur l'histoire de la civilisation en France à la Sorbonne, en 1828-29. Auditeur studieux, Tocqueville rédigeait ses notes au sortir du cours. Elles montrent bien ce qui le séduisait, une architecture conceptuelle assignant pour moteur à l'histoire les progrès de la civilisation et le jeu des alliances à l'intérieur d'un trio conflictuel: le roi, la noblesse et le Tiers Etat. Guizot donnait forme rationnelle à l'expérience confuse[7] de la famille de Tocqueville.

Très tôt pourtant Tocqueville s'émancipa de l'emprise du système de Guizot. Dans cette distance croissante les dissentiments politiques, ouverts après 1840 quand Guizot accède au pouvoir, sont indiscernables du travail de la réflexion historique, qui se nourrit d'une perception politique de plus en plus fine de la singularité française.

En 1836, quand il rédige un essai sur l'*état politique et social de la France avant 1789* pour la *London Review* que dirigeait son ami Stuart Mill, Tocqueville a déjà rompu avec Guizot sur un point: il ne croit pas que l'histoire ait pour fin dernière la domination des classes moyennes. Il est trop aristocrate et trop démocrate à la fois pour se satisfaire d'un régime bourgeois. Voilà pourquoi dès 1831 il était parti chercher en Amérique, plutôt qu'en Angleterre, le sens du mouvement démocratique; et pourquoi dès les années 1830 il repousse l'analogie, chère à Guizot et aux

libéraux de la Restauration, entre 1640 et 1789. La révolution anglaise, aristocratique, religieuse, plus libérale qu'égalitaire, n'a rien de commun avec notre Révolution populaire, antireligieuse et égalitaire. Elle n'est qu'une modalité spécifique—
insulaire— de l'âge absolutiste. Elle date.[8] Comment dès lors interpréter la Révolution française? En appliquant les concepts élaborés dans la *Démocratie en
Amérique*, de 1835. La Révolution française n'est que la forme conceptuellement
la plus claire d'une évolution universelle vers l'égalité dont l'Amérique offre la
manifestation pratiquement la plus achevée. Depuis le Moyen Age, la paupéri-
sation de la noblesse et l'enrichissement du Tiers Etat constituent, en France
comme ailleurs, une première "Révolution". Sans doute les acteurs y furent-ils
aveugles. Les apparences inégalitaires, jalousement cultivées par une noblesse
devenue parasite, les abusaient.

Mais si, depuis le Moyen-Age, la France tournait à l'égalité des conditions, le
Tiers Etat était faible encore. Il lui fallait un "instrument" pour ôter à la noblesse
son hégémonie politique. Les rois s'offrirent, profitant de la "marche naturelle,
instinctive et pour ainsi dire forcée" des démocraties infantiles vers la centralisation. Dans l'article de 1836, l'absolutisme n'a donc dans l'histoire de France
qu'une fonction auxiliaire et transitoire. Après Mme de Staël, à la lumière surtout
de l'expérience américaine, Tocqueville juge que le mouvement de la civilisation
conduit naturellement au dépérissement de l'Etat et au "self-government". De
l'égalité des conditions à la démocratie politique, le chemin est long, mais sûr.

Cette interprétation n'a qu'un point aveugle, la Révolution dont Tocqueville
réussit à ne pas parler. Tout est joué avant 1789. La Révolution "n'a été qu'un
procédé violent et rapide à l'aide duquel on a adapté l'état politique à l'état social,
les faits aux idées et les lois aux moeurs". Après quoi, l'histoire se clôt. On peut
"fermer cinquante ans le livre de l'histoire", les Français ne changent plus, ou si
peu. . . L'explication est courte? Très révélatrice surtout de la difficulté à penser
la Révolution dès lors qu'on s'en tient au modèle anglo-saxon de la précédence du
social. Si, délaissant l'histoire anglaise, Tocqueville privilégie désormais, contre
Guizot, la référence américaine, il ne renonce pas pour autant à ce qui est commun
aux deux histoires: le primat de la détermination sociale. Il ne pense pas l'autonomie du politique, partant ni la spécificité française, ni la Révolution.

Tocqueville avait, il est vrai, quelque excuse. Que connaissait-il en 1836 de la
politique française? Ce que la tradition familiale ou le ouï dire lui en avaient appris.
En 1839, le voilà député, et que découvre-t-il? La toute puissance de l'Etat, grand
dispensateur de places et, corrélativement la destruction de toute solidarité dans
la société civile, "l'individualisme" des Français. Le second volume de la *Démocratie*, en 1840, est consacré à cette dialectique de l'omnipotence de l'Etat et de
l'atomisation du corps social. Restait à traquer l'origine de cette singularité
française en repensant la Révolution et l'Empire, par ce mouvement de bascule du
présent à la recherche de filiation dont le génie de Tocqueville est coutumier.
Tocqueville en trouva l'occasion lorsqu'en avril 1842, reçu à l'Académie Française, il dut faire l'éloge de Cessac son prédécesseur.[9] Cessac n'avait d'autre titre
littéraire que d'avoir fidèlement servi la Révolution puis l'Empire. Belle occasion
que ce médiocre pour ébaucher une lecture nouvelle de l'histoire récente: Tocqueville peint d'abord l'affaissement de l'Ancien Régime sous le poids de ses vices;
puis 1789, temps de "générosité bien imprudente" où les Français tentent d'édifier

une société libre et égalitaire à la fois; enfin, dès la fin 1789, la société tombant en poussière jusqu'à ce que de cette désagrégation du corps social le despotisme surgisse de lui-même. On prêtait à Napoléon du génie; habile à jouer des circonstances, "aussi grand qu'un homme puisse l'être sans vertu", il n'eut que l'art d'organiser des insitutions d'Etat pour dominer plus commodément.

C'est de cette année 1842 que Tocqueville date l'idée de l'*Ancien Régime*. Des bribes de son discours se retrouveront dans les notes de l'ouvrage, et on a eu tort de croire que Tocqueville n'avait perçu le risque d'une récurrence du despotisme qu'à l'épreuve du second empire. Tout semble là en effet: l'idée que l'Ancien Régime ne lègue rien aux Français qu'une table rase, et que la passion de l'égalité conduit les acteurs, dans l'aveuglement, à frayer le chemin du Césarisme. De l'*Ancien Régime*, que manque-t-il? L'organisation systématique de ces éléments par un lien causal; l'affirmation que les régimes ne se succèdent pas, qu'ils s'engendrent, et que de l'absolutisme naissent à la fois le radicalisme révolutionnaire et la bureaucratie napoléonienne. Aussi bien, en ces années 1840, Tocqueville était-il aveugle à la permanence de la passion révolutionnaire en France. La Révolution menaçante ne lui semblait qu'un épouvantail agité par Guizot pour mieux conserver le pouvoir dans une France assoupie, et trop préoccupée, comme toute démocratie, des intérêts du commerce pour les mettre en péril par des entreprises subversives.[10] Il s'inquiétait plutôt de l'élaboration progressive du droit administratif qui codifiait les pratiques inaugurées par l'Empire. Parce qu'il était plus sensible à la rationalité nouvelle de l'appareil d'Etat qu'à l'ancienneté de son origine, les origines de la France moderne lui semblaient plus napoléoniennes qu'absolutistes. Dans l'ordre symbolique, le retour des cendres de Napoléon, en octobre 1840, venait de manifester la popularité vivace de l'Empereur, et l'attachement des Français à un Etat fort, seul garant pour eux de la souveraineté nationale. Des deux mémoires, des deux légendes où le XIXᵉ siècle s'enracine, celle de la Révolution et celle de l'Empire, est-il sûr au reste qu'il faille privilégier la première pour l'intelligence de notre hisoire?

De cette juxtaposition des régimes, Tocqueville se contenta jusqu'à ce qu'un détour de l'histoire lui en montrât les limites. Ce fut 1848 où la France retraversa la Révolution, la Gironde et la Montagne pour retomber en Bonaparte. Comme tous ses contemporains Tocqueville subit la tyrannie des souvenirs. "Et voici la Révolution française qui recommence, car c'est toujours la même. . ."[11] En Tocqueville le penseur s'élève à coup de gifles: 1831 l'avait précipité en Amérique, 1851 le jeta dans l'histoire. C'est dans la similitude perçue entre le cycle révolutionnaire court de 1848-51 et le cycle long de 1789-99 que se construit la trame de l'Ancien Régime. De la Révolution ancienne et de la Révolution nouvelle, du premier Empire et du second, les contemporains faisaient un seul événement, sur le mode de la parodie. Pour échapper à la logique aliénante de la répétition Tocqueville va en faire un seul événement, sur le mode conceptuel, en recherchant les origines singulières de la démocratie en France. Car la répétition de l'histoire en changeait le sens. La reviviscence de la passion égalitaire ne pouvait plus s'expliquer par l'odieux des droits féodaux. Et un Napoléon qui revenait opprimer les Français sous la forme avilie d'un Napoléon le Petit n'avait plus l'excuse de circonstances uniques, d'une Europe absolutiste à combattre, plus même l'excuse du génie.[12] Aussi fallait-il chercher, derrière la médiocrité des acteurs, l'origine de ce qui les soulevait et les portait au pouvoir à leur insu même: ce mélange spécifiquement français de passion révolutionnaire pour l'égalité et de goût servile pour l'ordre que Tocqueville avait juste entrevu en 1840.

### L'Ancien Régime et la Révolution: ou la continuité de l'état

Cette quête de l'origine, Tocqueville l'entreprend en rédigeant, de juillet à septembre 1852, deux chapitres sur le Directoire. L'analogie du Directoire avec l'agonie de la seconde république l'avait séduit. Mais la question posée dépassait largement ce cadre circonscrit: comment expliquer la complaisance des Français pour l'Etat, fût-il despotique, pour peu qu'il écarte la menace d'un retour à l'Ancien Régime? Etablir le bilan de la Révolution n'était pas simple, et Tocqueville le savait bien. Il avait lu Burke, dont il partageait l'étonnement. La Révolution française a dans l'histoire européenne un caractère exorbitant. Pourquoi a-t-elle éclaté en France, et non ailleurs? De son étonnement Burke avait vite triomphé, en accusant la folie sanglante des révolutionnaire oublieux des vertus de la coutume. C'était méconnaître l'inscription de la Révolution dans le mouvement universel vers l'égalité des conditions, que Tocqueville avait analysé dès 1836.[13] Il fallait donc distinguer ce que la Révolution avait d'universel et de spécifiquement français, de démocratique et de proprement révolutionnaire. Toute la genèse de l'*Ancien Régime et la Révolution* de 1852 à 1856, est l'histoire de la découverte progressive de l'erreur de Burke.[14] Une erreur de plus de quatre siècles. Depuis le XIVe siècle, une première rĕvolution avait préparé la Grande, et miné déjà la féodalité. L'agent de subversion, fauteur des troubles de notre histoire, c'est l'absolutisme.

Suivons Tocqueville dans cette découverte, dont il retrace la première étape au chapitre 1 de son livre II, chapitre consacré aux droits féodaux. Comme toujours, Tocqueville procède par induction à partir de l'opinion commune, véhiculée par les journaux et le discours du temps. Que répétait-on? Que la Révolution avait été une révolution de la misère; la révolte du paysan accablé de taxes, obéré de dettes dont la nuit du 4 août avait enfin célébré le mariage avec la Terre.

"Sur son chemin" donc, en 1852, tout en étudiant le Directoire, Tocqueville s'était enquis de l'état de la société française avant 1789. Il crut d'abord pouvoir s'en tenir à quelques lettres aux érudits locaux, dans l'espoir de faire jaillir des lumières de leur travail de taupe, et à des renseignements glanés de-ci de-là. L'objet de sa recherche était trop radicalement nouveau pour que ce grapillage suffît: bien des archives n'étaient pas classées. Et puis les érudits ne s'intéressaient encore qu'aux époques anciennes: ils "sont savants dans la proportion exacte de l'inutilité de la science qu'ils cultivent". . .[15] Retiré en Normandie, Tocqueville se résigne alors à explorer lui-même ce champ en friche de l'histoire récente, non sans quelque vagabondage, et bricolage qui manifestent l'état embryonnaire de l'étude du XVIIIe siècle, à mi parcours de la mémoire orale et de l'histoire. Il consulte ses amis juristes (Freslon), érudits (Léopold Delisle, Leroux de Lincy), académiciens, économistes (Passy), ou historiens, propriétaires fonciers; interroge les survivants; rassemble ses souvenirs d'enfance. Veut-il étudier le droit d'épave? "On m'a parlé autrefois d'un tonneau d'excellent vin bu au château dans ce cas."[16] Et puis il se plonge dans des sources écrites variées: états de section établis après 1791; indemnités versées aux émigrés après la loi de 1825; terriers des seigneurs voisins et archives notariales, dont il complète l'examen par la lecture des traités historiques d'Edme de Freminville, de Renauldon et d'Henrion de Pansey.[17] En cette année 1852 où il s'initiait au métier, Tocqueville eut souvent des nausées devant "la masse de poussière inutile à avaler". On doit admirer pourtant l'articulation entre le problème posé et l'économie des sources: sans cesse, dans ses notes, Tocqueville s'exhorte à ne pas étendre outre mesure le cadre de sa recherche, pour s'en tenir strictement à ce qui dans la féodalité résiduelle explique la haine entre les nobles et les roturiers. Ce n'est pas une histoire rurale qu'il entreprend,[18] ni une histoire des classes sociales, mais une histoire du lien social et de ses variations dont il énonce l'idée centrale: "la féodalité était demeurée la plus grande de toutes nos institutions civiles en cessant d'être une institution politique. Ainsi réduite, elle excitait bien plus de haines encore, et c'est avec vérité qu'on peut dire qu'en détruisant une partie des institutions du Moyen-Age on avait rendu cent fois plus odieux ce qu'on en laissait."[19] La féodalité n'avait qu'un vice, mais impardonnable: d'être devenue inutile dans une France où l'absolutisme avait monopolisé la fonction politique. L'idée était si nouvelle que Tocqueville abandonna en 1854 son projet primitif d'un livre sur la Révolution et l'Empire pour se consacrer à l'étude de ce seul facteur subversif: l'absolutisme qui explique à la fois l'emprise exceptionnelle de l'Etat en France (livre II, chapitres 2 à 7) et la décomposition de la société civile (chapitres 8 à 12).

Affirmer le caractère subversif de l'entreprise absolutiste ne constituait pas en soi une avancée décisive. Sous la Restauration, c'était même un lieu commun. La Charte de 1814 avait affirmé la continuité de l'ancienne France et de la nouvelle dans le respect conjoint de la tradition et des libertés. Dans un livre célèbre, Montlosier renverse l'argument en montrant la Révolution déjà à l'oeuvre dans l'absolutisme: "le peuple souverain a suivi de point en point la route qui lui était tracée depuis deux siècles par les rois, par les parlements, par les hommes de loi."[20] Puis le thème courut, à travers tout l'échiquier politique, de Barante déplorant la disparition de l'aristocratie comme classe de service, à Augustin Thierry étudiant le mouvement communal et à Michelet lui-même méditant sur la souveraineté, sur son usurpation par les rois et sa réappropriation par le peuple. L'idée d'une longue "nuit de la représentation" que Tocqueville avait empruntée à Malesherbes, avait été largement développée, par Mirabeau, par des juristes comme Henrion de Pansey. Tout cela, Tocqueville le connaissait. Mais la sociologie politique qu'il élabore dans les chapitres 2 à 7 de son livre II inaugure un tout autre mode de saisie du passé. Tocqueville ne s'intéresse pas à l'histoire des concepts ni philosophiques ni juridiques. Ils sont secondaires: on trouve toujours un légiste pour fonder en droit une usurpation accomplie. Aussi bien l'essentiel dans l'absolutisme n'est pour Tocqueville ni sa théorie ni la forme de ses institutions. Il ne s'agit pas d'écrire un traité d'histoire administrative ou de législation ancienne. D'autres l'avaient fait.[21] Ce qui importe, c'est la pratique de l'absolutisme, "l'art qu'ont eu la plupart de nos rois pour diviser les hommes afin de les gouverner plus absolument". L'Art? L'instinct plutôt, car les pratiques analysées par Tocqueville sont pour partie inconscientes: c'est une sédimentation d'expédients, de mesures transitoires devenues définitives par où les rois, pour arrondir leur budget, accroissent insensiblement leurs prérogatives. La démarche de Tocqueville était novatrice—il en avait conscience: "on avait montré jusqu'ici le dessus de l'objet; je l'ai retourné et j'ai montré le dessous"[22]—"jusqu'aux infirmités les plus secrètes". Avant Tocqueville, et souvent après, on s'en était tenu au discours officiel. C'est la tentation inévitable de l'historien-amateur, surtout lorsqu'il s'attache à un régime d'opinion. Tocqueville inaugure une lecture suspicieuse de l'archive, qui s'émancipe de l'optique des sources pour démasquer ce qui à l'insu des contemporains manifeste déjà l'esprit moderne: l'arrachement du pouvoir à la société civile et sa localisation dans une instance spécifique surplombant le corps social. Sans doute ce transfert n'est-il pas achevé au XVIII<sup>e</sup> siècle. Les notes prises par Tocqueville sur les papiers des généralités d'Ile de France et de Touraine soulignent le "naturel conciliant" et la "pratique molle" des administrateurs du XVIII<sup>e</sup> pour peu qu'on leur résiste. A Tours, à Amboise, l'administration de la ville est en perpétuelle refonte: "ce qui embrouille toutes les notions, c'est qu'il y a d'une part la législation générale qui établit ou rétablit les offices, et, de l'autre, les villes qui rachètent."[23] Derrière l'enchevêtrement confus des pouvoirs et les fluctuations d'une politique absolutiste trop dépourvue de moyens pour s'imposer sans conteste, se dessine pourtant un mouvement général de substitution de l'administrateur à l'élu, et de l'enquête au vote. Et voici que déjà s'appesantit l'Etat-Providence, réglant jusqu'au détail le plus menu les réjouissances populaires et l'alimentation des bestiaux. . .

Ce tableau du despotisme administratif d'Ancien Régime surprit, et charma d'autant plus qu'à l'époque même de Tocqueville l'Etat-providence, n'étant qu'embryonnaire, n'avait pas trop encore donné matière à de doctorales dénonciations. L'essentiel n'est pas là pourtant, mais dans la sociologie induite par l'absolutisme que Tocqueville analyse dans les chapitres 8 à 12 de son livre II. La société d'Ancien Régime combine au XVIII<sup>e</sup> siècle une égalité sociale réelle et un imaginaire encore aristocratique. Le mouvement universel de démocratisation joint à l'action niveleuse des rois a déjà égalisé les fortunes, les intelligences, les sensibilités, dans les classes supérieures du moins. Et déjà se laisse entrevoir la société moderne de masse, "corps glacial plus compact et plus homogène qu'aucun de ceux qu'on avait peut-être jamais vus dans le monde";[24] la société grise dont Tocqueville avait eu la prémonition dans la *Démocratie*. Pourtant cette égalité échappe à la perception des acteurs car la monarchie n'a de cesse de séparer les classes en faisant commerce des prérogatives les plus misérables.[25] Faute de se distinguer par le pouvoir—puisqu'ils en sont tous dépouillés—les Français développent toute une culture de la distinction jusqu'à se scinder en petites castes bouffies de vanité. Morgue, envie, snobisme, l'Ancien Régime offre les prémices de l'individualisme démocratique. Ainsi l'absolutisme, en construisant l'Etat, a-t-il détruit tous les liens anciens de solidarité, ne léguant aux Français qu'une société non point atomisée encore, mais déjà groupusculaire.[26]

Restait à vérifier cette hypothèse de la subversion précoce en France de la féodalité par l'absolutisme. Et pour cela à recourir à la méthode comparative afin de tester le poids du facteur absolutiste par le jeu des différences. Tocqueville y consacra deux ans: à Bonn d'abord où il étudia l'ancien régime allemand—en Allemagne la féodalité avait mieux résisté qu'en France—puis à Paris aux Archives Nationales, où il dépouilla les papiers relatifs au Languedoc. Le Languedoc, pays d'Etat prospère, offrait dans l'histoire de France un développement analogue à celui de l'Angleterre par une progressive transition de l'aristocratie à la démocratie, hors de l'emprise des rois. A l'aide de ces données, jointes à une expérience ancienne du monde anglosaxon, Tocqueville dresse l'arbre généalogique des démocraties occidentales, groupées selon la façon dont elles combinent ou séparent l'égalité des conditions—fait universel—et la démocratie politique. Suivons le dans cette fresque historique qui reprend, mais en y insérant la variable politique, les développements de la *Démocratie en Amérique* sur la marche irrésistible de l'égalité.

Au point de départ, au XIVᵉ siècle, l'Europe est uniforme: le système féodal s'y est partout maintenu. "A cette époque, on rencontre . . . une foule d'analogies entre nos institutions politiques et celles des Anglais, mais alors les destinées des deux peuples se séparent et vont toujours devenant plus dissemblables à mesure que le temps marche. Elles ressemblent à deux lignes qui, partant de points voisins, mais dans une inclinaison un peu différente, s'écartent ensuite indéfiniment à mesure qu'elles s'allongent":[27] d'un côté la croissance réglée et naturelle de la liberté jointe à l'égalité: c'est l'axe anglo-saxon; de l'autre une pathologie de l'égalité qui s'allie au despotisme: c'est l'axe continental. Cette partition, fondée sur l'opposition entre démocratie politique et despotisme ne pouvait que différer de la classification sociale opposant l'aristocratie à la démocratie élaborée dans la *Démocratie*, ou dans le texte de 1836 sur l'Ancien Régime. En 1836, Tocqueville jugeait l'aristocratique Angleterre insulaire, et désuète. En 1856, il fait de l'Angleterre la matrice de la démocratie libérale dont les Etats-Unis ne sont que la forme outrée. Aux Etats-Unis, "l'élément républicain qui forme comme le fond de la constitution et des moeurs anglaises, se montre sans obstacle et se développe".[28] De cette tradition libérale du self-government, le continent n'a conservé que des traces résiduelles dans les pays d'Etat.

Car le continent a suivi une autre voie, celle où l'égalité se mêle au gouvernement absolu; où les deux sens du mot démocratie, égalité des conditions et gouvernement par le peuple, ne se recouvrent pas. De cette pathologie continentale, Tocqueville peint les progrès en termes qui rappellent étrangement l'origine de l'inégalité selon Rousseau, car tout est inscrit dans le point de départ: "J'ose affirmer que du jour où la nation . . . permit aux rois d'établir un impôt général sans son concours, et où la noblesse eut la lâcheté de laisser taxer le Tiers-Etat pourvu qu'on l'exceptât elle-même, de ce jour-là fut semé le germe de presque tous les vices et de presque tous les abus qui ont travaillé l'Ancien Régime pendant le reste de sa vie et ont fini par causer violemment sa mort. . . . Considérez comment la plaie s'est élargie en effet avec le cours des ans; suivez pas à pas le fait dans ses conséquences. . ."[29]

La France est la manifestation la plus avancée de ce despotisme égalitaire, dont l'Allemagne et la Russie ne connaissent que des formes encore archaïques. L'Allemagne parce que le servage s'y maintient, que les offices y sont rares et que seul le code de Frédéric introduit cette centralisation propice au socialisme que Tocqueville avait observée dans la démocratie française depuis le XVIIIᵉ siècle. La Russie parce que la civilisation y est peu développée. Mais c'est déjà "une Amérique moins les lumières et la liberté. Une société démocratique à faire peur"[30] où comme dans la France d'Ancien Régime l'absentéisme des notables facilite l'oppression par une bureaucratie trop lointaine pour ne pas mener une gestion aussi inefficace que ruineuse. Ainsi en 1856 Tocqueville reconduit-il le parallèle célèbre de 1835 entre les Etats-Unis et la Russie, figures exemplaires de l'avenir qui s'offre au monde: liberté ou servitude, lumières ou barbarie. La Révolution française n'est qu'une des modalités possibles de l'évolution des pays absolutistes—et le symptôme le plus visible de l'instabilité propre aux absolutismes. L'idée était neuve—et l'est restée longtemps. Seul Louis Blanc avait osé, timidement, penser la Révolution hors du cadre hexagonal. A cette visée comparatiste, on fut peu sensible en France. Mais Tolstoï, et les réformateurs russes du temps d'Alexandre II, durent beaucoup à la lecture de l'Ancien Régime.[31]

De cette explication des causes à long terme de la Révolution, on voit bien ce qui séduisit les contemporains: une érudition qui comblait des blancs dans l'histoire, et surtout la levée du blocage conceptuel que constituait la commémoration d'une Révolution perçue comme une origine radicale. L'historiographie de la fin du siècle devra beaucoup à Tocqueville sur ce point.[32] La conceptualisation de Tocqueville dans ce livre II n'échappait pas pourtant à l'écueil des explications sociologiques: elle perdait en pertinence descriptive ce qu'elle gagnait en force conceptuelle. Sans tomber dans le monocausisme, Tocqueville ne s'intéresse guère qu'au poids spécifique de l'emprise absolutiste. On l'a beaucoup loué d'avoir dit des classes qu'"elles seules doivent occuper l'histoire". Et il est vrai qu'on trouve sporadiquement chez lui une analyse de la Révolution en termes de montée de la bourgeoisie. L'ennui est que cette analyse, rebattue de Barnave à Thiers, Mignet ou Guizot, semble plus chez Tocqueville un héritage qu'une avancée théorique: quelle étrange notion de classe que la sienne. . . Ce n'est pas un groupe économique. Entre le hobereau et le grand seigneur courtisan, rien de commun hors le privilège nobiliaire. Ce n'est pas vraiment un ordre, puisque les notables bourgeois s'allient parfois aux seigneurs pour opprimer le peuple. La classe est un rôle dans le jeu politique, dans un système d'alliances pour la domination. Peu importe que les intendants soient nobles ou roturiers, novateurs ou conservateurs. Peu importe même que parfois ils soient plus les porte-parole d'une élite locale que les agents du gouvernement: par fonction ils servent le roi. L'essentiel n'est pas la typologie sociale des groupes mais, dans la logique même du système, leur rapport au pouvoir.

Ce primat du politique, on a vu ce qu'il devait à l'expérience personnelle de Tocqueville et à son analyse des caractères de la démocratie française dans les tribulations du XIXᵉ siècle. Parce que Tocqueville est d'abord un publiciste, soucieux de convaincre pour agir, ne compte pour lui dans l'ancien régime que ce qui est démocratique et révolutionnaire. L'Ancien Régime est une histoire du *déjà* en quête de figures de la ressemblance. D'où ces affirmations récurrentes de la concordance des Temps: "tout se ressemble d'une manière singulière, malgré la différence des temps"; "l'histoire est une galerie de tableaux où il y a peu d'originaux et beaucoup de copies"; les hommes "semblent se donner la main à travers le gouffre de la Révolution qui les sépare". A retrouver ainsi partout la Révolution, on perd de vue la complexité des événements. Quelques menues contingences expliquent l'imprévisibilité de l'histoire. L'absolutisme naît "lors des longs désordres qui avaient accompagné la captivité du roi Jean et la démence de Charles VI", il s'aggrave à la fin du règne de Louis XIV sous le poids des "nécessités financières". Sybillines évocations de la guerre de cent ans, puis de celle de succession d'Espagne, si sybillines que les circonstances ainsi disqualifiées n'accèdent pas à la dignité d'un schéma conceptuel. S'il avait pensé la guerre, Tocqueville aurait dû, il est vrai, penser la nécessaire autonomie du politique pour défendre la grandeur nationale. Le silence sur la politique internationale, dans *l'Ancien Régime* comme dans *la Démocratie*, est le prix à payer pour mieux prôner, contre l'emprise de l'Etat, la solidarité dans la société civile.

Le risque de cette lecture sociologique et rétrospective de l'histoire, c'était donc qu'on y percevait plus la continuité que l'originalité de chaque période. Tocqueville s'exposait à rendre la Révolution inintelligible, en niant la béance qui la sépare de tout ce qui précède. Le sentiment des contemporains, la légende révolutionnaire, n'étaient-ils donc qu'illusion mensongère? De cette difficulté Tocqueville était conscient. Tout le livre III de *l'Ancien Régime* puis les travaux menés de 1856 à 1858 ont pour objet d'expliquer la brusque dénivellation de 1750 qui ouvre la période révolutionnaire. Soudain "arrivés au milieu de l'escalier, on se jette par la fenêtre pour être plus tôt arrivés au bas".[33]

Pourquoi la subversion de la féodalité, menée d'abord dans l'ombre et moderato se radicalise-t-elle soudain après 1750, dans un vertige de la surenchère?

### La rupture: l'idéologie révolutionnaire

Dans cette étude du court terme, Tocqueville consent une part à l'accidentel, à tous ces petits personnages, courtisans cupides ou femmes futiles, qui précipitent la marche de l'histoire en rendant mortelle la maladie de l'absolutisme.[34] Le livre III de *l'Ancien Régime* relève bien plus pourtant de l'histoire conjoncturelle que de l'histoire événementielle. Ce qui singularise la période qui s'étend de 1750 à 1789, c'est une conjoncture idéologique nouvelle; un basculement global du rapport au pouvoir, au savoir, à la nature même qui conforte les esprits dans l'illusion révolutionnaire que tout est possible, pour peu qu'on en décide. Avant Tocqueville on avait étudié la genèse de l'esprit révolutionnaire, mais pour dériver le plus souvent vers une histoire purement intellectuelle des causes de la Révolution. Que 1789 soit l'avènement de la vérité ou qu'il manifeste le déchaînement d'un imaginaire perverti, le principe est commun: l'événement est un pur événement de pensée[35]: Tocqueville fait lui aussi des idées le moteur du changement historique, mais fidèle à son "idée mère", il dégage ce que les mentalités nouvelles doivent, dans l'ordre philosophique, juridique ou économique, aux pratiques de l'absolutisme.

Au coeur de cette analyse, évidemment: les Lumières. Non leur histoire doctrinale—les variations en sont infinies—mais leur sociologie qui seule explique le singulier radicalisme des Lumières françaises, que Tocqueville appelle, après Mounier, Portalis ou Guizot, leur abstraction. A ce radicalisme il fallait une cause—la faute à Voltaire? La faute à Rousseau? Non point mais celle, encore, toujours, de l'absolutisme qui, dépouillant la société de toute initiative, lui interdit d'apprendre la prudence et l'art des transactions; qui, écrasant toutes les hiérarchies, confère à l'idée d'égalité naturelle son extraordinaire séduction sur les nobles comme sur les roturiers.[36] Restait à expliquer le succès des Lumières. L'histoire est riche d'illuminés, qui moururent obscurs. Pourquoi au XVIIIe siècle leur soudaine influence? A cause de l'absolutisme. C'est lui encore qui explique le rôle exorbitant des lumières dans notre vie nationale. Faute de représentants politiques, l'opinion se choisit pour guides les lettrés. Pas seulement les grands esprits que Tocqueville nomme à peine, mais "cette foule de petits esprits qui s'en vont sautillant par derrière les grands", contraints par la modestie de leur position sociale autant que par leur inexpérience à la surenchère contre l'Eglise dont le magistère spirituel leur porte ombrage, contre une aristocratie qui méprise leur roture, contre un roi qui les poursuit—mollement. Ainsi les Lumières n'opèrent pas le nécessaire arrachement à la tradition absolutiste que nous décrivait Michelet. Emancipatrices, elles restent filles spirituelles de l'absolutisme par leur outrance. De ces filiations solides, pétries de haine et de révolte, qu'on dirait oedipiennes et qui reconduisent la tradition, sans même y songer. . .

Dans la vie économique, Tocqueville repère, vers 1750, le même "tressaille-ment" intérieur de la nation. Les historiens d'aujourd'hui confirment cette intuition. Le XVIII<sup>e</sup> siècle est un siècle prospère en regard de ce qui précède, où le commerce s'accroît, où l'on se déplace plus, innove plus, cultive mieux, progrès qui sont signes de la Révolution prochaine mais causes aussi, car l'ambition bour-geoise se heurte à l'impéritie d'un gouvernement prisonnier de ses vieux abus, de son déficit et de ses attaches avec la noblesse. Ainsi la Révolution qu'on avait cru la révolte de la misère était une révolution des espérances. Non tant une poussée du besoin qu'un appel du désir—un désir effréné faute d'éducation politique.

La suite? On peut "aisément la prévoir", d'autant que l'Histoire de France n'a cessé depuis de bégayer: "Marche de va et vient de nos révolutions qui fait illusion, si on ne regarde pas de près. Au début invariablement une *poussée* vers la décentra-lisation: 1787, 1828, 1848. A la fin une extension de la centralisation. En com-mençant on suit la logique de ses principes; en finissant celle de ses habitudes, de ses passions, du pouvoir."[37] On cherche la liberté? C'est 1789, "temps d'inexpé-rience sans doute, mais de générosité, d'enthousiasme, de virilité et de grandeur, temps d'immortelle mémoire, vers lequel se tourneront avec admiration et avec respect les regards des hommes, quand ceux qui l'ont vu et nous-même auront disparu depuis longtemps".[38] On renoue avec la tradition de servitude? C'est 1793 et tout ce qui suit jusqu'à l'Empire: l'égalité sous un maître. Opposer ainsi 1789 à 1793 ne semble pas une innovation décisive. Tous les historiens libéraux l'avaient fait, mais la similitude ici n'est qu'apparente. Pour Guizot, Thiers, ou Mignet, 1789 marquait le triomphe du Tiers Etat fondant la liberté. Du coup, ils expliquent mal 1793. Puisque la démocratie sociale était parfaite dès 1789, la suite n'était intelligible que par l'intrusion passagère d'un lumpenprolétariat, la volonté per-verse de ratés. . . Pour Tocqueville. le problème est inverse. 1789 est moins un couronnement qu'une rupture: c'est la soudaine revendication par tous les Fran-çais du droit naturel qui coïncide avec le dessein providentiel. "Alors les Français furent assez fiers de leur cause et d'eux mêmes pour croire qu'ils pouvaient être égaux dans la liberté."[39] De cette revendication, il y avait bien quelques préfigu-rations dans la commune médiévale, la démocratie ecclésiale—mais de filiation, point. Le mystère du surgissement historique de la liberté en 1789 n'est explicable que par une sorte de grâce—"le goût sublime de la liberté" auquel rien ne prédes-tinait la France. Mais ce goût "entre de lui-même dans les grands coeurs que Dieu a préparés pour le recevoir, il les remplit, il les enflamme. . ."

Après quoi, 1793 n'est que trop compréhensible. Après l'effort héroïque pour s'arracher aux pesanteurs d'une tradition de servitude, voici que la volonté se relâche, que la grâce défaille et l'on retombe plus profondément encore dans les vieilles ornières. Il y a chez Tocqueville comme un transfert dans le champ politique d'une anthropologie augustinienne de la faute, et une déploration de la torpeur de la volonté. A la longue le mouvement des révolutions produit une "espèce d'usure morale",[40] un "excès de fatigue, d'apathie, d'indifférence ou plutôt de mépris pour la chose publique" qui fait trébucher la conscience.

". . . Ce qui démoralise le plus les hommes dans les longues révolutions, ce sont bien moins les fautes et même les crimes qu'ils commettent dans l'ardeur de leur croyance ou de leurs passions, que le mépris dans lequel ils finissent quelquefois par prendre cette même croyance ou ces mêmes passions qui les ont fait agir, quand, fatigués, désenchantés, déçus, ils se tournent enfin contre eux-mêmes et trouvent qu'ils ont été puérils dans leurs espérances, ridicules dans leur enthousiasme, plus ridicules, encore et surtout, dans leur dévouement."[41] Voilà pourquoi la vie nationale en France, depuis 1789, ressemble à la quête du bien, toujours déçue, puisque de révolution en révolution on voit "la passion de la liberté s'éteindre, puis renaître, puis s'éteindre encore, et puis encore renaître".

Cette interprétation de la Révolution avait un point aveugle: elle refusait aux révolutionnaires toute capacité d'invention. Il semblait que tout fût joué avant 1789, et que les conventionnels ne fussent que les fils des économistes. L'Ancien Régime, c'était déjà la Révolution, ou la Révolution, c'était encore l'Ancien Régime, hors l'héroïque sursaut de 1789, auquel Tocqueville ne s'attardait pas. Du coup, le grossissement épique de l'événement à travers la légende révolutionnaire était renvoyé à l'illusion. Comme si l'effort révolutionnaire pour instituer un homme nouveau pouvait se rabattre sur la continuité de la bureaucratie, et l'Etat instituteur des conventionnels n'être que le prolongement de l'Etat gestionnaire des intendants.

Tocqueville ne s'en tint pas là. Sa force était d'avoir, sur toute question, une idée de plus, qui renversait son système. Parce qu'il explorait successivement les différentes faces de son objet, sitôt paru *l'Ancien Régime* en 1856, il entreprit l'histoire de la Révolution. Ses notes de travail entre 1856-58 publiées sous le titre de *Fragments et notes inédites sur la Révolution*,[42] quoiqu'elles ne traitent que de la Constituante, laissent entrevoir le cheminement de sa pensée. Tocqueville suit désormais le fil chronologique, par nécessité théorique. Si la Révolution ne se réduit pas à des schémas intelligibles, seul le récit permettra de suivre l'interaction des agents, l'entrelacs de l'ancien et du nouveau, l'inventivité imprévisible de l'histoire. En 1856, Tocqueville avait cru trouver tout l'esprit de la Révolution dans les cahiers, et tout le libéralisme de 1789 dans les lumières ou le libéralisme aristocratique. Il était passé trop vite. Ses notes postérieures sur les deux années 1788-89 formulent une question toute nouvelle, dont on sait bien aujourd'hui par les travaux de Keith Baker et de Dale van Kley notamment, qu'elle constitue le problème crucial de l'historiographie de la Révolution: faut-il saisir dans la pré-révolution de 1788-89 l'aboutisssement du libéralisme aristocratique du XVIII$^{\text{ème}}$siècle et des lumières, fort peu diffusées pourtant dans le peuple? Faut-il penser au contraire la rupture des révolutionnaires avec toutes ces revendications anciennes?

Tocqueville repart du point d'aboutissement de l'ouvrage de 1856: la portée de la réforme des assemblées provinciales en 1787. En 1856, il avait montré combien cette réforme, généreuse en son principe mais entreprise au mauvais moment, avait conforté les esprits déjà troublés dans l'idée révolutionnaire que tout est possible. Toute l'historiographie conservatrice en avait pris argument pour taxer les Français d'ingratitude envers une monarchie si bonne et qui se réformait d'elle-même.[43] Tocqueville récuse lui-même cette interprétation. Ses notes datent de ce moment précis le début de la Révolution: alors on substitua "tout à coup à ce qui restait de féodal la république démocratique, à l'aristocratie la démocratie, la république à la royauté".[44] D'où un problème nouveau: comment passe-t-on, à l'insu même des acteurs, de revendications inscrites dans l'univers de l'absolutisme à des revendications révolutionnaires? Problème classique du glissement des revendications dont Tocqueville s'efforce d'analyser le mécanisme à travers le jeu des institutions et la radicalisation du langage.

Dans la France absolutiste, l'opinion, dépourvue d'organes spécifiques, ne peut recourir qu'aux relais institutionnels inadéquats épargnés par l'absolutisme. Les parlements sont ces "corps creux" qui servent de structure d'accueil aux revendications nouvelles. La "puissance nouvelle et irrégulière de l'opinion trouva dans le parlement le seul instrument dont elle put se servir; elle le saisit non pour que le parlement devînt puissant, non pour qu'il fût le corps le plus populaire, mais parce qu'il était le seul corps en France qui restait assez organisé, assez vaste et assez fort, pour lutter contre le pouvoir royal et ébranler la constitution qu'on voulait renverser".[45]

Ainsi s'explique la difficulté pour les historiens à démêler l'ancien et le nouveau, le libéralisme parlementaire et l'esprit révolutionnaire, puisqu'une seule institution leur servait de support. Et l'on comprend la chute rapide des parlements: "dès qu'on eut pu créer un instrument de résistance plus approprié par son origine, ses idées, sa constitution aux passions nouvelles, cette vieille institution . . . s'affaissa tout à coup et expira sans pouvoir même pousser un soupir."[46] Aussi bien est-ce devenu une constante de notre tradition démocratique que ces reviviscences temporaires d'institutions ou de partis surannés, parlements, églises, coteries littéraires . . ., seuls exutoires pour l'opinion dans une nation où toute différence est renvoyée au corporatisme ou à l'égoïsme de l'intérêt privé.[47]

Les institutions ne se réduisent pas pourtant à de simples "instruments" pour une opinion qui serait d'emblée transparente à elle-même. Tocqueville s'efforce d'analyser la progressive radicalisation du langage dans les années 1788-89 qui manifeste la formation de l'opinion révolutionnaire, et ce que nous appellerions aujourd'hui la spirale des revendications. Au début on ne voit guère que "la philosophie du XVIII^{ème} siècle passant la tête à travers les vieilles guenilles monarchiques".[48] "On eût pu croire que le but de la Révolution qui se préparait était, non la destruction du régime ancien, mais sa restauration. Tant il est difficile aux individus qu'entraînent ces grands mouvements des sociétés, de démêler parmi les causes qui les remuent eux-mêmes le vrai moteur! Qui eût dit que ce qui faisait réclamer tant de droits traditionnels était la passion même qui entraînait irrésistiblement à les abolir tous?"[49] Comment expliquer cette radicalisation? Par le passage d'un réformisme des lumières restreint à une élite à une opinion non pas de masse sans doute, mais assise sur des couches sociales plus larges; l'absolutisme entre, en 1788-89, dans l'engrenage de l'opinion, au point que dés 1787 commence ce dépassement de la Révolution par elle-même qui en rend impossible la clôture. Des lumières au discours révolutionnaire, "la pièce était la même. Mais l'auditoire était agrandi et le bruit au lieu de s'arrêter comme d'ordinaire à la limite des classes que leurs privilèges rendaient peu sensibles à l'impôt, était cette fois si éclatant et si répété, qu'il pénétrait jusqu'au sein de celles qui en souffraient le plus et commençait à les remplir de fureur."[50]

Dérapage institutionnel, idéologique . . . la Révolution n'est donc pas ce que Tocqueville avait cru en 1856: un élan de liberté dévoyé qui épuisant les Français leur fait trouver douce la servitude ancienne. Elle n'est pas tant une retombée dans la tradition despotique que l'émergence d'une formation historique nouvelle, dominée par l'illusion du politique—ce que Tocqueville appelle "la politique de l'impossible". En 1793 se manifestent, pour la première fois en pleine lumière, les symptômes, imprévisibles, d'"une des plus singulières, des plus actives et des plus contagieuses maladies de l'esprit humain".[51] De sorte que le mystère du surgissement de 1793 n'est pas moindre que celui de 1789, ou plutôt que l'inventivité des conventionnels s'enracine dans celle de 1789—dans l'effort même d'arrachement au passé. "Indépendamment de tout ce qui s'explique dans la Révolution française, il y a quelque chose dans son esprit et dans ses actes d'inexpliqué."[52] Voilà pourquoi, peu avant de mourir, Tocqueville élaborait un tout nouveau programme de recherche: "ce qui est à peindre, c'est l'empire appartenant toujours dans les temps de révolution à des *minorités*; ce mécanisme des révolutions toujours le même: l'état d'esprit de la majorité qui rend cette tyrannie de la minorité possible."[53] Ce devait être le programme de Cochin.

On a trop souvent réduit la pensée de Tocqueville à l'affirmation de la continuité de l'histoire de France. Idée féconde, puisqu'elle montrait la singularité française dans le rôle de l'Etat instituant la Nation, dans l'horreur de la différence transmise de l'absolutisme à la République. La force de Tocqueville fut de voir qu'il y avait aussi une vérité de la légende révolutionnaire, que dans l'effort pour instituer une société régénérée, il y avait plus que la reconduction de l'Ancien Régime: une invention historique dont les effets n'étaient pas épuisés encore. Continuité, rupture, Tocqueville n'eut pas le temps, ni l'art, ou l'aveuglement nécessaire pour fondre ces visions disparates en une harmonieuse synthèse. Mais il nous a laissé la question, qui reste ouverte.

## Notes

1. Lettre à F. de Corcelle, 14 juillet 1842, *Correspondance d'Alexis de Tocqueville et de Francisque de Corcelle. Oeuvres Complètes de Tocqueville* (désignées ci-après par O.C.), t.XV, vol. 1 (Paris, 1983), p. 158.
2. Fragment manuscrit d'un réquisitoire, inédit, Archives Tocqueville.
3. Remontrances, citées par Tocqueville. *Démocratie en Amérique* I, note K relative au chapitre 5 de la 1ère partie, O.C. t.I, vol. 1, p. 447. Dans cette note essentielle, on trouve déjà ébauchés des développements de l'*Ancien Régime*.
4. Voir les notes préparatoires au chapitre XI de l'*Ancien Régime* publiées dans les *Fragments et notes inédites sur la Révolution*, O.C., t.II, 2, (Paris, 1953), pp. 363–64: "Les belles remontrances de M. de Malesherbes, à l'entrée de la guerre de sept ans, sont pleines de vérités dites hors de propos. Ce n'est qu'à force d'arbitraire et de folie que la royauté parvenait à obscurcir aux yeux du peuple la vue des vices du parlement comme corps politique, et à rendre cette cour populaire."
5. Sur le comte Hervé de Tocqueville, voie la mise au point d'André Jardin, *Alexis de Tocqueville* (Paris, 1984), pp. 18–39 et la réhabilitation de son oeuvre d'historien par R.R. Palmer, *The two Tocquevilles, Father and son, Hervé and Alexis de Tocqueville on the coming of the French Revolution* (Princeton University Press, 1987).
6. Les réquisitoires de Tocqueville sont publiés dans les *Mélanges*, O.C., t.XVI, (Paris, 1989).
7. Voir ces notes dans les *Mélanges*, O.C., t.XVI.
8. Voir le texte, sans doute de 1833, "Ressemblance et dissemblance des révolutions de 1640 et 1789", O.C., t.II, 2, pp. 334–35. Visitant une Angleterre très agitée, en 1835, Tocqueville devait

préciser son interprétation du XVIII<sup>e</sup> siècle anglais: "Les précédentes révolutions qu'ont subies les Anglais étaient essentiellement anglaises pour le *fond* et pour la *forme*. Les idées qui les faisaient naître n'avaient cours qu'en Angleterre; la forme dont ces idées se revêtaient était inconnue sur le continent; les moyens qu'on mettait en usage pour les faire triompher étaient le produit de moeurs, d'habitudes, de lois, d'usages différents ou contraires aux moeurs, aux habitudes et aux lois du reste de l'Europe (tout cela à un certain point)." Lettre à G. de Beaumont, 15 novembre 1835, *Correspondance d'Alexis de Tocqueville et de Gustave de Beaumont*, O.C., t.VIII, 1 (Paris, 1967), p. 157. En 1842, Tocqueville devait dénoncer le caractère fallacieux du second parallèle franco-anglais, cher à Guizot, 1688–1830. Voir *Mélanges*, O.C., t.XVI.

9. Voir *Mélanges*, O.C., t.XVI.

10. Voir *Démocratie en Amérique* II, 3<sup>ème</sup> partie, chapitre XXI, O.C., t.I, 2, p. 258: "Pourquoi les grandes révolutions deviendront rares."

11. *Souvenirs*, O.C., t.XII, p. 87.

12. Voir ce texte inspiré à Tocqueville par les "coquins médiocres" qui entouraient Napoléon III: "La centralisation ressemble assez bien à ces orgues de barbarie qui jouent aussi bien leur air dans les mains du premier maladroit que dans celles de Paganini; auxquels un aveugle suffit et qu'un manchot même peut faire aller aussi bien qu'un autre, quand une fois on a placé la main qui reste sur la manivelle." (O.C., t.II, 2, p. 317)

13. Voir les notes de Tocqueville sur les *Reflections on the Revolution in France*, publiées dans les *Fragments et notes inédites sur la Révolution*, O.C., t.II, 2, p. 341: "Le caractère général, l'universalité, la portée finale de la Révolution qui commence lui échappent absolument. Il demeure comme enterré dans le monde ancien et la couche anglaise de ce monde, et ne comprend pas la chose nouvelle et universelle qui se fait. Il ne voit dans la Révolution encore qu'un accident français."

14. Voir notes sur Burke: "il est très faux que dans l'état social, les moeurs et même les idées dont on ne voyait pas l'application, la Révolution ne fût pas très préparée et qu'elle fût une oeuvre de l'art seul. La faiblesse réelle de la noblesse, l'envie, la vanité dans les classes moyennes, la misère, les gênes du système féodal dans les basses classes, l'ignorance, tout cela était des causes puissantes et anciennes qui ne demandaient qu'à être fécondées. . ." O.C., t.II, 2, p. 342.

15. Lettre à Z. Gallemand, 28 Août 1852, Inédite, Archives Tocqueville.

16. Note inédite, Archives Tocqueville.

17. En attendant l'édition critique de *l'Ancien Régime et la Révolution* par François Furet et Françoise Mélonio à paraître dans la Pléiade, on dispose de deux études précises sur la genèse de l'ouvrage: les introductions de G. Lefebvre et A. Jardin à l'édition des O.C., t.II, vol. 1 et 2.

18. Quoique Tocqueville ait inspiré les travaux de J. Loutchisky, *L'Etat des classes agricoles en France à la veille de la Révolution* (Paris, 1911), et de G. Lefebvre, *Les paysans du Nord* (Paris, 1921).

19. *L'Ancien Régime*, O.C., t.II, 1, p. 106.

20. Montlosier, *De la monarchie française depuis son établissement jusqu'à nos jours*, 3 vol. (Paris, 1814), cité par Marcel Gauchet, *Les lettres sur l'histoire de France*, in *Les lieux de mémoire, La Nation*, t.1 (Paris, 1986), p. 269.

21. Tocqueville reprocha à Gobineau d'avoir mal lu son livre en transformant "une étude générale sur les causes, le mouvement et les effets de cette immense évolution de l'humanité qu'on appelle la Révolution française en un ouvrage sur les institutions administratives". Lettre à Gobineau, 5 Août 1858, *Correspondance d'Alexis de Tocqueville et d'Arthur de Gobineau*, O.C., t.IX (Paris, 1959), p. 296. Tocqueville avait utilisé divers recueils de législation, notamment le *Recueil des anciennes lois françaises* d'Isambert et Taillandier.

22. Lettre à Gobineau, 30 Juillet 1856, O.C., t.IX, p. 268.

23. Note inédite, Archives Tocqueville.

24. *L'Ancien Régime*, O.C., t.II, 1, p. 143.

25. Voir *L'Ancien Régime*, O.C., t.II, 1, p. 289: "je suis convaincu qu'il n'y avait qu'un gouvernement ne cherchant jamais sa force qu'en lui-même, et prenant toujours les hommes à part, comme celui de l'ancien régime, qui eût pu maintenir l'inégalité ridicule et insensée qui existait en France au moment de la Révolution; le plus léger contact du self-government l'aurait profondément modifiée et rapidement transformée ou détruite."

26. Voir *L'Ancien Régime*, t.II, 1, p. 158. "Nos pères n'avaient pas le mot d'*inividualisme*, que nous avons forgé pour notre usage, parce que, de leur temps, il n'y avait pas en effet d'individu qui n'appartînt à un groupe et qui pût se considérer absolument seul; mais chacun des mille petits groupes dont la société française se composait ne songeait qu'à lui-même. C'était, si je puis m'exprimer ainsi, une sorte d'individualisme collectif."

27. *L'Ancien Régime*, O.C., t.II, 1, p. 160. Voir aussi p. 91-92.

28. *L'Ancien Régime*, O.C., t.II, 1, p. 287. Sur l'appréciation différente de la portée de l'expérience anglaise, voir aussi *L'Ancien Régime*, O.C., t.II, 1, pp. 120, 136, 145, 148, et Seymour Drescher, *Tocqueville and England* (Cambridge, 1964).

29. *L'Ancien Régime*, O.C., t.II, 1, p. 160.
30. Lettre à G. de Beaumont, 3 novembre 1853, O.C., t.VIII, 3, p. 164. Ce commentaire est inspiré à Tocqueville par la lecture du livre d'Haxthausen, *Etudes sur la situation intérieure de la vie nationale et les institutions rurales de la Russie*, 2 vol. (1847–52). D'après le témoignage de Grandmaison, archiviste à Tours, Tocqueville s'interrogeait encore, comme en 1835, sur la puissance future de la Russie. Curieusement *l'Ancien Régime* ne porte pas traces de ces recherches sur la Russie.
31. Voir C.J. Thurston, "Alexis de Tocqueville in Russia", *Journal of History of Ideas*, XXXVII (Avril-Juin 1976), pp. 289–306.
32. De Taine à Fustel de Coulanges, A. Sorel et dans les pays germaniques Hillebrand, Sybel, Treitschke ou Jellinek sans qu'on puisse pour autant parler d'une "école tocquevillienne".
33. Lettre à Freslon, 23 Septembre 1853, inédite, Archives Tocqueville
34. Voir *L'Ancien Régime*, O.C., t.II, 2, p. 116. ". . . des ministres étourdis ou inhabiles, des prêtres débauchés, des femmes futiles, des courtisans téméraires ou cupides, un roi qui n'a que des vertus inutiles ou dangereuses. Je vois pourtant que ces petits personnages facilitent, poussent, précipitent ces événements immenses. Ils n'y prennent pas seulement part; étant plus que des accidents, ils y deviennent presque des causes premières; et j'admire la puissance de Dieu auquel il suffit de leviers si courts pour mettre en mouvement la masse entière des sociétés humaines."
35. D'où le fait que les commentateurs de Tocqueville ne lisent guère dans le livre III que les deux chapitres consacrés aux hommes de lettres et à l'irréligion. Encore est-ce souvent pour lui reprocher d'avoir méconnu la force des idées. Ainsi pour Lamartine, Tocqueville a manqué "le caractère, les causes, la portée du plus vaste événement de l'histoire moderne . . . sa cause ne fut point dans des hasards, elle fut dans une pensée", (*Cours familier de littérature* II, entretien IX (Paris, 1856).)
36. Voir lettre de Tocqueville à Beaumont, O.C., t.VIII, 3, p. 395. "Je n'ai pas voulu dans ce chapitre faire le procès aux idées du XVIIIème siècle ou, du moins, à la portion juste, raisonnable, applicable de ces idées qui, après tout, sont les miennes. J'ai voulu seulement montrer les effets singuliers qu'a dû produire une politique qui, bien que contenant ces idées-là, était uniquement professée par des gens qui n'avaient aucune notion de la manière dont on pouvait les appliquer."
37. *L'Ancien Régime et la Révolution, Fragments et Notes inédites*, O.C., t.II, 2, p. 343.
38. *L'Ancien Régime et la Révolution*, O.C., t.II, 1, p. 247.
39. *Ibid.* Sur cette différence entre Tocqueville et les historiens libéraux dans l'interprétation de 1789, voir l'article de F. Furet, *Tocqueville* in *Dictionnaire critique de la Révolution française*, sous la direction de F. Furet et M. Ozouf (Paris, 1988), pp. 1072–83.
40. *L'Ancien Régime et la Révolution, Fragments et Notes inédites*, O.C., t.II, 2, p. 275.
41. *Ibid.*, p. 276. Les textes cités ici sont de 1852.
42. Publiées dans une édition critique par André Jardin, O.C., t.II, 2, 1953.
43. Voir Léonce de Lavergne, *Les assemblées provinciales* (Paris, 1864). P. Renouvin devait faire justice de cette interprétation dans sa thèse de 1921 sur les assemblées provinciales.
44. *L'Ancien Régime et la Révolution, Fragments et Notes inédites*, O.C., t.II, 2, p. 59.
45. *Ibid.*, p. 103.
46. *Ibid.*
47. L'interprétation historique est ici guidée chez Tocqueville par l'expérience politique de 1848 où il avait vu les modérés de la campagne des banquets débordés sur leur gauche: "Les magistrats [de 1788] ne voyaient pas que c'était le flot qui les avait poussés , celui-là même qui les submergeait. Combien de fois dans mon temps, ai-je vu de mes yeux un spectacle analogue à celui que je viens de peindre?" *L'Ancien Régime et la Révolution, Fragments et Notes inédites*, O.C., t.II, 2, p. 96.
48. *Ibid.*, p. 55.
49. *Ibid.*, p. 72.
50. *Ibid.*, p. 58.
51. *Ibid.*, p. 228.
52. Lettre à Kergorlay, *16 mai 1858, correspondance d'Alexis de Tocqueville et de Louis de Kergorlay*, O.C., t.XIII, 2 (Paris, 1977) p. 337.
53. *L'Ancien Régime et la Révolution, Fragments et Notes inédites*, O.C., t.II, 2, p. 228.

# CHAPTER 33

# *Edgar Quinet*\*

FRANÇOIS FURET

NÉ au tournant du siècle, comme la génération romantique, Edgar Quinet en partage la fascination pour l'événement immense qui a précédé et accompagné son enfance. Venu à Paris après l'adolescence, de sa Franche-Comté natale, pour s'y faire un nom dans les lettres, seul terrain laissé par la Restauration aux grandes ambitions, il y acclimate la philosophie allemande (notamment Herder, qu'il traduit), en bon disciple de Victor Cousin. Proche aussi du groupe libéral des doctrinaires, hostile à la droite ultra-royaliste, il fête les journées de juillet 1830 comme le resurgissement de la Révolution française. Mais ces attachements de jeunesse ne survivent ni au conservatisme intérieur de la nouvelle monarchie ni à la timidité de sa politique extérieure: car le jeune Edgar Quinet, qui a été dans la décennie précédente un ardent supporter de l'indépendance grecque, est un esprit très sensible à l'émancipation des nationalités européennes, autre legs révolutionnaire. Contre le matérialisme bourgeois de Juillet, Edgar Quinet élabore peu à peu, dans une oeuvre foisonnante et inégale qui va du poème philosophique à l'essai politique, les convictions d'une religion républicaine en rupture avec la tradition libérale-orléaniste, et dans un esprit de fraternité avec son ami Michelet. Comme lui, et dans l'admiration commune qui les lie à la pensée allemande et à Vico, il cherche les secrets de l'humanité dans le sens de l'histoire universelle. Nommé professeur d'histoire de la littérature à Lyon en 1838, puis au Collège de France en 1842, c'est dans les combats menés de sa chaire contre les prétentions de l'Eglise catholique à dominer l'Université qu'il devient, toujours avec Michelet, un des leaders de l'opposition intellectuelle au gouvernement de Guizot.

Et c'est aussi le plus fameux de ses cours de ces années-là au Collège de France, celui de 1845, qui constitue sa première étude systématique de la Révolution française. Quinet aborde la question sous un angle très typique de son tour d'esprit, lui qui est depuis sa jeunesse un passionné d'histoire des religions: il traite de la Révolution française dans ses rapports avec le christianisme. Ce qui intéresse en effet dans la Révolution n'est pas, ou pas encore, son histoire proprement dite, mais sa filiation philosophique, et sa capacité à renouveler chez l'homme moderne, héritier du message chrétien, le sens de son destin.

Chez Quinet, comme chez Guizot, ou chez Hegel, le christianisme est fondateur

\* Ce texte a fait l'objet d'une publication in François Furet et Mona Ozouf (dir.), *Dictionnaire Critique de la Révolution Française* (Paris, 1988).

de l'individu moderne: sa force et sa grandeur tiennent à l'invention de la conscience individuelle et au caractère imprescriptible de sa liberté. De ce contenu original, l'Eglise catholique symbolise le reniement, et la Réforme, la renaissance. La première, monarchique, hiérarchique, autoritaire, incarne le contraire de ce que la parole évangélique avait annoncé: la seconde est réapparition de son esprit originel. Mais Quinet n'est pas pour autant, comme Guizot, protestant. Possédé par un sens religieux puissant mais désaffecté, il pousse si loin une sorte d'individualisme philosophique radical qu'il voit dans l'institutionnalisation d'Eglises protestantes le début de leur dépérissement spirituel: la Réforme aussi tombe sous le coup de cette dialectique de la lettre et de l'esprit.

Or la Révolution française, c'est tout justement cette résurgence, dans ce vieux pays resté sous la double férule catholique et monarchique, du principe chrétien étouffé au XVII$^e$ siècle; elle tient dans cet esprit qui consiste à "s'indentifier avec le principe du christianisme". Par la démocratie, elle cherche à accomplir la promesse divine qui fait de chaque homme une conscience souveraine, en restituant à chacun sa liberté. L'ambition qu'elle dessine est celle d'une cité faite de consciences morales également souveraines, repoussant les sollicitations égoïstes des intérêts matériels ou de la jouissance hédoniste: il n'y a pas chez Quinet de distinction privé/public, mais extrapolation de la conscience morale à la conscience civique, du protestant au citoyen.

Pourtant, l'idéal religieux, sur lequel est modelée la cité démocratique moderne, ne se confond pas avec l'idéal politique. A la différence de son ami Michelet, Quinet ne voit pas dans la Révolution française une nouvelle annonciation religieuse, mais un effort pathétique de la part de la cité des hommes pour modeler son organisation sur le libre dialogue de chaque individu avec Dieu. Effort pathétique, parce qu'il est condamné à rencontrer les résistances de la réalité historique, et à être submergé par l'inertie du passé avant que de renaître encore. La Révolution est cette tentative des Français de la fin du XVIII$^e$ siècle pour fonder la liberté, par l'arrachement à une histoire de servitude. Ambition immense, magnifique, mais qui ne suffit pas à garantir contre les rechutes dans l'ordre ancien.

La séquence 1848–1851 renouvelle la tentative et dramatise l'échec sous une forme caricaturale. La révolution fraternelle de Février est suivie des journées fratricides de Juin; elle débouche finalement sur le retour d'une dictature bonapartiste, sous un Bonaparte si médiocre que la France n'a plus à son asservissement l'excuse de circonstances et d'un personnage exceptionnels; le 2-Décembre fait apparaître l'emprise d'une véritable tradition nationale de servitude.

Tradition que Quinet, un des grands exilés du nouveau régime, explore d'abord dans un livre de 1854 sur ce qu'il appelle la *Philosophie de l'histoire de France*. Son cours de 1845 était dirigé contre le néo-jacobinisme catholique de Buchez. Son premier travail d'exil est une critique des historiens de la Restauration, Augustin Thierry en tête, et de leur conception fataliste des progrès de la liberté, portée en avant par le Tiers Etat, d'abord sous l'aile de la monarchie contre les seigneurs, puis par la Révolution contre la monarchie. Quinet voit cette liberté, dans notre histoire, plus souvent vaincue que victorieuse; et c'est sur ses ruines, non sur son essor, que prospère l'absolutisme monarchique, main dans la main avec l'absolutisme catholique, comme le montre l'éradication du protestantisme au XVII$^e$ siècle. La haine de la noblesse a égaré les historiens de la bourgeoisie: au nom de la lutte des classes ils ont oublié la liberté. Ils ont vu dans la monarchie le premier ouvrier de la Révolution. Lui y devine la source empoisonnée qui va dénaturer celle-ci en la ramenant au despotisme.

Sa "Révolution" paraît en 1865; le livre a comme centre cette idée de l'échec des grands ancêtres, redoublé par le 2-Décembre et par l'exil: les fils ou les petits-fils n'ont pas fait mieux, bien au contraire. Quinet écrit sa *Révolution* française dans le même esprit que Tocqueville, dix ans avant son *Ancien Régime* . . . : pour tenter de comprendre le lien secret qui unit dans l'histoire de France le phénomène révolutionnaire et le despotisme d'Etat, en amont et en aval.

Sa Révolution française est un événement double. Elle est, d'une part, la con-quête de l'égalité civile, l'établissement d'une société sur de nouveaux principes, l'acquisition par de nombreux citoyens d'avantages concrets liés à l'abolition de la propriété féodale et à la vente des biens du clergé. D'autre part, elle a pour ambition de donner à chacun des membres du nouveau contrat social, à titre imprescriptible, la liberté politique. Or, si elle accomplit sans peine la première partie de ses objectifs, elle ne cesse de remettre la seconde sur le métier.

En effet, sur l'égalité civile, tout est dit le 4-Août: l'Ancien Régime social meurt ce jour-là, et il meurt dans l'enthousiasme général. Quinet interprète l'unanimité de la fameuse nuit non en fonction de la pression paysanne sur l'Assemblée, mais comme la preuve que cette révolution civile était acquise avant d'avoir lieu. Elle exprime en effet une évolution qui s'est produite avant elle, puisque inscrite dans la nécessité; elle en est simplement la manifestation, qui aurait pu prendre d'autres formes sans que le fond des réformes accomplies en soit affecté. D'ailleurs, non seulement cette manifestation intervient très tôt, dans l'histoire de la Révolution, non seulement elle ne suscite aucune opposition, mais elle est irréversible. Le Code civil l'institutionnalisera un peu plus tard come l'acquis fondamental de la Révolu-tion. A travers elle, la nécessité historique a frayé sa voie de la façon la plus lisible.

Dès que s'ouvre, au contraire, à la même époque, la question de la liberté poli-tique, quel contraste! Que de débats et de combats! Quelle cascade de gouverne-ments et de régimes! Quelle discontinuité! En visant aussi la régénération de l'homme et l'avènement du citoyen, la Révolution française illustre le retour de la conscience et de sa liberté dans l'histoire, et la longue chaîne des aléas qui en est inséparable.

Ainsi, c'est en instaurant, ou en rétablissant, une sorte d'autonomie première du politique et du religieux que Quinet cherche à résoudre le problème classique des historiens du XIXᵉ siècle, celui de la continuité ou de la rupture entre l'Ancien Régime et la Révolution. L'interprétation traditionnelle (depuis la Restauration au moins) par la lutte des classes et la victoire de la bourgeoisie sur la noblesse avait en effet mis l'accent à la fois sur le caractère inévitable de la Révolution et sur le rôle central joué dans cette détermination par l'évolution à long terme de la société civile; mais du coup, 1789 apparaissait davantage comme la victoire d'une société produite par l'Ancien Régime que comme l'inauguration politique de la démocratie moderne: ni Thierry, ni Guizot, ni Mignet ne sortent jamais vraiment de ce dilemme, qu'ils lèguent d'ailleurs à Marx. Quinet traite la question en sépa-rant radicalement les deux ordres de réalités, dont il offre deux histoires, qui n'obéissent ni au même rythme, ni surtout à le même logique: inconséquence philosophique qui lui permet d'isoler d'un côté l'économique et le social, objets d'une sorte de nouvelle science naturelle, de l'autre le religieux et le politique, où se manifeste l'invention propre à l'humanité. De la sorte, la société qui sort du 4 août 1789 n'est que le produit des siècles précédents, et la Révolution la suite de l'Ancien Régime. Mais le pouvoir de l'Assemblée constituante est le contraire du despotisme monarchique, et 1789 une rupture radicale avec l'Ancien Régime.

Rupture qui seule donne son importance du concept de révolution, lié à une renaissance périodique, brusque trouée de l'esprit nouveau, affleurement renouvelé du religieux dans le politique: car une révolution est cet ensemble d'événements par lesquels un peuple donné, à un point de l'espace et du temps, invente un avenir universel. A travers elle, Quinet donne ainsi au message religieux sa possibilité d'existence historique, ce qui n'implique ni nécessité, ni même fidélité, puisque ni l'apparition ni la nature spirituelle des révolutions n'appartiennent au registre causal de l'évolution des sociétés.

Précisément, le problème essentiel posé par la Révolution française est celui de sa nature spirituelle, c'est-à-dire de son rapport au christianisme, matrice de l'Europe moderne. L'ouvrage de 1865 (et notamment son livre V, intitulé *La Religion*) permet d'aller plus loin à cet égard que les cours de 1845. Quinet y oppose les pays comme l'Angleterre, les Etats-Unis et la Hollande, où la révolution politique a cristallisé des croyances et des institutions religieuses préexistantes, à la France de la fin du XVIII$^e$ siècle, restée une monarchie catholique. D'un côté, il y a un terrain religieux préalable et propice à la transformation politique; de l'autre, l'esprit nouveau doit être inventé contre la religion. Quinet retrouve le problème, déjà exploré par Guizot, du rôle joué dans l'histoire anglaise (et, par extension, américaine) par la précédence de la révolution religieuse sur la révolution politique. Comme Guizot, au moins comme le Guizot tardif, celui de 1850, revenu lui aussi de ses espérances de jeunesse, il évoque la "réussite" de la révolution anglaise, par opposition implicite avec le cas français. Plus que lui encore, il en attribue la raison à l'antériorité de la révolution protestante, origine vraie de la liberté politique anglaise, et son point d'ancrage.

La Révolution anglaise offre donc l'exemple de la mutation d'un contenu religieux en principes politiques, qui de ce fait sont durables. Dans le cas français, au contraire, l'historien a affaire à du politique pur et simple, bien que ce politique, par la promesse qu'il offre à toute l'humanité, s'apparente au message évangélique. Le paradoxe de l'histoire de France consiste à ne retrouver l'esprit du christianisme qu'à travers la démocratie pure. La Révolution française renouvelle la parole religieuse sans jamais accéder à la dignité du religieux. C'est que les Français, qui ont refusé la Réforme au XVI$^e$ siècle, et qui l'ont déracinée par la persécution au XVII$^e$ siècle, n'ont pas de système de croyances à travers lequel penser la liberté moderne. Ils n'ont à leur disposition qu'un système d'idées, formé par la "philosophie". Or cette "philosophie", apanage des esprits savants, est par nature peu apte à se constituer en sagesse commune ou en lieu de consensus populaire: comment un peuple passerait-il d'un seul coup du plus vieux au plus neuf, du catholicisme à la souveraineté de la raison? D'ailleurs, comment imaginer les institutions de l'esprit nouveau si l'on s'en tient à l'idée "philosophique" de la tolérance?

Car la Révolution française n'a pas voulu instituer une religion, quelque forme que celle-ci puisse prendre. Elle s'est contentée d'instituer la tolérance et la liberté des cultes, c'est-à-dire de favoriser l'influence de la tradition et du catholicisme.

Contre l'Eglise du passé, elle n'a eu que des audaces temporelles, sans oser voir que son principe même, à elle Révolution française, était incompatible avec l'esprit du catholicisme; c'est cette combinaison d'audace superficielle et de pusillanimité profonde qui a mené la guerre de Vendée. Pourquoi dit-on que les Constituants ou les Jacobins ont été trop radicaux? Ils ont été trop timides. Ils ont combattu la royauté en pactisant avec l'Eglise, comme si ces deux institutions n'étaient pas solidaires dans la défense des servitudes ancestrales.

Cette idée d'une excessive modération de la Révolution française n'est pas simple à comprendre dans la mesure où elle s'accompagne chez Quinet, comme on le verra plus loin, d'une critique radicale de la Terreur. Elle exprime à ses yeux l'ambiguïté fondamentale de l'événement dans le domaine religieux: la Révolution avance des idées qui l'apparentent à une annonciation nouvelle, et pourtant elle leur enlève d'avance tout fondement ou tout caractère religieux. Elle veut se substituer au catholicisme comme principe politique sous le seul drapeau de la négation de la religion. De ce fait, elle s'installe dans du vide. Elle déclare une guerre qu'elle ne peut pas mener. Elle noue un conflit primordial dont elle refuse de se donner les moyens.

De cette timidité spirituelle, qu'il oppose aux grandes ruptures religieuses du XVIe siècle, Quinet commente surtout les raisons de conjoncture, la volonté qu'ont eue les chefs révolutionnaires de ne pas heurter de front les croyances de la majorité des Français—volonté effectivement commune au Mirabeau de 1790 et au Robespierre de 1793–1794. Il s'étend moins sur l'explication essentielle qui tient au fait que la Révolution française prétend régénérer l'homme au nom de la raison—ce qu'il appelle la "philosophie"—et que, par là même, elle ne peut en faire une religion: moins parce que la "philosophie" n'est pas accessible au peuple, comme il le dit, que parce qu'elle voit dans la seule histoire de l'homme l'instrument de son salut, excluant tout recours à la transcendance. La Révolution française a bien cette ambition originelle de réinstituer un pacte social qui n'ait d'autre fondement que la volonté libre des citoyens: c'est ce que Quinet appelle "vivre en corps de peuple sans aucune religion". Mais de cette ambition-là, pourtant consubstantielle à la Révolution, il n'analyse jamais les contraintes, parce que cette analyse l'eût conduit à relativiser la valeur de son parallèle entre les révolutions protestantes du XVIe siècle et la Révolution française. En effet, ce qu'il "reproche" à la seconde, c'est sa nature même, ce qui la constitue à la fin du XVIIIe siècle comme unique, incomparable, fondatrice de l'universel démocratique. L'explicitation de cet universel, et de sa relation à l'universel religieux, est impossible à l'intérieur de l'appareil conceptuel de Quinet, fondé sur l'opposition entre révolution religieuse et révolution non religieuse.

A cet égard, Quinet est probablement le dernier des grands historiens du XIXe siècle à réfléchir sur la Révolution française à travers le parallèle avec les pays anglo-saxons, Angleterre et Amérique. L'instauration du "gouvernement représentatif" n'est plus, comme chez Mme de Staël ou Guizot, l'objectif premier de la comparaison. Quinet y a substitué la question religieuse, comme expliquant dans un cas le succès, dans l'autre l'échec. Ce faisant, il donne à son livre de 1865 un tour beaucoup plus comparatiste que ses leçons de 1845, et il s'y prononce aussi plus nettement en faveur de la liberté anglo-saxonne, notamment américaine—autant d'éléments qui l'éloignent de son ami Michelet. Au fond, il est aussi, à sa

manière, un critique de l'"artificialisme" révolutionnaire français et d'une civilisation de la démocratie n'ayant d'autre fondement que l'abstraction philosophique
des droits naturels de l'homme. Le drame de la Révolution française, c'est d'avoir
conçu l'émancipation moderne de l'humanité sans lui offrir de point d'appui religieux.

Pourtant, cette ambition seule suffit à en faire une ligne de partage entre le
passé et l'avenir, un point de passage privilégié dans l'évolution des peuples et
de l'humanité. Quinet mêle à l'analyse de l'échec de la Révolution française la
célébration de son audace. C'est que, à la différence de la Révolution anglaise, qui
a morcelé ses objectifs et détruit d'abord l'Eglise catholique, avant de s'attaquer à
la monarchie absolue, la France qui a été plongée plus longtemps dans l'esclavage
de l'Ancien Régime, au moins en affronte ensemble les deux malédictions. Il y a
comme une prime accordée au retard dans le caractère admirablement pédagogique de 1789: le nouveau monde cherchant à naître contre l'ancien, l'esprit
moderne en face du Moyen Age, la liberté contre le couple Eglise-royauté.

Contre l'Eglise, la Révolution n'a su se servir que de l'arme-boomerang de la
liberté des cultes. Faute d'affronter son adversaire sur le terrain religieux, elle lui
a abandonné la domination de âmes. Contre la royauté, c'est la liberté des citoyens
qui est l'enjeu de la lutte; ce versant du livre de Quinet nous ramène près de
Tocqueville.

En effet, l'ancienne monarchie selon Quinet est comparable à celle que décrit
l'"Ancien Régime": immodérément centralisée, tentaculaire, ayant enseveli nation
et société dans le pouvoir du roi, sous la représentation usurpée d'une "démocratie
royale". A ce diagnostic identique, Quinet joint une indication d'origine qui n'est
pas dans Tocqueville et qui lui permet d'expulser le cancer monarchique hors
de la tradition nationale: les rois de France ont imité les traits principaux du
gouvernement byzantin.

Ainsi la Révolution constitue-t-elle à cet égard le ressaisissement du peuple et de
la nation par eux-mêmes, après des siècles d'aliénation monarchique "byzantine":
d'où son caractère originairement et fondamentalement antimonarchique. Si la
Constituante prend tant de précautions contre l'autorité royale, ce n'est pas pour
des raisons tactiques: c'est qu'elle est portée par le génie même de la Révolution à
ramener cette autorité à des "formes nationales", c'est-à-dire à la soumettre à la
nation restaurée dans ses droits. En approfondissant cette idée, qu'il trouve dans
les textes de 1789, puisque c'est celle du retour aux libertés originelles, Quinet
est amené à magnifier l'oeuvre de l'Assemblée constituante comme incarnant par
excellence l'esprit de la Révolution. Car en reconstituant le vieux royaume sur des
principes inverses à ceux de la monarchie, en décentralisant là où elle avait mis
l'administration, en fabriquant des citoyens là où elle avait asservi des sujets, en
substituant à la tutelle de Versailles les libertés locales, la Constituante n'a pas
entendu simplement se méfier du roi de l'ancienne France. Elle a voulu fonder, sur
la destruction systématique du pouvoir absolu, le nouveau pouvoir assis sur la
liberté et la démocratie: l'idée "première" de la Révolution, selon Quinet.

Ainsi, l'*autre* question centrale de la Révolution française, en dehors de celle du
message moral et religieux, est celle du pouvoir. Dans l'historiographie du sujet,
l'oeuvre de Quinet est une de celles qui analysent avec le plus de profondeur
l'aspect politique de la Révolution. Si l'on accepte de laisser de côté la généalogie

byzantine de la monarchie absolue—généalogie de fantaisie dont la seule raison d'être est de souligner *a contrario* la restauration nationale que constitue 1789— il reste en effet la vision d'un conflit essentiel noué au plus profond des représentations et des pratiques collectives, entre l'ancienne monarchie et les hommes de 1789. Conflit qui recoupe d'ailleurs celui qui oppose la Révolution au catholicisme, puisque l'Eglise offre un autre modèle de monarchie absolue. Si le dernier Bourbon, en dépit de sa faiblesse, n'a pas incliné son drapeau devant la nouvelle France, ce n'est pas parce qu'il était ligoté à l'ancienne société (puisque cette société, il l'avait au contraire asservie); c'est parce qu'il incarnait un principe de pouvoir incompatible avec la liberté. Et si l'Assemblée constituante n'a pu lui faire, dans la Constitution de 1791, qu'un semblant de place, c'est parce que la Révolution avait précisément envahi l'espace de la monarchie absolue au nom d'un principe contraire. Quinet n'a pas étudié avec le génie historique de Tocqueville les pratiques politiques de l'Ancien Régime. Mais parce qu'il s'intéresse plus à la forme symbolique de la domination politique qu'à l'administration des hommes et des choses, il a deviné mieux que Tocqueville le système de représentation du pouvoir qui soutenait l'absolutisme et en a constitué, jusqu'au bout, la nature et la légitimité. C'est ce qui l'apparente à Michelet. Du même coup, il donne une valeur centrale à ce que la Révolution mobilise d'investissement symbolique dans une nouvelle image du pouvoir. Il a compris que si elle est cette espèce d'annonciation, ce n'est pas parce qu'elle doit changer la société, mais parce qu'elle doit mettre le peuple à la place du roi.

Or, c'est ici que se noue, à ses yeux, le second drame de la démocratie française: non seulement la Révolution n'a pas osé devenir la religion libératrice des temps nouveaux, mais elle va réinstituer le pouvoir absolu.

Tel est, on l'a vu, l'enjeu du conflit entre Girondins et Montagnards; tel est le sens de la victoire montagnarde et du règne de Robespierre. Les deux partis veulent le même but, régénérer la France et l'Europe, fonder une société libre. Mais les Girondins, qui n'ont pas pesé l'immensité de la tâche, pensent l'accomplir dans la fidélité aux principes nouveaux. Les Montagnards ont mesuré le poids du passé; "ils ont aperçu que la question était de forcer un peuple d'être libre"; ils reconstituent le pouvoir absolu au service de la Révolution.

Du même coup, le secret de la victoire montagnarde est simple: la force est à ceux qui redoublent la passion révolutionnaire du génie de l'Ancien Régime, cumulant ainsi les deux histoires de la France. Alors que les Girondins superposent les novations et les ruptures, les Montagnards compensent ou conjurent l'avenir par le recours au passé. Mais ils en annulent, en même temps, la promesse. Le 31-Mai restaure "l'ancien tempérament politique de la France": le silence et la peur. Au bout, il y a le 18-Brumaire et la dictature impériale.

La forme jacobine de ce retour à l'absolutisme, c'est la Terreur. L'ouvrage de Quinet est dirigé contre cette partie de la tradition républicaine qui s'est fait une spécialité de l'apologie, ouverte ou honteuse, de la Terreur. Son originalité à cet égard, de la part d'un auteur qui se situe à l'intérieur de cette tradition, est de récuser non seulement l'admiration rituelle et quasi spontanée pour cet héritage historique, mais surtout son explication traditionnelle par ce que j'ai appelé ailleurs la "théorie des circonstances", la Contre-Révolution, la Vendée, le danger aux frontières. Pour Quinet, la Terreur n'est pas le résultat d'une situation exceptionnelle, à ce titre admirable ou au moins justifiée, comme l'adaptation de moyens à une fin; c'est au contraire le produit de la Révolution elle-même, sous sa forme jacobine, la reprise inédite, mais non pas nécessaire, de la tradition absolutiste par l'esprit révolutionnaire.

En effet, ce qui est condamnable, ce qui est absurde dans le Terreur, aux yeux de Quinet, ce n'est pas la violence. Car la violence tisse l'histoire des hommes depuis l'origine, et elle est aussi l'accoucheuse du progrès. Luther et Calvin n'ont pas mis fin à l'affreux Moyen Age par des homélies pacifiques. Les protestants du XVIᵉ siècle ont ouvert l'avenir en brisant les statues des saints aux frontons des églises. A l'intérieur même de la Révolution française, cet exemple a trouvé des imitateurs dans le mouvement déchristianisateur animé par les militants section-naires dans l'hiver 1793–1794: mais les chefs jacobins, Robespierre en tête, y ont mis fin et Quinet le déplore. C'est que les déchristianisateurs tentaient plus ou moins spontanément de donner un sens véritablement fondateur à leur action, en séparant la France de la tradition catholique et en instaurant une nouvelle religion plus conforme à l'esprit de christianisme. Ce que Quinet reproche donc à la Terreur est moins sa violence que son absence de sens: c'est une procédure d'extermination qui fonctionne dans le vide et qui n'a d'autre finalité que la mort des individus sacrifiés à l'Etat. Dans cette mesure, elle fait revivre sur le mode révolutionnaire la tradition absolutiste. Car non seulement la guillotine n'ouvre pas l'avenir, mais elle réintroduit le passé. Robespierre n'est ni Moïse ni Calvin, c'est Richelieu.

Il n'incarne pas une idée nouvelle, mais la vieille raison d'Etat. En vain cherche-t-il à donner le change, *in extremis,* par le culte de l'Etre suprême: cette tentative d'intellectuel livresque ne présente aucun rapport avec une prophétie religieuse. Elle constitue une couverture de la Terreur, non l'institution d'une croyance, qui pourrait la justifier. Le système terroriste n'a aux yeux de Quinet aucune logique supérieure: il n'a pas pour objet de prendre à bras-le-corps l'ancien monde spirituel et moral, et de tenter de le déraciner. Il n'offre aux sacrifices qu'il demande aucun objectif collectif de civilisation, que la haine des individus entre eux. Il suppose que distribuer la mort est juste, sans pourtant tracer la ligne de partage, puisqu'il reconnaît la liberté de son adversaire, l'Eglise catholique. "Ni art, ni subtilité ne renversera ce dilemme: si l'on voulait la Terreur, il ne fallait pas la tolérance; si l'on voulait la tolérance, il ne fallait pas la Terreur."

En ce sens, la Terreur est contradictoire avec la Révolution, dans la mesure même où la tolérance est une suite de la liberté: l'autonomie des consciences indivi-duelles est à ce prix. En instaurant un système de contrainte politique et d'extermi-nation physique, les révolutionnaires ont recours à un droit antique au nom d'une idée moderne, puisqu'ils nient et reconnaissent à la fois le droit de leurs ennemis. La Terreur est chez Quinet un ressort inséparable des régimes monarchiques et aristocratiques; elle a donc des racines plus anciennes que l'absolutisme français, exactement comme ce dernier est lui-même issu de la tradition romaine: le concept de la "liberté ancienne" n'existe pas pour notre auteur. Mais à l'inverse, la Terreur est incompatible avec la démocratie moderne. Ce qui la rend nécessaire, sans cesser d'être contradictoire, dans la Révolution française, est l'ignorance où se trouvent les Jacobins de la nature de cette démocratie moderne et de son indispensable fondement religieux. Faute de se battre pour créer la civilisation de l'avenir, les révolutionnaires français empruntent leurs moyens au passé. Du coup, il n'y a plus que leur action même qui puisse leur servir de finalité.

Bref, la Terreur est un système à pure logique politique, sans aucun sens qui le dépasse. Quinet lui consacre le dix-septième livre de son ouvrage, intitulé: *Théorie de la Terreur*. Il distingue d'abord la Terreur comme réaction populaire de la Terreur comme système de gouvernement: il excuse la première, issue de la surenchère de violence entre la Révolution et la Contre-Révolution, vertige épisodique de vengeances contre les intrigues de la cour et l'invasion étrangère. Mais ce qui l'intéresse, c'est la transformation de ce sentiment populaire en principe de gouvernement par les hommes du Comité de salut public: "Par eux, le vertige de certaines journées devint le tempérament fixe et l'âme de la Révolution." Cette mutation est facilitée par le caractère de l'idée révolutionnaire, l'indifférence où celle-ci peut conduire à l'égard des destins individuels, le partage qu'elle tend à opérer entre les bons et les méchants, la lenteur même dont elle s'impatiente à transformer le monde selon sa promesse. Mais Quinet passe très vite sur cet aspect des choses: en effet, la Terreur révolutionnaire n'est pas à ses yeux un mode de gouvernement inédit. Au contraire, c'est une résurgence de ce qui constitue le fond même de l'absolutisme; le retour de Louis XI, de Richelieu et de Louis XIV; le recommencement de la Saint-Barthélemy et des dragonnades: la violence toute nue du pouvoir, l'Etat comme fin en soi, et du côté de la nation, la peur et la servitude. La Terreur est cet enchaînement de la Révolution à l'héritage de la royauté.

La preuve, c'est qu'elle n'a jamais pu être avouée comme telle et pour ce qu'elle est. Mensonge visible, et même dominant, après le 9-Thermidor, de la part de ceux de ses protagonistes qui lui avaient survécu: il leur faut déjà l'excuse mystificatrice des circonstances. Mais pendant même qu'elle bat son plein, en 1793–94, la Révolution ne peut en faire la doctrine: comment ferait-elle, sans se renier, l'apologie du gouvernement par la peur? Comment s'installerait-elle, sans cesser d'exister, dans le système par excellence des despotismes? Aussi bien ne sort-elle pas de cette contradiction, qui a finalement raison du système lui-même. Quand Robespierre, au printemps 1794, guillotine les hébertistes ou encore terrorise les terroristes, pour tenter de "stabiliser" sa dictature, il est pris dans cette contradiction-là; mais il n'a plus que quelques mois à vivre.

Dans ce qu'elle a de faible, cette interprétation mêle et même confond deux réalités historiques très différentes, qui sont l'Ancien Régime politique et le gouvernement révolutionnaire. Sur l'absolutisme, qu'il ne distingue pas du despotisme pur et simple et où il ne voit qu'une domination sans droit ni lois, Quinet est prisonnier de la mythologie révolutionnaire: papes et rois ensemble sont des institutions du "Moyen Age". Conceptuellement, cette définition sommaire lui sert d'abord à définir la rupture historique opérée par les principes de la Révolution, ensuite à expliquer la rechute de la Révolution dans l'ornière du passé. Mais de ce fait, il se condamne à ne pas examiner sérieusement ce que la dictature révolutionnaire a de spécifiquement nouveau dans la typologie ou l'histoire des despotismes: d'où le caractère vague, et rapide, des passages consacrés au caractère particulier du terrorisme de l'an II, par opposition à l'exercice de la raison d'Etat monarchique. D'où surtout l'absence d'analyse historique du gouvernement révolutionnaire lui-même, puisque Quinet mêle comme autant de termes presque équivalents, ou en tout cas nécessairement liés, centralisation, jacobinisme, dictature et Tereur.

Mais d'un autre côté, il a aperçu quelque chose de fondamental de l'histoire de la Révolution: quelque chose que seul Tocqueville, dix ans avant, et avec un génie analytique supérieur au sien, il est vrai, avait mis en lumière et s'était promis d'étudier: à savoir, que la Révolution brise et continue l'Ancien Régime dans le même temps. Quinet prend même cette formule au pied de la lettre, puisqu'il voit dans 1793 une pure résurgence de l'arbitraire royal, ce qui signifie à la fois qu'il y a eu rupture et qu'il y a retour de l'ancien par-delà le nouveau. Quinet n'entend pas ce passé comme une simple survivance, une sorte de résidu historique que les temps nouveaux ont à surmonter. Il en fait au contraire le coeur de ce qu'il appelle le tempérament fragile, un principe corrupteur à l'oeuvre dans la trame du temps et cancérisant la Révolution elle-même, en la transformant en son contraire. Parti d'une grande fresque romantique opposant passé et avenir, il en dépasse le carac- tère banal en conceptualisant ses deux vecteurs temporels par l'opposition absolutisme/liberté, qui lui paraît caractériser non seulement la Révolution française, mais l'histoire qui a suivi, et où il est encore.

C'est bien ce qui le rapproche le plus de Tocqueville, bien qu'il n'appartienne ni au même milieu, ni à la même famille intellectuelle que l'aristocrate libéral. Et c'est ce qui l'éloigne de son ami Michelet, dont il a partagé pourtant les combats. Quinet émet sur la Révolution française, en dépit du caractère sublime de ses principes, un jugement qui est au fond très pessimiste. Il pense qu'en reprenant à son compte les pratiques politiques de la monarchie, elle a renforcé l'habitude séculaire de la servitude et inoculé même à la gauche républicaine le virus mortel du pouvoir absolu: passion honteuse, on l'a vu, inavouable, mais passion si forte que l'Europe de son temps, soixante-dix ans après, lui paraît menacée "de produire d'immenses démocraties serviles qui graviteront incessamment vers l'arbitraire d'où elles sor- tent et où elles rentrent, pendant que la vraie démocratie libre prendra son expan- sion dans les vastes déserts inconnus de l'Amérique du Nord".

Cette interrogation inquiète, reprise aussi de Tocqueville, est inséparable de son diagnostic sur le legs de la Révolution. Ce qui fait de Quinet, dans la gauche républicaine de son temps, un esprit relativement solitaire, c'est ce non-confor- misme sur la valeur de l'héritage révolutionnaire. Ce persécuté, cet exilé n'est pas assez jacobin pour être de la famille. C'est que, plus "à gauche" que les historiens libéraux des années 1830, dont il a été l'adversaire politique sous la monarchie de Juillet, ce républicain exemplaire est plus sévère qu'eux à l'égard de la dictature de l'an II. Il est vrai qu'il leur emprunte une des questions clés de son livre: comment penser ensemble 1789 et 1793? Vrai aussi qu'il partage leur diagnostic: admirateur fervent de 1789 et hostile à 1793. Mais il en transforme et aggrave les considérants. Thiers, Mignet, Thierry, Guizot n'avaient pas eu besoin de condamner presque tout le passé national pour faire la critique de la Terreur. Au contraire, ils avaient pu tenir compagnie à la monarchie un très long moment, le temps que le Tiers Etat grandisse sous sa tutelle, avant de l'abandonner, quelque part entre Louis XIV et Louis XV, aux excommunicateurs de l'"Ancien Régime". Quant à la Terreur et aux Jacobins, il suffisait d'y voir les produits fâcheux mais occasionnels d'une conjoncture d'exception pour en disculper l'histoire de France en même temps que celle de la Révolution.

Or, une génération après, le républicain rescapé qu'est l'ancien combattant de 1848 n'a plus cet optimisme conquérant des "Constitutionnels" qui voulaient et devaient refaire 1789 en 1830. Dans le procès de l'an II, il inculpe tout l'histoire de France, celle de l'Eglise et celle des rois. Réfutant le paralogisme paresseux des fameuses "circonstances" censées expliquer tout de la Terreur et de la dictature, il leur substitue le poids, à l'intérieur même de la Révolution, de la tradition cléricale et monarchcique: c'est la période apparemment la plus révolutionnaire qui devient sous sa plume la plus littéralement réactionnaire. Alors que 1789 est la révolte sublime d'un peuple contre sa propre histoire, 1793 figure sa retombée lugubre dans la servitude de ses traditions. Ainsi, l'amertume de l'échec, redoublée par l'exil, n'a pas seulement fait de Quinet un historien plus pessimiste que ses prédécesseurs du "juste-milieu". Ils ont aussi donné à sa pensée un tour plus radicalement critique et une qualité d'interpellation du passé qui naît de cet extrémisme: plus philosophique que politique, et plus libertaire que libéral.

## CHAPTER 34

# Politics, Memory, Illusion: Marx and the French Revolution

JERROLD SEIGEL

FEW people have been at once so strongly drawn toward the French Revolution and so determinedly distant from it as was Karl Marx. Without the powerful French example Marx could never have conceived history in the way he did, as a succession of stages leading by long preparation and sudden upheaval to new forms of society, and finally to the human community's ultimate emancipation, its liberation from conflict and oppression. But the Revolution which inspired this vision was never Marx's revolution. His identities—first as a German, later as a communist—distanced him from it, and knowing its limitations was, for him, a prerequisite for being able to glimpse the other, greater transformation whose coming it prepared. The result was that Marx often spoke about the Revolution, even planning for a time to write a history of the Convention, but in the end never gave it enough continuous attention to produce a sustained statement about it.

Where he speaks of the Revolution it is always in the context of something else—looking to the future, criticizing what his rivals and opponents said about it, comparing it with more immediate events. It is certainly interesting and enlightening to consider—as François Furet has recently done—these pronouncements as history, what they show about the nature and limits of Marx's historical method, and the contradictions into which he sometimes fell.[1] But leaving aside the question of whether such disconnected comments merit such dissections, I want to consider Marx's relation to the Revolution differently: looking to what his understanding of it contributed to his larger vision of history, and to the recastings of that vision he needed to make as both he and the world around him evolved. As everywhere in Marx, utopia and reality were deeply intertwined in his dealings with the Revolution, his powerful determination to dissolve the illusions he saw around him hiding from him the mythic quality and power of his own hopes and thoughts. As I shall try to suggest, Marx's dealings with the events that began in 1789 illustrate very well the deeper dilemmas of his whole notion of revolutionary transformation.[2]

Marx's understanding of the Revolution rested on the way many others had seen it, including the French historians of the Restoration period, liberal and radical—

625

Guizot, Benjamin Constant, Buchez and Roux. But particularly important to him were those who had seen the Revolution's significance less in what it accomplished than in what it presaged, so that in some ways its task still remained to be accomplished. In France the idea took several forms, among them the radical guise found in Buonarroti's history of Babeuf's conspiracy, which made the Revolution the harbinger of a second, greater upheaval that would establish true equality, and the less easily categorized Saint-Simonian theory that the productive principle announced in the Revolution had still to find its proper organization and embodiment in a second, "industrial" revolution. In Germany those who looked to a future fulfilment of the Revolution usually located it on their side of the Rhine. Hegel in his *Phenomenology* thought that the contradictions to which the Revolution had given birth in France would be resolved when its principle passed "into another land of self-conscious spirit", and in 1831 he claimed that German political institutions had progressed toward "real freedom", in ways neither France nor England could match, because only there had the ideas of the Revolution become "fixed principles of inner conviction and public opinion".[3] Such moderation in the attempt to absorb the Revolution's legacy would not be in Marx's spirit, but the notion could take a radical form, too. Heinrich Heine, whom Marx knew and admired during their joint residency in Paris, argued that German classical philosophy had "served to develop revolutionary forces that only await their time to break forth and to fill the world with terror and admiration," adding that the coming events in Germany would constitute "a drama compared to which the French Revolution will seem but an innocent idyll".[4]

Marx's first recorded references to the Revolution did not take up this theme; they shared neither the radical edge nor the special claims for Germany found in Heine's prophecy. His enthusiasm was for France when, in a letter to Ruge of 1843, he declared that the philistine and dehumanized world of despotic Germany "had to remain, of course, far behind the French Revolution, which again, restored man to himself". A few pages later he added that certain critics of the King of Prussia "merely want the results of the French Revolution, thus in the final analysis a republic and an order of free mankind instead of an order of dead things".[5] Did Marx mean that this final analysis was his own, that his goal at this point could be identified with the achievements—or at least the tendencies—of the Revolution? It is hard to say for sure. There is little evidence that Marx at this moment had any very developed political views that could not be fit within "a republic and an order of free mankind," but such a vague formula could shelter many inklings and aspirations. Only a few months later he would give clear voice to a different understanding of the Revolution.

This comprehension took shape from the Feuerbachian critique of religion and philosophy which played so important a role in Marx's intellectual development. Marx moved close to Feuerbach at the same time he was becoming increasingly aware of social issues, a conjunction which helped him see liberal political institutions, with their focus on individual rights and liberties, on the model of Feuerbach's view of religion: as alienated or illusory expressions of needs that could only be satisfied when human community—what Feuerbach called mankind's species-essence—achieved real embodiment in the world. In his well-known essay "On the Jewish Question" Marx put a different coloration on what he had said about the Revolution in his letters to Ruge. "*All* emancipation is *restoration* of the human world and the relationships of *men themselves*", but political emancipation—the kind aimed at in the Revolution—was only partial. Its way of restoring men to themselves, formulated in the "Declaration of the Rights of Man and Citizen," distinguished man as citizen from man in his immediate, private and individual nature, the everyday man of civil society. Revolutionary freedom thus split man into one being who lived in association with others and another who lived in isolation, basing liberty not "on the association of man with man but rather on the separation of man from man". What the Revolution had liberated was man as an isolated, egoistic individual, subordinating "man as citizen" to "man as bourgeois". Only when this split was overcome and true communities established, only when man "has recognized and organized his own powers as *social* powers" would emancipation be complete.[6] From this moment Marx would always conceive the Revolution's accomplishments in terms of their limitations.

This view about the limits of Revolutionary politics, combined with his increasing interest in the visible and poverty-ridden working class, now allowed Marx to echo some of the claims Hegel and Heine had made for Germany as the Revolution's true heir, but in an original and less nationalistic way. Politically Germany was far behind France, but philosophically she was the equal of any country, and the radical vision embodied in post-Hegelian philosophy would find a partner in the search for emancipation, "a class with radical chains", the proletariat. Marx's famous formulas are too well-known to require repetition here; what needs to be remarked is the new content this gave to Marx's understanding of the French Revolution. Several elements deserve highlighting. The first is the equality Marx sought to establish between what he took to be the French and German paths.

> In France partial emancipation is the basis of universal emancipation. In Germany universal emancipation is the *conditio sine qua non* of any partial emancipation. In France it is the actuality, in Germany the impossibility, of gradual emancipation which must give birth to complete freedom. In France every class of the nation is *politically idealistic* and experiences itself first of all not as a particular class but as representing the general needs of society. The role of *emancipator* thus passes successively and dramatically to different classes of people until it finally reaches the class which actualizes social freedom. . . . In Germany, by contrast, where practical life is as mindless as mental life is impractical, no class in civil society has any need or capacity for general emancipation until it is forced to it by its *immediate condition*, by *material* necessity, by its *very chains*.[7]

Although Marx later declared that "the emancipation of the Germans is the emancipation of mankind", the longer statement suggests that we should not read this in an exclusive sense; the French would participate in this task too, and even the German action had to be announced "by the crowing of the gallic cock". It should be clear that the French model, however partial its results so far, was expected to lead on to universal liberation just as was the German one.

It is not usually noticed, I think, that Marx here had an almost Tocquevillian sense—later to recede, of course—of each national political context as ruled by a spirit that imparted similar qualities to all the social classes within it. Marx's contrast between German mediocrity and French *grandeur* was crucial to his understanding of how the bourgeoisie was able to play its revolutionary role: it owed this possibility to the visible, if negative, greatness of the church and aristocracy.

Revolutionary energy and intellectual self-confidence are not by themselves sufficient to seize the emancipatory position and hence the political control of all spheres of society in the interest of its own. . . . If *one class* is to stand for the whole society, all the defects of society must conversely be concentrated in another class. . . . The negative, general significance of the French nobility and clergy determined the positive, general significance of the bourgeoisie standing next to and opposing them.[8]

Classes had their own interests, of course, but in France at least the bourgeoisie was capable of political idealism and experienced itself as "representing the general needs of society". That there was an element of illusion in this consciousness should not hide Marx's closeness here to such later figures as Jürgen Habermas, who have recognized that the principles of bourgeois politics contain a universal aspiration to emancipation, albeit fused with a particular programme of self-interest.

This whole complex of ideas was destined to be supplanted by others, however, primarily (in my view) because it was rooted in the primacy Marx in 1843 still attributed to philosophy as a historical force, giving to thought a power he would insistently deny by 1845.[9] The different models of emancipation assigned to France and Germany rested on the notion that the latter's revolution would be that of a philosophical nation, and that the proletariat would provide the "passive element", rising up when "the lightning of thought" found its way to the "rude soil of the people". One of the purposes behind the so-famous Paris Manuscripts of 1844 was to show the superiority of the philosophical principle of alienation— derived from Hegel and Feuerbach—over the categories of political economy. All this would change in *The German Ideology*, written together with Engels in 1845–46. From this moment Marx was no longer a Hegelian or Feuerbachian but a historical materialist; gone from his mental universe was the idea that "man" had an "essence" to be realized or that philosophy had an active role to play in historical transformations. "Real history" was the story of economic development, division of labour and class conflict, phenomena that were becoming increasing visible on the surface of society and which required no "philosophical spectacles" to become visible.

These changes had several consequences for Marx's view of the French Revolution. No more would he work with the category of "political emancipation" as a stage preceding a more complete "human emancipation": the successive phases of historical development threw off these philosophical labels to be recognized straightforwardly as the expressions of particular classes and their interests. Nor would Marx any longer think in terms of two separate paths to liberation, one French and one German. He did not forget about the differences between the two countries, but philosophy no longer had any part in them; if there was to be any emancipation in Germany, it would have to follow the French model, at least in the sense that bourgeois revolution had to precede proletarian revolution there as elsewhere. In *The German Ideology* Marx attributed to German burghers the revolutionary possibilities he had earlier denied them, arguing that foreign competition had forced them to unite and defend their common interests, with the result that "they have now got almost as far as the French bourgeoisie in 1789".[10] *The Communist Manifesto* declared that the communists in Germany had to work with the bourgeoisie whenever it acted in a revolutionary way; only later could the proletariat put forward its own, independent demands; during 1848 Marx's paper, the *Neue Rheinische Zeitung*, tried to follow this policy. When things in Germany did not go as Marx hoped, this did not mean that Germany ought to follow a different path from France, only that the Germans had been too "provincial" to act at the level of world-historical needs and conditions.[11] The pattern he had attributed to France in 1843 now described the stages through which all countries had to pass.

Following that model did not, of course, produce the results Marx projected, and in a moment we must consider the consequences of this for his views about the place of the Revolution in world history. First, however, we need to look more closely at the way Marx understood the Revolution during the 1840s. We are limited (as already noted) to fragmentary, sometimes fleeting comments, but a certain consistency can be found in them.

Both in his Feuerbachian phase and later, as a historical materialist, Marx associated the Revolution with the appearance of modern politics and the establishment of the modern state. Hegel had held the same view, and Marx basically followed Hegel when he argued, in his critique of the latter's *Philosophy of Right*, that the Revolution ended the old estate system that infused all social relations with political meaning, in favour of the modern arrangements which treated private life as purely social and gave political significance only to public activity. Under the Old Regime the monarchy and bureaucracy had already moved to monopolize political significance for themselves, but "only the French Revolution completed the transformation of the political classes into social classes. . . . With that, the separation of political life and civil society was completed."[12]

Marx would develop these notions—in ways we have already indicated—in his essay "On the Jewish Question", and in a draft outline (probably written early in 1845) for a work he planned about the modern state, where the first rubric was "The *history of the origin of the modern State* or the *French Revolution*."[13] Nor did he cease to regard the Revolution in this way once he had left Feuerbach behind him. In a newspaper article of 1849 he insisted that the Revolution of 1789, and its earlier counterpart, the English transformation of 1648, were changes of European significance: "They did not represent the victory of a *particular* social class over the *old political system*; they *proclaimed the political system of the new European society*." He added that the bourgeoisie's victory was the triumph of "a new social order", based on bourgeois property, nationality, competition, enlightenment and industry. Marx pictured society and politics as being revolutionized at one and the same time, each finding its new principle of existence upheld in the new shape assumed by the other. The significance of the Revolution always pointed toward the political side of the construction.

I want to emphasize this point because too many readers of Marx still expect him to be the kind of rigid economic or social determinist who denies any autonomy to politics, especially revolutionary politics. That he was a determinist, making economic development the controlling element, is of course not to be questioned. But as Engels reminds us in a famous correspondence, such determinism established itself "in the last analysis"; up until that point many other causes—including those which would end up as lost ones—could find expression through the operation of human desire or illusion or will. Marx gave this understanding different expression in the different phases of his theoretical development, but its most striking instances appear in connection with the ability of revolutionary politics to achieve autonomy—temporary, but still real—from social determination. In his early critique of Hegel's political philosophy, for instance, he presented the post-Napoleonic Chamber of Peers as a social grouping produced not by society but by the state. The French constitution did not allow the Chamber of Peers "to proceed from actual civil society", but created it "in abstraction from civil society". It assigned "the honor of being a peer" to "a class in civil society which is purely political, created from the standpoint of the abstraction of the political state", a class owing its existence not to society but—especially after 1830—to the monarchy.[14] Of course in the long run the inability of such creations to survive would demonstrate the primacy of society, but until that length ran by the state's action could give a certain shape to social life.

Even where Marx insisted on the temporary, artificial nature of the actions through which politics asserted its independence from social determination, he recognized that such autonomy was an inescapable part of historical experience. It would be asserted "in periods when the political state as such is forcibly born from civil society, when men strive to liberate themselves under the form of political self-liberation".

> In moments of special concern for itself political life seeks to constitute itself the actual, harmonious species-life of man. But it can do this only in *violent* contradiction with its own conditions of existence by declaring the revolution to be *permanent*, and thus the political drama is bound to end with the restoration of religion, private property, and all the elements of civil society just as war ends with peace.[15]

The autonomy of politics was temporary and deceptive, but nothing in Marx's thinking led him to deny that, in times like the Terror, political life does take on a universal significance in men's minds, or that, in such moments, political figures and parties could undertake actions that a strict social determination would not allow.

Thus in *The Holy Family* he was able to take over Benjamin Constant's notion that the revolutionaries had confused modern society with the ancient city-state, attempting to establish classical freedom in a social context that did not allow for it. A political programme that tried to establish ancient freedom in modern conditions was, for Marx, confused and illusory, taking individuals fixed in the web of modern economic relations for the free citizens of the ancient *polis* (liberated from economic need by slavery), and employing the state against the very principle of private interest as the basis of social life that made the autonomous space of politics possible. But these illusions were tragic ones, expressing the conflict between the total freedom to which men aspired and the limited conditions that allowed them to conceive it, a tragedy embodied for instance in the fate of Saint-Just. And the ultimately illusory nature of revolutionary political autonomy still gave political action enough independence to allow Napoleon to continue the Terror by placing his state interests ahead of the bourgeoisie's economic interests, combating "bourgeois society as the opponent of the state which in his own person he still held to be an absolute aim in itself". Only after 1830 would the bourgeois dominance become effective.[16]

All this should make clear that Marx's kind of determinism still allowed him to recognize the independence of events from their deeper causes, or to put it formulaically, that although he was a strong determinist in the long term, he was a weak determinist in the short term. This appears throughout his references to the Revolution. In *The Holy Family* he saw that the ideas which found support in the period were not only those of the bourgeoisie; radical groups represented by Roux and Babeuf "gave rise to the *communist* idea which *Babeuf*'s friend *Buonarroti* reintroduced in France after the Revolution of 1830. This idea, consistently developed, is the *idea* of the *new world order*." Its time had not come in the 1790s and those whose interest it represented were defeated because they were people "whose true life-principle did not coincide with the life-principle of the Revolution, the mass whose real conditions for emancipation were essentially different from the conditions within which the bourgeoisie could emancipate itself and society".[17] All the same, there was nothing inconsistent in Marx's recognition that these lower-class groups were sometimes the source of revolutionary energy, particularly at moments when important sections of the bourgeoisie became frightened by the course events were taking. Thus in *The German Ideology* Marx pictured the Jacobins of the Terror as representing the masses, "the class which alone was truly revolutionary" (at that moment) against the more moderate Girondins and Thermidoreans. Similarly, when the National Assembly seized the initiative in July 1789, popular pressure pushed it ahead.

> The National Assembly had to take this step because it was being urged forward by the immense masses standing behind it. By so doing, therefore, it did not at all transform itself into an "utterly egoistical chamber, completely cut off from the umbilical cord and ruthless" [Max Stirner's notion]; on the contrary it actually transformed itself thereby into the *true organ* of the vast majority of Frenchmen, who would otherwise have crushed it, as they later crushed "utterly egoistical" deputies . . .[18]

Even in a bourgeois revolution the bourgeoisie was not always the active force. That all this would eventually serve bourgeois interests did not determine the consciousness of those who accomplished it, or limit their day to day actions. Had he written his proposed history of the Convention, nothing would have prevented Marx from giving due weight to events whose tendency went against his ultimate sense of the Revolution's meaning and outcome.

Put another way, the point is that Marx did not regard political events as dependent on a social foundation in the absolute sense sometimes attributed to him, such that a group or class had to develop first wholly within "society" before it could act politically. On the contrary, political actions were themselves part of the development that classes underwent in preparation for taking their full role on the historical stage. The French Revolution was the revolution of the bourgeoisie, but the end of the Revolution did not find that class in power: its supremacy was first contested by Napoleon and then by the Restoration, before becoming established—as he thought—in the regime of 1830. Even then, as Marx put it in 1844: "The history of the French Revolution, which dates from 1789, did not come to an end."[19]

More basically, Marx's whole theory of class conflict in history—first set out in *The German Ideology* and *The Communist Manifesto*—made political conflict an essential element in the unification of classes which had to precede their ability to act as self-conscious agents. A class developed in history out of individuals and sub-groups who shared an underlying condition of life, but who had no connection with each other and no sense of unity to begin with. Even as their unity developed, it was always contested by tensions and conflicts stemming from different local or national or occupational interests. Only common struggle overcame these oppositions: "The separate individuals form a class only insofar as they have to carry on a common battle with another class; otherwise they are on hostile terms with each other as competitors."[20] The task of the Communist Party was not to lead an already formed proletariat but the "formation of the workers into a class". Economic development was the foundation for this task, but political struggle was essential to it, requiring long and patient work to overcome all the forces dividing workers from each other. "This organization of the proletariat into a class, and consequently into a political party, is continually being upset again by the competition between the workers themselves. But it ever rises up again, stronger, firmer, mightier."[21]

Political action, in other words, was part of social development for Marx, contributing an essential element to the full working out of the economic and social conditions in which it was rooted. The text which illustrates these relationships most fully—as Marx conceived them at the end of the 1840s—is the first of his two histories of the Revolution of 1848 in France, *The Class Struggles in France*. Here Marx analyzed the events that began in February as a continuation of the history of bourgeois and proletarian class formation to which the earlier Revolution had contributed; doing so was not inconsistent with his earlier views (here I must depart from François Furet) because, as he put it in 1844, the history that began in 1789 "did not come to an end in 1830". The further working-out of that history in 1848, the formation of the French bourgeoisie into a unified and self-conscious class, was an essentially political process, embodied in the appearance of the Party of Order as the unified organization of the major factions into which the bourgeoisie divided, Legitimists and Orleanists. Marx's understanding of the relations between these groups confounds much commentary claiming to represent his historical theory. Both bourgeois (based on property ownership, in land or industry), the two groups were nonetheless hostile to each other, because of their contrasting histories, orientations and political loyalties. The revolution forced them together in spite of themselves: faced with the threat to order and property posed by the increasingly active and self-conscious working class, "each faction of the Party of Order, as against the desires for restoration and overweening presumptions of the other, had to assert their joint rule, i.e., the republican form of bourgeois rule. . . . Condemned by history to help overthrow the monarchy they loved, they were destined by her to conserve the republic they hated."[22] Revolutionary politics, then, gave the bourgeoisie a unity and a real historical presence that economic and social development by itself was still far from providing.

Marx's account of 1848 may seem to take us rather far from his views about the 1790s, but for him the two moments were part of a single historical process. His reading of the later period makes especially clear his view that without politics class relations never assumed their full development, and his awareness that political actors and events might be shaped by many other things than direct class interest. I do not think it correct to conclude that Marx's ability to recognize the shape of particular political developments and outcomes was hemmed in by his belief in the primacy of economic relations or his refusal to grant politics sufficient autonomy. Marx's example should warn us not against granting economic and social relations a good measure of control over political processes—for they surely have a deep impact on them—but against attributing to either social or political relations a degree of coherence, logic and clarity which they do not possess.[23]

What created a crisis for Marx's understanding was something equally basic but different: his conviction that he could point in advance to the direction history was following in his time. This crisis broke out in his thinking once it became clear that the events beginning in 1848 had produced a very different result than he expected and hoped. Marx's response to the outcome of revolution in 1848 marks a recognition—unwilling and as deeply hidden as he could make it—that his predictions had failed to come true and had to be pushed off into a future much more distant than he had supposed, one whose coming could not easily be glimpsed.

The critical moment came for him at Louis-Napoleon's coup in December 1851. Until it occurred, Marx continued to believe that the outcome of the revolution could only be bourgeois hegemony, contested by an increasingly organized and self-conscious proletarian rival. By 1830, he thought, the bourgeosie, at least in France, had become conscious enough of its own interests to pursue them directly, no longer believing that the goal of their actions was some kind of universal freedom in the manner of the slogans of 1789. The July Monarchy was a declaration that the bourgeosie would rule directly and in its own interests.[24] In *The German Ideology* Marx replied to Max Stirner: "Saint Max believes that an absolute monarch, or someone else *could* defend the bourgeois just as successfully as they defend themselves. . . . Let Saint Max name any country where, with developed conditions of trade and industry, in the face of strong competition, the bourgeois entrust their defence to an 'absolute monarch'."[25] In *The Class Struggles*—whose successive chapters were written between 1848 and 1850—Marx regarded Louis-Napoleon's position as fully harmonious with the rule of the bourgeosie. Although elected by millions of peasant votes, he separated himself from the rural masses by appointing bourgeois ministers and taxing salt; his power depended on his harmony with the Legitimist and Orleanist politicians, who found their unity in his neutrality. At moments of crisis, "The different factions of the majority are again united among themselves and with Bonaparte; they are again the saviours of order; he is again their neutral man." After news of the *coup* of 2 December reached him, Marx confessed himself (in English) "quite bewildered".[26]

In this situation Marx had to provide an explanation for the surprise of the second Bonaparte's triumph much more portentous than the one he had offered in regard to the first. To comprehend the great Napoleon Marx had employed a small explanation: his power was simply a continuation of the independence—temporary, violent, in the end illusory but real enough while it lasted—of political action from social interest that the Revolution made possible and which had earlier been embodied in the Terror. To comprehend the little Napoleon Marx had to provide a much broader, social and historical explanation: his power arose through the complete inversion of the process of revolutionary class formation Marx had been describing since 1845. This was the story recounted in *The Eighteenth Brumaire of Louis Bonaparte*. Whereas all Marx's writings from *The Germany Ideology* through *The Class Struggles in France* had attributed to revolutionary conflict the power to weld together groups and factions into real historical classes, now he told the contrary tale: revolution struck fear into bourgeois hearts, causing them to recoil from the class unity that made their own action and power possible. The Party of Order appeared on the stage as before, but the history of the Revolution was the history of its progressive dissolution. At various points where he had seen the factions coming together against the proletarian threat in 1848–50, he now gave the same challenge opposite results. Was the constitution to be revised in order to offer Bonaparte the chance of a second term? That issue cemented the Party of Order against the threat of anarchy in *The Class Struggles*; here it "generated a political temperature at which the product again decomposed into its original constituents". Followed out in the months leading up to December 1851, this decomposition provided the empty field on which the intriquer and non-entity (as Marx saw the Napoleonic nephew) could triumph.[27]

Once he had to face up to this consequence of the revolution which he had expected to further the work began in the 1790s, Marx also had to revise his view about the relation between the original Revolution and the future one it foreshadowed. We saw that after 1845 Marx had regarded the French Revolution as the model which all subsequent revolutionary development had to follow, since bourgeois dominance had to be established everywhere before an independent proletarian politics could become possible. In the face of Bonaparte's victory Marx found it necessary to invoke a new kind of distinction between the past Revolution and the future one.

> Bourgeois revolutions, like those of the eighteenth century, storm swiftly from success to success; their dramatic effects outdo each other; men and things seem set in sparkly brilliants; ectasy is the everyday spirit; but they are short-lived; soon they have attained their zenith, and a long crapulent depression lays hold of society before it learns soberly to assimilate the results of its storm-and-stress period. On the other hand, proletarian revolutions, like those of the nineteenth century, criticize themselves constantly, interrupt themselves continually in their own course, come back to the apparently accomplished in order to begin it afresh, deride with unmerciful thoroughness the inadequacies, weaknesses and paltrinesses of their first attempts, seem to throw down their adversary only in order that he may draw new strength from the earth and rise again, more gigantic, before them, recoil ever and anon from the indefinite prodigiousness of their own aims, until a situation has been created which makes all turning back impossible, and the conditions themselves cry out:
> *Hic Rhodus, hic salta!*[28]

The colourful and familiar rhetoric hides the chasm this opened up between Marx's expectations for revolution before 1848 and his disillusionment after 1852. Bourgeois revolution had not seemed to him so simple, nor proletarian revolution so difficult, in the past. *The German Ideology* and *The Communist Manifesto* had depicted the process of bourgeois and of proletarian class formation in exactly parallel terms and made the politics of the proletariat depend on accomplishing the bourgeoisie's revolutionary task. His new image at once broke the parallel and depicted the proletarian stage of revolutionary history as being continually put off. The whole process had constantly to be begun again: revolutions occurred, but the results Marx expected from them were not forthcoming.

The contrast between Marx's disabused vision in the period after the defeat of the 1848 revolution and his hopes of the mid-1840s found expression in April

1863, when Marx had occasion to look back at Engels's book of 1844, *The Condition of the Working Class in England*.

> Rereading your book has made me regretfully aware of our increasing age. How freshly and passionately, with what bold anticipations and no learned and scientific doubts, the thing is still dealt with there! And the very illusion that the result will leap into the daylight of history tomorrow or the day after gives the whole thing a warmth and vivacious humour compared with which the later "grey in grey" makes a damned unpleasant contrast.[29]

After 1852 Marx's dealings with revolution betrayed an anxiety new to him: that the emancipatory potential of the revolution to come might be blocked by the temptation to conceive the future revolution in terms of a past model. Attempting to pattern their actions on the revolutionary example of the past was just the quality of the 1848 revolutionaries that revealed their weaknesses and historical insignificance. For the men of the first Revolution, to model themselves on classical exemplars was a way of gaining the heroic qualities needed to bring bourgeois society into being; looking to the past helped them "to conceal from themselves the bourgeois limitations of the content of their struggles and to keep their enthusiasm on the high plane of the great historical tragedy". But to have the figures and slogans of 1789–93 reappear in 1848 was a sign that no new historical ground was being gained, that the new revolution was to be only a caricature of the old one. Only a revolution which did not "draw its poetry from the past" could rise to the level of the task that history—Marx's sense of history—set for the nineteenth century.[30]

Thus when the possibility of a new working-class uprising appeared after Napoleon III's defeat by Prussia, Marx's worry was that the French workers would be drawn into destructive action by the memories of the 1790s. Those who wanted to bring down the provisional government and set up a Commune of Paris in the fall of 1870 appeared to Marx to be proposing "stupidities". Writing to a Belgian socialist Marx declared that "It is our duty not to deceive ourselves by illusions", adding: "The misfortune of the French, workers included, consists in *great memories*." He hoped that the "reactionary cult of the past" might be brought to an end by events themselves.[31] This is not the place to reconstruct the account of the Paris Commune Marx would put forward in the following months, but, as is well known, his positive evaluation of it rested on the elements that made it different from past revolutionary modes of action.

Not enough attention has been given, I think, to the irony in Marx's growing recognition that the memory of past revolutions could make it impossible to grasp the reality of events in the present. No longer the model and inspiration for humanity's final emancipation, the Revolution that brought modern political relations to the fore now threatened to confuse the proletariat just as, in 1848, it contributed to making their bourgeois cousins feel "like that mad Englishman in Bedlam who fancies that he lives in the times of the ancient Pharaohs and daily bemoans the hard labour that he must perform in the Ethiopian mines as a gold digger, immured in this subterranean prison, a dimly burning lamp fastened to his head".[32] It is hard not to recognize that Marx's spreading fears about the illusions fostered by past revolutions referred on some level to his own unfulfilable phantasies about what revolution would achieve. The second revolution to which Marx looked forward never arrived; like him, we are left with the first one, and with the task of understanding it not as a harbinger of something else, but as the Revolution it was, the only great Revolution the modern West has experienced.

## Notes

1. François Furet, *Marx et la révolution française* (Paris, 1986).
2. I speak here about Marx. Although the organizers of the conference list "Marx and Engels" as the subject of this communication, and the question of the two friends' relationship is still worthy of attention, it does not seem to me that Engels produced enough independent commentary on the Revolution to justify pluralizing the subject.
3. G. W. F. Hegel, *The Phenomenology of Mind*, tr. J. B. Baillie (London, 1910; New York, 1967), p. 610. Id., "The English Reform Bill", in *Hegel's Political Writings*, trans. T. M. Knox (Oxford, 1964), p. 325.
4. Heinrich Heine, *Religion and Philosophy in Germany*, tr. John Snodgrass (Boston, 1882, repr. 1959, with an introduction by Herbert Marcuse), pp. 158–60.
5. Marx to Ruge, May 1843, in *Writings of the Young Marx on Philosophy and Society*, tr. and ed. Loyd D. Easton and Kurt H. Guddat (New York, 1967), pp. 206, 209.
6. "On the Jewish Question", in Easton and Guddat, pp. 227–28, 241. A bit later Marx expressed the limitations of the Revolution somewhat differently, invoking Robespierre's ties to Rousseau, and associating both with "will" as a political principle. "The more one-sided and thus the more perfected *political* thought is, the more it believes in the *omnipotence* of will, and the more incapable it is of discovering the source of social ills." "Critical Notes on 'The King of Prussia and Social Reform'," in Easton and Guddat, p. 350.
7. "Toward the Critique of Hegel's Philosophy of Law: Introduction", in Easton and Guddat, p. 262.
8. *Ibid.*, p. 261.
9. For an account of these themes in Marx's development, see Jerrold Seigel, *Marx's Fate* (Princeton, 1978).
10. Marx and Engels, *The German Ideology* (Moscow, 1968), pp. 213–14.
11. "The Bourgeoisie and the Counter-Revolution", in *The Revolution of 1848–49. Articles from the Neue Rheinische Zeitung* (New York, 1972), p. 183.
12. Karl Marx, *Critique of Hegel's 'Philosophy of Right'* (trans. Annette Jolin and Joseph O'Malley, ed. Joseph O'Malley) (Cambridge, 1970), p. 80.
13. Published in *The Germany Ideology*, ed. cit., p. 669.
14. *Critique of Hegel's 'Philosophy of Right'*, pp. 113–14.
15. "On the Jewish Question", pp. 227–28.
16. Marx and Engels, *The Holy Family*, in *Collected Works* IV (London, 1975), pp. 122–24.
17. *The Holy Family*, pp. 119 and 81.
18. *The German Ideology*, pp. 192, 217.
19. *The Holy Family*, p. 124.
20. *The German Ideology*, p. 59.
21. *The Communist Manifesto*, in Marx and Engels, *Selected Works*, one vol. ed. (New York, 1968), pp. 43–44.
22. Marx, *The Class Struggles in France* (New York, 1964), pp. 89, 105. For a fuller account, see my discussion in *Marx's Fate*, chapter seven.
23. This is the position which underlies most of François Furet's discussion and critique of Marx's views about the Revolution. I share many of Furet's conclusions; but, from a theoretical point of view it is not necessary to grant politics full autonomy from the economy and society in order to recognize that some particular set of events can take a shape not predicted by economic relations; all that is required is to set—as Marx did—the determinism in a perspective long-range enough that the outcome required by the theory can be projected to a future beyond the events in question. I do not mean to argue in favour of a Marxist approach to understanding the Revolution, but to suggest that the weaknesses in Marxist historical analysis derive more from its teleological faith—on which, more later—than from the claim that economic relations determine politics.
24. See (once again) the passage to this effect in *The Holy Family*, p. 124.
25. *The German Ideology*, pp. 218–19.
26. *The Class Struggles*, pp. 128–29. Marx to Engels 9 December 1851 (*MEW* 27, p. 384). See *Marx's Fate*, pp. 208–10.
27. *The Eighteenth Brumaire*, in *Selected Works*, p. 152; cf. pp. 155–56.
28. *The Eighteenth Brumaire*, p. 100.

29. *MEW* 30, p. 343.
30. *The Eighteenth Brumaire*, pp. 98–99.
31. Marx to Caesar De Paepe, 14 September 1870; *MEW* 33, p. 147.
32. *The Eighteenth Brumaire*, p. 99.

# CHAPTER 35

# *Michelet and the French Revolution*

LIONEL GOSSMAN

Oui, c'est le berceau de la France que nous avons sous les yeux. . . . Dieu te protège! ô berceau!
O France, vous êtes sauvée! ô monde, vous êtes sauvé!

Jules Michelet[1]

The old, illusory France has collapsed. . . . Up until now we have been living on nothing but the crumbs from the revolutionary table of last century, a food out of which all nutriment has been chewed.

Henrik Ibsen[2]

History is a process without a telos or a subject.

Louis Althusser[3]

THE Preface to Michelet's narrative of the Great Revolution was written in the last year of the July Monarchy; the conclusion was composed in exile in the bleak aftermath of 1848. The book opens and closes on images of dereliction. Unlike the Middle Ages, the *Ancien Régime* monarchy or the Napoleonic Empire, Michelet notes in the Preface, the Revolution has left no physical monument. Nor is it embodied in any institution. It survives faintly as what it always was, according to him, a pure spirit, its only monument—fittingly—an empty space, the Champ de Mars, "that sandy terrain as flat as Arabia", site of the great Fête de la Fédération. But a "faithless generation", such as the Biblical prophets railed against, has allowed that hallowed spot, the scene of a divine birth,[4] to be turned into a place of common entertainment. Alien idols desecrate the abandoned temple of the *Deus absconditus* of the Revolution. "The English race-horse gallops insolently over the plain."[5]

The dismal tone of the Conclusion is anticipated by a bitter anecdote, at the end of the last chapter of the last book, about a child of ten—a child of the Revolution—who, on being taken to the theatre after the death of Robespierre, hears for the first time, as the audience leaves at the end of the performance, words till then completely foreign to his young ears—"Faut-il une voiture, *mon maître?*" ("Will you need a carriage, master?"). Its central image is the cemetery of Monceau, the burial-place of Danton, Robespierre, Saint-Just, Anacharsis Clootz, and Lavoisier. Again, a hallowed site has been neglected and desecrated. An unsavoury dancing spot occupies the emplacement of the cemetery. "Gay and careless, France dances on her dead", the historian comments.[6] Again, the dominant feeling is of absence

639

and loss, oblivion and betrayal: "Cruel powers of silence, what have you done with those great hearts, those mighty voices."[7]

Michelet's *History of the Revolution* thus emerges from the disillusionment and emptiness preceding 1848 only to peter out in the disillusionment and emptiness that followed. The Revolution, it seems, is always an interlude, a flash of illumination in the darkness of indifference, routine, and senseless self-interest, a momentary penetration of matter by spirit, in the terms Michelet himself liked to use. In both Preface and Conclusion, however, the tension between present emptiness and dejection and longed for plenitude and joy is resolved by an ardent profession of faith. Though the present experience, the material reality, is absence and loss, a higher reality, a spiritual presence, is still perceptible to the faithful.

In the 1847 Preface, the historian asserts that the desolate Champ de Mars is the dwelling place of a God ("ici réside un Dieu"), that a "mighty breath yet blows across it, such as you will feel nowhere else, a soul, an all-powerful spirit". Appropriately, he uses a Biblical parallelism to reaffirm his faith: "And though that plain be arid, and though that grass be withered, it will be green again one day."[8] The end of the book reiterates this message of hope and confidence in the ultimate triumph of spirit. In the pages of his history, Michelet writes, the men of the Revolution "will be ressuscitated and will retain for the future the life that history owes them in return for the one they heroically abdicated."[9]

Though he was not raised as a Christian, Michelet had been deeply moved, possibly converted, as an adolescent, by the *Imitatio Christi* of Thomas à Kempis.[10] Later, as a young professor, he was drawn to philosophies of history deriving in some measure from Christianity. Victor Cousin's watered down version of Hegelianism left a considerable mark on him and it was also through Cousin that he was led to study and translate Vico, whom he interpreted in a strongly liberal and progressivist light. In the enthusiasm of the July Revolution ("on the burning cobblestones of July" ["sur les pavés brûlants de juillet"]), he produced an intoxicating thirty-page account of universal history, an *Introduction à l'histoire universelle*, in which the end of history appeared to have been reached in Paris in the year 1830. This work is as dependent on *figura* as Christian exegesis traditionally had been in its interpretation of Old Testament history.

The history of Greece, which translated, rationalized, and humanized the instinctive, mute wisdom of the East, and the history of Rome, which translated and universalized what would otherwise have remained the particular possession of a hundred petty Greek city-states, appear in the *Introduction to Universal History* as figures of the history of France, which in turn gathers up the cautious, unimaginative empiricism of the English, the spirited concreteness of the Italians, and the enthusiastic, totalizing but all confusing pantheism of the Germans, relieving each of its onesidedness and translating them all together into a world doctrine. France speaks the "logos" or "verbe" of Europe, as Greece once spoke that of the Orient.[11] "France speaks what the world thinks," as we read again in the *History of the Revolution*.[12] In the same way, on the national scale, Paris gathers up, fuses, and raises to a "higher level" the wisdom and experience of the provinces of France, from the granite-like, earth-bound symbolism of the ancient Celts to the fulsome winy rhetoric of Burgundy and the sparkling, flinty prose of Champagne.[13] In a worldview based on universal analogy, on the "harmonies", as Michelet put it,[14] among all the fragments of a whole, whose basic patterns are inscribed in each of its parts—the strength and the weakness of Michelet as an historian—these historical processes are also figures of natural processes[15] and of the lives of individuals. As France speaks for all of Europe and Paris for all of France, Michelet as historian speaks for every one and every thing, including what official history has neglected or supressed—women, the poor, the humble, the defeated. One is less surprised than one might have been by a comment on the Passion of Christ in the *History of France* (1833): "Yes, Christ is still on the Cross [. . . .] The Passion endures and will endure for all time. The world has its Passion, as does humanity in its long historical march, and each individual heart during the brief span in which it is given to beat. To each his cross and his stigmata."[16]

The man who wrote those words cannot be assumed to have casually chosen the terms of his famous definition of history: *résurrection de la vie intégrale*. History was Michelet's religion, as it was Hugo's, the Revolution was its Revelation, and his own History of the Revolution was intended as nothing less than a modern Gospel, the Bible of a new religion of humanity, through which alienation would at last be overcome, the dead restored to life, and Man brought finally to the recognition that the God he worships is himself.[17] The *History of the French Revolution* was from the beginning a *sacred* history—the story of the Passion of the Christ-people, through whose sacrifice human history had been redeemed— and it aimed to inspire its readers and promote an *imitatio*, an identification and dedication equivalent to those inspired by the Gospels. Michelet quotes with satisfaction a remark by the popular poet Béranger, who is supposed to have said of the *Histoire de la Révolution*: "For me it is a holy book"; and he invariably presents himself as the Evangelist of a new faith.[18] "I am endeavouring to describe today", he wrote in the 1847 Preface, "that epoch of unanimity, that holy period, when a whole nation, free from all party distinction, as yet a comparative stranger to the opposition of classes, marched together under a flag of brotherly love. Nobody can behold that marvellous unanimity, in which the self-same heart beat together in the breasts of twenty millions of men, without returning thanks to God. These are the sacred days of the world—thrice happy days for history. For my part I have had my reward, in the mere narration of them. Never, since the composition of my Maid of Orleans, have I received such a ray from above, such a vivid inspiration from Heaven."[19] The Revolution, he later explained, has not been realized. For that to happen, the spirit of the Revolution had to be revived; and to achieve that was the purpose of his history. "May the sublime vision we had [of the new God] . . . raise us all, author and readers alike, above the moral misery of the times and restore to us a spark of the heroic fire that consumed the hearts of our fathers."[20]

The *sacred* character of the Revolution is a constant theme of the *History*. The unanimity, generosity, and childlike faith of those who brought it about, we are told, are signs of its *divine*, providential nature.[21] Michelet not only makes ample use of Biblical language and imagery, he frequently suggests analogies to the Gospel story. The hundred thousand armed peasants of the Vivarais, who set out from their homes in the midst of winter in a spontaneous gesture of fraternity at the time of the first federations recall those who almost two millennia earlier had heard the "bonne nouvelle" of the birth of Christ. "A new breath of life was in the air, which inspired them with a glow of enthusiasm; citizens for the first time, and summoned from their remote snowy regions by the unkown name of liberty, they set forth, like the kings and shepherds of the East at the birth of Christ, seeing clearly in the middle of the night, and following unerringly, through the wintry mists, the dawn of spring, and the star of France."[22] France herself, like Christ, brings to the nations, we are told, not peace but a sword; by that sword, however, as by the message of Christ—"tellement Dieu était en la France"—they are not harmed but healed, saved from the effects of their own ignorance, and re-awakened to new life.[23]

The words "miracle" and "miraculous", "prodigy" and "prodigious" are never absent for long from Michelet's text. The taking of the Bastille—"le grand coup de la Providence" (1:146)—is of course a "miracle" (1:141) and is fittingly recounted in deliberately Biblical language. "A voice was heard in every heart: Go forth and ye shall take the Bastille" (1:145). The use of the past historic tense—the effect of which is difficult to render into English—underlines the miraculous immediacy of thought and action. On the morning of July 14th, "one idea dawned upon Paris, . . . and all were suddenly illuminated with the same light" ("une idée se leva sur Paris . . . et tous virent la même lumière"). Despite the practical difficulties, "All immediately believed" ("Tous crurent") the call to attack the Bastille, "and it was done forthwith" ("Et cela se fit"). The whole affair was "completely unreasonable. It was an act of faith." There was no preparation, no proposal, no plan. "No one proposed. But every one believed, and every one acted."[24]

Between willing and accomplishing there are, for the France of the Revolution, as for a God, no mediations. The preparation of the Champ de Mars for the Fête des Fédérations was miraculously completed in something like the time it took for the creation of the world—seven days: "France commanded and it was done."[25] Michelet evokes the achievement of fraternity in the wake of the Federations and asks the rhetorical question: "Is it a miracle?" to which there can be only one answer: "Yes, the grandest and the most simple."[26] The twelve months from the taking of the Bastille to the Fête des Fédérations is a "miraculous year extending from July [always, as we shall see, a magical month for Michelet, July 1789 announcing July 1790 and July 1830] to July."[27] Obstacles disappear as if by magic, whether it be the rain which abruptly lets up, allowing a sudden illumination of the sodden Champ de Mars on that famous 14 July 1790, or the obstacles to fraternity itself: "At length the shades of night disappear, the mist is dispelled, and France beholds distinctly what she had loved and followed, without ever having been able to grasp it—the unity of the native land. . . . Every obstacle vanishes and all opposition is removed."[28] The unmediated nature of events is always the most effective indicator of their miraculous and mythic character: "France," we are told, "was born and rose to her feet to the sound of the canon of the Bastille. In a single day, with no preparation."[29] Not surprisingly, the historian asserts that "it is impossible to assign a specific cause to these great spontaneous events".[30] "Those millions, who were serfs yesterday and who today are men and citizens, who have been summoned up suddenly in a single day from death to life, those newborn of the Revolution . . . what were they? A miracle. Born around

April 1789, already men by the 14th July, they rose fully armed from the fur-row . . ."[31]—as in the ancient myth.

The contrast with Tocqueville, which underlies François Furet's argument in his recent but already classic *Penser la Révolution française* (1978), is nowhere more glaring than in this insistence of Michelet's on the radical, abrupt, miraculous character of the change signified and accomplished by the Revolution. For Miche-let represents the Revolution as nothing less than an irruption of a different tem-porality into the time of profane history. The Revolution does not belong to ordinary history; it occurs in a time out of time, the sacred time of origins. On the day of the Federations, we are advised, "Everything was possible. Every division had vanished. There was neither nobility nor *bourgeoisie* nor people. The future was present. That is to say: time was no more: a lightning flash and eternity."[32] "Time is abolished", he had already pronounced several chapters earlier; "space is abolished: those two material conditions to which life is subject have ceased to be. A strange *vita nuova* is now beginning for France, an eminently spiritual one, which makes her entire Revolution into a kind of dream. That new life knows neither time nor space."[33]

The Revolution, in short, is more than a political or economic change for Michelet. It is a veritable rebirth, the beginning of a *vita nuova*, as he so often liked to say, a promise of universal redemption. It is not for nothing that the revolutionary people are described as fundamentally innocent, "bonne enfant",[34] the new France as a newborn child, a Christ-child laid on the altar, ready to sacrifice itself for the salvation of mankind.[35]

The end of the *ancien régime* thus "by no means" signals "death, but on the contrary, birth, the coming renewal". "It sent a tremor through the whole world."[36] Kosciusko in Poland, Tom Paine in England, Beethoven and old Klop-stock in Germany wept for joy, and—a miracle in its own way—Kant in far off Königsberg changed the direction of his daily walk. Images of renewal had often marked the traditional *entrées solennelles* of newly crowned kings into their capi-tals. But the renewal Michelet expects is not to be thought of as a tired allegorical representation, a pale reflection of an earlier one—Christ's entry into Jerusalem. The Revolution is portrayed as a new beginning,[37] a new and higher Revelation. "Did France exist before that time? It might be disputed."[38] The Convocation of the Estates General was incommensurable with earlier assemblies of small cities or republics. "The thing was new not only in our annals but in those of the world." "An entire people emerged at one blow from nonentity to existence."[39] Moreover, there is new birth everywhere—the birth of liberty ("libertés naissantes"), the birth of fraternity ("frères au berceau").[40] If the day the Bastille fell was a day of deliverance—"ô beau jour, premier jour de la délivrance"[41]—Michelet made sure to use a term that also signifies the bringing forth or delivery of a child. (The accepted translation: "First day of *liberty*", misses the point.) The opening of the Estates General was a time, if ever there was one, he tells us, to sing the prophetic hymn; "Thou wilt create peoples, and the face of the earth shall be renewed", for on that great day, "the first of an immense future", "a mighty thing began".[42] Like a new-born infant pushing its way out of the womb, France emerged from her tomb to a prodigious *vita nuova*: "The resurrection of the people which at long last breaks open its tomb" puts an end to one era and inaugurates another, accomplishing "the labour of ages in a single night". And that, writes Michelet is "the first miracle—the divine and authentic miracle—of the new Gospel".[43]

As in many ancient myths, and as one might expect from the historian of universal "harmonies", the rebirth of the hero marks a new season of fertility: "The earth, sterile and sad yesterday in the withered hands of the priest, passed into the strong, warm hands of this young ploughman. Hope, love, blessed year! In the midst of the federations, there was a proliferation of the natural federation, marriage. In that glorious year of hope, the number of marriages increased by a fifth—something unheard of before."[44] So too, Condorcet, at the age of forty-nine, "se retrouvait jeune . . . commençait une vie nouvelle". The only child of his many years of marriage to the "noble and virginal" Madame Condorcet "was born nine months after the taking of the Bastille, in April 1790".[45] The miracle of nature—conception and creation through the mingling of male and female—and the miracle of history—the French Revolution—are indistinguishable. "Rare instant in which a world can come to birth! Chosen, divine hour! . . . Who will undertake to explain the profound mystery of the birth of a new man, a new people, a new God. Who will explain conception! that unique, rapid and terrible instant!"[46]

As Michelet presents it, then, the French Revolution is not what it became in Tocqueville's ironical vision—a prosaic phenomenon, whose underlying causes and significance have to be understood by the detached scientific analyst and were never accessible to those who acted in it and who, in their blindness, actually promoted what they thought they were undoing. The truth of the Revolution, for Michelet, is no less hidden from view than it was for Tocqueville. But it lies precisely, as we shall see, in the consciousness of Tocqueville's ignorant actors, and it is to that consciousness, from which Tocqueville sought to free himself and his reader, that the historian, according to Michelet, must find his way back. The deepest reality of the Revolution is a "spiritual" one; it is an experience, an idea, a project, a "prodigious dream"—not simply the working out of subterranean historical forces. Like the Kingdom of God for the Christian, the Revolution, the living spirit of France, is within us, Michelet declares in the 1847 Preface.[47] Belonging to a special time, a time out of time, a time of renewal, it is fundamentally different from the profane history that preceded it and followed it. At the first celebration of the Fourteenth of July, which drew thousands from all over France to the Champ de Mars, a miracle of love occurred. "From that sublime moment, from so many pure and sincere desires, from so many mingled tears . . . a God was about to be born"[48]—France, the Christ-child of the nations.

It needs to be emphasized that Michelet rejected every attempt to present the Revolution as simply the fulfilment of the teachings of Christianity. In his *Histoire des Montagnards*, his friend Alphonse Esquiros noted that many contemporaries "consider democracy a necessary outcome of Christian ideas; for them the French Revolution arose out of the Gospels; more, they are the Gospels embodied in historical fact".[49] A good deal of Michelet's polemic against Christianity, not only in his histories but in his popular writings on love, woman, the Jesuits, and so on, was without doubt directed at those so-called Christian socialists. But his enemy was not, I think, religion, or a religious understanding of history or the Revolution. On the contrary, it was the attempt to deny the religion of the Revolution by absorbing it back into Christianity. As the prophet of the new religion of France and of the Revolution, Michelet was as intolerant of the earlier, rival religion as Christians had commonly been of the religion of the Jews. Between the old, alienated religion of Jews and Christians alike, in which man worships a transcendent God, and the new immanent religion, in which Frenchmen worship themselves in the form of France, there could be no compromise, he maintained. Both vied for the same territory. "I . . . see only two great facts, two principles, two actors, two characters on the stage: Christianity and the Revolution."[50]

The *History of the Revolution* marks Michelet's farewell to his own optimistic belief, which had reached its zenith in the enthusiasm of the July Revolution and the *Introduction to Universal History*, that the whole history of mankind, from the ancient civilizations of the Orient and of Classical Antiquity to those of the Christian Middle Ages, the great monarchies of the seventeenth century, and the Revolution, was about to be gradually and, as it were, effortlessly, fulfilled. Now, as he wrote the history of the Revolution on the eve of 1848, the reconciliation of the present with the past, which the July Monarchy purported to have accomplished, appeared a cruel and grotesque illusion.[51] History would not move forward without violently breaking with the past.

Michelet's disenchantment with the Orleans Monarchy had set in within months of its establishment. Having witnessed the conditions of the workers in Paris and Lyon and the ferociousness with which their protests and strike movements had been suppressed, he felt as keenly as anyone the "loss of high hopes", the "moral cholera" that—like a spiritual reality of which the medical epidemic sweeping through Paris at the time was but the physical sign or figure— "followed so soon after July".[52] "I once thought monarchy was possible," he noted in his journal on 14 July 1847. "But it makes itself *im*possible by associating its fortunes with those who have their hands in the pockets of the people. . . . The son swindled by his own father! One's notions of paternalism in government are wonderfully altered by that."[53]

By the mid-1840s he had decided to interrupt his *History of France*, which celebrates continuity, and embark on the *History of the Revolution*, which celebrates rupture (and is throughout vehemently anti-Orleanist). His primary aim was to revive the flagging faith of his contemporaries and reanimate the people with the original spirit of the Revolution. The old must be repudiated, he now argued, the old Gods expelled from the temple of the new faith. There can be only one religion. "A new creed is advancing toward us and two others are receding (how can it be helped?)—the Church and Royalty."[54] The Revolution is neither, as some have claimed, "the fulfilment of the Christian promise",[55] nor, as others would have it, its mere negation or reverse image. "The Revolution both continues Christianity and contradicts it. It is at once its heir and its adversary",[56] rather as to many in Michelet's time, Christianity, representing a young religion of faith and spontaneity, had once been both the heir and the adversary of a Judaism grown old and legalistic.

By the time of the 1789 Revolution, Michelet maintains (and his argument is similar to that of other nineteenth-century critics of traditional Christianity, like Constant and Feuerbach) Christianity was already a spent force. The true Christian, in his view, "was the resigned man of the ancient empire, who placed no hope in personal action, but believed he would be saved solely and exclusively by

Christ"[57]—i.e., authentic Christianity is indifferent to worldly or historical success. The Jansenists, according to Michelet, were the last authentic Christians, and since the doctrine of salvation by grace alone had been condemned by the official Church toward the end of the reign of Louis XIV, they, and along with them genuine Christianity, had been "dying slowly, noiselessly, resignedly". Like Nietzsche's friend Franz Overbeck some three decades later, Michelet deeply admired these obstinately faithful survivors of the old religion, who refused to compromise their faith even for the sake of its historical or worldly survival, but he insisted that their time had passed. "I . . . seek my faith elsewhere," he declared.[58] The Revolution was his faith, his Church—"la grande Eglise"[59]—at long last the true Church universal. Judaism had been the religion of a single people; Christianity, though it promised universality, in fact left many, the majority, outside—all the damned, the graceless and the abandoned of the earth. But "we who, by its monopoly, are deprived of temple and altar . . . we had a temple on that day [the day of the Federations]—such a temple as no one had ever had before."[60]

If the new religion could not properly be represented as the latest of the Christian sects, that was "because it was itself a Church". And one that was truly superior to all those that had preceded it. "I had just had a vision of God. How could I have worshipped the petty gods of this world? . . . As agape and communion, nothing in this world was ever comparable to 1790, to the spontaneous impulse of the Federations."[61] Michelet could even claim that the difference between the Revolution and the Counter-Revolution was that the latter, though posing as the champion of religion, was not a religion, whereas the former was.[62]

As a Church, a communion, the Revolution stands for unity, not only the breaking down of all barriers to communication and exchange, but the transcendence of difference, the unanimity of wills in brotherly love: "no more classes, only Frenchmen; no more provinces, a single France."[63] In the famous "Tableau de la France" at the beginning of Book III of his *History of France*, Michelet had described the gathering up of all the various provinces of France, beginning with the most primitive and "poetic", into a final unity to which all contributed but in which all were "fulfilled" and relieved of their exclusiveness and particularity. The movement—in space, in time, and in the historian's own narrative—had the characteristic Romantic form of a spiral, the figure of progress *toward* unity. For what chiefly attracted Michelet, it appears, was not the condition of unity, not a deadly, featureless identity, but the *experience* of unity, the spontaneous creation of unity. In other words, it is the transgressive act of overcoming separation that is Michelet's ideal, the "spasmodic" moment, in Georges Poulet's apt formulation, that brings the intimation of eternity, not eternity itself: "un éclair et l'éternité," as Michelet himself put it.[64] Michelet's politics, one might say, is an erotic politics. His unflagging criticism of the jacobins' efforts to *impose* permanent and absolute uniformity and of their willingness to sacrifice the life of the present for an abstract Utopia in the future[65]—in short, his rejection of their austere emphasis on morality and law—is entirely consistent with his anarchist ideal of a spontaneous, creative unity of wills, as, equally, is his rejection of liberal proposals for a decentralized, federated nation, or a constitutional monarchy. The latter, condemned to a permanent oscillation between different principles—the old "royal fiction" and the "new reality"—could not progress and would never reach manhood but would keep France for ever, he wrote, "an old, young, imbecilic people, always stammering, never rising above an eternal twaddle, shaking and rolling its head, in the limbo of infancy".[66]

Innumerable passages from Michelet's work, nearly all of them coloured by his characteristic erotic symbolism, could be brought forward to illustrate his longing for the miraculous synthesis, in love, of the particular and the universal, the individual and the communal, the moment and eternity. He favours neither uniformity and identity, nor an unending interaction of independent and separate entities, neither a state of absolute morality nor a liberal parliamentarianism designed to regulate conflicts of individual or group interest. "One France, one faith, one oath", he demanded, and that seemed to him to be also the aspiration of all nature. The entire universe and every individual in it, according to Michelet, strives to overcome alienation, to recover "unity". " 'Ah! if I were *one*,' says the world; 'if I could at length unite my scattered members, and bring my nations together!' 'Ah! if I were *one*,' says Man; 'if I could cease to be the complex being that I am, rally my divided powers, and establish concord within myself!' In that fugitive hour a nation seemed to be realizing this ever impotent desire both of the world and of the human soul, to be playing the divine comedy of concord and union which we never behold but in our dreams."[67] The reader is reminded here of the curious comment some ten pages earlier that the Revolution was "une sorte de rêve".[68]

Reality, in fact, historical reality, seems curiously destructive of this dream. Michelet's Julys, like all epiphanies, wither and fade in the winter of history. "How many centuries have passed since the Federation of July?" he exclaims.[69] Time and again, he emphasizes the brevity of the Revolution's moment of supreme unity and brotherhood—always the Fête de la Fédération, the pure and spontaneous expression of the national spirit, uncontaminated by any partisan "political" design. "Oh! who would not be touched by the remembrance of that incomparable moment, when we started into life? It was short-lived, but it remains for us the ideal we shall ever strive toward, the hope of the future! O sublime Concord, in which the nascent liberties of the classes, subsequently in opposition, embraced so tenderly like brothers in the cradle,—shall we never more see thee return upon our earth?" The participants themselves sensed it, Michelet notes. One of them closes his account of the unforgettable day with the comment: "Thus passed away the happiest moment of our lives."[70]

At various points, the historian reflects whether such a fall from grace might not be inevitable, whether the perfection of that moment of time could be sustained. "That day, everything was possible . . .", Michelet wrote triumphantly of 14 July 1790. "Nothing, it seems, prevented the realization of the social and religious age of the Revolution, which we see presently receding constantly before us."[71] A new day might have dawned, in other words, on which the light would never go out, an eternal July, that Joachimite "troisième âge du monde" of whose advent Michelet wrote with burning desire.[72] But it did not, and the historian asks himself the obvious question: "Can such a condition endure?"[73] Is the moment of perfection not always also the moment of decline? Is there not, in other words, a radical discontinuity between sacred and profane history, between the time of origins and ends, and the time of maturation? "The time of waiting, striving, longing, during

which all dreamed and strove to realize this day, is over! . . . It is here. What do
we long for now? Whence these feelings of anxiety? Alas, experience teaches us
the sad fact, strange to relate and yet true, that unity brings a diminution of union.
In the will to unite there was already the union of hearts, perhaps the best kind of
unity."[74] The essence of the Revolution, as Michelet presents it to us, turns out to
be something that cannot be sustained in history. For the essential character of
historical existence, by Michelet's own definition, is separation and difference—
the separation of the moments of time, the difference of persons and peoples. "Life
seems to me only a series of separations", he noted in his Journal when he was
barely twenty-two.[75] Inevitably, the initial unanimity of the Revolution could not
be sustained, and paradoxically the very effort to preserve it contributed to its
undermining. To protect itself against enemies internal and external, the Revolution was forced to abandon its "credulous humanitarianism".[76] "If it is not to will
its own destruction, the Revolution cannot linger in the age of innocence."[77] The
era of Jacobinism begins. The Revolution is destroyed, however, by the practical
effort to save it. "Who slew the Republic? Its government. The form obliterated
the content",[78] rather as—according to a certain tradition of Christian thought—
the Church and theology destroyed Christianity.

Michelet's writings do not communicate a consistent idea of history. In a passage
that still seems to owe something to the rationalism of the Enlightenment, the
historian acknowledges that history is mostly the description of error and evil—
"the register of the crimes, follies and misfortunes of mankind", as Gibbon put
it—except that in Michelet's more dynamic, Romantic view, "follies" become
"obstacles" and the ideal is not a utopian condition in which all would be guided
and united by reason—Kant's achievement of *Mündigkeit* or maturity—but a
future state of brotherhood, a union of consciousnesses. Just as the obstacles that
delay the accomplishment of a quest are the condition of narrative (without them
there would be nothing to tell), the obstacles that prevent the full realization of
human brotherhood—the end of history and the goal of the Revolution—are the
condition of history for Michelet. Without them, time would collapse into a single
instant and the final parousia would have come. As a historian, therefore, Michelet
is bound to be chiefly concerned with the obstacles that prevented the Revolution
from achieving its promise and that he constantly denounces, even though he
describes this essential material of his narrative, this ordinary history, as a *néant*,
a non-thing, while its transcendence is said to be "true history".

> I have related fully the resistance offered by the old principle,—the *parlements*, the nobility, and the
> clergy; I am now going to introduce, in a few words, the new principle, and expound briefly the
> immense fact in which all those various movements of resistence were absorbed and annihilated, the
> admirably simple . . . fact of the spontaneous organization of France. That is history, the real, the
> positive, and the durable; and the rest is nothingness. It was, however, necessary to tell at great
> length the story of that nothingness. Precisely because it is nothing but an exception, an irregularity,
> Evil requires a minute narration of particulars in order to be understood. The Good, in contrast, the
> natural, which flows forth evenly and of its own accord, is almost known to us beforehand in virtue
> of . . . the eternal image of the good which we carry within us.[79]

As many readers of Michelet have remarked, from Georges Poulet to Roland
Barthes, his history—be it the History of France or the History of the Revolution—
is a long and weary road punctuated by moments of brilliant illumination, a

"récréation spasmodique" in Poulet's words. "The narrative", Barthes observed, "is calvary; the vision is glory."[80] Michelet himself describes the realization of the Revolution as a "Sisyphean" task.[81]

One begins now to see what it was that drew Michelet to the Jansenists—and made him hate and scorn the Jesuits. In a striking passage at the end of Book I, chapter III, he describes how one of the "intrepid curés" who had voted for the clergy to go over to the Tiers,

> long afterwards, when the Empire had so cruelly erased every trace of the Revolution, its mother, used often to go and visit the ruins of Port-Royal not far from Versailles; one day (doubtless on the return journey), he entered the *Jeu de Paume*—the first in ruins, the second derelict. Tears flowed from the eyes of this steady and courageous man whose resolve had never weakened . . . . To have to weep for two religions! It was too much for a strong man's heart.

And the historian-narrator adds, speaking now in his own name:

> We too revisited, in 1846, that cradle of Liberty, that place whose echo repeated her first words, that received and still preserves her memorable oath. But what could we say to it? What news could we give it of the world it had brought forth? Oh! time has not moved fast; generations have succeeded one another; but the work has not progressed. When we stepped on those venerable paving stones, a feeling of shame rose up in our heart at what we are, and at the little we have accomplished. We felt unworthy, and quickly left that sacred place.[82]

If the Revolution is a religion, like Christianity, if it is destined to replace Christianity as a more perfect religion, a truly universal religion, as Michelet everywhere suggests, does it then suffer from the same fatal defect that some nineteenth-century historians and theologians—among them Nietzsche's friend Franz Overbeck—attributed to Christianity, namely the inability to subsist in time, in history, in the world, without compromising itself beyond repair? "Can such a condition endure?" According to Overbeck, Christianity was a world-denying religion; its earliest adherents expected the imminent end of the world; worldly success, historical success, had no meaning for them, since as far as they were concerned there would be no future. The time of revelation did not belong to historical time, it was outside of time, a moment opening onto eternity, "un éclair et l'éternité", in Michelet's words. The fact that the end of the world did not take place presented Christians with an acute problem. They could continue to live and to believe, as though the world was about to end, and to prepare themselves for that moment; but that meant doing nothing to preserve their faith against the ravages of time. Or they could become politicians, adroitly manoeuvering among the forces of history so as to ensure their historical survival as a Church, and theologians, rationalizing the continued existence of the world and their own compromises with it—in other words, consent to the transformation of a world-denying eschatological belief into an institution that was itself a considerable historical power. Overbeck admired the Jansenists because, as he understood them, they refused those compromises with the world that the Jesuits eagerly embraced; refused to give up the purity of principle for the base brokerage of politics; and remained essentially indifferent to worldy success and historical survival, faithful to the original doctrine of Christ.[83]

Michelet admires the Jansenists for similar reasons. The proof that they are the true modern Christians, persecuted as they are by the Church, lies in their very refusal of modernity, their unworldliness, the way they bear witness not stridently and publicly in the manner of Molière's Alceste, whose criticism of the world only confirms his intense participation in it, but "in concealment and resignation, dying off noiselessly and without revolt".[84] Michelet, "seeking [his] faith elsewhere", is the devotee of another religion; but he is fascinated both by the Jansenists' stubborn, undeviating loyalty to what they construe as the pure and original Christian message, and by their vigorous eschatology. "I have been unable to behold without the deepest emotion those men of another age silently becoming extinct", Michelet writes. "Forgotten by all, except by pagan-christian authority, which . . . subjects them to the most despicable persecution, they will die with our full respect" and, as the remainder of the passage makes clear, in faithful expectation that "the great and last day when both men and doctrines will be judged, cannot be far off; the day when the world will begin to live and cease to die".[85]

Clearly, Michelet had to believe, unlike the Jansenists, that his own religion, the religion of brotherhood and equality, would be vindicated in the end by the realization of liberty, equality, and fraternity in the world, the recovery—"at a higher level"—of a lost original totality, the marriage—as he himself liked to say—of Heaven and Earth. That was the foundation both of his role as historian-prophet and of his writing: a mixture of poetry, rhetoric, and narrative that was meant no doubt to adumbrate the longed for overcoming of opposites: history and myth, learned and popular, temporality and immediacy, adult and child, self and other.

Nevertheless, there is evidence that Michelet was tortured more often than his reputation as the prophet of the Revolution would lead one to expect by the thought that it might be with the Revolution and with his entire view of history as it was with Christianity, that they too might be a "prodigious dream" to which no mundane reality corresponds or will ever correspond. There were times of terrible doubt, when the possibility of regression and illusion—a persistent nightmare in all his writings from the *Introduction à l'histoire universelle* of 1830 to the natural history books of the 1850s and 1860s but increasingly frequent after 1848—overwhelmed his faith in the order, meaning, and direction of history and nature. "Perhaps what we take to be the dawn is evening drawing in", Hugo had likewise reflected anxiously in the Prelude to his *Chants du Crépuscule* (1835).[86]

Michelet wavered all his life between a vision of nature as good, orderly, continuous, and progressive, behind the apparent disorder of its many appearances, and a nightmarish fear that perhaps in the end all is chaos and violence, and nothing "makes sense". On the one hand, he hailed the triumphs of the nineteenth-century Prometheuses—Romme, Reid, Peltier, Piddington—who had tamed the tempests and mapped the seemingly infinite ocean depths, the home of "the man-eaters, the monsters, the leviathan, the kraken, and the great sea-serpent", by discovering the laws of the winds and the ocean currents.[87] They showed, he proclaimed, that "What had been thought of as caprice could be reduced to law."[88] On the other hand, his work demonstrates repeatedly that at any moment this intelligible universe, seemingly obedient to law, might suddenly uncover or revert to its dreaded, undecipherable underside—the fascinating, seductive Circe, the untamable, lawless female beneath the gentle, suckling mother. As the *mère* turns into a *marâtre*, so the *peuple*, the hero of the Revolution, becomes a raging, shapeless *populace*—no longer men but "howling dogs, a million, hundreds of millions of relentless, [. . .] raging hounds . . . But why call them dogs or hounds. [. . .] Not even that. Hideous and nameless apparitions, beasts without eyes or ears, nothing but foaming jaws."[89]The green meadow becomes a treacherous marsh[90] or a pestilential swamp,[91] the tropical savannah turns out to be a heaving mass of living creatures all of which devour each other. Everywhere the investigator, as he probes, discovers a world of terrifying forces destructive of all order, design and definition, of all thought, and of sanity itself, an irrational, violent, and fascinating subterranean reality. "From time to time the sound of stifled sighs rises from these calm green waters. If you were to set foot in them, you would discover with horror that they are solid. . . . The moment a living creature appears, everything lifts up its head, everything begins to swarm; one sees the strange assembly rise up in all its terror. . . . Those monsters that rule over the surface have their own tyrants down below. The piranha, the razor-fish, as fast as the cayman is heavy, before the latter can turn around, cuts off its tail with the fine saw of its teeth and carries it off."[92] In the virgin forest the precarious and hard-won identity of individual forms is threatened, literally, with disintegration. "If you were to yield to your weariness, a silent army of implacable anatomists would take possession of you, and with a million lancets would make of all your body tissue a fantastic piece of lace, a gauze, a vapor, a nothing."[93]

Discontinuity, meaninglessness, and the danger of regression in nature are the mirror of discontinuity, meaninglessness and the danger of regression in history. In a few pages devoted to Sade and the survival of aristocratic libertinism, Michelet evokes the "terrible situation of a still fragile Republic, which in the chaos of a world in ruins, found itself surprised from below by frightful reptiles. Vipers and scorpions seethed in its foundations."[94] At the other end of the social spectrum, the dark face of the people is revealed in a figure like the capuchin Chabot, "a hero of the populace, violent and licentious".[95] Michelet's fear of the modern industrial proletariat seems neither trivial nor incidental, for he saw the proletariat as a dangerous regression from his ideal *peuple*. Thus he was forced to defend his optimistic vision of the *peuple* as the subject of history by disputing the findings of the pioneer social scientists of his time, such as Parent-Duchâtelet, Buret, and Villermé. "They have all concerned themselves almost exclusively with an exceptional part of the people", he complained. France is not England, "where the industrial population makes up two thirds of the total".[96] But in *L'Oiseau* he himself acknowledged his doubt and anxiety. Seeking a refuge in nature from the desolation of history, "I encountered for the first time the head of the viper." "Shattered, silenced to death" by this manifestation of "evil" in Eden, he is obliged to confess that: "The great mother, nature, in whom I had sought refuge, terrified me."[97]

It is at this point, where the optimism and progressivism usually attributed to Michelet appear to falter, that we can begin to measure the importance of his presentation of the *History of the Revolution* as the Gospel of a new religion and, in general, of the mythical dimension of his narrative. At the high points of that narrative, the indication of times that are repeated—mythic times, such as time of day (morning, afternoon, evening, night) and season or month of the year— becomes at least as important as chronology.[98] July, in particular, has a significance that appears to have little to do with chronology. It always designates a moment of unity, transparency, and plenitude, the burning light of the high summer sun—in Michelet's own words: "Universal history as the struggle of liberty, its victory over the world of fatality, constantly renewed, brief as an eternal July."[99] The July of the taking of the Bastille is repeated in the July of the Federations and in the July of the 1830 Revolution, and it is identified in Michelet's mind with the climaxes, the moments of illumination of his own spiritual (and no doubt physical) itinerary. "O mon Vico! ô mon juillet," he exclaimed once.

The intrusion of the time of myth into the chronological time of history in Michelet's narrative led my colleague at the University of Pennsylvania, Frank Bowman, to raise—quite properly, in my view— the question of Michelet's understanding of the Revolution as an historical event. "Is Michelet's temporality a three part temporality?" Bowman asks (i.e., a progressive movement from an Age of Gods, through an Age of Heroes, to an Age of Men—from Monarchy, through Aristocracy, to Democracy—in the schema adapted by Michelet himself from Vico). "What is in fact the date of the Revolution? Is it 1789, 1848, is it in the past or in the future? In history, the Revolution is at once event, goal, and continuity. Need one remark that the Incarnation and the Real Presence offer the most perfect analogy to this kind of temporality, or that for Michelet the time of the Passion and the Imitation of Christ is the same as the time of the Revolution?"[100]

Michelet's writing often encourages a view of time as repetition, and the spiral is sometimes hard to distinguish from a cycle. When the narrator of the *History of the Revolution* invokes the Revolution in his Introduction—"From the priest to the king, from the Inquisition to the Bastille, the road is straight, but long. Holy, holy Revolution, how slowly dost thou come:—I, who have been waiting for thee for a thousand years in the furrows of the middle ages,—what! must I wait still longer? Oh! how slowly time passes! Oh! how I have counted the hours!—Wilt thou ever arrive?"[101]—it is left unclear whether the historian is speaking for France or for himself, whether the chronological perspective is that of the narrative (i.e., the eve of the Revolution of 1789, the point to which the narrative has been brought so far) or that of the act of narration (i.e., the eve of the Revolution of 1848). It is as though the "Revolution" belongs to a different order of things from ordinary history, into which it erupts from time to time, like an ever renewed promise of redemption. The longing for holy Revolution, it appears, is without end, and may belong to any time.[102]

Claiming to have discovered an affinity between Michelet and Nietzsche in their common condemnation of their own century as "lifeless" ("en quelque sorte éteint"), Roland Barthes argued that what Michelet shares with Nietzsche is the "apocalyptic" idea that "we are in the time of the End of history. Now what is the avant-garde that is going to pick up and embrace that idea?" Barthes asks. "It is dangerous, it burns."[103]

No doubt one of the best ways to dust off any old writer and bring him up to date at present is to find anticipations of Nietzsche in him. But if Barthes' suggestion has any validity—and there does seem to be something Nietzschean about Michelet's impatience with history, his rejection of "imitation" in favour of new creation, his call for a new religion, a new myth, that will not be simply a copy of the old ones ("the gods", he declared "are the chief obstacle to God"[104])—it seems to me that it underscores the ambivalence of the idea of a post-historical condition, outside the framework of Christian eschatology. Apparently, the End of history, that is of history as it was viewed by the liberal nineteenth century may be conceived either as a breakthrough to an exalted and exhilarating life of perpetual creation or as a regression to barbarism, to a world of repetition and unmediated violence. Is it the people (*peuple*) or the dreaded *populace* that announces the End of history? "Est-ce la fin, Seigneur", Hugo asked, "ou le commencement?" ("Is it the end, o Lord, or the beginning?").[105]

The religion of Revolution—with its longing for redemption, its expectation of a miraculous transcendence of the humdrum world of practical politics ("n'importe où hors de ce monde"), and its rejection of the prosaic and often painful compromises that the pursuit of practical politics entails—lurches unpredictably from passionate idealism to pessimism and despair, and seems capable of attaching itself to entirely contradictory policies and programmes, provided these promise deliverance from the world as it is.

Michelet thought of himself as a champion of democracy, and there is no doubt, in my view, of the authenticity and intensity of his hatred of every form of tyranny and oppression. He was also amazingly alert to the unsuspected paths by which men of good will may be led to advocate oppression.[106] Nevertheless, one is bound to ask how compatible his longing for unity is with the actual practice of democracy. In the original, pure faith of the Revolution—obscured, misunderstood, or simply forgotten in the half-century since 1789,[107] but buried deep, he claimed, in the heart of every French man and woman—he saw the ground of a still unrealized national unity and identity and the hope of an end to the class conflicts and struggles of his own time. "In moments of weakness, when we seem to have forgotten who we are, it is there that we must seek ourselves."[108] The aim of the *History of the French Revolution* was to promote unity by resurrecting the original faith.

Michelet's task as historian of the Revolution was not therefore primarily critical. His aim was not to "think" the French Revolution, as François Furet would have us do, to disengage himself from its continuing legends in order to study it as a remarkable though contingent historical phenomenon. It was the opposite: to recover what people believed, the power of the founding myth. Consistently with this objective, he not only presented his narrative as a founding history, he explicitly rejected critical, conceptual, and "scientific" historiography in the form most familiar to him—that of the Enlightenment—as misguided and arbitrary, a feeble projection of mental constructs on to a reality that had in the end broken over them in an immense tidal wave and swept them away.[109]

The celebrated injunction to harken to history's silences implies an operation different from that of the critical historian. Just as it was not for the relatively educated Jacobin or Girondist, in Michelet's view, to prescribe policies to "save" the people, it is not for the historian to impose his theories on the past. "We are doctors; the patient does not know what she is talking about"—that is the language of the Jacobins, "clumsy surgeons who in [their] profound ignorance of medicine, think [they] can save everything by driving [their] knife arbitrarily here and there into the patient".[110] But all their science, Michelet charges, adopting an image common among Romantic critics of the analytical procedures of the

Enlightenment, "consists of cutting, cutting, and cutting again".[111] As the past is not a lifeless cadaver, according to Michelet, this method is inadequate and inappropriate. The proper model for the historian is not the surgeon, but the physician, "sounding" the patient with his stethoscope. His first task is to listen to what the people whose story he proposes to write has to tell him. His history will be no more or less than that story, only so reconstructed that it gives the people a clearer understanding of itself. "Our confidence in a superior education and culture, in our specialized research, in the subtle discoveries we believe we have made must not be allowed to make us despise the national tradition. We must not lightly undertake to alter that tradition, to create or impose another."[112] For in the end popular belief is "true in general, even if the details are covered over with legendary trimming that has nothing to do with factual history. Legend is another kind of history—the history of the people's heart and imagination."[113]

It is thus clear from the outset that Michelet's history of the Revolution was going to follow the lines that those who made the Revolution had drawn for it and to reflect their understanding of it.[114] "Have I not lived with them, followed each one of them, like the faithful companion through his deepest thoughts and in all his changes", he wrote of the Revolutionary actors. "In the end I was one of them, a denizen of that strange world. I had trained my eyes to see in that world of shadows, and I believe they knew me. . . . I was not an 'author'. I was thousands of miles away from thinking of the public, of literary success; I was full of love, that's all. I went here and I went there, eager and hungry; I breathed in and I wrote the tragic spirit of the past."[115] "Full of love", Michelet presents himself as the historian not of this party or of that, but of *all* the parties of the Revolution, the *first* such historian, the first to rediscover the unity of the Revolution by seeking it in the memory of its true subject, the *people*, and by including all the many tones of a purportedly single, mighty voice. His history cannot invite discussion or debate, because everything has been included in it. The short-lived unity of the Revolution is restored in its history.

Michelet frequently asserts that he *is* France, that he *is* the Revolution, and in several passages of his *History* he presents his own life at the time of writing his history as a re-enactment or re-living of an episode in the history he is writing.[116] It is by an intense effort of identification, a kind of magical transsubstantiation or, as he put it himself, a "strange alchemy", not by detached scientific analysis, that the Romantic historian may hope to penetrate the secrets of the past. For this method of doing history, the object of the historian's investigation must always be in fact a subject, an individual perhaps, but most likely a collectivity, a people, even humanity itself. The historian does not start with a problem or a question— either a classic problem such as the causes of the military and political decline of states (taken up once again only recently by Paul Kennedy) or a more modern one, such as the transformations of family structure and demographic patterns in Western Europe since the Middle Ages, or the conditions favouring the rise of different varieties of fascism—but with an active subject, and his aim is to get inside that subject and reconstitute its experience as a story so that all its seemingly disparate parts come together to form a single "meaningful" whole. Romantic history is thus a close cousin of Romantic biography and autobiography. It is a search for unity and identity.[117]

On his side, the reader is not expected to stand back critically from the history he is reading, as he was from the texts of the Enlightenment historians. Just as the author claims to have eschewed the rules of selection and composition that governed classical narrative and to have grasped the inner form of reality by a process of sympathetic identification or divination, the reader is expected to immerse himself in the narrative and to identify, as the author did, with its "spirit". That is the condition of understanding. Reading, in a word, is a kind of *imitatio*. Michelet's aim could not be to encourage criticism and reflection. Conversion, not inquiry, had to be the goal of his *History of the Revolution*. One might even say that it is offered not as an argument to be considered critically or developed, but as a kind of Eucharist.[118] Through the child of the historian's labour, the flesh of his flesh, France is to become one, the nations are to be joined in brotherhood, and all humanity is to be reunited with itself. If Michelet understood revolution in general and the French Revolution in particular in a quasi-religious light rather than as a mundane historical phenomenon occurring in certain conditions, which one might wish to investigate and understand better, that is also the way he thought of his own work.[119]

The value Michelet assigned to the Revolution corresponds to his practice as its historian. In both cases, the ideal is unity and unanimity. Just as the *History of the Revolution* was not a contribution to a collective and continuing critical investigation but a revelation of the truth, the Revolution itself meant above all the immediate *experience* of Revolutionary fervour, an erotic participation in a common action, rather than the inauguration of a sustained, difficult, ethical and political practice involving constant reflection and review, argument and analysis, conflict and compromise. The "Trois Glorieuses" of 1830 had already inspired the young professor of history and philosophy to compose an enthusiastic hymn to the French people and its aptitude for revolution. "At the ball or in battle, no people", he wrote in the *Introduction to Universal History*, "is more electrified by the feeling of community [. . .] It is in the midst of danger, when a brilliant July sun illuminates the fête, when fire responds to fire, when bullets and death burst forth inexhaustibly, that stupidity becomes eloquent and cowardice courageous. At such moments the living dust of the people coheres and sparkles, stupendously beautiful. A searing poetry spurts from the mass."[120]

Where such an intense experience of community is the ideal, political life itself must finally seem second-rate, banal, diminished by compromise and routine. "Toute la politique est un expédient" ("All politics is mere expediency"), Hugo wrote in *L'Année terrible*. There is every reason to believe that Michelet would have subscribed to that judgment.[121] By its very nature, the pure experience of revolution cannot maintain itself in historical time. It can be kept alive only by being constantly renewed. And where revolution is hypostatized to the point that it far outweighs its specific objectives, revolutionary politics, it seems to me, must have more to do with esthetics than with ethics, more to do with poetry than with history. "Ethics", as Constant observed, "needs time."[122] It has in fact often been suggested that there is an inner link between the essentially esthetic criticism of industrial capitalism, liberalism, and utilitarianism common among nineteenth-century Romantics and a certain cult of revolution as such, notably on the extreme Right; between the dandyism of *l'art pour l'art*, the cult of the *acte gatuit*—Hedda Gabler playing with General Gabler's pistols and dreaming of a beautiful and authentic act—and certain features of fascist ideology. The experience of transcending the bounds of the everyday, as we now know, may be completely indifferent to ethical considerations, and glorification of the *moment*—the moment of crisis or climax, the moment of "truth", the End of history (Barthes), the "state of exception" when "the strength of real life breaks the hardened crust of mechanical repetition" (Carl Schmitt)—at the expense of the banal time of maturation and compromise may be closely related to a strange confusion of the political Left and the Right that appears to be characteristic of many modern revolutionary movements.

"The moment of Truth turns out to be an ambiguous—perhaps the most ambiguous—of contemporary political ideologies", an Italian scholar wrote recently. "After all, [. . .] the difference between Left and Right is, first and foremost, a product of temporality: of the weight and memories of the past, the open-ended conflicts of the present, the prospects and hopes of the future. [. . .] When a culture concentrates on the superstitious uniqueness of the moment of crisis [. . .] temporality will be contracted and abolished: past, present and future will all vanish, and with them all meaningful political determinations." Writing from the point of view of the Left, Franco Moretti goes on to ask whether this means that the Left must "dismiss from its horizon the very notion of a moment of crisis—of open violence, revolution, war" and provides the following answer to his own question. "Leaving aside the fact that such events have occurred, occur nowadays, and will continue to occur, whether people want them to or not, [. . .] what I want to stress is that a revolution should be seen neither as a value in itself, nor as a mechanism to generate values: but fundamentally as the possible *consequence* of a given set of values in given circumstances." The Left, according to Moretti, must rid itself of "the most equivocal of contemporary political phenomena, left-wing terrorism." Hence, "no tragic yearning for catastrophe as the well-spring of truth, [. . .] no metaphysical contempt for 'consequences', no Baroque delight in 'exception'." Moretti denies that the sobriety he recommends is at best an unprincipled pragmatism, at worst a sell-out to compromise and intrigue. For support and encouragement he looks, as I too am often inclined to do, to Max Weber, and quotes from a speech of Weber's from which, as he says, "there is still a lot to learn".

> From a human point of view [those who feel unconcerned as to the consequences of their actions and are simply inebriated by their romantic sensations] interest me very little and don't move me at all. What *is* deeply stirring and moving, on the other hand, is the view of a *mature* man—it doesn't matter whether young or old in years—who, feeling truly and wholly his own responsibility for consequences, and acting according to the ethic of responsibility, still of a sudden does say: "I cannot do otherwise. I shall not retreat from here." Here is truly moving and human behaviour, and such a situation must be possible at any moment for all of us who have not yet lost our inner life.[123]

From the point of view of the philosophy of consciousness that has been so important in the Western world since the Romantics, the goal of all our struggling and striving is the overcoming of alienations and of time itself—reconciliation of self and other, subject and object, man and nature, man and God. That was Michelet's dream as it was Hegel's, and it is the foundation on which Michelet's politics of redemption rests. The alternative—and it is one that deserves consideration in view of the disastrous record of the politics of redemption, on the Left as well as on the Right—is a philosophy of intersubjectivity in which separation and division are accepted as the point of departure of any serious reflection about the problems of the human condition and human society. From that point of view, the aim is not to "transcend" otherness or time, but to discover means of discourse and communication with the other. The ideal of social life is not a Romantic fusion of identities, but a pursuit of understanding and communication with others that is in some ways closer to the outlook of the Enlightenment; not participation in common myths, but willingness to explore different points of view and to work toward the best solution. The problem is not to eliminate difference, but to eliminate violence and oppression.

## Notes

1. Jules Michelet, *Histoire de la Révolution française*, ed. G. Walter (Paris, 1952), 2 vols. (hereinafter: *HR*), 1:396–97; Introduction, 1:75. Passages quoted in English are from the 1847 Charles Cocks translation of Books I through III, re-edited by Gordon Wright as *History of the French Revolution* (Chicago, 1967), with occasional modifications. Translation of passages from Book IV onward are my own.
2. Letter to Brandes, 20 December 1870, quoted by Edmund Gosse, *Henrik Ibsen* (New York, 1908), p. 123.
3. *Réponse à John Lewis* (Paris, 1973), pp. 91–98.
4. *HR*, 1:428.
5. "Ce sable, aussi plan que l'Arabie." "Le cheval anglais bat insolemment la plaine." (*HR*, 1:1)
6. "L'insoucieuse France danse là sur les morts!" (*HR*, 2:993)
7. "Barbares puissances du silence, qu'avez-vous fait de ces grands coeurs, de ces puissantes voix? . . ." (*HR*, 2:994)
8. "Un grand souffle . . . que vous ne sentez nulle part, une âme, un tout-puissant esprit." "Et si cette plaine est aride, et si cette herbe est séchée, elle reverdira un jour." (*HR*, 1:2)
9. *HR*, 2:996. Cf. 1:1021: "Laissons-les, ces grandes choses que nos pères ont faites pour l'affranchissement du monde, laissons-les au dépôt sacré où rien ne se perd, la profonde mémoire du peuple, confions-les à la justice du Dieu de la liberté, dont la France fut le bras en ce grand jour, et qui récompensera ces choses (c'est notre foi) dans les mondes ultérieurs."
10. See his own account in the "Lettre à M. Edgar Quinet" in *Le Peuple*, ed. Lucien Refort (Paris, 1946 [Société des textes français modernes]) p. 17.
11. Michelet, *Introduction à l'histoire universelle. Tableau de la France. Préface à l'Histoire de France*, ed. Charles Morazé (Paris, 1962), pp. 75–76.
12. "Le monde pense, la France parle." (*HR*, 1: 70)
13. See *Tableau de la France*, ed. cit. note 11 above.
14. *HR*, 1:9.
15. See Michel Serres, "Michelet—The Soup", *Clio*, 6 (1977), pp. 181–91.
16. *Histoire de France*, Bk. 5, ch. 8, "Eclaircissements", in *Oeuvres complètes*, ed. Viallaneix (Paris, in progress), 4:593. See also my "History as Decipherment: Romantic Historiography and the Discovery of the Other", *New Literary History*, 18 (1986–87), pp. 23–57, especially p. 43 and note 53.
17. See, toward the opening of Book 1, chapter 2 of the *History of the Revolution*, the report a nobleman gives of the enthusiastic feelings that the opening of the Estates General inspired in him: "My God, my fatherland, my fellow-citizens had become myself." (*HR*, 1:89)
18. "Pour moi, c'est livre saint," (*HR*, 1:15) See his own observation in his *Journal* for 13 April, 1854; "Dans l'*Histoire de la Révolution française*: la Révolution a été une création, quoi qu'en dise Saint-Simon, une religion du droit opposée à la religion de la grâce, un banquet pour tous, non pour les élus." (*Journal*, ed. P. Viallaneix and C. Digeon, 4 vols. [Paris, 1959–76], 2:243.)
19. "Je donne aujourd'hui l'époque unanime, l'époque sainte où la nation tout entière, sans distinction de parti, sans connaître encore (ou bien peu) les oppositions de classe, marcha sous un drapeau fraternel. Personne ne verra cette unité merveilleuse, un même coeur de vingt millions d'hommes,

sans en rendre grâces à Dieu. Ce sont les jours sacrés du monde, jours bienheureux pour l'histoire. Moi, j'ai eu ma récompense, puisque je les ai racontés." (*HR*, 1:8) See also the end of Book 2, ch. 3 (*HR*, 1:203), on 14 July 1789: "O glorious day, first day of our deliverance. I have lived in order to relate your history!" ["O beau jour, premier jour de la délivrance. J'ai vécu pour vous raconter!"]

20. "La Révolution n'est pas faite . . . . Il faut, pour qu'elle continue, qu'elle sache bien, avant tout, ce qu'elle veut et où elle va . . . . Je venais d'entrevoir Dieu. Puisse cette vision sublime que nous eûmes de lui . . . . nous relever tous, auteur et lecteurs, des misères morales du temps, nous rendre une étincelle héroïque du feu qui brûla la coeur de nos pères." (*HR*, 1:608–9)

21. *HR*, 1:11.

22. "Citoyens pour la première fois, évoqués du fond de leurs glaces au nom inouï de la liberté, ils partirent, comme les rois mages et les bergers de Noël, voyant clair en pleine nuit, suivant sans pouvoir s'égarer, à travers les brumes d'hiver, une lueur de printemps et l'étoïle de la France." (*HR*, 1:328)

23. "Tellement Dieu était en la France! telle la vertu miraculeuse qu'elle avait alors! L'épée dont elle frappait, au lieu de blesser, guérissait les peuples. Touchés du fer, ils s'éveillaient, remerciaient le coup salutaire qui rompait leur fatal sommeil, brisait l'enchantement déplorable où, pendant plus de mille années, ils languirent à l'état de bêtes à brouter l'herbe des champs." (*HR*, 1:1225—after the victory of Jemappes.)

24. "Nullement raisonnable. Ce fut un acte de foi." "Personne ne proposa. Mais tous crurent, et tous agirent." (*HR*, 1:145)

25. "La France voulut et cela fut fait." (*HR*, 1:419)

26. "Est-ce miracle? Oui, le plus grand et le plus simple." (*HR*, 1:404)

27. "Miraculeuse année, qui va de juillet en juillet." (*HR*, 1:396)

28. "Enfin l'ombre disparaît, le brouillard s'enfuit, la France voit distinctement ce qu'elle aimait, poursuivait sans le bien saisir encore: l'unité de la patrie". ". . . Tout obstacle fuit, disparaît, toute résistance s'efface." (*HR*, 1:403)

29. "La France naît et se lève au canon de la Bastille. En un jour, sans préparatifs." (*HR*, 1:397)

30. "Nulle origine précise ne peut être assignée à ces grands faits spontanés." (*HR*, 1:326)

31. "Ces millions d'hommes, hier serfs, aujourd'hui hommes et citoyens . . . évoqués en un même jour, d'un coup, de la mort à la vie, nouveaux nés de la Révolution . . . qu'étaient-ils? Un miracle. Nés vers avril 89, hommes au 14 juillet, hommes armés surgis du sillon . . ." (*HR*, 1:428)

32. "Tout était possible. Toute division avait cessé: il n'y avait ni noblesse, ni bourgeoisie, ni peuple. L'avenir fut présent . . . C'est à dire plus de temps . . . Un éclair et l'éternité." (*HR*, 1:430)

33. "Le temps a péri, l'espace a péri, ces deux conditions matérielles auxquelles la vie est soumise . . . Etrange vita nuova qui commence pour la France, éminemment spirituelle, et qui fait de toute sa Révolution une sorte de rêve . . . Elle a ignoré l'espace et le temps." (*HR*, 1:406) See also *HR*, 1:414 on the Revolution as "un prodigieux rêve".

34. *HR*, 1:142 (note the feminine gender: the people is both childlike and feminine in Michelet), 181–82, 225–26, 276, 400.

35. *HR*, 1, 414–15: "La France est l'enfant sur l'autel". Cf. *Le Peuple* (Paris, 1974), p. 166: "L'enfant est l'interprète du peuple. Que dis-je, il est le peuple même, dans sa vérité native, avant qu'il ne soit déformé, le peuple sans vulgarité, sans rudesse, sans envie, n'inspirant ni défiance, ni répulsion. Non seulement il l'interprète, mais il le justifie et l'innocente en bien des choses."

36. "Nullement la mort, mais la vie tout au contraire, le futur renouvellement." "Le monde en tressaillit." (*HR*, 1:9, 11)

37. *HR*, 1:77–79.

38. "La France était-elle avant ce jour? On pourrait le contester." (*HR*, 1:200)

39. "La chose était nouvelle, non seulement dans nos annales, mais dans celles même du monde." "Tout un peuple . . . d'une fois passait du néant à l'être." (*HR*, 1:77, 78)

40. *HR*, 1:82.

41. *HR*, 1:203.

42. "Tu vas créer des peuples et la face de la terre en sera renouvellée." "Premier d'immense avenir." "Une grande chose commençait." (*HR*, , 1:88)

43. "L'oeuvre des temps en une nuit." ". . . le premier miracle du nouvel Evangile, divin miracle, authentique." (*HR*, 1:217).

44. "La terre, triste et stérile hier, sous les vieilles mains des prêtres, passant aux mains chaudes et fortes de ce jeune laboureur. Espoir, amour, année bénie! Au milieu des fédérations, allait se multipliant la fédération naturelle, le mariage . . . Les mariages, chose inouïe, furent plus nombreux d'un cinquième en cette belle année d'espérance." (*HR*, 1:428) Though some will no doubt attribute the extraordinary generation of men of genius who reached maturity in the last decade of the eighteenth century to the stimulus of exciting events and the opportunities afforded by the young republic, Michelet claims that "there was another cause". These remarkable children were

conceived and born in an age penetrated and exalted by the genius of Rousseau. "A cette aube matinale d'une religion nouvelle, les femmes s'éveillèrent. Il en résulta une génération plus qu'humaine." (*HR*, 1:429n)

45. *HR*, 1:656.
46. "Rare moment où peut naître un monde, heure choisie, divine! . . . Qui se chargera d'expliquer ce mystère profond qui fait naître un homme, un peuple, un Dieu nouveau? La conception! l'instant unique, rapide et terrible!" (*HR*, 1:429)
47. *HR*, 1:1.
48. "De ce moment sublime, de tant de voeux purs et sincères, de tant de larmes mêlées . . . il allait surgir un Dieu." (*HR*, 1:428)
49. "Quelques historiens modernes regardent la démocratie comme le développement nécessaire des idées chrétiennes; pour eux la Révolution française est sortie de l'Evangile; que dis-je? c'est l'Evangile lui-même incarné dans un fait." (*Histoire des Montagnards* [Paris, 1847], 1:4–5. See also Introduction, section 2, on the relation of the Revolution and Christianity.) Like Michelet, Esquiros probably had in mind first and foremost P.-J.-B. Buchez and P.-C. Roux, who claimed in their immensely popular *Histoire parlementaire de la Révolution française* (Paris, 1834), 1:1: "La révolution française est la conséquence dernière et la plus avancée de la civilisation moderne, et la civilisation moderne est sortie tout entière de l'Evangile [. . .] C'est un fait incontestable, si l'on examine et si l'on compare à la doctrine de Jésus, tous les principes que la révolution inscrivit sur ses drapeaux et dans ses Codes; ces mots d'égalité et de fraternité qu'elle mit en tête de tous ses actes."
50. "Je ne vois encore sur la scène que deux grands faits, deux principes, deux acteurs et deux personnes, le Christianisme, la Révolution." (*HR*, 1:21)
51. See, as early as 1843, the entry in his Journal, 1:516–17: "Farewell my past . . . All that I have known and loved I now turn my back on in order to go out toward the infinite unknown, . . . from whence I sense, though I do not yet know it, the coming of the new God of the future."
52. *Histoire de France*, "Préface de 1869", *Oeuvres complètes* (ed. Viallaneix), 4:15.
53. *Journal* (ed. Viallaneix), 1:674, 14, July 1847.
54. "Une religion nous vient, deux s'en vont (qu'y faire?): L'Eglise et la Royauté." (*HR*, 1:219)
55. *HR*, 1:24.
56. *HR*, 1:25.
57. "Le chrétien est cet homme résigné de l'ancien Empire, que ne place aucun espoir dans son action personnelle, mais croit être sauvé uniquement, exclusivement par le Christ." (*HR*, 1:384) Michelet had read Constant as a young man and admired him deeply. He may have known Feuerbach only indirectly at the time he was writing his *History of the Revolution*, but by 1854 he was reading him assiduously (*Journal*, 2:242–43).
58. "Moi qui cherche ma foi ailleurs, et qui regarde au Levant." (*HR*, 1:384)
59. *HR*, 1:20.
60. "Nous que le passé défiguré, dépravé, chaque jour plus impossible, a bannis de tous les temples, nous qui, par son monopole, sommes privés de temple et d'autel, qui souvent nous attristons dans l'isolement de nos pensées, nous eûmes un temple ce jour-là, comme on n'en avait eu jamais." (*HR*, 1:412) On the Revolution as the religion of *all*, see *Journal*, 13 April 1854 (quoted above, note 18).
61. *HR*, 1:609, 1:12.
62. *HR*, , 1:394.
63. "Plus de classes, des Français; plus de provinces, une France." (*HR*, 1:217)
64. *HR*, 1:430. Poulet in *Mesure de l'Instant* (Paris, 1986), p. 272. Cf. Frank Bowman, "Michelet et les métamorphoses du Christ", *Revue d'histoire littéraire de la France*, 74 (1974), 824–44: "Attiré par la grâce, Michelet refuse néanmoins la figure du Christ quand elle se métamorphose en figure de la grâce, refuse les joies de l'union; ne sont valables que la Passion, et l'imitation de cette Passion dans l'espoir de créer la Révolution." (p. 844)
65. *HR*, 1:466 (criticism of jacobin model of the "cité antique" or the "petite cité monastique du moyen âge, qu'on appelle couvent, abbaye"), 2:914 ("Les comités guillotinés, la Convention épurée, Robespierre allait fonder une république de Berquin ou de Florian, commencer ici l'âge d'or, inaugurer le paradis, où tout ne serait que douceur, tolérance et philosophie, où les loups, désapprenant leurs appétits sanguinaires, paîtraient l'herbe avec les moutons"), 2:203 (impossibility of imposing unity by fiat from above: "Dans leur foi naïve à la toute-puissance de la loi . . . ils croyaient que l'unité, pourvu qu'elle fût décrétée, à coup sûr existerait; ils ne semblaient pas se rendre bien compte des moyens indispensables qui doivent la préparer. L'unité, pendant que la loi la décrète en haut, doit fleurir d'en bas, du fond des volontés humaines; elle est la fleur et le fruit des croyances nationales").
66. *HR*, 1:767.

67. " 'Ah! si j'étais un, dit le monde, si je pouvais enfin unir mes membres dispersés, rapprocher mes nations!' 'Ah! si j'étais un, dit l'homme, si je pouvais cesser d'être l'homme multiple que je suis, rallier mes puissances divisées, établir la concorde en moi!' Ce voeu toujours impuissant, et du monde, et de l'âme humaine, un peuple semblait en donner la réalité dans cette heure rapide, jouer la comédie divine, d'union et de concorde, que nous n'avons jamais qu'en rêve." (*HR*, 1:416)

68. *HR*, 1:406.

69. "A combien de siècles sommes-nous de la Fédération de juillet?" (*HR*, 1:471)

70. "C'est ainsi que s'est écoulé le plus bel instant de notre vie." (*HR*, 1:409)

71. "Ce jour-là, tout était possible [. . .] Il ne tenait à rien, ce semble, que l'âge social et religieux de la Révolution, qui recule encore devant nous, ne se realisât." (*HR*, 1:430)

72. *Histoire de France*, 17 vols. (Paris, 1833–67), 7:lx.

73. "Un tel état dure-t-il?" (*Ibid.*)

74. "Adieu l'époque d'attente, d'aspiration, de désir, où tous rêvaient, cherchaient ce jour! . . . Le voici! Que désirons-nous? Pourquoi ces inquiétudes? Hélas! l'expérience du monde nous apprend cette chose triste, étrange à dire, et pourtant vraie, que l'union trop souvent diminue dans l'unité. La volonté de s'unir, c'était déja l'unité des coeurs, la meilleure unité peut-être." (*HR*, 1:423)

75. "La vie ne me semble qu'une suite de séparations." (*Ecrits de jeunesse*, ed. Viallaneix [Paris, 1959], p. 76 [7 May 1820].)

76. "Nos sympathies crédules." (*HR*, 1:426)

77. "La Révolution ne peut, sous peine de périr, rester dans l'âge d'innocence." (*Ibid.*)

78. *HR*, 2:794. Cf. *HR*, 2:173: "La Révolution, entrant dans le jacobinisme . . . y trouvait une force, mais elle y trouvait une ruine, comme ces malheureux sauvages qui n'ont, pour remplir leur estomac, que des substances vénéneuses; ils trompent un moment la faim, ils mangent, mais ils mangent la mort."

79. "J'ai longuement raconté les résistances du vieux principe, Parlement, Noblesse, Clergé. Et je vais en peu de mots inaugurer le nouveau principe, exposer brièvement le fait immense où des résistances vinrent se perdre et s'annuler. Ce fait admirablement simple [. . .], c'est *l'organisation spontanée de la France*. Là est l'histoire, le réel, le positif, le durable. Et le reste est un néant. Ce néant, il a fallu toutefois le raconter longuement. Le mal, justement parce qu'il n'est qu'une exception, une irrégularité, exige, pour être compris, un détail minutieux. Le bien, au contraire, le naturel, qui va coulant de lui-même, nous est presque connu d'avance [. . .] par l'image éternelle du bien que nous portons en nous." (*HR*, 1:395–96) Michelet was fully aware, however, that history is concerned precisely with the alienated world that is the very opposite of the ideal of unity and unanimity. "Qu'est-ce que l'histoire? La spécification. Plus elle spécifie, précise, caractérise, plus elle est historique, plus elle est elle-même." (*HR*, 2:995)

80. Georges Poulet, "Michelet" in his *Mesure de l'Instant* (Paris, 1968), pp. 253–86, at p. 272; Roland Barthes, *Michelet par lui-même* (Paris, 1954), p. 21: "Le récit est calvaire; le tableau est gloire."

81. At the end of the account of the death of Robespierre, Michelet speculates on the possibility that the great leader foresaw the collapse of the Revolution, the coming reaction, and "l'éternel roc de Sisyphe que roule la France". (*HR*, 2:986) Earlier (1:428), he had already wondered how the enthusiasm and spontaneous unity of the Federations could ever be repeated: "Heure choisie, divine! . . . Et qui dira comment une autre peut revenir?"

82. "Longtemps après, lorsque l'Empire avait si cruellement effacé la Révolution sa mère, allait souvent près de Versailles voir les ruines de Port-Royal; un jour (en revenant sans doute), il entra dans le Jeu de Paume . . . . L'un ruiné, l'autre abandonné . . . . Des larmes coulèrent des yeux de cet homme si ferme, qui n'avait molli jamais . . . . Deux religions à pleurer, c'était trop pour un cœur d'homme! Nous aussi, nous l'avons revu, en 1846, ce témoin de la liberté, ce lieu dont l'écho répéta sa première parole, qui reçut, qui garde encore son mémorable serment . . . . Mais que pouvions nous lui dire? Quelles nouvelles lui donner du monde qu'il enfanta? . . . . Ah! le temps n'a pas marché vite, les générations se sont succédé, l'oeuvre n'a guère avancé . . . . Quand nous posâmes le pied sur ses dalles vénérables, la honte nous vint au coeur de ce que nous sommes, du peu que nous avons fait. Nous nous sentîmes indignes, et sortîmes de ce lieu sacré." (*HR*, 1:110–11)

83. See Franz Overbeck, *Christentum und Kultur*, ed. C.A. Bernoulli (Basle, 1919).

84. "Se cachant, se résignant, mourant sans bruit, sans révolte." (*HR*, 1:384-85)

85. "Je n'ai pu voir [ . .] sans une émotion profonde ces hommes d'un autre âge qui s'éteignent en silence. Oubliés de tous, excepté de l'autorité pagano-chrétienne, qui exerce sur eux [. . .] la plus lâche persécution, ils mourront dans le respect. J'ai eu lieu de les éprouver. Un jour que j'allais rencontrer dans mon enseignement leurs grands hommes de Port-Royal, j'exprimai mon intention de dire enfin ma pensée et de décharger mon coeur, de dire qu'alors et aujourd'hui, en ceux-ci comme en Port-Royal, c'était le paganisme qui persécutait le christianisme. Ils me prièrent de n'en rien faire (qu'ils me pardonnent de violer le secret): 'Non, monsieur, il est des situations où il faut savoir mourir en silence.'—Et, comme j'insistais avec sympathie, ils m'avouèrent naïvement que,

selon leur opinion, ils n'avaient pas longtemps à souffrir, que le grand jour, le dernier jour qui jugera les hommes et les doctrines, ne pouvait tarder, le jour où le monde doit commencer de vivre, cesser de mourir." (*HR*, 1:384–85)

86. "C'est peut-être le soir qu'on prend pour une aurore."

87. "les mangeurs d'hommes, les monstres, le léviathan, le kraken et le grand serpent de mer." (*La Mer* [Paris, 1900], p. 5. [Oeuvres complètes de Michelet, orig. 1861]). On Romme, Reid, etc., see pp. 289–302.

88. *La Mer*, p. 291. Cf. Hugo, "Février" in *L'Année terrible*:

> . . . Autrefois tout semblait vain et trouble;
> Tout semblait de la nuit qui monte et qui redouble:
>    . . .
> Depuis on a compris. Les foules et les nombres
> Ont perdu leur aspect de chaos par degrés,
> Laissant vaguement voir quelques points éclairés.

89. *La Mer*, pp. 85–86.

90. *Journal*, 2:584.

91. *Histoire romaine*, 2nd ed. (Paris, 1833), 1:71.

92. "Ces eaux vertes, si paisibles, d'où s'entendent par moments quelques soupirs étouffés, si vous y mettiez le pied, vous verriez avec terreur que ce sont des eaux solides [. . .] Qu'un être vivant paraisse, tout lève la tête, tout grouille; on voit dans toute sa terreur se dresser l'étrange assemblée [. . .] Ces monstres eux-mêmes qui règnent à la surface, ils ont en-dessous des tyrans. Le piranga, poisson rasoir, aussi rapide que le caïman est lourd, de la fine scie des ses dents, avant qu'il ait pu se tourner, lui coupe la queue et l'emporte." (*L'Insecte* [1857], Book 2, chapter 12 [Paris, n.d.] *Oeuvres complètes* de Michelet, pp. 159–60).

93. "Si vous cédez à la fatigue, une armée silencieuse d'anatomistes implacables prendrait possession de vous, et d'un million de lancettes ferait de tous vos tissus une admirable dentelle, une gaze, un souffle, un néant." (*L'Oiseau* [Paris, n.d., *Oeuvres complètes* de Michelet], p. 143 [orig. 1858].)

94. "Terrible situation d'une République naissante, qui, dans le chaos immense d'un monde écroulé, était surprise en dessous par ces reptiles effroyables. Les vipères et les scorpions erraient dans ses fondements." (*HR*, 2:847–48)

95. "un héros de la populace, violent, grivois." (*HR*, 1:1063)

96. *Le Peuple*, ed. Refort, pp. 134–35.

97. *L'Oiseau*, pp. 163–64.

98. See on this feature of Michelet's historical writing, Paul Viallaneix's Introduction to his edition of *Jeanne d'Arc et autres textes* (Paris, 1974) and his contribution to the special Michelet number of *Clio*, 6 (1977), pp. 196–98.

99. "L'Histoire universelle comme combat de la liberté, sa victoire incessante sur le monde fatal, bref comme un juillet éternel." (*Histoire de France*, "Préface de 1869," in *Oeuvres complètes*, ed. Viallaneix, 4:15)

100. Bowman, in *RHLF* (1974), 74:843–44.

101. "Du prêtre au roi, de l'Inquisition à la Bastille, le chemin est direct, mais long. Sainte, sainte Révolution, que vous tardez à venir! . . . Moi qui vous attendais depuis mille ans, sur le sillon du moyen âge, quoi! je vous attends encore! . . . Oh que le temps va lentement! oh! que j'en compte les heures! . . . Arriverez-vous jamais?" (*HR*, 1:75)

102. Michelet's view of the relation between the time of revolution and the time of ordinary history bears a striking resemblance to Troeltsch's view in *The Social Teachings of the Christian Churches* (1912) of the relation between the powerful eschatological strain in the Christian sects and the historical continuity represented by the Church. According to Harry Liebersohn, "the history of Christianity would in [Troeltsch's] mature view be the story of moments of anticipation alternating with moments of disappointment". (*Fate and Utopia in German Sociology, 1870–1923* [Cambridge and London, 1988], p. 51.)

10.3 "Car l'idée la plus moderne, idée que Michelet partage précisément avec Nietzsche et Bataille, c'est que nous sommes dans la Fin de l'histoire, et cela, quelle avant-garde oserait encore le reprendre à son compte? C'est brûlant, c'est dangereux." ("Modernité de Michelet", *Revue d'histoire littéraire de la France*, 74 [1974], 804–805.)

104. *HR*, 1: 609.

105. "Prélude", *Chants du crépuscule* (1835).

106. See note 131 below.

107. ". . . On ignore ses origines, . . . sa nature est méconnue, . . . la tradition, au bout d'un temps si court, se trouve déjà obscurcie." (*HR*, 1:2)

108. *Ibid.*

109. The Enlightenment itself had in fact anticipated this reaction, not only in the work of Sade but

in the more mainstream writings of Diderot. The hero of the latter's *Letter on the Blind*, the blind geometer Saunderson, whom the minister Holmes had come to console on his deathbed with speeches about the order and harmony of the universe as evidence of a divine artificer, retorts that while such may well be the sighted person's view of the universe, a person stricken with blindness from birth—even if he is a student and colleague of Newton, as the real Nicholas Saunderson was—can be excused for thinking otherwise and for picturing the universe rather as the fortuitous product of a chaotic and boundless source of energy.

110. *HR*, 1:301.

111. *Ibid.* The people's knowledge, in contrast, is not analytic but synthetic, not criticism ("cutting") but construction. "Ils rapprochent et lient volontiers, divisent, analysent peu. Non seulement toute division coûte à leur esprit, mais elle leur fait peine, leur semble un démembrement. Ils n'aiment pas à scinder la vie." (*Le Peuple*, ed. Refort, p. 183)

112. *HR*, 1:282.

113. *HR*, 1:282.

114. Michelet accepts what he calls the "Revolutionary catechism"—i.e., "what all Frenchmen, thirty-four million of them, believe", with the exception of a few small groups of "écrivains systéma-tiques" and some educated workers who, under their spell, forsook the common tradition. He summarizes it as follows: "Who brought on the Revolution? Voltaire and Rousseau.—Who caused the ruin of the King? The Queen.—Who began the Revolution? Mirabeau.—Who were the enemies of the Revolution? Pitt and Coburg, the Chouans and Coblence.—And who else? The English and the priests ("Les Goddem et les Calotins").—Who spoiled the Revolution? Marat and Robes-pierre." (*HR*, 1:283)

115. *HR*, 1:14–15.

116. He knows the sense of rupture felt by the participants in the Revolution, he says, because he himself experienced it: "While I was happily engaged in recovering the true tradition of France, my own link with the past was broken for good. I lost the being who would so often tell me the story of the Revolution . . . my father with whom I have spent my entire life—forty-eight years. When that blow struck me, I was looking elsewhere; I was elsewhere, as I busily wrote this work which I had been dreaming of for so long. I was at the foot of the Bastille, I was about to take the fortress, to plant our immortal flag on its towers. . . . That blow hit me unforeseen, like a shot from the Bastille." ["Pendant que j'avais tant de bonheur à renouveler la tradition de la France, la mienne s'est rompue pour toujours. J'ai perdu celui qui si souvent me conta la Révolution [. . .] Lorsque cela m'est arrivé, je regardais, j'étais ailleurs, je réalisais à la hâte, cette oeuvre si longtemps rêvée. J'étais au pied de la Bastille, je prenais la forteresse, j'arborais sur les tours l'immortel drapeau . . . . Ce coup m'est venu, imprévu, comme une balle de la Bastille . . ."] (Preface of 1847, *HR*, 1:8) Later, when it came time to recount the falling away from the great days of the Revolution during the Terror, he too was living in wretched exile in Nantes, "in a leaky house that let in the great rains, in January 1853" [dans une maison transparente que perçaient les grandes pluies, en janvier 1853"]. It was there, and then, that he wrote "about the corresponding month of the terror" [sur le même mois correspondant de la Terreur"]: "I plunge with my subject into darkness and winter. The relentless storm winds that have been battering my windows on those hills of Nantes for two months are the constant accompaniment, sometimes heavy, sometimes piercing, of my Dies Irae of 93." ["Je plonge avec mon sujet dans la nuit et dans l'hiver. Les vents acharnés de tempêtes qui battent mes vitres depuis deux mois sur ces collines de Nantes, accompagnent de leurs voix, tantôt graves, tantôt déchirantes, mon *Dies irae* de 93."] (Préface de 1868, *HR*, 1:9) Sometimes the historian's identification with his subject is less explicit. "Et si cette plaine est aride, et si cette herbe est séchée, elle reverdira un jour," Michelet wrote of the Champ de Mars, the locus of the great Fête de la Fédération (*HR*, 1:2). "Ma montagne est chauve, mais elle reverdira", he wrote in his Journal on 2 April, 1854, from his exile in Italy, referring both to the dashing of his political hopes and to his own feelings of physical, moral, and intellectual exhaustion and impo-tence. (Journal, 2:242)

117. The contemporary political significance of the distinction between a problem-oriented histori-ography and a historiography designed to sustain or even create a sense of national identity is made abundantly clear by the current debate over historiography in the Federal Republic of Germany.

118. Though working in the same narrative tradition as Michelet, Louis Blanc already reproached his rival with this failure to encourage a critical response in his readers. It is important, Blanc noted in his rival *Histoire de la Révolution française*, that the historian cite all his authorities and discuss and compare their testimonies before the reader, who must in the end judge them. It is not enough, according to Blanc, just to add another narrative of events to those that already exist. Sources must be recorded and difficult points discussed candidly. ("Premier avis au lecteur", in *Histoire de la Révolution française*, 2nd ed. [Paris, 1869], 1:xxxviii).

119. Though I am arguing here that Michelet's way of writing history leaves little room for the discussion and debate we usually associate equally with science and scholarship and with democratic processes but seems, on the contrary, intended rather to promote the unity formed around myth, he himself always attacked despotism, whatever the justification offered for it. Anacharsis Cloots's admonition, "France, guéris des individus", was placed both at the beginning and at the end of the Preface he wrote for the section of the *History of the Revolution* devoted to the Terror, and he warned again and again, as Trotsky was to do later, that Jacobinism prepares the way for military dictatorship. (See, for instance, *HR*, 2:1004). He was deeply and passionately opposed to the Terror, refusing equally to repudiate the Revolution because of it, as the Right did, to consider it an aberration, as the Liberals tried to do, and to justify it, even glorify it as necessary, in the manner of many of his more Left-leaning contemporaries. The leadership of any fanatical elite, obsessed with its own theories and principles, cut off from the people, and so committed to the future that it loses sight of and becomes insensitive to the present, can only too easily justify cruelty and tyranny, according to Michelet. (Cf. *HR*, 2:855: "L'amour de l'avenir . . . rend terrible à son temps" or 2:995, the final picture of Robespierre, "le sphinx des Jacobins . . . marchant déjà vers nous, nous voyant en esprit, consolant son affreux présent de nos prospérités futures.") Michelet emphasizes that the leaders of the Revolution and of *all* the parties, the Jacobins as well as the Girondists, were *bourgeois* who never doubted their superiority to the common people, the "dumb cattle" they were called on to "save", in spite of themselves if necessary. (*HR*, 1:301) "Voilà une bien terrible aristocratie, dans ces démocrates", he noted. The Revolution's need to defend itself against internal and external enemies, which threw up outstanding leaders like Robespierre and Napoléon, has had a disastrous consequence, according to Michelet: it has produced in the French people a "grave and deep-seated evil, which will be hard to eradicate"—the worship of strong men, "l'adoration de la force". (*HR*, 1:2) Against this obsession with power, however, Michelet argues that justice should always take precedence over security. (*HR*, 1:297—98) At one time Michelet's insistence that a truly democratic leadership must preserve and cultivate its links with the people and strive to unite all classes behind it and his emphasis on the absolute validity of justice and law above all other considerations, might have been dismissed by Marxist historians with a wave of the hand as "petty bourgeois", but Marxists too have learned from the experience of the last half century that they have to make more nuanced judgements.

There is, in short, much that is profoundly, movingly democratic in Michelet's histories and in particular in his *History of the Revolution*, just as there is much in them that has been incredibly stimulating to later historians, including many who work in a different tradition of historical writing. It is my present view, and in that I concur with François Furet, that Michelet represents a historiography that is not appropriate to our time, but I have to confess that even when I think I cannot stand his rhetoric any longer, his work never fails to surprise me, to confound my judgements, and to turn my disaffection back again into admiration. Only Victor Hugo, who was his friend and who shared most of his views and obsessions, inspires a similar reaction in his modern readers. One can have a surfeit of Michelet's rich prose. One can long for a more austere, more intellectual and analytical approach to history than his mixture of heady metaphysics, dramatic narrative, and prophetic commentary. But one has to admire the vision, the passion, and in the end the extraordinary intelligence and understanding, the penetrating critical scrutiny of the greatest of Romantic historians.

120. *Introduction à l'histoire universelle*, p. 72.

121. On Michelet's suspicion of politics as a symptom of social division and itself a divisive force, see Stephen Kippur, *Jules Michelet: A Study of Mind and Sensibility* (Albany, 1981), p. 124.

122. "La morale a besoin du temps" (Benjamin Constant, *De l'Esprit de conquête et de l'usurpation*, I, v, *Oeuvres*, ed. Alfred Roulin [Paris: 1957], p. 999).

123. Franco Moretti, "The Moment of Truth", *New Left Review*, no. 159 (September-October, 1986), pp. 39–48. Cf. a debate in the journal *Telos*, in the form of a series of articles by Ferenc Feher, Joel Whitebrook, Richard Wolin, and others, on the propriety and usefulness of the so-called "politics of redemption", which has marked a great deal of left-wing thinking since the early nineteenth century (*Telos* 63 [1985], pp. 147–68: 65 [1985], pp. 152–70; 69 [1986], pp. 46–57).

*Abstracts*

# Edmund Burke et la Redefinition de l'enthousiasme:
## Le Context en tant que Contre-Revolution

J. G. A. Pocock

## I

Les nouvelles de la Révolution française ont provoqué en Grande-Bretagne un renouvellement du débat jamais conclu sur la révolution anglaise de 1688, dont il existait déjà plusieurs interprétations; l'une d'elles, conservatrice, présentait 1688 comme un acte de nécessité ayant pour but de préserver l'Eglise, la constitution et la monarchie même des conséquences de la politique insensée de Jacques II; et l'autre, radicale, nonconformiste et démocratique, comme une déposition du roi par le peuple, au nom de ses libertés politiques et anciennes, protestantes et éclairées. Les partisans de celle-ci accueillent la Révolution française comme une preuve de la justesse de leur interprétation; les partisans de celle-là la rejettent. Edmund Burke, Richard Price et les autres commentateurs ont assimilé la révolution d'outre-Manche à un discours politique anglais déjà bien établi; ainsi, parmi ses amis anglais les plus ardents, la Révolution française n'a pas acquis, ou a bientôt perdu, cette transparence célébrée chez les historiens modernes.

## II

Que peut signifier, pour l'étude de l'histoire anglo-britannique, la question du rôle de la Révolution française dans la formation de la culture politique moderne? Celle-ci semble être une culture intellectuelle, une culture de l'histoire et de l'historicité; mais la formation en Grande-Bretagne d'une sensibilité historique moderne—c'est-à-dire, au dix-neuvième siècle et pendant la première moitié du vingtième—n'est pas le produit de la recontre de la révolution et de la contre-révolution au sens franco-allemand, dont le colloque n'a pas semblé parler. La culture politique britannique a bien subi le choc de la Révolution, avec l'expérience de vingt ans de guerre contre-révolutionnaire; et cette expérience a été assimilée à l'histoire britannique et à un discours d'auto-interprétation déjà formé et encore autonome.

## Libertés poétiques: La France de Burke et la Représentation Adéquate des Anglais

### James K. Chandler

Les *Reflections* de Burke répondaient à la critique de l'Angleterre faite par les apologistes de la Révolution française. Au coeur de cette critique est une supposition concernant la nature de la représentation; nature qui, d'après Burke, peut être caracterisée comme étant platonique: qu'une nation peut exister avant et en dehors de sa capacité de se représenter, et que la meilleure forme de gouvernement est celle qui offre, comme l'a dit Richard Price, "une représentation pure et égale" de cette entité antérieure. Burke a discuté cette idée en offrant un concept alternatif assez compliqué, qu'il voulait associer, non seulement avec l'Angleterre moderne, mais aussi avec un passé chevaleresque. Ce passé aurait été partagé par la France et l'Angleterre, mais les Français l'auraient désavoué. La position que Burke a défendue concevait une "resprésentation adéquate" des anglais comme constitutive plutôt que mimétique, et elle s'expliquait par une relation entre une propriéte nécessairement inégale et, d'autre part, les "illusions charmantes" du code de la chevalerie et des conventions romantiques. Thomas Paine avait donc mieux compris qu'il ne le croyait en insistant sur les "libertés poétiques" dans l'analyse politique chez Burke. En confondant les activités représentatives souvent séparées par la distinction entre "la politique" at "l'esthétique," le commentaire social chez Burke a exercé une influence énorme sur le romantisme anglais, même parmi les écivains (Hazlitt et Shelley, par exemple) qui n'acceptaient pas sa vue de la Révolution.

## Burke and the Germans

### Philippe Raynaud

The German reception of the *Reflexions on the Revolution in France* can be placed within the critical current of the Enlightenment: the controversy about the relations between theory and practice harks back to earlier philosophical discussions (the "pantheism controversy") and the Burkean defence of prejudices and tradition was all the more easily accepted because Herder had already put forth a similar argument. But the German followers of Burke (Brandes, Rehberg and Gentz) shared a real political kinship with him: they were admirers of the English Constitution, who could have accepted the universalization of civil liberties, but they denounced the abstract rationalism of the French Revolution and its emphasis on political liberty. Beyond the revolutionary period, Burke's ideas also influenced all the later critics of the Enlightenment, from political romanticism to Hegelian rationalism.

# Burke and the French

## Franciszek Draus

The object of this article is to explore the French reception of Burke's thinking about the Revolution. The author emphasizes that this reception faced an essential difficulty arising from the decisive influence of rationalism on French political culture. This influence also affected the conservative political tendencies. The monarchiens' (J. J. Mounier, Lally-Tollendal) political ideal of the constitutional monarchy was very close to Burke's political ideal. Yet, they did not justify it in the same way as Burke. Their ideal was based on abstract political principles and implied a rupture with France's political past. The theocrats (J. de Maistre, L. de Bonald) paralleled Burke in condemning the Revolution, they even took up certain elements of Burke's traditionalism, but their political ideal of theocracy contradicted Burke's liberal convictions. The liberals (B. Constant, F. Guizot, A. de Tocqueville) were too attached to the principles of 1789 to be able to share Burke's conservatism. However, they were not insensitive to Burke's criticism of the democratic phenomenon.

# Burke et les Émigrés

## Colin Lucas

Les milieux de l'émigration (et des conservateurs en France qui allaient émigrer) ont exprimé beaucoup d'admiration pour les *Réflexions*. Ils ont vu en Burke un puissant avocat de leur cause. Pourtant, il convient de mettre en question le rôle de Burke comme maître à penser de la contre-révolution française. L'on décèle bien de points communs entre les analyses de Burke et les thèses de la contre-révolution. Néanmoins, ils relèvent davantage d'un fonds commun d'idées de base. Les Français puisaient leur pensée politique à la source de Boulainvilliers et de Montesquieu; leur propos était un commentaire sur la Révolution en France, voire presqu'un dialogue avec les révolutionnaires. Burke, par contre, puisait dans la pure tradition anglaise et son propos était surtout un commentaire sur l'Angleterre. Tout cela n'empêchait pas Burke d'être très actif pour le compte des émigrés française en Angleterre. Les Princes ont cherché un moment à l'utiliser comme intermédiaire auprès du gouvernement britannique. Burke s'est beaucoup dépensé en oeuvres charitables, surtout en fondant une école pour les jeunes émigrés bien nés.

## "Blood-thirsty Monsters" and "Nefarious Circumstances": Thermidorian Discourse on the Terror

### Bronislaw Baczko

During the months that followed 9 Thermidor, the political actors—artisans of the Terror—became divided, denouncing one another and passing the blame for the dictatorship of the Year II back and forth between them. Two competing theories would emerge from this intra-Thermidorian debate: that one should drop the Terror from the Revolution like some sort of malignancy—the product of a few "blood-thirsty monsters" who had diverted the Republic from its true values; or conversely, that one should accept the Revolution as a whole, viewing the revolutionary change in a fatalistic manner as having been determined by "nefarious circumstances" including the Terror. The insistance upon the necessity to relativize the Terror in relation to circumstances was, most notably, the thread of neo-jacobin discourse.

## Constant, Staël and the French Revolution

### Marcel Gauchet

Among the Thermidorian thinkers, two names stand out as the most profound political authors of the time: Benjamin Constant and Madame de Staël. Linked by a passion famous in French literary history, they were also the best commentators on the state of France between the fall of Robespierre and the arrival of Bonaparte. They were hostile both to the *Ancien Régime* and the Terror and so were obliged to consider both the benefits of the Revolution as well as its tragic course. Their theory of representative government was a result of their constant efforts to save the principles of 1789 from the events that followed their birth in order to separate the Republic from the memories of the Terror.

## The Terror under the Directory

### François Furet

The men who overthrew Robespierre on 9 Thermidor of the Year II were the same men who had voted for him in the Convention. They wanted to end the Terror but not the Revolution of which they had been active supporters. Thus arose the twofold problem which would dominate the Directory period: how to condemn the Terror without touching the terrorists and how, in the midst of a hostile or skeptical climate of opinion, to found a Republic based on the law while banishing its first two years from memory. The creation of a discourse that could explain the Terror is thus central to Thermidorian politics; this is the subject of François Furet's paper.

## Benjamin Constant: The Uses of Oratory

### Jean Starobinski

Constant was a distant observer of the French Revolution until 1795. When he arrived in Paris with Germaine de Staël, about ten months after Thermidor, he witnessed the last undignified debates of the Convention. His critical views about the ills brought about by the excess of revolutionary rhetorics were the same as those of Madame de Staël and of many "moderates". But as a resolute believer in the virtues of a parliamentary regime, he asked for freedom of speech and freedom of the press. Madame de Staël thought that philosophy and oratory, which were partly responsible for the Terror, could nevertheless provide the necessary remedies. They had to define the scopes of progress and to oppose any excessive use of political power by the rulers. Benjamin Constant's oratory career fulfilled that programme, first against Bonaparte (in the Tribunat), and later against the restored Bourbon monarchy (in the Chambre des députés).

## Kant and the Regicide

### Alain Renaut

Kant's attitude toward the French Revolution was both subtle and complex. On the one hand, he was against the revolutionary process although he approved of and defended the Revolution's accomplishments. On the other, he felt that the French events became truly revolutionary only with the trial and execution of Louis XVI; even his disapproval of regicide was an attempt to achieve an explanatory and comprehensive interpretation.

## The Terror according to Hegel

### Luc Ferry

Contrary to a notion taken to be the last word of historiographers of the past thirty years, Hegel never ceased to admire the French Revolution; his critique of the Terror is but another affirmation of this. He was among the first to understand the profound philosophical reasons why the Rousseauean/Robespierrist idea of the general will was, in the final analysis, necessarily hostile to private individuals. In doing this, Hegel was led to reveal one of the major paradoxes of the Revolution: its quasi-interminable character by virtue of which it was impossible for that principle, which sought to be absolutely universal, to find long-lasting expression in concrete institutions.

## Fichte and the Terror

### Marc Richir

The author first indicates how Fichte's conception of the sublime verges on asserting, as opposed to Kant, a cosmic catastrophe catalyzing man's strength to such a degree as to reach the realm of pure will; he then endeavours to show that, whereas Fichte was not factually a "terrorist"—as his obedience to Freemasonry made him evolve in the dawning lights of Bavarian illuminism—he nevertheless tapped, in his own way as a philosopher, and by means of what amounts to political activism, the sources from which a praxis and a "philosophy" of a distinctive "terrorist" flavour came to surface. This can be traced to his way of coalescing (both in terms of theory and of practice) what made the dynamic components of the Kantian sublime: the indefinitely dispersed phenomenality of the social experience, of the human "Lieb," is immediately the symbol of freedom, that is to say that such phenomenality is bound to grow dim in a social body in which opacity to rationality is infinitely receding: a "natural" obstacle as well as the *modus operandi* of the rational institution of society; such are the features of the despotic rationality which is a new emblem for the theological/political.

## An Outlook on German Jacobinism: Ideologies and Activities of some of its Notorious Representatives in France during the Revolution

### Alain Ruiz

Among the Germans eager for progress who came to France at the time of the Revolution, either spontaneously out of sympathy for the new principles or forced into exile because of aristocratic reaction in their countries, many are those who did not content themselves with attending passively the events, the theatre of which their land of refuge had been since 1789. Some of these emigrants, such as the defrocked priest Eulogius Schneider in Alsace, thrust themselves into the revolutionary struggle and joined those of their countrymen already settled in France under the Old Regime—the well-known Anacharsis Cloots, for instance—who also struggled for the triumph of the ideals of liberty and equality proclaimed by the "Great Nation". Except for some outstanding personalities—Cloots, Schneider or even Georg Forster, the leader of the Mainz "clubists"—the activity of those German Jacobins, who from France struggled for the political regeneration of their own country, is generally unascertained. Introducing these men, who sometimes had tragic destinies—some ended up beheaded—defining the ideological discrepancies which made them as inconsistent a group as their French "brothers," showing them in their struggle which was all the more moving as the land of human rights more often than not gave them a precarious and disappointing welcome, analyzing their testimony of the French realities until Napoleon, whom few of them did not join, came to power: here lies the purpose of this study, which brings to light some of the specific aspects of German Jacobinism.

## Reason and Contingency: Humboldt on the Constitution of 1791

### Heinz Wismann

Is it true that Humboldt's critique of the illusions of abstract reason, expressed by the fundamental choices of the French Revolution, implies adhesion to an irrationalist philosophy of history, which would liquidate the normative project of the Enlightenment and demand submission of human action to the contingent reality of facts? The answer can be found in the same text where one might discover, following Meinecke, a profession of historicist faith, that is to say, in the letter of August 1791 to Freidrich Gentz published in January 1792 with the title *Ideen über Staatsverfassung, durch die neue französische Constitution veranlasst.* Rather than rejecting in advance all rationalist pretentions, Humboldt examines the consequences of a realization, perfectly conceivable, of the ideal of reason, concluding that this realization progressively exhausts the very energies necessary for its flourishing. This is because the unity of reason lives only from the contingent diversity of individual tendencies, just as individuality itself cannot affirm itself apart from an aspiration towards the universal. In applying to this "paradox" the transcendental method which, according to Kant, "does not deal so much with (empirical) objects as with our *a priori* concepts of objects in general," Humboldt shows, referring implicitly to the model of reciprocal action, the fertile complementarity of reason and chance. The latter constitutes the fundamental basis not only of political theory, but also of practical philosophy as such. This point of view permits him to illustrate in the final section of his text, which takes the unexpected form of a sketch of the evolution of constitutions, a law of historical compensation, by virtue of which "a beneficial event never occurs in the place where it happens, but at a great distance of space or time; and this place receives in turn the beneficial influence of an occurrence which is equally distant from itself".

## The Counter-Revolution, Joseph de Maistre

Massimo Boffa

In spite of historical vicissitudes that are far from brilliant and in spite of its own intentions, which were to deny at its very roots the new world born in 1789, the Counter-Revolution—somewhat paradoxically—ended up by becoming integrated into the modern sensitivity through strands of thought that one would hardly have suspected. Its precocious critique of democracy and individualism represents the principal heritage that counter-revolutionary thinking has left to European political culture. Within the variegated panorama of the adversaries of the Revolution, Joseph de Maistre is the representative of an altogether peculiar and radical position that is sustained by a dramatic conception of the human condition. Though he elaborated, in opposition to the culture of the Enlightenment, some motives typical of the nascent "historicism,"—more than any other—was conscious of the difficulty of opposing modernity on the fragile and insidious terrain of history. This gave rise to a "metaphysical" polemic against the institutions of the liberal world that aimed at reconstituting the conditions of an infallible political authority and of a merciless struggle between the absolute principles of Good and Evil.

## Bonald, 1796–1801: Counter-Revolution and the Politics of the Possible

Gerard Gengembre

Interpreting the French Revolution, Bonald intended to eradicate both its causes and its consequences. In the *Théorie de l'éducation sociale et de l'administration publique* (1796), he draughted a counter-revolutionary educational system, which he saw as absolutely necessary to form subjects for a regenerated monarchy. He also advocated a dramatic scaling-down of the State. But, notwithstanding his hatred of the Revolution, he appreciated in 1800 its formidable impetus in the territorial expansion of France, a decisive factor for the European equilibrium. A fascinating contradiction between a nascent sociological approach to history, which finds in society itself the roots of the Revolution, an ambiguous conception of politics, an attempt to purify the social order as well as the minds and theocratic views, between the consciousness of change and the yearning for harmony, gives some depth to a very complex counter-revolutionary theorist in these early years of the nineteenth century.

## À le conclusion de la Révolution: Saint Simon et Comte

### Keith Michael Baker

Le désir d'une science rationnelle de la société exprimé par des penseurs tels que Condorcet et Sieyès représente l'un des plus profonds mouvements aux origines de la Révolution française. Mais l'idée des Lumières d'une science sociale reçut un regain de valeur chez ceux qui, pendant la Restauration, cherchaient une conclusion tranquille à la Révolution sur la base de principes positifs. Saint-Simon offrit au jeune Auguste Comte un bricolage assemblant la théorie sociale organique des théocrates avec la science sociale des idéologues en guise de doctrine générale et systématique qui mettrait définitivement fin à la crise morale et politique de la période révolutionnaire. Systématisée par Comte, cette doctrine demandait de repenser profondément les relations entre histoire et science sociale telles que Condorcet les avaient posées dans son *Esquisse d'un tableau historique des progrès de l'esprit humain*. Dans cette oeuvre, l'idée de progrès offrait la garantie de la rationalisation des choix sociaux et de la libération de l'action politique du poids de l'histoire. En cherchant à conclure la Révolution, les prophètes de la sociologie positiviste devaient aussi faire appel au principe du progrès: cette fois non comme une garantie de libérer l'action politique, mais comme une prescription de la nécessaire subordination de la politique aux lois historiques.

## Some Remarks on the Notion of "Secularization"

### Pierre Manent

Everyone can observe a striking contrast between the decreasing role of religion in modern Western life and its increasing role in modern Western historical research or interpretation. The author here explores the constitution of religion— both during and after the French Revolution—as "ideal" and "value," reaching the conclusion that what is called the "realization" of Christianity is one with its "idealization" and also elaborates upon this puzzling but interesting result.

## The Reformation and the Revolution

### Paul Viallaneix

The Reformation comes up so frequently in nineteenth-century French historiography of the Revolution that it can be used to divide historians into meaningful groups. On the side of the socialists, Buchez and Roux fell in with Louis Blanc in seeing in the ideology of 1789—that of the rights of man—the Protestant heritage of freedom of conscience; but they would have gone so far as to hail the centralism of the Jacobin Republic as a political version of Catholicism. On the republican side, Michelet and Quinet went further than simply evoking the fact that the Huguenots were the exemplary victims of the monarchy and divine right. Michelet would cast the Reformed Church of France, founded in 1559, as a sort of Republic a great deal anterior to the one adopted by the nation after the execution of Louis XVI. Quinet would explain the failure of the Convention and the reign of Terror by the precedent of the persecution of the Protestants by the absolute monarchy.

## The Rupture between the Catholic Church and the Revolution

### Claude Langlois

Two questions form the basis of this study. First, was there ever an alliance between Catholicism and the French Revolution which would justify a reference to a subsequent "rupture" between the two? Secondly, if such a rupture did occur, is it possible to identify in a nonarbitrary fashion the period when it took place? An attempt will be made to show how and why the Civil Constitution of the Clergy and the Oath required of the clergy represent precisely such a seminal event, an event which extended the division within the clergy to the whole of France, brought about the radicalization of the Revolution in the short term, and determined the existence of two permanently antagonistic political cultures in the long term.

## The Revolution as a New Religion

### Claude Lefort

The purpose of this paper is to scrutinize the representation of the French Revolution as a new kind of religion—une "religion nouvelle". Such a notion was attributed to the irrational romantic beliefs of Michelet and Quinet. In fact, they put a question that Tocqueville came across by discussing the religious character of the French Revolution in *La Révolution et l'Ancien Régime*. Firstly, the point of view of Tocqueville is taken into account. The notion of "religion nouvelle" is introduced to bring out the will to found a universal political order, the strength of revolutionary passions and the proselytism. Secondly, the few and important passages in relation to new religion in Michelet's *History* are questioned. What draws our attention is both the religious style of Michelet, his presentation of popular meetings and the assertion that the failure of the Revolution was due to the failure of the new religion. Finally, the argument of Quinet is confronted with the suggestions of Michelet. Quinet made no use of the traditional religious symbols. While referring to the successful results of the Reformation in contrast with the failure of the French Revolution, Quinet denied that the Revolution could return to the Protestant spirit. He rejected any form of idolatry, including the idolatry of the people or Mankind. He was searching for a new sort of transcendance within democracy, founded upon the faith in the individual, the people and Mankind which should remain unreducible to one another.

## The *Doctrinaires* and the Representative Government

### Pierre Rosanvallon

The *doctrinaires'* work, particularly that of Guizot and Royer-Collard, represent the most systematic effort under the *Restauration* to put forward an original theory about representative government. Contrary to the *thermidoriens* like Benjamin Constant, the *doctrinaires* did not content themselves with comparing 1789 to 1793. They aimed more radically at rebuilding the very foundations of political liberalism. The *constituants* and the *thermidoriens*, Guizot and Royer-Collard believed, had not been right in their reflection of sovereignty as the liberal dimension of their approach is not clearly distinguished from the democratic dimension. They also tried to go beyond the contradictions of the revolutionary public law by dismissing radically the sociological and deductive conceptions of representation and by seeking to understand the essence of representative government from a reflection about public opinion.

## Charles de Rémusat, Witness to the Dilemma of Liberal Reason

### Pierre Bouretz

As a witness of the French revolutions of the nineteenth century, Charles de Rémusat perfectly illustrates both the specificity and the difficulties of the liberal position. Confronted by the question of interpreting the French Revolution as making politics possible, he refutes either anti-revolutionarian attitudes and jacobinism to promote a double idea: to make the end of the Revolution possible and protect its legacy with individual rights and political liberty. Trying to give sense to that history, Rémusat underlines the enigma of a revolution quartered between the attempt of a rational government and the failure to promote the ideal of the Enlightenment, a necessary revolution unable to avoid a final catastrophe (la Terreur). In that sense, Rémusat testifies to the dilemma of freedom for the French liberal mind during the century, between new kinds of utopia (industrialism) and new kinds of conservatism. How to promote individual freedom and social stability? How to avoid both the dangers of a conflictual society and the dogmatism of social unity? How to rationalize intellectual, social and political pluralism?

## Les radicaux anglais et la Révolution française (1800–1850)

### John R. Dinwiddy

Durant les années de guerre, au début du dix-neuvième siècle, la Révolution française souffrait d'un large discrédit en Angleterre. Certains ultra-radicaux, sans doute, continuaient d'utiliser la rhétorique et les symboles jacobins, mais la plupart des réformateurs écartaient l'idéologie et les modèles français, et soulignaient surtout l'origine anglaise de leurs principes. La référence anglaise à la Révolution française dans la débat politique appartenait plutôt aux conservateurs. Dans la période qui suivit la guerre, certains réformateurs remirent en question les interprétations négatives de la Révolution, en soulignant aussi ses effets bénéfiques. Et dans les années 1830–40, des publicistes radicaux et des agitateurs chartistes tels que J. H. B. Lorymer, Bronterre O'Brien et G. J. Harney se remirent explicitement à puiser leur inspiration dans la Révolution. O'Brien, en particulier, s'enthousiasma pour les principes égalitaires et pré-socialistes de Robespierre et de Babeuf. Mais si l'éloge de 1789 était assez répandu dans la presse chartiste et non-officielle. Ce phénomène restait essentiellement limité à la capitale et n'éveillait que peu d'échos en province dans le mouvement ouvrier.

## The Total Revolution. The Relationship between the Young Hegelians and the Theological Argument and the Political and Social Revolution

### Heinz Dieter Kittsteiner

For an understanding of the Young Hegelians' theoretical relationship to the Revolutions of 1789 and 1830, a recourse to Hegel is necessary. Hegel explains the rational existence of the Gestalt of Prussia after the Reforms of 1807 by deriving it from the interplay of the Lutheran Reformation and the French Revolution. The Revolution remains discordant and does not lead to enduring results; in contrast, the Reformation provides the pattern for the spirit of reconciliation with reality. This immanent construction of reason begins to fall apart as Prussia is incorporated in the goals set by the political reaction after 1815. The "Hegelian Left" accuses Prussia of falling short of its liberal-protestant mission; the Kantian-Fichtian "Sollen" once again comes up against the "Sein".

It is possible to differentiate between the content and the form of the discussion about the future German revolution carried on in the 1840s. Regarding the content, the phenomenon of pauperism and communism comes to the fore after 1843 as the *bourgeois* reform movement fails. These insights are mediated through the reception of early French socialist literature; as regards the form, they are worked out in a categorical framework which stems from the critique of the Hegelian philosophy of religion. Bruno Bauer puts the emphasis on the downfall of "Substanz" in "Selbstbewusstsein"; Feuerbach, in contrast, transforms the religious substance into the new religion of the essence of human being. Claims to a total revolution which surpasses everything can be derived from both models of criticism. Bauer develops the notion of a permanent revolution in the production and destruction of the objectifications of self-consciousness. The Feuerbach-Marx variation sees in the Gestalt of the proletariat the living proof of the alienation of the essence of human being. Regaining this essence is projected into the future social revolution.

In both cases, that the new demands are unconditional is derived from a critique of religion; the notion of surpassing the old revolutions thereby enters a new stage. Hegel had derived the superiority of the German development out of the opposition: Protestant reconciliation—Catholic discord. The confessional difference is turned—by the Young Hegelians—into the opposition between a mere "political" and a "social" revolution which appropriates the religious motive of reconciliation. Constituting the essence of human being is now considered to be the end point of Protestant self-criticism; the sanctification of the proletariat in the philosophy of history takes the place of the Hegelian reconciliation with reality. This, however, only holds true for Feuerbach and the young Marx; Bruno Bauer anticipates the dangers of a future totalitarianism and makes a plea for a liberal, open historical process.

## L'Italie et l'Etat moderne: L'expérience du Régime Napoléonien

### Michael Broers

Le point d'appui de l'histoire italienne au dix-neuvième siècle est toujours celui du problème national, dont la manifestation cardinale est une identité collective très fragile, imposée au pays après le procès d'unification en 1860. L'Etat "post-risorgimental" se présente soit comme l'agent actif, soit comme le symbole souhaité, de le patrie "retrouvée"; il devient le fondement de la "révolution passive" esquissée par Gramsci. En revanche, l'essence de l'Etat national était, et est encore, repoussée par la majorité de ses administrés. Les origines du phénomène se trouvent dans la période napoléonienne, à l'époque où les institutions et les mentalités politiques dérivées de la Révolution française s'insèrent dans les milieux italiens. Les résultats sont la création d'une classe dirigeante isolée et minoritaire, douée d'une mentalité autoritaire, centralisante et éclairée, face à une population pour la plus grande part non-régénérée, confirmée dans ses allégeances catholiques et particularistes par l'expérience du régime napoléonien. Les lignes essentielles du problème "étatiste" en Italie sont déjà très claires a l'époque napoléonienne dont l'analyse offre des perspectives intéressantes sur la suite du dix-neuvième siècle.

## Après 1793: Babeuf, Louis Blanc et la Généalogie de la "Révolution Sociale"

### William H. Sewell, Jr.

L'histoire conventionnelle du socialisme trace une filiation de l'dée de révolution sociale de la conspiration des égaux de Babeuf aux socialistes des années 1840 comme Blanqui, Blanc et Buchez. Mais une lecture des textes de Babeuf et de Louis Blanc indique qu'ils sont moins liés par une filiation continue que divisés par une coupure radicale. Babeuf—prophète chiliastique qui voyait les problèmes économiques purement en termes de distribution, et qui pensait la société d'un facon tout à fait combinatoire—était plutôt le dernier sans-culotte que le premier socialiste. Le socialisme de Blanc, comme celui de tous ces contemporains, basé sur une supposée science sociale, voyait les problèmes économique en termes de production, et pensait la société d'un facon génétique. Babeuf et Blanc illustrent un contraste plus global entre la pensée essentiellement ahistorique de la génération révolutionnaire et la pensée profondément historicisée des générations postrévolutionnaires.

## On "Neo-Robespierrism": Jacobin Characters at the Epoch of the July Monarchy

### Maurice Agulhon

In the nineteenth century, "jacobin" usually referred to any persons who had taken part in the 1793-Year II policy, supported this policy or who, later on, praised it. During this century, did the so-called "jacobins" actually want to establish a popular dictatorship similar to the "Salut public" system? Before the Paris Commune of 1871, they did (Blanqui, for example). After this turning-point, they did not (Gambetta and Clemenceau, for example, were "jacobins" in a rather different sense of this word).

Far from the problems of the Third Republic, and far from such prominent figures, the present paper highlights the common people, the rank-and-file of jacobinism, either from the novels of Balzac, Hugo and Flaubert, or from the memoirs of Renan and Juliette Adam. Some of them were old men, survivors of the Revolution, others were young men trained and radicalized in the 1830s and 1840s. From an analysis of these characters, we perceive the notion that, by 1848, the jacobine years of the great Revolution were at once near and remote. They were still a political model, but they had begun to be a storehouse of feelings, and of heroes and mythology as well.

# Une Nouvelle Religion de Gauche: Christianisme et Radicalisme Sociale en France, 1815–1848

## Edward Berenson

Dans mon article, je suis à la recherche des origines d'un discours chrétien de la gauche, de ce "nouvelle christianisme" tant remarque récemment par des historiens de la Monarchie de Juillet. Ces recherche sont basées sur une idée du dix-neuvième siècle qui se méfie de toute théorie de la "modernisation," c'est-à-dire de tout effort de penser la première moitié du siècle à travers les résultats de la deuxième. Si la République s'acharne contre la catholicisme à la fin du siècle, cela ne veut pas dire qu'un tel conflit soit nécessaire. Or, si l'on regarde le discours démocratique, et surtout socialiste, des années 1830 et 1840, on s'aperçoit que les notions fondamentales de l'égalité et de la fraternité sont, en grande partie, inspirées par le christianisme. Les Evangiles sont partout, et Jésus-Christ semble être le père fondateur de tout changement révolutionnaire.

# The French Revolution and the Perception of Utopia

## Mona Ozouf

The French Revolution marks, in so many areas, a turning-point, dividing what precedes and follows it; such is the case concerning the perception of Utopia, as well. How did the new utopists perceive a Revolution that had revolutionized Utopia? They condemned its violence and austerity, denouncing long before Marx the deceptive quality of liberty and equality it promised to all, and blamed it above all—and this was its major transgression—for having disintegrated social ties. They concluded that the utopian spirit is incompatible with a revolutionary one.

But this is largely an illusion, for they drew on Revolution for their idea of extending the limits of the possible. They deplored not so much audacity, as unadventurousness; that is to say, they shared with the men of the Revolution the basic idea that it is possible to give an objective description to social happiness, and that individuals have control over their fate. They blend, however, the idea of human militancy with the very idea opposed to it, that of the necessary movement of history: an untenable contradiction, but one assured of a glorious future.

## The Russians and the French Revolution

Alain Besançon

When the French Revolution started, Catherine's Russia had not yet finished the task of building a decent *Ancien Régime* along Western lines. The mere existence of the French New Regime exerted pressure that was both too early and too strong on the fragile Russian "Polizeistaat". From 1789 to 1861 the Russian state hoped to stave off the coming crisis; from 1861 to 1917, it tried to negotiate it in dangerous conditions. The state wanted to avoid another 1789. The civil society wanted 1789, but feared 1792. The revolutionary party hated the liberal Western society. Its aim was to bypass the 1789 stage, to begin the revolution "at 1792" and go beyond. That explains why the Russian Revolution, after having followed from 1861 onwards the classical French and English path, veered off into an unknown direction in 1917.

## Tocqueville: On the Origins of French Democracy

Françoise Mélonio

Tocqueville's thought has often been reduced to the assertion of continuity in French History. However, the theory he offers of Revolution is much more subtle and varying because it is linked to political stakes, which from time to time revived the memory of the Revolution. Based upon correspondence, neglected texts and manuscripts of the *Ancien Régime* published in 1856, this study examines uncertainties, changes and methodological progress in Tocqueville's thought on the French Revolution from the last years of the Restoration to Tocqueville's death in 1859.

## Edgar Quinet

Francois Furet

Edgar Quinet's 1865 work on the Revolution is a pessimistic meditation on that great event by a writer who, on the contrary, had every reason to celebrate it. Exiled since 1851 by the second Empire, Quinet was a progressive intellectual, a close friend of Michelet and a deputy for the Republican Left in 1848. If his book testifies to the failure of the Revolution, it is because this last degenerated into despotism: first with Robespierre, and then under Bonaparte. The author here addresses Quinet's analysis of the causes—religious and political—of the Revolution's failure.

## Politique, Mémoire, Illusion: Marx et la Révolution Française

### Jerrold Seigel

Pour Marx, la Révolution française était importante pour ce qu'elle accomplissait—la création de la politique moderne—et pour ce qu'elle promettait, la deuxième, plus grande, révolution à venir. Avant 1845, cette deuxième révolution lui semblait de nature essentiellement différente de la première, liée avec la philosophie, et destinée à arriver dans un pays où la première révolution était impensable, l'Allemagne. Avec *L'idéologie allemande*, pourtant, une optique nouvelle était en place: la philosophie destituée de son rôle indépendant, il n'y avait qu'une voie universelle vers la révolution prolétarienne, celle qui passait par révolution *bourgeoise*. Celle-ci pouvait servir de modèle à celle-là. Cette théorie permettait à Marx de concevoir la politique dans une autonomie relative envers les structures économiques et sociales enfin déterminantes, mais elle reposait sur une conception uni-directionnelle de l'histoire, où les événements révolutionnaires révélaient et solidifiaient les oppositions de classes. Ces fondements posés, le coup d'état du 2 Décembre 1851, mettait en crise la théorie historique marxienne, lui imposant une perspective qui découvrait de nouvelles difficultés pour la révolution prolétarienne. La Révolution française cessait alors de servir comme modèle pour l'avenir; tout au contraire, les ouvriers devaient se garder d'être pris par les grands souvenirs du passé. Le cercle se fermait: la révolution à venir revenait à l'imagination philosophique où elle avait son origine.

## Michelet et la Révolution française

### Lionel Gossman

Dernière des religions, la Révolution totalise et complète pour Michelet toutes celles qui l'ont annoncée. À son tour, *l'Histoire de la Révolution* se présente comme l'Évangile de la foi nouvelle, l'expérience révolutionnaire comme une épiphanie. Quel rapport *historique* alors entre le moment fondateuret transgressif (utopique et trans-historique) de la fraternité vécue (moment évoqué en termes érotiques et sacrés) et le cours ordinaire de l'histoire qui a précédé et qui a aussi repris après? Difficulté pour le narrateur aussi bien que pour l'idéologiste: l'essentiel de la Révolution ne se laisse guère raconter, dit-il, mais le temps où la Révolution se dégrade doit être raconte 'longuement''. L'apothéose du moment révolutionnaire risque d'aboutir à une esthétisation de la politique, incompatible avec une pratique démocratique et favorable à tout acte qui en rompant la routine promet de renouveler l'utopie fraternelle.

# Name Index

Alexander II (of Russia), 579, 604
Alexander III (of Russia), 581
Antoinette, Marie, 31
Antraigues, *comte d '*,103, 104
Archenholz, J. W. von, 258-259
Aristotle, 12
Artois, *comte d'*, 111, 112

Babeuf, Francois 'Grachus', 119, 147,
    151-152 (interpretation of the
    Terror), 176, 455, 457, 458, 459,
    462, 507, 509, 510-518 (on
    equality, Revolution and
    economic organization), 563,
    565, 626
Balzac, Honoré de, 531, 532, 533
Barère, Bertrand, 118, 119, 139, 143,
    144, 174, 177
Bauer, Bruno, 472, 474, 475-479, 480,
    481, 482, 483
Bentham, Jeremy, 42, 194, 288, 449
Billaud-Varenne, J. N., 119, 139, 143,
    144, 177, 233
Bitaubé, P. J., 257
Blake, William, 21
Blanc, Louis, 362, 366, 474, 507, 508,
    509, 518-523 (analysis of his
    ideas), 535, 545, 557, 566, 604
Blanqui, Auguste, 509, 528, 529, 534
Boissy d'Anglas, 160, 347
Bonald, Louis de, 15, 39, 83, 84, 88,
    89, 107, 284, 286, 287, 293, 294,
    295, 297, 302, 304, 309-318
    (analysis of Bonald's political
    philosophy), 326, 330, 331, 344,
    361, 524
Bossuet, J-B, 86, 105
Brandes, W., 68, 69, 70, 74

Brissot, J. P., 260
Buchez, Philipe, 344, 350, 366, 376,
    391, 506, 509, 524, 545, 555,
    567, 614, 626
Buonarroti, Filippo, 407, 410, 455,
    457, 509, 528, 569, 626
Burke, Edmund, 3, 4, 6, 7, 11, 12, 13,
    14, 15, 16, 19, 20, 21, 22, 23, 24,
    25, 26-30 (on the rôle of the
    *bourgeoisie*), 30, 31-32 (on
    manners and chivalry), 33-34 (on
    the concept of enthusiasms), 37,
    39, 40, 45-57 (on political
    representation), 60, 63, 66-75
    (German philosophers' critiques
    of Burke), 79-80 (reception of
    Burke's ideas in France), 81-83
    (differences with the
    *monarchiens*), 83-85 (Burke and
    the French theocrats), 85-88
    (critique of de Maistre), 88-89
    (relationship with Bonald's
    thought), 90-98 (Burke as
    perceived by French liberals),
    101-109 (Burke as perceived by
    French *émigrés*, 109-113
    (Burke's relations with the
    *émigrés*), 205, 284, 287, 290,
    292, 293, 294, 295, 296, 298,
    302, 407, 447, 524, 600

Cabet, Etienne, 343, 546, 555, 556,
    561, 562, 563, 564, 566, 567,
    568, 569, 571, 573
Calonne, Charles de, 102, 103, 104,
    105, 106, 111, 112
Camus, Albert, 359

Carlyle, Thomas, 453
Carré de Malberg, 415, 416
Carrier, Joseph, 117, 118, 133-137
    (trial for ultra-terrorism in
    Nantes), 139, 148, 150, 177, 228
Cazalès, 103, 104
Catherine the Great (of Russia), 575,
    576, 577
Charles X (of France), 453
Chateaubriand, F. R. de, 351-352, 391,
    412, 413
Clemenceau, Georges, 221, 529
Cloots, 'Anacharsis', 212, 255-257,
    259, 260, 264
Cobbett, William, 448, 449, 456
Considérant, Victor, 344, 535, 546, 556
Constant, Benjamin, 15, 16, 40, 79, 90,
    91, 92, 93, 94, 95, 96, 120, 121,
    122-124 (on the post-Terrorist
    regimes), 125, 126, 127, 128,
    129, 159-166 (political rôle in the
    later Revolution), 159, 160-166
    (main political ideas), 167, 169,
    177, 178-180 (interpretation of
    the Terror), 181, 183, 184, 185,
    187-190 (involvement in
    ideology of post-Terrorist
    period), 190-191 (critique of
    Rousseau), 283, 286, 291, 306,
    404, 412, 425, 434, 439, 440,
    441, 626, 630, 645, 655
Coleridge, Samuel Taylor, 40, 54, 56
Collot d'Herbois, 139, 143, 144, 177
Comte, Auguste, 83, 289, 290, 302,
    323-337, 391, 440
Condorcet, Antoine, *marquis de*, 169,
    180, 288, 289, 325, 330, 331,
    333, 334, 336, 562, 644
Couthon, Georges, 138

Danton, Georges, 138, 144, 175, 240,
    264, 265, 369, 477, 529
Desmoulins, Camille, 188

Engels, Friedrich, 474, 524, 544, 545,
    565, 628, 629, 635
Esquiros, Alphonse, 344, 366, 391, 508,
    545, 546, 547, 548, 554, 555, 644

Feuerbach, L., 476, 479, 482, 483, 645
Fichte, Johann Gottlieb, 11, 38, 59,
    60, 66, 205, 210, 211, 212, 214,
    227, 228, 230, 236-251 (analysis
    of Fichte's ideas on Revolution,
    the Terror and the state), 475
Flaubert, Gustav, 532, 533
Forster, Georg, 262, 263, 266, 267
Fouquier-Tinville, 117, 133, 134,
    138-139 (trial), 150
Fourier, Charles, 554, 555, 561, 562,
    563, 566, 567, 568, 570, 571, 573

Gambetta, Léon, 528, 529
Gentz, Friedrich, 38, 59, 73-74 (on
    Theory and Practice)
George III (of Great Britain), 19, 39
Godwin, William, 40, 56, 169
Gramsci, A., 490, 501
Guizot, F., 40, 93, 94, 95, 196-197, 305, 310,
    343, 360, 361, 403, 405, 406,
    413, 420, 421, 422, 423, 424,
    425, 426, 428, 433, 438, 439,
    440, 507, 524, 578, 598, 613,
    614, 616, 626

Habermas, Jurgen, 209, 421, 468, 479,
    628
Harney, Julian, 459-460, 462, 463
Hazlitt, William, 56, 451
Hegel, G. W. F., 38, 59, 205, 209-210,
    212, 228, 230, 241, 248, 249,
    409, 469, 471, 472, 473, 474,
    475, 476, 477, 479, 480, 482,
    483, 578, 613, 626, 627, 628,
    629, 630, 657
Herder, Johanne von, 11, 59, 60, 62,
    64, 65, 240, 613
Hobbes, Thomas, 242, 355, 356
Humboldt, Wilhelm von, 205, 238, 240,
    273, 274-279 (on Constitutional
    achievements of the Revolution
    to 1791)
Hume, David, 8, 26, 28, 29, 31, 33, 63,
    64, 107
Hunt, Henry, 448, 461
Hugo, Victor, 531, 533, 641, 655

Jacobi, C. G. J., 60, 205, 213, 240
Jaurès, Jean, 557, 561, 562

Kant, Immanuel, 11, 32, 38, 60, 62, 66,
        73, 205, 207, 208, 209, 211, 212,
        213-215 (on revolution and
        political rights), 215-221 (on
        regicide), 234, 235, 236, 237,
        248, 249, 251, 267, 469, 475,
        480, 648

Lafayette, *marquis de*, 175, 179, 258,
        459
Lamartine, A. de, 463, 474
Lambert, Jean Louis, 536-540
Lammenais, Felicité de, 545, 548, 549,
        554, 556
Lenin, V. I., 582, 583
Lezay-Marnesia, 180-181, 182, 183, 185,
        285
Liebnitz, 64, 65
Lindet, Robert, 118, 124, 148, 149
Locke, John, 23, 24, 25, 39
Louis XIV (of France), 28, 30, 371, 604
Louis XV (of France), 508, 580
Louis XVI (of France), 111, 175, 176,
        218-221 (execution interpreted
        by Kant), 258, 286, 379, 381,
        508, 577, 580, 595
Louis-Philippe (of France), 463, 532

Mably, *abbé* G. B. de, 71, 562, 564
Maistre, Joseph de, 15, 39, 79, 83, 84,
        85-89 (critique of Burke), 103,
        107, 125, 183, 229, 284, 286,
        287, 291-307 (interpretation of
        the Revolution and philosophy of
        the Counter-Revolution), 310,
        344, 524, 583
Malesherbes, C-G. L. de, 596, 601
Malouet, A. de, 103, 283, 416
Marx, Karl, 249, 298, 409, 410, 467,
        468, 472, 474, 475, 478, 479,
        480, 481, 483, 508, 514, 522,
        524, 561, 562, 567, 589, 590,
        615, 625-636 (views on the
        French Revolution), 627

Maury, *l'abbé*, 102, 103, 105
Mazzini, G., 493, 494, 501, 534
Michelet, Jules, 129, 292, 345, 346,
        347, 348, 350, 361, 364, 365,
        370, 371, 372, 376, 391, 395,
        396, 397, 434, 524, 528, 561,
        569, 588, 589, 590, 591, 601,
        606, 614, 617, 619, 622, 639-657
        (interpretation of the French
        Revolution)
Mill, J. S., 443, 450, 597
Mignet, F. A., 129, 167, 433
Mirabeau, *comte* G-H. R., 104, 175, 188,
        257, 381, 386, 601, 617
Montesquieu, C-L, 29, 63, 64, 70, 89,
        95, 105, 107, 356, 416, 435, 471,
        578, 596
Montlosier, F., 102, 103, 106, 107
Mosër, Justus, 38, 61, 62, 66, 73, 213
Mounier, J. J., 15, 66, 69, 70, 81,
        102, 103, 169, 416

Napoléon I, 88, 190, 237, 248, 268,
        286, 294, 326, 386, 388, 389,
        405, 463, 469, 470, 475, 576,
        577, 579, 589, 592, 631, 633
Napoléon III, 366, 537, 557, 579, 589,
        633, 635
Necker, Jacques, 167, 169, 427
Nicholas I (of Russia), 576, 577, 578,
        579
Nicholas II (of Russia), 580
Nietzsche, Friedrick, 65

O'Brien, Bronterre, 455, 457, 458, 463
O'Connor, Feargus, 461, 462
Oelsner, H., 259, 260
Olivier, Emile, 534, 535
Owen, Robert, 514, 561
Ozouf, Mona, 4, 348, 508

Paine, Thomas, 19, 21, 39, 45-50 and
        52-54 (disputes with Burke), 66,
        426, 447, 456
Peter the Great (of Russia), 575, 577
Pius VI, 111, 388
Pius VII, 498

Price, Richard, 21, 23, 24, 25, 27, 28, 39, 55
Priestly, Joseph, 25, 27
Proudhon, P-J, 474, 481, 535
Pufendorf, S., 213

Quinet, Edgar, 125, 129, 140, 143, 184, 323, 345, 346, 347, 348, 350, 361, 364, 365, 367, 368, 369, 370, 371, 372, 375, 376, 378, 385, 391, 394, 395, 397, 398, 399, 433, 434, 569, 587, 588, 590, 613-623 (interpretation of the French Revolution)

Rebmann, G. F., 266, 267, 268
Rehberg, A. W., 11, 12, 59, 60, 62, 70-74 (on Theory and Practice)
Reinhard, Friedrich, 259, 260
Rémusat, Charles de, 14, 15, 79, 83, 96, 129, 403, 404, 425, 426, 433-443 (development of his liberal ideas)
Robespierre, Maximillien, 119, 129, 134, 139, 140, 141, 143, 144, 145, 148, 151, 152, 153, 173, 174, 175, 176, 188, 208, 212, 240, 253, 257, 258, 265, 345, 368, 369, 370, 371, 376, 397, 405, 407, 416, 417, 419, 420, 451, 455, 456, 458, 459, 468, 477, 515, 524, 527, 544, 568, 569, 588, 591, 617, 619, 620
Roederer, F., 417, 418, 419, 420
Rousseau, Jean-Jacques, 9, 12, 47, 50, 67, 71, 72, 73, 127, 164, 190, 191, 210, 211, 213, 227, 229, 236, 242, 249, 250, 263, 288, 356, 361, 367, 415, 419, 515, 524, 544, 545, 556, 557, 564, 566, 568, 572, 591, 592
Roux, P. C., 567, 626
Royer-Collard, M., 420, 421, 423, 425, 428, 433, 434, 439
Ruge, Arnold, 467, 473-474, 480

Saint-Just, Antoine de, 138, 170, 188, 189, 208, 233, 234, 235, 247, 250, 369, 456, 463, 524, 537

Saint-Simon, Claude Henri de, 288, 289, 323-337, 440, 441, 507, 548, 553, 562, 563, 564, 565, 566, 567, 568, 571, 572, 573, 630
Schlabendorf, Gustav von, 257, 258, 259, 268
Schneider, Eulogius, 262, 264, 265
Scott, Walter, 56
Shelley, P. B., 56, 57, 450
Siéyès, Emmanuel, 104, 129, 160, 166, 169, 288, 289, 292, 297, 325, 332, 415, 419, 420
Smith, Adam, 10, 29, 39, 426
Southey, Robert, 40, 455
Staël, Madame de, 15, 16, 40, 79, 90, 91, 92, 93, 95, 96, 120, 121, 127, 128, 129, 159, 160, 167-172 (political ideas), 188, 191-194, 284, 368, 404, 598, 617

Taine, Hippolyte, 292, 298
Tallien, J-L, 118, 141, 143, 144, 188
Thierry, Augustin, 128, 343, 597, 601, 614
Thiers, Adolphe, 129, 343, 434, 524, 545, 573
Tocqueville, Alexis de, 14, 15, 40, 47, 51, 79, 96, 97, 162, 181, 182, 296, 298, 310, 313, 314, 343, 345, 346, 350, 356, 361, 391, 392, 393, 394, 395, 396, 399, 406, 434, 437, 492, 578, 587, 588, 590, 592, 595-609 (political ideas and activities), 618, 622, 643, 644

Vadier, M-G-A, 139, 144, 177
Verginaud, P. V., 188, 233
Voltaire, F-M. A., 47, 62, 63

Wordsworth, William, 21, 40, 53

# Subject Index

absolutism
general, 588, 598, 600, 602, 621
monarchical, 102, 106, 206, 216,
287, 293, 295, 296, 306, 312, 345,
349, 440, 608, 619
*Address to the German Nation* (Fichte),
241, 250
American Revolution, 23, 40
anachronism (concept), 169
anarchism, 236
*Ancien Régime et la Révolution, L'* (de
Tocqueville), 96, 391, 595, 599,
600, 615
anti-revolution, 495-498 (in Italian
republics)
*assignats,* 27, 29, 32, 125, 283

*biens nationaux* (clergy), 175, 284,
377, 379, 384
*bourgeoisie,* 26-30 (Burke's opinions),
32, 34, 519-520 (Blanc's views),
589, 628-631 (Marx's
interpretation of their rôle in the
Revolution), 632-634

capitalism, 351, 359, 507, 655
Carbonati, 509
Catholic Church, 5, 24, 26, 61, 89
(separation from the state), 347,
348, 349, 350, 368, 375-389
(break between Catholic Church
and Revolutionary state), 491,
497-500 (Church in Italy's
resistance to Napoléonic state),
532, 543, 550-554 (and social
discourse in first half of the
nineteenth century)
(see also **Christianity, counterrevolution,
dechristianization**)
*Causes de la Révolution et de ses
résultats* (Lézay-Marnesia), 163

Chartism, 459, 460, 461, 462
Charter (of 1814), 197, 286, 404, 405,
413-414, 434, 601
*Christianisme et la Révolution, Le*
(Quinet), 363, 367
Christianity, 351. 353, 356, 360, 364,
370, 387, 391, 392, 393, 397, 508,
543-557 (relationship with social
radicalism), 588, 613, 614, 616,
645
Christian socialism, 343, 344, 347, 644
*Circonstances actuelles qui peuvent
términer la Révolution* (de Staël), 91, 92,
120, 170-172
Civil Constitution of the Clergy
(1791), 261, 346, 347, 359, 367, 377, 378,
379, 380, 381, 382-383, 388, 417
(see also **Catholic Church**)
citizenship, 175, 176, 209, 420, 589
Committee of General Security, 141, 145
Committee of Public Safety, 138, 141,
143, 145, 174, 182, 221, 301, 528
Communism, 363, 457, 474, 480, 482,
507, 509, 516, 530, 537, 544, 556,
563, 631, 632
*Communist Manifesto* (Marx, Engels),
481, 628, 631
Commune of Paris, 528, 535, 635
Concordat of 1801, 365, 377, 378, 380,
381, 386, 388, 389, 492, 497
*Considérations sur la France* (de
Maistre), 85, 125, 183, 284, 300-301, 360
*Considérations sur la Révolution
française* (Fichte), 236, 237, 238
*Considérations sur la Révolution
française* (de Staël), 91, 95, 121, 128, 167
Constituent Assembly, 12, 66, 67, 70,
207, 215, 216, 217, 219, 361, 379,
386, 388, 407, 455, 456, 588, 607,
616, 618
Constitution of 1791, 11, 71, 169, 173,
273, 274-279 (Humboldt's

critique), 405, 411, 414, 415, 419,
     457, 458, 619
Constitution of **1793** (Year II), 455,
     457, 462
Constitution of **1795** (Year III), 117,
     119, 123, 126, 160, 169, 177, 180,
     388, 404, 406, 457
Constitution of **1799** (Year VIII), 411
Constitution (English), 10, 14, 39, 66,
     69, 70, 105
constitutionalism, 6, 8, 9, 13, 14, 39,
     49, 54, 60, 86, 87, 94, 104-106
     (Burke's views), 206, 278
     see also **sovereignty, representation**
Conspiracy of Equals (1796), 509, 530
Consulate, 161, 410, 530
context (theory of), 16, 19, 21-35
     (Burke's theories)
*Contrat social* (Rousseau), 7, 11, 72,
     86, 419, 515, 544, 545, 591
Convention (1792-1795), 117, 118, 122,
     132, 135, 138, 140, 144, 145, 147,
     148, 150, 153, 160, 174, 188, 212,
     264, 266, 325, 368, 379, 410, 454,
     461, 528, 625
counter-revolution, 13, 36, 37, 41, 65,
     83, 104, 125, 165, 174, 178, 284,
     285, 291-307 (in political works
     of de Maistre), 309-318 (in
     political works of Bonald), 383-
     385 (religious influences), 507,
     589
coup d'état (18 fructidor Year V), 181,
     185
*Critique of Pure Reason* (Kant), 227,
     276

*De l'état de la France* (Calonne), 103,
     104, 105
*De l'esprit de conquête* (Constant),
     125, 164
*De la force du gouvernement actuel*
     (Constant), 122, 123, 124, 128,
     161, 167, 177, 189
*Des réactions politiques* (Constant),
     125, 164

dechristianization, 346, 347, 350, 360,
     369, 376, 377, 385-386, 387, 388,
     543, 620
*Declaration of the Rights of Man and*
     *Citizen* (1789), 11, 13, 20, 60, 66, 67, 70,
     72-74 (critiques of Rehberg and Gentz),
     81, 82, 87, 208, 217, 284, 286, 287, 288,
     298, 300, 360, 365, 367, 457, 513, 627
*Defence of Poetry* (Shelley), 56
democracy, 14, 69, 87, 90, 94, 95, 106,
     170, 245, 292, 297, 298, 299, 351,
     352, 353, 371, 419, 425, 462, 463,
     546, 588, 590, 591, 592, 602, 603,
     653
*Démocratie en Amerique* (Tocqueville),
     597, 598, 603
Directory, The (1795-1799), 102, 119,
     121, 125, 126, 129, 159, 160, 161,
     167, 168, 173-185 (political
     opinion during the Directory),
     240, 266, 267, 268, 315, 326, 330,
     385, 404, 410, 457, 507, 530, 592,
     600
discourse, 4, 5, 6, 13, 16, 20, 22,
     119, 131-154 (Thermidorian
     discourse on the Terror)
Dissenters (English), 24, 34, 41, 43,
     447
divine right (theory), 50, 106, 329,
     345
     see also **absolutism** (monarchical)
divine retribution, 309-311 (Bonald)
doctrinaires, 421-428 (theories)

education, 336-337
election, 416, 417, 421-424
     see also representation
*émigrés*, 109-113 (and Burke), 175, 176
     see also counter-revolution
*Encyclopédie, L'*, 30, 256, 469
enlightened despotism, 106, 210, 492,
     494, 497
Enlightenment, 7, 31, 39-40 (in
     Scotland and England), 41, 43, 63
     (in Germany), 205, 207, 229, 238,
     240, 278, 329, 496, 653, 655

English radicalism, 447-464
    see also **Dissenters**
equality, 12, 51, 53, 61, 64, 91, 92,
    94, 161, 162, 168, 175, 176, 178,
    180, 285, 287, 288, 299, 406, 420,
    455, 510-512 (ideas of Babeuf),
    517, 518, 522, 543-545
    (relationship with Christianity),
    565, 566, 587, 598, 603, 615, 627,
    650
*Esprit des Lois, L'* (Montesquieu), 63,
    417
*Esprit de la Révolution* (Saint-Just),
    170
*Essai sur le principe générateur des*
    *constitutions politiques* (de
    Maistre), 85, 302
Fête of the Federation, 256, 348, 361,
    383, 395-396 (interpreted by
    Michelet), 639, 642, 647
Feuillants, 212, 258
freedom of the press, 66, 118, 142,
    144, 188, 425, 427
freemasonry, 238

general will, 7, 12, 67, 68, 71, 73,
    190, 210, 217, 229, 230, 286, 324,
    419, 572, 591
    see also sovereignty, representation,
    **Rousseau**
Girondins, 173, 175, 177, 212, 263,
    265, 325, 450, 456, 457, 459, 631
'Glorious Revolution' (England, 1688),
    4, 5, 6, 23, 24, 28, 38, 39, 55, 66,
    171, 295, 367, 437

Hébertistes, 264
heredity, 161, 418
*Histoire de France* (Michelet), 371,
    641, 646
*Histoire de la Révolution française*
    (Michelet), 361, 363, 366, 396,
    397, 640, 645, 651, 652, 653, 655
*Histoire des origines du gouvernement*
    *représentatif* (Guizot), 414
*Histoire parlementaire de la Révolution*
    *française* (Buchez, Roux), 456, 555
*Holy Family, The* (Marx), 409, 478, 479,
    630, 631

illuminism, 239, 240, 241
individualism, 64, 93, 304, 329, 337,
    362, 398, 507
irrationalism, 205, 206, 213, 273, 305,
    391

jacobins, 40 (English), 41 (Italian),
    43, 144, 159, 197, 211-212
    (German), 253-269 (German
    jacobins in France), 284, 294, 295,
    300, 433, 447, 489 (Italian), 495
    (Italian)
Jacobinism, 14, 15, 40, 42, 43,
    132-133 (discourse on the Terror),
    172, 176, 210, 238, 254, 255, 301,
    369, 407, 410, 463, 464, 507, 528-
    540 (neo-Jacobinism during the
    July Monarchy), 648
Jacobin Club, 132, 133, 139, 141, 144,
    145, 148, 174, 212, 253, 254, 258,
    259, 263, 264
Jesuits, 238, 312, 363, 367, 649
July Monarchy (1830-48), 551, 557, 622,
    633, 639, 645
justice, 4, 73, 93, 117, 134-138
    (during the Thermidorian
    Reaction), 417

labour, 515-518 (in Babeuf's ideology),
    518-519
law of 22 Prairial Year II (1794), 144,
    145
Legislative Assembly, 259, 379
legitimacy (as political concept), 7,
    8, 16, 59, 284, 290, 417, 597
*Letters on a Regicide Peace* (Burke),
    14, 21, 32, 108
Liberalism, 43, 122, 126, 231, 273,
    305, 403, 404, 413, 414, 426, 433,
    434, 438, 439, 440, 442, 443, 607,
    608, 646, 655
liberty (concept), 7, 80, 82, 90, 182,
    235, 244, 249, 250, 406, 439, 440,
    469, 470, 650

*Manifesto of Equals* (Babeuf), 510, 512,
    513, 517
manners (as ideology), 9, 31-32, 52, 53

see also **Burke**

masses (rôle in Revolution), 479-482

materialism, 479, 592

*Mémoires d'Outre Tombe* (Chateaubriand), 352, 412

*Mémoire sur la science de l'homme,* (Saint-Simon), 327, 330, 334

*monarchiens*, 80, 81-83 (Burke's influence on), 301

Napoléonic State, 490-501 (in Italy)

National Assembly (1789), 26, 27, 45, 49, 55, 72, 85, 104, 182, 207, 217, 256, 274, 284, 286, 415, 416, 592

'natural frontiers' (theory), 315

*On Liberty* (Mill), 443

Orléanism, 454, 632

pantheism, 60

*Paroles d'un Croyant* (Lummenais), 548-550

perfectability of Man (concept), 285, 286, 311

*Phenomenology of the Spirit* (Hegel), 469, 471, 629

*Philosophy of Right (Hegel), 469, 471, 629*

*Philosophie de l'histoire de France* (Quinet), 360, 363

Physiocrats, 69, 71

positivism, 289, 304, 323, 335, 343

property (in political philosophy), 16, 51, 52, 61-62 (feudal rights), 73, 106, 109, 110, 125, 477, 507, 509, 513-518 (in ideology of Babeuf), 518-520 (in ideas of Louis Blanc)

protestantism, 316, 345, 363, 364, 365, 366, 371, 372, 376, 397, 398, 467, 473, 475, 478, 588

providentialism (concept), 15, 84, 85, 86, 87, 108, 183, 284, 285, 286, 300-302 (de Maistre), 343, 391, 589, 606

*Qu'est ce que le Tiers Etat?* (Siéyès), 288, 324, 328, 337

rationalism, 11, 12, 26, 59, 60, 62-63

(German), 71, 74, 81, 205, 206, 242, 243, 246, 248, 249, 286, 302, 324, 329, 360, 404, 409, 471, 648

reason, 5, 11, 13, 41, 43, 59, 60, 61, 62, 71, 83, 205-206 (against irrationalism), 238, 276-277 (in Humboldt's thought), 404, 405, 408, 424, 442, 570, 616

*Reflections on the Revolution in France* (Burke), 14, 21, 26, 27, 28-29, 30, 31, 32, 45, 46, 50, 51, 52, 54, 55, 60, 62, 67, 68, 70, 72, 74, 79-83 (reception in France), 84, 88, 91, 95, 96, 97, 101, 102, 104, 105, 106, 108, 109, 213, 294, 436

Reformation, 362, 366, 367, 371, 372, 397, 408, 467, 469, 474, 478, 482

Reform Bill (1832), 453, 454, 458

regeneration (through Revolution), 15, 288, 291, 348, 360, 544, 615, 641

representation, 8, 9, 11, 14, 45-57 (in ideas and writings of Burke), 90, 92, 95, 122, 166, 167, 170, 171, 177, 193, 197, 325, 329, 404, 405, 411-428 (representation in theory and practice during the Restoration), 438, 443, 448, 596, 617, 619

see also **constitutionalism, sovereignty, general will**

*Republic, The* (Plato), 50

republicanism, 11, 15, 92, 120, 122, 159-166 (in Constant's political thought), 161, 164, 167, 175, 197, 217, 236, 258, 447

Restoration, The, 237, 286, 292, 294, 303, 305, 306, 323, 327, 345, 349, 360, 362, 385, 404, 405, 411, 412, 413, 415, 420, 428, 507, 534, 544, 545, 596, 631

Revolution

as discourse, 20-22, 37, 213-221 (Kant on Revolution)

termination, 16, 119, 124, 126, 154, 163, 166-172 (in writings of Mme de Staël), 175, 179-181, 192, 195, 283, 290, 310, 311-315 (Bonald), 323-337 (Comte and Saint-Simon), 420, 438-439, 512, 513

*Révolution française, La* (Quinet), 360,
            370
'Revolution' of 1830, 434, 451, 452,
            454, 507, 613, 652
Revolution of 1848, 438, 633
revolutionary government, 118, 142,
            167, 173, 176, 621
Revolutionary Tribunal, 117, 134, 135,
            138, 263, 371
*The Rights of Man* (Paine), 45, 456
rights of man (as political theory),
            210, 221, 295, 298, 336,
            353, 406, 433
Risorgimento, 42, 489, 491, 493
rule of law, 180
Russian reforms, 575-584 (influence of
            the French Revolution)

sans-culottes, 174, 175, 264, 461, 524
scientism, 326, 329
secularization, 347, 348, 351, 356, 359
separation of powers, 89, 106, 221,
            421, 471
social art, 324, 332
social contract (concept), 62, 74-75,
            515
socialists, 236, 360, 362
socialism, 362, 363, 366, 478, 482,
            509, 510, 523, 530, 534, 535, 543,
            544, 545, 579, 603
social revolution, 509, 510, 518,
            520-522 (ideas of Louis Blanc),
            523-525 (Babeuf and Blanc's
            ideas compared)
sovereignty
        political,   80, 90, 108, 120, 122,
            160, 165, 166, 190, 207, 208, 216,
            217, 286, 289, 305-306 (de
            Maistre), 328, 329, 415, 420, 439,
            601
        national sovereignty, 67, 190,
            324, 328, 417, 418, 419, 599
        popular sovereignty, 94, 126,
            164, 169, 173, 175, 176, 221, 289,
            295, 298, 302, 325, 406, 419, 546
see also representation, democracy, equality

state (theory of the), 312, 313, 597,
            598
supreme being, 82, 140, 148, 264, 345,
            359, 395, 478, 570, 620

Terror, the, 17, 118, 120, 122, 125,
            127-128, 129, 131-154 (perceived
            by the Thermidorian regime), 160,
            163, 168, 173-185 (perceived by
            the Directorial regime), 221, 225-
            231 (Hegel's interpretation), 263,
            265, 294, 329, 348, 366, 370, 372,
            404, 405, 436, 439, 470, 563, 620-
            621 (Quinet's interpretation), 633
terrorism, 582-583 (in Russia)
theocrats, 15, 107
*Théorie du pouvoir politique et
réligieux* (Bonald), 88, 108, 287,
            311
*Theory and Practice* (Kant), 214, 215
*transparence* (concept), 9, 20, 25, 31,
            33, 34, 35
*trienno*, the (1796-99), 489, 492

Ultras, the, 197, 285, 299, 306, 404,
            412, 413, 414, 415, 433, 434, 438,
            507
Unitarianism, 24, 25
Utilitarianism, 60, 210, 288, 655
Utopians (France), 561-573

Vendean civil war, 135, 151, 152, 153,
            283, 294, 367, 377, 617
virtue (in politics), 10, 20, 120, 404,
            470
Viva Maria revolts (Tuscany), 494, 499

Young Hegelians, 467-483